면화의 제국

지은이 스벤 베커트 Sven Beckert

콜럼비아대학교에서 자본주의의 정치·경제·사회사 연구로 박사학위를 받았다. 현재 하버드대학교에서 정치·경제·사회 및 초국가적 관점을 포함한 자본주의의 역사를 중심으로 19세기 미국사를 연구하고 있으며, 미국사와 글로벌 자본주의의 역사, 근대 자본주의의 정치경제학, 노동사 등을 가르치고 있다. 하버드대학교 자본주의 연구 프로그램과 웨더헤드 이니셔티브 글로벌 히스토리 연구팀의 공동 연구 책임 등을 맡고 있다. 지은 책으로는 자본주의 역사에서도 노동과 민주주의, 경제 엘리트의 역사에 초점을 맞춘 《부자 도시: 뉴욕시와 미국 부르주아의 통합, 1850~1896 The Monied Metropolis: New York City and the Consolidation of the American Bourgeoisie, 1850~1896》과 《미국 부르주아: 19세기의 차이와 정체성The American Bourgeoisie: Distinction and Identity in the Nineteenth Century》이 있으며, '세계 속의 미국America in the World' 시리즈와 《글로벌한 글로벌 히스토리 Global History, Globally》를 공동 편집했다.

옮긴이 김지혜

한국교원대학교 역사교육과를 졸업하고, 서강대학교 대학원 사학과에서 석·박사과정을 마쳤다. 현재 서강대학교, 연세대학교, 한국교원대학교, 한양대학교 등에서 영화와 역사를 주제로 강의하고 있다. 그동안 《로버트 단턴의 문화사 읽기》, 《잭 구디의 역사인류학 강의》, 《시인을 체포하라》, 《주변부의 여성들》, 《혁명 전야의 최면술사》, 《세상을 바꾼 100가지 문서》, 《각주의 역사》, 《로마는 왜 위대해졌는가》 등을 우리말로 옮겼다.

감수 주경철

서울대학교 사회과학대학 경제학과와 같은 대학원 서양사학과를 졸업한 후 파리 사회과학고등연구원에서 역사학 박사 학위를 받았다. 현재 서울대학교 서양사학과 교수로 재직 중이며, 서울대학교 역사연구소 소장과 도시사학회 회장 등을 지냈다. 《대항해 시대》, 《문명과 바다》, 《그해, 역사가 바뀌다》, 《주경철의 유럽인 이야기》 등을 썼으며, 《지중해》, 《물질문명과 자본주의》 등을 우리말로 옮겼다.

THE EMPIRE OF COTTON by Sven Beckert

Copyright © 2014 by Sven Beckert

All rights reserved.

This Korean edition was published by Humanist Publishing Group in 2018 by arrangement with Alfred A. Knopf, an imprint of The Knopf Doubleday Group, a division of Penguin Random House, LLC through KCC(Korea Copyright Center Inc.), Seoul.

이 책은 (주)한국저작권센터(KCC)를 통한 저작권자와의 독점계약으로 (주)휴머니스트출판그룹에서 출간되었습니다. 저작권법에 의해 한국 내에서 보호를 받는 저작물이므로 무단전재와 복제를 금합니다.

스벤 베커트 지음 · 김지혜 옮김 · 주경철 감수

Empire of Cotton

면화의 제국

자본주의의 새로운 역사

Humanist

        한국에서《면화의 제국》이 출간되어 매우 기쁘다. 이 연구를 위해 전 세계의 기록보관소와 도서관에서 10년을 보내는 동안, 나는 어떤 방식으로 독자들을 만나게 될지 전혀 예측할 수 없었다. 그래서 이 책이 미국과 독일에 이어 영국, 인도, 네덜란드, 에스파냐, 이탈리아, 터키 등지에서 출간되고 반향을 일으킨 데 대해 매우 놀랐다. 출간된 모든 곳에서 널리 읽혔고 때로는 활발한 토론의 대상이 되었다.

        돌이켜 생각해보면, 이 책에 대한 반응이 그리 놀랄 만한 일이 아닐지도 모른다. 이 책은 최근 몇 년 동안 전 세계에서 활발히 논의되어온 두 가지 주제를 다루고 있기 때문이다. 그중 하나는 자본주의에 대한 대중의 새로운 관심이다. 2008년 9월에 시작된 경제 위기 이후 전 세계의 신문과 방송이 자본주의의 역사, 현재, 그리고 다가올 미래에 대해 토론하면서 자본주의에 대한 논쟁이 주류로 급부상했다. 정치·사회 전반에 걸쳐 많은 사람이 이 논쟁에 참여했고 그중에는 자본주의에 대한 문제 제기를 중요한 주제로 삼은 프란치스코 교황 같은 저명한 인물도 포함되었다. 그리고 프랑스 경제학자 토마 피케티는 불평등에 관한 연구를 통해 자본주의의 분배 결과에 대한 활발하고 지속적인 논쟁을 불러일으켰다.《면화의 제국》은 현대 사회를 이해하는 데 자본주의가 얼마나 중요한지 피력하며, 추상적인 역사가 아닌, 면화라는 구체적이고 매혹적인 이야기를 통해 "작동 중인 자본주의"를 살펴보고자 했다.

글로벌 히스토리Global History에 대한 관심도 고조되었다. 지난 세기 거의 모든 역사 관련 문헌에서는 개별 국민국가의 역사에 초점을 맞추었다. 21세기 들어 전 세계가 서로 연결되어 있음을 인식하면서, 많은 역사가가 인류 역사에 대한 일국적 관점에 한계가 있으며, 근래 이룩한 역사학계의 몇몇 주요한 발전을 받아들여야 함을 깨닫기 시작했다. 국민국가를 넘어선 글로벌 히스토리는 역사학계에서 주요 연구 분야로 자리매김했으며, 임지현 교수를 필두로 위르겐 오스터함멜Jürgen Osterhammel의《세계의 변화: 19세기 글로벌 히스토리The Transformation of the World: A Global History of the Nineteenth Century》와 크리스 바일리Chris Bayly의《근대 세계의 탄생: 글로벌 커넥션과 비교, 1780~1914The Birth of the Modern World: Global Connections and Comparisons, 1780-1914》같은 학계의 벽을 뛰어넘어 대중적 관심을 불러일으킨 중요한 저서들이 발간되면서 더욱 발전했다.《면화의 제국》은 글로벌 히스토리에 대한 대중의 관심이 세계 곳곳으로 퍼져나가는 순간에 탄생했다. 면화처럼 다채롭고 친숙한 특정 대상에 초점을 맞춤으로써 많은 독자가 역사를 바라보는 새로운 방식에 이끌렸다.

전 세계적 관심사인 글로벌 히스토리와 자본주의 외에 이 책은 특정 국가의 구체적인 문제에도 관심을 기울였다. 《면화의 제국》은 북아메리카 경제발전에서 노예제의 역할에 대한 논쟁을 다시 촉발시켰다. 인종에 따른 심각한 불평등의 지속, 사라지지 않은 인종차별주의, 사회운동(흑인민권운동)의 출현 등에 힘입은 이 논쟁은 노예화와 인종차별의 긴 역사에 대한 관심을 불러일으켰다. 반면, 인도에서는 식민주의의 경제 효과와 인도의 지배적인 제조산업인 면직물산업에 대한 식민주주의 영향에 초점을 맞춘 사회적 토론이 이루어졌다. 유럽의 비평가들과 독자들은 유럽이 아프리카인들의 노예노동, 아메리카 대륙의 광대한 영토, 아시아 시장, 기술과 원자재 등을 착취하며 얼마나 많은 부를 얻었는지에 관심을 보였다. 그리고 이 같은 엄청난 착취와, 예를 들어 직물산업 분야에서 유럽의 현재 위치와 상품사슬이 어떻게 관련되어 있는지 질문했다.

나는 이 책이 한국에서 어떤 반향을 일으킬지 예측할 수 없다. 다만 한국의 독자들에게 특별히 한국과 관련된 두 가지 주제를 제시하고 싶다. 우선, 이 책은 한국의 식민지시기를 살핀다는 점이다. 일본 공장을 위해 한국의 농업을 면화 생산으로 전환하고자 했던 일본의 계획을 이야기하는데, 이는 아프리카에서 많은 유럽 국가를 비롯해 중앙아시아에서 러시아가 추진했던 계획과 비슷했다. 또 하나는 다른 나라의 비평가들이 덜 주목한 점이다. 이 책은 글로벌 자본주의의 발전에 국가가 얼마나 중요한 역할을 했는지를 보여주며, 실제로 현대 자본주의는 자본가들과 유래 없이 강력했던 국가의 공동생산물이라고 주장한다. 유럽의 경제발전은 강력한 국가가 있었기에 가능한 일이었다. 한국의 역사와 한국 경제의 놀라운 궤적, 그리고 유럽의 성장에서 국가의 역할을 찾아내려는 많은 경제사학자의 노력을 감안한다면, 유럽이 어떻게 발전했는지에 대해 재해석하고 새로운 비전을 제시한《면화의 제국》이 한국의 역사 자체에 어떠한 반향을 불러일으킬지 자못 궁금하다.

한편, 중요한 것은 이 책이 세계에서 중요한 상품 중 하나에 대한 역사라는 것이다. 이 책은 여러분을 세계 곳곳의 다양한 장소로 안내하며, 어떻게 현재의 세계에 이르게 되었는지 탐색하기 위해 수세기를 거슬러 올라간다. 이 여정을 함께하다 보면 뉴햄프셔 면직물공장의 아동 노동자와 미국 남부에서 노예 감독관을 고용한 뉴욕 상인 가족, 식민지시기의 한국에 면화 재배지를 건설하려는 일본 관리, 작물에 대한 통제권을 유지하기 위해 고군분투하는 서아프리카의 농부, 관세 체제를 둘러싸고 산업가들과 싸우는 브라질의 노예 소유주들, 식민주의가 득세하는 상황에서 국가적 면산업을 건설하려 애쓴 이집트의 산업가들을 만날 수 있다.

이 여행이 여러분에게 즐겁고 유익하기를 바란다.

2018년 10월

스벤 베커트

차례

부록

1860년 1월 말, 맨체스터상공회의소 Manchester Chamber of Commerce 회원들이 연례 모임을 위해 시청사에 모였다. 당시 세계에서 가장 산업화된 도시의 중심에 모인 68명 가운데 유독 눈에 띄는 사람들은 면화상인과 면제조업자였다. 이들은 앞서 80년 동안 맨체스터 주변 농촌을 예전에는 존재하지 않았던 농업과 상업과 산업 생산이 연계된 글로벌 네트워크의 중심으로 변모시켰다. 상인들은 세계 각지에서 원면을 사들여 영국의 공장으로 들여왔다. 세계 면방적기의 3분의 2가 집중되어 있던 그 공장들에서 노동자 군단이 면화에서 실을 뽑고 그 실로 다시 완제품 직물을 생산해냈다. 그다음 판매상들이 그 제품을 전 세계의 시장으로 내보냈다.

모임에 나온 신사들은 축제 분위기에 젖어 있었고, 회장 에드먼드 포터Edmund Potter는 청중을 향해 자신들의 산업이 이룬 "놀라운 성장"과 더불어 "나라 전체의 전반적인 번영, 더 구체적으로는 이 지역의 전반적인 번영"에 이바지한 사실을 역설했다. 그들은 맨체스터, 영국, 유럽, 미국,

중국, 인도, 남아메리카, 아프리카의 상황까지 폭넓은 주제로 토론을 벌였다. 면제조업자 헨리 애시워스Henry Ashworth는 "이전 어느 시대에서 도 유례를 찾을 수 없을 정도로 번창한 사업"이라며 최고의 찬사를 덧붙였다.[1]

제조업자들과 상인들이 자족감에 젖어 거드름을 피운 데는 그럴 만한 이유가 있었다. 그들은 전 세계로 뻗은 면화 제국의 중심에 서 있었으며, 수만 명의 노동자를 거느리고 거대한 방적기와 요란한 방직기를 가동하는 공장의 주인들이었다. 그들은 노예노동으로 운영되는 아메리카의 플랜테이션 농장에서 면화를 확보해 자신들의 공장에서 제품으로 만들어 세계의 가장 외딴 시장에까지 판매했다. 비록 면사와 면직물을 만들고 감독하는 일은 따분하기 이를 데 없었지만, 세계정세를 논할 때 그들은 놀랄 만큼 냉철했다. 그들이 소유한 공장은 시끄럽고 더러웠을 뿐 아니라 말할 수 없이 혼잡하고 너저분했다. 매연으로 검게 그을린 도시에서 사람들이 뿜어내는 고약한 땀 냄새와 인분 냄새를 들이마시며 살아가던 그들은 비록 제국을 운영하긴 했으나 결코 황제처럼 보이지는 않았다.

이보다 100년 전쯤에 그들의 조상이 면화의 제국이라는 생각을 전해 들었다면 아마도 배를 움켜쥐고 웃었을 것이다. 그 시절에 면화는 자그마한 농지에서 재배되어 화롯가에서 가공되었으며, 영국에서 면직물산업은 기껏해야 주변적인 역할밖에 하지 못했기 때문이다. 물론 유럽인들 중에는 프랑스인들 사이에서 '앵디엔indiennes'이라 불리는 아름다운 인도산 모슬린, 친츠, 캘리코 같은 직물들이 런던, 바르셀로나, 르아브르, 함부르크, 트리에스테 항구에 들어온다는 사실을 아는 이들도 있었다. 유럽의 농촌지역에서도 남녀 모두 면화로 실을 잣고 옷감을 짰지만, 그들이 생산한 직물은 동양의 곱디고운 옷감에 비할 것이 못 되었다. 아메리카, 아프리카, 특히 아시아에서는 마나 옥수수, 수수를 재배하면서 사이사이에 면화 씨앗을 뿌렸다. 그들은 가정에서 필요하거나 지배자들의 요구가 있을 때면 실을 잣고 옷감을 짰다. 다른 곳들도 그랬지만, 특히 다카Dhaka, 카노Kano, 테오티우아칸Teotihuacán에서는 사람들이 수세기 동안, 혹은 수천 년 동안 면화로 옷감을 만들고 거기에 아름다운 색을 입혔다. 그렇게 만들어진 옷감들 가운데 일부는 세계 전역에서 거래되었으며, '바람결로 짰다'는 말을 들을 만큼 고운 결을 자랑했다.

1860년에는 여성들이 오두막 안에서 등받이 없는 낮은 의자에 걸터앉아 목재 물레바퀴를 돌리거나 집 밖에 나와 방추와 방적 용기를 사용해서 실을 잣는 대신, 수백만 대의 상용 방적기가 증기엔진과 어린아이들이 대다수인 임금노동자들의 힘으로 하루에 열네 시간까지 가동되며 수백만 파운드의 실을 생산해냈다. 또 가족구성원들이 면화를 경작하고 가내에서 수작업으로 실을 잣고 옷감을 짜는 대신, 수백만 명의 노예가 아메리카의 여러 플랜테이션 농장에서 재배한 면화를 수천 마일 밖에 있는 탐욕스러운 공장들에 공급했다. 그 공장들 역시 면직물의 최종 소비자들과 수천 마일 떨어진 곳에 있었다. 서아프리카에서 생산된 직물을 낙타에 싣고 사하라 사막을 건너는 카라반들 대신, 남아메리카에서 재배된 면화나 영국에서 제조된 면직물을 실은 증기선들이 세계의 바다를 누볐다. 이런 때에 면직물업계 자본가들은 자신들의 업적을 축하하기 위해 한자리에 모여 역사상 처음으로 지구 전체를 아우르며 하나로 통합된 면직물 복합체를 기정사실로 받아들였다. 설사 그 세계가 자신들의 도움으로 아주 최근에야 창조된 것에 불과했을지라도 말이다.

그러나 1860년 이후의 미래는 과거만큼이나 의외였다. 만약 그다음 세기에 면화의 세계가 얼마나 빠르게 변할지를 전해 들었다면, 제조업자와 상인들 모두가 헛웃음을 지었을 것이다. 1960년이 되면 대량생산된 면사와 직물이 그랬던 것처럼 면화도 대부분이 다시 아시아, 중국, 소련, 인도로 되돌아왔다. 방적공장은 유럽의 나머지 지역과 뉴잉글랜드는 물론이고 영국 안에도 거의 남아 있지 않았다. 맨체스터, 뮐루즈, 바르멘, 로웰 등 과거 면공업 중심지였던 도시에는 폐허로 방치된 공장들이 즐비하고, 실직한 노동자들이 하릴없이 어슬렁거렸다. 말이 났으니 말이지만, 한때 면직물업계의 가장 중요한 단체 가운데 하나였던 리버풀면화협회Liverpool Cotton Association는 1963년에 협회의 기물을 경매 처분했다.[2] 면화의 제국은 그렇게 붕괴했다. 적어도 유럽이 지배했던 지역에서는 말이다.

이 책이 다루는 것은 한때 유럽이 지배했던 면화 제국의 흥망성쇠에 관한 이야기이지만, 면화의 중요성을 감안하면 그것은 지구 전체를 아우르는 자본주의의 형성과 재편에 관한 이야기이자, 그에 따른 근대 세계의 형성과 재편에 관한 이야기이다. 전 지구적 분석에서 얻은 전망을 토대로, 우리는 어떻게 그토록 짧은 기간 안에 유럽의 진취적인 기업가와 유력 정치인 들이 제국의 팽창과 노예노동에 새로운 기계와 임금노동자를 결합시켜 세계에서 가장 중요한 제조업을 재창조했는지 알게 될 것이다. 그들이 만들어낸 무역과 생산, 소비의 아주 특별한 조직들은 수천 년 동안 존재해온 이질적인 여러 면화의 세계를 붕괴시켰다. 그들은 면화에 생명력을 불어넣었고, 세계 변혁의 에너지를 투입했으며, 그런 다음 면화를 지렛대 삼아 세계를 변화시켰다. 면화라는 오래된 작물의 생물학적 혜택과 아시아, 아프리카, 아메리카에서 오랫동안 이어온 산업기술과 거대시장을 차지한 유럽의 기업가와 정치인 들은 엄청난 규모와 힘을 가진 면화의 제국을 건설했다. 그러나 그들이 거둔 놀라운 성공이 결국 그들이 만든 제국 안에서 그들을 주변부로 몰아낼 힘을 깨웠다는 점은 역설적이다.

이러한 과정에서 수백만 명의 사람들이 서서히 전 세계로 확장되는 면화 재배지에서 일하며 억센 목화 줄기에 달린 수십억 개의 목화송이를 수확하고, 면화 꾸러미를 마차에 실어 배로 옮긴 뒤 다시 배에서 기차로 옮겨 실었으며, 뉴잉글랜드부터 중국에 이르기까지 곳곳에 있던 '악마의 공장'에서 때로는 아주 어린 나이임에도 일을 하며 일생을 보냈다. 여러 국가가 비옥한 면화 재배지를 차지하기 위해 전쟁을 벌였고, 플랜테이션 농장주들은 이루 말할 수 없이 많은 사람에게 족쇄를 채웠으며, 고용주들은 직공들의 유년시절을 앗아갔다. 새로운 기계의 도입으로 오래된 산업 중심지에서는 인구가 줄었고, 노예든 자유인이든 간에 노동자들은 자유와 생계비를 얻기 위해 투쟁을 벌였다. 얼마 안 되는 땅에다 식량과 면화를 함께 재배하며 생계를 이어온 사람들은 이제 자신들의 오랜 생활방식의 마지막 순간을 지켜보아야 했다. 그들은 농기구를 뒤로한 채 공장으로 향했다. 세계 여러 지역에서 베틀로 손수 옷감을 짜고 옷을 지어 입던 많은 사람이 이제 기계에서 쉼 없이 쏟아져 나오는 제품들에 압도되어 초라해진 자신들의 생산물을 지켜보아야 했다. 그들은 물레를 떠나 들판으로 향했으며, 곧이어 끝없는 압력과 부채의 악순환에 빠졌다. 면화의 제국에서는 처음부터 노예와 플랜테이션 농장주, 상인과 정치인, 농부와 상인, 노동자와 공장주 사이에서 전 지구적 규모의 투쟁이 끊임없이 벌어졌다. 다른 많은 부분에서와 마찬가지로 면화의 제국 역시 근대 세계를 예고했다.

오늘날에는 면직물이 어디에나 있는 탓에 그것이 인류의 가장 위대한 업적 가운데 하나라는 사실을 깨닫기가 쉽지 않다. 이 글을 읽고 있는 이 순간 어쩌면 당신은 마침 면직물로 만든 옷을 입고 있을지도 모른다. 하지만 목화 줄기에서 목화송이를 따본 일도 없을 테고, 면섬유의 가늘고 여린 가닥을 본 적도 없을 것이다. 물론 뮬방적기와 역직기가 내는 끼잉음을 들어보지도 못했을 것이다. 면화는 친숙하지만 또 그만큼 낯설기도 하다. 우리는 면화가 항상 곁에 있다는 사실을 당연하게 여긴다. 면속옷을 입고, 면이불을 덮고 잠들며, 면포대기로 갓난아기를 감싼다. 면화는 우리가 사용하는 지폐에도 들어 있다. 아침마다 잠을 깨는 데 도움을 주는 커피 필터, 요리에 사용하는 식물성 기름, 세수할 때 사용하는 비누, 전쟁에 사용하는 화약도 모두 면화를 이용해 만든 것들이다(실제로 알프레드 노벨은 1887년에 니트로글리세린과 '면화약guncotton[니트로셀룰로오스]'을 결합시켜 발리스타이트ballistite[무연화약]라는 이름의 새로운 폭발물을 개발하여 영국에서 특허를 받았다). 면화는 우리 손에 들린 책의 구성 요소 가운데 하나이기도 하다.

1000~1900년까지 900여 년 동안 면직물산업은 세계에서 가장 중요한 제조업이었다. 이제는 다른 산업들에 추월당했지만, 고용과 글로벌 무역의 차원에서 면직물산업은 여전히 중요하다. 2013년에는 전 세계적으로 최소 180kg 무게의 꾸러미 1억 2,300만 개 분량의 면화가 생산되었다. 이 정도 양이면 살아 있는 모든 사람에게 티셔츠를 20장씩 만들어줄 수 있다. 이 꾸러미들을 쌓아올리면 6만 4,000km 높이의 탑이 되고, 옆으로 늘어놓으면 지구를 한 바퀴 반쯤 감을 수 있는 양이다. 중국, 인도, 미국, 서아프리카, 중앙아시아에 엄청난 규모의 면화 플랜테이션 농장들이 분포하는데, 그 농장들에서 생산된 면화는 단단히 꾸러미로 묶여 지구 곳곳의 수십만 명의 노동자가 고용된 여러 공장으로 운송된다. 공장에서 만들어진 완제품은 외딴 농촌 마을의 상점부터 월마트 같은 대형 할인점에 이르기까지 곳곳에서 판매된다. 면직물은 그 자체의 유용성은 물론이고 인간의 생산성과 소비를 엄청나게 확대시킨 자본주의의 위력을 입증할 정도로, 인간이 만든 것으로는 보기 드물게 어디에나 활

용할 수 있는 제품이다. "면직물은 우리 삶의 바탕이다"라고 한 미국의 어느 광고 문구는 이 점을 꽤 정확히 알려주었다.[3]

할 수 있다면 잠시 시간을 갖고 면직물이 없는 세상을 상상해보라. 당신은 아침에 모피나 짚으로 덮인 침대에서 잠을 깰 것이다. 기후에 따라, 혹은 재력에 따라 모직물이나 리넨 혹은 비단으로 지은 옷을 입을 것이다. 그런데 이런 직물들은 세탁이 까다롭고 가격도 비싼 탓에, 아니면 손수 만들어 입어야 하는 탓에 옷을 자주 갈아입지 못할 것이다. 그 옷은 껄끄럽고 냄새도 날 것이다. 또 면직물과 달리 양모를 비롯한 다른 천연섬유들은 염색이 잘 안 되는 탓에 주로 단색 옷을 입게 될 것이다. 그리고 당신은 양들에게 둘러싸일 것이다. 현재 세계 면화 수확량과 동일한 양의 양모를 생산하려면 대략 70억 마리의 양이 필요한데, 그만한 수의 양을 방목하려면 7억 헥타르의 토지가 필요하다. 이는 오늘날 유럽연합EU 표면적의 1.6배에 해당하는 면적이다.[4]

지금은 상상하기도 어려운 일이다. 그런데 유라시아의 서쪽 끄트머리에서는 아주 오랫동안 면직물이 없는 세계가 일상적이었다. 그곳은 바로 유럽이다. 유럽에 면직물이 전혀 없었던 것은 아니지만 19세기까지 직물의 생산과 소비에서 면직물은 여전히 부차적인 위치에 머물러 있었다.

세계에서 면직물과 가장 동떨어진 지역이었던 유럽이 어떻게 면화의 제국을 창조하고 지배하게 되었을까? 합리적으로 사고하는 관찰자라면 세계의 면 생산이 1700년경에는 인도나 중국에 집중되어 있었다고 짐작했을 것이다. 실제로 1780년까지 이 두 국가가 유럽이나 북아메리카보다 훨씬 더 많은 양의 면화와 면직물을 생산했다. 하지만 상황이 바뀌었다. 유럽의 자본가들과 여러 국가는 놀라울 정도로 재빠르게 면산업의 중심으로 파고들었다. 그들은 새로 얻은 지위를 이용해 산업혁명에 활기를 불어넣었다. 중국과 인도는 세계 여러 지역과 마찬가지로 유럽을 주축으로 한 면화의 제국에 종속되었다. 유럽인들은 역동적인 면산업을 발판으로 삼아 다른 산업들을 창조해냈다. 실제로 면산업은 더 폭넓은 산업혁명을 위한 도약대가 되었다.

리즈Leeds에서 신문사를 경영하던 에드워드 베인스Edward Baines는 1835년에 면산업을 가리켜 "산업 연대기에서 이제껏 볼 수 없었던 광경"이라고 칭하며, 연구자들에게는 이를 분석하는 일이 "전쟁과 왕조"를 연구하는 것보다 더 "심혈을 기울일 만한 일"이라고 주장했다. 나 역시 같은 생각이다. 앞으로 살펴보겠지만, 면화를 따라가다 보면 우리는 근대 세계의 기원과 마주할 뿐만 아니라 산업화와 빠르고 지속적인 경제성장, 생산성의 엄청난 증대, 사회적 불평등의 기원과도 마주하게 될 것이다. 역사가, 사회과학자, 정책 결정자, 그리고 온갖 부류의 이론가 들이 이 같은 기원들을 파악하느라 골머리를 앓았다. 그리고 그 가운데 특히 까다로웠던 문제는 수천 년에 걸친 더딘 경제성장 끝에 18세기 말에 왜 극소수의 사람들이 갑작스레 엄청난 부를 거머쥐었는지를 파악하는 일이었다. 이 무렵 수십 년 사이에 산업화된 국가와 그렇지 않은 국가, 식민자와 피식민자, 북반구 선직국과 남반구 개발도상국이 갈라지기 시작하면서 지금까지도 현 세계의 구조적 특징으로 자리 잡은 엄청난 분리가 일어났다. 학자들은 이때를 가리켜 '대분기great divergence'라고 부른다. 그리고 이와 관련해서 거창한 주장들이 펼쳐지곤 하는데, 어떤 주장은 지극히 비관적이고 또 어떤 주장은 희망적이다. 그러나 나는 이 책에서 이 난제에 대해 기본적으로 지구 전체를 아우르는 역사적 접근법을 취할 것이다. 그리고 '대분기'가 시작된 바로 그 순간에 등장한 산업을 조사하는 일부터 시작할 것이다.[5]

면산업과 아주 현실적이고 때로 모질기까지 했던 면산업의 발전에 초점을 맞추어보면 많은 관찰자가 당연하다고 여기는 설명들이 의심스러워 보인다. 예컨대 유럽인들의 더 합리적인 종교적 믿음이나 계몽사상의 전통, 또는 그들이 살고 있는 유럽 대륙의 기후나 지리, 잉글랜드 은행이나 법치주의 같은 유익한 제도들 덕분에 유럽이 가히 폭발적인 경제발전을 이룰 수 있었다는 설명에 의구심을 품게 된다. 그처럼 본질적이고 변경 불가능한 표상들로는 면화의 제국이 걸어온 역사를 풀어낼 수 없으며, 끊임없이 변화하는 자본주의의 구조도 설명할 수 없다. 그리고 그런 주장들이 틀린 경우도 허다하다. 최초의 산업국가인 영국은 흔히 묘사되는 것처럼 그렇게 신뢰할 만하고 공정한 제도를 갖춘 효율적인 자유주의 국가가 아니었다. 오히려 어마어마한 군사비를 지출하며 거의 지속적인 전쟁 상태에 놓여 있었으며, 강력하고 간섭주의적인 관료제와 높은 세금, 치솟는 정부부채와 보호관세가 특징을 이루는 제국이었다. 분명 민주적이지도 않았다. '대분기'를 근거로 하는 설명들에 내포된 문제는 특정 지역이나 국가 안에서 발생하는 사회 계급 간의 갈등에만 초점을 맞춘다는 점이다. 반면, 이 책에서 나는 전 지구적 관점을 수용할 것이다. 그리하여 자본의 힘과 국가의 힘을 결합시킨 유럽인들이 주로 폭력적인 방법을 사용해 어떻게 전 지구적 규모의 생산단지를 조성했는지, 그리고 면산업의 자본, 기술, 네트워크, 제도 등을 이용해 어떻게 근대 세계의 특징인 기술력과 부의 비약적 발전을 이룩했는지 보여줄 것이다. 한마디로 이 책은 자본주의의 과거를 돌아봄으로써 실제로 작동했던 자본주의의 역사를 제시할 것이다.[6]

자본주의의 역사를 기술한 기존의 많은 저술과 달리, 이 책은 세계의 한 지역에 국한해 설명하지 않는다. 그 대신, 전 지구적 틀을 적용해 자본주의의 역사를 이해하고자 하는데, 이는 자본주의를 제대로 이해하는 유일한 길이다. 지구 전체를 관통하는 자본과 인력, 상품과 원료의 이동, 서로 동떨어진 세계 여러 지역 사이에 조성된 관계들이야말로 자본주의의 거대한 변환을 이끌어낸 핵심이자 이 책의 핵심이다.

세계가 그토록 빠르고 철저하게 재창조될 수 있었던 것은 생산과 무역, 소비를 조직하는 새로운 방식이 등장했기 때문이다. 그리고 이 새로운 방식의 핵심에는 노예제, 원주민 약탈, 제국의 팽창, 무력을 동원한 교역, 사람과 토지를 장악한 기업가가 있었다. 나는 이런 체제를 전쟁자본주의*war capitalism*라고 부른다.

오늘날 우리가 인정하는 글로벌화한 대량생산 형태의 자본주의는 1780년경 산업혁명과 함께 출현했다는 것이 일반적으로 통용되는 생각이다. 그러나 전쟁자본주의는 16세기부터 발전하기 시작하여 기계와 공장보다 먼저 등장했다. 그리고 전쟁자본주의는 공장이 아니라 들판에서 번성했으며, 기계화가 아니라 토지에 집중되고 노동집약적이었으며, 아프리카와 아메리카에서 토지와 노동의 폭력적인 약탈에 의존했다. 이런 약탈행위로 일군 엄청난 부와 새로운 지식으로 유럽의 제도와 국가가 강화되었으며, 이 모두는 19세기까지, 그리고 이후 유럽이 이룬 놀라운 경제발전의 중요한 전제조건이 되었다.

많은 역사가가 이 시대를 '상인'자본주의 또는 '상업'자본주의의 시대라고 일컬었지만, 유럽 제국의 팽창과 자본주의의 긴밀한 관계는 물론, 그 민낯과 폭력성을 더 잘 표현하는 것은 '전쟁자본주의'라는 용어다. 제대로 평가받지 못하는 경우가 많지만, 전쟁자본주의는 자본주의의 발전에서 특히 중요한 국면이었으며 장소의 구성과 관계가 끊임없이 변화하며 꾸준히 전개되었다. 몇몇 지역에서는 19세기까지도 건재했다.

자본주의를 생각할 때 우리는 흔히 임금노동자를 떠올린다. 하지만 초기 자본주의는 자유노동이 아니라 노예노동에 기반했다. 산업자본주의라고 하면 우리는 계약과 시장을 먼저 떠올리지만 초기 자본주의는 거의 폭력과 신체적 구속에 의지했다. 근대의 자본주의는 재산권을 우선시하지만, 초기 자본주의의 특징은 확고한 소유권과 대규모 약탈이었다. 오늘날의 자본주의는 국가를 등에 업은 강력한 제도와 법의 지배에 의지한다. 전 세계로 뻗은 제국을 창조하기 위한 최종 단계에서는 국가의 힘이 필요했을지 몰라도, 초기 단계에서 자본주의는 노예주의 노예 지배나 변방 자본가의 원주민 지배에서 볼 수 있듯이 개인의 자의적 행동에 의지하는 경우가 많았다. 전쟁자본주의가 지극히 공격적인 방식으로 해외에 진출해 축적한 결과물 덕분에, 유럽인은 여러 세기를 이어온 면화의 세계들을 장악할 수 있었고, 맨체스터를 중심으로 이 세계들을 하나의 단일 제국으로 합칠 수 있었으며, 오늘날 우리가 당연하게 여기는 글로벌 경제를 고안해낼 수 있었다.

그러므로 행정, 군사, 사법, 기반시설에서 엄청난 역량을 갖춘 강력한 국가의 존재가 특징인, 그래서 우리에게 더 친숙한 산업자본주의는 전쟁자본주의를 토대로 발전한 것이다. 처음에 산업자본주의는 여전히 노예제 및 토지 약탈과 긴밀히 연결되어 있었지만, 임금노동부터 재산권에 이르기까지 산업자본주의의 모든 제도에 힘이 실리자 세계의 폭넓은 지역에서 노동, 원료, 시장, 자본을 완전히 새로운 형태로 통합해낼 수 있었다.[7] 그리고 이런 새로운 형태의 통합 덕분에 자본주의의 혁명이 세계 구석구석에 파고들 수 있었다.

근대 세계가 충분히 발달했을 때 면화는 세계무역을 지배하게 되었다. 유럽과 북아메리카에서는 방적공장이 다른 모든 형태의 제조업을 압도했다. 면화 재배는 19세기 오랜 기간 동안 미국 경제를 지배했다. 제조업의 새로운 양식들이 처음 등장한 것도 면산업에서였으며 공장 자체도 면산업의 발명품이었다. 그리하여 노예노동에 기댄 미국의 농업과 유럽 전역의 제조업이 연결되었다. 유럽에서 수십 년 동안 가장 중요한 산업 부문이었던 면산업은 거대 이윤의 원천이 되었고, 결국 유럽 경제에서 다른 부문들의 성장을 뒷받침했다. 또한 면은 미국, 이집트, 멕시코, 브라질, 일본, 중국 등 사실상 세계 모든 지역에서 산업화의 요람이 되었다. 동시에 유럽이 세계 면산업을 지배한 결과, 세계의 다른 많은 지역에서도 산업화의 물결이 일었고 글로벌 경제로 향하는 다른 종류의 새로운 통합이 가능해졌다.

게다가 1780년대에 영국에서 구축되기 시작한 산업자본주의가 19세기 초반 수십 년 동안 유럽 대륙과 미국으로 확대되면서 이를 포용한 국가와 자본가 들이 엄청난 힘을 얻었을 때에도, 산업자본주의는 면화의 제국에 한층 더 큰 변화의 씨앗을 뿌렸다. 산업자본주의가 확산되면서 자본 자체가 특정 국가들과 결합한 것이다. 그리고 국가가 어느 때보다 중요한 역할을 자임하며 가장 지속적이고 강력한 기구로서 빠르게 부상하자 노동의 규모와 힘 역시 커졌다. 자본가들이 국가에 의존하고 국가가 국민에게 의지하면서, 밤낮 없이 공장 바닥에서 자본을 창출하던 노동자들도 힘을 얻었다. 19세기 후반에 이르러서는 노동자들이 집단 움직임을 보이며 노동조합과 정당을 결성했고, 수십 년에 걸쳐 서서히 임금과 노동조건을 개선해나갔다. 이는 결국 생산비용의 증가로 이어졌고, 그 결과 세계 다른 지역의 저임금 노동자들에게 일자리가 열렸다. 20세기 전환기에 산업자본주의의 모델은 근대화를 담당한 엘리트들의 환영을 받으며 다른 국가들로 이전되었다. 그 결과 면산업은 유럽과 뉴잉글랜드를 떠나 그 진원지였던 남반구 개발도상국들로 되돌아갔다.

누군가는 여기서 면화의 제국을 뒷받침하는 주장들이 왜 다른 상품들에는 적용되지 않는지 궁금해할 것이다. 무엇보다 1760년 이전에도 유럽인은 세계의 열대 지역과 아열대 지역에서 사탕수수, 쌀, 고무, 인디고를 비롯한 여러 상품을 광범위하게 거래했다. 그러나 이런 상품들과 달리 면화는 경작지와 공장이라는 두 단계의 노동집약적 생산과정을 거쳐야 했다. 사탕수수와 담배는 유럽에서 대규모 산업 프롤레타리아 계급을 양산하지 않았지만 면화는 그랬다. 담배는 새로운 거대 제조기업의 등장을 초래하지 않았지만 면화는 그랬다. 인디고를 재배하고 가공하는 과정은 유럽의 제조업자들에게 거대한 새 시장을 제공하지 않았지만 면화는 그랬다. 아메리카에서 쌀 경작은 노예제와 임금노동의 폭발을 가져오지 않았지만 면화는 그랬다. 그 결과 면산업은 다른 어떤 산업과도 다르게 세계 전역에 널리 분포했다. 새로운 방식으로 여러 대륙을 연결한 면화는 근대 세계를 이해할 열쇠를 제공하는 것은 물론이고, 근대 세계의 특징인 심각한 불평등과 글로벌화의 오랜 역사, 끊임없이 변화하는 자본주의의 정치경제를 이해할 수 있는 열쇠도 함께 제공한다.

우리가 면화의 중요성을 제대로 깨닫지 못하는 이유는 우리의 집단 기억 속에서 탄광이나 철도, 거대한 제철소처럼 산업자본주의를 더 확실히 보여주는 직접적인 이미지들에 가려져 면화가 제대로 보이지 않기 때문이다. 우리는 근대 산업과 세계 곳곳의 원료 생산자와 시장 사이의 관계를 간과한 채 도시와 유럽, 북아메리카에서 이룬 근대 산업의 기적에만 초점을 맞추는 탓에 농촌의 중요성을 놓치고 만다. 우리는 대체로 더 고귀하고 깨끗한 자본주의를 열망하며 자본주의 역사에서 노예제, 약탈, 식민주의 현실을 지우려고 한다. 우리는 산업자본주의를 남성이 주도한 것으로 기억하려는 경향이 있지만 면화의 제국은 주로 여성의 노동으로 구축되었다. 자본주의는 여러 측면에서 해방의 동력이었으며, 현대적 삶의 많은 부분의 토대가 되었다. 우리는 경제적인 측면뿐 아니라 감정과 이데올로기의 측면에서도 자본주의에 의지하고 있다. 때로는 불편한 진실을 외면하는 편이 더 쉬운 법이다.

19세기 관찰자들은 세계의 재편 과정에서 면화가 담당했던 역할을 잘 인식하고 있었다. 어떤 이들은 새로운 글로벌 경제가 발휘하는 놀라운 변화의 힘에 찬사를 보내기도 했다. 1860년 맨체스터에서 발행된《면화 공급 동향 보고서Cotton Supply Reporter》의 호들갑스러운 표현처럼, "면화는 금세기에 인류 문명을 위해 작동하는 수많은 거대한 힘을 주도할 운명이었던 모양이다. …… 면화무역과 더불어 면화는 현대판 '세계의 불가사의' 가운데 하나가 되었다."[8]

면화는 작물로서만 보면, 세계의 불가사의 후보로 올리는 것은 가당치도 않다. 초라하고 보잘것없는 식물인 면화는 자라는 형태와 크기도 다양하다. 유럽이 주도하는 면화의 제국이 생겨나기 전 세계 곳곳에서는 여러 민족이 저마다 다른 종류의 면화를 재배했다. 남아메리카인들이 재배한 해도면海島綿, G. barbadense은 솜털이 있는 작은 관목으로, 노란색 꽃이 피고 장섬유 솜이 난다. 반대로 인도의 농부들이 재배했던 수면樹綿, G. arboreum은 높이가 1.8m에 이르는 교목으로, 노란색이나 보라색 꽃이 피고 단섬유 솜이 난다. 아프리카에서는 가장 대표적인 품종인 초면草綿, G. herbaceum이 잘 자랐다. 19세기 중반이 되면 아메리칸 업랜드American upland로도 알려진 육지면陸地綿, G. hirsutum이 면화의 제국을 지배했다. 1836년 앤드루 어Andrew Ure는 중앙아메리카 원산의 육지면을 다음과 같이 묘사했다. "60cm에서 90cm쯤 자라면 솜털이 있는 곁가지들이 뻗는다. 세 갈래나 다섯 갈래로 갈라진 잎사귀 뒷면에는 솜털이 있다. 위쪽 잎사귀는 가장자리가 매끈한 하트 모양이고 잎자루는 벨벳 같다. 꽃은 가지 끝에 피고 조금 어두운 색을 띤다. 타원형의 열매는 네 개의 방으로 나뉘어 있으며, 다 자라면 사과만 한 크기가 된다. 그 속에서 비단결처럼 고운 솜이 나오는데, 아주 높은 가격에 거래된다."[9]

　이 보송보송한 흰 섬유가 이 책의 핵심이다. 이 식물 자체가 역사를 만들지는 않았지만, 우리가 조심스럽게 귀를 기울인다면 인도의 방직공, 앨라배마의 노예, 나일강 삼각주 지역 여러 도시의 그리스 상인, 랭커셔의 고도로 조직된 숙련노동자 등 세계 전역에서 면화와 함께 일생을 보낸 사람들의 이야기를 들을 수 있을 것이다. 면화의 제국은 그들의 노동과 상상력, 기술로 건설되었다. 1900년이면 대략 전 세계 인구의 1.5%에 해당하는 수백만 명의 남성, 여성, 어린이가 면산업에 종사하며 면화를 재배하거나 운반하고 직물을 생산했다. 19세기 중반 매사추세츠주의 면제조업자 에드워드 앳킨슨Edward Atkinson이 했던 말은 전적으로 옳았다. "과거 다른 어떤 작물도 역사와 토지제도에 이토록 강하고 해로운 영향을 끼친 적이 없었다. 그리고 어쩌면 이보다 더 미래의 물질적 번영을 좌우하게 될 작물도 없을 것이다." 이는 미국과 미국 노예제의 역사를 두고 한 말이었지만 세계 전체에도 그대로 적용될 수 있을 것이다.[10]

　이 책은 면화를 따라 들판에서 배로, 상인 회사에서 공장으로 향한다. 그리고 면화를 수확하는 사람들에서 출발해 방적·방직공, 소비자에게로 향한다. 이 책은 브라질의 면화 역사를 미국의 면화 역사와 분리하지 않고, 영국의 면화 역사를 토고의 면화 역사와 분리하지 않으며, 이집트의 면화 역사를 일본의 면화 역사와 분리하지도 않는다. 면화의 제국을 만들었을 뿐만 아니라 바로 그 제국이 만든 수많은 장소와 사람을 분리하지 않고 연결할 때에야 비로소 면화의 제국을 이해할 수 있으며, 그와 더불어 근대 세계를 이해할 수 있다.[11]

　내가 주로 관심을 갖는 것은 이질적인 것들의 결합이다. 19세기에 지구 전역에서 거래된 중요 상품이었던 면화는 거의 연금술에 가까운 비술을 동원해 노예제와 자유노동, 국가와 시장, 식민주의와 자유무역, 산업화와 탈산업화 등 상반된 듯이 보이는 것들을 결합시켜 부로 변환했다. 면화의 제국은 플랜테이션 농장과 공장, 노예와 임금노동자, 식민자와 피식민자, 철도와 증기선, 요컨대 토지·노동·운송·제조·판매를 망라한 글로벌 네트워크에 의지했다. 리버풀면화거래소는 미시시피의 면화 플랜테이션 농장주들에게 큰 영향을 끼쳤고, 알자스의 방적공장들은 랭커셔의 방적공장들과 긴밀히 연결되었으며, 뉴햄프셔나 다카에서 수직기를 다루는 방적공들의 미래는 맨체스터-리버풀 간 철도의 건설과 보스턴 상인의 투자 결정, 워싱턴과 런던의 관세정책 같은 여러 요인에 달려 있었다. 오스만 제국이 농촌에 행사한 힘은 서인도 제도의 노예제 발달에 영향을 끼쳤다. 또 미국에서 막 해방된 노예들의 정치활동이 인도 농사꾼들의 삶에 영향을 주었다.[12]

이런 변화무쌍한 대립적 관계들 속에서 우리는 면화가 어떻게 자본주의를 탄생시키고, 이후 그것을 재편했는지 알 수 있다. 몇 세기 동안 전 세계에 걸쳐 면화와 자본주의가 함께 지나온 궤적을 탐구하다 보면 우리는 어떤 상태의 자본주의도 영속적이거나 안정적이지 않다는 사실을 새삼 깨닫게 된다. 자본주의의 역사에서 새로운 순간은 모두 새로운 불안을, 심지어 새로운 모순을 야기하면서 거대한 공간적·사회적·정치적 재편을 촉진했다.

면산업에 관한 글쓰기에는 오랜 역사가 있다. 사실 면산업은 인간의 모든 산업 가운데 가장 많이 연구된 부문일지 모른다. 도서관에 가면 아메리카 노예 플랜테이션 농장에 관한 자료를 비롯해 영국, 프랑스, 독일, 일본의 초창기 면공업 관련 자료들, 서로 연계되어 있던 상인들에 관한 자료들이 넘쳐난다. 그러나 이런 다양한 역사를 연결하려는 노력은 찾아보기 힘들다. 아마도 거의 두 세기 전인 1835년에 에드워드 베인스가 쓴 《대영제국 면공업의 역사History of the Cotton Manufacture in Great Britain》가 그런 노력으로는 가장 성공적인 사례일 것이다. 그 책에서 베인스는 이런 결론을 내린다. "이렇게 표현해도 좋을 듯하다. …… 내가 그 주제에 관심을 갖게 된 것은 단순히 내가 묘사하려고 한 산업 분야, 곧 면산업의 엄청난 규모 때문만은 아니다. 이 나라와 세계 모든 지역 사이에서 면산업이 확립한 엄청난 규모의 교류 역시 나의 관심을 자극했다."[13] 베인스의 결론을 전적으로 받아들이는 것은 아니지만 그의 열정과 전 지구적 관점에는 나 역시 공감한다.

베인스는 면화 제국의 중심부 가까이에 살았던 리즈의 신문 편집자로서 이 문제에 대해 전 지구적 관점을 취할 수밖에 없었다.[14] 그러나 면화에 관심을 갖는 전문 역사가들은 거의 언제나 면화의 역사에서 지엽적이고 지역적이며 국가적인 측면에 초점을 맞추었다. 그런데 그런 지엽적인 이야기들이 모여 만들어진 거대한 재편의 이야기, 곧 농업 부문의 노동 체제에서 일어난 전 지구적 규모의 대대적인 변동, 국가주의 엘리트들이 추진한 국가 강화 기획의 확산, 그리고 무엇보다 노동 계급의 집단행동에 따른 영향을 이해하는 일은 오직 전 지구적 관점을 통해서만 가능하다.

이 책 《면화의 제국》은 면화에 관한 방대한 양의 기존 문헌들에 의거했지만 새로운 틀을 사용했다. 따라서 글로벌화를 두고 생생하기는 하지만 어리석을 정도로 현재적 관점에서 진행되는 대화를 바로잡는 데 도움이 될 수 있을 것이다. 그리고 자본주의의 역사에서 전 지구적으로 새로운 국면을 발견했다며 호들갑을 떠는 주장들에 이의를 제기할 것이다. 그리고 자본주의는 시작된 순간부터 줄곧 지구 전체를 아우르는 것이었으며, 세계 경제의 공간 배열에서 나타난 유동성은 지난 300년 동안 지속된 일반적 속성이었음을 보여줄 것이다. 이 책은 또한 널리 퍼진 믿음과 다르게, 자본주의 역사에서 글로벌화의 과정과 국민국가의 요구가 서로 충돌하지 않았으며 오히려 서로를 강화했다는 점을 논증할 것이다. 우리 시대를 가리켜 과거와 완전히 단절한 새로운 글로벌 시대라고 말할 수 있다면, 그것은 세계의 연결이 예전보다 더 긴밀해져서가 아니다. 그보다는 자본가들이 이제 비로소 과거 그들을 등장시킨 국가로부터 벗어날 수 있게 되었기 때문이다.

이 책의 영문 부제 'A Global History'가 시사하는 바와 같이, 이 책은 국가를 초월한 전 지구적 공간의 틀로 역사를 다시 바라보고 재고하려는 노력일 뿐 아니라 최근 역사가들 사이에서 진행되고 있는 더 큰 대화의 일환이기도 하다. 하나의 전문 분야로서 역사학은 국민국가와 나란히 등장했으며 국민국가의 형성에 중요한 역할을 했다. 그러나 역사가들은 국민국가의 관점을 취함으로써 특정 국가의 영토 안에서 사건과 사람, 과정으로부터 이끌어낼 수 있는 설명에 만족한 채 국가 경계를 초월하는 관계들의 중요성을 놓치는 경향이 있다. 이 책은 시야를 넓혀 정치적 경계를 초월한 네트워크와 정체성과 과정에 초점을 두고서 '국민국가적' 관점과 균형을 맞추려는 노력에 기여하고자 한다.[15]

면화라는 하나의 특정 상품에 초점을 맞추어 그것이 어떻게 재배되고, 운송되고, 투자되고, 제조되고, 판매되고, 소비되었는지를 추적함으로써 우리는 여러 민족과 장소 사이에 조성된 다양한 관계를 볼 수 있을 것이다. 만약 우리가 국가의 경계 안에 머무는 더 전통적인 연구를 고수했다면 여전히 주변부에 머물고 말았을 그런 관계들 말이다. 가령 미국의 남북전쟁 같은 구체적인 사건, 오사카 방적공장 같은 어떤 장소, 면화를 재배하는 서인도 제도의 노예 같은 한 집단에 초점을 맞추는 대신, 혹은 농사꾼이 산업계의 임금노동자로 변신하는 것 같은 어떤 과정에 초점을 맞추는 대신, 이 책은 면화라는 한 상품의 일대기를 입구로 삼아 우리 세계의 역사에 관한 아주 중요한 몇 가지 질문들 속으로 파고들 것이다. 그리하여 엄청난 결과를 낳은 하나의 역사, 곧 자본주의의 역사를 재해석할 것이다.[16]

우리는 이제 5,000년의 인류 역사를 지나는 여행길에 오르려 한다. 우리는 이 책 전체를 통해 면화라는 보잘것없는 하나의 상품을 살펴볼 것이다. 근대 세계가 어디서 비롯되었는가 하는, 거대한 수수께끼를 풀기 위해서다. 여행은 현재 멕시코에 위치한 작은 농촌 마을에서 시작될 것이다. 우리 세계와 전혀 다른 모습이었던 그곳에서 면화가 꽃을 피운다.

1 장

전 지구적 상품의 등장

→ 면화로 실을 잣는 아스텍족 여성.

오늘날 멕시코라고 불리는 태평양 연안을 따라 늘어선 10여 곳의 작은 마을에서 500년 전 사람들은 옥수수, 콩, 호박, 고추를 재배하며 살았다. 북으로는 리오 산티아고, 남으로는 리오 발사스에 이르는 지역에 거주한 그들은 어류를 잡거나 게, 조개류, 꿀, 밀랍 등을 채집했다. 또 생계를 위해 농사도 지었고, 간단한 수공품들을 만들어 사용했다. 그들이 만든 물건 가운데 가장 널리 알려진 것은 기하학적 무늬로 장식된 작은 채색 도자기다. 그곳에서는 남성과 여성 모두 작은 솜뭉치 같은 흰색 다래를 맺는 작물도 재배했다. 그 작물은 식용은 아니었지만 그들이 재배하는 것 가운데 가장 값진 작물이었다. 그들은 이 작물을 '이치카틀ichcatl'●, 곧 면화라고 불렀다.

면화는 옥수수들 사이에서 잘 자랐다. 마을 사람들은 해마다 가을걷이가 끝나면 피라미드 모양으로 허리 높이까지 자라는 이 식물에서 부

● 멕시코 중앙 고원 나우아족의 언어인 나우아틀어로 '암컷 양'을 뜻한다.

드러운 솜뭉치를 채집해, 바구니와 자루에 가득 담아 진흙과 수숫대를 엮어 만든 오두막으로 가져갔다. 그리고 집 안에서 손으로 일일이 솜뭉치의 씨앗을 빼낸 뒤 솜뭉치를 손바닥에 올려놓고 두드려 부드럽게 만든 다음, 빗질을 해서 일정한 길이의 가닥으로 만드는 작업을 했다. 이어서 도기로 된 가락바퀴(방추차)를 끼운 가느다란 나무 방추와 방추가 돌아가도록 받쳐주는 우묵한 용기를 사용하여, 빗질한 솜 가닥에서 희고 고운 실을 뽑았다. 그런 다음 날실들을 건 막대 두 개로 간단하게 이루어진 허리띠 베틀backstrap loom로 옷감을 짰는데, 그 방식은 다음과 같았다. 먼저 막대 하나는 나무에 매달고 다른 하나는 허리띠를 이용해 직공의 몸에 걸고서 몸무게를 실어 날실을 당기면서 쉼 없이 춤을 추듯 날실 사이로 씨실을 넣어가며 옷감을 짰다. 이렇게 짜낸 옷감은 부드러우면서도 탄탄했다. 그들은 인디고와 코치닐로 염색해서 풍부하고 화려한 색감의 쪽빛과 심홍색의 옷감을 만들어냈다. 그들은 옷감 가운데 일부는 셔츠와 치마, 바지 등 자신들이 입을 옷을 짓는 데 사용했고, 나머지 옷감은 멀리 있는 아스테카 통치자들에게 해마다 내야 하는 공납으로 바치기 위해 테노치티틀란Tenochtitlan으로 보냈다. 이 태평양 연안에 자리한 열두 군데 촌락의 주민들은 1518년 한 해 동안 황제 목테수마 2세Moctezuma II에게 면화 800꾸러미(각 꾸러미의 무게는 52kg이었다)를 바치고 염색한 천 3,200필과 커다란 흰색 천 4,800필도 보냈는데, 이 천들은 고도로 숙련된 노동자가 수천 시간 동안 뼈가 으스러질 만큼 고되게 일해 얻은 결과물이었다.[1]

이보다 수백 년 전부터, 또 그 후로 수백 년이 지난 뒤까지도 사람이 사는 세계의 드넓은 지역에서 비슷한 장면들이 펼쳐졌다. 구자라트에서 술라웨시까지, 부르키나파소의 강둑을 따라 리오그란데강까지, 누비아의 계곡에서 유카탄의 평원까지, 세 대륙의 사람들은 조상 대대로 해왔던 대로 그들의 경작지에서 면화를 재배하고 밭 근처에 위치한 집에서 면직물을 제조했다. 면화는 자연조건만 맞으면 농부의 도움 없이도 잘 자란다. 식물학자들의 표현을 빌리면 면화는 "형태적 유연성" 덕분에 다양한 환경에서 자란다. "면화는 스스로 실제 개화기를 당기거나 미루거나, 혹은 아예 개화를 멈춤으로써 다양한 생육환경에 적응하는" 능력이 뛰어나 광범위한 지역에서 생육할 수 있다는 것이다.[2]

면화를 재배한 사람들 다수가 수천 년 동안 세계 전역에서 다른 이들도 자신들과 같은 노력을 하고 있다는 사실을 알지 못했다. 이들은 대략 남반구 위도 32~35도에서, 북반구 위도 37도 사이의 지역에 살았다. 이 지역들은 면화 재배에 적합한 기후조건을 갖추고 있었다. 아열대 식물인 면화는 생육기간에 온도가 섭씨 10도 아래로 떨어지지 않으면서 통상 섭씨 16도 이상을 유지해야 한다. 또 널리 알려진 대로 200일 이상 서리가 내리지 않고 연 강수량이 500~630mm이며 생육기간에 집중적으로 비가 내리는 지역에서 잘 자란다. 이는 세계 전역에서 일반적으로 볼 수 있는 기후로, 면화가 여러 대륙에 풍부하게 분포하는 이유를 설명해준다. 면화의 파종은 고랑에 1m 간격으로 씨를 뿌린 뒤 흙으로 덮어주면 된다. 면화가 다 자라기까지는 160~200일이 걸린다.[3]

면화를 재배하는 농사꾼들은 다른 민족들과의 접촉을 통해서, 혹은 스스로 터득해서 면화 다래의 보풀보풀한 흰색 섬유가 실을 뽑기에 매우 적합하다는 사실을 알게 되었다. 또 면화에서 뽑은 실로 짠 옷감은 세탁이 쉽고, 피부에 닿는 감촉이 좋으며, 따가운 햇볕을 차단하고 추위를 막는 데 효과적이었다. 아시아와 아프리카, 아메리카의 면직물 생산은 1,000년 전에 이미 세계에서 가장 큰 제조업이었다. 이들 지역에서는 재배인, 방적공, 소비자를 잇는 정교한 무역 네트워크가 다수 형성되어 있었는데, 대부분은 국지적이었지만 간혹 광역 네트워크가 조성되기도 했다.

옷감은 대부분 세월이 흐르면 삭아버리기 때문에 복식의 역사를 재구성하기는 어렵다. 다만 우리는 1만 년 전쯤에 호모사피엔스가 아프리카의 사바나 지역을 벗어나 더 추운 기후대로 이동한 뒤 악천후로부터 스스로를 보호해야만 했다는 사실을 알고 있다. 간혹 발견되는 고고학적 기록에 따르면, 최초의 인류는 털과 가죽으로 그들의 몸을 감쌌다. 인류는 이미 3,000년 전에 아마로 실을 뽑고 옷감을 짜기 시작했다는 증거도 있다. 그런 옷감 생산은 1,200년 전쯤 인류가 정착 생활을 하며 농사를 짓고 가축을 기르기 시작했을 때 크게 확대되었다. 그 뒤로 인류는 추위와 햇볕을 막기 위해 다양한 섬유를 사용해 실을 뽑고 옷감을 짜는 실험을 더 폭넓게 실행했다.[4]

식물을 옷감으로 바꾸는 방법은 세계 곳곳에서 저마다 독자적으로 발명되었다. 유럽인들은 1만 2,000년 전쯤부터 시작해서 신석기 시대에 이미 아마를 비롯한 다양한 식물로 옷감을 짜기 시작했다. 그보다 8,000년쯤 뒤인 청동기 시대에는 동물의 털을 모으기 시작했다. 기원전 7,000년 동안 서아시아와 북아프리카에 존재했던 사회에서는 주로 다양한 종류의 동물 털과 아마로 실을 잣고 옷감을 짰다. 거의 같은 시기에 중국의 농민과 장인 들은 모시와 비단으로 옷을 지어 입었다. 사회가 점차 계층화되면서 옷감은 사회적 지위를 나타내는 중요한 표식이 되었다.[5]

리넨, 모직, 모시, 비단이 점령한 이 세계에서 면화의 중요성이 차츰 커졌다. 알려진 바로는 5,000년 전쯤 인도 아대륙에서 사람들은 처음으로 면섬유에서 실을 뽑을 수 있다는 사실을 발견했다. 오늘날의 페루 연안에 살았던 사람들도 남아시아에서 이런 발전이 있다는 사실을 모른 채 거의 같은 시기에 그들을 뒤따랐다. 수천 년이 지난 뒤에는 동아프리카 사회들도 면화로 실을 잣고 직물을 짜는 기술을 발전시켰다. 각 지역에서 면화는 실을 뽑는 섬유로서 금세 우위를 차지했다. 대부분의 용도에서 면화의 속성이 아마나 모시 같은 다른 섬유에 비해 확실히 뛰어났기 때문이다. 면화를 재배한 첫 천 년 동안 면제품 생산은 거의 면화의 자생지 너머로 확대되지 않았다. 그러나 면화를 접해본 사람들은 한결같이 그것이 옷을 만들기에 뛰어난 원료라고 생각했다. 부드럽고, 내구성이 좋고, 가볍고, 염색과 세탁이 쉬웠기 때문이다.

초기 사회에서 면화의 역할이 중요했음을 보여주는 증거는 여러 민족의 건국 신화와 경전에서도 찾아볼 수 있다. 힌두교 경전에는 면화가 눈에 띄게 자주 등장한다. 힌두교도들은 비슈누가 "빛줄기로 자신을 위해 옷을" 지었다고 믿었다. 서아프리카 일대의 민족들은 그들의 방적기술이 거미신인 아난시에서 비롯되었다고 여겼다. 북아프리카의 호피족은 거미여신이 면화로 실을 자아 옷감을 짰다고 믿었다. 나바호족은 햇빛과 달빛이 낳은 네 아들 가운데 하나인 베고치디Begochiddy가 산을 만들고 곤충을 창조한 뒤 면화를 만들어 길렀다고 믿었다. 나바호족의 믿음에 따르면 이러했다. "부족 중에 여자 아이가 태어나면 당신은 거미줄을 찾아 나서야 한다. …… 그리고 그것을 아기의 손과 팔에 문질러야 한다. 그러면 아이가 자라서 옷감을 짜게 될 텐데, 그녀의 손가락과 팔은 아무리 옷감을 많이 짜도 지칠 줄 모를 것이다." 명대 후기인 1637년에 기록된 한 문헌에 따르면, 중국에서는 면으로 된 것을 포함해 옷이 인간을 동물과 구별하고 인간들 사이에서 "지배자와 피지배자를 구별지었다." 심지어는 면화가 지대한 역할을 했던 문화에서는 물론이고, 여러 다양한 문화에서 운명을 옷감에 비유해 엮거나 짠 것으로 여기는 개념이 중요한 자리를 차지했다.[6]

근대의 식물학자들은 면화를 신의 선물로 여겼는데, 이런 관점은 상당히 인상적이다. 생물학자들은 면화가 지구상에서 1,000만~2,000만 년 동안 자생해왔다고 본다. 그 이후 유전적으로 다른 네 종류의 면화, 곧 메소아메리카의 육지면, 남아메리카의 해도면, 아프리카의 초면, 아시아의 수면이 발달했다. 이어 이 네 가지 품종에서 수백 가지 다른 변종이 나타났지만, 그 가운데 몇 종만이 상업적 면직물 생산을 지배하게 된다. 오늘날 세계 면화작물의 90%가 아메리칸 업랜드로 알려진 육지면이다. 이 식물은 사람들이 작물로 재배한 뒤로 훨씬 더 크게 변형되었다. 어느 전문가에 따르면 우리 선조들은 5,000년에 걸쳐, "거칠고 제대로 분화되지 않은 털이 성글게 덮인 작은 불투과성 씨앗이 맺히며, 다루기도 어려운 다년생 야생 관목과 작은 교목"이던 식물을 "쉽게 발아되는 커다란 씨앗을 품은 길고 하얀 섬유뭉치가 풍성하게 달리는 작고 단단한 한해살이 식물"로 변형시켰다. 면화 재배인들은 세심한 실험을 통해 그 식물을 개량한 덕분에 차츰 증가하고 있던 직물 수요를 감당할 수 있었다. 그들은 알맞은 환경을 갖춘 특정 장소에 그 식물을 적응시켰고, 장거리 운송을 통해 그 분포지를 확대하고 다양성을 증대시켰다. 자연계에 존재하는 다른 많은 것들이 그러하듯 면화의 생물학적 역사는 인간이 재배를 시작한 뒤로 급격한 변화를 겪었고, 변화의 속도도 점점 더 빨라졌다. 특히나 19세기에 한층 더 속도를 내며 면화의 제국에 아주 중요한 요소가 되었다.[7]

최초로 면화에서 실을 뽑고 옷감을 짠 사람들은 인더스 계곡의 농부들이었다. 1929년 고고학자들은 현재의 파키스탄에 속하는 모헨조다로Mohenjo-Daro에서 기원전 3250~기원전 2750년 사이에 제조된 것으로 추정되는 면직물 조각을 발굴해 복원했다. 메르가르Mehrgarh 인근에서 발견된 면화 씨앗은 기원전 5000년경의 것으로 보인다. 문학에서 언급하는 내용들 역시 인도 아대륙의 면산업이 고대에 시작되었음을 시사한다. 기원전 1500~기원전 1200년 사이에 편찬된 경전인 《베다》에서는 면화로 실을 잣고 옷감을 짰음을 넌지시 알려준다. 남아시아를 여행하고 기록한 최초의 보고서들도 면화를 언급한다. 인도의 섬세한 면직물에 친숙했던 고대 그리스의 역사가 헤로도토스Herodotus, 기원전 484~기원전 425는 기원전 445년에 인도 아대륙에서는 "야생 나무의 열매에 솜이 맺히는데, 그 아름다움과 섬세함은 양털을 능가한다. 그리고 그곳 주민들은 그 솜으로 만든 옷감으로 옷을 지어 입는다"[8]라고 말했다.

인도 아대륙 사람들은 19세기까지 수천 년 동안 세계에서 선진적인 면공업을 이끌었다. 오늘날 인도, 파키스탄, 방글라데시 일대에 해당하는 곳에 살던 농민들은 곡식과 함께 적은 양의 면화를 재배했는데, 그들 자신이 직접 사용하거나 지방과 지역의 시장에서 팔기 위해 면화로 직물을 생산했다. 남아시아 대부분 지역의 사람들은 19세기까지 자신들이 소비하는 모든 종류의 옷감을 직접 생산했다. 그들은 손으로 작물을 수확했고, 롤러 형태의 조면기로 씨앗을 뺀 뒤 활(나무조각을 치면 진동하도록 나무막대에 줄을 매어 만든 도구)로 타서 먼지와 매듭을 제거했으며, 방추를 사용해 실을 뽑았고, 나무들 사이에 베틀을 묶고서 그 실로 옷감을 짰다.[9]

최상급 인도산 면직물의 품질은 명성이 자자했다. 13세기 유럽의 여행객 마르코 폴로는 '이 세상에서 가장 섬세하고 아름다운 면직물'을 코로만델 해안에서 보았다고 말하며, 거의 1,700년도 더 전에 헤로도토스가 관찰한 바를 상세히 설명했다. 그로부터 600년 후에는 리즈 출신의 신문 발행인이자 면직물 전문가 에드워드 베인스가 최상급 인도산 면직물에 대해 이렇게 말했다. "믿을 수 없이 거의 완벽한 수준이어서 …… 그들이 만든 모슬린 가운데 일부는 사람의 솜씨가 아니라 요정이나 곤충의 솜씨라 할 만하다." 실제로 인도산 직물은 "바람결로 짠 거미줄" 같았다.[10]

그러나 인도 아대륙에서만 그랬던 것은 아니다. 면화는 풍부했고, 유럽인들이 신대륙에 발을 들여놓기 한참 전에도 아메리카 대륙 어디에나 면직물이 있었다. 메소아메리카와 카리브해를 지나 남아메리카에 이르는 6,500km 길이의 호를 이루는 지역에서 면직물은 가장 중요한 제조산업이었다. 면공업의 가장 오래된 중심지는 아마도 오늘날의 페루에 있었던 것으로 보인다. 고고학자들은 그곳에서 기원전 2400년에 사용된 것으로 추정되는 면으로 만든 어망과 기원전 1600~기원전 1500년 사이에 만들어진 것으로 보이는 천 조각을 발굴했다. 프란시스코 피사로Francisco Pizarro는 1532년 잉카 제국을 공격하면서 알게 된 면직물의 품질과 양에 놀라움을 금치 못했다. 잉카의 도시 카하마르카Cajamarca에서 콩키스타도르conquistadores●들은 어마어마한 양의 면직물이 가득 들어찬 상점들을 발견했다. "그 직물의 섬세함은 그들이 그동안 보았던 어떤 것보다도 뛰어났고 다양한 색상을 배합한 기술도 탁월했다."[11]

그보다 10년 전에 북으로 수천 마일 떨어진 아스테카 왕국을 침략했을 때에도 유럽인들은 뛰어난 품질의 아스테카 면직물을 마주하고 놀랐다. 에르난 코르테스Hernán Cortés는 카를 5세에게 황금을 비롯한 보물들과 함께 인디고와 코치닐로 화려하게 염색한 면직물을 보냈다. 메소아메리카의 면산업도 남아메리카의 경쟁자들만큼이나 오랜 역사를 지니고 있었다. 일찍이 기원전 3400년부터 오늘날 멕시코 중부에 해당하는 지역 전체에서 면화가 재배되었고, 고고학적 발굴을 통해 찾아낸 것으로 가장 오래된 실은 기원전 1500~기원전 1200년 사이의 것으로 추정된다. 기록에 따르면 마야인들은 이미 기원전 632년에 면화를 사용했고, 오늘날의 베라크루스 저지대에서 면산업이 등장한 시기는 기원전 100~

● '정복자들'이라는 의미의 에스파냐어로, 15~17세기 사이 아메리카 대륙에 침입해 약탈을 일삼은 에스파냐인들을 일컫는다.

기원후 300년 사이일 것으로 추정된다. 면직물로 만든 옷은 지배계층으로부터 평민들에게로 널리 확산되었고, 특히 1350년 이후 군사·경제적으로 안정된 아스테카 제국이 등장하면서 면직물의 제조량이 늘었다. 그리고 더 많은 사람이 면직물 옷을 입게 되자 면화를 처리하는 공정이 어느 때보다 더 중요해졌다. 직조와 염색 기술 모두 점점 더 정교해졌는데, 특히 서로 구별되는 복식으로 사회적 차이를 나타내게 되었다.[12]

　16세기에 에스파냐 식민 개척자들이 중앙아메리카를 정복한 후에도 현지의 면직물 생산은 계속되었다. 17세기 후반에 에스파냐 출신 식민지 행정관이던 돈 후안 데 비야구티에레 소토-마요르Don Juan de Villagutierre Soto-Mayor는 "열정과 숙련된 솜씨로 면화를 잣고 옷감을 짜고 완벽한 색을 입힌" 과거 마야 영토 원주민 여성들을 칭찬했다. 당시 마야인들은 면직물을 옷감뿐 아니라 종교적 제물, 선물, 교화 수단, 장식용 벽걸이, 갑옷, 미라의 포장, 의료용으로도 사용했다. 콜럼버스가 도착하기 전 멕시코에서는 연간 5,300만kg의 면화가 생산되었는데, 이는 1816년 미국에서 수확된 면화의 양과 동일하다. 테노치티틀란의 통치자들은 그들이 지닌 권력의 범위가 확대되자 면화 재배와 면직물 제조 지역으로부터 조공을 받았고, 그들과 교역도 했다. 아스테카 제국 안에서 특히 두드러졌던 면화 재배지들에는 나우아틀어Nahuatl로 '면화의 사원 위', '면화의 물결 속', '면화의 언덕 위'라는 뜻의 지명으로 불렸다.[13]

　콜럼버스가 도착하기 전에도 멕시코와 페루는 면산업의 중심지였지만, 대륙의 다른 지역에서도 면직물은 널리 제조되었다. 오늘날의 브라질에서는 야생 식물에서 채집한 면섬유를 이용해 옷감을 만들었다. 오늘날 미국 남서부 지역에 살던 아메리카 원주민, 대표적으로 나바호족과 호피족은 기원전 300년 이전에 이미 열성적인 면화 생산자가 되었다. 면화 관련 지식은 중앙아메리카에서 멕시코 서안을 따라 이동했다.

리오그란데강 북부의 원주민들을 만난 에스파냐계 정착민들은 "원주민들이 면화로 실을 잣고 옷감을 짠다"는 점과 그들이 "거대한 면화 재배지를 갖고서 캄페체식 면직물 옷Campeche-type cotton blankets을 입는" 점에 주목했다. 일부 아메리카 원주민들은 면화를 중요한 종교적 용도로도 사용했다. 호피족은 비를 기원하는 의식을 치를 때 구름의 상징물을 만드는 데 목화송이를 활용했고, "영혼을 구름처럼 가볍게 만든다는 생각으로" 죽은 자의 얼굴을 목화솜으로 덮었다. 카리브해에서도 면화가 널리 재배되었다. 사실 콜럼버스가 인도에 도착했다고 믿은 이유 가운데하나는, 카리브해에서 엄청난 양의 면화를 보았기 때문이다. 그는 "면화로 …… 가득한" 섬들에 대해 설명했다.[14]

아프리카도 면화 재배와 면직물 제조의 역사가 깊다. 누비아족이 오늘날의 수단 동쪽 지역에서 처음 면화를 재배했을 가능성이 높다. 고고학적 발굴에 따르면 기원전 500~기원후 300년 사이에 면직물이 존재했다고 확인되지만, 어떤 학자들은 기원전 5000년에 이미 그곳에서 면화를 재배하고 실을 잣고 옷감을 짰다고 주장한다. 면화는 수단에서 북쪽으로 확산되어 이집트에 전해졌다. 고대 이집트 문명에서는 면직물이 중요한 역할을 하지 않았지만, 면화 씨앗이 일찍이 기원전 2600~기원전 2400년에 가축 사료로 사용되었다는 사실은 널리 알려져 있으며, 룩소르Luxor의 카르나크 신전에 그려진 그림에도 목화 덤불이 보인다. 하지만 이집트에서 면화가 재배되고 면직물이 제조되기 시작한 시기는 기원전 332~기원후 395년 사이이다. 기원후 70년에 대大플리니우스는 이렇게 기록했다. "아라비아 인근 상上이집트에서는 세간에 면화gossypium로 알려진 관목이 자란다. 그 관목은 작고, 솜털이 나 있는 견과류 같은 열매를 맺는데, 그 안에 든 비단결 같은 솜뭉치에서 실을 뽑는다. 우리가 알고 있는 섬유 가운데 이 실로 만든 것보다 더 희고 더 부드럽고 착용감이 더 좋은 것은 없다." 800년 이후로는 면화와 면화로 만든 물품이 이슬람의 이동 경로를 따라 더욱 빠른 속도로 확산되었다.[15]

이후 면화를 경작하고 처리하는 방법에 관한 지식이 서아프리카에 전해졌다. 정확히 어디를 거쳐 그곳에 면화가 들어왔는지는 여전히 분명하지 않지만, 1세기가 시작될 무렵 떠돌이 방직공과 상인 들이 동아프리카에서 들어왔을 가능성이 있다. 8세기에는 이슬람이 들어오면서 면산업 역시 크게 확장되었다. 무슬림 교사들이 소녀들에게는 실 잣는 법을, 소년들에게는 옷감 짜는 법을 가르치는 한편, 환경적 조건 때문에 거의 옷이 필요하지 않았던 사람들에게 전에는 상상조차 할 수 없었던 정숙한 옷차림을 요구했다. 고고학적 발굴을 통해 10세기에 만들어진 면직물도 발견되었다. 11세기 후반 서아프리카에서 면직물이 제조되고 있었음을 입증하는 문헌과 고고학적 발견에 따르면, 이미 그 시기에 이르러서는 면화가 남쪽으로 널리 보급되어 오늘날의 토고Togo까지 확산되었다. 16세기 초반에 레오 아프리카누스Leo Africanus는 말리와 팀북투Timbuktu의 위대한 서아프리카 제국들을 뜻하는 '멜리Melli 왕국'의 '엄청나게 풍부한' 면화와 '톰부토Tombuto 왕국' 면직물 상인들의 부에 대해 보고했다.[16]

우리가 아는 한, 면화를 재배하고 실을 잣고 옷감을 짜는 일은 남아시아, 중앙아메리카, 동아프리카 세 지역에서 각각 독립적으로 발전했다.[17] 그러나 이들 세 지역에 전해진 지식이 기존 무역로와 이동로를 따라 남쪽으로, 예컨대 메소아메리카에서 북쪽으로, 동아프리카에서 서아프리카로 빠르게 확산되었다. 면산업의 이런 이동에서 중심이 된 지역이 인도다. 면화 재배와 면직물 제조기술은 인도에서 동쪽으로, 서쪽으로, 남쪽으로 전파되었고 아시아를 전 지구적 면산업의 중심으로 만들었다. 아시아는 19세기까지 그 중심을 차지했으며, 20세기 후반에 다시 그 중심 지위를 되찾는다. 2,000년도 더 전에 의심의 여지없이 모피, 모직, 아마를 입은 일단의 유럽인들이 신비스러운 '동양'에서 온 이 놀랍고 새로운 직물을 우연히 발견했을 때 더없이 깊은 인상을 받은 이래로, 인도의 위치와 면직물 기술은 우리 세계에서 면화가 담당했던 탁월한 역할 가운데 가장 중요한 성과를 낳았다.

그러나 유럽인들이 발견하기 전에도 면화는 부지런히 다른 사람들의 삶을 바꾸어놓았다. 면화는 인도에서 투르키스탄을 거쳐 서아시아로, 그리고 지중해로 이동했다. 심지어 기원전에도 페르시아, 메소포타미아, 팔레스타인에서 면화가 재배되었다는 증거가 있다. 니네베Nineveh(오늘날의 이라크 지역)에서 기원전 1100년경의 것으로 보이는 면직물이 발견되었으며, 기원전 7세기의 것으로 추정되는 아시리아의 원통형 인장에서 솜이 맺히는 식물에 관한 이야기가 발견되었다. 그보다 수백 년 뒤인 1세기에 아나톨리아의 농민들은 면화 재배를 시작했다. 아프리카에서와 마찬가지로 서아시아 전역에서 면화의 재배와 면직물 제조기술이 전파되는 데에 이슬람교의 확산이 중요한 역할을 했다. 검소함을 주장하는 이슬람의 종교적 요구로 면직물이 "일상적인 의류 품목"이 되었기 때문이다. 9세기와 10세기에 이란, 특히 바그다드에서는 앞다투어 도시의 시장에 면직물을 공급하려는 "면직물 붐"이 목격되었다. 13세기에 마르코 폴로는 아르메니아에서 페르시아에 이르는 지역 어디에서나 면화와 면직물을 접할 수 있었다. 그리고 아시아 지역 어디에나 면화가 '풍족하다'는 사실은 그의 기행문에 중요한 주제가 되었다.[18]

면화 재배가 서쪽으로 조금 더 이동했던 것처럼, 면화에 관련된 지식도 동인도에서 아시아의 다른 나라를 거쳐 특히 중국에까지 확산되었다. 결국 중국은 면화와 면직물의 가장 중요한 생산국 가운데 하나가 되었고, 오늘날 세계 면공업의 중심에 있다. 하지만 면화는 중국에서 자생한 식물이 아니다. 사실 면화와 면섬유를 가리키는 중국어는 산스크리트어와 다른 인도어에서 차용한 것이다.[19] 중국에 면화가 알려진 것은 기원전 200년 즈음이며, 그 이후 천 년 동안 처음에 면화가 소개된 남서부 국경지역을 넘어 그리 멀리까지 확산되지는 못했다.

면화는 원대(1271~1368)에 이르러 중국의 농촌지역에서 중요한 존재가 되었다. 그 시기에 면화가 모시를 실질적으로 대체했다. 모시는 비단과 함께 옷감을 만드는 섬유로서 전통적으로 중국인들의 생활에 널리 이용되었다. 1433년에 이르러서는 중국 백성들이 면포로 세금을 납부했고, 국가는 군인과 관료 들에게 면직물로 만든 옷을 입힐 수 있게 되었다. 앞으로 살펴보겠지만 작물과 조세의 연관성은 위정자들이 면산업에 관심을 기울이게 되는 여러 원인 가운데 하나였다. 명(1368~1644)이 팽창하는 동안 면화 생산은 중국의 새로운 정복지 전역으로 확산되었다. 명대가 끝날 무렵 중국인들은 거의 연간 2,000만 꾸러미의 면직물을 생산했다. 노동의 지리적 분업이 이루어져 북부에서 재배한 면화를 배로 실어 보내면 양쯔강 이남의 농부들은 자신들이 직접 재배한 면화와 함께 북부에서 운반된 면화를 사용해 직물을 제조하고, 그 가운데 일부는 북부에 되팔았다. 이런 영토 내 교역이 활발해지면서 중국 교역의 4분의 1을 면직물이 차지했다. 17세기에 이르자 남녀노소를 불문하고 거의 모든 중국인이 면직물 옷을 입었다. 놀랄 것도 없이 중국의 인구는 18세기가 지나는 동안 배로 늘어나 4억 명에 다다랐으며, 1750년 중국은 6억 8,000만kg의 면화를 생산하며 인도에 이어 세계에서 두 번째로 큰 규모의 면산업을 이루었다. 그 양은 남북전쟁이 일어나기 전 10년 동안 플랜테이션 농장주들이 극적으로 증대한 미국 면화 생산량에 육박하는 수준이다.[20]

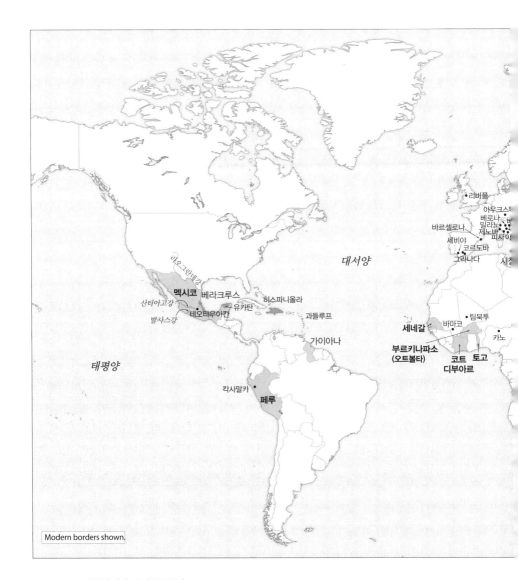

면화의 세계, 초기 5,000년.

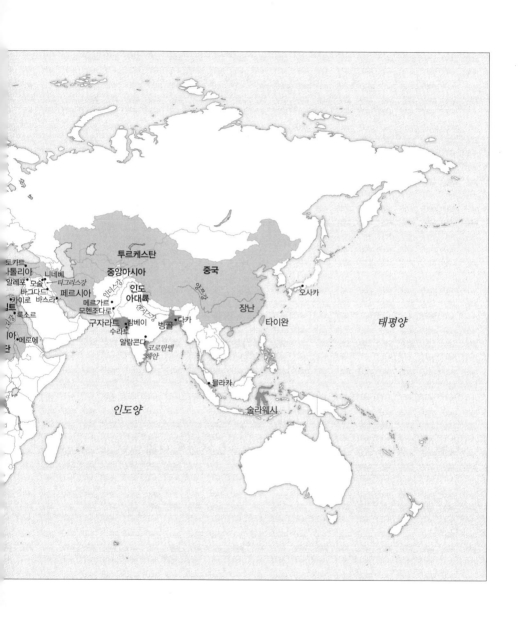

투르케스탄

중앙아시아

중국

토카트
아톨리아
니네베
알레포 모술 티그리스강
바그다드 페르시아
인더스강
바스라
인도
아대륙
카이로
룩소르
메르가르
모헨조다로
갠지스강
양쯔강
장난
오사카
트
메로에
구자라트
캄베이
수라트
벵골 다카
타이완
태평양
알람콘다
코로만델
해안

인도양

믈라카

술라웨시

인도의 면직물 생산기술은 동남아시아로 확산되었다. 생산기술이 발달하면서 면직물은 식량의 뒤를 이어 동남아시아에서 가장 가치 있는 제품으로 떠올랐다. 3~5세기에 불교 승려들이 면화를 자와Jawa 섬으로 들여왔다. 그리고 훨씬 뒤인 1525~1550년에 면화 재배는 일본에까지 확산되었다. 17세기에 이르러 면화는 일본에서 가장 중요한 환금작물이 되었는데, 영세농들은 세금 납부를 위한 부가 수입을 올리려고 면화를 재배했고 쌀과 돌려짓기를 하는 경우가 많았다.[21] 일본에 면화가 전해지면서 인도 고유의 면직물 문화는 이제 아시아 대부분의 지역으로 확산되었다.

아프리카·아메리카·아시아의 농민, 방적·방직공, 상인 들이 적어도 5,000년에 걸쳐 만들어낸 이 면화의 세계는 활기를 띠며 확장되고 있었다. 세 대륙을 가로지르는 다양성에도 불구하고 이 거대한 제조산업의 각 중심지에는 많은 공통점이 있었다. 가장 중요한 점은 면화의 재배와 면직물 제조가 항상 가정을 중심으로 소규모로 이루어졌다는 사실이다. 일부 재배인들이 면화를 시장(장거리 시장도 포함)에 팔기도 하고, 많은 통치자가 농사꾼들에게 작물의 일부를 공납하도록 강요했지만, 면화작물에만 의존한 재배인은 없었다. 대신에 그들은 최선을 다해 위험 요소를 줄여가며 경제적 기회를 다각화했다. 아프리카의 여러 지역에서, 남아시아와 중앙아메리카의 여러 지역에서 그런 양상은 20세기까지 계속되었다.

수천 년 동안 수많은 가정에서 다른 작물과의 균형을 신중하게 고려하면서 면화를 재배했다. 그들은 자기 가정에서 필요한 식량과 의복의 규모와 통치자들에게 바칠 공납품 양의 균형을 맞추며 곡식과 면화를 함께 재배한 것이다. 예를 들어 멕시코의 베라크루스에서는 곡식과 면화의 이모작이 일반적이었는데, 그 덕분에 면화를 키우는 사람들과 면화로 실과 옷감을 만드는 사람들 모두 생계를 유지할 수 있었다. 유카탄 반도의 마야 농부들은 옥수수와 콩을 키우는 경작지에서 면화를 재배했다. 서아프리카, 즉 현재의 토고 지역에서 그랬듯이 오늘날 코트디부아르에서는 면화를 수수나 마 같은 "곡물과 함께 심었다." 구자라트에서 "[면화] 관목은 벼 사이에 재배되었다." 중앙아시아 면화 재배지역의 농부들은 면화를 벼뿐 아니라 밀, 기장과 함께 경작했고, 한국에서는 콩과 함께 재배했다. 18세기 이전에는 면화의 단일경작이 거의 눈에 띄지 않았고, 그런 단일경작이 등장했을 때는 토지와 노동력 부족 현상이 그 어느 때보다도 높게 나타났다.[22]

면화 재배와 마찬가지로 세계 전역에서 면공업은 가정에서 시작되었다. 그리고 이러한 사실은 거의 예외 없이 19세기까지 유지되었다. 예컨대 아스테카 왕국이 통치했던 지역에서 면직물 제조는 전부 가정에서 이루어졌다. 아프리카에서도 "많은 경우에 면제품의 제조는 순전히 가내공업이었다. 가정은 완전히 자급적인 사회 단위였다." 우리는 인도, 중국, 동남아시아, 중앙아시아, 오스만 제국에서도 이와 비슷한 증거를 얻을 수 있다. 가내생산을 통해 가족은 그들에게 필요한 옷감뿐 아니라 시장에 팔 옷감도 생산할 수 있었다. 농업사회에서는 노동 수요가 계절에 따라 크게 달라지는 데다 수확한 면화를 몇 개월 동안 저장할 수 있었기에 농부들은 농한기에 간간이, 또는 절기에 따라 직물 제조에 집중할 수 있었다. 특히 여성들이 그러한 역할을 맡았다. 여성들의 활동은 가사에 집중돼 있었기에 노동력의 일부를 실과 직물의 가내생산에 할애했다.[23]

모든 사회에서 여성과 직물 생산이 강하게 연결되는 경향을 보이며 뚜렷한 성별 분업이 나타났다. 실제로 근대 이전 중국에서는 "남자가 농사를 짓는 동안 여자는 옷감을 짠다"라는 속담이 있었다. 나바호족과 호피족, 그리고 동남아시아의 일부를 제외하면 세계 전역에서 실 잣는 일은 거의 여성이 전담했다. 실 잣는 일은 아이들을 돌보거나 식사를 준비하는 등 다른 집안일을 하면서 틈틈이 할 수 있어서 여성들의 차지가 된 것이다. 이처럼 직물을 생산하는 일과 여성은 긴밀히 연결되어 있었기 때문에 어느 문화권에서는 죽은 여성을 매장하며 실 잣는 도구를 부장품으로 넣기도 했다. 반면, 옷감을 짜는 일에서는 성별 분업이 그렇게 뚜렷하지 않았다. 인도와 동남아프리카 같은 지역에서는 남성이 직물산업을 주도하는 경향이 있었지만, 동남아시아, 중국, 북서아프리카에는 여성이 직물을 짜는 문화가 많았다. 그러나 성별을 가리지 않고 직물을 생산하던 사회에서도 남성과 여성은 보통 서로 다른 문양의 옷감을 담당했고, 품질이 다른 제품을 생산했으며, 다른 종류의 직기를 사용했다. 이런 성별 분업은 새롭게 출현한 공장제에서도 되풀이되었고, 그에 따라 가정 내 성별 관계는 공장 생산의 출현에도 중요한 요소로 자리잡았다.[24]

가정과 생존을 위한 그들의 구체적인 전략에 기반을 둔 이런 전근대적 면산업의 특징은 조면, 방적, 방직에서 기술적 변화가 더뎠다는 점이다. 예컨대 늦어도 18세기에는 동남아시아에서 여성 한 명이 450g의 면화를 실로 뽑는 데 한 달이 걸렸고, 9m 길이의 옷감을 직조하는 데 다시 한 달이 걸렸다.[25] 이렇게 엄청난 시간이 소요된 데에는 한편으로 방적과 방직에 투입된 노동의 (경제학자들의 표현을 빌리자면) '낮은 기회비용'이 한 원인으로 작용했다. 또한 그들이 사는 세계의 통치자들이 피지배자들의 생산물에 가능한 최대한으로 세금을 부과한 점도 또 다른 요인이었다. 게다가 많은 가정에서 직물을 자급자족했기 때문에 시장의 규모가 제한적이었다는 점도 생산기술을 개선하려는 의욕을 꺾어놓았다.

한편, 원료 공급에 제약이 많았던 점도 기술의 변화를 지연시켰다. 세계 대부분의 지역에서 면화를 먼 거리까지 효율적으로 운송할 수 없었다. 간혹 상대적으로 짧은 거리인 경우, 짐 나르는 동물이나 인간이 원면을 운반하기도 했다. 아스테카 왕국에서는 직물을 만들기 위해 면화를 고지대로 실어 날랐는데, 운송 거리는 160km 정도였다. 이보다 더 효율적이고 일반적인 면화 운송방식은 수상 운송이었다. 예를 들어 두 번째 밀레니엄에 관찰자들은 수천 척까지는 아니더라도 수백 척의 선박이 면화를 싣고·양쯔강을 따라 지난江南 지역으로 갔다고 보고했다. 마찬가지로 구자라트와 인도 중부에서 생산된 면화도 갠지스강에서 선적되어 연안을 따라 남인도와 벵골로 운송되었다. 이런 상황에서도 19세기까지 압도적인! 양의 면화가 생산지에서 멀지 않은 곳에서 실로 만들어지고 옷감으로 제조되었다.[26]

세계의 그 많은 지역에서 그 많은 사람이 실을 잣고 그 실로 옷감을 짰던 면화는 세계에서 가장 중요한 제조산업이었을 가능성이 크다. 19세기까지 면산업에서 가장 중요한 영역은 여전히 가정 내 소비를 위한 가내생산이었다. 하지만 1780년대 산업혁명에 앞서 커다란 변화가 있었다. 가장 중요하게도 면제품은 대개 노동집약적인 생산물이었기에 중요한 가치저장수단이자 교환수단이 되었다. 어느 지역이든 지배자들은 한결같이 면직물을 공물이나 세금으로 요구했고 사실상 면화는 정치경제의 탄생과 함께했다고 말할 수 있을 것이다. 예를 들어 아스테카 왕국 사람들 사이에서 면화는 공납의 가장 중요한 수단이었고, 15세기가 시작될 무렵 중국의 각 가정은 세금의 일부를 면포로 납부해야 했다. 또 아프리카에서는 직물을 조공으로 바치는 일이 일반적이었다. 세금 납부수단으로 실용적이던 면포는 중국에서는 화폐로도 사용되었다. 그런가하면 면직물은 아프리카, 동남아시아, 메소아메리카 전역에서 이상적인 교환수단이었다. 면화와 달리 면직물은 장거리를 쉽게 운송할 수도 있고 썩지 않아서 가치가 유지되었기 때문이다. 이렇듯 근대 이전 세계 거

의 어디에서나 면직물로 식량과 제품, 심지어 보호수단에 이르기까지 필요한 것을 구매할 수 있었다.[27]

면화가 초보적인 형태의 화폐로 사용되었다는 것은 무게에 비해 높은 가치를 지닌 면직물이 생산지 인근에서 전부 소비되지는 않았다는 사실을 보여준다. 사실 아메리카와 아프리카, 아시아에서 개별적으로 생겨난 면화 중심지들은 차츰 정교한 무역 네트워크로 발전했고, 이를 기반으로 먼 거리의, 결국에는 대륙을 뛰어넘는 거리의 재배인과 제조업자와 소비자가 연결되었다. 9~10세기 이란에서는 주변 농촌지역에서 면화를 가져와 실을 잣고 옷감을 만들고 옷을 지어 장거리 시장, 특히 오늘날의 이라크 지역에 판매하는 방식의 면산업이 도시화를 주도했다. 식민화되기 전 부르키나파소의 한 작가는 "면화가 교역의 중심에 있었다"라는 사실을 발견한다. 일찍이 기원전 4세기에 구자라트의 면직물은 인도양에 접한 다양한 지역들 사이에 전개된 무역에서 아주 중요한 역할을 했으며, 많은 양의 면직물이 아프리카 동안을 따라 판매되어 아프리카의 배후지 깊숙한 곳에서까지 거래되었다. 이 모든 거래, 특히 본국에서 아주 멀리 떨어진 곳에서 이루어지는 거래에서 무역업자들은 현지에서 선호되는 상품을 파악하고 현지 소비자들에게 매력적인 가격에 제품을 제공해야만 했다.[28]

예컨대 상인들이 테오티틀란Teotitlán(오늘날의 오악사카)에서 과테말라로 면직물을 가져갔을 때 그랬던 것처럼, 메소아메리카에서 면직물은 인접국을 포함해 수백 마일을 가로질러 거래되었다. 오늘날의 미국 남서부에 해당하는 지역에서도 실과 옷감은 중요한 교역 품목이었다. 면화 재배가 가능한 지역에서 아주 멀리 떨어진 곳에서도 면제품들이 발굴되곤 한다. 중국 상인들은 13세기 이래 베트남, 루손, 자와처럼 멀리 떨어진 곳에서 면사와 면직물을 수입해 국내 생산량의 부족분을 보충했다. 이와 비슷한 방식으로 아프리카 상인들은 면직물을 먼 거리까지 거래했다. 예컨대 말리산에서 생산한 면직물을 사막의 유목민들이 가져온 소금과 교환했다. 오스만 제국의 면직물은 서유럽처럼 멀리 떨어진 곳으로 향했고, 13세기에는 이미 일본에도 면제품이 수입되었다.[29]

면직물이 점차 세계 전역으로 확산되는 데 그 중심에 있던 인도는 로마 제국, 동남아시아, 중국, 아랍 세계, 북아프리카, 동아프리카와 거래했다. 인도산 면직물은 사람과 소의 등에 실려 남아시아를 누볐다. 그 제품들은 아랍 선박에 실려 바다를 건넜으며, 낙타 등에 실려 아라비아의 대사막을 지나 오늘날의 시리아 알레포Aleppo로 향했고, 나일강을 따라 이집트 카이로의 거대한 면직물 시장에 다다랐으며, 정크선 바닥을 가득 채운 채 자와로 향했다. 기원전 6세기에 상인들은 인도의 면직물을 홍해와 페르시아만의 여러 항구로 들여와 이집트에서 거래했는데, 그때 그리스 상인들이 이집트와 페르시아에서 유럽으로 면직물을 가져왔다. 마침내 로마 상인들도 이 무역에 참여하게 되었으며, 면직물은 제국의 지배계층이 몹시 선망하는 사치품이 되었다. 동아프리카 전역에서도 인도산 면직물은 중요한 존재였다. 그리고 19세기까지도 아랍 세계와 유럽 전역에서는 여전히 인도가 면직물의 중요한 공급처였다. 특히 구자라트 상인들은 누구보다 많은 양의 옷감을 하역했다. 1647년 오스만 제국의 어느 관료는 "너무나 많은 현금성 보물들이 인도 상품을 위해 지급되었다. …… 세계의 부가 인도에 쌓였다"라고 말할 정도였다.[30]

인도의 면직물은 동아시아의 다른 지역으로도 운송되었다. 고대 상인들은 중국 시장에서 인도산 면직물을 팔았다. 또한 지역 지배계층의 의복에 사용될 어마어마한 양의 인도산 면직물이 동남아시아로 향하는 길을 찾았다. 16세기 초 말라카의 면직물 수입량은 추산컨대 해마다 구자라트, 코로만델, 벵골에서 도착하는 열다섯 척의 선박을 가득 채울 정도였다. 인도산 면직물이 세계 시장을 지배하게 되자, 1503년 이탈리아 상인 로도비코 데 바르테마Lodovico de Varthema는 구자라트의 항구 도시 캄베이Cambay에 대해 이렇게 기록했다. "이 도시는 페르시아, 타타르, 터키, 시리아, 바르바리, 아라비아 펠릭스, 아프리카, 에티오피아, 인도, 그리고 사람들이 사는 여러 섬에 비단과 면직물을 공급한다." 면제품을 가리키는 산스크리트어 카르파시karpasi는 히브리어, 그리스어, 라틴어, 페르시아어, 아랍어, 아르메니아어, 말레이어, 위구르어, 몽골어, 중국어에도 유입되었다. 심지어 특정 직물의 이름이 전 세계적으로 통용되는 상품명이 되었다. 예를 들어 친츠chintz와 재커넷jackonet은 인도어가 와전된 용어지만 결국 전 세계적으로 특정 스타일의 면직물을 가리키는 단어가 되었다. 역사가 베벌리 르미르Beverly Lemire의 표현대로, 인도의 면직물은 17세기를 시작으로 사실상 '최초의 글로벌 상품'이 되었다.[31]

수요가 늘자 면직물은 가정에서 벗어나 첫걸음을 뗐다. 두 번째 밀레니엄에 아시아에서는 특히 면직물의 공장 생산이 더 일반화되었다. 인도에서는 직업 방직공이 출현했다. 그들은 원거리 무역 물품을 공급하며, 국내는 물론 지배자들과 부유한 상인들에게 면직물을 제공하는 데 집중했다. 다카에서 방직공들은 엄격한 감독 아래 무굴 궁정에 공급할 모슬린을 생산하기 위해 일했다. 즉, "그들은 형편없는 보수를 주며 거의 감금하다시피 하는 정부를 위해서만 일하도록 강제되었다." 알람콘다Alamkonda(오늘날의 안드라프라데시)에서는 일찍이 15세기부터 한 대 이상의 직기를 갖춘 작업장들이 즐비했던 것으로 알려졌다. 가정에서 작업하며 곳곳에 흩어져 있던 자급적인 방직공들과는 대조적으로 원거리 무역에 관여하는 방직공들은 지리적으로 밀집해 있었다. 벵골은 고운 품질의 모슬린으로 유명했고, 코로만델 해안은 친츠와 켈리코로 널리 알려졌으며, 수라트는 온갖 종류의 질기고 값싼 직물로 명성을 날렸다.

인도 방직공들은 카스트 제도 안에서 다양한 지위를 가졌는데, 인도 아대륙의 일부 지역에서는 사회적 위계의 상층부에 위치했고, 지역 사원에 기부금을 가장 많이 내는 축에 들 만큼 부유했다. 세계 다른 지역에서도 전업 면제조업자 집단이 나타났다. 예를 들어 14세기 명대 중국에서는 '도시 직조소織造所'에서 고급 품질의 직물이 만들어졌다. 직조소에는 수천 명의 노동자가 집단으로 고용되었다. 오스만 제국의 도시 토카트Tokat에서는 방직공장을 보유한 방직공들이 많은 양의 면직물을 생산했다. 이슬람 세계의 도시들 가운데 바그다드, 모술, 바스라에는 대규모 면직물 작업장이 있었는데, 고급 면직물을 가리키는 모슬린이라는 말은 사실 모술을 가리키는 쿠르드어 무질Musil에서 유래했다. 오늘날 말리의 수도인 바마코Bamako에서는 600명에 이르는 방직공이 그들의 생업에 열중했다. 한편 '서아프리카의 맨체스터'로 불리는 카노Kano에서는 직물산업이 크게 번창해 사하라에 사는 사람들에게 옷감을 공급했다. 말리 북부 팀북투에서는 이미 1590년대에 면직물을 생산하는 26곳의 작업장이 쉴 새 없이 돌아갔고, 작업장마다 50여 명의 노동자가 고용되어 있었다. 일본의 오사카에서도 수천 명의 노동자가 면직물을 생산했는데, 오사카 전역에 분포한 작업장에는 18세기 초까지 3,000~4,000명이 고용되어 있었다.[32]

작업장이 일반화되면서 새로운 유형의 방직공도 일반화되었다. 남성 위주의 개인들로, 특별히 시장 판매용 제품을 생산하는 방직공들이었다. 그러나 이런 작업장이 생겨났어도 시장에 내다 팔기 위한 전문화된 생산은 도시가 아닌 농촌에서, 작업장이 아닌 가정에서 이루어지는 것이 전형적이었다. 이들 농촌의 시장 생산자들과 자급을 위해 생산하는 사람들의 차이점을 글로벌 통상에서 신흥 세력, 곧 상업자본가들이 장악한 선대제先貸制 네트워크에 의존하는지 그 여하에 있었다. 19세기 상업화된 면직물 생산의 토대를 형성했던 이런 네트워크에서 방적·방직공은 도시 상인을 위해 실을 잣고 면직물을 제조했으며, 상인은 그들의 생산품을 취합해 먼 곳의 시장에 내다 팔았다. 구체적으로 상인 자본가들과 생산자들이 연결되는 방식은 매우 다양했다. 예를 들어 인도 아대륙에서 방직공들은 필요한 면사를 구매하는 데 쓸 자금과 그들이 직물을 짜는 동안 생계 유지에 필요한 식량을 구할 자금을 상인들에게 의존했지만, 일반적으로 자기 도구를 소유하고서 감독 없이 작업했으며, 자신들이 만든 제품을 처분하는 데 어느 정도 권리를 가졌다. 반면에 세계 다른 지역의 농촌 방직공들에게는 거의 힘이 없었다. 예를 들어 오스만제국에서 상인이 농민에게 면화와 면사를 선대하면, 농민은 그것으로 실을 잣고 옷감을 짠 다음 적은 이윤을 남기고 상인들에게 제품을 넘겨주었다. 인도의 방직공들과 달리 그들은 제품을 처분하는 데 아무런 권리도 없었다. 중국에서도 상인들이 생산과 관련해 상당한 통제권을 쥐고 있었다. "그들은 면화를 구입해서 농촌 여성들이 실을 잣고 옷감을 짤 수 있도록 시장에 내놓고 판매했으며, 소도시나 대도시의 작업장에서 옷감을 염색해 정해진 일정에 따라 그 물건들을 중국 전역에 보급했다." 사실 상인들은 생산의 모든 단계를 통제했으며, 19세기가 되면 지구 전역에 걸친 면화의 제국을 건설하는 데 중요한 역할을 담당하게 될 것임을 예고했다.[33]

시장이 확대되면서 면화를 다루는 기술 역시 변화했다. 세계 전역에서 면화를 처리하는 기본 원리는 매우 비슷했다. 18세기 말에서 19세기 초에 새로운 조면기, 방적기, 직조기가 발명되기 전까지는 생산성이 극히 낮았지만 어느 정도 중요한 혁신이 있었다. 예를 들어 메소아메리카에서 방적은 '도기로 된 특별한 형태의 가락바퀴'를 도입함으로써 개선되었다. 또 1200년 이후에 메소아메리카인들은 특별히 고안된 방적 용구를 사용했다. 그 덕분에 방적공의 생산성이 높아져 무엇보다도 통치자의 탐욕스러운 공납 요구를 충족시킬 수 있게 되었다. 그러나 기술혁신의 중심은 아시아였다. 솜에서 씨를 빼기 위한 원통형 씨아, 씨를 뺀 면화의 먼지를 털고 엉킴을 풀기 위한 활과 물레, 그리고 수직식 직기upright warper를 포함한 새로운 종류의 직기가 모두 아시아에서 만들어졌다. 특히 11세기에 발명된 물레는 농민들이 한층 더 빨리 실을 뽑을 수 있게 해준 중요한 혁신이었다. 이뿐만 아니라 아시아의 방직공들은 새로운 종류의 직기인 디딤판 직기treadle loom를 발명했다. 그 정확한 기원은 확실하지 않지만 기원전 500~기원후 750년 사이 어느 시기에 인도에 전해졌고, 3세기에는 중국에도 소개되었다(중국에서는 비단 생산에 먼저 사용되었다).[34]

가장 큰 혁신은 면화 자체를 작물화하면서 일어났다. 사실 19세기에 노예들이 수확했던 면화는 2,000년 전 인도 농부들에게는 거의 알려지지 않은 종류였을 것이다. 인간의 선택에 따라 면화는 다양한 환경조건에 적응하게 되었으며, 면화 섬유도 직물 생산에 더욱 적합해졌다. 중국, 일본, 동남아시아, 남북아메리카, 서아프리카, 아나톨리아의 농사꾼들은 저마다 인접한 지역에서 면화 종자를 구입해 곡물들 사이에 함께 심었다. 수세기에 걸친 이런 작물화 과정은 면화의 물리적 속성을 극적으로 바꾸어놓았다. 면화는 점차 개량되어 더없이 풍성해졌을 뿐만 아니라 개암 같은 껍질에서 쉽게 분리되는, 더 길고 더 밝은 색의 섬유(훗날 면화 전문가들은 '원료'로서 섬유의 길이를 언급하게 될 것이다)를 생산하는 작물이 되었다. 더욱이 관개기술의 발전과 농업경제학 덕분에 면화의 생산을 새로운 지역으로 확대할 수 있게 되었다. 종자의 선별과 개선된 기술을 통해 면화는 이슬람 세계의 가장 건조한 토양뿐 아니라 아프리카와 아시아와 아메리카의 더 건조하고 추운 지역에서도 잘 자랐다. 예를 들어 이란에서는 일찍이 9세기에 관개체계가 개선되어 면화 농업이 상당히 확대되었다. 그럼에도 불구하고 18, 19세기에 이루어진 변화와 비교할 때 산업혁명 이전 2,000년 동안에 진행된 생산성 증가는 전반적으로 미미했다. 면화의 역사에서 많은 시간 동안 주로 세계 면산업이 확대되었는데, 이는 갈수록 많은 사람이 면화를 재배하고 실을 잣고 면직물을 짜는 데 더 많은 시간을 소비했기 때문이다.[35]

특히 아시아에서 이런 제조업의 네트워크가 구축되어 지역의 방적·방직공들이 도시의 상업자본과 연결되면서 시장을 위한 생산 활동이 점진적이나마 상당한 수준까지 확대되었다. 그렇지만 그에 의해 더 오래된 사회구조가 붕괴하거나 수세기 동안 유지되어온 생산 양식이 변하지는 않았으며, 가내공업과 관련 기술 또한 여전히 그 중심에 남아 있었다. 이런 전근대적 사회는 두 개의 안전장치로 유지되었다. 첫 번째는 바로 완제품 시장이 아직 완성되지 않았다는 사실이다. 완제품 시장은 성장하고 있었지만 1780년 이후의 세계와 비교할 때 그 속도는 매우 완만했다. 두 번째 장치는 면화의 원거리 무역을 가로막는 거대한 장벽이었는데, 예로부터 이어져온 그런 제약들을 깨기 위해서는 엄청난 대항력이 필요했다.

놀랍도록 다양하고 엄청나게 활력이 넘치며 경제적으로 중요했던 면화의 세계 어디에서도 유럽은 아주 오랫동안 찾아볼 수 없었다. 유럽인들은 면화 재배, 면직물 제조와 소비의 네트워크에서 주변부에 머물렀다. 그리스·로마 시대에 소량의 면직물을 수입하기 시작했지만 그 이후로도 여전히 세계 면산업에서 그들은 그리 중요한 존재가 아니었다. 청동기 시대 이래 그래왔듯이 유럽인들은 아마와 털로 만든 옷을 입었다. 마하트마 간디가 말한 대로 인도가 유럽에 면직물을 공급했지만 유럽인

— **양이 맺히는 식물** 유럽인들이 상상한 면화.

들 자신은 "야만과 무지, 야생 상태에 빠져 있었다."[36]

간단히 말해 유럽에서 면화는 이색적인 것이었다. 면화는 아주 먼 지역에서 자라는 것이었고, 많은 유럽인이 면화를 식물과 동물의 혼합, 말하자면 '식물성 양'으로 상상했다고 전한다. 중세 유럽에서는 식물에 달려 있다가 밤이면 물을 마시기 위해 몸을 굽힌다는 양에 관한 이야기가 떠돌기도 했고, 몸 아래에 줄기가 있어 땅에 붙어 있는 양이 나오는 우화도 있었다.[37]

서아프리카에서와 마찬가지로, 유럽에 면화가 처음으로 의미 있는 정도로 유입된 것은 이슬람의 확산에 따른 결과였다. 950년경 면직물은 시칠리아뿐 아니라 세비야, 코르도바, 그라나다, 바르셀로나 같은 이슬람 도시에서 제조되었고, 그 직물 가운데 일부가 나머지 유럽 지역으로 수출되었다. 12세기에 세비야의 식물학자 아부 자카리아 이븐 엘 아왐Abu Zacaria Ebn el Awam은 면화 재배법을 상세히 소개한 농업 관련 논문을 출간했다.[38] 이슬람과 면화의 관계가 아주 긴밀했기 때문에 대다수 서유럽 언어에서는 면화 관련 용어들을 아랍어에서 차용했다. 프랑스어 코통coton, 영어 코튼cotton, 에스파냐어 알고돈algodón, 포르투갈어 아우고당algodão, 네덜란드어 카툰katoen, 이탈리아어 코토네cotone는 모두 아랍어 쿠툰qutun에서 비롯되었다(독일어 바움볼레Baumwolle와 체코어 바블나bavlna는 예외인데, 번역하자면 대략 '나무 양모'라는 뜻이다). 두 번째 밀레니엄 전반기에 그리스도교의 이베리아 반도 재정복으로 그 지역의 면직물 생산이 위축되는 한편, 유럽 대부분의 지역에서 여러 세기 동안 지속된 아랍의 기술 및 문화와의 접촉이 사라지고 면직물의 친숙함과 명성도 멀어져갔다.

12세기에 들어서야 유럽의 소규모 지역, 특히 이탈리아 북부가 면직물 생산의 세계로 되돌아왔고, 이번에는 지속적으로 유지되었다. 유럽의 기후는 대체로 면화 재배에 적합하지 않았지만, 십자군 원정으로 유럽 세력이 아랍 세계, 즉 면화가 자생하는 지역까지 확대되었다.[39] 면직물을 제조하려는 첫 노력은 조심스러웠지만, 이는 유럽 대륙의 역사를 바꾸고 세계경제를 바꾸게 될 흐름의 시작이었다.

유럽에서 비이슬람권 최초의 면산업 중심지가 등장한 곳은 밀라노, 아레초, 볼로냐, 베네치아, 베로나 같은 이탈리아 북부의 도시들이었다. 면산업은 이 도시들에서 12세기 말에 시작되어 빠르게 성장했고, 도시 경제에서 차츰 중요한 역할을 했다. 예를 들어 1450년경에 밀라노에서는 면산업에 6,000명의 노동자를 고용해 면과 아마를 함께 사용하는 직물인 퍼스티언fustian을 제조했다.[40] 이탈리아 북부 사람들은 유럽에서 주도적인 면직물 생산자가 되었고, 3세기 동안 그 지위를 지켜나갔다.[41]

이탈리아 북부에서 면공업이 꽃을 피울 수 있었던 것은 두 가지 요인 때문이었다. 첫째, 이 도시들에서는 유구한 역사를 지닌 모직물 제조업이 여전히 활기를 띠고 있었다. 덕분에 그 지역에는 숙련된 노동자, 풍부한 자본을 가진 상인, 원거리 무역 전문가가 많았다. 면공업에 뛰어들고자 하는 기업가들은 그런 자원들을 끌어올 수 있었다. 그들은 주변 지역 여성들에게 원면을 선대해 실을 잣게 했으며, 길드로 조직된 도시 장인들과 계약을 체결해 그 실로 옷감을 짜게 했다. 기업가들은 자신들의 상품에 상표를 붙여 표준화했으며, 원거리 무역 네트워크에 의지해 지중해 전역과 서아시아, 독일, 오스트리아, 보헤미아, 헝가리 등의 외국시장에 상품을 수출했다.[42]

둘째, 이탈리아 북부는 면화에 쉽게 접근할 수 있었다. 실제로 이탈리아 북부의 산업은 처음부터 아나톨리아 서부와 오늘날의 시리아 같은 지역에서 오는 동지중해산 면화에 전적으로 의지했다. 11세기에 이미 면사와 면직물이 베네치아, 제노아, 피사 항구 등지에 수입되었기 때문에 그 지역 사람들은 면직물을 사용해본 경험이 있었다. 십자군 원정 중에도 원면 수입이 뒤따랐는데, 그런 무역의 최초 사례는 1125년이라는 기록이 있다.[43]

12세기 해운업의 개선으로 대규모 상품을 저렴하게 운송할 수 있게 된 베네치아는 유럽 최초의 면화 집산지로 12세기 판 리버풀이 되었다. 일부 무역상들은 원면을 전문으로 취급하는 상인이 되어 아나톨리아에서는 낮은 등급의 원면을 사들이는 한편, 시리아에서는 좀 더 나은 품질의 섬유를 조달했다. 여기에 제노바가 아나톨리아, 시칠리아, 이집트에서 들여온 수입품이 부가되었다. 그러나 유럽 상인들은 면화를 대량으로 수입하면서도 레반트Levant * 지역에서 이루어진 면화 재배방식에 아

---

* 팔레스타인, 이스라엘, 시리아, 요르단, 레바논을 포함한 동지중해 일대를 일컫는다.

무런 영향도 끼치지 못했다. 그들은 현지 상인들에게 구입한 면화를 배에 실어 바다 건너로 운반했을 뿐이다. 그럼에도 지중해로 파고들어 결국 그곳 무역을 주도하게 된 베네치아의 능력은 이탈리아 북부 면산업의 성공에 결정적 역할을 했다. 더욱이 베네치아의 그런 능력은 훗날 유럽의 여러 국가와 자본가가 오랜 면직물 중심지들의 심장부에 박게 될 쐐기를 예고하는 것이었다.[44]

이탈리아의 제조산업들은 지중해의 무역 네트워크를 통해 면화뿐 아니라 '동방'의 기술에도 접근할 수 있었다. 이탈리아 북부의 기업가들은 이슬람 세계에서 들어온 기술을 도용했는데, 일부 기술은 인도와 중국을 거쳐 전해졌다. 12세기에는 "외부 기술이 유럽의 직물산업에 대량 유입되었다"는 사실이 증명되었다. 가장 중요한 것은 물레였다. 13세기 중반 유럽에 물레바퀴가 도입되기 전에 유럽인들도 아메리카인과 아프리카인처럼 물레 가락을 사용해 실을 뽑았는데, 숙련된 방적공이 시간당 120m가량 되는 실을 생산할 정도로 시간이 많이 걸렸다. 이 속도라면 블라우스 한 벌을 만들 수 있는 양의 실을 뽑는 데 11시간 정도 걸린다. 그런데 물레바퀴의 도입으로 유럽 방적공들의 생산량이 극적으로 늘었고, 생산성은 세 배나 높아졌다. 그리하여 새로운 원료인 면화의 활용 가능성에 힘입어 새로운 제조기술을 포용할 수 있었으며, 이런 이유로 중세 유럽에서 물레바퀴는 '면화 바퀴cotton wheel'로 불리기도 했다. 물레바퀴만큼 극적이지는 않아도 수평 디딤판 베틀의 도입으로 직조작업도 개선되었다. 유럽에서는 11세기에 수평 디딤판 베틀을 처음 사용했는데, 직공들은 날실을 아래위로 갈라 북이 지나갈 수 있는 북길을 바꾸는 데 발을 사용하게 되었고, 자유로워진 손으로는 씨실을 넣어 더 고운 품질의 직물을 생산할 수 있었다. 이 베틀은 인도나 중국에서 이슬람 세계를 거쳐 유럽에 전해졌다.[45]

— 14세기 중반 밀라노에서 쓰인 수평
디딤판 베틀.

이탈리아 북부 면산업의 성장은 주로 이슬람 세계의 면화와 면직물 제조기술에 대한 접근 가능성에 달려 있었다. 그런데 이런 이슬람 세계에 대한 의존성은 중요한 취약점이기도 했다. 이탈리아 북부의 면산업은 원료 산지에서 동떨어져 있었고, 면화 재배를 통제할 수 없었다. 결국 이탈리아 북부의 면산업은 이슬람의 면산업이 강화되고 이슬람 세계와 연결된 이탈리아 북부의 무역 네트워크가 주변화되면서 타격을 입었다.[46]

그러나 이런 중요한 무역망이 붕괴되기 전에도 이탈리아의 면산업은 또 다른 도전에 직면해 있었다. 알프스 북부, 독일 남부 도시에서 발 빠른 경쟁자들이 등장한 것이다. 이탈리아의 경쟁자들과 마찬가지로, 이 도시들도 레반트 지역에서 들어오는 면화에 의존했다. 그렇지만 이탈리아의 제조업자들이 높은 세금과 임금, 고도로 조직화된 도시 방직공들,

길드의 규제에 시달렸던 것과 달리, 독일의 생산자들은 좀 더 다루기 쉬운 농촌의 값싼 노동력에 접근할 수 있는 이점을 누리고 있었다. 15세기 초 독일의 제조업자들은 가격 차별성을 이용해 동유럽과 북유럽, 에스파냐와 발트해 지역, 네덜란드와 잉글랜드를 포함해 이탈리아의 여러 수출시장을 장악했을 뿐 아니라 심지어 이탈리아 내부의 시장으로 진입할 길을 열었다.[47]

젊은 방직공 한스 푸거Hans Fugger는 그런 진취적인 제조업자 가운데 한 사람으로, 1367년 독일 남부 도시 아우크스부르크Augsburg에 도착했다. 처음에 그는 아버지의 면직물을 파는 일에 주력했지만, 정당한 법적 절차에 따라 그 자신이 직조 장인이 되었다. 그 뒤 10년 동안 그는 투자를 확대했고, 원거리 무역에 면직물을 공급하기 위해 아우크스부르크에서 방직공 100명을 채용했다. 사망할 무렵 그는 아우크스부르크의 부자 50명 가운데 한 사람이었고, 그의 가문이 중세 유럽에서 가장 부유한 상인과 은행가 집안으로 도약할 수 있는 토대를 마련해놓았다.[48]

한스 푸거는 단 한 세대 만에 빠른 속도로 독일 남부에서 역동적인 면산업을 확립해나갔다. 1363~1383년 사이에 유럽 시장에서 독일 방직공들의 생산물이 롬바르디아Lombardy산 퍼스티언을 실질적으로 대체했다. 한스 푸거를 비롯해 그와 같은 길을 걸었던 이들은 숙련된 직공, 자본, 무역망 덕분에 성공을 거둘 수 있었다. 오랜 리넨 제조업의 역사를 지닌 독일 남부에는 새로운 산업에 투자할 만큼 충분한 자본력을 갖추고 원거리 무역에서 위세를 떨치는 무역업자들이 존재했다. 이 무역업자들은 값싼 노동력을 이용할 수 있었을 뿐 아니라 유럽 북부 시장에도 접근할 수 있었으며, 제품의 품질을 보장하는 규정을 집행할 능력도 있었다. 그 결과 울름, 아우크스부르크, 메밍엔, 뉘른베르크 같은 도시가 퍼스티언 생산의 주요 거점이 되었고, 면산업은 마침내 다뉴브강을 따

라 동쪽으로, 그리고 남쪽으로는 스위스까지 확산되었다.[49]

독일 면산업에서는 농촌의 노동력을 통제하는 것이 관건이었다. 예를 들어 제조업의 중요한 중심지였던 울름에서는 고작 2,000명가량이 면직물을 생산하느라 분주했지만, 그 배후지에서는 8,000여 명에 이르는 노동자들이 면산업에 종사했다. 사실 직조 공정의 대부분은 도시가 아닌 촌락의 작은 마을에서 이루어졌다. 상인들이 방적·방직공에게 돈과 원료, 심지어 도구까지 제공했기 때문이다. 이는 인도의 촌락지역에서 나타나는 특징과 유사하면서도 또 다른 선대제 망이었는데, 이런 생산구조는 도시의 생산구조보다 훨씬 더 유연했다. 직공들이 길드의 규제를 받지 않고 면직물을 생산하면서 동시에 자기가 소유한 토지에서 계속해서 식량을 생산할 수 있었기 때문이다.[50]

이탈리아 북부와 독일 남부에서 면산업이 등장하면서 처음으로 유럽의 작은 지역들이 글로벌 면화경제에 일조하게 되었다. 하지만 유럽 내 면산업은 아직 특별히 두드러지지 않았고, 유럽인들은 여전히 면직물이 아니라 리넨과 모직을 주로 입었다. 그리고 유럽에서 생산된 면직물 상품은 유럽 대륙 밖에서는 거의 소비되지 않았다. 더욱이 16세기 초 이후 30년전쟁으로 산업이 붕괴하고 무역의 중심이 지중해에서 멀어져 대서양으로 향하면서 베네치아에 의존하던 유럽 산업들이 쇠퇴했다. 16세기에 베네치아는 강력해진 오스만 제국에 지중해 무역의 지배권을 사실상 내준 상황이었다. 오스만 제국은 자국의 산업을 장려하며 원면 수출을 제한했는데, 1560년대 오스만 제국의 군대가 그 세력권을 확고히 했을 때, 멀리 떨어진 독일의 면직물 도시들에서도 그 효과가 느껴질 정도였다. 이처럼 오스만 제국이 면화와 면제품의 흐름을 통제할 수 있는 강력한 국가로 부상하자 이탈리아 북부와 독일의 면직물 산업은 붕괴하고 말았다. 한때 지배력을 행사했던 베네치아에 닥친 더 심각한 위협은 16

세기 말에 이르러 이즈미르Izmir(오스만 제국의 스미르나) 같은 항구에 빈번히 정박한 영국 선박들이었다. 1589년에 오스만 제국의 술탄이 영국 상인들에게 폭넓은 무역 특전을 제공했기 때문이다.[51]

예리한 관찰자라면 이탈리아 북부와 독일 남부에 등장한 유럽 최초의 면제조업자들이 실패한 한 원인으로 면화를 공급하던 사람들을 제조업자들이 통제하지 못한 점을 꼽을 것이다. 그것은 잊지 말아야 할 교훈이었다. 16세기가 저물어갈 무렵, 완전히 새로운 면산업이 지중해가 아닌 대서양을 중심으로 등장했다. 이 새로운 무역지대에서 유럽인들은 국가권력을 투입해야만 성공을 보장할 수 있다는 사실을 당연하게 받아들였다.[52]

2 장

전쟁자본주의의 구축

→ **면화의 글로벌 네트워크 장악** 서벵골 코심바자르Cossimbazar에 있는 영국 동인도회사 재외상관, 1795년경.

12세기 이탈리아 북부와 그보다 뒤인 15세기 독일 남부에서 면산업의 등장은 인상적이었으나, 세상을 바꿀 만한 일처럼 보이지는 않았다. 두 경우 모두 호황은 파산으로 이어졌다. 그리고 면산업은 이미 세 대륙에서 더 큰 규모로 확고히 자리 잡고 있었으며, 수세기 동안 그래왔던 것처럼 계속해서 바삐 돌아가고 있었다. 전 세계의 면화 생산은 여전히 인도와 중국에 집중되어 있었고, 인도 방직공의 생산품이 대륙 간 교역을 지배하고 있었다. 유럽의 면산업에서 특징적으로 나타났던 의미 있는 기술적 도약이나 조직의 발전은 없었지만, 아시아의 생산자들은 여전히 최첨단 직조기술을 보유하고 있었다. 그래도 유럽이 제조업에서 새롭게 시작한 시도 덕분에 유례없이 많은 양의 면직물이 생산되었고, 면직물을 선호하는 기호도 널리 확산되었으며, 면직물 제조 원칙에 관한 폭넓은 지식이 확립되었다. 결국에는 이 모든 요인들이 더할 수 없이 중요해졌지만 당시에는 이런 변화가 미미한 수준에 그쳤고 전 세계 면산업에 별 영향을 주지 못했다. 해외 시장에서 경쟁하기에는 유럽의 역량이 부족했던 탓이다. 특히 유럽이 생산한 제품은 인도산 제품에 비해 품질이 크게 떨어졌다. 더욱이 유럽인들은 인도나 중국의 생산자들과 달리 거의 통제력을 발휘하지 못할 만큼 멀리 떨어진 지역에서 수입된 면화에 의존했고, 1600년에도 여전히 대체로 리넨이나 모직물로 옷을 지어 입었다.

그러나 향후 200년 동안 모든 상황이 바뀌었다. 처음에는 변화가 너무 더뎌서 거의 알아차릴 수 없을 정도였지만, 일단 추진력을 얻자 변화의 속도는 기하급수적으로 빨라졌다. 그 결과, 세계를 선도하던 제조산업이 전면적으로 재편되었다. 면화를 재배하고 면직물을 제조하는 방법과 장소가 폭발적으로 증가했고, 면화가 어떻게 세계를 하나로 연결할 수 있을지에 대해 뚜렷한 전망을 얻었다. 처음 면화를 둘러싼 이런 재편은 기술의 선진성이나 조직적 우위에서 비롯된 것이 아니라 지극히 단순한 계기, 곧 드넓은 해양을 가로질러 자본과 권력을 투입할 수 있는 능력과 자발적 의지에서 비롯되었다. 유럽인들이 면화무역의 글로벌 네트워크로 파고드는 사례는 점점 더 잦아졌고 또 폭력적으로 진행되는 경우가 많았다. 처음에 그들은 아시아 내부나 아시아와 다른 세계 사이의 면화무역에 개입했고, 나중에는 같은 힘을 사용해 아프리카, 아메리카, 유럽 사이에 완전히 새로운 네트워크를 만들어냈다.[1] 면화의 세계로 파고든 유럽의 첫 번째 침입은 그들보다 우세한 힘에 부딪혀 좌절된 바 있다. 이 점을 유념한 새 세대의 유럽 자본가와 정치인 들은 이윤을 확대하기 위해 기꺼이, 수완 좋게 무력을 사용하며 일종의 비교우위를 확보했다. 한마디로 유럽인들이 면화의 세계에서 중요한 존재가 된 것은 새로운 발명이나 우세한 기술력 덕분이 아니라, 면화무역의 글로벌 네트워크를 재편하고 지배하는 능력 덕분이었다.

유럽의 자본가와 지배자들은 다양한 수단을 통해 글로벌 네트워크를 변화시켰다. 무력을 동원한 교역을 통해 유럽을 중심으로 복잡한 해양 무역망을 창출할 수 있었고, 재정-군사 국가fiscal-military state●의 구축으로 세계 구석구석 외딴곳까지 세력을 떨칠 수 있었다. 해상보험에서 선하증권船荷證券에 이르기까지 각종 금융상품이 마련되어 자본과 상품의 장거리 운송이 가능해졌으며, 법률체계의 발달로 글로벌 투자에 어느 정도 안전성이 보장되었다. 또 원격지의 자본가와 통치자 들과 동맹을 맺어 현지 방직공과 면화 재배인에게 접근할 수 있게 되었다. 이뿐만 아니라 토지를 약탈하고 아프리카인들을 강제 이주시킴으로써 플랜테이션 농장도 번성하게 되었다. 당시 사람들은 미처 깨닫지 못했지만, 이런 변화는 산업혁명으로 향하는 첫걸음이었다. 유럽과 동아시아 사이에 1인당 경제적 산출량에서 '대분기'가 일어나기 수세기 전, 소수의 유럽인들이 일회적이고 점진적인 수준이었던 전 지구적인 경제교류의 조성 과정을 장악했고, 이는 면산업뿐 아니라 세계 전역의 인간사회에도 극적인 결과를 초래했다. '대분기'는 애초에 이들 국가와 자본주들 사이에 존재하는 특유한 관계의 분기였을 뿐 아니라 국가권력의 분기였다. 그 과정에서 많은 면화 세계가 유럽을 중심으로 하는 면화의 제국에 통합되었다.

1492년 크리스토퍼 콜럼버스의 아메리카 상륙은 글로벌 네트워크의 재편 과정에서 등장한 최초의 기념비적 사건이었다. 그의 원정으로 세

● 조세와 재정의 혁신을 바탕으로 세계 곳곳에서 대규모 군사 활동과 전쟁을 지속했던 국가들을 일컫는다. 이 국가들은 16, 17세기 유럽의 소위 군사혁명에 기원을 두고 있지만 18세기에 특히 그 존재가 두드러졌다. 러시아와 프러시아와 같이 전제적인 방법으로 세금을 부과한 국가들도 있었지만 영국, 프랑스, 에스파냐의 경쟁이 격화된 18세기 대서양에서 그 발전이 중요한 의미를 얻었다.

계에서 가장 큰 규모의 토지 약탈이 벌어졌다. 1518년에는 에르난 코르테스가 아스테카 왕국을 공격한 이후 에스파냐인들은 남아메리카는 물론 북쪽으로도 더 멀리 뻗어나가며 아메리카의 방대한 지역에서 영유권을 확립했다. 16세기 중반에 접어들어서는 에스파냐의 뒤를 이어 포르투갈이 오늘날의 브라질을 차지했다. 프랑스인들은 1605년 아메리카에 진출해 퀘벡을 손에 넣었으며, 오늘날의 미국 중서부와 남부 지역을 루이지애나라는 이름으로 프랑스 행정 단위로 통합했다. 또 1695년에는 히스파니올라섬의 서쪽 3분의 1에 해당하는 생도맹그를 포함해 카리브해의 여러 섬을 프랑스가 차지했다. 영국은 1607년 제임스타운에 최초의 아메리카 정착지를 건설하는 데 성공했으며, 이후 그곳은 버지니아 식민지의 일부가 되었다. 곧이어 영국은 북아메리카와 카리브해까지 식민지를 넓혀갔고, 앞으로 살펴보겠지만, 결국 아메리카에서 거대한 영토를 장악해 다른 무엇보다도 대량의 면화를 단일경작방식으로 생산할 수 있게 되었다.

면화의 역사에서 중요한 두 번째 사건이 일어난 것은 5년 뒤인 1497년 바스쿠 다 가마Vasco da Gama가 희망봉을 돌아 유럽에서 인도로 향하는 항로를 개척하고 성공적으로 캘리컷 항에 입항했을 때였다. 이제 유럽인들은, 선박으로 인도양을 횡단하거나 낙타로 아라비아 사막을 건넌 뒤 소형 선박을 이용해 유럽 각지의 항구로 인도산 옷감을 운송하던 여러 중개인을 거치지 않고도 세계의 주도적 생산자인 인도 방직공들의 생산품을 직접 접할 수 있게 되었다. 1498년 바스쿠 다 가마가 캘리컷 지역 지배자에게 무역 허가를 받은 뒤부터 유럽인들은 인도 아대륙과 공식적인 무역 관계를 수립하기 시작했다. 16세기 초에 이르러 포르투갈인들은 인도 서부 해안에 일련의 무역 거점을 구축했고, 그 가운데 고아 지역이 가장 오래 지속되었다. 16세기 말에 네덜란드와 영국은 큰 수익이 보장되는 향신료 무역에서 일확천금을 꿈꾸며 합자회사를 설립하고 포르투갈이 독점한 아시아 무역에 도전하기 시작했다. 한바탕 전쟁을 치른 후 네덜란드와 영국은 아시아에서 이익권利益圈을 나누기로 합의했다. 그 결과 인도산 직물 교역은 대체로 영국의 수중에 넘어갔다.

이러한 남아시아로의 팽창은 유럽의 상인과 정치인 들이 세계 면산업 네트워크에 편입되는 매우 중요한 순간이었다. 이뿐만 아니라 포르투갈인들이 유럽에 인도산 직물을 대량으로 들여오면서 개척한 대양무역에서도 유럽인들은 일정한 역할을 하기 시작했다. 유럽인들은 구자라트, 아라비아 반도, 동아프리카 사이의 중요한 무역에서도 지배력을 행사하려고 했다. 그들은 먼저 무력을 동원해 구자라트 상인들이 전통시장에 접근하는 것을 제한해서 절반의 성공을 거두었고, 16세기 후반에는 무역을 규제하는 데 성공했다. 나중에는 다른 유럽 상인들도 가담했다. 상인들은 1600년에 영국 동인도회사를, 1602년에 네덜란드 동인도회사를, 1616년에 덴마크 동인도회사를 설립했다. 17세기 초에는 네덜란드인과 영국인이 포르투갈인의 자리를 대신했다. 그들은 폭력을 동원해 구자라트의 직물 거래를 규제했고, 구자라트 상인의 선박을 억류했으며, 아라비아 시장에 대한 현지 상인의 접근을 제한했다. 마드라스를 거점으로 코로만델 해안을 따라 남인도의 여러 공장에서 제품을 조달하던 동남아시아 시장에 현지 상인이 접근하는 것도 점차 더 크게 제한했다.[2] 프랑스는 유럽 강대국 중에서는 마지막으로 동양과 무역을 개시했다. 1664년 프랑스 무역상들은 프랑스 동인도회사를 설립하고, 프랑스인들이 '앵디엔'이라고 부르던 다채로운 색상의 염색 직물을 프랑스에 처음 들여왔다. 각국의 동인도 회사들은 특정 지역에서 저마다 독점적 권리를 주장했지만, 독립적으로 활동하는 상인들은 물론이고 서로 간에도 치열한 경쟁을 벌였다. 따라서 그들의 기획은 결코 완전한 성공에 이

르지 못했다.[3]

이 모든 유럽 동인도회사들의 공통점은 인도산 면직물을 구매했다는 것이다. 그들은 동남아시아에서 향신료와 교환하기 위해, 또 국내 소비를 위해 유럽으로 가져갈 면화를 구매했다. 또 이제 막 신세계에 자리 잡기 시작한 플랜테이션 농장에서 일할 노예들의 몸값을 지불하기 위해 아프리카로 운송할 면화를 구매했다. 이렇듯 당시 면직물은 세 대륙을 망라하는 무역 체제와 얽혀 있었다. 이런 무역 체제는 콜럼버스와 다 가마의 기념비적인 원정이 서로 상승효과를 일으킨 결과였다. 유럽의 소비자와 아프리카의 무역상은 남아시아의 가정이나 장인의 손에서 생산된 아름다운 친츠와 모슬린과 캘리코를, 또는 더 단순하고 소박하지만 유용한 옷감들을 간절히 원했다.

그 결과 유럽이 아시아로 팽창해 들어가는 과정에서 면직물은 핵심 품목이 되었다. 17세기 초 이미 유럽 무역상과 상인 들은 다카의 교역에서 중요한 역할을 하고 있었다. 뱅골의 항구 다카는 수세기 동안 세계에서 가장 질 좋은 면직물의 원산지 가운데 하나였다. 동인도회사는 1621년에 이미 5,000여 필의 면직물을 영국으로 수입했는데, 40년 뒤에는 수입량이 다섯 배로 증가했다. 실제로 면직물은 동인도회사의 가장 중요한 무역상품이 되었고, 1766년에는 면직물이 동인도회사의 전체 수출품 가운데 75% 이상을 차지했다. 그 결과, 영국의 작가 대니얼 디포Daniel Defoe는 무역상들과 친분이 없었는데도 "우리 집, 우리 옷장과 침실, 커튼, 쿠션, 의자, 마침내 침대에까지 파고든 면직물은 캘리코산이나 인도산뿐이었다"고 말했다.[4]

무장한 유럽 상인들은 인도 면직물의 대양무역에 성공적으로 합류했다. 그러나 인도에서 유럽 세력의 활동범위는 제한적이어서 항구 도시 외곽이나 무장한 유럽 상인들이 해안가를 따라 늘려가던 요새의 성벽까지가 그 한계였다. 유럽 상인들은 수입할 엄청난 양의 인도산 직물을 확보하기 위해 현지 무역상인 바니아에게 의지했다. 이들은 갈수록 상품 가치가 높아지고 있는 면화를 재배하고 면직물을 생산하는 내륙의 농민이나 방직공들과 중요한 관계를 유지하고 있었다. 유럽인들은 인도 해안을 따라 마드라스, 수라트, 다카, 코심바자르, 캘리컷 같은 도시에 상품창고, 이른바 해외상관을 설치했다. 이곳을 거점으로 그들의 대리인인 바니아들이 직물을 주문하고 제공받은 물품을 선적했다. 그러한 거래 내역이 가죽으로 장정된 수백 권의 장부에 기록되었고, 지금도 많은 장부가 남아 있다.[5]

다카에 소재한 영국 동인도회사의 상관은 1676년에 직물의 구매과정을 상세히 기록했는데, 이 기록을 통해 그들이 현지 상인들(바니아)에게 얼마나 의존했는지를 확인할 수 있다. 무역선이 도착하기 8~10개월 전 영국 상인들은 현지의 여러 바니아와 도급 계약을 맺고 자신들이 원하는 물량과 디자인, 가격, 배송일자를 상세히 지정해 직물을 확보하도록 지시했다. 아프리카와 유럽의 면직물 소비자들이 가격과 원하는 상품을 아주 구체적으로 요구했기 때문이다. 그러면 바니아들은 여러 중개인에게 선금을 지불했고, 또 중개인들은 마을마다 돌아다니며 개별 방직공과 완제품 납품계약을 맺고 선금을 지불했다.[6] 결국 옷감은 같은 경로를 되돌아 다카에 있는 영국의 해외상관으로 들어왔다. 그곳에서 상인들은 제품의 등급을 정하고 선적을 준비했다.

이런 생산 체제에서 방직공들은 자신들이 수세기 동안 해왔던 대로 작업의 리듬과 방식을 통제했고, 자신의 도구를 소유했다. 심지어 원한다면 누구에게든 자신들의 제품을 판매할 권리도 가지고 있었다. 유럽의 수요가 늘면서 방직공들은 생산을 확대하고 가격을 올릴 수 있었는데, 이런 상황은 확실히 그들에게 이익을 가져다주었다. 오리사Orissa와 다카에서처럼 유럽의 무역상들이 구자라트의 브로아치Broach(오늘날의 바루치)에 도착했을 때, 현지의 면산업은 새로운 동력을 얻었다. 방직공들은 여전히 가난했지만, 현지 바니아들이 그랬듯이, 혹은 서둘러 면직물의 생산과 수출에 세금과 관세를 부과했던 인도의 통치자들마저 그랬듯이, 그들도 직물을 둘러싼 유럽 무역상들 사이의 경쟁을 이용할 수 있었다.[7] 인도에서 유럽 상인들의 힘은 중요했지만 그렇다고 모든 것을 아우를 정도는 아니었다. 영국인들은 방직공들과 현지 바니아들의 '다툼과 불화, 그들에게 드는 경비 부담'은 물론이고, '매년 아주 많은 양의 다카 직물을 사고팔며 대튀르크 영토와 같이 멀리 떨어진 곳으로 직물을 실어 나르는 아라비아인들과 무굴인들' 때문에 자신들의 거래 체제가 자주 지장을 받는다고 불평했다.[8]

이 '해외상관' 체제는 현지 무역상들과 자본에 계속 의존하며 대략 두 세기 동안 더 유지되었다. 1800년경에도 영국의 동인도회사는 봄베이(오늘날의 뭄바이)의 두 상인 페스톤지 젬사트지Pestonjee Jemsatjee와 소라브제 제반지Sorabje Jevangee에게 100만 루피가 넘는 금액을 지불하고 직물을 구매하기로 했다. 한편 수라트 지역의 바니아 다다보 모나크지Dadabo Monackjee는 영국에 옷감을 공급하기 위해 북부 도시의 방직공들과 계약에 착수했다. 사실 포르투갈과 영국, 네덜란드, 프랑스의 무역상들은 활력이 넘치는 오래된 시장에 가장 늦게 도착하여 남아시아와 아라비아 반도 전역에서 온 수백 명의 상인들 곁에 겨우 자리를 잡았을 뿐이다. 1700년대에 유럽의 무역상들이 확보한 직물의 양은 다카에서 거래된 전체 물량의 3분의 1에 불과했다. 그리고 인도에서 유럽의 무역 역량은 여전히 면화 재배와 면직물 제조에 자금을 대는 남아시아의 은행가와 상인의 손에 달려 있었다.[9]

그러나 무장한 유럽 상인들이 아시아 무역에 파고들어 한때 여러 대류 간 시장을 지배했던 인도와 아랍의 무역상들을 힘으로 밀어내자, 이 오래된 네트워크들은 서서히 주변으로 밀려났다. 1670년에 한 영국인 관찰자는 여전히 서아시아 상인들이 "영국과 네덜란드 상인들보다 다섯 배나 많은 캘리코를 실어갔다"고 기록했다. 그렇지만 어느 역사가는 더 크고 더 빠르고 더 믿을 만한 선박과 더 파괴력 있는 화기로 인해 "세계 무역의 동맥에 해당하는 인도-레반트 무역의 오랜 양상이 전면적인 구조 변화를 겪었고, 오스만 제국이 …… 가장 큰 피해를 입었다"고 결론 냈다. 동아프리카와 거래하던 구자라트 상인들도 유럽과의 경쟁에 직면 하기 시작했다. 유럽 상인들은 인도에서 점점 더 자주 모습을 드러내면 서 동아프리카 시장에서도 기반을 잡았다. 그러자 인도양 양편에서 유럽의 지배력이 점점 더 확대되었다. 18세기에 수라트가 몰락하고 영국이 지배하는 봄베이가 부상하면서 서인도 상인들은 영국의 권력에 한층 더 종속되었다.[10]

인도에서 유럽 상인과 그들을 후원하는 국가의 영향력이 커지자 결국 유럽 자체도 큰 영향을 받았다. 훨씬 더 많은 양의 인도산 면직물이 유럽에 유입되면서 새로운 시장과 유행이 등장한 것이다. 유럽의 신흥 계급은 아름다운 친츠와 모슬린에 시선을 빼앗겼다. 그들에게는 그 직물들을 살 수 있는 재력이 있었으며, 그것들을 몸에 걸치고 자신들의 사회적 지위를 과시하려는 욕망도 있었다. 인도산 면직물은 18세기에 점점 더 크게 유행했다. 이 수입품을 대체하겠다는 욕망이 영국에서 면직물 생산을 확대하고 결국 혁명적 변화에 이르게 한 강력한 유인으로 작용했다.[11]

더욱이 아시아에 대한 유럽의 지배력은 아메리카로의 팽창과도 맞물렸다. 에스파냐, 포르투갈, 프랑스, 영국, 네덜란드 세력은 아메리카에서 거대한 영토를 장악하고서 그 대륙의 유동 자산인 금과 은을 가져갔다.

실제로 처음 인도에서 면직물 구매에 사용된 자금의 일부는 바로 이 약탈한 귀금속으로 충당되었다.

그러나 결국 아메리카의 유럽 정착민들은 금과 은을 충분히 찾을 수 없었기에 부로 향하는 새로운 길을 찾아냈다. 바로 열대와 아열대작물(특히 사탕수수), 쌀, 담배, 인디고를 재배하는 플랜테이션 농장이었다. 플랜테이션 농장에는 다수의 노동자가 필요했고, 유럽인들은 필요한 노동자를 확보하기 위해 처음엔 수천 명, 나중에는 수백만 명의 아프리카인을 아메리카로 강제 이주시켰다. 유럽의 상인들은 아프리카의 고레Goree(오늘날의 세네갈), 엘미나Elmina(오늘날의 가나), 우이다Ouidah(오늘날의 베냉)의 서부 연안을 따라 요새화된 무역소들을 설치했다. 유럽 상인들의 자금을 받은 아프리카 통치자들은 노예사냥에 나섰고 포획한 노예들을 인도 방직공들이 만든 제품과 교환했다. 1500년 이후 300년 동안 800만 명의 노예가 아프리카에서 아메리카로 이송되었다. 처음에는 주로 에스파냐와 포르투갈의 무역상들이 나섰고, 17세기에는 영국·프랑스·네덜란드·덴마크의 무역상들이 가세했는데, 이들은 18세기에만 500만 명 이상의 노예를 강제로 이주시켰다. 그렇게 이주당한 노예들은 대부분 중서아프리카, 베냉만, 골드코스트, 비아프라만 출신이었다.[12] 노예들은 거의 매일 남북아메리카의 해안을 비롯해 카리브해의 섬들에 도착했다.

노예무역으로 면직물에 대한 수요도 늘었다. 아프리카의 통치자들과 상인들에게는 거의 대부분의 경우 노예와 교환할 면직물이 필요했다. 흔히 총과 싸구려 장신구를 인간상품과 교환하면서 노예무역이 활발해졌다고 생각하지만, 그보다는 훨씬 더 평범한 상품인 면직물과 노예를 교환하는 일이 더 많았다. 예를 들어 영국 상인 리처드 마일스Richard Miles에 대한 연구를 보면, 그는 1772~1780년에 1,308건의 거래를 통해

2,218명의 골드코스트 출신 노예를 확보했는데, 면직물이 전체 거래 상품 가치의 절반 이상을 차지했다. 18세기 말과 19세기 초 루안다로 유입된 포르투갈 수입품에서도 그와 비슷한 사실을 확인할 수 있는데, 직물류가 수입품의 거의 60%를 차지했다.[13]

유럽 상인들은 독특하고 변화무쌍하기로 악명 높던 아프리카 소비자들의 취향에 당혹감을 느꼈다. 사실 유럽의 한 여행객은 아프리카 소비자의 취향이 "더할 수 없이 다양하고 변덕스러워서", "두 마을의 기호 품목이 일치하는 경우가 거의 없다"고 말했다. 1731년 프랑스 항구를 출발한 노예선 딜리전트호는 기니만의 독특한 요구를 만족시키기 위해 세심하게 선별한 인도산 직물을 골고루 실었다. 마찬가지로 리처드 마일스는 영국의 공급처에 당시 골드코스트에서 요구하는 직물의 색상과 유형을 상세히 적어 보내며 제조업자들이 활용할 수 있게 전달하라고 당부했다. 그는 또 1779년에 영국의 거래 상대에게 보낸 한 편지에서 "커쇼 씨[제조업자]의 제품은 [나이프 씨의 상품과] 전혀 다릅니다. 적어도 이곳 흑인 상인들은 그렇게 봅니다. 그리고 그들은 나이프 씨의 상품을 만족스러워합니다."[14]

유럽의 면직물 무역은 아시아, 아메리카, 아프리카, 유럽을 하나의 복잡한 무역망으로 연결했다. 4,000년에 이르는 면직물 역사를 통틀어 그렇게 지구 전체를 포괄하는 체제가 고안된 적은 없었다. 다시 말해 예전에는 유럽의 소비자들을 위해 아메리카의 플랜테이션 농장에서 농산물을 생산할 아프리카 노예의 몸값을 인도 방직공들의 제품으로 지불한 적이 없었다. 이런 체제는 매우 인상적일뿐더러, 자본과 국가권력의 결합에서 창출된 변화의 힘을 분명하게 보여준다. 가장 근본적으로 변한 것은 세세한 무역 과정이 아니라 그런 무역을 배태한 체제이며, 그런 체제가 유지될 수 있도록 서로 다른 부분들이 서로를 지탱하는 방식이다. 한마디로 유럽인들은 경제활동을 조직하는 새로운 방식을 창출했다.

유럽의 교역 네트워크가 아시아와 아프리카, 아메리카로 확장될 수 있었던 것은 애초에 훌륭한 상품을 좋은 가격에 공급해서가 아니라, 경쟁자들을 군사적으로 제압할 수 있었기 때문이며 세계 여러 지역에 고압적인 유럽 상인들이 존재한 덕분이었다. 다만 각각의 특정 지역에서는 사회세력 사이의 균형이 달랐기 때문에 핵심적인 측면에서 다양한 양상을 띠었다. 아시아와 아프리카에서 유럽인들은 해안에 위치한 타국 내 자국 영토에 정착한 뒤 처음에는 농업과 제조업에 크게 관여하지 않고 대양무역에만 주력했다. 반면 세계의 다른 지역, 특히 아메리카에서는 지역민을 수탈하고 때로는 추방하거나 살해하기도 했다. 유럽인들은 대규모 플랜테이션 농업에 착수해 새로운 세상을 만들어냈고, 생산에 뛰어든 뒤로는 철저히 노예제에 의지해 부를 창출했다. 제국주의적 팽창과 수탈, 노예제라는 세 동인이 새로운 전 지구적 경제질서를 조성하는 데, 그리고 궁극적으로 자본주의가 등장하는 데 핵심적인 요소가 되었다.

세 동인들은 이 새로운 세계의 한 가지 또 다른 요소와 결합했다. 바로 국가였다. 국가는 상인과 정착민들의 사업을 후원하면서도 멀리 떨어진 영토에 위치한 사람들과 장소에 대해 주권을 강력하게 행사하지 않았다. 대신에 민간 자본가들이 특허를 받아 (영국의 동인도회사와 같은) 회사를 조직하면서 토지와 주민에 대한 주권을 행사했고 지역 통치자들과 긴밀한 관계를 유지했다. 화포를 가득 실은 무장상선과 무장한 상인들, 무장 민병대와 정착민들이 토지와 노동력을 장악하고 말 그대로 경쟁자들을 물 밖으로 날려버리자, 중무장을 하고 해적질을 하는 자본가들이 유럽이 지배하는 새로운 세계의 상징으로 떠올랐다. 사적 폭력은 자본가들이 지닌 핵심 역량 가운데 하나였다. 유럽 국가들은 광대한 식민제국의 창조를 계획하고 촉진했으며, 실제로 식민제국을 창조해냈다. 그러나 사적 행위자들이 새로운 무역과 생산 양식을 조성할 여지와 자유를 남겼다는 점에서 유럽 국가들은 여전히 허약하고 보잘 것 없는 존재였다. 이 순간을 특징지은 것은 재산권의 보호가 아니었다. 노동력과 토지의 수탈이 봇물을 이루며 자본주의의 편협한 근원이 여실히 드러났다.

이 새로운 체제를 살아 움직이게 한 것은 노예제였다. 수백만 명의 아프리카인이 아메리카로 강제 이주되면서 인도와의 연결이 더 긴밀해졌다. 아프리카인들의 강제 이주가 더 많은 면직물의 확보를 요구하는 압력으로 작용했기 때문이다. 바로 이런 교역 덕분에 아프리카에서 유럽 상인들의 입지가 더 견고해졌고, 아메리카에서 확보한 방대한 영토에 경제적 가치가 부여되었으며, 그렇게 해서 유럽이 가진 자원의 한계를 극복할 수 있었다. 물론 이런 다면적 체제는 다양성을 보였고 시간이 지남에 따라 변화했다. 하지만 이 새로운 세계는 이전 세계는 물론 19세기에 출현하게 될 세계와도 전혀 다른, 전쟁자본주의라는 제 이름에 걸맞은 세계였다.

전쟁자본주의는 세계를 '내부'와 '외부'로 가를 수 있는 부유하고 강력한 유럽인들의 역량에 의지했다. '내부'는 모국의 법과 제도와 관습을 포괄했고, 국가가 부과한 질서의 지배를 받았다. 반대로 '외부'를 특징지은 것은 제국의 지배, 방대한 지역의 수탈, 원주민 학살, 자원 약탈, 노예화, 그리고 멀리 떨어진 국가의 효율적인 감시를 벗어난 민간 자본가들의 방대한 토지 지배였다. 이런 제국의 보호령들에는 내부의 법이 적용되지 않았다. 그곳에서는 소유주들이 국가를 능가했고, 폭력이 법에 도전했으며, 사적 행위자들이 대담한 물리적 강제력을 동원해 시장을 개조했다. 애덤 스미스가 주장한 것처럼, 그런 지역들이 "다른 어떤 인간 사회보다 더 신속하게 부와 강대함을 얻을 수 있었던 것은" 일종의 사회적 백지 상태에 있었기 때문이다. 역설적이게도 전쟁자본주의 '내부'에 의지하는 전혀 다른 사회와 국가들이 등장하는 데 그 기반을 제공한 것이 바로 그런 사회적 백지 상태였다.[15]

전쟁자본주의는 예상치 못한 변화 가능성을 품고 있었다. 경제성장을 지속하는 근대 세계는 등장부터 이루 말할 수 없는 고통을 유발했고 경제공간의 구조변화를 초래했다. 그에 따라 다극의 세계가 차츰 단극의 세계로 변해갔다. 수많은 네트워크를 통해 여러 대륙에 오랫동안 흩어져 있던 힘들이 유럽 자본가와 국가가 지배하는 하나의 중심점으로 결집되었다. 면화의 생산과 배급을 담당하던 다양한 여러 세계가 차츰 전지구적 규모로 조직된 위계적인 하나의 제국 앞에 그 토대를 잃게 되었을 때, 그 변화의 중심에 면화가 있었다.

이러한 경제공간의 재편이 유럽 대륙 전역에 반향을 불러일으켰다. 네덜란드, 영국, 프랑스 같은 '대서양' 세력이 베네치아와 이탈리아 북부 내륙 지역처럼 지난날 경제의 동력을 제공했던 곳들을 대체해갔다. 대서양 무역이 지중해 무역을 앞지르고 신세계가 중요한 원료산지가 되면서 대서양에 연결된 도시들도 면직물 제조에서 두각을 나타냈다. 사실 면공업은 16세기에 이미 유럽까지 확산되었지만, 아프리카 직물 시장부터 새롭게 떠오른 아메리카의 면화 산지들에 이르기까지 대서양 전역으로 빠르게 확대되던 시장에서 필수적인 연결 고리가 되지는 못했다. 앤트워프에서 중요한 면화 교역이 시작되고 해외 팽창을 통해 거대한 신흥시장에 접근하기 시작했을 때, 브뤼허(1513년부터)와 레이던(1574년부터) 같은 플랑드르의 도시들에서도 면공업이 발전하기 시작했다. 16세기에 프랑스의 제조업자들도 같은 이유로 새로운 면방적·방직 사업에

뛰어들었다.[16]

이런 지리적 격변이 한창 진행되던 시기에 장기적인 측면에서 가장 중요한 일이 일어났다. 면공업이 영국에 상륙한 것이다. 1600년에 종교적 박해를 피해 네덜란드를 떠나온 망명객들이 영국의 여러 도시에서 면직물을 생산하기 시작했다. 영국에서 면화를 언급한 가장 빠른 사례는 1601년으로, "조지 아널드라는 이름으로 불리는 볼턴Bolton의 퍼스티언 방직공이 사계법원quarter sessions *의 기록에 등장"한다. 영국의 면산업은 성장을 거듭해 1620년에 이르면, 영국 면직물 제조업자들이 프랑스, 에스파냐, 네덜란드, 독일에 제품을 수출하게 된다. 특히 영국 북부의 랭커셔Lancashire에서 면공업이 번성했는데, 길드의 통제가 없었을 뿐만 아니라 인근에 중요한 노예무역항인 리버풀이 자리 잡고 있었기 때문이다. 리버풀은 아프리카 노예무역에 이바지하는 생산자와 아메리카 플랜테이션 농장들에게 중요한 장소였다.[17]

이처럼 뒤늦게 등장한 영국의 면산업은 리넨과 모직물 생산에서 쌓은 경험을 참고로 삼았다. 유럽 대륙에서 그랬던 것처럼, 면제품은 먼저 농촌지역에서 제조되었다. 청교도와 다른 비국교도가 다수였던 상인들이 농민들에게 원면을 선대했고, 농민들은 가족의 노동력을 이용해 계절에 따라 실을 잣고 직물을 짰으며, 상인들은 이렇게 생산된 면직물을 넘겨받아 판매했다. 면직물의 수요가 폭발적으로 증가하자 방적·방직업은 영세농들에게 더없이 중요한 일이 되었고 그들 가운데 일부는 결국 전통적으로 경작해오던 작물을 포기하고 온전히 면산업에 주력

● 1388년부터 영국에서 주州별로 해마다 네 차례씩 열려 가벼운 범죄를 판결했던 지방법정을 일컫는데, 1970년대 초중반에 영국 전역에서 폐지되었다.

하게 되었다. 그리고 면직물의 가내공업을 주선했던 일부 상인들은 실질적인 기업가로 변신했다. 자본을 축적한 상인들이 더 많은 방적·방직공에게 더 큰 신용을 제공하며 생산을 확대해감에 따라 생산의 '광역화extensification'가 촉진되어 생산 활동이 농촌지역 전체에서 폭넓게 이루어졌다. 이는 고전적 선대제로, 앞서 여러 세기 동안 아시아 전역에 존재했던 방식, 혹은 영국 모직물 산업에 존재했던 방식과 아주 흡사했다. 농촌지역은 산업화가 진행되었으며, 그 여파로 주민들은 더 먼 곳의 상인들을 위한 선대제 작업에 더욱더 의존하게 되었다.[18]

인도의 면방적공이나 방직공과 달리, 새로운 계급으로 성장한 영국의 면산업 노동자들은 원료나 시장에 독자적으로 접근하지 못하고 철저히 상인들에게 종속되어 사실상 인도의 노동자보다도 자율성과 권한을 누리지 못했다.[19] 그 결과 선대제를 운용한 영국 상인들은 인도의 바니아들보다 훨씬 더 큰 힘을 갖게 되었다. 영국의 면산업 종사자들은 새롭게 등장한 글로벌 강대국의 일부였다. 이 글로벌 강대국은 해군의 지배력을 세계의 바다로 확대했으며, 아메리카와 아시아, 특히 인도에서 빠르게 영토를 늘려나갔다. 그리고 영국인 노예 상인들은 여러 면에서 수천 킬로미터 떨어진 영국 랭커셔의 외딴 고지대와 인도 벵골 초원에 자리한 방적·방직공의 제조 능력에 의존하는 플랜테이션 농장 단지를 조성했다.

시작은 이러했지만 면산업 종사자들의 중요성은 그 시기를 지나고 나서 돌이켜보았을 때 비로소 드러났다. 17세기와 18세기 내내 유럽의 면산업은 크게 주목받지 못했다. 유럽의 다른 곳들은 물론이고 영국의 '면공업도 거의 정체 상태에 머물러' 있었으며 1697년 이후에도 성장이 더뎠다. 예컨대 면사와 면직물로 처리되는 면화의 양이 1억 7,500만kg으로 거의 두 배가 되기까 67년이 걸렸다. 그런데 이것은 연간 사용된 면화의 양으로, 1858년에 미국이 평균적으로 단 하루 만에 이만한 양의 면화를 수출했던 것과 크게 대비된다. 프랑스도 사정이 비슷했는데, 영국과 프랑스를 제외한 유럽 다른 지역의 면화 수요는 훨씬 적었다.[20]

면화에 접근하기가 어려웠다는 점도 유럽 면공업의 성장이 상대적으로 더뎠던 이유 가운데 하나다. 유럽에서는 면화가 재배되지 않았기 때문에 필요한 주원료를 원격지에서 들여와야 했다. 새로운 기계의 등장으로 면직물 제조업이 혁신을 이루고 전성기를 구가하게 된 1780년 이전인 17, 18세기까지도 유럽 제조업자들의 면화 수요는 크지 않아서, 면화를 여러 품목 가운데 하나로 취급했던 기존의 여러 무역 통로를 통해 어렵지 않게 충당되었다. 한 가지 예로, 1753년에 면화를 싣고 자메이카를 출발한 선박 26척이 리버풀 항에 도착했는데, 그 가운데 24척에는 각각 50자루가 채 안 되는 양의 면화가 실려 있었다.[21] 세계에 면제품 수출을 전문으로 하는 상인도 항구도 지역도 아직 존재하지 않았다.

앞에서 살펴보았듯이, 12세기 이후 유럽에 수입된 면화의 원산지로 가장 중요한 지역은 오스만 제국, 그중에서도 아나톨리아 서부와 마케도니아였다. 17세기 내내 이즈미르와 테살로니키(오스만 제국의 살로니카)에서 생산되는 면화가 비단이나 모헤어 같은 다른 동양 제품들과 나란히 런던과 마르세유에 들어왔고, 이 품목들이 여전히 지역시장을 지배했다. 유럽의 면화 수요가 서서히 확대된 18세기에도 오스만 제국에서 수입된 면화의 비중이 커서, 1700~1745년에 영국 전체 수입품의 4분의 1을 차지했고 마르세유에도 그와 비슷한 양이 하역되었다.[22]

1690년대에 인도산 면이 동인도회사 덕분에 런던으로 향하는 길을 찾았듯이, 비록 양은 많지 않았지만 세계 다른 지역의 면화들 역시 런던에 도착했다. 비슷한 맥락에서 1720년대에 왕립아프리카회사는 "1723년 9월 12일 목요일 오전 10시에 레든-홀-스트리트에 있는 그들의 상사에서 잠비아산 면화를 촛불경매[●]로" 판매했다고 전했다. 1년 후 그들은 "와이데이Whyday산 …… 고급 면화를 통 단위cask로" 공급했고, 그 이듬해에는 '기니아산 면화를 자루 단위로' 공급했다. 그러나 코끼리 상아처럼 그들이 취급했던 더 중요한 다른 무역 상품들에 비하면 면화 판매는 거의 눈에 띄지 않을 만큼 미미한 것이었다.[23]

면화의 새로운 공급지로 더 중요해진 곳은 서인도 제도였다. 이 지역에서 면화는 사탕수수에 비해 여전히 주변적인 작물이었지만, 사탕수수를 재배하는 대농장주들에 비해 일부 영세농들이 훨씬 적은 자원을 투입해 '백색황금'을 재배했다. 프랑스령 섬들에서 프티 블랑petit blanc(백색황금)이라고 불리던 면화의 생산량은 1760년까지 정체되어 있었다. 그런데도 영국과 프랑스 면산업의 면화 수요 가운데 상당 부분이 서인도에서 생산된 이런 소량의 면화로 충족되었다. 그리고 앞으로 살펴보겠지만, 훨씬 더 중요한 사실은 서인도 제도의 면화 생산방식이 미래를 예고했다는 점이다.[24]

따라서 1770년 이전에 유럽 상인들은 잘 갖춰진 무역 네트워크를 통해 여러 장소에서 귀중한 면섬유를 확보했고, 서인도 제도를 제외하면 유럽 상인들의 영향력은 항구 도시 밖으로 크게 뻗어나가지 못했다. 유럽 상인들에게는 내륙의 면화 경작방식에 관여할 힘도 없었지만 면화의 추가 경작에 선금을 지불할 의향도 없었기 때문이다. 그들은 순전히 자신들이 지불한 자금 덕분에 면화를 확보할 수 있었을 뿐, 면화의 생산방식에 어떤 영향도 끼치지 못했다. 면화의 이런 글로벌 네트워크 안에서 현지 재배인들과 상인들은 여전히 강력한 행위 주체가 될 수 있었는데,

---

● 17세기와 18세기 영국에서 유행했던 전형적인 경매 형식으로 촛불이 꺼지는 순간 경매를 마감했던 데에서 유래한 명칭이다.

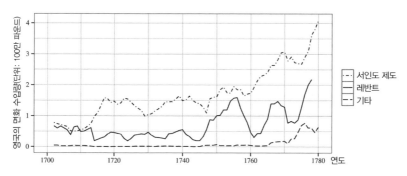

─ **1702~1780년 사이 영국의 면화 수입** 100만 파운드 단위이며, 원산지별로 5년 간격으로 추적해 평균을 냈다.

그 까닭은 무엇보다도 그들이 수출용 면화 생산이나 북유럽 시장에 주력하지 않았기 때문이다.[25]

확장 중이었다고는 하지만 전 지구적 수준에서 보자면 여전히 보잘 것없던 유럽의 면산업이 유럽에 유입된 적은 양의 면화로 원료를 충당하고 있을 때, 아프리카와 아메리카의 노예 플랜테이션 농장뿐 아니라 유럽에서도 면직물의 수요가 커지고 있었다. 그러나 유럽의 면직물 생산량은 그런 수요를 감당하기에 역부족이었다. 영국·프랑스·네덜란드·덴마크·포르투갈의 무역상들은 이런 상황에 대응해 엇비슷하게 열정을 기울이며 더 유리한 조건으로 더 많은 양의 인도산 면직물을 확보하려고 애썼다. 1614년에 영국 상인들은 재단하지 않은 1만 2,500필의 면직물을 수출했는데, 1699년과 1701년 사이에 그 수치는 연간 87만 7,789필로 상승했다. 영국의 직물 수출은 100년이 채 안 되는 기간 안에 70배나 증가했다.[26]

동인도회사의 대표들은 인도에서 이런 엄청난 양의 직물을 매력적인 가격에 확보하기 위해 인도 내 생산과정에 좀 더 깊이 개입하기 시작했다. 유럽 동인도회사 대표들은, 수십 년 동안 유럽의 여러 경쟁사에게는 물론이고 경쟁을 벌이는 인도 현지의 바니아들과 세계 여러 지역의 무역상, 심지어 독립적으로 회사를 운영하며 경쟁을 유발해 가격을 상승시키는 유럽의 개별 상인들에게까지 제품을 판매한 인도 방직공들의 행동에 대해 불평을 늘어놓았다. 유럽인들은 방직공들에게 자신들의 회사를 위한 작업만 강요할 수 있게 되었을 때에야 비로소 이윤을 늘릴 수 있었다. 시장을 독점하는 것이 방직공들의 수입을 낮추고, 특정 상품의 판매 가격을 높이는 방법이었던 셈이다.[27]

인도의 더 넓은 영토로 정치적 지배력을 확대하고 사업을 강화한 덕분에 유럽의 무역상들은 원하는 가격에 필요한 품질의 면직물을 원하는 양만큼 확보할 수 있었다. 그들은 차츰 단순한 무역상이 아니라 통치자라는 인상을 주었다. 1730년대, 유럽 무역상들은 회사의 이익을 보호하기 위해 다카의 상관에 무장 병사와 무기를 배치했다. 가장 극적인 사건은 1765년 상인집단인 영국의 동인도회사가 벵골을 통치하고, 그 후 수십 년 동안 다른 남아시아 영토로 지배력을 확대한 일이다. 18세기 말에 영국 상인들이 인도와 중국 간 면화무역에 투자를 확대했을 때 영토에 대한 야심은 더욱 깊어졌고, 영국 상인들은 인도 서부의 면화 재배지도 동인도회사의 영토에 통합하겠다는 야심을 품기에 이르렀다. 국가의 인가를(공인을) 받은 회사가 원격지 영토에 대해 이처럼 사적으로 정치권력을 행사한다는 것은 국가와 사기업이 영토와 국민에 대한 주권을 공유하는 것으로서 경제적 힘의 개념을 혁명적으로 바꾸어놓았다.[28]

다른 무엇보다도, 이처럼 경제적 힘과 정치적 힘의 새로운 결합된 덕분에 유럽 상인들은 방직공들에 대한 지배를 강화함으로써 면제조업에 대한 지배력을 한층 더 확대할 수 있었다.[29] 17세기에 이미 유럽 회사들의 강력한 지배를 받고 있던 중개인들이, 코로만델 해안가를 따라 활동하며 인도 방직공들과 유럽 상인들을 연결했던 인도의 유력 상인들(바니아)을 대체했다. 벵골처럼 1765년에 영국 동인도회사의 지배를 받게 된 수라트에서, 총독이 주도하던 무역위원회는 1795년에 다음과 같이 불만을 토로했다.

　　현재의 체제에서는 계약자들이 제조업자나 방직공과 직접 관계를 맺는 대신 다수의 현지 상인들과 계약을 맺게 되는데, 대부분의 현지 상인들은 가진 것도 거의 없고 계약을 성실히 이행하지도 않으며 부채에 매어 있어 강제집행을 하더라도 위약금조차 지불할 수 없는 사람들이다. 게다가 그들은 실질적으로 상품을 손에 넣어본 적도 없는 사람들이다. 따라서 이런 체제를 없애거나 대폭 조정하지 않는다면 지금 겪고 있는 어려움이 사라지지 않을 것이라 염려된다.[30]

　　외국 상인들은 인도 상인을 통하는 과정을 없앨 경우 생산을 더 잘 통제하고 훨씬 더 많은 양의 직물을 확보할 수 있을 것이라고 기대했다. 그런 목적에 따라, 동인도회사는 독립적으로 활동하는 인도의 바니아들을 피하려 했다. 독립적인 바니아들은 오랜 역사를 통해 인도인 '대리인'을 직접 고용하고 자신들을 직공들과 연결하는 책임을 그들에게 맡겼다. 런던무역협회는 총독에게 면직물 구매 체제의 재조정 방법을 상세히 적은 지침을 전달하면서, '그 사업에 관한 성실한 정보를 회사에 되돌려주고' 그렇게 해서 회사가 '대행 체제의 가장 근본적인 원칙'을 실행함으로써 더 저렴한 가격에 더 많은 직물을 확보할 수 있기를 기대했다. 그리하여 동인도회사는 직접 고용한 인도 대리인을 통해 방직공들에게 직접 접근할 수 있게 되었다. 이는 영국인들이 초기에는 시도하지 않던 방식이었지만, 이제 영토를 지배하고 그에 따라 정치적 권위를 얻은 덕분에 실행하기가 한결 쉬워진 것이다. 방직공들은 늘 신용에 의지해왔지만, 유럽 상인들이 인도의 특정 지역에 대한 경제적 지배력을 독점하려고 힘쓰며 신용거래망에 파고들자, 동인도회사에 더욱더 의존하게 되었다. 18세기 중반이 되면 유럽 회사들은 대리인들을 보내 다카 인근 농촌 지역에 자리한 면직물 제조 중심지들로 깊숙이 파고들게 했다. 대리인들은 갈수록 생산에 여러 조건을 덧붙였고, 제품 가격을 낮추는 데 성공했다. 1790년대에 동인도회사는 방직공들에게 봄베이로 자리를 옮겨 그곳에서 직물을 생산하라고 권했다. 이 모두는 방직공들을 더 잘 감시해서 '트라방코르Travancore 국왕의 심복들에게 빼앗기는 것이 없게' 하려는 목적에서 이루어진 일들이다.[31]

인도 아대륙을 파고든 영국 세력의 침투는 방직공들이 직물 가격을 결정하는 재량권을 차츰 잃어갔음을 의미했다. 역사가 시나파 아라사라트남Sinnappah Arasaratnam에 따르면, "그들은 자신들이 고른 고객을 위해 생산할 수 없었다. 그들은 임금의 일부를 면사로 받아야 했고, 마을에 주재하는 동인도회사 고용인들이 제조과정을 철저히 감시했다." 이제 방직공들이 특정 상인의 선금을 받도록 강제되는 일이 자주 일어났다. 비록 제대로 실현되지는 못했지만 당시 상인들의 궁극적 목표는, 영국의 농촌지역에서 성공적으로 시행했던 방식을 따라 인도 방직공들을 임금노동자로 만드는 일이었다.[32]

동인도회사는 목표를 달성하기 위해 방직공들에게도 직접 강제력을 행사하기 시작했다. 동인도회사는 인도인을 대규모로 고용해 새로운 규칙과 규제를 시행하고 감독하게 했으며, 이는 결국 면직물시장을 관료화시켰다. 새로운 규제들이 폭넓게 시행되면서 방직공들은 법적으로 회사에 소속되어 일반시장에 직물을 팔 수 없게 되었다. 그리고 회사 고용인들은 작업 중인 직물을 검사해 직물이 예정대로 회사에 판매되도록 하는 데에 힘을 쏟았다. 새로 도입된 조세 체제에서 다른 사람이나 회사

를 위해 직물을 생산한 방직공은 처벌을 받게 되었다.[33]

또한 회사는 체벌을 포함한 폭력에 기대는 정도가 점점 심해졌다. 예컨대 한 고용인은 어느 방직공이 독립적으로 활동하는 상인을 위해 불법으로 작업한 사실을 문제 삼았다. "동인도회사에서 고용한 사람들이 그와 그의 아들을 잡아다가 심하게 매질하고 검정색과 흰색으로 그의 얼굴을 칠한 다음, 손을 등 뒤로 묶어서는 세포이sepoy(영국인에게 고용된 인도인 용병) 호위 아래 도시 전체를 돌며 '방직공이 독립적으로 활동하는 상인을 위해 작업하다 발각되면 이런 처벌을 받는다'라고 외치게 했다." 이런 정책들은 동인도회사가 의도한 결과로 이어졌고, 인도 방직공들의 수입은 감소했다. 17세기 후반에는 직물 가격의 3분의 1이 방직공들의 몫이었다. 역사가 옴 프라카시Om Prakash에 따르면, 18세기 후반에 생산자의 몫은 6% 정도로 줄었다. 수입이 감소하고 생활수준이 낮아진 살리야Saliya 방직공들은 은제 디딤판이 설치된 베틀로 일하던 아련한 옛 시절을 자장가로 노래했다. 1795년 무렵, 동인도회사는 '유례없는 방직공들의 사망률'을 목격해야 했다.[34]

방직공들은 생산과정에 강압을 행사하며 개입하는 유럽 자본에 저항했다. 일부 방직공들은 짐을 꾸려 유럽인들이 지배하는 지역에서 달아나기도 했다. 다른 이들은 비밀리에 경쟁업체를 위해 면직물을 생산했지만 추적을 피해야 했던 탓에 더 낮은 가격에 판매할 것을 강요당했다. 때때로 방직공들은 집단으로 동인도회사를 찾아가, 자유로운 거래에 회사가 개입하는 것에 항의하기도 했다.[35]

그런 저항이 때로는 유럽 자본가들의 힘을 위축시키기도 했다. 동인도회사는 인도의 중개인들을 그토록 제거하고 싶어 했지만, 결국 '하청업자 없이는 일할 수 없다'는 사실을 받아들였다. 회사 고용인들이 방직공들의 마을과 훨씬 더 긴밀한 사회적 네트워크를 구축하고 있던 하청업자들을 완전히 대체하기는 어려웠다. 독자적으로 영업활동을 하는 유럽 상인들의 이해관계가 동인도회사에 불리하게 작용하는 일도 빈번했다. 이런 상인들이 방직공들에게 더 높은 가격을 지불했는데, 이는 방직공들에게 동인도회사의 정책을 와해시켜야 할 동기로 작용했다.[36]

이런 여러 제약에도 불구하고 유럽의 무역상들은 공격적인 정책 덕분에 더 많은 면직물을 성공적으로 비축할 수 있었다. 1727년에 유럽으로 수출된 인도산 직물의 양은 2,700만m였던 것으로 추산되는데, 1790년대가 되면 연간 7,300만m로 증가한다. 경쟁상대인 프랑스 상인들도 그랬지만, 특히 영국 상인들이 수출 목적으로 생산된 엄청난 양의 면직물을 확보하고 수출을 통제했다. 1776년에 다카 지역에만 대략 방적공 8만 명과 방직공 2만 5,000명이 있었으며, 1795년에 동인도회사는 수라트에서만 15만 대가 넘는 직기를 보유했던 것으로 추산된다. 게다가 더 많은 직기에 대한 요구도 절실했다. 1765년 동인도회사의 런던 사무소에서 봄베이 사무소로 보낸 급송문서는 7년전쟁이 끝나고 찾아온 평화의 가능성을 전망하며 글로벌 경제의 개념을 혁명적으로 바꾸어놓은 것의 핵심이 무엇인지를 기막히게 요약했다.[37]

평화조약 체결 이후 아프리카 해안으로 향하는 노예무역이 급증했고, 그 와중에 시장에 적합한 상품의 수요도 매우 크다. 따라서 서인도 제도에 위치한 영국 플랜테이션 농장들의 안녕이 달린 무역을 촉진하는 데 우리의 온 힘을 집중하고 있는 만큼, 국가의 관점에서 보더라도 우리의 기여는 매우 바람직한 일이다. 상기의 투자대상목록에서 주문한 몇 가지 품목[예를 들어 직물]뿐 아니라 이 무역에서 더 시급한 A로 표시한 물품들의 재고를 가급적 빨리 확인해줄 것을 요구하고 강력히 지시한다.[38]

이 문서에서 분명하게 볼 수 있듯이, 복잡하게 맞물린 상업의 흐름을 타고 인도산 면제품, 아프리카 노예, 카리브산 사탕수수가 지구 전역을 가로지르며 이동했다. 아메리카 노예에 대한 엄청난 수요는 인도산 면직물을 더 많이 확보하도록 압박했다. 동인도회사의 프랜시스 베어링Francis Baring은 1793년 벵골에서 "놀라울 만큼 막대한 부가 …… 영국의 품으로 흘러들고 있다"고 결론지었다.[39]

유럽 상인들이 차츰 인도의 면직물 생산과정을 통제하게 되었다는 사실은 이제 막 걸음마를 시작해 아직 보잘것없던 유럽의 면산업에 위협이 되었을 것이다. 영국, 프랑스, 네덜란드 등지의 제조업자들은 어떻게 질 좋고 저렴한 인도산 직물에 맞서 경쟁할 수 있었을까? 게다가 인도가 더 많은 직물을 수출하고 있었을 때에도 유럽의 면산업은 확대되었던 것으로 보인다. 인도산 수입품 덕분에 새로운 면직물 시장이 생성되고 유럽이 면산업에 필요한 아시아의 기술을 지속적으로 도용해 유럽 면산업이 힘을 얻었다는 것은 역설적이다. 더욱이 장기적으로 보았을 때 인도의 수입품들은 유럽의 정치 현안에도 영향을 주었다. 앞으로 살펴보겠지만, 목청 높은 자본가 집단을 거느린 영국, 프랑스 등이 신흥 강대국으로 떠오르는데, 인도산 면직물 수입을 국내산 직물로 대체하는 일은 실현하기 어렵다 하더라도 국가와 개인 모두에게 중요한 현안이 되었다.

이 과정에서 보호무역이 중요한 역할을 했고, 다시 한 번 '대분기'에서 국가의 역할이 중대하다는 사실이 입증되었다. 17세기 후반에 이르러 면직물의 수입과 자국 내 면직물의 제조가 모두 확대되자 유럽의 모직물 및 리넨 제조업자들은, 벼락부자가 된 제조산업들로부터, 특히 인도의 수입품으로부터 자신들을 보호해달라며 자국 정부를 압박했다. 면직물의 수입과 제조의 확대로 유럽의 가장 중요한 제조산업이었던 직물 제조 부문이 타격을 입자, 이익은 불확실해졌고 사회의 안정성도 위협을 받았다.[40]

동인도회사가 설립되고 2년이 채 지나지 않은 1621년에 런던의 모직물 상인들은 점차 늘어나는 면직물 수입에 맞서 시위를 벌였다. 1623년에 영국 의회는 "국익에 해를 끼친다"며 인도산 면직물 수입을 둘러싸고 설전을 벌였다. 사실 수입산 면제품에 항의하는 시위는 17, 18세기 영국의 정치 풍경에 지속적으로 나타난 특징이었다. 1678년에 발행된 〈오래된 업종의 몰락과 복구〉라는 제목의 논문은 "우리 것을 두고 수많은 외국 상품을 착용하는 국민들 때문에 모직물 산업이 타격을 입었다"고 지적했다. 1708년에 《디포의 리뷰Defoe's Review》는 신랄한 어조로 "우리 제조업의 진정한 몰락"에 대한 사설을 실었고, 그런 몰락은 동인도회사가 "친츠와 염색 캘리코" 수입을 증대한 탓이라고 주장했다. 또 그에 따른 결과로 "동인도 무역이 [국민의] 입에서 빵을 낚아채고 국민의 고용 전체를 앗아갔다"고 지적했다. 통상 인도산 직물 수입에 항의하며 크게 동요했던 집단은 모직물 및 리넨 제조업자들이지만 때때로 면제조업자들도 가세했다. 1779년에 동인도회사 때문에 자신의 사업이 망할까 염려한 캘리코 염색공은 재무부에 다음과 같은 항의문을 보냈다. "동인도에서 동인도회사의 자체 염색공장 운영을 금지하지 않는다면 엄청나게 많은 사람이 일자리를 잃게 될 것입니다."[41]

이러한 불안이 보호무역 조치들을 초래했다. 1685년에 영국은 '인도산 캘리코와 그 외 인도산 리넨, 그리고 세공 비단'에 10%의 관세를 부과했다. 1690년에는 관세가 두 배로 높아졌다. 1701년에 의회는 염색 면직물의 수입을 금지했는데, 이런 조치는 영국에서 추가 공정이 필요한 무명 캘리코의 수입 확대로 이어졌고 영국의 캘리코 염색업이 크게 활력을 얻었다. 1721년에 발효된 법률은 인도에서 무명 캘리코를 들여와 영국에서 염색한 캘리코라 하더라도 착용을 금지하는 데까지 이르렀는데, 이런 조치는 영국의 캘리코 방직업에 추진력을 제공했다. 결국 인도산 면직물 판매는 전면 금지되었다. 1772년에 런던의 로버트 가디너Robert Gardiner는 블레어라는 사람에게 아파트를 임대했는데, 블레어가 이른바 인도산 모슬린이라는 '불법상품을 그의 집에 들여온' 바람에 구속되었다. 1774년 영국 의회는 오직 국내에서 방적·방직한 면직물만 판매해야 한다고 선포했다. 동인도에서는 재수출용 제품만 들여올 수 있었다. 친츠와 모슬린처럼 금지품목에서 제외된 인도산 면직물에는 무거운 관세가 부과되었다. 결과적으로 이 모든 보호무역 조치들은 영국산 모직물 및 리넨 사업에는 도움이 되지 않았지만, 영국의 면공업을 자극한 것만은 확실하다.[42]

영국과 마찬가지로, 프랑스도 각고의 노력으로 인도산 면직물의 수입을 불법으로 규정했다. 1686년 프랑스는 비단 및 모직물 생산업자들의 압력에 대응해 면직물의 제조와 사용, 판매를 금지했다. 그로부터 70년 동안 국왕의 두 가지 칙령과 왕실평의회의 80개 판례를 포함한 조치들을 통해 면직물을 억제하려 했다. 처벌은 한층 더 가혹해져 구속까지도 가능했으며, 1726년부터는 위반자들에게 사형을 내릴 수도 있었다. 1755년에는 인도에서 염색된 직물의 프랑스 내 소비를 다시 한 번 금지했고, 1785년에 국왕은 '국내 산업' 보호를 위해 다시 한 번 금지령을 승인했다. 이 법의 시행을 위해 파수꾼 2만 명이 활동했고, 5만 명가량 되는 위반자들이 프랑스 갤리선에서 강제노역을 했다. 인도산 직물의 기나긴 금지목록에서 확실히 제외된 품목은 노예무역에 사용하기 위해 기니로 보낼 직물이었다. 어쨌든 노예는 인도산 면직물과 교환해야만 얻을 수 있었기 때문이다.[43]

다른 유럽 국가들도 이런 선례를 따랐다. 1700년에 베네치아는 플랑드르와 마찬가지로 인도산 면직물의 수입을 허용하지 않았다. 1721년에 프로이센 국왕 프리드리히 빌헬름 1세가 공포한 칙령은 염색되거나 채색된 친츠와 면직물의 착용을 불법으로 규정했다. 1717년에 에스파냐는 인도산 면직물의 수입을 금지했다. 그리고 18세기 말 술탄 압둘하미드 1세Sultan Abdulhamid I 치하의 오스만 제국은 금지령을 내려 국민들이 인도산 면직물로 만든 옷을 착용하지 못하게 했다.[44]

자국산 모직과 리넨, 비단 제조업자를 보호하기 위해 시작된 정책은 면직물의 국내 생산을 촉진하는 확실한 계획으로 발전해갔다. 1807년 프랑스의 여행가 프랑수아-사비에르 르구 드 플렉스François-Xavier Legoux de Flaix는 "산업국가들이 면직물의 국내 생산을 활성화하기 위해 금지령을 내린 덕분에" 아직은 인도의 방직공들과 자유롭게 경쟁하기 어려웠던 유럽의 제조업자들이 비로소 면직물 시장의 전망이 얼마나 밝은지를 깨닫게 되었다고 주장했다. 수출 시장은 물론이고 자국 시장 역시 막대한 잠재력을 지녔으며 지극히 탄력적이었다. 그리고 보호무역 조치로 인도의 생산자들이 유럽의 직물 시장에 접근하기 어려워지자 유럽 국가들과 상인들이 차츰 글로벌 네트워크를 지배하게 되었으며, 그 덕분에 세계의 여러 다른 지역에서 면제품 시장을 장악할 수 있었다. 사실 이 시장들은 자국 생산자들을 위한 출구이기도 했지만 인도에서 확보한 면직물을 위한 출구이기도 했다. 이렇게 해서 유럽인들은 인도에서 직물 구매를 확대할 수 있었고, 또한 경쟁력 없는 자국 산업도 보호할 수 있게 되었다. 이런 놀라운 위업은 유럽인들이 오로지 전쟁자본주의로 전 지구적 면직물 네트워크를 지배한 덕에 성취되었고, 동시에 지속적으로 벌인 전쟁으로 더 많은 자원이 필요했던 탓이기도 했다. 요컨대 자국 산업을 포용하는 새로운 종류의 강력한 국가를 건설한 덕분이었다.[45]

더욱이 제국이 팽창하고 면화의 글로벌 무역에서 유럽인들의 지배력이 점차 확대되면서 아시아에서 유럽으로 이전되는 지식이 차츰 늘어났다. 유럽의 제조업자들은 가격과 품질에서 인도의 생산업자들과 경쟁하려면 그런 기술들을 적용해야 한다는 압박감을 점점 더 크게 느꼈다. 면공업을 향한 유럽인들의 움직임의 바탕에는 역사상 가장 극적인 산업 스파이 활동의 예라 할 만한 것이 자리하고 있었다.

인도산 면직물들이 유럽과 아프리카의 소비자들 사이에서 그토록 큰 인기를 누렸던 것은 탁월한 디자인과 뛰어난 색감 때문이었다. 유럽의 제조업자들은 인도인 경쟁자들의 월등한 솜씨에 맞서기 위해 자국 정부의 지원을 받아 인도의 생산기법에 관한 지식을 수집하고 공유했다. 예를 들어 프랑스의 면제조업자들은 인도의 제조방식을 면밀히 관찰하고 인도의 기술을 모방하려고 무진 애를 썼다. 1678년에 프랑스 동인도회사에서 일했던 조르주 로크Georges Roques는 아메다바드Ahmedabad에서 관찰한 내용을 바탕으로 보고서를 작성했는데, 그의 보고서는 곧 인도의 목판 날염 기법에 관한 귀중한 자료가 되었다. 40년 뒤인 1718년에 르페르 튀르팽Le Père Turpin은 조르주 로크의 선례를 따랐고, 1731년에 동인도회사 소속의 선박에서 소위로 복무한 조르주 드 보리외Georges de Beaulieu는 인도 수공업자들이 어떻게 친츠를 생산하는지 알아보기 위해 퐁디셰리Pondicherry를 방문했다. 이러한 노력의 결과, 1743년에 프랑스 제조업자들은 인도산 최고 품질의 직물을 제외한 모든 것을 모방할 수 있었다. 그러나 이처럼 인도의 제조기술을 신속히 도용했는데도 18세기 말까지 면직물의 품질을 평가하는 기준은 여전히 인도 아대륙에서 들여온 직물들이었다. 인도산 면사와 직물의 품질('유럽에서 우리에게 익숙한 정도를 훌쩍 뛰어넘는 완벽한 수준')에 감탄한 프랑수아-사비에르 르구 드 플렉스는 프랑스의 수공업자들이 그 제품들을 다시 한 번 흉내 내주길 기대하며

1807년에 인도의 제조기법을 상세히 보고했다. 그는 무엇보다도 "프랑스의 방적 시계는 벵골에서 사용되는 모델에 따라 제작되어야 한다. 그러면 모슬린 제조에서 인도인들과 대등한 위치에 오를 수 있을 것이다"라고 조언했다.[46]

유럽의 다른 제조업자들도 이런 선례를 따랐다. 18세기 말에 덴마크 여행객들은 인도의 기술을 이해하고 빼내기 위해 모험을 감행했다. 그리고 17, 18세기 내내 영국의 면직물 염색공들은 인도의 디자인을 수집하고 면직물 염색에 관련된 인도의 전문기술을 활용해 그 디자인을 모방했다. 〈방갈로르에서 실행되는 제조업과 현지의 비단·면직물 염색 공정〉이나 이와 비슷한 성향의 출판물인 〈터키 레드나 아드리아노플 레드로 불리는 급성 염료 또는 염색사를 면사나 면제품에 적용하는 오리엔트 고유의 공정〉은 기술 이전에 대한 유럽의 꾸준한 관심을 보여준다. 물레와 수평 디딤판 직기가 그랬던 것처럼 16~18세기에 아시아는 여전히 면직물 제조, 특히 염색 기술의 가장 중요한 원천으로 남아 있었다. 면산업의 글로벌 네트워크에 대한 유럽의 지배에 가속도가 붙자 유럽이 인도의 기술을 흡수하는 속도도 덩달아 빨라졌다.[47]

수출 시장과 현지 소비를 위한 인도산 면제품을 국내 생산으로 대체하는 일은 하나의 숙원사업이 되었다. 1780년에 글래스고의 면제조업자들은 자신들이 수출 시장에 진입할 수 있도록 도와달라고 다음과 같이 정부를 압박했다. "국내 소비만으로 소진할 수 없는 잉여 상품들이 쌓여 있어 상당한 양의 해외 판매가 필요하게 되었다. 또한 최신 기계장치들을 사용하기 위해서(그렇지 않으면 쓸모없게 될 것이다), 이 국민 산업을, 이 사업에서 잔뼈가 굵은 사람들의 산업을 유지하기 위해서도 해외 판매가 절실히 필요하다."[48] 더욱이 제국의 팽창으로 유럽, 특히 영국 상인들은 면제품의 글로벌 시장이 존재한다는 사실을 자각하게 되었다. 1770년대에 이르러 유럽의 면직물 시장이 거대하며, 아프리카, 아메리카, 아시아의 시장은 훨씬 더 거대하다는 사실과, 따라서 이들 시장에 납품할 제품을 생산할 수 있는 사람들에게는 이윤을 얻을 기회가 무한하다는 사실이 명확해졌다. 이 시장의 유연성과 수익성은 상인들이 세계의 원거리 면화무역 네트워크에서 쌓은 경험에서 곧바로 도출되었다.[49]

결국 유럽의 면제조업자들에게도 수출 시장이 중요해졌는데, 처음에 그들은 인도산 직물을 수출해서 시장을 확보했다. 런던 상무부는 봄베이 상무부에 "특히 아프리카 무역에 공급할 수라트산 제품을 일정량 정기적으로 들여다 판매하는 일은 우리의 투자에 매우 중요하다"고 써 보냈다. 프랑스인들이 퐁디셰리에서 확보한 면직물을 프랑스로 들여오는 것은 금지되어 있었기 때문에 그 제품의 주요 소비자는 서아프리카인들이었다. 르구 드 플렉스가 18세기 말에 관찰한 대로, "힌두스탄과의 면화무역 부문을 출범시킨 것은 [서인도 제도] 식민지와 노예무역이었다. …… 의심의 여지없이 카리브해 앤틸리스 제도의 식민지들이 노예 매입을 중단하면 면화무역도 차츰 퇴조를 보이리라고 말할 수 있다."[50]

초기에 영국의 면제조업자와 상인은 자국산 직물과 인도산 직물을 아프리카로 수출하는 데에 주력했다. 해외 시장에 대한 이런 의존성은 1750년 이후에 뚜렷해졌다. 역사가 조지프 이니코리Joseph E. Inikori가 보여주었듯이, 1760년에 영국은 생산한 면직물의 3분의 1가량을 수출했는데, 18세기 말에는 해외로 나가는 양이 3분의 2가량으로 늘었다. 특히 아프리카와 아메리카가 가장 중요한 시장이어서, 18세기 중반이면 영국 직물 수출의 94%가 아프리카와 아메리카로 향했다. 규모만 보더라도 이 시장의 경쟁에 참여했던 사람은 크게 한몫 챙길 수 있었음을 알 수 있다. 1776년에 애덤 스미스는 "유럽의 모든 상품에 무한한 시장이 새로 열리면서 새로운 노동 분업과 수공 기술을 개선할 기회가 생겼다. 이는 생산품의 많은 부분을 처리할 시장을 갖추지 못했던 고대 상업의 좁은 틀 안에서는 결코 일어날 수 없었던 일이다"라고 했는데, 그는 이미 시장의 중요성을 간파하고 있었다.[51]

면에 대한 아프리카인들의 인식은 그들 자신의 면산업을 토대로 한 것이었으며, 훨씬 더 일찍부터 인도산 직물들을 접하면서 형성된 것이었다. 처음에 유럽의 노예상인들은 아프리카인들 사이에 이미 수요가 있던 직물, 그중에서도 특히 인디고 블루와 흰색 직물을 제대로 공급하기 위해 애를 썼다. 1730년경에 동인도회사는 인도산 면직물이 부족한 나머지 "급기야 영국에서 인도산 면직물의 모조품을 만드는 지경이 되었다"고 언급했으며, 아프리카인들이 대체로 '인도산'을 좋아해 유럽 무역상들은 심지어 인도식 이름을 내걸고 직물을 수출하기까지 했다. 무역위원회 회의록을 보면 일라이어스 반스Elias Barnes는 영국인 방직공들이 인도산 면직물의 모조품을 성공적으로 만들어내기를 바랐다. 그런 직물의 잠재적 시장 규모가 엄청나리라고 믿은 그는 "우리 영토에서 소비되는 것을 넘어 전 세계인이 소비자가 될 것"이라고 말했다. 1791년에 동인도회사 상무부는 봄베이에 "특히 아프리카 무역에 공급할" 면직물을 영국에 정기적으로 운송해줄 것을 촉구했다.[52]

여전히 규모도 작고 기술적으로도 뒤처진 유럽 면산업의 기반을 잡아준 것은 바로 제국의 팽창, 노예제, 토지 약탈로 요약되는 전쟁자본주의였다. 전쟁자본주의 덕분에 유럽의 면산업은 역동적인 시장을 얻었고, 기술력과 필수 원료에 접근할 수 있었다. 또한 전쟁자본주의는 자본 형성에도 중요한 추진 장치가 되었다. 주로 노예제에서 부를 일군 리버풀 같은 상업 도시들은 새로 부상하는 면산업에서 중요한 자금원이 되었다. 그리고 리버풀의 면직물 상인들은 제조업자들에게 더 크게 신용을 제공해 면직물을 생산할 수 있도록 했다. 이어 영국 생산자들이 내놓은 면사와 직물을 판매하던 런던 상인들도 랭커셔의 제조업자들에게 더 큰 신용을 제공했다. 그들은 무역에서 얻은 이윤이 다시 제조업으로 향하게 만들어 아주 중요하고 의미심장한 유동자본, 곧 '상업으로부터 내부로 향하는 자금의 흐름'을 제공했다. 더욱이 장거리 무역에서 부를 그러모은 덕분에, 상인들에게서 거둬들이는 세수에 점점 더 의존하던 정부를 향해 정치적 보호를 요구할 수 있었다.[53]

마지막으로, 전쟁자본주의는 보험·금융·운송처럼 영국 면산업의 등장에 매우 중요했던 부문뿐 아니라 국채·화폐·국방 같은 공적 제도들까지 부양했다. 전쟁자본주의 세계에서 이런 제도들은 수출 기업들로부터 국내경제로 옮겨간 '선진 산업기술과 상업 관행'에서 유래된 것이었다.[54]

유럽, 특히 영국 상인들은 영국이라는 국가와 자발적 협력관계를 형성해, 독특한 방식으로 재배인과 방적공, 방적·방직공, 생산자와 소비자 사이에 존재하는 면 생산의 글로벌 네트워크 안으로 파고들었다. 새로운 면 생산기술이 출현하기 훨씬 전에 이미 그들은 전 지구적 규모의 면산업과 면의 글로벌 네트워크를 개편했다. 이런 네트워크들은 민간 자본과 한층 더 강력해진 국가의 합작 투자에 의해 주도되었다. 무력을 동원한 무역, 산업 스파이 활동, 금지 조치, 엄격한 무역 규제, 영토 지배, 노동력의 포획, 원주민의 강제퇴거, 국가의 후원을 받는 자본가가 폭넓게 지배력을 행사하는 영토의 등장이 새로운 경제질서를 만들어냈다.[55]

상인, 제조업자, 정부 관료 들의 이런 노력이 넘쳐나면서 18세기에 이르러 유럽은 면화의 글로벌 네트워크에서 완전히 새로운 지위를 누렸다. 세계적으로 면 생산은 대부분 여전히 아시아에서 이루어졌고 활기 넘치는 면산업이 아프리카와 아메리카 전역에 여전히 남아 있었지만, 이제 유럽인들이 대양무역을 지배하고 있다는 사실이 명백해졌다. 유럽인들은 신세계에서 노예노동을 토대로 농산물 생산을 위한 체제를 구축했고, 유럽의 토양에서는 면화가 거의 생육하지 않는데도 점점 더 많은 유럽인이 이 체제를 통해 면화 재배인이 되었다. 강력한 유럽 국가들은 해외의 기술을 도용하기 위한 체제를 구축하는 동시에 외국산 직물을 막는 수입 장벽을 세웠다. 역설적이게도 유럽인들은 유럽은 물론이고 아시아, 아프리카, 아메리카에서 경제적 과정들을 조율함으로써 아시아 직물이 유럽에 유입되는 것을 차단하고, 그 대신 아프리카와 유럽 해안에서 아주 멀리 떨어진 곳에서 아시아 제품들을 거래하며 인도산 직물의 글로벌 무역을 좌우할 능력을 갖게 되었다. 이렇게 해서 글로벌화한 직물산업이 출현했고 유럽인들은 처음으로 전 세계에 면에 대한 방대한 수요가 존재한다는 사실을 파악했다.

　유럽의 정치인과 자본가 들은 이처럼 글로벌 네트워크를 지배하는 능력을 지녔다는 점에서 다른 곳의 경쟁자들과 달랐다. 아프리카, 아시아, 아메리카에서 이루어진 무역은 호혜적인 상품 교환을 동력으로 삼은 네트워크였다는 특징이 있는 반면, 유럽인들은 여러 대륙을 가로지르는 대륙 간 생산 체제를 구축하고 유럽뿐 아니라 다른 지역에서 기존의 사회관계들을 파괴했다. 이런 전 지구적 상호작용의 초기 역사가 갖는 의의는 (모든 경제 체제에 대해 여전히 제한적인 양적 중요성만을 지니는) 글로벌 무역 자체가 아니었다. 그보다는 시간적으로나 공간적으로나 물건이 생산되는 방식을 바꾸어놓았다는 점과 거기서 비롯된 사회적·정치적 효과에 그 역사적 의의가 있다.[56] 사실 인도와 중국, 또는 아스테카와 잉카 제국은 전 지구적 지배에 전혀 다가가지 못했으며, 지구 곳곳에서 이루어지는 물건의 생산 방법을 혁신하는 문제에는 더더욱 그랬다. 그런데 무력을 동원한 유럽의 자본가와 풍부한 자본을 보유한 유럽 국가는 16세기를 시작으로 세계 면산업을 재편해나갔다. 전 지구적 경제 통합에 엄청난 추진력을 더하고 오늘날까지도 계속해서 우리의 세계를 형성하고 재편하고 있는 산업혁명의 전제조건은 바로 이런 전쟁자본주의의 재빠른 포용이었다.

그리하여 불연속적이고 다원적이고 수평적이었던 오래된 면화의 세계에서 통합되고 집권적이고 위계적인 면화 제국으로의 이행이 일어났다. 18세기 중반까지도 동시대 관찰자들의 눈에 유럽, 특히 영국이 조만간 세계에서 가장 중요한 면제조업의 주체로 변모하리라고는 보이지 않았을 것이다. 런던통계학회 연구원이자 왕립아시아학회 회원이었던 제임스 만James A. Mann은 1860년에도 여전히 이렇게 기억했다.

아주 최근까지도 우리의 조건은 신대륙이나 인도 주민들에 비할 바가 아니었다. 우리가 위치한 기후대의 온갖 이점에도 불구하고 우리의 정신적 상태는 신대륙이나 인도에 비해 많이 침체되어 있었다. 발견 당시 아메리카나 인도의 제조기술 수준은 우리의 모직물 제조 수준을 훌쩍 뛰어넘은 상태였다. 그리고 우리가 가진 그 모든 기계장치들에도 불구하고 오늘날까지 우리는 동양에서 온 모슬린의 섬세함이나, 브라질과 카리브해 사람들이 일상적으로 짜는 해먹의 견고함과 우아함을 따라가지 못한다. 우리가 원시의 어둠 속에 있을 때 동방과 서방은 이와 대비되는 빛 한가운데에 있었다.

인도는 …… 간접적으로나마 우리에게 무역에 관한 아이디어를 제공해주는 원천이다. 중국의 제조업이 그랬듯이, 인도의 제조업은 그 시대에 받아들인 여러 개념들과 함께 우리 조상들의 마음속에 사치품에 대한 열망을 불어넣었다. 비교해서 말하자면, 인도에서 제조업이 성행할 때 우리는 어스름한 여명 속에 있었다. 해는 다른 곳으로부터, 세계 상업의 지나간 시대로부터 밝아오고 있었다. 인도의 제조업은 그 빛의 예고였다. 그 빛은 이곳을 향해 오는 동안 더 강렬해졌고 마침내 이른 아침에 드리운 안개를 걷어내고 싹을 틔우는 데 필요한 온기를 얻었다. 그리고 유럽인의 에너지를 받아 증강된 그 빛은 전에 본 적 없이 빛나는 상업의 새 시대를 일으켰다.[57]

유럽의 작은 지역 위로 태양이 떠올랐을 때, 모험심 강한 유럽인들은 불연속적이고 다원적이며 수평적인 면화의 세계를 자신들의 궤도 안으로 서서히 끌어당기면서 새롭고 대담한 상상의 제국을 위해 토지와 노동과 시장을 동원할 도구와 방법을 고안해냈다. 유럽인들은 유럽 자체에서 시행되는 것과 전혀 다른 규칙이 적용되는 광대한 전쟁자본주의의 영역을 만들어냄으로써 "대분기"와 산업혁명을 위한 조건뿐 아니라 유럽에서 국가를 한층 더 강화하기 위한 조건을 창출해냈다. 이어서 그 국가들은 면화의 제국을 창조하는 데에 결정적으로 중요한 역할을 했다. 1780년에 이르면 전반적으로는 유럽이, 그리고 구체적으로는 영국이 세계 면화 네트워크의 중추로 올라선다.

3 장

전쟁자본주의가 치른 대가

→ 물방적기, 랭커셔, 1835.

혁명은 뜻밖의 장소, 맨체스터 변두리의 나지막한 언덕에 위치한 조용한 계곡에서 시작되었다. 이 도시의 소란스러운 국제공항을 벗어나 버스를 타고 조금만 가면 쿼리뱅크공장Quarry Bank Mill이 나온다. 지금은 그곳의 산업 역사만큼이나 잘 가꿔진 정원이 관광객들의 시선을 끌고 있다. 그리고 강둑을 거니는 관광객들의 모습이 한가롭게만 보이는 볼린Bollin강은 수천 년 동안 그곳을 흐르며 주변 들판에 30m나 되는 깊은 계곡을 만들어놓았다.

200여 년 전 영국의 한 상인이 이 강에서 영감을 얻어 인류 역사에서 가장 중요한 한 가지 실험을 시작했다. 1784년, 새뮤얼 그레그Samuel Greg는 그 강변에 작은 공장을 지었다. 그리고 수력방적기로 불리는 최신식 기계와 한 무리의 고아들, 선대제에 종사하던 주변 지역 노동자들, 카리브산 면화를 그곳으로 그러모았다. 그는 방적공들이 수백 년 동안 사용해온 인력人力이라는 동력 대신, 물의 낙차를 이용해 방적기를 돌렸다. 그의 공장은 규모가 크지는 않았지만 그때까지 세계 어디에서도 볼 수 없는 종류의 공장이었다. 1784년 그레그의 공장과 인근의 또 다른 곳에서 인류 역사상 처음으로 자연력을 이용하여 작동하는 기계가 면사를 생산했다. 그레그와 그의 동료 제조업자들은 수십 년에 걸쳐 기계를 손본 끝에 인류의 가장 오래된 산업 가운데 하나인 방적업의 생산성을 크게 향상시켰고, 기계와 인간으로부터 유례없이 큰 발전을 이끌어냈다.

그레그의 모험적인 사업은 전형적으로 한 지역에서 일어난 사건이었다. 그는 1758년에 벨파스트Belfast에서 태어나 맨체스터에서 성장했는데, 스티얼Styal의 조용한 하천이 품은 잠재력을 깨달은 직후 그곳으로 이주했다. 그는 주변 계곡과 언덕에서, 또 체셔Cheshire와 인근 랭커셔의 고아원에서 노동자들을 데려왔다. 그의 기계들도 인근 도시에서 발명된 최신 제품들이었다. 20세기 후반에 실리콘밸리가 컴퓨터 혁명의 인큐베이터 역할을 한 것처럼, 맨체스터 부근에 위치한 목가적 풍경의 구릉지가 18세기 말 당대의 첨단산업이던 면직물산업의 온상으로 떠오른 것이다. 맨체스터에서 반경 56km 이내에 위치한 농촌 마을 일대에 공장이 여럿 들어섰고, 농촌 소읍들은 도시로 변모했으며, 수만 명이 농장에서 공장으로 일터를 옮겼다.

언뜻 보면 이 사건은 한 지역, 혹은 좀 더 확대하더라도 지방 수준의 사건 같지만, 이전 300년 동안 면화의 세계가 재편되면서 등장한 관념과 원료, 시장이 아니었다면 결코 일어날 수 없는 일이었다. 그레그의 공장은 지구 전체를 아우르는 여러 네트워크 속에 자리 잡고 있었고, 그 자신이 이해할 수 있는 범위를 훌쩍 뛰어넘는 큰 변화들을 세계 곳곳에서 촉발했다. 그는 자메이카와 브라질 같은 곳에서 선박 단위로 원료를 구매하던 리버풀 상인인 친척에게서 필수적인 원료를 확보했다. 우리가 알다시피 면직물이라는 개념 자체와 면직물을 완성하는 기술 모두가 아시아, 특히 인도에서 들어온 것이었는데, 해외 시장에서뿐 아니라 국내 시장에서도 인도 방적·방직공의 제품을 대체할 수 있으리라는 희망이 면직물을 생산하고자 하는 그레그의 의지에 불을 붙였다.

마지막으로 중요한 점은, 그레그가 만든 제품 대부분이 영국을 떠나 다른 목적지로 향했다는 사실이다. 그의 제품들은 아프리카 서안에서 이루어진 노예무역에 공급되었고, 그 자신이 소유한 도미니카섬의 노예들이 입을 옷이 되었고, 유럽 대륙의 소비자들에게도 공급되었다. 그레그가 이런 네트워크 전체에 의지할 수 있었던 것은, 무엇보다도 영국 상인들이 오래전부터 그 네트워크들을 지배해온 덕분이었다.

1780~1815년에 산업혁명이 절정을 맞았을 때조차, 그레그와 그의 동료들이 이룬 실질적인 기여도는 규모나 자질 면에서 아시아·라틴아메리카·아프리카의 방적·방직공을 대적하기에는 형편없이 부족한 상태였다. 그렇지만 그들의 공장은 미래를 보여주었다. 마치 마법처럼 수력을 이용하는 (그리고 조만간 증기를 이용하게 될) 기계들은 끈질긴 혁신으로 가동되기 시작해 임금노동자들에 의해 활기를 띠었다. 이를 가능하게 한 것은 막대한 자본의 축적과 후원을 마다하지 않는 새로운 종류의 국가였다. 이를 기반으로 그들은 면화 제국의 중추를 이루었다. 영국은 지역에서 피어난 이 불씨에서 출발해 다각적인 글로벌 경제를 지배하게 되었으며, 인류의 가장 중요한 산업 가운데 하나인 면산업을 그들의 것으로 만들었다. 이 불씨로부터 출현한 산업자본주의는 나래를 펴고 지구 전체로 뻗어나갔다. 우리 대부분이 알고 있는 바로 그 세계는 한 지역에서 피어오른 작은 불씨에서 시작된 것이다.

새뮤얼 그레그는 이 이야기에 중요한 존재였다. 대부분의 성공적인 혁명가들이 그렇듯이, 그레그와 그의 동시대인들은 미래를 구현했으나 과거, 즉 앞선 200년 동안 영국의 상인과 플랜테이션 농장주들, 국가가

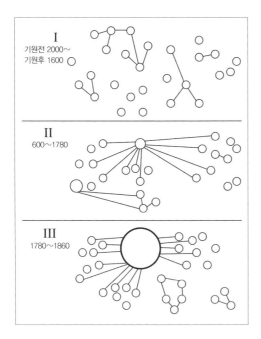

— **기원전 2000~기원후 1860년 사이에 세계의 면화 재배자·제조업자·소비자의 공간적 배치에 나타난 변화** 제1국면은 다극적이며 단절적이다. 제2국면인 1600년 이후 네트워크는 점점 더 유럽에 집중되지만 생산은 여전히 분산되어 있었다. 제3국면인 산업혁명 이후, 생산 네트워크가 유럽에 집중되고 다원적이었던 산업이 단극화되었다.

구축해놓은 네트워크들에 의지하고 있었다. 달리 말하면, 그들이 물에서 동력을 얻을 수 있었던 것은 전쟁자본주의가 이끌어낸 힘이 있었기에 가능한 일이었다. 또한 노예제, 식민 지배, 무력을 동원한 무역, 약탈로 얻은 비옥한 토지가 있었기에 새로운 유형의 자본주의가 싹틀 수 있었던 것이다. 그레그의 천재성은 자신처럼 위험을 두려워하지 않는 영국의 기업인들이 이런 물질적이고 제도적인 유산에 기댈 수 있다는 점, 그리고 그때까지도 천대받던 제조업의 세계를 포용함으로써 엄청난 부와 권력을 창출할 수 있다는 사실을 깨달았다는 데 있었다.

새로운 기술과 시장을 확보하기 위해 제국주의 국가에 의지할 뿐 아니라 영토와 노예노동력의 무자비한 수탈을 서슴지 않던 전쟁자본주의가 그레그의 근원이었다. 그는 카리브해의 도미니카섬에 있는 수익성

— **"굴뚝이 높이 솟은 나라"** 영국의 산업혁명(1780∼1815).

높은 사탕수수 플랜테이션 농장인 힐즈버리 대농장을 통해 가산을 확보했다. 1834년 영국 영토에서 노예제가 완전히 사라질 때까지, 그레그는 농장에 아프리카인 노예 수백 명을 거느리고 있었다. 아홉 살 때부터 그레그를 거두어 키우고, 그레그가 쿼리뱅크공장을 설립할 때 상당한 액수의 자금을 지원했던 그의 삼촌 로버트 하이드와 너새니얼 하이드 역시 직물제조업자이자 서인도 제도에 플랜테이션 농장을 소유한 상인이었다. 그레그의 아내 해나 라이트바디Hannah Lightbody는 노예무역에 종사하던 집안에서 태어났으며, 그의 처제는 노예무역에서 대對 아프리카 직물 수출로 생업을 전환한 집안의 남자와 결혼했다.[1]

그레그처럼 면공업에 종사했던 사람들은 대부분 그레그만큼 집안이 넉넉지 않았으며, 노예노동으로 운영되는 카리브해의 플랜테이션 농장을 가지고 있지도 않았다. 축적한 자본이 많지는 않았지만, 그들은 뛰어난 임기응변 능력과 기술적 소양을 지녔고 제조업으로 얻게 될지 모를 막대한 이윤을 갈망했다. 그러나 그들 역시 필수 원료인 면화를 노예노동에서 얻었다. 심지어 그들도 처음에는 경쟁력 없는 유럽의 생산자를 보호하기 위해 유럽의 여러 시장에서 축출된 인도산 면직물을 거래하며 개척한 시장에 상품을 공급했었다. 또한 그들은 인도 아대륙에서 이루어진 대영제국의 팽창을 통해 확보된 인도의 기술에 의존했다. 더욱이 그들 가운데 많은 이들이 대서양 무역을 통해 축적한 자본을 이용하며 대서양 시장에 상품을 공급했는데, 특히 아메리카와 아프리카의 경제는 거의 노예노동으로만 작동하고 있었다. 또한 전쟁자본주의는 그들에게 많은 학습의 기회를 제공했다. 예컨대 그들은 전쟁자본주의를 통해 장거리 교역을 조직하고 국내 산업을 운영하는 방법을 터득했으며, 대서양을 가로지르는 자본의 이동 메커니즘을 이해하게 되었다. 그런 배움들은 국내 금융상품 발달에도 바탕이 되었다. 근대적인 노동비용의 계산도 노예노동력을 이용하는 플랜테이션 농장의 세계에서 처음 등장했으며, 이후 근대 산업으로 이전되었다. 그리고 면직물 생산을 근본적으로 개편한 영국 기업가들의 동기와 능력은 강력한 제국주의 국가, 즉 전쟁자본주의가 낳은 '국가'의 보호를 받았다.[2]

가장 중요한 것은 전쟁자본주의의 이런 유산 덕분에 18세기 후반 글로벌 면산업의 주요 거점에서 영국 상인들이 주도적인 역할을 할 수 있었다는 점이다. 앞으로 살펴보겠지만, 전 지구적 수준에서 보면 영국 노동자들이 생산한 면직물의 양은 극미했고, 영국의 농부들은 아예 면화를 생산하지도 않았다. 그런데도 영국이 생산을 개조하고 면화로 촉발된 산업혁명의 진원지가 될 수 있었던 것은 바로 영국 상인들이 이런 글로벌 네트워크를 장악했던 덕분이다. 산업자본주의는 확실히 혁명적이긴 하지만 앞선 몇 세기를 통틀어 가장 혁신적이었다고 할 수 있는 전쟁자본주의의 산물이었다.[3]

그레그와 그의 동료 혁신자들은 지구 전역으로 뻗은 대영제국과 그 권력 덕분에 프랑크푸르트, 캘커타, 리우데자네이루의 동료 상인과 수공업자 들보다 자신들이 훨씬 더 유리한 위치에 있음을 알고 있었다. 삼촌의 회사에 고용되어 상인 일을 시작한 그레그는 이미 랭커셔와 체셔의 농촌지역에서 면방적·방직공을 동원해 대규모 선대제 네트워크를 조직해본 경험도 있었고, 처가의 풍부한 자본에도 쉽게 접근할 수 있었다. 또 1780년대에는 19세기에 면화무역을 주도하게 될 래스본Rathbone

사에서 면화를 공급받았는데, 이들은 이미 그레그에게 면화를 공급할 준비가 되어 있었다. 그레그는 유럽 대륙과 아프리카 연안, 아메리카에서 면직물 시장이 빠르게 팽창하고 있다는 것을 경험을 통해 알고 있었다.[4]

이 최초의 모험적인 사업은 가파른 상승세를 보였지만, 위험성은 적은 편이었다. 1780년대에 그레그가 쿼리뱅크공장에 처음 투자한 돈은 3,000파운드라는 비교적 적은 액수로, 현재의 미국 달러로 환산하면 50만 달러 정도가 된다. 그리고 그는 인근 구빈원에서 10~12세 아동 90명을 채용해 '지역견습공'이라는 명목으로 그들을 7년 동안 자기 공장에 묶어두었다. 그는 1800년이 되어서야 110명의 성인 임금노동자로 인력을 보충했다. 그는 초기에는 주로 유럽과 서인도 제도에 직물을 판매했고, 1790년대 이후로는 러시아와 미국에도 판매하기 시작했다. 시장이 확대된 덕분에 그의 새 공장은 다른 공장들과 마찬가지로 처음부터 수익을 냈고, 매년 초기 투자액의 18%에 이르는 수익을 거둬들였다. 이는 영국 정부의 채권보다도 네 배나 높은 수익율이었다.[5]

현대 역사가들은 물론이고 동시대의 관찰자들도 그레그의 모험적인 사업뿐 아니라 왜 1780년대에 영국 북부에서 훨씬 더 폭넓은 산업혁명이 '발생'했는지를 설명해주는 여러 이유를 찾아냈다. 영국 발명가들의 천재적인 재능, 영국 시장의 규모, 이례적으로 깊이 통합된 시장, 수상 교통에 접근하기 쉬운 영국의 지리적 위치, 인습을 벗어난 비국교도들의 사고방식, 기업정신에 호의적인 국가의 건설, 이 모든 것이 이유로 거론되었다.[6] 이 가운데 어느 것 하나 중요하지 않은 것이 없지만 정작 산업혁명의 이야기에 핵심이 되는 부분은 빠져 있다. 바로 산업혁명이 지구 전체를 아우르는 전쟁자본주의 체제에 기대고 있었다는 사실 말이다.

이 모든 요인의 상호작용을 통해 역사상 처음으로 제조업자라는 새로운 배역이 무대 위에 등장했다. 노동력을 노예화하거나 영토를 정복하는 일이 여전히 필수적이기는 했지만, 제조업자들은 그런 일에 자본을 사용하는 대신, 기계를 근간으로 하는 생산의 거대한 오케스트라 속에 노동자들을 조직해 넣는 데 사용했다. 새로운 방식으로 토지와 노동과 자원을 동원하고 이를 통해 생산을 개편하려는 제조업자들의 노력이 등장하자, 무엇보다 자본가와 국가 사이에 새로운 관계가 긴요해졌다. 산업혁명에 의해 변형되고 만들어진 산업자본주의는 바로 이런 사회세력과 정치세력의 결합에서 활력을 얻었다. 그리고 앞으로 살펴보겠지만, 그런 혁신은 세계의 다른 지역들로 옮겨가게 된다.

1920년대에 어느 관찰자가 했던 말처럼, "활기 넘치는 발명의 세대에 속한" 그레그와 그의 동시대인들은 전쟁자본주의의 결실을 동력으로 삼아 "동양에서 면화의 제국을 빼앗았다." 그리고 전 지구적 면공업의 전체 지형도를 새롭게 그려냈다. 그들의 작업이 혁명적이었던 이유는 경제활동을 조직하는 새로운 제도적 형식과 세계경제의 급속한 성장을 예고했기 때문인데, 이 세계에서는 끊임없는 생산 혁신이 예외가 아닌 정상적인 것이었다. 분명 산업혁명 이전에도 중요한 발명이 이루어졌고 세계 여러 지역에서 경제 성장이 가속화된 순간들이 있었다. 그러나 그 어느 것도 혁명 자체가 삶의 영속적인 특징이 되는 세계를 만들어내지는 못했다. 또한 주기적으로 성장세가 꺾이더라도 경제성장이 그 자체의 팽창 동력을 만들어내는 세계를 창출하지는 못했다. 1800년 이전 천년 동안 유럽이나 다른 지역에서 급격한 경제성장이 일어난 적은 없었으며, 설사 있었다 하더라도 자원의 제약이나 식량위기, 혹은 질병 등의 장애에 부딪혀 곧 좌초되고 말았다. 이제 산업자본주의는 지속적으로 변화하는 세계를 만들어내고 있으며, 인간의 생산성을 이처럼 기록적인 속도로 가속시킨 원동력은 바로 세계에서 가장 중요한 산업인 면산업이었다.[7]

돌이켜보면 18세기 말 영국은 면공업을 혁신할 준비가 되어 있었다. 영국의 자본가들은 두 세기 동안 진행된 면직물 생산을 돌아보고 투자 가능한 자본에 접근했으며, 어느 때보다 많은 농민을 고용해 가정에서 실을 잣고 직물을 짜게 했다. 또한 가정에 기반을 둔 영국의 면직물 생산자들은 수십 년 동안 인도산 수입품이 가해오는 압력을 극복해냈으며, 그런 경험을 통해 인도의 제조업자들에 맞설 수 있는 경쟁력을 갖추는 것이 중요하다는 사실을 깨달았다. 그리고 한때 농사꾼이나 수공업자였으나 어쩔 수 없이 임금노동자가 된 사람들을 고용해 새로 지은 공장에서 일을 시킬 수 있게 되었다는 점 역시 적잖이 중요하다. 이런 조건들은 생산과 생산을 둘러싼 제도들을 완전히 새롭게 구상하는 데 필수적인 요소였지만, 특별한 것은 아니었다. 사실 최소한 중국에서 인도까지, 그리고 유럽 대륙부터 아프리카에 이르기까지 여러 지역이 얼마쯤은 공유하고 있던 것들이었다. 따라서 이런 조건들만으로 18세기 말 영국 제도British Isles라는 작은 지역에서 산업혁명이 발생한 이유를 설명할 수는 없다.[8]

그러나 영국의 자본가들은 다른 지역의 경쟁자들과 달리 면직물의 글로벌 네트워크를 장악하고 있었다. 그들은 유일하게 역동적인 각자의 시장에 접근할 수 있었고, 면화의 해상무역을 지배했으며, 경험을 통해 직물 판매로 얻을 수 있는 잠재적 부富가 상당하다는 사실을 알고 있었다. 영국의 면제조업자들이 당면한 문제의 핵심은 품질 좋고 저렴한 인도산 제품들과 경쟁해야 한다는 것이었다. 우리가 앞에서 보았듯이, 18세기를 지나는 동안 영국의 제조업자들은 인도의 기술을 도용해 품질 문제를 거의 해결했다(전부는 아니다). 하지만 생산을 확대하고 가격을 낮추는 일은 한층 더 어려웠다. 영국 상인들이 농촌지역에서 확립한 선대제 네트워크가 생산 증대에 걸림돌로 작용했기 때문이다. 작업은 부정기적으로 진행되었고, 그때그때 노동자들을 추가로 동원하기도 어려웠다. 게다가 작업량이 많아지면 운송비용도 증가했고, 멀리 떨어진 농장에서 만들어지는 제품의 품질을 균일하게 유지하기도 힘들었다. 요컨대 기존의 기술과 사회적 생산조직을 가지고 영국의 외주노동자들이 세계 다른 지역의 면직물 노동자들과 경쟁하기는 어려웠다. 사실 그들은 국가의 보호를 받는 국내 시장과 식민지 시장에서만 주로 성공을 거두었다.[9]

그러나 영국 면공업의 경쟁력을 떨어트린 주요 원인은 비싼 노동비용이었다. 영국의 임금은 세계의 다른 지역보다 상당히 높은 수준이었다. 실제로 1770년에 랭커셔의 임금은 인도보다 여섯 배가량 높았다. 설사 이 시기까지 개량된 기계 덕분에 영국의 1인당 생산성이 인도보다 두세 배 높았다고 해도, 그런 생산성의 증대만으로는 여전히 대등한 경쟁을 펼치기는 어려웠다. 영국 면화 자본가들이 전쟁자본주의 덕분에 완전히 새로운 기회를 얻었지만, 그들은 아직 글로벌 면직물시장에 의미 있는 정도로 진입할 수 있는 방법을 찾지 못했다. 보호무역이 얼마간 효과도 있고 성공적이었지만, 그런 금지 조치만으로는 글로벌 수출의 아슬아슬한 가능성을 지켜낼 수 없었다. 영국 면화 자본가들에게 필요한 것은 비용을 낮출 새로운 기술, 영국의 팽창을 바짝 따라붙으며 이미 확장되기 시작한 탄력적인 시장의 추가 성장, 그리고 지구 전체로 뻗은 제국을 보호할 뿐 아니라 영국 사회 자체를 바꿀 수 있고 지원을 아끼지 않을 국가의 역동적인 결합이었다.[10]

상인, 발명가, 신진 제조업자를 비롯한 영국의 모든 실행자들은 높은 노동비용이 매력적인 새로운 기회를 방해하는 주된 장애물로 작용했기 때문에 고비용 노동의 생산성을 높이는 데 집중했다. 그 과정에서 그들은 면화의 역사에서 가장 중대한 기술적 변화를 가져왔다. 주목할 만한 첫 번째 혁신은 1733년 존 케이John Kay가 플라잉 셔틀flying shuttle을 발명한 일이다. 방직공들은 선체 모양의 이 작은 목재 도구 덕분에 도구에 연결한 씨실을 날실 사이로 통과시켜 직기의 한쪽 끝에서 다른 쪽 끝으로 '날려fly' 보낼 수 있었다. 플라잉 셔틀은 방직공들의 생산성을 두 배로 높였다. 처음부터 빠르게 확산되지는 않았지만, 계속해서 퍼져나갔다. 생계에 타격을 입을까 우려한 방직공들이 저항을 하기도 했지만, 결국 플라잉 셔틀은 1745년 이후 폭넓게 수용되었다.[11]

참신한 방식으로 움직이는 이 작은 나뭇조각은 또 다른 혁신의 물결을 자극했고, 그에 따라 면공업은 점진적이긴 하지만 영구적인 변화를 맞았다. 더 생산적인 방직기술이 보급되면서 방적부문도 생산에 엄청난 압박을 받게 되었다. 방직공 한 명이 방직기를 계속 가동시키는 데 필요한 원사를 지속적으로 공급하려면 훨씬 더 많은 방적공이 필요했다. 더 많은 가정에서 더 많은 여성이 더 긴 시간 동안 물레 앞에 앉아 작업했는데도 공급량이 부족했다. 존 케이의 혁신 이후에도 방직공 한 명에게 원사를 공급하려면 방적공 네 명이 필요했다. 많은 기술자가 이런 병목 현상을 해결할 방법을 찾느라 부심했다. 그리고 1760년대에 제임스 하그리브스James Hargreaves가 제니방적기spinning jenny를 발명하면서 비로소 방적부문에서도 생산성이 향상되었다. 제니방적기는 한 틀 안에서 여러 개의 방추가 돌아가는 수동식 물레바퀴로 구성되어 있어서, 방적공이 한 손을 사용해 손잡이를 앞뒤로 움직이며 실을 늘인 다음 방추에 감았다. 이 기계로 한 번에 실을 여덟 가닥씩 뽑게 되었고, 나중에는 열여섯 가닥 이상을 뽑을 수 있게 되었다. 1767년에는 방적공의 속도가 세 배나 빨라졌다. 제니방적기는 빠르게 확산되어 1786년 영국에서 2만 대 정도가 가동되었다.[12]

한편, 1769년에 리처드 아크라이트Richard Arkwright가 낙수를 동력으로 사용한 수력방적기를 발명하며 그레그의 공장을 예고한 덕분에 방적업에서 또 다른 개선을 목격할 수 있었다. 수력방적기에는 방추기紡錘機로 실을 꼬기 전에 면화에서 올을 뽑아내는 네 개의 롤러가 장착되어 있어서 지속적으로 방적을 할 수 있었다. 주로 서민들의 가정에서 사용되던 제니방적기와 달리, 수력방적기는 많은 양의 에너지가 필요한 장치였기에 공장에서 집중적으로 생산하는 데 이용되었다. 10년 뒤인 1779년에 새뮤얼 크롬프톤Samuel Crompton이 발명한 뮬방적기는 제니방적기의 요소와 수력방적기의 요소를 결합시킨 것(잡종을 뜻하는 뮬mule이라는 이름을 갖게 된 것은 바로 이런 이유 때문이다)으로, 단연 최고였다. 뮬방적기는 두 개의 이동장치를 나란히 장착한 기다란 형태의 기계였다. 한편에는 조방사粗紡絲(살짝 꼬여 굵기가 일정하지 않은 면섬유)가 감긴 실패들이 줄지어 있고, 반대편에는 방적된 실을 받을 방추들이 줄지어 있는 형태였다. 그리고 바퀴가 달린 외부 운반대는 150cm가량 떨어져 있어 다양한 길이의 조방사를 동시에 잡아당겼다. 방적되는 조방사의 수는 뮬방적기에 얹힌 방추의 개수에 달려 있었다. 1790년대에는 200개의 방추가 표준이었지만, 여러 세기가 지나는 동안 방추의 개수는 1,300개까지 늘어났다. 팽팽하게 잡아늘인 조방사는 가닥이 꼬이면서 실로 만들어져서 운반대가 뒤로 밀려날 때 방추에 감기는데, 계속 가동되는 수력방적기와 달리 뮬방적기에서는 실이 150cm 간격으로 방추에 감겼고, 수력방적기에서 생산된 것보다 더 강하고 가늘었다. 뮬방적기도 처음에는 수력을 동력으로 삼았지만(1820년대까지도 수력이 주요 동력원이었다) 나중에는 주로 증기엔진(1769년 제임스 와트가 특허를 출원했다)을 동력으로 사용했다.[13]

이렇게 해서 방적 속도가 더는 문제가 되지 않자, 다시 방직 부문이 생산에 압박을 받았다. 먼저 가정에 기반을 둔 방직업이 크게 확대되었고, 이에 따라 랭커셔와 체셔의 농촌지역 곳곳에 퍼져 있던 방직공들이 새로운 기계와 원사의 풍부한 공급으로 황금기를 맞았다. 영국의 농촌 사람들 수만 명이 영국 방적공장들에서 빠르게 증산되는 면사를 소모하느라 방직기 앞에서 수많은 시간을 보냈다. 일찍이 에드먼드 카트라이트Edmund Cartwright가 1785년에 수력으로 가동되는 역직기力織機를 특허 출원했을 때만 해도 방직 부문의 생산성 향상은 별 볼 일 없었고 역직기의 기술적 문제도 컸다.[14]

그럼에도 불구하고 영국의 신흥 계급인 제조업자들은, 이 새로운 기계들 덕분에 전 지구적 면 복합체의 한 단위인 면공업을 (비록 아직은 그들의 수중에 넣지 못했지만) 차츰 자신들이 차지하게 되리라고 직감했다. 18세기 인도의 방적공들이 면화 45kg을 방적하는 데 5만 시간이 소요되었지만, 1790년에 영국의 방적공들은 100개의 방추를 장착한 뮬방적기 한 대로 같은 양의 면화를 단 1,000시간 만에 생산할 수 있었다. 1795년에는 수력방적기를 사용해 300시간 만에, 1825년에는 리차드 로버트의 자동 뮬방적기를 사용해 135시간만에 같은 양을 생산해냈다. 불과 30년 만에 생산성이 370배나 증가하면서, 이제 영국의 노동비용이 인도보다 훨씬 더 낮아졌다.[15]

이에 따라 영국산 면사의 가격이 하락했고 얼마 안 가서 인도에서 제조된 것보다 더 저렴해졌다. 영국의 면직물 상인 에드워드 베인스Edward Baines에 따르면, 1830년에 영국에서 40호(호수는 원사의 질을 반영하는 단위로 숫자가 클수록 실이 더 가늘다) 면사 1파운드의 가격은 3실링 7펜스였다. 맨체스터의 방적회사 맥코널 앤드 케네디McConnel & Kennedy사는 고품질 100호 원사의 가격이 1795~1811년 사이에 절반으로 하락했으며, 몇 차례 등락이 있기는 했지만 19세기 내내 하락세를 이어갔다고 보고했다. 면사의 가격, 특히 가는 면사의 가격이 가장 급격히 떨어졌으며 완제품 직물 가격도 하락했다. 1780년대 모슬린 한 필의 가격이 (하락한 가격으로)

116실링이었는데, 50년 후에는 28실링으로 같은 제품을 살 수 있었다.[16]

그 결과 면공업에 유례없는 호황이 찾아왔다. 유럽에서 거의 두 세기에 걸쳐 느리게 성장한 면공업은 영국에서 비약적으로 확장되었다. 1780~1800년에 영국의 면직물 생산은 연간 10.8%, 수출은 14%씩 성장했다. 1797년에는 면직물공장이 900곳에 육박했는데, 1788년에 5만 대에 불과했던 뮬방적기가 33년 뒤에는 700만 대까지 증가했다. 1780년 이전에는 인도의 면직물이 생산비용도 저렴하고 품질도 탁월했다. 그러나 1780년 이후 영국의 제조업자들은 유럽 시장과 대서양 시장에서 경쟁력을 갖추었고, 1830년 이후에는 인도에서 인도 생산자들과 경쟁하기 시작했다. 인도인들이 영국산 면사와 직물을 사용하기 시작한 것은 세계 면산업에서 역전이 일어나고 있음을 모든 사람에게 알리는 하나의 신호탄이었다.[17]

영국 북부지역 곳곳에 새로운 방적·방직기를 설치한 면직물공장이 어느 때보다 많이 생겨나기 시작했다. 그런데 이런 발전을 가능하게 한 발명자들의 출발이 아주 평범했다는 사실은 놀라움으로 다가왔다. 이전과 전혀 다른 세상을 만들어낸 이 사람들은 과학 이론에 의지하지 않은 것은 물론이고, 심지어 교육도 제대로 받지 않은 사람들이었다. 그들은 조그만 작업장에서 일하던 숙련공들로, 정식 교육을 거의 받지 않은 이들이었다. 발명자들 가운데 존 케이의 집안이 그나마 가장 유복했는데, 그럭저럭 성공한 모직물 제조업자였던 그의 아버지는 프랑스에서 정규 교육을 받았을지도 모른다. 반면, 제임스 하그리브스는 블랙번 출신으로 수직기를 다루는 방직공이었다. 아마도 그는 정규 교육을 받지 못했을 것이다. 그의 처지는 가난한 부모의 일곱 자녀 가운데 막내로 태어난 리처드 아크라이트와 비슷했다. 아크라이트는 삼촌에게 글 읽는 법을 배웠고 그 후 독학했다. 새뮤얼 크롬프톤은 끔찍한 가난 속에서 성장했다. 그는 아버지가 세상을 떠난 후 다섯 살 무렵부터 방적공장에서 일하기 시작했고, 그의 어머니도 방적·방직 일을 하면서 근근이 입에 풀칠만 하며 살았다. 이 네 사람은 모두 비전문 수선공들이었다. 기계와 함께 생활하며 기계로 먹고살았던 그들은 생산을 향상시키려는 일상의 노력에서 얻은 통찰과 간단한 도구를 가지고 실질적인 문제들을 해결하려했다.[18]

그러나 그들이 살던 곳에서 그들은 영웅이 아니었다. 그들의 혁신은 때때로 새로운 기계의 발명 때문에 일자리를 잃을까 걱정하는 이웃들의 분노를 사기도 했다. 군중의 폭력을 걱정했던 존 케이와 제임스 하그리브스는 방적기를 발명한 지역에서 도망쳤다. 그들은 발명으로 부를 얻지 못했고, 특허를 지키려는 노력이 수포로 돌아간 뒤 소박하게 살아갔다. 1778년 제임스 하그리브스가 노팅엄에서 세상을 떠났을 때 그에게는 제조기술장려회로부터 받은 열두 개의 상 말고는 남은 것이 거의 없었고, 그의 자녀들도 가난을 면치 못했다. 리처드 아크라이트만이 발명으로 돈을 벌어 여러 곳에 면직물공장을 세웠다. 그러나 급격히 늘어난 영국의 제조업자들은 새로운 기술을 받아들였고, 그 기술들을 중요하게 여긴 영국 정부는 1786년 이후 거의 반세기 동안 기술 유출을 범죄행위로 간주했다. 그 후로 기술적 진보가 지속적으로 이루어졌다. 그리하여 인간 노동의 생산성을 증대함으로써 이윤이 창출되었고, 이는 사실상 산업자본주의의 결정적인 특징이 되었다.

역사가 조엘 모키르Joel Mokyr, 패트릭 오브라이언Patrick O'Brien 등이 '거시적 발명macro invention'이라며 칭찬을 아끼지 않았던 이 새로운 기계들은 인간의 생산성을 급속히 향상시켰을 뿐 아니라 생산과정 자체의 본질을 바꾸었으며, 인간의 노동 속도를 통제하기 시작했다.[19] 중앙집중식 동력원에 의지하게 되면서 넓은 공간이 필요해진 생산은 가정을 벗어나

공장으로 옮겨갔다. 전에 없이 많은 노동자가 기계를 따라 생산중심지로 집결했다. 예전에는 선대제 상인들이 농촌지역을 누비며 일할 사람을 구하러 다녔다면, 이제는 노동자들이 고용 기회를 찾아 제조업자들을 찾아다니기 시작했다.

면방적의 기계화로 방적공장이라는 새로운 존재가 생겨났다. 공장의 크기는 천차만별이었지만 한 가지 속성을 공유하고 있었는데, 바로 하천의 수원 가까이에 자리를 잡았다는 점이다. 수력을 이용하기 위해 댐을 건설하거나, 하천의 유속이 가파른 지점을 끊어 물길이 수차를 지날 수 있게 경로를 변경했다. 공장을 관통하는 축은 수차의 힘으로 돌아갔는데, 그 축에 커다란 가죽 벨트를 끼우거나 빼서 여러 기계를 작동할 수 있었다. 이전과 달리 방적공장의 주요 기능은 단순히 노동력을 모아 통제하는 것이 아니라, 복잡한 기계 장치들을 수용하는 것이었다. 1780년대에 일부 공장은 그 면적이 어마어마해서, 길이 60m에 폭 90m, 그리고 4~6층 높이의 규모로 주변 농촌지역을 압도하기도 했다.[20]

이런 공장에서 면사는 타면繰綿, 소면梳綿, 방적의 세 단계를 거쳐 생산되었고, 노동자는 대부분 여성이었다. 첫 단계에서는 면화를 그물망 탁자에 펼쳐놓고 두드려 조면 과정에서 제거되지 않은 잔가지나 잎사귀, 먼지 등을 털어냈다. 이 타면 과정은 다량의 면 먼지가 공중에 날려 화재 위험성이 아주 높았기 때문에 공장의 본 건물보다는 부속 건물에서 주로 진행되었다. 타면을 마친 면화는 공장 1층에 집중적으로 설치된 일련의 기계를 거치면서, 방적을 위해 섬유 가닥을 가볍게 꼬아놓은 평평하고 가는 조방사로 만들어진다. 먼저 소면기carding engine에 면화를 넣는데, 소면기는 톱니가 달린 실린더와, 이와 맞물릴 수 있도록 역시 톱니가 달린 통으로 구성된다. 소면기를 통과하는 동안 뒤엉킨 면화 더미는 빗질을 거쳐 엉킴이 풀리고 섬유가 가지런히 정리된 소면으로 바뀐다.

그다음 소면을 연조기draw frame에 넣고 일단의 롤러 사이로 통과시키면서 늘이고 꼬고 당겨 조방사로 만든다. 이 과정을 거친 면화 섬유 가닥을 조방기에 감거나 실패(보빈)로 옮길 수 있었다. 그러면 면화를 방적할 준비가 끝난 것이다. 공장의 맨 위층을 가로질러 놓여 있던 방적기는 보통 아크라이트의 수력방적기이거나 크롬프톤의 뮬방적기였다.[21]

제조업자들은 이 모든 기계를 가동시키고 공장을 가로질러 면화를 이동시키기 위해 수백 명의 노동자를 고용했는데, 그들 대부분이 아동과 여성이었다. 모든 노동자가 자발적으로 공장에 들어온 것은 아니지만, 대다수가 임금을 받고 일했다. 앞으로 살펴보겠지만, 이는 산업자본주의가 이룬 또 다른 중요한 제도적 혁신이었다. 자본가들은 이때 처음 아메리카의 노예 플랜테이션 농장을 벗어난 곳에서 생산 공정을 조직하고 감시하고 통제하게 되었다.[22]

자본에 의한 노동의 지배와 기술혁명의 포용, 사회적 혁신은 세계 면 산업의 심장부인 중국과 인도를 포함해 다른 곳에서는 일어나지 않았다. 이런 사실은 어떤 의미에서 놀라운 것이었다. 여러 세기 동안 이들 지역의 제조업이 글로벌 면 생산의 최첨단 기술을 결정해왔기 때문이다. 1313년에 이미 왕젠王禎은 하그리브스의 제니방적기나 아크라이트의 수력방적기와 아주 흡사한 '마사麻絲 방적기'를 발명했다. 새로운 방적기를 발명하는 일은 확실히 중국이나 프랑스, 인도의 수공업자들이 장악하고 있었다. 더욱이 면화와 면직물 거래는 14~19세기 중국 경제의 상업화를 확대시킨 가장 중요한 요소였다.[23]

이처럼 유리한 선행조건들이 존재했는데도 불구하고, 중국과 인도는 물론 기술 교육에서 영국에 가장 근접했던 유럽의 경쟁자, 프로이센도 영국처럼 전 지구적인 면 생산 복합체 안에서 여러 거점을 지배하지는 못했다. 다른 어느 국가도 전쟁자본주의를 그렇게 효과적으로 수용

—   1313년 중국에 등장한 모시용 수력 물레.

하지 못했다. 더욱이 인도와 중국의 농민들은 영국의 경쟁자들보다 토지를 좀 더 안전하게 확보할 수 있었는데, 이런 점 때문에 인도와 중국의 열성적인 제조업자들은 더 많은 노동자를 동원하기가 훨씬 어려웠다. 인도와 중국에서는 가족구성원의 역할이 달라서 여성의 외부활동에 제약이 따랐기 때문에 여성 노동자가 많은 방적업은 기회비용이 지극히 낮았고, 따라서 새로운 기술을 수용하기가 어려웠다. 농가의 가계에서 여성의 노동은 가치가 없었다. 또 인도에서는 방직공과 소비자 사이에 많은 중개자가 있어 긴 연쇄의 사슬이 존재했다. 어느 역사가의 말처럼 '이런 전통적인 역사적 제도에서 벗어나기'는 어려웠으며, 그렇게 하는 것이 이로울 것이라고 생각하는 사람도 많지 않았다. 영국 농촌지역의 방적·방직공들도 인도와 중국에서 같은 업종에 종사하는 사람들과 비슷한 생각을 했다. 다시 말해 그들도 새로운 방적 기술 때문에 가정에 기반을 둔 제조활동이 지속될 수 없을 것임을 잘 알고 있었다. 그렇지만 수입을 얻을 대체 수단이 거의 없었던 데다, 기술력의 침식에 맞서려는 단발적인 노력이 국가에 의해 단호히 분쇄되자, 영국 방적·방직공들에게는 산업자본주의에 항복하는 것 말고는 다른 선택의 여지가 없었다.[24]

새로운 기술을 포용하고 노예화되지 않은 노동력을 복종시키며 생산을 조직화하는 새로운 방법을 찾아내는 일은 방적공장에서 처음 시작되었다. 그 결과 곳곳에 흩어져 있던 보잘것없는 산업이 랭커셔와 인근 체셔를 따라 비약적으로 성장했다. 1784년 그레그가 그의 첫 공장을 세웠을 무렵, 새로운 공장들이 생겨났다. 그 후 수십 년에 걸쳐 기존 공장들이 확장되었는데, 때로는 엄청난 규모의 확장을 기록하기도 했다. 그레그는 1833년에 다섯 곳의 공장에 노동자 2,084명을 고용했다. 그리고 그의 쿼리뱅크공장에 설치된 방적기는 1만 846대까지 늘어 처음의 네 배가 되었다. 1795년에 면제조업자 로버트 필Robert Peel은 23곳의 공장을 가동하며 사업을 확대했는데, 모두 그가 소유하고 직접 운영하는 곳이었다. 새로운 부류의 생산자들이 면산업에 진출한 사례도 있다. 그들은 자본은 적어도 적절한 인맥을 갖추고 있었다. 아일랜드 상인 윌리엄 에머슨William Emerson은 방적공장을 시작하려는 친척을 도와주기 위해서 맨체스터의 동업자이던 맥코널 앤드 케네디사에 다음과 같이 편지를 보냈다. "내 친척이 소면과 방적에 관해 배우고 싶어 합니다. 그래서 그를 6개월 동안 당신들에게 보내고자 합니다. 그가 받을 교육에는 합당한 대가를 지불하겠습니다. 귀사든 다른 회사든 그를 가르치게 될 곳을 편한 대로 정해주시고, 혹시 또 다른 조건을 더하고 싶으시다면 그 역시 좋으실 대로 하십시오."[25]

공장 수는 늘었지만 여전히 규모가 작은 공장이 많았다. 리버풀의 상인이나 서머싯의 지주 혹은 런던의 은행가를 기준으로 보았을 때, 공장 소유주들은 그리 부유한 편이 아니었다. 1812년에 전체 공장의 70%가 1만 대도 채 안 되는 방적기를 보유했으며, 자산 가치는 2,000파운드에도 미치지 못했다. 방적업에 진출한 기업인들의 출신배경은 다양했는데, 상인-제조업자가 많았다. 그리고 나머지 사람들 중에는 다른 산업부문의 제조업자도 있었고, 부농으로 시작한 경우도 있었으며, 심지어 기계 다루는 솜씨가 출중한 견습공에서 시작한 이들도 있었다. 여덟 살에 면직물공장에서 방적공 보조로 일을 시작해 54년 뒤에는 노동자 1,650명을 거느린 공장 소유주가 된 엘카나 아미티지Elkanah Armitage처럼 놀라운 사회적 계층 이동을 보여준 사례도 있다.[26]

그러나 1756년에 랭커셔 앤더톤Anderton에서 태어난 새뮤얼 올드노Samuel Oldknow처럼 상당한 재원을 가지고 출발한 이들도 있었다. 그의 아버지는 이미 수직기만으로 성공을 거둔 모슬린 제조업체를 소유하고 있었다. 올드노는 포목상이던 삼촌 밑에서 견습생활을 하다가, 1781년에 아버지가 갑작스럽게 세상을 떠나는 바람에 고향으로 돌아가 가업인 모슬린 제조업을 물려받았다. 그런데 시기가 아주 절묘했다. 1779년에 뮬방적기가 도입된 덕분에 전례 없는 규모로 대량생산된 고품질 원사를 확보하게 된 올드노는 과거 인도 제조업자들이 지배하던 시장에 진입할 수 있었다. 또한 런던의 두 업체와 제휴해 영국 시장과 해외 시장에도 폭넓게 접근할 수 있었다. 그는 1783년 한 편지에 "현재 전망이 아주 밝다"고 썼다. 1786년까지 올드노는 영국에서 가정 성공한 모슬린 제조업자였다. 그는 계속해서 공장을 짓고 사업을 확장해갔는데, 한때는 29곳의 공장을 관리한 적도 있었다. 1790년에 그는 스톡포트Stockport에 증기동력을 사용하는 공장을 짓고 방적업에까지 손을 뻗었다. 1793년 멜러Mellor에 위치한 6층짜리 대형 방적공장이 생산을 시작했다.[27]

1780~1790년대 면공업은 소규모로 운영되더라도 놀라운 수익을 올렸다. 카드웰 앤드 벌Cardwell & Birle사는 투자자본 대비 연평균 13.1%를, 엔 더그대일N. Dugdale사는 24.8%를, 맥코널 앤드 케네디사는 16%의 수익을 거둬들였다. 높은 이윤 덕분에 이 회사들은 공식적인 자본시장에 의존하지 않고도 사업을 확장할 수 있었다. 실제로 "[사업을 확장하는 데] 선호된 자금원은 유보이익retained profits이었다." 게다가 사업 확장을 위한 자본은 경영에 직접 참여하지 않으면서 공장에 투자한 상인들에 의해, 그리고 더 중요하게는 면화의 구매 및 면사와 직물의 판매를 위해 런던과 리버풀 상인들이 제공한 신용으로 보강되는 경우가 많았다. 이런 부가 유동자본은 매우 중요했다. 1834년에 영국 면산업에서 공장과 기계에 대한 고정자본 투자는 1억 4,800만 파운드에 육박했는데, 면화와 임금에 투자된 유동자본이 740만 파운드로 상당한 비중을 차지했다. 이런 유동자본에 대한 접근 가능성은 개인적 연고에 좌우되는 경우가 많았으며, 상당한 액수의 유동자본을 확보해야 할 필요성이 커지면서 중간 계급에 속하지 않은 사람들이 면화 자본가의 반열에 오르기는 더 어려워졌다. 게다가 생산에서 얻는 고수익 덕분에 면공업은 투자를 늘리기에 훨씬 더 매력적인 부문으로 떠올랐다.[28]

맨체스터의 면제조업체 맥코널 앤드 케네디사는 방적공장의 빠른 성장을 보여주는 한 가지 사례였다. 제임스 맥코널James McConnel과 존 케네디John Kennedy는 1791년에 동업을 시작해 방적 기계 생산에 집중했다. 기계 제조업자였던 맥코널에게는 자연스러운 사업이었다. 그러던 어느 날 맥코널은 뮬방적기 두 대를 제작했는데, 주문한 고객이 값을 치르지 못했다. 이 불운 덕분에 그가 기계를 직접 사용하게 되었다. 그의 동업자 케네디와 또 다른 투자자 두 명은 총 500파운드라는 극히 적은 투자액으로 기계 생산과 방적업을 함께 확장했다. '기계 제작자이자 방적공'을 자처했던 이들은 빠르게 공장을 확대했고 고품질 면사 생산에 집중했다. 그들은 1797년에 7,464개의 방추를 가동했는데, 1810년에는 방추 개수가 7만 8,972개로 증가했다. 한편, 그들이 고용한 노동자 수는 1802년 312명에서 1816년 1,020명으로 증가했다. 다른 사람들과 마찬가지로 그들 역시 1799~1804년 사이 연평균 26.5%였던 유보이익으로 사업 확장에 필요한 재원을 마련했다.[29]

성장을 거듭한 면공업은 영국 경제의 중심으로 떠올랐다. 1770년에 전체 경제에서 면공업의 부가가치 비중은 고작 2.6%에 불과했다. 이 비율은 1801년에 17%, 1831년에 이르면 22.4%까지 상승한다. 이 수치는 6.7%를 차지한 철강 산업이나 7%를 차지한 석탄 산업, 혹은 14.1%를 차지한 모직물 산업과 대조를 이룬다. 1795년 영국에서는 이미 34만 명이 방적업에 종사했는데, 1830년에는 영국 전체 노동자 여섯 명 가운데 한 명이 면산업에 종사하게 된다. 면산업은 영국해협 부근의 작은 지역인 랭커셔에 집중되었는데, 그 결과 영국 면직물 노동자의 70%가 랭커셔에서 일하게 되었으며, 전체 면직물공장 소유주의 80.3%도 랭커셔에서 사업을 시작했다.[30]

면산업의 폭발적인 팽창은 일회적인 성공에 그치지 않았다. 면산업의 성장 덕분에 철도망, 철강 산업, 19세기 후반의 2차 산업혁명에 이르는 일련의 새로운 산업들이 실현 가능해졌다. 하지만 선두를 차지한 것은 역시 면산업이었다. 페르낭 브로델Fernand Braudel이 주장했듯이, 면산업에서 시작된 산업혁명이 '국가경제 전체'에 영향을 주었다.[31] 수치로 보면 19세기 중반에도 산업혁명은 여전히 면산업에 한정된 이야기였다.

영국 면산업의 눈부신 발전 덕분에 영국 정부와 영국 자본가들은 전쟁자본주의로 얻은 결실의 많은 부분을 차지했다. 새로운 기계와 새로운 생산조직, 대규모 공장에서 일하는 임금노동자들은 사상 초유의 생산성을 만들어냈다. 그 덕분에 생산비용이 낮아져 영국의 제조업자들은 기대했던 새로운 시장에 진출했다. 면제품의 가격이 저렴해지자 내수시장이 확대되었고, 면직물의 디자인이 중간 계급 소비자들의 자기표현에 점점 더 중요한 요소가 되어감에 따라 면직물은 더 폭넓게 유행했다.[32]

또한 영국의 면제조업자들은 가장 중요한 수출 시장에도 진입했다. 1780년대에 이르면 예전에 영국 상인들이 인도산 직물을 공급하던 시장에 진출해 영국산 제품을 판매했다. 한때 벵골의 자존심이었고 "수천 년 동안 필적할 것이 없었던" 섬세한 모슬린이 영국에서도 생산되기 시작했다. 이는 분명 결정적인 전환점이었다. 인구 866만 명이던 당시 영국 시장은 상당히 작은 규모였고, 1인당 가처분소득의 증가도 미미했다. 그런데 18세기를 지나면서 영국산 면직물의 수출이 200배나 증가했고, 증가분의 94%가 1780년 이후 20년 동안 이루어진 것이었다. 그 기간에 수출액은 1780년 35만 5,060파운드에서 1800년 585만 4,057파운드로 16배나 되는 큰 폭의 증가를 보였다. 18세기의 마지막 해가 되면 영국 제도에서 생산된 전체 면직물 중 61.3%가 수출되었다. 이 수출 덕분에 1815년 이후 영국은 사실상 면사와 직물의 글로벌 무역에서 '비유럽' 세계의 모든 경쟁자를 쓸어냈다.[33]

즉, 영국 면산업의 진정한 호황은 바로 수출 호황이었다. 1800년에 이르러 영국에서 제조된 면직물이 세계 시장에서 중요한 존재가 되자, 그와 동시에 수백 곳의 공장 소유주, 상인, 선원 들은 말할 것도 없고 영국 농촌지역의 새로 지은 공장에서 일하는 방적·방직공 수천 명이 새로이 해외 시장에 의존하게 되었다. 에드워드 베인스는, 1835년에 놀랍게도 면직물 수출이 "오늘날 …… 모직물 수출의 세 배에 이른다. 수세기 동안 영국에서 융성했고, 무역에 관한 글을 쓴 모든 작가가 그토

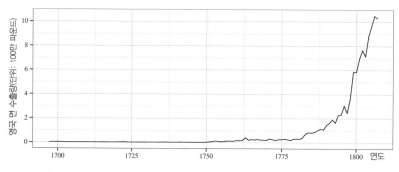

— **수출의 폭발적 증가** 영국의 면제품 수출 증가(1697~1807).

록 오랜 기간 영국의 상업적 부의 거대한 원천이라고 여겼던 모직물 제
조업을 단숨에 추월해 멀찌감치 따돌렸다"고 말했다. 이러한 면직물
의 기록적인 수출은 영국 경제 전체에 영향을 주었다. 1784~1786년부
터 1804~1806년에 이르는 기간에 영국의 수출 증가분 가운데 면제품이
56%를 차지했다.[34]

영국산 면제품은 이제 세계 시장에서 인도산 면제품을 재빠르게 대
체해나갔다. 1800~1801년 회계연도에도 여전히 140만 파운드어치의 직
물이 벵골에서 영국으로 수출되었지만, 불과 8년 뒤인 1809~1810년 회
계연도가 되면 벵골의 직물 수출액이 33만 파운드를 조금 웃도는 수준
으로 줄었고, 그 후로도 계속해서 급격한 감소세를 보였다. 그 결과 수
세기 동안 지구 전역의 면직물 시장을 지배했던 인도의 방직공들은 급
속히 몰락했다. 1800년, 상무관이던 존 테일러John Taylor는 벵골에 위치한
다카의 직물 산업의 역사를 상세히 서술하면서 그곳의 직물 수출액이
1747~1797년 사이에 50%나 감소했다고 보고했다. 특히 방직공들은 영
국과의 경쟁으로 큰 타격을 입었고, 그로 인해 많은 사람이 '굶어 죽었
다'고 전했다. 한때 융성했던 제조업의 도시 다카는 "축소되고 빈곤해졌

다", 다카의 가옥들은 "파괴되고 버려졌다". 다카 상업의 역사는 '애처로운 옛 추억'이 되었으며, 다카의 '옛 명성'과 '엄청난 부'도 모두 지난일이 되어버렸다. 1806년에 벵골의 상업에 대해 다룬 또 다른 보고서는 다음과 같이 결론지었다. "공적 계정을 통한 직물 수출도 큰 폭으로 감소했다. …… 그 결과 방직공들은 자신들의 방직기를 돌릴 일감을 더는 찾을 수 없게 되었고, 그들 가운데 많은 이가 집을 떠나 다른 곳에서 일자리를 찾아야만 했다. 그들은 대부분 농사일로 돌아가 다시 쟁기를 들어야 했다. 그중 일부는 자기 고장에 남았지만, 나머지는 인도 내에서 멀리 떨어진 지역으로 이주했다." 동인도회사의 한 논객은 인도를 면직물 수입국이자 면화 수출국으로 만드는 것이 영국의 정책 목표처럼 보였지만, 그것은 "에스파냐가 아메리카의 불운한 원주민들에게 추구했던 정책과 유사하다'고 지적했다.[35]

예전에 인도의 방적·방직공이 장악했던 여러 수출 시장을 이제는 영국산 면직물이 차지했지만, 애초에 영국 제조업자들은 전쟁자본주의에 의해 지배되는 지역에서의 판매에만 집중했다. 산업혁명의 황금기이던 18세기의 마지막 수십 년 동안 영국산 면제품 수출의 3분의 2 이상이 그런 지역들로 향했다. 나중에 면직물 수출은 영국이 200년 동안 막대한 부를 쌓은 대서양 경제의 통로들로 흘러들었다. 아메리카의 플랜테이션 농장에서 일하는 노예들은 주인에게서 보급받는 의복이 형편없음에도 불구하고 다른 곳의 생산자들과 달리 자신들의 의복을 직접 생산하지는 않았기 때문에 유독 수익성 있는 시장을 형성하고 있었다. 주로 노예를 취급했던 아프리카 무역에서도 영국산 면직물의 수요가 높았는데(아메리카에서 면화 재배가 호황을 이룬 결과, 심지어 수요가 증가하고 있었다), 아프리카 상인들이 품질이나 가격 면에서 인도산 직물과 동일한 영국산 직물을 받아들이기 시작한 덕분이었다. 1806년 이후 영국산 면제품은 오랫

동안 닫혀 있던 아프리카 시장을 확실히 장악하게 되었다.[36]

상인과 제조업자 들이 이런 시장에 접근할 수 있었다는 사실은 독특하고 새로운 형태의 국가가 지니는 중요성을 보여준다. 새로운 형태의 국가는 산업자본주의의 발전에 중요한 공헌을 했을 뿐 아니라, 독특한 양상으로 전 세계에 영향을 끼쳤다. 영국 면제품 수출은 영국의 무역 네트워크에 의지함은 물론, 시장을 창출하고 보호하는 강력한 해군에서부터 자본의 장거리 이전을 가능하게 하는 선하증권에 이르기까지 여러 제도에 힘입어 확대되었다. 새로운 형태의 국가는 글로벌 시장을 조성하고 보호했다. 그뿐 아니라 국경을 감시하고, 산업을 규제했으며, 토지 소유권을 창출하여 부과했다. 지리적 거리를 넘어서 계약을 강제했으며, 주민들에게 세금을 부과할 재정 방안을 마련했다. 또한 임금 지불을 통한 노동력 동원이 가능한 사회적·경제적·법적 환경을 구축했다.

통찰력 있는 프랑스의 한 관찰자가 19세기 초에 주장했듯이, "영국은 수세기 동안 오직 보호와 금지라는 체제를 고수해 최고의 번영을 구가했다."[37] 사실 이런 체제가 인상적이고 중요하기는 했지만, 궁극적으로 세계에 혁명적인 변화를 안길 만큼 새로운 기제는 아니었다. 정말로 위대한 발명은 이런 기제를 둘러싼 경제·사회·정치 제도였다. 산업자본주의를 특징지은 이 제도들 덕분에 산업자본주의는 점차 그 부모 격인 전쟁자본주의와 전혀 다른 것이 되어갔다.[38]

산업자본주의의 한복판에서 그런 국가를 만들어내는 것은 복잡하게 얽힌 다양한 이해관계의 조율을 의미했다. 정치인과 관료들이 세계에서 높아진 자신들의 위상이 급속히 확대되고 있는 영국 제조업 능력에 기반을 두고 있다는 사실을 깨달아가는 동안 성장하고 있던 제조업자 집단은 자신들의 이해관계를 인정받기 위해 압력을 행사했다. 제조업자들은 자신들과 경쟁관계에 놓인 이들, 예컨대 동인도회사 같은 이해세력이나 귀족과 지주 같은 지배계층에 맞섰다. 또한 상인과 제조업자 들이 상당한 자원을 축적하고 국가가 이들의 자원에 의지하게 되자, 이 자본가들은 국가경제에서 점점 더 커지는 자신들의 중요성을 정치적 영향력으로 전환시킬 수 있었다.[39] 방적공장 소유주들은 정치적으로 점점 더 적극적인 태도를 보였다. 그리고 1832년의 개혁법으로 투표권이 확대된 덕분에 면산업에 종사하는 많은 기업인이 하원에 진출했을 때 이들의 정치력은 최고조에 도달했다. 그들은 하원에서 곡물법부터 영국의 식민지 팽창에 이르기까지 면산업의 (전 지구적) 이해관계를 위한 로비 활동에 힘썼다.[40] 글래스고 주변의 면제조업자들이 1789년 재무부에 제출한 청원서에서 볼 수 있듯이, 자신들의 이해관계에 도움이 되는 정책을 쟁취하려는 제조업자들의 주장은 단호했고, 놀랍도록 근대적이었다.

저희 청원자들은 일찍부터 영국산 모슬린을 제조하기 시작했고, 최근 몇 년 동안 캘리코스라 불리는 다른 품목들과 혼방제품들을 생산한 것은 물론이거니와, 이 귀중한 업종을 확장하고 개선하는 일에서 커다란 발전을 이루었습니다. 저희 청원자들이 풍부한 경험을 바탕으로 공장에 새로운 설비들을 도입하고 이와 더불어 기계 동력을 사용한 덕분에 국내 소비만으로는 소진할 수 없을 정도로 잉여 상품이 발생하고 있습니다. 그러므로 기계의 가동을 멈추지 않으려면 더 큰 규모의 해외 판매가 불가피한 실정입니다.[41]

새로이 힘을 얻은 제조업자들과 역량을 크게 강화한 국가가 함께 구축한 산업자본주의는 전쟁자본주의에서 유래했지만, 노동과 자본과 시장을 어떻게 동원할 것인가 하는 문제와 관련해서는 전쟁자본주의와 완전히 다른 해법을 추구했다. 아메리카와 달리 영국에서는 이미 법적 변화를 포함한 농촌지역의 변화로 토지를 갖지 못한 프롤레타리아들이 대규모로 발생했고, 이들은 생존을 위해 노동력을 팔아야 했다. 따라서 영국의 제조업자들은 물리적 강제력을 사용하지 않고도 이들의 노동력을 동원할 수 있었다. 더욱이 아메리카의 플랜테이션 농장 경제와 달리 면공업은 필요한 토지 규모가 크지 않고 주로 수력에 접근할 수 있는 입지에만 관심을 집중했다. 영국에서는 이미 수세기 전에 토지시장이 출현한 데다 국가의 보호를 받아 토지소유권이 상대적으로 안정적이었기에 전쟁자본주의에서 전형적으로 나타났던 토지 약탈이 일어나지 않았다. 동시에 국가는 간섭주의를 견지함으로써, 유료 도로와 운하 건설을 위해 토지의 강제 수용을 허용하는 등 전반적인 경제발전에 유리한 방향으로 토지 사용을 촉진할 수 있었다. 게다가 지극히 중앙집권적이고 관료적인 국가가 가내공업을 통제하고 세금을 징수했다.[42]

마지막으로, (어쩌면 이것이 가장 결정적일 것 같은데) 초기에 산업자본주의가 등장하는 단계에서 국가의 제국주의적 팽창 덕분에 전쟁자본주의의 메커니즘이 구체화될 수 있었고, 그 결과 자본가들이 국내의 사회구조를 개편해야 할 필요성이 줄었으며, 노동력에서 식량, 원자재에 이르기까지 국내 자원에 대한 의존도 역시 줄어들었다는 점이다. 아메리카, 아프리카, 아시아와 같이 세계의 다른 지역들에서 노동력, 원료, 토지, 시장을 동원하는 데 따랐던 일부 문제들이 전쟁자본주의를 통해 해소되었던 것이다. 그리고 노동력, 토지, 자원을 외부에서 일부 동원할 수 있는 능력의 근간 역시 강력한 국가(전쟁자본주의를 통해 제도와 재정을 축적하며 강화된 국가)였다. 실제로 이런 국가는 노예제와 임금노동이 공존하는 세계의 서로 다른 지역에서 서로 다른 종류의 제도를 시행할 수 있었다.

제조업자, 상인, 정치인이 구축한 새로운 형태의 자본주의가 19세기 말에 세계 여러 지역을 지배하게 된다. 그 핵심에 놓인 근대 국가는 때로 전제적인 군주의 지배만큼 '눈에 잘 띄지는 않았고', 그리하여 그 권력이 점점 더 비인격적인 지배와 법률, 관료제의 기제들에 둘러싸이게 되어 '더 약해' 보였다. 산업자본주의가 국가의 힘을 더 증폭시키면서도 눈에 덜 띄게 했다는 점이 역설적이다. 시장은 더 이상 왕이나 영주, 또는 주인의 개인적 권위나 해묵은 관습의 지배를 받지 않았다. 그 대신 계약과 법률과 규제에 따라 가차없이 시행되는 명백한 규칙을 통해 형성되었다. 그러나 약소국들에서는 여전히 예속관계, 분산된 권력, 전제정치 등 산업자본주의에 비옥한 토양을 제공할 수 없게 하는 특성이 지배적이었다. 그리고 유럽의 식민주의는 세계의 더 많은 지역으로 촉수를 뻗어 식민자들의 국가 역량을 더욱더 강화하는 한편, 피식민자 사이에서는 정치권력과 국가 역량을 침식해 들어갔다. 국가의 역량이 어느때보다 중요해졌지만 그럴수록 전 세계 국가들의 역량은 불평등해졌다.

1835년에 에드워드 베인스는 비록 "[면직물] 무역은 정부의 보호를 받는 젖먹이가 아니었다"고 주장했지만, 그가 금지 조치부터 관세까지 시간 순서대로 나열한 면산업에 관한 모든 '법률적 개입' 목록은 일곱 쪽이나 되었고, 이것은 '자유로운' 시장을 보장하는 일에서 국가의 역할이 얼마나 중요한지를 확실히 일깨웠다.[43] 영국에서, 그리고 나중에는 몇몇 다른 국가에서도 국가에 대한 자본가의 의존성이 둘 사이를 밀착시키면서 제조업 자본의 영토화와 '국유화'라고 부를 만한 결과를 초래했다. 그런데 자본가들과 국가의 이런 연결이 결국 노동자들에게도 힘을 실어주게 되었다는 사실은 역설적이다. 더 높은 임금과 더 나은 노동조건을 위해 집단행동에 나섰을 때, 노동자들은 국가가 피지배자들의 동의에 의존한다는 점을 이용했다.

토지와 노동, 시장을 동원하는 전쟁자본주의의 방식이 정작 유럽 내에서는 별다른 효력을 발휘할 수 없었던 이유는 근대 국가들의 경이로운 국가 역량(헤겔이라면 '시대정신'이라고 불렀을 것) 때문이었다. 이런 사실은 여러 면에서 놀라운 것이다. 무엇보다도 자본집약적인 대기업, 노동자들의 대량동원, 경영자의 철저한 노동자 감시는 이미 아메리카의 플랜테이션 농장들에서 엄청난 수익을 거둬들이며 생산을 재조직하는 방법을 보여준 바 있다. 그러나 영국 내에서 전쟁자본주의는 자본주의의 토대만 제공했을 뿐 그 본질까지 제공한 것은 아니었다. 다시 말해 생산을 장악하기 위해 노동자들을 노예화하지도 않았고, 주민들을 살해하지도 않았다. 영국의 자본가들은 국가의 경계를 뛰어넘어 프런티어 정신이라는 환상을 이루려고 하지 않았기 때문이다. 이는 혁명적인 일이었지만, 우리 세계에서는 산업자본주의의 제도적 토대가 이미 상식이 된 탓에 그것이 얼마나 혁명적이었는지를 제대로 평가하기 어렵다.

면공업의 확대와 국가의 역량 강화는 상호 보완적이었다. 영국이 면산업의 경제적 활력을 떠받치고 있었던 만큼 면산업이 거둔 많은 성과가 영국이라는 국가에 어느 때보다 중요한 존재가 되었던 것이다. 에드워드 베인스에 따르면, 영국은 18세기 말~19세기 초에 대서양에서의 패권을 확고히 하게 된 전쟁을 치르면서 그 전쟁비용을 충당하기 위해 무역 수입에 크게 의지했고, 면직물은 그 가운데 가장 중요한 수입원이었다. "번창하는 면제조업자들과 무역으로부터 제공받은 수단들이 없었다면, 영국은 오랜 소모적 분쟁을 버텨낼 수 없었을 것이다." 베인스가 추산한 바로는, 1773~1815년에 1억 5,000만 파운드어치의 면제품이 수출되어 제조업자와 상인과 국가의 호주머니를 채웠다. 바로 무역의 규모와 수지 덕분에 영국은 해군력 증강에 필요한 세입을 확보할 수 있었다. 사실 영국의 국가 세입은 17세기 말~19세기 초 사이에 16배나 증가했고, 이 시기에 영국은 총 56년 동안 전쟁에 몰두했다. 그리고 1800년에 세수의 3분의 1이 세관을 통해 들어왔다. 1835년《에든버러 리뷰Edinburgh Review》의 언급대로, 영국의 "번영과 힘은 그들[제조업자들]의 지속적인 진보와 확장에 더없이 크게 의지하고" 있었다. 한때는 국가가 산업세계를 창조하는 데 기여했지만, 이제 국가가 그 산업세계에 의지하면서, 국가 관료와 통치자 들은 제조업이 국가의 세입을 창출하는 하나의 방편임을 알게 되었다.[44]

쿼리뱅크공장의 사례에서 보았듯이, 이런 엄청난 가속화의 첫 단계는 위태로웠고 그리 대단해 보이지도 않았다. 현대의 시선으로 보면 당시의 신기술이라는 것들이 그저 예스러워 보일 따름이고, 면산업의 영향이라는 것도 고작해야 세계에서 극소수 지역에 한정되었을 뿐, 대부분의 지역은 전과 다를 바 없이 유지되었다. 심지어 영국에서조차 많은 지역이 그런 실정이었다. 전 지구적 관점에서 보면 영국의 농촌지역에 흩어져 있던 최초의 공장들은 그야말로 하찮은 것들이었다. 예를 들면 중국의 방적·방직공들은 1750~1800년에 같은 업종에 종사하는 영국인들보다 면직물을 420배나 많이 생산했고, 인도의 경우도 비슷했다.[45] 그레그가 산업혁명의 산파 노릇을 한 지 20년이 지난 1800년에 영국 제도에서 발명된 기계들이 생산해낸 면제품의 양은 지구 전역에서 생산된 면직물의 0.1%에도 미치지 못했다. 그럼에도 불구하고 자본가, 귀족, 국가, 노동자, 농민 사이의 수십 년에 걸친 갈등 속에서 그 사회·제도적 발판이 마련되자, 산업자본주의는 다른 산업으로 확산되었을 뿐 아니라 세계의 다른 지역들로도 확산될 수 있었다. 게다가 더 많은 변화를 이루게 될 영토도 방대했다.

면산업에서 동력을 얻은 산업혁명은 역사가 에릭 홉스봄Eric Hobsbawm의 말처럼, "세계사에서 가장 중요한 사건"이었다. 산업혁명은 이전의 어느 세계와도 다른 세계를 만들어냈다. 1837년에 면제조업자 토머스 애슈턴Thomas Ashton이 했던 말대로 "굴뚝이 높이 치솟은 이 나라"는 수세기 동안 지속되어온 영국 농촌의 세계와 아주 달랐으며, 상인, 플랜테이션 농장주, 국가관료 들이 그 이전 200년에 걸쳐 가꾸어온 전쟁자본주의의 세계로부터 엄청난 비약적 발전을 이룬 세계이기도 했다. 즐비하게 늘어선 굴뚝과 혼잡한 도시, 극적인 사회적 변화가 뒤섞인 그곳은 전세계의 방문객들을 끌어들였고, 그 규모만으로도 경외감을 갖게 하는 세계였다. 1808년에 영국을 찾은 한 방문객이 맨체스터에서 목격한 것은 "끔찍할 만큼 더러운 도시였다. 증기기관이 뿜어내는 매연은 전염병 같았고, 염색공장들은 소란스럽고 비위에 거슬렸으며, 강물은 잉크처럼 검었다." 1835년에 알렉시 드 토크빌Alexis de Tocqueville도 그와 비슷한 여행을 하며 이런 장면을 목격했다. "검은 연기가 도시를 뒤덮고 있었고, 그 사이로 비치는 태양은 빛줄기도 없는 원반 같았다. 이런 어스름한 빛 아래에서 30만 명이 쉴 새 없이 일했다. 수없이 많은 소음이 어둡고 습한 이 미로를 강타했는데, 결코 위대한 도시에서 흔히 들을 수 있는 소리는 아니었다." 그러나 그는 이렇게 덧붙였다. "바로 이 더러운 시궁창에서 인류의 가장 위대한 산업의 물줄기가 흘러나와 전 세계를 비옥하게 한다. 바로 이 더러운 하수구에서 순금이 흘러나온다. 바로 이곳에서 인류는 가장 완전한 발달을 이루었고, 동시에 가장 야만적인 상태에 도달했다. 바로 이곳에서 문명은 기적을 이루었고, 문명화된 인간은 거의 야만으로 되돌아갔다." 여전히 목가적인 풍경을 가진 미국에서 온 관찰자들은 이 새로운 '구세계Old World'에 기겁했다. 토머스 제퍼슨은 그의 동포들이 '결코 …… 물레 따위는 돌리지 않기를 …… 우리의 공장은 그대로 유럽에 남겨두기를' 바랐다.[46]

면산업은 영국 내에서, 그것도 20년 만에 엄청난 발전을 이루었다. 면산업은 제국의 팽창으로 얻은 여러 전리품 가운데 하나로 시작해 산업혁명의 원동력이 되었다. 솜털이 난 흰색 꼬투리에서 새로운 글로벌 체제인 산업자본주의가 시작된 셈이다. 물론 다른 산업 분야에서도 발명과 혁신은 있었다. 하지만 오직 면산업만이 지구 전체에 영향력을 미쳤고, 강제노동과 강력하게 연결되었으며, 국가로부터 유독 최고 수준의 지원을 받으며 세계 전역의 필수적인 시장들을 장악했다.

　나중에 세계를 지배하게 되었다지만, 산업자본주의는 발생 직후에 여러 다른 곳에서 전쟁자본주의가 확대, 강화되는 데 기여했다. 그것은 영국이 자국의 공장에 더 저렴한 면화를 안정적으로 공급한 자국 상인들의 역량에 기대어 일방적으로 앞장서서 산업자본주의를 개척했기 때문이다.[47] 게다가 영국의 면제조업자들은 엄청난 양의 면화를 새롭게 요구한 반면, 산업자본주의의 제도적 구조는 여전히 미숙하고 고루해서 수요를 모두 충족시킬 만큼 면화를 충분히 생산할 노동력과 영토를 창출할 수 없었다. 앞으로 살펴보겠지만, 1770~1860년까지 끔찍했던 90년 동안 산업자본주의는 전쟁자본주의를 대체했다기보다 오히려 전쟁자본주의에 새로운 활력을 불어넣었다.

　1858년에 갤버스턴 휴스턴 앤드 헨더슨 철도회사Galveston, Houston, and Henderson Railroad Company의 대표 리처드 킴벌Richard B. Kimball이 맨체스터를 방문했는데, 그가 남긴 관찰기록은 놀라운 선견지명을 보여준다. "내가 도시에 들어섰을 때, 마치 콧노래 같은 길고 지속적인 진동이 내 귀청을 울렸다. 마치 거스를 수 없는 신비스러운 힘이 작용하고 있는 것처럼 느껴졌다. 방적기와 방직기에서 나오는 소리였을까? 그것들을 돌리는 기계에서 나오는 소리였을까? …… 그리고 나는 나 자신에게 물었다. 맨체스터의 동력과 아메리카의 자연 사이에는 어떤 관계가 있을까? 텍사스의 목화밭과 맨체스터의 공장과 방적·방직기 사이에는 무슨 관계가 있을까?"[48] 그가 감지하고서도 미처 이름을 붙이지 못한 그 관계는 바로 여전히 전쟁자본주의와 산업자본주의 사이를 잇고 있는 생명선이었다.

4 장

노동력의 포획, 토지의 정복

→ **땅을 점령하다** 1492년 히스파니올라에 도착한 크리스토퍼 콜럼버스.

우리는 사람들이 마치 식물처럼 태어난 곳에서 계속 살다가 죽던 시대와 아주 다른 시대에 살고 있다. …… 그러나 호기심이나 야심 또는 이윤에 대한 열망에서 비롯된 어떤 여행의 결과와 범위도, 그리고 그 여행이 끼친 영향도 보잘것없는 관목의 결실인 면화의 수송만큼 중요하지 않다. 우리의 요구나 바람만큼이나 무궁무진하게 변신하는 면화가 우리의 산업을 위해 거쳐야 하는 여행에 비할 수 있는 것은 아무것도 없다.[1]

—《아시아 저널》, 1826

1857년에 영국의 경제학자 존 댄슨John T. Danson은 근대 면산업 역사의 수수께끼를 풀기 위해 고심한 끝에 발표한 글에서 '미국 노예제와 영국 면산업의 관계'에 대해 이렇게 말했다. "동인도를 제외하면 노예노동에 전적으로 의지하지 않고서 그만한 양의 면화를 생산해 공급하는 곳이 없으며, 예전에도 그런 곳은 없었다." 그가 관찰한 바로는 자유노동으로 면화를 재배하려는 노력은 대체로 실패했으며, 그런 사실은 "지금까지로 보아 [면화는] 계속해서 주로 노예노동을 통해 재배해야 한다"라는 그의 결론을 뒷받침했다. 댄슨은 미국의 노예노동과 유럽 면산업의 번영이 매우 긴밀히 연결되어 있어서 "기존 체제의 변경을 거론하는 것은 한마디로 불필요한 일"이라고 주장했다.[2]

얼핏 보면 댄슨의 말이 옳은 것 같다. 그가 이 글을 발표했던 해에 영국에 도착한 전체 면화의 68%가 미국산이었고, 그 대부분을 노예들이 재배했으니 말이다. 그러나 댄슨 같은 이들이 명백하다고 여겼던 현실은 비교적 최근에 빚어진 것일 뿐이었다. 사실 5,000년에 이르는 세계 면산업의 역사에서 노예제가 중요한 역할을 했던 적은 없다. 그리고 노예제만이 새로운 현상은 아니었다. 유럽을 거점으로 새롭게 부상한 면산업단지 역시 독특했는데, 인근 농민들의 생산에 의지해 원료를 조달하지 않았기 때문이다. 1791년까지도 제조업에 사용할 목적으로 생산된 면화 대부분이 아시아, 아프리카, 라틴아메리카의 영세농들이 재배한 것이었고, 주로 현지에서 소비되었다.[3] 영국의 면공업이 폭발적으로 성장했을 때, 원료에 굶주린 공장들에 공급할 충분한 양의 면화를 어디에서 가져올지는 확실하지 않았다. 그런데 어떤 산업도 이런 난관들을 극복하며 그렇게 크고 빠르게 성장한 적은 없었다. 사실 면산업은 특수한 공간적 배치와 노예노동으로 인해 방해를 받은 것이 아니라 그 덕분에 그토록 크고 빠르게 성장할 수 있었다.

18세기 후반 면산업의 혁명이 진행되는 동안 면화는 무력을 동원하여 토지와 노동력을 약탈하는 것이 특징인, 전 지구적이고 역동적이며 폭력적인 형태의 새로운 자본주의와 마침내 결정적 연결고리를 마련했다. 새로운 자본주의의 핵심에는 기계화된 제조업의 절박한 요구와 전근대적 농업의 생산능력 사이에 생겨난 커다란 간극을 메우기 위해 필요한 노예제가 있었다.[4] 공장들이 급속히 팽창하며 면화를 너무 빠르게 소비한 탓에 전쟁자본주의의 전략만이 필요한 토지와 노동의 재분배를 보장할 수 있었다. 그 결과 토착민과 토지를 빼앗은 정착민, 노예와 플랜테이션 농장주, 현지 장인과 공장 소유주 들은 일방적이지만 지속적인 전쟁의 암운이 짙게 드리운 새로운 한 세기를 목전에 두고 있었다. 댄슨이 제대로 이해한 대로, 새로운 토지를 개척하고 새로운 노동력을 동원하는 데에 사용된 강압은 새로 등장한 면화 제국과 산업자본주의로 조성하는 데에 필수 구성 요소가 되었다. 그러나 댄슨은, 자신이 사는 세계의 이전과 이후를 살핌으로써 노예제가 필수적인 역할을 담당한다는 사실에 내포된 새로움은 물론이고 노예제의 종식 가능성 역시 포착하지 못했다.

우리가 앞에서 보았듯이, 수천 년 동안 아시아, 아프리카, 아메리카에서 농사꾼들은 면화를 재배해왔다. 세계 여러 경작지에서 면화 재배에 알맞은 환경을 찾을 수 있었지만, 랭커셔나 영국의 다른 지역에서는 그러지 못했다. 큐Kew에 위치한 영국왕립식물원의 온실(오늘날까지도 대영제국이 의지했던 핵심 상품의 표본을 전시하고 있다)을 제외한 영국과 유럽의 대다수 지역은 면화를 재배하기에는 너무 춥고 습기가 많다. 유럽의 지도자들 가운데 새로운 세계에 대한 강한 믿음을 가졌던 프랑스 혁명가들만이 지역의 기후조건을 무시하고 진지하게 면화 재배를 시도했지만 결국 실패했다.[5]

면화 재배지가 없던 영국의 면공업이나, 뒤이어 유럽 전역에서 이루어진 면공업은 도무지 사업성이 없어 보였다. 현지에서 원료를 조달할 수 없는 산업이 주요 산업으로 성장하는 일은 인류 역사에서 처음 있는 일이었다. 영국에서 모직물 제조업자들은 스코틀랜드의 양모에 의지했고, 리넨 제조업자들은 잉글랜드의 아마에 의지했으며, 철강 산업은 셰필드의 철광석을 사용했고, 도자기 산업은 스태퍼드셔에서 찾아낸 점토로 작업했다. 그런데 면방적·방직업은 달랐다. 영국의 면제조업자들은 전적으로 수입에 의존했다. 그들의 사업이 번창하는 데 필요한 것은 아시아의 기술과 아프리카의 시장만이 아니었다. 다른 대륙에서 생산되는 원료 역시 필요했다. 이런 원료를 확보하고 관리할 수 있었다는 것은 사상 처음 전 지구적으로 통합된 제조산업이 구축되었음을 의미했다.

그러나 기계의 혁신이 급속히 이루어지고 있던 1780년에도 이런 전 지구적 통합의 핵심 요소인 면화의 공급은 여전히 불확실했다. 미국 남부에서 아메리카 원주민들에게서 수탈한 토지에 노예를 동원해 면화를 재배하는 해결책이 떠오르기는 했으나, 영국의 면제조업자와 상인 들은 그것을 확실한 해결책으로 여기지 않았다. 무엇보다도 1780년에는 북아메리카에서 생산된 면화가 아직 영국에 도착하지 않은 상황이었다. 당시 제조업자들은 폭넓은 네트워크를 형성하고 있던 소규모 공급업자들에게 의뢰해 공장에 필요한 원료를 조달했다. 그리하여 오스만 제국의 이즈미르와 테살로니키, 카리브해의 포르토프랭스와 포트로열, 인도의 봄베이, 아프리카의 골드코스트에서 '백색황금' 꾸러미들이 런던과 리버풀 항으로 실려 왔다. 면화는 여러 세기 동안 비슷한 경로를 거쳐 아시아와 유럽 사이를 오갔을 뿐만 아니라 아시아와 아프리카, 아메리카 내에서도 이동했다. 시리아의 면화는 이집트에서 방적·방직되었으며, 인도 마하라슈트라의 면화는 벵골에서, 중국 하이난海南의 면화는 지난에서, 아나톨리아의 면화는 스위스 루체른에서, 유카탄의 면화는 테노치티틀란에서, 마케도니아의 면화는 베네치아에서 각각 방적·방직되었다.[6]

1780년에 이르러 영국의 공장에서 가동되는 방적기의 생산 속도가 가파르게 상승하면서 이런 전통적인 관계에 점차 압박이 가해졌다. 영국의 제조업자들은 1781년에 231만 3,300kg의 면직물을 생산했다. 이는 84년 전인 1697년에 방직한 양보다 2.5배 증가한 것이었다. 그러나 9년 뒤인 1790년에는 생산량이 6배 증가했고, 1800년에는 다시 두 배 가까이 늘어 2,540만kg이 되었다. 프랑스에서도 속도는 느렸지만 역시 놀라운 성장 속도를 보였다. 1789년에는 1750년에 비해 4.3배 이상 늘어난 500만kg이 소비되었다. 면사 가격의 급락으로 유럽에서 대규모 소비자 집단이 형성되었기 때문이다. 한때는 면제품을 부자들이나 누리는 사치품으로 취급하던 유럽에서, 그리고 인도 방적공들의 제품을 유럽산 제품으로 대체하게 된 아프리카에서 많은 이들이 면제품을 살 수 있게 되었다. 리즈의 문필가 에드워드 베인스가 1835년에 주목했듯이, 면제품 소비는 "다른 어떤 생산 영역에서도 유례를 찾을 수 없을 정도로 급속한 증가 추세를 이어갔다."[7]

면화의 수요가 커지자 가격이 상승했다. 1781년 영국에서는 면화 가격이 10년 전에 비해 두세 배 올랐다. 맨체스터의 제조업자들은 "새로운 공급처를 찾지 못한다면 성장 중인 산업의 발전을 해치거나 완전히 정지시킬 수 있다"고 확신했다. 그 결과 그들은 1780년대부터 플랜테이션 농장주들과 영국 정부에 자신들의 요구를 전달하려고 애쓰며 강력하고 영향력 있는 집단을 형성했다.[8]

면화 수요가 갑작스레 초유의 증가세를 보이고 그에 따라 수익성 있는 면화 가격이 형성되자, 당대의 한 전문가에 따르면 "기후와 토양이 맞는 곳이면 어디서든 면화 재배가 엄청나게 큰 폭으로 확대되었고, 이에 따라 상업계는 필요한 만큼 면화를 확보하는 데 온 힘을 쏟았다." 이전 200년 동안 유럽의 가장 중요한 면화 공급자이던 오스만 제국의 면화 재배인들로서는 이렇게 폭발적으로 증가하는 수요를 감당하기 힘들었다. 실제로 1780년대 내내 테살로니키와 이즈미르의 면화 수출은 일정한 수준에 머물렀다. 오스만 제국의 농촌지역에서는 노동력이 심각하게 부족했고, 봉건적 관계가 강하게 지속된 탓에 아나톨리아와 마케도니아의 면화 공급에는 한계가 있었다. 노동력 부족이 너무 심각해서 1770년대 초 아나톨리아 서부의 지주들은 면화를 재배하기 위해 그리스 노동자 수천 명을 동원했지만, 그 정도로는 유럽 면산업에서 발생한 수요를 감당할 수 없었다. 여기에 농사꾼들의 세계를 지탱하던 전자본주의적 예속 관계, 생계유지를 위한 농민들의 각종 활동들, 교통 기반시설의 부재에다가 오스만 제국의 정치적 독립성까지 유지되자, 유럽인들은 이 지역에 면화의 단일경작 생산을 압박할 수 없었다. 그리고 면화 재배를 위한 토지와 노동력의 신속한 재편이 불가능하다는 사실을 확인했다. 더욱이 이 지역의 지배층은 여전히 이즈미르와 테살로니키 같은 항구도시에서 차츰 영향력을 키워가던 서양 상인들에 맞서는 강력한 대항 세력으로 남아 있었고, 세계 시장에 공급할 면화 생산 증가를 위한 서양 자본가들의 농촌 사회구조 개혁 노력을 방해했다. 또한 서양 상인들이 그 지역의 면화를 확보하기 위해서는 오스만 제국의 방직공들과 경쟁해야 했는데, 그들은 상당한 규모를 갖춘 비교적 부유한 장인 계급을 형성하고 있었다. 결국 유럽 시장에서 오스만 제국의 면화는 곧 주변부로 밀려났다. 1786~1790년에 오스만 제국은 영국에 수입되는 전체 면화의 20%를 공급했지만, 그로부터 20년 뒤에는 1.28%, 다시 10년 뒤에는 0.29%라는 보잘것없는 양만 공급했다. 농촌지역과 무역 네트워크를 혁명적으로 변화시킬 수 없었고, 그럴 의지도 없던 오스만 제국의 면화 재배농들과 상인들은 새롭게 떠오르는 유럽의 산업 체제에서 퇴출되었다.[9]

전통적 면화 공급지였던 오스만 제국이 수요를 감당하지 못하자 제조업자들은 필사적으로 다른 곳을 찾았다. 예를 들어 면직물 상인 윌리엄 래스본과 면방적업자 리처드 아크라이트는 시에라리온Sierra Leone Company사를 설립해 아프리카의 면화 공급량을 늘리려는 노력에 착수했으나 실패했다. 또한 면제조업자들은 인도의 풍부한 면화 수확량에도 눈독을 들였다. 동인도회사가 인도 아대륙에 상당한 영향력을 행사하고 있고, 인도가 세계 면산업의 발상지였다는 점을 염두에 둔 많은 이들이 인도가 중요한 면화 공급처가 될 것이라고 기대했다. 그러나 동인도회사는 면화 수출이 인도의 제조업을 저해할 것이고, 그렇게 되면 동인도회사 자체의 수익성 있는 면직물 수출에 해가 될 것이라고 주장하며 맨체스터의 호소에 신중하게 대응했다. 1793년 동인도회사는 이렇게 경고했다. "원료 공급에 조금이라도 어려움을 겪는다면 벵골의 제조업이 크게 위축될 것이고, 그 나라의 세수는 감소할 것이며, 인구 감소를 막을 수 없을 것이다. 면화 재배가 크게 증대되더라도 제조업을 확대하고 촉진하는 일이 실질적으로 위축되지 않으리라고 기대하기는 어렵다."[10] 더욱이 농민들이 수출용 면화 생산에 주력하게 되면 식량을 주로 시장에서 구매해야 하는 처지에 놓이게 된다. "시장은 계절에 관계없이 곡식 부족을 초래해 기아를 야기할 수도 있다. 그렇게 되면 그 지역은 황폐해질 것이다."[11] 동인도회사는 차 구매비용을 충당하기 위해 수출할 수 있는 면화를 모두 중국으로 실어 나르며 중국으로 은이 유출되는 위급한 상황을 돌려놓았다. 인도의 면화 수출을 어렵게 만든 것은 동인도회사의 저항만이 아니었다. 면화를 해안가로 운반하기 위한 기반시설이 부족해 발생하는 엄청난 운송비용, 단섬유인 인도산 면화의 품질, 그리고 인도 아대륙의 방대한 배후지에서의 노동력 부족은 또 다른 난관으로 작용했다. 요컨대 대영 수출용 인도산 면화는 늘어나는 수요를 감당하기 어려운 상황이었다.[12]

인도, 아프리카, 아나톨리아보다는 서인도 제도와 남아메리카의 상황이 더 장래성이 있어 보였다. 1630년대 이래 소량의 면화를 재배해온 그 지역의 백인 플랜테이션 농장주들도 면화 수요가 폭발적으로 증가한 사실을 알고 있었다. 면화 수요가 커지자 서인도 제도와 남아메리카 상인들은 차츰 설탕과 다른 열대 상품들의 정기 무역에 면화 화물을 추가했다. 또한 리버풀의 탈턴Tarleton 형제가 그랬던 것처럼, 그들은 면화와 노예무역을 통합했다. 처음 그들의 면화 거래는 그저 노예무역에 곁들여진 것에 불과했다.

부를 일군 카리브해 지역의 유럽 상인들은 백색황금(면화)을 더 많이 확보하려 애썼다. 유럽의 상인들은 카리브해 지역의 플랜테이션 농장주들에게 의지했는데, 그들은 아프리카와 아나톨리아, 인도의 재배인들과 달리, 거의 두 세기 동안 유럽 소비자들을 위한 작물, 주로 사탕수수를 재배한 경험이 있었다. 카리브해 지역의 플랜테이션 농장주들은 또한 두 가지 핵심 요소를 통제하고 있었다. 우선 그들에게는 면화 재배에 적합한 토지가 있었고, 두 번째로 세계 시장을 위한 생산에 노동력을 동원하는 데 오랜 경험을 가지고 있었다. 1770~1790년대 호황기에 두 부류의 신흥 농장주들이 특히 면화에 매료되었다. 첫 번째 집단은 사탕수수 플랜테이션 농장을 경영할 만큼 자본을 갖지 못한 소규모 재배자들이었는데, 적은 수의 노예와 많지 않은 투자로 더 낮은 등급의 토지에서 재배할 수 있으면서도 엄청난 수익을 가져다줄 작물을 원했다. 생크루아Saint-Croix를 예로 들어 보면, 면화 플랜테이션 농장에서 필요한 노동력은 평균적으로 사탕수수 플랜테이션 농장 노동력의 5분의 1 미만이었다. 두 번째 집단은 그 지역에 새로 정착한 사람들로, 토양을 개선하기 위해 첫 작물로 면화를 몇 차례 재배한 다음 거기서 얻은 수익을 이용해 사탕수수 재배로 옮겨갔다.[13]

이런 플랜테이션 농장주 수백 명이 새로운 '상품의 변경邊境, commodity frontier', 즉 새로 면화를 생산하는 지역을 개척했다. 그리고 그와 함께 그들은 면화의 글로벌 역사에서 새로운 장을 열었다. 그들의 판단과 노예들의 고생 덕분에 카리브해 지역의 면화 수출이 크게 확대되었다. 1781~1791년 영국령 섬들에서만 면화 수출이 네 배로 증가했다. 프랑스의 플랜테이션 농장주들도 이들의 선례를 따랐다. 프랑스의 가장 중요한 면화 산지인 카리브해 지역의 생도맹그Saint-Domingue에서 생산된, 프랑스 제조업자들 사이에서 '코통 데 질coton des Isles'이라 불린 면화의 수출은 1781~1791년 사이 두 배로 늘었다.[14] 카리브해 지역의 면화 생산 급증에 대해서 바하마의 플랜테이션 농장주 네이선 홀Nathan Hall은 1800년에 면화 "무역이 경이적으로 증가했다"고 말했다.[15]

카리브해의 면화는 여러 지역에서 생산되었다. 18세기 초에 면화 생산의 최전선에 있었던 섬들, 예컨대 자메이카, 그레나다, 도미니카 같은 곳은 꾸준히 면화를 생산했지만 수출량은 1770년대 내내 90만 7,000kg 정도를 유지했고, 1780년대 들어와서도 약 두 배 정도 증가했을 뿐이다. 생산량의 증가가 (상대적으로) 크지 않았던 이유는 지역경제 안에서 면화의 지위가 변함이 없었고, 상당한 금전적 투자가 필요했던 사탕수수 재배를 면화 재배를 위해 포기할 수 없었기 때문이다.

그러나 경작되지 않는 토지가 많고 사탕수수 플랜테이션 농장이 적었던 섬들에서는 면화 생산이 활기를 띠었다. 1768~1789년에 바베이도스Barbados의 면화 수출은 10만 8,000kg에서 118만kg으로 11배 증가했다. 우선 개미 떼가 뒤덮는 바람에 바베이도스의 토종작물인 사탕수수가 말라죽었다. 그 뒤 1780년에 발생한 대형 허리케인이 사탕수수 재배를 위해 건설된 기반시설 대부분을 파괴했는데 복구하기가 쉽지 않았다. 미국독립전쟁으로 파괴된 북아메리카에서 필요한 원자재를 입수하기 어려웠기 때문이다. 그 결과 바베이도스는 거대한 면화 플랜테이션 농장으로 변했고, 대영제국에서 가장 생산성 높은 면화 산지가 되었다. 마찬가지로 1770년에는 면화를 수출하지 않았던 토바고Tobago의 플랜테이션 농장주들도 1780년에 68만kg의 면화를 출하했다. 그리고 1770년대 이전에는 면화를 재배하지 않았던 바하마의 플랜테이션 농장주들도 1787년에 약 22만 6,000kg의 면화를 영국 상인들에게 판매했다.[16]

또한 카리브해 지역의 프랑스령 섬들에서 생산된 면화의 상당량이 영국으로 향했다. 영국 상인들은 프랑스 면산업의 더딘 성장과 생도맹그에서 많은 노예를 수입한 덕분에 이익을 얻었다. 예를 들어 1770년에 카리브해 지역 전체에서 생산된 면화의 56%가량이 프랑스령 섬들에서 생산되었는데, 이 수치는 영국령 섬들에서 35%가 생산된 점과 비교된다. 생도맹그에서 선적된 양만 하더라도 그 지역 전체 생산량의 36%로, 영국령 섬들에서 생산된 양을 모두 합한 것보다도 많았다. 이런 불균형은 20년 뒤까지도 지속되었다. 1789년에 프랑스령 섬들에서 생산된 635만kg의 면화 가운데 프랑스 자체에서 소비된 것은 272만 1,000kg이었고, 285만 5,000kg 정도가 프랑스 본토의 항구에서 영국으로 수출되었다.[17]

유럽의 면제조업자들이 카리브해 지역의 프랑스령 섬들에서 생산된 면화에 크게 의존하면서 생도맹그가 특히 핵심적인 역할을 하게 된다. 면화 플랜테이션 농장 수가 거의 사탕수수 플랜테이션 농장 수만큼이나 많았던 생도맹그는 1791년에 8년 전인 1783년보다 58% 늘어난 308만 4,000kg의 면화를 프랑스에 수출했고, 영국에도 상당한 양의 면화를 수출했다. 1784~1791년에 아프리카 노예 25만 명이 수입되어 면화 생산의 급속한 증대에 동력을 제공했다. 1780년대에 면화 수출이 최고의 호황을 맞자, 프랑스의 면화 가격은 1770년대보다 113% 상승했고 연간 거의 3만 명의 노예가 생도맹그로 유입되었다. 전쟁자본주의의 상징이기도 했던 생도맹그의 노동력 공급의 유연성은 세계 다른 어느 지역도 필적할 수 없는 수준이었다. 사실 기계식 방적이 유럽 대륙으로 확산되면

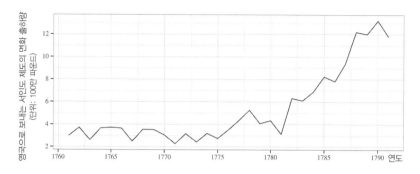

－ **카리브해의 면화 혁명** 영국으로 향하는 서인도 제도의 면화 화물(1750~1795).

서 그 어느 때보다 많은 아프리카인이 족쇄에 묶인 채 강제로 선박 화물칸에 실렸다. 이들은 포르토프랭스의 경매구역에서 팔려나가 외딴 농장으로 이송된 뒤, 토지를 개간하고 김을 매고 씨를 뿌리고 가지를 치고 백색황금을 수확하도록 강요당했다.[18]

달리 말하면 새로운 면화의 제국에서 노예제는 적절한 기후와 좋은 토양만큼이나 필수 요소였다. 플랜테이션 농장주들이 치솟는 면화 가격과 확대되는 시장에 신속히 대응할 수 있었던 것은 노예제 덕분이었다. 노예제 아래에서는 단기간에 아주 많은 노동자를 동원할 수 있었을 뿐 아니라 가혹한 감독 체제를 유지할 수 있었으며, 작물의 생육 상황에 맞춰 노동력을 사실상 무제한으로 착취할 수 있었다. 경제학자들은 이를 '노동집약적'이라는 건조한 용어로 표현한다.[19] 기막힌 것은 면화를 재배하느라 등골 빠지는 고역에 시달리는 많은 노예가 면직물 값을 치르기 위해 팔려왔거나 여전히 그렇게 팔리고 있고, 그 면직물은 유럽 동인도회사들이 인도의 여러 지역에서 선적해 서아프리카로 실어 보낸 것이라는 사실이었다.

본국 정부, 치솟는 가격, 노동력의 이용가능성, 구획된 토지에 고무된 카리브해 지역의 플랜테이션 농장주들은 면화혁명의 최전선에 서게 되었다. 연작으로 인한 생태적 고갈을 피해야 했던 면화 재배지의 토양 문제와 그칠 줄 모르는 토지와 노동력의 추구가 동기가 되어, 그 후 계속해서 새로운 면화의 변경이 또 다른 변경을 대체해갔다. 이처럼 세계 면화산업은 '부단한 공간적 팽창'에 기대고 있었다.[20]

카리브해 지역의 플랜테이션 농장주들이 오랜 면화 재배 경험이 있었다고 하지만 오스만 제국과 인도의 농부들 역시 풍부한 경험을 지니고 있었다. 카리브해 지역의 토양과 기후가 면화 재배에 아주 적합했다지만 아나톨리아 서부나 인도 중부의 기후와 토양 역시 면화 재배에 적합했다. 카리브해 지역 상인들이 대량의 면화를 쉽게 유럽 시장으로 운송했다지만 오스만 제국의 이즈미르 상인들과 인도의 수라트 상인들 역시 그랬다. 그런데도 카리브해 지역의 플랜테이션 농장주들은 오스만 제국과 인도의 농부들과 달리 토지와 노동력을 확보하는 데 거의 제약을 받지 않았다. 토착민이 소멸되고 서아프리카에서 거의 매일 노예가 도착하면서 새롭게 성장하는 시장에 신속히 대응할 수 있었다는 사실이 카리브해 지역 플랜테이션 농장주들과 다른 면화 재배인들을 구별하는 결정적 요소였다. 한편, 오스만 제국과 인도의 강력한 영주들도 농민들을 강제로 동원해 그들의 면화 농장에서 노동을 시켰지만, 그곳에서 플랜테이션 농장의 노예제 같은 제도가 뿌리를 내리지는 못했다.[21] 더욱이 카리브해 지역에서 자원의 신속한 재편을 가능하게 했던 자본 유입이 다른 곳에서는 방해를 받았는데, 토지의 사적 소유권이 없었던 데다 오스만 제국 및 인도 통치자들의 정치권력이 지속되었기 때문이다. 사실상 아무런 제약도 받지 않은 유럽 상인, 은행가, 플랜테이션 농장주들이 새로 확보한 토지와 노동력에 투자하면서 면화 재배가 촉진되었고 폭발적으로 팽창했다.

이런 요인들에 더해 소소하나마 농장주들이 정부에서 받은 지원도 있었다. 1768년에 이미 영국왕립미술학회는 '최고의 서인도 제도 면화 표본'에 금메달을 수여했는데, 10년 뒤에는 수백 종까지는 아니어도 수십 종의 면화를 여러 해 동안 연구한 토바고의 앤드류 베넷Andrew Bennet 이 이 상을 받았다. 1780년 영국 정부는 외국 선박을 통해 수입되는 면화에 관세를 부과했다. 그것은 "영국왕령 리워드 제도의 면화 재배를 장려하고 영국으로 들어오는 그곳의 수입품을 장려하는 데 쓰일 수익"이었다. 나중에 영국무역위원회는 폴란드의 식물학자 안톤 판탈레온 호브Anton Pantaleon Hove에게 인도산 면화 씨앗을 수집해서 카리브해 지역에 보내달라고 요청했다. 또 1786년 맨체스터 제조업자들의 압력을 받은 식민부 장관 시드니 경Lord Sydney은 서인도 제도의 총독들에게 플랜테이션 농장주들의 면화 재배를 독려하라고 지시했고, 이에 부응한 도미니카 총독 존 오드John Orde는 면화 재배에 관심 있는 개인들에게 무상으로 토지를 제공하기로 약속했다. 19세기 말의 상황에서는 국가의 이러한 지원이 그리 중요해 보이지 않았으나, 이는 향후 국가의 개입을 통해 산업 생산에 필요한 필수 원료를 전 지구적으로 확보하는 일이 하나의 폭넓은 관심사가 될 미래를 예고했다.[22]

카리브해 지역에서 출하되는 면화가 여전히 중요하기는 했지만, 이 지역 플랜테이션 농장주들에게 진정 중요한 것은 면화 자체가 아니라 그 지역의 실험이 낳은 제도적 혁신이었다. 그것은 바로 전쟁자본주의 아래에서만 가능한 신체적 구속을 통해 농촌지역을 재편하는 일이었다. 노예노동을 통해 재배된 면화는 토착민들을 몰아내고 새로 획득한 영토가 유례없는 수준으로 세계경제에 편입될 수 있도록 동기를 부여하고 이를 재정적으로 뒷받침했다. 노예제와 대륙 차원의 토지 몰수로 산업혁명에 필요한 광범위하고 탄력적인 면화 공급의 글로벌 네트워크가

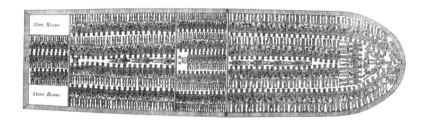

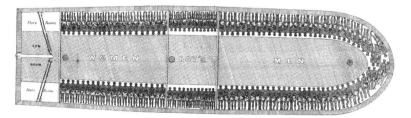

— **포획된 노동력** 노예선의 갑판.

창출되었으며, 이 네트워크를 통해 유럽의 산업적 생활의 리듬과 수요
가 지구 전역의 농촌지역으로 전파될 수 있었다. 그 과정에서 등장한 새
로운 종류의 노예제(역사가들이 '제2의 노예제'라고 불렀던 것)가 산업자본주
의의 강도와 이익에 긴밀히 연결되었다. 이 새로운 제도는 아프리카 대
륙을 산업자본주의의 지배력 안으로 끌어들인 동력으로 작용했으며, 그
속에서 서아프리카 경제는 아메리카에 노동자를 제공하는 일에 주력했
다. 서아프리카에서 아메리카에 제공하는 노동자 수는 급격히 증가했
다. 1492~1888년에 아메리카로 팔려간 전체 노예의 절반가량(정확히는
46%)이 1780년 이후에 도착했다. 노예제의 미래는 노예제 덕분에 가능
해진 산업자본주의와 강력히 연결되었다.[23]

　카리브해 지역의 면화 생산이 폭발적으로 증가한 것에서 볼 수 있듯
이, 전쟁자본주의는 폭력성이 그 기본적 특성이었기에 이식이 가능했

다. 전쟁자본주의의 다음 기착지는 남아메리카였다. 서인도 제도산 면화 수출이 급격히 증가했지만 수요가 훨씬 더 가파르게 증가하자 남아메리카 농부들은 수익성 있는 새로운 면화 시장을 발견했다. 1789~1802년 사이에 기아나의 면화 생산은 862%라는 경이적인 성장을 기록했는데, 수리남과 데메라라에서 노예 약 2만 명을 수입해 이런 생산의 팽창을 감당할 수 있었다.[24]

그보다 훨씬 더 중요한 지역은 브라질이었다. 1781년에 카리브산 면화의 부족분을 보충하기 위해 처음으로 브라질산 면화를 잉글랜드에 들여왔는데, 얼마 안 가 브라질은 수출량에서 카리브산 면화를 앞질렀다. 면화는 브라질 여러 지역의 토종작물이었기 때문에 재배자들은 수백 년간 소량의 면화만 수출해왔다. 18세기 후반 포르투갈은 브라질 식민지의 경제 근대화 과정의 일환으로 페르남부쿠Pernambuco와 마라냥Maranhão 같은 브라질 북동부 지역에서 면화 재배를 장려했다. 초기의 노력이 성과를 거두자 한 관찰자는 노예 수입이 급증한 탓에 "흰색 면화가 마라냥을 검게 만들어버렸다"고 말했다. 결국 브라질에서는 면화가 '가난한 사람들의 작물'이 되었지만, 초기에는 노예노동을 사용하는 대형 플랜테이션 농장들이 면화 재배의 폭발적 팽창을 주도했다. 서인도 제도에서 그랬듯이, 브라질에서 면화는 결코 사탕수수에 도전하지 않았으며, 이후 커피에 도전하지도 않았다. 하지만 브라질의 전체 수출에서 면화가 차지하는 비중은 1800년에 11%, 1821~1825년에 20%로 주목할 만한 성장을 보였다.[25]

서인도 제도와 마찬가지로 토지 활용에 제약을 받지 않았고, 아나톨리아처럼 노동력 확보에 어떤 제약도 없었기에 브라질의 면화 생산량은 가파르게 증가했다. 1785~1792년에 브라질은 잉글랜드로 실어 보낸 면화 화물의 규모에서 오스만 제국을 추월했다. 이 기간의 끝 무렵 영국에 당도한 브라질산 면화의 양은 거의 362만 8,000kg이었고, 오스만 제국의 면화는 204만 1,000kg, 서인도 제도산 면화는 544만 3,000kg이었다. 1770~1780년 브라질의 가장 중요한 면화 산지인 마라냥의 면화 수출은 두 배로 늘었고, 1790년까지 다시 두 배로, 1800년까지 거의 세 배로 늘었다. 서인도 제도나 오스만 제국에서 면화 생산이 충분히 확대되지 못하고 북아메리카산 면화가 아직 시장에 나오지 않았던 1700년대 후반 몇 해 동안, 브라질은 호황을 맞고 있던 영국의 면산업에 아주 중요한 면화 공급처가 되었다. 브라질 농부들이 상당한 양의 면화를 생산했을 뿐 아니라 새롭게 떠오른 공장기술에 더 적합한 장섬유 면화를 재배할 수 있었기 때문이다.[26]

1780년대에 이르면 세계 시장에서 판매되는 면화의 대부분을 서인도 제도와 남아메리카의 노예들이 생산하게 된다. 이 노예제와 정복활동의 강력한 결합은 1861년까지 산업혁명에 동력을 제공했다. 성공한 노예무역상이자 리버풀의 면직물 상인 존 탈턴John Tarleton은 노예무역, 플랜테이션 경제에서 생산된 상품의 수출, 영국 해운산업의 안녕이 '서로 어루러져 연결되어 있다'는 점을 간파했다. 그리고 그 결합에는 엄청난 수익이 따랐다. 면화와 노예는 많은 상인을 부자로 만들어주었다. 예컨대 탈턴의 계산에 따르면, 1770~1800년 사이 그의 '재산'은 세 배로 불어났다.[27]

지구 전역을 포괄하는 이런 공급체계의 발전에 따르는 위험과 비용은 아마도 면산업의 발전에 커다란 제약으로 작용했을 수도 있다. 그런데도 면제조업자들이 원료를 조달할 때 머나먼 적도 지역에서 생산된 상품 원료에 전적으로 의존했다는 사실은 그들이 획기적인 발전을 성취했음을 보여준다. 사실 상식을 뛰어넘어 원격지의 토지와 노동력에 전적으로 의지하는 도박을 하지 않았다면, 그들의 공장이 그렇게 급속히 팽창할 수 없었을 것이다. 1800년에 이미 영국에서 소비된 면화를 재배하는 데에만 1,683km²라는 엄청난 면적의 토지가 필요했다. 만약 그만한 양의 면화를 영국에서 재배했다고 가정한다면, 영국의 경작 가능한 전체 면적의 3.7%에 해당하는 토지와 9만 360명에 이르는 농업노동자가 필요했을 것이다. 1860년에는 면화 수요가 훨씬 더 커져서 필요한 양의 면화를 수확하려면 100만 명(또는 영국 전체 농업노동자의 절반) 이상의 노동자와 2만 5,490km²의 토지, 곧 영국의 경작 가능한 전체 면적의 37%에 해당하는 토지가 필요했다. 만약 면산업이 아니라 모직물산업이 산업혁명의 선봉에 있었다면 거기에 필요한 만큼 양을 기르는 데 훨씬 더 넓은 면적의 토지가 필요했을 것이다. 다시 말해 1815년에는 3만 6,420km², 1830년에는 9만 3,000km²의 토지가 필요했을 텐데, 이는 영국에서 경작 가능한 토지의 전체 면적보다도 넓다. 영국의 국내산 면화와 양모에 관한 두 가지 가상의 시나리오에서 직물 생산의 갑작스러운 팽창은 토지와 노동력의 제약 때문에 불가능했을 것이다. 만약 그런 시나리오가 실행되었더라면 아마도 영국과 유럽의 농촌지역에서 상상을 초월하는 규모의 반란이 일어났을 것이다. 오스만 제국과 인도의 경우와 마찬가지로 유럽 농촌지역의 사회구조도 토지와 노동을 대규모로 신속하게 재편하기에 적합하지 않았다. 산업혁명에 너무나도 필수적인 공급의 탄력성을 유지하려면 원격지의 토지와 외부 노동력에 손쉽게 접근할 수 있어야 했다. 따라서 서양이 우위를 얻게 된 데에는 글로벌 경제의 연결 관계를 재편하고 무력으로 토지와 노동력을 수탈한 유럽의 국가들과 자본가들의 능력이 결정적이었다. 이런 능력이 기술혁신, 문화적 기질, 그리고 영국 제도의 외딴 지역 소규모 면제조업자들과 같은 지리적·기후적 조건 등 전통적인 설명에서 서양의 우위에 중요한 요소로 꼽는 것들보다 더 중요하지는 않더라도 비슷한 정도로 중요했던 것은 분

명하다.[28]

그렇게 해서 서인도 제도와 남아메리카의 면화가 리버풀, 런던, 르아브르, 바르셀로나의 시장에 쏟아져 들어왔고 결국 기계화된 방적이 급속히 팽창할 수 있었다. 그러나 이런 팽창에는 한계가 있었다. 이미 말했듯이 서인도 제도에는 면화 재배지로서 적합한 땅이 적어서 면화 생산에 제약이 있었으며, 장기적 관점에서 볼 때 사탕수수보다 면화가 불리한 위치에 있었다. 토지가 풍부한 브라질에서뿐 아니라 서인도 제도에서도 사탕수수 플랜테이션 농장들은 노동력을 확보하기 위해 면화 플랜테이션 농장들과 경쟁을 벌였다. 그 결과 1790년부터 서인도 제도의 면화 수출은 크게 감소해 영국 시장 점유율이 10%까지 축소되었다. 1819년 이후 영국인이 재배한 면화에 부여된 관세 혜택조차 그런 추세를 역전시키지 못했다. 19세기 초에 이르면 서인도 제도의 시장 점유율은 하염없이 하락했는데, 이는 "흑인들의 해방으로 더욱 가속되었다." 브라질에서는 사탕수수 농장에서 쏟아져 나온 많은 노예를 면화 생산에 재배치하지 않은 결과, 면화의 생산 확대에 제동이 걸렸다. 면화 전문가인 제임스 만James A. Mann은 다음과 같이 말했다. "만약 브라질이 필요한 노동력을 확보할 수만 있다면 우리의 수요를 감당하는 대규모 공급자가 되는 데 아무 문제도 없을 것이다."[29]

1791년 가장 중요한 면화 생산지인 생도맹그에 혁명이 일어나 그 지역을 뒤흔드는 바람에 면화를 포함해 세계 시장을 겨냥한 상품의 생산이 거의 중단될 뻔했다. 역사상 가장 큰 규모의 노예 반란으로 생도맹그의 예속된 주민들은 스스로 무장을 하고 프랑스 식민 지배 체제를 물리쳤으며, 아이티라는 국가의 탄생과 노예제 폐지를 이끌어냈다. 전쟁자본주의는 가장 힘없어 보이는 행위자인 수십만 명에 이르는 생도맹그 노예들의 수중에서 최초의 중요한 전기를 맞았다. 당시 생도맹그의 면화 생산은 영국에 수입되는 전체 면화의 24%를 차지했지만, 4년 뒤인 1795년에는 그 비중이 4.5%에 불과했다. 어느 영국인 관찰자는 "한때 우리의 거대한 면화 공급처였던 그 섬은 이제 이런 이유로 무정부 상태와 비탄으로 거의 와해될 지경에 놓였다"고 말했다. 사실 그는 "검둥이들의 피와 땀으로 비옥해진 플랜테이션 농장주들의 토양이 당신들의 넘치는 부와 사치품, 방탕에 보탬이 될 우리 금고의 비축량을 계속해서 늘려줄" 리 없을 것이라고 예견했다. 1795년에는 프랑스로 수출되는 면화량이 79% 감소했고, 심지어 혁명이 시작되고 나서 10년 이상 지난 뒤에도 혁명 이전 수출량의 3분의 1정도만 회복되었다. 프랑스 국민의회는 프랑스 항구에서 면화 수출을 금지함으로써 영국의 면화 수급에 불안을 조장했다. 1792년 《펜실베이니아 가제트Pennsylvania Gazette》는 "면화와 인디고는 …… 1791년에 큰 타격을 입었다. 수확기에 혼란이 최고조에 이르렀기 때문이다"라고 무덤덤한 어조로 보도했다.[30]

이렇듯 급격히 상승한 면화 수요와 카리브해 지역의 정치적 격변이 맞물려 면화 가격이 급등했는데, 인도산 제품과 경쟁하면서 새로운 면직물 시장을 장악해야 했던 제조업자들로서는 걱정스러운 수준의 가격 상승이었다. 1791~1792년 내내 존 탈턴은 그의 형제에게 "면화 값이 매일 오르고 있다"고 알렸다. 1795년이 되자 그는 "면화 가격이 놀랄 정도로 치솟았다"는 것을 알게 되었다. 1790년에 서인도 제도산 면화 가격은 파운드당 21펜스였는데, 1791년에는 30펜스까지 치솟았으며, 1790년대 내내 높은 가격을 유지했다. 혁명의 경험이 일부 면화상인들에게 큰 트라우마를 남겼던 탓에, 리버풀의 주요 면화무역상 가운데 하나였던 래스본사는 1913년까지도 그 정치적 격변의 결과로 면화 가격이 두 배로 오른 일을 기억하고 있었다. 더욱이 1793년에 영국과 프랑스 사이에 전쟁이 터지자 프랑스령 서인도 제도에서 생산된 면화가 더는 영국령 카

리브해 지역의 항구로 수입되지 않았다.[31]

　그리하여 1790년대에 관심 있는 관찰자들이 보기에는 유럽에서 면화의 수요와 공급 사이에 큰 간극이 발생했고, 이러한 양상이 향후에도 지속될 것임이 분명해졌다. 미국 작가 텐치 콕스Tench Coxe가 주장했듯이, "면섬유는 기계를 통해 실이나 직물로 바꾸기에 유독 적합하기 때문에 …… 지금껏 국내와 해외에서 수요가 매우 폭넓게 꾸준히 창출되었고, 이제 그 수요가 점점 더 커지고 있다."[32] 확실히 전통적인 면화 생산 기법만으로는 수요를 감당하기 어려웠다. 서인도 제도와 브라질에서는 사탕수수 경제에서 얻은 경험을 바탕으로 플랜테이션 농장과 노예제에 초점을 맞춘 새로운 면화 생산 방식이 고안되었다. 이 지역의 생산 증대는 곧 한계점에 도달했으며, 아이티의 경우처럼 혁명으로 생산이 축소되기도 했다. 그러나 인근에는 수급에 충분한 면화를 생산할 수 있는 조건을 모두 갖춘 곳이 있었다. 바로 신생국 미국이었다. 바로 그곳에서 노예제에 기반을 둔 면화 생산이 기록적인 수준까지 치솟았다.

5 장

노예제가 지배하다

→ 〈전쟁자본주의의 작용: 노예제와 산업의 결합〉, 《아메리칸 코튼 플랜터》(1853).

1780년대에 영국의 면화 제조업이 폭발
적으로 성장하면서 면화를 공급하는 지구 전역의 농촌지역에 대한 압력
이 일시에 증가했다. 1785년 겨울, 한 미국 선박이 리버풀 항구에 도착
했다. 이 항해에 그리 주목할 만한 일은 없었다. 전에도 수천 척의 선박
이 담배, 인디고, 쌀, 모피, 목재 등 북아메리카의 풍부한 생산물을 가득
싣고 영국 해안으로 들어왔다. 그러나 이 선박은 달랐다. 선창의 다른
상품들 사이에 수많은 면화 자루가 있었다. 그 화물은 수상해 보였고,
리버풀 세관 당국은 그것이 서인도 제도에서 생산된 밀수품이라고 단정
하고 곧장 압수했다. 면화를 수입한 리버풀의 필 예이츠Peel, Yates & Co사
가 며칠 뒤 런던의 무역위원회에 그 물품의 통관을 요청했을 때, 그것
이 "미국에서 생산된 물품이 아니라서 통관될 수 없다"라는 답변을 들
었다.[1]

1780년대에 유럽인들에게 면화는 서인도 제도, 브라질, 오스만 제국,
인도에서 생산되는 물품이었지, 북아메리카에서 생산되는 물품이 아니

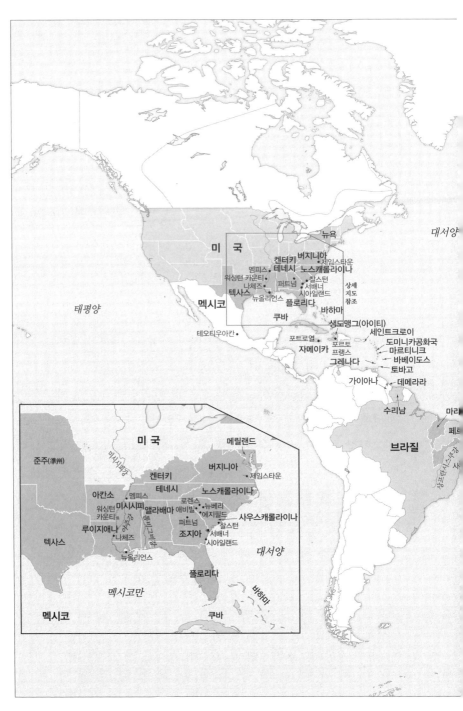

대서양

미 국

뉴욕

버지니아
켄터키 제임스타운
멤피스 테네시 노스캐롤라이나
워싱턴 카운티 찰스턴
나체즈 퍼트넘 서배너 상세
텍사스 시아일랜드 지도
참조
뉴올리언스 플로리다
멕시코 바하마
쿠바 생도맹그(아이티)
테오티우아칸 세인트크로이
포트로열 도미니카공화국
자메이카 포르토 마르티니크
프랭스 바베이도스
그레나다 토바고
가이아나 데메라라

태평양

수리남 마리

브라질 페트

사

미 국

준주(準州) 미시시피강 메릴랜드

버지니아
켄터키 제임스타운
테네시
아칸소 멤피스 노스캐롤라이나
워싱턴 앨라배마 로렌스
카운티 미시시피 뉴베리 사우스캐롤라이나
루이지애나 애비빌 에지필드
퍼트넘 찰스턴
텍사스 나체즈 조지아 서배너
시아일랜드
뉴올리언스 대서양

플로리다
멕시코만 바하마

멕시코 쿠바

— **노예제 혁명** 유럽 면산업이 아메리카의 농촌지역을 변화시켰다(1780~1786).

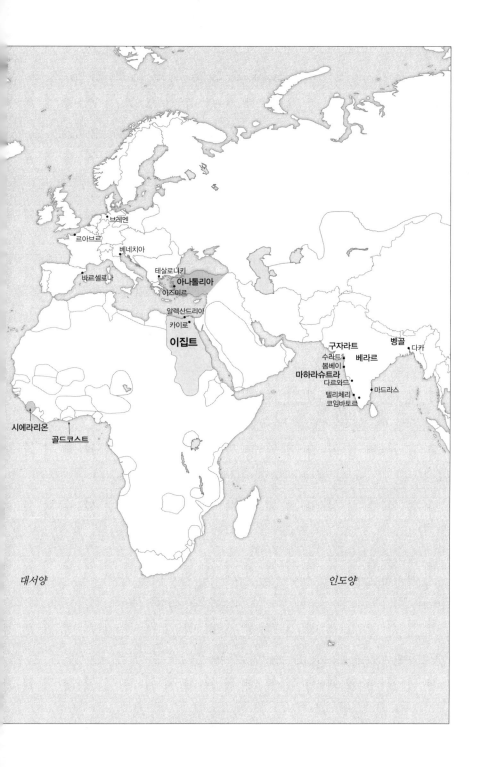

브레멘

르아브르

베네치아

바르셀로나

테살로니키

아나톨리아

이즈미르

알렉산드리아

카이로

이집트

구자라트

벵골

다카

수라트

베라르

봄베이

마하라슈트라

다르와드

마드라스

텔리체리

코임바토르

시에라리온

골드코스트

대서양

인도양

었다. 리버풀 세관원들로서는 면화가 미국에서 수입될 수 있다는 사실을 상상할 수 없었다. 미국이 상당한 양의 면화를 생산했다는 것이 터무니없는 이야기로 들렸다. 면화는 신생 국가인 미국 남부 지역의 토종작물이었지만, 남부 캐롤라이나와 조지아의 많은 정착민이 소량의 면화를 가정용으로 재배했을 뿐, 상업적 목적으로 재배하거나 대량으로 수출한 적은 없었기 때문이다. 세관원들이 분명하게 알고 있었던 것처럼, 미국의 플랜테이션 농장주들은 풍부한 토지와 노예노동력을 사용해 담배, 쌀, 인디고, 약간의 사탕수수를 재배했지만 면화는 재배하지 않았다.[2]

물론 이는 크게 잘못된 판단이었다. 미국은 면화 생산의 최적지였다. 적정 강수량, 적절한 강수 형태, 적절한 무상일수無霜日數까지, 드넓은 미국 남부의 기후와 토양은 면화가 자라기에 적합했다. 예리한 관찰자라면 그런 잠재력을 알아챘을 것이다. 누구도 예상치 못한 미국산 면화가 리버풀 항구에 들어온 바로 다음 해인 1786년에 제임스 메디슨James Madison은 낙관적인 분위기에 편승해 미국이 중요한 면화 생산국으로 부상할 것을 예견했다. 한편, 조지 워싱턴George Washington은 "그 새로운 원료(면화)의 증가가 …… 미국의 번영에 무한한 결과를 가져올 것임이 분명하다"고 믿었다. 남부의 지주였던 필라델피아의 텐치 콕스Tench Coxe는 미국 면화 재배의 잠재력을 보여주는 미묘하지만 더 강력한 사례를 만들었다. 그는 1794년에 영국에서 면제조업자들이 급속히 성장하고 생도맹그에서 봉기가 일어났을 때 서인도 제도산 면화 가격이 폭등하는 현상을 목격하고서 "이 작물은 남부 플랜테이션 농장주들이 관심을 가질 만한 가치가 있다"고 주장했다. 그는 스톡포트의 면제조업자였던 존 밀른John Milne 같은 영국 산업가들에게 자극을 받았는데, 존 밀른은 1780년대 후반에 북아메리카인들에게 면화 재배를 설득하기 위해 대서양을 가로지르는 기나긴 여행길에 오른 인물이었다.[3]

사익에 밝은 이런 관찰자들이 예측한 대로 조만간 미국의 드넓은 영역이 면화 생산에 할애되었다. 말 그대로 그 작물이 아메리카의 사업에 본질적인 것이 되었으며, 오스만 제국, 서인도 제도, 브라질산 면화가 시장을 지배하던 초창기 상황은 거의 사라졌다. 필 예이츠사는 19세기의 가장 중대한 한 가지 동력을 예고했던 것이다.[4]

• • •

미국에서 면화 재배가 빠르게 확산될 수 있었던 것은, 플랜테이션 농장주들이 식민 지배 시절 그들의 조상이 백색황금을 재배하며 쌓은 경험을 이용할 수 있었다는 점이 어느 정도 역할을 했다. 일찍이 1607년에 제임스타운의 정착민들은 면화를 재배했다. 17세기 말 여행자들이 오스만 제국의 키프로스와 이즈미르에서 가져온 면화 종자가 미국에 도입된 것이다. 18세기 내내 농부들은 서인도 제도와 지중해로부터 면화 재배에 관한 지식을 수집했고, 주로 가정에서 소비할 목적으로 이들 지역에서 가져온 면화씨를 파종했다. 미국 독립을 위한 투쟁이 격렬하게 진행되는 동안, 농장주들은 더 많은 양의 면화를 재배했다. 그 이유는 수입이 차단된 영국산 직물을 대체하고, 노예들이 평소 재배하던 작물인 담배와 쌀의 판매 시장이 사라진 상황에서 노예들에게 계속 일을 시키기 위해서였다. 사우스캐롤라이나의 농장주 랠프 이자드Ralph Izard는 1775년에 "우리 집 검둥이들에게 옷을 입히기 위해 상당량의 면화를 재배하도록" 명령했다.[5]

면화가 빠르게 확산될 수 있었던 것은 담배 재배와 면화 재배 사이에 유사한 점이 많아 담배 재배에서 쌓은 지식을 면화 재배에 활용할 수 있었기 때문이다. 더욱이 담배를 손쉽게 세계 시장으로 운송하기 위해 구축한 기반시설의 일부는 면화 운송에도 활용할 수 있었다. 그리고 18세기의 혁명적 격변 속에서 플랜테이션 농장주와 노예 들이 서인도 제도와 북아메리카 사이를 오가며 면화 재배에 대한 더 많은 지식을 들여왔다. 예를 들어 1788년 생크루아 출신의 노예를 소유한 주인은 미국에 그 노예를 팔기 위해 그가 "면화 재배에 대해 아주 잘 안다"고 광고했다. 서인도 제도에서 고안된 노예-면화 패러다임은 이제 북아메리카 본토에 널리 확산되었다.[6]

또한 1786년 미국의 플랜테이션 농장주들에게도 영국에서 기계화된 면직물 생산이 급속히 확산되면서 면화 가격이 상승하고 있다는 사실이 알려지기 시작했다. 플랜테이션 농장주들은 그해에 처음 바하마에서 가져온 씨앗으로 장섬유인 해도면을 재배했다. 해도면이라는 명칭은 그들의 플랜테이션 농장이 조지아주 해안에 인접한 섬들에 위치한 데서 유래한 것이다. 해도면 섬유는 현지 면화와 달리 길고 매끄러워 가는 실과 섬세한 직물을 생산하기에 아주 적합했다. 그래서 맨체스터 제조업자들의 수요가 많았다. 이 품종과 관련해 다양한 이야기가 있지만, 이처럼 중대한 첫발을 내디딘 사람은 프랭크 레벳Frank Levett이었다. 이즈미르의 거대한 면화 시장 출신인 레벳은 혁명이 벌어지고 있던 아메리카 식민지를 떠나 바하마로 향했으나 결국 조지아로 되돌아왔고, 자신의 소유지를 되찾은 뒤로는 면화 재배에 매진했다. 다른 사람들도 그의 예를 따르게 되면서, 해도면 재배는 사우스캐롤라이나와 조지아의 해안선을 따라 널리 확산되었다. 사우스캐롤라이나에서 수출된 면화의 양은 1790년에 4,500kg도 안 되었지만 1800년에는 290만 2,000kg으로 늘어났다.[7]

면화 생산이 결정적으로 확대된 시기는 1791년으로, 이들의 경쟁자이자 유럽에 가장 중요한 면화 공급지였던 생도맹그가 반란으로 시장에서 모습을 감추면서 면화 가격이 오르고, 프랑스 면화 플랜테이션 농장주들이 뿔뿔이 흩어진 때였다. 프랑스 농장주 가운데 일부는 쿠바로, 또 다른 이들은 다른 섬들로 옮겨갔으며, 많은 이가 미국으로 향했다. 생도맹그의 면화 플랜테이션 농장주 가운데 한 사람이던 장 몽탈레Jean Montalet는 아메리카 대륙 본토로 이주를 모색했는데, 사우스캐롤라이나에 도착하자마자 벼 플랜테이션 농장을 면화 플랜테이션 농장으로 바꾸었다. 그렇게 생도맹그에서 일어난 혁명으로 미국은 단번에 필요한 면화 전문가들을 얻었을 뿐 아니라, 미국의 플랜테이션 농장주들이 면화를 재배할 금전적 유인이 커졌다. 그러나 생도맹그의 플랜테이션 농장에서 일어난 노예들의 반란은 제조업자, 플랜테이션 농장주, 정치인에게 북아메리카에서 그들이 확대하려는 면화 재배를 위한 노예제와 토지 수탈 체제의 선천적 불안정성을 분명하게 일깨웠다.[8]

해도면의 생산은 빠르게 증가했지만, 해안가에서 멀리 떨어진 곳에서는 재배할 수 없어 곧 한계에 직면했다. 내륙 깊숙한 곳에서는 또 다른 품종의 면화가 활발하게 재배되었는데, 그 품종은 이른바 육지면으로, 섬유 길이가 짧고 씨와 섬유가 단단히 밀착된 품종이었다. 기존의 조면기로는 씨를 제거하기가 어려웠지만, 수요가 늘면서 가격이 높아지자 플랜테이션 농장주들은 노예를 동원해서 인도의 추르카churka를 본떠 만든 롤러형 조면기로 더디고 지루한 공정을 진행했다.[9]

그러나 노예노동으로도 결과가 만족스럽지 못했다. 플랜테이션 농장주들은 섬유에서 씨앗을 더 빠르게 제거할 장치를 절실히 원했다. 1793년에 엘리 휘트니Eli Whitney는 예일 대학교를 졸업하고 서배너에 도착한 지 몇 개월 만에, 처음으로 육지면의 씨앗을 신속히 제거할 수 있는 신형 조면기를 만들었다. 그의 기계는 하루아침에 조면의 생산성을 50배나 증대시켰다. 이 기술혁신 소식은 빠르게 퍼져나갔고, 농부들은 곳곳에서 휘트니의 조면기를 본뜬 기계를 제작했다. 제니방적기와 수력방적기가 그랬듯이, 휘트니의 조면기는 면직물 생산에서 또 한 번 병목현상을 극복했다. 그 결과 '면화 열풍'이라고밖에 설명할 수 없는 일이 벌어졌다. 조면기 발명 후 면화가 자랄 수 있다고 추정되는 토지의 가격이 세 배나 급등했고, "면화를 재배하는 사람들의 연간 수입은 면화를 도입하기 전보다" 두 배나 늘었다.[10]

이런 새로운 기술로 무장한 면화 생산은 1793년 이후 사우스캐롤라이나와 조지아의 내륙으로 빠르게 확산되었다. 그 결과, 1795년에 처음으로 상당한 양의 미국산 면화가 리버풀에 유입되었는데, 우리가 아는 한 이때 리버풀 세관에서 미국산 면화를 압류하는 사건은 없었다. 주로 남부의 위쪽 지역에서 이주해온 많은 정착민이 내륙으로 흘러들면서 농촌지역의 모습은 완전히 바뀌었다. 주로 생계작물과 담배를 재배하는 원주민과 농부 들이 간간이 흩어져 살던 지역이 면화에 속박된 지역으로 바뀌었다.[11]

플랜테이션 농장주들은 생산의 확대를 위해 노예 수천 명을 데려왔다. 1790년대 조지아의 노예 인구는 거의 두 배로 늘어 6만 명에 육박했다. 사우스캐롤라이나 북서부 면화 재배지역의 노예 수는 1790년에 2만 1,000명이었는데, 20년 뒤에는 7만 명으로 늘었다. 그 가운데 1만 5,000명은 아프리카에서 새로 데려온 노예들이었다. 면화 플랜테이션이 확산되면서 사우스캐롤라이나 북서부 카운티의 노예 비중이 1790년 18.4%에서 1820년 39.5%로, 1860년에는 61.1%로 증가했다. 영국과 미국이 새로운 면화 제국의 두 구심점이 되면서 면화와 노예제는 남북전쟁이 발발할 때까지 꾸준히 확산되었다.[12]

유일하게 심각한 문제는 토지였다. 같은 경작지에 콩류나 값비싼 구아노guano를 심지 않고서는 면화를 연이어서 여러 해 동안 재배할 수 없었기 때문이다. 조지아주 퍼트넘 카운티에 살았던 어느 플랜테이션 농장주는 다음과 같이 탄식했다. "우리에게는 단 하나의 공식밖에 없는 것 같다. 되도록 면화를 많이 생산하는 것, 되도록 넓은 토지를 고갈시키는 것 …… 한때 1에이커[약 4,000m²]에 1,000파운드[약 453kg]의 면화가 생산되던 토지에서 이제는 고작해야 400파운드[약 181kg]밖에 생산되지 않는다." 그러나 토양의 고갈조차 면화사업가들의 발목을 잡지는 못했다. 그들은 더 서쪽으로, 더 남쪽으로 옮겨갔다. 그들은 원래의 주민들을 몰아내고 새로 입수한 토지, 동원 가능한 노예노동, 새로운 조면 기술 덕분에 쉽게 새로운 영토를 면화 재배지로 전환할 수 있었다. 1815년 이후 면화 플랜테이션 농장주들은 사우스캐롤라이나와 조지아 북부의 비옥한 토지를 찾아 서쪽으로 옮겨갔다. 앨라배마와 루이지애나, 그리고 마침내 미시시피, 아칸소, 텍사스로까지 이어진 그들의 이주는 면화 가격에 영향을 미쳤다. 19세기 전반에는 면화 가격이 차츰 하락했지만, 1810년대 전반과 비슷하게 1832~1837년 사이, 1840년대 중반에 다시 한 번 면화 가격이 급격히 상승하면서 면화 재배를 확대하려는 움직임이 분출했다. 1811년에 미국에서 재배된 전체 면화의 16분의 1이 사우스캐롤라이나와 조지아 서쪽에 위치한 지역에서 생산되었다. 1820년대에는 그 비중이 3분의 1까지 올라갔고, 1860년에는 4분의 3을 차지했다. 새로운 면화 경작지는 미시시피 강변, 앨라배마주 산간벽지, 아칸소주의 흑토 초원지대를 따라 퇴적물이 쌓인 비옥한 토지에 분포했다. 이런 서쪽으로의 이동은 아주 빠르게 진행되어 1830년대 말 미시시피는 이미 남부의 다른 주들보다 면화를 더 많이 생산하고 있었다.[13]

미국이 남부의 면화 재배를 통해 면화의 제국에 강하게 파고들면서 글로벌 면 시장의 판도가 급격히 달라졌다. 휘트니가 조면기를 발명하기 3년 전인 1790년에 미국의 면화 생산량은 68만kg이었다. 1800년에는 그 양이 1,655만 6,000kg까지 늘었고, 1820년에는 7,597만 6,000kg에 달

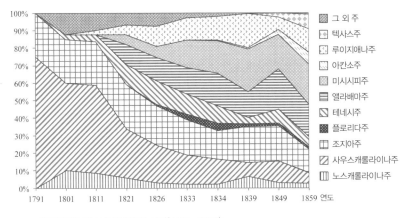

— **서쪽으로의 이동** 미국의 면화 생산(1790~1860).

했다. 대영 수출은 1791~1800년에 93배 증가했고, 1820년까지 다시 일곱 배가 증가했다. 1802년에 이미 영국 시장에서 미국은 단일 면화 공급처로는 가장 중요한 존재가 되었고, 1857년에는 중국만큼 많은 면화를 생산하게 되었다. 휘트니의 조면기 덕분에 생산이 효율적으로 이루어지게 된 미국산 육지면은 영국 면제조업자들의 요구에 꼭 맞아떨어졌다. 미국산 면화는 조면기를 사용해 섬유의 손상이 컸지만, 유럽과 다른 지역의 하층 계급 사이에 수요가 높았던 저렴하고 조악한 품질의 면사와 직물을 제조하기에는 알맞은 원료였다. 만약 미국에서 면화를 공급하지 못했더라면 오랜 면화 시장의 현실을 볼 때 면사와 면직물의 대량생산이라는 기적은 나타나지 못했을 것이고, 새로운 소비자들도 이런 값싼 상품을 구매할 수 없었을 것이다. 떠들썩하게 이야기되는 직물 부문에서의 소비자 혁명은 플랜테이션 노예제 구조에 나타난 극적인 변화에서 비롯된 것이다.[14]

세계 면화 시장에서 미국이 지배 세력으로 떠오른 것은 운명의 극적 반전이었다. 그런데 어떻게 이런 일이 일어났을까? 1817년에 텐치 콕스가 지적했듯이, 단지 기후와 토양만으로 미국의 면화 생산 잠재력을 설명할 수는 없다. 그의 말처럼 백색황금은 "지구상의 옥토 지대들 가운데 엄청나게 넓은 영역에서 재배될 수 있기" 때문이다.[15] 실질적으로 미국이 면화를 재배하는 세계의 다른 어느 지역과도 달랐던 점은 플랜테이션 농장주들이 토지, 노동력, 자본의 측면에서 거의 무제한에 가까운 장악력을 행사하고 전대미문의 정치력을 발휘했다는 사실이다. 알다시피, 오스만 제국과 인도에서는 지역의 유력한 지배자들이 토지를 통제하고 있었으며, 그 사용권을 둘러싸고 지역에 확고한 기반을 가진 사회집단이 투쟁을 벌였다. 서인도 제도와 브라질의 사탕수수 플랜테이션 농장주들 역시 토지와 노동력과 권력을 얻기 위해 서로 경쟁했다. 하지만 미국과 미국의 풍부한 토지에는 그런 장애물들이 없었다.

배에서 내린 유럽 최초의 정착민들은 내륙까지 밀고 들어왔다. 이후 원주민들은 유럽인들이 배에 싣고 온 것들—처음에는 세균이었고, 나중에는 철이었다—과 씨름해야 했다. 18세기 후반까지도 아메리카 원주민들은 여전히 해안 지방에서 불과 수백 킬로미터 거리인 배후지의 상당한 영토를 장악하고 있었지만, 백인 정착민들의 지속적인 침입을 막아내지는 못했다. 결국 피로 얼룩진 오랜 전쟁에서 정착민들이 승리했고, 그들은 아메리카 원주민의 땅을 법적으로 '비어 있는' 땅으로 만드는 데 성공했다. 이런 땅은 사회구조가 파국적으로 약화되거나 제거된 곳이자, 사는 사람이 거의 없고 역사적 분규도 없는 곳이었다. 따라서 면화를 재배하는 세계에서 토지 문제에 아무런 방해를 받지 않았던 미국 남부에 대적할 경쟁자는 존재하지 않았다.

미국 연방정부는 남부 정치인들의 지원을 받아 외국 세력과 아메리

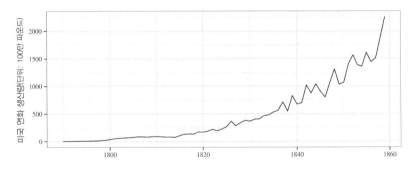

미국의 면화 생산(1790~1859).

카 원주민들에게 토지를 강제로 양도받음으로써 새로운 영토를 공격적으로 확보해나갔다. 1803년에는 루이지애나 매입으로 미국 영토가 거의 두 배로 늘어났다. 1819년에는 에스파냐로부터 플로리다를 획득했고, 1845년에는 텍사스를 합병했다. 이렇게 획득한 영토들은 모두 면화를 재배하기에 아주 적합한 곳이었다. 실제로 1850년에 미국에서 생산된 면화의 67%가 반세기 전만 해도 미국의 영토가 아니었던 곳에서 재배되었다. 이로써 날개를 펼친 미국 정부는 군사력과 면화를 결합시킨 복합체의 단초를 마련했다.

이런 영토적 팽창, 지리학자 존 위버John C. Weaver의 더 노골적인 표현을 빌리자면, 이 '대규모 토지 열풍great land rush'은 플랜테이션·제조·금융 자본가들의 영토에 대한 야심과 밀접하게 연결되어 있었다. 면화 플랜테이션 농장주들은 면화를 재배할 새로운 땅을 찾고 끊임없이 변경을 넓혀갔으며, 대체로 연방정부보다 먼저 움직이는 경우가 많았다. 그들이 만들어낸 변경 공간의 특징은 정부의 감시가 거의 이루어질 수 없다는 점이었다. 무력 사용에서 국가의 독점적 지위라는 것은 여전히 아득한 꿈이었다.[16] 그러나 면화 제국의 황량한 끄트머리에 자리 잡았던 변경의 플랜테이션 농장주들에게는 잘 차려입고 말 잘하는 동반자가 있었다. 예를 들어 루이지애나 매입 자금을 융통해주고 프랑스 정부와 거래를 보증하는 채권의 협상과 판매를 담당했던 영국의 베어링 은행은 면화 제국의 팽창에 중요한 역할을 했다. 루이지애나 매입의 재원을 마련하기 위한 채권을 발행하기 전, 프랜시스 베어링Francis Baring은 영국 수상 헨리 애딩턴Henry Addington을 통해 영국 정부에 미국의 영토 확장을 승인해 달라고 요청했다. 베어링에게는 애딩턴과의 만남이 매우 중요했기 때문에 그는 그날의 일을 메모지에 작은 글씨로 적어놓았다.

> 6월 19일 일요일. 리치먼드 공원에서 애딩턴 씨를 만나 그 업무의 세부 사항을 전달했고 모든 질문에 답변했다. 나는 그 조약과 우리의 행위를 승인할 것인지 아닌지 가부를 분명하게 물었다. 그는 미국이 프랑스로부터 루이지애나를 넘겨받는 데 100만 스털링을 지불하는 것은 현명한 일이라고 생각하며, 우리의 행위 중에 승인하지 못할 부분은 없다고 생각한다고 말했다. 우리가 거론하지는 않았지만 더 직접적으로 정치적 성격을 띠는 다른 동기들은 차치하더라도, 그는 루이지애나가 미국의 수중에 들어가는 것이 프랑스를 선호하는 우리 제조사들에게 탈출구로 작용할 수단이 되리라고 여기는 듯하다.[17]

남부와 서부로의 팽창은 단순히 새로운 땅을 찾는 플랜테이션 농장주들을 위한 것만은 아니었다. 영토의 팽창은 이제 막 통합을 이룬 국가, 바다로 향하는 출구를 원하는 서부의 농부들, 제조업자들의 원료 수요, 영국의 경제·정치적 열망 같은 여러 이해 세력의 요구를 충족시켰다. 산업자본주의가 확대됨에 따라 전쟁자본주의의 영역도 계속해서 외부로 확대되었다.

그러나 국제조약만으로는 충분하지 않았다. 그 땅을 플랜테이션 농장주들에게 쓸모 있게 만들려면 새로 확정된 영토가 원주민들의 통제에서 벗어나야 했다. 1800년대 초에 크리크족Creek은 면화 농장들로 바뀐 조지아의 토지에 대한 권리를 포기하도록 강요당했다. 10년 후 크리크족은 더한 패배를 겪은 후 포트잭슨Fort Jackson 조약에 서명하고 오늘날의 앨라배마와 조지아에 위치한 9만 3,000km²의 토지를 양도해야 했다. 1814년 이후 몇 해 동안 연방정부는 크리크족, 치커소족Chickasaw, 촉토족Choctaw과 추가 조약을 맺고 남부에 위치한 수백만 에이커의 토지에 대한 지배권을 획득했다. 1818년에 면화 재배를 테네시주 서부로 확대할 수 있게 한 앤드루 잭슨Andrew Jackson과 치커소족 사이에 체결된 조약, 1819년 촉토족과 체결한 오클라호마주와 아칸소주의 매우 척박한 토지를 대가로 2만km² 규모의 야주-미시시피 삼각주의 토지를 미국에 양도하는 내용의 조약이 여기에 포함되었다. 앨라배마주 하원의원 데이비드 허버드David Hubbard는 1835년 뉴욕 앤드 미시시피 토지회사New York and Mississippi Land Company에 치커소족을 축출하고 난 토지를 매입할 것을 요청했다. "귀사가 치커소족의 공공용지를 취하기 위해 별도 조항의 형태로 무엇을 요구하든 나는 그에 대응해 귀사의 원대한 계획에 따라 즉각 실행할 준비가 되었으며, 귀사 투자자들 의견에 완전히 합치되도록 추가 작업의 진행을 준비할 것입니다." 이 토지회사는 약 100km²의 토지를 사들였다. 1838년 연방군은 체로키족Cherokee을 조상 대대로 살아온 조지아 땅에서 내쫓기 시작했고, 곧 그곳은 면화 플랜테이션 농장으로 바뀌었다. 더 남쪽에 위치한 플로리다에서는 1835~1842년에 세미놀족Seminoles에게서 매우 비옥한 면화 재배지를 빼앗았다. 그 과정은 베트남전쟁이 발발하기 전까지 미국 역사에서 가장 길게 지속된 전쟁이었다. 한 역사가는 미시시피의 플랜테이션 농장주들이 "잘 조직되고 훈련된 민병대와 적절한 무기, 대응력 있는 연방군에 강박적 집착"을 보인 것은 놀랄 일이 아니라고 주장한다.[18]

아메리카 원주민들은 확대되는 군사-면화 복합체의 근간을 이해하고 있었다. 1836년에 제거된 체로키족 추장 존 로스John Ross는 의회에 보내는 편지에서 이렇게 절규했다. "우리가 보는 앞에서 우리의 재산을 강탈하고, 우리 부족민들에게 폭력을 가했으며, 심지어 우리의 목숨을 빼앗았다. 어느 누구도 우리의 항의에 아랑곳하지 않는다. 우리는 국민의 권리를 박탈당했으며 투표권을 빼앗겼다. 우리는 인류의 구성원 자격을 박탈당했다!" 노예노동력을 동원하기 위해 필요했던 강압과 폭력에 필적하는 것은 원주민들에 맞서 치른 팽창전쟁이 있을 뿐이었다. 아나톨리아, 구자라트에서 이런 일은 꿈도 꿀 수 없는 일이었다.[19]

북미 대륙의 합병 기획 덕분에 새로운 면화 재배지에 접근할 수 있게 되었을 뿐 아니라, 면화를 운송하는 데에 필요한 주요 강들도 확보할 수 있었다. 놀랄 만큼 저렴한 미국의 운송비용은 당연한 운명이기보다 국가 영토의 확장에 따른 직접적 결과였다. 여기서 가장 중요한 것은 미시시피 지역이었는데, 이 지역 면화 화물의 급증으로 미시시피강 어귀에 위치한 뉴올리언스는 미국의 주요 면화 항구가 되었다. 그러나 루이지애나의 레드강, 앨라배마의 톰비그비와 모빌 같은 다른 강들도 중요했다. 1817년 최초로 증기선이 미시시피강에 등장하면서 운송비용이 낮아졌고, 1830년대에는 철도의 건설로 새로운 배후지와 강과 해안가 항구가 연결되었다. 가장 근대적인 기술 덕분에 인간 노동력에 대한 가장 무자비한 착취가 가능해진 셈이었다.[20]

면화 플랜테이션 농장주들의 탐욕스러운 요구가 신생 국가의 정치를 지배했다. 그들은 새로운 토지를 획득하고 공지로 만들기 위해서만이 아니라, 강제노동이 필요했기 때문에 국가에 의지해야 했다. 다른 곳과 달리 미국의 플랜테이션 농장주들은 값싼 노동력의 대량 공급 혜택을 누릴 수 있었다.《아메리칸 코튼 플랜터American Cotton Planter》는 이를 가리켜 "세계에서 가장 값싸고 가장 유용한 노동력"이라고 말하기도 했다. 면화는 1940년대 들어 수확 작업이 기계화되기 전까지 노동집약적 작물이었다. 방적·방직에 많은 시간이 소요되었던 것 이상으로 면화 수확에 투입할 노동자의 부족은 면화 생산을 제약하는 가장 큰 요인이었다. 남부에서 간행된《드보스 리뷰De Vow's Review》의 주장에 따르면 "면화 생산에서 진정한 제약 요인은 노동력"이었다. 인도 무굴 제국과 오스만 제국의 복잡한 농업구조에서 농사꾼들은 생계작물부터 우선 확보해야 했기 때문에 시장을 위한 작물을 재배하는 데에는 한계가 있었다. 이미 살펴보았듯이 노동력 부족은 아나톨리아 서부에서 면화 생산을 제약하는 매우 중요한 요인 가운데 하나이자, 인도에서 면화 플랜테이션 농장을 만들려는 노력을 좌절시킨 요인이었다. 노예노동을 활용할 수 있었던 브라질에서 면화는 훨씬 더 많은 노동력을 요구하는 사탕수수 플랜테이션 농장과 보잘것없는 경쟁을 벌였다. 그리고 1807년 영국이 노예무역을 금지하자 서인도 제도의 플랜테이션 농장주들은 노동력을 확보하기가 어려워졌다.[21]

그러나 미국에서는 적당한 금액의 돈을 지불할 수만 있다면 어떤 규모의 노동력 부족도 메울 수 있었다. 뉴올리언스 등지의 노예시장은 면화와 마찬가지로 호황을 누렸다. 그리고 독립혁명 이후 미국 남부의 상부 지역에 위치한 주들에서 담배 생산의 수익성이 떨어지자 노예주들이 노예를 팔아버렸기 때문에, 이 수십만 명의 노예를 면화 재배에 활용할 수 있었다. 1811년 어느 영국인 관찰자의 날카로운 지적처럼 "최근 버지니아와 메릴랜드에서 담배 재배는 관심거리가 아니다. 담배 재배에 종사하던 검둥이 무리는 남부의 주들로 보내졌다. 이렇게 노동력을 충원한 미국의 면화 재배자들은 점점 더 활력을 얻으며 작업에 착수할 수 있게 되었다." 실제로 1830년이면 미국에서 면화를 재배하는 인구는 100만 명(또는 미국인 13명 가운데 한 명)에 이르렀는데, 이 중 대다수가 노예였다.[22]

결과적으로 면화 생산의 확대로 노예제가 활력을 얻었고, 노예노동이 미국 남부의 상부 지역에서 하부 지역으로 대거 이동했다. 조면기가 발명된 지 불과 30년 만에(1790~1820년) 25만 명의 노예가 강제로 재배치되었다. 1783년부터 국제 노예무역이 종결된 1808년 사이에 무역업자들은 17만여 명의 노예를 미국에 수입했는데, 이는 1619년 이래 북아메리카에 수입된 전체 노예의 3분의 1에 해당한다. 게다가 미국 내 노예 거래로 100만 명의 노예가 남부 하부 지역으로 강제 이주되었으며, 그들 대다수가 면화를 재배했다.[23]

미국에서 생산된 모든 면화가 플랜테이션 농장의 노예들에 의해 재배된 것은 아니다. 남부 내륙의 영세농들도 면화를 생산했다. 그들이 면화를 재배한 이유는 면화로 급전을 마련할 수 있었고, 사탕수수나 쌀과 달리 면화는 큰 자본을 투자할 필요가 없었기 때문이다. 그러나 그들의 노력에도 불구하고 그들이 생산한 면화는 미국에서 생산된 전체 면화에서 적은 양만 차지했다. 세계 전역에서 보았듯이, 영세농들은 팔 수 있는 상품을 재배하기 전에 자급할 식량을 확보하는 데 중점을 두었다. 실제로 1860년 미국 남부에서 수확한 전체 면화의 85%가 수백 에이커가 넘는 대규모 농장에서 재배되었다. 또한 이 농장주들이 전체 노예의 91.2%를 소유했다. 농장의 규모가 클수록 농장주들은 노예를 이용한 면화 생산에 따른, 규모의 경제를 더 잘 활용할 수 있었다. 농장 규모가 크면 씨앗을 제거하는 조면기, 느슨한 면화를 단단하게 압축해 운반비용을 낮출 수 있는 압축기를 구매할 재력이 있었고, 또 개간한 토지에서 더 많은 양분을 얻기 위한 농업실험을 할 수 있었으며, 노동력에 아무런 제약도 받지 않을 만큼 노예를 많이 살 수 있었기 때문이다.[24] 면화 재배에는 그야말로 노동력을 얻고 통제하기 위한 영구적 투쟁이 필요했다. 노예 상인, 노예수용소, 노예 경매, 그리고 그에 따라 수백만 명을 속박하는 물리적이고 심리적인 폭력이 미국의 면화 생산 확대와 영국의 산업혁명에 가장 중요한 요소였다.

면화가 거둔 성공의 바탕에는 폭력이 자리하고 있다는 사실을 노예들은 누구보다 잘 알고 있었다. 그들은 기회가 있을 때마다 그 폭력의 잔인성을 매우 상세히 증언했다. 도망노예였던 존 브라운John Brown은 1854년 자신이 어떻게 "쇠가죽 채찍으로 …… 매를 맞았는지", 감독들이 "'부랑자 검둥이'들을 어떻게 사냥하[했]는지" 기억했다. 그는 "영국 시장에서 [면화] 가격이 올랐을 때, 노예들은 더 가혹한 취급과 끊임없는 채찍질을 당하면서 그 효과를 즉각 실감했다"고 회상했다. 또 다른 노예 헨리 비브Henry Bibb도 무시무시한 폭력을 기억했다. "감독자의 호루라기 소리에 모든 노예가 앞으로 나와 내가 벌받는 모습을 지켜보았다. 내 옷은 벗겨졌고, 나는 얼굴을 바닥에 댄 채 엎드릴 수밖에 없었다. 땅에 네 개의 말뚝을 박고 거기에 내 손과 발을 묶었다. 그런 다음 채찍을 든 감독이 나를 감시했다."[25]

영국 면제조업의 확대는 대서양 건너편에서 자행되는 폭력에 기대고 있었다. 실제로 면화, 주민을 축출하고 공지로 만든 토지, 노예제, 이 세 가지가 매우 긴밀히 연결되어 있었다. 1849년 미국을 여행하던 리버풀의 면화상인 윌리엄 래스본 6세William Rathbone VI는 자신의 아버지에게 "이곳에서는 흑인들과 모든 것이 면화에 따라 변동한다"라고 전했다. 《리버풀 크로니클Liverpool Chronicle》과 《유러피언 타임스European Times》는 면화 재배에 노예노동이 더 없이 중요해서 노예가 해방된다면 면직물

— 면화를 수확하는 노예들(1859).

가격이 두세 배 올라갈 것이고, 영국에 참혹한 결과를 안길 것이라고 경고했다. 악몽 같은 무자비한 강압이 수백만 노예들을 짓누르고 있었지만, 이러한 폭력이 종식될 가능성이 있다면 면화의 제국에서 풍성한 이익을 거두어들이는 이들에게는 그야말로 악몽이었다.[26]

미국의 플랜테이션 농장주들은 폭력의 종식이라는 악몽이 현실화되는 것을 막기 위해 자신들을 세계의 주도적인 면화 재배인으로 만들어준 세 번째 이점을 이용했다. 그것은 바로 정치권력이었다. 남부의 노예 소유주들은 '5분의 3 타협안'●으로 자신들의 권력 기반을 헌법에 새겨 넣었다. 노예를 소유한 대통령, 대법원 판사, 의회 양원의 강력한 대표들은 노예제도에 거의 무한한 정치적 지원을 보장했다. 노예주와 맞서

● 흑인 인구의 5분의 3에 해당하는 투표권을 백인 노예주에게 인정해주자는 내용의 타협안으로, 1787년 필라델피아 회의에서 남부 주와 북부 주 사이에 합의되었다.

는 지배층이 존재하지 않았고, 노예 소유주들이 주정부에 강력한 권력을 행사했기 때문에 국가 차원의 그런 지원이 가능했고 또 보완되었던 것이다. 마침내 주정부가 배후지로 점점 더 깊이 들어갈 수 있는 철도를 건설하게 됨에 따라 면화 플랜테이션 농장주들은 배가 다닐 수 있는 강 근처 농장들의 이점을 더욱 확대할 수 있었다. 반대로 브라질의 면화 농부들은 강력한 세력인 사탕수수 재배인들의 이해관계와 경쟁하느라 면화 수출을 용이하게 해줄 기반시설의 개선을 주도할 수 없었다. 그런데 면화를 나귀나 말에 실어 먼 거리로 운송하려면 비용이 많이 들었다. 예를 들어 상프란시스쿠São Francisco강 지역에서 살바도르 항구로 면화를 운송하는 데 드는 비용은 면화 가격을 거의 두 배로 만들었다. 인도의 운송기반시설 역시 형편없었다(인도에서 면화를 항구로 운송하는 데 드는 비용은 면화 가격을 약 50% 증가시켰지만, 미국에서는 운송비에 따른 가격상승이 3% 정도에 불과했다). 인도의 면화상인과 재배자들에게는 기반시설을 신속히 개선할 수 있는 자본과 권력이 없었다. 미국에서는 노예 소유주들의 정치적 영향력이 결정적 역할을 했다. 연방정부가 아메리카 원주민의 토지를 약탈하는 정책을 펴 성공을 거두는 동안, 노예 소유주들은 남부와 남서부의 새로 획득한 영토로 노예제를 확대했으니 말이다.[27]

미국의 독립이 간접적으로 유럽, 특히 영국의 면산업에는 축복이 되었다. 1834년 영국은 한 세기에 걸친 노예제 폐지론자들의 설득에 굴복해 제국 내에서 노예제를 금지했다. 미국의 일부 혁명가들은 자신들의 국가 역시 서서히 발전하면 비슷한 방식으로 노예제가 사라질 것이라고 생각했지만, 그들이 실제로 목격한 것은 노예제가 세계에서 가장 중요한 면화 재배지역의 중요한 동력이 되는 상황이었다. 그리고 미국이 독립함으로써 아메리카 원주민들을 약탈하는 행위에 제약이 사라지고, 백인 정착민들과 북아메리카 인디언들 사이의 관계는 이제 유럽 정치의

— 브라질의 면화 운반자(1816).

복잡한 타협에서 벗어났다. 경제 공간에서 정치가 분리되는 것이야말로 세계에서 가장 역동적인 산업인 면산업에 중요하다는 점이 분명해졌다. 면화를 재배하는 노예 소유주들이 지역정부를 지배하고 연방정부에 상당한 영향력을 행사하면서 그들의 이해관계와 국가정책은 놀라울 정도로 일치했는데, 대영제국의 노예 소유주들은 도달할 수 없는 수준이었다.

야주-미시시피 삼각주 지역은 그런 요인들이 어떻게 어우러졌는지를 보여주는 예다. 약 1만 8,000km²에 이르는 이 지역에서 힘차게 흐르는 미시시피강은 수천 년 동안 기름진 퇴적물이 쌓여 세계에서 가장 생산성 있는 면화 재배지가 되었다. 1859년 야주-미시시피 삼각주 지역에서 6만 명에 이르는 노예가 2,993만 7,000kg이라는 엄청난 양의 면화를 생산했다. 이는 면화 생산이 최고조에 이르렀던 1790년대 초 생도맹그

에서 프랑스로 수출되던 양의 거의 열 배에 해당했다.[28]

야주-미시시피 삼각주 지대가 19세기 사우디아라비아처럼 산업 사회에서 가장 중요한 상품의 주요 재배지가 되기 위해서는 원주민들로부터 토지를 수탈하고 노동력, 자본, 지식, 국가권력을 동원해야 했다. 1820~1832년에 교전과 무력 충돌에 의해 체결된 일련의 조약들로, 백인 정착민들은 원주민인 촉토족에게서 상당한 면적의 토지를 양도받았다. 희망에 부푼 면화 플랜테이션 농장주들은 마차, 뗏목, 너벅선을 이용해 남부 어느 곳이든 노예들을 데려와 '정글처럼 우거진' 풀과 나무를 제거하게 했다. 그런 뒤에 땅을 개간하고 면화씨를 뿌리고 어린 식물의 가지를 치고 면화를 수확하게 했다. 야주-미시시피 삼각주 지대가 '세계에서 가장 확실한 면화 재배지역'이라는 소식이 남부 전역으로 널리 퍼져나갔다. 그러자 충분한 자본(대부분 노동력 형태)을 마련하고 전문 기술을 도입할 수 있는 농장주들이 이 지역으로 이주해왔다. 그들이 조성한 플랜테이션 농장들은 견실한 사업이 되었다. 1840년에 이르러 야주-미시시피 삼각주 지대의 중심에 위치한 워싱턴 카운티에서는 백인 주민 한 명당 열 명 이상의 노예를 보유한 것으로 추산되었다. 1850년에는 워싱턴 카운티의 모든 백인 가정이 평균 80명 이상의 노예를 소유했다. 야주-미시시피 삼각주 지대에서 가장 큰 플랜테이션 농장주 스티븐 덩컨Stephen Duncan은 1,036명의 노예를 소유했고, 1850년대 말 그의 자산 가치는 130만 달러로 추산될 정도였다. 야주-미시시피 삼각주 지대의 플랜테이션 농장들이 면화 농장의 전형적인 모습은 아니었지만, 고도로 자본화된 사업이자 북아메리카에서 가장 큰 사업에 속했다. 사업 투자 규모도 아마 북부의 거의 모든 산업가의 능력을 넘어서는 수준이었을 것이다. 삼각지대 안에 호화롭고 우아하게 꾸며진 저택의 현관에서 바라보면, 수탈한 토지와 노예노동, 그리고 앞으로 살펴볼 결코 끊이지 않

는 유럽 자본의 유입이 결합된 신기한 연금술의 결과로 마치 부가 땅에서 흘러나오는 듯했다.[29]

글로벌 면화 시장에 대한 플랜테이션 농장주들의 지배력이 커지게 된 데에는 자가발전적인 면도 있었다. 미국 남부에서 면화 재배가 확대되고 영국의 소비자들, 최종적으로는 유럽 대륙의 소비자들이 미국 남부의 면화 공급에 점점 더 의지하게 되면서 미국 남부와 유럽 사이의 제도적 연결이 점점 더 심화되었다. 유럽의 수입상들은 찰스턴, 멤피스, 뉴올리언스에 대리인을 파견했다. 그들은 정기적으로 대서양을 가로질러 동업자들과 서신을 주고받았다. 이 상인들은 화물 거래처와 긴밀한 네트워크를 확립했고, 그들의 다른 사업과 면화무역을 통합했다. 그들은 북대서양을 가로지르는 면화무역에 종사하면서 긴밀한 사업관계를 구축하고 친분을 나누었으며, 심지어는 결혼을 하기도 했다. 그리고 이렇게 만들어진 네트워크는 대서양 횡단 무역을 더 안전하고 예측 가능한 것으로 만들어 비용을 낮추었으며, 미국에 인도나 브라질 같은 다른 잠재적 경쟁자들을 압도할 또 다른 결정적 이점을 선사했다.

이 모든 네트워크의 중심에는 미국에서 유럽으로 향하는 면화의 흐름과 그 반대 방향으로 향하는 자본의 흐름이 있었다. 이 자본은 대개 노예를 담보로, 곧 채무자가 채무를 이행하지 않을 경우 담보권 소유자에게 특정 노예에 대한 권리를 넘겨줌으로써 안전을 보장받았다. 역사가 보니 마틴Bonnie Martin이 보여주었듯이, 루이지애나에서는 대출의 88%가 노예를 (부분적) 담보로 설정했다. 사우스캐롤라이나에서는 그 비중이 82%에 달했다. 마틴은 전체적으로 수억 달러의 자본이 노예라는 인적 담보에 의해 보장되었다고 추산했다. 그리하여 노예제로 노동력의 신속한 배치가 가능해졌을 뿐 아니라 자본의 신속한 배분도 가능해졌다.[30]

남부의 플랜테이션 농장주들은 수탈한 토지와 노동에서 얻은 어마어마한 부를 농업 개선에 투자했다. 이는 어떻게 하나의 성공이 또 다른 성공을 불러오는지 보여주는 한 사례다. 그들은 인도, 오스만 제국, 중앙아메리카, 서인도 제도 등지에서 얻은 종자로 면화 교배 실험을 하여 특정 지역의 기후와 토양에 적합한 면화 종자를 개발했고, 마침내 서로 다른 수백 종의 면화를 만들어냈다. 가장 의미심장한 일은 1806년 나체즈Natchez의 플랜테이션 농장주 월터 벌링Walter Burling이 멕시코에서 면화 종자를 가져온 일이었는데, 이 품종은 채취하기 쉬운 더 큰 다래를 맺을 뿐 아니라, 전문가에 따르면 "섬유의 질도 더 나았으며, 특히 섬유의 길이가 좋고 잘 썩지도 않았다." 이 면화 품종은 중앙멕시코 고원에서 수세기 동안 아메리카 원주민들이 재배해온 것으로, 미국에 소개되자마자 플랜테이션 농장주들에 의해 재배되었고, "미국과 세계 전역에서 모든 육지면 재배 품종을 위한 기본 유전자원"이 되었다. 이 새로운 품종은 당시 일반적이던 조지아 녹색종 면화보다 수확이 빨라서 서너 차례까지 수확할 수 있었다. 아메리카의 환경에 아주 적합한 형질의 면화를 개발한 아메리카 원주민들의 능력이 오히려 그들의 토지를 약탈하게 한 중요한 추진력으로 작용했다는 점, 그리고 그들에게서 약탈한 토지에서 이루어진 노예노동이 훨씬 더 생산적인 것이 되었다는 사실은 잔인한 역설이다.[31]

긴밀하지만 지역색이 뚜렷한 네트워크가 구축되어 지식의 확산을 도운 결과 노동력의 통제와 농업에서 이룬 혁신들이 차츰 제도화되었다. 책과 농업기관,《드보스 리뷰》와《아메리칸 코튼 플랜터》같은 잡지는 지역의 농업관행과 함께 종자를 어떻게 선별하는지, 노동력은 어떻게 조직하는지, 시장은 어떻게 읽는지, 제초와 파종은 어떻게 하는지, 어디에 투자해야 하는지, 요컨대 '실질적인 플랜테이션 경제'를 어떻게 완성

하는지에 대한 정보를 보급했다.[32]

유럽의 산업혁명은 아메리카 남부에서 노예제가 발달하는 데에도 실질적으로 영향을 끼쳤다. 집단노동이 결코 새로운 현상은 아니었지만, 면화 플랜테이션 농장들에 널리 보급되어 있지는 않았다. 하지만 노예제는 어느 저자가 '전투적 농업'이라고 부르기도 했던 산업노동의 새로운 리듬을 예시했다. 면화 농장에 노예 여성과 아동 들이 체계적으로 동원되면서 생산량은 한층 더 늘어났다. 그 결과 미국의 면화 생산량은 농장에서 일하는 노예 수보다 더 빠르게 증가했다. 다른 면화 품종을 수용한 것도 생산 증대에 어느 정도 기여했지만, 체계적으로 강화된 착취 또한 한몫을 했다. 세계의 신흥 산업 중심지들에서 이루어지던 노동 형태와 다른 집단노동이 19세기 미국에서 가능했던 것은 플랜테이션 농장의 노예제 덕분이었다. 플랜테이션 농장의 생산성 향상은 오직 노동력의 재조정을 통해서만 달성할 수 있었는데, 플랜테이션 농장이 공장보다 더 규모가 크고, 더 많은 자본 투자가 필요했기 때문이다. 또한 휘트니가 조면기를 발명한 1790년대를 즈음해 눈에 띄는 혁신들이 있었던 것을 제외하고 면화 농업에서 기술적 진보가 제한적이었기 때문이다. 노예 소유주들은 노동자들을 무력으로 지배해 노동의 과정을 거의 전적으로 통제함으로써 생산성 향상을 보장했다. 당시 세계 곳곳에서 생겨나던 섬유공장들에서는 불가능한 일이었다. 섬유공장의 노동자들은 농장이나 소규모 작업장, 수공업 길드의 리듬을 어느 정도 유지할 수 있었다.[33] 자본주의의 중요한 특징인 노동자들에 대한 포괄적인 통제는 미국 남부의 면화 플랜테이션 농장에서 처음으로 크게 성공을 거두었다.

미국의 플랜테이션 농장주들은 여러 방면에서, 영국 상인들이 인도 농사꾼들과 맺고 있는 관계나 아나톨리아에서 오스만 제국의 지주들이 했던 방식과도 전혀 다른 방식으로 노동을 통제했다. 그래서 점점 더 무자비한 방법으로 노동력을 통제하면서 노예들을 더없이 혹독하게 몰아붙일 수 있었다. 역사가 에드워드 뱁티스트Edward Baptist에 따르면, 고문이야말로 미국 플랜테이션 농장주들이 어느 때보다도 많은 양의 면화를 생산할 수 있었던 바탕이었다. 또한 혁신적인 노무회계 방법들 덕분에 노동자들의 노동력을 더 많이 착취할 수 있었다. 경영학자 빌 쿡Bill Cooke이 주장했듯이, "그것[플랜테이션 농장]이 산업훈련과정의 초기 발전을 이룬 자리였다는 데는 …… 이제 전혀 의문의 여지가 없다." 그리고 플랜테이션 농장의 생산성 증대로 면화 가격이 하락하자 영국의 면제조업자들은 세계 시장에서 더욱 경쟁력을 갖추게 되었고, 무엇보다도 이런 움직임 탓에 결국 인도 등지의 제조업이 와해되고 이 농촌지역들이 전 지구적 면화 제국에 통합되기가 훨씬 더 쉬워졌을 것이다.[34]

산업적 생산 리듬은 또 다른 방식으로 플랜테이션 농장으로 파고들었다. 면화 농업의 팽창이 대부분 런던의 금융시장에서 끌어온 융자금이나 때로는 노예를 담보로 한 신용대출에 기대고 있었던 탓에, 그 이후에 세워진 플랜테이션 농장은 개인적 열망이나 지역 상황의 변동보다는 시장 경쟁의 논리를 따르는 경향을 보였다. 자본은 면화가 가장 저렴하게, 가장 많이 생산될 수 있는 곳이면 어디로든 이동했다. 남부 플랜테이션 농장주들에게는 매우 애석한 일이었지만, 그들의 면화를 판매하고 그들에게 물품과 대출을 제공했던 중매인과 런던 금융시장이 플랜테이션 농장주들의 부와 권력의 중요한 원천이었다. 그러나 런던 금융시장과 랭커셔의 면제조업자들 역시 토지와 노동력의 무자비한 수탈에 있어서만큼은 현지의 전문가들에게 크게 의지했다. 대영제국의 경제로부터 보호를 받으며 본국과 식민지 사이의 호혜적 교환이라는, 중상주의 논리로 비호되던 미국 동부 연안 플랜테이션 농장주들의 해묵은 온정주의는, 상인자본이 매개하는 더 자유롭고 더 경쟁적이며 유동적인 사회질

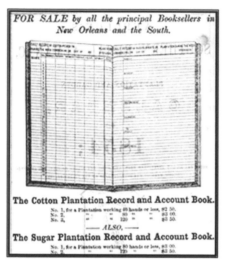

— **채찍에 의한 노동력 통제의 합리화** 토머스 애플렉은 자신의 면화 플랜테이션 농장에서 사용하는 회계장부를 판매했다.

서에 의해 밀려났다. 탐욕스러운 축적의 욕구는 면화 생산의 '사회적 물질대사social metabolism'의 속도를 높여놓았다. 전쟁자본주의의 논리가 이제 사실상 랭커셔에 위치한 그 산업(임금노동의)의 중심지에서 분출되었다. 18세기에 산업적 도약을 가능하게 했던 노예제는 이제 산업이 지속적으로 팽창하는 데에 빠질 수 없는 중요한 요소가 되었다.[35]

수탈한 토지, 노예노동, 그리고 노예 소유주들에게 노예노동력에 대한 엄청난 재량권을 부여한 국가의 지배라는 독특한 결합은 그것을 포용하는 위치에 있는 사람들에게 엄청난 이익을 가져다주었다. 1870년 초에 이미 미시시피의 면화 플랜테이션 농장은 해마다 투자액의 22.5%에 해당하는 수익을 거두었다고 한다. 수천 명의 플랜테이션 농장주가 이런 이익을 얻기 위해 면화의 변경을 따라 이동했다. 또한 면화의 수익성은 노예 가격의 극적 상승으로도 드러났다. 1800년 뉴올리언스에서 젊은 성인 남성 노예 한 명의 가격은 500달러 남짓이었지만, 남북전쟁 직전에는 1,800달러까지 치솟았다. 조지아주의 젊은 플랜테이션 농장주 조지프 클레이Joseph Clay의 이야기를 살펴보자. 그는 1782년에 조지아주 채텀 카운티에서 벼 플랜테이션을 하는 로열 베일Royal Vale 농장을 사들여 1793년까지 벼를 재배했다. 휘트니의 조면기 발명 소식이 전해진 해에 그는 3만 2,000달러를 대출 받아 추가로 노예를 구입했다. 그리고 그 노예들을 동원해 토지의 일부에 목화밭을 조성하고 조면기를 여러 대 설치했다. 그렇게 해서 거둔 수익이 아주 커서 그는 불과 7년 만에 부채를 상환할 수 있었고, 자신의 집을 호화롭게 장식할 수 있었으며, 노예와 조면기를 추가로 구입할 수 있었다. 1804년 클레이가 세상을 떠났을 때, 그의 농장의 가치는 27만 6천 달러에 달했다.[36]

마찬가지로 사우스캐롤라이나의 인디고 플랜테이션 농장주 피터 게일러드Peter Gaillard는 면화 열풍 덕분에 그의 재산을 되찾았다. 1790년 영국 시장의 소멸로 인디고 플랜테이션 사업이 무너지자, 게일러드는 자신의 농장에서 가족을 위한 식량을 재배하는 데 매진했다. 그의 친구의 말에 따르면 "게일러드도 다른 사람들과 마찬가지로, 환금작물로서 면화를 도입하기 전까지 빚과 고통에 시달리며 10년 세월을 불운하게 보냈다." 그러나 1796년 게일러드는 수익성이 아주 좋은 작물, "낙담한 플랜테이션 농장주들의 눈앞에 밝은 전망을 열어준" 면화를 재배하기 시작했다. 그리고 4년 뒤에 부채를 전부 청산했고, 1803년에는 자신의 소유지에 새 저택을 지었다. 1824년 게일러드는 노예를 500명이나 소유하고 있었는데, 강제노동은 곧 신속하게 회수할 수 있는 이윤을 의미했다. 사우스캐롤라이나의 웨이드 햄프턴 1세Wade Hampton I도 게일러드의 선례를 따랐다. 햄프턴 1세는 1799년 첫 면화 수확으로 7만 5천 달러의 수익을 거둔 것으로 추정되며, 1810년경 그의 면화 플랜테이션 농장은 연

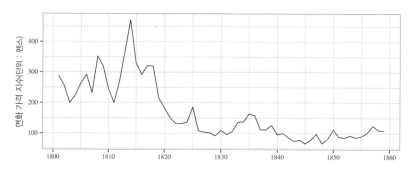

— **노예제의 보상** 리버풀에서 미국산 중간 품질 면화 가격 지수(1860=100).

간 15만 달러를 벌어들였다. 1840년대 중반에 그의 아들은 수익의 일부를 미시시피 삼각주 지대에 재투자했다. 장래가 촉망되는 면화 플랜테이션 농장주 대니얼 W. 조던Daniel W. Jordan은 미시시피에서 면화 재배의 가능성을 살피던 중에 "사업을 시작할 경작지"를 발견하고는 "여기서 나는 돈을 벌 수 있다. …… 이 주에서 5년 안에 한 사람이 벌고자 하는 최대 금액의 돈을 벌 수 있다."[37]고 다짐했다.

축적된 부로 더욱 강해지고 노예들의 노동력으로 토지에서 더 많은 면화를 거두어들일 수 있다는 데 확신을 갖게 된 미국의 면화 플랜테이션 농장주들은 1802년에 이르러 영국 시장을 지배하게 되었다. 또한 그들은 1830년대에 새롭게 떠오른 유럽과 북아메리카 신흥 시장도 장악했다. 그 결과 초창기 생산자들, 특히 서인도 제도의 생산자들이 타격을 입었다. 1812년에 익명으로 작성된 한 편지에는 이렇게 적혀 있었다. "아무런 규제 없이 완전히 자유롭게 내버려둔다면 경쟁은 [서인도 제도의] 식민지 개척자들이 오래 유지할 수 없다. 같은 면화 가격에도 미국의 농사꾼들은 많은 이윤을 챙길 수 있지만 우리 식민지 개척자들은 경작비용을 충당하기도 어렵다." 1850년대까지도 예컨대 인도의 농부들 같은 또 다른 잠재적 경쟁자들이 북아메리카만큼 넓은 토지에 면화를 재배했지만, 세계 시장에서 그들은 주변적인 존재에 머물렀다.[38]

이러한 면화의 호황으로 북아메리카 농촌의 거대한 지역이 급격히 변화하면서 미국은 면화 제국에서 갑작스럽게 중추적 역할을 맡게 되었다. 미 재무부의 추산으로는 1791년에도 여전히 브라질에서 면화 생산에 투자된 자본이 미국에서 투자된 것보다 열 배 이상 많았다. 그런데 불과 10년 뒤인 1801년에는 미국의 면산업에 투입된 자본이 브라질보다 60% 더 많아졌다. 면화는 카리브해 지역과 브라질보다 미국의 광대한 토지와 노예에 전에 없던 큰 가치를 부여했고, 노예주들에게는 이윤과 권력이라는 눈부신 기회를 기약했다. 1820년에 이미 면화는 미국의 전체 수출에서 32%를 차지했는데, 이는 1796년에 고작 2.2%였던 것과 크게 비교된다. 1815~1860년에는 미국 전체 수출의 절반 이상을 면화가 차지하게 된다. 면화가 미국 경제를 지배하면서 면화 생산 통계치는 "미국 경제를 평가하는 데 차츰 더 중요한 단위가 되었다." 미국 경제는 면화와 노예의 지원으로 세계에서 그 위상이 높아진 셈이다.[39]

서양 세계에서 미국산 면화의 중요성이 너무 커진 탓에 독일의 한 경제학자는 이렇게 말했다. "미국의 북부나 서부가 사라진다고 해도 미국의 남부가 사라지는 것과 비교한다면, 세계에 별 의미는 없을 것이다." 남부의 플랜테이션 농장주들은 세계경제에서 자신들의 중심적 역할을 확신하고 기쁨에 차서 자신들이 "근대 문명의 운명을 좌우할 운전대"를 쥐었다고 선언했다. 《아메리칸 코튼 플랜터》는 1853년에 다음과 같이 주장했다. "미국의 노예노동은 인류에게 지금까지 제대로 감지하지 못한 축복을 가져다주었으며 지금도 여전히 그러하다. 이런 축복이 지속되려면 노예노동도 지속되어야 한다. 세계에 공급할 면화를 자유노동으로 생산하는 문제를 거론하는 것은 쓸데없는 짓이다. 자발적 노동으로

면화를 재배해 성공을 거둔 적이 없다."⁴⁰

미국의 면화 농부들은 산업 시대에 세계에서 가장 중요한 상품의 가장 중요한 재배인으로 변신하는 데 성공했다. 인도 텔리체리의 한 영국 상인은 이렇게 말했다. 그들의 "거대한 플랜테이션 농장이 이제 문명화된 세계 절반에 직물 원료를 제공한다." 그리고 노예가 재배한 미국산 면화가 쏟아져 들어오자 완성된 면제품 가격이 하락하여, 급속히 팽창하던 시장이 의류와 직물의 가격을 충분히 감당할 수 있게 되었다. 1825년 맨체스터상공회의소는 "지난해에 면공업이 급속히 성장한 것은 매우 저렴한 원료 가격 덕분이었다고 확신한다"고 주장했다. 1845년 사우스캐롤라이나의 면화 플랜테이션 농장주들은 "유럽 인구의 거의 절반이 …… 지금도 면 셔츠의 편안함을 누리지 못하고 있으며, …… 우리 사업이 아직 개척하지 못한 시장이 …… 차츰 열리고 있다"라며 맨체스터상공회의소의 주장에 동의했다. 1780년 이전에는 주로 지방과 지역으로 분산된 무역 네트워크로 이루어졌던 면화의 세계가 차츰 단 하나의 중심을 갖는 전 지구적 모체로 바뀌었다. 그리고 미국의 노예제가 바로 그 토대였다.⁴¹

부인할 수 없을 만큼 성공을 거두었지만, 유럽의 면제조업자들이 단 하나의 나라, 단 하나의 특수한 노동 체제에 의존하고 있다는 사실에 일부 소비자들은 불안을 느꼈다. 1810년대 초 영국의 제조업자들도 특히 중요한 원료를 단 하나의 공급처에 크게 의지하고 있다는 사실을 염려하기 시작했다. 1838년 글래스고상공회의소는 "이제 영국에서 빵 못지 않게 필수적이 된 이 물품을 외국의 공급에 거의 전적으로 의지하고 있는 급박한 현실"을 소리 높여 경고했다. 6년 후 "어느 면방적공"은 미국의 면화 공급에 대한 영국의 높은 의존도를 "몹시 근심 어린 눈초리로"

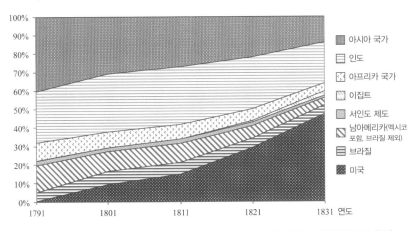

100%
90%
80%
70%
60%
50%
40%
30%
20%
10%
0%

1791   1801   1811   1821   1831 연도

아시아 국가
인도
아프리카 국가
이집트
서인도 제도
남아메리카(멕시코 포함, 브라질 제외)
브라질
미국

— **전 지구적 면화산업을 개조한 전쟁자본주의** 1791~1831년 세계 면화 수확량(개략적인 추산).

바라보았다. 북아메리카 식민지들이 서서히 그리고 고통스럽게 대영제국에서 멀어지기 시작해, 대서양을 가로지른 연결이 정치·군사적 행동에 의해 단절될 수 있음이 드러나자 영국의 산업이 미국산 면화에 크게 의존하고 있다는 사실이 심각한 문제로 여겨지기 시작했다. 면제조업자들은 자신들의 번영이 순전히 노예노동에 달려 있다는 사실을 깨닫고서 "조만간 닥칠 급격한 변동의 심각성을 우려했다." 1850년에 영국의 한 관측자가 추산한 바에 따르면, 영국에서는 350만 명이 국내 면산업에 종사하고 있었다. 그들은 모두 미국 플랜테이션 농장주들의 변덕에 휘둘렸으며, 영국 내의 정치에서도 별 영향력 없는 세력이었다.[42]

미국산 면화에 대한 높은 의존도에 대한 영국 면제조업자들의 우려는 세 가지 문제에 집중되었다. 첫째, 그들은 1810년대 미국에 눈에 띄게 많아지기 시작한 공장들이 점점 더 많은 양의 면화를 소비해 유럽 소비자들이 사용할 면화의 양이 감소될까 염려했다. 둘째, 특히 영국 제조업자들은 유럽 대륙의 생산자들이 세계의 면화 수요를 더 늘릴 경우 미

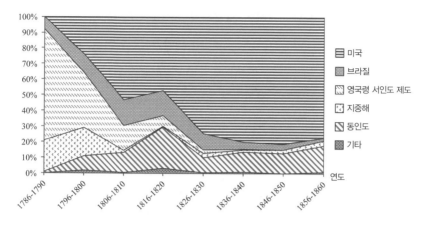

— **영국으로 수출되는 면화** 원산지별 연평균 대영 수출량.

국에서 공급되는 면화를 두고 그들과 경쟁하게 될까 걱정했다. 가장 중
요한 세 번째 문제는 "노예제의 지속성이 점점 더 불확실해지고 있다"는
점이었다. "피로 얼룩진 생산물"에 의지하는 것은 "미국의 노예제라는
범죄"에 "의지하는 자살 행위"와 마찬가지였다.[43]

1835년에 토머스 베어링은 노예제 문제가 또다시 혼란을 초래한다면
최종적인 결과는 크게 바뀌겠지만, 가격에는 유리하게 작용할 것이 분
명하다"고 기대하며 미국을 유심히 관찰했다. 어찌되었건, 노예제 폐지
론에 대한 공감대가 점점 더 커지고 있는 상황에 산업화된 미국에서 노
예 자산이 과연 안전할 수 있을까? 남부 플랜테이션 농장주들의 정치·
경제는 과연 북부 경제 엘리트들의 정치·경제와 충돌하게 될까? 부와
힘을 지닌 미국 남부 노예 소유주들 사이에서 점점 거세지는 팽창주의
적 구상과 원시적 국가주의 기획이 과연 산업화를 추진하고 있는 미국
안에서 포용될 수 있을까? '채찍의 주인'이자 부를 축적하며 더욱 대담
해진 남부의 플랜테이션 농장주들은 글로벌 경제 안에서 자신들에게 부

여된 종속적 역할을 탄식하기 시작했다. 하지만 그 안에서 자신들의 위상을 혁명적으로 변화시키려는 농장주들의 서툰 기획은 체제 전체에 또 다른 위협이 되었다. '직기의 주인들' 입장에서 원료 생산자들은 산업자본의 의지와 방향에 정치적으로 종속되어 있어야 했다.[44]

플랜테이션 농장 자체에도 또 다른 공포가 잠복해 있었다. 산업적 규모를 갖춘 면화 경작지, 즉 "블랙 벨트"●를 방문한 많은 관찰자들이 노예제는 불안정하다는 인상을 받았다. 노예와 주인의 관계가 언제든 전복될 수 있었기 때문이다. 1844년 "어느 면화 방적공"은 "영국령 인도에서 우리에게 들어오는 면화의 공급을 개선하는 데에 이 나라의 안전이 달려 있다"면서, 미국에서 "기회만 있으면 …… 노예 무리는 자연스레 흩어질 것이고, 미래를 생각하지 않는 검둥이들은 면화 재배를 그만둘 것이며, 그들을 대신할 백인은 없을 것이기 때문이다. 미국에서 면화 경작은 끝장나고 말 것이다"라고 경고했다. 그는 "인종말살전쟁이라는, 생각만 해도 너무 끔찍한 전망"에 두려워하며 노예해방이 "우리나라를 …… 바로 [그] 근간부터" 흔들 것이라고 염려했다. 노예의 도주와 노동 거부, 공공연한 반란에 관한 이야기에 플랜테이션 농장주들과 유럽의 제조업자들은 경계심을 늦출 수 없었다. 상인 프랜시스 카르나크 브라운Francis Carnac Brown은 1848년에 "학대에 시달리는 불만에 찬 노예 집단과 언제든 반드시 닥칠 파괴적 돌발사태의 일상적 위협"을 경고했다. 미국인들은 유럽 소비자들에게 미국의 노예제가 생도맹그와 달리 안전하다는 점을 설명하려 애썼다. 텐치 콕스는 강력한 백인 민병대가 존재

● 앨라배마 중부에서 미시시피 북동부에 이르는 남부의 비옥한 농토지대를 일컫는다. 면화 플랜테이션 농장들이 조성되고, 이 농장들이 노예제로 운영되면서 아프리카계 미국인의 인구비율이 높아진 데서 유래한 표현이다.

하고 노예들에게는 "화기도 무기도 없으며, 그들이 수적으로는 많지만 강과 늪, 백인들이 밀집해 사는 지역이 그들 사이를 갈라놓고 있으므로" 미국의 노예제는 특히 안전하다고 설명했다. 그러나 여전히 염려는 남아 있었다.[45]

이런 우려가 팽배하던 시기에 유럽 면제조업자들은 면화 공급을 확대하기 위해 아프리카와 인도 같은 세계 다른 지역들을 살펴보았다. 프랑스 관료들은 1810년대와 1820년대에 면화의 잠재적인 대체 공급처로서 세네갈에 눈독을 들였다. 그러나 많은 노력에도 불구하고 세네갈에서는 면화가 거의 생산되지 않았다. 미국 이외의 생산지에서 면화를 확보하겠다는 희망을 품은 영국인들은 인도에 주목했다. 오랜 면화 수출의 역사를 가진 인도는 영국의 공장에 면화를 공급할 최적의 면화 생산지로 보였는데, 특히 면제조업자들이 인도에 "다양한 품종의 면화 공급이 넘쳐난다"고 믿었기 때문이다. 게다가 인도가 노예제와 수탈에 따른 태생적 불안정성과 위급성에 시달리지 않는 면산업을 구축할 길을 안내할 수도 있었다. 그야말로 수십 권에 이르는 책들이 인도 면화의 전망을 열거하고 분석했다. 그 가운데 많은 책에는 "신드와 펀자브: 그들의 과거와 관련된 인도의 보물들, 그리고 세계 면화 시장에서 노예국가 미국을 대체할 견줄 데 없는 능력Scinde & The Punjab: The Gems of India in Respect to Their Past and Unparalleled Capabilities of Supplanting the Slave States of America in the Cotton Markets of the World"과 같이 기상천외하고 야심찬 제목이 달렸다. 일부는 단순한 팸플릿에 그치지 않았다. 예를 들어 섬유산업에 사용되는 물품의 제조업자이자 서인도에서 철도 회사를 운영하던 존 채프먼John Chapman은 1851년에 《영국의 이해관계에서 본 인도의 면화와 상업The Cotton and Commerce of India, Considered in Relation to the Interests of Great Britain》을 출간했다. 400쪽이 넘는 이 책에서 그는 토양과 농업관행, 토지 소유 형태, 운송 기반시설, 무역 관계 등 통계에 근거한 인도 여러 지역의 정보를 상세히 다루었다. 그와 마찬가지로 대부분의 작가들이 인도의 "토양과 기후"가 면화의 "생육에 유리"하다고 결론지었다.[46]

1830년대에 들어와서는 이런 개인들의 목소리가 집단적으로 표현되기도 했다. 1836년 맨체스터상공회의소는 《연례보고서》에서 인도산 면화를 처음 언급했다. 4년 뒤 그들은 특별한 모임을 만들어 동인도회사가 인도의 면화 생산에 어떤 조치라도 취하도록 압박했으며, 1847년에는 그와 비슷한 효과를 얻기 위해 하원에 청원서를 제출했다. 지역 기업인들로 구성된 경쟁단체였던 맨체스터상업협회Manchester Commercial Association는 1845년에 심지어 동인도회사의 이사들에게 대표단을 파견해 "이 구역의 이해관계에 엄청나게 중요한" 인도의 면화 재배를 장려하도록 촉구했다.[47]

일부 미래 지향적인 제조업자들은 그들의 상품 시장으로서 인도와 원료 공급자로서 인도라는 이 관계에서 더 심층적이고 더 지속적으로 이윤을 창출할 수 있을지도 모른다는 사실을 이해하기 시작했다. 영국의 면제조업자들은 인도 농민들이 자신들이 재배한 면화를 수출하고 맨체스터에서 만들어진 면제품을 구매하는 세계를 상상했다. "자신들이 만든 직물을 판매할 수 있는 시장을 잃게 된 주민들에게 직물 대신 그 원료인 면화를 재배하도록 장려하는 것보다 더 자연스러운 일은 없을 것이다."[48]

인도산 면화를 찬성하는 여론은 미국산 면화 가격이 또다시 오른 1850년대에 최고조에 이르렀다. 면화에 관련된 맨체스터의 이해집단들은 여전히 인도산 면화를 확보하기 위해 국가가 개입하는 문제에 대해 의견이 나뉘어 있었고, 일부는 시장에 상황을 맡겨야 한다고 믿었다.[49] 그러나 1857년에 "이 지역의 산업을 유지하기 위해 적절한 면화 공급지

를 확보하는 일"이 상공회의소 연례 모임의 주요 의제가 되었다. 면제
조업자이자 상공회의소 소장이며 하원의원이던 토머스 베이즐리Thomas
Bazley는 "면화 …… 공급이 터무니없이 부족하다"고 믿었고, "그 땅이 영
국 정부의 소유이므로" 인도, 아프리카, 오스트레일리아 등지에서 면화
를 확보하기 위해 더 힘써야 한다고 주장했다. 또한 그는 1857년에 식민
지에서 면화 생산을 확대할 수 있도록 방적업자들이 결집할 것을 요구
하며 "더 풍부하고 광범위한 공급의 확보를 전망하며" 맨체스터면화공
급협회Manchester Cotton Supply Association의 창설을 주도했다. 이 협회는 캔
자스-네브래스카 법*과 드레드 스콧 판결**의 결과로 미국의 정치적
변동성이 커질까 염려해 농부들에게 조면기를 조달하고 조언을 하고 종
자와 도구를 보급하는 한편, 다양한 품종의 면화를 재배하는 방법에 관
한 정보를 얻기 위해 세계의 구석구석을 찾았다. 이 협회가 수행한 일은
면화 자본가들이 추구한 거대한 기획, 곧 지구 전역의 농촌지역을 하나
의 면화 재배단지로 변화시키려는 기획의 축소판이었다.[50]

인도는 여전히 세계에서 가장 큰 백색황금의 재배지 가운데 하나라
는 명백한 이유로 면제조업자들을 유혹했다. 제조업자들은 인도가 미
국보다 더 많은 면화를 생산한다고 믿었는데, 인도 국내에서 연간 3억

● 1854년에 도입된 법으로 캔자스 준주와 네브래스카 준주를 창설해 새로운 토지를 개방하
고, 이 지역의 정착민들이 노예제 도입 여부를 직접 결정하도록 하는 내용을 담고 있다. 이
법안은 미주리주의 남부 경계인 북위 36도 30분을 기준으로 북쪽에는 노예제를 실시하지
않으며 노예주와 자유주를 동수로 유지한다는 내용의 1820년 미주리 타협을 무력화하는
결과를 낳았다. 특히 캔자스의 노예제 인정 여부를 두고 유권자들이 충돌해 피의 캔자스로
불리는 유혈사태를 빚으며 남북전쟁을 예고했다.

●● 1857년 드레드 스콧은 노예로서 주인과 함께 자유주에 거주했던 사실을 들어 자신과 가족
의 자유를 위한 소송을 제기했지만, 연방대법원의 최종판결에서 패소했다. 흑인 노예제를
옹호하며 남부의 손을 들어준 이 판결로 노예제를 둘러싼 남북의 대립이 더욱 격화되었다.

4,000만kg의 면화가 소비되고, 6,800만kg 이상이 수출된다고들 이야기했다. 하지만 그것은 터무니없이 부정확한 계산으로, 1839년 미국의 전체 면화 생산량 3억 4,290만kg에 맞먹는 양이었다. 전통적으로 인도에서 생산된 면화 가운데 많은 양이 국내 면직물 생산에 사용되었고, 심지어 장거리 무역에 사용된 면화조차 대부분 인도 안에 남아 있었다. 인도 중부에서 생산된 면화는 남부의 마드라스와 동부의 벵골로 팔려나가다가 인도산 면직물의 수출업이 쇠퇴하자 점점 더 많은 양이 봄베이로 운반되어 그곳에서 중국으로 수출되거나 제한된 양의 면화만이 영국으로 수출되었다.[51]

1788년 이후 영국의 동인도회사는 마지못해 인도 면화의 대영 수출을 늘리고자 했지만 비싼 운송비 탓에 수출량이 미미했다. 실제로 1830년대까지 유럽으로 수출되는 양보다 훨씬 더 많은 면화가 중국으로 수출되었다(동인도회사의 차茶 구매 대금으로 지불되었다). 그러다가 유럽으로 향하는 수출량의 증가했을 때, 그에 비례해 중국으로 향하는 수출량은 감소했다. 즉, 인도 면화의 유럽 수출량이 늘었다고 해서 인도의 면화농업이 수출에 더 집중하게 된 것은 아니었다.[52]

그럼에도 불구하고 맨체스터의 면제조업자들은 더 많은 양의 면화를 원했다. 그들은 인도의 면화 재배와 수출을 장려하는 다양한 활동을 개발하도록 영국 정부와 동인도회사, 그리고 나중에는 영국 식민정부에까지 압력을 가했다. 민간의 주도만으로는 면화를 재배하는 인도 농촌 지역을 변화시키기 어려웠기 때문이다. "민간 기업들이 응하지 않았기에" 정부의 개입이 필요했다. 그들의 최우선 관심사는 "교량 건설, 철도 가설, 운하 건설, 면화 재배, 기계 도입" 같은 기반시설의 개선이었다. 1810년에 동인도회사는 아메리카산 면화 종자를 인도에 보내 재배하게 했다. 1816년에 동인도회사 이사회는 휘트니의 조면기를 봄베이로 보냈다. 1818년에는 인도에 면화 시범 농장 네 곳이 문을 열었다. 1829년에 또 다른 시범 농장이 만들어졌고, "적합한 면화 품종을 재배할 수 있도록" 유럽인들에게 토지를 내주었다. 1831년 봄베이 식민정부는 남부 마흐라타Mahratta에 원면 구입 대행사를 개설했다. 1839년에는 기반시설과 시범농장에 대한 추가 투자와 아편 생산에서 얻은 자본을 면화에 투입하는 방안이 동인도회사 내에서 논의되었다. 법률상의 변화도 그들의 명분에 도움을 주었다. 봄베이 식민정부는 1829년부터 면화를 부당하게 포장해 판매한 혐의로 투옥된 사람들에게 7년형까지 선고했다. 1851년에 "사기 행위의 더 효과적인 억제를 위한 법"이 같은 목적으로 발효되었다. 이처럼 인도의 면화 수출을 늘리고 개선하기 위해 많은 사람이 노력했다. 그리고 1853년 봄베이에서 북동쪽으로 480km 떨어진 영토인 베라르Berar를 획득했을 때, 인도 총독 댈하우지 경Lord Dalhousie은, "인도의 모든 내륙에 존재한다고 알려진 최상품 면화의 경작지를 확보했다. …… 그리하여 엄청난 추가 공급선이 열렸다. 그 공급선을 통해 면직물 제조산업의 주요 부문에서 느꼈던 원료 부족 문제를 해소할 수 있을 것이다."[53]

지식을 수집하고 전유하고 확산시키는 전략이 중요해짐에 따라 인도 면화 농업의 현황을 파악하려는 시도가 크게 늘었다. 1830년에 행정 당국은 인도의 면화 경작에 관한 상세한 보고서 작성을 의뢰했다. 1848년 인도 식민정부는 사실상 인도 아대륙 전체를 조사하여 각 지역의 수출용 면화 생산 증대를 위한 잠재력을 조사했다. 사실 다른 곳에서와 마찬가지로 글로벌 경제에 통합시키기 전에 일반적으로 통계와 정보로 그 지역을 파악하는 일이 선행되었다. 실제로 19세기 중반까지도 인도 많은 지역의 기후, 토양, 병충해, 인력 공급, 사회 구조에 대한 유럽인들의 지식은 여전히 제한적이었다. 이렇게 지역 조사와 동시에 미국 원산의 외래종이 인도에 도입되었고, 새로운 조면기가 수송되었으며, 구자라트, 코임바토르 등지에 시범농장이 조성되었다.[54]

이 가운데 가장 의미 있는 노력은 1840년대에 실행되었다. 당시 동인도회사는 인도산 면화로 미국산 면화를 대체하기 위한 조치로, 미국 출신 면화 플랜테이션 농장주들이 운영하는 시범농장의 건설을 지원했고, 몇몇 미국인이 '힌두스탄으로 향하는 데' 도움을 주었다. "면화 플랜테이션 농장에서 나고 자란" W. W. 우드w. w. Wood는 1842년 6월 뉴올리언스에서 "한동안 기대에 부풀어 자비를 들여 인도로 면화를 재배하러 가겠다는 생각을 했지만" 동인도회사의 "후원과 지원을 받는 편이 낫겠다"라고 썼다. 그는 동인도회사의 지원을 받아 다른 아홉 명의 농장주와 함께 미국에서 종자, 조면기, 도구를 가지고 봄베이로 향했다. 플랜테이션 농장주들은 주로 미국산 종자에서 얻은 이국적인 품종의 면화를 재배하기 위해 인도의 여러 지역으로 향했고, 그곳에서 토지, 가옥, 조면압착기를 제공받았다. 그들은 노동자를 고용하고 면화 재배를 위해 자비를 들여서 농민들과 계약을 맺었다. 처음에는 상황이 좋아 보였다.《아시아 저널Asiatic Journal》은 이런 미국 플랜테이션 농장주들의 '열정과 근면'을 보도했다.[55]

그러나 최선을 다했음에도 불구하고 그들의 농장은 얼마 못 가 실패했다. 인도의 강우 패턴 때문에 미국의 농법을 활용하려던 계획이 수포로 돌아간 것이다. 기반시설의 한계로 운송도 어려웠다. 인도 면화 농사꾼들은 미국의 면화 재배방식이 지나치게 자본집약적이라는 사실을 차츰 깨닫게 되었다. 또한 인도인들은 시범농장을 만들기 위해 이른바 황무지를 활용하는 데 반대했다. 전통적으로 "그들은 따로 비용을 들이지 않고 황무지에서 가축을 기를 수 있었기" 때문이다. 더욱이 농민들이 고용되어 일하는 고용주의 농지보다 자기 소유의 농지에 더 관심을 기울였기 때문에 면화 농장은 실패할 수밖에 없었다. 게다가 인도 농민들은 노골적으로 저항하기도 했다. 미국에서 건너온 농부 "머서Mercer의 경우 몇 주 전 그의 방갈로에 불이 났다. 불길은 그의 농장과 농기구까지 모두 태웠다. 그가 걸치고 있던 옷 한 벌을 제외하고 그의 전 재산이 파괴되었다." 그런 순간에 미국인들이 "그 나라의 관습과 언어에 완전히 문외한"이라는 사실이 이로울 리 없었던 것은 분명하다. 그 결과 머서는 1845년 정부에 "시범농장은 쓸데없는 낭비일 뿐이다. 미국의 영농 방식은 인도에 맞지 않으며, 인도의 현지 주민들은 기후와 토양에 대한 자신들의 지식을 이용해 어느 유럽인보다도 더 경제적으로 잘 경작할 수 있다"고 보고했다. 또 그는 "시범농장의 철거를 요구했다."[56]

인도의 농사꾼들은 사실상 황무지를 포기하라는 요구에 저항했고, 임금을 받고 농장에서 일하라는 말에 설득당하지 않음으로써 미국에서와 달리 그야말로 '플랜테이션 혁명'이 일어날 것 같지 않았다. 실제로 인도의 농사꾼들은 식민 관료들의 세금 징수에 적극적으로 반대했다. 인도에 들어온 미국 출신 면화 농부들은 자신들이 "[일꾼들의] 편견에 굴복할 수밖에 없었다"라며 불평했다. 그들은 면화 수확을 맡은 인도인들의 '게으름'에 대해, 농장에서 도난당한 면화에 대해, 높은 임금을 요구하는 일꾼들의 파업에 굴복할 수밖에 없었던 사실에 대해, 그리고 자본이 부족하고 토질이 형편없어서 "노동력 확보에 성공할 수 없었던" 사실에 대해 불평했다. 결국 그들은 인도에서는 임금노동이 효과적이지 않다고 판단했다. 어느 플랜테이션 농장주는 "이 지역에서는 어떤 상황에서도 임금노동으로 면화를 재배해서는 수익을 낼 수 없다"고 단언했다.[57]

인도의 경험들에서 확인된 것은 면화 농업이 강압적인 수단에 기대고 있다는 사실이었다. 그럼에도 제조업자들은 노예제가 전폭적으로 신뢰할 수 있는 수단이 아니라는 사실을 깨닫기 시작했다. 제조업자들은 자신들의 자본과 기구들로는 대안 체제를 만들 수 없었기 때문에 국가로 시선을 돌렸다. 그들은 면화에 대한 투자의 안전을 확보하기 위해 토지 소유에 관한 새로운 법률을 요구했다. 또한 시범농장과 농업지식의 축적, 기반시설에 더 많이 투자해줄 것을 요구했으며, 농사꾼이 면화 생산을 늘리고 품질 개량을 포기하지 않을 정도의 세금을 부과할 것을 국가에 요구했다. 영국과 인도의 면화 자본가들은 농촌지역으로 자본이 유입되어야 한다는 사실을 이해했지만 그러기에는 그곳 상황이 너무 위험하다는 점 또한 알고 있었다. 봄베이상공회의소가 주장한 것처럼, "아주 미미한 조치들로는 연간 수백만 파운드에 달할 정도로 생산을 확대하고 전체 주민의 관습과 습성에 변화를 초래할 정도로 급격하게 과정을 개선할 수 없으며, 적용 범위와 효력이 균형을 이루는 명분과 원칙이 작용할 때만 그런 일을 추구할 수 있다."[58]

인도의 면화 재배를 충분히 독려하지 않는다고 비난하는 면제조업자들과 상인들에 맞서, 영국 동인도회사는 스스로를 열심히 변호했다. 1836년에 동인도회사는 스스로를 방어하기 위해《인도의 면화, 실크 원단, 인디고 문화와 제조업에 대해 동인도회사가 취한 조치들에 관한 보고서 및 문건Reports and Documents Connected with the Proceedings of the East-India Company in Regard to the Culture and Manufacture of Cotton-Wool, Raw Silk, and Indigo in India》을 출간했다. 이 책에서 그간 동인도회사가 수행한 많은 활동을 아주 상세히 열거했는데, 도리어 상인들을 비난하며 인도에서 면화를 확보할 때 더 신중을 기해 깨끗하고 잘 조면된 면화만 구매할 것을 요구했다. 그 후로 유럽의 면화상인들과 식민 관료들은 인도산 면화의 품질이 낮고 수출량이 부족한 상황에 대한 책임을 서로에게 떠넘기며 15년의 세월을 보냈다.[59]

이런 모든 논쟁과 노력이 있었음에도 인도산 면화는 세계 시장에서 여전히 아주 작은 역할을 했을 뿐이며, 미국산 면화의 우위에 전혀 위협이 되지 못했다. 다만 중국으로 수출되던 물량이 유럽으로 방향을 틀면서 좀 더 많은 양의 인도산 면화가 영국에 당도한 것은 분명하다. 하지만 인도산 면화 수출의 방향 전환에도 불구하고 영국에서 인도산 면화의 시장점유율은 여전히 낮아서, 1830년대에 7.2%였다가 1850년대에 9.9%로 증가했을 뿐이다. 1839년에 세무국은 "이 작물의 재배에서 원하는 만큼 큰 성공을 거두지 못했다"는 점을 인정했다. 봄베이상공회의소는 면화 수출을 개선하고 확장하려는 노력이 "확실히 실패했다"고 한층 더 단정적으로 진단했다.[60]

시범농장 실패의 한 가지 중요한 원인은 운송 기반시설의 문제였다. 면화는 보통 황소나 수레에 실려 시장으로 운반되었는데, 이는 엄청나게 더디고 값비싼 방식이었다. 1854년 말에 인도에 가설된 철도의 총길이는 55km에 불과했다. 한 전문가는 인도산 면화보다 미국산 면화가 훨씬 더 경쟁력이 있었던 이유로, 미국에 더 나은 철도망이 광범위하게 펼쳐져 있고 탁월한 수로망이 갖춰져 있었기 때문이라고 주장했다. 산업화된 랭커셔를 움직이는 리듬과 면화를 재배하는 인도 농촌 경제 생활의 리듬 사이에 간극이 있었던 것이다. 전쟁자본주의는 다른 지역에서는 신체적 구속에 의지해 이런 간극을 메우는 데 성공했지만 인도에서는 그러지 못했다.[61]

어쩌면 적절한 기반시설의 부족보다 더 심각한 문제는 인도 농사꾼들의 생산방식이 수출용 면화 생산에는 적합하지 않았다는 점일지도 모른다. 인도 농민들은 여전히 유럽의 벼락부자들과 격리된 면화경제 안에 깊숙이 자리 잡고 있었다. 그들은 가내소비를 위해 면화를 생산하여 대부분 자신들의 의복을 만들었다. 영국이 '실패'라고 여겼던 것은 면화 생산의 가능성과 우선순위 사이에 엄청난 간극이 있었음을 보여주는 증거라고 보는 것이 좀 더 유용한 관점이다. 미국 남부에 널리 퍼져 있던 면화의 단일경작방식이 인도에는 알려지지 않았다. 인도의 농사꾼들이 생계작물을 선호했던 것은 환금작물이 실패할 경우 굶게 될까 두려워했기 때문이다. 어느 관찰자는 "자기 농지에 면화와 곡식을 함께 재배하는 농사꾼들은 하나같이 자신의 기호나 이해관계를 따른다"고 설명했다. 영국의 한 면화 수집상은 지역 농민들이 면화를 그저 '부차적인 작물'로 재배했다고 탄식했다.[62]

더욱이 인도인들은 새로운 재배법과 시장을 위해 면화를 가공하는 새로운 방식을 받아들이려 하지 않았다. 다시 말해 그들은 외래 품종을 이용하지 않으려 했고, 계속해서 발을 사용하는 조면기구나 추르카로 씨앗을 분리했다. 면화를 재배하고 가공하는 다른 방식에 대한 이런 저항이 영국 식민주의자들에게는 몹시 화나는 일이었지만, 인도 농사꾼들 관점에서 보면 더없이 합리적인 방식이었다. 인도인들이 사용하는 기술은 지역의 사회환경적 조건에 적합할 뿐만 아니라 토종 종자에도 알맞은 것이었다. 더욱이 인도 농민들의 가장 큰 고객은 현지 방적공들이었고, 농민들은 자신들이 잘 아는 지역시장에서 선호되는 면화 품종을 재배했다. 자본이 극히 부족한 상황에서 생계작물과 입증된 기술, 기존 시장에 집중하는 것은 타당한 일이다. 그리고 유럽의 상인이나 인도의 거래상이 자본을 마련해주는 것도 아니었기 때문에, 자본으로 생산을 혁명적으로 바꾸는 것은 불가능한 일은 아니더라도 어려운 일이었다. 지역에서 프롤레타리아 계급을 창출하는 것은 잠재적으로 생산의 통제권을 확보하는 또 다른 전략이었지만, 확고한 토지소유권이 없이는 불가능하다는 것이 증명되었다. 더욱이 그런 토지소유권은 대규모 수탈과 강력한 국가가 있어야만 성립될 수 있는 것이었다.[63]

인도 농민들이 토지와 자신들의 노동과 면화 생산방식을 장악하고 있었던 것처럼 현지 상인들도 거래망에서 영향력을 유지하며 서양의 침입을 효과적으로 저지하는 동시에 농촌의 혁명적 변화도 제한했다. 인도에서는 1860년대까지도 대리인, 중개상, 중매인, 상인, 수출업자가 면화 거래를 주도했다. "영국의 이해집단이 면화의 판매활동을 수출경제의 필요에 맞게 조정하려 …… 힘을 쏟았음"에도 불구하고 대부분 실패했다. 1842년 봄베이상공회의소는 지속되는 한 가지 문제를 다시 꺼내들었다. "다른 곳에서는 그토록 강력한 힘을 발휘하고 인도에서도 많은 일을 하리라고 기대되었던 영국 자본이 왜 이토록 힘을 쓰지 못하는가?" 그들은 유럽 자본가들에게 불리한 점들을 수없이 열거했다. 봄베이에서 면화를 취급하는 유럽 상인은 고작 40명에 불과해 수적으로 열세였다. 그들은 "기존 상업 상황"에 적응해야 했다. 그들은 "불가피하게 맞닥뜨려야 하는 반대와 부담"을 한탄했다. 또한 그들은 현지 방적공들과 경쟁해야만 했다.[64]

서양 상인들은 면화 재배지역에서 활동할 때에도 온갖 반대에 부딪혔다. "면화 농사꾼들은 서양 상인들을 믿지 말라는 가르침을 받았다. 단지 유럽인이라는 이유로, 면화를 거래할 때 그들에게 현지 상인들에게 받는 것보다 훨씬 더 높은 가격을 요구하라고 배웠다. 서양 상인들은 품삯, 수레 사용료, 창고 임대료, 구르카 병사들*의 급료 등 모든 것에서 웃돈을 물어야 했다." 그 결과 유럽 상인들은 '내륙에서 상관을 운영'하는 일은 꿈도 꿀 수 없었고, 영국 상인들은 "면화를 구매할 때만 이곳 [봄베이] 시장에 왔다." 그들은 면화 생산을 재편하기 위한 선행조건으로 "그 나라의 내륙에 무역 대리인"을 파견하는 일이 필요하다는 점을 알고 있었지만, "구자라트처럼 자신들이 통제할 수 없는 먼 곳에 상관을

---

* 네팔 출신의 용병.

항시 유지하기 위해 건물을 짓고 면화 농사꾼에게 선대할 막대한 자금을 들이는 위험부담"을 원하지 않았다. 1848년 베라르Berar에서 "면화는 보통 면화 생산지를 돌아다니는 행상인들이 소량으로 구매했다." 그렇게 구매된 면화는 대부분 농가에서 직접 방적했고, "그 나라에는 내로라 할 만큼 큰 선금을 지불할 자본가가 없었다." 미국에서와 달리, 그들은 1847~1848년에 영국의 의회위원회가 필요할지 모른다고 생각했던 일, 곧 "농경지에서 일하는 농사꾼들과 유럽 자본가들이 직접 소통하는 일"을 감당할 수 없었다.[65]

요컨대 유럽인들은 인도의 면화 재배에 매우 피상적으로만 파고들었다. 서양 상인들은 인도의 농촌지역에서 면화가 생산되는 방식에 아무런 영향도 끼치지 못했다. 단지 면화가 생산자에게서 해안가의 무역업자에게로 옮겨가는 방식에만 영향을 주었을 뿐이다. 임금노동을 통해 면화를 대규모로 재배하려던 영국의 노력은 완전히 실패했다. 무엇보다도 노동력을 동원할 수 없었던 탓이다. 한 면화 농장 관리인은 이렇게 기록했다. "이 사람들은 마을에 일손이 모자랄 때는 아예 농장에 오려하지도 않는다. 그리고 정부에서 월 단위로 임금을 지급받은 사람들 가운데 일부는 아침에 병이 났다고 하거나 일할 수 없다고 말하고 가버리는데, 저녁에 그 사람들이 마을 사람들을 위해 일하고 있는 모습을 발견하곤 한다."[66]

이런 문제를 고려할 때 강제노동은 매력적인 선택지였다. 실제로 대규모 노예에 기반을 둔 미국 면화 농업 시스템을 염두에 둔 한 상업주재원은 1831년 동인도회사에 "적당한 정도의 강제력"을 사용할 수는 없는지 문의했다. 또 다른 작가도 유럽인들이 "고아원에서 견습공들을" 채용해야 한다고 제안하는가 하면, 또 어떤 이들은 감옥과 죄수의 노동력 활용을 지지하기도 했다. 그러나 이 모든 시도는 무산되었고, 그와 함께 유럽인이 면화 플랜테이션 농장을 운영하려던 시도 역시 흐지부지되었다. 그 대신에 동인도회사는 지역의 지배자들, 권력구조, 재산권 형태, 물품을 생산하는 방식과 계속 씨름해야 했다. 그러나 인도에서 영국이 겪은 어려움은 미국과 인도의 결정적 차이가 무엇인지를 분명하게 보여준다. 미국의 정착민들은 생명과 재산이라는 값비싼 대가를 치르며 아메리카 원주민들과 갈등을 빚었지만, 그 결과 토지와 자원을 완전히 장악했다. 원주민들의 일하는 방식은 더 이상 존속되지 못했고, 지역은 완전히 파괴되었다.[67]

아나톨리아, 서아프리카 등지의 농민들과 마찬가지로 인도의 농민들도 유럽 상인자본의 맹렬한 공격에 저항할 수 있는 하나의 세계를 형성했다. 유럽인들은 이들 지역에서 신체적 구속과 수탈을 강행할 수 없었고, 원료 생산의 대안 체제를 강제할 힘도 부족했기 때문에, 애석하게도 미국에 점점 더 크게 의존할 수밖에 없었다. 다카의 지방행정관이던 던바Dunbar가 1848년에 내린 결론처럼, "토지가 귀하고 임대료가 비싼 이 오래된 인구 밀집 국가에서 농업 고용이라는 방식은 거의 알려진 바 없고, 농업기술도 부족하며, 농업인구의 열정과 진취적 기상 역시 부족하기로 악명이 높다. 생산물의 품질도 너무 낮고, 운송비는 매우 높을 수밖에 없는 이 나라에서 미국과의 경쟁은 가망 없는 일로 보인다."[68]

인도와 대조적으로 이집트에는 강제노동, 토지 수탈, 심지어 노예제의 여지가 있었다. 면화는 무함마드 알리 파샤Muhammad Ali Pasha가 통치하던 시기인 1820년대에 뒤늦게 이집트의 주요 수출 품목으로 부상했다. 1810년대 말 무함마드 알리는 국내 면화산업 활성화를 위한 노력의 일환으로 오래전에 뉴욕으로 이주한 프랑스 직물기술자 루이 알렉시 쥐멜Louis Alexis Jumel을 데려왔다. 쥐멜은 카이로의 한 정원에서 이례적으로 길고 강한 섬유질을 가진 목화를 우연히 발견했다. 쥐멜은 무함마드 알리의 지원을 받아 그 품종을 개량해 1821년에는 이미 '쥐멜 면화'라는 이름의 면화를 상당량 수확하기에 이르렀으며 기존 유럽 시장에서 판로를 찾고 있었다.[69]

무함마드 알리는 이 새로운 수출작물의 잠재력을 알아보고서 곧 전국에 그 면화를 재배하라고 명령했다. 강제성은 이 기획에서 처음부터 중요한 요소였다. 농민들은 해마다 국유 농지에서 '부역', 말하자면 세금에 해당하는 강제노역으로 면화를 재배해야만 했다. 농민들은 자신의 농지에서도 특정한 방식으로만 면화를 재배해 국가에 판매해야 했고, 무보수 노동을 강요당했다. 면화 가격을 정하는 일부터 알렉산드리아의 외국 상인들에게 운송해 판매하는 모든 과정을 이집트 정부가 통제했다. 외국 상인들이 이집트의 면화 재배인들에게서 직접 면화를 구입하는 것은 허용되지 않았다. 그뿐 아니라 노동자들은 목화밭에 물을 대기 위해 수로를 파야 했고, 면화를 시장으로 운송하기 위해 이집트 저지대를 가로지르는 철도 건설에도 동원되었다. 1843년 뉴욕의 《머천트 매거진Merchants' Magazine》과 《커머셜 리뷰Commercial Review》가 "펠라fellah[•]는 자발적으로 면화를 재배하지는 않는다. 아마도 파샤의 포악한 개입이 없다면 면화는 거의 생산되지 않을 것이다"라고 언급했다. 개인이 무력을 행사한 미국과 달리 이집트에서는 전근대적 국가가 농사꾼들에게 무자비한 강제력을 행사했다.[70]

또한 이집트에서는 국가가 면화무역까지 통제했다. 지중해 항구 도시 알렉산드리아의 수출무역을 조직하는 데 외국 상인들이 중심적인 역할을 했는데도, 빚에 허덕이던 미국의 플랜테이션 농장주들과 대조적으

● 이집트, 시리아 등지의 농부를 일컫는 명칭.

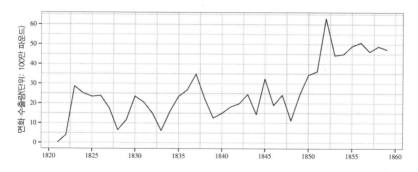

― 1821~1859년 이집트의 면화 수출.

로, 이집트의 지배자들은 자국 내 면화 거래에서 외국 상인들의 영향력을 성공적으로 제한했다. 정부는 고정된 가격에 면화를 수매하고 중앙 창고로 집결시킨 다음 알렉산드리아로 운반했다. 무함마드 알리는 알렉산드리아에서 외국 상인들에게 원료를 제공하는 유일한 판매자였다. 이집트는 1820년대와 1830년대에 각각 10%와 25%의 국가 세입을 면화 판매로 거두어들였다.[71]

유럽 제조업자들의 면화 수급에서 이집트산 면화는 중요한 역할을 했다.[72] 1825년에 영국의 공장 소유주들은 이집트의 면화 수출 덕분에 "최근 다른 모든 산지의 면화 가격이 상승했음에도 불구하고 실질적인 가격인상을 저지할 수 있었다"는 점에 주목했다. 그러나 그들의 주장에 따르면, 이집트산 면화의 가장 중요한 가치는 아메리카산 장섬유 해도면을 대체할 수 있다는 점이었다. 그들은 "어떤 정치적 사건이 발생해 우리가 미국산 면화를 입수할 수 없게 되었을 때" 이집트산 면화가 중요하다고 생각했다.[73]

격변을 일으킬 만한 사건이 실제로 일어나지는 않았다. 그때까지는 그랬다. 그 대신 더없이 낮은 가격으로 미국 남부에서 면화가 쏟아져 나왔다. 유럽의 자본을 동력으로 삼은 노예제와 원주민 토지의 수탈이 결합되어 유럽의 핵심 산업에 쉴 새 없이 원료를 제공했다. 유럽 자본의 대량 유입은 미국의 농촌지역을 변모시켰다. 토지는 재산이 되었고, 아주 멀리 떨어져 있는 노예와 임금노동자, 플랜테이션 농장주와 제조업자, 플랜테이션 농장과 공장이 연결되었다. 산업혁명이 진행되는 동안 서양 세계에서 노예제는 새로운 정치·경제의 핵심이 되었다. 그러나 영토의 팽창과 노동력의 무자비한 지배에 바탕을 둔 이런 자본주의는 본질적으로 불안정했다. 1853년《브레머 한델스블라트Bremer Handelsblatt》에서 언급한 대로, "유럽의 물질적 번영이 면화 가닥에 달려 있다. 노예제가 갑작스럽게 폐지된다면, 면화 생산은 단번에 6분의 5로 줄어들고 면산업은 완전히 몰락할 것이다."[74]

역설적이지만 면화를 갈구하는 제조업자들에게 예기치 않은 곳에서 미처 생각지 못한 이유로 구제책이 나타났다. 경쟁관계인 아시아 면산업의 공정이 서서히 지속적으로 붕괴하면서 면화 수급 문제가 완화된 것이다. 19세기 전반기 내내 세계 전역에는 현지 면직물 기능공들의 강력한 네트워크가 존재했다. 아프리카와 라틴아메리카와 아시아 전역에서는 가정에서 사용하거나 지역시장에 내다 팔기 위해 면화를 재배하는 일이 여전히 중요했다. 사실 19세기 중반까지도 산업 생산으로 유입되는 면화보다 그런 제한적인 유통경로로 유입되는 면화의 양이 더 많았다. 토머스 엘리슨Thomas Ellison이 1886년까지 관찰했던 바에 따르면, 아프리카 여러 지역에서 "토종 면화가 태곳적부터 재배되어 직물로 제조되었으며, 원주민들은 대부분 자신들이 생산한 직물로 옷을 지어 입"었다.[75]

중국에서도 역시 전통적인 생산방식을 고수했다. 중국인 방적·방직공은 대부분 가정에서 작업했으며, 부양가족의 노동에 의지해 거대한 규모의 국내 시장에 지속적으로 면직물을 공급했다. 그들이 소비한 면화는 대부분 그들의 밭이나 이웃의 밭에서 생산된 것이었지만, 상하이 등지의 대형 상인들에게서 면화를 사들이는 이들도 있었다. 1845년 한 영국인 여행객은 "청명한 가을날 이른 아침, 상하이로 향하는 길은 면화 농장의 쿨리cooly 무리로 북적인다"고 했다. 이는 유럽인들이 지배하는 면화의 재배와 생산과 소비 경로와 동떨어진 면화의 세계가 있음을 증언한 것이다. 일본에서도 지역에서 생산된 면화의 국내 거래가 활발했으며, 가정과 작업장에서 많은 양의 면제품이 제조되었다. 그리고 19세기의 처음 몇 해 동안 벵골은 수출용 제조업이 쇠퇴하기 시작했는데도 여전히 많은 양의 면화를 사들였다. 1802년에 벵골은 면화를 317만 5,000kg 조금 넘게 재배했지만, 1,950만 4,000kg이 넘는 양을 주로 서인도 제도에서 수입하면서 핵심 산업의 원료를 두고 중국 및 랭커셔와 경쟁을 벌였다고 한다. 인도는 영국이 정반대의 상황을 기획했는데도 여전히 면화의 다른 유통 경로를 보여주는 가장 뚜렷한 예였다.[76]

그러나 지역과 지방의 무역 네트워크가 지속되기는 했어도 결코 다시 번성하지는 못했다. 관습, 편의성, 이윤으로 특징지어졌던 이들 소규모 무역 네트워크는 지속적으로 확대되는 특성을 지닌 유럽의 자본과 국가 권력 때문에 와해되었다. 사실 미국에서 노예제 덕분에 가능했던 면화의 저렴한 가격이 다른 모든 곳의 현지 제조업을 붕괴시키는 데 일조했을 것이다. 실제로 면화의 제국은 여러 번에 걸쳐 역사가 케렌 비겐Kären Wigen이 '주변부의 형성'이라고 부른 것을 진전시켰다. 텐치 콕스는 1818년에 이미 그 과정을 이해했다. 그가 예리하게 통찰했던 것처럼, 영국 제품을 인도로 수출한 일은 인도인들에게 "팔지도 못할 제품을 만드느니 면화를 재배하는 쪽으로 전환할 것을" 강요했을 것이다. 19세기 내내 유럽인들은 거듭해서 전쟁자본주의의 실효성을 시험했다. 새로운 농경지에 씨를 뿌리고, 더 많은 노예를 강제노동에 동원하고, 추가로 자본을 찾아내는 데 성공할 때마다 그들은 더 저렴한 가격으로 더 많은 면직물을 생산할 수 있었고, 경쟁자들을 주변부로 밀어냈다. 이처럼 면화가 유통되는 각각의 대체 경로들이 파괴되면서 세계 곳곳의 농촌지역에서 세력 균형은 더욱더 위태로워졌고, 더 많은 영토와 더 많은 노동력이 글로벌 경제에 잠식당했다. 앞으로 살펴보겠지만, 전쟁자본주의의 이 탐욕스러운 순환의 가장 큰 아이러니는 그것의 성공이 그 자체의 소멸을 위한 토대를 마련했다는 것이다.[77]

그러나 전쟁자본주의가 소멸할 기미는 아직 멀리 있었다. 19세기 초반, 전쟁자본주의는 하나의 거대하고 침범할 수 없는 기계처럼 보였다. 다시 말해 이윤과 권력을 위한 지독히 효율적인 메커니즘으로 보였다. 영국의 힘이 커지면서 자본가들은 세계 다른 지역에서 새로운 기술과 신체적 구속의 결합에 내재된 가능성을 감지했다. 확실히 수많은 관찰자가 원주민에 대한 호전적인 수탈, 플랜테이션 농장에서 자행되는 폭력, 영국의 여러 산업 도시에서 발생하는 사회적 소요를 염려했다. 그러나 부와 권력은 새로운 세계를 받아들일 수 있는 사람들을 유인했다. 프랑스, 독일, 스위스, 미국, 롬바르디아 등지에서 자본가들은 맨체스터가 만들어놓은 길을 따르려 애썼다.

6 장

산업자본주의, 날개를 펴다

→ 알자스의 산업혁명.

1835년 뉴욕시 제임스 알레어James P. Alair
의 주철소 관리자였던 23세의 존 매스터슨 버크John Masterson Burke는 멕
시코 남부로 항해를 시작했다. 그의 목적지는 작은 식민 도시 바야돌리
드Valladolid였다. 유카탄의 전 총독 돈 페드로 바란다Don Pedro Baranda와 스
코틀랜드인 존 맥그레거John MacGregor가 멕시코에서 처음으로 증기로 가
동되는 면직물 제조 공장을 차렸는데, 버크는 그 공장에서 감독관으로
일할 예정이었다. 바란다와 맥그레거는 '바야돌리드 주변에 자생하는
면화'가 자신들의 모험심을 자극했다고 말했다. 하지만 랭커셔에서 로
웰에 이르는 곳에서 면화로 이윤을 얻었다는 이야기 역시 그들에게 동
기를 부여했음이 분명하다.[1]

운송시설도 전문기술자들도 없는 외딴 지역 바야돌리드에 면방적공
장을 세우는 일은 결코 쉽지 않았다. 1842년에 그곳을 지나던 한 뉴욕
시민은 그 공장을 보고 "깔끔하고 단순하며 기업체다운 모습이 눈에 띈
다"고 묘사했지만, 유카탄에서 면직물 생산에 손을 댄다는 것은 투쟁이

나 마찬가지였다. 버크는 아우로라 유카테카Aurora Yucateca라는 이름의 이 공장을 가동하기 위해 뉴욕에서 기계류(이 기계들을 항구에서 바야돌리드로 옮기기 위해 필요한 수레를 포함해)뿐 아니라 기술자들도 데려왔다. 그 가운데 두 사람은 얼마 지나지 않아 말라리아로 사망했다. 건축가도 없이 기업가들이 직접 공장을 설계한 탓에 "아치가 두 번이나 무너지고 건물 전체도 무너져 내렸다." 그런데도 바란다, 맥그레거, 버크는 마침내 공장을 세워 운영을 시작했다. 그들은 1844년까지 9년 동안, 증기엔진에 사용할 땔감을 대주고 자신들의 옥수수 밭에 면화를 재배한 마야인 가정과 현지 노동자 117명의 도움을 받아 면직물 36만 1,000m를 생산했다. 랭커셔의 기준에서 보면 보잘것없는 양이었지만, 그것은 엄청난 성과였다.[2]

항구 도시 메리다Mérida에서 며칠을 달려야 하는 거리인데다 자본의 원천으로부터 멀리 떨어진 유카탄 반도의 열대 황무지 한복판에 방적공장이 지어졌다는 사실은, 지구 전역에서 기업가들이 면화에 강하게 이끌리고 있었음을 입증한다. 1780년대에 영국에서 수력방적기가 널리 보급된 후 기계화된 면공업은 전 세계로 널리 확산되었다. 처음에는 속도가 더뎠지만 곧 맹렬한 기세로 영국에서 유럽 대륙과 미국으로, 그다음에는 라틴아메리카로, 북아프리카로, 결국에는 인도와 그 너머까지 널리 퍼져나갔다.

이런 이야기는 수백 편, 아니 어쩌면 수천 편까지 들을 수 있을 것이다. 오늘날의 독일 영토인 비젠탈Wiesental을 예로 들어보자. 바덴 공국의 슈바르츠발트Schwarzwald(검은 숲) 정상에서 스위스 바젤Basel시 부근 라인 강변에 이르는 이 계곡 지대는 18세기 이래 수작업을 통한 면방적·방직이 활기차게 돌아가는 중심지였다. 스위스의 자본과 값싼 노동력, 중매인들의 폭넓은 네트워크를 충분히 활용할 수 있었던 바젤의 모험적인 상인들은 농민 수천 명을 동원해 그들의 가정에서 면직물을 생산하게 했다. 여기에 동원된 노동자들은 자식들에게 물려줄 땅이 없던 농민이나, 바젤 같은 도시에서 생산의 확대를 제한하던 길드의 규제에서 벗어나 있는 사람들이었다. 일부 상인들은 노동자를 엄청나게 많이 고용하기 시작했는데, 어린이와 청소년 들에게 방적 일을 강제하는 정부의 규정이 그들에게 도움이 되었다. 슈바르츠발트의 첼Zell 출신으로 선대제를 운영하던 마인라트 몽포르Meinrad Montfort는 1795년에 2,500여 가구에 임금을 지불했다. 가구원 가운데 한두 사람이 방적을 하거나 직물을 짰다. 몽포르와 같은 선대제 상인들은 바젤에서 원면을 받아서는 그곳 상인들에게 완성된 직물을 돌려주었다. 그러면 그들은 라인강 건너편의 독립적인 도시국가인 뮐루즈Mulhouse에서 급속히 성장하던 면직물 염색 공장에 직물을 전달했다. 한 역사가는 스위스의 대규모 투자로 인한 이러한 지역경제 재편을 '비젠탈의 식민화'라고 불렀다.[3]

스위스 기업인들과 바덴의 하청업자들은 이미 18세기에 생산과정을 좀 더 잘 감시하기 위해 일부 방적·방직공을 기계화하지 않은 작업장에 모아놓고 작업을 시켰다. 몽포르는 1774년에 슈타우펜Staufen 인근에 표백 작업장을 세웠다. 노동자들이 가정을 떠나 작업장에서 노동을 하는 상황에 이르자, 영국에서 발명된 최신 면방적 기계들이 비젠탈에 들어오는 것은 시간문제였다. 사실 새뮤얼 그레그가 스티열에서 모험을 감행하고 나서 불과 10년 만인 1794년에 이곳 기업가들은 최초로 기계식 방적공장을 설립했다. 하지만 정부 관료들은 기계화로 실업, 빈곤, 사회적 혼란이 초래될까 염려하며 지속적으로 공장의 폐쇄를 강요했다. 그러나 정부가 산업계에 이런 식으로 개입하는 것은 아주 예외적이고 드문 일이었으며, 1810년에 이르러서는 기계화에 호의적인 정부의 요청으로 근대적인 수력방적기와 뮬방적기가 다시 그 계곡으로 돌아왔다. 슈바르츠발트의 산기슭 아래에서도 세차게 흐르는 평범한 하천에서 동력을 끌어오는 공장들이 가동되자 수작업으로 이루어지는 방적업은 곧 자취를 감추었다. 그러나 면사를 쉽게 입수할 수 있게 되면서 수방직업이 빠르게 발전했고, 그 덕분에 농민들은 한동안 가내에서 일할 수 있었다. 하지만 다른 곳에서와 마찬가지로, 면직물에 대한 수요가 커지고 예비 자본이 늘어나자 이 지역의 방직업도 결국 공장으로 자리를 옮겼다. 한 가지 예를 들어보자. 뮐루즈의 기업인 피터 쾨슐랭Peter Koechlin은 비젠탈의 도시 슈타이넨Steinen(1816), 쇠나우Schönau(1820), 첼(1826)에다 수방직 공장을 설립했다. 면공업이 가내에서 공장으로 자리를 옮기면서 그 어느 때보다도 많은 농민이 치즈 만드는 일은 물론이고 가축 사육도 포기했다. 1860년에 비젠탈에는 16만 대의 기계식 방적기와 8,000대에 이르는 직조기가 있었고, 거의 모두가 공장에 배치되어 있었다. 한때 자급농업의 외딴 전초 기지였던 그 계곡 지대는 또 다른 산업혁명의 지점으로 지도 위에 표시되었다. 유카탄의 바야돌리드와 마찬가지로 비젠탈은 슈바르츠발트와 유카탄 반도의 농민, 미시시피 강변의 노예, 라플라타 리오 강변의 소비자를 잇는 글로벌 자본주의 경제의 소용돌이 속으로 빨려 들어갔다.[4]

이윤에 굶주린 기업가들과 권력을 열망하는 지배자들이 한 팀으로 어우러져 기계화된 면산업을 이끌어가자, 비젠탈과 바야돌리드를 비롯해 그 어느 때보다 많은 세계의 여러 지역이 면산업에 의해 성공적으로 식민화되었다. 제니방적기는 영국에 도입된 지 불과 6년 만인 1771년에 프랑스 루앙Rouen에 도착했다. 1783년에 뒤셀도르프 인근 라팅겐의 하청업자 요한 고트프리트 브뤼겔만Johann Gottfried Brügelmann은 방직공들에게 제공할 실을 충분히 확보하지 못했는데, 몇 년 전만 해도 이는 결코 해결할 수 없는 문제였다. 하지만 그는 2만 5,000라이히스탈러reichstaler를 투자해 80여 명의 노동자를 고용했고, 영국인 전문가의 도움으로 독일어 사용 지역에서 최초로 방적공장을 세웠다. 그로부터 2년 후, 바르셀로나에 최초의 기계식 방적기가 들어왔다. 바르셀로나는 오늘날까지도 카레르 델 코토네르스Carrer del Cotoners(면화인의 거리)라는 이름이 붙은 골목이 있을 만큼 오랜 면산업의 전통을 지닌 도시다. 1789년에 프로비던스의 상인 모지스 브라운Moses Brown은 숙련된 면직물 노동자 새뮤얼 슬레이터Samuel Slater를 고용하고 미국에서 최초로 방적공장을 설립해 성공을 거두었다. 1792년에 벨기에의 기업인 리벤 바위언스Lieven Bauwens가 이런 선례를 따라 트벤테Twente에서 최초로 기계화된 방적공장을 가동했다. 그로부터 1년 뒤에 러시아 재무부의 지원을 받은 미하일 오소프스키Michael Ossovski가 면방적공장을 열어, 러시아에서 처음으로 실을 생산하기 시작했다. 1789년에 작센주 켐니츠Chemnitz의 시민이던 크리스티안 프리드리히 크라이시히Christian Friedrich Kreissig는 제니방적기 25대를 들여와 면방적공장을 열었다. 1801년 스위스 생갈렌St. Gallen에서 지역 상인들의 후원을 받은 마르크 앙투안 펠리스Marc-Antoine Pellis가 스위스 최초의 방적공장인 방적주식회사Spinnerei Aktiengesellschaft를 설립했다. 7년 후 이탈리아 롬바르디아의 마조레 호숫가 인트라시에도 방적기가 등장했다. 1818년에는 무함마드 알리 파샤의 명령에 따라 이집트에서 최초의 기계식 면방적공장이 가동되기 시작했다. 그리고 1830년대 중반에 돈 페드로 바란다는 멕시코 최초로 증기 동력을 사용하는 면방적공장을 세웠다.[5]

영국의 수선공들이 면사 생산을 위해 발명한 혁명적 방법들이 아마도 이전의 어느 제조기술보다도 더 빠른 속도로 확산되었다. 여행객, 정기간행물, 신문, 학회 등이 놀라운 기술적 진보를 떠들썩하게 전한 것이 이런 확산에 확실히 도움을 주었으나, 그보다 훨씬 크게 영향을 미친 것은 도저히 경쟁할 수 없는 가격으로 면사와 완성된 직물을 들여오는 영국 무역상들의 유입이었다. 수백 년 혹은 수천 년 동안 그들 나름의 면직물을 생산했던 세계 각지의 소비자들이 그랬듯이, 유럽과 북아메리카의 소비자들도 인도에서 만든 고가의 면제품을 통해 면이 지닌 놀라운 속성을 알게 되었고 신속하고 열정적으로 반응했다. 더 많은 사람들이 값싼 면직물을 구매하자 더 많은 나라의 기업가들은 자신들도 같은 상품을 만들 수 있다는 확신을 가졌다. 그리고 그런 열정을 지닌 숙련된 수공업자와 모험가, 국가 관료, 이제 막 성장을 시작한 기업가들이 새로운 기계와 기술을 수용했다. 우리가 앞에서 보았듯이, 1800년이면 영국, 프랑스, 독일, 미국, 러시아, 스위스, 네덜란드, 벨기에에 각각 최초로 기계화된 방적공장이 등장했다. 그로부터 20년 뒤에는 새로운 공장들이 합스부르크 제국, 덴마크, 이탈리아, 이집트, 에스파냐에서 실과 직물을 생산했다. 그리고 1860년에 이르면 유럽 전역, 북아메리카, 인도, 멕시코, 브라질에서도 방적공장을 볼 수 있었다. 이해 영국은 여전히 전 세계 방적기의 67.4%를 장악하고 있었다. 기계를 이용한 방적은 세계 곳곳에서 옛 작업 방식을 대체해갔다.[6]

세계의 기계화된 면산업은 지구 전역으로 급속히 확산되었다는 사실뿐 아니라 열띤 성장속도에도 주목할 만했다. 새로운 방적공장들은 기업정신을 가진 이웃들에게, 면공업의 신세계를 지배할 수 있는 사람에게는 이윤이 기다리고 있다는 사실을 보여주었다. 19세기의 첫 10년 동안 유럽 대륙에서 유례를 찾아볼 수 없는 일이었던 벨기에의 산업화는 그런 성장 사례 가운데 하나였다. 1802년 헨트Ghent 중심부에는 고작 227명의 면방적공이 있었지만, 6년 뒤에는 2,000명으로 늘어났을 뿐 아니라, 그 주변 촌락지역에 노동자 1,000명이 더 존재했다.[7] 1800년 독일에는 2만 2,000대의 방적기가 있었지만, 1860년에는 200만 대로 증가했다. 카탈루냐에서도 면산업의 이례적인 성장을 목격할 수 있었으며, 그 결과 1861년이면 방적기가 거의 80만 대에 이르러 '에스파냐 심장부의 작은 영국'이라 일컬어졌다. 러시아에서는 1828년에 9곳의 방적공장이 문을 열었고, 19세기 중반에 이르러 면직물을 자급하기 시작했다. 1843년 멕시코에서는 공장 58곳에서 방적기 2만 5,000대와 직조기 2,600대가 가동되었으며, 1857년 스위스에서는 135만대에 이르는 방적기가 가동되었다. 1828년 알자스 부근에는 50만 대 이상의 기계식 방적기가 있었고 1846년에는 그 수가 85만 9,300대까지 늘었다. 미국에서는 로드아일랜드(1790), 뉴저지(1791), 델라웨어(1785), 뉴햄프셔(1803), 뉴욕(1803), 코네티컷(1804), 메릴랜드(1810)에서 방적공장이 문을 열었다. 미국의 인구조사에 따르면, 1810년 미국에는 269곳의 면직물 제조시설이 있었고, 총 8만 7,000대의 방적기가 가동되었다. 1860년에 방적기 수는 500만 대에 이르렀고, 자본 투자와 노동자 고용, 생산물의 순수가치 측면에서 면공업은 미국의 가장 중요한 제조산업이 되었다.[8]

세계 여러 지역에서 기계화된 면사 생산이 빠르게 확산되고 급격히 성장했다는 사실은 이 새로운 사회 체제가 지닌 감탄할만한 특성을 분명히 보여준다. 가장 확실한 것은 방적업의 기계화가 생산성을 엄청나게 향상시켰다는 점이다. 신기술을 발명할 만큼 자금이 충분했던 이들은 경쟁에서 우위를 차지하면서 수직기를 사용하는 직공들을 압도했다. 스위스에서 기업인들이 뮬방적기를 설치하자 노동자 1인당 생산성이 100배나 증가했다.[9] 1780년 이후 면화의 역사가 일정한 방향으로 흘러갔다는 사실은 놀라운 일이 아니다. 어느 때보다 더 생산적인 기계들이 인간의 노동을 대체해갔고 세계의 가장 중요한 제조산업의 판도를 뒤집었다.

그럼에도 불구하고 그토록 매혹적인 면사를 방적하는 이런 새로운

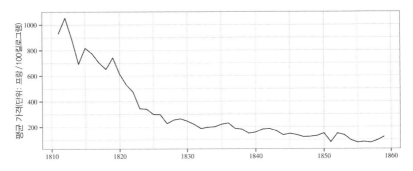

— **면화 가격의 급격한 하락** 1811~1860년 뮐루즈 면사 100kg의 평균 가격.

방식이 왜 전 세계에 더 고르게 확산되지 않았을까? 이 새로운 방식은 왜 유럽 대륙까지 고작 수백 마일을 여행하는 데 10년 넘는 시간이 걸렸을까? 대서양 건너 미국에 도달하는 데 20년, 멕시코와 이집트에 도달하는 데 50년, 또 인도, 일본, 중국, 아르헨티나, 아프리카 대부분의 지역에 도착하는 데 100년이나 걸린 것은 왜일까? 면공업의 산업화가 확산되는 데 이처럼 많은 시간이 걸렸다는 것은 수수께끼 같은 일이다. 산업화는 직물에 대한 인간의 기본적인 수요를 충족시키는 훨씬 더 생산적인 방식이었다. 그리고 면화를 재배하는 데에는 적절한 기후와 토양이 필요하지만 영국의 예에서 보듯 면직물제조에는 둘 중 어느 것도 필요하지 않았다. 사실 기계화된 면공업의 확산은 효율성의 보편적 법칙을 따르는 것처럼 보였지만, 그것이 초래한 결과는 놀랍도록 특별했다.

면직물 생산을 바이러스나 외래침입종의 확산에 비유하자면, 근본 원인을 이해하기 위해서는 저항력이 있는 사람과 그렇지 못한 사람을 구별해야 한다. 사실 이 첨단기계들을 처음 받아들인 국가와 지역에서 이 기계들의 위력을 대충만 살펴보아도 경제·사회·정치의 특징적인 일단의 관계—산업자본주의의 초기 특징—가 드러난다. 우리가 영국의 사례에서 보았듯이 이 산업자본주의는 앞선 수백 년 동안의 삶과 완전히 결별하는 것을 의미했다. 영국의 비전문 수선공들과 하청업자들이 18세기의 마지막 수십 년 동안 면방적의 새로운 방식들과 우연히 마주한 것과 그런 새로운 방식이 몇 배로 확대되어 새로운 질서를 만든 것은 완전히 차원이 다른 일이다. 이에 결정적 역할을 한 것은 새로 출현한 국가의 유형이 지닌 역량이었다.

세계 곳곳에 기계화된 면공업이 확산되면서 나타난 특유의 양상과 산업화를 이해하기 위해, 영국의 선례를 따랐던 곳들이 어떤 속성을 공유하고 있었는지 살펴보자. 먼저 초기에 산업화를 수용한 사람들에게는 모두 이전에 직물공업에 종사한 내력이 있었다. 그런 선행 경험들이 반드시 성공을 보장하지는 않았지만 면직물의 산업화에는 꼭 필요했다. 방적공장이 등장한 지역은 거의 언제나, 모직이든 리넨이든 면화든 관계없이, 그곳이 도시든 농촌이든 관계없이, 그리고 가정에 기반을 두든 작업장에서 일을 했든 아니든 관계없이 이미 활기 넘치는 직물산업이 유지되던 지역이었다. 예를 들어 헨트 부근 지역에서는 리넨 방적·방직의 오랜 전통이 있었던 덕분에 면공업에 투입될 노동력을 훈련시킬 수 있었다. 멕시코의 푸에블라Puebla시에서는 기계식 면방적업이 100년에 걸친 오랜 면방적·방직의 역사라는 확고한 기반 위에 확립되었다. 이 업종에 종사하는 노동자들은 면직물 생산자 길드를 갖추고 있었고, 실제로 기계화가 출현하기 전에 이미 거대한 작업장이 존재했다. 독일에서도 상황은 다르지 않았다. 한 경제학자는 "거의 모든 곳의 근대 면산업은 오랜 가내수공업 위에 확립되었다"는 사실을 발견했다. 러시아의 면직물 제조산업은 18세기 리넨 제조업과 모직물 제조업의 전통으로부터 자양분을 받았다. 미국 뉴잉글랜드의 방적공장은 특히 여성들이 실

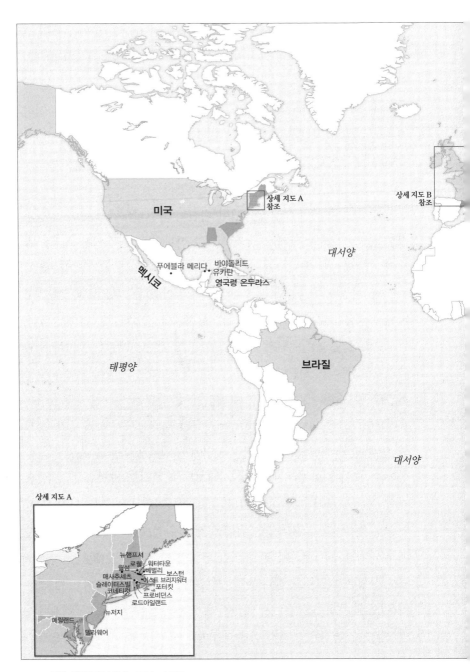

미국

대서양

멕시코

푸에블라 메리다 바야돌리드
유카탄
영국령 온두라스

상세 지도 A
참조

상세 지도 B
참조

태평양

브라질

대서양

상세 지도 A

뉴햄프셔
로웰 워터타운
월섬 베벌리 보스턴
매사추세츠 이스트 브리지워터
슬레이터스빌 포터킷
코네티컷 프로비던스
로드아일랜드
뉴저지

메릴랜드
델라웨어

— 산업자본주의의 확산, 1780~1860.

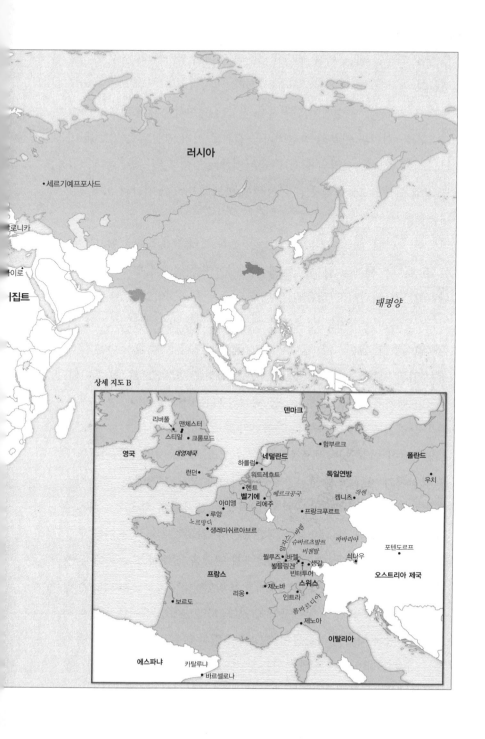

러시아

• 세르기예프포사드

로니카

이로

|집트

태평양

상세 지도 B

덴마크

리버풀• 맨체스터
스티알 • 크롬포드

함부르크•

영국   대영제국

폴란드

하를럼•
워트레흐트•

네덜란드

독일연방

런던•

우치•

헨트•

벨기에

베르크공국

아미앵•
루앙•

리에주•

켐니츠• 작센

노르망디•
생레미쉬르아브르•

프랑크푸르트•

바젤 바일

슈바르츠발트•
비켄탈•

바바리아

뮐루즈• 바젤•
뵐플링겐• 생갈•
빈터투어•

쇠나우•

포텐도르프
•

프랑스

리옹•

제노바•
인트라•

스위스

오스트리아 제국

보르도•

롬바르디아•
제노아•

이탈리아

에스파냐   카탈루냐

바르셀로나•

을 잣고 직물을 짜는 오랜 전통이 있던 지역에서 등장했다. 알자스 직물 생산의 역사는 15세기까지 거슬러 올라간다. 그리고 스위스의 면직물 제조 지역에서는 가정에서 면직물을 만들어온 사람들의 오래되고 특별한 역사가 기술과 자본의 축적이라는 결과로 이어졌다. 많은 경우에 이런 소규모 작업은 산업의 등장에 따른 첫 희생양이 되었지만, 정작 소규모 작업은 강탈자들에게 근대 제조업에 반드시 필요한 기술과 노동력을 제공했다.[10]

또한 오래된 제조 기지의 거점 지역이 각 지역을 산업화로 이끄는 길을 마련했다. 세계의 일부 지역에서는 기본 방적업에서 면직물 생산의 산업화가 전개되었고 직물의 직조와 염색은 부차적이었다. 예를 들면 잉글랜드와 마찬가지로 미국에서 산업화를 이끈 것은 기본 제조업, 즉 방적업이었고, 그런 다음 방직업으로 옮겨 갔으며, 나중에는 다른 곳에서 수입된 면직물에 다채로운 디자인을 입히는 염색업으로 옮겨 갔다. 그러나 벨기에, 러시아, 알자스 등 세계의 다른 여러 지역에서는 번성한 염색 산업 부문에서 면공업의 산업화가 나타났다.[11]

방적업이 이끌었든 염색업이 이끌었든, 이 모든 지역에서 촌락민들은 상인들의 지휘 아래 자신들의 오두막이나 창고, 헛간에서 실을 잣고 옷감을 짰다. 작센 지방의 면방적·방직업은, 15세기에 처음으로 자신들이 사용하기 위해 실과 옷감을 생산했던 농민들로 그 역사가 거슬러 올라간다. 18세기에 상인들은 농부들에게 원면을 선대하고 나중에 완성된 실과 직물을 받는 복잡한 선대제를 확립했다. 이런 작업을 했던 농민들 가운데 일부가 전업 방적공이 되었다. 1799년에는 켐니츠 주변에서 1만 5,000명에 이르는 사람들이 가정에서 면화로 실을 생산했다. 노동자들이 기술을 연마하는 동안 상인들은 자본과 영업에 관련된 전문지식을 쌓아갔다.[12]

스위스에서도 이야기가 비슷하게 전개되었다. 스위스에 기계가 등장하기 오래전부터 수만 명에 이르는 사람들이 면직물을 제조하느라 분주하게 움직였다. 작센 지방에서 그랬듯이, 상인들이 차츰 이런 생산 활동을 정비했다. 값비싼 영국산 면사가 스위스 시장에 홍수처럼 밀려들어오기 시작하자 많은 방적공이 방직공으로 변신했고, 이들은 계속해서 가정을 기반으로 작업했다. 그러나 선대제 상인들 가운데 일부는 면사를 국내에서 생산할 방법을 모색했고, 임금을 받는 노동자들을 공장으로 데려와 새로운 영국산 기계로 작업하게 했다. 처음에는 산업화로 인해 농촌이나 가정의 제조업이 사라지지는 않았다. 그러나 시간이 흐르면서 만족을 모르는 자본의 탐욕과 사상 초유 규모의 기계화 덕분에 임금노동자를 고용하는 대형 공장을 설립할 수 있는 대형 상인들에게로 권력이 이동했다.[13]

이탈리아에서도 롬바르디아의 선대제 체제가 19세기 초 수십 년 동안 공장 생산을 위한 길이 열었다. 서쪽으로 수백 마일 떨어진 카탈루냐에서는 바르셀로나뿐 아니라 촌락지역에서도 초기 면공업이 공장 생산으로 이어졌다. 한편으로는 새로운 자본이 축적되고 다른 한편으로는 공장으로 자리를 옮길 수 있는 촌락의 임금노동자 집단이 창출되면서 공장 생산이 촉진되었다. 또 멕시코의 면산업이 그랬던 것처럼, 네덜란드의 기계화된 면산업은 선대제 네트워크를 기반으로 구축되어 그 안에서 자리잡았다.[14]

적어도 초기에는 가정에서 적용되던 방적 방식이 기계식 방적 작업에도 쉽게 적용될 수 있었다. 예를 들어 18세기 말 일부 방적공들은 수십 년 전 영국에서처럼 그들의 가정이나 소규모 작업장에서 제니방적기를 사용하기 시작했다. 그러나 결국 거의 모든 지역의 상인들이 공장 생산에 집중하게 되었고, 공장에서 이루어지는 생산 공정이 더 잘 감독되

고 표준화되었으며, 수력과 증기력을 이용한 덕분에 생산이 가속화되었다.[15]

늘 그런 것은 아니었지만, 많은 경우에 이런 초창기 면공업 덕분에 산업 생산의 또 다른 필수 요소인 자본에 접근하는 것이 가능했다. 자본에 접근할 수 없었다면, 새로운 방식으로 면직물을 생산할 수 없었을 것이다. 면직물을 생산하려면 건물을 지어야 했고, 하천의 물줄기를 바꿔야 했고, 기계류를 설치해야 했고, 노동자를 고용해야 했고, 원료를 확보해야 했고, 때로는 국경을 넘어 멀리서 전문가를 데려와야 했으니 말이다. 상인들의 가장 일반적인 전략은 면사와 직물의 가내생산을 작은 작업장으로 조직하고 축적한 자본을 재투자하는 것이었다. 예를 들어 스위스에서는 과거 선대제를 운영했던 상인들이 1806년 이후 쇄도하는 기계식 방적공장들에 자금을 제공했다. 그들은 뮬방적기 몇 대를 설치한 작은 공장으로 시작해 서서히 규모를 키워갔다. 18세기 말 카탈루냐에서는 수공업 생산자들이 가정을 기반으로 기계화되지 않은 직물 산업에서 축적한 자본을 사용해 생산을 확대하고 기계화를 시작했다. 알자스에서 면산업은 뮐루즈시의 오래된 상인과 수공업 엘리트들에게서 자본과 기업경영의 기술을 끌어왔다. 러시아에서는 모스크바에서 약 80km 떨어진 작은 도시 세르기예프 포사트Sergiev Posad 출신으로 면공업에 종사하던 프로호로프Prokhorov 집안이 비슷한 궤적을 밟았다. 그들은 예카테리나 2세에 의해 해방된 농노 출신으로 소규모 상인이 되었고, 1843년부터는 캘리코 염색업에 주력했다. 얼마 지나지 않아 그들은 작은 방적공장을 열었고, 회사는 빠르게 성장했다. 그 시대에 가장 역동적인 산업이었던 면공업은 왕성한 사회적 이동의 기회를 제공했다. 스위스의 면제조업자 하인리히 쿤츠Heinrich Kuntz는 임금노동자로 출발했지만, 1859년 그가 사망했을 때에는 방적기 15만 대를 갖추고 노동자 2,000명을 고용

한 방적공장을 여덟 개나 소유하고 있었다.[16]

미국에서도 많은 공장 소유주들이 소상인과 숙련된 수공업자 계층에서 배출되었다. 잉글랜드에서 견습공 생활을 했던 로드아일랜드의 새뮤얼 슬레이터는 다른 공장들을 감독하다가 1789년에 미국으로 이주했다. 미국에 도착한 그는 프로비던스의 상인 모지스 브라운과 동업을 시작했다. 브라운은 서인도 제도에 식량을 공급하는 무역으로 부를 일구었고, 브라운포투켓공장Browns' Pawtucket factory에 기계식 방적업을 도입하려 애쓰고 있었다. 슬레이터는 기억을 더듬어 영국에서 설계된 기계들을 만들었고, 1790년 12월에 처음으로 면사를 생산했다. 열정적이었던 슬레이터는 곧 사업을 확장하고 공장을 증축했으며, 1799년에는 결국 자신의 회사를 설립할 만큼 넉넉히 부를 쌓았다. 1806년 로드아일랜드의 한 농촌지역에는 슬레이터스빌Slatersville이라는 이름이 붙여졌다.[17]

사람들은 이런 성공에 자극을 받았다. "내 사업을 하는 것이 목적이던" 윌리엄 홈스William Holmes는 1813년 동생 존에게 보내는 편지에 방적공장을 세워야 한다고 썼다. 그는 그때 인근 공장들의 설립 비용을 조사했고, 그 결과 최종적으로 방적기 수천 대를 갖춘 큰 공장을 지으려면 약 1만 달러가 들 것이라는 결론을 냈다. 홈스는 "1,000달러를 투입할 준비가 되어 있었다. 공장에서 일하는 방적공 한 사람당 500달러 이상을 투자받을 수 있고, 필요하다면 이 지역에서 투자자를 모을 수 있다"고 했다. 일단 시작하자 이 보잘것없는 투자자들은 "방적기 200대에서 얻은 수익으로 기계를 늘려갈 수" 있었다.[18]

홈스 형제의 예에서 보듯이 초기 방적공장의 설립에는 그리 큰 자본이 필요하지 않았다. 사실 자본에 대한 요구가 너무 미미해서 활용할 수 있는 자본이 제한적이었던 지역들, 예컨대 작센 같은 지역에서도 방적공장이 성행했다. 비록 규모도 작고 시대에 뒤떨어졌으며 값싼 노동력과 값싼 수력에 의존하고 있었을지라도 말이다. 돈 바란다는 1835년에 총 4만 페소라는 크지 않은 액수를 그의 바야돌리드공장에 투자했다. 이 액수는 대략 200명에 달하는 숙련공 연봉에 해당했다. 더 큰 자본을 손에 넣을 수 있는 지역들에서조차 투자 비용은 한정적이고 소소한 액수였다. 뮐루즈를 중심으로 하는 면공업단지의 일부였던 프랑스의 바랭Bas-Rhin주에서 1801년에 면방적공장을 설립하는 데 필요한 평균 자본은 1만 6,216프랑에 불과했고, 기존에 설립된 37개 공장에 평균 81명의 노동자가 고용되었다. 방직공장 설립에는 평균 3만 5,714프랑이 넘게 필요했으나 이는 마차 제작자 한 사람에게 15만 프랑이 필요했던 것이나 무기 제조 시설에 140만 프랑이 필요했던 것과 비교하면 여전히 적은 액수였다. 물론 이후 공장들의 규모가 커져서 19세기 초반에 기계화된 방적공장에는 20만~60만 프랑의 비용이 필요했고 방적, 방직, 염색 공정을 통합한 공장을 설립하는 데에는 150만 프랑 정도의 자본이 필요했다.[19]

때때로 선대제 산업과 소규모 수공업자의 작업장에서 축적된 자본의 재투자와 변동성이 큰 무역업계에서 축적된 거액의 자본을 시험적으로 투자하는 일이 결합되었다. 예외적인 일부 사례로 산업 생산과 결부된 상인자본으로서 거액의 자금이 면공업에 투자되기도 했다. 그런 움직임 가운데 가장 극적인 양상을 보인 이들은 보스턴의 일부 상인들이었다. 그들은 1807~1812년에 영국과 프랑스에 대한 미국의 수출 금지 조치로 갑작스럽게 쓰일 곳을 잃어 파국적인 상황에 처한 자본의 새로운 출구를 찾고자 했다. 1810년 프랜시스 캐벗 로웰Francis Cabot Lowell은 방적공장을 위한 청사진을 얻기 위해 미국을 여행했고, 그가 여행에서 돌아오자마자 그와 일단의 부유한 보스턴 상인들은 '보스턴 제조회사의 동업자간 협약사항'에 서명했다. 그 회사는 보스턴 부근 월섬Waltham에 방적·

방직 통합 공장을 설립했다. 초기 자본으로 40만 달러 또는 200만 프랑이 조금 넘는 돈이 투입되었다. 공장은 저렴하고 낮은 품질의 면제품에 주력했다. 로웰의 공장에서 생산된 면제품 가운데 일부는 인도에서 제조된 면제품을 대체하며 노예들에게 입히기 위해 판매되었다.(차후에 '로웰'은 노예들이 낮은 품질의 면제품을 가리킬 때 사용하는 일반 용어가 되었다). 이 모험적인 사업은 거의 해마다 투자된 자본의 10%를 웃도는 배당을 이끌어내며 수익성이 아주 높다는 것을 입증했다. 1817년에 로웰의 공장은 17%라는 최고 수준의 배당을 지급했다. 1823년에는 로웰의 보스턴 동업자들이 보스턴에서 40km 떨어진 로웰에 추가로 공장을 지었는데, 그 공장은 세계 어느 것보다도 큰 통합 공장이었다. 미국의 상인자본이 제조업으로 유입되는 이런 흐름은 노예제와 산업 사이에 존재하는 또 다른 긴밀한 연관성을 보여주었다. 캐벗, 브라운, 로웰 가문 같은 초기 면산업가들은 모두 노예무역, 서인도 제도의 식량 무역, 노예들이 재배한 농업 생산품 무역과 연결되어 있었다. "채찍의 주인"과 "직기의 주인"이 다시 한 번 긴밀히 연결된 것이다.[20]

보스턴의 동업자들이 투자 규모 면에서는 특별했지만, 그들이 자본을 산업 생산으로 이전한 유일한 대大상인들은 아니었다. 스위스의 상인들은 19세기 초반에 알자스 면산업과 롬바르디아에서 새롭게 떠오르고 있던 면산업 복합체에 투자하기 시작했다. 바르셀로나 상인들도 그 뒤를 따랐다. 멕시코에서도 면공업에 투자된 자본 가운데 더 큰 몫은 섬유 산업이 아니라 무역에서 축적된 부에서 나왔다. 1830~1849년 푸에블라에서 면직물공장을 개업한 자본가 41명 가운데 19명이 상인이었고, 5명이 지주였으며, 단 3명만이 직물업에 종사한 경험을 가지고 있었다.[21]

러시아 면산업의 발전에 중요한 역할을 한 사람들은 대부분 외국의 부유한 상인들이었는데, 루트비히 크누프Ludwig Knoop만큼 상징적인 인물은 없었다. 브레멘Bremen의 평범한 상인 집안에서 태어난 크누프는 면사를 수입하는 맨체스터의 '드 저지 상사de Jersey' 부대표로서 1839년 러시아에 도착했다. 당시 그는 겨우 열여덟 살에 불과했지만 이미 숙련된 면직물 제조기술을 지니고 있었으며 면산업의 밝은 전망에 사로잡혀 있었다. 그로부터 4년 뒤인 1843년, 영국이 1786년부터 시행해온 뮬방적기(혹은 관련 설계도) 등의 직물용 기계 수출 금지조치를 해제했을 때, 크누프는 영국인 기술자, 수리공과 함께 기계들을 러시아로 들여오기 시작했다. 또한 그는 미국산 면화를 수입했고, 해외에서 러시아의 제조업자들을 위해 신용·보증도 제공했다. 1843~1847년에 그는 여덟 곳의 방직공장을 설립해 러시아의 기업인들에게 매도했다. 글로벌 면산업의 급속한 상승세에 편승한 크누프는 러시아에서 가장 눈에 띄는 산업가가 되었다.[22]

이와 같은 자본 동원 방식은 친족망에 기반을 두고 있었다. 예컨대 보스턴의 동업자들도 친척들의 투자에 의지했다. 북부 슐레지엔Schlesien의 프렝켈Fränkel 가문 역시 그러했는데, 그들은 가족의 자본과 경영기술을 효과적으로 끌어들이며 우치Łódź 시내뿐 아니라 그 도시 주변에 방적·방직 및 마무리 공정 시설을 갖춘 거대한 제국을 수립했다. 그러나 새롭게 떠오르는 면산업에서 가족의 중요성을 가장 잘 보여주는 예는 알자스였다. 그곳에서는 돌퓌스Dollfus, 쾨슐랭koechlin, 슐룸베르거Schlumberger 가※ 같은 소수의 가문이 여러 세대에 걸쳐 거대한 지역산업을 지배했다. 이 가문들은 혼맥으로 연결되어 있었다. 뮐루즈의 중요한 면산업에 종사한 기업가로, 사망 당시 소유하고 있던 방적공장과 염색공방의 가치가 130만 프랑에 달했던 피에르 슐룸베르거Pierre Schlumberger에게는 1830~1870년 사이에 성년이 된 자녀와 손주가 22명 있었다. 그 가운데 19명이 결혼했고, 14명이 알자스의 부르주아 계급이 되었으며, 3명은 면

러시아, 루트비히 크누프와 그의 아내

프랑스, 앙드레 쾨슐랭

벨기에, 리벤 바위언스

멕시코, 돈 페드로 바란다

— **기업인들**

화 집결지인 르아브르Le Havre의 부르주아가 되었다. 그리하여 뮐루즈의 직물업계 부르주아들은 특유의 응집력과 조직력을 갖추게 되었으며 (1826년에 그들은 뮐루즈산업회Société Industrielle de Mulhouse를 창설했다), 권력을 통해 자신들의 이해관계에 보탬이 되는 정치·사회·경제적 환경을 조성할 수 있었다. 그들의 후손 가운데 한 사람인 앙드레 쾨슐랭André Koechlin 은 '뮐루즈의 술탄'으로 불렸다.[23]

자본과 직물 생산의 오랜 전통에 접근할 수 있다는 것은 기계를 갖추고 면사와 직물을 제조하는 엄청난 모험을 시작하는 데 필수적인 조건이었다. 그러나 이런 산업화의 전제조건들을 면직물의 산업화로 완전히 전환시킨 촉매제는 영국산 수입품과의 경쟁에서 오는 압박이었다. 영국이 인도산 수입품에 대한 의존을 자국산 제품으로 대체하기 위해 노력했던 것처럼, 세계 전역에서 기계화된 면공업이 수용된 것은 일반적으로 영국산 제품이던 외국산 수입품을 국내 제품으로 대체하기 위해서였다. 1800년이면 영국이 전 세계 시장에 엄청난 양의 면사와 소량의 직물을 수출하던 시기로, 대對 유럽 수출액이 1780~1805년에 20배 이상 증가했다.[24]

처음엔 영국의 제조업자들도 산업자본주의를 확산시킨 중요한 행위자들이었다. 예를 들어 맨체스터의 면제조업자였던 라이트 아미티지Wright Armitage는 그의 동생 이넉Enoch을 미국에 보내, 자신의 회사에서 생산한 제품의 판매를 맡겼다. 맨체스터의 방적 회사인 맥코널 앤드 케네디사 역시 대리인을 통해 함부르크, 스위스, 프랑스에 면사를 판매했고, 1825년에는 라이프치히, 벨파스트, 장크트갈렌, 테살로니키, 프랑크푸르트, 캘커타, 프랑스, 제노아, 제네바 등지에도 판매했다. 그들의 사업 기록을 보면 그들이 그 어느 때보다 다양한 외국 시장에 제품을 공급했다는 사실을 알 수 있다. 1790년대에 그 회사는 거의 독점적으로 영국의 고객들과 서신을 주고받았다. 하지만 1805년에 이르면 독일, 포르투갈, 미국의 동업자들, 그리고 1825년에는 이집트, 프랑스, 인도, 이탈리아, 폴란드, 스위스의 동업자들과도 서신을 주고받았다. 그해 그 회사가 보낸 편지의 30%가 영국 이외 지역으로 향하는 것이었는데, 이를 통해 그들의 판매가 전 지구적 규모였음을 알 수 있다. 맨체스터

— **세계 시장을 장악하다** 존 라이랜즈, 맨체스터, 1869.

최초의 백만장자이자 '산업·상업 제국'을 건설한 존 라이랜즈John Rylands는 방직공으로 경력을 시작해 제조업자로 변신했다. 1820년대에 그는 맨체스터에 커다란 창고를 둔 도매상이 되었으며, 1849년에는 런던에도 창고를 두고 전 세계 시장에 상품을 공급했다.[25]

그러나 결국 공장 소유주들은 제조업에 주력했고 판매는 급성장하는 상인 집단에 맡겼다. 1815년에 이미 맨체스터시에는 면제품 전시장이 1,500개나 있었으며, 소비자들이 이용할 수 있는 제품을 전시했다. 외국 출신 상인들이 맨체스터로 몰려들었다. 예를 들어 나탄 로스차일드Nathan Rothschild는 프랑크푸르트에 있는 자기 아버지 회사로 보낼 직물을 확보하기 위해 1798년에 독일을 떠나 맨체스터에 도착했는데, 그는 맨체스터에 정착한 수많은 독일계 유대인 가운데 첫째가는 인물이었다. 1840년 이후 오스만 제국과 그 밖의 수요를 충족시키기 위해 많은 그리스인이 그 상인 대열에 합류했다. 외국 항구에 터를 잡은 상인들은 부유한 영국 상인들과 은행가들의 신용에 힘입어 영국산 직물 판매의

또 다른 통로가 되었다. 예를 들어 부에노스아이레스에서 급성장한 영국인 상인 단체는 19세기 초부터 영국산 면사와 직물을 판매하는 동시에 가죽과 기타 육류 제품을 수출했다. 휴고 (휴) 댈러스Hugo (Hugh) Dallas 는 그런 면사와 직물을 위탁 수입하면서 "색상, 종류, 품질, 가격에 관한 정보"를 영국 제조업자들에게 보냈고, 그들은 편지가 도착하는 데 6개월이 걸리기도 하는 장거리 시장에 맞추어 제품을 보낼 수 있었다.[26]

남아메리카에서 영국 상인들이 면제품을 거래한 곳은 부에노스아이레스만이 아니었다. 이미 1820년대 중반에 영국의 열 개 회사가 몬테비데오Montevideo에서 활약했고, 리마에서는 스물, 멕시코시티에서는 열넷, 카르타헤나에서는 넷, 리오에서는 여섯, 바이아에서는 스물, 페르남부쿠에서는 열여섯 개의 회사가 활동하고 있었던 것으로 추정된다.[27] 이런 수출의 물결이 세계 곳곳의 기계화되지 않은 면산업을 쓸어버렸다. 유럽 대륙에서 가장 일찍 산업화를 시도한 곳 가운데 하나인 스위스는 1790년대 중반부터 영국에서 기계식 방적으로 제조된 면사를 상당히 많이 수입했다. 그 결과 방적공의 임금이 급격히 하락했다. 스위스의 방적공이 1780년에 하루치 방적 노동으로 5파운드짜리 빵 한 덩이를 살 수 있었다면, 1798년에는 이틀하고도 반나절을 더 노동해야 같은 양의 빵을 살 수 있었다. 1802년 영국 방적공장 대표단은 그들의 제품을 더 큰 단위로 판매하기 위해 스위스를 방문했고, 1820년대 초 스위스의 농촌지역에는 더이상 수방적공들이 남아 있지 않았다. 북서부 유럽 카탈루냐와 독일에도 영국 면제품이 침투했고, 막 성장을 시작한 자본가, 통치자, 관료들에게 기계화된 제조업을 수용하도록 압박했다. 그렇게 하지 못할 경우, 사실상 그것은 면직물의 포기를 의미했으며, 중요한 부의 원천이자 차츰 '근대적인 것'의 전제조건이 되고 있는 현상을 외면한다는 뜻이었다. 앞으로 더 살펴보겠지만, 그럼에도 불구하고 세계 여러 지

역에서 통치자와 자본가 들은 그런 압박에 제대로 대처하지 못했다.[28]

영국과의 경쟁은 완전히 새로운 무언가를 시작하게 한 강력한 동기가 되었지만, 영국의 기술 없이는 경쟁을 시도할 수 있는 제조업자가 없었다. 영국 정부는 기술에 대한 독점권을 유지하려고 노력했지만 기술은 빠르게 확산되었다. 새로운 땅에서 부를 얻으려는 숙련된 영국 노동자와 면화 자본가 들의 유출을 막을 수 없었기 때문이기도 했지만, 개인이나 정부의 지시를 받은 산업스파이 활동이라는 적극적인 프로그램 때문이기도 했다. 영국에서 새로운 기계가 발명되고 그것이 다른 곳으로 확산되기까지는 일반적으로 10년 정도 시간차가 있었다. 네덜란드와 독일 북서부에는 1780년에 잉글랜드에서 제니방적기와 수력방적기가 들어왔지만, 벨기에의 경우 1771년에 제니방적기를 도입한 프랑스에서 방적기가 들어왔다. 1769년 영국에 설치된 수력방적기는 1782년에 리옹에 소개되었고, 새뮤얼 크럼프턴의 뮬방적기는 발명된 지 9년 만인 1788년에야 아미앵에 등장했다. 어느 사회학자는 리처드 아크라이트의 기계가 "상당한 기술적 혁신"이었는데도 "다른 지역들로 쉽게 확산될" 수 있었다고 지적했다.[29]

사실 영국에서 산업혁명이 진행되는 동안 세계 여러 곳의 기업가, 통치자, 관료, 과학자 들이 영국 면산업의 진보를 세심하게 연구했고, 영국에 가서 설계도와 모형, 기계를 얻고자 했다. 공개적으로 기계를 입수할 수 없을 때에는 기업가와 스파이 들이 새로운 기술의 비밀을 암기했고, 1825년에 이주를 제한하는 법이 생겼는데도 영국의 숙련공들을 설득해 여행길에 오르게 했다. 산업스파이 행위는 시대 풍조였다. 예를 들어 벨기에에 기계화된 면방적공장을 도입한 리벤 바위언스Lieven Bauwens는 1798~1799년에 면을 방적하는 새로운 방법을 공부하기 위해 영국을 서른 두 차례나 방문했고, 때로는 숙련된 노동자들을 벨기에로 데려오기도 했다. 1785년 볼티모어의 한 제조업자 단체는 영국에 토머스 서머스Thomas Somers라는 인물을 파견했고, 그는 소형 방적 기계 모형을 가지고 돌아왔다. 장인들이 초기 기계에 대한 지식을 여전히 기억하고 있었던 터라 이러한 기술의 전파가 가능했다. 2,000명 넘는 영국의 장인들이 유럽 대륙으로 일자리를 옮기면서 영국 섬유산업의 핵심 기술들을 가져간 것으로 추정되었다.[30]

어디서나 영국 기업, 영국인 전문가, 영국인 장인 들이 결정적 역할을 했다. 토머스 워딩턴Thomas Waddington과 프레더릭 워딩턴Frederic Waddington 형제는 프랑스 면산업의 중심지 가운데 하나인 노르망디의 생레미쉬르아브르Saint-Rémy-Sur-Avre와 루앙에서 기계화된 방적공장을 설립하는 데 기여했다. 1818년에 뮐루즈의 면직물기업가 니콜라스 슐룸베르거Nicholas Schlumberger는 영국 출신의 기술자 잡 딕슨Job Dixon을 고용해 방적기계를 설치했다. 1831년에 카미유 쾨슐랭Camille Koechlin이 영국을 찾아 제조 기술을 조사하고 그에 관한 설명을 적은 "영국에서 작성된 수첩Cahier des notes faites en Angleterre" 여러 권을 가지고 돌아왔는데, 특히 섬유 염색 기술에 관한 내용이 자세히 담겨 있었다.[31]

새로운 기계는 프랑스에 인접한 스위스로 이동했다. 스위스의 면산업은 기계로 제조한 영국산 면사의 유입으로 큰 타격을 입었다. 1800년 보르도의 스위스 영사 마르크 앙투안 펠리스Marc Antoine Pellis는 스위스 연방정부에 영국제 뮬방적기를 모방하여 만든 프랑스제 복제품을 수입할 것을 요청했다. 그 기계들은 1801년 국유화된 어느 수도원에 설치되었고, 204개의 방추가 가동되었다. 1년 후 빈터투어Winterthur의 상인 몇몇이 뷜플링겐Wülflingen에 위치한 공장에 아크라이트의 방적기 44대를 들여왔다.[32]

아이디어와 기계, 사람들이 퍼져나가면서 랭커셔에서 훨씬 멀리 떨어진 곳들도 혜택을 누렸다. 멕시코는 영국, 그리고 결국에는 미국인 전문가와 기술, 기계에 의지했다. 미국의 면산업은 영국의 기술, 쉴 새 없는 교역과 이민으로 위장한 산업스파이 활동에 의지했다. 알렉산더 해밀턴Alexander Hamilton은 (재무장관이 되기 2년 전인) 1787년에 아크라이트의 기계모형과 도면을 얻기 위해 텐치 콕스와 앤드루 미첼Andrew Mitchell을 영국에 보냈다. 하지만 이 계획은 미첼이 체포되면서 실패했다. 가장 유명한 사건은 프랜시스 캐벗 로웰이 1810년에 '건강상의 이유'를 핑계 삼아 영국에 가는 모험을 감행해, 설계도를 들고 워터타운에 있는 자신의 공장으로 돌아온 일이다. 이주와 첩보 활동의 결합은 신속한 지식의 이전을 의미했다. 하그리브스의 제니 방적기가 대서양을 건너기까지 10년이 걸렸지만, 아크라이트의 조면기는 단 8년이 걸렸다. 아크라이트의 수력방적기는 22년이나 걸려 대서양을 건넜지만, 크럼프턴의 뮬방적기는 11년만에 대서양을 건넜다. 영국의 섬유기계 수출이 마침내 합법화된 1843년 이후 "영국의 공업 회사들이 찾던 시장"은 섬유제조기술이 더 확산되는 데에 또 다른 중요한 요소로 작용했다.[33]

일단 기술이 확산되면 현지의 기계 제작자들은 그 기계들을 신속히 익히고 새로운 목적과 조건에 맞게 개조했다. 작센의 기업가들은 일찍이 1801년에 영국제 기계를 단순화해 설치했고, 1806년에는 스위스의 장인들도 이들의 예를 따랐다. 프랑스는 면산업과 함께 강력한 기계설비 산업을 발전시켰고, 그 기술은 유럽 전역으로 수출되었다. 이어 독일의 솜씨 있는 장인들은 러시아 면산업의 초기 역사에서 중요한 역할을 담당했다. 바르셀로나의 장인들은 1789년에 제니방적기, 1793년에는 아크라이트의 수력방적기를, 1806년에는 크럼프턴의 뮬방적기를 만들었다. 알자스의 제조업자들은 옷감에 색을 정착시키는 염색약과 화학약품을 개발하는 데에서 영국 경쟁자들보다 15년 정도 앞섰다. 그 기술 덕분에 바젤 부근에서 거대한 화학산업과 제약산업이 발전할 수 있었다. 그리고 1831년에 미국인 존 소프John Thorp가 링방적기를 발명했는데, 기계조작이 더 쉽고 작업도 더 신속해져 노동자 1인당 더 많은 면사를 생산했다. 이 기계는 곧 멕시코와 영국으로 널리 확산되었으며, 19세기 말에 일본에도 보급되었는데 이는 대단히 의미심장한 일이었다. 이렇게 산업자본주의의 핵심적 특징인 끊임없는 기술혁신이라는 관념이 영국 국경 너머로 퍼져나갔다. 이는 산업자본주의가 제대로 날개를 달았다는 신호였다.[34]

방적·방직 기술에 접근하는 것은 자본과 선대제 네트워크의 선행 역사, 영국과의 경쟁으로 발생하는 압력, 그리고 더 일반적으로 어떤 종류든 섬유제조업의 역사에 접근하는 것만큼이나 필수적이었다. 파푸아뉴기니, 콩고 분지, 북아메리카 내륙 같은 지역은 이런 조건을 갖추지 못했고, 그래서 영국의 길을 따를 가능성이 없었다. 그러나 세계에 드넓게 분포한 여러 지역들은 이런 조건을 충족했는데도 면공업의 산업화를 이루지 못했다. 오늘날의 나이지리아에 위치한 카노, 일본의 오사카, 인도의 아메다바드가 그랬다. 확실히 아시아와 아프리카의 면산업 대부분은 여전히 영국이 경쟁할 수 있는 영역 밖에 있었기 때문에 새로운 제조기술을 수용하는 일에 압박을 훨씬 덜 받았다. 게다가 인도, 중국, 오스만 제국을 포함해 아시아의 일부 지역에서는 영국의 면사 수출에서 오는 강력한 압력에도 불구하고 기계화가 진행되지 않았다. 그 많은 지역에서 산업화가 진행될 때, 비슷해 보이는 지역들이 산업화되지 않은이유는 무엇일까? 우리는 다른 곳에서 답을 찾아야 한다.

이런 불균등한 발전을 설명하는 한 가지 쉬운 방법은 전쟁자본주의가 유럽 경제에 끼친 유익한 효과로 보는 것이다. 영국의 사례는 식민지의 토지 수탈과 노예제, 무력을 사용한 글로벌 무역 네트워크 진입이 지역의 면산업을 급진적으로 재조정하는 데 얼마나 중요했는지를 보여준다. 산업자본주의가 전쟁자본주의의 이점을 기반으로 성립되었다면, 아마도 면공업의 산업화를 위한 근본적인 전제조건은 전쟁자본주의를 포용하는 능력이었을 것이다. 영국뿐 아니라 프랑스, 네덜란드, 에스파냐의 자본가들도 식민지의 원료와 시장에 의지할 수 있었고 실제로도 그랬다. 더욱이 이는 너무 손쉬운 연결이다. 결국 산업자본주의의 전개에서 전쟁자본주의가 가장 크게 공헌한 것은 저렴한 가격의 원료를 대량으로 공급한 것이다. 그런데 여러 모로 그런 혜택은 쉽게 확산될 수 있었다. 누구든 면화를 구입하러 리버풀로, 아니 뉴올리언스로 가서, 북아메리카의 노예와 원주민에게는 엄청난 압력으로 작용했던 것[노예제와 토지 수탈]의 혜택을 누릴 수 있었기 때문이다. 독일에서 면공업의 산업화가 확산된 것은 어떤가? 스위스에서는? 확실히 상인 가운데 일부는 노예무역으로 부를 얻을 수 있었고, 그들은 노예가 재배한 면화에 쉽게 접근하는 혜택을 누렸다. 그러나 유럽의 산업화에서 중요한 역할을 했던 이 지역들은 식민지를 두지 않았다.

더욱이 널리 확산되어 있던 전쟁자본주의라는 경제모델은 산업화에 필요한 원료, 특히 원면과 여러 중요한 제도적 유산을 제공했지만, 영국의 사례는 다음 단계인 면직물 대량생산에 전쟁자본주의가 적합하지 않다는 것을 보여주었다. 따라서 경제를 조직하는 다른 방식이 등장해야했다. 그리고 그런 모형을 이전하는 일은 기계를 이동시키거나 자본을 동원하는 것보다 훨씬 더 어려웠다.

또한 영국의 사례는 산업화에 유리한 조건을 조성할 수 있는 국가의 역량이 중요하다는 사실을 보여주었다. 법적으로, 관료주의적으로, 기반시설로, 군사적으로 자국 영토에 파고들 수 있는 강력한 국가가 없었다면 산업화는 결단코 불가능했다. 시장을 조성하고, 국내 산업을 보호하고, 세수를 늘릴 도구를 마련하고, 국경을 순찰하고, 임금노동자의 동원을 감안하여 변화를 촉진하는 일이 결정적으로 중요했다. 실제로 자국 면산업을 육성하는 국가의 능력이 산업화된 곳과 산업화되지 않은 곳을 가르는 중요한 기준이라는 것이 드러났다. 근대 국가들을 표시한 지도는 일찍이 면공업의 산업화가 목격되었던 지역을 표시한 지도와 거의 완벽하게 일치한다.

　가장 피상적인 수준에서 보자면, 국가가 중요했던 이유는 방적공장의 설립을 보장하는 여러 조치들을 취함으로써 직접 면공업의 산업화 기획을 추진했기 때문이다. 예를 들어 프랑스 혁명정부는 벨기에 면산업의 선구자 리벤 바위언스에게 대출을 제공했다. 요한 고트프리트 브뤼겔만은 독일어권 최초의 방적공장을 열었을 때 베르크 공국으로부터 독점권과 특권을 부여받았다. 작센에서 카를 프리드리히 베른하르트Karl Friedrich Bernhard와 콘라트 뵐러Conrad Wöhler가 영국인 기술자의 도움을 받아 1799년 최초의 면직물 제조 공장을 열었을 때, 그들은 지방정부로부터 보조금과 한시적 독점권을 받아냈다. 러시아의 면화 사업가 미하일 오소프스키는 1798년에 러시아 최초의 기계화된 방적공장을 열기 위해 정부로부터 대출과 5년간의 독점권을 부여받았고, 덴마크 정부는 새롭게 떠오르는 면산업에 거액의 보조금을 지급하고 외국에서 숙련노동자들을 데려왔다. 심지어 1779년에는 '맨체스터공장'으로 알려진 국왕 특허 면직물 제조사를 창설했다. 이와 마찬가지로 미국에서 알렉산더 해밀턴은 1791년 〈제조업 종목에 관한 보고서〉에서 산업 발전을 위한 정부의 지원정책을 강력히 옹호했다. 그리고 1786년 매사추세츠 주의회는 면직물공장을 설립하기 위해 두 명의 스코틀랜드인, 로버트 바Robert Barr와 알렉산더 바Alexander Barr가 이스트브리지워터로 이주하도록 지원했다. 같은 맥락에서, 1789년에 일단의 보스턴 상인들은 매사추세츠주에서 보조금 500달러를 지원받아 베벌리 면직물 제조 공장을 합병했다. 1830년에 멕시코 연방정부는 공장 설립, 외국산 기계 확보, 외국인 기술 전문가 고용을 위한 대출의 전용 창구로 아비오국영산업개발은행Banco de Avío para Fomento de la Industria Nacional을 설립했으며, 푸에블라 주정부는 1826년에 기계공들이 면직물 생산 기법을 배우고 기계를 구입할 수 있도록 미국과 유럽 방문을 지원했다.[35]

하지만 독점권 제공, 보조금 지원, 전문가 조달은 모두 소소한 개입에 불과했다. 공장 한두 곳을 짓는 데에는 그런 조치들만으로도 충분했지만, 상당한 규모의 국내 면산업을 창출하는 데에는 충분하지 않았다. 나중에 살펴보겠지만, 사실 산업자본주의의 심장부에 혁신적이고 강력한 국가가 없었다면 이런 노력은 쉽게 실패할 수도 있었다. 훨씬 더 중요했던 것은 국내 제조업의 노력을 경쟁에서, 특히 영국과의 경쟁에서 분리시킬 수 있는 국가의 능력이었다. 그러나 19세기 초에는 해외 국경을 단속할 수 있는 국가가 많지 않았다. 특히 유럽에 기계화된 면방적의 첫 번째 물결이 도달할 수 있었던 것은 팽창하고 있던 프랑스 혁명공화국이 유럽 대륙에 영국산 제품이 수입되는 것을 차단하는 조치를 취한 데 따른 직접적인 결과였다. 영국과의 무역을 봉쇄한 조치는 1806년 11월~1814년 4월까지 유럽 대륙 면공업의 산업화에 가장 중요한 추진력을 제공했으며, 초보 단계의 보잘것없는 유럽 면공업이 어엿한 산업으로 번성할 수 있도록 보호했다. 유럽 대륙의 면산업이 탄생을 앞두고 진통을 겪고 있던 바로 그때, 나폴레옹의 대륙 봉쇄령이 잉글랜드 제조업자들의 파괴적 경쟁으로부터 유럽을 격리시켰다. 그리고 프랑스의 방적·방직 사업은 곧 도약했다. 작센도 마찬가지로 영향을 받았다. 켐니츠를 거점으로 한 작센의 면산업은 1806년에 기계식 방적기 1만 3,200대를 보

유하고 있었지만, 대륙 봉쇄령이 끝날 무렵인 1813년에는 방적기 수가 17배 증가했다.[36]

대륙 봉쇄령의 효과는 유럽의 다른 지역에서도 나타났다. 스위스 최초의 기계화된 방적공장이 문을 연 것은 1801년이었지만, 스위스 면산업이 확장된 것은 대륙 봉쇄령이 시행된 1806년 이후 과거 영국인들이 제품을 공급하던 시장에 스위스가 제품을 공급할 수 있게 되면서부터였다. 대륙 봉쇄령이 해제되었을 때 스위스 면산업은 심각한 위기를 겪었다. 유럽 대륙에 다시 한 번 영국산 제품들이 쇄도했기 때문이다. 스위스는 다른 곳에서 시장을 찾아야 했다. 그리고 그들은 차츰 아메리카와 동아시아에서 시장을 찾아나갔다. 벨기에에서도 대륙 봉쇄령이 있기 전에는 헨트의 많은 염색 작업장들이 여전히 인도산 직물을 들여와 작업했다. 1806년의 한 보고서에는 이렇게 쓰여 있다. "이 지역에서 염색 작업에 적합한, 이른바 캘리코 직물을 생산하는 제조업자는 단 두 사람뿐이다. 인도산 직물에 대한 금수禁輸 조치가 내려진다면, 이 지역을 포함한 여러 지역의 수많은 염색 작업 수요를 충족시키기에 충분한 양의 직물을 이곳에서 생산할 수 있을 것이다. 이곳에는 방직공들이 많고 필요한 것을 모두 생산할 수 있는 방적공장이 있기 때문이다." 나폴레옹은 의도치 않게 이런 소원을 이루게 해주었다. 그리고 지역 제조업자들에게는 엄청난 기회가 생겼다. 페푸루 도지사는 불과 1년 뒤에 "산업적 진보가 이보다 더 빠르게 진행되었던 적은 없다"고 보고할 수 있었다. 네덜란드와 합스부르크 제국, 덴마크의 상황도 이와 비슷했다.[37]

잉글랜드와 갈등을 빚던 시기에 미국에서도 일시적이지만 이와 비슷한 동인이 작용했다. 미국에서는 19세기 초 미국에서 일어난 여러 전쟁은 면직물 제조산업에 도움이 되었다. 1807년 영국과 프랑스, 미국 사이의 상품 운송을 차단한 토머스 제퍼슨의 금수 조치에 따라 영국산 수입

직물이 시장에서 자취를 감추었고, 미국의 방적·방직공들에게 새로운 기회를 제공했다. 미국에서는 기계식 방적기의 수가 1807년 8,000대에서 1815년 13만 대로 늘었다. 1806년에 15개이던 방적공장이 1809년에는 62개로 늘었고 25개가 더 건설되고 있었다. 놀랄 만큼 큰 이윤의 증대에 자극을 받은 보스턴의 프랜시스 캐벗 로웰 같은 상인들은 어느 때보다도 많은 자본을 면공업에 투입했다.[38]

나폴레옹의 대륙 봉쇄령은 결정적인 순간에 유럽과 아메리카 면산업의 발전에 활기를 불어넣었다. 그러나 유럽에서 전쟁과 혁명적 격변에 따른 보호 효과는 1815년에 끝이 났다. 나폴레옹이 패배한 후 유럽에 평화가 찾아오자 영국의 면제조업자 라이트 아미티지는 안도하며 이렇게 말했다. "전쟁에서 평화로 갑작스럽게 이행한 탓에 상업이 엄청난 영향을 받았다. …… 우리는 이제 제조업자로서 시장에서 다른 국가들을 몰아내며 그들에 대해 우월감 같은 것을 느끼기 시작했다."[39]

그러나 세계 일부 지역에서는 그 격변의 시기에 면직물 제조산업이 굳건하게 성장했다. 제조업자들은 이제 막 시작된 산업이 '밀려나지' 않게 보호하도록 정부에 압력을 넣고, 산업을 한층 더 발전시킬 관심과 능력을 국가에 불어넣기에 충분한 정치적 영향력을 확보했다. 아미티지의 판단이 모두 맞지는 않았던 것이다. 미국에서는 1816년에 새로운 관세가 도입되어 면산업을 어느 정도 보호했다. 세계 다른 지역들도 미국의 예를 따랐다. 프랑스에서는 대륙 봉쇄령이 해제된 후 '엄청나게 높은 관세'가 도입되었다. 프로이센과 오스트리아는 1818년에, 러시아는 1820년, 프랑스는 1822년, 이탈리아는 1824년, 바이에른과 뷔르템베르크는 1826년에 면제품에 수입관세를 부과했다. 1842년 프랑스는 모든 면제품의 수입을 금지했다. 보호주의는 한때 전쟁의 촉매제였지만, 이제는 새로 산업화를 추진하는 국가들의 영구적인 특징이 되었다. 이 점에서 이

국가들은 인도와의 경쟁에서 자국 시장을 보호했던 영국의 선례를 충실히 따랐다.[40]

면제조업자들은 보호조치를 요구하는 일에 앞장섰다. 심지어 1846년 말 산업의 태동기를 지나 훌쩍 성장한 알자스 기업가들의 경우, 면제조업자인 에밀 돌퓌와 슐룸베르거의 주도로 국가산업보호협회 뮐루즈위원회를 창설하고 강력한 보호정책을 옹호했다. 라인강 건너편 바덴에서는 1820년 이후 면방적업자들이 관세를 종용했다. 작센의 방적업자들도 보호관세를 요구했다. 1834년 1월 1일 작센이 독일관세동맹의 일원이 되었을 때, 방적업자들은 훨씬 더 큰 내수시장을 얻었고 추가적인 관세 보호 혜택을 받았다. 1846년 관세동맹에 가입한 국가들의 관세 협상에 뷔르템베르크 대표로 참석했던 프리드리히 리스트Friedrich List는, 대서양 너머의 알렉산더 해밀턴과 마찬가지로 "제조업자들의 가치는 정치적 관점에서 측정[되어야] 한다"고 믿었다. 그는 무엇보다도 국가의 전쟁 동원 능력에 산업이 중요하다고 주장했다. 카탈루냐, 합스부르크, 러시아, 이탈리아, 프랑스의 통치자들은 이러한 '정치적 관점'을 공유했다. 그리하여 다양한 관세와 보호조치를 통해 새롭게 떠오르는 면산업을 보호했고 면산업에 종사하는 기업가들은 하나같이 더 높은 수입관세를 요구했다.[41]

영국에서 멀리 떨어진 곳에서도 면공업의 산업화를 좌우한 것은 전시에는 물론이고 평화시기에도 자국 산업을 보호하는 정부의 능력이었다. 1816년 미국 매사추세츠의 지배층과 월섬공장의 설립자 프랜시스 캐벗 로웰은 연방정부의 결정에 영향력을 행사해 낮은 등급의 면제품에 보호관세를 부과하게 했다. 그 결과 고급 품질의 영국산 면직물 수입은 계속 허용되었지만, 값싼 면제품 시장은 허용되지 않았다. 로웰과 그의 동료들이 경쟁을 벌였던(사실 그들은 대부분의 활동 기간 동안 인도에서 거친 면제품을 수입하는데 주력했다) 거친 인도산 제품에는 1846년까지 가격의 60~84%의 관세가 부과되었고, 1846년에 이르면 미국의 면산업은 인도산 제품과의 경쟁에서 이길 수 있을 만큼 발전했다.[42]

미국 면산업과 마찬가지로 멕시코의 면산업도 보호주의의 결실이었다. 1821년 에스파냐로부터 독립한 이후 멕시코 정치 지도자들은 산업화를 추구했다. 멕시코에서는 오래전부터 기계화되지 않은 섬유 산업이 번성했지만, 영국과 미국에서 값싸게 제조된 원사와 직물의 압박을 받고 있었다. 신생 독립국 멕시코는 관세를 높이거나 심지어는 면직물과 원사의 수입을 금지하여 이 문제를 해결하고자 했다. 멕시코에게 독립은 세계 다른 지역을 휩쓴 산업화의 거대한 물결을 피할 수 있음을 의미했다. 멕시코 최초였지만 마지막이 될 기계화된 방적공장이 1835년 푸에블라에서 문을 열었다. 그 공장은 에스테반 데 안투냐노Esteban de Antuñano가 설립하여 직접 운영했다. 그리고 수입 면제품으로부터 국내 산업을 보호해달라고 정부에 가장 강력하게 요구한 사람이 바로 그였다. 미국의 텐치 콕스, 독일의 프리드리히 리스트와 마찬가지로 안투냐노는 수입을 대체하는 산업화가 부와 정치적 안정으로 향하는 길이라고 주장했다. 1828년에 면공업의 도시 푸에블라에서 발생한 폭동 같은 사회적 불안에 대한 우려와 산업자본가들의 압박에 대응하기 위해, 멕시코 정부는 1829년에 새로운 관세법을 통과시켜 낮은 품질의 면직물, 정확히 말해 멕시코에서 제조할 수 있는 종류의 면직물 수입을 금지시켰다. 새로운 관세법은 성공적이었으며, 그리하여 1831년에는 새로운 방적공장들이 문을 열었다. 안투냐노는 계속해서 유창한 언변으로 관세를 지지했고, 관세를 낮추는 일은 지금껏 이룬 모든 것을 '일거에' 파괴할 것이라고 경고했다. 또 자신의 공장이 존립하는 것은 순전히 상대적으로 거친 면사인 21호 이하의 면사 수입을 금지한 덕분이라고 주장했다.

멕시코: 에스테반 데 안투냐노   독일: 프리드리히 리스트

미국: 텐치 콕스

— 국가산업을 구축한 인물들

멕시코의 보호주의는 약화되지 않고 지속되었다. 1837년에 또 한 번 값싼 면사와 직물의 수입을 금지했다. 1843년에는 면직물 수입 금지 조항이 멕시코 헌법에 기재되었다. 그 결과 1837년에 네 개에 불과했던 멕시코 방적공장은 1847년에 50개 이상으로 늘어났다.[43]

멕시코가 산업자본주의로 향하는 데에는 견고하게 조직되고 의식적이며 자신들의 이해관계를 국가정책의 핵심으로 만들 수 있을 뿐 아니라 실질적으로 국가를 지배했던 체계적인 면산업가들의 역할이 필수적이었다. 브라질과 달리 멕시코에서 자국 산업을 장려하는 정책은 민족주의 성향의 정치가들에게는 매우 중요한 사안이었다. 멕시코의 한 역사가는 "시장을 감시하고자 하는 국가의 의지와 역량에 제조업자들의 번영이 걸려 있다"고 말했다. 그러므로 멕시코의 독립은 대단히 중요했다. 1870년, 면직물을 주로 생산하는 멕시코의 직물 생산자들은 국내 시장에 60%의 직물을 공급했지만, 인도의 경우에는 35~42%, 오스만 제국의 경우에는 11~38%에 불과했다. 수입을 대체하기 위한 그들만의 일관성 있고 강력한 정치적 개입으로, 멕시코는 남반구의 다른 개발도상국들과 다른 위치에 설 수 있게 되었다.[44]

성공적으로 산업자본주의를 조성하는 문제의 관건은 기업의 진취성만큼이나 제조업이 번성할 수 있는 틀을 마련하는 국가 역량에 있었다. 국가는 보호주의에 더해 내부 관세를 철폐함으로써 시장을 조성하는 데에도 중요한 역할을 했다. 1834년 독일에서 관세동맹이 만들어지고 그 지역의 무역을 특징짓던 무수한 국경 통과와 관세 지급이 사라졌을 때처럼, 카탈루냐의 면산업도 에스파냐 시장에서 내부 관세의 장벽을 철폐함으로써 혜택을 입었다. 러시아에서 주로 군대에 납품했던 것처럼 때로는 정부가 중요한 고객이 되었다. 그러나 무엇보다 중요했던 것은 19세기 초에 도로와 운하, 철도를 건설한 일이었다. 이 같은 기반 조성

사업 덕분에 상품, 사람, 정보의 유통이 매우 용이해졌고, 그래서 더 크고 훨씬 더 통합된 시장이 출현할 수 있었다.[45]

영국의 초기 성공을 직접 목격한 경쟁 국가들과 면화 자본가들은 해외 시장, 대개의 경우 식민지 시장을 정복하는 일에서 국익을 발견했고, 그들이 따를 수 있는 예를 따랐다. 물론 영국도 시장을 장악하기 위해, 부분적으로는 유럽 대륙과 미국의 보호주의정책을 비켜가기 위해 제국주의적 팽창에 의지했다. 해외 판매에서 큰 수익을 거뒀던 카탈루냐의 면산업 역시 마찬가지였다. 어느 역사가에 따르면 아메리카 대륙이 "1770년대 후반 이후 [카탈루냐]공국의 생산자들에게는 가장 역동적인 시장"을 형성했을 만큼 카탈루냐의 해외 판매 수익은 막대했다. 그것은 거의 완벽한 상호보완 관계였다. 국가의 지원을 받아 신세계에서 생산한 원면이 점점 더 많이 바르셀로나의 항구로 쏟아져 들어오는 동안 카탈루냐의 면산업은 면직물을 쏟아냈다.[46] 그리고 다른 곳에서 그랬듯이 식민지 영토와 산업화를 결합시키는 새로운 형식들이 나타났다.[47]

그 결과 카탈루냐의 산업 성장률은 영국의 산업 성장률과 엇비슷해졌다. 하지만 그러한 성장률을 보인 것은 1810년대까지였다. 이후 라틴아메리카에서 에스파냐의 소유지가 크게 줄어들었기 때문이다. 한때 에스파냐는 유럽에서 가장 급속히 성장하는 면산업을 보유했지만 에스파냐 생산자들은 자신들이 점점 더 불리한 위치에 놓이고 있다는 것을 깨달았다. 식민지 시장의 이점을 누릴 수 없게 된 상인들은 아메리카 대륙의 옛 에스파냐 영토는 물론 다른 곳에서도 값싼 영국 상품과 경쟁하기 어려웠다. 면산업의 전망이 어두워지자 상인들의 자본이 빠져나갔고, 면직물 시장 조성에 국가의 후원이 중요하다는 사실을 확인했다.[48]

프랑스와 네덜란드의 산업은 에스파냐가 누렸던 것과 같은 식민지의 혜택을 훨씬 더 오랫동안 누렸다. 프랑스의 제조업자들은 아프리카, 아시아, 아메리카의 식민제국 안에서 중요한 시장을 찾았다. 1816년 네덜란드는 자와를 되찾았고, 1829년에 자와에 수입된 면제품의 68%가 네덜란드에서 제조된 것이었다. 이는 특히 1824년에 네덜란드 국왕 빌렘 1세가 자와에서 영국인 제조업자들을 몰아내기 위해 발효한 직물에 관한 칙령이 보호주의 법령으로서 효과를 발휘한 결과였다. 또한 국왕은 주요 투자자로서 네덜란드상업회사Nederlandsche Handel-Maatschappij라는 일종의 국영기업을 설립해 네덜란드의 면제품을 사들인 뒤 자와에서 판매하고 자와의 상품들을 네덜란드로 들여왔다. 그 결과 트벤테의 면산업은 사실상 자와 시장에 철저히 의존하게 되었다.[49]

1815년 빈 회의의 결과로 벨기에가 네덜란드 공화국의 일부가 되자, 벨기에는 네덜란드의 아시아 시장에 새롭게 접근할 수 있게 되었고, 곧 엄청난 이윤을 얻었다. 이 시장들이 벨기에에게 매우 중요해졌다. 따라서 1830년 네덜란드로부터 독립해 네덜란드 식민지 시장에 접근할 수 없게 되자, 벨기에는 심각한 위기에 빠졌다. 벨기에의 회사들 중에는 네덜란드 식민지에 수출을 계속하기 위해 짐을 챙겨 네덜란드로 떠나는 곳도 있었다. 토머스 윌슨Thoms Wilson과 장 바티스트 테오도르 프레비네르Jean-Baptiste Theodore Prévinaire도 1834년에 네덜란드 서부의 하를럼으로 이주했다.[50]

심지어 식민지가 없는 나라의 제조업자들도 다른 나라의 식민주의 팽창으로 혜택을 보았다. 스위스 제조업자들은 영국 제조업자들과 마찬가지로 이탈리아와 독일의 면산업에 투자하거나 멀리 떨어진 시장을 찾음으로써 그들 주변에서 확대되는 보호주의 움직임에 대응했다. 1850년대와 1860년대 스위스 제조업자들에게는, 예컨대 인도, 동지중해, 동아시아에 스위스 산 면제품을 판매하는 빈터투어의 무역상 게브뤼더 폴카르트Gebrüder Volkart사처럼 동남아시아에 판매할 납결염색 섬유의 생산과

이슬람 세계에 판매할 면 두건의 생산이 중요했다. [51]

멀리 떨어진 영토를 시장으로 만드는 능력이 이미 존재했다하더라도 아프리카, 아시아, 남아메리카 등 여러 지역에서 그런 능력은 훨씬 뒤에나 발휘되었다. 숙련된 기능, 시장, 자본, 기술력 등의 요소는 세계의 여러 지역에서 확보할 수 있는 것들이었지만, 자국 시장을 보호하고 장거리 시장 접근을 도우며 제조업에 유리한 기반시설을 갖출 수 있는 국가의 존재는 초기 산업을 주도하던 이들에게 나타나는 고유한 특징이었다. 그리고 이처럼 점점 더 강력해진 국가는 (농촌지역에서 원형적 자본주의의 종속성과 생계에 접근할 수 있는 대체수단을 약화시킴으로써 가능했던) 임금노동을 위한 시장부터 법과 행정적 기반이 만들어낸 재산권에 이르기까지 산업자본주의를 지탱하는 데 필요한 제도를 마련했다.

그 결과 모든 것 가운데 가장 혁명적인 발명품인 산업자본주의는 특정 경로로만 움직였다. 영국의 선례를 따를 수 있었던 자본가들은 보통, 자국의 제조업 성장이 국력을 강화할 방법이라고 여기며 산업화 기획을 포용한 국가에서 활동했다. 그 과정에서 경제활동과 국가의 영토 사이에 새로운 관계가 수립되었다. 이런 국가들에서 통치자, 관료, 자본가는 장기적 자본 투자, 노동력 동원, 확장되는 국내 시장과 해외 시장, 지구 경제의 불확실성으로부터 자국 산업을 보호할 수 있는 조건을 창출하기 위해 법과 관료주의, 군사력과 기반시설을 통해 영토의 경계 안으로 파고들 수 있었다. 신생 국민국가의 정치인들에게는 영국식 모델을 기반으로 산업사회를 건설할지를 고려하는 일이 어렵지 않았다. 산업은 부의 원천이자 탁월한 전쟁 도구이기도 했다. 경쟁적인 국가 체제 안에서 살아남으려면 번영이 시급한 문제였고, 산업자본주의를 받아들이는 것은 번영에 도달하는 확실한 길로 보였다. 일부 자본가들은 제조업에 투자하는 것이 부를 향해 나아가는 전도유망한 길이라 확신했다. 그리고 그들은 때로 자국 정부를 압박해 그들의 경쟁자, 곧 토지에 기반을 둔 지배층의 이해관계와 성향에 맞서서 산업자본주의를 조성하는 데 힘을 쏟게 했다. 면공업의 산업화 대열에 합류하고, 글로벌 경제의 역사에서 '대분기'의 중심에 합류하기 위해서는 자본가들의 성공이 관건이었다. 그리고 앞으로 살펴보겠지만, 이런 산업자본주의는 결국 1860년대에 크나큰 위기를 겪으면서 전쟁자본주의에 대한 의존도를 낮출 만큼 충분히 강해졌다.[52]

이와 같이 면공업의 산업화는 자본가들의 기획일 뿐 아니라 각국 정부의 기획이기도 했다. 가장 놀라운 점은 자국의 면공업을 결정하고 보호할 수 있는 국가의 출현이 수출에 의존하던 영국의 산업을 황폐화시키지 못했다는 사실이다. 오히려 영국의 면공업은 1815년 이후 급격히 성장했다. 19세기 전반기에 영국의 면직물 생산은 매해 5%씩 증가했고, 수출은 6.3%씩 증가했다. 영국 기업가들은 1820년에 방적기 700만 대를, 1850년에는 2,100만 대를 가동했다. 1830년대에는 방직업도 빠르게 기계화되었고, 역직기가 널리 보급되면서 방직공들도 공장으로 자리를 옮겼다. 1835년에 영국 제도에는 1,500명 가량의 면제조업자(그들 중에는 여러 개의 방적공장을 소유한 사람도 있었다)가 있었고, 1860년에 이르면 4,000명의 제조업자가 방적공장을 소유했다. 영국에서 면제품이 매우 중요해지자, 1856년 맨체스터상공회의소는 면산업이 "범위나 유용성 면에서 어떤 제조업의 추격도 허락하지 않는다"고 묘사했다.[53]

다른 나라들의 보호주의에 직면한 영국이 성공을 거둘 수 있었던 비결은 두 가지였다. 먼저, 영국의 제조업자들은 고급 품질의 면사와 직물에 집중했다. 기술적으로 덜 발달한 다른 곳의 제조업자들과 경쟁을 벌일 필요가 없었기 때문이다. 그리고 영국은 세계 곳곳에 위치한 식민지나 반식민지 시장에 점점 더 크게 의존했다. 1850년대에 접어들면서 영국에서 생산된 전체 면제품의 절반 이상이 수출되었다. 1820~1850년 아시아와 라틴아메리카는 가장 급속하게 성장하는 수출 시장이었고, 특히 아시아의 점유율이 빠르게 증가했다. 영국의 면제품 무역은 자국의 신흥 산업을 보호할 수 있는 강력한 국가들을 피하면서 그 대신 영국의 맹렬한 공격에 정치적으로 저항할 수 없는 시장들로 향했다.[54]

전쟁자본주의의 탐욕과 불균형한 결과는 그 와중에 엄청난 다양성을 초래했다. 세력이 강화되는 국가가 있었는가 하면, 일부 국가들은 세력이 약화되어서 기반시설, 행정 역량, 산업 보호에 투자하지 못했다. 어떤 국가들은 대량으로 상품을 제조할 수 있는 놀라운 능력을 갖추게 되었는가 하면, 어떤 국가들은 산업화 이전의 가정에 기반을 둔 생산에 머물러 있었다. 한편으로는 노예제, 토지 약탈, 무력을 동원한 무역과 식민지 확대를 통해 면화를 재배할 방대한 새 영토가 열리고 노동력이 확보되었으며 활력 넘치는 새로운 시장이 창출되었다. 그리고 그런 요소들은 글로벌 시장에서 상품의 내적 흐름을 자극했고, 그렇게 해서 산업화 기획을 세계에서 특권적인 소수 지역의 전유물로 만들어 경쟁을 제한하는 데 도움이 되었다. 국가를 강화하는 근원으로 자리하고 있으면서 오직 소수의 국가들만이 산업자본주의의 제도를 조성할 수 있게 했던 것도 바로 그런 요소들이었다. 지구 전체로 뻗어나간 유럽 국가 권력의 제국주의적 팽창과 유럽 내에서 국가 권력의 강화는 비록 짧은 순간이었지만 결정적으로 서로를 지탱했다.[55] 그와 반대로, 세계 다른 지역들에서는 식민주의적 팽창과 노예무역, 노예제도가 국가의 역량을 약화시켜 최첨단 기계를 동반한 산업자본주의가 뿌리내릴 수 있는 가능성을 제한했다.

면산업에 대한 전쟁자본주의의 이중적 효과를 가장 잘 보여준 곳은 이집트였다. 오랫동안 여러 측면에서 예외적이었던 이 북아프리카 국가는, 처음에는 아프리카 대륙과 결별하고 유럽의 궤적을 따르는 듯했다. 이집트에는 면공업의 산업화가 성공을 거둘 수 있는 선행조건들이 상당부분 갖춰져 있었다. 자국에서 재배한 대량의 면화에 접근할 수 있었고, 오래된 직물 생산의 역사가 있었으며, 산업혁명 이전 이집트 주요 도시들의 가장 중요한 수공업이 바로 면공업이었다. 이집트는 18세기에 이미 프랑스에 직물을 수출했다.[56] 또한 영국의 기술력에도 접근할 수 있었다. 게다가 이집트인들은 충분한 자본도 동원할 수 있었다. 그러나 이집트는 1850년까지도 산업혁명을 경험한 소수의 국가 대열에 합류하지 못했다.

이집트의 출발은 꽤 전도유망했다. 중상주의의 영향을 받은 이집트의 통치자 무함마드 알리 파샤는 제조업을 확립하는 데 열중했다. 그는 산업화를 통해 이집트의 군사력과 독립성이 강화되기를 기대했다. 유럽대륙의 경쟁자들과 마찬가지로, 무함마드 알리는 수입을 대체하기 위한 기획에 착수했다. 19세기 초 이집트는 유럽에 상당량의 곡물을 수출했는데, 영국 상인들이 수입직물로 곡물 값을 치르는 바람에 이집트의 직물공장들이 타격을 입었다. 무함마드 알리는 이에 대응해 영국 상품의 수입을 금지하고 오랜 세월 섬유 무역에 종사하고 있던 시리아 기독교인들에게 공장 설립을 장려했다. 1815년 이집트에 정부로부터 독점권을 부여받은 최초의 면직물공장이 문을 열었다. 3년 뒤인 1818년에는 최초의 기계화된 방적공장이 가동을 시작했고, 곧이어 또 다른 공장들이 문을 열었다.[57]

다른 곳들과 마찬가지로, 이집트의 산업화 기술들은 영국에서 직간접적으로 들어왔다. 무함마드 알리는 처음에는 영국의 기술진을 동원해 영국에서 도입한 방적기를 설치했다. 그러나 나중에는 프랑스 기술자

— 전쟁자본주의와 산업화의 결합
무함마드 알리 파샤.

를 데려와 자국의 기계 산업을 시작했다.[58] 그때까지 이집트 면공업의 산업화는 유럽 대륙과 미국, 멕시코의 노선을 따랐다.

이집트의 산업화 노력은 1830년대 중반에 최고조에 이르렀다. 1835년에 30곳의 면직물공장에서 1만 5,000~2만 명의 노동자가 일하며 거의 4만 대에 이르는 방적기를 가동했다. 이 공장들에서 생산된 제품은 대부분 자국 시장에 공급되었지만, 나머지 직물은 서아시아를 거쳐 시리아와 아나톨리아뿐 아니라 수단과 인도 시장으로까지 수출되었다. 독일의 《다스 아우스란트Das Ausland》지는 1831년에 이집트 면산업을 관찰한 후 이렇게 논평했다. "19세기 이래 나폴레옹과 유럽 대륙 전체가 영국과의 면직물 생산 경쟁에서 이기기 위해 온갖 노력을 기울였지만 끝내 성공하지 못했다. 그런데 야만인에 불과한 자가 단 몇 해 만에 그걸 해내다니, 흥미로운 일이다." 이런 평가는 과장된 것이 아니다. 한 전문가는 1830년대 이집트의 1인당 면방적기 수가 세계 5위 수준이었다고 추정했다. 당시 인구 1,000명당 기계식 방적기의 수가 영국은 588대, 스위스는 265대, 미국은 97대, 프랑스는 90대, 멕시코는 17대였는데, 이집트는 약 80대였다.[59]

의미심장한 점은 영국의 정부 관료들이 그런 '야만인'에게 시장을 잃을까봐 염려하기 시작했다는 사실이다. 영국 하원의원을 지냈고 나중에 홍콩 총독이 된 존 보링 경Sir John Bowring은 1837년 여행 중에 이집트를 지나면서 영국산 면직물이 "전에는 아주 많이 사용되었지만 이제는 이집트로 거의 보내지지 않는데, 이는 이집트의 새로운 공장에서 모슬린이 직조되기 때문이다"라고 말했다. 그리고 그런 염려는 다른 시장에서도 제기되었다. 봄베이의《아시아 저널Asiatic Journal》은 1831년에 "아랍 선박 한 대가 …… 홍해에서 카이로 부근 공장에서 제조된 알리 파샤의 면사 제품 250꾸러미를 가져왔다. 그는 수라트에 500꾸러미를 보냈고 캘커타에는 1,000꾸러미를 보냈으며, 다음 절기에는 무명천, 마다폴람madapollam ● 등을 보낼 예정이라고 보고했다. 상인 공동체는 이 새로운 경쟁자에게 어떤 말을 했을까?"[60]

인도에서 활동하던 영국 상인들은 불평을 늘어놓았다. 그들은 1831년 6월에 캘커타에 들어온 이집트산 수입품에 대해 이렇게 보고했다. "이 면사의 품질은 탁월하며, 심지어 영국에서 수입된 제품을 능가할 정도다. …… 이런 사실을 고려하면 이집트 제품은 영국에서 인도로 들어오는 유사 제품에 영향을 끼칠 가능성이 있다." 이집트에서 수입한 면제품에 대해 추가조사를 벌인 영국 상인들은 "이집트산 제품의 실이 아주 강하다"는 사실을 확신하며 다음과 같이 말했다. "파샤의 유리한 조건과 이집트의 지리적 근접성을 고려할 때, 영국의 제조업자들에게 이미 이야기한 관세보다 더 큰 보호조치를 주선할 작정이다. 이집트의 대리인들이 정부에 이 문제에 대해 설명하게 할 의향도 있다."[61]

이들이 이집트에서 목격한 것은 다른 관찰자들에게도 깊은 인상을 남겼다. 1843년 프랑스의 직물 제조업자 쥘 풀랭Jules Poulain은 이집트의 방적공장을 조사하고 관찰한 뒤 무함마드 알리에게 상세한 보고서를 제

● 섬유가 길고 고운 면사를 사용해 평직으로 짠 캘리코 천으로, 표면이 매끄럽고 질긴 것이 특징이다. 마다폴람이라는 명칭은 인도 마드라스 지역에 위치한 생산지의 지명에서 유래했다.

출하면서 산업화에 박차를 가해달라고 촉구했다. 폴랭에 따르면 "국가의 부를 창출하는 것은 산업"이었다. 무함마드 알리 파샤와 마찬가지로 폴랭은 "농산물을 생산하는 것은 자연스러운 일"이라고 믿었다. 이집트가 자국 내에서 면화를 재배했다는 사실은 프랑스와 영국에 비해 상대적으로 유리한 조건이었다. 프랑스인들이 퐁디셰리(프랑스인들은 그곳에 소규모 방적공장을 세웠다)에서 면직물 생산에 성공을 거둔다면, 이집트인들 역시 이집트에서 같은 성공을 거둘 수 있다는 것이 폴랭의 믿음이었다. 특히 인도에 비해 노동력이 훨씬 더 저렴하다는 점은 이집트로서는 "엄청나게 유리한 조건"이라고 생각했다.[62]

그리고 여기, 바로 노동 문제에서 이집트의 이야기는 다른 곳들과 달라지기 시작했다. 무함마드 알리는 유럽 국가들보다 훨씬 철저하게 전쟁자본주의의 모델을 따랐고, 노동자들은 공장 노동을 강요당했다. 1816~1818년경에 카이로 쿠룬피시 지구에 이집트 최초의 면직물공장이 문을 열었다. 공장의 숙련노동자들과 기계는 유럽에서 들여왔지만, 1,000~2,000명에 이르는 일반 노동자들은 수단 출신 노예들이었다. 이집트인 노동자들은 군대의 엄격한 감시를 받으며 저임금 노동을 강요당했다. 이들은 학대받기 일쑤였다. 어떤 면에서 이런 체제는 정부가 산업화를 유도하고 고아들이 공장에서 노동을 강요당했던 세계의 다른 곳들과 다를 바 없었다. 하지만 이집트에서는 훨씬 더 극심한 강제노동이 시행되었고, 임금노동은 여전히 부차적인 상황이었다. 어떤 면에서 이집트의 통치자들이 공장의 세계로 향하기 위해 채택한 것은 이미 그 유효성이 입증된 플랜테이션 단지의 메커니즘이었다. 아닌게 아니라 무함마드 알리는 전쟁자본주의가 최소한 이집트에서 한시적으로나마 산업화를 낳을 수 있었음을 증명했다.[63]

전쟁자본주의는 결연한 의지로 이집트에서 면공업의 산업화를 이끌었지만 그 결과가 오래 지속되지는 못했다. 이집트의 면산업은 1850년대 들어 완전히 자취를 감추었고, 이집트 농촌에는 공장의 폐허만 남았다. 이집트는 산업자본주의로 완전하게 이행할 수 있는 제도적 틀을 구축하지 못했다. 심지어 임금노동처럼 지극히 기본적인 요소조차 말이다. 또 면화 재배지에서도 면직물 제조공장에서도 전쟁자본주의에 의지한 탓에 자국 시장의 성장이 제약을 받았다. 더욱이 이집트는 자국 시장을 보호할 수도 없었다. 유럽 세력에 비해 이집트가 약해지기 시작하자, 영국 상인들은 이집트 시장을 개방시키려고 무진 애를 썼다. 이집트로 수출된 영국 면제품의 가치는 1820년대 중반~1830년대 중반에 약 열 배 정도 증가했다. 1838년 영국과 오스만 제국 사이에 관세조약이 발효되었을 때 수입관세를 고작 가격의 8%로(즉 제품 가치에 대한 일정 비율로) 정하면서, 그리고 이집트에 자유무역을 강요함으로써 그 조약은 "이집트 최초의 기계화된 직물산업을 파괴했다." 방적공장 운영하는 데 따르는 어려움에다 생산동력인 증기 사용에 필요한 연료 확보 문제까지 겹치자, 이집트는 영국이 지배하는 '자유무역' 체제 안에서 산업화를 달성할 수 없었다. 국내에 전쟁자본주의를 적용했던 이집트가 결국 영국 제국주의에 종속되면서 이집트의 면직물 제조산업은 황폐화되었다. 이집트는 국내적으로 강력한 국가였지만, 글로벌 경제 안에서 이집트의 위치를 규정하는 문제와 관련해서 영국의 이해관계와 계획에 맞서기에는 부족했다.[64]

전쟁자본주의가 산업화에 끼친 부정적 영향의 또 다른 예는 브라질에서 찾아볼 수 있다. 언뜻 보면 브라질은 이집트와 닮은 점이 많았다. 브라질도 이집트처럼 면공업의 오랜 역사를 지녔으며, 고품질의 면화를 대량으로 재배했다. 18세기에 요동하는 식민정책은 때때로 브라질의 새로운 작업장에서 제조업을 장려하기도 했다. 그 와중에도 1785년에 포고된 국왕의 칙령은 낮은 품질의 면제품을 제외한 나머지 모든 제품의 제조를 허락하지 않았다. 식민지 정부가 노동력 수요를 두고 면직물 제조공장들과 광산업 사이에 경쟁이 벌어질까 우려했기 때문이다. 하지만 그런 법령에도 불구하고 면공업이 출현했다. 1808년 포르투갈 왕가가 리오로 옮겨 갔을 때, 이 법령은 폐지되었고 몇 곳의 방적공장이 세워졌다. 그러나 그 공장들은 규모가 작고 주변적인 역할을 하는 데 머물렀다. 상파울루공장은 숙련노동에 접근하지도 못하고 영국산 직물과 경쟁할 능력이 없었던 탓에 1820년에 문을 닫았다. 1844년 아우베스 브랑쿠Alves Branco 관세 조치로 대다수 외국 제품에 대한 수입관세가 30%까지 올랐을 때, 소수의 새로운 공장 개발이 장려되었지만 그 관세는 물론 면산업 역시 오래가지 못했다. 그 결과 1865년 브라질에는 고작 1만 3,977대의 방적기를 갖춘 공장 아홉 개밖에 남지 않았다. 이는 이집트 면공업의 산업화가 최고조에 이르렀을 때 이집트에 설립된 면직물 제조공장의 20분의 1, 멕시코의 10분의 1밖에 안 되는 숫자였다.[65]

멕시코와 달리 브라질은, 그리고 한동안이나마 이집트 역시 면화와 자본과 기술력에 접근할 수 있었는데도 기계화된 면산업을 자력으로 발전시키지 못했다. 사실 브라질 면공업의 산업화는 1880년대에야 비로소 진전되었다.[66] 브라질에서 이처럼 산업화가 실패한 것은 노예 소유주들이 정치적으로 영향력을 행사하며 조성한 특유의 정치경제에서 비롯된 결과였다. 사탕수수와 면화를 재배하며 위세를 떨친 플랜테이션 농장주들은 글로벌 경제 안에서 브라질의 위상을 노예노동으로 생산한 농산물 제공자로 구상했지만, 이는 국내 산업화를 모색하는 기획에 역행하는 것이었다.

예컨대, 중요한 사탕수수 재배주州인 바이아는 석탄, 자본, 운송기반, 면화 등 산업화의 모든 조건을 갖추었지만, 농산물을 거래하는 상인들이 공공연히 "산업 발전에 반대하며 산업 발전에 필수적인 정부의 지원을 막아서 산업 발전을 저해했다." 그와 달리, 바이아의 지배층은 기반시설에 투자해 세계 시장에서 상품의 유통을 원활하게 해주고 농업에 노동력을 배치하는 데에 호의적인 정부를 원했다. 그러나 글로벌 시장에서 브라질산 사탕수수와 커피의 유통을 원활히 하려면, 그들에게 가장 중요한 노예제를 위해 관세를 낮춰야 했다. 그래서 유럽과 북아메리카에서, 그리고 한동안 이집트에서 산업화를 가능하게 했던 보호주의가 브라질에서는 방해를 받았다. 상인 단체인 바이아상업협회는 플랜테이션 농장주들 못지않게 관세에 반대하는 목소리를 높였고 성공적으로 뜻을 관철했는데, 그들이 이렇게까지 한 것은 여전히 기세등등한 플랜테이션 농장주들의 지배를 받고 있었기 때문이다.[67]

막 성장하기 시작한 브라질 면공업의 기업가들에게는 다른 문제도 있었다. 노예노동으로 생산되는 농산물의 생산과 거래에, 그리고 노예무역 자체에 자본이 묶여 있었기 때문에 면산업체들은 신용에 접근하지 못하는 경우가 많았다. 더욱이 노동자를 고용하는 것 또한 문제였다. 노예제가 널리 보급되어 있어서 산업에 고용할 임금노동자를 거의 구할 수 없었기 때문이다. 노예노동과 경쟁하기를 원하지 않은 유럽인들은 아르헨티나 같은 아메리카 대륙의 다른 지역으로의 이주를 선택했다. 그 결과 공장에서 노동은 임금노동과 노예노동이 혼합된 형태가 되었다. 그러나 일반적으로 노동은 농업에 집중되었고 상인들에게 "산업과 운송은 …… 활용 가능한 노동력을 차지하려는 경쟁자들로" 여겨졌다.[68]

브라질의 사례에서 보듯이, 플랜테이션 농장 노예제의 지상 과제들은 산업화에 결정적 영향을 끼칠 수 있었다. 사실 노예노동 자체가 제조업에 전혀 부합할 수 없는 것은 아니었다. 오히려, 면직물공장에 노예가 채용될 수도 있는 일이었다. 그러나 노예제가 지배하는 사회는 면공업의 산업화에 도움이 되지 않았다. 초기의 산업화는 전 지구적으로 전쟁자본주의에 의지했으나, 지구상에서 전쟁자본주의가 가장 난폭한 형태를 취했던 지역들은 결코 산업화를 달성한 적이 없다. 예를 들어 쿠바는 대규모의 노예화된 노동자들에게 의지했지만, 19세기 내내 단 한 곳의 방적공장도 갖지 못했다.[69] 전쟁자본주의의 심장부에서 벌어진 사적 파벌들 사이의 전쟁 상태는 산업자본주의가 시급히 해결해야 할 과제들과 충돌을 일으켰다. 그러므로 면공업의 확산을 설명해주는 것은 국가의 역량만이 아니다. 국가 내부의 권력 분포 역시 그 설명에 도움을 준다. 노예제 국가들은 자국 산업가들의 정치적·경제적 이해관계를 지지하는 문제에서 더디고 취약하기로 악명이 높았다.

미국 내에서 노예제를 채택한 준주들도 마찬가지였다. 미국은 전쟁자본주의와 산업자본주의로 분열된 세계유일의 국가였고, 그 때문에 사상 초유의 파괴적인 내전을 경험했다. 세계의 가장 역동적인 노예경제 체제 가운데 하나인 미국 남부에서 1880년대 이전에 면공업의 산업화는 거의 나타나지 않았다. 미국독립전쟁 기간과 그 이후에 남부의 주들에서 약간의 기계화된 면공업이 출현했고, 1830년대 이후에 소수의 직물공장이 문을 열기도 했다. 그러나 1850년대에 남부의 방적공장은 고작 7만 8,000꾸러미의 면화를 소비했을 뿐이다. 이는 뉴잉글랜드 면화 소비의 6분의 1에 해당하는 양이었다. 브라질에서 그랬던 것처럼 노예경제가 번성한 탓에 남부에서 면공업은 더 이상 확산되지 못했다. 노예경제는 자본, 노동, 기업인의 재능을 플랜테이션 농장에 집중시켰고, 시장 규모를 제한했으며, 유럽의 이주민들이 그 지역을 매력 없는 곳으로 여기게 만들었고, (말하자면 뉴잉글랜드와 슈바르츠발트 지대에서와 달리) 백인 자영농들에게 임금노동을 강요하지 못했다.[70]

전쟁자본주의는 서로 다른 곳에서 서로 다른 이유로 산업화의 기회를 제한했다. 인도의 거대한 전근대적 면화 세력은 기계화를 거쳐 도약하는 데만 실패한 것이 아니라, 세계에서 가장 급속하고 가공할 만한 탈산업화를 경험했다. 식민 지배자의 값싼 면사와 직물의 대량 수입에 직면한데다 자국 정부의 도움마저 거부했던 인도의 면직물 제조산업은 괴멸했다. 처음에는 수출용 면화 생산이 붕괴했고 그다음에는 인도 국내의 방적업이 붕괴했다. 산업혁명이 진행되는 동안, 인도는 한때 글로벌 면산업의 거점이었던 지위를 상실하고 결국 세계에서 가장 큰 영국산 면제품의 수출시장으로 전락하는 역사의 엄청난 아이러니를 경험했다.

인도의 그런 전락에 결정적 역할을 한 것은 식민주의였다. 식민주의는 피식민지의 국력을 약화시키고, 그들을 식민자들의 이해관계에 종속시켰다. 면화와 자본, 풍부한 기술을 지녔는데도 인도의 거대한 내수 수요는 유럽과 달리 국가의 투자나 보호를 받지 못했다. 프랑스 식민정부의 후원을 받던 초기에는 약간의 노력이 있었다. 1830년대 프랑스의 식민 지배를 받던 퐁디셰리에 인도 아대륙 최초의 기계화된 방적공장이 세워졌고, 이 공장에서 프랑스와 서아프리카 시장에 공급할 기니 직물guinée cloth •을 생산했다. 간단히 말해서 인도의 이 방적공장은 유럽의 자본, 식민지 간 무역, 유럽 국가들이 낳은 불모의 결실이었다. 1856년 파르시 상인 코와스지 나나보이 다바르Cowasji Nanabhoy Davar가 봄베이에 최초의 근대적 방적공장을 설립할 때까지 한참 동안 인도에서 면공업의 산업화는 일어나지 않았다. 인도 면공업의 도약은, 1870년대 미국의 남

• 인도의 퐁디셰리에서 제조되어 인디고 염색된 단순한 면직물로 프랑스를 거쳐 서아프리카 와 서인도 제도로 수출되면서 대서양 노예무역의 중요한 한 축을 담당했다.

북전쟁이 진행되는 동안 면직물 무역에서 축적된 이윤이 인도의 면공업에 재투자될 때를 기다려야 했다.[71]

　19세기 초반, 활기 넘치는 면산업 부문을 갖춘 세계의 여러 지역이 기계화된 생산으로 진화하지 못했다. 이 모든 사례가 보여주는 것은, 관료와 자본가 들을 산업적 부의 창출이라는 이 새로운 세계로 밀어 넣기 위해서는 모든 요건이 갖춰져야 한다는 것이다. 유카탄 반도의 바야돌리드시에서도 전망이 밝아 보이던 아우로라 유카테카의 모험적인 면직물 사업이 1840년대 말에 최후를 맞았다. 엄청난 기업가적 에너지를 가졌던 돈 페드로 바란다의 공장도 결국 쇠퇴했다. 국경의 경비가 취약했던 영국령 온두라스를 거쳐 밀반입된 영국산 면사, 그러니까 그의 공장에서 생산된 제품보다 40% 정도 저렴한 영국산 면사와 경쟁이 계속된 데다, 유카탄 지역이 멕시코로부터 독립을 시도한 탓에 크게 보호받고 있던 멕시코 시장에 접근할 수 없게 되면서 그의 모험적인 사업은 최후를 맞았다. 1847년에 마야인 반란자들은 유카탄 카스타 전쟁Guerra de Castas de Yucatán●을 일으켜 바야돌리드시를 점령하고 공장을 파괴했다. 지방 정부는 너무 취약해서 국경을 보호하거나 반란을 진압할 수 없었을 뿐 아니라 통일된 시장을 창출할 수도 없었다. 이는 면공업의 산업화가 지속적인 성공을 거두는 데 국가의 역할이 얼마나 중요한지를 잘 보여주는 사례다.[72]

● 1847~1901년까지 유카탄 반도 일원에서 마야 원주민들이 지역을 정치·경제적으로 지배하던 유럽계 주민 크리오요에 맞서 일으킨 저항 전쟁이다. 정치, 경제, 인종 등 다양한 문제가 얽히면서 이들뿐 아니라 유럽계와 원주민의 혼혈인 메스티소까지 모든 계급이 격돌했으며, 이 때문에 '카스타(계급) 전쟁' 또는 '마야의 사회전쟁'으로 불리기도 한다.

세계의 일부 지역에서는 식민주의, 노예제 수용, 토지 수탈이라는 전쟁자본주의 덕분에 산업자본주의가 등장할 수 있었지만, 오히려 전쟁자본주의 때문에 산업자본주의가 출현하기 어려운 곳들도 있었다. 앞에서 살펴보았듯이 산업자본주의는 자본과 국가권력의 결합에 의지해 시장을 만들고 새로운 방식으로 자본과 노동을 동원했다. 19세기 전반기 산업자본주의의 출현으로 자본의 더 큰 영토화, 곧 특정 국민국가와 자본의 유착을 포함해서 훨씬 더 큰 규모의 영토 확장을 위한 조건이 조성되었다.[73]

　　자본주의 역사에서 이 국면이 중요한 이유는 그 형태의 다양성 때문이다. 자본주의는 토지와 노동을 무자비하게 약탈하고 특유한 상태를 유지하면서, 조율되지도 않고 억제되지도 않는 자본가의 진취성이 특징적인 전쟁자본주의의와, 기반시설에서는 물론이고 행정적·법적·군사적으로 강력한 국가가 개인의 진취성을 이끌었던 산업자본주의의 공존에 의지했다. 이처럼 서로 다르지만 상호의존적인 자본주의 형태들이 동시에 공존한 것이 18세기 말과 19세기 초의 진정한 혁신이었는지도 모른다. 이 수십 년 동안 극적일 뿐만 아니라 전혀 다른 속도를 보인 면공업의 산업화를 설명해주는 것은 전 지구적 통합 자체가 아니라 그 통합의 다양한 형식들이었다.

　　그러나 자본주의는 정지된 것이 아니었다. 전쟁자본주의 덕분에 가능했던 산업자본주의는 강력한 새 제도와 구조를 만들어냈다. 1780년대 이후 점점 더 많은 국가가 산업자본주의를 구축했고, 19세기 중반에 지금까지 발명된 것 가운데 가장 가혹한 체제인 전쟁자본주의 체제에 지배되던 지역들에서도 결국 새로운 형태의 노동, 영토, 시장, 자본이 출현할 수 있었다. 자본을 모으는 새로운 방식, 자본을 생산에 투입하는 새로운 방식, 노동력 동원의 새로운 형식, 시장을 창출하는 새로운 형식, 그리고 마지막으로 가장 중요한 것으로 토지와 인민을 글로벌 경제에 통합시키는 새로운 방식은 비옥하지만 난폭하고, 야만적이기까지 한 전쟁자본주의와 산업자본주의의 교차점에서 비롯되었을 것이다. 1860년 이후로 영토와 사람들을 식민화한 주체는 수탈과 사적인 신체적 구속으로 지탱하는 노예주들이 아니라 국가권력으로 지탱되는 자본이었다.

19세기 초반 면공업의 산업화가 유럽 대륙과 그 너머의 몇몇 지역으로 확산된 사실은 노예제와 식민주의 약탈이 자본주의의 필수 요소가 아님을 보여주었다.[74] 자본주의는 끊임없이 스스로를 쇄신하며 어느 한 단계의 교훈과 역량을 다음 단계로 이전했다. 글로벌한 것과 지역적인 것 사이의 관계, 그리고 여러 장소들 사이의 관계는 끊임없이 변화했다. 아이티 혁명부터 서서히 진행된 미국 노예제의 쇠퇴에 이르기까지 한 세기에 걸쳐 전쟁자본주의가 종식된 것은 확실하다. 그러나 노예제가 종식된 뒤에도 세계의 더 많은 지역으로 팽창한 강력한 국가들 덕분에 세계 전역의 농촌지역에서 노동력을 동원할 수 있게 되자, 산업자본주의의 제도적 혁신은 그 자체의 모순에서 비롯된 전쟁자본주의의 종말을 재촉했다. 사실 전쟁자본주의의 탄생뿐 아니라 그 종말 역시 근대 세계를 형성했다.

가장 위대한 제도적 혁신 가운데 하나는 자본가와 정치인이 산업자본주의를 포용하면서 나타났다. 그것은 노동력을 동원하는 새로운 방식의 발명이었다. 아메리카에서 자본주의의 엄청난 노동을 수행한 것은 노예화된 아프리카인이었지만, 제조산업의 엄청난 노동 수요는 임금노동의 강력한 새 체제를 창조함으로써 충족되었다. 비록 초법적extralegal

강압에서 완전히 벗어나지는 못했으나, 임금노동은 대규모 노동력을 동원하는 새로운 방식이었으며, 노동자와 노동을 전혀 다른 법적·사회적·제도적 토대 위에 올려놓았다. 그렇게 할 수 있는 능력은 세계의 일부 지역을 다른 지역과 분리시키는 또 다른 요인이었다.

7 장

산업노동력의 동원

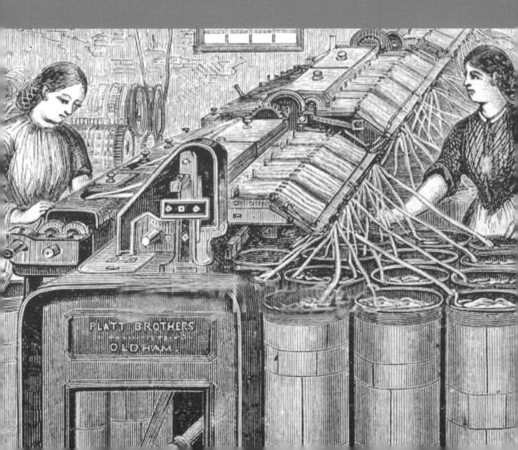

→ 영국의 면직물산업 노동자들.

1935년 덴마크에 망명해 살던 독일의 한 젊은 작가는 자리에 앉은 채 어떻게 근대 세계가 존재하게 되었는지를 고민하고 있었다. 베르톨트 브레히트Bertolt Brecht는 가상의 '책 읽는 노동자'의 목소리를 빌려 자신의 생각을 전했다. 그 노동자는 다음과 같은 질문을 포함해 여러 질문을 던진다.

성문이 일곱 개나 되는 테베를 누가 건설했나?
책에는 왕들의 이름만 있을 테지.
왕들이 그 바윗덩이들을 날랐나?
그리고 바빌론은 수도 없이 파괴되었지.
그때마다 누가 다시 쌓아올렸나?
황금빛으로 번쩍이는 리마의 어느 집에 그 도시의 건설자들이 살았나?[1]

어쩌면 브레히트는 면화의 제국이라는 전혀 다른 제국에 관해 이야기하는 편이 더 나았을지도 모른다. 그가 살던 시대에는 면화의 전설이 잘 기록되어 있었다. 역사책들은 온통 리처드 아크라이트, 존 라이랜즈, 프랜시스 캐벗 로웰, 엘리 휘트니 등 면화가 선사한 특별한 선물을 이용해 성공을 거둔 사람들의 이야기로 가득했다. 그러나 모든 산업에서 그랬듯이, 면화의 제국을 지탱한 것은 수백만 명의 이름 없는 노동자들이었다. 그들은 브레히트의 고향인 아우크스부르크를 포함해서 세계 전역의 면화 플랜테이션이나 소규모 농장, 방적·방직공장에서 일했다. 실제로 우리가 앞서 보았듯이 한스 푸거는 500년도 더 전에 아우크스부르크에서 기계화되지 않은 면직물 생산으로 부를 축적했다.

브레히트가 언급한 돌을 져 나르고 도시를 건설한 사람들처럼 면직물 제조산업에 종사한 노동자들은 역사책에 거의 등장하지 않는다. 그들 대다수는 흔적조차 남기지 않았다. 그들은 보통 문맹이었으며, 깨어 있는 동안에는 거의 언제나 목숨을 부지하는 데 몰두하느라, 그들보다 나은 사회 계급에 속한 사람들처럼 편지나 일기를 쓸 시간이 거의 없었다. 그래서 우리에게는 그들의 삶을 꿰어 맞출 방법이 거의 없다. 오늘날 가장 슬픈 광경 중 하나는 맨체스터 세인트 미카엘 성당에 휘날리는 깃발이다. 그 작은 공원 안 무덤에 아무런 표석도 없이 묻혀 있는 4만 명의 사람들은 대부분 면직물 노동자였고, 그들은 "거의 산업적인 방식으로 처리되어" 켜켜이 묻혔다. 엘런 후턴Ellen Hootton은 이런 사람들 가운데 드물게 찾아볼 수 있는 예외적 인물이었다. 1833년 6월 영국 직물공장의 아동노동 실태조사 임무를 맡은 왕립공장조사위원회 앞에 소환되었을 때, 그녀는 다른 수백만 명의 사람과 달리 역사의 기록 속으로 들어왔다. 겁에 질려 위원회 앞에 불려온 엘런은 겨우 열 살이었지만, 이미 방적공장에서 2년이나 일한 노련한 일꾼이었다. 맨체스터와 그 주변에 생겨난 공장의 노동조건을 우려한 맨체스터 중간 계급 노동운동가 집단이 엘런의 사례를 통해 아동학대 문제를 부각시키려 하면서 그녀는 대중의 관심을 받았다. 엘런은 아동 노예이며, 그저 비유가 아니라 실제로 사슬에 묶여 무자비한 감독관에게 체벌을 당하며 노동을 강요당했다고 노동운동가들은 주장했다.[2]

엘런 후턴이 신뢰할 수 없는 "사악한 거짓말쟁이"임을 보여주기로 작정한 위원회는 공장장 존 핀치뿐 아니라 엘런과 그녀의 어머니 메리, 감독관 윌리엄 스완턴에게 질문을 던졌다. 그러나 위원회가 이 사건을 무마하고자 노력했음에도 고발된 내용들은 근본적으로 진실이었음이 드러났다. 엘런은 홀어머니 메리 후턴의 외동딸이었다. 메리는 수직직조기를 다루는 방직공이었는데, 그 일로 간신히 생계를 유지했다. 엘런이 일곱 살이 될 때까지 엘런의 어머니는 자신과 마찬가지로 방직공이던 엘런의 아버지에게서 약간의 양육비를 받았다. 그러나 양육비가 끊기자 엘런의 어머니는 보잘것없는 가계 수입에 보탤 요량으로 엘런을 근처 공장으로 데려갔다. 엘런은 5개월 동안 무급노동(먼저 일을 배워야 한다는 이유로)을 한 후에 에클스 방적공장에서 일하는 많은 아동 가운데 한 명이 되었다. 엘런은 일과에 대해 질문을 받고는 아침 5시 30분에 시작해서 저녁 8시에 끝났고, 두 차례의 휴식과 아침 식사, 점심 식사가 있다고 말했다. 감독관 스완턴은 엘런이 한 방에서 25명의 다른 사람과 함께 일했으며, 그 가운데 성인 세 명을 제외한 나머지는 모두 아동이었다고 설명했다. 엘런의 말에 따르면 그녀는 "방적 기계의 실을 잇는 직공"이었고, 뮬방적기의 감개 위에서 당겨져 끊어진 실을 손질하거나 다시 잇는 그녀의 작업은 지루했다. 실은 1분에도 몇 번씩 끊어질 만큼 쉴 새 없이 끊어졌고 그녀는 단 몇 초 만에 일을 마무리해야 했다.

오가는 기계의 속도에 맞추는 일 자체가 불가능했다. 그래서 그녀는 때로 "실 끝을 떨어뜨렸다." 다시 말해 끊어져서 늘어진 실의 끝을 재빠르게 연결하지 못했다. 그런 실수의 대가는 컸다. 엘런은 "일주일에 두 번" 스완턴에게 "손이 얼굴만큼 부어오를 때까지" 매를 맞았다고 했다. 스완턴은 자주 매를 들었다는 사실을 부인했지만, '가죽'을 사용해 그녀를 훈육했다는 사실은 인정했다. 그녀의 어머니는 자신의 딸을 "짓궂고 멍청한 계집애"라고 부르며 그런 체벌이 있었음을 인정했고, 심지어 도 망치는 습관을 고칠 수 있도록 더 호되게 때려달라고 스완턴에게 부탁했다고 증언했다. 메리의 삶은 고단했고 그녀에게는 딸의 임금이 절실히 필요했기에 이런 문제들이 있더라도 스완턴에게 딸을 계속 써달라고 거듭 애원했다. 메리는 "수없이 많이 울었다"고 말했다.

그러나 매질이 엘런이 스완턴에게 당한 일 가운데 가장 혹독한 것은 아니었다. 어느 날 엘런이 일터에 늦게 도착하자 스완턴은 엘런을 훨씬 더 가혹하게 처벌했다. 스완턴은 엘런의 목에 쇳덩이(7kg인지 9kg인지 의 견이 엇갈렸다)를 매달고 공장 바닥을 오르내리게 했다. 다른 아이들이 엘 런에게 야유를 보냈고, 그 결과 "엘런은 다른 사람들의 손을 뿌리치느라 여러 번 넘어졌다." 거의 200년이 지난 오늘날에도 우리는 일의 단조로 움에서 학대의 폭력성에 이르기까지 그 소녀가 겪은 삶의 고통을 헤아리기 어렵다.

맨체스터시는 라이랜즈도서관을 자랑하고 하버드대학교는 로웰기숙사를 자랑하며, 모든 초등학생이 리처드 아크라이트와 엘리 휘트니에 대해 배우지만, 엘런 후턴을 위한 도서관이나 학교는 없다. 그녀의 삶을 조금이라도 아는 사람은 소수의 역사가들뿐이다. 그렇지만 면공업의 세계를 다루고자 한다면 우리는 먼저 엘런을 떠올려야 한다. 그녀의 노동이 없었다면, 그리고 수백만 어린이와 여성, 남성의 노동이 없었다면 면화의 제국은 결코 건설될 수 없었을 것이다. 또한 라이랜즈도 로웰도 부를 얻을 수 없었을 것이고, 아크라이트와 휘트니의 발명품은 먼지에 뒤

덮인 채 헛간에 방치되었을 것이다. 엘런의 이야기는 처벌의 물리적 폭력을 부각시킨다. 그러나 그보다는 어느 때보다 더 많은 사람들을 그야말로 면화의 제국에 봉사하게 하고 그들의 인생을 허비하도록 공장으로 불러들인 경제적 절망의 일상적인 폭력을 잘 드러내 보인다.

엘런 후턴 같은 노동자 수천 명이, 1850년에 이르면 수백만 명이 면사와 직물을 생산하는 기계를 가동시키기 위해 새로 만들어진 세계의 공장으로 물밀듯이 쏟아져 들어왔다.[3] 수많은 여성과 아동, 남성을 공장에 동원하는 능력은 경외감을 불러일으킨다. 수천 명의 노동자가 고역을 겪는 장소로 걸어 들어가고 걸어 나오는 광경에 수많은 동시대인이 압도되었다. 매일 아침 해 뜨기 전에 수천 명의 노동자가 보주Vosges의 좁은 길을 걸어 내려가 계곡에 위치한 공장으로 향했고, 쿼리뱅크공장에서 바로 보이는 언덕 위 기숙사 침대에서 무거운 몸을 이끌고 나왔으며, 요브레가트Llobregat강 위쪽에 위치한, 생계를 잇기도 어려운 농장을 떠나서 사람들이 북적이는 맨체스터 거리를 지나 악취 나는 운하에 줄지어 늘어선 10여 개의 공장 가운데 하나로 향했다. 밤이면 그들은 바르셀로나, 켐니츠, 로웰로 가서 드문드문 떨어져 있는 기숙사로 돌아가 한 침대에서 여럿이 함께 잠자리에 들었다. 그도 아니면 춥고 바람이 새어 들어오는 오두막이나 형편없이 건설되어 사람들이 빽빽하게 모여 사는 노동 계급 구역에서 지냈다.

수세기 동안 세계에서는 극도의 빈곤과 노동 착취가 목격되었다. 그러나 수많은 사람들이 기계의 생산 리듬에 맞추어 삶의 모든 국면을 조직하는 모습이 목격된 적은 없었다. 여성, 아동, 남성 들이 일주일에 6일 동안 적어도 하루 열두 시간씩 기계를 돌보고 가동시키고 수리하고 감독했다. 그들은 단단히 꾸려진 면화 꾸러미를 열어 소면기에 면화 더미를 넣었다. 그들은 뮬방적기의 거대한 운반대를 앞뒤로 움직였고, (엘런 후턴이 했던 것처럼) 끊어진 실을 이었으며, 실이 가득 감긴 방추에서 실을 제거하고, 방적 기계에 필요한 조방사粗紡絲를 공급하거나 아니면 그저 공장 안을 가로질러 가며 면화를 운반했다. 처벌은 약간의 벌금이나 강제 계약 파기로 이루어졌다. 19세기 초에 한 공장에서 작성된 해고 사례 목록에는 "잘못된 언어 사용" 같은 일상적인 징계 사안부터 "흉측한 얼굴로 S. 피어슨에게 겁을 주었다" 같은 특이한 비난까지 해고를 정당화하는 공식적인 구실들이 담겨 있다. 훈련된 노동력을 유지하는 것은 항상 어려운 일이었다. 예를 들면 잉글랜드의 한 공장에서는 1786년 이후 20년 동안 780명의 수습공이 채용되었는데, 그들 가운데 119명은 달아났고, 65명은 사망했다. 또 다른 96명은 애초에 돈을 받고 그들을 수습공으로 빌려준 감독관이나 부모의 품으로 돌아갔다. 마침내 윌리엄 블레이크William Blake가 "어두운 악마의 공장"이라고 부른 시대가 시작되었다.[4]

겨울이나 여름이나, 비오는 날이나 화창한 날이나, 노동자들은 벽돌로 지어진 여러 층 높이의 건물 안으로 들어가서 덥고 습하고 먼지투성이에 귀를 멀게 할 정도로 시끄러운 거대한 방에서 작업했다. 그들은 열심히 일했고 가난하게 살다가 젊은 나이에 죽음을 맞았다. 1863년에 정치경제학자 리온 리바이Leone Levi가 이런 말을 하지 않았던가. "잠깐 시간을 내서 수많은 공장 가운데 하나에 들어가 보라. 그리고 쉼 없이 일하고 있는 수천 명의 직공을 지켜보라. 매 순간 어느 공간에서나 숙련된 눈초리, 현란한 손가락, 창의적 정신이 얼마나 격렬히 움직이는지 지켜보라."[5]

이처럼 인간의 노동을 새롭게 조직하는 것의 중요성과 혁명성은 아무리 설명해도 지나치지 않다. 그런데 오늘날 우리는 이런 시스템을 당연하게 여긴다. 우리 대부분은 하루의 특정 시간 동안 우리의 노동을 판매해 생계를 해결하며, 그 결과물인 임금으로 필요한 것을 구입한다. 그리고 우리는 또한 기계가 인간의 활동 속도를 결정하는 것을 당연하게 여긴다. 그러나 18세기와 19세기에는 그렇지 않았다. 세계를 전체적으로 봤을 때 자신들의 노동력을 임금으로 교환하려는 사람, 특히 제조업의 임금으로 교환하려는 사람은 그리 많지 않았다. 노동의 리듬은 기후, 풍습, 자연의 주기를 비롯한 많은 요소들이 결정했지, 기계가 결정하지는 않았다. 역사적으로 인간이 노동을 한 이유는 노예처럼 일하도록 강요당했기 때문이거나, 세속적 권위나 종교적 권위에 봉건적으로 의존해야 했기 때문이거나, 또는 자신들이 소유한 도구로 자신들에게 일정한 권리가 있는 토지에서 직접 생계작물을 생산해야 했기 때문이다. 사람들이 면화의 제국을 움직이는 무수한 톱니바퀴 가운데 하나가 되어 실과 옷감을 만드는 신세계는 근본부터 달랐다. 면공업은 사람들을 설득하기도 하고, 유혹하기도 하고, 혹은 강요하기도 하면서 수백년 동안 인간의 삶을 지탱해 온 활동을 포기하고 새로 출현한 공장 프롤레타리아 계급에 합류하도록 그들을 유도하는 능력에 기대고 있었다. 기계 자체도 멋지고 세상을 바꿀 수 있는 것이었지만, 그보다 훨씬 더 중요한 것은 바로 이러한 노동 리듬의 변화였다. 엘런 후턴을 포함해 이름 없는 많은 이들이 공장으로 흘러들어갔고, 미처 깨닫지 못했겠지만 그들이 보고 있었던 것은 미래였다. 그들은 바로 자신들의 노동으로 구축되고 있던 산업자본주의를 목격하고 있었던 것이다.

노동자들을 공장으로 이동시키는 능력은 면화 제국의 성공을 좌우할 열쇠가 되었다. 그 결과 세계 전역의 정치가들과 자본가들 사이에서 노동력을 동원할 수 있는 사람과 그렇지 못한 사람들 사이에 간극이 생겼다. 수천 명의 사람에게 그들이 알고 있던 유일한 삶의 방식을 포기하도록 설득하는 일은 새로운 기계를 설치하는 일만큼이나 복잡했다. 앞으로 살펴보겠지만, 두 가지 모두 일정한 법적·사회적·정치적 조건이 필요한 과정이었다. 공장으로의 이동은 처음에는 몇몇 장소에 집중되었고 그곳에서조차 엄청난 반대에 직면했다. 아시아와 아프리카의 많은 지역에서는 여전히 지역 지배층이 좌우하던 개인과 가족들의 삶을 정치가와 자본가 들이 지배하기 위해서는 일방적인 권력 분배가 필요했다. 세계의 여러 지역에서 그랬듯이 반드시 광범위할 필요는 없었지만, 국가권력이 강력하고 집중적이며 삶의 모든 영역으로 파고들 필요는 있었다. 그 결과 통치자들이 생계에 접근할 대체수단을 쉽게 억제할 수 없는 지역에서는 공장 생산으로의 이행이 불가능했다. 그러나 역설적이게도 공장 생산 자체가 경제활동을 조직하는 그런 대안적인 방식을 서서히 와해시켰다.

분명 산업혁명은 주로 노동력 절감 기술에 관련된 것이었다. 예컨대 우리는 방적 부문에서 생산성이 수백 배나 향상된 것을 목격했다. 그럼에도 불구하고 노동력을 절감하는 이런 기계들을 가동하기 위해서는 역시 노동력이 필요했다. 면제품을 위한 시장이 가격 하락에 대응해 폭발적으로 확장되면서 빠르게 성장한 면산업에, 처음에는 수천 명, 그다음에는 수만 명이 필요했고 어떤 지역에서는 수십만 명의 노동자가 필요했다. 1861년 영국에서 면산업에 종사하는 사람은 44만 6,000명이었다. 1800년 독일에서는 5만 9,700명의 노동자가 면산업에 종사하고 있었던 것으로 추산되는데, 1860년에는 그 수가 25만 300명으로 증가했다. 프랑스의 면산업은 20만여 명을 끌어들였다. 1827년 스위스의 면산업은 6만 2,400명의 노동자를 고용했다. 1810년에 미국의 면산업에는 겨우 1만 명의 임금소득자가 있었던 반면, 1860년에는 그 수가 12만 2,000명으로 증가했다. 러시아는 1814년에 4만 명의 면산업 노동자를 고용했고, 1860

년에는 15만 명을 고용했다. 1867년 에스파냐에서는 약 10만 5,000명의
노동자가 면산업에 종사했다. 글로벌 면산업은 프롤레타리아가 된 노동
자에게 의지했던 동시에 그 산업 자체가 가장 큰 프롤레타리아화를 촉
진한 요인 가운데 하나였다.[6]

공장이 삶의 한 방식이 되기 전에는 자본을 소유한 사람들이 방대한
노동력을 동원하는 방법의 모델은 단 하나 뿐이었다. 그것은 바로 아프
리카인 수백만 명을 노예화하고 이를 토대로 구축한 아메리카의 플랜테
이션 경제였다. 면산업의 기업가들은 이런 체제에 매우 익숙했다. 우리
가 보았듯이 쿼리뱅크공장의 새뮤얼 그레그는 도미니카에 노예 플랜테
이션 농장을 보유하고 있었다. 결코 그레그만이 아니었다. 그러나 유럽
에서는 그런 가능성이 차단되었다. 계몽주의가 경제적 인간에 대한 새
로운 감수성을 자극했고, 그 결과 유럽에서 노예제가 법적으로 금지되
었기 때문이다. 아프리카 노예들을 맨체스터, 바르셀로나, 뮐루즈로 데
려오는 일은 논외의 문제가 되었다. 지역주민을 노예로 만들 수도 없었
다. 더욱이 노예노동에는 경제적으로 크게 불리한 측면이 있었는데, 예
속적인 조건 아래에서는 작업에 동기를 부여하기가 어려웠고 감독 비용
이 컸다. 더욱이 노예노동의 경우에는 일 년 내내, 때로는 노동자의 일
생 동안 비용이 발생했고, 호경기와 불경기를 거듭하는 산업자본주의의
까다로운 주기를 맞추기가 쉽지 않았다. 달리 말하면 플랜테이션 농장
의 모델이 공장의 필요에는 맞지 않았다.

그럼에도 노동에 접근하는 것은 세계 전역의 면제조업자들에게 중요
한 문제였다. 결국 기업가의 기계에 대한 상당한 투자가 수익을 내려면
그런 기계를 가동할 수 있는 노동의 흐름을 예측할 수 있어야만 했다.
그리하여 여성과 남성, 소녀와 소년의 노동력이 상품으로 바뀌었다.[7] 사
람들을 노동력으로 전환한다는 것은 그들을 임금노동자로 변화시킨다

는 것을 의미했다. 그러나 유럽을 비롯한 여러 지역의 사람들 대부분에게 임금은 생계에서 핵심적인 부분이 아니었다. 놀랄 것도 없이 농사짓고 살거나 수공예품을 만들어 사는 많은 이들에게는 공장노동자가 될 만한 유인이 거의 없었다. 농사꾼은 생계작물을 재배했고, 수공업자는 팔거나 교환할 수 있는 제품을 만들었다. 이와 대조적으로 공장노동자에게는 노동력 말고는 가진 것이 없었다.

따라서 신진 자본가와 정치인 들은 대규모로 노동력을 동원할 새로운 방식을 고안해야만 했다. 1808년 랭커셔의 한 지방 관리는 이들을 가리켜 "신종 인류"라고 언급한 바 있다. 결국 그들이 수백만 명의 노동자를 고용해야 하는 상황에 이르게 되리라는 것을 상상할 수 있었다면 아마 그 문제에 압도되고 말았을 것이다. 아닌 게 아니라 그들은 때때로 노동력 공급이 충분하지 않을까봐 걱정했다. 예컨대 슈루즈베리공장 소유주는 1803년에 웨스트미들랜즈에 있는 그의 고향에서 공장을 열었는데, 충분한 수의 노동자를 모집하는 일이 가장 큰 어려움이었다고 불평했다.[8]

그러나 이미 수십 년째, 그리고 어떤 지역에서는 수세기 동안 진행되고 있던 농촌지역의 변화가 희망에 부푼 이 고용주들에게 도움이 되었다. 영주와 농민 사이의 호혜적 의무를 바탕으로 한 결속은 이미 무너지고 있었다. 유럽에서 지주들은 거대한 영역의 토지에 울타리를 쳐서 농민들의 접근을 막고 독자적으로 농장을 만들었으며, 원산업화proto-industrialization 단계의 일거리가 급증하면서 이미 제조업, 나아가 임금노동이 많은 농민의 생계에 일상적인 요소가 되었다.[9]

더욱이 경계가 확실한 영토 안에 관료적·군사적·이데올로기적·사회적으로 확고하게 자리잡은 새로운 국가가 공장주들을 후원했다. 강제력은 사람들이 다른 사람을 위해 노동을 수행하게 하는 핵심 요소였다. 그리고 봉건 영주와 식민 지배자에게는 기본 요소였다. 그러나 산업자본주의의 눈에 띄는 특징 가운데 하나는 이제 영주와 주인이 아닌 국가와 그 관료, 그리고 그 법관들이 강제력을 행사한다는 사실이다. 세계 전역에서 많은 자본가들이 노동력 부족으로 어려움을 겪으면서 농노제, 노예제, 도제와 같은 개인적 종속관계가 쇠퇴할까봐 염려했으며, 그 결과 게으름과 무정부 상태가 초래될 것이라고 예상했다. 그러나 지역에 따라서는 여성과 아동, 남성이 공장에 진입하도록 확실히 보장하는 여건을 조성할 힘이 국가에 있었다. 유럽의 많은 지역에서 지주와 자본가가 사적 종속관계를 토대로 노동력에 대해 행사하던 지배력을 크게 상실했지만, 동시에 법률적으로 (빈민, 이른바 유랑민과 아동 같은) 사람들에게 노동을 강제하는 역할은 점점 더 국가의 몫이 되었다. 더욱이 국가는 공공유지commons에 울타리를 쳐서 다른 생계수단의 가능성을 차단하여 사실상 무산자가 받는 경제적 압력을 가중시켰다. 법률사가인 로버트 스타인펠드Robert Steinfeld가 주장했던 대로 '경제적 구속'조차 '법의 산물', 즉 국가의 산물인 것이다.[10]

따라서 국가는 임금노동에 대한 법적 틀을 마련했고, 제조업이 성장할 가능성이 높아졌다. 제조업자들은 새로운 산업자본주의의 중심에서조차 임금노동자에게 신체적 구속이라는 임금 이외의 상당한 강제력이 여전히 적용되고 있다고 사실을 알고 있었다. 실제로 영국, 미국, 프랑스, 프로이센, 벨기에의 고용주들은 "임금노동에 대한 노동 계약을 요구하고 엄격히 시행했으며, 노동자들을 일에 묶어두기 위해 법적 강제력을 사용했다." 예를 들어 1823년의 주종법主從法, Master and Servant Act은 "고용 노동자들이 노동계약을 위반할 경우, 영국의 고용주들은 최대 3개월까지 그들을 교정소에 보내 중노동을 시킬 수 있다"고 명시했다. 1857~1875년에 잉글랜드와 웨일스에서만 매년 1만여 명의 노동자가 '계약 위반' 혐의로 피소되었고, 그들 가운데 많은 이가 징역형을 선고받았다. 그런 노동자들 가운데 면산업 노동자들도 자주 모습을 드러냈다. 19세기 프로이센 전역에서 노동자들은 직장을 떠났다는 이유만으로도 벌금형과 징역형에 처해질 수 있었다. 1845년 프로이센상공업조례Gewerbeordnung는 "허가나 법률적으로 정당한 사유 없이 직장을 이탈하거나, 혹은 직무 유기나 심한 불복종으로 유죄가 인정된 장인과 조수, 공장노동자들에게는 20탈러의 벌금형이나 24일의 구금형을 내린다"고 규정했다.[11]

노동자들은 다른 생계수단에 접근할 수 있는 한 공장의 세계로 들어가기를 피하려 했다는 것이, 국가의 적극적인 지원에도 불구하고 신진 제조업자들이 일할 사람을 모집하는 데에 큰 어려움을 겪었다는 사실로 증명되었다. 예를 들어 약제사였던 호안 밥티스타 시레스Joan Baptista Sires는 1770년 바르셀로나의 라발Raval에 직기 24대와 염색작업대(면직물에 색을 입히는 장소) 19대를 갖춘 면직물 제조공장을 열었는데, 그가 직면한 큰 어려움 가운데 하나는 생산을 지속하기 위해 필요한 60~150명의 남녀 직공을 모집하는 것이었다. 노동자들은 이직률이 높았고 그들 대다수가 단 몇 개월만 머물렀다. 시레스는 수공업 작업장의 일부 요소를 모방해 자신의 공장에 적용하여 이 문제를 해결했다. 숙련된 남성 노동자들에게 최고의 보수가 보장되는 일자리를 제공할뿐 아니라, 그들의 아내와 자녀들도 공장에서 일할 수 있게 함으로써 가계 수입을 늘리는 동시에 가격이 낮아진 그들의 노동을 벌충했다. 시레스는 공장에 노동자들을 붙잡아두기 위해 일부 가정이 그 건물 안에서 살아가도록 허락했는데, 이는 유럽 전역에 있었던 수공업 공방이 지닌 오랜 관행을 받아들인 조치였다.[12]

50년 후 미국에서도 노동력 모집 문제는 크게 달라지지 않았다. 뉴햄

— 명칭을 바꾼 도버제조회사 공장(연대 미상).

프셔 도버Dover의 도버제조회사는 평균 140명 정도의 평균 노동력을 유지하기 위해 1823년 8월~1824년 10월에 총 342명의 노동자를 고용해야만 했다.[13] 노동자들은 빈번히 공장에 들어왔다 나가기를 반복하며 필사적으로 공장 밖에서 생계를 해결하려고 노력했다. 그들은 일단 농작물을 팔 때까지 버틸 만한 돈을 벌었거나, 농장에서 노동력이 필요할 때면 공장에 들어온 지 단 몇 주 만에도 공장을 떠나갔다.

노동력 모집의 이런 양상은 산업화를 거치고 있던 지역에서 나타나는 전형적인 모습이었다. 어느 경우든 원산업화와 프롤레타리아화는 교차했다. 기계로 제조된 면사의 확산, 이어 기계로 제조된 직물의 확산은 농장의 수방적·방직업을 무너뜨렸고, 직물노동자들이 다른 곳에서 소득의 기회를 찾도록 압박했다. 많은 이들이 찾을 수 있는 유일한 대안은 바로, 이전에 그들의 주 수입원을 침식했던 공장이었다. 사실 바르셀로나의 기업가 시레스는 일반적으로 카탈루냐의 주도州都 주변 농경 지역에서 노동자를 고용했다. 작센에서 값싼 가격의 원사가 최초의 면공장들에서 쏟아져 나왔을 때, 경쟁력이 없는 수방적공들은 팽창해가는 공장들에서 일할 수밖에 없게 되었고, 초기에 공장들이 겪었던 구인난은 사라졌다. 스위스에서는 슈바르츠발트처럼 멀리 떨어진 드넓은 농촌지역에서 선대제 상인들이 바쁘게 일을 시켰던 수만 명의 노동자들이 여전히 잠재적 노동력의 거대한 공급원이었고, 실제로 그들 가운데 많은 이들이 공장 생산으로 자리를 옮겼다. 알자스의 면산업이 급속히 팽창하고 노동 수요가 상당히 커지자 기업가들은 노동력을 구하기 위해 보주와 슈바르츠발트의 산악 지대로 눈을 돌렸다. 그곳에서는 가계의 생계를 여전히 농업에 의존하고 있었고 공장 생산이 시작된 후에도 그런 상황은 계속되었다. 예를 들어 뮐루즈시보다 훨씬 고지대에 위치한 작은 도시 베세를링Wesserling의 방적·방직공장에서 일했던 노동자들은 거의 모두 자기 토지를 보유하고 있었고 1858년 말까지도 농사로 수입을 충당했다. 자본은 방적·방직공을 찾아 농촌지역으로 더 깊숙이 이동했고, 제조업자들은 여전히 가족구성원들이 무급으로 제공하는 재생산 노동, 곧 자녀를 양육하고 식량을 재배하는 노동을 이용할 수 있었다. 다른 곳에서와 마찬가지로 그곳에서도 자본주의는 비자본주의적인 생산과 노동 형식에 기대어 전개될 수 있었다.[14]

노동자들이 토지에 접근할 수 없게 되고 가내제조업이 쇠퇴하자 농촌에서 도시로 이주하는 일이 적잖게 일어났다. 면공업의 산업화는 흔히 국경을 가로지른 거대한 이주를 초래했다. 1815년에 치글러 그로이터의 게브빌러 치글러 그로이터사Guebwiller firm of Ziegler, Greuter et Cie의 노동자 1,500명 가운데 750명이 알자스 출신이었고 나머지는 스위스와 독일에서 이주해 온 사람들이었다. 독일의 섬유공장들은 그런 이주민들에게 의지했다. 수천 명의 노동자가 뉴잉글랜드의 변두리 농업 지역에서 신흥 섬유 도시로 이주해왔고, 감자 기근을 피해 탈출했던 아일랜드인들처럼 많은 노동자가 대서양을 건넜다. 네덜란드, 벨기에, 카탈루냐, 프랑스의 면직물 제조산업도 주변 농촌지역에서 이주해 온 사람들에게 의지하기는 마찬가지였다.[15]

농업과 가정에 기반을 둔 제조 활동을 포기한 농촌지역 노동자들은 바다 건너 슈바르츠발트, 스위스, 보주, 카탈루냐, 작센, 뉴잉글랜드의 섬유공장으로 흘러들어 갔다. 그곳에서 그들은 기본적으로 수공업자들로 구성된 노동 인력과 만났다. 대다수가 남성인 이 수공업자들은 숙련공 중에 가장 높은 직책을 맡았고, 들판이 아닌 오래된 수공업 작업장에서 얻은 경험을 갖고 있었다. 방적 사업에 이어 1830년에 스위스 비엘Biel에 방직공장을 세운 노이하우스 운트 후버Neuhaus & Huber사는 실업자 대열에 새로 합류한 숙련 방직공들에게 의지했다. 그들은 수십 년 동안 도시 주변에서 번영을 구가했던 방직공들이었다. 숙련노동자들은 아주 먼 곳으로 이주하기도 했다. 러시아 나르바Narva시의 면직물공장 슈바르츠Schwarz사는 1822년에 독일인 35명, 프랑스 염색공 한 명, 그리고 네덜란드 출신 한 명을 고용했다. 루트비히 크누프의 크린홀름공장은 1857년에 많은 영국인 숙련공을 고용했다. 사실 프랑스, 멕시코, 아메리카 등지의 제조업자들은 해외에서 고도로 숙련된 노동자들을 고용하는 경우가 잦았다.[16]

그러나 대다수 노동자들은 숙련공이 아니었고 채용을 위해 모집되지도 않았다. 오히려 그들은 농촌지역의 변화하는 상황 때문에, 특히 가정에서 만든 제품이 공장에서 만든 제품과 더는 경쟁할 수 없게 되어 몰락한 탓에 공장으로 내몰렸다. 아마도 가장 극적인 순간은 역직기가 수직기를 대체한 1820년대 초였을 것이다. 거대한 참상의 물결이 유럽 대부분의 지역을 휩쓸고 지나갔고, 가내작업을 하던 방직공들은 실업자가 되어 공장으로 자리를 옮길 준비가 되어 있었다. 그런 상황에서 공장에 취업하는 것은, 가족구성원 가운데 한 사람을 전업으로 공장에 보내거나 여러 가족구성원을 단기간 공장에 보냄으로써 가계가 농지에 계속 머물 수 있도록 하는 전략이 되었다. 매사추세츠 로웰의 노동자들이 그러했다. 그곳에서는 흔히 (미혼) 여성이 공장에서 받은 임금 덕분에 그들의 가족이 계속 농지에 남을 수 있었다. 공장노동으로자리를 옮긴 덕분에 한계 상황에 놓인 농업의 수명이 다시 한 번 연장되기도 했다.[17]

앞에서 언급했던 초기 방적공장 가운데 하나인 도버제조회사의 경우, 상세한 임금 지급 기록이 남아 있어 그런 양상을 면밀히 살펴볼 수 있다. 1823년 8월 9일 이후 63주 동안 대개 미혼의 젊은 여성 총 305명이 도버제조회사 공장 곳곳에서 일했고, 그들이 전체 노동력의 89%를 차지했다. 그들은 평균 25.93주 동안 근무했는데, 이는 가능한 전체 작업 시간의 41%에 해당했다. 실제로 많은 여성이 계절제로 공장에 들어가 몇 개월 동안 일한 다음 다른 일을 위해 되돌아갔다. 한 가지 예를 들자면 10월 중순에는 43명의 여성, 32%의 노동력이 한 주 작업을 쉬고 그다음 주에 복귀했다.

농업노동의 리듬이 공장에서도 지속되었고, 공장노동은 가족이 농지에 머물 수 있게 도움을 주었다. 뉴햄프셔에서는 기본적으로 가족구성원 가운데 한 명이 공장에서 전업 직공으로 일하는 것이 일반적이었다. 배지Badge 가족처럼 짧은 기간 동안만 공장에서 일하는 경우도 있었다. 메리 배지는 전업 직공으로 일했지만 애비게일과 샐리는 정해진 짧은 기간 동안에만 공장 일에 합류했다.

그러나 1820년대에 도버제조회사에도 이미 완전히 프롤레타리아화한 가족들이 있었다. 그 가족의 구성원 중 여럿이 오랜 기간 공장에 머

노동자

리디아 애벗(Lydia Abbot)	
소피아 애덤스(Sophia Adams)	
밧세바 뱁(Bethsheba Babb)	
샤를로트 뱁(Charlotte Babb)	
애비게일 배지(Abigail Badge)	
메리 배지(Mary Badge)	
샐리 배지(Sally Badge)	
엘리 벤처(Eli Benchor)	
프랜시스 E. 뱅크스(Frances E. Banks)	
낸시 바웁(Nancy Baub)	
에스터 빅포드(Esther Bickford)	
마리아 비숍(Maria Bishop)	
레베카 비숍(Rebecca Bishop)	
엘리자 블레스델(Eliza Blaisdell)	
한나 블레스델(Hannah Blaisdell)	
제인 블레스델(Jane Blaisdell)	
루이자 블레스델(Louisa Blaisdell)	
루시아 블레이크(Lucia Blake)	
샐리 블레이크(Sally Blake)	
수전 블랜차드(Susan Blanchard)	
새러 보스턴(Sarah Boston)	
엘리자 보든(Eliza Bowdon)	
루신다 보울즈(Lucinda Bowles)	
샐리 브래스브릿지(Sally Brasbridge)	
캐서린 브라운(Catherine Brown)	
올리브 브라운(Olive Brown)	
로비 벙커(Lovey Bunker)	
폴리 벙커(Polly Bunker)	
샐로마 버뱅크스(Saloma Burbanks)	
존 번스(John Burns)	
로비 버틀러(Lovey Buttler)	
리디아 버틀러(Lydia Buttler)	
샐리 버틀러(Sally Buttler)	
유니스 버틀러(Eunice Buttler)	

노동시간(단위 : 주)

— **도버제조회사의 작업 형태** 1823년 8월 9일~1824년 10월 16일 사이 성이 A 또는 B로 시작되는 모든 노동자의 사례.

물렀는데, 퍼킨스 가족은 이런 양상을 잘 보여준다. 남성 구성원 둘을 포함해 퍼킨스 가족의 구성원들은 기본적으로 전업 직공으로 일했기 때문에 그들이 농작물을 재배하거나 가축을 기르기는 매우 어려웠다. 정

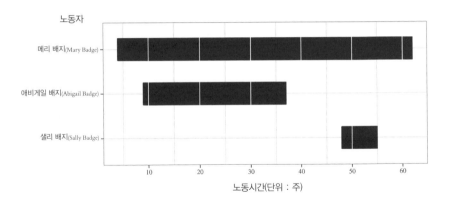

노동자

메리 배지(Mary Badge)

애비게일 배지(Abigail Badge)

샐리 배지(Sally Badge)

10　　　　20　　　　30　　　　40　　　　50　　　　60

노동시간(단위 : 주)

— **배지 가족의 작업 형태** 도버제조회사, 1823〜1824년.

확한 양상이 무엇이든, 수백만 명의 사람을 방적공장의 소용돌이 속으로 끌어들인 것은 공장노동 자체의 매력이 아니었다.[18]

• • •

제조업자들이 많은 사람을 공장으로 끌어들여 일을 시키는 데에 따르는 문제를 모면하기 위해 선택한 한 가지 방법은 먼저 사회의 가장 취약한 구성원들, 즉 저항할 수단이 거의 없던 사람들을 채용하는 것이었다. 그래서 그들은 가정 안에서 오랫동안 확고히 유지되어온 권력관계, 특히 가장인 남성이 적합하다고 여기는 대로 아내와 자녀의 노동력을 배치할 수 있었던 가부장제의 오랜 전통에 의지했다. 산업자본주의의 출현은 사실 이런 오래된 사회적 위계질서와 권력관계를 바탕에 두고 있었으며, 이런 것들을 수단으로 삼아 좀 더 폭넓게 사회를 혁명적으로 변화시켰다. 고용주들은 생계를 보장하는 비자본주의적인 방식이 존속해야만 자신들이 사용하는 노동력의 '저렴한 가격'을 유지할 수 있다는

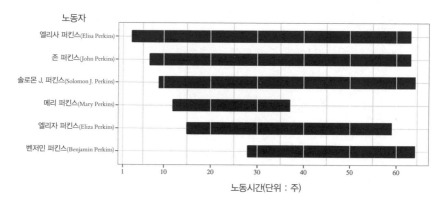

노동자

엘리사 퍼킨스(Elisa Perkins)

존 퍼킨스(John Perkins)

솔로몬 J. 퍼킨스(Solomon J. Perkins)

메리 퍼킨스(Mary Perkins)

엘리자 퍼킨스(Eliza Perkins)

벤저민 퍼킨스(Benjamin Perkins)

노동시간(단위 : 주)

— **퍼킨스 가족의 작업 형태** 도버제조회사, 1823~1824년.

점을 잘 알고 있었다. 이는 또한 인도 등지의 면화를 재배하는 농촌지역
이 세계 시장을 위한 생산으로 이행하는 과정을 알려주는 가르침이기도
하다. 아직 이런 것들이 완료되지 않은 채로 남아 있었기 때문에 자본주
의 혁명은 성공을 거두었다.

결국 아동이 공장에 고용된 최초의 노동력이 되는 경우가 많았으며,
엘런 후턴은 그런 아동 중 한 명이었다. 면직물 제조노동자의 절반 가
까이가 새로운 경제 현실에 의해 부모로부터 노동을 강요당하는 아동들
이었다. 아동에게 지급된 임금은 매우 낮았는데, 성인 임금의 3분의 1~
4분의 1 정도였다. 또 아동은 상대적으로 더 순종적이었으며, 지극히
반복적이고 지루한 작업에 저항할 가능성이 거의 없었다. 저항한다 해
도 성인보다 쉽게 처벌할 수 있었다. 생계수단이 거의 없는 부모들에게
는 자녀가 부가 수입의 유일한 원천인 경우가 많았다. 예를 들어 앞서
소개했던 맨체스터의 해도면 방적회사이자 면직물 제조회사인 맥코
널 앤드 캐네디사는 많은 아동을 고용했다. 1816년 임금 대장에 기재된
568명의 노동자 가운데 257명, 즉 전체 노동자의 45%가 16세 이하의 아

동이었다.[19]

맨체스터 인근에 위치한 새뮤얼 그레그의 쿼리뱅크공장에서는 빈민가의 많은 아이들이 이른바 수습공으로 일했다. 그레그는 지역 빈민구제소의 힘을 빌려 1784~1840년 사이 전체 노동자의 절반 이상을 아동으로 채용했다. 그는 그 아동들을 기숙사에서 거주시키며 7년 동안 자신을 위해 일하게 했다. 그레그는 사려 깊고 온정적인 고용주임을 자처했지만, '불복종'을 이유로 아동 노동자인 에스터 프라이스Esther Price를 특별 제작된 독방에 가두었다. 그리고 다른 아동들에게는 사과를 훔친 '범죄'의 대가로 초과근무를 강요했다. 그러나 그레그가 결코 특이한 경우는 아니었다. 예를 들어 새뮤얼 올드노Samuel Oldknow도 '수습공'을 공급하며 번창하던 시장의 문을 두드렸다. 1796년 클럭컨웰Clerkenwell 교구는 소년소녀 각 35명씩을 광고함으로써 올드노의 마음을 끌어, 그가 원하는 수만큼 아동을 선택하게 했다. 1835년에 《에든버러 리뷰Edinburgh Review》는 공장이 "[아동들에게] 최고이자 가장 중요한 학원이었다"고 역설했다. 그들을 거리에 풀어놓는 것은 훨씬 더 나쁜 일이 될 것이라며 방적공장이 "아이들을 안전한 곳으로 이끈다"고 주장했다.[20]

사회적으로 아동노동을 용인하고 노동에 대한 긴급한 수요가 발생하자 면공업의 모든 분야에 수많은 아동이 고용되어 일을 했다. 1833년 랭커셔의 면직물 제조공장에 채용된 전체 노동자의 36%가 16세 이하 아동이었다. 1846년에 벨기에에서는 전체 면직물 노동자의 27%가 16세 이하 아동이었다. 1800년에 지겔란트Siegerland 방적공장에 고용된 300명의 노동자 가운데 절반이 8~14세 사이의 아동이었다. 그리고 미하일 오소프스키는 1798년에 러시아 재무부의 허가를 받아 최초의 기계식 면방적공장을 설립하면서 상트페테르부르크 고아원에서 아동 300명을 데려왔다. 작센에서 푸에블라, 합스부르크 제국에 이르기까지 상황은 비슷

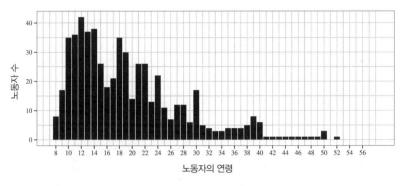

（그래프 세로축）노동자 수

（그래프 가로축）노동자의 연령

 — **아동들이 산업혁명을 만들었다** 1816년 맥코널 앤드 캐네디사 노동자들의 연령대. 총 노동자 수 568명.

했다. 카탈루냐의 제조업자들은 피레네 산기슭 작은 언덕에 공장을 세웠는데, 이곳은 근근이 살아가는 많은 농사꾼들의 고향으로 특히 아동노동에 접근하기 쉬운 곳이었다. 푸에블라에서는 면공업에 종사한 노동자 대부분이 농민 출신이거나 빚에 허덕이는 날품팔이나 직물 수공업자여서 아동이 노동력에서 중요한 부분을 차지했다. 그들은 열 살이나 그보다 더 일찍부터 일을 시작했다. 뮐루즈산업협회의 한 위원회는 1837년까지도 아동들이 '강제노동'을 했으며, 그들은 "자신의 의지와 상관없이 노동력을 제공했다"라고 보고했다. 위원회는 상황을 개선하기 위해 8~10세 사이 아동의 노동시간을 하루 10시간으로 제한해야 한다고 권고했다. 10~14세 사이의 아동은 하루 12시간, 14~16세 사이의 아동은 하루 13시간으로 노동시간을 제한할 것을 권고했다. 또한 야간작업은 14세 이상의 아동에게만 허용해야 한다고 권고했다. 비록 마지못해 취한 조치라고 해도 일단 시행되면 아동들의 삶이 개선될 것이라는 희망이 있었다. 그러나 알자스의 면직물 제조산업은 여전히 아동노동에 크게 의지했고, 기업가들은 1841년에 그런 관행을 제한하는 법 통과에 격

— 쿼리뱅크공장에서 운영한 아동 노동자들의 기숙사.

렬하게 반대했다. 유럽의 다른 지역과 미국의 부르주아 가정에서 그랬던 것처럼, 뮐루즈의 부르주아 가정에서도 아동기라는 관념이 생겨났지만, 그것은 그들 주위의 공장에서 자행된 아동노동의 극심한 착취로 얻은 부에 따른 결과였다. 잉글랜드 빈민구제소, 덴마크 고아원Børnehus, 스웨덴 고아원Barnhus, 러시아 고아원priiut dlia sirot 출신 아동들은 모두 결국 섬유공장에 들어갔다.[21]

아동 외에도 여성들, 특히 젊은 미혼 여성들이 면직물 제조산업의 노동력을 형성했다. 사실 면공업은 18세기와 19세기에 출현한 산업 가운데 가장 여성 중심적인 산업이었다. 이미 이야기했듯이, 1820년대 중반 뉴햄프셔주 도버제조회사 공장의 전체 노동자 가운데 89%가 여성이었다. 카탈루냐의 면직물 제조산업에서는 여성이 차지하는 비율이 70%에 달했다. 멕시코와 이집트에서는 남성 노동자들이 면산업의 노동을 주도했지만, 유럽과 미국 전역에서는 여성들이 주도했다. 이처럼 면직물 제조산업은 여성 노동자들이 두드러졌던 탓에 남성들이 주도하는 탄광업, 철제조업, 철도산업의 그늘에 가려 눈에 띄지 않게 되는 결과를 낳았다.[22]

놀랄 것도 없이 이 여성들 대다수가 농촌 출신이었다. 이는 부분적으로 임금노동을 통해 감소하는 농사 수입을 보충함으로써 농지에 대한 접근을 유지하려는 가정의 전략에 따른 결과였다. 유럽과 북아메리카 대부분의 지역에서 여성들은 수세기 동안 실을 잣고 옷감 짜는 일을 책임졌다. 그런 경향은 일 자체가 가정에서 공장으로, 손에서 기계로 옮겨간 뒤에도 지속되었다. 1841년 청년 윌리엄 래스본이 미국을 여행했을 때, 그는 여성 노동자들이 폭넓게 배치된 모습을 보고 충격을 받았다. 뉴저지의 패터슨에서 "세계에서 가장 낭만적인 자리에 위치한 공장"을 보고 그는 "그곳에 고용된 여성들이 활기가 없어 보이기는커녕 몹시 아름다워 보인다"고 말했다. 며칠 뒤 로웰공장을 살펴본 후 그는 이렇게 말했다. "공장에서 일하는 여성들은 말쑥하고 아주 아름답다. 그들은 전반적으로 교육을 잘 받은 농사꾼의 딸들이며, 성직자의 딸들인 경우도 있다는 말에 믿음이 간다. 그들은 기혼자의 경우에도 무언가를 얻기 위해 수년 동안 가족과 떨어져 있기도 한다." 여성들의 면직물 노동을 바라보는 래스본의 시각은 일부 동시대인들과 마찬가지로 터무니없이 낭만적이었다.[23]

여성들의 노동은 오래된 편견 탓에 훨씬 더 저렴했다. 역사가들은 "여성들은 일정한 임금 구조 아래서 남성 임금의 45~50%를 받는 경우가 많았다"는 사실을 발견했다. 그러나 여성들은 단순히 값싼 노동자가 아니었다. 직조 부문의 남성 직인 노동자들을 지배했던 노동문화, 곧 그들이 공장소유주에 맞서는 저항의 토대가 될 수 있었고 실제로 토대가 되기도 했던 노동문화가 여성들에게는 거의 적용되지 않았다. 아동노동과 마찬가지로, 여성의 노동은 멈출 줄 모르는 기계의 생산 리듬에 맞춰 형태를 갖추었다.[24]

초기 면제조업자들이 여성의 노동력을 활용할 수 있었다는 점은 중요했다. 이 점은 유럽 대부분의 지역을 (그리고 결국 일본도) 세계의 다른 많은 지역과 구별 지은 특징이기도 했다. 다른 곳의 여성들이 직물을 생산하지 않았다는 뜻은 아니다. 그들 역시 직물을 생산했지만, 아프리카나 아시아와 달리 유럽과 북아메리카에서 여성들은 가정을 벗어나 공장으로 이동할 수 있었고, 이는 직물의 산업화에 결정적인 조건이었다. 예를 들어 중국에서는 상황이 매우 달랐다. 역사가 케네스 포메란츠Kenneth Pomeranz가 주목했듯이 "도시든 농촌이든 중국의 가족체계는 독신 여성이 집 밖에서 생활하는 것을 허락하지 않았다. 20세기에 이르러 공장들에 감시가 엄격한 기숙사들이 갖춰지면서 체면을 상하지 않으면서도 여성들이 집 밖에서 생활할 수 있게 되었다." 사회학자 잭 골드스톤Jack Goldstone은 심지어 여성들이 맡았던 서로 다른 역할이야말로 유럽은 산업화하고 중국은 산업화하지 못한 이유를 설명해준다고 주장한다. 유럽과 미국 여성들은 다른 지역 여성들에 비해 상대적으로 늦은 나이에 결혼했고, 그래서 결혼 전에 공장 프롤레타리아 계급에 합류할 수 있었다.[25]

하지만 가부장제의 유산과 농촌지역의 변화는 거의 언제나 더 노골적인 형태의 강요로 보완되었다. '직기 주인'의 강요와 '채찍 주인'의 강요가 크게 달랐다고는 하지만, 노동력을 동원하기 위해, 공장 내에서 노동자들을 징계하기 위해, 공장에 채용된 노동자들이 공장을 떠나지 못하게 막기 위해 완력을 사용하는 일이 횡행했다. 문제의 공장들에 투자한 제조업자들은 노동자들에게 노동을 강요하고 물리적 폭력까지도 사용했는데, 이런 일이 사적으로 저질러지는 경우도 있었지만 국가의 용인을 받은 경우가 훨씬 더 많았다. 우리가 보았듯이, 고아가 된 아동들은 빈번히 방적공장에서 강압적인 조건 아래 일을 했다. 벨기에의 기업가 리펜 바우언스Lieven Bauwens는 자신이 "감독하는 감옥의 수감자들"을 직공으로 사용했다. 러시아에서는 처음에 임금노동자들로 섬유공장의 노동력을 충원하려 했지만 기업가들은 그 대신에 "매춘부, 범죄자, 거지 들" 중에서 뽑은 사람들을 데려다 노동을 강요했다. "그들 가운데는 종신 노역형을 선고받은 사람들도 있었다." 미국 메릴랜드, 루이지애나, 로드아일랜드의 수감자들은 면직물을 직조하며 형기를 마쳤다. 임금노동 계약에 동의한 노동자들조차 "어떤 식으로든 속박되어" 공장에 매어있는 경우가 많았다. 루트비히 크누프의 거대한 크런홀름공장에서 경영진을 가리켜, 지역의 한 에스토니아 신문은 "흑인 노예들을 거느린 노예주보다도 더 사람들을 돌보지 않는다"고 묘사했다. 공장은 자체 치안대를 두고 있었을 뿐 아니라 정기적으로 노동자들에게 체벌을 가하고 그들을 난폭하게 대했다. 멕시코의 푸에블라에서도 노동자들은 삼엄한 감시를 받았다. 노동자들이 공장 구내에 거주하는 경우, 그들의 친구나 친척의 방문이 허락되지 않기도 했고 때로는 신문을 읽는 것조차 불법으로 간주되었다. 그런가 하면 합스부르크 제국의 방적공장들은 흡사 군대의 막사 같았다. 노동자들은 공장에 감금되었으며 오직 일요일에만 공장을 떠날 수 있었다.[26]

노예제가 확산된 지역들에서 인신을 구속하는 조치는 훨씬 더 중요한 역할을 했다. 특히 플랜테이션 농장 노예제의 세계적 중심지였던 아메리카에서 면공업에 중요한 강제노동이 도입되었다. 브라질에서 토착민과 노예는 섬유공장에서 노동을 강요당했다. 미국 남부에서도 노예들이 면직물 생산 작업을 했는데, 어느 역사가는 이에 대해 "강요에 의한 원산업화"라는 기막히게 어울리는 명칭을 붙였다. 그렇게 세계 곳곳의 노예 거주 지역에서는 노예제가 산업 생산을 촉발했다.[27]

그러나 면화 재배와 비교하면, 전체적으로 세계 면직물 제조산업에서는 노동력을 동원하면서 신체를 구속하는 일이 훨씬 적었다. 1861년 농노해방이 있기 전 때때로 농노들이 섬유공장에서 일을 해야 했던 러시아에서조차 그처럼 노동을 강요당한 노동자는 전체 면직물 노동력의 3.3%를 결코 넘지 않았다. 그 대신에 노동자들을 노예화하지 않는 새롭고 정교한 노동 통제 방법들이 등장했다.

어쨌든 노예 플랜테이션 농장의 교훈들은 여전히 산업가들에게 영감을 주었다. 면제조업자인 새뮤얼 올드노는 1790년대 중반에 자신이 고용한 노동자들을 상대로 더 큰 권한을 얻으려고 노력했다. 그가 잘 알고 있는 선대제 체제와 달리, 공장은 그에게 새로운 영역이었기에 그는 노동자들을 통제하기 위해 안간힘을 썼다. 첫 단계에서 그는 노동자들의 출근을 체계적으로 기록하기 위해 출근부를 만들었다. 공장의 노동자들을 방별로 구분해 작은 공책에 이름을 적었다. 그는 하루를 네 등분해서 노동자들이 실제로 어느 시간대에 출근하는지를 기록했다. 예를 들어 1796년 3월 출근부에는 "메리 루이스 1, 2, 3, 4, 토머스 루이스 1, 2, 3, 4, 페기 우데일 1, 마사 우데일 1, 새뮤얼 아던 3, 4" 하는 식으로 적혀 있었다. 감시의 시선이 상존하는 우리 세계에서는 그런 기록을 작성했다는 것이 이상해 보인다. 그러나 계절노동에서 기계노동으로의 변화와 마찬가지로, 시간을 엄수하는 일은 새로운 현상으로, 노예 플랜테이션 농장에서 가장 완전하게 다듬어졌고 공장의 세계로 서서히 옮겨갔다. 임금을 주어 엄청난 수의 노동자들을 동원하고 그들의 작업을 감시하며 그들이 기술과 열정을 쏟게 하는 동안 새로운 딜레마가 지속적으로 나타났다. 공장을 벗어난 노동자들의 가정과 거주 지역에서 고용주의 권한은 훨씬 더 멀어졌다. 출근부를 기록하는 것만으로는 노동자들에게 규율을 가르치기 어려웠다. 그러자 고용주들은 노동자들에게 매질을 가하고 벌금을 물리고 그들을 빈번히 해고했다. 동시대의 많은 관찰자들이 볼 때, 공장 노동의 리듬과 엄격한 감시는 그들이 알고 있는 유일한 다른 작업환경인 노예 플랜테이션 농장을 떠올리게 했다. 공장 노동과 노예 플랜테이션 농장이 노동력을 동원하는 데에서 보인 이러한 유사성 때문에 사람들은 자신들의 눈앞에서 펼쳐지고 있는 변화의 실로 혁명적인 성격을 놓치고 말았다.[28]

　노동자들을 모집하고 규율을 시행하기가 어려웠던 이유는 노동조건이 끔찍했기 때문이다. 얼마나 끔찍했던지, 세계 곳곳의 노예 소유주들이 산업노동자들의 조건에 비하면 노예노동의 조건이 더 낫다고 주장했을 정도였다. 예를 들어 독일 면산업에서는 주 6일 하루 14~16시간씩 노동하는 것이 하나의 규범이었다. 1841년 푸에블라에서는 하루 노동시간이 점심 휴식 시간 1시간을 포함해 평균 14.8시간이었다. 프랑스 제2제정 시기 하루 노동시간은 평균 12시간이었으나, 고용주들이 원할 경우 노동자들은 그보다 더 많은 시간을 일해야 했다. 1873년까지 바르셀로나 섬유공장의 노동시간 역시 매우 길었다. 어디서나 생산 작업은 위험했고, 기계는 귀가 멀 정도의 소음을 동반했다.[29]

　이런 조건들은 노동자들의 건강에 심각한 영향을 끼쳤다. 1850년대 작센 정부가 징병을 시도했을 때, 군복무를 할 수 있을 만큼 건강한 노동자는 전체 방적공의 16%, 방직공은 18%에 불과했다. 수십 년 동안 동시대인들에게 새로운 면직물 제조공장 노동자들의 생활수준은 산업화가 초래한 모든 해악을 상징했다. 1826년 J. 노리스J. Norris는 영국의 국무장관 로버트 필Robert Peel에게 "나는 노동하는 빈민들, 더 구체적으로 방직공들의 고통이 설명할 수 없을 만큼 크다는 말을 덧붙여야 한다는 사실이 애석하다"고 보고했다. 실제로 노동자들의 기대수명과 신장을 분석한 최근 보고서에 따르면 산업혁명으로 인한 "식량 소비와 수명의 증가, 영양 상태 향상, 주거의 개선은 없었다. "산업혁명의 심장부에 위치한 표본 지역들의 영아사망률은 금세기 중반 이전에 영국 노동자와 그들 가정의 일상생활에서 어떤 의미 있는 개선이 나타났다는 뚜렷한 증거를 찾을 수 없다는 시각을 뒷받침한다"고 노리스는 결론지었다. 그런 개선을 목도하려면 그는 사실상 1870년대까지 기다려야 했을 것이다. 덧붙여서 그는 "1760년대~1830년대 사이에 여가생활의 변화에 맞춘 1인당 소비 형태는 근본적인 변화 없이 그대로 유지되었던 것으로 추정된다"고도 주장했다. 1833년에 미국의 노동운동가 세스 루서Seth Luther가 보고한 대로 "이런 과도한 고역으로 신체의 성장이 저해되었고, 사지가 약해졌으며, 때로 심하게 뒤틀렸다."[30]

이런 상황들을 고려할 때 농부와 수공업자들이 공장노동자가 되기를 거부하는 일이 잦았다는 것은 놀랄 일이 아니다. 생활수준과 기대수명이 낮았으니 공장을 두려워하는 것은 더없이 합리적인 반응이었다. 공장노동자가 되기를 거부한 저항은 개별 행동으로 나타나기도 했지만, 집단행동으로도 표출되며 프롤레타리아화 과정을 훨씬 더 지난하고 난폭하게 만들었다. 1780년대~1790년대 프랑스혁명의 대격변 속에서 노동자들은 면직물 제조공정의 근대화를 초래한 기계들을 파괴했고, 생산의 근대화에 관련된 공장 소유주들을 위협했다. 예를 들어 1789년에 수백 명의 노동자들이 프랑스 면직물 제조산업의 중심지인 노르망디에서 면직물공장들을 공격해 700대의 제니방적기와 다른 기계들을 파괴했다. 군대와 민병대가 곳곳에서 봉기를 진압하려 했지만, 모두 성공하지는 못했다. 이런 저항은 프랑스 노동자들이 동력 방적기의 도입에 반대한 1820년대에도 계속되었다. 이런 저항의 물결이 매우 위력적이었던 데다가 경험이 부족했던 국가는 생산의 근대화를 주도하는 기업가들을 보호하려는 의지와 역량이 극히 제한적이었다. 그래서 일부 자본가들은 새로운 기계의 도입을 제한하고, 그 대신 노동집약적인 고품질 상품의 생산에 초점을 맞추는 것이 저항을 최소화하는 길이라고 결론지었다. 대중봉기에 대한 두려움은 프랑스 기업가들에게 길잡이별이 되었다.[31]

이런 저항은 영국의 산업화 과정에서도 특징적으로 나타났다. 영국에서는 1740년대에 이미 존 케이의 플라잉 셔틀flying shuttle에 맞서 폭동이 일어났다. 1753년에는 '실패cotton reel' 기계들에 대한 공격이 있었다. 1768~1769년에 랭커셔 노동자들은 제니방적기 도입에 맞서 폭동을 일으켰고, 1779년에는 여러 기계들을 파괴했다. 그러나 기계파괴운동 Luddite Movement이 본격적으로 확산된 시기는 1810년대로, 국가가 그 운동을 탄압하기 위해 대규모 무력을 사용할 수 있었고 또 사용하려 하던 때였다. 1811~1812년에는 "스톡포트 등지에서 증기 방직기들이 공격"을 당했고, 1826년에도 또 다른 기계 파괴의 물결이 일었다.[32]

세계의 다른 지역들에서도 노동자들이 반란을 일으켰다. 푸에블라의 방직공조합은 면사 생산의 기계화에 '대단히 적대적'이었다. 새로운 기계를 도입하는 데 확고한 의지를 가졌던 공장주들은 방직공조합의 적대감을 피할 안전한 '비밀 장소'에 혁신자들과 기계를 숨겼다. 이런 염려는 베라크루스에도 널리 퍼졌다. 1820년대에 스위스에서는 방직공들이 역직기 사용 금지를 요구하며 반란을 일으켰고, 1832년에 오베루스터Oberuster의 한 공장을 방화했다. 1827년 네덜란드의 틸뷔르흐Tilburg시에서는 증기기관 도입에 반대하는 노동자들이 창유리를 깨부수며 공장주 피터르 판 도렌Pieter van Dooren에게 항의했다.[33]

이렇듯 세계의 기계화된 면직물 제조산업의 팽창은 새로운 기술의 도입과 자본, 시장에 대한 접근 가능성뿐 아니라, 수천 명, 나중에는 수백만 명을 프롤레타리아로 만드는 능력에 기대고 있었다. 그리고 완전히 새로운 삶과 노동의 방식을 부과하는 데 따르는 저항을 분쇄하는 능력이 중요했다. 1795년에 한 동시대인이 목격했듯이, 잉글랜드에서는 "새로운 기계를 처음 도입할 때 노동의 속도를 높이는 일부 양식들은 늘 노동 계급의 완강한 저항에 부딪혔다."[34] 슈바르츠발트의 비젠탈에 대해 한 역사가가 말했듯이, 이는 "내적 식민화", 곧 어느 때보다 많은 영토와 사회관계가 자본에 의해 식민화되고 지배되는 과정이었다. 약화된 봉건 지배층의 저항에도 불구하고 그런 이행이 가능했으며, 공고히 다져진 국가가 그 과정에서 중요한 역할을 담당했다.

실제 노동 계급의 집단행동을 탄압하는 과정에서 국가의 역할이 매우 중요해지면서 산업자본주의에서 국가의 역량이 얼마나 결정적인지를 다시 한 번 증명했다. 국가는 노동조합부터 파업과 공공집회, 친 노동계 성향의 정당 등 모든 것을 불법으로 규정하는 법안을 통과시켰다. 작업조건을 개선하려는 노동자들의 노력을 국가가 불법으로 규정한 것이다. 이미 보았듯이, 기계파괴가 면화의 제국 전체로 확산되자 국가가 대응에 나섰다. 영국에서 (그리고 프랑스에서도) 1811~1812년 사이 기계파괴주의자들이 방적 기계 수백 대를 파괴하자, 하원은 1812년 2월 기계 파괴를 중대한 범죄로 규정하는 법안을 통과시켰다. 1812~1813년에 30명의 기계파괴주의자가 교수형에 처해졌고, 1830년에는 19명 이상이 사형당했다. 오스트레일리아로 추방되거나 감금형을 받은 이들도 있었다. 영국에서 국가는 다른 방식으로도 노동자들의 집단행동을 분쇄했다. 1795년 피트 내각이 도입한 두 개의 법안은 인신보호청원을 보류하고 사전허가 없이 50명 이상이 모이는 집회를 불법으로 규정했다. 1799~1800년에 단체행동법은 노동조합을 불법으로 규정했다. 예컨대 이 법에 따라 1818년에 (불법적인) 맨체스터면방적공협회에 가입했다는 죄목으로 존 도허티John Doherty에게 10년의 중노동형이 선고되었다. 영국 정부는 사회 안정을 보장하기 위해 고안한 메커니즘을 그리 신뢰하지 않았기에 노동자들에 맞서 전투를 준비했다. 1792~1815년 사이에만 155개의 군대 막사가 산업 지역에 설치되었다. 어느 역사가가 내린 결론처럼 "정부의 대대적인 탄압은 충격적이었다." 노동자들이 반발하면 공장주들은 국가의 도움을 받아 소요를 진압했다. 공장주의 자본 축적 능력은 점점 더 국민국가의 권력에 의지했으며, 국가권력은 점점 더 성공적인 산업화에 의지했다.[35]

노동자들을 프롤레타리아로 만들려고 분투하는 과정에서 산업가들은 국가에 훨씬 더 크게 의지하게 되었고, 이 점은 산업가들이 지닌 힘의 한계를 뚜렷이 보여주었다. 그런데 역설적이게도 자본이 영토화하고 산업가들이 국민국가에 의존하면서 국가와 유착이 더 긴밀해진 덕분에 노동자들 역시 노동조건 개선과 임금 향상을 위해 집단행동에 나설 수 있었다. 결국에는 자본가들의 국가에 대한 의존이 노동자들의 가장 강한 힘으로 작용하게 될 것이었다. 다각적인 탄압 시도에도 불구하고 노동조합과 노동 계급의 정치운동은 19세기 전 기간에 걸쳐 자본에 새로운 압력을 가했다. 그리고 이런 압력은 수십 년 후 세계 면직물 제조산업을 완전히 새롭게 탈바꿈시킬 것이다.

우리가 이미 보았듯이, 노동자들이 생산 기계화에 반대하기만 한 것은 아니다. 그들은 기계화된 생산 체제 안에서 자신들의 삶과 노동조건을 개선하려는 노력도 병행했다. 이런 노력은 처음에는 미약했지만 결국 힘을 얻었고, 실제로 더 높은 임금과 더 짧은 노동시간, 더 나은 노동조건을 얻어냈다. 19세기 초반, 여전히 성공은 미미하고 멀기만 했다. 그러나 수많은 투쟁이 있었다. 1800년에 이미 영국 방직공들 사이에서 노동 계급 단체들이 등장하기 시작했다. 1792년에는 스톡포트와 맨체스터의 뮬방적공들이 조합을 결성했다. 1807년에는 수동방적기를 다루던 방적공들이 노동자 13만 명에게서 이른바 '법정 임금' 지지 서명을 받아냈다. 1826년에 직공들이 집결하여 역직기공장들을 파괴하겠다고 위협을 시작으로 맨체스터에서부터 면공업 종사 노동자들의 폭동이 확산되어 나갔다. 맨체스터 출신의 프레드 포스터Fred Foster는 1826년 4월 28일에 국무장관 로버트 필에게 노동자들이 일단 거리에 집결하면 "소요법이 선언되고 군부대가 주요 거리를 정리했다"고 보고했다. 1844년에 방직공들은 슐레지엔에서 유명한 폭동을 일으켰다. 뉴잉글랜드에서는 1824년에 방적공장의 여성 노동자들이 로드아일랜드주 포투킷Pawtucket의 작업장을 나서면서 미국 공장노동자들 최초의 파업을 시도했다. 영국의 뮬방적공들도 집단행동 전략을 미국으로, 그중에서도 뉴잉글랜드로 가져왔고, 1858년에는 뮬방적공들의 폴리버Fall River 조합이 탄생했다. 에스파냐의 면공업 노동자들은 1840~1850년대에 노동운동을 조직했고, 1854년에 방적공들은 최초의 총파업을 일으켰다. 프랑스에서는 1830~1847년에 기록된 전체 파업의 35%에 섬유노동자들이 가담했다. 때때로 여성들이 이런 집단행동을 주도했다. 예를 들어 매사추세츠주 로웰에서 여성 노동자들은 1844년에 로웰여성노동개혁협회를 결성해 더 나은 노동조건과 노동시간 단축을 위해 투쟁했다. 카탈루냐의 기업가들이 문제를 일으키는 노동자들을 피해 바르셀로나 외곽의 요브레가트강과 테르강을 따라 늘어선 외딴 공장 부락들로 옮겨간 것을 필두로, 19세기 중반에 이미 면제조업자들은 자신들의 자본을 다른 곳으로 이동시켜 노동자들의 호전성에 대응했다. 면화 재배의 경우와 마찬가지로 노동자들의 집단행동과 세계 면산업의 공간적 배치가 서로 교차했다.[36]

그러나 이런 면직물 노동자들의 임금과 노동조건 개선을 위한 조합

결성, 파업, 다른 형태의 집단행동과 같은 초기의 노력은, 강력한 국가 안에서 노동력의 통제와 동원이 '국가적인 것'이 되어 사실상 국가 차원의 의제가 되자 양상이 바뀌었다. 노동자들이 국가에 직접 호소하고 국가의 정치공간 안에서 집단행동을 통해 자신들이 처한 상황을 개선할 새로운 기회를 얻은 것이다. 예컨대 노동자들의 집단행동에 따라, 점차 고용계약 위반에 대해 금전적인 것 이외의 처벌은 할 수 없게 되었다. 1867년 영국에서 노동 계급에 속한 많은 사람이 투표권을 얻었을 때, 노동조합은 노동자들이 계약을 파기한 데 따라 부과되는 변상액의 한도를 제한하도록 국가를 압박했고, 1875년에 성공적인 결과를 이끌어냈다. 독일에서는 1918년 혁명* 이후에 노동자들의 계약 파기를 범죄로 간주해 처벌하는 관행이 종식되었다.[37] 사실 '자의에 따른 취업employment at will', 곧 노동자들이 떠나고 싶을 때면 언제든 직장을 떠나도록 허용하는 것은 노동자들이 수십 년에 걸쳐 투쟁한 결과였지, 산업자본주의 등장에 따라 자연적으로 따라온 것이 아니었으며 산업자본주의 출현의 전제조건은 더더욱 아니었다. 공장에서 플랜테이션 농장에 이르기까지 자유가 확대된 것은 노동자들이 조직을 결성하고 집단행동을 벌인 결과였다. 말하자면 현대 경제 교과서에 이상적으로 묘사된 노동시장은 대개 파업, 노동조합, 폭동의 결과로 등장한 셈이다.

1780년대 초부터 1861년까지 면화의 제국은 서로 다른 두 가지 형태의 노동과 전혀 다른 두 가지 형태의 생산조직에 의지했다. 대서양 서안에는 16세기 이래 유럽인들이 구축해온 역동적인 전쟁자본주의의 최종

• 제1차 세계대전 끝 무렵인 1918년 11월 킬 군항에서 수병들과 그들에 가세한 노동자들의 반란을 계기로 독일의 제정이 무너지고 휴전이 성립되어 이듬해 8월 바이마르 헌법의 가결과 함께 바이마르 공화국이 수립되기까지 일련의 과정을 일컫는다.

산물인, 노예제를 기반으로 확장을 거듭하며 엄청난 이윤을 가져온 노예 플랜테이션 농장이 있었다. 그리고 유럽뿐 아니라 뉴잉글랜드와 세계의 몇몇 지역에서는 임금노동을 기반으로 놀랍도록 생산적인 방적·방직공장을 갖춘 산업자본주의라는 훨씬 더 새롭고 역동적인 생산조직이 등장했다. 상인 집단을 매개로 하는 이 두 시스템은 한쪽이 다른 한쪽에 힘을 불어넣으면서 나란히 성장했다. 상인으로 의인화된 자본 덕분에 노예로 운영되는 면화 플랜테이션 농장과 임금노동으로 운영되는 면직물 제조 공장의 급속한 팽창이 용이해졌고, 서로 상충하는 듯이 보이는 유산들을 연결시켰다. 적어도 그 가운데 하나가 붕괴하기 전까지는 말이다. 그리고 그런 붕괴가 일어나 면화의 제국 안에서 노예제가 머나먼 초신성처럼 소멸되고 나서는 산업자본주의를 건설하는 데 노예제가 했던 결정적 공헌이 우리의 집단기억에서 지워졌다.

8 장

전 지구적 면화 만들기

→ 미국산 면화를 싣고 리버풀 항구에 입항하는 글레이드타이딩스호, 1865.

근대의 특출한 현상들 가운데 단연 최고는 이 거대한 사업 부문의 지속
적이고 진보적인 확장이다. 이것이 지구 전체의 물질적·사회적 상황에 끼
친 영향은 너무도 뚜렷하다. ……

중요한 바다 저편에 최근까지도 개발되지 않은 채로 남아 있던 드넓은
토지가 이제 옥토로 바뀌면서 인구가 늘어나고 차츰 재배를 확대할 수 있
게 되었다. 그 토지들은 우리 조국에 국가의 부와 임금, 고용의 고갈되지
않는 원천을 제공했으며, 세계 모든 지역의 시장에 제품을 공급할 거대한
무역의 지렛대가 되어 원료가 완성품으로 바뀌는 다양한 활동을 결합시킬
것이다.

— 《노이에 브레머 차이퉁Neue Bremer Zeitung》 1850년 1월 6일자[1]

발터 베냐민Walter Benjamin에게 파리는 19세기의 수도였다. 그러나 세
계의 진정한 중심은 한때 면화의 지배자였고 미래의 지배자이기도 했던
리버풀이었다. 비가 잦은 잉글랜드 북서부에 위치한 리버풀은 머지강과

아일랜드해를 끼고 성장했다. 한때 글로벌 통상의 가장 중요한 교차로 가운데 하나였던 리버풀의 상인들은 이제 막 탄생한 유럽의 제조업 복합체와 어느 때보다 공격적으로 팽창하는 면화 배후지들을 연결하며 사상 초유의 부와 영향력을 쌓았다. 산업자본주의와 전쟁자본주의가 만난 것은 바로 리버풀에서였다. 리버풀 상인들은 산업자본주의의 논리를 전쟁자본주의에 적용했고, 그 과정에서 둘 모두를 변화시켰다. 리버풀 상인들의 천재적인 재능은 보통 서로 대립하는 것으로 여겨지는 요소들, 즉 임금노동과 노예제, 산업화와 탈산업화, 자유무역과 제국, 폭력과 계약 등을 결합시키는 능력에 있었다.

리버풀은 세계의 불가사의 가운데 하나일지도 모르지만 관광객들이 감상할 만한 곳은 아니었다. 실제로 20세기 초의 한 연대기 작가는 "끔찍함"이라는 한 마디로 요약해 리버풀을 설명했다. 어느 동시대인은 비꼬는 듯한 어조로 "리버풀에서 가장 매력적인 것은 단연 널찍한 부두"라고 말했다. 1832년에 이미 부두와 항구의 담장이 4km에 걸쳐 뻗어 있었고, 곳곳에 선창과 창고가 흩어져 있었으며, '돛이 숲을 이루고' 있었다. 머지강 너머에는 아일랜드해가, 또 그 너머가 대서양이 있었다. 세계의 면화 대부분은 대서양의 서안에서 재배되었다. 해마다 수천 척의 선박이 단단히 압축된 면화 꾸러미를 싣고 도착했다. 대다수가 아일랜드 이주민이었던 수천 명의 노동자들은 배에서 화물을 부리고 면화 꾸러미를 창고로 운반했다. 면화 대부분은 그곳에서 운하를 운행하는 선박에 적재되었다. 1830년 이후로는 대부분이 기차에 실려 32~80km 정도 떨어진 랭커셔 부근의 방적공장으로 운반되었다. 그러나 일부 꾸러미들은 다시 배에 실려 유럽 각지의 항구로 향했다. 그런 뒤 각 항구에서 처음에는 마차로, 나중에는 기차로 유럽 촌락지역 곳곳에 점차 늘고 있던 방적공장에 공급되었다. 항구는 그저 더없이 위험하고 고된 노동의 현장일 뿐 경이로운 기술이라고는 찾아볼 수 없는 곳이었다. 매일 아침 동트기 전, 수천 명의 노동자가 거대한 면화 더미를 나르는 일용직 일감을 얻으려고 비 오는 리버풀 거리로 모여들었다. 적은 보수에 장시간 일해야 하는 위험한 일자리였는데도 말이다.[2]

리버풀의 항구는 글로벌 방적 제국의 중심이었다. 리버풀 상인들은 세계 전역에 선박을 보냈다. 대부분이 풍력을 이용하는 범선이었는데, 1850~1860년대부터 차츰 증기선이 늘기 시작했다. 이 선박의 선장들은 위험한 바다를 항해했고 거친 선원들과 전염성 강한 질병, 경제적 변동을 헤쳐 나갔다. 1840년대 초, 리버풀에 적을 둔 면화 운송 선박의 선장 제임스 브라운은 뉴올리언스 항구에 도착할 때마다 자신의 선박을 채울 면화 꾸러미를 찾느라 애쓰며 몇 주씩 시간을 허비했다. 운송비는 계속 변동했고 배들이 항구에서 놀고 있다는 사실은 곧 치열한 경쟁을 의미했다. 리버풀에서 들려오는 시장 소식에 따라 면화 가격이 크게 요동쳤고 배의 출발이 지연되기도 했다. 물론 그렇지 않은 경우도 많았지만 말이다. 브라운은 "선원 일부가 달아났다"는 푸념을 여러 번 늘어놓았고 '허리케인'과 '사략선에 관한 소식들'은 걱정을 더했다.[3]

리버풀 항구는 엄청난 육체노동의 현장이었지만, 그 도시의 신경계를 형성했던 것은 면화 거래였다. 면화 거래 관리인들은 서로 아주 가까이 살며 일했다. 매일 아침 도시의 상인들은 거래를 위해 도시 중심에 위치한 야외공간의 "깃발 아래" 모였다. 면화 중개인 새뮤얼 스미스는 "춥거나 덥거나, 겨울이나 여름이나 어떤 날씨에도 우리는 밖에 서 있었다. 비가 오거나 추위를 견딜 수 없을 때는 가끔 홍예문 아래로 몸을 피하기도 했다"고 회상했다. 상인들은 도시 중심에 멋진 면화거래소 건물이 건설된 1809년 이후에야 비로소 실내로 자리를 옮길 수 있었다. 소란스럽고 판매자와 구매자가 만나 마치 춤이라도 추는 듯이 무질서해 보이는 판매장은 가히 충격적이었다. "공개 거래를 목적으로 그처럼 우아하고 드넓은 장소가 마련되어, 단 몇 분 만에 …… 엄청난 양의 면화 판매가 이루어지는 곳은 세상에 없을 것이다."[4]

면화의 매매에 관한 모든 활동을 포괄하는 리버풀의 상인들은 면화의 재배와 제조, 판매의 글로벌 네트워크를 다루는 조련사가 되었다. 상인들은 봄베이의 아폴로 부두에서 '리버풀에서 들려오는' 소식을 초조하게 기다렸다. 미국 남부 전역에서는 수많은 플랜테이션 농장의 노예주들이 거의 강박에 가까울 정도로 집요하게 '리버풀 시세'를 기다렸다. 이것은 그들에게 유일하게 중요한 소식이었다.[5] 미국 남부의 농업지 《드보스 리뷰De Bow's Review》는 리버풀의 면화 시세와 미국의 면화 농부들이 더 큰 수익을 얻을 수 있는 방법에 대해 꾸준히 보도했다. 뉴욕의 《머천트 매거진》과 《커머셜 리뷰》도 리버풀의 면화 시세에 주목했다. 리버풀의 면화 시세가 엘런 후턴을 비롯한 수십만 방적공장 노동자들의 고용 여부를 결정했다. 전 세계가 리버풀의 면화 시세에 신경을 곤두세웠다는 사실은 그 도시의 상인들이 지구상의 드넓은 지역에 엄청난 영향력을 행사했음을 반영한다. 리버풀의 면화 가격이 오르면 루이지애나의 플랜테이션 농장주들은 면화 농경지 구입을 새로 결정할 것이고, 노예무역업자들은 수 천 명의 젊은 노예를 이 새로운 영토로 들여와 이윤을 얻었을 것이다. 리버풀에서 날아온 소식이 어느 날엔 아메리카 원주민들을 그들의 땅에서 몰아내는 데 일조했고, 어느 날엔 인도의 철도 건설에 투자할 것을 독려했으며, 또 어떤 날엔 스위스나 구자라트 또는 멕시코 미초아칸Michoacán의 가정에서 이루어지던 방적과 직조를 완전히 포기하게 만들었다.[6]

다른 도시들과 달리 리버풀은 면화의 글로벌 무역에서 모든 핵심 기능에 집중했다. 상인들은 면화를 거래하고 면제품을 운송했으며, 면화 재배와 면공업에 두루 투자했다. 다른 면화 도시들은 더 특화된 활동을 했다. 예컨대 뉴올리언스와 알렉산드리아, 봄베이의 상인들은 원면 수출에 정통했고, 브레멘과 르아브르의 상인들은 그들이 보낸 화물을 받았다. 뉴욕과 런던의 상인들은 무역 투자에 집중했다. 아르헨티나 부에노스아이레스에서 브라질 헤시피Recife, 독일 함부르크에서 인도 캘커타에 이르는 도시들에 폭넓게 분포한 상인들은 면사와 직물을 화물로 받아 저마다의 배후지에 보급하는 역할을 했다.

그러나 이 도시들 가운데 어느 곳도 리버풀의 경쟁자가 되지 못했다. 면화가 유통되는 통로가 세계 전역에 고루 분포했던 것은 아니다. 어떤 지점에서는 그 통로가 좁았고, 어떤 지점에서는 넓었으며, 흐름의 규모와 속도는 영향력의 분포를 고스란히 반영했다. 영향력이 클수록 네트워크는 더 깊고 빨랐다. 리버풀이 다른 많은 지역과 리버풀을 연결하며 급류처럼 쏟아져 들어오는 정보와 무역을 향유했던 반면, 미시시피의 배후 도시들이나 부에노스아이레스에서는 정보와 거래가 완만한 흐름을 이루며 소수의 지역에서 흘러나와 소수의 지역으로 흘러들었다. 그러므로 '상품사슬'의 시작점이나 끝점에 위치한다는 것은 통상 상대적으로 취약한 위치에 있음을 의미했다. 면화 네트워크가 리버풀이라는 한 도시에 집중되자 권력의 새로운 위계가 탄생했다. 그것은 오래된 면화의 네트워크와 인도의 아메다바드와 수라트, 멕시코의 오악사카 같은 도시의 오래된 상인 집단들을 대체한 혁신적인 발전이었다. 19세기 전환기 리버풀 상인들의 부상은 다극의 면화 세계를 단극의 세계로 전환시켰다.

리버풀면화거래소의 높은 유리창 너머로 보이는 세계는 근본적으로 면직물 생산과 소비의 거대한 복합체였다. 이윤을 향한 게걸스러운 탐욕은 면화의 상업적 생산을 위해, 그리고 방적공장의 증대와 직물 시장의 개방을 위해 어느 때보다도 많은 토지를 요구했다. 지렛대 효과를 통한 이런 전례 없는 산업적 팽창이 지속되려면 그 어느때보다도 많은 노동력과 자원을 동원하고 시장을 제공하기 위해 지구 전체의 농촌지역이 영구히 변해야 했다. 그러나 리버풀의 자본과 그 상인들이 어디에나 존재했는데도 불구하고 슈바르츠발트, 봄베이, 미시시피에서 이와 관련된 변화의 성격이 저마다 다르게 나타났다.

이 새로운 면화 제국의 심장부에 위치하면서 사실상 그 심장을 형성하고 있었음에도, 리버풀 상인들은 그저 글로벌 면화무역에 종사한 수많은 상인 집단 가운데 하나였을 뿐이다. 그 상인 집단들이 합세해 세계 여러 지역의 크고 작은 농장들에서 면화를 재배하는 수십만 노예, 농민, 플랜테이션 농장주의 노력을 조화시켰다. 그리고 그렇게 생산된 면화 원료를 수천 명의 제조업자와 연결시켰다. 제조업자들은 자신들이 운영하는 공장을 위해 면화를 사들였고, 이어 생산한 원사와 직물을 시장과 상점으로 보냈다. 그러면 시장과 상점에서는 이런 면제품을 수백만 소비자에게 판매했다. 상인들은 섬유와 옷감을 미시시피의 플랜테이션 농장주나 구자라트의 농사꾼에게서 올덤이나 츠비카우의 방적공들에게로, 맨체스터의 제조업자에게서 이스탄불의 시장으로, 뮐루즈의 공장에서 뉴욕의 직물 상인들에게로 운반했다. 상인들은 자본을 선대해 바베이도스의 플랜테이션 농장주들이 면화를 재배할 수 있게 했다. 상인들은 수많은 재배인들로부터 면화를 그러모은 뒤 운송하기 위해 꾸러미로 만들었다. 그들은 세계 곳곳의 바다로 배를 보냈다. 그들은 제조업자들에게 면화를 공급했고, 시장에서 공장으로, 공장에서 항구로, 항구에서 플랜테이션 농장으로 시장의 정보를 전달했다. 그리고 공장에서 더할 수 없이 효율적으로 생산된 면사와 직물을 전 세계의 많은 소비자에게 판매했다. 상인들은 때로 플랜테이션과 공장의 주인이기도 했지만, 독립적인 중개인인 경우가 더 많았다. 그들은 재배나 제조보다는 이동에 밝았다. 그들은 리버풀 같은 거대한 수원에서 시장을 형성했다. 말하자면 그들은 시장의 보이는 손이었다.

이런 연결선을 만드는 데에 따르는 어려움은 잠재적 이윤만큼 컸다. 하나의 연결고리만 생각해보자. 맨체스터 제조업자에게 면화를 공급하려는 미시시피의 플랜테이션 농장주에게 미시시피의 현지 상인, 즉 도매상은 먼저 농장주가 노예와 토지, 비품을 확보할 수 있도록 그들에게 대출을 제공해야 했다. 도매상은 아마도 이런 자금을 런던이나 뉴욕의 은행에서 끌어왔을 것이다. 면화가 수확되면 도매상은 판매할 면화를 뉴올리언스의 수출상에게 공급했다. 그리고 이 수출 상인이 리버풀의 수입상에게 면화를 판매했고, 리버풀의 수입상은 면화 꾸러미에 대한 보험을 제공하고 면화의 유럽 운송을 주선했다. 면화가 리버풀에 도착하면 수입상은 또 다른 유형의 상인인 판매중개인에게 면화의 처리를 요청했다. 중개인은 마음에 드는 면화를 찾아서 제조업자에게 보냈다. 제조업자는 면화를 가공했고, 그렇게 가공한 면을 상인에게 제공했다. 그러면 상인은 멀리 떨어진 항구, 예컨대 캘커타에 있는 대리인에게 면을 보낼 수 있도록 운송을 주선했다. 그곳에 도착한 면사는 인도 상인들에게 판매되었고, 인도 상인들은 촌락지역에 면사를 공급했다. 마침내 그곳에서 인도의 직공들이 면사를 구입했고, 그들은 마을과 마을 소매상들에게 배달해줄 다른 상인들에게 다시 그것을 판매했다. 그렇게 해서 노예가 재배한 미시시피의 면화는 랭커셔에서 면사로 만들어지고, 그 면사는 인도의 농촌지역 어딘가에서 셔츠로 직조될 것이었다. 면화의 제국은 이런 수십만 개의 연결선으로 이루어졌다.

상인들은 어디서나 신용, 무역, 정보, 신뢰, 연고, 그칠 줄 모르는 이윤 추구에 의지해 이러한 연결망을 구축했다. 이 새로운 면화 네트워크가 아우르는 범위는 어디서도 예를 찾을 수 없는 것이었다. 이전의 어떤 산업도 그렇게 먼 거리를 가로질러 그렇게 많은 재배인과 제조업자와 소비자의 활동을 연결한 적 없었다. 그 결과, 상인들이 어느 때보다 절실하게 필요해졌다. 이런 네트워크의 규모는 조율에 전에 없던 새로운 문제들을 발생시켰다. 농민도, 플랜테이션 농장주도, 심지어 부유한 제조업자조차도 자신들의 생계수단에 지속적으로 접근할 수 없었다. 세계에서 가장 중요한 제조산업의 공간적 배치를 완전히 새롭게 재편한 상인들의 능력은 1850년대까지 지구 곳곳에 실제로 설치되어 가동되던 기계류나 새로운 노동조직 못지않게 새로운 것이었다.[7] 그들의 자본과 그들이 조성한 무역의 제도적인 구조는 새로 산업화된 유럽의 농촌지역과 도시에서부터 미시시피의 플랜테이션 농장과 구자라트의 농가에 이르는 세계의 광활한 지역에 산업의 새로운 생산 리듬을 불어넣었다. 상인들은 노예 플랜테이션 농장과 임금노동자를 고용한 공장 사이에 존재하는, 거의 메울 수 없을 것만 같아 보이던 간극을 메움으로써 근대 자본주의를 탄생시켰다.[8]

이들은 면화와 면제품 무역을 19세기의 매우 중요한 무역으로 확립했다. 1800~1860년 미국과 영국 사이의 원면 무역은 이때껏 존재했던 그 어떤 무역보다도 중요했으며 그 양이 38배까지 증가했다. 그보다 훨씬 규모가 작았던 미국과 유럽 대륙 사이의 무역은 같은 해에 138배나 늘어났다. 1860년에 이집트는 1822년 면화 수출량의 14배를 수출했다. 프랑스의 가장 중요한 면화 항구 르아브르로 수입된 면화의 양은 1815~1860년에 거의 13배나 증가했다. 면화무역이 증가하면서 제조된 면제품의 무역도 급증했다. 1794년에 영국에서 원사 15만 8,960kg이 수출되었는데, 1860년에는 그 양이 563배로 증가했다. 이 기간에 다른 상품의 무역도 호황을 누렸지만 이런 정도는 아니었다. 일례로, 브라질의 커피 수출은 1820~1860년에 7배 증가했다. 그러나 세계의 주요 경제는 면화무역에 의존했다. 1800~1860년 영국 전체 수출의 약 40~50%를 면제품이 차지했다. 그 시기에 미국의 가장 중요한 수출 품목도 면화였다. 1820년에 미국산 면화의 가치는 2,200만 달러 정도였는데, 담배의 가치는 800만 달러였고 밀의 가치는 50만 달러를 밑돌았다. 면화 수출액은 미국 상품 수출액의 약 31%를 차지했다. 1860년에 담배 수출액은 2배, 밀 수출액은 8배 증가했지만, 면화 수출액은 거의 9배 늘어난 1억 9,200만 달러에 달했다. 이는 거의 전체 상품 수출액의 60%에 해당했다. 상인들이 세계 최초로 진정한 글로벌 경제를 형성하고부터 면화가 무대의 중심을 차지했다.[9]

상인 중 일부는 판매상이나 중개인이었고, 나머지는 대리인, 수입상

또는 위탁 판매인이었다. 이들은 이 새로운 대규모 무역에 이윤의 기회가 넘쳐난다는 점을 간파했다. 면화가 플랜테이션 농장을 떠나 소비자의 손에 들어가기까지 각 단계마다 서로 다른 상인 집단이 이익을 챙겼다.[10] 수수료, 이자, 용역에 대한 대가로 그들의 주머니는 가득 찼고 일부 상인은 엄청난 부자가 되었다. 이들 가운데 눈에 띄는 회사는 리버풀의 래스본사, 런던의 베어링사, 런던과 봄베이 등지에서 활동한 랄리사, 빈터투어의 폴카르트사, 르아브르의 지크프리트사, 브레멘의 베텐Wätjens사, 뉴올리언스의 포스톨Forstalls사, 뉴욕의 브라운사, 알렉산드리아의 카사베티트Cassavettits사, 인도 봄베이의 제지보이Jejeebhoys사 등이었다. 면화가 이들 가문의 거대한 부와 권력을 뒷받침해주었고, 면화 덕분에 그들은 대저택을 짓고 수많은 하인을 부렸으며 값진 예술품을 수집하고 다른 사업에 투자할 수 있었다. 그런가 하면 이들만큼 부유하지 못했으며 이제는 이름조차 남지 않은 수많은 면화상인들 역시 면화무역에 몰려들었고, 그들은 다같이 자본의 새로운 공간을 조성했다.

그런데 노예제와 산업의 결합이 성공을 거두려면 상인들은 우선 자신들에게 유리하도록 전 세계 농촌지역에 생산의 기계화와 산업자본의 양식들을 이식해야 했다. 19세기 이전에도 세계에는 원대한 포부를 지닌 이들이 적지 않았지만, 이제껏 어느 누구도 그렇게 엄청난 범위에서 그처럼 생산적인 배후지와 손쉽게 공략할 수 있는 소비시장의 잠재력을 현실화하지 못했다. 상인들이 그런 잠재력을 실현한 과정은 지나치게 복잡했다. 사실 그 과정은 행위자들로 이루어진 하나의 네트워크에 기대고 있었는데, 그 행위자들은, 늘 그랬던 것은 아니지만, 상당히 지엽적인 시야를 지녔으며, 때때로 산업자본주의의 논리가 농촌의 면화 생산자들에게 조금 더 가까이 다가서게 한 것 말고는 아무것도 하지 않았다. 그러나 상인들은 단순히 면직물 제조과정에서 다양한 장소와 단계를 서로 연결시키는 것만으로도 가끔 자신들도 모르는 사이에 무언가 새로운 것을 창조해냈다. 그들은 역사상 처음으로 하나가 아닌 여러 노동 체제에 의지할 수 있었고 이 점은 이제 막 시작된 자본주의의 상징이었다. 예컨대 그들은 면화를 재배하는 노예와 면사를 생산하는 임금노동자에 의지했을 뿐 아니라, 면화의 씨를 제거하고 면화를 압축해 꾸러미로 만들고 면화 꾸러미를 선적하고 운반하는 데에 노예와 임금노동자를 모두 활용할 수 있었다. 그러면서 그들은 유럽이 자원의 한계를 극복하하는 데 일조했다. 겉으로는 평범하고 중요하지 않아 보이는 이 모든 활동에 종사한 상인들을 살펴보는 일은 산업자본주의와 전쟁자본주의가 어떻게 연결되었는지 그 수수께끼를 푸는 데 도움이 될 것이다.

근대 자본주의 세계를 형성하는 데 상인들이 차지한 중요성을 고려해볼 때 그들이 실제로 했던 일은 진부해 보일 지경이다. 그들은 편지를 쓰고, 공급자와 소비자와 이야기를 나누고, 여행을 하고, 계산을 하는 데 대부분의 시간을 썼다. 상인들이 창조한 면화의 제국이 몹시 방대했기에, 그들은 곧 특정 부문만 전문적으로 취급하게 되었다. 일부 상인들은 면화를 플랜테이션 농장에서 항구로 옮기는 데 주력했고, 다른 이들은 대양을 횡단하는 교역에 주력했으며, 일부는 면화를 제조업자들에게 파는 데 주력했다. 반면 다른 상인들은 면제품 수출을 전담했고, 또 다른 상인들은 특정 국가나 지역에 수입된 면제품을 배급했다. 일반적으로 상인들은 특정 지역에서 자신들의 무역에 집중했고, 세계의 특정 지역을 서로 연결시키는 전문가가 되었다. 결과적으로 그들의 사업은 놀랍도록 제각기 달라 보였다. 사실 글로벌 체제는 중앙의 제국주의적 명령으로 형성된 것이 아니라, 다양한 지역 인맥을 갖추고 때로는 지극히 지엽적인 문제를 해결하는데 주력한 수많은 행위자들에 의해 구축되었다.

상인들의 도움이 가장 긴요했던 문제는 제조업자들에게 원면을 공급하는 방법에 관한 것이었다. 산업의 규모와 효율성이 커진 데다 면화가 공장 부근 어디에서나 재배되지는 않았기에, 제조업자들에게는 멀리 떨어진 세계 곳곳의 여러 지역에서 더 많은 면화를 공급받기 위해 도움이 필요했다. 1760~1780년대에 대부분의 제조업자들은 방적업 지구에 위치한 판매상들로부터 면화를 구입했다. 이 판매상들은 자체 비용으로 무역을 하고 제조업자들이 자신들에게서 면화를 구매할 수 있도록 신용을 제공했다.[11] 예를 들어 1778년에 맨체스터시에는 이런 판매상이 22명 있었는데, 이들은 주로 리버풀 상인들에게서 면화를 가져왔다. 그런데 리버풀 상인들은 18세기와 19세기 초까지도 여전히 면화를 그저 자신들이 제공하는 여러 상품 가운데 하나로만 취급했다.

　그러나 19세기 초 수십 년 동안 면화의 무역량이 극적으로 늘고 자신들이 원하는 면화의 질과 가격이 달라지자 면제조업자들은 이 예스럽던 세계를 뒤로했다. 그들은 판매상에게서 면화를 구입하는 대신 중개인을 활용하기 시작했다. 판매상과 달리 중개인들은 면화를 소유하지 않았으며 그저 수수료를 받고 수입상과 제조업자 사이의 거래를 중개했다. 그 결과 공장주는 판매상이 보유하지 않은 면화뿐 아니라 리버풀 항에서 입수할 수 있는 면화는 어떤 것이든 구입할 수 있었다. 그들은 원하는 품질의 면화를 가능한 한 저렴한 가격에 원하는 양만큼 확보할 수 있었다. 중개인은 제조업자와 면화 수입상을 직접적으로 연결시켜주었다. 또한 규칙과 규정을 마련하고 정보를 널리 배포하고 세심한 중재로 시장을 조성했다. 어느 학자는 중개인들이 "리버풀에 산업기술의 지식을 도입했고, 사실상 새로운 무역이라 할 만한 것에 따르는 문제들을 다룰 수 있는 새로운 행정 기술과 효율성을 가져온 것도 역시 중개인들"이라고 주장했다. 그 결과 중개인들은 "시장의 중심인물[들]이 되었다." 방적의 새로운 기술적 요구사항과, 당황해서 갈피를 잡지 못하는 리버풀 시장에 모두 정통했던 이 전문가들은 제조업자들을 도와 리버풀에서 입수할 수 있는 다양한 면화를 주선해주고 구체적인 제조과정에서 그들에게 필요한 품질의 면화를 확보해주었다.[12]

1790년에 리버풀에서 전문 면화 중개인 네 사람이 등장했다. 그들의 뒤를 이어 다른 많은 중개인이 등장했고, 1860년에는 322명의 중개인이 리버풀 거리를 활보했다. 그들은 일반적으로 소규모 가족회사를 운영했고 출신배경도 다양했다. 일부는 판매상 출신이었고, 일부는 방적공 출신이었으며, 또 다른 일부는 수입상이었다. 결국 중개인은 갈수록 더 특화되었다. 중개인의 일부는 제조업자를 위해 면화를 구입하는 일을 전담했는가 하면 또 다른 중개인들은 수입상을 위해 면화를 판매하는 일에 주력했다.[13]

이러한 변화 덕분에 제조업자들은 면화 시장을 조사하는 일에서 멀어졌다. 19세기 초 제조업자들은 면화를 직접 구하러 다녀야 했지만, 이제는 필요한 면화를 찾아줄 중개인에게 자신들의 요구사항을 전달했다. 제각기 특정 품질의 실과 제품을 전문으로 생산하게 되면서 어느 때 보다 다양한 종류의 면화가 필요해진 제조업자들은 그 모든 면화를 시장에 가서 구입하기는 불가능하다는 것을 깨달았다. 제조업자들로서는 주원료인 면화를 그들의 공장에 지속적으로 공급하는 것이 관건이었고, 중개인들이 그것을 보장했다.

중개인이 판매상을 대체하자 판매상들 역시 면화의 판매 방식을 바꿨다. 생산의 기계화 요구 역시 이런 변화에 영향을 끼쳤다. 18세기 내내, 그리고 19세기 초까지도 면화는 즉시 인도할 수 있는 구체적인 상품으로 거래되었다. 상인들은 특정 면화 자루를 가져다 팔았고 섬유의 길이, 색깔, 탄력성, 청결성이 모두 다른 매우 다양한 종류의 면화를 세계 각지에서 가져와 거래했다. 상인들이 특정 자루에 담긴 특정 품목의 면화만 판매했기 때문에 구매자들은 사실상 면화의 생산 이력을 상세히 추적할 수 있었다. 1814년 면화 중개인 조지 홀트George Holt의 기록을 통해 그가 '지스러기 솜인 기남Guinam산 (면화) 13자루', '바베이도스산 6자루', '파라스Paras산 10자루, 바이스Bahis산 15자루, 다이네라라스Dyneraras산 25자루, 사우스아일랜드산 10자루'와 구체적으로 양을 밝히지 않은 '벵골산' '수라트산' '부르봉산' '데메라라산' '페르남Pernam산' 등 다양한 종류의 면화를 판매했다는 사실을 알 수 있다. 1886년에 리버풀의 면화 중개인 토머스 엘리슨Thomas Elison이 관찰했듯이, "금세기 초에는 판매자가 구매자에게 상표, 선박 명칭, 판매하려는 면화의 구체적인 품목 혹은 그 품목의 면화를 저장한 창고 위치를 알려주는 것이 일반적인 관행이었다. 구매자가 창고로 가서 자신의 면화꾸러미를 검수할 수 있게 한 조치였다." 그렇게 해서 온갖 종류의 다양한 면화가 거래되었고 그 거래에 참여한 모든 사람이 직접 눈으로 보고 손으로 만진 뒤에 면화를 거래했다.[14]

그러나 19세기 초 폭발적으로 증가한 면화무역은 기존의 체제에 긴장을 초래했다. 중개인들은 황급히 리버풀 항구로 가서 수백 개의 면화 자루와 꾸러미를 검수하고, 특정한 종류의 실을 생산하기 위해 특정한 양의 면화가 필요한 특정 제조업자의 요구에 맞는 특정 품목의 면화를 주선하려고 노력했다. 그러나 얼마 안 가 이런 일은 완전히 불가능해졌다. 중개인들은 제조업자들의 요구에 밀려 새로운 제도적 해결책을 모색했다. 첫 번째 조치로 중개인들은 각각의 면화 자루를 실제로 검사하는 대신 표본을 보고 면화를 구매하는 방식으로 전환했다.[15] 각각의 면화 자루에서 뽑아낸 소량의 섬유 표본을 근거로 가격을 결정하고 판매한 것이다. 꾸러미와 달리 이런 표본은 쉽게 운반하고 발송할 수 있었다. 두 번째 조치로 면화에 관한 명백한 기준과 정확한 용어를 개발했다. 나중에 제조업자들은 표본조차 검수하지 않고 면화를 확보했다. 실제로 그들은 특정 장소에서 특정 꾸러미를 지정하지 않고도 특정 품질의 면화를 주문했다. 이런 현상은 면화무역에서 나타난 획기적인 변화였다.

면화는 등급, 품질, 특성에서 엄청난 다양성을 보였다. 1790년경 설탕과 커피 같은 다른 상품들에는 '중품' '중상품' 같은 범주가 널리 사용되고 있었지만 면화에 등급을 매기려는 시도는 전혀 없었다. 1796년 찰스턴에서 '조지아산 면화'와 육지면이 별도의 범주로 처음 언급되었고, 1799년에 필라델피아에서는 '조지아-테네시 면화'라고 원산지를 표기했다. 그해에 발간된《상업지리 일반 사전Dictionnaire universel de la géographie commerçante》에서는 여전히 재배지에 따른 다양한 면화가 나열되어 있었다. 그러나 1804년에 찰스턴 상인들은 '일반 면화common cotton'라는 범주를 사용하기 시작했고, 1805년에 그 범주는 '일반 육지면common upland'으로 명칭이 바뀌었다. 1805년에 이르러 해도면은 최상품, 우량품, 상품, 중품, 하품으로 각각 등급이 매겨졌다.《트레이즈맨Tradesman》은 1809년에 '중상품 면화'를 언급했고, 1815년에 뉴올리언스의 시장에서는 '최상품'이라는 명칭이 사용되었다. 2년 뒤에는 '일등급' 면화가 거론되었고, 그 다음해에는 찰스턴에서 '중품 면화'가 등장했다. 이어 뉴올리언스에서는 1822년에 '엄선된 최상품 면화'라는 표현이 등장했고, 1823년에는 '엄선된 상품'이라는 표현으로 이어졌다.《런던 매거진》도 1820년에 이런 범주들을 언급했으며 이후 10년 동안 널리 사용되었다. 이 범주들은 여전히 정확히 규정될 수도, 시행될 수도 없는 근사치였지만 나중에 적용가능한 표준을 만드는 토대가 되었다. 이런 표준 없이는 그렇게 중요한 상품의 장거리 대규모 무역이 불가능했을 것이다. 생산 기계화의 시

급한 요구에 맞추기 위해서는 자연[면화]의 엄청난 다양성을 거르고 분류해야만 했다.[16]

　표준이 장기적으로 통용될 수 있으려면 구매자가 자신이 구매한 면화의 품질을 인정할 수 있어야 했다. 처음에 이런 규칙과 규정은 비공식적이었고 관행은 명문화되지 않아 저마다 다르게 이해했다. 하지만 표본 거래의 양과 범위가 확대되면서 드넓게 분포하는 항구의 무역업자와 제조업자 들에게는 '어떤 영속성'있는 규칙, 제도의 보호를 받는 기준이 필요했다. 이에 중개인들은 1841년에 리버풀면화중개인협회를 설립했다. 협회가 가장 먼저 한 일 가운데 하나는 표본으로 판매되는 모든 면화의 품질 유지를 보장해야 한다는 결의안을 통과시킨 것이다. 1844년에 그들은 '상품' 면화와 '중품' 면화의 기준을 정했다. 미국과 거래하는 리버풀 상인들이 1801년 리버풀에 설립한 아메리카상공회의소는 1846년에 중개인들이 "몇 가지 등급의 미국 면화 표본을 채취해 아메리카상공회의소의 재량으로 면화 품질과 관련된 모든 문제에 참조할 기준을 수립하게 하라"고 제안했다. 면화 시장은 차츰 실용성을 극대화하는 개인 간의 자발적인 거래가 아닌 시장 외부에서 조성된 일련의 제도로 바뀌어갔다.[17]

　표준이 공식화되자 이를 국제적으로 적용하려는 노력이 있었다. 1848년에 뉴올리언스상공회의소는 리버풀의 아메리카상공회의소에 "리버풀의 기준에 부합하며 양쪽 항구에서 거래에 그대로 적용할 수 있는 하나의 고정된 품질 기준이 없어 지금껏 면화 구매자들이 뉴올리언스에서 자주 겪었던 엄청난 불편"에 대해 이야기하며, "뉴올리언스와 앨라배마 모두 중상품급 면화와 보통등급 면화"를 위한 상호 기준을 마련하라고 제안했다. 그러면 뉴올리언스와 리버풀에 같은 기준이 적용되어 분쟁을 조정할 수 있었다. 리버풀의 아메리카상공회의소는 그 기준을 마련하기 위해 어쩔 수 없이 투표를 실시했다. 집단적 노력으로 관행들이 명문화된 결과, 근대적인 면화 시장이 등장했고 리버풀 상인들의 사설 협회가 그 핵심에 있었다. 자본은 면화라는 작물을 바라보는 방식에 변화를 가져왔고, 곧 면화 자체까지도 변화시킬 터였다. 이런 미묘한 방식으로 면화 재배에 더 가까이 접근한 자본집약적인 공장 생산방식의 가차 없는 압력이 자연의 논리에 자본의 논리를 강요했다.[18]

면화의 표준규격은 또 다른 혁신과 함께 등장했고 이 혁신을 가능하게도 했는데, 그것은 바로 아직 수확되지 않은 면화의 거래였다. 선물시장과 정보, 표본은 면화 화물보다 먼저 움직였다. 이런 현상은 1810년대에 리버풀에서 처음 등장한 것으로 보인다. 1812년에 면화 중개인들은 면화가 아직 바다 한가운데 있을 때 면화 거래를 시작했다. 그들은 특정 면화 꾸러미의 소유권을 증명하는 서류인 선하증권을 교환했다. 2년 뒤인 1814년 8월 13일에 조지 홀트는 어밀리아섬Amelia Island을 출발해 열흘 안에 도착할 면화 꾸러미 100개를 조지 존스턴George Johnston & Co사에 판매했다. 도착할 면화를 미리 판매하는 식의 거래는 19세기 전반부터 증가했다. 1858년에 리버풀의 아메리카상공회의소는 이런 선물계약을 명확히 규정했다. 리버풀의 베어링사에 따르면 이는 '선적서류 담보계약'이 시작된 순간이었다. 이런 계약방식이 리버풀에서만 나타났던 것은 아니다. 1860년 이전 미국 남부에서 뉴욕 상인들도 선물계약을 맺었고, 그보다 앞선 1848년에 르아브르 상인들은 '배달될 매매ventes à livrer' 계약서를 작성했다. 그러나 르아브르에서도 다른 곳에서도 이런 계약은 여전히 예외적인 사례였다. 1850년대에 중개인 새뮤얼 스미스는 "거의 모든 거래가 창고에 보관된 면화를 양도하는 것이었고, 선상 화물을 판매하는 일은 극히 예외적이었다"라고 말했다.[19]

더욱이 19세기 전반에 이루어진, 선물 면화를 판매하는 일은 여전히 특정한 꾸러미의 면화를 최종적으로 인도하는 것을 토대로 했다. 조지 홀트는 1814년에 그의 고객 존스턴에게 면화의 확실한 품질뿐 아니라, 특정한 꾸러미를 배달하겠다고 약속했다. 그런데도 점차 특정 계약과 특정 면화 묶음 사이의 연결이 약화되기 시작했다. 아직 선적되지도 않은 면화가 판매되기 시작했는데, 사실 그 면화는 몇 개월 뒤에나 시장에 풀릴 예정이고 아직 파종조차 되지 않은 경우도 있었다.[20] 이와 같은 추상화된 거래는 남북전쟁 기간에 한층 활발해져서 절정에 이르렀으며 비로소 진정한 선물거래가 나타났다. 생산의 기계화로 대규모 수요가 지속됨에 따라 필수 원료의 공급 과정이 어느 때보다도 더욱 추상화되었는데, 이로 인해 제조업자들은 가격 변동으로부터 보호를 받고 글로벌 시장에서 자신들의 완성품 가격을 결정할 수 있었다.

그러나 공장과 플랜테이션 농장은 훨씬 더 많은 연결고리들을 통해 연결되었다. 리버풀의 중개인들은 또 다른 강력한 상인 집단인 면화무역업자들, 다시 말해 면화 수입상들에게 제조업자들의 요구를 전달했다. 중개인들과 달리 이 상인들은 면화의 해양무역에 종사했고, 대단히 큰 규모로 상품을 취급했으며, 그에 비례해 수익의 기회가 훨씬 컸다. 18세기 말에 이미 리버풀과 프랑스에 위치한 리버풀의 경쟁 도시 르아브르에서 면화 수입을 전문으로 하는 상인들이 등장했고, 19세기에는 브레멘의 상인들이 그 뒤를 이었다. 그들은 해외에서 면화를 구매하는 일에 집중했다. 특히 (면화의 소유권을 갖기보다는) 수수료를 받고 면화를 먼 곳의 항구에서 유럽으로 배송했다.[21] 다름 아닌 그들이 바로 세계에서 가장 역동적인 제조 부문과 지역 생산자들을 직접 연결시켰다. 처음에 그들은 루이지애나와 브라질에서 노예제가 번성하는 데 일조했고, 나중에는 인도 농민 생산자들이 해외 시장을 위해 면화를 재배하게 하는 데 일조했으며, 이집트에서 농민에 대한 무함마드 알리 파샤의 지배를 이윤으로 변환시키는 데에도 일익을 담당했다.

리버풀 상인들은 세계의 가장 중요한 면화 수입업자들과 아주 멀리 떨어져 있었다. 그들은 1700년대 중반에 처음으로 리버풀에 면화를 들여왔다. 1799년 영국에 수입되는 면화의 50%가 리버풀로 들어왔고(나머지는 거의 모두 런던으로 갔다), 1830년대 후반에는 그 비율이 89%에 이르렀다. 리버풀 상인들은 이제껏 상인들이 해본 적 없는 방식으로 글로벌 면화 시장에 관여했다. 리버풀이 대서양 무역에서 차지했던 중심적인 위치는 면화무역에도 유리하게 작용했다. 처음에 면화는 삼각무역의 한 축이 되는 화물로서 설탕, 담배와 같은 다른 상품과 함께 서인도 제도에서 들어왔다. 리버풀의 노예무역은 영국 전체 노예무역의 85%나 차지했고, 1807년에는 리버풀 화물의 4분의 1 이상이 노예였다. 그러므로 리버풀 항구에서 일하던 사람들은 모두 장거리 무역의 경험도 있고 아메리카의 면화 재배지역에 대해서도 잘 알고 있었다. 게다가 면화가 지중해가 아니라 대서양을 건너 들어오게 되자 리버풀은 투자에 적합한 곳이 되었다. 또한 맨체스터와 그 주변 방적업 지구에 인접해 있다는 점도 리버풀에 유리한 점이었다. 머지강에 운하가 건설되어 수송망이 개선되고, 최종적으로 1830년에 세계 최초의 철도가 등장했을 때 두 도시의 연결이 급속히 진전되었다. 이런 연결고리들 덕분에 리버풀은 그 무역업자들이 창출한 제도적 혁신의 혜택을 누릴 수 있었다.[22]

리버풀 상인들 가운데에서도 가장 유력하고 부유한 상인들이 면화무역에 종사했다. 리버풀 면화 수입 무역을 다룬 한 상세한 연구에서, 1820년에 607명의 상인이 순전히 면화만 거래한 사실이 밝혀졌다. 그 연구에서 드러난 또 한 가지 사실은 정기적으로(1년에 6회 이상) 면화를 수입한 상인들이 소수, 즉 1820년에 120명, 1839년에 87명이었음이 확인되었다. 따라서 수입 무역은 소량의 면화를 간헐적으로 거래한 다수의 상인과, 대량의 면화를 정기적으로 거래한 소수의 상인의 활동으로 이루어졌다. 그런데도 19세기 중반에 와서야 상인공동체가 결성되었다. 1820년에 선두에 선 상인 열 명이 리버풀로 들어온 전체 면화의 24%를 수입했고, 상위 수입업자 30명이 전체의 37%를 수입했다. 19년 후에는 선두 그룹의 무역업자 열 명이 전체 면화 중 36%를, 상위 30명이 최대 60%를 수입했다. 1839년에 리버풀에 면화를 가장 많이 들여온 수입업자는 5만 꾸러미 이상을 판매했다.[23]

대다수 무역상들은 다른 상품과 함께 소량의 면화를 지속적으로 수입했지만, 리버풀의 주요 면화무역상들은 면화무역을 전문화하고 강화하면서 엄청난 수익을 거두었다. 리버풀의 주요 무역상 가운데 하나였던 래스본사는 18세기에 면화무역을 시작했다(그들은 쿼리뱅크공장을 창업한 새뮤얼 그레그에게 면화를 공급했다). 처음에 그들은 전부터 취급했던 목재, 소금, 담배 무역에 면화를 추가했으나, 나중에는 그 모든 품목을 면화로 대체했다. 사실 래스본사는 미국에서 재배된 면화를 리버풀에 처음 들여온 회사였다. 이들은 19세기 초 몇 십 년 동안 면화를 운송했고, 1830년대에 이르면 면화만 전문으로 취급했다. 다른 많은 상인과 마찬가지로 그들은 미국 남부 항구의 대리인들을 통해 면화를 확보했는데, 대리인들은 수수료를 받고 윌리엄 래스본의 자금으로 면화를 구입했다. 이윤은 컸다. 1849~1853년에 윌리엄 래스본은 면화무역으로 1만 8,185파운드를 벌어들였고, 1854~1858년에는 그들의 전체 수입 3만 4,983파운드를 면화무역만으로 벌어들였다. 당시 의사의 연간수입이 200파운드 정도였다. 단 5년 동안 면화로 벌어들인 수익으로 영국의 전원에 내부가 완전히 갖춰진 거대한 저택을 짓는 데 필요한 자금을 확보할 수 있었다. 19세기가 저물어갈 무렵 이런 웅장한 저택들이 리버풀 교외지역

에 점점 더 많이 생겨났다.[24]

초기 다른 상품의 무역에서 면화무역으로 전환한 래스본가의 궤적은 19세기 유럽 대륙 전역의 주요 면화상인들이 보인 전형적인 모습이었다. 그러나 면화로 향하는 다른 길도 있었다. 무역 자체에서 부나 기술을 쌓지 않은 사람들에게 면화무역은 분산 투자를 위한 전도유망한 방식으로 여겨졌다. 면화무역이 눈부신 수익률을 보였기 때문에 그 시대에 상당한 액수의 자본을 보유한 극소수의 유력 자본가들만 면화무역에 발을 들일 수 있었다. 그런 행보를 보인 사람들 중 가장 눈에 띄는 사례는 베어링가다. 베어링가는 로스차일드가와 나란히 유럽의 가장 힘있는 은행가 집안이었으며, 역시 로스차일드가와 마찬가지로 19세기 초반에 면화와 중요한 관계를 맺었다. 또한 베어링가는 미국과도 오랜 인연이 있었는데, 세를 확장 중이던 노예제 지지 세력이 프랑스로부터 루이지애나를 매입하는 데에 이들이 힘을 보탰기 때문만은 아니다.

베어링가는 1812년에 일찍이 면화 사업에 투자하기 시작했다. 당시 그들은 뉴올리언스의 상인 빈센트 놀테Vincent Nolte에게 6,000파운드의 대출금을 제공해 면화 수출창고 사업을 시작할 수 있게 해주었다. 이러한 자본 유입 덕분에 놀테는 "면화 시장에서 입지를 조금씩 더 넓혀갔다." 그리고 1820년대에 이르면 그는 철마다 면화 꾸러미 1만 6,000~1만 8,000개를 판매했다. 놀테의 말에 따르면, 1820년대 초 자신의 투자금을 확인하기 위해 방문한 프랜시스 베어링은 "선착장을 따라 첫걸음을 떼고는 …… 위에서 아래까지 주변에 죽 늘어선 면화 꾸러미들에 내 회사의 도장이 찍힌 것을 보고는 만족감을 드러냈다." 그러나 1826년 놀테는 사업에 실패했고, 베어링가는 미국에 대한 그들의 투자금을 더욱 확실히 관리하기 위해 미국인 영업대리인으로 보스턴의 토머스 워드Thomas Ward를 영입했다.[25]

런던에 기반을 둔 베어링가의 면화 사업은 토머스 워드의 예리한 안목 덕분에 빠르게 성장하여, 1832년에는 리버풀에 사무소를 개설했다. 그들은 리버풀을 축으로 삼아 단계적으로 세계 곳곳의 정보를 수집하고 교환하는 체제를 구축했다. 그들은 지구 전역의 원면 공급, 면화 제조, 면제품 소비에 관한 정보를 수집하고 번역해 워드에게 전달했다. 그러면 워드는 뉴욕, 필라델피아, 찰스턴, 사바나, 모빌, 뉴올리언스에서 위탁판매소와 계약을 체결했다. 베어링사도 나름대로 역할을 했다. 그들은 다른 위탁판매소가 보내온 특정 품목의 면화를 구매했다. 대출금과 구입자금은 베어링 브러더스사의 환어음으로 제공되었다. 전쟁자본주의의 무자비함에 효율성을 더하고 산업자본주의의 수익성을 높인 것은 바로 베어링사와 같은 상인들이 활용했던 이런 신용이었다.[26]

이런 움직임에 편승한 베어링사는 1833년에 다섯 번째로 규모가 큰 대형 면화 수입사가 되었고, 1839~1842년 사이에 그들은 경쟁자들이 '활동을 지켜보는' 가장 큰 회사가 되었다. 예를 들어 1839~1840년 회계연도에만 10만 4,270꾸러미의 면화를 수입했는데, 이는 최소 7만 명의 노예가 한 해 동안 생산해내는 양이었다.[27]

래스본가의 활동과 마찬가지로 베어링사의 활동은 동종 업계에 종사하는 대부분의 사람들을 보잘것없게 만들었다. 리버풀에서는 물론이고 유럽의 다른 신흥 항구에서는 훨씬 더 심했다. 더욱이 다른 곳에서도 중요한 면화상인들이 등장해 다른 국가의 면직물 제조산업의 요구를 충족시켰다. 독일 북부 연안의 브레멘은 19세기 전반기 동안 면화 교역의 중심지로 두각을 나타냈다. 브레멘에 면화 자루들이 처음 도착한 때는 1788년이었는데, 1829년 브레멘 항구의 면화무역상은 여섯 곳이었다. 1845년에는 베흐텔사, 피에토사, 델리우스사, 마이어사, 하겐도른사, 길데마이스터사, 프리체사가 모두 합쳐 1만 8,498꾸러미의 면화를 수입했다.[28]

리버풀과 달리 브레멘의 배후지에는 번성하는 면직물 제조산업이 존재하지 않았다. 브레멘에 수입된 면화는 대부분 작센이나 독일 남부처럼 수백 마일 떨어진 제조업자들에게 배송되었다. 브레멘은 미국과 인적으로 결속되어 있었다. 사실 브레멘의 면화무역은 유럽의 이민자들을 미국으로 실어 나른 선박이 돌아오면서 화물칸에 실어온 회송 화물에서 시작되었다. D. H. 베텐D. H. Wätjen & Co사의 브레멘 면화상인들은 1852년 1월에 뉴올리언스에서 그들 소유의 선박 알베르스호에 면화를 실어 브레멘으로 보냈고, 그 배는 4월에 이민자들을 싣고 뉴올리언스로 돌아왔다. 그런 다음 알베르스호는 6월에 다시 면화를 싣고 브레멘으로 되돌아왔다. 9월에는 런던으로 담배를 실어나르기 전에 한 번 더 이민자들을 뉴올리언스로 실어날랐다. 브레멘의 면화무역은 유럽 대륙의 잉여 노동력 수출과 면화무역의 공생관계를 보여준다. 이렇게 글로벌화가 점점 진행되어갔다.[29]

브레멘 상인들보다 더 중요한 사람들은 르아브르 상인들이었다. 프랑스 북서부 노르망디 해안에 위치한 르아브르는 19세기 초반에 유럽 대륙에서 가장 중요한 면화 항구였고, 프랑스, 스위스, 서독 면화산업에 원료를 공급하는 곳이었다. 리버풀의 항구노동자들과 마찬가지로 저임금과 과도한 노동에 시달리던 르아브르의 항구노동자들은 1830년에 15만 3,000꾸러미의 면화를, 1860년에는 60만 꾸러미를 하역했는데, 이는 프랑스로 들어오는 면화 수입량의 89%에 해당했다. 면화는 리버풀에서 그랬듯이 르아브르에서도 중요한 품목이 되었다. 또 리버풀과 마찬가지로 유럽 면산업에서 르아브르의 중심적 위치는, 초기 동인도무역과 노예무역에서 그 도시가 담당했던 역할과 브레멘처럼 미국행 유럽 이민자들의 중요한 승선 항구라는 역할에서 비롯된 것이다.[30]

리버풀과 마찬가지로 르아브르에서도 점점 더 많은 상인이 면화무역

쥘 지그프리드   프랜시스 베어링

— **지구 전역의 농촌지역을 새롭게 그리다**

에 주력했다. 1835년에는 279명의 상인들이 경쟁을 벌였다. 리버풀의 상
인들처럼 그들은 전 지구적 규모로 활동했다. 예를 들어 르아브르의 중
요한 무역상 가운데 한 명인 쥘 지그프리드Jules Siegfried의 경우, 밀루즈의
면화 염색업자 집안에서 태어나 르아브르의 아버지 회사에서뿐 아니라
맨체스터와 리버풀에서 수련 기간을 거치며 사업을 익혔다. 1859년에
그의 형 자크는 뉴올리언스에 면화 상점을 열었다. 이후 이 상점은 대서
양을 오가는 지그프리드 프레르사Siegfried Frères가 되었으며 프랑스와 미
국 사이를 자주 여행하는 동업자들을 거느렸다. 리버풀에서처럼 르아브
르에서도 면화상인들은 기계의 생산 리듬에 면화 거래를 맞추었다.[31]

또 다른 프랑스 상인 쥘 르센Jules Lecesne은 그보다 더 많은 세계를 여
행했다. 영국, 뉴욕, 보스턴에서 훈련을 받은 그는 1840년 앨라배마 모
빌에 그의 첫 번째 면화 수출회사를 설립했다(브레멘의 일부 상인들도 같

은 행보를 취했는데, 그들은 면화와 전문가들에게 접근하기 위해 일시적으로 미국 남부 도시들에 정착했다). 10년 후에는 뉴올리언스에서 쥘 르센 프레르Jules Lecesne Frères et Cie라는 이름의 회사를 설립했다. 1851년에는 갤버스턴Galveston에 대리점을 개설했고, 1854년에는 뉴욕에, 1857년에는 파리에, 1858년에는 맨체스터에 대리점을 개설했으며, 모든 대리점이 르아브르의 본사와 연결되었다. 결국 쥘 르센은 갤버스턴, 뉴올리언스, 모빌, 뉴욕, 아바나, 코크, 글래스고, 맨체스터, 리버풀, 파리, 그리고 르아브르를 포함한 상당수 도시에 대리인들을 두게 되었다. 그는 르아브르의 주요 면화 수입업자이자 알자스 산업의 중요한 면화 공급자가 되었으며, 1860년에 그가 수입한 면화는 르아브르 전체 면화 수입량의 22%를 차지했다.[32]

19세기가 지나는 동안 바다를 건너 면화를 운송한 유럽의 수입상들은 19세기 초였다면 가장 가망 없어 보였을 지역인 아메리카 대륙의 미국과 경쟁을 벌여야 했다. 뉴욕뿐 아니라 보스턴 등지에서도 면화무역업자들이 등장했고, 그들은 대서양을 횡단하는 면화무역과 아메리카 방적공장에 면화를 공급하는 데 점점 더 중요한 역할을 했다.

미국 회사인 브라운 브라더스사는 결국 세계의 주요 면화무역상 대열에 합류했다. 이들은 아일랜드에서 온 이민자들이었다. 알렉산더 브라운이 1800년 볼티모어에 소박한 리넨 회사를 설립했고, 그 후 그의 사업은 면화무역으로 뻗어나갔다. 이런 다변화의 일환으로 알렉산더 브라운은 1810년에 아들 윌리엄을 리버풀에 보내 아메리카 면화 수입과 면제품 수출을 위한 상사를 개설했다. 다른 아들들은 또 다른 항구 도시로 보냈다. 그 중 가장 중요한 사실은 아들 제임스가 뉴욕에 간 일이었다. 1825년 제임스는 "리버풀의 윌리엄 앤드 제임스 브라운사의 이익을 증진하고 우리와 거래할 …… 용의가 있는 남부의 친구들에게 더 큰 편의와 시장 선택지를 제공할" 목적으로 뉴욕에 갔다. 1820년대에 브라운 브라더스사는 미국과 리버풀 간 면화무역에서 가장 큰 비중을 차지하는 무역업자에 속했다.[33]

1820년대~1850년대 브라운 브라더스사는 미국 남부 면화무역의 모든 면에 관여했다. 회사는 남부의 면화 재배인들과 도매상들에게 미래 수확물에 대한 선급금을 지급했다. 그리고 사전에 면화를 리버풀로 들여올 준비를 했다. 사실 브라운사는 여러 척의 선박을 보유하고 있었고, 운송되는 면화에 대한 보험을 제공했다. 또 수수료를 받고 면화를 대량으로 판매했고(통상 브라운은 이렇게 탁송되는 면화 가격의 약 3분의 2를 선급금으로 지급했다), 뉴올리언스, 모빌, 사바나, 찰스턴 항구의 자체 대리인을 포함해 도매상을 통해 면화를 조달했다. 브라운사는 위험부담이 적은 중개 사업을 선호했지만 가끔은 직접 사들인 면화를 리버풀로 가져와 판매하기도 했다. 게다가 더 중요한 점은 브라운사가 남부 사람들에게 대출과 (다양한 통화로 교환해주는) 환전 편의를 제공했다는 사실이다. 이 덕분에 남부인들은 노예를 통해 재배한 작물들을 거래할 수 있었다. 1830년대에 그들은 뉴올리언스 면화무역상인 마틴 플레전츠사Martin Pleasants & Co.에 선급금 10만 달러를 지급했고, 예트먼우즈사Yeatman Woods & Co.의 뉴올리언스 은행에 20만 달러의 신용 한도를 제공했다. 또한 그들은 자본을 남부의 여러 은행으로 옮겼는데, 그 가운데에는 모빌과 앨라배마의 플랜테이션 농장주·상인은행과 미시시피의 상인·무역인은행이 있었다. 브라운사는 자력으로 글로벌 면화경제의 중심이 되어 부를 얻었다. 1830년대 초 호황기에 브라운 브라더스사는 연간 40만 달러가 넘는 수익을 거뒀는데, 이 액수는 길이 30m짜리 요트 열세 척과 마차 1,300대를 사기에 충분한 돈이었다.[34]

이런 활약 덕분에 브라운사는 글로벌 면화무역에서 상당한 지분을 확보할 수 있었고 19세기 면화 제국에서 미국 상인들의 중요성이 커질 것을 예고했다. 리버풀로 유입된 수입 면화 가운데 윌리엄 브라운의 몫은 1820년 2.8%에서 1839년에는 7.3%로 증가했다. 세계에서 가장 큰 면화 항구의 면화 수입업자 가운데 열 손가락 안에 꼽혔다. 1838년에 그의 형 제임스는 뉴욕에서 면화 17만 8,000꾸러미를 소화했는데, 이는 영국으로 수출되는 전체 미국산 면화의 15.8%에 해당했다. 브라운가는 나중에 그들의 엄청난 부 가운데 일부를 철도, 은행, 벤처산업, 뉴욕의 자연사박물관을 포함한 문화시설에 투자했다. 이런 다양한 투자를 통해 플랜테이션 농장의 노예제와 토지 수탈의 대가가 1865년 노예제 폐지 이후에도 살아남은 경제·문화 제도에 아로새겨졌다.[35]

• • •

뉴욕에서든, 르아브르에서든, 브레멘에서든, 리버풀에서든 이들 무역상이 확보해 운송한 면화는 대부분 무력으로 점령된 지역에서 노예노동으로 경작된 것이었다. 처음에는 서인도 제도와 브라질에서, 나중에는 미국 남부에서 왔다. 사실 상인들은 이런 소박하고 거의 개발되지 않은 세계의 외딴 지역들과 특별히 긴밀한 관계를 구축했다. 놀랍게도 노예노동이 주류를 형성한 지역은 아주 오래전부터 면화 재배가 자리를 잡은 남아시아나 아프리카의 지역들과 달리 유럽의 자본과 자본가에게 쉽게 길들 수 있고, 특히 기계화된 생산 양식에 잘 적응할 수 있음을 증명했다.

상인들이 이런 관계를 구축하는 데 활용한 가장 중요한 도구는 신용 형태의 자본이었다. 신용은 상인들이 자연을 재편하고, 토지를 개간하고, 원주민을 제거하고, 노동력을 구매하고, 정해진 품질과 양의 작물을 생산하고, 제조업자와 그들의 근대적인 기계의 변덕스러운 입맛에 맞출 수 있게 해주는 마법의 지팡이였다. 노예노동이 사라졌을 때 한동안은 이런 필수적인 단계들이 훨씬 더 어려워졌다. 그렇다고 전혀 불가능했던 것은 아니지만 말이다.

상인들은 복잡한 거래를 조직하고 상품을 아주 먼 거리까지 대단위로 운송할 수 있는 능력, 그리고 농촌에 산업 생산의 리듬을 불어넣은 능력 덕분에 궁극적인 성공을 거둘 수 있었다. 플랜테이션 농장의 장부를 꼼꼼히 살펴보면 알 수 있듯이, 플랜테이션 농장주들이 더 많은 토지와 더 많은 노예를 구매할 능력을 갖추게 되는 데에는 유럽의 신용이 필수적이었다. 그러나 더 중요한 것은, 런던의 금융시장이 농장주들 사이에 산업자본주의의 논리를 주입한 방식이었다. 뉴올리언스의 면화상인 W. 놋W. Nott은 바로 이런 식으로 유럽의 자본과 미국 플랜테이션 농장주 사이의 관계를 설명했다. 1829년에 토머스 베어링은 놋사에 1만 달러의 신용 한도를 제공했다. 그 덕분에 놋사는 "테네시 농장주들이 재배 중인 작물의 수익을 내다보고 이곳 도매상들이 지급하는 환어음에 맞서 플랜테이션 농장주들에게" 선급금을 지급할 수 있었다. 작물이 준비되는 대로 선적하겠다는 플랜테이션 농장주들의 약속에 대한 믿음을 바탕으로 널리 통용되던 환어음은 수령자에게 화물이 양도되기 8개월 혹은 10개월 전에, 심지어는 12개월 전에도 발행되었다. 이런 거래는 상대적으로 안전했다. "J. W사가 모든 플랜테이션 농장주의 소재지와 특성을 소상히 알고 있을 뿐만 아니라 적어도 그들 가운데 한 사람이 상주하는 거처를 알고 있었기" 때문이었다. "한 철에 면화 꾸러미 2만 5,000~3만 개의 대략적인 가격에 해당하는 선급금을 지불할 때 그들의 신용은 중개인의 서명에 있는 것이 아니었다. 중개인의 서명이 갖는 가치는 고작해야 그 금액의 50분의 1에도 미치지 못할 것이다. 그보다 그들의 신용은 어음기일에 맞춰 수확물을 양도하는 플랜테이션 농장주들의 기한 엄수에 있었다."[36]

유럽과 뉴욕의 상인들은 플랜테이션 농장주들에게 직접 대출을 해주었을 뿐 아니라, 남부 주들의 채권, 그리고 면화 재배를 추가로 확대하는 데 소요되는 자금을 지원한 은행들에도 투자했다. 1829년에 베어링은 루이지애나은행 플랜테이션 농장주연합회의 재원을 마련하기 위해 루이지애나주에서 발행한 채권을 인수했다. 1828년에 베어링의 친구 에드먼드 포스털Edmond Forstall을 필두로 플랜테이션 농장주들이 모여 은행을 설립했으나, 재원 마련에 어려움을 겪자 결국 루이지애나주가 채권을 발행해 지불을 보증했다. 채권이 발행되자 베어링은 그 가운데 166만 6,000달러 가치의 채권을 확보했다. 2년 후인 1830년 4월까지 은행은 500만 달러 상당의 자산을 담보로 플랜테이션 농장주들에게 내준 160만 달러의 미지불 대출을 보유하고 있었다. 요컨대 베어링은 루이지애나의 면화 플랜테이션 단지가 크게 확장하는데 필요한 자금을 제공하여 토지를 개간하고 노예를 구입할 수 있게 했다. 그리고 결국 그 모든 것이 베어링 자신이 운영하던 거대한 규모의 면화 수입업을 위한 자양분이 되었다. 세계에서 미국의 플랜테이션 지대와 같이 집중적인 자본 투자를 끌어낸 곳은 거의 없었으며 설사 있다 해도 극소수였다. 또 그런 대규모 수익의 원천이 된 곳도 거의 없었다.[37]

이렇게 해서 유럽의 자본, 그리고 뉴욕과 보스턴의 점점 더 많은 자본이 미국의 면화 플랜테이션 농장주와 면화상인 들을 이어주는 중간상인, 곧 도매상 집단을 거쳐 면화 농업의 팽창에 투입되었다. 도매상은 공장과 플랜테이션 농장 사이에 이어지는 상인들의 연쇄사슬을 완성하는 연결고리였다. 재배인과 연결된 도매상과 면화 수출상 사이의 상호

작용을 지렛대 삼아 유럽의 자본은 기계의 생산 리듬에 맞춰 면화를 제공하도록 미국 남부의 농촌지역을 몰아 세웠다.

미국의 중간상인들은 수수료를 받고 플랜테이션 농장주에서 면화를 받아 항구로 운송한 다음, 베어링사나 브라운사 같은 상인들에게 판매했다. 중간상인들의 이런 서비스가 플랜테이션 농장주들에게는 매우 유익했다. 그 덕분에 플랜테이션 농장주들은 연안의 대형시장에서, 심지어 유럽에서도 자신들의 생산물을 팔 수 있었고, 그들 가운데 가장 외딴 곳에 있는 이들조차 멀리 떨어진 시장에 접근할 수 있었다. 또한 도매상은 플랜테이션 농장주에게 공산품과 식량을 제공했다. 그리고 그들은 미국 남부 면화 재배지역에서 가장 중요한 자본의 조달자로서 농장주들에게 대출을 알선했다. 농장주들은 그 돈으로 다음 면화 수확기까지 견디는 데 필요한 생필품을 확보하고 더 많은 토지와 더 많은 노예를 구매해 면화 생산을 확대했다.[38]

도매상에게는 8%를 웃도는 대출 이자가 또 다른 수입원이 되었다. 도매상은 유럽 상인들에게서 자본을 끌어왔고, 그렇게 해서 "플랜테이션 농장주들은 도매상을 통해 세계의 상품시장과 마찬가지로 세계의 자금시장도 활용할 수 있게 되었다." 도매상은 노예 플랜테이션 농장주와 자영농에게서 수집한 면화를 수출업자에게 판매해 면화 제국에서 가장 부유한 상인이 되었을 뿐 아니라, 수적으로도 가장 많았다. 면화가 재배되는 곳이면 어디든 도매상들이 몰려들었으니 말이다. 해안 자본의 구현체인 그들은 자본축적의 전 지구적 규범과 함께 예측가능한 품질의 더 저렴한 면화를 바라는 제조업자들의 요구를 노예 플랜테이션 농장의 문턱까지 가져왔다.[39]

뉴올리언스, 찰스턴, 멤피스 같은 도시에는 수십 명에 이르는 도매상이 있었고, 그들은 항구로 엄청난 양의 면화를 끌어왔다. 리버풀의 면화 중개인 새뮤얼 스미스는, 뉴올리언스에서는 "거대한 미시시피강의 부두나 둑에…… 면화를 나르는 증기선이 두세 줄로 수 마일씩 늘어서 있고" 너무 많은 "면화 꾸러미들이 배의 갑판에 쌓여 있어서" "그 배들은 마치 물 위에 떠 있는 성처럼 보였다"고 보고했다. 그러나 소규모 도시들도 도매상과 면화를 끌어들였다. 예를 들어 플로리다의 세인트마크스강가의 작은 도시 뉴포트에서 대니얼 래드Daniel Ladd는 자신의 사업에 열중했다. 래드는 1817년 메인주 오거스타Augusta에서 상인이자 운송업자이자 섬유공장 공장주 집안에서 태어났다. 그는 열여섯 살에 한 친척 밑으로 들어가 플로리다 도매상의 판매원으로 일했고 얼마 안 가 제 사업을 시작했다. 뉴포트는 그런 사업을 하기에 적합한 장소였다. 1820년대에 플로리다 북부와 조지아 남부에서 재배된 면화를 선적하는 중요한 수출항으로 떠올랐기 때문이다. 1850년에 뉴포트와 인근 세인트마크스에서는 5만 5,000개의 면화 꾸러미를 선적했다. 래드의 전기 작가에 따르면, 이런 상황이 "대니얼 래드의 창의적 정신에는" "수익성 있는 사업 기회로 바꿀 방법을 지속적으로 궁리할" 기회였다. 래드는 플랜테이션 농장주들에게 선급금을 지급한 다음 그들로부터 수수료를 받고서 그들을 대리해 면화를 판매했으며, 생필품을 공급하고 운송의 편의를 제공했다. 노예경제에 깊이 몰두해 있던 그는 1860년까지 노예 27명을 소유했으며, 1847년에는 모자와 안장, 그리고 "밭에서 일할 일꾼 하나와 서툰 요리사 하나"의 판매 광고를 내고 노예를 판매했다. 그는 담보로 설정되어 저당잡힌 노예를 많이 소유하고 있었다. 예컨대 "1845년 2월 15일에 지불해야 할 100달러에 대해 R. H. 크로얼R. H. Crowell은 캐럴린이라는 이름의 열여섯 살짜리 흑인 소녀와 옥수수 8,100kg을 담보로 걸었다." 기본적으로 래드의 사업 기반은 지역에 있었지만, 다른 여러 면에서 더 넓은 제조업과 신용 세계에 연결되어 있었다. 그가 판매한 면화는 보스턴,

사바나, 그리고 특히 뉴욕의 회사들로 인도되었는데, 대부분의 자본이 바로 그들에게서 나왔다. 그리고 래드의 대리인들은 매년 뉴욕으로 가서 생필품을 구입했는데, 1860년에는 5만 달러 이상을 지출했다.[40]

사실 래드 같은 도매상은 유럽 상인들이 선급금으로 지급한 자본을 끌어와 농장주들에게 선급금으로 지급했고, 플랜테이션 농장주들은 다시 그 돈으로 토지와 노예, 생필품을 구입했다. 그 유럽 상인들은 면화를 구매할 수 있게 제조업자들에게 대출을 제공하고 세계 곳곳의 직물 상인들에게 자본을 제공해서 그들이 소비자들에게 판매할 면제품을 확보할 수 있게 도왔던 바로 그들이다. 신용이 없었다면 면화의 제국은 무너졌을 것이다. 사실 도매상의 담보권 행사로 재산을 잃은 플랜테이션 농장주들은 너무 잘 알고 있던 사실이지만, 면화의 제국 중심에는 신용이 있었다.

이어 상인들은 다양한 출처의 여러 자본에 접근했다. 부분적으로 그들은 무역업 자체에서 자본을 생성하기도 했다. 다수의 면화상인이 다른 상인의 회사에서 판매원이나 동업자로서 일을 시작했다가 축적한 자본을 가지고 자기 명의로 사업에 뛰어들었다. 앞에서 보았듯이, 또 다른 상인들은 자신들의 자산을 다른 품목을 취급하던 무역에서 면화 사업으로 이전했다. 그 예로 베어링사를 들 수 있는데, 이 가문은 정부의 차관 사업과 동인도회사의 채권에 투입했던 자본을 면화무역으로 옮긴 경우다. 브라운사도 마찬가지다. 그 회사는 리넨 무역으로 모은 자본을 이용해 면화무역으로 전환했다. 래스본사는 다양한 무역에서 얻은 이윤을 바탕으로 면화무역을 특화했다. 나탄 로스차일드는 아버지가 은행업과 일반 무역에서 얻은 이윤을 직물 산업에 대규모로 투자했다. 그리고 봄베이의 상인 잠셋지 제지보이Jamsetjee Jejeebhoy는 아편 사업에서 생긴 이윤으로 면화 수출업에 진출했다. 어떤 상인들은 노예무역으로 부를 축적했다. 1807년 영국이 노예제를 폐지한 후, 리버풀 상인들은 어느 순간 면화무역으로 품목을 변경했다. 그리고 그 무렵에 리버풀, 르아브르, 뉴욕 같은 도시에 상인들이 공동 출자한 은행이 있었다. 은행은 무역업자들에게 기꺼이 대출을 제공했고, 무역업자는 그 자금을 윤활유 삼아 전지구적 규모의 면화 생산 기제가 원활히 돌아갈 수 있게 했다.[41]

이런 대출 가운데 많은 경우가 노예들이 재배해 미래에 배송될 상품으로 지급이 보증되었으며 심지어는 노예의 가치로 지급을 보증하기도 했다. 이런 연결고리가 가장 분명하게 드러나는 것은 일이 잘못되었을 때, 예컨대 플랜테이션 농장주들이 도매상들의 선급금을 상환하지 못하고 도매상들이 수출업자들에게 대출을 상환하지 못할 때였다. 이런 식으로 미국 남부의 플랜테이션 농장주들에게 거액의 선급금을 지급했던 뉴욕의 브라운사는 미국 남부에 최소 열 세 곳의 면화 플랜테이션 농장을 비롯해 수백 명의 노예도 함께 소유하게 된다. 1842년에 윌리엄 브라운과 제임스 브라운은 남부에 투자한 총투자액 155만 달러 가운데 그렇게 소유하게 된 플랜테이션 농장의 가치가 34만 8,000달러에 이른다고 추산했다. 사실 제임스 브라운은 상주 관리인을 고용해 노예 플랜테이션 농장의 운영을 맡기고 자신은 뉴욕 사무실에 앉아서 관리했다.[42] 리버풀의 아메리카상공회의소는 상인과 플랜테이션 농장주 사이의 이런 관계를 잘 이해하고 있었고 1843년 모임에서 다음과 같이 보고했다.

거래 과정에서 노예주Slave holding countries의 플랜테이션 농장주 등 사람들이 영국 상인들에게 빚을 지는 사례가 빈번하다. 영국 상인들은 손실을 방지할 목적으로 채무자에게 노예를 포함한 그들의 플랜테이션 농장을 담보로 요구했는데 담보의 본질적인 가치는 바로 노예에 있었다. 영국과 미국 사이의 상업거래에서 그 후 몇 년 동안 미국에서 받아야 할 채권액이 너무 커져서, 영국 상인들은 직접이든 대리인을 통해서든, 이런 종류의 담보를 대규모로 취할 수밖에 없었고 그 가운데 많은 것이 아직 환급되지 않았다. 채무자들이 가진 게 없어 담보를 제공하지 못하는 경우가 많았다.[43]

이렇듯 상인들이 노예 소유주가 되었을 뿐 아니라, 더 폭넓게는 영국과 미국 사이에 놓인 신용의 흐름도 노예 자산에 크게 기대고 있었다. 도망노예 송환법이 "어떤 목적을 달성하거나 어떤 목적에 관한 계약을 달성하기 위해 설정한 [노예로 지급을 보증한] 모든 담보와 다른 안전장치들"을 불법으로 만들까봐 두려웠던 리버풀의 아메리카상공회의소가 1843년에 이 법에 반대해 로비를 벌인 것은 바로 이런 이유 때문이었다. 단순히 노동자로만 사용된 것이 아니라 담보로도 사용된 사람들이 그 어느 때보다 빠른 속도로 지구 주변을 흐르는 자본과 면화의 흐름에 윤활제가 되었다.[44]

이런 여신與信 체제는 여신의 범위가 전 지구적이었기 때문에 쉽게 붕괴할 수 있었다. 그 체제의 각 부분은 모두 다른 모든 부분들과 서로 연결되어 있어서 제국의 어느 한 부분에서 누군가 실패하면 그 위기가 다른 지역으로 급속히 확산되었다. 랭커셔의 제조업자들은 해외 시장에 의존하고 있었기 때문에 만약 상인들이 해외 시장에서 제품 값을 지불하지 못하면 국내에서 심각한 문제가 발생할 수 있었다. "귀하가 우리의 상품을 구입한지 11개월이 경과했고 우리의 부채가 심각해서 올봄에는 분명 상황이 급박해질 터라 현금으로든 제품으로든 조속한 송금을 요청하니 양해 바랍니다." 뉴욕 상인 햄린 판 페흐텐Hamlin and Van Vechten은 근심에 차서 이렇게 간청했다. 간혹 그래왔듯이, 면화 가격이 크게 떨어지면 상인들은 그들이 지급한 선급금보다 적은 가치의 면화를 받게 되므로 채무를 상환하기 어렵거나 불가능해질 것이다. 그 결과는 1825년, 1837년, 1857년에 들이닥친 전 세계적 공황이었다.[45]

주기적인 붕괴에도 불구하고 대부분의 경우 자본은 아주 쉽게 노예노동이 주류였던 지역에서 면화 생산의 말단까지 파고들었다. 유럽의 구매중개인, 판매중개인, 수입상, 도매상 들은 급속히 늘어나는 자본을 소유하고 있었음에도 농민의 노동이 주류였던 면화 재배지역에는 파고들기가 훨씬 더 어려웠다. 앞에서 보았듯이, 면화상인과 제조업자 들로서는 더없이 실망스러웠겠지만 농민의 생산 리듬을 통제하기가 어려웠다. 사실 북아메리카에서 그토록 효과적이었던 전쟁자본주의의 도구가 아시아와 아프리카의 토지와 노동을 글로벌 면화무역 네트워크 속으로 완전히 통합시키는 데에는 힘을 발휘하지 못했다. 필요한 물리적·행정적·군사적·법적 하부구조가 존재하지 않았기 때문이다.

그렇다고 인도에서 유럽 상인의 자본과 농민 생산자 사이에 연결고리가 없었던 것은 아니다. 하지만 거래되는 면화의 양이 여전히 제한적이었을 뿐 아니라 유럽의 제조업자들을 만족시킬 만한 품질이 아니었다. 인도의 면화 생산방식은 근대 유럽 방적공장들의 구체적인 요구를 전혀 충족시킬 수 없었다. 사실 농민의 노동으로 면화가 재배되던 지역에서는 유럽의 자본이 생산자에게 이르지 못했다. 그런 지역의 재배인들은 글로벌 시장을 위한 면화의 단일경작 생산을 피할 수 있을 만큼 여전히 자신들의 토지와 노동력을 통제할 수 있었으며, 토착 상인들은 내부의 면화 거래와 수출을 통제할 수 있었다. 1851년까지도 쿠르셋지 푸른둔지Cursetjee Furndoonjee, 코와스지 나나보이 다바르Cowasji Nanabhoy Davar, 메르완지 프람주 판다이Merwanji Framju Panday 같은 인도 상인들은 유럽 상인들보다 더 많은 양의 인도산 면화를 수출했다. 도리어 유럽계 회사들이 인도 면화상인들에게 종속된 대리인이자 인도 상인자본의 차용자인 경우가 더 많았다. 물론 인도 상인들도 주로 수출용 면화 재배에 지역자본을 투자하며 인도 자체의 면화 생산을 지배했다.[46]

면화 수출에서 인도 상인들이 담당했던 핵심적인 역할은 면화를 거래하던 그들의 초기 역할을 바탕으로 구축되었다. 1788년에 인도무역위원회는 면화무역이 "여전히 원주민들이 해오던 단순하고 소박한 상태이고 대체로 원주민들이 그 사업을 좌우하고 있다"고 동인도회사 총독에게 보고했다. 처음에 봄베이 상인 페스톤지 젬삿지Pestonjee Jemsatjee, 잠셋지 제지보이, 소라브제 제반지Sorabje Jevangee 같은 인도 상인들은 직물 거래의 전문기술을 면화 거래로 전환할 수 있었다. 그 결과 19세기 초 내내 인도에서 서양 상인들의 영향력은 보통 연안 도시에 한정되었고 그곳에서도 서양 상인들은 인도 상인들과 치열하게 경쟁했다. 1836년에 설립된 봄베이상공회의소의 구성원들 가운데 인도 상인이 다수를 차지했다는 사실은 그들의 중요성이 여전했음을 보여준다. 1847년에 봄베이상공회의소는 다음과 같이 평했다. "귀 위원회는 인도에서 유럽인의 대리점과 그 활동의 현황을 고려할 때 상인들이 상인의 자격으로 인도 내륙에 상관을 설치하고 운영하는 등의 지위를 얻을 수 있으리란 희망을 견지하는 것이 적절치 않다고 판단했다. 따라서 영국 상인들이 감당할 수 있을 유일한 지원은 이곳 시자에 나온 면화를 구입하는 일에 한정되어야 한다고 판단되었다. 그리고 그런 일이라면 그들도 충분히 할 준비가 되었다고 했다."[47]

면화를 재배하는 촌락지역에서 인도 상인들은 때로 터무니없이 높은 이자율로 재배인들에게 선급금을 지급했다. 인도 상인은 중개인에게 원면을 팔았고, 그 다음에 중개인들은 연안 도시의 상인들에게 면화를 선대했다. 영국인들은 이런 거래 체제가 '사악하다'고 여겼는데, 그들이 통제할 수 없다는 것이 주요한 이유였다. 봄베이를 거점으로 활동하던 상인 존 리처즈John Richards는 1832년에 런던의 베어링사에 이렇게 보고했다. "현지 상인들은 내륙에서, 해안을 따라서, 그리고 페르시아 만, 홍해, 중국에서 생산된 제품만 받는다. 현지 상인들 다수가 부유한 힌두교도와 파시교도이며, 어떤 이들은 거대 자본을 가지고 있기도 하다. 아직은 그들이 사업을 철저히 장악하고 있어서 내륙 상인들과 면화 계약을 체결하려던 시도는 실패했다." 지역 농민들의 토지를 장악하고 있던 비유럽계 자본의 지배력 탓에, 인도에서의 면화 생산은 멀리 떨어져 있는 유럽 공장 소유주들의 요구보다는 지역 제조업자들을 포함한 지역 생산자들의 요구를 따랐다.[48]

19세기 전반기에 이러한 일이 인도의 상인과 생산자들만의 특별한 사례는 아니었다. 세계 대부분의 지역에서 유럽이 면화 재배지역의 배후지에 상업적으로 침투하는 것은 여전히 예외적인 일이었다. 19세기 중반에 생산된 면화의 대부분은 유럽이나 북아메리카 상인들의 장부를 거쳐 거래된 적이 없었다. 중국으로 수입된 인도산 면화는 상관 상인들의 통제 아래에 들어갔고, 그들은 배후지의 거래상들에게 수입 면화를 판매했다. 인도와 마찬가지로, 아나톨리아 서부의 항구 도시 이즈미르와 면화 생산 지역 사이의 거래는 지역 상인들이 장악하고 있었다. 오스만 제국의 다른 지역, 그리고 이집트의 생산자와 알렉산드리아 항구 사이의 거래에서도 서양 상인들의 영향력은 극히 제한적이었다. 1840년대 후반까지도 무함마드 알리 파샤는 농민들에게 세금을 면화로 납부하도록 강요함으로써 생산자들에게서 면화를 확보해 연안 상인들에게 판매하는 과정을 사실상 독점했다. 그리고 새로 산업화된 일부 지역은 수입 면화에 의존하지 않았다. 예를 들어 멕시코 푸에블라의 산업가들은 생산자들에게서 면화를 직접 구입하거나 베라크루스 상인들의 공급에 의

지했다.[49]

　놀랍게도 19세기 초반에 지구 전역에서 농촌의 면화 재배지역을 파고든 유럽의 자본은 주로 노예노동이 지배하던 지역으로만 향했다. 그리고 산업혁명의 탄생과정에서 임금노동을 보조하며 산파역할을 한 것은 노예제였지 농민의 생산 활동이 아니었다. 노동력 동원의 한 양식으로서 노예제를 지지할 수 없게 되었을 때, 그리고 유럽 국가들이 제조업의 기계화로 창출된 부의 일부를 차지하면서 행정, 사법, 군사, 기간시설 설치 능력을 크게 향상시킬 수 있었을 때, 비로소 유럽의 자본과 국가권력은 인도, 이집트, 그리고 마침내 중앙아시아와 아프리카의 농촌지역을 혁명적으로 바꿔놓기 시작했다.

　세계 최초의 근대적 제조산업인 면공업은 비록 면화 생산 농민을 면화의 제국에 통합하는 데에는 실패했지만 그럼에도 그 주목할 특징은 바로 지구 전체를 아우르는 특성이었다. 이런 글로벌화를 위해서는 새로운 질서의 기회를 포착하고 기업 공동체와 국가를 독려해 이들이 공조를 통해 기회를 획득할 수 있게 할 사람, 곧 글로벌화를 주도할 사람들이 필요했다. 이들은 사고방식이 몹시 편협했던 플랜테이션 농장주도 제조업자도 아니었다. 이미 살펴보았듯이, 농사꾼, 제조업자, 소비자를 연결하는 네트워크를 창출하는 데 특화된 상인들이었다.

　글로벌 네트워크를 조성하는 데에는 용기와 상상력이 필요했다. 요하네스 니데러Johannes Niederer는 1854년 스위스의 폴카르트사에서 일할 당시 인도네시아의 바타비아(오늘날의 자카르타), 오스트레일리아, 인도네시아의 마카사르, 필리핀의 민다나오, 일본, 중국, 미얀마의 랑군, 실론(지금의 스리랑카), 케이프타운에서 시장조사를 하겠다고 제안했다. 어느 역사가의 추론처럼, 니데러 같이 세계를 여행하는 상인들이 "산업을 지배했다."제조업자와 재배인 들은 상인들의 권력에 대해 늘 불평했던 반면, 상인들은 제조업자들을 촌뜨기이자 도박사라며 경멸했다. 1819년 회사의 모든 구성원이 "만장일치로 방적공장에서 취하는 어떤 이익에도 반대했다"라는 사실을 떠올리며 알렉산더 브라운이 아들 윌리엄에게 경고했던 것처럼, 펜실베이니아의 면화상인 로버트 크레이턴Robert Creighton은 유언장에서 제조업에 관여하지 말라고 아들에게 경고했다.[50]

래스본사, 베어링사, 르센사, 베텐사, 랄리사 등의 무역상들은 면화의 제국에서 강력한 행위자가 되어 이 무역을 수익성 있게 운영하기 위해 촘촘한 네트워크를 구축하고 그 네트워크를 통해 신뢰할 수 있는 정보, 신용과 상품이 유통될 수 있게 했다.[51] 하지만 그런 네트워크를 구축하기는 특히 어려웠다. 예를 들어 래스본사는 뉴욕과 보스턴, 남부의 여러 항구, 특히 찰스턴과 뉴올리언스에서 상인들과 연결고리를 만드는 데 엄청난 공을 들였다. 그들은 동업자들과 끊임없이 서신을 교환하며 시장의 최신 정보를 수집하고 거래 기회를 잡으려고 노력했다. 또한 그들은 미국의 연안을 자주 여행했고, 회사의 젊은 구성원들이 북아메리카에 장기 체류하는 것은 일종의 통과의례가 되었다.[52]

다른 상인들도 이런 네트워크를 만들기 위해 각고의 노력을 기울였다. 1828년 토머스 베어링은 뉴올리언스에서 보스턴에 이르기까지 미국 연안을 여행하며 지역의 사업 현황을 조사하고 추가 거래를 위해 남부 도시의 상인들과 긴밀한 관계를 구축했다. 또한 미국 남부의 여러 회사에 신용을 제공해 그들이 면화 화물을 선매할 수 있도록 했다. 쥘 르센도 베어링과 같은 행로를 따랐다. 르센은 대서양 세계 곳곳의 면화 항구에 지점을 개설했고, 친척들을 직원으로 채용해 가격과 수확에 관한 정보를 지속적으로 교환했으며, 뉴올리언스의 면화 운송에 관한 프랑스어 소식지를 발행했다. 무엇보다 필요한 것은 날씨부터 중개인들의 기질에

이르기까지 모든 것에 관한 믿을 만한 정보였다.[53]

앞에서 살펴본 대로 글로벌 면화무역은 신용에 의지했다. 신용은 신뢰에 의지했다. 가족이나 종족의 혈연관계 너머로 확장된 글로벌 시장에서 신뢰를 좌우한 것은 정보였다. 따라서 정보는 상상인들의 활동에서 핵심이 되었다. 폭넓은 정보는 잠재적으로 어느 상인에게나 필요했지만, 그 가운데 가장 가치 있는 정보는 두 가지였다. 누가 채무를 상환했는가 하는 것과 다음 몇 개월간 면화 가격에 어떤 변동이 일어날 것인가 하는 정보였다. 그래서 상인들 사이에서 이 주제를 다룬 편지가 수백만 통 오갔으며, 그 편지들은 이제 도서관이나 기록보관소의 어두운 구석에 쌓여 있다. 미래의 가격 변동을 예측하는 일은 매우 중요했다. 그렇기 때문에 가격에 영향을 줄 수 있는 요인들, 곧 면화 재배지역의 날씨, 전쟁이 미칠 영향, 지역경제 상황에 관한 정보는 귀중했다. 잉글랜드은행 같은 기관들도 그런 정보를 수집하기 시작했는데, 대부분의 정보는 개인의 수중에 있었고 개인적 용도로만 수집되었다(그리고 비축되었다).[54]

신뢰할 만한 정보는 드물었고 대부분 풍문과 추문이었다. 평판이 회사를 만들기도 하고 무너뜨리기도 했으며, 조작된 정보의 확산이 시장을 움직일 수도 있었다. 놀랄 것도 없이 정보를 제공하는 능력은 중요한 특권의 원천이 되었으며, 개별 상인과 그의 회사가 평판을 개선할 수 있는 중요한 수단이었다. 멩거 앤드 니만Menge & Niemann사에 소속된 함부르크 상인들은 1841년 뉴욕의 펠프스도지Phelps, Dodge사를 위해 일할 때, 자신들의 이름과 사업을 소개하고 곧이어 함부르크의 상거래에 관한 정보를 제공했는데, 그들의 이름으로 발행한 가격 안내표도 포함되었다. 그 표에는 면화는 물론이고 온갖 상품의 현지 가격이 표시되어 있었다.[55] 그들은 펠프스도지사에게 자신들과 거래하면 유용한 정보에 접근할 수 있는 특전을 주겠다고 제안했다.

새뮤얼 스미스가 리버풀 면화 중개인으로서 활동을 시작하자마자 곧바로 자기 나름의 면화 가격안내표를 발행한 이유는 정보를 가지고 있어야 하고 또 정보를 가진 것처럼 보여야 했기 때문이다. 스미스는 훗날 가격표 발행이 "내 사업의 기반을 다지는데 적잖은 도움이 되었다"고 평가했다. 가격표의 발행 규모가 훨씬 더 컸던 경우로 빈센트 놀테Vincent Nolte를 들 수 있는데, 뉴올리언스에서 베어링사의 대리인으로 일했던 그는 면산업에 종사한 자신의 일생을 회고록에 담았다. 거기에서 그는 1818년부터 면화 시장 안내장을 발행한 자신이 그 일의 원조라고 주장했다. 기상예보에 착안해 그와 비슷하게, 연이은 3년의 운송 기간 동안 가격의 추이와 변동을 주 단위로 보여주어야겠다는 아이디어가 떠올랐고, 매회 거래량의 차이는 검정과 빨강, 파랑 선으로 표시했다." 그는 또한 그러한 정보 공유로 새로운 사업이 탄생했다고 말했다.[56]

생산이 너무 분산되어 있고 전 지구적으로 분포했던 터라 정보를 수집하는 일은 어려웠다. 뮐루즈의 유서 깊은 면제조업자 가문의 일원이던 프레데리크 C. 돌퓌스Frédéric C. Dollfus는 1845년 싱가포르 항구에 도착했다. 그곳에서 어떤 종류의 면제품 수요가 있는지 알아보고 돌아가서 면화 가격을 얼마나 불러야 할지 제조업자들에게 알려주는 것이 여행의 목적이었다. 그는 싱가포르에서 지역시장을 상세히 조사한 후 마카오, 광둥, 홍콩, 마닐라, 바타비아, 스마랑으로 이동하면서 아시아의 가장 중요한 면화 시장을 두루 돌아보고 고향으로 돌아와 관심 있는 청중에게 어렵게 얻은 정보를 나눠 주었는데, 그가 뮐루즈로 돌아오기까지 꼬박 1년이 걸렸다.[57]

이 같은 여행은 시장정보를 얻으려고 뮐루즈의 제조업자들이 벌인 여러 가지 노력 가운데 하나였을 뿐이다. 그 시대에 가장 대대적인 규모의 정보 수집 여행을 벌인 뮐루즈의 제조업자들은 18, 19세기 내내 세계 전역을 돌며 수천 개의 직물 견본을 수집하고 원산지와 현지 시장가격을 상세히 기록했다. 이 모든 일은 그 지역의 제조업자들이 장거리 시장을 위한 생산에 돌입하게 할 목적으로 진행되었다. 카탈루냐의 제조업자들도 규모는 작지만 이와 매우 비슷한 기획을 실행했다.[58]

이에 따라 정보에 대한 접근성이 면화의 제국 내 특정 지역에 유리한 일이 되었다. 1849년에 뉴욕이 "유럽 시장에서 얻은 조언을 안내 삼아 점점 더 미국 무역의 중심"이 될 것이라고 예견했던 윌리엄 래스본 6세는 그 점을 간파하고 있었고 다음과 같이 말했다. "…… 영국에서 10일 안에 항해할 수 있고, [새로 발명된 전신으로] 한 시간 안에 정보를 받을 수 있고, 뉴올리언스·세인트루이스·신시내티·찰스턴과 교신할 수 있고, 한쪽이 다른 쪽보다 중요한 정보를 더 많이 보유했다".[59] 윌리엄 래스본 같은 이들에게 면화 재배지역이나 면공업 지역과의 인접성보다 더 중요한 것은 정보에 대한 접근성이었다. 그리고 면화를 재배하는 배후지도 없고 방적공장도 없던 뉴욕이 제공한 것은 바로 정보였다. 비록 정보와 신용, 거래의 중심이던 리버풀과 경쟁할 정도는 아니었지만 말이다.

이렇듯 지식의 필요성이 커지자 상인들은 정보를 수집하고 유포하는 더 공식적인 방안을 발명해 활용했다. 그들은 이를 위한 전용 출판물을 만들었다. 《브리티시 패킷British Packet》과 《아르헨티나 뉴스Argentine News》가 1826년 8월부터 부에노스아이레스에서 출판되었으며, 면사와 면직물을 포함해 라틴아메리카와 글로벌 시장에 대해 보도했다. 빈터투어Winterthur에서 발간된 《란트보테Landbote》는 1840년 이후 르아브르 면화 시장에 관한 소식을 정기적으로 전했다. 《브레머 한델스블라트Bremer Handelsblatt》는 면화의 수확, 면화 시장, 그리고 브레머에서 면화 가격 변동을 정기적으로 알렸다.[60]

빠른 선박은 정보의 더 빠른 이동을 의미했다. 1843년에 이미 《아시아 저널》은 "영국의 정기 간행물과 신문이 잉크도 채 마르기 전에 봄베이에 도착했다"고 알릴 수 있었다. 마침내 봄베이는 다음과 같이 인식된다. "이제 우리 가까이에 있다. 런던교에서 겨우 35일만 항해하면 도착할 수 있다." 1840년에 이르면 전신이 (아직 대양이나 대륙을 횡단하지는 않았지만) 면화 재배 중심지와 거래 중심지, 소비 중심지를 연결하기 시작했다. 상인들은 결정적인 정보에 훨씬 더 직접적으로 접근할 수 있었다.[61]

정보에 대한 접근을 공식화하려는 욕망은 결국 상인들이 집단을 조직하는 중요한 계기로 작용했다. 리버풀의 중개인들은 처음에는 개별적으로 면화 거래 상황에 관한 정보를 수집하고 개별 안내장을 통해 소비자들에게 정보를 유포했다. 그러나 1811년에 중개인들은 고객들에게 정보를 배포하는 일은 개별적으로 하더라도 정보 수집은 함께 하기로 합의했다. 1832년에 면화 가격안내표를 만들려는 집단적 노력이 등장했고, 1841년에 리버풀면화중개인협회가 생겼을 때는 회원 90명이 원칙적으로 시장 정보, 특히 시장에서 면화의 '가시적 공급'에 관한 정보를 수집하고 유포하는 데 주력했다. 이런 정보 수집 기구는 면화를 재배하고 거래하거나 실과 직물을 만드는 곳 어디에서나 등장했다. 이 과정에서 상공회의소가 전면에 나서는 경우가 많았다. 맨체스터 상인들은 1794년을 기점으로 상인회로 모였다. 르아브르 상인들은 1802년에 상공회의소를 결성했고, 1825년이면 영국에만 이러한 기구가 열두 개나 있었다. 봄베이 상인들은 1836년에 봄베이상공회의소를 결성했고, 1830년대에 브라질 상인들은 상업협회들을 조직하기 시작했으며, 1858년 미국에는 이런 회의소가 30개에 달했다. 이 기구들은 기본적으로 시장 정보를 수집하는 일을 했지만, 신흥 제국들이 특별한 관심을 기울일 만한 사건들을 탄원하는 정치적 로비 세력이기도 했다.[62]

경제질서가 이처럼 믿을 만한 정보와 신뢰, 신용에 의지한 탓에 상인들은 시장 밖에서 만들어진 네트워크들에 의지하게 되었다. 임금노동의 출현과 마찬가지로 글로벌 무역을 만들어내는 일은 자본주의가 출현하기 이전의 사회적 관계에 달려 있었다. 상인들이 남달랐던 것은 자본을 축적하고 분산할 수 있는 능력이나 정보에 대한 특권적인 접근만이 아니었다. 확대가족의 결속, 지리적 인접성, 동일종교, 동일민족, 출신지를 기반으로 네트워크를 구축하고 그 네트워트에 의지하는 능력 역시 상인들을 남다르게 한 요인이었다. 무역이 위태롭고 회사의 생존이 오직 거래처 한 곳의 신뢰도에 좌우되던 세계에서는 신뢰성이 필수였다. 그러나 사람들이 사회적 관계 안에서 신뢰 강화 방법을 모색하며 역사가들이 '관계형 자본주의relational capitalism'라고 부르는 것을 만들어내자, 더 쉽게 신뢰성이 생겨났다. 이런 네트워크가 매우 중요했기 때문에 상인 공동체를 연구한 프랑스의 선구적 역사가 올리비에 페트레-그르누요Olivier Pétré-Grenouilleau는 "대서양 무역의 특징을 결정한 것은 시장의 지배만이 아니었다"고 결론지었다. 면화 시장을 더 크게 좌우한 것은 시장 밖의 사회 관계였다.[63]

물리적 인접성은 신뢰의 네트워크를 구축하는 요소 가운데 하나였다. 글로벌 면화무역은 상대적으로 소수의 무역 거점에 집중되었는데, 특히 그신뢰의 네트워크와 이를 뒷받침하는 제도들은 인접성 덕분에 융성할 수 있었기 때문이다. 리버풀 최초의 면화 중개인 가운데 한 명이었던 니컬러스 워터하우스Nicholas Waterhouse는 그의 사업 곳곳에 가족 구성원들과 네트워크를 형성한 현지의 '친지들'을 배치했다. 에드워드 베인스가 1835년에 관찰했듯이, 리버풀의 상인들은 그들의 관계를 지배하던 '절대적 정직성과 명예'라는 규범을 더 폭넓게 가르쳤다.[64]

그러나 이런 네트워크들은 지구의 절반 가까이를 뻗어 나가야만 했다. 방대한 거리를 가로지르며 신뢰를 구축하는 일은 몹시 어렵고 엄청난 노력을 요구했다. 1841년 윌리엄 래스본 6세가 면화 사업을 활성화하기 위해 뉴욕을 방문했을 때, 그는 자신의 아버지에게 '유익한 친분'을 확고히 하는 일이 시급하다는 편지를 보냈다. 실제로 윌리엄 래스본 6세의 편지에는 신뢰와 친분의 네트워크를 구축려는 노력이 가득했다. 그의 동업자 애덤 호지슨Adam Hodgson은 1820년대 초에 미국의 면화 시장을 돌아보고 나서 뉴욕에 있던 윌리엄 래스본에게 이렇게 보고했다. "상인의 의무에 대한 우리의 생각이 일치하고 개인적 친분이 있기에 우리의 친구들이 우리에게 보인 친절과 신뢰에 보답할 기회를 조금도 놓치지 않으려는 당신의 간절한 마음을 잘 알고 있습니다. 또한 내가 이 나라에 도착한 이후 그 두 가지를 얼마나 깊이 경험했는지 당신에게 새삼 일깨울 필요가 없다는 것도 잘 알고 있습니다." 그는 거의 구애에 가까운 어조로 한 상인 가문에 대해 다음과 같이 보고했다. "제 생각에 그들은 상당히 우호적이고 우리에게 진실합니다. 이따금 면화 주문을 도와주면 탁송에도 끌어들일 수 있을 것입니다." 다른 상인 가문들도 비슷한 방식으로 흘러갔다. 폴카르트사가 유럽에서 면화무역으로 자수성가하고자 했을 때, 그들은 자신들이 얼마나 훌륭한지를 증명하는 '근거'로서 인도, 독일, 영국, 스위스 상인 회사들을 열거했다. 그들은 서로에게 자신을 '신뢰'해달라고 호소했으며 그들의 '내밀한 친구(들)'임을 자처했다. 베어링사가 인도와 거래를 확대하려 했을 때, 봄베이에 있던 그 회사의 대리인들은 "주의 깊고 지적이며 굉장히 명예로운 사람들이자 완벽하게 안전을 확신할 수 있는 사람들"이라고 여겨지는 현지 상인들을 찾아냈다.[65]

이런 네트워크에서는 찾아내거나 특별히 육성할 필요도 없는 가족구성원들이 특히 중요했다. 1805년에 구입해놓은 면화를 판매하는 문제로 윌리엄 래스본에게 급히 현금이 필요했을 때, 그의 아버지와 형제들이 3,000파운드를 마련해주어 그의 '크나큰 근심'을 덜어주었다. 남부 항구에서 대리인과 거래처 네트워크를 확대하기를 원했던 브라운사는 그 네트워크를 지탱해줄 인맥을 찾고자 했다. 찰스턴에 있던 그들의 대리인 제임스 애저James Adger는 브라운과 마찬가지로 북아일랜드 출신이었으며 알렉산더사와도 오랜 친분이 있었다. 사바나에 있던 브라운사의 대리인 존 커밍John Cumming은 다른 항구 도시의 대리인들이 그랬듯이 브라운사와 혼맥으로 연결되었다. 폴카르트사에게도 가족의 인맥이 중요했다. 폴카르트의 장인 에두아르드 포러Edward Forrer는 세인트루이스에 대리점을 개설했다. 테오도르 라인하르트Theodor Reinhart는 아버지의 사업체에서 면화 사업을 익힌 후 1876년 게브뤼더 폴카르트사 소유주의 딸 릴리 폴카르트와 결혼했고, 그렇게 해서 두 회사가 통합되었다. 면화의 제국에서 두 사람의 결혼은 그야말로 왕실 간의 결혼이었다.[66]

19세기의 가장 중요한 면화무역상 가운데 하나인 랄리스사Rallis를 살펴보자.[67] 마치 제국처럼 세계로 뻗어 나간 이 회사는 아나톨리아의 본토에서 멀리 떨어진 그리스의 작은 섬에서 시작되었다. 랄리스사의 주요 인물들은 대부분이 키오스 출신으로, 사실 대부분이 랄리스 집안의 구성원이었다. 존 랄리스와 스트라티 랄리스 두 형제는 무역을 시작하기 위해 런던으로 향했다. 1822년에 그들은 셋째 판디아 S. 랄리스를 런던으로 데려왔다. 1825년에 스트라티 랄리스는 직물을 거래하기 위해 맨체스터에 영업소를 개설했고 1827년에 존 랄리스는 오데사로 향했다. 이스탄불에 살고 있던 넷째는 1837년에 페르시아에 영업소를 열었고, 다섯째 아우구스투스 랄리스는 마르세유에 면화 회사를 설립했다. 1860년대에 이르면 랄리스사는 런던(1818년부터), 리버풀, 맨체스터(1825년부터), '오리엔트'(콘스탄티노플, 오데사), 그리고 캘커타(1851년)와 카라치

(1861년), 봄베이(1861년)를 포함한 인도의 여러 지역과 미국에 대리인을 두었다.[68] 그리하여 랄리스는 미국에서 면화를 구매해 리버풀로 운송할 수 있었고, 맨체스터에서 제조업자에게 판매할 수 있었으며, 캘커타에서 완성품을 판매할 수 있었다. 그 모든 것이 그들의 가족구성원 안에서 이루어졌다.

랄리스사의 예에서 볼 수 있듯이, 아르메니아인이나 파시교도 및 유대인들과 마찬가지로 그리스계 이산자들은 글로벌 면화무역에서 중요한 역할을 했다. 18세기의 마지막 25년 동안 오스만 제국과 바깥 세계를 연결하는 네트워크에서 그리스계 이주민들은 특히 중요한 역할을 했고, 이집트의 면화무역에서도 매우 두드러진 역할을 했다. 19세기 초반 무함마드 알리 파샤의 산업화를 위한 노력의 첫 물결이 일었을 때 이집트에 도착한 그리스계 이주민들은 외국 상인 가운데 가장 큰 집단을 형성했다. 1839년에 이르면 랄리스사를 포함한 그리스 상인 회사 열두 곳이 알렉산드리아 면화 수출 시장의 33%를 장악했고, 가장 큰 그리스 회사인 토시차프레르사Tossizza Frères et Cie가 이집트 면화의 11%를 수출했다.[69]

다른 이산자 공동체들도 글로벌 면화무역에서 중요한 역할을 했다. 유대인들은 특히 면사와 면직물의 글로벌 무역에서 중심 역할을 차지했다. 그들은 차별 때문에 행상을 하거나 많은 경우 포목상으로 일할 수밖에 없었기 때문이다. 이런 상인 중에 가장 유명한 예가 로스차일드 집안이다. 그들은 맨체스터에서 직물 거래에 뛰어들었고, 그들이 유럽 대륙에 판매한 제품의 주요 고객은 프랑크푸르트의 유대인들이었다. 나탄 마이어 로스차일드Nathan Meyer Rothschild의 이야기는 다른 많은 이들을 대변한다고 할 만하다. 그는 1777년에 프랑크푸르트에서 은행업과 상업으로 유명한 가문에서 태어났다. 1798년에 그는 상인으로서 도제 수업을 받기 위해 런던으로 갔고, 한 해 뒤에는 풍부한 자금을 가지고 맨체스터로 이주해 자신의 직물 대리점을 열었다. 그의 자서전에는 다음과 같이 적혀있다. "잉글랜드에 가까워질수록 상품은 더 저렴해졌다. 나는 맨체스터에 도착하자마자 가진 돈을 전부 투자했고 물건 값이 아주 저렴해서 큰 수익을 얻었다." 로스차일드는 프랑크푸르트와 유럽 대륙의 시장에 내놓을 상품을 맨체스터에서 구매했고, 제조업자들에게는 대출을 제공했다. 로스차일드가의 성공에 자극을 받은 프랑크푸르트 출신의 다른 유대인 회사들도 맨체스터에서 사업을 시작했다. 그리하여 19세기 초가 되면 프랑크푸르트 출신 유대인 소유 회사들이 잉글랜드 면직물의 유럽 수출에서 중요한 역할을 하게 되었다.[70]

여전히 예외적인 일이기는 했지만 이산자들의 네트워크가 회사 안으로 통합되었으며, 신뢰의 네트워크의 중요성은 차츰 낮아졌다. 랄리스사가 그런 사례에 해당했고 브라운사의 경우도 좀 더 제한적이기는 해도 비슷한 사례였다. 그러나 광범위한 네트워크들을 회사로 통합한 가장 앞선 사례는 스위스에 적을 둔 게브뤼더 폴카르트사였다. 1851년에 살로몬 폴카르트Salomon Volkart가 면산업의 주요 거점이던 스위스의 빈터투어와 봄베이에서 동시에 창업한 이 회사는 인도에서 원면을 사들여 제조한 제품들을 수출하면서 사업을 개시했다. 게브뤼더 폴카르트사는 지점을 점점 더 많이 개설하면서 차츰 인도뿐 아니라 세계의 다른 지역에서도 면화를 구입했고 유럽의 여러 항구로 운송해 방적공에게 판매했다. 1850년대에 이르러 이 회사는 사고파는 모든 활동을 통합했다.[71]

그렇지만 19세기 중반까지도 폴카르트는 예외적인 경우에 해당했다. 그때까지도 대체로 면화는 신뢰 네트워크를 매개로 독립적인 회사들 사이에서 거래되었다. 쏟아지는 편지와 대면 대화, 여행 속에서 상인들은 세계 여러 지역의 사람들과 친분을 쌓고 관계를 발전시키면서 범세계적인 하나의 공동체를 형성했다. 플랜테이션 농장주들이나 제조업자들과 달리, 상인들은 그들이 속한 도시나 근처 배후지에 있는 사람들보다는 아주 멀리 있는 사람들과 더 가까운 관계를 맺는 경우가 많았다. 19세기 중반에 작성된 전형적인 편지에서 래스본은 카이로, 아덴, 팔레스타인, 알렉산드리아, 프랑스 등 여러 지역의 동업자와 친지들을 언급했다. 알렉산드리아, 리버풀, 봄베이에서처럼 르아브르에도 세계 곳곳의 상인들이 찾아들었다. 사실 다수의 상인 가운데 르아브르의 유서 깊은 가문 출신은 소수에 불과했다. 래스본

— **혁명의 첨병** 스위스 빈터투어의 살로몬 폴카르트는 농민들의 농사를 바꾸어놓았다.

을 비롯한 상인들은 국가를 초월한 공동체에서 거주했다. 그 공동체 안에서 그들은 쉽게 여행했다. 그들은 먼 도시의 사람들이 비슷한 계열의 사업에 종사했고, 유사한 방식으로 옷을 입었으며, 고향의 집과 다를 바없는 집에 살았고, 비슷한 책을 읽었으며, 인간의 본성과 정치경제에 관해 비슷한 시각을 가지고 있었다. 어쩌면 같은 집안의 일원이었을지도 모른다.[72]

하나의 사회 계급으로 응집되어 자신들이 확립한 제도로 강화된 이 상인들은 잉글랜드에서 프랑스로, 다시 미국으로 정치적 영향력을 크게 발전시켜나갔다. 그들은 일찌감치 자신들의 무역이 지역, 국가, 글로벌 정치 안에 깊숙이 자리하고 있다는 사실을 이해하고 있었다. 그들은 마치 국가가 시장에 개입하는 것이 아니라 시장을 조성한다는 사실을 본능적으로 알고 있다는 듯이 행동했다. 그들의 일상적 경험은 그들에게

글로벌 무역이 저절로 생겨나지 않았으며 세심하고 의식적인 규제를 통해서만 번성했음을 가르쳐주었다. 리버풀의 면화 중개인 새뮤얼 스미스에 따르면, 그러한 결과로 정치는 어디에나 존재했다. "사업적으로 여러 다른 나라들과 열심히 교류하고 외교 과정, 그중에서도 전쟁과 전쟁의 공포에 크게 영향을 받았던 우리가 기민한 정치인이 된 것은 당연한 결과였다."73

상인들이 '기민한 정치인'이 되어 면화 재배자, 면제조업자, 면제품 소비자를 통합하는 그들의 거대한 기획에서 국가의 중요성을 깨달았을 때, 그들은 여러 측면에서 자신들과 공통된 성향을 지닌 통치자 및 관료들과 마주쳤다. 유럽의 국가들은 점점 더 면화를 포함한 급속한 자본의 축적으로 창출된 부의 존재 자체에 의지하게 되었다. 그리하여 정치인들은 자본가들을 향해 구애를 펼쳤으며, 이들 국가 후원자들이 집단적으로 조직되자 그들에게 복종했다. 유럽의 국가들을 일본이나 중국 같은 다른 동시대 국가들과 구별 지은 것은 그들의 역량만이 아니었다. 산업자본의 요구에 대한 그들의 대응 역시 유럽 국가들을 다른 국가들과 차별화 했다.74

상인들은 어떤 문제가 생기든 정부에 압력을 가했지만 무엇보다 중요한 쟁점은 무역의 기반시설이었다. 항만, 창고시설, 철도, 수로 건설은 상인들에게 중요한 의제였다. 상품과 정보가 이제 막 떠오르기 시작한 글로벌 경제를 움직이는 속도에 직접적으로 영향을 미쳤고, 그런 유통의 속도가 축적의 속도를 결정했기 때문이다.75

우연에 지배되고 통제되지 않으며 몇몇 사람의 변덕에 휘둘리는 것처럼 보인 무역은, 궁극적으로는 국가가 계획하고 시행한 법적 기반에 좌우되었다. 놀랄 것도 없이 상인들은 이런 법적 질서를 강화하고 그 질서를 그들의 이해관계와 일치시키는 데 정치적 에너지를 상당히 소모했다. 그런 과정에서 그들은 의식적으로든 무의식적으로든 국가의 역량을 끌어올렸다. 상인들은 설사 자신들이 합의했다 하더라도 관행에는 강제할 규칙이 필요하고 이런 규칙을 시행하는 데 국가만큼 효율적인 집행자는 없음을 이해했다. 뉴욕의 법률가 대니얼 로드Daniel Lord는 1835년에 '대리점 법', 곧 상인들이 먼 지역에 대리인과 도매상을 두고 활동하는 것을 허용하는 법규를 다음과 같이 상세하게 설명했다. "근대의 상업이 단번에 경도의 끝에 닿고 적도와 극지를 정복한 것은 …… 이렇게 다른 세력을 조력자로 만들고 종속시켰기 때문이다. 근대의 상업은 해양을 건너고 아프리카 사막을 횡단하고 아시아의 평원을 정복한다."[76]

지구 전역의 농촌지역을 산업 원료의 공급자이자 제조된 상품의 시장으로 실질적으로 변모시켰다는 점에서 '법'은 특히 중요해졌다. 면화 공급자가 많아질수록 면직물 소비자와 거래도 늘어났다. 상인들은 그런 변화를 가능하게 할 더 강력한 국가의 존재를 염원했다. 노예노동력을 사용하지 않는 지역에서는 특히 더 그랬다. 상인들이 가장 집요하게 집착했던 일 중 하나는 지구 전역에서 면화를 재배하는 촌락지역에 '법'을 주입하는 것이었다. 비록 농민이 생산을 주도하는 사회에서는 그런 능력이 좌절되는 경우가 잦았지만 말이다.

영국의 지배 아래 있는 인도와 같은 식민지 환경에서 법의 중요성이 가장 두드러졌다. 봄베이 상인들은 인도 면화무역과 관련된 새로운 법규와 규제를 마련하도록 영국 정부에 지속적인 압력을 가했다. 인도 면화무역을 다룬 어느 연대기 작가는 이렇게 말했다. "면화 관련 입법은 연대기적으로 볼 때 영국 통치권 최초의 경제 입법일 뿐 아니라 현재의 세계 경제에서 가장 선진적인 법률이었다." 그럼에도 불구하고 상인들이 국가의 권위를 확장하려는 기획에 성공을 거둘수록 앞서 몇 세대에 걸쳐 상인들이 조성한 신뢰의 네트워크에 대한 무역의 의존성은 더욱더

낮아지는 역설이 나타났다.[77]

　법이 차츰 지구 전역의 농촌지역으로 파고들고 정부지원의 기반시설 확충 기획들 덕분에 상품의 이동이 가속화됨에 따라 상인들은 다른 식으로도 글로벌 시장을 자신들에게 유리하게 만들기 위해 집단적으로 국가권력을 동원했다. 그들의 산업정책은 한 마디로 글로벌했다. 영국의 상인과 제조업자 들은 더욱 그랬다. 면화의 제국 중심에 위치한 그들은 외국 시장을 개방해 상인과 제조업자가 접근할 수 있게 해주는 것이 정부의 핵심 역할이라고 믿었다. 예를 들어 1821년에 맨체스터상공회의소는 영국 정부가 덴마크에 압력을 넣어 면사의 수입 관세를 낮추게 하라고 요구했다. 1822년에는 동인도회사를 향해 좀 더 자유로운 무역을 요구했고, 나중에는 영국과 아일랜드 사이의 관세를 없애라고 촉구했으며, '브라질 관세', '바타비아에 수입되는 영국 제품에 부과되는 관세', '몬테비데오 관세', 모로코와의 무역, '상하이 관세'를 두고 열띤 논쟁을 벌였다. 르아브르 상인들도 무역에 아무런 방해도 받지 않기 위해 정부에 압력을 행사했다.[78]

　대다수 상인들은 시장 접근성과 값싼 노동력에 대한 그들의 관심에 완벽히 들어맞는 자유무역에 이데올로기적으로 헌신하는 한편, 새로운 무역 장벽의 구축에 대해서도 마찬가지로 열렬히 옹호했다. 사실 자유무역에 대한 그들의 주장은 놀라울 만큼 일관성이 없었다. 1794년에 이미 다수의 면화상인이 '영국에서 면사를 수출하는 것'에 저항했다. 이들에 따르면 방적된 실을 수출하는 것은 영국의 번영을 위협하는데, 바로 그 실이 임금이 낮은 독일에서 직물로 직조되어 영국에 실업을 초래하기 때문이었다. 섬뜩할 정도의 근대적인 주장에서 그들은 "독일의 음식 값이 저렴한 탓에 그들은 수작업으로도 우리의 노동자들보다 더 저렴하게 직물을 제조할 수 있었다. 그들은 먼저 우리의 수직기 직공들을 실업자로 만들었고 이제 방적을 포함한 다른 부문에서도 같은 일이 급속히 진행되고 있다"고 주장했다. 이와 마찬가지로 맨체스터상공회의소는 "영국 수공업자"의 유출과 "우리 공장에서 이용되는 기계류의 자유로운 수출"에 반대했다.[79]

상인들은 자신들이 자유 시장에 접근할 때 정치력과 군사력을 모두 동원해 보호해달라고 자국 정부에 호소했다. 1794년 맨체스터상인회는 영국 해군이 값진 현지 제품을 싣고 지중해로 들어가는 선박을 보호하는 일의 중요성을 역설했다. 1795년에는 독일, 더 넓게는 유럽 대륙과 자신들 사이의 무역을 무력으로 보호해달라고 정부에 호소했다. 맨체스터 상인들은 대서양에서 해적들로부터 자신들의 선박을 보호해달라고 정부에 요청했고, 국가가 '대규모 해군력'을 보유해야 한다고 주장했다.[80]

"발트해로 수출된 면사에 부과되는 지불 가능한 현실적 관세"부터 인도의 시장 개방을 압박하는 식민지 부채법debt law에 이르기까지, 상인들의 정치적 견해는 그들의 무역과 마찬가지로 그야말로 글로벌했다. 영국에서 인도는 곧 "주요 문제"로 등장했다. 방적공장 소유주였던 헨리 애시워스가 보기에 인도 시장은 정부의 적절한 개입으로 개방되기만 하면 무한한 기회를 제공할 만한 곳이었다. "내가 이곳에서 건전한 자유무역 원칙을 강하게 고수할 만큼 대단히 까다로운 사람이긴 하지만, 우리만큼 선진적인 정치경제가가 되지 못하는 사람들을 다루면서 그들이 바뀔('동의할') 때까지 우리의 활동을 미뤄야 한다고 생각하지는 않는다." 잠시 경제에 손을 댄 사람으로서 헨리 애시워스는 경제적 사고가 "경제를 만드는 데" 도움을 주며 전에는 불가능했던 일을 가능하게 한다는 사실을 직관적으로 이해했는데, 이는 정확히 20년 뒤에 인도에서 벌어질 일이었다.[81]

영국정부가 나서서 인도 농민들이 세계 시장을 위한 면화 생산자로 탈바꿈하게 해달라는 상인들의 요구는 면화를 재배하는 지구 전역의 농촌지역으로 국가를 이끌겠다는 더 큰 기획의 일환이었다. 상인들은 세계에서 노예제가 지배하는 면화 재배지역과 달리 인도 등지에서는 자신들이 바라던 변혁을 실현할 제국의 능력이 필요하다는 점을 알아차렸다. 그러나 그들이 미처 예상하지 못한 부분은, 그들이 국가 건설 기획을 추진할수록 면화의 제국에서 자신들의 비중이 점점 줄어들 것이라는 사실이었다.

헨리 애시워스는 무역의 세계가 글로벌 시장을 구축하는 강력한 국가권력에 의지했던 이유를 누구보다도 분명하게 이해했다. 그래서 그는 영국 정부가 상인들과 제조업자들의 이해관계에 깊이 관여하는 것을 서슴없이 축하했다. 산업화를 추진하는 국가는 번성하는 제조업 경제에 기대어 그 힘과 사회의 안정을 추구했다. 대단한 식견이 없는 정치인조차 자국 시장을 위한 원료의 안정적 공급을 보장하고 그 생산품을 위한 시장의 창출이 얼마나 중요한지 이해했다. 그들의 성장 속도가 너무 빠른 데다 경쟁이 너무 치열해서 유럽의 국가들은 지구 전역의 농촌지역을 그들의 산업체를 위한 원료 공급자이자 그 생산물의 소비자로 변모시키려 했다. 노동력을 구하기 위해 자신들의 농촌지역을 이미 변모시킨 유럽의 국가들은 내부의 경험을 세계의 나머지 지역으로 확산시키고자 했으며, 그런 통합의 구체적인 형식을 '자연의 법칙'과 다를 바 없이 만들었다.

이 새롭고 편리하며 신성하게 규정된 임무는 의도치 않게, 그러나 확실히 전쟁자본주의의 초기 체제들 가운데 일부, 특히 원주민에 대한 대규모 착취와 노예제를 통한 노동력 동원에 대한 산업자본주의의 의존성을 완화시켰다. 시장 지향적인 기반시설을 구축할 더 큰 역량을 갖추고, 동시에 지구 전역의 농촌지역에 유럽 자본을 침투시키고 노동력을 동원할 수 있게 조정된 법적 장치들을 갖춘 상인들은 농민의 농사를 세계 시장을 위한 면화 생산에 맞게 재조정하려는 노력을 강화했다. 국가가 강화됨에 따라, 상인들은 이제껏 독립적이던 배후지에 자본의 새로운 흐름과 산업 생산의 논리를 주입할 수 있었다. 베어링사는 봄베이에서 면화를 수입함으로써 1840년대까지 면화 공급처를 다원화했다. 또한 유럽의 자본가들은 면화를 생산하는 이집트 농부fellaheen들과의 거래에도 뛰어들었다. 1840년대 말~1850년대 초에 자국 내 면화 거래에 대한 이집트 정부의 독점을 약화시킨 상인들, 특히 그리스계 상인들은 이집트 내지로 파고들어 농민들에게서 직접 면화를 구매하기 시작했다. 그러나 아마도 가장 적극성을 보인 상인은 게브뤼더 폴카르트사였을 것이다. 이 회사의 면화상인들은 팽창하는 제국 정부 덕분에 어느 때보다도 더 지역 생산자들에게 가까이 다가갔다. 그리하여 게브뤼더 폴카르트사와 유럽의 동료들은 1875년에 한때 인도 시장을 지배하던 인도 상인들보다 두 배 이상 많은 면화를 수출했다.[82]

그러나 1800년대 말 유럽 자본이 제국주의 국가들을 동업자로 삼기 전, 노예제와 산업자본주의가 세계에서 가장 강력하게 결합되어 높은 수익성을 보이던 지역 때문에 면화의 제국은 충격을 받게 될 터였다. 그곳은 바로 미국이다. 다른 모든 곳에서 노예제와 산업자본주의는 완벽하게 공존하는 듯했다. 그러나 우리가 알고 있듯이, 다른 모든 지역에서 이윤의 이 두 가지 원동력은 국경으로 분리되어 있었다. 그러나 북아메리카에서는 그렇지 않았다. 미국의 경우 세계의 다른 지역들과 달리 전쟁자본주의와 산업자본주의가 동일한 하나의 국가 영토 안에서 함께 등장했다. 어떤 정치적 통합도 상반된 양 체제의 상반된 정치세력을 영원히 포용할 수는 없었다.

미국이 경제적 기반을 마련하자 노예주와 산업자본가 들은 국가를 향해 차츰 서로 다른 요구사항을 내놓기 시작했다. 영국 등지의 제조업자와 상인들처럼 미국의 제조업자와 소수의 상인 들은 산업자본주의 체제를 면화를 재배하는 농촌지역으로 이전할 수 있고, 사실상 충분한 원료 공급을 보장할 수 있다는 자신감을 얻었다. 보스턴의 면제조업자 에드워드 앳킨슨Edward Atkinson은 공장에 수많은 노동자들을 동원하고 훈련시키는 자신의 능력을 자랑하며 임금노동의 열렬한 신봉자가 되었다. 세계의 다른 곳들에서 그랬듯이, 앳킨슨 같은 미국의 산업가들은 점차 강력해지는 자국 정부와 자신들의 정치적 이해관계를 연결시켰다.[83] 반면 면화를 재배하는 노예주들은 대서양 무역의 정치경제를 선호했고, 플랜테이션 농업을 위해 토지를 더 많이 확보하고 노예제를 시행하고 강화하려는 국가의 자발적 노력에 의지했다. 그들은 연방정부가 강화되면 정부가 자신들의 노동 지배력에 개입할까봐 염려했다. 어쨌든 노예제는 저항의 가능성이 있는 노예들에게 지속적으로 폭력을 가해야 했고 이에 대한 국가의 적극적인 용인이 필요했다. 그런 이유로 노예주들은 국가를 장악해야 하고 최소한 국가권력의 전당에서 노예제 반대자들을 몰아내야 한다고 강하게 느꼈다.

하지만 노예주들이 국가를 장악하기는 점점 더 어려워졌다. 미국 국내 산업화의 정치경제를 건설하려는 사람들이 북부 주들의 역동적인 산업경제에서 출현했다. 이들은 비록 소수였지만 점점 세를 불려갔다. 플랜테이션 농장주들의 정치적 요구와 마찬가지로 그들의 정치적 요구 역시 국가의 제도를 장악해야 했다. 그러나 남부 사람들과 달리 북부의 산업자본가들은 상업농, 심지어 빠르게 팽창하는 일부 노동 계급과의 상대적으로 안정적인 정치적 제휴를 통해 점점 더 큰 정치적 힘을 이끌어 냈다. 비록 소수이지만 상인들이 플랜테이션 농장주들의 가장 든든한 북부 동맹 세력으로서 미국의 산업화 기획을 포용하고 있으며 그런 상인의 수가 점점 늘고 있다는 사실이 이들 북부 산업자본가들을 고무시켰다. 그러나 이들은 남부의 노예 정권에 직접 도전하는 것은 주저했다. 또한 흥미로운 사실은 미국의 가장 유력한 면화상인 브라운사가 점차 외환 사업에 주력하며 산업체에도 투자를 시작했다는 점이다. 예컨대 그들은 철도와 뉴욕이 노벨티 제철소에도 투자했다.[84]

그들이 이전에 취급했던 상품의 무역은 진입비용이 낮았고, 따라서 커다란 위험부담을 기꺼이 감수하며 더 적은 이윤을 얻더라도 기꺼이 뛰어들고자 하는 새로운 경쟁자들에게 언제나 열려 있었기에 브라운사의 그런 움직임들은 합리적이었다. 이처럼 진입장벽이 낮았기에 수많은 소규모 운영자들이 포함된 면화 시장이 창출되었고, 결국 더 큰 부를 지닌 상인들은 더 많은 자본이 요구되고 훨씬 더 큰 수익이 보장되는 사업으로 밀려들어갔다. 베어링사 같은 해외 자본가들은 브라운사와 합세해 철도, 탄광, 제조업 등으로 영역을 넓히며 사업을 다각화했다. 그들은 국가 역량이 신장됨에 따라 상인자본의 역할은 축소되고 있으며 국가와 결탁한 산업가들이 면화의 생산과 소비를 위해 더 많은 토지와 노동력을 찾아 지구 전역의 농촌지역으로 더 깊이 파고드는 미래가 손짓하고 있다는 것을 어느 누구보다도 잘 알 고 있었다. 뛰어난 선견지명을 지닌 제조업자들과 상인들은 그런 새로운 형태의 지배가 면화 생산자들의 권력을 결정적으로 약화시켜 면화의 제국에 가장 위협적인 불안의 근원 가운데 하나를 제거할 것이며 그와 함께 글로벌 자본주의를 제거하리라는 것을 간파했다.[85]

서로 다른 사업 집단 사이에서 이처럼 사회적 권력의 균형의 변동이 결정적으로 중요했다.미국은 경제 엘리트들 사이의 분열이 너무 심해서 노예주들과 손잡았던 자본가들조차 오랜 동맹자들을 져버렸다는 점에서 특이한 사례였으며, 브라질과 같은 노예 소유 사회와도 전혀 달랐다. 브라질에서는 플랜테이션 농장주와 수출상이 하나의 통합된 정치집단을 결성했으며, 자국의 산업화가 그들의 경제적 이해관계에 위협이 되고 노예노동이 불가피하다는 데 동의했다.[86]

미국 경제 엘리트들이 재조정되면서, 폴카르트사가 인도에서 그랬던 것처럼, 노예제 없는 배후지들의 개척을 약속하며 비용의 급상승과 노예제와 산업자본주의 결합에서 비롯된 이윤 감소가 크게 해소되었다. 1861년에 노예제와 산업자본주의의 결합은 파기되었고, 뒤이은 미국의 남북전쟁은 그 젊은 공화국뿐 아니라 글로벌 자본주의의 역사에서 하나의 전환점이 되었다.

9 장

세계를 뒤흔든 전쟁

OVER THE WAY.

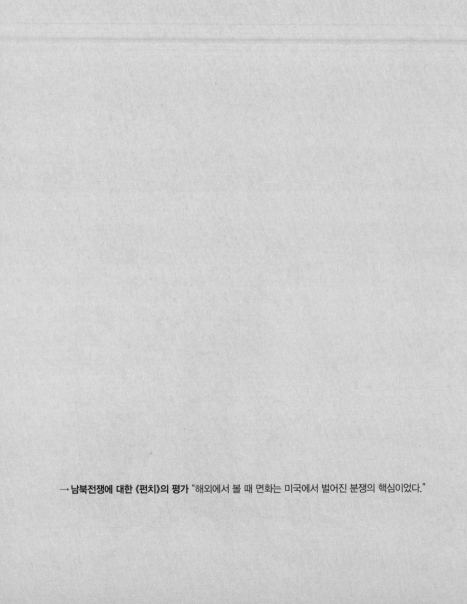

→ **남북전쟁에 대한 《펀치》의 평가** "해외에서 볼 때 면화는 미국에서 벌어진 분쟁의 핵심이었다."

하나의 위기가 면화의 글로벌 제국을 떠받치고 있는 토대를 분명하게 보여주었다. 미국 남북전쟁이 바로 그 위기였다. 1861년 4월 섬터Sumter 요새에서 총성이 들려왔을 때, 이미 면화는 세계에서 가장 중요한 제조산업의 핵심 원료였다. 면사와 면공업은 "지금껏 어느 시대 어느 나라에든 존재했거나 존재했을 가능성이 있는 산업 가운데 가장 위대하다"라는 영국 면화무역상 존 벤저민 스미스John Benjamin Smith의 말은 거의 자화자찬에 가깝게 들리지만 본질적으로는 정확한 설명이었다. 면화의 제국은 고용인의 수, 생산품의 가치, 수익성 등 다양한 수치에서 타의 추종을 불허했다. 어느 작가는 대담하게도 1862년에 전 세계적으로 2,000만 명, 곧 살아 있는 전체 인구 65명당 한 명 꼴로 면화를 재배하거나 면직물 생산에 종사하고 있다고 추산했다. 전 세계 역직기의 3분의 2가 여전히 영국의 공장들에 배치되어 있었던 만큼, 영국 인구의 5분의 1에서 4분의 1이 면산업에 생계 기반을 두고 있었다. 또 영국 자본의 10분의 1이 면산업에 투자되었고 수출품의 약 2분의 1을 면사와 면직물이 차지했다. 유럽과 미국 전역이 값싼 면화의 예측 가능한 공급에 의지하게 되었다. 《런던통계학회 회보Journal of the Statistical Society》는 밀을 제외하고 "어떤 원료도 사람들의 필요를 그토록 철저히 장악한" 적이 없었다고 선언했다.[1]

유럽의 제조업자들과 상인들에게 엄청난 부를 안기고 수십만 명의 공장노동자에게는 가혹한 노동 환경을 안긴 면산업은, 미국을 세계경제의 중심무대로 밀어 올리며 "지금껏 미국에서 계획되거나 실현되었던 것 가운데 가장 성공적인 농산업"을 구축했다. 면화 수출만으로도 세계의 경제지도 위에 이름을 올릴 수 있었다. 남북전쟁 직전에 면화는 미국이 해외로 내보낸 상품의 전체 가치의 61%를 차지했다. 1780년대에 면화 호황이 시작되기 전, 북아메리카는 글로벌 경제에서 전도유망하지만 아직은 주변적인 행위자였다. 1861년 글로벌 자본주의를 주도하던 영국은 뉴욕, 뉴올리언스, 찰스턴을 포함한 미국의 다른 항구에서 운송된 백색황금에 위태롭게 의지하고 있었다. 1850년대 말에 이르면 영국에서 소비된 3억 6,287만 3,000kg 가운데 77%가 미국산 면화였다. 또한 프랑스에서 사용된 8,708만 9,700kg의 90%, 독일 관세동맹에서 방적에 사용된 면화 5,216만 3,000kg의 60%, 러시아에서 가공된 면화 4,626만 6,000kg의 92%가 미국산이었다.[2]

미국이 급부상하며 시장을 지배하게 된 이유는 간단했다. 다른 어느 나라보다도 원면 생산에 투입되는 세 가지 필수 요소, 즉 노동과 토지, 신용의 공급이 유연했다. 1861년에 《이코노미스트》가 주장했던 대로, 미국이 세계 면화 시장에서 그처럼 성공을 거둘 수 있었던 이유는 이랬다. 플랜테이션 농장주의 "농토가 놀랍도록 비옥해서 아무런 비용도 들지 않는다. 노동력은 지금까지도 풍부하고 수급이 끊이지 않으며 증가세에 있다. 그리고 농장에는 면화를 손질해 발송하는데 필요한 설비와 상업 조직이 모두 있었다."[3] 19세기 중반에 이르면 면화는 대서양 세계의 번영에 핵심적인 요소가 되었다. 시인 존 그린리프 휘티어John Greenleaf Whittier는 면화를 가리켜 "서양의 해시시Hashish of the West"라고 불렀다. 그가 보기에 면화는 강력한 환각제로 영토 확장, "옳은 것을 그르다"고 판결하는 판사들, "천사 같은 흑인 감독관"을 둔 "아늑한 플랜테이션 농장"이라는 터무니없는 꿈을 꾸게 했다.[4]

인류 역사에서 가장 역동적이고 가장 넓은 범위에 뻗어 있는 이 생산 복합체의 중심에는 노예제가 있었다. 영국의 식민 관료였던 허먼 메리베일Herman Merivale은 맨체스터와 리버풀의 "풍요는 그야말로 검둥이의 고역과 고통에 힘입은 것이다. 그의 손으로 부두를 파고 증기선을 건조한 것과도 같다"고 말했다. 메리베일의 주장에 따르면 대도시의 경제적 팽창을 위해서는 주변부의 원료 생산에서 자본을 축적해야 한다. 그런데 비옥한 토지를 생산적인 원료 공급자로 전환시키기 위해서는 필요한 경우 강제력을 사용해서라도 노동에 접근할 수 있어야 했다.[5]

노예제에서 발생한 물질적 진보에 찬사를 보내든 노예제 폐지를 요구하든, 많은 동시대인은 1850년대까지 글로벌 경제발전에 신체적 구속이 필요하다는 데 동의했다. 카를 마르크스는 1853년에 "부르주아 문명"과 "야만성"은 불가분의 관계라고 결론지음으로써 도처에 있던 그런 주장을 명확히 했다. 그러나 엘리트 집단에서 그런 주장은 상식에 불과했다. 예를 들어 프랑스의 지리학자 엘리제 르클뤼Élisée Reclus는《르뷔 데 되 몽드Revue des Deux Mondes》에서 "영국의 산업적 번영은 노예제의 진전과 밀접한 관련이 있다"면서 근본적으로 같은 결론을 내렸다. 미국 남부의 플랜테이션 농장주들은 그의 의견에 전적으로 동의했다. 면화와 노예제는 근대 세계와 불가분의 관계였고, 미국과 유럽에서 이루어진 놀라운 물질적 진보의 토대였다. 사우스캐롤라이나의 상원의원이자 플랜테이션 농장주였던 제임스 헨리 해먼드James Henry Hammond는 상원 회의에서 노예노동력을 사용한 면화 재배 체제가 위협을 받게 된다면 "영국은 자기 나라뿐 아니라 문명 세계 전체를 거꾸러뜨릴 것이다"라고 주장한 것으로 유명하다. "지구상에 감히 그런 위협을 감수하면서까지 전쟁을 벌일 세력은 없을 것이다. 면화가 왕이다."[6]

노예제 덕분에 놀라운 산업적 진보를 이룰 수 있었고 그에 따른 수익을 거두었다. 그러나 동시대인들은 이 방대하고 눈부신 기계는 그저 겉모습에 불과하다며, 우리가 앞서 보았던 것처럼 유럽이 미국의 정치안정에 대해 품어온 우려가 증폭될까봐 두려워했다. 영국의 정치경제학자 리온 리바이의 말처럼, "외국에 종속된 산업"인 유럽의 면산업은 번영하면서도 잠재적으로 취약했다. 어느 프랑스인 관찰자의 말에 따르면, 그 산업의 안녕이 "수십만 노동자에게는 생사의 문제요, 모든 선진 산업국가들에게는 번영이냐 빈곤이냐를 가르는 기로였다."[7]

노예제 자체가 안정을 위협하는 잠재요인이며, 맨체스터면화공급자협회의 표현을 빌리자면, "신뢰할 수 없는 토대"로 보였다는 점이 무엇보다 중요하다. 미국에서 노예제 때문에 발생한 분파 간의 긴장 때문만은 아니었다. 노예들이 저항하거나, 나아가 반란을 일으킬 수도 있었기 때문이다. 맨체스터면화공급자협회는 1861년에 "노예제는 안전성을 신뢰할 수 없다"라고 선언했다. "노예 폭동과 시민들 사이의 불화에 대한 공포"가 늘 존재했다. 런던의 금융시장조차 이런 염려를 반영해, 남부의 철도 채권에는 북부의 철도 채권보다 높은 이자를 매겼다. 1850년 웨스트민스터 리뷰Westminster Riview는 "이런 불신은 도덕적 의미는 물론이고 물리적 의미에서도 불의와 폭력에 기반을 둔 사회에 닥친 위험을 면밀히 검토한 결과였다"고 보도했다.[8]

면화가 중심이 된 미국 남부의 독특한 정치경제가 이제 막 싹튼 북부의 자유노동과 자국의 산업화를 추구하는 정치경제와 충돌했을 때, 미국의 노예제는 그 체제를 통해 이룬 번영을 스스로 위협하기 시작했다. 게다가 미국의 서부지역을 향해 맹렬히 치닫던 두 경제의 팽창이 이제 막 탄생한 국가기구에 위기를 가중시켰다.[9] 비옥한 토지와 예속된 노동이 풍부하게 공급된 덕분에 남부는 랭커셔를 위한 플랜테이션 농장이 되었다. 그러나 1860년에 이르면 미국인의 대다수, 특히 북부 주들에 거주하는 미국인 대다수가 그런 반＋식민 상태의 의존에 항의했다. 그들은 곧 미국의 두 번째 혁명에 불을 댕겼다. 자신들이 소유한 인간자산(노예)의 안전을 염려한 남부 노예주들은 유럽의 동업자들이 세계 경제를 지키는 동시에 커다란 수익을 보장하는 자신들의 특별한 역할을 유지하기 위해 개입할 것이라 믿고 도박을 시작했다. 남부 플랜테이션 농장주들은 자신들이 일군 면화 왕국의 운명이 풍부한 토지와 노동력뿐 아니라 노예제를 유지하고 새로 획득한 서부의 면화 재배지역에도 노예제를 관철시킬 수 있는 자신들의 능력에 달렸음을 알았다. 노예제 시행 지역을 지속적으로 넓혀가는 것은 노예제의 경제적 활력을 유지하는 데에도 중요했지만, 정치적 활력을 유지하는 데에는 더더욱 중요했다. 위험스러울 만큼 분파적 성향이 강했던 공화당은 전보다 더 크게 노예제의 정치적 생존력을 위협했다. 노예주들은 인간자산에 대한 자신들의 권력을 겨눈 도전이 무엇인지 알고 있었다. 자유노동과 자유토지라는 이데올로기의 필수조건으로서 국민국가와 시민 사이에서 권력에 대한 권리주장을 강화하려는 신설 정당의 기획이 그런 도전을 표상했다.

　그러나 전 지구적 관점에서 보면 1861년 4월 남부연합과 북부연방 사이에서 발발한 전쟁은 미국 영토의 통합과 그 '특유한 제도'의 미래를 둘러싼 투쟁이었을 뿐 아니라, 세계 전역에서 노예노동으로 지탱되고 있던 글로벌 자본주의를 둘러싼 투쟁이었다. 미국의 남북전쟁은 산업 질서 전반에 가해진 가혹한 시련이었다. 사회 혼란과 경제 파탄으로 그들의 제국이 붕괴하기 전, 한시적이기는 하지만 그 천우신조와도 같은 동반자, 곧 노예제의 동력으로 운영되던 발전적인 모습을 잃은 산업 질서는 과연 지탱될 수 있었을까? 침례교 선교 신문《프렌드 오브 인디아Friend of India》의 편집자 존 마슈먼John Marshman은 1863년에 이렇게 말했다. "남부의 번영은 300만~400만 명의 사람을 노예 상태로 잡아둔 거대한 범죄에 기반을 두었다. 심판의 날이 왔다는 확신을 마음에서 떨쳐내기 어렵다."[10]

심판은 1861년 4월 12일에 찾아왔다. 그 봄날에 남부연합의 군대가 사우스캐롤라이나 섬터 요새에 주둔한 연방군에 공격을 개시했다. 이 공격은 본질적으로 지역적인 사건이었고 세계의 핵심적인 생산과 교역 체제에서 보면 작은 충돌에 불과했다. 하지만 거기에서 비롯된 위기는 글로벌 면산업과 자본주의의 근저에 놓인 토대를 제대로 보여주었다. 컬럼비아대학의 정치학자 프랜시스 리버Francis Lieber는 "면화도 노예도 이 전쟁에 들어왔던 식으로 이 전쟁에서 빠져나오지는 못할 것이다"라고 예측했다. 긴 시간 엄청난 파괴와 충격을 안긴 남북전쟁은 세계 최초로 진정한 의미의 세계적 원자재 위기를 보여주었고, 노동과 자본, 국가권력으로 이루어진 새로운 글로벌 네트워크를 출현시켰다. 글로벌 자본과 노동의 역사에서 가장 중요한 한 장이 북아메리카의 국지적인 전쟁터에서 펼쳐진 것이다.[11]

미국 남북전쟁의 발발은 1780년대 이래 전 세계적 면화 생산망과 글로벌 자본주의를 지탱해오던 관계를 단박에 날려버렸다. 영국의 외교적 승인을 강제로 받아내기 위해 남부연합 정부는 면화 수출의 전면 금지를 단행했다. 남부연합이 이 정책의 수명이 다했음을 깨달았을 무렵에는 북부의 봉쇄로 면화 대부분이 남부를 벗어나지 못했다. 그러자 밀수가 계속되었고 밀수꾼들은 큰 성공을 거두었다. 봉쇄의 억제 효과로 남부의 교역에서 면화 운반선이 사라졌다. 결과적으로 미국산 면화의 유럽 수출은 1860년에 380만 꾸러미로 감소했고 1862년에는 사실상 전무했다. 그로 인해 알려진 것처럼 "면화 기근"의 파장이 급속히 외부로 퍼져나갔다. 맨체스터에서 알렉산드리아에 이르는 지역의 산업, 크게는 사회까지 재편되었다. 조금 부풀려졌지만, 작센의 면제조업 도시 켐니츠의 상무부는 1865년에 "무역의 역사에서 지난 4년과 같이 그렇게 거대하고 중대한 움직임은 없었다"고 말했다.[12]

이어 격렬한 쟁탈전이 일어났다. 전쟁이 언제 끝날지, 면화를 언제 다시 생산할 수 있을지 누구도 예측할 수 없는 상황인만큼 더욱 절망적이었다. "이 귀중한 자원의 공급이 갑자기 끊기면 어찌한단 말인가?" 1861년 1월에 《리버풀 머큐리Liverpool Mercury》의 편집자는 이렇게 물었다. 그리고 실제로 그런 일이 벌어지자 지구 전역의 정책 입안자, 상인, 제조업자, 노동자, 농민들에게 이 물음은 가장 중요한 화두가 되었다.[13]

앞선 수년 동안 수입된 면화의 양이 아주 많았고 주요 항구와 공장에 수개월에서 1년 치에 해당하는 재고가 아직 남아 있다는 사실 덕분에 우선 유럽 면제조업자들의 불안이 수그러들었다. 더욱이 부에노스아이레스에서 캘커타에 이르는 원사와 직물 시장의 공급이 넘쳤다. 면화와 면제품을 보유한 사람들은, 처음에는 전쟁이 곧 끝날 것이라고 예상하고 미국 남부의 면화 수출 중단으로 자신들이 가진 면화 재고분의 가격이 상승할 것이라는 기대감에 부풀어 미국의 전쟁 소식을 반겼다. 모스크바 산업가들을 대변하던 《모스크바Moskva》지는 전쟁 초기의 수개월을 돌이켜보면서 미국의 분쟁은 과잉 생산으로 "면산업에서 불거질 뻔했던 위기를 제거하는 데 도움이 되었다"고 전했다.[14]

그러나 나중에는 공급 축소와 가격 상승이 생산을 마비시키기 시작했다. 1861년 늦은 여름, 영국 주재 미국 대사 찰스 프랜시스 애덤스Charles Francis Adams는 아들 헨리에게 보내는 편지에 "면화 문제가 고통을 주기 시작했다"고 썼다. 1862년 초에 이르면 영국의 전체 면화 수입량이 전년 대비 50% 가까이 감소했고, 미국에서 수입되는 양은 96%나 감소했으며, 공장은 매주 며칠씩 문을 닫거나 완전히 폐쇄되기 시작했다. 면화 가격은 전쟁 전보다 네 배나 상승했다. 결국 제조업자들은 공장 문을 닫았고 수십만 직공이 일자리를 잃었다. 랭커셔의 제조업자들은 1861년 11월 초에 공장의 6%를 폐쇄했고 그 가운데 3분의 2가 근무시간을 단축했다. 1863년에 이르면 랭커셔 주민의 4분의 1에 해당하는 50만 명 이상이 일자리를 잃었고, 공적으로든 사적으로든 원조를 받았다. 랭커셔 로무어공장에서 지냈던 방직공 존 오닐John O'Neil은 일기에 자신이 겪는 고통을 적었다. "너무 지쳤고 서글프다 …… 생계를 꾸릴 수가 없다." 이런 참상에 대응해 "실직한 직공"은 내무부에 구제를 요청하는 건의서를 보냈다.[15]

　　1863년에 이르자 영국의 몇몇 도시에서 실직 노동자들이 거리로 뛰쳐나와 폭동을 일으켰고, 면화 기근으로 초래된 폭발력 있는 사회적 결과들이 나타났다. 내무장관은 시 당국으로부터 "앞으로 일어날지 모를 비상사태에 군대의 투입이 필요할 경우 병력을 확보할 방법"에 대한 정보를 요청받았다. 곧 군대가 주둔했다. 면화상인 윌리엄 래스본조차 1862년 봄에 아들에게 이렇게 전했다. "이곳과 제조업 지구 빈민들의 고통이 크고 앞으로 더 심해질까 걱정이다." 위기가 너무 심각해서 유럽으로부터 수천 마일 떨어진 봄베이상공회의소의 상인들은 "랭커셔의 가난한 직공들을 지원하기 위해" 기금을 모았다. '근심'과 '걱정'이 확산되기 시작했다.[16]

유럽 대륙에도 비슷한 위기가 확산되었다. 프랑스에서는 미국산 면화의 수입량이 1860년 60만 꾸러미에서 1863년 4,169꾸러미로 감소하자, 높은 면화 가격을 감당할 수 없게 된 공장들이 문을 닫았다. 노르망디 제조업자들처럼 거친 면화를 사용하는 제조업자들에게 특히 그 여파가 심각했다. 면화 가격이 총 생산 가격을 크게 좌우했기 때문이다. 1863년에 노르망디에서 직기의 5분의 3이 가동을 멈춘 반면, 고급 품질의 면제품이 생산되던 콜마르와 벨포르 지구에서는 전체 방적기의 35%와 전체 직기의 41%만이 가동을 멈춘 상태였다. 같은 해에 25만 명의 직물 노동자들이 직장을 잃었다. 알자스의 면화 도시에서는 "빵이 아니면 죽음을 달라"고 주장하는 벽보들이 나붙었다.[17]

군소 면화 중심지도 심각한 빈곤을 경험했다. 관세동맹을 맺고 있던 독일연방은 1861~1864년에 면화 수입량이 50% 감소했고, 수백 명의 공장주들은 노동자들을 집으로 돌려보냈다. 작센에서만 30만 명이 면산업에 종사했는데, 1863년까지 그 가운데 3분의 1이 일자리를 잃었고 나머지는 짧은 시간만 일했다. 전투 지역은 아니지만 그 영향에서 벗어나지 못한 미국 북부에서도 면직물 노동자 수만 명이 일자리를 잃었다. 그러나 많은 이들이 북군을 위해 직물을 생산하며 호황을 누리던 모직물 공장에 채용되거나 군에 징집되어 실직으로 인한 사회적 파장은 그리 크지 않았다. 하지만 모스크바에서는 1863년까지 전체 면방적업체의 75%가 문을 닫았다. "이 전쟁과 그 결과가 문명 세계 전체를 운명처럼 가로막고 있어서, 그 분야와 직접적인 연관이 거의 없어도 이 운명을 완전히 피할 수 있는 나라는 없을 것이다"라고 한 독일 슈테틴 주재 미국 영사의 말에 노동자들과 제조업자들도 동의했을 것이다.[18]

제조업자들이 공장을 폐쇄하고 방적·방직공들이 고통을 겪는 동안에도 면화무역상들은 한동안 황금기를 누렸다. 치솟는 면화 가격은 "의

사, 개인, 변호사, 부인, 미망인, 면화에 손을 댄 상인 들을 광기로 몰아 갔다." 면화 화물은 공장에 배달되기까지 여러 투기꾼들의 손을 거쳤고, 거래가 성사될 때마다 작은 이윤이 발생했다. 베어링 브라더스사는 1863년 여름에 다음과 같은 사실을 확인해주었다. "이 품목으로 벌어들인 돈, 그리고 여전히 벌어들이고 있는 돈의 액수가 엄청나다. 3년 넘게 인도에서 단 한 개의 면화 꾸러미도 들어오지 않았지만 이윤이 돌아왔다. 그것도 아주 큰 이윤이." 리버풀의 면화 중개상들도 (많은 거래를 낳은) 시장에 투기꾼들이 잔뜩 존재한 덕분에, 그리고 치솟는 가격(그들은 판매 가격의 일정한 비율로 수수료를 받았다) 덕에 이윤을 얻었다. 1861년 면화 수입의 총 가치는 3,970만 파운드였는데, 1864년에는 양이 상당히 감소했는데도 그 가치가 8,400만 파운드에 달했다.[19]

가격변동성이 커지고 투기가 확산되자 투기적인 시장 거래, 특히 판매와 관련된 투기 거래를 제도화하려는 상인들의 움직임도 확산되었다. 1863년 리버풀면화중개상협회는 상인들이 면화의 선물거래 계약서를 작성할 때 활용할 수 있는 표준 양식을 만들었다. 그리고 리버풀의 신문들은 인도산 면화의 향후 가격에 대해 보도하기 시작했다. 그해 봄베이에서 '정기 매매time bargain'가 정례화되어 "도박에 대한 갈망으로 고통스러운 사람들"에게 새로운 기회로 작용했다. 사실 전쟁은 "무역의 혁명적 근대화"를 가져왔는데, 아마도 공식적인 선물시장을 확립한 일이 가장 중요했을 것이다.[20]

상인들과 투기꾼들은 전 지구적 면화 쟁탈전의 수혜자들이었다. 제조업자들은 면섬유의 새로운 공급처를 강력히 요구하며 목소리를 높였다. 프랑스에서 다른 면직물 제조 지역 출신의 공장주들이 제국정부를 지속적으로 압박했다. "따라서 새로운 생산지를 …… 개발하는 것이 시급하다"고 루앙상공회의소는 주장했다. 1862년 보주에서는 한 무리의 세

노네스족Senones 출신 면제조업자들이, 중국 노동자들을 알제리로 데려와 그곳에서 면화를 재배하게 해달라고 나폴레옹 3세에게 청원했다. 같은 해 면제조업자 자크 지크프리트Jacques Siegfried는 "면화를 위한 식민화가 아니라 식민화를 위한 면화"라고 주장하며 알제리에서의 면화 재배를 옹호하기 위해 뮐루즈산업협회에 '진정서'를 제출했고, 뮐루즈상공회의소의 지지를 얻었다. 알자스의 부유한 면제조업자 앙투안 에르조그Antoine Herzog는 1864년에 《알제리와 면직물산업의 위기L'Algérie et la crise cotonnière》라는 책을 썼는데, 프랑스가 "한 국가의 정치 변화"에 좌우되고, 그래서 "가능한 모든 수단을 동원해 [면화를] 생산할 수 있는 국가에서, 특히 우리 식민지에서 면화 재배를 …… 발전시켜야 한다는 것"을 깨닫게 되기를 바랐다. 그는 개인적으로 나폴레옹 3세를 만나 식민지에서 면화를 재배할 수 있도록 지지해줄 것을 청원했으며, 면화의 재배 가능성을 조사하기 위해 알제리를 여행하는 것도 마다하지 않았다.[21]

제조업자들의 압박을 받고 면산업 노동자들의 고충과 집단행동을 염려한 정부 관료들도 우려를 표명했다. 무엇보다도 면은 그들 국가경제의 중심이었고 사회의 궁극적인 평화를 유지하는 데 핵심적인 요소였다. 유럽의 일부 공직자들은 필요한 면화를 시급히 확보하기 위해 미국의 남부연합을 승인하고 북부연방의 봉쇄를 깨자는 주장을 지지했다. 다른 이들은 미국 밖의 장소에서 면화의 새로운 공급처를 찾는 데 희망을 걸었다. 특히 실질적인 면산업과 대규모 식민지를 보유한 유럽의 두 강대국인 영국과 프랑스가 그랬다. 전쟁 발발 전에도 영국의 외무장관 존 러셀 경은 서둘러 맨체스터 면제조업자들에게 영국 정부가 미국 밖에서 면화 공급처를 확보하기 위해 최선을 다할 것이라는 확신을 심어주려 했다. 그럼에도 1862년 7월에 이집트 알렉산드리아 주재 미국 영사 윌리엄 세이어William Thayer는 "정치인들이 미래의 해악을 제거할 가능성이 거의 없다는 공포에 사로잡혔다"고 전했다. 워싱턴에 파견된 프로이센 공사 게롤트 남작Freiherr Gerolt은 영국과 프랑스 공사들과 함께 미국의 국무장관 윌리엄 수어드William Seward와 가진 면담에서 면화가 자국의 경제적 건전성을 유지하는 데 얼마나 중요한지를 거듭 말했다. 영국의 하원과 상원, 프랑스 상원도 '면화 문제'를 여러 차례 논의했다.[22]

자국 산업에 필수적인 원료를 저렴한 가격에 확보하는 문제에 이처럼 지대한 공적 관심이 쏟아진 것은 과거와 분명하게 결별했음을 의미했다. 1780년대 이래 상인들이 면화 시장을 확고히 지배해왔지만, 이제 면화는 수십 년 동안 상인들을 정치적으로 동원하며 강력해진 국가의 문제가 되었다. 인류 역사에서 완전한 혁신을 의미하는 산업 생산에 막대한 투자로 토지와 노동, 자금의 지속적인 공급이 필요해졌다. 면화 기근을 극복하기 위해 분투하던 정치지도자들은 산업자본주의의 출현으로 자신들 역시 제조업자들만큼이나 저렴한 면화의 예측 가능한 공급에 의지하게 되었다는 사실을 깨달았다. 1861년 10월에 파머스턴 경Lord Palmerston은 "우리 국민 수백만 명을 죽게 내버려둘 수 없으니" 영국이 면화를 확보해야 한다고 경고했다. 프랑스 식민국은 가이아나, 시암(타이), 알제리, 이집트, 세네갈 같은 다양한 장소에서 면화의 재배 가능성이 있는지 조사를 의뢰했다. 새로운 종류의 제국주의가 윤곽을 드러내기 시작한 것이다.[23]

인도 상인과 농사꾼, 영국 식민 관료와 맨체스터 제조업자 들은 리버풀에서 동쪽으로 7,400km, 앤티텀에서는 1만 4,800km 떨어진 곳에서, 시급한 면화 수요에 대응하여 세계 시장에 공급할 면화를 재배하려는 치열한 경쟁에 뛰어들었다. 앞에서 살펴보았듯이, 영국은 1820년대 이래로 인도를 믿을 만한 면화 공급처로 개발하고자 했다. 그러나 봄베이상공회의소에 따르면 그런 노력은 "확실히 실패했다." 사실 《이코노미스트》가 남북전쟁 발발 전에 주목했던 대로, "남부 주들에 흑인들이 있고 그 흑인들이 계속 일할 수 있는 이상" 인도에서 세계 시장을 위해 면화를 재배하는 것은 "진취적인 일이 아니라 무모한 일이 되었을 것이다."[24]

그러나 섬터 요새에서 벌어진 포격은 인도의 시대가 열렸음을 알렸다. 면화상인, 제조업자, 정치인 들에게 면화의 공급처로 인도보다 더 유망한 곳은 없는 듯이 보였다. 실제로 맨체스터상공회의소의 에드먼드 포터의 말처럼, 인도는 "우리를 괴롭히고 있는 불행의 유일한 치유책"이었다. 남북전쟁 기간에 영국의 면화 자본가와 식민 관료 들은 인도의 면화 생산을 늘려 시장에 내놓기 위해 열정적으로 일했다. 1861년 7월에 나그포르Nagpore에서 한 관찰자는 "면화는 내게 가장 중요한 시대의 화두로 보인다"고 말했다. 그리고 인도의 영자 신문은 면화에 관한 수천, 수백 가지 이야기로 채워졌다. 맨체스터 제조업자들은 재배인들에게 보급할 면화 종자를 봄베이로 실어 보냈다. 그들은 씨아와 면화 압착기를 농촌지역으로 운반했다. 그리고 면화를 해안으로 운송하기 위한 철도 건설에 투자하는 문제를 거론했다. 그러나 그들은 널리 알려진 인도의 장애물에 부딪히고 만다. 1862년 맨체스터면화공급협회가 씨아와 압착기를 인도로 보냈을 때, 그들은 면화가 재배되는 지역 인근에 새로 건설된 세다셰구르Sedashegur 항구에 화물을 하역할 계획이었다. 그러나 배가 도착하고 나서 항구가 완성되지 않았음을 알게 되었다. 결국 그들은 씨아와 압착기를 다른 항구로 옮겼는데, 그곳에는 화물을 하역할 시설은 있었지만 항구와 면화 재배지역을 잇는 도로가 완성되지 않아 결국 그 기계들을 실어 보낼 수 없었다.[25]

문제에 직면한 영국 제조업자들은 자신들이 장악하고 있는 두 조직,

곧 맨체스터상공회의소와 맨체스터면화공급협회를 통해 인도의 농촌지역을 변화시키려는 노력을 확대했다. 맨체스터상공회의소 회원이던 헨리 애시워스는 "우리가 쓸 수 없다면 우리가 가진 것이 무슨 소용인가?"라고 물었다. 애시워스를 비롯한 여러 사람들이 새로 들어선 호의적인 정부를 향해 대규모 기반시설 투자와 면화 품질 변조를 범죄로 규정하는 형법 개정, 토지를 명확히 규정되어 쉽게 매매할 수 있는 자산으로 만드는 새로운 재산법 제정 등을 강력히 촉구했다.[26]

정부를 끌어들이려는 제조업자들과 상인들의 압력은 묵살되지 않았다. 인도의 재무상 새뮤얼 랭Samuel Laing은 1861년 9월에 이미 맨체스터에서 면화 관련 단체의 대표들을 만나 인도 면화 생산의 개선 방법을 논의했다. 전쟁 기간 내내 맨체스터, 런던, 봄베이에서 그런 만남이 지속될 터였다. 인도를 대표하는 영국의 외무상 찰스 우드Charles Wood도 사태의 긴박성을 깨닫고 "인도에서 가능한 한 많이 얻어낼 것"을 권고했다. 영국의 식민 관료들은 인도 여러 지역의 면화 재배 가능성을 조사한 보고서 수십 편을 작성했다.[27]

영국 정부와 제조업자들은 제국의 행정적·법적 기반시설 역량을 인도의 농촌지역으로 확대해야 한다는 데 동의했다. 아마도 가장 중요한 것은 면화 생산에 대한 유럽의 투자와 지배가 용이하도록 법적 환경을 새로이 조성하라고 촉구하는 제조업자들의 압력이 주효했을 것이다. 면화 자본가들은 인도의 계약법을 개정해 "선금이 지급된 계약의 위반을 처벌"하고, "선급금을 지불한 자에게는 그가 선급금을 지불한 작물에 한해 지불한 선급금 한도 내에서 절대적인 선취 권한"을 주며, 계약을 위반하면 노역을 포함한 처벌을 허용해주기를 원했다. 상인들이 자신들의 자본으로 재배한 면화에 대해 절대적 권리를 보장받을 수 있다면 투자가 독려될 테고, "인도의 농업인들과 체결한 법적 계약의 이행을 강제하는 데 따르는 어려움"을 극복하는 데에 도움이 될 터였다. 이런 시스템이 도입된다면 농사꾼들은 오로지 현금작물에만 온 노력을 집중할 수 있을 터였다. 농사꾼들이 작물을 수확하기 전에 선급금으로 식량을 구매할 수 있을 테니 말이다. 결국 이런 압력은 통했고 새로운 계약법이 시행되었다. 나아가 1863년에 시행된 형법은 면화의 품질 변조 행위를 징역형으로 처벌하도록 규정했다.[28]

　이러한 시장의 형성은 '맨체스터인'과 식민국가 모두에 도움이 되는 기반시설 건설 계획, 특히 찰스 우드가 언급했듯이 면화를 항구로 옮기는 일뿐만 아니라 반란을 진압하기 위한 군대의 신속한 이동을 도울 철도 건설과 나란히 진행되었다. 남북전쟁 첫 해에만 인도 식민지 정부의 기반시설 부문 지출이 거의 두 배로 늘었다. 1864년에 영국 정부가 인도에서의 '공공사업'에 700만 파운드를 배정했을 때 《타임스 오브 인디아Times of India》는 "농경지에서 시장으로 더 쉽게 접근하게 하려는 뚜렷한 목적에 따라 …… 예산이 …… 투입될 것으로 여겨진다"라고 논평했다. 찰스 우드는 맨체스터에서 오는 압력을 고려해, 1863년 3월에 인도 재무장관 찰스 트리벨리언Charles Trevelyan 경에게 기반시설 개선에 예산을 더 적극적으로 지출하라고 종용했다. 우드는 또 그렇게 하지 않는 것은 "자살행위"와 같다고 말하며 "이 길을 우리가 만들어야 한다"라고 경고했다. 게다가 식민지 정부는 면제품들의 수입관세를 10%에서 5%로 낮추었다. 영국의 제조업자들은 관세가 "기계로 생산된 제품을 …… 장려하는 것"으로, "인도의 자본과 노동이 비옥한 토양에서 풍성하게 수확될 다양한 농산물의 재배에서 멀어질 것"이라고 믿으며 이 감세정책을 강력히 지지했다. 그들은 인도의 미래는 제조업이 아니라 유럽의 산업에 면화를 공급하는 데 달렸다는 생각에 동의했다.[29]

　그러나 영국 정부의 광범위한 개입에도 불구하고 제조업자들은 여전히 정부에 불만을 드러냈다. 국가에서 더 많이 개입해주기를 바라는 그들의 오랜 요구는 이제 거의 신경질적인 어조로 변했고, 상인과 제조업자와 제국주의적 국가 사이에 더 긴밀한 관계가 등장하기를 재촉했다. 그리고 그 관계는 19세기의 마지막 30여 년과 그 이후 면화의 제국을 상징하는 것이 되었다.

맨체스터상공회의소는 면화에 대한 정부의 헌신이 부족하다는 불평을 이어갔다. 좌절한 제조업자들은 자신들의 명분을 앞세우며 의회에 대한 압박의 수위를 높였다. 1862년 6월에 면화 소비지를 지역구로 둔 의원들은 면화를 세계 시장으로 운반할 수 있도록 인도의 기반시설 개선에 더 주력해달라고 정부에 촉구했다. 스톡포트의 하원의원 존 벤저민 스미스는 "면화 공급은 랭커셔만의 문제가 아니라 국가적으로 아주 중요한 사안이다"라고 주장했다. 이런 정서가 너무 강해져서 랭커셔 제조업자들은 결국 찰스 우드를 공개적으로 비난했고, 면화공급협회 회원들은 "무능한 각료의 탄핵"과 다를 바 없는 것을 요구했다. 찰스 우드는 때때로 '맨체스터인들'로 인한 곤혹스러움을 표출했고 영국 정부도 같은 방식으로 응수했다. 제조업자들과 정부의 관심은 결코 완전히 수렴되지 않았다. 1857년 인도에서 영국의 지배에 격렬히 항의하는 폭동이 일어나자 찰스 우드와 영국의 정부 관료들은 인도의 취약한 사회질서가 전복될 위험이 있음을 직감했다. 제조업자들과 달리, 찰스 우드를 포함한 영국 정부의 관료들은 인도의 농촌지역을 변화시키는 일이 크나큰 위험을 수반하는 기획이라는 것을 알았다.[30] 그런데도 그 전에 다른 위기는 나타나지 않았고 미국의 남북전쟁에서 비롯된 면화 기근은 식민지의 원료 생산에 대한 새로운 전망을 열어놓았다. 자유방임 자본주의의 이익을 세계에서 가장 소리 높여 선전하는《이코노미스트》조차 결국 면화 확보, 특히 인도에서의 면화 확보에 국가가 개입하는 방침을 지지했다. "공급과 수요의 법칙"이라는 시각에서 보면 그런 조치는 정당화되기 어렵다. 그런데《이코노미스트》를 비롯해 많은 사람이 마침내 한 가지 방안을 찾아냈다.《이코노미스트》는 "해답의 핵심은 인도 사회의 여러 주요 부분에 아주 특유한 어려움들이 존재해서 정치경제가 효율성을 갖기 위해 필요한 주요 동기들이 작용하지 못하게 방해한다는 데에 있다." 그리고 인도에서는 "일반적인 정치경제의 기본적인 선행조건들이 …… 충족되지 않는다. 쉬운 말로 하자면, 물건을 살 영국인은 있지만 물건을 팔 인도인은 없다"는 주장을 이어갔다. 그런 이유로 "이 같은 상황에서는 정부의 개입으로 정치경제의 법칙이 느슨해지지는 않는다. 정부는 '수요와 공급'의 효과와 작용을 가로막기 위해서 개입하는 것이 아니라 그 효과를 보장해줄 작용을 유발하기 위해서 개입한다. …… 통상적인 수준의 경제적 역량이 없는 국가를 위해 이례적인 정책을 추천하는 것은 눈과 귀가 모두 먼 아이에게 특별한 교육방법을 추천하는 것만큼이나 이상할 게 없는 일이다"라고 말했다.[31]

지구 전역의 면화를 재배하는 농촌지역에서 예기치 않은 지지자들이 등장해 정부의 개입을 촉구하는 이런 주장에 합세했다. 예를 들어 면제조업자이자 하원의원이며 자유무역 옹호자였던 리처드 코브던Richard Cobden은 애덤 스미스의 생각이 인도에는 적용될 수 없다는 데 동의했다. 그와 같은 노선에 섰던 맨체스터상공회의소는 "면화의 생산과 항만으로의 수송을 용이하게 할 수로, 도로, 철도 건설 같은 공공사업을 추진하고 계약법과 토지소유에 관한 법률을 수정하고 완성함으로써 이런 목적에 부합하는 공공부조가 있어야 한다"라고 요구하며 1862년 7월에 인도의 면화 공급에 관한 특별회의를 소집했다. 면화 기근에 직면한 제조업자들과 식민지 관료들은 갈수록 시장의 기능을 참을 수 없게 되었다. 1862년 5월에 다르와르Dharwar 징세 관구에 있던 한 조면공장의 감독이 보고한 대로였다. "일반적인 경우라면 법률을 제정해 무역 문제에 개입하는 것이 현명하지 못하다는 믿음에 크게 공감했을 것이다. 하지만 현재 상황을 살펴보면 …… 지금의 문제들은 지역 뿐 아니라 국가의 이해관계에도 영향을 끼치는 중대한 사안이라는 점에 비추어, 그리고 현행 법률이 명백히 드러낸 비효율성을 고려할 때, 각별하고 더 엄격한 법률의 제정이 필요하다는 확신을 피할 수 없다." 찰스 우드는 면화업계 관계자들 가운데 더 강경한 입장을 고수하는 이들과 편치 않은 관계였지만, 그 또한 "수요공급 법칙"의 작용만으로는 더 많은 면화가 인도에서 영국으로 운송되지 않을 것이라고 믿었다. 그는 인도의 면화 재배자들이 부를 축적하기보다는 여가를 더 즐기는 탓에 면화 가격이 높을 때 생산량이 더 감소하는 결과를 초래했다고 믿었다. 따라서 면화 경제 안에서 인도가 미국 남부를 대체해주길 바란다면, 우선 국가의 개혁과 강제력이 필요했다. 결국 노예제의 위기 때문에 제국주의 국가들은 지구 전역의 면화 재배지역으로 파고들 새로운 방법을 찾아야 하는 상황에 놓인 것이다.[32]

면화 가격의 급격한 상승 덕분에 정부 개입의 효율성이 커졌고 순조롭지 않던 세계 시장을 위한 생산으로의 이행이 원활해졌다. 남북전쟁 발발 후 두 해 동안 인도 면화의 가치는 네 배 이상 상승했다. 그 결과 인도의 농사꾼은 새로 개간한 토지뿐 아니라 식량작물의 재배에 전용되던 토지에서도 면화를 재배하기 시작했다. 캘커타 주재 미국 영사에 따르면, 인도의 면화 재배농들이 이처럼 예전에 없던 농산물 수출에 주력하자 "예상치 못한 대량 공급"이 초래되었다. 이런 예기치 않은 면화의 대량 공급은 미국의 전쟁 기간 동안 큰 수익을 안겼을 뿐 아니라 공장 운영을 지속하려는 유럽의 면제조업자들이 필요한 원료를 얼마간 확보하는 데에도 도움이 되었다. 인도는 1860년에 영국 면화 공급량의 16%,

1857년에는 프랑스 면화 공급량의 1.1%밖에 제공하지 못했지만, 1862년에는 영국 공급량의 75%, 프랑스 공급량의 약 70%를 제공하게 되었다. 이렇게 공급된 면화 가운데 일부는 내수에 사용되던 것과 해외 시장에서 경쟁지역, 특히 중국으로 가던 것에서 가져온 것이고 나머지는 생산량이 50% 정도 늘어난 데 따른 결과였다.[33]

인도 서부 전역, 특히 영국이 1853년에야 획득한 베라르Berar주 농촌지역의 생산자들이 면화의 생산 증대를 이끈 주역이었다. 실제로 봄베이의 폭발적 성장은 미국의 남북전쟁 시기까지 더듬어볼 수 있다. 그 시기에 인도산 면화는 벵골로 유입되는 오랜 무역경로를 벗어나 유럽의 거대 화물집산지를 향해 이동했다. 1863년에 이르면 면화를 실은 선박들이 봄베이에서 출항해 뉴욕으로 향했다. 유럽의 상인들과 제조업자들은 덜 깨끗한 데다 섬유가 짧아서 기계로 조정하는 과정이 필요했던 인도산 면화의 낮은 품질에 불만을 토로했지만, 인도산 면화 덕분에 유럽 면산업의 붕괴를 막을 수 있었다. "영국 자본가들이 그들의 자본으로 인도의 자원 개발을 촉진하는 데 미국 노예주들이 크게 기여했다. 사실 미국 노예주들이 끼어들기 전 영국 자본가들이 자신들의 힘으로 이룬 것보다 훨씬 더 많은 것이 그들 덕분에 이루어졌다"라고 《코튼 서플라이 리포터Cotton Supply Reporter》는 평했다. 미국 노예제가 낳은 위기는 면화를 재배하는 다른 농촌지역의 재편을 가능하게 했다.[34]

인도 곳곳을 변화시킨 이런 움직임의 파장은 이집트 나일강 삼각주 하류까지 이어졌다. 새로운 면화 공급처를 필사적으로 찾고 있던 면제조업자들의 요구에 대응해 오스만 제국의 총독 무함마드 사이드 파샤Muhammad Sa'id Pasha는 곧바로 자신이 소유한 거대한 토지를 방대한 면화 농장으로 바꾸는 작업에 착수했다. 매사추세츠의 면제조업자 에드워드 앳킨슨의 주장에 따르면 무함마드 사이드 파샤는 단번에 "세계 최대

이자 최고의 면화 농사꾼"이 되었다. 그러나 앳킨슨은 미처 깨닫지 못했겠지만, 무함마드 사이드 파샤가 그런 위치에 오를 수 있었던 배경에는 수단에서 추가로 데려온 노예를 포함해 이집트 농촌지역을 휩쓴 강압과 폭력이라는 거대한 조류가 있었다.[35]

앞에서 보았지만, 무함마드 사이드 파샤 총독의 관점에서 세계 시장에 면화를 판매해 이집트를 근대화하려는 장기적인 계획은 40년 전쯤 무함마드 알리 파샤 시절에 시작되었던 것으로 이제야 그 결실을 보는 듯했다. 그리하여 새로운 철도, 새로운 운하, 새로운 조면기, 새로운 면화 압축기가 설치되었다. 1864년에 이르면 하이집트에서 비옥한 전체 토지의 40%가 면화 농장으로 바뀌었다. 이집트의 농사꾼인 펠라들fellaheen은 1860~1865년 사이에 면화 생산량을 2,313만 3,210kg에서 1억 1,657만 3,240kg으로 다섯 배나 증대시켰다. 이러한 생산량의 증가는 하나의 영구적인 경제변화로 기록되었고, 그 중요성이 얼마나 컸던지 이집트 역사가들은 그런 변화의 계기가 된 미국의 남북전쟁을 19세기 이집트 역사에서 가장 중요한 사건으로 꼽을 정도이다. 면화 수출액이 열네 배나 늘었다는 것은 "하나의 경제혁명"이었다. 1862년 미국에서 남북전쟁이 한창이었을 때 맨체스터를 여행하고 있던 이집트 총독은 영웅으로 환대되었다.[36]

남북전쟁은 브라질 북동부 해안에까지 영향을 끼쳤다. 그러기 수십년 전에는 생계작물을 재배했던 농부들이 페르남부쿠와 주변 대농장 소유자들의 토지를 차용했다. 세월이 흐르면서 그 농민들은 생필품을 얻고 세금을 납부하기 위해 소량의 면화를 재배했다. 남북전쟁 기간 동안 영국의 신용이 밀려들자 농부들은 생계작물을 포기하고 세계 시장에 내놓을 면화를 재배했다. 이들의 노력으로 1860~1865년에 브라질의 면화 수출은 두 배가 넘게 늘었다.[37]

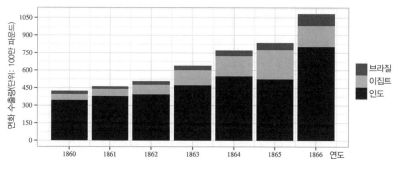

— 1860~1866년의 면화 수출.

세계 다른 지역의 농사꾼들도 면화 기근에 대처했다. 아나톨리아 서부에서는 1863년에 1,428만 8,000kg까지 면화 수출량이 세 배 이상 증가했다. 영국의 민간 면화 자본가들과 오스만 제국 지배 세력의 협조 덕분이었다. 그리고 그 같은 상황 덕분에 면화 재배인들은 특전을 누리게 되었고, 미국산 면화 종자가 보급되었으며, 면화의 해안 운송이 용이하도록 배후지까지 철도가 연장되었다. 남북전쟁이 전개되는 동안 알제리의 프랑스 식민 관료들은 제조업자들과 뮐루즈산업협회로부터 압력을 받아, 자본을 모아 그곳에서 사업을 시작한 수많은 민간 회사의 지원을 받으며 면화 생산을 확대하기 위해 노력했고, 아르헨티나에서는 "특히 1862~1865년 사이에 …… 남북전쟁의 영향으로 미국의 면화 수출이 감소하자 면화 재배를 확대하기 위해 여러 차례 실험을 실시했다." 미래의 면화 수출 세력 가운데 하나인 멕시코에서 면화 재배는 남부연합의 시장에 차츰 도움을 주었고, 1861~1865년에 면화 수출액이 여덟 배나 급등했다. 페루 면직물산업의 수출량은 네 배로 증가했다. 마찬가지로 생산량이 매우 많은 곳 가운데 하나였던 중국의 면화가 드넓은 국내 시장의 험준한 둑을 무너뜨리고 세계 시장으로 쏟아져 나왔다. 코카서스 전역과 중앙아시아의 면화는 모스크바와 상트페테르부르크에서 존재를 알렸다. 서아프리카의 면화는 아프리카 상인들과 프랑스 식민주의자들의 공조 덕분에 알자스와 노르망디에서 손쉽게 구매자를 찾았다. 아프리카 상인들은 아프리카 대서양 연안을 따라, 미래의 독일 식민지 토고에서 노예를 이용해 리버풀로 보낼 면화를 생산했다.[38]

실제로 면화의 수요 급증은 세계 또는 지역 전쟁으로 생긴 간극을 메워주기 바랐던 정치경제학자들, 제조업자들, 그리고 상인들 사이에서 훨씬 더 공상적인 시나리오를 촉발했고, 남북전쟁에 대한 이런 반응들의 무질서하고 실험적인 성격을 증명했다. 《맨체스터 가디언》은 아프리카, 인도, 오스트레일리아, 서아시아 여러 지역에서 면화의 전망을 거듭 알렸다. 1864년에 프랑스의 한 관찰자는 낙관적인 어조로 "아프리카는 진정한 면화 고장이다"라고 말했다. 1861년에 오스트레일리아의 《퀸즐랜드 가디언》은 "퀸즐랜드는 면화 재배지가 되어야 한다"고 주장했다. 그러나 유감스럽게도 남북전쟁 기간에 면제조업자들과 잘 속는 투자자들에게 그런 계획이 모두 통하지는 않았다. 세계 시장에서 판매되는 아프리카, 아르헨티나, 중앙아시아의 면화의 양은 여전히 적었고, 절박한 유럽 정부들과 협조하더라도 민간 자본이 극복하기에는 지역의 장벽이 너무 컸다.[39]

그런데도 남북전쟁 기간에 상인, 제조업자, 정치인은 면화의 제국이 미래에 어떤 모습일지 엿볼 수 있었다. 새뮤얼 B. 러글스Samuel B. Ruggles가 뉴욕상공회의소에 설명했듯이, 그들은 "지구상의 문명화된 국가들의 상업적 해방을 위한 위대한 노력"에 온 힘을 다했다.[40] 그들의 활약 덕분에 인도, 이집트, 브라질 면화가 서구 시장에서 중요성이 부각되었다. 더욱이 면화 기근이 지속되는 동안, 그들의 경험은 상품 시장에서 벌어지는 민간의 모험과 국가의 개입과 관련하여 대담하고 새로운 전망을

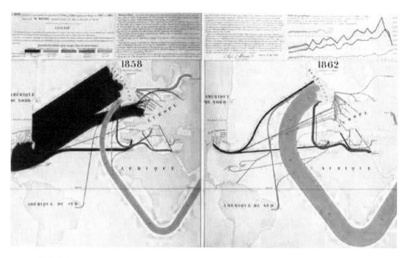

— **"세계에서 가장 큰 상업적 참사"** 프랑스의 공학기술자 샤를 조제프 미나르는 남북전쟁이 전 세계 면화산업에 끼친 영향을 이렇게 표현했다.

열어주었다. 남북전쟁이 발발하기 전에는 민간의 투자와 국가에 대한 로비가 면화상인과 제조업자 들이 기울인 노력의 특징이었다면, 면화 기근이 나타나면서 면화 자본가들은 국가는 물론이고 자신들의 정치적 수완에도 크게 의지하게 되었다. 자본가들이 자신들의 글로벌 네트워크 와 거대한 자본 투자가 지역에서 발생하는 혼란에 얼마나 취약하며 노 예제가 얼마나 불안정한 제도인지 파악하게 되었을 때, 식민주의는 시 급한 이해관계의 문제가 되었다.

• • •

하지만 글로벌 경제에서 미국산 면화가 미래에 담당할 역할이 무엇 인가 하는 문제는 여전히 남아 있었다. 과연 미국산 면화는 시장으로 돌 아올 것인가? 만약 돌아온다면 계속해서 노예들이 재배하게 될까?

유럽의 일부 면제조업자들과 상인들은 남부연합이 연방으로부터 영구 분리되어 국제적으로 공인받고, 그리하여 계속해서 노예들이 면화를 재배할 수 있게 되기를 바랐다. 그들은 면화의 제국이 노예제에 의지하는 것은 예측 가능한 미래를 위해서라고 믿었다. 프랑스의 검찰총장은 알자스의 직물산업 지대에서 공장 소유주들 사이에 널리 퍼져 있던 정서를 다음과 같이 전했다. "상업적 관점에서 볼 때 연방으로부터 남부연합이 분리될 수 있다면 우리에게는 큰 이득일 것이다. 남부연합이 유럽과 교역에서 기꺼이 편익을 제공하려 하기 때문이다." 1862년 콜마르의 검찰총장은 여론이 점점 더 "남부연합의 즉각적인 승인"을 지지한다고 평했다. 르아브르의 상인들은 목소리를 높여 거의 남부연합의 명분을 지지했고, 《쿠리에 뒤아브르Courier du Havre》는 그런 정서의 최전선에 있었다. 영국에서도 역시 많은 자산가들이 북부의 명분에 반대했는데, 이는 북부의 권력이 분열되고 약화되기를 바라는 반민주적 태도에서 비롯된 것이었다. 게다가 그들의 계산에는 면화에 대한 염려도 깔려 있었다. 하원에서 남부연합의 승인을 호소할 때, 존 아서 루벅John Arthur Roebuck은 지칠 줄 모르고 랭커셔 면직물 노동자들의 운명과 면화에 대한 그들의 요구에 대해 이야기했다. 흥미롭게도 세계에서 가장 큰 면화 항구인 리버풀은, 남부연합을 제외하면 세계에서 남부연합을 가장 열렬히 지지하는 지역이었다. 리버풀 상인들은 연방의 해군이 봉쇄한 여러 항구에서 면화를 빼내 오는 데 도움을 주었고, 남부연합을 위해 전함을 건조했으며, 남부에 군사장비와 신용을 제공했다. 남부연합 승인을 위한 중앙협회는 물론이고 리버풀남부클럽도 목청을 높여 남부연합의 영구 분리를 외쳤다. 심지어 리버풀상공회의소는 남부연합의 독립으로 혜택을 얻기를 내심 기대했다. 1861년 8월에 브라운가의 리버풀 동업자였던 프랜시스 알렉산더 해밀턴이 쓴 대로, 리버풀의 상인공동체들은 "지상의 권

력으로는 두 지역을 재통합시킬 수 없"으며 연방의 승리는 "결코 불가능하다"라고 믿었다.[41]

리버풀만이 아니었다. 맨체스터에서도 남부클럽과 맨체스터남부독립협회가 남부연합을 지지하며 선동에 나섰다. 1862년에는 일부 노동자들까지 포함된 수천 명의 참가자들이 영국의 면화 도시들에서 집회를 열고 정부에 남부연합을 승인하라고 요구했다. 연방의 투쟁이 점차 자유노동을 위한 투쟁과 동일시되면서 많은 노동자가 연방을 지지했지만, "남부 주들의 영구 탈퇴가 불가피하다"는 기대를 표명한 맨체스터상공회의소 소장의 말처럼 지배층은 남부연합을 지지하는 경향이 있었다.[42]

면제조업자와 상인 들 사이에서 그런 정서는 보편적이지 않았지만 정부, 특히 영국 정부와 프랑스 정부가 미국의 전쟁에 대해 취할 입장에 영향을 줄 가능성이 있었다. 유럽 정부들의 중립성을 유지하는 데 지대한 관심을 가졌던 연방은 심각한 위협을 느꼈다. 남부연합 측은 국제적으로 승인받는 것을 외교정책의 가장 중요한 목표로 여겼다. 물론 유럽 국가들이 개입하지 않아도 될 명분은 여러 가지 있었다. 영국은 캐나다 주들의 운명을 고려해야 했고 미국 북부에서 들어오는 밀과 옥수수의 수입 의존도가 커지고 있다는 점도 고려해야 했다. 한편 프랑스, 러시아, 프로이센 같은 대륙 국가들은 영국의 군사력과 경제력을 견제하기 위해 강한 미국을 유지하는 데 관심이 있었다. 그러나 유럽이 갈등을 중재할 가능성과 남부연합을 승인할 가능성이 계속 상존했으며, 남부연합의 지지자들은 하나같이 면화의 공급처인 남부연합이 독립을 이루면 생길 장점을 이야기했다.[43]

시위와 폭동, 파업(프랑스에서만 50건 이상이 발생했다)을 포함해 면화 재배지역의 사회적 소요는 국가 관료들과 자본가들의 근심을 키웠다. 윌리엄 글래드스턴William Gladstone은 영국 수상이 되기 전에 무엇보다도 유

> Well, yes! .. it is certain that Cotton is more useful to me than Wool !!

JOHN BULL MAKES A DISCOVERY.

— "그래, 좋아! 내게 '면화'가 '양모'보다 유용하다는 것은 확실해!" 북부 사람들은 면화를 확보하기 위해 영국이 중립을 포기할까봐 두려워했다(1862 또는 1863년경).

럽이 미국의 분쟁에 개입해야 할 명분으로서 랭커셔의 사회 소요에 대한 이런 두려움을 상기시켰다. 글래드스턴은 1862년에 행한 공개연설에서 영국 노동자들의 인내심을 칭찬하면서도, 면화 수급 위기의 중요성을 대영제국에 닥친 또 다른 두 참사, 곧 아일랜드의 기근과 인도의 폭동에 견주면서 면화 수급 위기의 사회적·재정적 영향에 관해 무시무시한 그림을 그렸다.[44]

면화 업계의 관련자들은 링컨 행정부에 유럽 면직물 소비자들의 요구에 유념하라고 지속적으로 압박을 가했다. 영국 외무부와 워싱턴 D.C. 주재 영국 대사 사이에 오간 외교서한들은 외무장관 얼 러셀Earl Russell이 프랑스 정부와 함께 미 연방정부에 상당한 압력을 행사했음을 시사한다. 워싱턴 주재 영국 대사 라이언스 경은 "[1863년 7월] 25일에 나는 미국무부를 찾아 수어드 씨에게 면화 이야기를 했다"라고 런던에 보고했다. 그리고 "우리는 미시시피에서 군사작전이 수행되는 동안 더할 수 없는 인내심을 발휘하며 기다렸다. 이제 강이 열렸고 풍부한 공급을 약속한 시기가 되었다. 약속을 지키기 위해 어떤 준비를 했는가?"라고 물었다고 했다. 링컨도 분쟁에서 면화의 중요성을 잘 알고 있었다. 그는 1861년 12월 3일에 발표한 첫 연례교서에서 "폭도들이 우리에 대한 적대감을 자극하기 위해 외국에 의지하는 가장 중요한 방법은 …… 교역의 어려움이다." 1862년 중반에 대통령의 고문단은 남부 주들의 노예를 해방하는 사안과 관련한 링컨의 계획을 논의했다. 윌리엄 수어드는 그런 계획의 "즉각적 공표"를 반대하면서 "면화와 외국 정부들을 강력히 지지한다"라는 주장을 훌륭하게 펼쳤다. 수어드는 노예해방을 선언하면 유럽이 남부연합을 승인할까봐 염려했다. 경계심을 늦추지 않은 수어드는 미국의 분쟁이 잠재적으로 글로벌 자본주의 안에서 가진 혁명적 함의를 깨달았고 이를 경고했던 것이다.[45]

미국의 외교관들 역시 유럽의 절박한 면화 부족을 자주 상기시켰다. 1862년 여름에 런던을 여행한 이집트 알렉산드리아 주재 미국 영사 윌리엄 세이어는 윌리엄 수어드에게 정책을 결정하는 영국의 엘리트들이 남부연합의 승인을 진지하게 고려하고 있다고 보고했다. 같은 해 브뤼셀 주재 미국 공사 헨리 샌퍼드Henry Sanford는 "가지고 있는 면화가 거의 고갈되어서 우리는 면화를 확보해야 한다"라고 경고한 프랑스 국무장관과 대립했다. 1862년 파리 주재 미국 공사 윌리엄 L. 데이턴William L. Dayton과 면담한 루이 나폴레옹은 "점점 심각해지는 면화 부족으로 이곳이 겪는 어려움을 해소하기 위해 귀국 정부가 어떤 조치를 취해주기를" 바랐다. 면직물산업가들의 폭넓은 요구에 압박을 받은 프랑스 정부

— 라이언스 경, 매슈 브래디 촬영. 지구 전역에서 원료를 확보하고 링컨에게 면화의 필요성을 일깨웠다.

는, 밀루즈의 면제조업자 귀스타브 앵베르-쾨슐랭Gustave Imbert-Koechlin이 말했듯이, 미국과의 갈등을 끝내고 "아메리카의 두 국가 사이에 평화가 깃들게" 하려는 외교적 노력에 돌입했다. 이런 유럽 국가들의 불평에 고무된 유럽 주재 남부연합 외교관들은 유럽에 남부연합의 면화가 필요하다는 사실이 그들이 지닌 외교적 무기에서 가장 강력한 화살임을 알았다. 전쟁의 흐름이 남부에 불리해지자 절망감이 커진 그들은 그 화살을 발사했다.[46]

연방의 외교관들은 유럽의 대중과 직접 소통하려는 일관된 노력으로 남부연합에 유리한 정서에 맞서고자 애썼다. 1861년 찰스 프랜시스 애덤스는 면화 문제를 다룬 팸플릿을 작성하면 유용할 것이라고 자기 아들에게 조언했다. 그는 "면화 생산에는 풍부한 노동력과 면화 재배지라는 두 가지 요소가 필요하다"라고 썼다. 그는 지구상의 모든 장소가 면화를 재배하는 데 필요한 환경 조건을 갖추었다고 주장하며 "먼저 재배지 문제를 살펴보라"라고 조언했다. 인도와 이집트 같은 일부 지역은 노동력도 풍부하지만 세계의 또 다른 지역은 "노동력이 부족하고 그런 곳에서는 쿨리 문제가 발생한다"라고 덧붙였다. 애덤스는 남북전쟁에 다른 면화 생산자들이 등장해 남부의 독점을 영원히 끝낼 기회가 있다고 보았다. "이 분쟁이 [봉쇄와 새로운 면화 공급처에] 갖는 중요성은 결코 과대평가될 수 없다." "세계 전역에서 당연한 귀결로 나타나는 면화의 압박에 미국 노예제의 파괴가 달려 있다."[47]

사실 남부연합에 대항한 전쟁을 유럽의 강력한 면화 관련 이해집단의 구미에 맞게 만들 수 있는 최선의 방법은 다른 곳에서 값싼 면화를 확보할 수 있음을 증명하는 것이었다. 그리고 미국 정부는 실제로, 예컨대 다량의 면화 종자를 해외로 운반함으로써 세계 다른 지역에서 생산을 독려하기 위해 최선을 다했다. 수어드는 1862년 4월에 "다른 나라의 면화 재배 가능성을 조사하고 가능한 한 그 능력을 자극하여 국내의 당파적 독점가들의 파괴적 계획에 대응할 …… 명백한 의무"가 워싱턴에 있다고 썼다. 장섬유 면화를 보유한 이집트는 이런 계획에서 특히 중요했다. 인도산 면화와 달리 고품질의 대체물이어서 미국의 수출품을 대신할 수 있었기 때문이다. 남북전쟁 기간 내내 윌리엄 세이어는 이집트 총독과 정기적으로 만나 면화 생산을 논의했고, 결국 총독과 막역한 사이인 아욥 베이 트라불시Ayoub Bey Trabulsi를 고용해 '이집트산 면화'를 조사하게 했다. 그 계약 덕분에 세이어는 1862년 11월까지 "총독이 생산 증대를 돕는 데 영향력을 행사했다"고 보고할 수 있었다. "그는 …… 향후 모든 대토지 소유주들에게 그들 토지의 4분의 1 면적에 면화를 파종하도록 조언했다. 총독의 조언은 사실상 명령과도 같은 것이어서 토지 소유주들은 …… 이제 위대한 농업혁명을 추진하기 …… 시작했다."[48]

수어드는 이런 노력이 성공을 거두리라는 자신감을 보였고 전 세계적 면화 생산이 남부연합의 독립 시도에 미칠 예기치 않은 효과를 다음과 같이 강조했다. "폭동을 일으킨 면화 주들은 이집트, 소아시아, 인도가 세계에 면화를 공급하고 캘리포니아가 면화 공급을 위해 황금을 제공할 때, 그들의 번영과 희망이 어떻게 사라질지 알지 못한다면 그들의 부에 눈이 멀게 될 것이다."[49]

그리고 사실 미국 정책 입안자들의 이런 제안은 워싱턴과 유럽 자본 사이의 긴장을 해소하는 데 도움이 되었다. 1862년 봄, 리버풀의 베어링 브라더스사는 "우리가 인도에서 면화 수입을 크게 확대할 수 있다면" 미국과 영국 사이에 전쟁이 일어날 가능성은 없다는 견해를 밝혔다. 1862년 8월에 찰스 우드는 다음과 같이 주장했다. "인도가 지난해에 보낸 양을 뛰어넘을 만큼 상당한 양의 면화를 보내올 수만 있다면, 우리의 유일한 국내 문제인 …… 랭커셔의 근심은…… 크게 누그러들 것이다." 1863년에 이르러 인도에서 광범위하게 들여온 면화가 프랑스의 면화 수급 위기를 완화시켰다. 실제로 1864년 초에 여러 면직물 제조 지역의 검찰총장들은, 공장들이 서서히 생산을 다시 개시하자 인도와 이집트에서의 면화 수입으로 제조업자들의 압박이 줄었고 그 결과 "우리 도道에서는 미국의 전쟁이 …… 별 관심사가 되지 못했다"라고 보고할 수 있었다.[50] 남북전쟁이 끝나고 몇 년 뒤인 1871년에 조면공장을 방문하기 위해 타지마할이 있는 인도의 아그라Agra 시에 도착한 수어드는 이렇게 말했다. "우리는 인도 무굴 제국 황제 아크바르의 묘를 지나 아메리카의 군주를 자처하는 면화 왕의 무덤으로 향했다."[51]

상당한 양의 면화가 미국이 아닌 다른 공급처들에서 들어오자 면화 이해 세력이 유럽 정부들에 가하던 정치적 압력이 약화되었다. 보스턴의 면화 제조업자 에드워드 앳킨슨은 "유럽이 면화를 생산하는 미국 주들에 의존해왔다는 생각은 완전히 잘못된 사실이었음이 입증되었다"라는 사실에 안도했고, 곧 "유럽이 미국의 면화 공급에서 완전히 자유로울" 수 있으리라 생각했다. 1863년에 이르면, 면화 생산에 생계를 의지하고 남부 주들의 명분을 지지했던 이들조차 노예제에 의지하지 않는 다양한 면화 공급 네트워크를 모색하기 시작했다.[52]

심지어 어떤 이들은 남부의 완강한 독립 요구와 노예제에 대한 집착을 세계경제 붕괴의 진정한 원인으로 보기 시작했다. 결국 남부 플랜테이션 농장주 및 그들의 정부와 달리, 면화상인들과 제조업자들은 미국 남부라는 특정 면화 공급처에 투자하지 않았으며, 노예제라는 특정 면화 생산의 체제에도 투자하지 않았다. 그들은 그저 원하는 양만큼 저렴한 면화를 안정적으로 공급해줄 예측 가능한 공급처를 요구했을 뿐이다.

하지만 미국의 면화 수출이 중단되어 일시적으로 생긴 공급 혼란에 대처하는 것과 노예제가 없는 면화 제국을 상상하는 것은 전혀 다른 문제였다. 많은 상인과 제조업자는 앞선 80년 동안 면화 제국의 역사에 대한 나름의 해석에 근거해, "노예제와 면화 생산의 긴밀한 관계"가 깨어진다면, 《브레머 한델스블라트》의 주장처럼, 면의 "대량생산을 위한 필수조건 가운데 하나가 파괴될지" 모른다고 우려했다.[53]

1861년에 이미 연방군 장군 존 프레몽John C. Frémont이 미주리주에서 노예를 해방시켰을 때, 《이코노미스트》는 그런 "끔찍한 조치"가 다른 노예주들로 확산되어 "기름진 토지들을 완전히 파괴해 황폐하게 만들 것"이라고 염려했다. 《코튼 서플라이 리포터》는 "제2의 생도맹그 공포"를 환기시키며 미국에서 벌어진 전쟁이 노예해방전쟁이 될 것이라고 주장하는 데까지 나아갔다. 그럴 경우 미국의 "엄청난 면화 생산 산업이 갑작스럽게 붕괴할 것"이라고 예측했다. 그런 믿음을 가진 사람들에게 리치먼드의 몰락이, 《브레머 한델스블라트》가 숨이 넘어갈 듯 주장한 것처럼, "아무리 상상력을 발휘해도 그 의미를 상상할 수 없을" 만큼 중대한 결과를 갖는 일로 여겨졌다고 해도 놀랄 일이 아니다.[54]

이런 두려움을 고려하면 세계의 가장 중요한 면화 재배인들을 포함한 400만 명의 노예들이 미국에서 남북전쟁 중에 혹은 그 직후에 자유를 얻었다는 것은 더 없이 놀라운 일이다. 노예들은 반란자들을 진압하려는 연방 정부 앞에서 노예주들이 드러낸 나약함을 깨닫게 되었고 이에 고무되어 농민반란을 시작했다. 미국의 노예들은 플랜테이션 농장을 버렸고, 노동을 중단했으며, 연방군에 정보를 주었다. 결국 그들은 연방군 병사로서 무기를 들고 분리주의 전쟁을 노예해방전쟁으로 만들어갔다. 그리고 그들은 성공했다. 면화 재배자들이 반란에서 이런 성공을 거둔 것은 전무후무한 일이었다. 이것은 국가의 엘리트들 내부에 화해할 수 없이 깊은 균열이 존재했고 그 균열이 우연히도 그들의 힘을 증폭시킨 결과였다.[55]

이런 사상 초유의 반란에 노예제가 되살아날 가능성은 없었기에, 면화 자본가들은 면화를 재배할 노동력을 동원하기 위해 새로운 방법을 모색했다. 그들은 세계 다른 지역들이 과거에 쌓은 면화 재배의 경험들에서 별 도움을 얻지 못했다. 일부 제조업자들이 최선을 다해 노력했음에도 인도, 브라질, 아프리카의 농사꾼들 중에는, 전쟁 전에는 일반적이었던 세계 시장 가격에 맞게 다량의 면화를 재배해 유럽 시장에 공급할 사람이 거의 없었다. 농민들은 생계작물 농사를 끈질기게 고집했고 장에 내놓기 위해 면화를 재배한 사람들은 리버풀이나 르아브르의 상인들이 아니라 방적공들에게 면화를 판매했다. 미국에서조차 전쟁 중에 자유를 얻은 노예들 가운데 많은 이가 플랜테이션 농장의 산업적인 리듬을 포기했고, 그 대신에 생계농업에 초점을 맞추려고 노력했다.[56]

더욱이 앞서 카리브해, 특히 생도맹그에서 있었던 노예해방의 경험은 해방노예들을 동원해 환금작물을 생산할 수 있으리라는 상인과 제조업자들의 기대를 좌절시켰다. 1841년에 이미 허먼 메리베일은 "검둥이들에게 재량껏 생계작물을 재배할 수 있는 농지와 다른 자원들이 있는 한 그들을 임금노동자로 만들기는" 어렵다고 말한 바 있다. 서인도 제도에서 "고용주와 노동자의 현재 관계"를 조사한 (영국) 특별위원회는 1842년에 "노동자들이 일주일에 대략 3, 4일 이상 플랜테이션 농장주의 농장에서 일하지 않고도 편히 살아갈 수 있고 부를 얻을 수 있기 때문에" 노

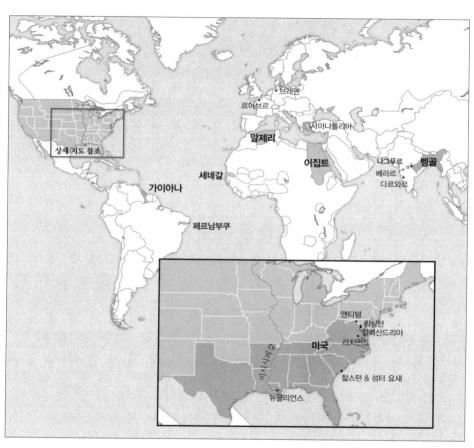

— 남북전쟁이 전 지구적 면화산업에 끼친 영향, 1861~1865년.

예해방이 진척되는 동안에 농산물 생산이 줄었다는 점에 주목했다.《이코노미스트》는 "열대에서는 자연이 인간에게 영속적인 가난의 혜택을, 아니 어쩌면 저주를 주었다. 그 자체로 최저임금의 보장이라 할 만한 풍부한 식량 자원을 주었기 때문이다."[57]

영국의 식민 관료 W. H. 홈스의 딜레마는 분명했다. "노예가 자유민이 되었을 때 …… 그의 첫 번째 바람은 자립이었다. 말하자면 그 자신의 완전한 주인이 되는 것이었다." W. H. 홈스가 가이아나에서 세심하게 조사한 바에 따르면 "조금만 몸을 놀려도 귀한 사치품들을 얻을 수 있는 가장 비옥한 토지는 그들이 손댈 수 없는 곳에 있었다." 이는 농부들이 임금노동으로 수출작물을 재배할 가능성이 거의 없음을 말해준다. 그들은 원하는 만큼 채소와 생선, 과일을 얻을 수 있는 조건에 놓였는데, 이런 상황은 "내가[홈스가] 생각하기에 나쁜 결과를 남겼다." 프랑스 식민 관료들도 근본적으로 같은 결론에 도달했다. "자유로워진 …… 흑인들은 …… 야만의 오두막으로 되돌아간다." 해방된 노예들이 과거 수많은 이가 새로운 자유를 위한 진정한 토대라고 여겼던 생계 농업으로 물러난 현상은 세계 전역의 면화상인들과 제조업자들에게는 몹시 끔찍한 악몽이었다.[58] 해방노예들을 바라보는 유럽 관찰자들의 우려는 1865년 자메이카에서 있었던 모랜트만 폭동 같은 카리브해의 상황들 때문에 더 증폭되었다. 그 사건은 식민지 정부가 한 무리의 불법 거주자들에게 가혹한 처벌을 가한 데에 맞서 자메이카인들이 집단 반란을 일으켰는데, 이때 영국 군대가 이를 무자비하게 진압했다.

지주, 제조업자, 상인, 정치인 들이 이런 해석에 이른 것은 노예해방이 기계화된 세계 면직물산업의 안녕에 잠재적 위협이 되었던 과거의 경험 때문이었다. 결국 그들은 지속가능한 전 세계적 면화 생산망의 구축 방법을 모색하고 지구 전역의 농촌지역을 변화시켜 노예제에 기대지 않게 만드는 데 매진했다. 이미 그들은 남북전쟁 동안에 글, 책, 연설, 편지에서 노예노동이 아닌 다른 노동으로도 면화를 재배할 수 있는지, 할 수 있다면 어디서 할 수 있을지와 같은 질문을 줄기차게 쏟아냈다. 예를 들어 에드워드 앳킨슨은 1861년에 이미 《자유노동으로 재배한 저렴한 면화Cheap Cotton by Free Labor》라는 저서로 이런 논쟁에 기여했으며, 윌리엄 홈스의 《자유 면화: 어떻게 재배하고 어디서 재배할 것인가Free Cotton: How and Where to Grow It》는 논쟁을 확대했다. 익명의 한 프랑스 작가는 같은 해에 《아메리카의 백인과 흑인 그리고 두 세계의 면화Les blancs et les noirs en Amérique et le coton dans les deux mondes》로 논쟁에 가세했다.[59]

이내 그런 논문들은 남북전쟁의 경험에서 이끌어낸 교훈들로 채워졌다. 남북전쟁 시기에 북부가 장악한 미국의 남부지역은 물론이고 이집트, 브라질, 인도에서 노예를 사용하지 않는 면화 생산으로의 급격한 전환이 이루어진 것은 결국 전 지구적 실험을 표상했다. 면화는 있지만 노예가 없는 세계는 과연 어떤 모습일까?

노예제에서 벗어난 전후 새로운 면화의 제국을 위한 이런 예행연습들은 두 가지 서로 모순되는 신념들을 키웠다. 우선 노예제 없이도 면공업의 극적인 팽창이 지속될 수 있을 만큼 충분히 면화가 생산될 수 있다고 판단한 이들이 있었지만 이는 극소수였다. 이런 주장을 한 단체 가운데 영국여성면화자율재배운동English Ladies' Free Grown Cotton movement이라는 단체가 있다. 이들은 자유노동으로 재배된 면화로 만든 직물만 구매할 것을 주창하며 여성들이 결성한 느슨한 단체였다. 그리고 에드워드 앳킨슨 같은 미국의 공화주의자들은 어쩌면 더 낙관적으로 해방노예들이 생계농업에 만족하여 그대로 머물지만 않는다면 미국 남부에서 '자유노동'으로 면화 생산을 극적으로 팽창시킬 수 있다고 믿었다. 자신의 방적공장에 임금노동자를 고용해 성공을 거두자 이에 크게 만족한 앳킨슨은 미국과 세계 면화 공급의 미래는 면화 생산에 해방노예들을 동원할 수 있는 남부의 지주들과 남부 주들의 능력에 달렸다고 확신했다.[60]

하지만 남북전쟁의 경험이 보여준 것은 노예노동을 사용하지 않고 생산한 면화가 세계 시장에 진입하기에는 가격이 너무 높다는 사실이었다. 남북전쟁이 종전된 후 인도산 면화의 가격은 네 배 이상 상승했으며, 낮은 가격에 인도산 면화를 시장으로 들어오려던 초기 노력은 대체로 실패했다. 더욱이 1864년과 1865년의 관점에서 노예해방은 아메리카 남부에서 상당한 사회적 혼란을 동반했다. 그러므로 노예해방으로 면화 공급이 영구히 감소할 것이라는 믿음이 면화 자본가들 사이에 팽배했던 것은 어쩌면 당연한 일이었다. 그리고 그런 믿음은 남북전쟁 이후 면화 가격이 전전보다 높은 수준을 유지했다는 사실로 직접 확인되었다. 윌리엄 래스본이 받았던 보고서처럼, "내년에는 검둥이들의 노동에 의지할 수 없을 것"이라고 예측하는 숨 가쁜 보고서들이 리버풀에 쏟아져 들어왔다. 이어 베어링사는 "다음 철에 남부에서 150만 꾸러미(1860년에는 540만 꾸러미가 생산되었다)를 초과하는 작물을 재배하고 수확할 수 있을 만큼 충분한 구조조정이 있으리라고 생각하는 사람은 거의 없는 듯하다"라고 주장했다.[61]

면화 수확이 영구히 감소할지 모른다는 두려움이 면화업계 전체로 퍼져나가면서 남부연합이 패배한 후, 특히 면화 농사꾼들이 순종적으로 농경지에 귀환한 후, 미국 남부 플랜테이션 농업의 구조조정을 압박하는 요구가 커졌다. 《브레머 한델스블라트》는 전쟁에 패배한 엘리트 농장주들에게 용서를 베푸는 정책을 요구했다. 1865년 봄에 워싱턴 주재 영국 공사 프레더릭 윌리엄 아돌푸스 브루스Frederick William Adolphus Bruce

경은 남부의 재건 상태를 런던에 보고하며 "극단적 공화주의자들"에 대해 몹시 비난했고 앤드루 존슨Andrew Johnson 대통령에게 면화 생산을 시급히 되살려야 한다는 것을 일깨웠다. 프레더릭 윌리엄 아돌푸스 브루스 경이 집착했던 문제는 과연 해방노예들이 일을 할까, 한다면 어떻게 할까 라는 것이었다. 그는 "검둥이들의 해방이 면화와 사탕수수를 재배하는 주들의 물질적 번영에 큰 타격을 줄 것"이라고 염려했다. 남부에서 봉기가 일어날 것을 우려하며 해방노예들에게 투표권을 부여하려는 노력에 비판적이었던 그는 1865년 5월에 만족감을 내비치며 이렇게 말했다. "검둥이들에게 노동을 강제하며 자유의 의미는 주인을 위해 일하는 대신 임금을 위해 일하는 것이라는 사실을 일깨우는 조치들이 곳곳에 취해졌다."[62]

그런데 면화 자본가들과 정부 관료들도 전쟁이 치러지는 사이에 아주 큰 교훈을 얻었다. 가장 중요하게는 면화 생산을 제약하는 요소가 토지가 아닌 노동이라는 사실을 이해하게 되었다는 점이다. 그 문제에 관한 한 세계 제일의 첨단 전문가들인 맨체스터면화공급협회 회원들은 아메리카와 "동등하거나 많은 경우 더 우수한" 토지와 기후를 세계 여러 지역에서 확보할 수 있있다는 것을 알고 있었다. 그러나 이들 글로벌 면화 전문가들은 "가장 중요한 필수조건인 노동력"을 구하기가 훨씬 더 어렵다는 사실을 깨달았다. 인도를 관할하는 영국 재무장관 새뮤얼 랭은 이렇게 말했다 "지구상에서 노예제 폐지를 판가름할 문제는 아마도 인도에서 자유노동으로 생산된 면화가 미국에서 노예제로 생산된 면화보다 낮은 가격에 판매될 수 있을지 여부다."[63]

하지만 이런 노동을 어디에서 구할 것인가? 우리가 앞에서 보았듯이, 남북전쟁 기간에 면화 관련 이해집단은 과거 유럽시장을 위해 상당량의 면화를 재배했던 지역에서 노동력에 접근하는 일에 노력을 집중했다.

면화공급협회 회장은 그러한 전략을 다음과 같이 분명하게 요약했다. "이제 우리는 내부의 문호를 개방하고 있다." 이는 오래된 전략이었다. 그러나 미국의 남북전쟁을 겪으며 자본가와 정치가들은 전혀 새로운 방식으로 에너지를 집중했다.[64]

면화의 글로벌 생산망이 지리적으로 이렇게 급속히 확장된 데에는 농사꾼들이 백색황금(면화)을 재배하도록 동기를 유발하고 생산된 면화를 시장으로 이동시킬 새로운 방법을 찾으려는 노력이 크게 작용했다. 통치자들은 어떻게 해서 농민들이 이 작물을 재배하도록 유도할 수 있었을까? 정치학자 티머시 미첼Timothy Mitchell이 잘 표현했듯이, "그들은 먹고살기 어려웠을 것이다. 그렇지 않고서야 지역의 요구에 응했겠는가?" 혹은 프랑스의 관측자 M. J. 마티외M. J. Mathieu가 1861년에 훨씬 세련되지 못하게 물었듯이, 어떻게 "흑인노동자들을 길들이고 자극할" 수 있을까?[65]

면화의 제국 전역에서 관료들과 자본가들은 "이제 흑인들은 근면한 노동자가 될 것인가" 하는 문제로 고민했다.[66] 《이코노미스트》는 이례적으로 긴 기사에서 남북전쟁의 종결이라는 사건을 주제로 삼아 그 문제로 논의를 확대했고 다음과 같이 주장했다.

세계의 백인종과 흑인종의 관계에서 그처럼 폭넓고 영구적인 경제적 결과를 초래한 정치적 순간은 아마 없을 것이다. …… 아마도 아시아 전체, 아프리카 전체의 산업을, 그리고 아프리카 인종, 아시아 인종 또는 혼혈 인종이 정착한 아메리카 여러 지역의 산업을 장려하고 통제하는 일은 운명일 것이며, 심지어 이제 그것은 의무이며 유럽인, 특히 영국인의 관심사임이 분명하다. 실로 엄청난 과업들이다. …… 번영의 새로운 원천을 발전시키는 데 근본적인 한 가지 필수조건은 대규모 유색인 노동자들이 소수의 유럽인 감독 아래서 기꺼이 일할 산업 체제를 마련하는 일이다. 필요한 것은 개별 노동력만이 아니다. 최소의 비용으로 최대의 결과를 이끌어낼 수 있게 과학적으로 조직되고 배치된 노동력 또한 필요하다. 그래서 터널을 뚫고 면화를 수확하는 등의 작업에 갑작스럽게 요구되는 엄청난 작업이 파업이나 분쟁없이 가능해야 한다. 무엇보다 노동자들이 자신들에게 불리해 싫어할 수밖에 없는 명령에 복종하도록 만들기 위해 뇌물 형태로 추가임금을 얹어주는 일은 없어야 한다.

확실히 《이코노미스트》는 이렇게 주장한다. "이 모든 것들이 노예제에 의해 보장되었다는 사실을 솔직히 인정해야 한다. 저렴한 비용으로 중요한 작업을 실행하는 데에는 숙련된 유럽인을 필두로 하여 *그가* 흑인이나 구릿빛 피부의 미숙련 노동자들을 강압적으로 지배하는 조직만한 것은 없을 것이다……." 그러나 노예제는 "유익하지 않은 도덕적·사회적 결과"도 초래한다. 그리고 바로 그런 이유 때문에 "새로운 조직이 시작되어야 한다. 그리고 여전히 효과적으로 작동하는 유일한 조직은 …… 완벽한 자유와 서로의 사적 이익에 기반을 둔 조직이다. 그러나 완전한 자유가 적용해야 할 원칙이라면 짙은 피부색의 인종들이 어떤 식으로든 백인들에게 자발적으로 복종하도록 유도해야 한다."[67]

그러나 어떻게 "짙은 피부색의 인종들이 …… 백인들에게 자발적으로 복종하도록 유도할 수 있겠는가?" 남북전쟁은 글로벌 면화 생산망에서 강제노동과 자유노동 사이의 균형 관계를 단박에 깨트리고 의도치 않게 면화가 재배될 장소와 방법의 장래성을 뒤바꾸어놓았다. 노예들의 결연한 노력과 새로 해방된 남녀의 지지를 받은 연방군의 등장은 250년 동안 전쟁자본주의와 산업혁명에 동력을 제공해온 노예제 체제를 파괴했다. 그러나 세계의 면화 재배지대에서 새로 등장한 질서는 여전히 쉽

게 손에 잡히지 않았다.[68]

남북전쟁 시기에 이런 재건이 어떤 모습일지 그 윤곽을 곳곳에서 엿볼 수 있었다. 하지만 그 세기가 끝날 무렵 면화의 세계는 완전히 다른 모습으로 보였다. 상인, 제조업자, 농업 생산자가 그 위기에 대처한 속도와 융통성은 그들의 적응력, 특히 인간에 대한 직접적인 소유권 대신 노동력을 확보하려는 새롭고 간접적이며 광범위한 형태의 국가권력을 이끄는 그들의 능력을 드러냈다. 《르뷔 데 되몽데》는 "노예화된 인종의 해방과 동방 민족들의 재생la régénération des peuples de l'Orient이 긴밀히 연결되어" 있음을 예리하게 포착했다.[69]

1865년 4월 북아메리카 대륙에서 총성이 멈췄을 때, 유럽이 지배한 85년의 면화 역사에서 가장 큰 혼란이 마무리되었다. 쿨리부터 소작인, 임금노동자에 이르기까지 노동력 동원을 위한 새로운 체제가 세계 곳곳에서 시험되었고 면화 생산이 남북전쟁 이전 수준으로 돌아갈지는 미지수였지만, '자유노동' 면화의 가능성에 대한 믿음은 거의 보편적이 되었다. 미국 전역의 해방노예들이 그들의 자유를 축하하고 있을 때 제조업자들과 노동자들은 새롭게 풍부해진 면화 공급을 동력 삼아 공장들이 수용 능력 이상으로 가동되기를 기대했다.

그러나 상인들에게는 축하할 일이 거의 없었다. 리버풀의 베어링 브러더스사는 1865년 2월 런던에 있는 그들의 동업자에게 "종전에 관한 소문이 거의 공포를 유발했다"라고 알렸다. 《인디언 데일리 뉴스Indian Daily News》는 3월 초에 '호외'로 연방군의 군대가 찰스턴을 장악했다는 소식을 전하면서 "리버풀의 공포. 면화 가격 1실링으로 추락"을 이야기했고, 그 공포는 봄베이로 빠르게 번졌다. 보스턴의 얼음 상인 캘빈 W. 스미스Calvin W. Smith는 봄베이에서 이렇게 전했다. "이런 말을 하게 되어 안타깝지만 이곳에서 영국인과 파시교도 들이 짓는 침울한 표정은 내가 지금껏 어떤 치명적인 상황에서도 본 적 없는 것이다. 국내에서 우리의 성공은 곧 그들의 파멸이다. 그 전쟁이 1년 안에 종결된다면, 어느 한 장소에서 있을 법한 실패보다 더 많은 실패가 이 도시 어디에서든 나타날 것이다. 지난 4년 동안 이곳에서 전에는 결코 들어본 적 없는 그런 무시무시한 추측들이 난무했다." 리버풀에서도 공포가 확산되었다. 리버풀의 면화상인 새뮤얼 스미스는 이렇게 회고했다. "멋진 저택을 장만하고 값비싼 그림들을 수집했던 사람들이 '백기'를 내걸고 옛 친구에게서 단 한 푼이라도 빌릴 수 있을까 살피는 모습을 보게 되어 안타까웠다."[70]

지구 전역을 휩쓴 이런 공포는 농민, 노동자, 제조업자, 상인에게 전 세계에 걸친 여러 발전들이 서로 얼마나 긴밀하게 엮여 있는지를 분명히 보여주었다. 버지니아의 농촌지역에서 치른 전쟁이 베라르와 이집트 저지대의 작은 농촌 마을에 반향을 불러일으켰고, 브라질의 한 농사꾼은 리버풀 시장에 대한 자신의 판단에 기대어 작물을 선택했으며, 리치먼드의 파괴 소식이 인도 해안가에 도착하자마자 봄베이의 부동산 가격이 폭락했다. 한 영국인 관찰자는 미국의 남북전쟁으로 전면에 드러난 이런 새로운 전 지구적 연결고리에 놀랐다. 그는 "우리는 지구의 가장 외딴 지역에서 '가격' 효과가 얼마나 강력하고 얼마나 빠른지 목격했다"라고 썼다.[71]

실제로 세계는 더 작아졌고 면화가 세계 여러 지역을 묶어주는 방식은 의미심장하게 바뀌었다. 면화의 제국에게는 남북전쟁이 위기의 순간이기도 했지만 재건을 위한 하나의 예행연습이기도 했다. 면화 자본가들은 자국에서 산업생산을 재편하는 데 성공하자 자신감을 얻었다. 그들은 잿더미가 된 남부를 조사하면서 새로운 토지, 새로운 노동관계, 그리고 그들 사이의 새로운 연결과 함께 자유노동을 면화 재배에 적용해야 하는 힘겨운 일을 감당할 새로운 수단을 발견했다. 그러나 어쩌면 가장 중요한 것은 면화 자본가들이 조성한 수지맞는 글로벌 무역 네트워크를 보호하고 유지할 수 있는 것은 오직 실력행사에 적극적인 전혀 새로운 형태의 국가라는 사실을 면화 자본가들 스스로 깨달았다는 점이다. 한편 정치인들은 이런 무역 네트워크가 그들 국가의 사회질서에 필수적인 것이 되었으며, 그리하여 정치적 합법성과 자원과 권력의 중요한 보루가 되었음을 깨달았다. 1863년 "면화의 제국은 안전하다. 면화 왕은 폐위되지 않는다"라고 예언한 어느 프랑스인의 말이 옳았다.[72]

전 지구적 재건

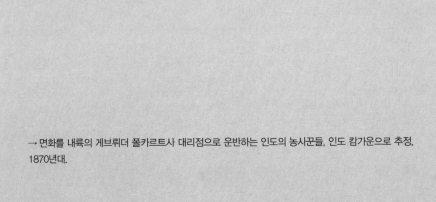

→ 면화를 내륙의 게브뤼더 폴카르트사 대리점으로 운반하는 인도의 농사꾼들. 인도 캄가운으로 추정, 1870년대.

　　　　1865년 가을 영국군공병대British Royal Engineers 대장 윌리엄 히킨스William Hickens는 전쟁에 패배한 남부연합의 주들을 둘러보았다. 면화 재배의 전망을 살피기 위해 외무부가 급파한 것이다. 히킨스는 플랜테이션 농장주, 중개인, "그리고 면화와 관련 있는 그 밖의 개인 들"을 만났다. 그는 영국의 국무장관 클래런던 백작에게 제출한 보고서에서 미국 남부가 전전과 견줄 만한 가격의 면화를 다시 대량으로 생산할 가능성에 대해 매우 비관적인 전망을 내놓았다. 1866년에 그는 미국 남부의 플랜테이션 농장과 소규모 농장에서 생산되는 면화의 양은 전전 마지막 해 수확량의 4분의 1정도인 100만 꾸러미 정도의 면화가 생산될 것이라고 예상했다. 그의 비관적 평가의 근거는 솔직했다. 사실 미국 남부에는 밭을 갈고 씨를 뿌리고 가지를 치고 그 모든 면화를 수확할 노동력이 부족했다. 그는 "노예해방으로 노동 체제가 완전히 붕괴되어서" 가까운 미래에 면화 수확량이 크게 줄어들 것이라며 탄식했다. 루이지애나의 플랜테이션 농장주들은 히킨스에게 "검둥이들에게서 제대로 된 하루치 노동을 얻어내기가 너무 어렵다"라고 말했다. 해방노예들은 "계약의 신성함을 모르며 계약에서 [그들의] 역할을 이행하려 하지 않기……" 때문이라고 했다. 히킨스는, 백인 정착민들이 면화를 직접 경작하는 것이 해결책인데, 결코 다시는 "좋았던 옛 시절"만큼 저렴한 비용으로 면화를 재배할 수 없겠지만, 결국에는 "전쟁 전 해마다 나왔던 것만큼 많은 양"의 작물을 재배할 수 있을 것이라고 결론지었다.[1]

　1865년 4월 면화 자본가들과 정치가들이 마음에 품은 가장 중요한 문제는 미국 남부의 면화 플랜테이션 농장주들이 면화의 제국 안에서 자신들의 예전 지위를 회복할 수 있을지, 회복할 수 있다면 그 시기는 언제일지 하는 것이었다. 이 문제는 사실 모든 관측자가 히킨스에게 동의했던 것으로, 노동 문제라는 단 하나의 사안으로 요약되었다. 맨체스터의 면제조업자 에드먼드 애시워스는 "한때 일을 하고 채찍을 맞던 흑인들이 임금을 받고 일을 하면 꾸물댈 것"이라고 확신했다. 리버풀의 면화 중개인 모리스 윌리엄스는 그 문제를 제대로 지적했다. "이제 노동을 강요할 권력이 영원히 사라졌고, 남부 주들이 과거에 세계 면화 소비량의 5분의 4를 공급할 정도로 엄청난 양의 면화를 재배할 수 있었던 것은 대체로 이 권력 덕분이었다. 따라서 제 자신을 위해 일하는 자유노동자들이 크게 증가하기 전까지 몇 년 동안은 그들이 과거의 수확량에 견줄 만큼 많은 양을 생산하리라 기대할 수 없다."[2]

　노예 덕분에 면화의 제국이 혁명적으로 바뀌었듯이, 노예해방은 면화 자본가들을 그들 나름의 혁명으로 향하게 했다. 그들은 세계에서 면화 재배 노동력을 조직할 새로운 방법을 찾는 일에 골몰했다. 미국의 면화 재배를 도맡았던 노예의 해방과 어느 때보다 커진 면화 수요를 조화시키는 일이 결코 쉽지 않았다. 그럼에도 값싼 면화를 찾는 면제조업자들의 불안정한 수요 탓에 "면화 문제"는 여전히 중요한 사안이었다. 면화의 수입량이 매우 많았기 때문에 산업화된 유럽 국가들의 무역에서 면화는 여전히 가장 많은 비용이 드는 품목이었고, 면제품 수출은 유럽에서 해외 시장에 내놓은 상품목록에서 최상위를 차지했다. 수십만 노동자가 직물공장에서 일자리를 얻었으므로 이런 수요와 판로는 유럽과 북아메리카 사회의 사회적 안정을 보장하는 데 매우 중요했다. 너무나 중요한 산업을 유지하기 위해서는 면화의 제국을 전 지구적인 수준에서 재편해야만 했다. 다시 말해 토지, 노동, 자본, 국가권력의 혁신적 조합을 찾아내야 했다.[3]

다음 반세기 동안 면산업의 급성장이 지속되면서 그런 요구가 확대되었다. 1860~1890년에 세계 면화 소비는 두 배로 증가했고, 1920년까지 다시 두 배가 증가했다. 1903년 경제학자 일라이자 헬름Elijah Helm은 "지난 30년 동안 산업에서 나타난 커다란 변화들 가운데 그 중요성과 이해관계에서 기계로 이룬 면공업의 놀라운 성장을 능가할 만한 것은 거의 없다"라고 보고했다. 영국의 방적공들은 여전히 세계에서 가장 중요한 원면 소비자였지만 1860년 이전에 그들의 원면 수요는 빠르게 증가하지 않았다. 1840년에 그들의 면화 소비는 연간 4.8% 증가에 그쳤다. 그런데 1870년대와 1880년대에 이르면 증가 속도가 1.4%로 줄어들었다. 그러나 영국 방적업의 퇴조는 서유럽과 동유럽, 북아메리카, 그리고 20세기 초에 브라질, 멕시코, 인도, 중국, 일본에서 급속한 성장을 보이던 면산업 방적공들의 수요로 상쇄되었다. 1860~1920년에 기업가들과 노동자들이 추가로 1억 개의 방추를 가동하면서 세계 면직물 제조산업에서 기계식 방추가 세 배로 증가했는데, 그 가운데 절반이 1900년 이전 40년이 채 안 되는 기간 동안 설치되었으며 나머지 절반은 20세기 처음 20년 동안 설치되었다. 역직기도 극적으로 증가했다. 1860년에는 65

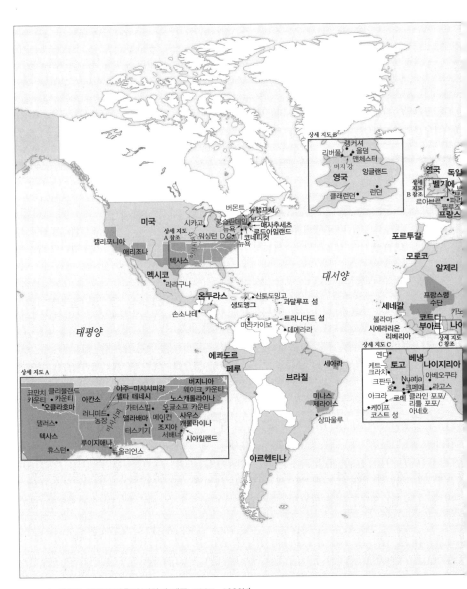

— 노예제가 사라진 이후의 면화의 제국, 1865~1920년.

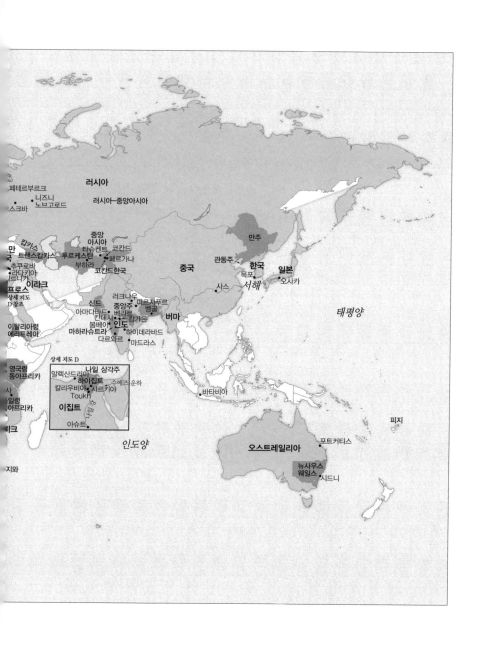

페테르부르크
니즈니
스크바   노브고로드

러시아

러시아-중앙아시아

중앙
아시아   코칸트
칼키스   타슈켄트
트랜스캅카스   투르케스탄   페르가나
투쿠로바   부하라
란다키아
르나키   코칸드한국
만
프랑스
이라크
상세 지도
D 참조

이탈리아령
에리트레아

영국령
동아프리카

사
일령
아프리카

크

지와

만주

관동주
한국
일본
목포   오사카
사스   서해

러크나우
신드   마르지푸르
아마다바드   중앙주   벵골
칸테시   베라르   칼가오   버마
봄베이   인도
마하라슈트라   하이데라바드
타르와르   마드라스

중국

태평양

상세 지도 D
나일 삼각주
알렉산드리아
하이집트   수에즈운하
칼리우비아   사르키야
Toukh
이집트
아슈트

바타비아

피지

포트커티스

오스트레일리아

뉴사우스
웨일스   시드니

인도양

만 대의 역직기가 가동되었다. 1929년에는 그 수가 320만 대에 이르렀다. 1860~1900년에 전 세계 면방추 수에서 유럽이 차지하는 비중은 점차 커졌다. 1860년에는 전체의 4분의 1이었다가 세기전환기에는 30%까지 늘었다. 영국의 희생을 발판 삼아 자신들의 몫을 늘려간 미국은 1860년에 10%에서 1900년에 20%까지 그 비중이 늘었다.[4] 이런 변화의 중요한 결과로 훨씬 더 많은 수의 국가와 자본가들이 값싼 면화에 관심을 갖게 되었다. 그리고 그 국가들과 자본가들은 세계 배후지의 유례없이 드넓은 지역을 모도시母都市(메트로폴리스)의 자본축적의 경로 안으로 끌어들이기를 바라며 세계 촌락지역의 변화에 관심을 갖게 되었다.[5]

면화 생산의 전통적인 방식인 노예제가 붕괴했을 때 면화 수요가 폭발했다는 사실에 면화 재배 노동자들을 동원하려는 자본가들과 정부 관료들의 노력은 더욱 다급해졌다. 앞에서 보았듯이, 대부분의 농사꾼들은 세계 시장이 아니라 그들의 가족과 공동체를 위해 생산하기를 더 선호했다. 인도에서 앨라배마, 서아프리카에 이르는 지역의 소규모 재배인들은 시장, 나아가 장거리 시장에 참여하는 일도 마다하지 않았고 자신들이 얻을 수 있는 이윤의 기회를 한껏 누렸다. 하지만 그들의 전략은 거의 언제나 가족의 생계, 상호의무, 정치적 타협, 관행의 구속을 받는 세계 안에 머물렀고 그 때문에 시장을 위한 생산 활동은 부차적인 것에 그쳤다. 그들은 가정 중심의 생산을 포기하려 하지 않았고 특정 지역에서는 유럽과 북아메리카 자본가들과 제국 행정가들의 침입을 저지하기에 충분할 만큼 강력한 집단을 형성했다. 더욱이 농사꾼들을 유인해 생계농업을 포기시키기에는 농업의 임금이 너무 낮고 불안정했다. 생계농업을 포기하면 위험부담은 훨씬 커지는 데 비해 그에 따른 보수는 그만큼 크지 않아 균형이 맞지 않았다.[6]

면화의 제국을 그 핵심부터 재건하려면 면산업가, 상인, 지주, 국가

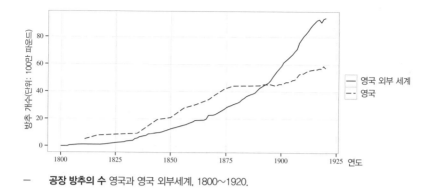

— **공장 방추의 수** 영국과 영국 외부세계, 1800~1920.

관료가 나서서 재배농민들의 그런 선택을 분쇄하기 위해 부단히 노력해
야 했다. 그리고 그 과정에서 새롭게 등장한 국민국가를 강화하며, 농촌
지역의 농부들을 생산자이자 상품의 소비자로 만들기 위해 합법적이고
때로는 불법적인 강제력을 용인하는 권력자들에 의지해야 했다. 그들은
신용, 토지의 사적 소유, 계약법을 포함한 자본주의적 사회관계를 확산
시켜 농촌 마을을 혁명적으로 바꾸려 했다. 그들은 프랑스 식민 관료들
이 매우 적절하게 "새로운 착취 양식"이라고 불렀던 것을 찾아냈다.[7] 그
들이 촉진시켰던 농촌지역의 변화는 산업 생산의 글로벌한 성격과 가
장 긴밀하게 연결되었다. 글로벌 무역의 초기 형태는 자본주의의의 방
식으로 생산되지 않은 상품, 예컨대 농노에 의해 가정 안에서 생산된 상
품의 교환을 기반에 두었다. 이제 글로벌화를 이끄는 기업가들과 제국
정치인들의 부와 강제력은 비록 형태는 다르지만 앞선 몇 세기 동안 아
메리카에서 그들이 했던 대로 지구 전역에 거주하는 사람들의 노동력과
토지를 상품화함으로써 그들의 생산 체제를 변화시키고 있었다. 아시아
와 아프리카의 "거대한 변화"는 처음으로 항구 도시에서 멀리 떨어진 지
역까지 파고들었다. 결국 산업자본주의의 논리가 글로벌 경제의 새로운

통합을 이끌었다. 새롭게 떠오르는 제조업자들의 힘과 그들이 통제하는 자본의 구체적 형태는 자본과 영토, 그 안에서 살아가는 사람들 사이에 새로운 관계를 만들어냈으며 그들의 노동력을 동원하는 새로운 방법을 가능하게 했다.

새로운 형태의 강제력과 폭력과 수탈이 포함된 새로운 형태의 노동이 세계의 면화 재배지역으로 더 넓게 퍼져나갔다. 이제 지배력은 주인의 권위에서 발휘되는 것이 아니라 사적이진 않지만 그렇다고 공정하지도 않은 시장과 법, 국가 같은 사회적 기제에서 비롯되었다. 1940년대 내내 미국에서 상업적으로 감당할 수 있는 기계식 수확이 등장하고 새로운 글로벌 정치경제가 출현할 때까지, 산업가, 상인, 농업 생산자, 노동자, 통치자, 관료 사이에서 벌어지는 때로 폭력적이기도 하지만 거의 언제나 일방적인 투쟁에서 비롯된 새로운 노동 체제가 면화 생산의 주요 동력이 되었다.[8]

동시대인들조차 미국의 면화 재배인들이 다시 돌아와 세계 시장의 면화 생산을 지배할 것인지, 돌아온다면 때는 언제일지 확신할 수 없었다. 하지만 노예에서 해방된 면화 재배인들의 노동이 미국 면화 수출의 부활을 가능하게 할 토대가 되고, 그와 함께 세계 면산업이 부활하여 지속적으로 팽창할 것이라는 점을 의심한 사람은 없었다. 1865년에 대부분 유럽 출신이던 상인, 언론인, 외교관 들은 지도와 도표를 들여다보며 노예제를 대신할 노동 체제가 무엇일지 관련 정보를 찾느라 정탐꾼을 남부의 농촌지역에 파견했다.[9] 그들은 해방노예들이 면화 재배지로 돌아올지 여부가 관건임을 곧바로 알아챘다. 해방노예들이 반세기 이상 자신들이 경작해온 토지에서 계속 일할지, 이제 공공연한 신체적 구속이 금지된 상황에서 계속해서 그들에게 면화를 재배시킬 수 있을지를 많은 사람이 궁금하게 여겼다. 일부 낙관적인 목소리도 들렸다. 보스턴의 면제조업자 에드워드 앳킨슨은 면화 생산을 포함해 자유노동의 탁월한 생산성에 대한 믿음을 견지했다. 다른 이들은 "필요의 압박"이 그들을 면화 재배지로 되돌려 보냄으로써 "흑인들 사이에 만연한 게으름"을 "바로잡을 것"이라고 믿었다.[10]

하지만 대다수 사람들은 훨씬 더 비관적이었다. 남부의 재배농민들은 "이제껏 남부를 지탱해온 주산물의 재배를 포기할 수밖에 없을 것"이라고 예견했다. 윌리엄 래스본의 미국 대리인인 면화상인 J. R. 버스크J. R. Busk는 "급진적 조치들 때문에 남부의 평화가 무한히 지연되지는 않을 것"이라고 낙관하면서도, "내년에는 검둥이 노동자들에게 의지할 수 없을 것"이라고 조언했다. 런던에서 온 조지 맥헨리George McHenry는 한층 더 나아갔다. 그는 자신의 책《미국의 면화 공급The Cotton Supply of the United States of America》에서 오직 노예제가 부활해야만 면화가 생산될 것이라고 주장했다. "남부 주들에서 면화를 널리 재배할 수 있는 것은 흑인 노동자들뿐이다. 그리고 흑인 노동자들은 노예제라고 불리는 가부장제에 가까운 체제 아래에서만 통제될 수 있다." 봄베이의 면화감독관 G. F. 포브스G. F. Forbes가 해방노예들은 "가장 가까이에 있는 나무 아래에서 잠을 자며" 시간을 보낼 거라고 예상했던 것처럼, 인도의 면화전문가들도 자신들의 이해관계에 따라 그런 주장에 동조했다.[11]

유럽과 미전역의 정치·경제계 엘리트는 해방노예들이 계속해서 면화를 재배해야 한다는 데 동의했다. 또한 그들은 면화 문제는 노동 문제로 집약된다는 데에도 의견이 일치했다. 법률가이자 연방군 장군이었던 프랜시스 C. 발로Francis C. Barlow가 1865년 남부에서 면화 농장을 구입하려는 보스턴 출신의 부유한 친구 헨리 리 히긴슨Henry Lee Higginson에게 말했듯이, "그곳에서 돈을 버느냐 마느냐는 흑인들에게 일을 시킬 수 있느냐 없느냐에 달려" 있었다. 지주, 관료, 해방노예, 세계 곳곳에서 그런 문제의 전문가를 자처하는 사람들이 "검둥이 노동자" 문제를 고심했다.《서던 컬티베이터Southern Cultivator》가 요약한 대로 그런 논의는 "우리 모두를 사로잡고 있는 문제, 곧 어떤 종류의 노동이 우리에게 최선인가의 문제"였다. 그리고 실제로 그 지면을 채운 것은 "검둥이 노동자들을 성공적으로 다룰" 방법에 관한 문제였다. '전문가'들은 한 세대 전에 서인도 제도에서 그랬듯이 해방노예들이 생계농업에 종사할까봐 걱정했다. 그런 "해로운 결과"를 막기 위해 어떤 이들은 임금을 현금으로 지불하자고 주장했고, 다른 이들은 소작제를 지지했으며, 또 다른 이들은 집단노동을 유지하려는 노력을 더 선호했다. 사우스캐롤라이나 출신의 한 구독자는 이렇게 말했다. "검둥이는 남부에 적합하고 합법적이며 신이 내린 노동자[이다.] …… 자유를 만끽하며 거칠어졌다. …… 그리고 자유인으로서 노동을 하도록 길들여질 것이다. 검둥이가 생도맹그에서와 같이 되는 사태는 용납할 수 없다." 조지아 주의《메이컨 텔레그래프Macon Telegraph》는 1865년 봄에 그런 생각을 좀 더 정확히 표현했다. "이제 우리 주민들 앞에 놓인 더 큰 문제는 그 나라의 아프리카계 노동자들을 모두 어떻게 활용할 것인가이다."[12]

전쟁 중에 연방군 장군들과 북부의 투자자들이 연방군 부대가 장악한 남부지역에서 면화 생산을 재개하려고 시도했을 때 이미 "그 나라의 아프리카계 노동자들을 활용할 것인가"라는 질문에 대한 답이 일부 확인되었다. 가장 중요한 답은 사우스캐롤라이나와 조지아 해안가의 시섬Sea Island에서 찾을 수 있었다. 거기서 앳킨슨 같은 북부인들은 면화 플랜테이션 농장들을 사들여 '자유노동'이라는 그들의 이상을 실현하고자 했다. 그 섬은 수십 년 동안 면화 주산지였다. 그들이 예견한 것은 해방노예들이 임금을 벌기 위해 계속해서 수출작물의 재배하는 세계였다.

그들은 열광적으로 그 기획을 받아들였다. 해방노예들은 자유에 수반되는 것에 대해 다른 생각을 품고 있었다. 그들은 이를테면 토지소유와 자율적인 노동 같은 것을 생각했다. 그런데 연방군의 장군들은 다른 곳에서 그랬던 것처럼 그곳에서도 해방노예들에게 임금을 대가로 플랜테이션 농장에서 작업을 강요했다. 그런 조치들은 희망과 열망을 품은 해방노예들에게는 좋은 조짐이 아니었다.[13]

미국의 면화 산지에서 새로운 노동 체제의 윤곽을 결정하기 위한 투쟁이 플랜테이션 농장에서, 지방 법원에서, 각 주의 주도와 워싱턴에서 여러 해 동안 지속되었다. 전후 플랜테이션 농장주들이 패전의 정치적·경제적 결과로 피폐해진 플랜테이션의 세계를 노예제에 가장 가깝게 복구하려 하자, 그런 투쟁이 시작되었다. 확실히 이제는 계약을 체결하고 임금을 지불해야 했다. 《메이컨 텔레그래프》는 1865년 5월에 독자들에게 "지금부터는 노동에 대한 대가가 필요해질 것"이라고 조언하며 안타까워했다. 그러나 그 점을 제외하고는 삶이 전처럼 지속되어야 했다. 해방노예들은 헛간에 살면서 감독관의 감시 아래 밭을 갈고 씨를 뿌리고 김을 매고 수확을 해야 했다. 그들은 노동의 대가로 돈을 받거나, 더 일반적으로는 수확물의 일부를 받았다.[14]

노스캐롤라이나 웨이크 카운티의 면화 플랜테이션 농장주 앨론조 T. 미알Alonzo T. Mial이 1866년 초에 27명의 해방노예와 체결한 계약은 새벽부터 해질녘까지의 노동, 해가 진 후 몇 가지 부가적인 활동, "일요일마다 플랜테이션 농장에 나올 것"을 의무조항으로 명시했다. 아프거나 쉴 때는 보수를 받지 못했다. 노동자들은 한 달에 10달러를 받았고 베이컨 7kg과 곡식 한 자루를 추가로 받았다. 마찬가지로 면화 주산지인 조지아 주 남서부의 외딴 지역에서 노예가 해방되자 플랜테이션 농장주들은 해방노예들을 임금노동자로 고용했고 일방적으로 제한 조건들을 달아 최소한의 보수만 지급했다. 보수는 너무 적어서 "겨우겨우 연명할" 정도였고 (면화가 아니라) 옥수수 수확량의 10분의 1이 추가되었다. 어쩌면 세계에서 가장 중요한 면화 산지였을 야주-미시시피 삼각지대에서도 상황은 거의 비슷했다. 지주들은 임금을 지불했지만 해방노예들의 이동을 제한했고 그들이 플랜테이션 농장에 남아 면화를 재배하도록 강요했다. 해방노예 대다수가 가진 것이 거의 없었기에 지주들은 일방적으로 이런 조건들을 붙였고, 그들이 부리는 노동자들에게 1년 계약을 강요했으며, 수확기가 끝날 때까지 그들을 농장에 묶어두었다.[15]

제멋대로 할 수 있게 남겨진 플랜테이션 농장주들은 토지 소유의 구조와 작업의 리듬, 플랜테이션 농장 생활의 양식을 대체로 그대로 유지한 채, 일종의 임금노동에 기반을 둔 면화 제국의 재건을 상상했다. 그들은 미국에서 더 많은 면화를 얻는 일에만 관심 있는 유럽 경제계와 정치계의 엘리트 사이에 강력한 동맹세력을 갖고 있었다.

그러나 플랜테이션 농장주들은 자신들의 터전에 그대로 남아 있지 못했다. 그들은 노예제와 전혀 다른 세계, 사실 더는 세계 시장을 위한 상품 생산이 그들의 주요 관심사가 아닌 세계를 창조하기로 작심한 해방노예들을 맞닥뜨렸다. 해방노예들은 토지에 접근하는 것만이 새로 얻은 자유를 보장하리라 믿었고 그런 믿음의 근거는 충분했다. 그리고 그들은 연방이 전쟁을 수행할 수 있도록 지원한 자신들의 노력과 노예제 아래서 자신들이 했던 무급노동을 고려한다면 자신들에게 그런 토지에 대한 권리가 있다고 주장했다. 많은 해방노예들이 연방의 승리로 16만 1,870m²의 땅과 노새 한 마리가 자신들을 기다리고 있을 거라고 믿었다. 예컨대, 버지니아에서 한 무리의 해방노예는 왜 "우리에게 토지에 대한 천부의 권리가 있는지"에 대해 아주 명확하고 굉장히 정확한 생각을 갖고 있었다. 그들은 "우리의 아내, 우리의 아이들, 우리의 남편은 지금 우

리가 있는 땅을 사들이기 위해 거듭 팔려갔다. …… 그리고 토지를 개간
하고 옥수수며, 담배며, 쌀이며, 사탕수수며 모두 다 기르고 거둔 사람
이 우리가 아니었나? 그런데 북부의 대도시들은 우리가 생산한 면화와
사탕수수, 쌀 덕분에 생겨난 것 아닌가?" 노예제는 그들의 노동에 대한
정당한 대가를 도둑질하는 것과 같았다. 그리고 이제 그 도둑질을 토지
재분배로 배상해야 할 때였다.[16]

　하지만 제 땅을 가지고 생계농업을 영위하는 농민이 되겠다는 해방
노예들의 희망은 곧 사라졌다. 전쟁 중에 몰수된 토지의 대부분이 1865
년 가을이 되자마자 원 소유주들에게 돌아갔다. 토지에 접근하지 않고
는 해방노예가 자신의 노동력을 스스로 통제하기는 어려웠다. 더욱이
예전 노예주들은 대통령 앤드루 잭슨의 관대한 재건정책으로 정치적 영
향력을 상당 부분 회복한 상태였다. 그뿐 아니라 그들은 지방과 지역에
서 회복된 정치권력을 이용해 경제적 자원과 권력에 대한 해방노예들
의 권리 주장을 제한하는 장치를 적절히 활용했다. 이들 '재건된' 주정
부가 초기에 시행한 일들 가운데 하나가 노동규율을 시행하고 노동자들
을 플랜테이션 농장에 계속 묶어두기 위해 힘쓰는 것이었다. 1865년 11
월에 미시시피에서 통과된 이른바 흑인단속법black code은 해방노예들에
게 이동을 '부랑'으로 규정한 노동계약서에 서명하라고 요구했다. 그리
고 비록 연방정부가 해방흑인국Freedman's Bureau을 통해 '자유노동'의 악
명 높은 위반행위 가운데 일부를 교정하긴 했으나, 미국 정부 내의 많은
사람들 역시 해방노예들을 임금노동자로 바꾸기 위해 국가의 강제력이
필요하다고 믿었다. 예를 들어 해방흑인국의 루이지애나 주 부감독관은
1865년 7월에 "어디에 있든 해방노예들은 일할 것을 명령받으며 어떤
경우이든 일을 함에 있어 자유롭고 자발적인 계약을 체결"해야 한다고
주장했다. 이렇게 말한 루이지애나 주의 부감독관을 포함해서 많은 사

람들이 자유롭게 명령받는다는 말에 내포된 이율배반을 포착하지 못했다. 사실 비고용 해방노예들은 강제노동에 처해질 위험이 있었다.[17] 역사가 에이미 드루 스탠리Amy Dru Stanley가 명명한 대로 하자면, 북부 사람들은 이런 '강제 계약'이 해방노예를 자유로 인도하는 데 도움을 주는 조치라며 정당화했다. 동시에 공유지에서 동물을 방목하는 것, 사냥, 낚시, 과일과 견과류 채집과 같이 생계에 접근하는 대체수단을 차츰 규제했다.[18]

면화 자본가들은 전반적으로 그런 조치들을 환영했고, 뉴욕의 기업계를 대변하는 《커머셜 앤드 파이낸셜 크로니클Commercial and Financial Chronicle》을 통해 해방노예의 유랑은 "한시적인 상태를 넘어서는 것이어서는 안 되며 부랑인 단속법과 부랑인의 필요가 함께 작용해 교정되어야 할 것이다"라는 희망을 피력했다. 그런 강력한 반대세력에 직면한 많은 해방노예들은 자신들이 "영원히 나무를 베고 물을 대는 사람이 될 것"이라고, 그리고 면화 농사꾼가 될 것이라고 느꼈다. 생계의 대체수단에 접근하지 못하는 해방노예들은 인도나 아프리카의 시골 농사꾼들과 상황이 전혀 달라서, 농업 프롤레타리아로 변하기가 상대적으로 쉬웠다.[19]

하지만 해방노예들의 열망이 좌절되는 것으로 이야기가 끝나지는 않았다. 노예제에 가까운 노동 체제를 다시 구축하려는 남부 백인 엘리트의 시도가 너무 뻔뻔스러웠던 데다가 전쟁의 패배를 외면하려는 그들의 노력이 너무 두드러지자 북부인들이 존슨 대통령의 재건정책에 맞서기 시작했다. 해방노예들과 북부 동맹자들의 노력 덕분에 해방노예들은 1866년에 시민권을 얻었고 1867년에는 투표권을 획득했다. 이로써 해방노예들은 자신들의 신장된 정치력을 사용해 플랜테이션 농장에서 자신들이 직면한 상황을 개선할 수 있었다. 1867년에 의회는 남부 주들에 대한 군지휘권을 재확립했다. 북부의 지원과 이어 해방노예들의 정치적 결집 덕분에 흑인 노동자들 스스로 플랜테이션 농장에서 자신들의 요구를 더 명확히 할 수 있었고 1867년에는 "해방노예들이 농경지를 걸어 나와 그들의 일에서 벗어났다." 노동력 부족이 해방노예들에게 유리하게 작용했다. 남성의 경우 그들이 노예제아래에서 했던 것보다 더 적은 시간을 일했고 많은 여성과 아동의 경우에는 밭일에서 완전히 놓여났다. 그 결과 해방노예들은 조금 더 나은 계약을 협상할 수 있었다. 예를 들어 삼각주 지대의 계약에서는 몇 년 전에 비해 더 높은 임금과 더 나은 조건이 제공되었다. 더욱이 플랜테이션 농장에서 자신과 자녀들의 자리를 찾기가 점점 더 어려워진 해방노예 여성들은 노동계약의 세계에 진입하기 위해 투쟁하고 결집했다. 그것이 "약자의 무기"였다.[20]

훨씬 더 중요한 것은 해방노예들이 가족을 단위로 독자적으로 일하며 생계작물에 접근할 것을 주장했다는 점이다. 플랜테이션 농장주들은 이제 노동의 조건과 방식을 일방적으로 결정할 수 없었다. 한편 해방노예들은 여전히 땅을 소유할 수 없었다. 1867년에 이르면 어느 한쪽도 상대에게 자신의 의지를 완전히 관철할 수 없었다. 결국 사회적 타협이 이루어졌고 거기서 아프리카계 미국인 가족들은 감시받는 일 없이 자신들이 수확한 작물의 일정비율을 받기로 하고 지주로부터 생필품을 받으며 구획된 토지 안에서 일했다. 노예제가 존속하는 동안 널리 퍼져 있었으나 거의 사라질 뻔했던 집단노동과 함께 그런 소작 제도가 미국의 면화 재배지역으로 들불처럼 번져나갔다. 《서던 컬티베이터》가 1867년 11월에 언급했듯이, "일어날 수밖에 없었던 첫 번째 변화는 …… 토지 자산의 세분화였다." 1868년에 이르면 야주-미시시피 삼각주 지대에서조차 소작제의 확산이 목격되었다. 그리고 1900년에 이르면 아칸소, 사우스캐롤라이나, 미시시피, 루이지애나, 앨라배마, 조지아의 전체 흑인 농사꾼 가운데 4분의 3이 일정비율의 수확물을 받는 소작인이거나, 지주에게 일정액을 지급하고 자신이 수확물을 갖는 차지농借地農이었다.[21]

앨론조 미알은 이제 해방노예들이 서명한 임금계약을 버리고 자신의 플랜테이션 농장을 소작을 위한 구역으로 잘게 쪼갰다. 남부에서 소작제의 구체적인 성격은 저마다 달랐다. 미알은 때로 수확물을 나누어 갖는 것에 합의했고 때로는 특정작물을 일정량 받거나 현금을 받고 토지를 임대했다. 전형적인 소작 계약에서 한 소작인에게 농기구와 함께 12만 1,405m²~14만 1,640m²에 이르는 토지에 접근할 권한을 주고 그 대가로 수확물 절반을 받았다. 그의 소작인들은 계약에 따라 의무적으로 울타리를 치고, 교량을 고치고, 헛간을 청소하고, 수로를 팠다. 미알은 이 모든 일은 "내게 만족스러울 만큼 해야 하고 내가 만족스럽다고 인정할 때까지 계속해야 한다"고 말했다. 요컨대 "모두 내 지시에 따라 일해야 한다"는 것이었다. 그는 소작제를 통해 감독비용을 절감하면서도 여전히 소작인들에게 지시하고 재배작물을 정할 권한을 가졌다.[22]

미국의 면화 재배지역에서 소작제가 지배적인 노동 체제로 확산되면서 해방노예들은 자신들의 집단적 힘을 확인했고 플랜테이션 농장에서 임금을 주고 운영되던 아주 잘못된 집단노동 체제에서 벗어날 수 있었다. 소작을 통해 해방된 남성과 여성 모두 적으나마 자신의 노동을 스스로 통제할 수 있게 되었으며, 노예제의 잔재인 일상적인 감독을 피할 수 있었고, 개인 대신에 가족이 지주와 계약하고 남성과 여성, 아동의 노동 분담을 결정할 수 있었다.

그럼에도 불구하고 여러 면에서 그들이 거둔 것은 공허한 승리였다. 새로운 토지 소유 형태, 노동 체제, 신용 체제는, 미국 남부의 농부는 면화를 재배해야 할 것이고 면화 재배는 빈곤을 초래할 것이라는 점만 확인시켰을 뿐이다. 플랜테이션 농장주와 상인들은 소작인들에게 필요한 생필품을 제공하면서 터무니없이 높은 이자를 받았다. 결국 수확기가 끝났을 때 수확물이라고는 고작 채권자에게 빚을 갚기에도 빠듯할 정도였다. 예를 들어 미시시피 삼각주 지대 르플로어 카운티의 러니미드 플랜테이션 농장에서 소작인들은 식량 구매에 25%의 이자를, 의복 구매에 35%의 이자를 지불했다. 상인들과 지주에게 큰 빚을 진 소작인들은 꾸러미당 수익이 줄어드는 위험을 감수하더라도 유일하게 환금이 쉬운 작물인 면화를 더 많이 재배할 수밖에 없었다. 농사꾼들은 고리의 대출, 국가 정치경제에서 주변적인 위치, 가격 추락의 환경 속에서 일하며 자신들의 수입이 악화되는 것을 지켜보았다. 그것은 이제 지구 전역에서 세계 시장을 위해 생산하는 대다수 농부와 해방노예들이 공유한 운명이었다.[23]

특히 1873년 이후 경제적·정치적 환경이 극적으로 바뀌면서 그들이 얼마나 실패했는지가 명확해졌다. 그해는 19세기에 시작된 가장 큰 경제위기의 출발점이었다. 많은 새로운 생산자가 더 많은 면화를 내놓게 되자 면화 수요의 증가 속도가 전전의 평균 아래로 떨어졌다. 그러자 면화의 세계 시장 가격이 하락했고 생산자들의 이윤이 감소했다. 그와 동시에 가격이 하락하는데도, 아니 어쩌면 가격하락 때문에 전후 남부에서 임차, 부채, 작물의 판매 구조는 계속해서 농부에게 그 어느 때보다도 많은 면화를 생산하도록 엄청난 압박을 가했다.[24]

면화 재배인들의 경제상황이 나빠지고 북부인들에게서 해방 노예들을 위해 기꺼이 나서려는 태도를 찾아보기 어려워지면서 해방노예의 정치력도 축소되었다. 지주들은 흑인들의 집단행동을 무자비하게 탄압하며 다시 자신들의 정치력을 차츰 강화했다. 그들은 주 입법부에 대한 지배력을 확보했고, 이들의 새롭게 조직된 "구원자" 입법부는 흑인 면화 재배인들의 시민권 박탈을 추진했고, 제대로 된 교육을 받을 수 없게 했으며, 그들이 법적 보호에 접근하는 것을 막았다. 지주들은 면화 재배인들의 정치활동을 차단하기 위해 특별히 설계된 사상 초유의 폭력운동을 통해 남부 정부기구들에 대한 자신들의 정치적 지배력 회복을 뒷받침했다. 미시시피 삼각주 지대에서만 1888년에서 1930년 사이 100건에 이르는 사적 폭력행위가 발생했다. 유럽의 면화상인들은 미국 남부의 플랜테이션 농장주들이 정치력을 회복했다는 소식이 반가웠다. 런던의 베어링 브라더스사는 1874년 9월 16일에 뉴올리언스의 포스톨에서 이런 내용의 전보를 받았다. "인민이 전복시킨 주정부 보수적 관료들이 장악."

지주들은 좀 더 큰 정치력을 확보하자 신속히 움직여서 아프리카계 미국인들의 노동력을 장악했다. 재건 이후 리디머Redeemers● 입법부가 담보법을 개정해 지주들에게 면화 수확물에 대한 우선권을 주자, 빚에 허덕이던 해방노예들은 한때 가졌던 자신들의 몫에 대한 판매권조차 잃고 예속 상태로 떨어졌다. 입법자들이 "플랜테이션 농장의 노동자들을 [채무로 인한] 체포, 유죄 판결, 징역형에 취약하게 만들어 소작인들로부터 재배 수확물에 대한 권리를 박탈하고, 그리하여 그들을 임금노동자들과 동일한 법적 상태에 놓이게 하고 자연의 하사품에 대한 관습적 권리를 빼앗기 위해 형법을" 개정했을 때, 또 다른 일격이 가해졌다. 1872년 조지아 주 대법원은 "소작인들의 의사결정권과 수확물에 대한 법적 권리를 부정"하는 데까지 나아갔다. 사실 법원은 점점 더 소작인들을 임차인이 아닌 임금노동자로서 규정했다. 동시에 지주들은 국가기구를 활용해 노동력의 이동을 제한했다. 예를 들어 1904년에 미시시피주 입법

● 미국 재건시대에 공화당 급진파를 제거하기 위해 남부에서 결성된 정치적 제휴세력이다.

— **면화 밭의 소작농들**, 루이지애나, 1920년.

부는 "빈둥대는 검둥이 게으름뱅이들을 들판으로" 몰아갈 목적으로 새로운 부랑인 단속법을 제정했다. 지주와 농사꾼 사이의 관계는 노예제가 존속하던 때와 근본적으로 달랐지만, 세기전환기에 와서 면화 재배인들은 힘겨운 가난 속에서 권리도 정치적 목소리도 거의 갖지 못한 채 살아갔다.[25]

역설적으로, 지주들은 지역에서 그들의 권력을 공고히 한 바로 그 시기에 국가경제 안에서는, 역사가 스티븐 한Steven Hahn의 표현을 빌리자면, "극적이고 돌이킬 수 없는 권력의 쇠퇴"를 경험했다. 면화 가격이 하락할 조짐을 보이고 그들이 소비하는 물품은 보호 관세에 직면한데다가 자본이 부족해지면서 자본의 조달 비용이 높아지자, 지주들은 남북전쟁 기간에 등장한 국내 산업화의 정치경제에서 부차적인 존재로 밀려났다. 전 지구적으로 이 면화 재배인 집단이 상인들만큼 강력했던 적은 없었지만 미국 남북전쟁 이전에는 지역 정치를 장악했고 중앙 정치에도 상당한 영향력을 행사했다. 그러나 이제 권력은 그들과 같은 원료 공급자들에게서 결정적으로 멀어졌다. 당시 그들은 깨닫지 못했지만, 남북전쟁은 세계에서 면화 재배인으로는 마지막으로 강력한 정치집단을 형성했던 이들에게서 권력을 빼앗아갔다. 면제조업자에게 나타난 이런 중대한 변화로 면화 제국은 안정되었으며, 노예제를 방어하는 과정에서 적잖이 발생했던 종류의 봉기는 이제 불가능해졌다.[26]

노예였다가 소작인이 된 사람들은 세계 시장을 위해 어느 때보다 많은 면화를 생산했고 남부 내륙의 백인 자영농들도 마찬가지였다. 노예제 아래에서 백인 자영농은 면화를 거의 생산하지 않았다. 그들은 대체로 생계작물을 재배했다. 그런데 전후에 상황이 바뀌었다. 면화 생산은 주변적인 일이었을 뿐, 가족이 생계작물을 재배하고 가정에서 필요한 물건들을 직접 만들어 사용하던 지역들에서 면화 재배가 중요해졌다. 예를 들어 조지아 주 내륙의 백인 농장들 대다수에서 생계작물인 옥수수 1,000부셸(2만 7,200kg)당 생산된 면화의 양은 1860~1880년에 세 배 증가했다.[27]

이 같은 농부들이 생산하는 면화량의 증가가 의미하는 바는 무엇일까? 전쟁 기간 동안 과거 고립되어 있던 남부 지역들에 교통, 통신, 판매시설이 빠르게 확산되었다. 예를 들어 1870년대에 조지아 주의 철도 주행 거리는 세 배나 증가했다. 새로 면화 재배를 시작한 지역들에 기반시설이 보급되자 농촌 마을에 변화가 생겼다. 철도와 함께 조면기와 압착기뿐 아니라 상점과 상인이 들어왔다. 전쟁으로 생활이 궁핍해진 농부들은 이제 현금에 접근하기 위해 면화를 재배했다. 상인들이 이제 가장 작은 내륙 도시까지 들어왔기에 농부들이 쉽게 면화를 판매할 수 있었고, 동시에 공산품, 비료, 특히 신용에 더 폭넓게 접근할 수 있었다. 1906년에 독일의 한 사회과학자는 "전쟁의 결과에서 벗어나기 위해서는 그

— 백인 자영농들의 면화 생산은 극적으로 증가했다. "여섯 살의 워런 프레이크스. 그의 어머니는 그가 전날 18kg의 면화를 수확했다고 말했다. '내가 시킨 것이 아니다. 그 애는 작년에도 면화를 땄다.' 커다란 자루에는 약 9kg 정도가 들어 있었다." 오클라호마, 커맨치 카운티.

런 신용이 중요했다"라고 말했다. "그러나 일단 신용 체제에 발을 들이면 농부들도 어느 때보다 많이 면화를 생산할 수밖에 없었다. 상인들은 쉽게 팔리는 작물에만 담보권을 설정하려 했기 때문이다." 그 결과 많은 백인 농부들이 농장을 잃었다. 그리고 1880년에 이르면 그들 가운데 3분의 1이 토지를 임대해 일을 했다. 결과적으로 농부들에게 찾아온 자본주의적 변화로 그들은 점점 더 흑인 소작인 동료들과 비슷한 처지에 놓였다. 차츰 백인 자영농들은 그들이 소유한 유일한 것, 곧 토지와 생계작물에 대한 통제권마저 잃었다. 그런 상황에서도 그들의 작목 변경은 글로벌 면화경제에 더없이 중요했다. 백인 자영농들은 남북전쟁 전에 미국에서 생산되는 전체 면화의 거의 17%를 생산했는데, 1880년에 이르면 그들의 몫은 44%로 늘었다.[28]

백인 자영농과 해방노예들이 남부에서 출하되는 면화 대부분을 재배했지만 그들이 전부는 아니었다. 곳곳에 흩어져 있던 플랜테이션 농장주들은 "독일과 중국의 이민자들"을 데려와달라고 요구했고 20세기 초에는 이탈리아 이민자들을 미시시피 삼각주 지대로 데려오려고 노력했다. 일부 이민자들이 루이지애나의 면화 플랜테이션 농장에서 임금을 받고 일했으나, 미국의 다른 지역들이 훨씬 더 유리한 기회를 제공하며 이주민을 유인해 가면서 그들은 중요한 노동력이 되지 못했다. 노동력의 원천으로서 더 중요한 사람들은 죄수들이었다. 예를 들어 조지아주 오글소프 카운티에서 제임스 먼로 스미스James Monroe Smith는 8,093만 7,130m² 규모의 플랜테이션 농장을 운영해 1904년에는 연간 3,000꾸러미의 면화를 생산했는데, 1,000명이 넘는 노동자 가운데 많은 수가 죄수들이었다. 그 전까지 스미스는 만성적인 구인난에 시달리고 있었지만, 1879년 스리교정공사Penitentiary Company Three에 투자하면서 해결책을 찾았다. 그 회사는 주 전역에 죄수들을 파견하기 위해 설립되었다. 스미스는 그 회사 지분의 4분의 1을 소유한 주주로서 그곳 죄수의 4분의 1에에 대한 접근권한을 가지고 있었다. 더욱이 그는 지역 교도소에서도 죄수들을 고용했다. 그들은 난폭하게 다루어졌고 도주를 시도하면 총살당했다. 스미스는 죄수들을 너무 가혹하게 다룬 탓에 결국 주의 조사대상이 되었다. 1886년에 어떤 사람이 《카터스빌 신문Cartersville Courant》에 편지를 보내, 스미스가 죄수들을 가혹하게 채찍질한다고 고발하고 어떤 죄수들은 225대나 되는 매질을 당했다고 말했다. 그는 혐의를 부인했다.[29]

스미스의 예가 보여주듯이, 미국에서 면화 재배를 위한 노동력 동원에는 강제력이 동반되었다. 폭력의 정도는 어떤 면에서 충격적이었다. 해방노예들은 토지와 자신들의 노동에 대해 상당한 통제권을 가졌던 인

― **노동력 통제** 파치먼 농장의 죄수들. 미시시피. 1930년경.

도나 아프리카의 농사꾼들보다 쉽게 프롤레타리아 농업노동자로 전락했다. 그럼에도 불구하고 미국 남부의 농촌지역에서 폭력이 감소한 것은 다른 생활방식에 대한 해방노예들의 강렬한 열망을 간접적으로 증명했고 지주들의 힘뿐 아니라 그들의 취약성도 드러냈다. 생계 농업을 지향하는 경제를 구축하려는 농사꾼들의 노력을 무산시키고 세계 시장을 위한 농산품 생산에 그들의 노동력을 쏟게 하려면 주와 제휴한 지주들이 확고한 진취성을 보여야 했다. 1865년만 해도 노예제를 벗어나 새로운 노동 체제로 이행하는 일이 눈부신 성공을 거둘 것이라고 기대한 사람은 거의 없었기 때문이다. 그러나 전 세계의 제국 정치인들과 모도시의 면제조업자들은 그런 이행을 고대하며 희망에 부풀었다.[30]

플랜테이션 농장, 주의회 의사당, 워싱턴 D. C.의 정부청사에서 벌어진 투쟁이 남부 면화 재배지역의 노동제도를 결정했기에, 재건의 결과 미국에서는 세계 시장을 위한 면화 생산이 급속히 방대한 규모로 증가했고 그런 증가세는 항구적이었다. 모두가 정반대의 결과를 예상했지만 미국의 농사꾼들은 세계를 선도하는 면화 생산자의 지위를 회복했다. 1870년에 이르면 그들의 전체 생산량은 최고를 기록했던 1860년의 생산량을 능가했다. 1877년에 이르면 전전 영국에서의 시장 지분을 회복했다. 1880년에는 1860년에 수출한 것보다 더 많은 양을 수출한다. 그리고 1891년에는 미국의 소작인, 농부, 플랜테이션 농장주가 1861년에 재배했던 것보다 두 배나 많은 면화를 재배했고, 영국 시장의 81%를 공급했으며, 프랑스 시장의 66%, 독일 시장의 61%를 공급했다. 미국의 면화 재배가 너무나 성공적으로 회복되자 세계 곳곳의 제국 관료들과 자본가들은 미국을 모범 사례로 여기게 되었다. 영국에서 독일, 일본에 이르기까지 지위와 인종을 초월한 모든 제국주의자들이 면화 재배 기획에서 교훈을 이끌어내기 위해 미국을 연구했고 미국의 면화 재배인들은 인기 있는 전문가로서 여러 식민지 정부들에 상업적 면화 재배로 이행하는 데 필요한 조언을 했다.[31]

    세계에서 가장 뛰어난 면화 재배인들이 해방된 결과, 미국의 면화 재배에서 새로운 형태의 노동이 등장한 것은 단연 면화의 제국에서 일어난 가장 중요한 변화였다. 그런데도 미국의 면화 생산 위기에 부분적으로 힘을 얻은 세계 다른 지역의 제조업자, 상인, 관료 들은 미국의 남북전쟁이 진행되는 동안 이미 시작되었던 농촌의 변화를 가속시켰다. 비록 그 방법과 결과는 각양각색이었지만 말이다. 1865년에서 1920년까지 이어진 그들의 활동 덕분에 아시아, 아프리카, 아메리카에서 수백만 소작인, 임금노동자, 농업경영자가 유럽과 북아메리카의 방적공장을 위해, 그리고 세기전환기에는 일본, 인도, 브라질, 중국의 공장을 위해 백색황금을 재배하기 시작했다.

19세기의 마지막 수십 년 동안 세계 시장을 위한 면화 생산에서 가장 극적인 성장을 이룬 지역은 인도였다. 사실 미국에서 남북전쟁이 끝날 때 봄베이상공회의소는 이미 인도 면산업의 미래에 "아메리카 노예들의 해방은 엄청나게 중요한 문제[였다]"라고 말하며, 광활한 인도 농촌의 사회구조와 인도의 무역에서 영구적인 변화가 나타나고 있음을 알렸다. 인도 농촌의 생산자들은 남북전쟁 이후, 특히 1876년 이후로는 세계 면화 시장에서 지배적인 위치를 지켜낼 수 없었지만 수출용 면화 생산이 빠르게 성장해 1858년에 1억 1,793만 4,016kg에서 1914년에는 거의 5억 4,431만 844kg까지 증가했다. 그러나 이처럼 면화 수확량이 크게 늘었지만 수출상들은 더 이상 면화를 인도의 전통적인 판매시장인 영국과 중국에 판매하지 않았다. 그 대신 그들은 유럽 대륙에서 구매자를 찾았으며 20세기로 넘어와서는 일본의 방적공들 사이에서 구매자를 찾았다. 1910년에 이르면 인도의 면화 수출량에서 겨우 6%만이 영국으로 향한 반면, 38%는 일본이 소비했다. 유럽 대륙과 일본의 제조업자들은 영국의 제조업자들과 반대로 인도의 단섬유에 맞게 기계를 조정했고, 특히 인도산 면화와 아메리카산 면화를 성공적으로 혼합해서 더 거친 면직물을 생산했다. 그 결과 1860년 이후 30년 만에 유럽의 인도산 면화 소비가 62배나 늘어, 1913년 브레멘상공회의소가 말한 대로 "실질적인 도움"이 되었다. 이런 수요를 충당하기 위해 인도에서는 면화 재배 면적을 확대했고 1880년대 후반에 이르면 인도의 일부 지역(베라르)에서는 전체 농경지의 3분의 1을 면화가 차지했다. 이처럼 면화 수출이 확대되면서 인도 자체의 기계식 방적기 수도 폭발적으로 증가했다. 사실 1894년에 이르면 인도의 방적공장들이 약 2억 3,496만 800kg을 소비하고 수동방적기로 1억 160만 4,690~1억 5,240만 7,030kg을 추가로 소비하면서 인도가 수출한 면화는 전체 수확량의 50%도 채 되지 않았다.[32]

인도의 면화가 거친 면제품 시장에서 중요한 역할을 했지만 미국산 면화와 품질을 겨룰 더 중요한 맞수는 브라질산 면화였다. 그 결과 19세기의 마지막 30년 동안 브라질의 면화 수출이 확대되었다. 1850년대에 브라질은 연평균 1,469만 6,390kg의 면화를 수출했고, 뒤이은 30년 동안에 브라질 국내 면공업이 53배나 성장했는데도 같은 기간에 연평균 3,025만 4,610kg을 해외로 수출했다. 1920년에는 9,979만 320kg을 생산했는데, 그 가운데 4분의 1을 수출했다.[33]

한편 이집트의 농민들은 1860~1865년에 면화 생산량을 2,272만 4,970kg에서 1억 1,371만 5,607kg으로 네 배 가까이 늘렸다. 확실히 이집트산 면화는 미국산 면화보다 훨씬 더 품질이 높았다. 프랑스의 면제 조업자 로제르 세리그Roger Seyrig가 말했듯이 이집트산 면화는 '사치품'이었다. 미국의 남북전쟁이 끝난 직후 이집트의 면화 생산량은 5,669만 9,040kg까지 급감했지만, 1872년에 이르면 상인들은 다시 알렉산드리아 항구에서 9,071만 8,474kg 이상의 면화를 유럽의 목적지들로 실어 날랐다. 남북전쟁 이후 면화 생산이 저점을 기록하는 동안에도 이집트의 면화 생산량은 여전히 남북전쟁 이전 미국 면화 생산량의 2.5배에 달했다. 그리고 1920년대에 이집트는 1860년 생산량의 12배에 해당하는 2억 7,124만 8,230kg의 면화를 생산했다. 이를 위해 하이집트Lower Egypt 전체 토지의 40%가 면화 재배에 할애되었다. 요컨대 어떤 이들에게 이집트는 이제 거대한 면화 플랜테이션 농장처럼 보였다.[34]

19세기 마지막 30년 동안 이집트산, 브라질산, 인도산 면화는 세계 시장에 새롭게 등장한 중요한 존재들이 되었다. 1883년에 이들 지역에서 생산된 면화는 (이제 훨씬 더 커진) 유럽 대륙 시장에서 소비된 면화의 31%를 차지했는데, 이는 1860년에 비해 두 배에 조금 못 미치는 비율이다.[35]

면화의 생산은 이렇게 여러 대륙으로 확대되었는데 그런 현상이 노예제 없이 등장했다는 점에서 더 주목할 만했다. 1820년대 이래 면화 자본가들을 괴롭혀온 문제, 곧 어떻게 하면 노예가 아닌 농사꾼들이 면화를 생산하게 할 것인가 하는 문제는 하나의 해결책을 향해 갔는데, 그 해결책은 유럽과 북아메리카 면제조업자들, 정치인들의 이해관계를 만족시킬 만했다. 그러나 구체적으로 농사꾼들이 세계 시장을 위해 면화를 재배하게 된 방식은 저마다 달랐고, 노동자, 지주, 자본 제공자, 제국 관료 사이에서 벌어진 지난한 투쟁의 결과였다. 이런 사실은 미국 남부의 예에서 알 수 있는데, 그곳은 그런 변화가 어떻게 일어났는지를 보여주는 하나의 모델이 되었다.

지구 전역의 농촌지역을 재편하려는 이 모든 투쟁을 관통하는 한 가지 공통점은 이제 국가가 중요한 역할을 맡게 되었다는 점이다. 한때는 노예노동에 더없이 중요했던 노예주의 뻔뻔스러운 물리적 폭력이 새로운 형태의 강제력으로, 국가가 나서서 제도화하고 시행한 새로운 형태의 강제력으로 대체되었다. 그렇다고 물리적 폭력이 사라졌다는 뜻은 아니다. 다만 계약과 법, 세금에서 오는 압력에 비해 물리적 폭력은 부차적인 것에 불과했다는 뜻이다. 국가는 영토 안에서 새로운 주권을 발전시키면서 노동에 대한 그 주권도 확대했고 제도라는 산업자본주의의 새로운 힘을 증명했다.

베라르의 작은 도시(실제로는 읍) 캄가운Khamgaon은, 인도 서부 드넓은 지역의 중심으로 지역에서 생산되는 면화의 높은 품질로 오랫동안 명성을 누려왔다. 영국인들이 들어오기 수십 년 전에 이곳에서 생산된 면화의 일부는 수소가 끄는 달구지에 실려 갠지스 강가의 미르자푸르Mirzapur로 수출되었고 이어 캘커타로 운송되었다. 하지만 농부들이 면섬유만 전문으로 생산하는 것은 아니었고 다른 작물도 다양하게 재배하는 한편, 방적·방직업에도 종사했다. 사실 지역에서 방적된 '원사' 무역이 면화무역을 압도했다. 1825년 파시 상인들이 운영하는 페스탄지회사Messrs. Pestanji and Company가 최초로 '소달구지'에 면화를 실어 봄베이로 가져왔을 때 면화 수출 시장이 부상하면서 상황이 변하기 시작했다. 무역의 확대가 너무 더디다는 데 불만을 품은 영국인들은 1853년에 베라르Berar를 차지하고 정치적으로 지배하기 시작했다. 그런 상황이 랭커셔의 제조업자들에게 유리했는데, 미국에서 남북전쟁이 진행되는 동안 베라르가 "인도에서 가장 좋은 면화 재배지 가운데 하나"로 떠올랐기 때문이다.[36]

영국의 식민지 행정 당국와 랭커셔 제조업자들이 주요 면화 재배지역으로서 베라르의 잠재력을 알게 되었을 때 식민국가는 영국 제조업자들의 재촉에 못이겨 1870년에 캄가운으로 향하는 (베라르의 '잉여소득'으로 지불된) 철도를 완성했고, 이후 그곳에서 주민 약 9,000명이 거주하게 되었다. 하이데라바드Hyderabad의 영국인 주민 C. B. 손더스C. B. Saunders는 "마지막 장애물이 제거되고 미래를 위해 인도 서부의 가장 큰 면화 시장과, 시장으로 옮길 수 있는 모든 면화 꾸러미를 실어갈 유럽의 항구 사이에 증기를 통해 직통으로 연결된 생겼다"라고 축하했다. 캄가운에 철도가 놓였을 때 "법원, 공장, 면화 시장, 깃발로 유쾌하게 장식되었다"라고 개통식에서 말한 이는 다름 아닌 총독 자신이었다. 그는 다수가 면화 상인이던 청중에게 이렇게 일깨웠다. "우리 모두 미국에서 비롯된 면화의 수급 위기가 이 나라에서 면화의 발달과 생산을 자극하는 데 큰 역할을 했다는 사실을 알고 있다." 그는 또 세계 시장을 위한 새로운 생산 덕분에 인도가 크게 발전하는 혜택을 누렸을 뿐 아니라 "아주 최근에, 그러니까 커다란 고통과 절망의 시기에 거의 영웅적 자질을 보인 한 계급"인 랭커셔 면공업 지구의 숙련공들이 "커다란 혜택을 누리고" 있다고 주장했다. 총독은 마침내 "기차가 면화 꾸러미로 쌓은 기괴한 개선문이 우뚝 솟아 있는 면화 시장을 향해 달렸다"라는 말로 베라르의 식민 기획에서 면화의 중요성을 상징적으로 표현하며 총독 자신과 철도를 기념했다.[37]

철도와 함께 전신telegraph이 들어왔다. 이제 리버풀 상인들은 베라르에서 전신으로 면화를 주문하고 6주 후 머지 항구에서 면화를 받을 수 있었으며 새로 개통된 수에즈 운하 덕분에 증기선을 타고 봄베이에서 리버풀까지 21일 만에 여행할 수 있었다.[38] 그런 기반시설 사업의 영향은 경이로웠다. 이 일에 대해 베라르의 면화 중개상 해리 리베트 카르나크Harry Rivett-Carnac는 조만간 다음과 같은 일이 가능하리라고 예상했다.

> 캄가운 주변에서 재배하고 그곳 시장에서 구매해 인근 공장에서 압착한 면화가 압착소에서 열차 수송칸에 실린 후에는 다시 내릴 필요 없이 곧장 봄베이 항에 도착할 것이다. 캄가운과 리버풀을 잇는 전신, 시장과 운송 항구 사이에 놓인 완전한 철도노선의 뒷받침 덕분에, 그리고 어쩌면 면화 수송에 훨씬 더 도움이 되는 수에즈 운하 덕분에 리버풀에서 오는 주문에 따라 캄가운에서 생산된 면화 꾸러미를 랭커셔에서 요구한 양만큼 배송하는데 필요한 시간을 계산하는 일이 어렵지 않게 될 것이다.[39]

영국 치하의 인도는 탄력적인 실용주의의 전형적인 사례로 볼 수 있다. 자본가들은 그런 실용주의를 통해 면화를 재배할 노동력에 접근할 수 있었으며 노동력의 동원 방법들 역시 그런 실용주의를 통해 찾을 수 있었다. 랭커셔 제조업자들과 리버풀에서 봄베이에 이르는 면화무역상들의 등쌀에 떠밀린 영국 식민지 정부는 인도에서 미국의 남북전쟁 기간에 농촌의 면화 재배지에서 가파르게 진행된 변화를 더욱 촉진할 기획을 계속 진행했다. 변화의 영향은 빠르게 나타났다. 1853년 후반에도 베라르는 대체로 세계 시장에서 벗어난 채 견실한 가내공업 부문으로 지탱되는 마을중심의 경제에 머물러 있었다. 그러나 1870년대가 되면 베라르의 경제활동은 주로 세계 시장에 내놓을 면화 생산에 집중된다. 19세기 중반에 영국의 한 식민 관료는 이렇게 말했다. 베라르에서 "면화는 거의 수출용으로만 재배된다. 영국산 옷감이 수입되면서 직물의 가내공업은 무너졌다. 그리고 많은 직공 계급이 평범한 노동자가 되었다." 또한 이런 지역경제의 재편으로 예컨대 반자라banjara, 면화를 운반했던 전통적인 수레 소유자들)와 방적공은 물론이고 직공들이 일자리를 잃고 차츰 농사에 의지하면서 농업노동자로 내몰렸다. 사실 40년 후 어느 신문은 한때 번성했던 베라르의 면공업이 "철도가 출현한 이후" 자취를 감추었다고 보도했다.[40] 1869년 해리 리베트 카르나크는 다음과 같이 설명했다.

> 이제 이 땅에 철도 노선이 들어왔으니 유럽산 옷감이 수입되어 현지에서 생산된 옷감보다 저렴하게 팔릴 거라고 기대해도 지나치지 않다. 그리고 그 결과, 이제 면화는 원사로 가공되어 수출될 것이므로 더 많은 원료의 공급이 보장될 뿐 아니라 방적과 방직에 고용된 많은 주민이 앞으로 농업노동력으로 활용될 것이다. 그러면 잡초가 무성한 땅이 개간되고 면화 재배가 확대될 것이다.

인도의 국무장관 찰스 우드Charles Wood에게는 인도 사회구조에 나타난 이러한 변화가 기시감을 불러일으켰다. "면화 보고서에서 이끌어낸 결론이 더할 수 없이 만족스럽다. 현지 방직공들은 정확히 내가 웨스트라이딩의 무어 에지에서 보낸 내 어린 시절을 떠오르게 하는 사람들이다. 영세농들은 각자 8만 930~20만 2,340m²에 이르는 토지를 보유했고 두세 대의 수직기를 갖추고 있었다. 공장이 들어서면서 이런 종류의 방직업은 붕괴했고 이제 그들은 농사에만 매달린다. 인도의 혼합농[농사와 가내제조업을 결합시킨 사람들]도 같은 운명을 맞을 것이다." 우드와 그의 동시대인들은 자신들이 세계의 농촌지역을 원료 생산자이자 제조 상품의 소비자(또한 결국 공장의 노동력 공급자)로 변화시키는 거대한 움직임의 일부라는 것을 이해했으며, 그 역할에 자부심을 가졌다.[41]

베라르는 면화 제국의 재건을 위한 실험장으로 세계에서 가장 중요한 곳이 되었다. 다채롭던 베라르의 농업경제는 이제 오로지 면화 수확만을 전문으로 하게 되었다. 1872년에 《더 아시아틱The Asiatic》이 성찰한 대로 "이제 사람들은 한 번도 겪어본 적 없는 압박을 받으며 면화를 재배하게 되었다." 1861년 베라르에서 면화는 2,540km²의 토지에서 수확되었고, 1865년에는 재배면적이 거의 두 배로 늘었으며, 1880년대에 이르면 다시 두 배로 증가했다. 20세기 초가 되면 베라르에서만 인도의 전체 면화 수확량의 4분의 1을 생산했다. 이는 이집트 전체 면화 수확량보다 많은 양이다. 한 관찰자는 베라르가 "완전한 면화 지대가 되었다"고 말했다.[42]

인도와 미국에서처럼 이집트에서 면화 농업의 팽창은 국가의 강력한 개입으로 얻은 직접적인 결과였다. 이집트는 19세기의 마지막 30여 년 동안 재산권을 재정의하는 조치를 취해 촌락과 유목민들에게서 빼앗은 토지를 연줄 좋은 대농장주들에게 대규모로 재분배할 수 있었다. 그런 변화가 생기기 전에 이집트에서 소유권은 토지에서 발생한 수입의 일정분에 대한 권리를 제공했는데, 이는 특정 토지에 대한 소유권을 보통 여러 개인, 공동체, 종교 당국이 공유했음을 의미한다.[43] 이 같은 다면적 권리주장 때문에 이집트에서는 토지 매매가 어려웠다. 19세기 막바지에 이르러 이런 재산권은 농업의 상업화를 심화시키는 길로 나아갔다.

이집트 정부는 국민을 더 잘 통제하려는 열망뿐 아니라 국가 기반시설을 확대하고 엄청난 부채로 순식간에 불어나는 이자를 갚기 위해 더 많은 세금을 거두어들이려는 열망에 자극받아 믿을 만한 개인들에게 대규모 농장의 재산권을 주는 방향으로 움직였다. 처음에는 농장주들에게 그저 대농장에 대한 '세금 책임'만 주어졌지만 1870년에 이르러 대농장은 명백한 사유재산이 되었고 대다수가 통상 마을에서 강탈한 토지로 형성되었다. 면화 재배 농장이 차츰 지주의 명백한 재산으로 간주되었기 때문에 한때 토지 수입의 일부를 차지하고 일정한 결정권을 가졌던 마을주민들은 이제 온전히 지주의 처분에 맡겨졌다. 새 농장주들은 농민들에게 특별한 '사유지 마을'에 살도록 강요할 수 있었고 그곳에서 농민들의 삶 전체를 통제했다. 대농장 소유주들의 요구를 듣지 않는 농사꾼들은 추방당했고 점점 더 늘어나는 토지 없는 농업 프롤레타리아 대열에 합류했다.[44]

새로운 소유주들의 권리는 "구금, 추방, 절식, 착취에 더해, 다른 여러 형태의 독단적이고 이례적이며 필요할 경우 폭력적인 힘을 행사할" 자격까지 광범위했다. 그 결과 대농장들은 "농사꾼를 영구히 토지에 속박하는 데 최초로 성공한 감시와 강압의 체제"를 표상했다. 토지를 개인의 배타적인 소유물로 만드는 데는 정치학자 티머시 미첼이 "재산 형성의 폭력"이라고 묘사한 것이 필요했다. 이 새로운 재산권은 빠르게 확산되었다. 1863년 농장 소유주들은 이집트 농경지의 7분의 1을 장악했고, 1875년에는 그보다 두 배, 1901년에는 이집트 전체 토지의 절반을 장악했다.[45] 1895년에 1만 1,788명의 개인이 거의 이집트 전체 토지의 절반을 가졌던 반면, 나머지 절반은 72만 7,047명의 소유주가 차지했다.

이 농장들 가운데 일부는 규모가 거대했다. 예를 들어 이브라힘 무라드Ibrahim Mourad가 투크Toukh에 소유한 5,260만 9,130m²의 토지에서는 무려 2만 명의 농사꾼이 일했다. 그러나 이집트의 통치자 이스마일 파샤가 단독으로 소유했던 거대한 농장에 비하면 보잘것없었다.[46]

다른 곳에서처럼 면화를 재배하는 이집트 농촌지역의 변화는 거대한 신용의 피라미드에 기대고 있었다. 피라미드의 바닥에는 거의 항상 대금업자와 지주에게 빚을 지고 부채 탓에 지속적으로 노역의 위협을 받으며 면화 농장에서 일하는 노동자들이 있었다. 그 다음으로 지주들은 지역 상인에게서 대출을 받았는데, 지역 상인의 많은 수가 외국인이었다. 가장 큰 농장을 지주였던 이스마일 파샤는 1878년에 면화 가격이 하락하여 부채가 쌓이자 채권자인 로스차일드가에 농장을 넘기는 데 서명했다. 동시에 정부는 관개수로를 파고 증기펌프를 수입하는 데 사용할 재정을 충당하기 위해 대규모 차관을 들여왔다. 이때 차입한 액수가 너무 어마어마해서 국민들에게 수출용 면화 생산을 엄청나게 압박했는데도 결국 국가는 파산했다. 그 부채 때문에 이집트 전체가 영국 수중에 들어갔다. 이집트는 면화에서 얻는 수익이 줄면서 부채의 이자를 지불할 수 없었고, 나중에는 주권을 상실했으며 결국은 1882년에 영국 정부가 이집트를 장악했다.[47]

이집트와 인도의 예에서 보듯이, 19세기의 마지막 30여 년 동안 세계 시장에 내놓을 면화를 더 재배하려는 노력에서 통치자와 관료의 역할이 중요했다. 이는 부분적으로 자원에 대한 접근성이 그들의 권력을 좌우했기 때문이며, 또 공장이 활발하게 가동되어 상대적으로 사회적 평화가 조성되고 사회가 좀 더 안정되었기 때문에 가능한 일이었다. 그러나 통치 세력은 강력한 자본가들의 요구에도 순응했는데, 이집트의 경우처럼 대체로 통치자와 자본가가 같은 엘리트 집단에 속했기 때문이거나 영국과 프랑스 (앞으로 보게 되겠지만) 독일의 경우처럼 정치인들에게 압력집단의 로비와 정치의 압력이 동시에 가해졌기 때문이다.

시장의 규칙을 국가가 정하고 시행하면서 면화 재배 노동력을 동원하려는 국가의 열망은 피지배민들을 상대로 완전히 새로운 권리주장을 하기에 이르렀다. 베라르에서 나일강 삼각주 지대를 거쳐 미니스제라이스까지 정부와 법원은 가축 방목과 사냥처럼 자원에 대한 오랜 집단권리를 약화시켰다. 예를 들어 베라르의 자연풍경은 토지를 조사하려는 영국의 방대한 노력과, 이른바 '황무지'를 면화 농장으로 바꾸라는 영국인들의 요구로 엉망이 되었다. 한때 '황무지'는 개방되어 있어 농부들이 집단적으로 사용할 수 있었지만 이제는 사유재산이 되었다. 그 과정에서 전통적으로 땔감과 야생 식재료의 원천이었던 드넓은 숲이 벌목되었고 예전에 공동 목초지로 사용되던 초지는 경작지가 되었다. 베라르의 주요 면화 도시들에서는 서양 상인들의 증기압착기의 연료를 위한 벌목이 진행되면서 숲이 줄어들었다. 세계 일부 지역에서 진행된 숲의 파괴는 강수의 양상을 크게 바꾸었으며, 처음에 숲의 파괴를 부추겼던 바로 그 식민지 면화의 열기를 약화시켰다.[48]

더욱이 법원이 강제로 시행한 저당권법은 채권자들에게 농민들의 토지 사용 권리를 약화시켰고 그들을 부채의 수렁으로 더 깊이 빠트려 면화를 더욱 많이 재배하도록 강요할 또 다른 수단을 제공했다. 베라르의 농촌지역, 미국 남부와 남북전쟁 이전에 다른 지역의 특성이었던 상호의존과 사적 지배 체제는 이제 새로운 세계에 길을 내주었다. 그 새로운 세계에서는 국가의 지원을 받는 채권자들이 농사꾼들을 상품의 생산자이자 소비자로 바꾸어놓았다. 익명의 영국 작가는 인도산 면화에 대해 이렇게 설명했다. "문명화된 나라에서라면 민간 기업이 안전하게 떠맡

았을 일이지만 그 일을 이끌 만큼 지적인 사람들이 없는 곳에서는 정부가 맡아야 한다."⁴⁹

토지를 사유재산으로 만드는 일은 인도 등지에서 국가가 주도한 또 다른 기획이었다. 영국 면제조업자들은 옛 공동 소유 체제를 "개별 소유권과 효과적인 경작에 방해가 되는 것"으로 인식해서 식민지 정부가 "식민지의 질서를 잡아달라"고 요구하며 새로운 형태의 토지 보유를 요청했다. 그들은 토지의 사유재산권이 면화 생산 증대를 위한 전제조건이라고 여겼다. 토지에 대한 명백한 권리를 획득한 개인은 토지를 사고 팔 수 있었으며 임대하고 담보로 제공할 수도 있었다. 이런 새로운 개념의 재산권은 하나의 출발점이었다. 예를 들어 식민화되기 전 베라르에서 다양한 사회집단 사이의 관계는 "카스트의 위계에서 사회적 지위의 주종 관계"로 특징지어졌다. 그런 위계질서 속에서는 "토지의 생산물이 …… 사회적 계급에 따라 분배되었다." 개인은 특정 토지를 통제할 수 없는 대신 일정한 몫의 수확물에 대한 권리를 누렸다. 만약 그것을 체제라고 부를 수 있다면, 그 체제는 중세 유럽"에 비견된다고 한 영국의 어느 식민 관료가 예리하게 지적했다. 그러나 일단 그곳에 영국인들이 도착하자 토지조사가 실시되었고, 여러 부류의 지주들을 선명하게 구분하고 각자에 대해 세금을 부과했다. 뒤이어 토지를 통제하고 이어 세금 납부를 책임지는 카테다르khatedar 계급이 만들어졌다. 1870년에 이르면 영국의 한 식민 관료는 혁명이 성공적으로 진행되고 있다고 보고할 수 있었다. 베라르에서는 "토지의 점유자가 곧 그 토지의 절대적 소유자이다". 카테다르는 자본이 아니라 토지를 소유했기에 대금업자에게 의지했고 그들에게 자신들이 장악한 토지를 담보물로 제공할 수 있었다. 카테다르는 토지 경작을 위해 소작인을 끌어들였고, 이어 대금업자들에게서 운영자금을 빌렸다. 인도 곳곳에서 소규모 토지를 보유하거나 전혀 토지를 갖지 못한 채 부채와 빈곤의 늪에 빠져 허덕이던 농민들과 달리, 대지주와 대금업자는 수출용 면화 재배를 확대해 상당한 수익을 거뒀다.[50]

토지의 사유재산권이 지구 전역의 농촌지역으로 확산되자 지주들은 이제 세금 납부를 책임질 수도 있고 현금을 지불할 수도 있게 되었다. 그리고 그런 점은 현금작물의 생산을 자극하는 것으로 이어졌다. 베라르에서처럼 인도의 마하라슈트라 지역에서도 영국 정부가 나서서 세입을 늘리고 농부들에게 장거리 시장을 위한 생산을 장려하면서 농촌 마을의 공동체적 성격이 약화되었다. 이제 세금 납부를 책임진 것은 개별 농민들이지 마을공동체가 아니었다. 그렇게 해서 대금업자들은 농민들의 토지와 노동에 대한 새로운 힘을 얻었다. 그러자 농사꾼들은 세금을 납부하기 위해 돈을 빌려야 했다. 오스만 제국 역시 추쿠로바Çukurova에서 차츰 이와 비슷한 방식으로 지역민들에게 세금을 거두기 시작했다. 그 결과 주민들은 임금노동을 해야 할 처지에 놓이거나 기반시설 건설에 강제 동원되었다. 그들에게 현금이 필요했다는 사실이 면화 생산에는 유리하게 작용했다. 미국에서와 마찬가지로, 1877년 봄베이 면화부Cotton Department가 언급했듯이 "면화는 언제든 가장 쉽게 가장 잘 팔 수 있는 유일한 품목"이었기 때문이다.[51]

인도의 면화 재배인은 미국의 해방노예들과 달리 보통 자신의 토지를 보유하고 있었지만, 세금 납부를 위해서나 농기구와 종자를 구입하기 위해, 심지어 수확기까지 버틸 곡식을 구입하기 위해 돈을 빌려야 했다. 대금업자들은 새로운 계약법에 따라 안전성을 보장받으며 농민들에게 자금을 빌려줄 수 있었다. 사실 새로운 재산권은 농업의 상업화에 유리했다. 토지거래가 더 쉬워졌을 뿐 아니라, 토지 자체가 이제 담보로 제공될 수 있어서 자본의 침투도 가능해졌기 때문이다. 농사꾼들은 터무니없는 이자를 지급하고 대출을 이용했으며(30%의 연이율조차 특별하지 않을 정도였다) 수확을 몇 개월 앞두고 면화를 수확하면 대금업자들에게 넘긴다는 내용의 계약서에 서명했다. 어느 역사가의 말대로 "채무의 굴레"였다.[52]

소카르sowkar로 불리는 대금업자들이 농촌에 깊숙이 자리잡고 있었고 영국인이 들어오기 훨씬 전부터 농민들에게 자금을 빌려주었다. 그런데 그들은 도덕경제 안에 자리잡고 있어서 흉년이 들면 농민들을 지원해야 했다. 그런 측면에서 소카르는 영국의 식민주의가 구축한 더 상업화된 경제에서는 차츰 사라져가던 구명선과 같은 것이었다. 대금업자는 적당한 부를 얻을 수 있었고 대지주는 자본을 구할 수 있어 보탬이 되었지만 (고용노동을 통해 현금작물에 집중할 수 있게 했다), 소규모 토지 소유주나 소작농, 특히 토지를 갖지 못한 채 임금을 벌어야 하는 농업노동자는 대부분 위태로운 처지였다. '근대화한' 농부 집단은 미국 남북전쟁이 끝나고 나서 거의 30년 동안 지속된 면화 가격 하락으로 점점 더 절망적인 상황에 내몰렸다. 결국 1890년대 인도의 면화 재배 지대를 휩쓴 기근으로 그들 가운데 많은 이가 목숨을 잃었다.[53]

국가의 강화와 팽창을 뒤따르며 새로운 기반시설, 새로운 법, 새로운 재산권이 지구 전역의 농촌으로 밀려들어왔고 수십 년 전에는 상상도 할 수 없던 종류의 변화가 일어났다. 여러 면에서 국가는 면화 문제에 점점 더 깊이 관여하게 되었다. 아마도 가장 포괄적인 시도로는 면화 농업에 관련된 모든 정보를 수집하고 유포시키려는 체계적인 노력을 꼽을 수 있을 것이다. 기후와 토양조건, 생산 추세, 토지 소유 양상, 종자의 품질, 노동 체제에 관해 수집된 엄청난 양의 정보가 정부 공문서를 가득 채웠다. 그런 정보 가운데 많은 부분이 앞서 수십 년 동안 상인들이 편지와 회람문서를 통해 힘겹게 수집하고 전파했던 것이었다. 이런 태도는 현지정보를 체계화하고 전유하기 위한 직접적인 노력이기도 했다. 면화를 재배하기 위한 인도 농민들의 노력을 관찰하면서 구체적인 환경 조건 아래서 무엇이 최선인지에 관한 유용한 정보를 얻을 수 있었고, 이어 그 정보는 아프리카 등지로 전해졌다. 또 특정 면화품종을 수집해서 세계의 다른 지역으로 보낼 수도 있었다. 사실 정부는 생물성 물질의 전 세계적 유통을 크게 가속시킬 수 있었다. 그러나 이런 두 가지 일, 정보 수집과 품종의 전파보다 더 중요한 것은 바로 현황을 파악하려는 단순한 노력이다. 곧 사회와 자연세계에 있는 것을 관찰하고 정보를 수치화하고 그것을 표로 작성하고 편찬한 다음, 면화의 제국 전체에 보내려는 단순한 노력이었다. 이 수치들을 통해 특정 지역의 '잠재력'이 명확해졌고 그 잠재력을 활성화하려는 특정한 정책이 입안되었다.[54]

세계 여러 나라의 정부들은 각지의 면화 재배지에서 그러한 노력에 착수했다. 1866년에 인도의 식민지 정부는 "중앙주中央州와 베라르를 위한 면화 관리관"을 배치했는데 면화 재배지역에 관해 상세한 정보를 수집하는 자리였다. 이 자리에 임명된 해리 리베트 카르나크Harry Rivett-Carnac는 대담한 활동가로 면화의 제국을 확장하는 임무를 수행하기 위해 기차의 객실에 살다시피 하며 베라르 전역을 누볐다. "말 운반용 화물칸"이 붙어 있어서 "필요하면 언제든 말등에 올라 내가 있어야 할 지역의 중요한 지점으로 달려갈 수 있었다." 모든 것이 "공급을 확대하기 위해 재배지를 늘리고 개선하기 위해, 그런 다음에는 올바른 순서에 따라 지체 없이 무역이 이런 공급을 확보할 수 있게 교역을 돕는 조치를 취하기 위해 한 일이었다." 그와 같은 정부 관료들이 세계 농촌지역의 혁명적 변화라는 책임을 짊어지게 되었다. 1873년에 이르면 인도 정부는 인도 전역에서 특히 면화생산을 아주 면밀히 연구할 목적으로 섬유와 비단을 위한 전담 부서를 설치하고 그곳을 중심으로 관료들의 그런 조사활동을

확대해 나갔다.[55]

다른 국가들도 인도의 선례를 따랐다. 미국은 1862년에 농업부Department of Agriculture를 창설했고 곧바로 면화 관련 작업에 착수했다. 처음에는 통계정보를 수집하는 정도였지만 곧 활동을 확대해 목화에 감염되는 병충해를 연구하고 특정한 생육환경에 적합한 품종을 찾아내려 시도했고 품종 개량에 나섰다. 또한 애리조나 같은 서부 주들에서 어떻게 하면 면화를 경작할 수 있을까 하는 시급한 문제에 집중했다. 러시아는 1897년에 새로 획득한 중앙아시아 영토에 농업국토행정부Administration of Agriculture and State Domains를 설치하고 면화 연구에 집중했다. 이집트 정부는 면화 농부들에게 최상의 농사 실무 정보를 상세히 제공했으며 1919년에 이르러 농업부를 신설해 그러한 노력을 확대했다. 그리고 훗날 콩고의 벨기에 식민 당국은 이집트의 사례를 연구해 차용했다.[56]

정보 수집은 면화 농업을 재편하려는 정부의 노력과 병행되었다. 영국의 식민 관료들은 아메리카산 면화 품종을 인도 농민들에게 보급해 인도의 면화 품종을 바꾸는 작업을 실행했으며 농민들에게 새로운 영농방법의 사용을 독려했다. 이집트 왕립농업학회는 시범농장을 시도했다. 지역 농민들은 그런 기획에 반기를 들었는데, 새로운 면화 품종을 식재하는 방식이 지나치게 노동집약적이었을 뿐 아니라 품종이 지역 기후에 맞지 않아서 위험부담이 컸기 때문이다. 이런 부담을 상쇄할 만큼 보상을 늘릴 계획은 없었으므로 신품종의 보급을 실현하려면 강한 압박이 필요했다.[57]

강력한 정부와 자본이 서로 협조하기는 했지만, 풍부한 상인 및 자본을 넉넉히 가진 상인과 지주가 그들의 원대한 기획을 늘 완수했던 것은 아니다. 정부의 기록을 살펴보면 농사꾼들이 자신들의 경제를 재편하려는 시도를 지연시키거나 중지시키려 애쓴 내용들이 넘쳐났다. 예를 들어 서인도의 다와르Dhawar에서는 영국의 식민 관료들이 미국산 면화 품종도입을 꾸준히 시도했지만 농민들은 토종 면화 재배를 크게 선호했고 생계작물을 우선시했다. 토종 면화가 지역의 기후에 더 적합했고 기존의 지역 시장을 지배했으며 현지에서 조면할 수 있어서 가정경제에 더 적합했기 때문이다.[58] 또 오스트리아 총영사가 1877년에 하르툼Khartoum에서 보고한 바에 따르면, 수단 농민들은 면화 재배량을 늘리려 하지 않았다. "현지인들이 훨씬 더 쉬운 방식으로 생계수단을 찾았고 일은 어렵고 그에 비해 수익도 적은 농삿일을 하느니 세금 줄이는 방법을 찾아나섰기" 때문이다. 1919년에 이라크에서 한 독일인 관찰자는 "그 나라에는 노동자들이 힘들이지 않고 음식은 물론이요, 필요한 것은 뭐든지 얻을 수 있는 문화가 있어서 자발적인 노동의 의지를 일깨울 수 없다"라고 말했다. 이는 세계 전역에서 식민 관료들이 펼쳤던 주장이기도 하다. 버마에서 영국의 식민 관료들은 회한에 젖어 이렇게 말했다. "버마 농민들은 돈벌이 사업으로서 면화 재배에 별 관심이 없었다. 힘을 훨씬 덜 들이고도 그들이 벼보다 더 많은 이윤을 면화에서 거둘 수 있는데도 그들은 면화를 중요하게 여기지 않고 별 관심을 보이지 않는 것 같다."[59]

이런 투쟁의 의미는 어쩌면 결정적인 노력에도 면화 생산에 실패한 오스트레일리아에서 가장 잘 볼 수 있을 것 같다. 면화 농사에 최적인 가진 토지가 가히 무제한으로 공급되는 대륙, 오스트레일리아에서 면화를 재배하려는 영국 식민지 정부의 노력이 20세기 초에 시작되었다. 그러나 이런 노력에도 불구하고 오스트레일리아에서 면화 생산이 빠르게 확대되지는 않았다. 《애들레이드 애드버타이저Adelaide Advertiser》는 그 이유를 잘 알고 있었다. 면화 재배에 적합한 토지는 풍부했지만 씨를 뿌리고 김을 매주고 면화를 수확할 값싼 노동력이 없었던 것이다. 산업과학자문위원회는 어떤 식이든 면화 재배를 확대하려는 노력에서 봉착하는 주된 어려움은 "손으로 면화를 수확하는 데 드는 높은 비용이다"라고 보고했다. 1918년에 위원회는 값싼 노동력이 부족한데다 백인 정착민들에게는 면화보다 훨씬 나은 선택지가 있었던 탓에 "오스트레일리아에서는 면화 재배가 사실상 자취를 감추었다"라고 말했다. 뉴욕 프라이스캠벨 면화수확회사New York Price-Campbell Cotton Picker Corporation의 사장 테오 프라이스Theo Price는 1917년에 오스트레일리아 정부에 그 문제에 대해 조언했고 정부는 그 이유를 완벽하게 이해했다. "면화 재배는 대체로 노동력의 문제다. 노동력의 충분한 공급이 확실치 않다면 면화의 대규모 재배는 어려울 것이다. 나는 오스트레일리아의 이민법이 어떤지 알 수 없지만 만약 당신이 중국인을 데려올 수 있다면 …… 면화 재배를 신속히 발전시키는 일을 실행할 수 있다[있을지도 모른다]고 생각한다." 1920년에 《시드니 이브닝 뉴스》는 "현재의 노동 상황이 면산업의 경제적 토대를 마련하는 데 도움이 되지 않는다"라고 결론지었다. 값싸고 풍부한 노동력에 접근할 수 없다면, 면화 시세에 맞출 수 없다.[60]

그러나 이러한 난관 속에서도 면화 자본가들은 노동력, 그것도 어느 때보다 많은 노동력을 찾아냈다. 미국에서와 마찬가지로 인도, 브라질, 이집트의 면화 재배지역에서 지주, 식민 관료, 상인, 그리고 미국 남부의 지주와 같은 지역의 정치 엘리트들이 농사꾼을 원자재의 생산자이자 소비자로 변화시킨 덕분에 면화의 제국은 확대되었다.[61] 그들의 노동력을 동원하기 위해 마련한 구체적인 계획은 지역마다 달랐다. 구체적인 계획은 지방이나 지역 혹은 식민지마다 다른 사회적 권력의 분포에 좌우되었기 때문이다.[62] 산업자본주의의 막강한 힘은 바로 서로 다른 노동 체제를 연결하는 이런 불변의 능력에서 나왔다. 특히 그 힘은 엄청나게 비용이 낮아진 생산에서 도출되었는데, 그런 저럼한 비용은 농사꾼들의 세계, 가족의 노동이 제대로 보상되지 않은 채 가정 안에서 생계작물의 생산이 웬만큼 유지되는 세계에서 전개된 불완전한 변화 덕분이었다. 지방과 지역의 상황은 여러 전통에 둘러 싸여 있었고 사회 권력의 분포가 새롭게 떠오르는 노동의 구조를 결정했다. 예를 들어, 아프리카 경제가 여전히 활력을 유지하고 대체로 유럽 자본으로부터 독립을 유지한 사실이 중요했던 것처럼, 미국의 면화 재배인들이 20년이 채 안 되는 기간이기는 하지만 투표권에 접근해서 지주들의 정치권력을 제한할 수 있었다는 사실이 중요하다. 그 결과 일부 농사꾼은 소작농이 되었고 또 다른 이들은 차지농이 되었다. 그런가 하면 또 어떤 이들은 임금노동자가 되었다. 그들의 권력과 전통적인 생활방식은 계속해서 사라져갔지만 여전히 어떤 영향력을 유지하고는 있었다. 사실 그들은 방적·방직공장에서 노동하는 수백만 미숙련노동자에 비해 여전히 자신들의 삶에서 훨씬 더 큰 지배력을 발휘했다.[63]

농촌의 농사꾼, 지주, 상인, 관료 들은 새로운 면화 제국의 외형과 그 내부의 노동형식을 둘러싸고 투쟁을 벌였으며, 구체적인 장소에서 권력의 불균형과 세계 여러 지역 사이의 불평등한 관계로부터 구속을 받았다. 19세기 말에 이르러 소작농업과 임차농업이 노동력 동원의 지배적인 양식이 된 것은 미국에서와 비슷한 이유 때문이었다. 농촌의 농사꾼들은 하루하루의 감시가 없는 독자적인 노동을 선호했고 대체로 임금노동자가 되기를 거부했다. 베라르에서 소작농들은 지주계급인 카테다르의 토지에서 일했고 그들의 유동자본은 대금업자에게서 구했다. 이집트에서 대부분의 작물은 '고용노동력'이 아닌 '소규모 토지의 점유자 스스로' 재배했다. 그들 가운데 일부는 소작농이고 일부는 토지의 소유자였는데, 그들 모두가 가족 노동력에 의지할 수 있었다. 사실 이집트에서는 면화 대부분을 수확한 주체가 아동이었다. 브라질에는 소규모 가족농장과 더불어 소작농이 널리 분포했다. 대농장에서 소작인 가족들은 지주에게 일정량의 수확물을 제공해 그들의 지대地代를 '지불'했다. 페루에서 지주들은 1874년에 중국인 계약노동자들의 유입이 끊긴 후 임금을 받고 노동할 농민을 유인하지 못하자 토지를 농사꾼들에게 임대하는 방식으로 대응했다. 면화 농업이 등장하기 전에는 정착민이 거의 없었던 추쿠로바의 대지주들은 19세기 말 즈음에 노동력 부족에 시달렸고, 일부 이주민 임금노동자를 고용하는 한편, 소작제를 통해 노동력의 대부분을 충원했다.64

어디서든 소작제도가 확산될 때 소규모 자영농뿐 아니라 소작농은 외부자본에 의지했다. 예컨대 인도의 신드에서 농민들은 수확한 작물을 곧바로 대금업자들에게 판매했다. 그들이 면화 생산에 집중하기 위해 받은 대출을 갚기 위해서였는데, 대출의 "일부는 현금이고, 일부는 곡식이고, 일부는 면화 종자와 직물과 조bajri, 밀가루 등이었는데, 모두 가족과 일꾼들이 사용할 것들이었다." 대출을 제공하는 상인들은 곳곳에서 농민들의 농업적 결정을 제한했는데, 그들이 바로 종자와 도구를 선대했기 때문이다. 이자율은 12~24%가 전형적이었지만 연간 150%까지 치솟을 때도 있었다. 추쿠로바 소작농들은 지주와 상인들에게서 대출을 끌어왔다. 그들이 소작농들에게 물린 이자율은 15~20%였고, 그 결과 "상인자본은 노동력 부족이라는 한계 속에서도 토지와 생산과정에 대한 지배력을 확보했다."65

이렇게 해서 19세기 말에 이르러 세계의 면화는 대부분 가족노동으로 자기 소유의 토지나 임차한 토지에서 일하는 농사꾼들이 재배하게 되었다. 그러나 모도시의 자본이 새롭게 유입되자 농사꾼들은 생계작물이나 지역의 면제품 생산을 위해 면화를 재배하는 대신에 글로벌 면화

시장으로 끌려들어갔다. 그러면서 소작, 수확물에 대한 저당권과 함께, 자본을 통제하며 강력해진 지역 상인이 새로운 규범으로 자리잡으면서, 노예화되지는 않았지만 그렇다고 자유롭지도 않은 노동자들이 자리잡은 농촌세계를 만들어냈다. 이 시기 세계 전역에서 심각한 빚에 허덕이던 면화 농부들은 세계 시장의 변동에 취약했고, 전반적으로 빈곤했으며, 그들을 토지에 묶어두기 위해 새로 제정된 부랑인 단속법과 노동계약의 통제를 받았다. 정치적으로 볼 때 그들은 주변적인 존재가 되었다. 그들은 또한 경제 외적인 강제력에 의해 통제되기 일쑤였다. 이런 체제의 선례가 없는 것은 아니었지만, 이제 이런 체제는 민간 자본의 막대한 투입과 국가의 법적·행정적 진보와 기반시설의 확충을 통해 전 세계 농촌의 면화 재배지역을 완전히 새롭게 조직했다.[66]

그러나 세계의 면화 재배지에서 형편없는 임금을 받는 노동자로 전락한 농사꾼들의 수가 많지는 않았지만 점점 더 늘어가는 추세였다. 그들은 가장 힘이 없는 존재였다. 그들이 임금노동의 나락으로 떨어진 것은 막대한 부채를 짊어진 소작농, 임차농, 혹은 작은 농장의 주인으로서 상황이 더 악화된 결과였다. 그들에게 임금노동자가 된다는 것은 실패를 가늠하는 척도였다. 1907년에 이집트에서 전체 농업종사자의 40%에 가까운 사람들이 무산 노동자들이었다. 인도에서도 면화 경작지에서 일하는 임금노동자의 수가 19세기 내내 증가하는 경향이 있었다. 칸데시Khandesh에서 면화 농업으로 향하는 더 큰 흐름과 그에 따른 법적·사회적 변화로 백색황금인 면화만을 재배하는 토지의 비율이 어느 때보다도 늘어났고 프롤레타리아화의 물결이 이어졌다. 그리하여 1872년이면 성인 네 명 가운데 한 명이 임금을 받기 위해 일을 했다.[67]

멕시코 북부에서도 프롤레타리아화가 면화 재배지를 휩쓸었다. 1884

년 이후 라라구나La Laguna의 지주들은 새로운 철도를 이용했고, 거대한 면화 재배단지 건설을 위해 새로운 관개시설을 만들어서 "그곳을 멕시코에서 가장 상업화된 농업지대로 만들었다." 수십만 노동자가 면화 재배지에서 거주했고, 일부는 플랜테이션 농장에 살았으며, 어떤 이들은 수주 혹은 수개월 단위로 고용되었다. 그들 가운데 많은 이가 멕시코의 다른 지역에서 이주해온 사람들이었다. 1880~1910년에 이주민 수가 2만 명에서 20만 명으로 늘어나 면화 농장이 빠르게 확대되었고 1890년 이전 10년 동안 면화 생산이 다섯 배 증가했다. 대농장들 가운데 일부는 규모가 매우 컸다. 예를 들어 루한Luján 가문은 4만 5,000헥타르를 소유했다. 이 같은 산업의 전초 기지들은 기계화가 크게 진척되는 경우가 많았고, 압착기, 조면기, 면화 기름공장 등을 자랑했다.[68]

라라구나의 면화 노동자들은 세계의 다른 곳과 마찬가지로 완전한 프롤레타리아가 되었다. 일부 플랜테이션 농장들은 한 무리의 반숙련 노동자들을 유지했는데, 여덟 살에서 열두 살 사이의 무리로 조직했고 특정구역의 면화 재배를 책임진 십장들이 그들을 이끌었다. 일부 대형 농장들(아시엔다haciendas)은 그런 노동자들을 수천 명씩 모집했고 일주일에 6일간 하루 열두 시간씩 노동을 시켰다. 이 노동자들은 농업 프롤레타리아 계급에 합류했다. 토지 소유가 집중된 탓에 예전에 그들이 지녔던 토지 자원에 대한 공동 접근권을 상실했기 때문이다. 이 노동자들 가운데 많은 수가 결국 민영철도를 통해 라라구나로 유입되었는데, 가축떼처럼 화물칸에 실려서 왔다. 이런 이민자들이 활용할 수 있는 토지는 없었으므로 이들이 생계농업에 종사할 가능성도 없었다.[69]

그 대신 "지주가 정하는 규칙이 곧 법이었다." 어느 역사가의 표현인데 아시엔다들이 제복을 입은 사설 경비인력과 감금시설, 일꾼의 "체벌"을 통해 노동자들에게 규율을 강요했기 때문에 이를 두고 한 말이다. 일

— **노동력의 통제** 무장경비대가 멕시코 라라구나에서 면화 수확을 보장했다.

부 플랜테이션 농장들은 시골의 올무*cepo de campaña*, 말하자면 "문제 있는 노동자들을 처벌하기 위해 특별히 고안된 …… 형틀"을 만들기도 했다. 이주민 노동자들은 경작지에 상주하는 무장경비대의 감시를 받는 경우가 많았다. 국가는 노동규율을 시행하도록 도움을 주었고 도시는 "일하지 않을 때는 [그 노동자들을] 도심 밖에 두기 위해 엄격한 부랑인 단속법을" 시행했다. 이런 식으로 물리적 강제력에 의지하는 일은 세계 면화 재배 지역에 만연했으며 미국, 페루, 이집트 등지에서도 중요한 역할을 했다. 경외감을 불러일으키는 자본주의의 발전은 엄청나게 다양한 노동 체제 뿐 아니라 놀라운 강도의 폭력에도 의지한 채 지속되었다.[70]

• • •

새롭게 강력해진 유럽과 북아메리카 국가들은 재건된 면화의 제국 어디에나 있었다. 무엇보다도 노동력 확보를 통한 부의 축적이라는 자본가들의 기획과 주민 통제를 통한 국가 형성이라는 관료의 기획이 나란히 전개되었다.[71] 산업자본주의의 본고장인 식민모국에서 전개된 투쟁 속에서 면화 자본가들은 농촌지역을 변화시키고 사회를 변화시키려면 국가권력을 이용해 자신들의 부를 증대해야 한다는 것을 알고 있었다. 관료, 법, 군사, 기반시설 측면에서 새롭게 축적한 역량, 다시 말해 전쟁자본주의의 결실을 누리며 역량을 키우고 힘을 기른 제조업자 및 상인 들은 세계에서 어느 때보다도 많은 사람과 지역을 일반적으로는 글로벌 경제 안에, 구체적으로는 세계 시장을 위한 면화 생산에 통합시켰다.

19세기 말에 이르면 산업자본주의의 역동성은 자본가와 정치인의 공조로 비자본주의적 형태의 사회를 붕괴시키는 데 박차를 가하거나, 최소한 자본주의 세계 시장과 그들을 연결시킬 정도로 탄력을 얻었다. 그들은 새롭고 혁명적으로 조정된 노동과 사회관계를 거부하는 사람들의 저항을 분쇄하기 위해 때로는 강제력을 선택했다. 면화 제조업자 헨리 애시워스가 1863년 맨체스터상업협회 앞에서 잘 표현했던 것처럼, 그들은 "가격이 문제를 해결해줄 때까지" 기다리기를 원치 않았다. 노동이 상품으로 바뀌려면 노동자들이 역사적으로 유지해왔던 상호의무의 기반에서 '해방되어야' 했다. 동시에 그들은 토지가 경제 외적 유대에서 '해방되어야' 하고 자유롭게 판매될 수 있는 상품이 되어야 한다고 믿었다. 이런 '해방'은 생산을 이데올로기적으로 조직하는 특정한 역사적 방식에 의지했고, 그리하여 경제적·사회적·문화적 위계질서가, 심지어 인종적 위계질서조차 그런 해방을 가능하게 했다. 특히 인종적 위계질서는 그런 해방의 도움으로 산출되었다. 자본가는 그 시대의 진정한 혁명가였다.[72]

통치자들과 관료들은 이런 기획을 지지했다. 면화를 최대로 얻어내는 것을 포함해서 원료에 대한 접근을 보장하는 것이 차츰 국가의 정치력을 가름할 시금석이 되었기 때문이다. 국가를 강화하는 동안 그들은 사실상 글로벌 경제의 재편을 하나의 기획으로 삼고 신중하게 그 일에 착수했다. 사실 19세기 후반 글로벌 경제 통합의 가속화는 국민국가의 강화와 함께 나란히 진행되었다. 강력한 국가, 통치자, 관료는 원료와 시장에 의지하는 강력한 국내 산업들에 의지했는데, 이런 산업들이 세금을 거둘 수 있는 부를 창출했고, 수백만 명에게 일자리를 제공했으며, 그 모든 것이 사회적 안정을 증진하고 국가권력을 한층 강화했기 때문이다.[73]

그러므로 글로벌 시장을 포함한 시장의 건설은 정치적 작용의 하나였다. 점점 더 많은 국가가 원료와 노동, 시장에 접근하기 위해 경쟁하면서 국민국가가 이런 정치적 작용의 틀로 작용했다. 국가경제, 제국, 국가자본주의는 새로운 글로벌 경제에서 기본적인 구성 요소가 되었다. 식민지 세계가 원료의 중요한 공급자이자 일부 산업을 위한 중요한 시장이 되고, 원료와 시장을 제공하는 식민지 영토에 대한 국가의 정치적 통제가 안정되자 산업자본주의가 새로운 색채를 띠게 되었다. 1876년에서 1915년 사이에 지구의 4분의 1이 "식민지로 분배되고 재분배되면서" 국경으로 결정된 영토의 중요성이 빠르게 커지고 있다는 점이 증명되었다. 정치인과 자본가들은 결국 권력과 부의 축적이라는 각자의 목적을 결합시켰고, 그 과정에서 자본주의의 세계화가 완전히 새로운 형태로 전개되었다. 영국 등지의 공장 생산 세계에서 발전하기 시작한 산업자본주의의 방식은 이제 글로벌한 것이 되었고 믿을 만 했던 전쟁자본주의의 방식을 차츰 대체해 나갔다.[74]

역설적이게도 새롭게 공고해진 국민국가와 '국민'경제 역시 점차 국제적인 기획으로 바뀌어갔다. 이런 점은 1905년에 시작된 이후 정기적으로 모임을 갖고 맨체스터, 빈, 파리, 브뤼셀, 밀라노, 런던, 스톡홀름, 알렉산드리아 같은 장소에서 상인, 제조업자, 플랜테이션 농장주, 관료를 하나로 묶어준 국제면화대회 같은 것에서 가장 잘 드러났다. 1927년에 이 대회에 참가한 나라가 17개국에 이른다. 대회에 참석한 이들은 세계 여러 지역의 면화 재배조건을 논의했고 최상의 재배법을 확인하려고 애썼다. 또한 그들은 면화 생산을 늘리기 위한 모범적인 성과들을 검토했다. 예를 들어 식민지 토고에서 독일이 시도한 면화 농사 경험을 아주 상세히 논의했다. 이 대회는 값싸고 풍부한 농산품에 대한 모도시 경제의 요구를 새로운 형태의 주변부 노동력과 어떻게 조화시킬 것인가 하는 문제를 두고 자본가와 관료 사이에서 오간 전 지구적 담론의 일환이자 그 핵심이었다. 파리에서는 식민부Ministry of Colony 전문가들이 '식민지노동체제위원회'라는 적절한 이름의 위원회를 결성했다. 베를린과 시카고에서는 신진 사회학자들이 농업상품에 접근하도록 보장하는 '자유노동' 체제의 가능성을 모색했으며, 파리 주재 에스파냐 대사는 노예해방과 그 일이 노동력 공급에 끼친 영향에 관해 프랑스의 경험을 보고해달라고 프랑스 식민부에 요청했다. 봄베이의 영국 식민 당국은 러시아의 중앙아시아에서 노동력을 동원할 수 있을지를 조사했다. 1910년대에 일본의 농상무성은 식민지 조선에서 면화 생산을 확대하는 사업에 착수했고, 식민지에서 면화 재배에 '자유노동'을 사용하기 위해 유럽 국가들이 어떤 노력을 했는지 조사했다. 앞으로 살펴보겠지만, 탈식민주의와 탈자본주의 체제는 이런 경험들에서 교훈을 얻는 데 열성적이었으며 그들에게 가르침을 준 이들의 혁명적 기획마저 압도할 만큼 적극적이고 급진적으로 이런 교훈을 실행에 옮겼다. 세계의 일부 지역에서 경쟁적인 국민국가들이 강화되면서 그들은 지구 전역의 농촌지역을 재건하겠다는 불타는 열망을 공유했고, 개별 국민국가를 초월하려는 전략에 발

맞추어 정책을 펼쳤다. 그리하여 또다시 국가의 형성과 글로벌화가 전 세계적으로 나란히 전개되었다.[75]

그리고 '자유노동'의 딜레마가 1870년대까지 여전히 면화 자본가들의 관점에서 전 세계적 대화의 중심에 남아 있었지만, 면화 재배 노동자들의 해방으로 면화의 제국이 직면했던 위기는 해소되었다. 산업자본주의의 도구를 가지고 세계의 면화 재배지역들을 변화시킨 자본가들과 새로 발견된 국가의 능력 덕분에 리버풀, 브레멘, 르아브르, 오사카, 보스턴의 항구에다 어느 때보다 싼 가격으로 어느 때보다 많은 양의 면화가 도착할 수 있었다. 노동, 토지, 자본, 국가권력이 너무나 성공적으로 재결합하면서 리버풀의 면화 가격은 남북전쟁 이전 수준으로 회복되는 것을 넘어 그보다 더 하락하는 데까지 나아갔다. 1870년 미국에서 면화 450g의 가격은 24센트였고 1894년에는 7센트까지 떨어졌다. 이는 남북전쟁 이전보다 낮은 가격이다(당시 가격은 11센트 정도였다). 그 결과 최전선에 서서 세계 전역의 농민들을 수출용 면화 재배인으로 만들려고 압박을 가했던 맨체스터면화공급협회가 1872년에 해체되었다. 그리하여 미국 남부에서 해방노예들의 경제적·정치적 열망이 좌절되고 곳곳에서 새로운 노동 체제가 성공적으로 고안되면서 자본의 혁명적 활동을 통해 지구 전역의 농촌지역 재편이 성공적으로 이어지리라는 확신이 생겨났다.[76]

→ 인도의 면화상인들.

우리가 앞에서 보았듯이, 1865년 이후 진행된 산업자본주의의 급속한 팽창은 세계의 훨씬 더 많은 농촌지역을 변화시켰다. 면화 제국의 핵심 산업지대에서 제조업자들은 원료, 노동, 시장을 탐욕스럽게 요구했고, 유럽과 북아메리카의 도심지역에서 아주 멀리 떨어져 사는 사람들 대부분이 그들의 탐욕을 느낄 지경이었다. 미국에서 노예제가 폐지되자 인도, 이집트, 미국 남부, 브라질의 농사꾼들, 그리고 수십 년 후에는 서아프리카와 중앙아시아 농민들이 점차 다량의 면화를 생산하면서 새로운 노동 체제 안으로 끌려 들어갔다. 매우 힘들고 제대로 보상도 받지 못한 그들의 노동 덕분에 20세기로 접어들면서 면화와 면제품 교역은 대서양 세계와 아시아에서 "지금까지도 여전히 가장 큰 유일한 산업이 될 수 있었다." 1930년대까지도 동양면화주식회사東洋棉花株式会社에 속한 일본의 면화무역상들은 "면화가 세계 무역에서 가장 중요한 상품이라는 데는 논란의 여지가 없다"라고 주장했다.[1]

좀 더 일반적인 관점에서 보면, 새로운 노동 체제의 등장과 면화 생산의 놀라운 증대는 곧 제조업 중심지와 농촌지역 사이에 새로운 관계가 창출되었음을 가리키며 이는 산업자본주의의 기획 가운데 가장 혁명적인 것이다. 이미 살펴보았듯이, 1870년대에 이르러 자본가들은 수십 년 전이라면 불가능했을 만한 일들을 해냈다. 어느 때보다도 많은 세계 여러 지역이 완전히 통합되어 노예제에 의지하지 않고도 산업 생산의 수요를 충족시켰다. 이런 성공의 이유는 분명했다. 최소한 상인과 제조업자들의 지속적인 선동 덕분에 등장한 강력한 제국이 한때는 외딴 지역이었던 곳까지 깊숙이 파고들 수단을 갖춘 덕분이었다. 베라르를 관통한 철도에 몸을 실은 산업자본주주의 대리인들은 대서양을 가로지르는 전신선을 통해 면화가격을 통보하고 중앙아시아의 타슈켄트와 아프리카 동부 탕가니카Tanganyika(오늘날의 탄자니아)를 '평정한' 군사원정의 뒤를 따랐다.

강력해진 국가에 편승한 이 면화 왕들은 창조적 파괴라는 양면적인 변화를 촉진시켰다. 그들은 세계의 노예제 지역 외부에 위치한 면화 생산자들 가까이로 모도시의 자본을 끌어왔다. 그 과정에서 그들은 1860년대 이전 농경지의 면화를 공장으로 옮겼던 오래된 상인 네트워크들을 파괴하곤 했다. 그들은 또한 수공 방적업과 수공 방직업을 붕괴시켰고 세계의 가장 중요한 탈산업화 물결에 더없이 큰 영향을 미쳤다. 그 결과 수백만 명이, 그중에서도 특히 여성들이 방적과 직조 일을 포기했는데, 그것들은 지난 수백 년 혹은 수천 년 동안 그들의 사회를 조직하고 구성했던 일이다.

19세기 말 30여 년 동안 모도시의 자본과 공산품이 그 어느 때보다 폭넓게 세계 곳곳으로 이동했다. 유럽 상인들의 성공은 전통적으로 그들이 가장 취약했던 아시아의 거대한 지역에서 가장 두드러졌다. 아시아에서 그들은 면화의 실질적 생산자와 실질적 소비자에게 더 가까이 다가갈 수 있었다. 예를 들어 1870년대에 이르면 베라르에서 상업의 중심 도시였던 캄가운이 영국, 독일, 프랑스, 이탈리아, 스위스, 합스부르크 제국의 상인들을 맞았다. 이 상인들은 인도의 대리인들을 인근 면화 재배지로 보내 원면을 구입하게 했고 봄베이 항구로 운반하기 전에 면화를 세척해 압착하도록 했다. 이제야말로 그들은 면화 교역에 대한 통제권을 장악했고 이전 세대로부터 그들에게 상속된 세계, 그러니까 "교역이 순전히 지역 중개인들의 수중에 있던" 세계를 대체했다.[2]

유럽 상인들을, 그리고 나중에 일본 상인들을 인도, 이집트, 서아프리카 등지의 항구 도시들 너머의 배후지로 몰아간 것은 바로 노예노동 종식의 위기였다. 1861년에 노예제 붕괴의 첫 조짐이 나타났을 때 맨체스터면화공급협회에 소속된 제조업자들은 유럽인들이 "인도 내지에 자리를 잡고 현지인들 사이의 거래를 지휘하게" 되기를 바랐다. 1년 후 런던의 인도청India Office은 봄베이 지방의회에서 총독에게 "이들 지역에서 중개인을 통하지 않고 농사꾼들로부터 직접 면화를 구입할 목적의 대리점 개설"을 지지한다고 전했다. 그러나 인도에서 그렇게 하기는 쉽지 않았다. 인도인 면화 중개상들이 지역의 면화 거래에 깊숙이 개입하고 있었고 면화를 생산하는 농촌의 사회구조 속에 깊이 뿌리내리고 있었기 때문이다. 사실 인도의 사회구조를 혁명적으로 바꾸지 않고서는 유럽의 자본가들이 인도의 자본가들을 대체하는 일은 상상하기 어려웠다. 그러나 유럽의 자본가들은 점점 더 강해지는 제국의 지원을 받은 덕분에 인도의 자본가들을 대체할 수 있었고, 1878년에 영국의 한 식민지 행정관은 "[베라르의] [면화] 무역이 …… 거의 완전히 유럽 상인의 수중에 들어갔다"라고 보고했다.[3]

베라르의 캄가운 같은 외딴 배후지에서 면화 생산을 지배하게 된 유럽의 자본가들 가운데 게브뤼더 폴카르트Volkart Brothers사가 있었다. 콘스탄체 호숫가의 기묘한 도시 빈터투어에 본부를 둔 이 스위스 상인들은 1851년 이래 인도 면화무역에서 활발히 활동해왔다. 그러면서 유럽 시장에 판매할 면화를 구입하기 위해 인도 중개상들에게 도움을 받았다. 그러나 19세기 후반에 와서는 자신들의 자본을 가지고 실제 면화 재배인들에게 접근했으며, 캄가운을 포함해 인도의 면화 재배지역에 구매 대리점을 개설했고 면화 조면 시설과 압착 시설도 마련했다. 이 회사에 고용된 대리인들은 지역 중개상에게서 면화를 구입하여 그것을 회사의 자체 조면소로 보내 '폴카르트 압착소'에서 압착한 다음 기차에 실어 봄베이로 보냈다. 그리고 봄베이에서 이 대리인들은 면화에 상표를 붙여 리버풀, 르아브르, 브레멘으로 배송하여 공장주들에게 판매했다. 공장주들은 면화 꾸러미에 찍힌 'VB' 표시를 크게 신뢰했다. 옛 체제에서는 여러 중간상인들에게 의지했지만, 이제 게브뤼더 폴카르트사는 면화 재배인과 면제조업자들을 직통으로 연결했다.[4]

1833년에 이르면 베라르의 촌락지역 곳곳에 게브뤼더 폴카르트사의 압착소가 열여섯 군데나 자리를 잡았다. 그리고 1920년에 이르면 게브뤼더 폴카르트사는 인도에서 재배된 면화의 최대 화주 貨主가 되어 있었다. 18만 개가 넘는 면화 곤포, 혹은 전체 면화 수출량의 4분의 1을 그들이 판매했다. 게브뤼더 폴카르트사만이 아니었다. 랄리스사, 크누프사, 지크프리트사를 포함한 유럽 다른 상인 회사들의 대리점, 조면소, 압착소도 나란히 함께 일했다. 20세기 초에는 일본의 동양면화주식회사도 합세했다. 1926년이면 동양면화주식회사만 하더라도 인도의 보조 대리점을 156개 두었으며, 회사 수익의 대부분은 그런 배후지의 거래 활동에서 나왔다.[5]

유럽과 일본의 수출업자들이 한때 외딴 지역이던 면화 생산 도시로

— **유럽 자본이 인도의 농촌지역으로 이동하다** 베라르에 설치된 게브뤼더 폴카르트사의 면화 압 착소.

이동해 들어가면서 농사꾼들은 그들의 수확물을 세계 시장에 판매할 수 있게 되었다. 확실히 유럽 상인이나 일본 상인들과 연고가 있는 소규모 중개인과 대금업자, 소카르는 살아남았다. 그들은 인도의 농민들이 면화 종자를 확보하고 세금을 납부하고 수확기까지 생계를 꾸려가는 데 필요한 자금을 거의 언제나 터무니없이 비싼 이자율로 제공했다. 이들 소카르는 농촌 깊숙이 자리 잡고 있었고 유럽 상인들은 그들에게 의지했다. 지역민들이 유럽의 무역업자들이 제공한 시장과 자본에 접근할 필요가 있었던 것과 마찬가지였다.[6]

그러나 이렇듯 소카르가 존속했음에도 1850년대까지 면화 수출에서 중요한 역할을 담당하며 오랫동안 지배적 위치를 차지한 인도의 면화상 인들은 무역의 가장자리로 밀려났다. 그들은 미국에서 남북전쟁이 전개되는 동안 부를 축적했지만, 그 이후 면화 가격의 급락으로 많은 이들이 파산했다. 더욱이 교통 기반시설의 변화와 리버풀과 이어진 전신선의 등장, 인도 면화의 선물거래로 위탁판매를 담당하던 상인들의 투기적 이윤이 감소했다. 유럽의 주요 상인들은 재배인과 제조업자를 연결시켜 자신들의 사업을 수직적으로 통합함으로써 이에 대처했다. 게브뤼더 폴 카르트사는 이런 통합으로 눈부신 성공을 거두었는데, 유럽의 제조업 자들에게 접근할 수 없었던 인도의 상인들로서는 흉내 낼 수도 없는 행 보였다. 그 결과 인도 상인들은 특히 해외무역에서 차츰 압박을 받았다. 1861년에 그들은 여전히 봄베이에서 생산하는 모든 면화의 67%를 수출 했지만, 1875년에 이르면 그들의 몫이 28%로 줄어들었다. 그리고 그들 의 비중은 지속적으로 축소되었다. 해외 면화무역에서 경쟁할 수 없었 던 이 상인들 가운데 일부는 이제 막 새롭게 떠오른 인도의 방적공장에 자본을 투자하고자 했다.[7]

자본이 면화 생산에 유입되는 과정은 세계 다른 지역에서도 비슷한 양상으로 전개되었다. 일례로 이집트에서 상인들은 한때 전면적인 독 점권을 행사했던 이집트 통치자의 역할을 대신하며, 지역의 거래상이 나 농사꾼에게서 직접 "소량 단위의 면화를 구매해줄 대리인을 농촌으 로 보냈다." 이 상인들 다수가 그리스인들이었다. 그들은 미국에서 남북 전쟁이 진행되며 면화가 품귀현상을 보였을 때 이집트로 이주한 사람들 로, 거의 모두 가족구성원이거나 같은 연고로 뭉친 네트워크의 일원이 었는데 그들이 속한 네트워크들은 그리스를 비롯한 트리에스테, 마르세 유, 런던, 맨체스터까지 뻗어 있었다.[8]

아나톨리아 남부 추쿠로바에서도 상황이 비슷하게 전개되었고, 그리 스인 상인과 기독교도인 아랍인 무역상들이 이집트의 그리스 상인들과 같은 역할을 담당했다. 무엇보다도 그들이 거래했던 아르메니아인 상 인들은 지중해 전역을 아우르는 네트워크로 연결되어 있었다. 그러나

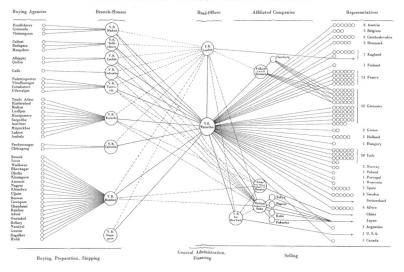

VOLKART BROTHERS' BUYING AND SELLING ORGANISATION

Buying Agencies   Branch-Houses   Head-Offices   Affiliated Companies   Representatives

Buying, Preparation, Shipping   General Administration, Financing   Selling

— 1925년 면화 재배인들과 제조업자를 연결시킨 스위스의 면화상인 폴카르트 브러더스사의 구매 및 판매 조직.

1880년대에 이르면 이미 들어와 있던 외국계 은행과 무역회사들이 지역 자본가들과 나란히 힘겨루기를 했다. 1906년에 레반트에서 독일면화협회가 활동을 시작했다. 그리고 1909년에는 독일오리엔트뱅크가 메르신Mersin에 지점을 개설했고 1년 뒤에는 관개시설에 크게 투자하기 시작했다. 예외적인 사례들에서는 농촌의 자본주의화가 한층 더 진행되어 면화 플랜테이션 농장을 전부 해외투자가들이 소유했다. 멕시코의 라라구나에서는 면화를 재배하는 거대한 아시엔다, 틀라우알릴로농산업식민회사Compañía Agricola, Industrial y Colonizadora del Tlahualilo를 영국인들이 운영했다. 미시시피에서는 브리티시방적주식회사British Spinners Ltd.가 산하에 1억 4,973만 3,688m²의 면화 경작지를 보유한 델타 앤드 파인토지회사Delta and Pine Land Company를 두고 있었다.[9]

오랫동안 유럽 자본의 대량 유입을 겪었던 북아메리카의 면화 재배 주들에서조차 상인과 면화 재배인들 사이의 관계는 차츰 인도와 이집 트에서 개척되어 면화 재배인들을 주변화시킨 제국주의 모델로 진화했 다. 남북전쟁이 있기 전 면화 재배지역으로서는 세계에서 유일하게 유 럽 자본에 의지하고 유럽 자본에 대해 수용적인 태도를 보였다는 점에 서 미국은 예외적이었다. 그러나 인도와 달리 미국에서 상인들은 강력 한 면화 재배인인 플랜테이션 농장주들에 비해 상대적으로 종속적인 역 할을 담당했다. 그러나 19세기 말에 상인들이 새로운 권력을 획득하고 자본이 새로운 방식으로 남부 농촌지역으로 파고들면서 상황에 변화가 생겼다.[10]

미국에서 도매상들은 면화 거래 재편의 중심에서 서서히 사라졌다. 도매상들은 플랜테이션 농장주들에게 선급금을 지급하고, 그들의 수 확물을 판매하고, 생필품을 제공했다. 그런데 이제 내륙 도시에 정착 한 상인들이 그런 일을 대신했다. 남북전쟁 와중에 남부 배후지의 교 통과 통신 사정이 극적으로 개선되고 면화의 제국이 서부로 더 멀리까 지 확대되면서, 재배인들은 멀리 떨어진 항구의 도매상들에게 면화 판 매를 위탁하는 대신 상인이나 공장 대리인들, 외국의 구매자들에게 면 화를 직접 판매했다. 그 결과 바다에서 멀리 떨어진 댈러스 같은 텍사 스의 내륙 도시들이 제대로 자격을 갖춘 중요한 면화 거래지가 되었다. 1880년에 이미 댈러스에는 그런 면화 구매자가 33명이나 있었다. 그들 가운데 많은 이가 프랭크 앤더슨과 먼로 앤더슨처럼 유럽과 아메리카 거대회사들의 대리인이었다. 두 사람은 노스캐롤라이나 윌밍턴의 알렉 산더 스프런트Alexander Sprunt, 윌 클레이턴Will Clayton과 함께 앤더슨클레 이턴 사Anderson, Clayton & Co.를 설립해 세계에서 가장 큰 면화 중개상이 되었다.[11]

미국의 배후지에 위치한 도시들까지 파고들어 면화를 구매하는 일이 벌어지자, 그런 도시들에 면화 압착소와 조면소도 건설되었고, 면화 분류사 같은 전문가들도 옮겨와 인도, 이집트 등지와 비슷한 발전을 보였다. 또 캄가운에서 그랬던 것처럼, 전신을 통해 리버풀과 뉴욕의 면화 가격이 가장 외진 남부 도시들로 전달되자 지역 상인들이 수확된 면화를 구매하기 시작했다. 동시에 철도노선이 가설되면서 차츰 소

－ **장 D. 제르비니** 이집트에서 활동한 그리스인 면화상인.

규모 시골 상점들에 근사한 상품들이 배달되었으며, 그러자 도매상들이 플랜테이션 농장의 생필품 조달자로서 하던 역할이 점차 약해졌다. 그리고 면화를 구매하는 상인들이 차츰 재배인들에게 신용을 제공하면서 전전에 도매상들이 맡았던 또 다른 역할을 침해했다. 그러자 예전의 도매상들이 이런 새로운 상황에 대처해서 그들 자신이 직접 내륙으로 들어와 면화를 구매하게 되면서 오래된 도매 체제에 또 다른 타격을 주었다. 그 결과 "면화 시장이 내륙으로 옮겨갔다." 그리고 1870년대에 이르면 맨체스터 방적업자들의 대리인들이 멤피스 같은 도시에서 직접 면화를 구입하게 된다. 예를 들어 알렉산더 스프런트는 인도의 게브뤼더 폴카르트사의 운영방식과 비슷하게 남부 주 전역에서 구매 대리점을 운영했고 브레멘, 리버풀, 뉴잉글랜드, 일본에 판매대리점을 두었다.[12]

모도시의 자본은 인도, 이집트, 미국 등지에서 면화 재배인들을 지배하는 새로운 힘을 얻었고, 한때는 강력했지만 이제 전쟁에서 패배한 미국 남부의 면화 플랜테이션 농장주들은 물론이고 무역에 대한 지역의

통제권도 모두 주변적인 위치로 밀어냈다. 더욱이 역설적이게도 되도록 가장 저렴한 면화를 넘겨달라는 제조업자들의 압력으로 수입업자와 중개상, 도매상의 수수료에 집중된 사업은 차츰 축소되고, 결국 훨씬 더 단순하고 값비싼 무역 체제로 대체되었다는 점이다. 사실 상인들이 서로 멀리 떨어져 있는 재배인과 제조업자들을 너무 성공적으로 이어준 탓에 정작 상인들 자신의 일은 점점 중요성을 잃어갔다.

1860년대 이전에 플랜테이션 농장에서 공장으로 면화를 운반했던 수많은 중간상인들은 수평적으로 통합된 소수의 상인들로 대체되었는데 거래비용을 줄이려는 제조업자들의 압력 때문이었다. 그런데 새로운 등장인물이 면화의 제국 무대에 등장했다. 그들은 재배인과 제조업자들을 직접 연결시켜줄 사람들이었다. 옛 방식으로 일하던 수입업자와 중개상은 몰락했다. 브라운 브러더스사처럼 신속히 조치를 취한 일부 회사는 남북전쟁 전에 이미 면화 사업에서 거의 발을 뺐다. 또 래스본사 같은 다른 회사들은 전쟁 후 막대한 손실이 누적되어 업계를 떠났다. 면화 거래에 투자한 사람들에게는 더 낮은 거래비용이 더 적은 이윤을 의미하게 되면서 방대하게 증가된 물량을 확보할 수 있는 사람들은 프리미엄을 얻었다. 19세기 글로벌 면화무역의 최고 권위자 가운데 한 사람이었던 토머스 엘리슨Thomas Ellison은 1870~1886년에 거래된 면화 가치의 2.5%까지 수수료가 하락했다고 추산했다.[13]

면화무역에서 상인의 비중이 낮아지면서 그들이 맡은 역할 자체도 바뀌었는데, 국가가 주도한 농촌의 변화로 면화 재배인과 제조업자를 연결하는 일이 훨씬 더 쉬워졌기 때문이다. 앞에서 살펴보았듯이, 세계의 농촌지역에서 계약법, 새로운 형태의 토지소유권, 영토에 대한 제국주의적 통치를 통해 국가는 존재감을 드러냈다. 덕분에 제조업자들은 세계의 농촌지역에, 그리고 차츰 주변적인 존재로 밀려나던 그곳의 면화 재배인들에게 더 즉시 직접적으로 접근할 수 있었다.

소수의 면화 거래소들이 차츰 글로벌 면화무역을 지배하게 되자 면화의 제국 안에서 예전 방식으로 일하던 수입업자, 중개인, 도매상의 중요성은 훨씬 더 줄어들었다. 그런 거래소에서의 거래는 종교, 친족, 출신지의 유대관계로 조성된 신뢰의 네트워크에 좌우되지 않았다. 대신에 면화 거래소 같은 이런 기구들은 비인격적인 시장이었다. 거기서는 누구든, 언제든 면화의 양과 질에 관계없이 즉시 거래나 선물거래를 할 수 있었다. 혹은 아직 선적되지 않거나 어쩌면 아직 재배도 되지 않은 면화의 미래 가격 변동을 예측할 수도 있었다. 그런 면화 거래는 지구 전역으로 급속히 확산되었다. 1869년에 뉴욕 면화거래소가 문을 열었고, 1871년에 뉴올리언스 면화거래소가 뒤를 이었으며, 르아브르, 브레멘, 오사카, 상하이, 상파울루, 봄베이, 알렉산드리아에서도 거래소들이 문을 열었다. 이 거래소들은 면화의 선물거래 계약을 전문적으로 취급했다. 앞에서 보았듯이, 그와 같은 '도래할' 거래는 이미 1860년대 이전에도 간간이 등장했지만 이제 '선물先物, futures'은 글로벌 면화무역의 지배적인 방식이 되기 시작했다. 이런 상황은 정보가 점점 더 빠른 속도로 지구 전체를 돌면서 가능해졌으며, 1866년에 대서양을 가로지른 최초의 전신선 가설이 가정 결정적인 작용을 했다.[14]

새로 등장한 이런 상품거래소들은 아주 정교하게 작동하는 기구들이었다. 1810년대에 아메리카에서 도착한 면화 꾸러미들을 살피며 리버풀 항구 주변을 분주히 돌아다니던 홀트와 드링크워터 그리고 그들의 경쟁자들은 그런 제도를 알지도 못했을 것이다. 이제 거래는 실제의 물리적 면화를 뛰어넘어 대단히 추상화되고 표준화되었다. 자연의 엄청난 다양성은 관행과 계약을 통해 몇 개의 범주로 묶였는데, 그 범주들은 자본의 요구에 따라 면화를 동일한 표준으로 측정할 수 있게 하는 추상화에 합

— 리버풀 항구에서 면화의 무게를
달고 있는 항구노동자.

치되는 것이었다.

　가장 중요한 것은 면화 자체의 표준화였다. 너무 편차가 커서 선물 거
래의 목적에 맞춰 다루기 어려웠던 면화의 자연적 특성은 "육지면 중품"
이라는 가상의 품질로 단일화되었고, 계약은 이 품질의 구체적인 제조
단위에 맞추어 표준화되었다. 앞에서 보았듯이 이런 표준들은 남북전쟁
전 몇 해 동안 리버풀면화중개인협회에 의해 규정되었다. 1870년대에
는 그 협회의 후신인 리버풀면화협회가 면화 품질에 대한 규정과 표준
의 시행을 이어받았다. 이는 글로벌 면화 제국에서 리버풀이 중심적인
위치를 차지한 데 따른 직접적인 결과였다. 면화 분류를 위한 상세한 표
준, 판매자와 구매자 사이의 분쟁을 조정하기 위한 기제가 앞 세대 상인
들의 지식과 신뢰의 네트워크를 그리 중요하지 않은 것으로 만들었다.
역사가 케네스 리파르티토Kenneth Lipartito가 주목한 대로, "선물투자는 전

세계적 수요와 공급의 조건을 지역시장들에 부과하는 데 도움이 되었다. 그리하여 면화 거래 전체가 각 등급의 면화에 국제적으로 결정된 단일가격이 적용되는 단일시장이라는 이상을 향해 움직였다."[15]

글로벌 면화 시장이 이렇게 재건된 결과, 사업이 급성장했다. 뉴욕면화거래소는 1871년에서 1872년 사이에 500만 꾸러미(실제 수확량보다 약간 많은 양)의 선물거래 계약을 주고받는 한편, 10년 뒤에는 3,200만 꾸러미의 계약을 주고받았다. 이는 실제 면화 수확량의 7.5배에 이르는 양이다. 글로벌 면화무역은 이제

— 뉴욕면화거래소(1923).

실제로 면화를 확보하는 것이 아니라 상품의 미래 가격 추이를 예측하는 일이 되었다. 면화 재배와 면공업의 모든 중심지에서 주간에 언제든 사용할 수 있는 면화 가격, 곧 면화의 '국제 가격'을 만들어낼 수 있는 거래소들의 능력에 따라 그런 예측이 가능해졌다.[16] 이제 면화무역은 면화의 제국 전역에 위치한 항구 도시들의 거리를 누비던 수입업자들과 도매상과 중개인들의 한가로운 속도에 맞춰서 진행되지 않았다. 이제는 산업자본과 금융의 리듬이 면화무역을 지배했다.

상인들의 역할은 축소되었다. 특히 그들의 핵심 기능 가운데 많은 부분을 국가가 차지해버렸다. 이미 살펴본 대로 상인들 간에 체결된 사적인 계약을 토대로 리버풀면화협회가 시행하던 모든 중요한 표준들이 세기 전환기 이후에는 차츰 미국의 국가 분류사들에 의해 규정되고 시행

되었다. 범주를 정하고 시행하는 중요한 권력이 리버풀면화협회 같은 민간 협회에서 국가로, 그리고 영국에서 미국으로 이전된 것은 글로벌 경제에 대한 미국의 영향력이 확대된 데 따른 결과이자, 리버풀의 법률 때문에 불이익을 당한다고 느끼던 미국 면화 생산자들의 정치적 영향력 이 확대된 데에 따른 결과였다. 1914년 "미국의 공식적인 면화 표준"이 만들어졌고 모든 선물거래에서 그 표준의 적용이 필수화되었다. 1923 년에 면화표준법Cotton Standards Act에 따라 주 사이 혹은 외국과 무역에서 미국 면화에 다른 기준을 적용하는 것은 불법으로 규정되었다. 그 결과 이렇게 마련된 표준이 유럽 면화거래소들의 거래를 이끌었다. 정부 분류실 소속의 분류사들이 면화거래소 안에 상주하게 되면서 국가가 글로 벌 면화 거래의 중심에 자리를 잡은 것이다.[17]

게다가 시장 동향을 쉽게 파악할 수 있는 통계가 주로 국가에서 제공 되자 상인들이 적기의 대규모 투자와 재산을 통해 조성한 정보수집과 교환의 정교한 네트워크의 중요성이 줄어들었다. 1863년 7월부터 미국 농무부는 면화 생산 관련 월례 보고서를 발행했다. 1894년부터는 거대 한 통계일람표인《농업연감Agricultural Yearbook》을 해마다 발행했고, 1900 년에는 면화 작황 보고서를 발행했다. 이 보고서는 "전업, 유급 통계 책 임자들 41명, 7,500명에 이르는 그들의 조수, 자원한 군 통신원 2,400명 과 6,800명에 이르는 그들의 조수, 4만 명에 이르는 자원 통신원이나 지 역 통신원"이 정보를 수집하여 작성한 것이었다. 2년 뒤에 의회는 매년 "조면공들에게 받은 전국 면화 생산 통계"를 취합하는 책임을 인구조사 국에 맡겼다. 1905년에는 자체 통계국을 갖춘 국제농업기구까지 생겼는 데, 다른 사람도 아닌 이탈리아 국왕이 창설한 것이었다. 국가는 제조업 의 회오리 속으로 값싼 원자재가 꾸준히 유입되게 하는 데 치중하던 국 가가 이제 그야말로 시장을 만들었다.[18]

제국의 정치인과 제조업자, 새로운 부류의 상품 중개인들은 면화 재배인과 옛 상인들의 무역 네트워크를 주변으로 밀어낸 데 만족하지 않고 여러 곳에 여전히 존속하는 면화의 구세계를 파괴하는 장기 기획의 실행에 매진했다. 그들은 이제 지구 전역의 농촌지역에 복잡한 탈산업화의 동력을 주입했다. 수작업을 포기한 방적·방직공은 유럽과 북아메리카의 제조업자들을 위한 잠재적 시장을 새로 창출했다. 그런데 앞에서 살펴보았듯이 이들은 이전 세기에 이미 세계 여러 시장에서 인도산 직물을 몰아낸 바 있다. 그런데 이제 19세기의 마지막 30여 년 동안 정치인과 제조업자, 중개인 들은 한때 면화 세계의 중심이었던 곳에서 외국산 면화 소비를 가로막고 있는 지역 장벽을 허물었다. 그리하여 세계 여러 지역에서 촌락의 농사꾼들과 예전 방적공들과 직조공들이 유럽과 북아메리카, 나중에는 일본산 면사와 직물의 최초 구매자가 되었다.

세계 면산업의 옛 터전보다 더 중요한 시장은 없었다. 아시아 면 시장은 방대했기에 그 시장을 확보한다는 것은 영국, 프랑스, 네덜란드, 에스파냐, 아메리카의 제국주의가 랭커셔의 제조업자들을 비롯한 유럽대륙 일부, 그리고 북아메리카와 일본의 제조업자들에게 내린 상이었다.[19] 특히 인도는 거대시장이 되었다. 1843년에 이미 영국의 제조업자들에게 인도는 가장 중요한 소비자였고 그 뒤로 1세기 동안 여전히 핵심적인 소비자로 남아 있었다. 1900년에는 영국 면산업의 전체 생산량 가운데 78%가 수출되었는데, 그 가운데 상당량이 인도로 향했다.[20]

유럽 제조업자들이 거둔 성공은 그들의 초기 실패에 비추어볼 때 한층 더 주목할 만했다. 19세기 초의 수십 년 동안은 운송비용이 높아서 아프리카뿐 아니라 아시아 내륙시장에도 대체로 접근하기가 어려웠다. 유럽 상인들에게 개방된 시장에서조차 유럽산 면제품을 판매하기가 어려웠다. 이 초창기를 들려주는 한 편의 전형적인 이야기에서 그 이유를 엿볼 수 있다. 인도, 중국과 면화를 거래했던 영국 상인 리처드 케이Richard Kay는 면사를 판매하기 위해 캘커타로 향했다. 그곳에서 난관에 봉착한 그는 꼼짝할 수 없었고 '현지 상인 패거리들'의 괴롭힘을 당했다. 그는 그곳의 열기 때문에 힘들었고 변두리 마을을 여행하는 데 염증이 났다. 알라하바드Allahabad를 방문했을 때는 "온갖 종류의 중개인들, 대개는 포목상들이 훼방을 놓았다"라고 불평했다. 《아시아 저널》은 방대한 인도 아대륙에서 이렇게 보고했다. "내륙 전체에서 유럽 상품의 거래를 거의 [지역 상인들이] 장악하고 있었다. 그들은 현재 우리가 고급 품질의 나사羅紗, 면, 구리, 철 등의 유통 확대를 주선하는 중요한 매체를 갖추고 있다." 그 결과 "영국 제품들이 인도 서부의 현지 면공업을 대체했지만 그 범위는 지극히 제한적이다. 그리고 운송수단과 통신수단이 개선되어 해당 제조업자들이 이전보다 더 대등한 조건에서 경쟁할 수 있기 전에는 그 범위를 확대하기 어렵다."[21]

그런데도 1830년대까지 이미 세계에서 가장 오래된 거래 형태 가운데 하나가 크게 바뀌면서 수백 년 동안, 심지어 수천 년 동안 수동 방적·방직업이 번성했던 지역으로 더 많은 양의 영국산 면제품들이 흘러들기 시작했고, 프랑스산과 스위스산 면제품, 또 다른 제품들이 뒤를 이었다. 1838년 오스만 제국에 '자유무역'이 강요되고 영국산 직물들이 이즈미르 시장에 물밀 듯이 쏟아져 들어왔을 때 지역의 면산업 노동자들은 그들의 오래된 생산 체제를 유지할 수 없게 되었다. 면 원사와 직물의 수입은 아프리카 남동부 해안에서도 지역 면산업을 황폐하게 만들기 시작했다. 멕시코의 유럽산 면제품 수입은 그 지역 제조업에 심각한 영향을 끼쳤다. 한 역사가가 발견한 대로, 멕시코가 관세 도입으로 산업화에 착수할 수 있기 전에 이미 과달라하라의 산업은 "사실상 궤멸했다." 오악사카에서는 직기 500대 가운데 450대가 가동을 멈추었다. 1842년에

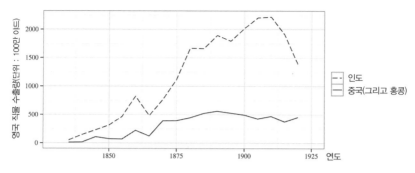

— **아시아 시장을 장악하다** 1820~1920년에 이루어진 영국의 대 인도 및 중국 직물 수출량.

중국에서 체결된 난징조약은 시장 개방을 강요했고, 뒤이어 유입된 유럽산과 북아메리카산 면사와 면직물은 '파괴적인' 결과를 초래했는데, 특히 수작업을 하던 방적공들에게 치명적이었다.[22]

인도는 모든 시장 가운데 가장 큰 시장이었다. 1832년에 베어링사의 거대 상점은 수익의 기회를 조금도 놓치지 않고 영국산 면사를 수출하기 위해 캘커타의 현지 상인 회사인 기즈번Gisborne사와 동업했다. 또한 베어링사는 중국과 이집트에 면사와 직물을 수출하는 데 필요한 자금도 조달했다. 기즈번 같은 무역상들의 노력 덕분에 1853년 봄베이 상무부에 따르면 "이전에는 불가능하다고 여겼을 정도로" 점점 더 많은 양의 영국산 면제품이 인도 시장으로 흘러 들어갔다. 흥미롭게도 맨체스터의 제조업체인 맥코널 앤드 케네디사는 그 세기 초에 자신들이 생산한 면사의 소비자 대다수를 유럽에서 찾았는데, 1860년대에 이르면 캘커타, 알렉산드리아, 혹은 이 도시들과 비슷한 세계 외딴 지역들의 소비자와 주로 거래했다. 한편 필든브러더스사는 너무 급격히 생산을 확대한 탓에 남아도는 직물을 캘커타의 '빈민 대중'에게 보낼 것을 고려하기 시작했다. 수익성을 유지하려면 이러한 기계 생산을 받쳐줄 시장이 어느 때보다 많이 필요했다.[23] 그러나 19세기 전반기까지 면화 세계의 옛 중심지들은 여전히 주로 수작업 생산을 유지하고 있었다. 1850년 인도에서 영국이 차지한 시장 지분은 고작 11.5%에 불과했던 것으로 추산된다.[24]

이 오래된 시장들을 장악하기까지는 수십 년이 걸렸으며 최종적인 성공은 제국의 후원을 받고서야 가능했다. 사실 모도시의 제조업자들을 위한 시장 창출은 식민지 행정 당국의 의식적인 사업이었다. 남반구는 경쟁자가 아닌 모도시의 산업을 위한 시장이자 원료와 노동력의 공급처가 되어야 했는데, 이 두 가지 모두를 실현하려면 현지 제조업을 파괴해야만 했다. 그래서 식민지 정부는 관세와 소비세의 새로운 체제를 만들어 현지 생산자들을 차별했다. 또한 그들은 지지역의 필요를 위해서가 아니라 글로벌 시장 접근을 목표로 새로운 기반시설을 건설하는 데 주력했다. 그들은 제조업자들이 원격지에서 경쟁하는 것을 돕기 위해 해외 섬유시장을 연구조사하는 데 상당한 시간과 금전을 투입했다. 봄베이상공회의소는 1853년에 "가능하다면 구체적인 상품의 등급별 주요 소비지가 어디인지, 그런 상품들이 제각기 최종 목적지에 도달하는 경로는 어떻게 되는지 확인하라. …… 서인도 제도에서의 수입무역이 확대되는 폭과 방향을 더 확실히 하는 것은 봄베이의 상인들이나 본국의 제조업자들 모두에게 크나큰 관심사다." 20년 뒤인 1873년에 출간된 J. 포브스 왓슨J. Forbes Watson의 《인도 직물 견본과 문양집Collection of Specimens and Illus trations of the Textile》(두 번째 연속 기획물)은 네 권으로 이루어진 아름다운 책인데, 길이와 폭, 무게, 원산지와 함께 상세한 설명을 곁들인 인도 직물 견본이 수백 개 담겨 있었다. 일부 견본집에는 야드당 가격을 포함해서 유럽의 제조업자들이 이 유사제품을 만들어 인도 시장에서 경쟁하기 위해 필요한 사항이 모두 적혀 있었다. 그리고 1906년에 "국무장

— **탈산업화의 대리인들** 콘스탄티노플, 맨체스터 등지에 지점을 갖고 있으면서 하스코보(지금의 불가리아) 고객들에게 맨체스터 직물 견본을 보여주고 있는 아르메니아계 면직물 상인 K. 아스타르드 잔, 1886년.

관은 인도 제품 가운데 무엇이든 영국의 기계방직 산업에 제공해 수익을 낼만한 것이 없는지 확인할 심산으로 인도에서 수작업으로 생산한 제품들을 조사하도록 인도청의 한 관료를 파견했다."[25]

중국 시장들도 마찬가지로 유혹적이었다. 1887년에 닝보寧波에 체류하던 한 영국인 관료가 〈닝보 지구 현지 면화 제조업자들에 관한 보고서〉를 맨체스터상공회의소에 제출했다. 그는 그 보고서에 "이곳에서 즐겨 입는 …… 면직물 견본들을 첨부"했다. 중국 주재 영국 영사는 그러기 몇 해 전에 "맨체스터상공회의소에 가격에 관한 설명을 포함해 중국의 여러 지역에서 노동자들이 입는 평범한 의복" 두 상자를 발송한 바 있었다. 그 옷들은 이틀 동안 맨체스터상공회의소에서 전시되었고 "많

— **인도에 면 원사를 판매하다** 폴카르트 브러더스사는 현지의 취향에 맞추어 영업한다.

은 방문객을 맞았다." 그리고 제조업자들과 제국 정부의 노력은 성공적이었다. 인도에서 영국이 차지한 시장 지분은 1880년에 약 60% 증가했다. 벵골 상인들은 영국산 수입품의 유입에 저항했지만 소용없는 일이었다.[26]

세계 면산업 중심지의 면사와 직물이 세계 면화 재배지역으로 새롭게 역류해 들어오면서 탈산업화의 해일이 일었다. 1869년 베라르의 면화 감독관 해리 리베트 카르나크는 이렇게 말했다. "기계로 생산된 값싼 직물 제품들이 수입되면서 여러 지역의 현지 방적공들과 방직공들을 시장에서 내몰았고 그들 가운데 많은 이들이 행상 일을 택하거나 농장노동자로 일했다."

19세기 중반, 수백만 명이 여전히 수세기 동안 해왔던 대로 수작업으로 실을 잣고 옷감을 짰다. 19세기 초 산업화된 생산 공정을 거친 원사

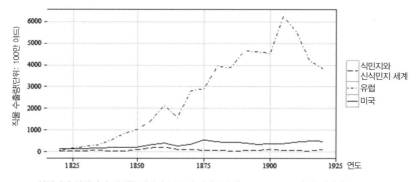

와 직물에 맞서 경쟁하는 가운데 특히 유럽과 북아메리카의 수공업 생
산이 붕괴하기 시작했으며 결국 인도의 수출용 직물 생산이 파괴되었
다. 그러나 지역에서 소비할 면사와 직물을 가내생산으로 조달해온 오
랜 면화 중심지들에서는 그런 변화가 여전히 먼 일로 보였다. 그러다가
19세기 마지막 30년 사이에 이런 상황에 변화가 일어나기 시작했다. 이
런 변화는 보통 서서히 진행되었고 처음에는 거의 눈에 띄지도 않았다.
예컨대 새로 철도가 개설되어 멀리 떨어진 공장에서 원사를 들여왔다.
하지만 때로는 변화가 순식간에 일어날 수도 있었다. 인도의 입장에서
는 미국의 남북전쟁이 그런 사건이었다. 전쟁이 진행되는 동안 많은 방
적공이 그들의 필수 원자재인 면화를 시장가격으로 조달해서는 경쟁력
이 없다는 것을 깨달았다. 마드라스상공회의소는 1863년에 작성한 보고
서에서 이렇게 말했다. "면화 가격이 상승한 탓에 이곳 관구에서 활동하
는 면직물 방직공들의 처지가 몹시 어려워졌다." 그 결과 미국 남북전쟁
기간에 방직공 수가 50%까지 줄었고 전직 방직공들은 농업노동으로 자
리를 옮겼다. 그리하여 인도 일대에서 세계 시장으로의 통합은 예상과
달리 프롤레타리아화를 동반하는 대신 폭넓은 '소작농화'를 초래했다.[27]

전직 수공업 노동자들이 면화 재배로 유인되면서 뒤이은 수십 년 동안 탈산업화가 그들의 세계를 휩쓸고 지나갔다. 1874년 베라르에서 인도 정부의 면화를 책임지고 있던 행정관은 "영국산 직물의 수입으로 가내에서 이루어지던 수공업 방직이 붕괴했으며 수많은 직공이 평범한 노동자가 되었다"라고 말했다. 가내공업으로 조달되는 면직물이 줄어들자 베라르의 면화 중개상은 이렇게 보고했다. "영국인들이 확신에 차서 베라르인들에게 기대하고 있는 원자재 공급이 가내공업 직물 때문에 차질을 빚는 일은 이제 없을 것입니다."[28]

유럽의 면제조업자들에게 이런 소식은 축하할 일이었다. 맨체스터상공회의소에서 연설한 에드먼드 포터는 다른 때는 그저 침착하기만 하던 청중들이 "옳소, 옳소"를 외쳐서 용기를 얻었다.

> 우리의 군사작전에 투입된 엄청난 비용, 공공사업에 사용된 큰 경비 …… 이 나라에서 늘어난 …… 인도 농산물 소비 …… 이 모든 것 덕분에 돈이 돌고 그 나라 라이어트ryot(농사꾼)의 사회적 조건이 향상되었습니다. 그래서 그들의 제품소비가 늘었습니다. 편지를 통해 알게 된 바로는 일부 지역에서 방직공들이 형편없는 보수를 받는 수공업에서 손을 떼고 있으며, 우리의 바람대로, 그들이 다시 농사일을 하고 있습니다. ("옳소, 옳소.") 비옥한 토양에서 농산물이 재배될 때 비로소 인도의 진정한 이익이 크게 증진되리라는 데는 의심의 여지가 없습니다. ("옳소.")[29]

영국 면화상인들과 제조업자들에게 인도의 탈산업화 소식은 예의범절을 벗어던져도 좋을 만큼 반가운 일이었다.

그 세기 말에 이르러 가내공업의 그런 쇠락이 사회적 참극을 불러왔다. 벵골에서 "더 질기지는 않더라도 더 값싸고 고운 유럽산 직물을 널

— **'다카'산 캘리코가 영국에서 제조되다** 1908년 무렵 위건에 위치한 기들로 공장.

리 사용하는 바람에 인도제품들이 차츰 자취를 감추고 있다는 소식을 어디서나 들을 수 있다." 벵골의 파르가나스Parganas 지역에서는 "대다수 방직공들이 대대로 물려받은 천직에서 쫓겨나 농사일로 내몰렸다"는 증언이 나왔다. 1896~1897년에 기근이 봄베이 관구를 강타했을 때, 세무국은 방직공들이 "흉작과 높은 가격뿐 아니라 생산물에 대한 수요가 없어서" 타격을 입었다고 말했다. 세계 곳곳에서 이와 비슷한 이야기들이 들려왔다.[30]

그러나 이처럼 비관적인 보고가 있었으나 가내공업이 완전히 소멸하지는 않았다. 오스만 제국의 방직공들은 더 값싼 (수입) 면사에 접근하는 이점을 누렸고 크게 세분된 지역시장에 성공적으로 접근할 수 있어서 19세기 내내 꽤 잘 견뎠다. 중국의 역사가들은 수공 방적이 급속히 감소한 반면(1913년이면 중국에서 사용된 전체 면사의 겨우 25%만이 가정에서 방적되었다), 방직은 여전히 가정에 머물렀으며 1930년대에는 직물의 70%가 여전히 가정에서 생산되었다고 말했다. 사실 가내공업은 사회주의 시절까지도 살아남았다. 라틴아메리카에서도 가정에 기반을 둔 면직물 생산은 특히 원주민 공동체들에서 지속되었다. 또한 아프리카의 제조업을 연구하는 역사가들은 "수입 면직물이 완전히 지배했다는 동시대인들의 주장은 극히 제한된 지역, 기본적으로 유럽 정착지 인근 지역을 제외하면 거의 타당성이 없다"고 평했다. 인도에서도 영국의 식민지 상공부는 1906년에 이렇게 보고했다. "그러나 수작업으로 옷감을 짜는 일은 결코 사라지지 않는다. 인도 현지인들에게 그 일은 여전히 농사 다음으로 가장 중요한 직업이다. 어떤 지역에서는 독립적인 생계수단으로서, 혹은 농사로 얻는 수입을 보충하는 수단으로서 지속되었고 다른 곳에서는 그저 순수한 가정의 소일거리로서 지속되었다."[31]

지역 면직물 생산자들의 경우, 그들의 발밑에서 세계가 변하고 있었고 이런 변화에 정치적으로 대응할 힘이 없었기 때문에 그 나름대로 그런 변화에 적응했다. 우선 그들은 수출 시장의 상실에 대응해, 더 거친 면제품을 생산해서 국내 소비자들에게 공급하려고 장비를 재정비했다. 또한 시장에서 유럽의 제조업자들이 진출하지 않은 영역에 초점을 맞추었고, 내구성이 더 좋은 직물을 생산하는 데 집중했다. 영국의 식민지 상공부는 애석해하며 이렇게 보고했다. "너무 여러 곳의 내륙 시장에 파고드느라 생긴 어려움, 풍습과 신분과 종교적 믿음과 물물교환 체제의 영향 등으로 일의 진행이 그리 순조롭지 않았다. 그런 문제들이 없었다면 훨씬 더 빠르게 진행되었을 것이다." 1920년대에 인도에는 여전히 약 250만 대의 직기가 있었다. 식민주의가 자국 산업에 끼친 파괴적 영향을 정치활동의 중요한 화두로 삼은 마하트마 간디조차 1930년에 "수공업 방직은 여전히 농업 다음으로 인도 전역에 가장 널리 분포하는 중요한 직업"이라고 인정했다. 모든 발전이 급속히 전개되었음에도 20세기 초에 농촌지역에서 진행된 자본주의적 재편은 여전히 미완 상태였다.[32]

방직공들은 생산의 근거지를 농촌의 더 깊숙한 곳으로 옮기고 가족 구성원 가운데 여성에게 생산에서 더 중요한 역할을 맡겨 생산비용을 줄이려고 노력했다. 그러나 이런 조정이 충분한 효과를 발휘하지는 못했다. 오스만 제국에서 면직물 생산은 차츰 길드에 바탕을 둔 남성의 노동에서 여성과 아동의 노동으로 옮겨갔다. 탈산업화는 가정경제를 와해시키면서 성별 불평등을 초래하는 일이 많았다. 사실 지역 제조업의 생존력은 대체로 농촌의 성별화된 사회구조에 뿌리를 두고 있었다. 그 구조 속에서 노동자들, 특히 여성들은 1년의 많은 기간을 일하지 않았기 때문에, 가족들이 보기에, 그들이 가족의 소비를 위해서나 판매를 위해 직물을 생산하는데 드는 '비용'은 매우 낮았다. "아삼과 버마에서 옷감을 짜는 일은 여자 아이의 가정교육과 여성의 일상적 의무의 일부분이다. 가족은 …… 이런 식으로 [직물을] 공급받는다. 그리고 생산된 직물이 판매로 이어지는 일은 드물다는 사실이 드러났다. 남은 생산물을 지역 시장에 내다 팔기 위해 가격을 정할 때 여가 시간에 일가족이 작업에 소모한 노동의 비용은 정산되지 않는다." 사실 자본주의로의 불완전한 이행의 결과, 가계 구성원들, 생계비보다 적은 돈을 받고도 일할 수 있는 가계 구성원들에 대한 극단적 착취가 가능해졌다.[33]

슈바르츠발트에서 중국과 인도에 이르기까지 방적공들과 방직공들은 그들의 오래된 산업이 파괴되자 집단적 저항을 시도했다. 그러나 그들의 움직임은, 제조업자들과 긴밀히 연결되어 어느 때보다도 더 권력을 집중시킨 제국주의 국가들에 직면했다. 19세기 초에 슈바르츠발트의 방적공들은 기계에 불을 질렀다. 1860년에 광저우廣州 방적공들은 밀려드는 유럽 수입품의 물결에 맞서 폭동을 일으켰다.[34] 그러나 국가는 그런 폭동에 친절하게 대응하지 않았다. 몇몇 인도 방직공들은 자신들에게 세금 납부를 강요하며 고문을 가한 세금 징수인들을 다음과 같이 고발했다.

목적에 맞게 자른 목판에다 가장 민감하고 내밀한 부위를 끈으로 묶거나, 머리와 등에 돌을 얹어 뙤약볕 아래 세워두고 허벅지와 귀를 꼬집고 구레나룻을 뽑거나, 한 사람을 다른 사람과 묶어서 서로를 옥죄게 하거나, 집의 문을 폐쇄하거나, 무력으로 탈취한 가산을 경매로 다른 사람들에게 팔아버리거나, 우리 가운데 일부를 감금하고 재산에 접근하지 못하게 하거나, 어떤 사람을 학대하고 때리고 또 다른 사람들을 학대하거나 폭력적이면서 강압적인 수단을 사용하는 방법으로.[35]

무제한의 폭력이 노예 플랜테이션 농장 세계만이 지닌 특징은 아니었던 것이다. 방직공들은 비록 새로운 정치경제의 논리를 바꿀 힘은 없었지만 그것을 정확히 이해했다. "유럽에서 인도로 건너온 사람들은 …… 큰 재산을 일군 후에 유럽으로 가져갔다. 그 모든 것이 우리의 노동으로 얻어졌건만 우리는 생계 수단도 없는 채로 버려졌다."[36]

개별적인 저항도 있고 집단적 항의도 있었지만 전반적 전반적인 흐름은 달라지지 않았고 결국 파괴적인 결과를 가져왔다. 지구 전역에서 수백만의 가내방적·방직공이 면화로 실을 잣고 옷감을 짜는 일을 잃었다. 역사가 티르탄카르 로이Tirthankar Roy는 인도에서만 "수작업을 하는 방적공 공동체가 대규모로 방적을 포기했다는 부인할 수 없는 경험적 증거가 있고, 이런 요인만으로도 약 400만에서 500만 명 정도 산업적 고용 손실이 초래되었다"라고 결론지었다. 다른 역사가들은 1830~1860년에 인도에서만 제조업의 손실로 200만에서 600만 개에 이르는 전업 일자리가 사라졌다고 주장했다. 유럽에서 면공업이 엄청나게 확대되고 지구 전역의 농촌지역이 수출용 면화 재배로 향하는 경향이 점점 강해지면서 오래된 면공업을 약화시키거나 붕괴시켰다. 이에 따라 방적공, 방직공, 농사꾼 모두에게 파괴적인 결과가 닥쳤다.[37]

세계에서 면화를 재배하는 농촌지역 상당수의 삶은 항상 고달팠으므로 수출용 면화 재배에 주력하는 것이 이론적으로나 현실적으로나 농사꾼에게 이로운 일이 될 수도 있었다. 앞에서 살펴보았듯이, 많은 농민들이 미국의 남북전쟁 기간 중에 면화 가격 상승으로 이익을 봤다. 하지만 세계의 면화 재배지대 가운데 어느 때보다도 많은 곳이 빠르게 재편되면서 그리 긍정적이지 않은 결과도 나타났다. 가장 중요한 점은 그런 재편으로 식량 안정성이 위태로워졌다는 사실이다. 미국의 남북전쟁 기간 동안 아마다바드, 하이라, 수라트의 영국 관료들은 이렇게 보고했다. "점점 더 많은 면적의 토지에 면화와 같은 수출작물을 재배하는 데 주력하면서 …… 생계작물의 재배가 크게 축소되는 일이 [초래되었다]." 그 결과 식량 가격이 1861~1865년에 325% 이상 증가했다. 심지어 찰스 트리벨리언 경은 "인도의 일부 지역에서는 현재의 높은 식량가격 때문에 생계도 해결할 수 없는 사람들이 있다"는 사실을 인정해야 했다. 이집트의 상황도 비슷했다. 한때 식량 수출국이었던 이집트는 미국의 남북전쟁 기간에 면화 생산에 집중한 결과 생계작물을 수입에 의존하게 되었다. 1863년 여름, 질병으로 이집트의 거의 모든 가축이 병사했을 때 식량 위기가 닥쳤고 농민 수만 명이 죽어나갔다.[38]

면화 농사꾼들이 세계 시장을 향해 더 가까이 다가감으로써 사회구조에도 막대한 영향을 끼쳤다. 예컨대 인도 서부 마하라슈트라 전역에서 세입을 늘리고 농부들에게 장거리 시장에 참여할 것을 장려한 영국의 노력 때문에 농촌의 공동체적 성격이 약화되어 세금을 촌락 전체가 함께 책임지는 농민들이 개별적으로 책임지게 되었다. 법적 권한 역시 멀리 있는 법정으로 넘어가 촌락을 기반으로 농민들이 주도했던 재판을 대신하게 되었다. 이제 시장은 랭커셔나 알자스뿐 아니라 베라르와 이집트 저지대에서도 사회의 모든 측면을 차츰 장악했다. 아나톨리아에서는 면화의 호황으로 "환금작물 경제로의 대규모 이행"이 일어났고, 면화가 생계작물을 대체했으며, 농촌지역에서 봉건적 사회관계가 해체되었고, 지역 상인들이 면화에 자금을 대고 농민들에게 33~50%의 이자를 물렸다. 역사가 앨런 리처즈Alan Richards에 따르면, 이집트에서도 호황을 누리던 면화 수출산업이 "공동체에 가깝던 오래된 토지 보유 형식을 파괴했고, 촌락의 사회관계가 제공하던 보호망을 파괴했으며, 그런 보호망을 토지 자산과 개별 세금 납부가 대체했고, 대지주 …… 부농 …… 영세자영농, 무산 계급 등 네 계급의 탄생을 도왔다." 1840년대에 이미 정부는 농민들에게 면화를 포함한 특정작물의 재배를 강요하기 시작했고 "그 작물들을 정부 창고로 가져올 것"을 강요했다. 농민들은 집단으로 토지를 이탈하는 방법으로 이런 압력에 맞섰다. 정부는 농민들이 토지를 '버리고' 떠나는 것을 토지에 대한 그들의 모든 권리를 부정하는 근거로 여겼다. 1862년에 와서는 2개월 이상 토지를 떠난 사람은 누구든 소유권을 상실하기에 이르렀다. 1863년에 이집트의 새로운 지도자로 집권한 이스마일 파샤는 대규모 농장을 만드는 작업에 전력했고, 토지를 친지와 정부 관료들에게 나누어 주었으며, 농민들을 동원해 기반시설 사업을 벌이고 자신의 플랜테이션 농장에서 일하게 했다.[39]

그러나 면화 농부들에게 미친 가장 심각한 영향은 미국 남북전쟁이 끝난 후에 나타났다. 1873년에 세계적 공황이 시작된 후 면화의 세계 시장 가격이 하락하자 인도, 이집트, 브라질, 아메리카의 농사꾼들은 감소한 수입을 충당하기 위해 힘겨운 시간을 보냈다. 하락한 가격으로는 빚을 갚고 세금을 내기가 어느 때보다도 어려웠기 때문이다. 1873~1876년 리버풀에 배송된 수라트산 면화 가격은 38% 하락했다. 브라질, 이집트, 인도의 면화 재배인들은 이제 환금작물로 얻는 수입이 급감하는 현실을 마주했다. 인도와 브라질에서는 식량 가격의 급상승을 이끈 심각한 가뭄으로 문제가 한층 더 복잡했다. 면화의 세계 시장 가격 하락이 면화 재배인들에게 얼마나 심대한 영향을 끼쳤는지에 대해서는 역사가들 사이에 의견이 엇갈리지만, 세계 시장의 통합이 세계의 외딴 지역에 사는 사람들의 경제적 불확실성을 증대시킨 것은 확실하다. 그들의 수입과 생존은 이제 그들이 통제할 수 없는 국제적 가격변동과 연결되었다. 토지를 통제할 권한이 거의 없는 농민들에게는 대개 가격하락으로 감소한 수입을 상쇄하기 위해 면화를 더 많이 재배하는 것 말고 달리 방법이 없었다. 이런 상황은 과잉 생산을 초래해 면화 가격을 더 큰 폭으로 떨어뜨렸다.

임금노동자, 차지농, 소작농의 공통점은 생계농업에 접근할 수 없게 되었다는 점이었다. 이제 기본적인 생산과 소비가 세계 시장에 달려 있었다. 면화는 [한때] "부차적인 작물"이었고 "소작인은 면화 가격이 아무리 높아도 주저 없이 면화 대신 곡식을 재배했다. 왜냐하면 곡식을 재배하지 않으면 굶어죽을 위험이 있었기 때문이다." 19세기 후반에 와서는 수백만의 농사꾼은 주로 면화에 생활을 의지하게 되었다. 더욱이 세계 시장의 통합이 사회적 차별화와 함께 진행되었기 때문에 곡식을 손에 넣지 못해 주기적으로 생명의 위협을 받는 무산 차지농과 농업 노동자 집단의 수가 점점 더 늘어났다.? 아프리카의 한 필자는 "면화와 식량 불안이 나란히 찾아온다"는 사실을 깨달았다. 멕시코의 라라구나에서는 영양실조로 고통받는 아동의 비율이 기록적인 수준이었다. 아르헨티나에서 소규모 농장의 삶은 늘 궁핍했다.[40]

1864~1873년에 차지농이나 자작농이 베라르의 가장 중요한 곡식인 팥수수 같은 양을 사기 위해 생산해야 하는 면화의 양이 두 배로 증가했고, 1878년이 되면 다시 두 배로 증가했다. 어쩌면 훨씬 더 중요한 사실은, 면화와 비교할 때 곡식의 상대적 가격이 해마다 극적으로 증가하며(20%, 심지어 40% 변동도 예외가 아니었다) 면화 재배인들의 위태로운 더 강도 높은 불확실성에 노출되었다는 점이다. 인도의 어느 역사가가 말했듯이 "성공적으로 시장에 참여하기 위해서는 경제적 독자성이 필요하며 위험을 감수하고 손실을 감당할 능력이 필요하다. 그러나 가난에 찌들고 빚에 허덕이는 농부들에게는 그럴 여력이 없었다." 동시대인들은 이런 위기가 적어도 부분적으로는 토지와 노동력을 식량에서 면화로 옮긴 데 따른 결과라고 믿었다. 1874년에 인도 식민지 정부가 언급했듯이, "섬유를 얻기 위해 그 지역의 식량 재고는 갈수록 줄고 있고, 계절풍 문제로 인한 위험은 더 커지고 있다. 따라서 그런 위험이 초래할 문제에 대비할 어떤 안전장치가 갈수록 더 필요한 실정이다." 사실 수출용 면화 생산은 전반적으로 빈곤과 부채를 낳았고, 20세기까지 이어진 저개발의 수렁을 초래했다. 카이로의 가르비에 토지회사 사장이던 H. E. 네기브 샤쿠르 파샤H. E. Neguib Shakour Pasha는 국제면방적공제조업자협의회Congress of the International Federation of Master Cotton Spinners' and Manufacturers' Associations에서 연설할 때 다음과 같이 청중을 일깨웠다. "농촌에 가서 우리 민족이 살아가는 모습을 살펴보셔야 합니다. 몇 푼 안 되는 돈을 벌려고 아침부터 저녁까지 한눈 한 번 팔지 않고 고되게 일하는 그들의 모습에서 이집트 농민들이 얼마나 암울하고 단조롭게 살고 있는지 알게 될 것입니다."[41]

농사꾼들은 여전히 자신들이 직면한 불확실성을 제대로 이해하지 못했다. 베라르의 면화 행정관 해리 리베트 카르나크는 1868년에 이렇게 보고했다. "면화 가격의 급등과 급락, 시장의 지속적인 변동은 가장 외딴곳에서 면화를 재배하는 농사꾼들에게까지 영향을 끼쳤고, 그리 지적이지 않은 사람들 가운데 일부가 불신에 찬 눈으로, 혹은 두려움의 시선으로 면화를 바라보게 만들었다." 그는 "농촌의 면화 재배 지대에서 좀 더 외진 곳"을 여행하면서 "현재의 무역상황을 파악하기 어렵고, 거세지는 본국 시장의 박동이 전신을 통해 즉시 힌군가트Hingunghat와 인도 전역의 다른 무역 거점으로 전파된다는 사실을 알기 어려웠던" 까닭에, 면화 의 변동이 왜 그리 심한지를 이해하지 못하는 사람들을 발견했다. 이들 면화 재배인들은 해리 리베트 카르나크에게 자신들은 이런 변화무쌍함을 '운'이나 '전쟁', "온정적인 정부의 친절" 탓으로 돌리거나, 왕자의 대관식에 "여왕이 영국의 모든 사람에게 새 옷을 선사한" 탓으로 돌린다고 말했다.[42] 이 농사꾼들은 그들과 멀리 떨어진 곳에서 벌어져 그들로서는 통제할 수 없는 사건들이 그들의 가장 기본적인 존재 조건을 결정한다는 사실을 이제 완벽히 이해했다.

이런 불확실성 때문에 엄청난 숫자의 사람들이 생명을 위협받을 수도 있었다. 1877년과 1890년대 후반에 다시 한 번 브라질 북서부와 베라르에서 수백만 명의 농사꾼들이 아사 상태에 놓였다. 면화 가격은 떨어지고 곡식 가격은 오르면서, 수많은 면화 생산자들이 식량을 구하지 못했기 때문이다. 그런데 1870년대의 기근과 마찬가지로 식량이 부족해서 생긴 일이 아니었다(사실 베라르는 계속해서 곡식을 수출하고 있었다). 면화 재배를 특화한 것이 화근이었다. 가장 가난한 농업노동자들이 필요한 곡식을 살 수 없었기 때문이다. 1870년대 후반에 인도에서만 600만~1,000만 명이 기아로 사망했다. 한 신문은 이렇게 보도했다. "베라르가 고립

— 인도에서 기아로 희생된 사람들. 1899년으로 추정.

된 지역이어서 그 도시의 자원에만 의존했다면, 평범한 탈룩taluk(영국의 행정 단위)에서 기근이 발생하지는 않았을 것이다." 많은 농민과 농업노동자들이 비싼 가격 때문에 식량을 구할 수 없었고, 1900년에 발생한 기근으로 베라르 인구의 8.5%가 추가로 사망했고, 면화생산을 특화한 지역들 가운데 가장 많은 사망자를 냈다. 무산 농업노동자들과 농민 방직공들이 특히 극심한 고통을 겪었다. "그들은 식량에 더 많은 값을 지불해야 했을 뿐 아니라" 다른 지역 노동자들과의 "경쟁으로 임금마저 감소했기 때문이다." 영국의 의학 잡지《랜싯The Lancet》은 1890년대에 기아로 사망한 사람이 총 1,900만 명에 이르며 최근 인도에서 수출용 면화 생산으로 재편된 지역에 사망자가 집중된 것으로 추정했다. 당시 인도 마하

라슈트라의 리소드 시에 살던 한 사람은 사람들이 "파리처럼 죽어갔다"라고 말했다.[43]

. . .

세계 시장에 통합되어 새로운 종류의 불확실성을 경험하며 고리대금업자들에게 시달린 인도, 브라질, 멕시코, 미국 남부의 면화 재배인들은 절망적이고 위험스러운 방법을 선택했다. 그들은 저항했다. 이집트에서는 1865년에 이미 아흐마드 알-샤키Ahmed al-Shaqi가 이끈 농업노동자들이 폭동을 일으켰다. 1875년 5월과 6월에 인도에서는 데칸Deccan 폭동이 발생했고 농촌의 재편을 상징하는 인물들로 꼽히는 대금업자와 상인들을 표적으로 삼았다. 1873~1874년에 발생한 케브라-킬로스 폭동revolta do Quebra-Quilos●에 가담했던 농민들 대다수는 바로 몇 해 전 면화 생산으로 전환한 사람들이었는데, 이들은 토지대장을 파기하고 국제적인 면화 가격 폭락으로 더는 감당할 수 없게 된 세금 납부를 거부했다. 1899년에 또다시 식량 폭동이 발생했다. 작은 마을에서도 수백 명이 폭동에 가담했다. 동시에 미국 남부에서도 면화 재배농들이 조직을 결성했다. 그들은 농민동맹Farmers Alliance을 결성하고 포퓰리즘 정치운동을 시작했다. 국가가 나서서 삶을 위태롭게 하는 경제적 압력을 경감시켜주기를 요구한 그들의 운동은 20세기의 첫 10년 동안 수십만 명의 농부가 남부 면화협회와 전국농민연맹에 합류했을 때 다시 고개를 들었다. 면화 포

● 파괴자 폭동, 과도한 세금에 대한 저항으로 시작된 폭동이지만 미터법의 도입이 세금을 가중시키는 방편이 된다고 생각한 사람들이 미터법을 표상하는 자와 저울을 파괴한데서 유래한 명칭이다.

풀리즘은 멀리 이집트까지 확산되었다. 1900년에 이집트의 와디 E. 메다와르Wady E. Medawar는 미국의 면화 재배 농부들이 진전시켰던 것과 아주 비슷한 농업 개혁 프로그램을 발전시켰다. 이런 프로그램에는 협동조합, 농업개선협회, 농부들에게 낮은 이자로 대출을 제공하는 기구, 사적 주도권과 공적 주도권이 한데 어우러진 농촌 농사꾼 조직이 포함되었다. 같은 시기에 멕시코 라라구나의 면화노동자들은 "불복종, 도둑질, 강도질"을 벌였을 뿐 아니라 자신들이 처한 상황을 개선하기 위한 다른 형태의 집단행동도 전개했다. 식량 부족은 식량 폭동으로 이어졌으며, 연방군의 후원을 받은 민간 무장단이 폭동을 무자비하게 탄압했다. 텍사스에서 협동조합을 창설하고 행정사무소를 운영한 방식부터 인도에서 대금업자를 살해하는 일까지, 저항의 전략은 정치 체제에 따라 다양했다.[44]

때때로 벌어지는 면화 농사꾼들의 반란은 국가 정치에 크나큰 영향을 끼쳤다. 포퓰리스트들이 1896년 중요한 대통령 선거에 영향력을 행사하고 면화 교역에서 더 강력한 국가의 존재를 요구했던 미국에서 그랬고, 1910년대 포퓰리스트들이 멕시코 혁명에 중요한 역할을 했던 멕시코에서도 그랬다. 그러나 세계 여러 지역이 글로벌 면화 제국에 통합되면서 '면화 민족주의'는 20세기 반식민 투쟁에서 중요한 화두가 되었다. 가장 두드러진 예로, 인도 민족주의자들은 글로벌 면화경제에서 재편된 인도의 역할이야말로 식민주의가 초래한 가장 파괴적인 결과 가운데 하나라고 주장하며 인도가 다시 한 번 중요한 면화 권력이 될 탈식민 경제를 구상했다.[45]

이런 움직임들은 이후 수십 년 안에 면화의 제국을 다시 한 번 혁명적으로 바꾸어놓을 것이다. 그러나 이런 일이 일어나기 전, 미국 남북전쟁 이후에 등장한 제조업자와 제국주의 정치인들 사이에 새롭게 강력한 조합이 형성되면서 한국, 중앙아시아, 아프리카를 비롯해 그 어느 때보다 많은 지역에서 면화를 생산하는 농촌의 통합이 촉진되었다. 면화의 제국은 어느 때보다도 먼 곳까지 그 촉수를 뻗었다. 그리고 그런 제국주의적 팽창은 놀라운 방식으로 탈식민주의, 심지어 탈자본주의 면산업에 빈번히 영향을 끼쳤으며, 20세기 글로벌 자본주의에도 마찬가지로 영향을 주었다.

12 장

새로운 면화제국주의

→ **새로운 프론티어** 토고에 출정한 면화 원정단. 미국 앨라배마의 터스키기연구소에서 파견된 기술전문가를 포함한 원정단원들은 토고에 미국의 면화 재배법을 도입해서 1901년 처음 수확한 면화 세 꾸러미와 함께 기념사진을 촬영했다. 왼쪽부터 오른쪽으로 기에아세캉의 추장, 확인되지 않은 인물, 추장 아카파냐 폰 보엠, 존 로빈슨(터스키기 출신), 스멘트 중위, 토고 부총독 발데르메이르 호른, 확인되지 않은 인물, 제임스 N. 캘러웨이(터스키기 출신), 앨런 버크스(터스키기 출신).

1902년 일본 농무성 농업국장 사코 쓰네아키酒匂常明는 중국 사스沙市에서 한국 목포로 전출된 일본 정부 관료 와카마쓰 도사부로若松兔三郎와 함께 유람선을 타고 중국에서 한국으로 향하며 느긋한 시간을 보냈다. 황해를 가로지르며 여행하는 동안 두 사람은 오사카 등지에 우후죽순처럼 생겨나는 공장에 면화를 공급하기 위해 동아시아에서 면화 농업의 확대 전망에 대해 논의했다. 1893년에 일본은 5,669만 9,046kg의 면화를 수입했다. 1902년에 이르면 수입 물량이 2억 230만 2,197kg으로 늘어나는데, 대부분 인도와 미국에서 들어왔다. 1920년에는 그 물량이 4억 5,359만 2,370kg을 넘어섰다. 농업 관료 사코는 어쩌면 한국의 농사꾼들이 일본의 공장에서 사용할 면화를 더 많이 생산하게 할 수 있을 것이라고 주장했다. 와카마쓰는 사스에서 지낸 지 몇 해 안 되었지만 그동안 그곳에 활기 넘치는 면화 재배산업이 출현했다고 주장하면서 사코의 의견에 동조했다. 한국에 도착한 두 사람은 현지의 면화 재배 관행을 조사하여 생산을 증대할 방법을 찾기로 결정했다.[1]

와카마쓰는 중국에서 관찰하여 얻은 정보를 바탕으로 소규모 농장에서 다양한 품종의 면화 재배를 실험하기 시작했다. 2년 뒤인 1904년에 면제조업자들은 물론이고 중의원과 귀족원으로 구성된 일본 제국의회 의원들은 2년 전에 창설된 "영국면화 재배협회를 본떠" 한국에서 면화 재배협회를 창설했다. 협회는 특히 아메리카 면화 품종을 도입하는 데 초점을 맞추어 조면소를 건설했고, 면화 생산 증대를 위한 권고사항을 담은 보고서를 대한제국 정부에 제출하여 와카마쓰의 시도를 체계화하고 확대했다. 1906년에 일본 방적업자들은 오사카에 조선방적주식회사를 설립하고 목포에 지점을 설치했다. 그리고 회사에 담보를 제공한 한국의 농사꾼들에게 대출을 해주었다. 일본의 방적업자들은 빠르게 활동을 확대해 "한반도 남부 면화지대에서 생산된 면화의 상당량에 대한 통제권"을 확보했다. 그들은 이 기획에서 백색황금을 구매하기 위해 일본 면화상인들이 한국 농촌에 파견한 여러 대리인의 도움을 받았다.[2]

1910년 일본이 한국을 병합했고, 조선총독부는 면화 생산을 더욱 확대하는 조치를 취했다. 1912년 3월에 "총독은 …… 남부의 지방정부에 지침을 내렸다. …… 육지면 재배를 장려하기 위함이었다." 일본의 면화 자본가들과 관료들은 수입에 의존하는 면화 공급이 일본 제조산업의 성장을 위태롭게 할까봐 걱정했다. 1909년에 이르러 일본이 수입하는 면화 가운데 인도산 면화가 62%에 달하자, 일본인들은 대영제국에 대한 높은 의존도를 염려하며 그로부터 헤어나고자 했다.[3]

한국과 일본의 또 다른 식민지인 만주, 타이완에서 들여오는 면화가 잠재적 해결책 중 하나였다. 한국의 농부들은 전통적으로 소규모 재배지에서 콩이나 채소 같은 다른 작물들과 함께 면화를 재배하는 일이 많았다. 수확한 면섬유는 대부분 가정에서 옷감을 만드는 데 쓰였다. 인도에서 영국 식민주의자들이 그랬던 것처럼, 일본 식민주의자들은 현지의 이런 면산업을 개편하고자 했다. 그들은 새로운 토지를 개간하고, 자영 농들을 설득해 그들의 농경지를 면화 재배로 전환시키고, 면화의 작황 과 품질을 개선하기 위해 농업실험을 하고, 국가가 나서서 수확물의 판 매를 감시함으로써 면산업이 개편되기를 바랐다. 그들은 면산업의 경쟁 자들이 쌓은 경험에 의지했다. 일본 농상무성은 토고에서 독일인들의 면화 재배 사례를 비롯해 프랑스령 수단(오늘날의 말리)에서 프랑스인들, 수단에서 영국인들의 사례를 조사했다. 1904년 조선면화 재배협회 설립, 1912년 면화 재배확대계획 실행 모두 이런 외국 사례에서 중요한 요소 들을 차용했다.[4]

일본인들의 노력은 결실을 맺었다. 한국이 일본에 수출한 면화는 1904~1908년 연평균 1,678만 2,917kg에서 1916~1920년 7,484만 2,741kg 으로 증가했다. 일본이 점령한 중국의 광둥關東 지역에서 185만 9,728kg 의 면화를 추가로 제공했다. 아메리카 품종의 생산이 특히 빠르게 확 대되었다. 1915년에는 식민지 조선의 농사꾼 26만 3,069명이 1,678만 2,917kg의 면화를 생산했다. 식민 당국의 노력에 힘입어 일본의 면산업 은 식민지에서 면화단지를 점점 더 확대·조성해갔다.[5]

이와 비슷한 이야기가 세계 곳곳에서 들려왔다. 1865년 이후 농촌 면 화 재배지역의 특징으로 자리 잡은 새로운 노동 체제를 마련하는 데 국 가가 어느 때보다 중요한 역할을 담당했다. 또한 국가는 면화를 재배할 수 있는 드넓은 새 영토를 확보하여, 그 지역을 정치·군사적 그리고 관 료주의적으로 지배했다. 그들 모두가 노동력을 통제하는 것이 영토 지 배로 연결된다는 사실을 잘 알고 있었다. 19세기 말에 이르러 동시대 관 찰자들은, 이처럼 세계 시장을 위한 면화 재배로의 전환을 좌우하는 것 은 근본적으로 새로이 패권을 쥔 제국들의 영토 지배라는 점을 상식으 로 여겼다. 특히 미국 남부에서 노예제가 대대적으로 폐지된 후 면제조

— 한국의 면화 재배인과 함께 면화 밭에 선 일본 식민 관료들(1912년경).

업자들은 지구 전역의 농촌을 변화시킨, 극복하기 힘든 여러 장애 요소를 경험하면서 값싼 면화와 시장에 지속적으로 접근하는 일에 관심을 보였다. 그들은 정부가 더 넓은 면화 재배지에 더 많은 지배력을 행사하도록 어느 때보다 강하게 압박했다.

한반도, 서아프리카, 중앙아시아에서 식민지 영토에 대한 제국주의 국가들의 지배력이 확대되고 국가의 힘이 커지면서 미국의 남북전쟁 이후 수십 년 동안 면화의 제국도 그 범위가 크게 확대되었다. 그러나 정복과 지배만으로 면화가 생산되는 것은 아니다. 팽창하기 위해서는 통합 전략이 필요했다. 국가 관료와 자본가 들은 노예해방 이후 미국에서 노동자들을 동원해 면화를 재배하면서 얻은 교훈을 체계적으로 적용했다. 경우에 따라서는 동아프리카에서 했던 것처럼 면화를 재배하는 정착민들이 활용할 토지를 확보하기 위해 원주민들을 추방했다. 하지만 남북전쟁 이후에는 기반시설을 건설하고, 새로운 노동 체제를 만들고, 지방의 사회구조를 재편함으로써 새로운 피지배민들을 글로벌 면화 재배 단지에 욱여넣는 것이 더 전형적인 방식이었다. 아나톨리아 서부, 중앙아시아, 중앙아프리카와 서아프리카에서 주로 이 방식이 실행되었다. 이처럼 변형된 지배방식은 강압과 폭력에 자주 의지했으나 노예화의 힘을 빌리지는 않았다. 그리고 그 구체적인 속도와 범위는 이들 사회가 통합되기 이전에 조직되었던 특정 방식에 따라, 또 식민화를 추진하는 국가들의 역량에 따라 제각기 달랐다. 사실 제국의 피지배민들이 자신들의 토지와 노동에 대한 통제력을 성공적으로 확보한 경우에는 글로벌 경제로의 통합이 실패하거나 차단되었다.[6]

그러나 이런 예외적인 상황들은 아주 드물다. 대부분의 경우에는 해방과 신제국주의의 출현이 동반되었다. 노예제는 자유노동으로 대체되었고, 지방의 주권은 국민국가와 제국에 길을 내주었으며, 나귀와 낙타가 다니던 길은 철도에 밀려났고, 전쟁자본주의는 열정적인 식민 관료들이 산업자본주의에서 얻은 교훈을 바탕으로 수행한 과학적 농업개혁에 길을 내주었다. 국가는 군사 지배와 강화조약, 기반시설, 토지소유권을 도입했다. 또한 새롭고 광범위한 글로벌 무역 네트워크를 조성함으로써 이런 네트워크를 통해 국가의 힘을 더욱 강화했다.

19세기 해방을 향한 위대한 투쟁이 진행되는 동안 유럽의 면화 소비 국들, 미국, 일본은 결정적으로 면화 재배가 가능한 영토를 장악하고 착취하는 방향으로 나아갔다. 이른바 '면화 열풍'은 세기 전환기에 새로 등장한 제국주의 세력들이 과거 남북전쟁 기간 동안 식민 당국들이 했던 것보다 더 열정적으로 뛰어들면서 최고조에 이르렀다. 그 이유는 간단했다. 1870년대에 아프리카계 미국인 노동자들을 세계 시장을 위한 면화 재배로 복귀시키기 위해 노력해온 면화 자본가들이 세계 각지의 농촌지역에 어느 정도 압력을 가하는 한편, 19세기 후반 들어 면제조업자들과 정치인들 사이에서 안전하고 값싼 면화를 공급하고자 하는 오랜 관심이 더욱 깊어졌기 때문이다.

1898~1913년 사이, 25년 만에 처음으로 면화 가격이 121%까지 인상되자 유럽과 일본의 제조업자들은 미국이 국내 재배지에서 수확한 면화를 국내 공장에서 소비하는 비중이 점점 더 커져서 면화가 부족해지고 면화 가격이 인상될까봐 염려했다. 일부 투기꾼이 시장을 '매점하고서' 새로 세운 면화거래소에서 선물거래와 현물거래를 조작해 가격을 더 높게 책정하는 시도가 일시적으로 성공을 거두자 그러한 염려는 더욱 증폭되었다. 이런 매점매석이 수그러들자 '면화 포퓰리즘'의 물결이 미국 남부의 농촌지역을 휩쓸었다. 면화 재배인들은 집단적으로 자신들의 수확물에 더 높은 가격을 매겼다. 1892년에는 미국의 면화 농장에 병충해의 일종인 목화다래바구미가 번져 면화 생산에 차질을 빚게 되었을 뿐 아니라 세계의 신흥 지역에 방적공장들이 확산되면서 면화수요로 인한 압력이 가중되었다. 예를 들어 영국인 제조업자들은 이제 미국 전체 면화 수확량의 3분의 1을 유럽 대륙에서 소비하고 있으며, 이는 영국의 공장들이 소비하는 양보다도 더 많다고 말했다. 영국 작가 D. 에드먼드 모렐Edmond D. Morel은 "만약 무슨 일이 생겨서 랭커셔가 필요한 양의 미국산 면화를 구할 수 없게 된다면, 그에 뒤따를 결과를 생각만 해도 소름이 끼친다"라고 경고했다. 면화 가격이 독일 면화 공장에 고용된 수만 명의 노동자에게는 엄청난 희생을 의미한다고 독일산업가협회는 보고했다. 근대 일부 학자들은 세기 전환기에 세계의 면화 공급에 대한 우려가 너무 커서 이 시기를 "제2차 면화 기근"이라 불렀다.[7]

이와 동시에 '원자재 자급'이라는 보편적 개념이 유럽과 일본의 정책

입안자들과 자본가들에게 차츰 중요한 정치적 목표가 되었다. 제국주의 국가가 지배하는 땅에서 면화를 확보한다는 생각이 힘을 얻은 것이다. 그 결과 면화의 글로벌 '상품전선'은 세계의 많은 지역으로 더욱더 파고들었으며, 한 역사가가 "대규모 토지 열풍the great land rush"이라는 그럴듯한 이름을 붙인 현상이 심화되었다.[8]

우리가 알고 있듯이 면화 제국의 팽창은 완전히 새로운 개발방식은 아니었다. 하지만 면산업이 국가와 제국의 경계를 뛰어넘어 상인들이 연고를 기반으로 공들여 가꾼 글로벌 네트워크 안에 얼마나 깊이 자리하고 있었는지를 고려한다면, 팽창 노력이 훨씬 더 '국가적인' 조직에서 시도된 것은 정말이지 처음 있는 일이었다. 국가로서는 상업자본이 아닌 산업자본이 어느 때보다 더 중요해지고 국내 자본가들에게는 국가가 어느 때보다 더 중요해짐에 따라, 오랫동안 상인들이 지배해왔던 질서의 중요성은 약해졌다. 정치인들과 제조업자들은 갈수록 그런 질서를 자신들의 힘과 부, 그리고 사회의 안정을 유지하는 자신들의 능력에 잠재적 위협이 되는 것으로 간주했다.

어쩌면 그 대담성에서 가장 주목할 것은 백색황금의 '국내' 공급을 보장하려는 러시아의 노력이었다. 선견지명이 있는 정부 관료들이 1800년대 초부터 줄곧 상인과 제조업자 집단과 함께, 제조업자 알렉산드르 시포프Aleksandr Shipov가 주장한 대로, "공장의 장기적 조업 중단을 초래할 수 있는 온갖 부정적 결과들을 예방할" 새로운 면화 공급처로서 트랜스코카시아와 중앙아시아를 생각했다. 코카서스에 주둔한 러시아 최고사령관 G. V. 로젠 백작Baron G. V. Rosen은 1833년에 이미 그곳의 면화 재배인들이 "우리의 검둥이Negroes가 될 것"이라고 기대했다. 그럼에도 1857년에도 그러한 노력은 거의 결실을 맺지 못했으며, 중앙아시아의 면화는 러시아 산업 수요의 겨우 6.5%만을 충당했다.[9]

그러나 1860년대 내내 중앙아시아에서 면화 생산을 촉진하려는 노력이 폭발적으로 증가했다. 소수의 방적공장주들이 중앙아시아 무역협회로 결집했고, 러시아의 공장에 필요한 면화를 더 많이 재배할 방법을 모색하기 위해 모스크바에서 모임을 가졌다. 중앙아시아에서 러시아로 향하는 면화 수출은 미국의 남북전쟁 시기에 가격이 세 배나 인상된 데 힘입어, 1861~1864년에 1,088만 6,216kg으로 거의 다섯 배나 증가했다. 1865년 결정적인 시기에 러시아는 타슈켄트와 중앙아시아의 코칸트 한국Kokand-汗國을 점령했는데, 이 지역은 차후에 중요한 면화 재배지역이 된다. 러시아 제조업자들은 중앙아시아의 영토를 더 확보하도록 정부를 압박하기 시작했다. 1869년에 러시아산업협회는 다양한 기업가들을 불러 모아, 러시아의 상품시장과 면섬유 공급처를 창출할 수 있도록 중앙아시아에서 러시아가 더 강력히 개입해줄 것을 촉구하는 수많은 청원서를 제출했다. 이에 정부는 호의적으로 반응했다. 러시아 정부가 이들에 대해 호의적인 반응을 보인 이유는 두 가지다. 한편으로 러시아는 중앙아시아에서 영국의 행보를 견제하고픈 지정학적 바람이 있었다. 또 다른 한편으로 면화 수입이 러시아의 무역균형에 큰 부담으로 작용하고 있었다. 1890년에 러시아 총수입액의 20%를 면화가 차지하고 있는 실정이었다. 따라서 러시아 기업인들에게 면화를 자체적으로 생산할 수 있는 중앙아시아 영토의 확보는 구미가 당기는 일일 수 밖에 없었다. 1904년에 러시아의 산업가들은 중앙아시아에서 면화 재배를 추가로 확대할 가능성이 있는지 알아보기 위해 러시아면화 재배발전위원회를 창설했다. 그들 가운데에는 우리가 앞에서 이미 만난 적이 있는 브레멘 상인으로, 러시아에 이주한 루드비히 크누프의 아들이자 직물 제조업자인 안드레이 리보비치 크누프Andrei L'vovivh Knoop 백작도 포함되었다.[10]

그 결과 중앙아시아의 면화 생산은 국가의 후원을 받아 급속한 팽창의 길로 들어섰다. 이는 같은 시기 인도에서 일어났던 일과 비슷했다. 1860년대~1870년대에 중앙아시아에서 통치기반을 확고하게 다진 러시아 제국 정부는, 러시아 면화 자본가들의 끈질긴 요구에 따라 면화생산을 증대하기 위한 체계적인 작업에 착수했다. 러시아의 식민 관료 시타바 L. 코스텐코Shtaba Kostenko는 1871년에 이렇게 지적했다. "우리가 하는 모든 노력의 목적은 국내 시장에서 미국산 면화를 몰아내고, 국산 면화, 즉 중앙아시아산 면화로 대체하는 것이어야 한다." 이 일을 실현하기 위해 식민지 행정부는 철도 건설과 같은 대규모 기반시설 사업을 수행했다. 그 덕분에 전에는 외딴 지역에서 면화를 낙타에 실어 가장 가까운 기차역으로 운송하는 데만 6개월이 걸렸으나, 이제는 이틀이면 충분했다. 정부는 대형 종묘장을 후원했고, 농학자를 파견해 자영농들의 농업기술 개선을 도왔다, 또한 정부는 대규모 관개사업을 설계하기 시작했으며, 관료들을 미국에 파견해 미국산 면화 재배를 연구하게 했다. 그렇게 해서 마침내 미국산 면화 종자를 확보해 지역 농민들에게 보급했다. 1880년대 후반에 중앙아시아에서 수확한 면화의 절반 이상이 미국산 면화 종자로 재배된 것이었다. 이와 동시에 러시아의 대규모 면화 제조업자들은 투르키스탄에 조면소를 설치했고, 미래의 수확물을 확보할 수 있도록 대리인을 보내 지역 재배인들에게 신용을 제공했다.[11]

시간이 흐르면서 식민 당국과 러시아 자본가들은 차츰 생산과정 자체에 개입했는데, 예전이라면 피했을 일이다. 영토를 통합하려는 국가와 이윤을 극대화하려는 자본가 사이에서 갈등이 끊이지 않았지만, 그럼에도 이런 노력은 면화 파종 지역의 극적인 증가로 이어졌다. 예를 들어 투르키스탄에서 면화 경작지의 규모는 1870년 이후 50년 동안 거의 48배 정도 늘었다. 일찍이 1880년대에 투르키스탄의 면화 재배인들은 러시아 면직물공장에서 사용된 전체 면화의 4분의 1을 생산했고, 1909년에는 절반 이상을 생산했다. 어느 역사가는 이 지역을 가리켜 "러시아 자본의 면화 식민지"라고 부를 정도였다. 국가는 수입 면화에 관세를 부과해 식민지의 면화 생산을 보호했다. 1905년에는 세금이 면화 가치의 43%까지 치솟았다. 1902년에 영국의 한 여행객은 "면화 재배는 …… 이제 중앙아시아 모든 칸국의 주민들에게 중요한 직업이 되었다"라고 말했다. 그리고 1920년대 초에 와서 중앙아시아의 코칸드시는 면화 교역의 중심지로서 '코토노폴리스cottonopolis(면화 도시)'로 불리게 되었다. 그리고 러시아는 면화 재배 규모에서 미국, 인도, 중국, 이집트의 뒤를 이어 세계 5위를 차지하며 세계에서 아주 중요한 면화 재배국 가운데 하나로 변신했다.[12]

러시아와 중앙아시아의 자본가들이 국가와 함께 이런 급속한 변화를 이루는 동안 다른 이들은 부러움의 시선으로 이들을 지켜보았다. 1902년에 독일의 경제학자 아우구스트 에티엔August Etienne은 진심 어린 찬사를 보내며 러시아가 "굽힐 줄 모르고 신속한 조치를 취해 러시아의 면화 산업을 미국으로부터 독립시키겠다는 그들의 목표에 한층 더 다가섰다"라고 말했다. 러시아는 칭찬받을 만했다. "유럽의 나머지 세계에 보여준 바와 같이, 국가와 개인이 힘을 합쳐 잘 계획된 공조와 열정적 의지로 아시아의 면화를 재배함으로써 면화 문제를 해결할 수" 있었으니 말이다. 새로운 면화 제국주의가 형태를 갖추기 시작했다.[13]

다른 제국 세력들도 곧 모험을 시작했다. 그들은 에티엔과 마찬가지 결론을 내렸다. "미국으로부터 해방되어야 한다는 분명한 목적이 있는 만큼, 유럽의 민족들이 해외에서 추진하는 계획에서 가장 우선해야 할 것은 면화 재배를 촉진하는 일이다."[14] 에티엔은 미국 남북전쟁의 기억을 떠올리며 국가가 자국 자본가들을 원조해야 한다고 주장했다. 이런 주장은 유럽 자본을 통해 들불처럼 번졌고, 그리하여 국가는 개별 상인

들과 장인들의 영역을 뛰어넘는 방식으로 세계의 잠재적 면화 재배지역의 상업화를 가속할 수 있었다.[15]

그 결과 자국 산업을 위한 원료 확보라는 거대한 게임에서 선수를 차지하기 위해 필사적으로 노력했던 러시아와 일본뿐 아니라 팽창주의를 주도했던 영국, 프랑스, 미국 같은 강대국들을 비롯해 포르투갈, 독일, 벨기에, 이탈리아 같은 주변적인 제국주의 세력들 사이에서도 면화 재배의 확대와 식민지 팽창이 나란히 진행되었다.[16]

때때로 직물노동자들과 노동조합의 지원을 받기도 했던 유럽의 제조업자들은 어디서나 이런 재조정 뒤에 숨은 동력이었으며, 정부를 압박해 아시아와 아프리카의 여러 식민지들에서 더 많은 면화를 생산하게 했다. 영국에서 이런 제국주의적 면화 사업은 맨체스터면화공급협회Manchester Cotton Supply Association가 시작했던 엄청나게 넓은 범위의 활동을 떠올려야 할 정도로 역사가 아주 오래되었다. 미국의 남북전쟁이 종결되고 미국산 면화가 세계 시장에 되돌아오면서 이런 제국주의적 식민 사업은 중요성이 떨어졌지만 그럼에도 계속 추진되었다. 그러나 세기 전환기에 제조업의 규모가 커지고 가격이 오르고 새로운 경쟁자들이 나타나면서 식민지 면화에 대한 열망은 다시 고조되어 극에 달했다. 1901년에 올덤섬유고용주협회Oldham Textile Employers' Association는 "제국의 경계 안에서 면화 재배의 …… 중요성은 …… 아무리 강조해도 지나치지 않다"라고 말했다. 1년 뒤 영국의 면제조업자들은 면화의 모도시, 맨체스터에서 영국면화 재배협회British Cotton Growing Association를 설립했다. 당시 제조업자들과 노동조합 모두 협회 설립에 자금을 출연했다. 이 협회는 "랭커셔에 필요한 모든 면화를 제국의 경계 안에서 재배할 수 있다"고 믿었다. 올덤면화방적장인협회Oldham Master Cotton Spinners' Association도 이에 동의했다. "우리나라 같은 중요한 상업국가는 제국의 경계 안에서 재배할 수도 있는 면화의 공급을 다른 나라에 의존해서는 안 된다."

1916년에 제국면화 재배협회Empire Cotton Growing Association는 영국면화 재배협회와 달리 정부의 후원을 받고 있었는데도 식민지에서 면화를 확보하기 위한 투쟁에 가세했다. "제국 안의 적합한 모든 지역에서 가능한 한 빨리 면화 재배를 진행하는 것이 국가의 미래 번영과 식민지들의 복지에 필수적"이었으므로 정부기구는 식민지에서 면화를 재배하는 데에 주력했다. 1924년 말에 영국 정무차관이자 해외노예제반대원주민보호회Foreign Anti-Slavery and Aborigines Protection Society의 회장이던 존 해리스John Harris는 영국 정부의 한 위원회가 "대영제국의 흑인들을 독려해 우리가 점차 면화의 공급 부족에서 헤어날 정도의 면화를 재배하게 하려면 어떤 조치를 취해야 할지" 조사하고 있다고 전했다.[17]

프랑스에서도 면제조업자들이 식민지 면화 문제를 해결하기 위해 나섰다. 다른 곳에서 그랬던 것처럼, 이런 노력들은 미국에서 남북전쟁이 전개되는 동안 시작되어 전후 수십 년간 지속되었다. 1867년에 뮐루즈의 면화 제조업자 프레데리크 엥겔 돌퓌스Frédéric Engel-Dollfus는 식민지에서 면화를 재배해야 한다고 주장했다. 그리고 1889년에 과들루프, 알제리, 세네갈에서 폭넓은 경험을 쌓은 프랑스 식민지 관료인 루이 페데르브Louis Faidherbe는 "면화 재배가 식민화의 성공에 가장 강력한 요소"라며 한목소리를 냈다. 세기 전환기에 프랑스 식민지 면화 재배 사업은 점점 더 가속도를 내기 시작했다. 1903년에 프랑스의 섬유 기업가들은 식민지의 면화 생산을 장려하고 "자국 면화산업의 자립"을 촉진하기 위해 식민지면화협회Association Cotonnière Coloniale를 설립했다.[18]

유럽 다른 지역의 면제조업자들도 이들의 선례를 따랐다. 벨기에 제조업자들은 1901년에 벨기에면화협회Association Cotonnière de Belgique를 창설했다. 협회는 창설 직후 텍사스에서 미국인 면화 플랜테이션 농장주들

을 중앙아프리카로 데려왔다. 1903년
에는 벨기에령 콩고에서 면화 재배를
추진하기 시작했다. 포르투갈의 관료
와 제조업자들은 영국면화 재배협회
를 본떠 1904년에 식민지면화 재배
협회를 설립했다. 이탈리아의 식민주
의자들은 이탈리아식민지면화협회를
결성한 면제조업자들의 촉구에 따라
이탈리아가 점령한 에리트레아에서
면화 생산을 확대하는 데 집중했다.

General Faidherbe.

― 프랑스 식민 관료 루이 페데르브.

　면화 수출 시장을 지배한 미국에
서조차 면제조업자들은 면화 생산지의 확대를 압박했다. 이런 호소에는
오랜 역사가 담겨 있다. 영토 확장과 면화 재배는 남북전쟁 이후 수십
년 동안 북부의 경제 엘리트들 사이에서 중요한 논쟁거리가 되어왔다.
매사추세츠 면제조업자 에드워드 앳킨슨은 자신이 "자유노동으로 생산
한 면화"라 부른 것을 열렬히 신봉했던 인물로 1860년대 내내 텍사스에
면화 생산 확대 가능성이 잠재한다고 주장했다. 그는 면화 농업에 활용
할 수 있는 지역에서 원주민들을 추방해달라고 정부에 요구했고, 면화
를 해안으로 운송하기 위한 철도를 건설하라고 압박했다. 이런 정서는
남북전쟁 이후 더욱 뚜렷해졌다. 1868년에 앳킨슨을 비롯한 뉴잉글랜드
면제조업자들은 남부의 면화 플랜테이션 농장주들과 협력해 전국제조
산업 플랜테이션농장주협회를 창설했다. 이 기구는 특히 미시시피와 텍
사스에서 면화 농업의 확대를 촉진하려 애썼는데, 이는 유럽의 제국 엘
리트들이 추진한 기획과 놀라울 정도로 비슷했다. 20세기 초에 뉴잉글
랜드면제조업자협회National Association of Cotton Manufacturers and Planters는 면

화를 재배할 수 있는 영토를 확장하도록 지속적으로 정부를 압박했다.[19] 이런 영토 확장을 실행하기 위해 그들은 국가의 지원을 받아 두 가지 기반시설 사업을 병행 추진했다. 하나는 미시시피강에 제방을 쌓는 것이었고, 다른 하나는 "면화 재배 주들에 노동 인구를 유입시키는 것"이었다.[20]

이런 영토 합병의 첫 번째 조류는 이미 세계 시장에 백색황금을 공급하던 세계 여러 지역에서 면화 재배지역을 확대하는 데 집중되었다. 앞에서 살펴보았듯이, 남북전쟁 이후 영국은 인도에서 식민 지배를 꾸준히 강화했다. 재미있게도 1876년에 하이데라바드의 니잠Nizam-ul-Mulk of Hyderabad●은 베라르를 자신이 통치할 수 있게 반환하라고 요구했다. 니잠의 정부가 "이 영토에서 면화 재배를 발전시키는 것이 왜 중요한지 명확히 알고 있고, 장차 면화의 생산 증대를 촉진하는 데 기꺼이 관심을 기울일 것"이라고 말할 만큼 맨체스터의 이해관계를 명확히 알고 있었는데도 영국은 니잠의 요구를 받아들이지 않았다. 글로벌 면화경제에 깊이 말려든 이집트는 1882년에 영국의 식민지가 되었고, 제조업자들 사이에서는 "이집트가 맞이한 불운한 난국"으로 인해 이집트의 대외채무 지급불능이라는 "가장 치명적인 결과"에 이르지 않을까 하는 불안감이 고조되었다. 이집트의 영토를 지배하는 것은 면화 재배를 확대하는 일과 나란히 진행되었다. 1861년에는 10억 5,020만m²의 토지에서 면화가 재배되었는데, 5년 후에는 71억 5,350만m²에서 재배되었다. 이러한 면화 재배 확대에 사용된 토지의 일부는 밀 경작지에서 확보했고, 나머지는 과거 불모지였지만 이제 도로와 철도 건설로 상업적 농업에 이용할 수 있게 된 토지에 관개용수를 대어서 확보했다. 1899년에 이르

● 인도의 토후국 가운데 하나인 하이데라바드의 왕을 일컫는 칭호이다.

면 이집트 델타철도회사는 1억 1,113만 131kg의 면화를 운송했는데, 이는 연간 총수확량의 40%에 해당한다. 1902년에 들어와서는 아스완 댐과 아시우트 댐에서 면화 재배지역에 관개용수를 연중 공급할 수 있게 되었다.[21]

20세기 초에는 세계의 새로운 면화 재배지역들도 생산량에서 엄청난 성장을 보였다. 예를 들어 오스만 제국의 추쿠로바Çukurova에서는 한때 유목민들이 가축을 방목하는 용도로만 사용하던 토지를 차츰 면화농장으로 바꾸어 면화 농업을 확대했다. 1908년 추쿠로바의 경작 가능한 토지 가운데 4분의 1이 면화 재배에 사용되었다. 브라질의 면화 경작은 1860년대 면화의 호황기에 세아라Ceará까지 확대되었다. 그곳의 자급 농민들이 이제 세계 시장을 위한 면화 생산에 휩쓸렸다. 그리하여 1921~1922년에 56억 6,560만m²의 토지가 면화 재배에 사용되었고, 1930년대에 이르면 브라질은 세계에서 네 번째로 중요한 면화 재배국이 된다. 국가가 기반시설을 건설하고 농경연구소Instituto Agronômico de Campinas를 설립하는 등 제도를 마련하여 지원한 덕분이었다.[22]

오래된 다른 면화 재배지역들에서도 상업적 생산이 확대되었다. 페루에서는 어느 때보다 많은 땅이 면화 농업에 사용되었다. 그 결과 면화 수출이 극적으로 증가해 1861~1865년에 연평균 32만 2,050kg이었던 수출량이 1916~1920년에 연평균 2,676만 1,950kg으로 늘었다. 페루에서 남쪽으로 수천 마일 아래쪽인 아르헨티나에서는 정부가 수입 대체형 면화 재배 계획의 일환으로 원면 자급을 이루기 위해 자국 산업화에 굉장한 노력을 기울였다.[23]

하지만 면화의 추가 생산이라는 측면에서 가장 큰 성과는 미국 면화 단지의 확장이었다. 미국의 이런 면화 재배 확대는 어떤 면에서 러시아의 경우와 비교할 수 있는데, 러시아는 국가의 대리자들과 군대가 지속적으로 영토를 쟁탈하고 그 영토에 접근할 수 있도록 새로운 기반시설의 건설을 지원했다. 러시아에서처럼 미국은 나중에 황무지에 배수시설을 만들고 물길을 내고 관개시설을 건설했다. 그러나 러시아가 (오스만 제국의 추쿠로바에서 그랬듯이) 중앙아시아의 농사꾼들을 이주시키고 유목민들을 강제로 정착시켜 면화를 재배하게 한 반면에, 미국은 역사가 존 위버의 표현을 따르자면 "도전적인 개인들의 주도"와 "질서정연한, 국가가 보장하는 사유재산권의 확실성"을 결합시켜, 원주민 대다수를 면화 경작지대에서 내몰고 동부에 살던 시민들이 이주해 오도록 장려했다.[24]

세계 시장에 내놓을 면화의 생산 증대를 위한 전략으로 새로운 영토를 점령하고 합병하는 일은 유럽의 식민지 확대라는 맥락에서만 중요했던 것이 아니다. 면화의 제국으로서 미국은 빠르게 확대되어 완전히 새로운 영토가 되었다. 남북전쟁이 있기 전인 1860년에는 미국에서 면화가 538만 6,897꾸러미 생산되었다. 그런데 1920년에는 그보다 2.5배 늘어난 1,342만 9,000꾸러미로 늘어나고, 면화 재배 영토 역시 급속히 늘어났다. 면화 경작지가 추가로 890억 3,100만㎡나 늘어났는데, 이는 사우스캐롤라이나주 또는 포르투갈의 전체 면적보다도 더 넓은 면적이었다.[25]

미국에서 면화에 할당된 토지는 서로 다른 두 가지 방식으로 확대되었다. 면화 생산은 조지아, 사우스캐롤라이나, 노스캐롤라이나 같은 오래된 주의 외딴 오지로까지 확장되었다. 철도 덕분에 접근성이 좋아진 그곳 오지의 백인 자영농들은 예전보다 면화를 훨씬 더 많이 재배하기 시작했다. 예를 들어 대서양 남쪽 주들에서 면화의 연간 생산량은 1860~1920년에 3.1배 증가했다. 반면에 테네시, 앨라배마, 미시시피 주들에서 연간 면화 생산량은 19세기 말까지 같은 수준을 유지하다가 1920년에는 25% 정도 감소했는데, 이는 토양이 고갈된 데다 서부에서 더 생산적인 면화 재배지역들이 등장한 탓이었다. 그러나 토양이 고갈되었는데도 야주-미시시피 삼각주 지대처럼 다수의 아프리카계 미국인이 면화를 경작하고 철도, 운하, 제방이 새롭게 건설된 덕분에 접근이 수월해진 일부 지역에서는 면화 생산이 극적으로 확대되었다. 그 결과 1900년에는 "세계에서 가장 특화된 면화 생산지역 가운데 하나"가 등장했다. 그러나 어쨌든 면화 재배가 가장 극적으로 확대된 지역은 서부 지역이었다. 아칸소, 루이지애나, 오클라호마, 텍사스에서 면화 생산은 1860년에 157만 6,594꾸러미에서 1920년 728만 3,000꾸러미로, 미국 남북전쟁 이후 50년 만에 4.6배로 폭발적인 증가를 기록했다. 이때까지 가장 중요한 생산 확대는 텍사스에서 이루어졌다. 텍사스 농부들은 1860년에는 고작 431,463꾸러미를 생산했는데, 1920년에는 434만 5,000꾸러미를 생산해, 생산량이 열 배나 증가했다. 사실 1920년에 텍사스에서 재배된 면화의 양만 하더라도 1860년 남부 총생산량의 80%에 육박했다. 게다가 1910년대 후반에서 1920년대 초에 이르러 연방정부가 관개시설에 대규모 투자를 단행하면서 면화 농업은 애리조나와 캘리포니아의 척박한 땅으로까지 더 확장될 수 있었다.[26]

그렇게 해서 영토 확장, 곧 "대규모 토지 열풍"은 세계 다른 지역들의 발전과 보조를 맞춘 것으로 면화의 제국 안에서 미국의 위치를 결정하는 데에 결정적인 역할을 했다. 1848년에 미국은 새로운 면화 재배 영토의 대부분을 멕시코로부터 탈취했다(미국-멕시코 전쟁). 만약 미국이 그곳을 차지하지 못했다면 20세기 초까지 세계 제1의 면화 생산지는 미국이 아니라 멕시코였을 것이다.

토지의 강탈이 그랬던 것처럼 기반시설의 발달도 이런 영토 합병을 좌우한 요소였다. 인도와 아프리카에서 그랬듯이, 미국에서도 면화는 철도와 함께 호황을 누렸다. 1880년대 중반 이전까지 오클라호마에는 철도가 없었지만, 1919년에 이르면 1만 515km의 철도가 오클라호마를 통과했다. 텍사스에서는 1870년에 철도가 1,144km였으나, 1919년에는 2만 5,931km의 철도가 흑토지대 초원의 비옥한 토지를 횡단했다. 이 철도는 1872년에 휴스턴과 텍사스 중부를 댈러스와 연결했다. 상황이 이렇게 되자 면화 생산이 폭발적으로 늘어나, 1870년에 면화 3,834꾸러미를 수확했던 댈러스 카운티의 농사꾼들은 1880년에 2만 1,649꾸러미를 수확했다. 불과 10년 만에 생산량이 465%나 증가한 것이다.[27]

대개의 경우 면화 재배인들이 들어오면 원주민들이 쫓겨났다. 남북전쟁 전 수십 년 동안 조지아, 앨라배마, 미시시피의 면화 재배지역에 거주하던 원주민들은 그곳에서 더 서쪽으로 내몰렸다. 이제 다시 압박이 가해지기 시작했다. 1865년 10월에 카이오와족Kiowa과 코만치족Comanche은 텍사스 중부 내륙, 캔자스 서부, 뉴멕시코 동부를 포기해야 했다. 그 지역 대부분이 면화 농장으로 바뀌었다. 그 직후 텍사스 평원의 많은 인디언이 오클라호마의 보호구역으로 내몰렸다. 1874~1875년에 레드리버전쟁Red River War이 벌어지는 동안 최후의 남서부 인디언들도 쫓겨났고, 더 많은 토지가 자유롭게 면화를 재배할 수 있는 곳으로 바뀌었다.[28]

그러나 오클라호마는 아메리카 원주민들에게 최종적인 보호처가 되지 못했다. 1880년대에 옛 오클라호마와 인디언 지역들은 더 비옥한 토지에서 원주민들을 몰아내고 싶어 하는 백인 정착민들의 압박에 시달렸다. 1889년 미국 정부는 결국 압력에 굴복해 크리크족Creek과 세미놀족Seminole에게 보상을 하고 오클라호마 중심부 토지에 대한 그들의 권리를 포기시켰다. 그리고 향후 몇 년에 걸쳐 오클라호마의 여러 지역에서 또 다른 '토지 부족 사태'가 발생할 때마다 원주민들에게 강한 압력을 가했다. 그 지역의 백인 정착민들 다수가 면화를 경작하기 시작했다. 철도 건설 덕분에 오클라호마의 비옥한 토지와 그 기반시설들이 세계 시장으로 열리면서 면화 재배 확대가 수익성 있는 사업이 되었기 때문이다. 1907년 오클라호마가 주로 승격되었을 때, 80억 9,370만㎡ 이상의 토지에서 면화가 재배되었고, 생산량은 86만 2,000꾸러미에 이르렀다. 이는 1890년 448만 7,963㎡의 토지에서 425꾸러미의 면화가 생산되던 것과 크게 비교된다. 일례를 들자면 클리블랜드 카운티는 한때 콰포족Quapaw의 고향이었던 토지에서 1890년에 39꾸러미를 생산했으나, 1909년에는 1만 1,554꾸러미를 생산했다. 나중에 그곳에는 크리크 인디언과 세미놀 인디언이 정착해 살았다. 그런데 이들은 1820년대 후반에서 1830년대 사이에 미국의 남동부에 위치한 그들의 토지가 면화 플랜테이션 농장으로 바뀌면서 고향을 떠나온 사람들이다. 면화 플랜테이션 농장주들은 아메리카 원주민들을 그들의 땅에서 몰아냈다. 그리고 결국에는 원주민들 가운데 일부를 자신들의 면화 플랜테이션 농장에 고용해 일을 시켰다. 다른 곳과 마찬가지로 오클라호마에서도 아메리카 원주민들을 몰아내는 작업과 면화 재배지역을 확장하는 작업이 병행되었다. 실제로 면화 제국을 추가로 확장하는 과정에서 국가의 강제력이 중요했다.[29]

다른 곳보다도 미국, 중앙아시아, 이집트, 한국에서 면화 재배지역은 방대한 규모로 확대되었다. 그런데도 정치인과 자본가 들은 면화의 전선을 그 어느 때보다 넓게 확장했다. 특히 유럽의 노력은 아프리카에 집중되었는데, 이는 미국과 러시아가 저마다 면화의 제국을 확장하면서 거둔 성공과 직접적인 연관이 있었다. 유럽은 미국의 면화 공급에서 자유로워지는 것이 핵심 목표였다. 달리 말하면 유럽의 입장에서 아프리카는 '남부'이자 '서부'가 될 터였다. 유럽이 산업 원자재의 무제한 공급으로 상승세를 타고 있는 미국의 전 지구적 도전에 맞서기 위해서는 아프리카를 원자재와 노동과 농산품의 공급처로 삼아야 했다.[30] 아프리카에서 면화를 생산하기 위한 제국주의 국가들의 노력은 면화 제국의 새로운 "국가주의적" 체제에 결정적인 요소였다.

독일을 예로 들어보자. 식민주의 경쟁의 후발 주자였던 독일은 19세기 마지막 10년 동안 아프리카 영토에서 면화를 확보하려 열광적으로 노력했다. 1900년에 독일의 면산업은 유럽 대륙에서 가장 중요한 존재가 되어 있었다. 사실 독일 면산업의 규모가 세계에서 세 번째로 컸다는 점을 고려하면 놀라운 일이 아니다. 생산성이 크게 향상되었음에도 불구하고 1913년에 이르면 면방적과 방직에 직접 종사하는 노동자 수가 거의 40만 명까지 늘어서 독일 산업노동자 여덟 명 가운데 한 명이 면산업에 고용되어 있었다. 이 같은 사실은 "우리[독일] 면산업의 건전한 발전이 국가경제에 중요한 문제"가 되었다. 독일의 모든 국내 산업 가운데 면산업의 생산물 가치가 가장 컸을 뿐 아니라 독일의 가장 중요한 수출 제품이었다. 1897년에 독일 면산업의 생산물 가치는 10억 마르크로, 2위 산업인 석탄 산업보다 약 36% 높았다. 또한 독일의 경제 기적을 상징하며 너무나도 자주 우리의 역사적 상상력에 그림자를 드리웠던 남성 중심의 철강 산업보다도 45%나 높았다. 또 면산업을 제외하고 독일의 다른 어떤 산업도 주요 원료를 다른 국가에 그토록 크게 의지한 경우는 없었다. 전량을 해외에서 들여와야 했던 면화는 독일에서 가장 비용 부담이 큰 수입품이었다. 1902년 독일에 수입된 면화의 양은 4억 5,359만 2,370kg이었다. 면제조업자 카를 E. 서프Karl E. Supf는 "'면화 왕'은 가장 강력한 통치자가 되었다. 그는 사회적 조건에 깊은 영향을 미쳤다. 더 나아가 사회적 조건을 완전히 재조정했다"라고 말했다.[31]

산업 규모를 고려할 때 독일 면산업가들이 저렴한 면화를 지속적으로 풍부하게 제공할 수 있는 공급처를 확보하려는 열망을 표출한 것은 이해할 만한 일이다. 면산업에 기계화가 도입된 이래 독일은 면화의 대부분을 미국에서 공급 받았다. 그러나 1860년대에 일어난 면화 부족 사태로 독일 면산업가들은 면화 공급을 전적으로 미국에 의지하는 것의 위험성을 마음에 깊이 새겼다. 인도산 면화와 이집트산 면화는 면화 수급이 위태롭던 기간에 시장 지분을 확보했지만, 1880년대와 1890년대에 미국은 다시 매년 50~90%의 면화를 독일에 공급했다.[32] 미국의 이런 압도적인 시장 지배에 대해 면화의 이해당사자들은 우려를 나타냈다. 그중 독일의 면화 수입업자들은 19세기 후반에 들어와 일본과 미국 남부, 멕시코 같은 지역에서 저렴한 면직물 제조로 경쟁력을 갖춘 사람들이 새롭게 등장하고 있다는 사실을 알게 되면서 한층 더 염려가 커졌다.

1880년대에 식민제국을 건설하기 전까지 독일의 면제조업자와 정치인 들은 이런 상황을 바꿀 만한 어떤 일도 할 수 없었다. 그러나 독일이 아프리카와 남태평양에서 식민지를 획득하자 '면화 문제'를 해결하기 위한 새로운 길이 열렸다. 세기 전환기에 면산업가들이 전 지구적 '면화 재배 투쟁Baumwollkulturkampf'을 거론하기 시작하자 아프리카 면화에 대한 관심이 최고조에 달했다. 이런 관심에 따라, 1896년에 면제조업자들은 식민지를 본국 산업을 위한 원료 공급처로 활용하기 위해 식민지경제위원회라는 전담기구를 설치했다. 400명이 넘는 독일 면산업가들이 그 기구의 활동에 자금을 지원했다.[33]

독일 면산업가들이 면화 생산과 관련해 독일 식민지에 관심을 쏟은 것은 네 가지 요인 때문이었다. 19세기 말, 1898~1904년에 면화 가격이 두 배 이상 치솟는 일이 벌어지자 독일의 기업가들은 면화 가격 상승을 크게 염려했다. 독일의 산업가들은 주요 성장국인 미국과 인도가 그 어느 때보다 많은 면화를 사용하기 때문에 면화 가격이 상승하는 것이라고 주장했으며, 앞으로도 그런 추세가 지속될 것이라고 생각했다. 아주 놀랍게도 미국은 남북전쟁 이전에 자국에서 재배된 면화의 20%만 사용했으나, 1870년대에 이르면 그 비율이 약 33%로 증가하고 1900년 이후에는 50%까지 늘어났다. 이뿐만 아니라 미국의 많은 산업가와 지주 들이 그랬던 것처럼, 독일의 제조업자들은 세계 시장에 추가로 판매할 면화를 파종하고 돌보고 수확할 값싼 노동력이 부족하다는 점을 염려했다. 그들은 노동력 부족으로 미국 면화 농업도 팽창하는 데 한계가 있을 것이라고 주장했다. 면화 시장의 변동성은 여전히 컸고, 가격 변동으로 수익성 있는 생산을 설계하기가 어려웠다. 그런데 이와 대조적으로 식민지에서 면화 재배는 안정적이었고 낮은 가격이 보장되었다. 또 부가수익 덕분에 독일 면산업가들은 1860년대에 면화 기근으로 초래되었던 시장의 붕괴를 다시 겪지 않았다.[34]

이처럼 면화 부족을 우려한 제조업자들은 새롭게 부상한 제조업 국가들, 특히 일본의 미국산 면화 수요로 자신들의 면화 수급이 한층 더 위축되리라고 생각했다. 그리고 면제조업자들은 전투적인 노동 계급의 봉기에 맞서 싸우려면 반드시 면산업이 호황을 이루어야 한다는 주장을 펼쳤는데, 이는 자신들의 문제에 대한 폭넓은 정치적 지원을 이끌어내기 위한 전략적 행보였다. 카를 서프는 미국 남북전쟁의 끔찍한 사회적 효과를 환기하며 이렇게 결론지었다. "면산업에서 …… 나타난 위기에는 분명 결과를 예단할 수 없는 사회적 위험이 도사리고 있을 것[이었다]." 일반적으로 식민주의를 반대하던 사회민주주의자들조차도 식민지의 면화가 미국의 '면화 독점'을 분쇄하리라는 희망을 피력했다. 이들 면산업가들이 생각한 환상적인 계획은 독일이 점령한 토지에서 독일인의 지휘 아래 독일의 면제조업자들을 위한 면화를 재배하는 것이었다. 요컨대 그들의 미국인 경쟁자나 러시아인 경쟁자들처럼 되는 것이었다.[35]

면산업가들은 이런 주장을 펼치며 대담하게 독일의 공적 영역으로 진입했다. 식민지 면화를 안전하게 확보하는 것이 지정학적으로 매우 중요하다고 주장하는 유력 정치인과 관료 들의 이해관계와 면직물산 업가들의 이해관계가 서로 맞아떨어졌다. 1899년에 학자이자 공학자이 자 아프리카 전문가인 에른스트 K. 헨리치Ernst K. Henrici는 이렇게 말했 다. "민족 간 엄청난 경쟁이 벌어지는 가운데 대량생산과 대량소비가 중 심이 되었다. 우리의 식민지들이 모국에 진정으로 이로운 존재가 되려면 많은 양의 원료를 조달하겠다는 포부를 가져야 한다. 그래야만 모국의 공산품을 대량으로 구매할 수 있다." 경제학자 카를 헬퍼리히Karl Helfferich 는 오직 식민지의 면화 생산만이 "유럽 면화산업에 대한 미국의 경제적 지배"를 분쇄할 수 있다고 주장했다. 요컨대 식민지에서 조달되는 면화 는 "미국의 강탈"에 저항할 수 있는 유일한 수단이라는 것이었다.[36]

식민지의 면화는 강한 국민국가와 강한 자국산업의 새로운 공생을 상징했다. 사실 국가와 산업의 이런 공생은 경쟁관계에 있는 자본주의 국가들의 국가자본 강화를 중심으로 한 새로운 형태의 글로벌 자본주의 의 특징이었다.[37]

1780년대 이래 면공업의 산업화를 가능하게 했던 노동력의 상당 부 분이 아프리카에서 조달된 만큼, 아프리카에서 면화 재배는 처음부터 유럽의 팽창에 중요했다. 예를 들어 독일은 아프리카 탐험을 시작한 지 겨우 4년 만인 1888년에 처음으로 아프리카 대륙에서 세계 시장에 수출 할 면화 재배를 체계적으로 시도하기 시작했다. 1890년 5월, 사모아의 면화 플랜테이션 농장주 페르디난트 골드베르크Ferdinand Goldberg가 면화 재배 가능성을 조사하기 위해 독일의 식민지 토고에 도착했다. 앞으로 살펴보겠지만, 그의 실험은 실패했다. 하지만 독일 제국 정부는 재시도 에 나섰고, 앨라배마에서 토고로 이주해 면화 농업을 확대할 농부들을 모집했다. 동시에 식민 관료들과 면제조업자들은 독일령 동아프리카에 거대한 면화 플랜테이션 농장을 세웠다. 1907년 독일 직물산업가 하인리히 오토Heinrich Otto와 프리츠 오토Fritz Otto는 킬로사Kilossa에 면화 농장을 열었고, 3년 후에는 약 1,000명의 노동자가 1억 4,999만 6,733m²의 토지에서 면화를 재배했다. 곧이어 라이프치히의 면방적회사와 작센의 치타우Zittau 출신 제조업자인 헤르만 슈베르트Hermann Schubert가 오토사에 합류했다.[38]

프랑스 면제조업자들과 식민 관료들도 비슷한 시도를 했다. 프랑스령 수단과 코트디부아르, 프랑스령 적도 아프리카에서 식민세력의 침투는 면화를 확보하려는 노력과 병행되었다. 프랑스 식민장관은 식민지 면화의 전망을 매우 상세히 조사했다. 처음에 아프리카에서 프랑스로 들어오는 면화는 프랑스 산업에서 이용되는 면화 가운데 아주 낮은 비율을 차지했으나, 곧 가파르게 증가했다. 예를 들어 1912년에 코트디부아르는 면화를 거의 공급하지 않는 것이나 다를 바 없었지만 1925년에는 199만 5,806kg을 공급했다. 다른 식민지에서도 비슷한 양상이 전개되었다. 모잠비크의 포르투갈 식민주의자들은 1901년에 최초로 면화 재배 실험을 시작해서 노력한 결과, 1928년에 272만 1,554kg을 생산했다. 벨기에인은 1890년에 콩고 영토에서 최초로 면화 재배 실험을 했지만 면화 생산은 1920년대 들어서야 끔찍한 폭력의 대가로 폭발적으로 증가했다. 1920년에 농사꾼들은 벨기에령 콩고에서 154만 2,214kg을 생산했고, 1931년에는 4,481만 4,926kg, 1941년에는 1억 4,152만 819kg을 생산했다. 이는 엄청난 양으로 '면화 왕'이 맹위를 떨쳤던 남북전쟁 전 미국 면화 생산량의 15% 정도에 해당했다.[39]

그러나 아프리카에서 면화를 재배하기 위해 가장 중요한 노력을 한 것은 영국인들이었다. 1913년 아프리카에서 유럽으로 수출된 면화 중

74%는 영국 식민지에서 나왔다. 영국면화 재배협회가 보기에 풍부한 토지와 노동력을 활용할 수 있는 "서아프리카 영토보다 잠재력이 더 큰" 지역은 세계 어디에도 없었다. 유럽인들은 아프리카인들을 더 이상 아메리카에 팔아넘길 수 없게 되자 아프리카인들이 자신들의 고향에서 세계 시장을 위한 농작물을 재배하도록 장려하거나 강제하는 것이 유익하다고 판단했다. 아프리카는 1930년에 대략 10억 5,010만kg 이상의 면화를 수출했다. 이는 남북전쟁이 일어나기 바로 전해 미국의 수출량을 조금 웃도는 양이었다.[40]

1860~1920년에 아프리카와 아시아, 아메리카에서는 세계 시장을 위한 면화 재배에 최소 2,225억 8,000만㎡의 토지를 새로 할당했다. 이는 매사추세츠, 버몬트, 로드아일랜드, 코네티컷, 뉴햄프셔, 뉴욕을 합친 것보다 더 넓은 면적이었다. 1860년에 새로 생긴 면화 재배지 가운데 거의 80%가 전에는 면화를 재배한 적 없는 지역에 위치했고, 대부분이 그 기간 동안 식민권력의 효율적인 통제를 받았다. 실제로 1950년대에 면화 전문가들은 1,500만 명, 또는 세계 인구의 약 1%가 면화 재배에 종사하는 것으로 추산했다. 제국주의적 팽창과 세계 시장을 위해 그 어느 때보다 많은 면화를 생산하는 일은 떼어놓을 수 없을 정도로 긴밀하게 연결되어 있었다.[41]

• • •

강력한 제국들이 날개를 펼치며 면화 제국의 영토를 확대하자 노동력 동원을 둘러싼 투쟁도 확산되었다. 영토만으로는 결코 충분하지 않았다. 사실 이 국가들이 거듭 직면했던 핵심적 문제는 1865년 미국 면화 노동자들이 해방되었을 때의 문제와 동일했다. 어떻게 하면 농사꾼들을 동원해 세계 시장을 위한 면화를 재배하게 할 것인가, 농촌의 변화를 어떻게 실현할 것인가 하는 문제였다. 프랑스식민지면화협회가 주장한 대로, 토지를 확보하기는 쉽지만 그 토지에는 "일손, 곧 노동력"이 필요했다.[42]

미국의 사례처럼 수세기 동안 살아온 원주민들을 몰아내고 면화 재배에 활용할 영토를 확보한 식민통치세력은 없었다. 추쿠로바, 중앙아시아, 이집트, 동아프리카 같은 곳에서도 면화 재배지를 확보하기 위해 원주민들에게 토지사용권을 포기하도록 강요했으며, 구체적으로는 면화 농업, 일반적으로는 자본주의의 지리적 확대를 동반한 수탈의 움직임이 있었다. 다만 식민지 정부와 강력해진 국민국가는 농사꾼들을 면화 재배 단지 안으로 흡수하려고 노력했다. 식민자들은 그들을 몰아내는 대신에 서로 다른 세 가지 방식으로 그들의 노동력을 사용했다. 첫 번째는 인도, 중앙아시아, 서아프리카 같은 일부 집산지에서는 여전히 토착 농민들이 면화를 생산하고, 생산한 면화를 서양 상인들에게 판매했다. 두 번째는 세계 곳곳에서 과거 유목민이었던 사람들을 정착시켜서 노동력으로 동원했다. 앞으로 살펴보겠지만, 중앙아시아와 추쿠로바가 그런 경우인데, 이들은 아나톨리아에서 가장 중요한 면화 재배 단지를 조성하기 위해 수세기 동안 평원에서 가축을 몰던 유목민 집단을 정착시켰다. 세 번째로 알제리, 독일령 동아프리카 등지와 멕시코, 아르헨티나 곳곳에서는 타지에서 이주민들이 들어와 플랜테이션 농장에서 원주민들의 면화 재배를 관리했다.[43]

다른 면화 재배지역에서도 보았듯이, 식민 관료와 자본가 들이 택한 전략과 상관없이 결국에는 상업적인 면화 농업을 요구하는 압력에 굴복해 사회구조가 영구히 재편되었다. 러시아의 중앙아시아는 그런 변화의 대표적인 사례다. 러시아가 점령하기 전, 중앙아시아에 살던 사람들은 면화를 재배해 실을 잣고 옷감을 짰다. 그렇게 생산된 옷감의 일부는 자신들이 사용했고 나머지는 장거리 시장에 수출했다. 사실 중앙아시아 전역에서 면화와 면제품 생산은 아주 중요한 산업이었다. 5,000마리에 이르는 낙타를 이끄는 대상隊商들이 중앙아시아의 여러 칸국과 러시아 사이의 초원지대를 횡단했다. 이 번창하는 산업의 원료는 농가에서 여러 작물 가운데 하나로 수확되었고, 흔히 밀 재배지에서 함께 재배되었다. 가족노동으로 재배된 면화는 대부분 가정에서 직물을 생산하는 데 사용되었지만, 지역 상인들이 면화를 소량 구입해 장거리 시장에서 거래하기도 했다.[44]

중앙아시아는 러시아를 위한 면 완제품의 공급처였다. 그러나 앞에서 살펴본 대로 러시아가 중앙아시아 영토를 차지한 이후 19세기의 마지막 수십 년간 그곳은 모스크바와 상트페테르부르크에 위치한 공장들의 면화 공급처이자 러시아산 면제품의 소비시장이었다. 러시아의 기업가와 식민 관료 들은 이런 변화를 완성하기 위해 신속하고 급격하게 농촌의 면화 재배지역을 재편했다. 처음에는 면화 제국의 다른 곳들과 마찬가지로 모도시의 상인들과 러시아 직물회사의 대리인들이 도착하여 영세 농들에게서 면화를 구입하고 그들에게 신용을 제공해 비식용작물에 해당하는 면화를 특화작물로 재배하도록 했다. 이렇게 해서 면화 수출이 확대되자 이 회사들은 차츰 모도시에 해당하는 러시아에 면화를 수출하는 일을 전담했으며, 토착 자본가 계급이 등장해 수많은 농민 생산자와 거래했다. 이러한 양상은 미국 남부와 인도에서 전개된 것과 대체로 일치했다. 그들은 영세농에게 필수적인 운영자본을 제공하면서 통상 연간 40~60%의 이자를 물렸다. 물론 이자가 100%를 넘는 경우도 있었다. 이런 터무니없는 이자와 한두 차례 형편없는 작황이나 가격하락과 맞물리게 되면 농민들은 오롯이 선대제 상인들에게 의존할 수밖에 없게 된다.

농민들이 토지에 대한 통제권을 완전히 상실하지 않은 경우에도 마찬가지였다.[45]

1880년대에 러시아의 기업가들은 영세농의 면화 재배를 보완하기 위해 대형 면화 플랜테이션 농장을 만드는 작업에 착수했다. 그러나 이 플랜테이션 농장들은 노동력 부족으로 곧 실패했다. 다른 곳에서와 마찬가지로 농사꾼들은 임금을 받는 노동을 꺼렸다. 대신에 그들은 자가 소유지나 임차지에서 일하기를 더 선호했다. 한 독일인 관찰자가 말했듯이, "이런 종류의 노동에 투입할 수 있는 무산자는 극소수였다. 토지가 없는 원주민들은 소규모 임차지에서 자신의 힘으로 농사짓기를 더 좋아한다. 이런 이유로 대형 플랜테이션 농장에서는 면화 파종기에 파종이 너무 늦어진다. …… 대형 플랜테이션 농장을 소유한 기업가들은 재배한 면화를 지주에게 모두 양도하는 조건으로 원주민들에게 작은 단위로 토지를 빌려주는 수밖에 없다."[46]

이처럼 대형 면화 플랜테이션 농장에 필요한 노동자를 충분히 동원하지 못한 데다 토지를 소유한 경작자들owner-occupiers의 빈약한 처지 탓에, 점차 미국 남부에서 확산되었던 것과 유사한 반분소작제半分小作制● 가 출현했다. 상트페테르부르크의 독일 영사는 1909년에 이런 사회관계의 변화에 대해 다음과 같이 언급했다. "자본을 충분히 보유한 상인들이 오래전에 정착한 농장주들의 토지를 점점 더 많이 흡수하고 있다. 많은 경우에, 토지의 옛 주인들이 토지매입자의 임차인이 되어 과거 자신이 소유했던 토지에서 계속 일했다." 토지를 소유한 경작자들이 위기를 겪는 동안 중간상인들이 광대한 토지를 획득했지만, 무산자인 농사꾼들은

● 지주가 소작농에게 토지나 경작 도구를 빌려주어 경작하게 한 뒤 소출을 지주와 소작농이 일정한 비율로 나누어가지는 제도를 말한다.

플랜테이션 농장에서 임금노동에 뛰어들기를 거부했기 때문에 지주들은 그들을 소작인으로 부릴 수밖에 없었다. 수십 년이 경과하면서 면화지대에서 이 지역의 계급구조도 크게 바뀌었다. 빚에 허덕이는 자영농들과 무산 농업노동자들이 대거 출현한 탓이었다.[47]

그러나 소작은 보통 임금노동으로 가는 여정의 중간 기착지에 불과했다. 거대한 착취의 물결이 농촌의 면화 재배지역을 휩쓴 결과, 그 어느 때보다 많은 농사꾼이 자신들의 뜻과 상관없이 고용노동자가 되었다. 엄청난 빚을 진 영세농들은 토지에 접근할 권리를 잃었기에 자신들의 노동력을 파는 것 말고는 달리 대안이 없었다. 1910년에 페르가나의 면화 지구에서는 토지를 갖지 못한 노동자가 20만 명에 육박했다. 1914년에 이르면 페르가나 주민 25~30%가 토지를 소유하지 못했는데, 러시아의 자본가들과 국가가 취한 단호한 조치들로 인해서 중앙아시아의 농촌지역이 미국 남부의 농촌지역과 비슷해졌기 때문이다. 더욱이 투르키스탄의 많은 유목민이 삶의 터전을 잃고 가축에게 먹일 작물에 접근할 수 없게 되자 정착해서 농업노동자가 될 수밖에 없었다. 글로벌화가 다시 한 번 특정 장소에 사람들을 묶어둔 셈이다. 특히 그들의 소유가 아닌 장소에 농업 자원에 대한 통제권마저 박탈당한 채 말이다.[48]

중앙아시아 경제의 이런 극적인 재편은 러시아 면제조업자들에게 새로운 시장을 열어주었다. 1889년에 영국의 한 여행객은 "돈이 …… 봄베이와 맨체스터의 호주머니에서 빠져나와 니즈니노브고로드Nizhni Novgorod와 모스크바의 주머니로 흘러들고 있다"고 말했다. 다른 곳과 마찬가지로, 면화 재배에 대한 관심이 고조되자 이 지역의 식량 안정성도 심대한 영향을 받았다. 세계의 다른 면화 재배지역들이 그랬듯이, 중앙아시아는 이제 식량을 수입에 의존하게 된 한편, 동시에 농민들의 수입은 면화 시장의 "변동으로부터 크게 영향을 받게" 되었다. 지역농업

— 재래식 농기구로 면화의 2차 배토 작업을 하는 중앙아시아의 면화 재배인, 1913년.

이 환금작물로 방향을 틀어 곡식이 크게 부족해진 데다가 계급구조까지 재편되면서 끔찍한 기근이 초래되었다. 그 결과 제1차 세계대전 시기에 이르면 인구가 심각하게 감소했다. 예를 들어 투르키스탄에서는 1914~1921년에 인구의 18.5%인 130만 명이 감소했다.[49]

역량과 자원을 갖춘 국가가 행정, 기반시설, 법, 군사적 수단을 사용해 영토를 통제하려는 노력을 강화함에 따라 면화 재배에 활용할 노동력을 정확히 어떻게 동원할 것인지가 여전히 시급한 문제였다. 특히 전문지식이 절실했다. 노예의 후손인 아프리카계 미국인으로 구성된 소규모 집단이 토고에서 면화 농업을 재편하려는 독일 식민주의자들의 노력에 얼마나 중요한 역할을 하게 되었는지에 관한 이야기는 놀라움을 넘어서서 가당치 않아 보이기까지 한다. 하지만 이 사례는 자국 산업을 위해 식민지 면화 공급처에 접근하려는 노력이 어떠했는지, 면화 재배에 동원할 노동력을 얻으려고 얼마나 끊질기게 노력했는지를 잘 설명해준다.

1900년 11월 폭풍우가 몰아치는 어느 아침에 증기를 내뿜으며 뉴욕 항을 나선 그라프발더제Graf Waldersee 호는 대서양 건너편 독일의 함부르크시를 향해 항해를 시작했다. 높이 치솟은 트리니티 교회의 첨탑을 마지막으로 바라보는 2,000명이 넘는 승객 가운데 제임스 캘러웨이James N. Calloway, 존 로빈슨John W. Robinson, 앨런 버크스Allen Burks, 셰파드 해리스Shepard Harris 네 사람이 눈에 띄었다. 이들은 모두 앨라배마 출신 노예의 자손들로, 부커 워싱턴Booker T. Washington의 터스키기산업연수원과 연계되어 있었다. 캘러웨이는 교사였고, 로빈슨, 버크스, 해리스는 재학생이거나 학교문을 갓 나선 졸업생이었다. 주목해야 할 것은 아마도 그들이 맡은 임무일 것이다. 그날 아침 그들이 그라프발더제 호에 오른 것은 머나먼 땅에서 새 일자리를 얻기 위해서였다. 그곳은 1884년 독일인들이 손에 넣은 서아프리카의 작은 땅, 독일 식민지 토고였다. 아프리카계 미국인들은 에웨족Ewe의 오랜 터전인 이곳에서 "토착농업으로서 합리적인 면화 농업의 가능성을 판단하기 위해, …… 독일 산업을 위한 생산물의 시장성을 보여주기 위해" 독일 식민주의자들과 그들의 피지배자들에게 수출용 면화 재배 방법을 가르칠 예정이었다.[50]

이후 8년 동안 터스키기의 전문가들은 독일 식민주의자들에게 아프리카의 농사꾼들로부터 수출용 면화를 더 많이 얻어낼 방법을 조언했다. 그들은 면화 시범농장을 만들고, 신품종 면화를 소개하고, '면화 학교'를 열고, 지역의 농사꾼들에게 세계 시장을 위한 면화를 재배하도록 강요하기 위해 점차 강압적인 수단들을 사용했다. 그리고 정말로 1900~1913년 사이에 토고의 면화 수출은 35배나 증가했다.[51]

면화 재배 경험이 없는 독일의 식민 관료들과 직물산업가들은 전문 지식을 얻기 위해 미국의 사례를 살펴보았으며, 대부분의 제국 경쟁자들과 마찬가지로 "기억할 수 없을 때부터 면화 농업은 흑인들이 선호하는 농업[이다]"라고 단정하며 그들의 식민지 면화 재배지에 아프리카계 미국인들을 투입하는 일이 실현 가능하다는 데에 동의했다. 이 일을 실행하기 위해 1900년 여름에 독일의 귀족이자 워싱턴 주재 독일 대사관에서 농무관으로 근무하던 베노 폰 헤르만 아우프 바인Beno von Herman auf Wain이 아프리카계 미국인 활동가이자 터스키기 지도자인 부커 워싱턴을 만나기 위해 매사추세츠 로즐린데일로 향했고, 면화 플랜테이션 농장 운영자와 "그곳[토고]에서 흑인들에게 합리적이고 과학적인 면화 재배와 수확 방법을 가르쳐줄" 기술자 모집에 도움을 구했다. 그해 9월 말에 부커 워싱턴은 그곳에 갈 사람 넷을 선발했다고 알려왔다. 터스키기의 면화부장인 40세의 제임스 캘러웨이가 그 임무를 책임지고 젊은 구성원들을 감독하기로 했다. 그는 터스키기에서 323만 7,485m² 규모의 농장을 운영한 경험이 있었으며, 독일어를 조금 할 줄 알았다. 1897년도 터스키기 졸업생인 존 로빈슨, 1900년도 터스키기 졸업생인 앨런 버크스, 1886년에 터스키기에 입학해 그곳에서 목공일을 배운 셰퍼드 해리스가 합류하기로 했다. 워싱턴의 말을 빌리자면, 이들은 모두 노예의 아들이며 이들 가운데 두 사람의 조상은 "아프리카 토고 출신이었다." 워싱턴은 폰 헤르만 아우프 바인에게 이렇게 당부했다. "나는 귀사가 남부에서 우리가 저질렀던 실수를 되풀이하지 않기를 바랍니다. 그들에게 오로지 면화만 재배하도록 가르치지 않기를 간절히 바랍니다. 나는 면화와 식량을 함께 재배하도록 배운 곳에서 재정적인 면에서나 다른 면에서나 더 큰 진전이 있었음을 발견했습니다."[52]

캘러웨이, 로빈슨, 버크스, 해리스는 토고에 도착해 거창하게 일을 벌였다. 그들은 한때 토브Tove의 왕이 다스리던 땅에다 대담하게 자신들이 미국에 두고 온 것과 아주 비슷한 면화 농장을 만들었다. 그들은 지역민 200명의 도움을 받아 무성하게 자란 풀과 나무를 베어냈고 지역의 여성들과 아이들을 시켜 남은 뿌리를 모아 태워버렸다. 그런 노력 끝에 5월까지 약 10만 1,171m²에 이르는 토지에 면화를 파종했고, 7월에는 약 40만 4,686m²에 파종을 했다. 체계적으로 시작했지만 토브인의 축적된 경험은 사실상 무시한 채, 캘러웨이와 그의 동료들은 밭에 서로 다른 종류의 면화를 파종했다. 그러고는 어느 품종이 가장 잘 자라는지, 또 언제 심어야 하는지 여러 차례에 걸쳐 조사했다. 4월에 캘러웨이는 워싱턴에게 자랑스러운 어조로 이렇게 보고했다. "우리의 작업은 상당히 순조로워 보입니다. …… 그러니 우리는 면화를 생산할 수 있으리라 믿습니다."53

이렇게 의욕적으로 시작했으나 터스키기 전문가들은 곧 여러 어려움에 직면했다. 예를 들어 아프리카계 미국인 플랜테이션 운영자들은 역축役畜 없이는 면화 농장의 성공적인 운영을 상상할 수 없었다. 그런데 토브 주변의 농사꾼들은 말이나 소를 "미국의 젊은이들이 '미친 개'를 두려워하는 것만큼이나 두려워한다"라는 사실을 로빈슨은 놀란 듯이 보고했다. 농사꾼들이 역축을 이용하는 데 익숙하지도 않았지만 동물들 역시 그 지역의 질병들을 견디지 못했다. 예기치 못한 강우 형태도 문제가 되었다. 7월에 우기가 시작되자 터스키기 전문가들이 도착 직후 파종한 면화는 썩어버렸다. 그들은 지역의 농사꾼들에게 많은 것을 배울 수도 있었지만 자신들의 방법이 더 낫다는 확고한 믿음을 가진 데다 현지 언어로 소통할 수도 없었던 터라 그런 배움을 얻지 못했다. 또한 이 전문가들은 부족한 기반시설과 그에 따라 발생하는 거의 극복할 수 없는 문제들에 직면했다. 수개월 전 토브에 도착했을 때 로메 부근 해안에 두고 온 조면 기구들을 마차에 실어 들여오기 위해 우선 도로부터 넓혀야 했다. 그런 다음에는 마부 서른 명을 고용해야 했다. 그리하여 조면 기구를 가져오기까지 2주 넘게 걸렸다. 이처럼 인간의 근력에 의존해야 하는 상황은 조면 과정에서도 제약으로 작용했다.[54]

이런 좌절 속에서도 캘러웨이, 로빈슨, 버크스, 해리스는 초여름에 시범농장에서 이집트 품종의 면화 한 꾸러미와 아메리카 품종 면화 네 꾸러미를 수확했고, 11월과 12월에는 아메리카 품종 면화 다섯 꾸러미를 더 수확했다. 토지 전문가들과 엄청난 노동력이 투입된 점을 고려하면 보잘것없는 결과였지만 캘러웨이와 식민경제위원회는 이 결과를 성공으로 여겼다. 위원회는 기대했던 대로 지역의 기후가 고품질 면화를 재배하기에 정말로 적합하고 현지 주민들이 면화를 기꺼이 수용하고자 하며, 어쩌면 이집트에서만큼이나 넓은 토지를 면화 재배에 활용할 수 있을 것이라고 결론지었다. 캘러웨이는 현지인들이 면화를 판매할 수 있는 시장을 조성하고 지역 생산자들에게 영농기술을 교육하면, 특히 쟁기와 역축 사용을 가르치면 생산을 더 증대할 수 있을 것이라고 주장하며 위원회의 의견에 동조했다. 이런 개혁들이 수용된다면 "몇 년 안에 우리는 이곳 식민지에서 수천 꾸러미의 면화를 수출할 수 있을 것이다. 이 정도의 수출로 세계 시장에 영향을 주지는 못할 테지만, 독일인들에게는 물론이고 이곳 식민지 원주민 250만 명에게 커다란 이익이 될 것이다."[55]

터스키기 전문가들이 첫해에 토고에서 수확한 면화의 양은 극히 적었을 것이다. 그러나 캘러웨이와 그의 동료들을 주요 면화 재배인으로 만들려는 것이 식민경제위원회의 목적은 아니었다. 독일 산업가들은 오히려 노련한 면화 농부들에게서 얻은 지식을 현지 재배인들에게 이전하기를 바랐다. 처음부터 그들의 목적은 토고에서 면화 생산을 토착농업으로 만드는 것이지 독일 식민지 제국의 다른 곳에서 그랬던 것처럼 "플랜테이션 농업"으로 만드는 것이 아니었다.[56]

독일 면산업계의 관계자들이 이런 선택을 한 것은 부분적으로 독일령 동아프리카에 위치한 플랜테이션 농장에서 노동력을 동원하느라 직면했던 엄청난 문제 때문이었다. 이들 플랜테이션 농장들은 대부분 독일의 섬유 산업가들이 운영했는데, 아프리카 노동자들을 충분히 확보하지 못해 어려움을 겪었다. 현지인들은 대체로 그곳에서 일하기를 원하지 않았다. 독일인 플랜테이션 농장주들은 지역의 생산자들이 임금노동을 할 수밖에 없도록 하기 위해 식민지 행정 당국에 세금 인상을 설득했지만 정부는 공공연한 반란을 염려해 세금 인상을 꺼렸다.[57]

독일의 이런 경험은 식민지를 거느린 다른 강대국들의 경험과 비슷했다. 영국령 동아프리카에서 "노동력 부족은 가장 심각한 어려움이다. …… 멀리서 쿨리들을 데려와야 했다. 크게 힘들지 않고 1년에 네 가지 작물을 얻을 수 있는 현지 주민들로서는 굳이 고용노동에 나설 이유를 느끼지 못하기 때문이다." 사실 임금노동을 제도로 정착시키기란 매우 어려웠다. 영국령 우간다에서도 면화 재배는 "중요한 수익자가 될 것으로 기대했던 재배인들의 일관된 반대에 부딪혔다." 결국 영국의 식민주의자들은 "원주민들이 유럽인 소유의 플랜테이션 농장에서 임금을 받고 노동할 때보다 자기 재량껏 농사지을 때 일을 훨씬 더 잘할 것"이라고 믿게 되었다.[58]

다른 식민권력의 정책과 마찬가지로, 독일의 면화정책은 그 지역 주민인 에웨족과 만나 오랫동안 번성해온 그들의 토착 면화산업을 접하며 그들로부터 영향을 받았다. 수세기 동안 그 농사꾼들은 농경지 곳곳에 면화를 심었다. 거기서 수확한 면화로 여성들은 실을 자았고, 남성들은 옷감을 짰다. 19세기 내내 이 면화 가운데 일부는 상당히 먼 거리

를 가로질러 거래되기도 했다. 미국의 남북전쟁이 진행되는 동안 일부
는 세계 시장에 진입하기도 했다. 전하는 바에 따르면 그 지역 통치자
들이 면화 플랜테이션 농장을 만들어서 노예노동자들과 함께 작업하
며 한 달에 20꾸러미에서 40꾸러미의 면화를 리버풀로 수출했다고 한
다. 1908년에 독일 식민지 정부는 유럽산 직물들이 현지의 방적·방직업
을 아직 파괴하지는 않았다고 보고했다. 실제로 유럽산 직물이 수입되
었는데도 아프리카 대부분의 지역에서 매우 번성한 면산업을 찾아볼 수
있었다.[59]

   독일 식민주의자들이 1890년대에 토고 내륙으로 영향력을 확대했을
때 개편하고자 했던 부분이 바로 이와 같은 번성한 토고의 국내 산업이
었다. 영국이 인도에서 그랬듯이, 또 러시아가 중앙아시아에서 그랬듯
이, 독일의 식민주의자들도 내향성을 외향성으로 변화시키고자 했다.
'과학적' 농업과 기반시설 개선, '자유'시장이 제공한 유인들 덕분에 토
착농민들은 미국에서 해방노예들이 그랬던 것처럼 균질한 품질의 면화
를 더 많이 재배하게 되었고, 이를 독일 상인들에게 판매할 수 있었다.
이 '토착농업Eingeborenenkultur'은 소작제에 이어 노동력 수급이라는 난제,
35년 전 미국에서 노예가 해방된 이후 세계 면산업의 핵심에 놓여 있던
문제를 해결하려는 또 다른 시도였다.[60]

   플랜테이션 농장에서 식민지 면화 재배에 필요한 노동력을 동원할
수 없었던 독일 면화업계 관계자들은 터스키기 전문가들이 미국에서
쌓은 경험들을 토고에 거의 성공적으로 이전한 데 고무되었을 뿐 아니
라, 미국에서 '자유노동' 면화 생산이 급속히 증가한 사실에 용기를 얻
었다. 이에 따라 그들은 에웨족에게 모범이 될 만한 소수의 시범농장을
설립하고 싶어 했다. 더욱이 독일 식민지 행정 당국은 터스키기 전문가
들과 함께 그들의 공동 목표를 추진하기 위한 여러 정책을 개발했다. 그

들이 함께 추구하는 목표란 에웨족 면화 재배인들을 독려해 면화를 더 많이 생산하여 조면과 포장 상태의 질을 높여 시장으로 신속하게 내보내는 것이었다. 먼저, 면화 품질을 개선하기 위해 식민경제위원회는 독일토고회사Deutsche Togogesellschaft 같은 독일의 민간 투자자들과 함께 토고 면화 재배지역 전역에 조면소를 설치했다. 그 덕분에 재배인들은 직접 조면할 필요가 없어졌으며, 아주 무거운 원면을 먼 거리로 운송할 필요도 없었다. 이어 구매자들은 제조 과정에서 훨씬 더 이른 단계부터 면화에 대한 통제권을 확보했다. 둘째, 식민지 정부는 재배인들에게 종자를 보급해 면화의 품질을 더 균질하게 만들려고 노력했다. 여기서 터스키기 전문가들의 연구가 더 중요해졌다. 그들이 이집트, 아메리카, 페루, 브라질 품종을 가지고 실험을 진행하면서 토고의 기존 품종들을 분류했기 때문이다. 1911년 이후에 토고의 기존 품종과 교배된 아메리카 품종이 '토고 해도면'이라는 명칭으로 시장에 판매되었는데, 이 품종은 독일 당국이 보급시킨 유일한 품종이었다. 셋째, 농사꾼들이 면화를 더 많이 재배하도록 촉진하기 위해 식민지 정부는 면화 수매에 최저가격을 적용했는데, 이런 방침이 면화 재배인들이 감수하게 될 위험을 줄일 수 있을 것이라는 가정에서였다. 넷째, 터스키기 전문가들과 식민 당국, 식민경제위원회는 면화를 수출하기 위해 처음에는 주로 캘러웨이와 로빈슨을 포함한 면화 원정대 구성원들을 외딴 지역에 파견해 재배인들에게서 면화를 구매함으로써 면화 시장에 대한 통제권을 확보하는 데 주력했다. 실제로 1902년에 이르면 터스키기 전문가들이 토고의 드넓은 지역으로 퍼져나가 다양한 시범농장을 운영하면서 기회가 있을 때마다 면화를 구매했다. 또한 그들은 여러 도시에 면화를 수집하는 거점을 마련하고 그곳들을 감독하는 작업에도 참여했다.[61]

독일 상인들은 가격 보장, 조면 시설, 품종 선택, 시장 장악 같은 중요한 조치들을 취함으로써 더 많은 면화를 확보할 수 있었다. 하지만 그보다 더 중요한 것은 면화를 해안가로 운반하는 기반시설의 급속한 발전이었다. 캘러웨이와 그의 동료들은 처음 토고에 도착했을 때 지역노동자들이 끄는 마차를 타고 로메Lomé로 갔다가 돌아오는 데에만 15일이 걸렸다. 1907년에 이르러 가장 중요한 면화 재배지역과 해안이 철도로 연결되어 운송 시간은 불과 몇 시간으로 크게 줄었다.[62]

이 모든 조치가 취해진 데에 식민 당국이 중요한 역할을 했다. 가격과 시장, 기반시설은 식민지 행정의 산물이었다. 이후 식민 당국의 역할은 더욱 확대되었다. 즉, 식민 당국은 농사꾼들에게 세금을 부과하고 세금 납부를 노동으로 대체할 수 있게 함으로써 지역농민들이 토브에서 해안가로 면화를 운반하고, 철도를 건설하고, 나아가 면화 재배용 토지를 개간하도록 강요했다.[63] 농사꾼들이 자신들의 농사와 관련된 결정을 하는 데 영향을 미치는 상황을 재조정함으로써 식민 당국은 그들이 세계 시장을 위한 면화 생산을 선택하기를 바랐다.

이런 점들을 함께 고려할 때 터스키기 전문가들과 식민지 정부의 노력은 눈부실 만큼 효과적이었다. 토고의 면화 수출은 1902년 1만 4,453kg에서 1904년 10만 8,171kg으로 증가했고, 1909년에는 51만 742kg까지 증가했다. 이는 독일이 수입한 전체 면화 양에 비하면 보잘것없었다(사실 독일이 식민지에서 확보한 면화는 전체 공급량의 0.5%에도 미치지 못했다). 하지만 팽창 속도(7년 동안 35배 증가)는 식민지 면화의 미래가 밝으리라는 점을 시사했다.[64]

시작은 이렇게 전도유망했지만, 1909년 이후 터스키기 전문가들과 식민지경제위원회, 독일 식민지 정부는 면화 수출을 추가로 증대하는 데 어려움을 겪었다. 독일의 식민 지배 마지막 해인 1913년에 토고의 면화 수출은 1909년보다 약간 줄었다. 이처럼 팽창이 한계에 부닥친 원인은 대체로 현지 생산자들의 농사 계획에 면화를 맞추는 방식에 있었다. 예상과는 달리 에웨족 농사꾼들에게는 상품 생산에 대해 나름대로 구상하는 바가 있었고, 이러한 계획이 터스키기 전문가들이나 독일 식민주의자들의 생각과 반드시 일치하지는 않았다.

농사꾼들은 지구상의 다른 농촌지역에서처럼 그들에게 일과 생계, 생활에 대한 통제 권한을 보장하는 경제적·사회적 양식들을 그대로 유지하고 싶어했다. 전통적으로 여성들은 옥수수 밭과 고구마 밭에다 면화를 함께 재배했다. 이런 방식으로 그들은 별다른 노동을 더 투입하지 않고도 부가작물을 얻었다. 밭을 갈고 풀을 매는 일은 어차피 해야 하는 일이었으니 말이다. 처음에는 면화의 생산과 수출이 이런 농사방식을 방해하지 않았다. 그러나 면화가 전통적인 농사방식과 오랫동안 유지되어온 성별 노동 분업 안에서 이렇게 한정된 위치를 차지하고 있다 보니 면화 재배를 확대하는 데 한계가 있을 수밖에 없었다. 독일 식민 당국 입장에서는 애석한 일이었지만, 이는 무엇보다도 토고 농민들이 면화의 단일경작에 나설 의사가 없음을 보여주는 것이었다. 독일에서 보도된 한 기사에 따르면, 면화의 단일경작은 더 많은 노동력을 투입해야 하지만 반드시 더 많은 수익을 보장하는 것은 아니라서 토고의 농민들은 이를 선호하지 않았다. 하지만 옥수수와 고구마는 면화 가격에 관계없이 농민들에게 식량을 제공했다. 독일의 식민 행정관들과 상인들이 원면에 지불한 값이 너무 낮았기 때문에 생계작물을 포기하는 위험을 감수하면서까지 면화 단일경작의 중노동에 나서도록 농민들을 설득하기는 어려웠다. 실제로 식민지 면화의 열광적 지지자였던 아우구스트 에티엔조차 오로지 면화 재배에만 집중하면 "농민경제에 약간의 위험이 따른다"라는 사실을 순순히 인정했다.[65]

더욱이 현지 방적공들도 백색황금을 차지하려고 치열하게 경쟁하면

— **내륙에서 면화를 실어내다** 독일의 식민지 토고에서 면화 꾸러미를 실은 기차, 1905년.

서 면화 수출에도 제약이 있었다. 미사회혜Misahöhe의 독일 식민 당국 관리였던 한스 그루너Hans Gruner는 1901년 12월에 이렇게 보고했다. "무엇보다도 현지 수공업자들이 원료 가격을 망쳐놓았다. 그들이 통상 자신들의 기술로 만든 제품에 턱없이 높은 값을 매겼기 때문이다." 비록 소수이긴 했지만 이들 방적·방직공은 정제된 면화 454g에 50페니히를 기꺼이 지불했다. 이는 독일의 식민주의자들이 25~30페니히를 지불한 것에 비하면 상당히 높은 가격이었다.[66]

이런 가격차는 면화 시장이 발달하지 않았음을 말해준다. 사실 토고에서 면화를 구매한 독일 상인들은 식민지 행정 당국이 정한 가격보다 더 지불하지 않았다. 아프리카 전역에서 식민 당국들은 강한 규제와 감독을 받는 시장을 조성했다. 그리고 그 시장은 점점 더 강압적으로 바뀌어, 번성한 현지 면산업에 면화를 판매해 더 큰 수익을 거두려는 농민들

— 토고에서 면화로 실을 잣는 모습.

의 바람을 차단했다.[67]

　유럽의 식민주의자들은 면화를 구입하려는 아프리카 현지인들뿐 아니라 여전히 강력한 식민지의 면산업과 힘겨루기를 했다. 1926년에 영국의 경제학자 윌리엄 앨런 맥피William Allan McPhee가 주장했듯이, "이 문제의 일부는 나이지리아의 수직기에 공급하던 면화를 랭커셔의 역직기에 공급"함으로써 풀릴 것이라고 그들은 내다보았다. 즉, 영국산 수입 직물로 현지 직물을 대체하여 아프리카 사람들이 유럽으로 수출할 면화를 재배할 수 있도록 현지 면산업과의 관계를 끊어놓는 것이었다. 이는 유럽의 '면화 왕'들이 인도에서 처음 익힌 교훈이었다. 나이지리아의 영국인 식민 관료 프레더릭 존 D. 루거드Frederick John D. Lugard는 수출을 더욱 촉진하기 위해 카노Kano('아프리카의 맨체스터')의 오래된 방직 도시에서 면공업이 쇠퇴하기를 바랐다. "그러고 나면 자리아Zaria의 면화가 카노의 직기로 오는 것이 중단될 것"이었기 때문이다. 이렇게 산업을 파괴하려면 "아프리카 현지에서 생산된 직물을 능가하는 것으로, 현재 수입된 것보다 더 나은 등급의 영국산 직물이 필요하다. 그래야 면화를 시장에 내다팔 것이다." 무엇보다도 "방적, 방직, 염색 산업이 …… 면화의 추가 생산자가 될 수 있는 수천 명의 사람에게 일자리를 …… 제공했다." 그가 보기에 탈산업화는 아프리카의 이 영토, 나이지리아와 그곳의 민족들을 맨체스터의 궤도 안으로 끌어들이기 위한 선행조건이었다.[68]

끝으로 특히 중요한 사실이 남았다. 아프리카 대다수 농사꾼의 삶은 여전히 세계 시장과 동떨어져 있었고 거의 상업화되지 않았다는 점인데, 이는 그들이 미국의 오지 농부들과 달리 환금작물을 생산해야 할 경제적 압력을 거의 받지 않았다는 것을 의미했다. 그래서 에웨족은 혼합농업을 선호하고 꾸려갈 수 있었다. 식민화되기 이전 토고에서 에웨족은 시장에서 일부 상품을 사고팔았으며 장거리 무역에도 종사했다. 그러나 독일인들이 토고에 들어온 이후에도 자본주의적 사회관계는 토고에 거의 파고들지 못했다. 농사꾼들은 오랜 시간에 걸쳐 확립된 지역 거래를 선호했고, 자급을 위한 생산이 안전하게 유지되기를 바라며 장거리 시장의 논리에 맞섰다. 독일의 식민 관료들은 이렇게 탄식했다. "미국과 달리 이곳 농민들은 면화 경작에 생계를 걸지 않는다. 그들은 항상 다른 작물에 접근할 수 있는 데다 필요한 양이 매우 적었기에 한동안 현금 수입이 없더라도 살아갈 수 있다." 영국의 노예 폐지론자들이 희망했던바, "굶주림의 공포"가 식민지 주민들에게는 세계 시장을 위한 작물 생산의 동기로서 "채찍질의 공포"를 대체할 터였지만, 토고에서는 여러 가지 대안이 존재하는 바람에 실패하고 말았다. 토고 농민들이 그렇게 놀랄 만큼 완강히 세계 시장 진입을 거부할 수 있었던 것은 독일인들이

착취를 위한 신용관계 체제를 제도화할 수 없었기 때문이다.[69]

토고의 면화 재배가 침체되기 전에도 독일 식민 당국은 이 같은 요인들을 잘 파악하고 있었다. 어떻게 하면 지역 생산자들에게 면화 생산 증대를 압박할 수 있을지 알기 위해 그들은 다른 곳의 경험을 조사하기 시작했다. 식민경제위원회 위원 카를 서프Karl Supf는 생계와 세계 시장 생산 사이에 존재하는 긴장을 알고 있었기에 식민정책의 목적은 "원주민들이 우리에게 경제적으로 의존하게 하는 것"이어야 한다고 주장했다. 그리고 그렇게 할 방법 가운데 하나가 지역의 세금을 인상하고 원주민들이 세금을 면화로 납부할 수 있게 하는 것이라고 주장했다. 대신에 "최소한 수년 동안은 원주민들에 대한 정부기관의 영향력이 절대적이어야만" 하므로, 토고 총독은 1903년 12월에 면화 선물을 담보로 농민들에게 소액을 대출해주어 그들이 면화 재배에만 집중하도록 해야 한다고 주장했다. 그는 정부가 "면화 재배를 위해 종자 지원을 비롯해 대출이나 선급금 같은 지원을 자발적으로 받아들여 채무를 떠안게 된 현지인을 압박할 수 있는" 확실한 방법을 찾아야 한다고 생각했다. 그러나 독일인들은 적극적으로 농사꾼들을 압박하고자 했지만 오랜 관습을 깨기가 어렵다는 사실을 깨달았다. 특히 다른 식민권력에 비해 상대적으로 힘이 약했던 독일의 식민 당국이 농촌 생산자들의 탄력적인 사회구조를 그대로 둔 채 광활한 미개척 토지에 접근하는 데 주력했던 탓도 있다. 철도와 시장, 가격 보장만으로는 재배인들에게 생계농업을 포기하라고 설득하기는 힘들었다.[70]

빚에 허덕이는 농사꾼들을 끌어들이고 식민지 행정 당국의 권력을 넘어 토지를 노골적으로 강탈하려는 노력과 함께 다른 형태의 강압에도 더욱 힘을 쏟았다. 면제조업자 카를 서프는 면화 생산을 증대하는 가장 좋은 방법으로 '약한 압력'을 추천한 반면, 그 지역의 식민 관료인 게

오르크 A. 슈미트Georg A. Schmidt는 '강한 압력'이 필요하다고 주장했다. 식민주의자들은 체계적으로 시장을 와해시켰다. 세계 시장 가격과 완전히 동떨어진 고정가격을 정하고, 식민지 행정 당국이 지정한 방식대로 면화를 시장에 내놓도록 농사꾼들에게 강요하고, 중간상인을 제거하고, 생산자들에게 특정 품종의 면화 재배를 강요하는 방법을 사용한 것이다. 특히 농민들의 노동력을 강제로 착취했다. 식민 당국은 강제노동으로 도로와 철도, 조면소를 건설했을 뿐 아니라, 어느 때보다도 강력하게 면화 생산과 면화 거래를 통제했다. 지역정부 관료들은 면화의 파종을 감시하고 정기적으로 제초를 확인했으며 적기 수확을 책임졌다. 예를 들어 1911년에 독일 행정 당국은 면화 재배지역 전역에 47곳의 구매지점 설치를 인가하고 정부의 감시 아래서만 면화를 거래할 수 있도록 했다. 간혹 군인들이 면화 구입 업무를 담당하기도 했다. 1년 뒤인 1912년 1월에 행정 당국은 추가로 모든 조면소와 상업회사들에 정부 인가를 받은 구매자만 시장에 내보내라고 명령했다. 또한 판매자들은 항상 좋은 품질과 나쁜 품질의 면화를 분류해야 한다고 규정했다. 1914년에는 면화의 취급방식에 관한 규정을 추가하여 여기에 규정을 위반하는 현지 재배인들에 대한 체벌도 포함시켰다. 시간이 흐르면서 독일의 정책에서 무력과 폭력, 강압이 점점 더 중요성을 더해갔다.[71]

이렇게 강제력이 강조될수록 터스키기 교사들과 독일 식민주의자들 사이에서 갈등의 골은 깊어졌다. 특히 로빈슨의 경우 면화와 생계작물을 함께 재배하는 것이 중요하다고 확신했다. 그는 '조화로운 방식'으로 면화와 곡식을 함께 재배하는 것을 지지했다. 이런 그의 방침에는 농촌의 아프리카계 미국인들이 생계 확보는 제쳐두고 면화 재배에만 치중한다는 부커 워싱턴의 염려가 반영되어 있었다. 사실 로빈슨은 미국에서 해방노예들이 패배했던 투쟁의 기억도 함께 가져왔다. 로빈슨은 예사롭지 않게 폭넓은 내용을 아우른 편지에 이렇게 썼다. "모든 정부의 근원과 생명은 인민이고, 정부의 첫 번째 임무는 이 생명과 근원을 유지하는 것이다. 결국 인민이 최우선이고 중요한 관심사다. 바로 이런 이유로 우리는 인민에게 면화 재배를 가르치고 싶다. 면화 재배는 그들에게 유익하므로 그들은 면화 재배로 부를 얻을 것이고 식민지는 부유해질 것이다." 로빈슨은 이어서 이렇게 말했다. "그러나 인민이 면화만으로는 살수 없다. 그러므로 우리는 이제 그들을 가르쳐야 한다. 그들이 옥수수만 재배하는 곳에서는 더 많은 옥수수와 더 좋은 옥수수, 그리고 면화를 재배하는 법을 가르칠 것이다. 이제 그들에게 더 큰 마와 더 질 좋은 면화를 재배하는 방법을 보여주어야 한다." 이 같은 완만한 이행이 효력을 발휘하려면 농민들에게 강요하기보다는 가능한 한 "자극과 불편을 덜어주는 것"이 중요했다. 그러나 앨라배마 출신의 로빈슨과 그의 동료들은 독일의 식민 행정 당국으로부터 점점 더 외면을 받았다.[72]

사실 아프리카 전역에서 점차 강제력이 면화를 착취하는 강력한 수단이 되어갔다. 코트디부아르 농민들은 특히 지역 식민 관료들의 감시를 받으며 지정된 경작지에서 면화를 재배하도록 강요당했다. 1917년에 이르면 벨기에령 콩고에서는 면화 생산이 '의무 농업'이 되었다. 다시 말해 농민들이 일정량의 면화를 재배하여 시장보다 낮은 가격에 판매할 것을 강요받았다. 충분한 양을 생산하지 못한 농민은 벌을 받았고, 만약 작업이 기대에 못 미치면 채찍질을 포함해 심각한 처벌을 받았다. 프랑스령 수단에서도 마찬가지로 농민들이 면화 재배를 강요당했다. 모잠비크 농민들은 "정부 관료들이 성적 모욕과 매질 …… 그런 일들을 통해 인민들에게 면화 생산을 강요하는 현실"과 마주했다. 두 역사가에 따르면 폭력의 지배가 너무 두려웠던 나머지 1970년대까지도 '면화'라는 단어는 여전히 "거의 자동적인 반응, 곧 고통"을 유발했다.[73]

— 벨기에령 콩고에서 농민들에게 강요된 면화 재배, 1920년경.

그런데도 토고에서 이 모든 노력은 보잘것없는 결과를 낳았다. 1909
년을 정점으로 토고는 독일 식민 지배 아래에서 면화를 더 많이 생산하
지 못했다. 아프리카 여러 지역에서 다른 식민권력들도 비슷한 경험을
했다. 한편, 러시아와 영국의 식민주의자들이 중앙아시아와 인도 서부
에서 환금작물 생산에 도움이 될 수 있게 지역의 사회구조를 실질적으
로 개편함으로써 면화생산을 엄청나게 증대시킨 사실은 독일 식민 당국
의 부러움을 샀다. 명확한 경제적 동기가 없는 상황에서 세계 시장을 향
하도록 경제의 방향을 바꾸려면 농촌지역의 사회관계를 극적으로 재조
정해야만 했다. 이런 과정은 인도에서 그랬듯이 통상 수십 년이 걸리거
나, 노예제가 지배적이었던 미국 남부, 서인도 제도, 브라질의 사회에서
그랬듯이 심각한 폭력을 수반했다. 확실히 1890년대에서 1900년대에 골
드코스트의 농민들이 세계 시장에 내놓을 카카오를 생산하기 위해 기울

인 선구적인 노력에서 알 수 있듯이, 아프리카인들은 여러 새로운 유인책에 빠르게 적응했다. 그러나 그럴 만한 유인책이 없었던 토고에서 독일인들은 충분히 오래 기다릴 수 없었고, 그 과정을 단축할 만한 행정적·경제적·군사적 능력도 없었다. 세계 시장을 위한 면화 생산이 큰 폭으로 증가한 것은 1920년대에 프랑스가 토고 영토의 상당 부분을 지배하게 되었을 때였는데, 1913~1938년에 세 차례나 크게 증가했다. 그러나 면화 생산이 그야말로 비약적 발전을 보인 것은 토고가 독립한 이후의 일이다. 오늘날 토고는 3,810만 1,759kg의 독일 식민 지배 아래 있을 때와 비교하면 75배나 되는 많은 양의 면화를 수출한다. 토고는 여전히 세계에서 가장 가난한 국가 가운데 하나다.[74]

토고에서 소수의 터스키기 면화 전문가 집단이 감행한 모험은 모험 자체를 뛰어넘는 훨씬 더 큰 이야기를 담고 있다. 노예제에서 해방된 세대인 아프리카계 미국인과 독일 식민 당국, 토고 농사꾼들의 만남은 20세기 초에 면화의 제국에서 진행된 거대한 재편, 즉 글로벌 자본주의를 조명한다. 글로벌 면화 시장을 구조화하는 과정에서 제국주의 국가들의 역할이 더없이 중요해졌다. 제국주의 국가들은 거대한 범위의 영토를 확보했고, 그 영토에서 면화를 재배할 수 있는 경우 자신들이 축적한 관료제, 군사력, 기반시설의 힘을 이용해 면화 재배에 필요한 노동력을 동원했다. 다만 이런 개입은 수입관세, 제국의 특혜, 강력한 자국 산업정책을 포함한 여러 정책의 일면일 뿐이었다. 면화의 제국 안에서 글로벌 네트워크들은 그 지리적 범위를 확대하고 크게 강화했다. 국가는 이런 네트워크들을 조성하면서 국가의 형성과 글로벌화가 어떻게 동일한 과정의 핵심 요소였는지를 증명했다. 국가는 영토를 강탈하여 기반시설의 통합을 이루어낸 뒤 새로 확보한 땅에 노동자들을 동원했다. 식민 세계, 러시아, 미국 어디를 보든 면화 재배지역에 대한 통제는 어느 때보다도 강력한 국민국가와 제국에 크게 의존했다.

분명 제국주의국가들은 영토의 지배를 둘러싸고 서로 경쟁했지만, 면화 제국 전역의 사람들은 잠재적 면화 재배지가 모도시의 산업계 이익집단들에게 쓸모있는 것이 될 방법을 찾기 위해 다른 이들의 경험에서 배움을 얻으려고 노력했다. 예를 들어 프랑스, 일본, 영국의 면화업계 관계자들은 토고에서 독일인들이 벌인 활동을 면밀히 관찰했다. 그들은 대표단을 파견해 로빈슨과 만났다. 심지어 영국면화 재배협회 회장 J. 아서 허턴J. Arthur Hutton은 토고에서 독일이 했던 시도를 아프리카 면화 재배를 위한 모델로 보았다. 프랑스 정부는 지구 전역의 면화 수확을 감시했다. 과거에 독일 영사가 그랬듯이, 이제는 상트페테르부르크에 파견된 프랑스 영사가 중앙아시아 면화 재배에서 전개된 발전상을 매우 상세히 보고했다. 비록 이 모든 노력은 근본적으로 자국의 산업을 세계 시장의 변덕스러운 상황으로부터 분리시켜 보호하려는 것이었지만, 한편으로는 전 지구적 차원에서 진행된 면화에 관한 새로운 대화의 일환이기도 했다. 세계의 농촌지역을 변화시키려는 면제조업자들의 공통된 관심은 국경을 초월했다. 여러 국가의 제조업자들이 모여, 이집트와 인도 등지에서 농민들에게 면화를 더 많이 재배시킬 방법을 논의하거나 나일강 유람을 즐기거나 빈의 콘서트홀에서 무도회를 열기도 했다. 결과적으로 제1차 세계대전 이전의 시기에 초국적 부르주아 계급이 형성된 것이다.[75]

제국주의가 면화를 재배하는 세계 농촌지역들을 재편하면서 얻은 교훈은 결국 20세기 들어와 가장 가능성이 없어 보였던 지역들, 곧 소련과 독립한 인도, 그 다음에는 중화인민공화국으로도 퍼져나갔다. 1920년대 이후 인도의 면화 농업을 공장의 요구에 가장 적합하게 개편하는 데 마침내 성공한 조직은 주로 인도 정부의 통제 아래 있던 인도중앙면화위원회였다. 가장 눈에 띄는 점은, 1923년에 독일식민경제위원회의 면화 전문가들이 독일의 몇몇 주요 은행과 면화산업가들의 지원으로 소비에트 중앙아시아의 면산업에 개입했다는 사실이다. 그들은 제1차 세계대전에서 자신들의 활동 목적이었던 독일 식민제국을 상실한 뒤 독일의 산업을 위해 또 다른 면화 공급처를 찾고 싶어 했다. 반면에 그들의 소비에트 동업자들은 전쟁 이전에 독일이 식민지 면화에 관해 내놓은 출

— **혁명의 선발대 II** 아제르바이젠, 소비에트의 면화 생산, 1937년.

판물들을 탐독하며 독일의 전문가들을 활용하고 싶어 했다. 소련면화위원회가 1923년 모스크바의 노동방위위원회로부터 받은 명령의 내용은 식민지 면화 관료들이 아프리카, 아시아 등지에서 만든 수많은 문서의 내용과 거의 동일했다.[76]

강화된 제국주의 국민국가들에 의해 조성된 이 새로운 정치경제의 영향으로 한때 지역 무역 네트워크나 글로벌 무역 네트워크의 거점이었던 지역들이 주변으로 밀려났다.[77] 이제 국민국가는 어디서든 핵심 산업과 그에 수반된 정치경제에 집중했으며, 미국 남부의 플랜테이션 농장주들과 같은 농산품 생산자들이 1865년 이전에 향유했던 것과 같은 정치적 요구의 여지를 거의 남기지 않았다. 사실 미국의 남북전쟁 이후 세계 전역의 면화 재배인들은 정치적으로나 경제적으로나 주변부로 밀려났다. 전 세계에서 새로운 주변부가 출현했고, 그곳에선 경외감을 일

으키는 산업자본주의의 발전과 보조를 맞추느라 수백만 자영농, 소작인, 농민, 농업노동자가 안간힘을 썼다. 하지만 그들 자신은 그런 진보에 동참하지 못했다. 지역과 국가, 심지어 대륙 전체가 이 새로운 산업자본주의에 통합되는 구체적인 방식은 전 지구적 불평등을 철저하게 겪으며, 20세기 내내 그런 불평등을 공고히 하는 것이었다.

그러나 전쟁자본주의의 극복에 따른 직접적인 결과로 국민국가와 제국의 역할이 훨씬 더 중요해졌지만 정작 면화의 제국은 더없이 범세계적인 성격을 유지했다. 예를 들어 1910년에 면화의 제국에는 우간다에서 생산된 면화를 일본에 판매하는 인도 상인이 있었다. 미국의 해방노예는 토고에서 독일 식민주의자들에게 조언을 했고, 마드라스 출신의 인도인은 독일의 직물공장에서 훈련을 받은 뒤 독일령 동아프리카의 면화 플랜테이션 농장을 관리했다. 텍사스 농부들은 이집트 농업 전문가들과 함께 콩고의 농촌지역을 다니며 그들을 초청한 벨기에인 농장주들에게 면화 생산을 증대할 방법을 조언했다. 러시아의 농업 전문가들은 관개시설을 연구하기 위해 인도, 이집트, 미국의 농촌지역을 시찰했다. 그리고 일본의 농업 관료들은 독일령 서아프리카에서 면화 농업을 세심하게 관찰했다. 1913년에 영국의 면공업 도시인 올덤의 하원의원 E. R. 바틀리 데니스E. R. Bartley Denniss는 아주 예리하게 다음과 같이 결론지었다. 면화 공급 문제는 "전 세계적 문제"가 되었다. "세계의 면산업은 기존의 어떤 산업보다 더, 국가들이 다른 국가에 의존하게 만든 산업이다."78

유럽과 북아메리카의 국가들과 자본가들에 의해 결정적으로 만들어진 이러한 글로벌 자본주의의 새로운 지형이 결국 면화의 제국의 양대 중심축인 유럽과 북아메리카의 100년 넘는 지배를 종식시켰다는 것은 역설적이다. 면화 농업의 방대한 팽창이 세계 전역에 확산된 공장들에 원료를 공급했을 때 세계의 농촌지역 곳곳에 흩어져 있던 방적기의 수가 폭발적으로 증가했다. 1865년에 전 세계적으로 5,700만 대였던 방적기가 1920년에는 1억 5,500만 대까지 늘어났다.[79] 게다가 이런 방적·방직기들 가운데 다수가 서유럽과 미국 북부의 도시와 촌락지역이 아닌 남반구에서 점점 더 많이 가동되며 실을 잣고 직물을 짰다.

남반구의 귀환

→ **남반구의 등장** 브라질 페트로폴리스 부근에 자리한 방적공장, 1922년경.

인도 서부 해안 부근에 사바르마티 강변을 따라 뻗어 있는 오늘날의 아마다바드Ahmedabad는 600만 명이 북적이는 거대 도시로 구자라트주에서 가장 중요한 도시다. 그러나 150년 전만 해도 이 도시는 근본적으로 여전히 "낡은 제도들이 …… 번성하고, 사라프saraf(환전상)와 마하잔mahajan(대금업자)이 …… 상거래와 산업을 지배하[고 있]고, 전통 수공업자들이 …… 그 번영의 토대이며, 포장되지 않은 좁은 길을 따라 짐승들이 수출품과 수입품을 실어 나르고, 길옆으로 칠도 하지 않은 목조 건물들이 늘어서 있고, 보초가 서 있는 성문을 지나야 하는" 중세 도시였다. 그러나 인도 면공업의 새로운 물결이 만들어낸 사상 초유의 수익과 생산성으로 모든 것이 변했다. 1861년 5월 30일에 랜치호달랄 챠호탈랄Ranchhodlal Chhotalal은 이 도시 역사상 처음으로 증기동력으로 가동되는 방적기를 주문했다. 앞선 수년 동안 청년 챠호탈랄은 정부 관청에서 서기관으로 일하며 방적공장 창업을 구상했다. 그는 봄베이에 문을 연 방적공장을 보고 감명을 받았으며 새로운 기술력이 인도 산업을 완전히 개편하게 되리라는 것을 깨달았다. 그는 아마다바드의 상업 계급이 전반적으로 열의를 보이지 않는다는 사실에 낙담하지 않고 마침내 자신의 벤처사업을 후원해줄 상인과 은행가를 찾아냈다. 또 영국에서 새로운 기계를 주문하고 영국인으로 구성된 정비팀도 완비했다. 몇 개월 후 그의 방적 기계는 수소가 끄는 비틀거리는 수레 행렬에 실려 도착했다.[1]

1861년 5월, 샤푸르공장Shapur Mill 노동자 65명이 2,500대의 방적기를 가동했다. 이 정도 규모는 당시 봄베이의 기준으로 보아도 소박한 공방에 불과했다. 하지만 한 가지 사실이 앞으로의 투자에 등대가 되었다. 공장을 가동한 직후부터 수익이 발생한 것이다. 1865년 초에 챠호탈랄은 노동자 235명을 추가로 고용하고 공장에는 방적기 1만 대와 역직기 100대를 더 설치했다.[2]

아마다바드가 세계의 중요한 면공업 현장에 화려하게 등장할 수 있게 된 데에는 최신형 영국제 기계가 어느 정도 역할을 했다. 하지만 사실 이 새로운 사업은 아마다바드의 오랜 면화 역사에 깊이 뿌리를 두고 있었다. 지역 상인들은 수세기 동안 길드를 조직해 장거리 면화무역에 종사해왔다. 그 과정에서 어떤 이들은 상당한 자본을 축적했고, 1818년 영국이 마라타Maratha에게서 아마다바드를 넘겨받았을 때에도 상인들은 계속해서 지역 내 거래와 장거리 무역에서 두드러진 역할을 했다. 1830년대에 영국산 면 원사가 들어오면서 지역 수공업자들을 대체하기 시작한 이후에도 많은 상인이 해외에서 제조된 원사를 자신들의 거래물품으로 취급하면서 국내 방직 부문에도 지속적으로 투자했다.[3]

챠호탈랄이 초기에 거둔 성공과 그 지역의 오랜 면화 역사에도 불구하고 아마다바드의 상인과 대다수 전통적인 상인 계급은 여전히 미래의 공장에 투자하기를 망설였다. 그들은 한동안 대금업에서 회수되는 높은 이자에 만족했다. 1870년대가 되어서야 비로소 방적공장 건설이라는 변화의 물결이 아마다바드의 연안을 강타했다. 그 시기 들어 수출에 의존하던 농촌지역의 위기가 심화되면서 대금업의 신뢰성이 떨어지자 풍부한 자본을 보유한 아마다바드 사람들은 면공업으로 돌아섰다. 아마다바드 상인 계급 가운데 자이나교도 상인들인 마수크바이 바구바이Masukhbhai Bhagubhai와 잠나바이 바구바이Jamnabhai Bhagubhai가 맨 먼저 면공업에 뛰어들었다. 1877년에 두 사람은 방적기 1만 1,561대와 방직기 209대를 구비한 구자라트방적방직회사를 설립했다. 곧이어 해양무역에서 퇴출된 다른 상업회사들이 차츰 그들의 뒤를 따랐다. 수십 년 전 유럽에서 그랬던 것처럼, 상업자본이 직물 제조업에 재투자되었고 곧 대규모 투자를 담당했다. 또 알자스의 뮐루즈 등지에서 그랬던 것처럼, 투자자들은 서로 긴밀히 연결되어 있었고, 비슈누교도 상인들과 자이나교도들이 섬유 산업을 지배했다. 상인 계급의 구성원들은 그 도시 공장주들이 주도한 자이나협회와 구자라트상인조합Gujarat Vaishya Sabha 같은 조직을 통해 그들의 사회적 연고를 제도화했다.[4] 1918년에 이르면 아마다바드 상인들의 창업투자 자본entrepreneurial capital 덕분에 방적공장 51개가 사바르마티 강변 곳곳에 자리를 잡았고, 3만 5,000명의 노동자가 매일 아침 물결을 이루며 공장 문을 통과했다. 노동자들이 쉼 없이 고되게 일한 결과 상인들의 투자에 수익이 돌아갔다.

세계에는 이렇게 맨체스터 같은 지역이 수없이 생겨났다. 면화의 제국이 계속해서 자리를 옮겨가며 그 성장을 이어갔기 때문이다. 글로벌 면산업과 자본주의의 공간적 배치가 계속해서 변화했다. 면화는 세계의 새로운 지역에서 점점 더 많이 재배되었을 뿐 아니라 새로운 지역에서 방적·방직되어 완성품으로 제조되었다. 북대서양 국가들이 주도하던 면화 제국의 시대는 이제 얼마 남아 있지 않았다.

그중에서도 영국 면공업의 중요성이 가장 급격히 축소되었다. 1860년에는 세계 기계 방적기의 61%가 영국에 있었지만, 1900년에는 43%로 감소했으며 1930년에는 34%까지 줄었다. 영국의 기계 가동 시간은 더 나은 노동조건을 얻으려는 노동자들의 투쟁 덕분에 다른 곳보다 몇 시간 더 짧았다. 게다가 기계들이 전반적으로 노후해 세계 면직물 생산에서 차지하는 비중이 현저히 줄어들어 1932년에는 고작 11%를 차지하는 데 그쳤다. 특히 전간기는 한때 세계의 공장으로서 면직물이 주요 수출 품목이었던 영국 산업에 "그야말로 재난"이었다. 제1차 세계대전 이후 인도로의 수출이 전쟁 전보다 46%, 네덜란드령 동인도로의 수출은 55%, 중국으로의 수출은 59% 감소하면서 영국의 가장 중요한 시장이던 아시아로 향하는 화물 발송량이 급감했다. 그 결과 성장하는 세계경제 안에서 영국의 면산업은 상대적으로 고통스러운 해체 수순을 밟으며 결국에는 실질적인 손실을 보았다. 1919~1939년에 영국 내 전체 방적기의 43%가 감소했고, 1926~1938년에는 뮬방적기의 41%가 감소했다. 그리고 면산업에 종사하는 노동자 수가 1920~1939년에 45% 감소했다.[5]

영국의 면산업이 세계적 우위를 잃기 시작하자 유럽 대륙과 미국이 1930년대까지 전 세계 면방적 지분을 각각 30%와 20%씩 차지했다. 그러나 결국 방대한 남반구에서 기계화된 면직물산업이 빠르지는 않지만 꾸준한 성장세를 보이면서 면화의 제국에서 북대서양 국가들의 지배력은 축소되었다. 사실 1920년대에 뉴잉글랜드의 면직물공장들이 "훨씬 더 철저한 …… 붕괴를 경험했다." 그다음에는 영국의 공장들이 붕괴했다. 이들의 우위를 앗아간 강탈자들 가운데 가장 인상적인 국가는 일본이었다. 1880년에 고작 8,000대의 방적기를 보유했던 일본은 1930년에 들어와 700만 대의 방적기를 가동했다. 이 수치는 세계 면방적기의 4.3%에 해당하는 것으로, 독일(6.7%), 프랑스(6.2%), 러시아(4.6%) 바로 다음이었다. 1920년에 일본의 방적기 수는 영국과 같은 수준으로 세계 전체 면방적기의 6.7%에 불과했으나, 1937년에 이르러서는 그 비율이 32%까지 치솟았다. 또한 일본은 중국 면화 생산의 가장 큰 투자자이기도 했다. 중국도 면산업이 급속히 성장했는데, 1908년 100만 대 미만이었던 방적기 수가 1930년에는 400만 대에 육박했다. 조금 더 탄탄한 기반에서 시작한 인도도 비슷한 상황이어서, 1877년에 160만 대였던 방적기 수가 1930년에 거의 900만 대로 늘었다. 20세기 들어와 세계 면산업은 대체로 애초에 시작되었던 곳으로 되돌아갔고 그에 따라 아시아 면산업은 세계에서 가장 빠르게 성장하는 산업으로 변모했다.[6]

거대한 제철소, 화학공장, 전기기계산업의 시대에 글로벌 경제에서 면화가 차지하는 중요성은 분명히 약화되었다. 하지만 한 세기 전에 그랬던 것처럼 면화는 상당한 지리적 변동을 겪었고 글로벌 자본주의의 다음 국면을 예고했다. 19세기 중반에 많은 유럽인이 지역의 풍토와 지리, 탁월한 종교적 신념과 '문화', 심지어 '인종적' 특성 같은 불변의 요인 때문에 근대 산업의 경이로움은 자신들의 몫이라고 확신했다. 세계 최초 근대적 산업의 지리적 이동은, 자본주의 역사의 특정 순간에 나타난 특정한 전 지구적 산업 지형을 본질적인 것으로 간주하는 것은 세계의 불평등을 이기적으로 정당화하는 것과 다를 바 없다는 점을 확인시켜준다. 이는 보려고만 하면 누구라도 볼 수 있는 사실이며, 면화의 제국의 역사는 그런 정당화가 잘못된 것임을 보여주었다.

남반구에서 면제조업자들이 부상하게 된 것은 산업자본주의의 심장부와 주변부 모두에서 사회적 권력의 균형에 변화가 나타났기 때문이다. 산업자본주의는 유럽과 북아메리카뿐 아니라 국가의 힘과 부의 측면에서 새로운 불균형이 나타난 남반구에서도 계급구조를 바꾸어놓았다. 유럽과 북아메리카의 노동자와 남반구의 야심찬 자본가, 이 두 집단은 여러 세기를 이어온 이 오래된 이야기에서 결정적인 역할을 했다. 서로를 강화하는 한 쌍의 과정, 곧 사회적 갈등을 국가의 문제로 전환하는 과정과 국가를 강화하는 과정에 두 집단이 제각기 기여했다. 미국과 유럽 전역에서는 노동자들이 조직을 결성하여 집단행동을 벌인 결과 노동 비용이 높아졌고, 이에 따라 다른 지역의 저임금 생산자들이 글로벌 시장에서 경쟁력을 갖게 되었다. 물론 그런 작용이 그다지 큰 효과를 발휘하지 못하는 경우가 많았던 것은 사실이다. 동시에 남반구 자본가들은 자국의 산업화라는 자신들의 기획에 우호적인 국가정책을 지지했다. 또한 그들은 촌락지역의 급속한 변화로 인해 터전에서 내몰린 많은 저임금 노동자층에 기댈 수 있었다. 면공업의 전 지구적 지형의 변화는 대부분의 관측자들이 예상한 것보다 훨씬 더 빠르게 진행되었는데, 극심한 임금 격차와 능동적인 국가 건설이 결합되어 나타난 결과였다. 요컨대 독단적인 북부 노동자들과 정치적으로 세련된 남부 자본가들은 면화의 제국을 변형시켰고, 오늘날 우리에게 아주 익숙한 새로운 글로벌 분업을 예고했다.[7]

유럽과 뉴잉글랜드에서 면직물 노동자들의 집단행동이 면공업의 전 지구적 지형에 영향을 주기 시작했을 때 그들의 그런 노력은 마찬가지로 심원했던 19세기의 변화, 즉 노예와 해방노예들의 개별행동과 집단행동을 답습하는 것이었다. 이들의 투쟁은 면화 재배의 지형을 변화시켰다. 물론 면공업 노동자들은 1860년대 이전에도 집단행동을 했다. 그러나 19세기 말 이후로 점점 더 온화해진 국민국가라는 조명 아래에서 파업, 노조, 노동 계급 정당이 우후죽순처럼 생겨나 노동자들에게 훨씬 개선된 조건을 만들어주는 데 성공했다. 미국의 중요한 면공업 거점 도시 가운데 하나인 매사추세츠의 폴리버는 수많은 사례 중 하나다. 19세기 초 기업가들은 수력에 손쉽게 접근할 수 있다는 점 때문에 폴리버에 관심을 보였다. 1813년에 덱스터 휠러Dexter Wheeler와 그의 사촌 데이비

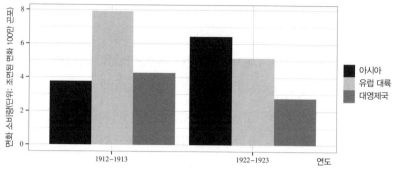

— **각종 면화의 나라별 공장 소비**

드 앤서니David Anthony가 그곳에 '폴리버공장'을 열었는데, 그 이후 이와 비슷한 모험적 사업들이 수없이 이어졌다. 1837년에 이 도시에는 인근 농촌지역의 자녀들을 노동력으로 사용하는 방적공장이 열 군데나 문을 열었다. 폴리버공장은 뉴욕 시장으로 운송이 용이하다는 접근성 덕분에 곧바로 전국에서 채색 면직물 생산의 선두 주자로 나섰다. 1865~1880년에 이르는 동안 폴리버의 공장 수는 다섯 배로 증가했다. 1920년경 면산업이 절정을 맞았을 때, 미국 전체 방적 생산 능력의 8분의 1에 해당하는 111개의 공장이 폴리버에 있었으며, 아마다바드와 거의 비슷한 3만여 명의 방직노동자가 있었다.[8]

폴리버에서 노동자들은 임금과 노동조건을 개선하기 위해 꾸준히 조직을 강화했다. 1848~1904년에 열세 차례의 주요 파업이 발생했다. 1865년 뮬방적공들이 벌인 파업처럼 일부 파업은 더 높은 임금을 받아내려는 한 업종만의 투쟁이었다. 그런가 하면 1904년 파업을 비롯한 다른 파업들은 수개월 동안 도시의 거의 모든 공장 조업을 중단시키기도 했다. 폴리버 노동자들의 투쟁이 고조되자 1881년 매사추세츠주의 한 하원의원이 서한을 통해 "폴리버 노동자들은 왜 지속적으로 소요를 일으키는가?"라며 문제를 제기했고, 매사추세츠 노동통계국은 결국 이 문제에 대한 공식 조사에 착수해야 했다.[9]

노동자들의 호전성은 어느 정도 그들이 작업하고 생활하던 조건에서 비롯된 것이었다. 한 세기 전에 엘런 후턴이 일하던 공장에서 그러했듯이, 방적공장은 여전히 소란스럽고 더럽고 위험한 장소였다. 이제 공장에서 수력보다는 증기동력을 사용하면서 규모가 커지고 방적과 방직 작업을 결합시키는 경우가 많았다. 얼레, 방추, 동력 전달 벨트, 금속 부속품이 움직이는 소리가 어린아이, 여성, 남성 들의 귀를 강타했고, 공기 중에 가득한 먼지가 호흡을 통해 그들의 폐로 들어갔다. 그리고 옷자락, 머리카락, 사지가 기계에 끼어 노동자들이 흉물스러운 상처를 입는 일도 빈번히 일어났다. 혹독하게 통제되는 일과는 끝이 없어 보였고 방적·방직공은 거의 쉴 틈이 없었다. 그런 작업 체제의 영향은 지속적이고 뚜렷하게 나타났다. 예를 들어 독일의 아헨시 섬유 노동자 가정에서는 자녀의 절반 가까이가 돌 전에 사망했는데, 이는 이례적으로 높은 아동 사망률이었다. 상대적으로 번영을 구가하던 시절에도 노동자들은 최저임금과 열악하고 비좁은 주거환경에 시달렸다. 예를 들어 매사추세츠 노동통계국의 1875년 조사에서 폴리버공장의 한 미숙련 노동자는 최저 생계비에도 못 미치는 연간 395.20달러의 임금으로 일곱 가족을 부양했는데, 그나마도 열두 살 난 그의 딸이 공장에서 함께 일해서 받은 임금을 가계에 보탠 것이라는 사실이 밝혀졌다. 그의 가족은 "그 도시에서 가장 열악한 지역에 있는", "수리도 할 수 없는" 다섯 평 셋방에 살았다. 그들에겐 빚이 있었고 다음 해 여름이면 아버지와 딸에 이어 또 다른 자녀가 공장에 들어갈 나이가 된다는 것이 유일한 희망이었다.[10]

폴리버공장의 면직물 노동자들은 이런 환경에 조직적으로 대응했다. 전투적인 그들의 파업은 노동 계급 연대와 투쟁이라는 대서양을 건너 영국에서 이식된 문화에 힘입어 여러 차례 획기적인 승리를 기록할 수 있었다. 1866년에 뮬방적공들은 시 전역에서 하루 10시간 노동을 이끌어내는 데 성공했다. 1866년에 동일한 노동조합이 염색 직물의 판매 가격을 기준으로 산정한 면직물 가격을 토대로 뉴베드퍼드, 폴리버, 로렌스 방적공들의 임금을 '종가임금제'從價賃金制, sliding scale ●로 결정하는 데에 폭넓은 합의를 이끌어냈다. 1904년 도시 전체를 휩쓴 파업의 결과, 폴리버의 공장들도 방직공노동조합의 요구를 받아들여 종가임금제에 합의했다. 1890년대에 이미 폴리버의 숙련 방직공들은 전국노동조합에 관심을 갖기 시작했고 이후 반세기에 걸쳐 폴리버 노동자들은 지역의 여러 노동조합에 가입하거나 새로 노동조합을 결성했다.[11]

더욱이 폴리버의 면직물 노동자들은 뉴잉글랜드의 노동자들과 나란히 자신들의 임금과 노동조건을 개선하는 데 성공했는데, 이는 어느 정도 폴리버의 노동자들이 미국 시민으로서 정치적 영향력을 누렸기 때문에 가능한 일이었다. 가장 중요한 사실은 그들이 자신들의 투표권을 이용해 작업환경을 개선했다는 점이다. 폴리버 등지의 노동조합과 파업은 정치에서 중요한 동인으로 작용했다. 정부로서는 참정권을 가졌을 뿐 아니라 조직적으로 뭉친 노동자들의 요구를 무시할 수 없었기 때문이다.

폴리버의 사례는 결코 예외적인 일이 아니었다. 20세기 초 프랑스에서는 거의 16만 5,000명에 이르는 면직물 노동자들 사이에서 파업 횟수가 급격히 증가했는데, 파업이 특히 두드러졌던 1909년에는 3만 명 이상이 참가한 파업이 198차례나 있었다.[12]

독일 면직물 노동자들은 1840년대에 이미 단체로 노동조합에 가입했

● 물가나 생계비 지수의 변동에 따라 임금이나 배당을 올리거나 내려 실질 임금의 안정을 꾀하는 방식이다.

— **직물 노동자의 파업** 폴리버의 파이어스톤공장, 1934년.

다. 20세기 초에 노동자의 25%가 조합에 가입했는데, 작센 지역의 가입 비율은 그보다 훨씬 더 높았다. 그곳 노동자들은 특히 정치의식이 높았다. 일례로, 작센의 면산업에서 "사회주의자들의 통치는 거의 도전을 받지 않았다." 독일 사회민주주의자 중 매우 중요한 인물인 아우구스트 베벨August Bebel은 글라우샤우–메라네Glauchau-Meerane 방직공들의 표를 얻어 제국의회에 진출했고, 1869년에 작센과 튀링겐 섬유공업지역의 강력한 지원에 힘입어 사회민주노동당Sozialdemokratische Arbeiterpartei Deutschlands, 오늘날 SPD을 창당했다.[13]

러시아에서는 거의 50만 명에 이르는 섬유 노동자가 특히 1905년과 1918~1919년 사이 혁명의 대격변기에 정치적으로 중요한 역할을 했는데, 수십 년에 걸친 노동조합 활동과 파업으로 얻은 결과였다. 러시아 면산업에 분야에서 중요한 첫 파업은 1870년 5월 상트페테르부르크의 네프스키방적공장에서 일어났다. 그때 800명의 노동자가 기계에서 손을 뗐다. 2년 뒤에는 5,000명의 노동자가 크린홀름방적공장 밖으로 걸어나갔다. 1870~1894년 사이에 벌어진 65건의 파업은 전부 면산업 부문에서 발생했고, 5만 3,341명의 노동자가 파업에 참가했다. 1895~1900년에는 13만 9,154명의 노동자가 188건의 파업에 참가했다. 거대한 파업의 물결이 일어난 1905년에 노동자들은 1,008건의 파업에 참가해 노동조건을 개선하고 노동시간을 단축하고 임금을 인상하는 데 성공했다. 1912년에는 13만 5,000명, 1913년에는 18만 명, 1914년에는 23만 3,000명의 면직물 노동자가 파업에 참여하면서 면산업에서 또 다른 파업의 물결이 러시아 산업을 강타했고, 그 가운데 일부는 뚜렷한 정치적 색채를 띠었다. 1917년에 다시 시작된 면산업 노동자들의 파업은 같은 해에 일어난 혁명의 소용돌이 속에서 핵심을 차지했다.[14]

러시아만큼 극적이지는 않았지만, 19세기 후반부터 세력을 키운 스위스의 면산업 노동자들도 1908년에 스위스섬유노동자조합Schweizerische Textilarbeiterverband, STAV을 결성했다. 그들은 노동조건 개선과 임금인상을 위해 투쟁했으며, 사회주의 이념을 수용했다. 카탈루냐에서는 사회주의자들과 무정부주의자들이 많은 공장을 지배했다. 1890년 노동시간 단축을 위한 대규모 파업, 공장주들의 자택에 대한 폭탄 공격, 1909년 비극의 주간Setmana Tràgica●에 일어난 바르셀로나의 무장봉기 등 공장주들과

● 에스파냐가 모로코를 침공하려는 과정에서 모병제 문제를 둘러싸고 정부와 반정부 세력 간의 갈등이 표출된 사건. 1909년 7월 26일부터 8월 2일까지 한 주 동안 바르셀로나를 비롯한 카탈루냐 일대에서 벌어진 반정부 시위와 이에 대한 정부의 무자비한 진압으로 수백 명의 민간인이 사망하고 시위 주동자들에게 사형이 집행되었다. 이에 대한 발발로 사회주의 연맹과 아나키스트 연맹이 총파업을 선언하고 전국적인 단결을 시도했지만 각 도시 단위에서만 성공했을 뿐 전국적인 규모로 확대하는 데는 실패했다.

잘 조직된 노동자들의 잦은 대결로 카탈루냐 면산업이 흔들렸다. 20세기로 접어들면서 네덜란드 산업계에서도 파업이 자주 일어났고 그 중심인 트벤테Twente에서는 1929년까지 면직물 노동자의 60%가 노동조합에 가입했다.[15]

전 지구적 면산업의 심장부인 랭커셔는 다른 어느 곳보다 일찍 전국 규모 노동조합의 영향력을 목격한 곳이다. 또한 이 지역은 폴리버를 포함한 세계 다른 지역에서 면직물 노동자들을 위한 노동조합을 조직하려는 사람들에게 영감의 원천이 되었다. 랭커셔의 노동조합은 1870년대에 방적 부문(방적공연합회)과 1884년에 방직 부문(방직공연합회)에서 전국 단위의 조직을 결성했다. 그보다 2년 앞서 영국 경제 전 부문의 노동조합을 규합한 영국노동조합회의가 창설되었다. 방적공장에서 최고의 숙련기술을 지닌 노동자들로 조직된 방적공 노동조합은 1880년대에 전체 노동자의 90% 가까이를 가입시켜, 어쩌면 '세계에서 가장 강한 노동조합'을 만들었다. 그들은 임금인상, 노동조건 개선, 기술개발 관리에 성공했다. 방적공 노동조합은 "영국에서 가장 조직적이고 자금이 풍부한 노동단체" 가운데 하나로, 상여금 지급을 관철시켰고 1880~1920년대 산업 생산력 증대에 큰 몫을 했다. 영국섬유노동조합National Union of Textile and Allied Workers은 방적공 노동조합보다 크고 폭넓은 조직이어서 한정된 직종에 헌신하는 일은 적었지만 노동자들을 위해 큰 성과를 냈다. 1890년대의 자료를 분석한 연구에 따르면, 당시 숙련공, 반숙련공, 미숙련공 노동조합의 임금 프리미엄은 12% 정도로 상당히 높아서 면직물공업지구의 노조원들에게 실질적인 보상을 제공했다. 노동환경은 여전히 매우 덥고 습했으며, 노동시간은 길고 고되었다. 하지만 면직물 노동자들의 전투적이고 훈련된 대규모 집단행동 때문에 고용주들은 산업 생산성의 증대로 얻은 이윤을 분배해야만 했다.[16]

면산업 노동자들의 집단행동이 지역의 노동조건과 생활조건을 개선하는 데 늘 성공적이었던 것은 아니다. 하지만 북대서양 국가의 노동자들은 집단행동을 통해 노동시간 단축과 노동조건 개선, 임금인상을 이끌어냈으며 정치적 영향력을 확보했다. 그리고 많은 경우에 강력해진 국가가 이들을 암묵적으로 지원했는데, 이는 사회 안정을 염려했기 때문이기도 하고, 정치적으로 동원되어 때때로 참정권을 행사하는 노동자들의 압력이 있었던 때문이기도 하다. 대체로 임금이 국가경제 안으로 수렴되는 경향이 있었기에 이런 추세는 강해졌다. 그 덕분에 조직력이 떨어지는 노동자들도 다른 노동자집단의 집단행동으로 혜택을 누릴 수 있었다.[17]

　이러한 결과 서유럽과 북유럽, 미국 북동부 지역 노동자들의 작업 시간이 점점 줄어들었다. 1903년 작센주의 도시 크리미차우Crimmitschau에서 면산업 노동자들은 "우리에게 한 시간만 더! 우리 가족에게 한 시간만 더! 삶을 위해 한 시간만 더 달라!"고 요구했다. 그들의 요구는 쉽게 관철되지 않았지만, 그럼에도 그들은 수년에 걸쳐 노동시간을 단축하기 위해 애썼다. 그 결과, 1865년에는 연평균 3,190시간으로, 1913년에는 2,475시간으로 노동시간이 단축되었다. 프랑스의 노동법은 1892년에 여성들의 노동시간을 하루 11시간으로 정했고, 뒤이은 몇 해 동안 계속 줄여나갔다. 에스파냐 정부는 1919년 1월에 면산업 노동자들에게 하루 8시간 노동을 선사했다.[18]

　노동시간은 줄었지만 임금은 늘었다. 1865년 독일의 방적공들은 연평균 임금을 390마르크 받았다. 1913년에는 연간 860마르크를 받아 실질소득이 53%나 증가했다. 알자스에서도 1870~1913년에 '상당한 폭'의 임금인상이 있었다. 1870년에 뮐루즈의 뮬방적공들은 2주마다 40~48프랑을 받았지만, 1910년에는 65~75프랑을 받아 실질임금이 두 배로 증가했다. 로드아일랜드에서는 1890년 13.5센트이던 남성 방직공의 시급이 1920년에 59.8센트로 인상되었다. 방직기 수리공의 시급은 1890년 18.4센트에서 1920년에는 79.1센트로 인상되었다. 일반적으로 공식 노동조직에서 배제되었던 미숙련 노동자 도퍼들의 임금인상도 목격되었다. 1890년에 평균적인 남성 도퍼의 일당이 135센트 정도였는데 비해 1920년에는 484센트까지 치솟았다. 인플레이션을 감안하면 방직기 수리공의 임금은 50센트 정도 인상된 셈인데, 실질임금은 거의 두 배로 늘었다.[19]

노동자들은 작업장에서 집단행동을 통해 임금과 노동조건을 개선했을 뿐 아니라 새롭게 강화된 국민국가에 압력을 넣어 복지 향상 관련 법안을 통과시키는 데도 성공했다. 독일은 노동친화적인 여러 법률을 제정했다. 1871년 이후 의무교육이 실시되면서 12세 이하 아동의 공장 노동이 금지되었고, 14세 미만 아동의 유효 노동시간은 제한되었다. 1910년에 제정된 법률에 따르면, 여성은 주중 10시간 이상, 토요일에는 8시간 이상 노동할 수 없으며, 13세 이하 아동의 노동은 일절 금지되었다. 매사추세츠주는 1836년에 최초의 노동법을 통과시켰고, 1877년에는 공장 안전 법규를 통과시켰으며, 1898년에는 여성과 미성년자의 야간노동을 금지시켰다. 그러다 결국 야간에는 공장 문을 닫게 했다. 다른 곳과 마찬가지로 스위스에서도 노동법에 따라 노동비용이 인상되었고, 1877년에 이미 직물노동자의 최대 노동시간이 11시간으로 제한되었으며, 여성의 야간노동과 14세 미만 아동의 노동은 불법으로 규정되었다.[20]

제1차 세계대전 이후에는 고용주에게 부과된 세금이 급상승했을 뿐 아니라 산업자본주의에 매우 중요한 국가의 행정, 사법, 군사 역량을 위한 비용이 치솟았다. 국가자본, 국민국가, 국토 사이의 긴밀한 연관관계에서 생겨난 긴장이 전쟁을 촉발했다. 점점 더 강력해지는 국가들 사이에 경쟁이 격화되면서 국가는 국민을 대규모 군대로 동원하고, 군자금을 조달하고, 전쟁물자를 생산하기 위한 세금을 정비하는 데 주력했다. 경쟁의 압박 속에서 자금과 사람을 확보하기 위해 국가 스스로가 민주적으로 정당성을 확보해야 했다.

유럽과 북아메리카의 자본가들에게는 한때 그들의 가장 중요한 권력의 원천이었던 강력한 국가에 의지하는 것이 이제 가장 크고 유일한 약점이 되었다. 그러한 국가 덕분에 결국 노동 계급이 작업현장과 정치에서 힘을 발휘할 수 있게 되었으니 말이다. 사실 자본가들에게 국가는 양면적인 존재였다. 국가는 지구 전역의 농촌지역에서 노동력을 동원한 일을 포함해 산업자본주의의 출현을 가능하게 했지만 자본가들에게는 '덫'이 되기도 했다. 노동자들이 노동조건과 임금을 향상시키기 위해 국가정책에 접근해 이용했기 때문이다. 그 결과 한때 전 지구적 사회 갈등(생도맹그에서 노예를 동원한 일이 영국 면제조업자들의 이해관계에 영향을 끼쳤을 때)이나, 지역적 사회 갈등(인디언 농민들이 영국인 소유의 면화 플랜테이션 농장에서 노동하기를 거부했을 때)은 이제 차츰 국가 차원의 갈등으로 변해 갔다.

영국, 유럽 대륙, 북아메리카의 산업혁명 핵심 지역에서 무자비한 가격 경쟁으로 생산비가 치솟자 한때 수익성이 매우 높았던 면공업의 전망이 불투명해졌다. 1890년부터 미국 북부의 제조업자들은 이윤이 떨어진다고 불평했다. 어느 필자는 1900~1911년에 독일 면방적회사가 지급한 배당이 고작 4~6%를 맴돌았는데, 이는 한 세기 전 영국 기업가들이 예상했던 수익률과 크게 차이가 나는 것이라고 보고했다. 랭커셔의 심장부인 올덤과 로치데일 방적업의 자본 대비 평균 수익률도 낮았다. 1886~1892년에는 3.85%, 1893~1903년에는 3.92%, 1904~1910년에는 7.89%를 기록했다. 수십 년 동안 엄청난 이익을 가로채온 영국의 면화

자본가들은 1920년대에 "방적회사 이윤의 급속한 하락"을 경험했다.[21]

세계 일부 지역의 제조업자들은 향상된 생산기술에 투자해 임금상승에 대처했다. 새로운 방적기와 방직기의 등장으로 노동자 1인당 생산량이 늘었다. 예를 들어 독일에서 방적의 생산성은 1865~1913년 사이에 세 배 이상 증가했고 방직의 생산성은 여섯 배 늘어났다. 이런 생산성 향상은 전체 생산비에서 임금이 차지하는 비중이 줄었음을 의미했다. 독일의 방적업에서 임금이 차지하는 비중은 1800년 78%에서 1913년 39%로 감소했고, 방직업은 이보다 극적이지는 않아서 77%에서 57%로 감소했다.

그러나 제조업자들이 다른 투입비용, 특히 원면 가격을 조절하지 못한 바람에 임금비용은 지속적으로 중요한 문제로 작용했고, 수익성에도 막대한 영향을 끼쳤다. 1910년에 그랬던 것처럼, 중국 노동자의 평균임금은 영국 노동자의 10.8%, 미국 노동자의 6.1%에 해당했다. 반면, 중국 노동자들은 뉴잉글랜드 노동자들보다 거의 두 배에 가까운 시간을 일했다. 중국 노동자들이 연간 5,302시간을 일한 데 비해 뉴잉글랜드의 노동자들은 연간 3,000시간을 일했다. 저임금에 따른 경쟁력은 훨씬 더 많은 지역에서 확인되었고 중요하게 작용했다. 예를 들어 1920년대에 체코와 러시아 생산자들의 경쟁력이 독일 면산업에 위협이 되었다. 장기적으로 볼 때 면공업은 "바닥을 향한 경쟁"으로 치달았다.[22]

제조업자들은 자국의 해당 산업을 글로벌 경쟁으로부터 보호하기 위해 더욱 강력해진 정부에 접근해 정책을 활용함으로써 경쟁의 압력에 대처했다. 독일의 면산업은 특정 산업 부문의 구체적인 필요에 최적화된 독일 관세 체제에 의지했다. 제조업자들이 집단행동에 나섰을 때 (예를 들어 남독일면직물산업협회를 설립했을 때), 그들은 자신들의 이해관계를 지원하도록 국가에 압력을 가하는 데 성공했다. 이에《독일경제통신Deutsche Volkswirthschaftliche Correspondenz》은 수입품의 압력 속에서 독일 산업이 살아남는 유일한 길은 인도, 중국, 이집트의 제조업자들이 누릴 수 없는 관세 보호 혜택이라고 주장했다. 이런 보호관세는 다른 국가에서도 중요했다. 이탈리아는 1878~1888년에 면제품에 관세를 부과해서 국내 시장을 효과적으로 보호했다. 프랑스에서는 면제조업자들의 간곡한 청원에 따라 1880년대 이래 점점 더 보호주의적인 관세법이 통과되었으며, 특히 1892년에는 멜린 관세법Méline Tariff이 통과되면서 면산업의 이윤 확대를 도모했다.[23] 미국 역시 19세기 후반에 보호주의 체제를 강화했다. 1861년에는 모릴 관세법Morrill Tariff이 도입되어 수입 면제품에 부과되는 세금이 인상되었다. 1883년 관세법은 (미국 제조업자들이 쉽게 생산할 수 있는 품질의) 저렴한 면제품의 관세를 낮추는 한편, 고급 제품의 관세는 인상했다. 이런 경향은 1890년의 관세법에서도 지속되었다.

제국의 시장 역시 더욱 중요해졌다. 19세기 "제2 노예제"의 잿더미에서 생겨난 새로운 제국주의가 이제 일부에게 이익을 배당했다. 카탈루냐의 제조업자들은 쿠바 시장의 독점을 포함해 1880년대에 더욱 강력해진 보호를 받으며 에스파냐의 남은 식민지에 접근하는 등 한동안 제국주의의 수혜를 입었다. 또한 제국주의는 중앙아시아 영토에 대한 접근을 가능하게 함으로써 러시아 면산업계 기업가들의 이익을 지원하고, 인도와 경쟁하는 영국 제조업자들을 보호했다. 심지어 미국에서는 에드워드 앳킨슨 같은 면제조업자들의 요구에 따라, 정부가 나서서 제조업자들이 해외, 특히 라틴아메리카의 시장에 접근할 수 있도록 적극적으로 도운 덕에 미국 면화 수출품의 절반이 그 지역으로 향했다.[24]

유럽과 뉴잉글랜드의 면제조업자들은 전 지구적인 면화의 제국 안에서 자신들이 누리던 높은 위상을 유지하기 위해 필사적으로 노력했으나, 노동비용이 치솟는 바람에 그들의 노력은 무용지물이 되었다. 노동과 자본의 국가 통제에 따른 기회와 제약으로 인해 유럽의 노동 비용이 상승하자 세계의 다른 지역, 즉 노동력이 더 저렴하고 국가의 규제로 인한 제약이 덜한 지역에 새로운 가능성이 열렸다.

결과적으로 남반구는 20세기 세계 면산업이 애초의 진원지로 복귀하는 것을 환영했으며, 한 세기에 걸친 발전을 되돌려놓았다. 처음에 그런 움직임은 거의 감지되지 않았고 1900년까지도 흔한 일이 아니었다. 하지만 1920년대에 이르면 폭넓게 논의되는 주제가 되었고, 특히 영국과 뉴잉글랜드에서 논쟁은 거의 경고에 가까워졌다.[25] 일례로 런던의 《타임스》는 다음과 같이 보도했다.

> 60년대 미국 남북전쟁으로 초래된 지독한 면화 기근 이래 교역[랭커셔의 산업]에서 최악의 부진이라는 불운이 닥쳤다. …… 이런 염려스러운 퇴조의 주요 요인은 인도와 중국을 비롯한 극동의 거대한 시장들의 몰락이었다. …… 1913년에는 전체 완성품 수출의 61.6%를 극동이 흡수했으나 1925년에는 그 비중이 41.8%까지 줄었다. …… 인도와 중국 모두 국내 생산이 매우 증대된 데다가 주당 최대 48시간 일하는 랭커셔와 달리 2교대를 기반으로 주당 120시간을 일하며 급속도로 팽창한 일본의 면산업이 인도와 중국 모두에서 영국산 수입품을 대체하는 추세다.[26]

거의 같은 시기에 매사추세츠 주지사 제임스 마이클 컬리James Michael Curley는 연방정부의 대규모 개입이 없으면 뉴잉글랜드 면산업이 전멸하리라는 정확한 예언을 내놓았다. 1935년에 지역의 산업계 대표들은 일본산 수입품의 위협을 차단하기 위해 '미국산 제품 구매' 운동을 추진했고, 컬리는 미국 남부와 북부 사이의 임금격차를 줄이기 위해 면제조업자들을 만나 매사추세츠의 임금을 대폭 삭감하는 계획을 제시했다. 이런 저항에도 불구하고 면산업에서 북대서양 국가들의 호시절은 끝났고, 그들이 자랑하던 생산성과 국가의 후원자들은 극심한 임금격차 때문에 남반구의 신생 국민국가들에도 대적할 수 없었다.[27]

많은 산업의 붕괴 과정이 그러했듯이, 남반구로 향한 면공업의 이동은 미국에서 시작되었다. 미국의 노동 계급은 유럽의 노동 계급만큼 국가에 확고히 통합되지 않았다. 미국에서는 영토 내의 커다란 임금격차로 노동시장이 크게 분할되어 있었다. 남북전쟁 이후 소유권을 잃은 노예주와 산업자본가 사이의 독특한 조정의 결과, 미국 영토 안에 남반구가 존재하게 되었다. 또한 미국에는 남반구 자본가 계급도 존재했다. 그들은 인도의 자본가 계급처럼 면화무역으로 부를 축적했고, 그 가운데 일부를 제조기업에 투자할 준비가 되어 있었다. 방대한 영토, 그리고 북부와 남부의 제한적인 정치적·경제적·사회적 통합이 독특한 조합을 이룬 미국의 사례는 유럽 자본가들의 부러움을 샀지만, 그것은 유럽 면제조업자들이 전 지구적인 수준에서 맞이할 운명을 시사하는 첫 번째 전조였다.[28]

1910년 미국 남부의 면직물 제조산업은 영국과 미국의 북부 주들에 이어 세계에서 세 번째로 컸다. 이는 놀라운 발전이었다. 남북전쟁이 끝났을 때 과거 남부연합의 주들에는 이렇다 할 면공업이 거의 없었고, 1879년까지도 북부에는 남부의 17배에 이르는 방적기가 있었다. 그러나 남부의 성장률은 고공행진을 기록했다. 1880년대에 연간 17.6%, 1890년대에 19.1%, 1900년대에 14.3%까지 증가했다. 연방에 가담한 북부 주들에서 면산업이 지속적으로 성장하고 있었던 것은 분명하지만 성장속도는 연 4%로 남부에 비하면 상당히 더뎠다. 1920년대 북부의 산업은 처음으로 실질적 감소를 기록했고 1925년에는 남부가 북부보다 방적기를

— **제국의 반격** 1931년 마하트마 간디가 랭커셔를 방문해 영국의 면직물 노동자들과 대화를 나누는 모습.

더 많이 보유하게 된다. 1965년에 이르면 남부와 북부의 방적기 보유 비율이 24대 1이 되면서 운명이 극적으로 반전한다.[29]

미국 남부의 대대적인 재편은 수십 년 전인 1881년 애틀랜타국제면화박람회에서 시작되었다. 그 박람회에서 면직물 생산 기계가 '박람회 방적공장'에 판매되었는데 이 공장은 나중에 실제로 가동된다. 값싼 노동력의 대량 공급과 호의적인 지방정부의 후원을 받은 지역의 신흥 제조업자들이 추가로 속속 공장을 열었다. 노동법이 느슨하고, 세금이 낮고, 임금이 저렴하고, 노동조합도 없는 미국 남부는 면제조업자들에게 매력적인 장소였다. 산업계가 발행한 한 출판물에 따르면, 그곳은 "노동운동가들이 별다른 힘을 발휘하지 못하는 곳이며, 제조업자들이 지속적으로 등장하는 성가신 새 규제들에 시달리지 않는 곳"이었다. 그 결과 1922~1933년에 북부의 매사추세츠주의 방적공장 93곳이 문을 닫았다. 매사추세츠주는 1922년 이후 6년 동안에만 전체 섬유 산업 노동력의 40%를 감축했다. 폴리버시에서는 1920년 이후 10년 동안 공장의 절반이 사라졌다.[30]

미국 남부에서 면공업이 이렇게 갑작스럽게 팽창한 일을 면화 재배지와의 인접성으로 설명할 수는 없다. 면화 접근 비용이 절감되기는 했지만 그 비용은 완성품을 북부 시장으로 운송하는 데 드는 비용으로 상쇄되었다. 성공의 비결은 풍부하고 값싼 노동력이었다. 노예제가 파괴되고 그에 따라 농촌이 변하자 면직물공장에 필요한 저임금 노동력을 제공할 방대하고 유연한 공급원이 생성되었다. 처음에는 한때 임차농이었던 농촌의 백인 노동자들이 노동력의 대부분을 차지했다. 그리고 나중에는 거의 소작농 출신의 아프리카계 미국인 노동자들이 주를 이루었다. 어느 동시대인의 말처럼 남부의 면화 재배인들은 "침몰하는 배를 떠나는 쥐떼처럼" 농장을 떠났다. 그 결과 1922년에 매사추세츠 노동산업부가 실시한 연구에 따르면, 매사추세츠주 공장노동자의 평균 시급은 41센트였던 반면, 노스캐롤라이나주는 29센트, 조지아주는 24센트, 사우스캐롤라이나주는 23센트, 앨라배마주는 고작 21센트였다.[31]

이들 남부 주의 노동자들에게 지급된 임금이 훨씬 더 낮았던 이유는 방적공장들이 아주 젊고 저렴한 노동자 다수를 지속적으로 끌어올 수 있었기 때문이다. 이는 미국의 노동 계급의 전국적 통합성이 낮아서 나타난 직접적인 결과였다. 1905년에 북부 주들에서는 16세 이하의 노동자가 전체 방적공장 노동자의 6%에 불과했던 데 비해 남부에서는 그 비율이 23%에 달했다. 전국적인 기준이 없었던 탓에 남부 사람들은 더 긴 시간 일했다. 주당 65시간, 심지어 75시간을 일하는 경우도 드물지 않았

— **20세기 초의 남반구, 곧 개발도상지역이라고 볼 수 있는 노스캐롤라이나** "휫넬 방적공장의 방직공 가운데 한 명. 소녀의 키는 130cm였고, 공장에서 1년 동안 일했다. 어떤 때는 밤에도 일했다. ······ 나이를 묻자 아이는 머뭇거리다가 말했다. '기억나지 않아요.'"

다. 사실 면산업가들이 남부 주정부들에 영향력을 행사한 데다 1880년대부터 상당수 지역에서 노동 계급의 선거권을 박탈하는 움직임이 일자 남부 주들에서는 연방의 다른 주들에서보다 훨씬 더 느슨한 노동법이 허용되었다. 이는 남반구의 신흥 면산업의 특징이기도 했다. 더욱이 면직물 제조의 산업화는 주정부로부터 강력한 지원을 받았는데, 주정부의 입법부와 주지사들은 조직적인 산업가들의 엄청난 영향력과 권력에 취약했다.[32]

유럽 면산업계의 자본가들은 비용 상승과 이윤의 감소를 깨닫고 임금비용이 더 낮은 곳으로 자리를 옮기고자 했다. 그러나 누구도 미국의 모델을 직접 따를 수는 없었다. 다른 산업국가 어디에도 미국처럼 지역적 조건이 불균등하거나 노예제의 유산이 남아 있는 곳은 없었기 때문

— **값싼 노동력을 찾아서** 독일 산업가 카를 샤이블러는 19세기 후반에 우치 면산업에 투자했다.

이다. 그럼에도 영국인들은 인도에서 그랬던 것처럼 시험적인 투자를 시도했다. 영국의 또 다른 회사들은 오스만 제국의 제조업, 특히 이즈미르와 이스탄불 주변, 포르투갈, 러시아 등에 투자했다. 중국에서는 외국인 소유의 공장들이 중요해졌다. 특히 일본인의 투자가 그러했고, 영국과 독일 투자자들이 운영하는 공장도 몇 곳 있었다. 이집트에서는 1894년에 영국 기업가들이 이집트면직물제조회사를 설립했고, 1899년에는 알렉산드리아 앵글로-이집트 방적방직회사를, 그러고 나서 1년 뒤에는 카이로 이집트 방적공장유한회사를 설립했다. 멕시코 면산업에서는 프랑스의 투자가 중요해졌다. 브라질에서는 20세기 초 수십 년 동안 영국, 벨기에, 네덜란드의 기업가들이 공장을 열었다. 독일 직물 제조업자들도 임금이 낮은 지역에 투자했다. 독일 면화자본의 주요 출구 가운데 하나는 폴란드였는데, 특히 작센의 라이프치히상공회의소가 "우리 독일, 특히 작센 직물산업의 지류"라고 불렀던 우치 주변 지역이 그 대상이었다. '동부의 맨체스터'로 불렸던 우치는 1870~1914년에 큰 호황을 경험하게 되는데, 예컨대 카를 샤이블러Carl Scheibler의 공장 같은 거대한 공장들의 출현을 보게 되었다. 당시 샤이블러의 공장 임금 대장에는 7,500명의 노동자가 기재되어 있었다.[33]

• • •

과거 유럽과 북아메리카의 핵심 제조업 지역 면산업가들은 집단행동에 나선 노동자들과 민주적인 국가가 가해오는 이중의 압력을 견디지 못해 휘청거렸고 결국 쓰러졌다. 자본가로서 그들은 새로운 산업에 대한 새로운 투자 기회에 매력을 느끼기도 했다. 반면에 남반구 개발도상지역의 자본가들은 산업자본주의의 이윤잠재력에 눈을 뜨고서 그들의 뒷마당, 곧 저임금 노동에 기회가 있음을 알아챘다. 이 기업가들은 자신들이 직물 생산에 숙련된 노동자들에게 둘러싸여 있음을 깨닫고 근대적 직물 생산기술에 접근했다. 그들은 수십 년 동안 국내 시장에서 수입 면화를 판매해온 노련한 조종자들이었다. 아마다바드의 기업가들과 마찬가지로, 그들도 산업자본주의에 수익성이 있으려면 기반시설을 구축하고, 시장을 보호하고, 재산권을 강화하고, 이윤이 되는 노동시장을 유지해줄 강력한 국가가 필요하다는 사실을 깨달았다. 이런 국가를 수립하려는 기획에서 기업가들은 점점 더 많은 활동가와 마주하는데, 이 활동가들은 국가의 독립을 위한 운동이 시작되자 활력 넘치는 산업경제에 잠재된 힘을 제대로 평가했다. 19세기 초 수십 년 동안 유럽과 북아메리카에서 매우 성공적으로 구축된 산업자본주의의 모델이 이제 남반구로 옮겨와 그곳 자본가들과 국가 건설자들의 상상력을 자극하고 글로벌 경제의 지형을 바꾸면서 비약적으로 발전했다.[34]

19세기 초에 이미 영국의 사례에서 영감을 얻은 산업자본주의에 관한 구상이 세계 구석구석으로 퍼져나갔다. 독일, 이집트, 미국, 멕시코에서 면화혁명이 전개되는 동안에 프리드리히 리스트, 무함마드 알리 파샤, 텐치 콕스, 에스테반 데 안투냐노 등 각국의 선구적인 정치가와 자본가 들이 산업자본주의에 관한 논의에 가담해 정치적 결론을 이끌어냈다. 19세기 후반에는 유럽 외 다른 나라들—브라질, 일본, 중국 등의 정치가와 자본가 들도 국내의 수제품 산업에 가해지는 수입 면제품의 압력과 산업경제를 구축하려는 욕망에 부딪혀 국내 생산품으로 수입품을 대체할 방법을 모색했다. 여기에는 국가를 건설하려는 노력과 자본을 축적하려는 노력이 독특하게 혼합되었다.

어떻게 유럽 제국주의를 극복할지, 그리고 제조 역량을 확립하여 이윤을 얻을 새로운 방식을 어떻게 활용할지 이에 관한 논쟁이 전 세계로 널리 확산되었다. 1862년에 중국 상인 정관잉鄭觀應은 산업화를 옹호하며 《성세위언盛世危言(난세를 향한 고언)》을 출간했다. 그리고 35년 후 장젠張謇이 그의 뒤를 따랐다. 장젠은 면사와 직물의 대량수입, 특히 외국인 소유 방적공장의 설립을 허용한 1895년 시모노세키조약을 우려하며 자국의 산업화를 주창했다. 그는 자신의 주장을 행동으로 옮겨 출생지인 난통南通에 방적공장을 세웠다. "인민들은 하나같이 다른 나라들을 지탱하는 것이 상업이라고 말하지만 이는 피상적인 시각이다. 그들은 다른 나라의 부와 힘이 산업에 있다는 사실을 알지 못한다. …… 그러므로 우리는 산업을 촉진한다는 단 하나의 목표에 집중해야 한다. …… 중국에서 가장 많이 판매되는 외국 상품의 품목들을 생산하기 위해 공장을 설립해야 한다."[35]

장젠은 남반구에서 흔히 볼 수 있는 유형의 사상가였다. 그와 같은 부류로 중국인 천츠陳熾와 쉐푸청薛福成도 있었는데, 이들은 글로벌 경제에서 국가가 맡아야 할 역할을 새로이 구상했다. 그들은 자국의 시장을 되찾는 데 초점을 맞추었고, 유럽의 산업화로 인해 자신들이 겪어야 했던

— 중국 산업화의 주창자 장젠.

탈산업화 과정을 되돌렸으며, 서양의 기술을 도입하고 리스트, 파샤, 콕스, 안투냐노와 마찬가지로 국가를 움직여 지원을 이끌어내는 데 주력했다. 그들은 산업화 과정은 곧 국가 건설 과정과 동일하다고 주장하며 수입품에 맞서 지역산업이 보호되기를 바랐다. 브라질산업협회도 1881년에 "값싼 면직물의 국내 생산은 외국 경쟁자들의 거센 공격에 직면했다. 그러니 면산업을 도울 수 있는 법적 조치들을 취하지 않는다면 그동안 기울인 노력과 투입한 자본은 모두 허사가 될 것이다"라고 주장했다. 그들은 독일과 미국의 보호주의를 분명하게 언급하며 "젊은 땅"의 제조업을 지원하라고 국가에 요청했다. 방적공장은 "애국적 활동"과 다를 바 없었다.[36] 일본 산업개발국의 이노우에 쇼조井上省三 역시 1870년 독일 유학 중에 다음과 같은 결론을 내렸다.

나는 우리나라를 유럽이나 미국과 대등하게 만들고 싶다. …… 나는 현 서양 국가들의 부, 군사력, 문명, 계몽의 원천을 찾고자 세계의 역사와 지리에 관련된 것들을 읽으면서 그 원천이 기술력, 산업, 상업, 해외무역에 있음을 깨달았다. 이런 교훈을 적용하고 국가를 부강하게 만들려면 무엇보다도 사람들에게 산업에 관해 가르쳐야 한다. 그런 다음에야 비로소 다양한 상품을 제조하여 수출하고 우리에게 부족한 물품은 수입하면서 해외로부터 부를 축적할 수 있다.[37]

이 같은 관념이 일본에서 인도에 이르기까지, 서아프리카에서 동남아시아에 이르기까지 반反제국주의 회담의 근간이 되었다. 이 사상가들은 강력한 국민국가가 언젠가 자국 제조업자들을 보호하고, 기반시설을 건설하고, 노동력을 동원하고, 제조업자들이 수출 시장을 장악하는 데 도움을 주게 되기를 바랐다. 반反식민주의적 민족주의가 식민주의 자체의 가르침에 적잖이 의지했다는 사실은 사뭇 역설적이다.[38]

하지만 이런 구상을 실현하기란 어려운 일이었다. 먼저 신진산업가들은 경쟁관계의 엘리트들을 꺾고 국가권력의 조종간을 차지해야만 했다. 예를 들어 미국 남부에서 노예 소유주였던 사회지도층이 권력을 상실한 덕분에 면제조업자들이 주정부를 지배할 수 있었던 것처럼 말이다. 하지만 브라질이나 일본 등지에서는 경쟁자인 부농층에 맞선 투쟁이 더 길게 지속되었다.

예를 들어 라틴아메리카 일대의 상징적 존재였던 멕시코와 달리, 브라질의 경우 면제품 판매가 가능한 넓은 시장과 상당한 지역자본의 축적, 대규모 해외 수입품이 있었는데도 1890년까지 면산업이 열세를 보였다. 1866년에 브라질에는 방적공장 아홉 군데와 보잘것없는 방추 1만 5,000개만 있을 뿐이어서 직물은 대체로 수입되거나 플랜테이션 농장에서 생산되었다. 이후 수십 년 동안 공장 수가 서서히 늘어나다가 나중에는 폭발적으로 늘어났다. 1921년에 이르면 방추 152만 1,300개, 방직기 5만 7,208대를 갖춘 방적공장 242곳에 10만 8,960명의 노동자가 고용되어 있었다. 브라질의 면산업은 계속 성장해서, 대공황 직전인 1927년에는 354개 공장이 가동되었다.[39]

1892년 이후 30년간은 브라질 면공업의 황금시대로 불렸다. 제조업계의 엘리트들은 노예제가 폐지된 1888년에 정부에 더 크게 영향력을 행사해 자신들의 이해관계에 부합하는 정책, 특히 관세 제도가 마련될 수 있도록 힘썼다. 이해관계에 부합하게 만들 수 있었다. 1860년에 브라질의 면화 관세는 수입품 가격의 30% 정도였는데, 1880년에는 약 60%로 두 배나 인상되었다. 지루한 전쟁이 끝난 1885년에는 100%까지 인상되었다. 1886년, 1889년, 1900년에도 추가로 인상되었다. 1900년의 보호주의 관세는 30년이나 효력을 유지하며 제조업자들에게 엄청난 수익을 안겼고 자국 시장을 보호했다. 그 결과 1920년에 브라질에서 사용된 전체 면화의 75~85%가 브라질 국내에서 방적 및 방직되었다. 1921년에 어느 영국인이 다소 유감스럽게 말한 대로, "25년 전 브라질은 맨체스터를 위한 탁월한 시장이었다. …… 우선 암거래가 사라졌고, 모든 상품이 그 나라 안에서 생산되었으며, 여전히 수입되는 상품은 오로지 최고급 품질의 면제품뿐이었다."[40]

1890년대에 이르러 브라질의 제조업자들은 자신들의 이해관계에 부합하는 국가를 건설하는 일에 힘을 보탰다. 동시에 유럽과 뉴잉글랜드의 경쟁자들과 달리 그들은 아주 값싼 노동력에 접근할 수 있었다. 대다수의 노동자는 "지역의 고아원, 기아보호소, 빈민원, 도시 실직자 층에서" 배출되었고, 10세 정도의 아동들이 여성들과 함께 작업 현장에서 살았다. 공장에 고용할 수 있는 법적 최저연령은 1920년대에 14세로 높아졌지만 실제로는 그보다 훨씬 나이 어린 아동들이 공장에서 일하는 모습이 발견되곤 했다. 어떤 경우에는 여성과 아동이 하루 14시간, 심지어 17시간까지도 작업했다. 동시대의 어느 냉소적인 관찰자가 목격한 바에 따르면, 브라질의 아이들은 "성격이 형성되고 산업의 규칙적인 습관을 익힐 수 있는 나이에 수년 동안 노동력을" 제공했다.[41]

값싼 노동력과 관세는 좀 더 역동적인 시장과 결합되었다. 노예제가 유지되는 동안 내부 시장은 억제되었는데, 많은 플랜테이션 농장이 거친 면직물을 생산했을 뿐만 아니라 노예노동에 밀려 자유노동 이민이

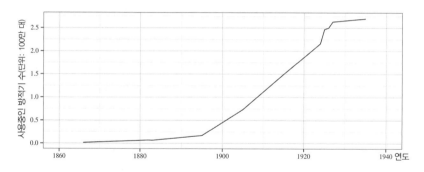

— **해방 후 브라질 면직물산업이 보인 도약** 1866~1934년의 방적기 수 변화.

활기를 띠지 못했기 때문이다. 이제 엄청난 수의 이주민이 브라질에 유입되었다. 이들은 새로 해방된 농업노동자들과 나란히 국내 시장에서 직물을 판매하기 시작했다. 그 결과 드디어 브라질은 라틴아메리카 일대에서 면직물 생산의 선두주자였던 멕시코(멕시코의 면산업은 국가의 보호주의정책 덕분에 상당한 확장세를 꾸준히 유지했다)와 함께 면공업 산업화의 길로 들어섰다. 멕시코의 모델은 브라질에서 이웃 나라 아르헨티나로 확산되었고, 아르헨티나에서는 1906년 처음으로 방적공장이 문을 열었다. 그곳에서도 역시 면공업의 산업화를 촉진하는 일이 국가의 계획적인 사업으로 자리 잡았다.[42]

일본은 면공업에서 유례없이 큰 호황을 경험했다. 일본이 수십 년의 짧은 기간 안에 세계 면공업에서 지배적인 힘을 갖게 된 것은 그 산업 규모 덕분이었다.[43] 일본의 역사에는 19세기 후반의 브라질과 몇 가지 공통적인 특성이 있다. 두 나라 모두 직접적인 식민 지배를 받지는 않았지만 외부의 영향을 상당히 많이 받아 취약한 편이었다. 두 나라는 엄청난 규모로 면직물을 수입해야 했다. 이 두 나라의 경제 엘리트들은 자국의 산업화와는 근본적으로 다른 정치경제에 뿌리를 두고 있었지만, 그들의 수입원과 그들 계급의 정책적 기호를 바꾸어놓은 새로운 요소의 등장을 목격했다. 20세기 전환기에 그들은 국가의 혁명적 변화를 각오했고, 결과가 전혀 다르기는 했지만 적잖이 혁명적인 변화를 이끌었다.

일본에서 기계식 면직물 생산의 역사는 브라질보다 늦게 시작되었지만 브라질과 마찬가지로 불운했다. 1867년 규슈九州 사쓰마번薩摩藩의 지역 통치자들이 영국에서 방적기 6,000대를 수입했다. 같은 시기에 작은 공장 두 곳이 문을 열었다. 하나는 오사카의 사카이시堺市에 문을 열었고, 다른 하나는 도쿄 인근에서 조업을 시작했다. 하지만 1858년 미일수호통상조약에 따라 일본이 강제로 개항되면서 수입 원사가 물밀 듯이 쏟아져 들어오는 바람에 이 선구적 기획들 가운데 어느 것도 상업적으로 성공하지 못했다.[44]

이러한 실패와 자국 시장의 3분의 1을 장악한 수입 면제품의 높은 파고에 맞서, 일본 정부는 면공업의 산업화를 촉진하는 일에 적극적으로 나서기 시작했다. 1868년 메이지유신으로 좀 더 중앙집권적이고 근대화된 정권이 들어서면서, 270년 동안 바쿠후幕府 체제로 일본을 지배해온 에도 시대 사무라이의 봉건 영지로 분산되어 있던 권력을 중앙에 집중시켰다. 이 새로운 국민국가는 1870년대부터 산업을 촉진하기 위해 한층 더 적극적인 정책을 추진하기 시작했고, 그 과정에서 면화는 새로운 통치자의 마음에서 최우선순위에 놓였다. 일본의 한 중의원 의원은 이렇게 설명했다. "일본인들은 영리할 뿐 아니라 낮은 임금으로도 일할 수 있으니 외국에서 단순한 상품을 들여온 뒤 수작업을 더해 다시 해외로 수출해야 한다." 면화는 이런 기획에 안성맞춤이었다. 다른 곳과 마찬가지로 서양 제국주의의 압력은 국가주의 기획의 일환으로서 제조업을 촉진했다.[45]

1879~1880년대 중반까지 내무대신을 지낸 이토 히로부미伊藤博文는 열 곳의 방적공장을 세우고 영국에서 수입한 2,000개의 방추를 나누어 설치한 뒤 지역 기업인들에게 유리한 조건에 넘겨주어 일본의 국내 방적업의 생산역량을 강화했다. 그런데 이 공장들은 생산 단위가 너무 적어서 수익을 거둘 수 없었다. 따라서 영리기업으로서는 실패였다. 그러나 이들은 예전 공장들과 달리 일본의 산업화를 성공시키는 데에 중요한 요인이 된 새로운 정책을 도입했다. 원료를 국내산 면화 대신 훨씬 저렴한 중국산 면화로 바꾸고 일본의 직물산업을 먼 미래까지 구조화할 실험적인 노동 체제(예컨대 인도의 경쟁자들을 압도할 수 있게 비용의 이점을 제공한 주야간 교대 근무)를 도입했으며, 정부에서 파견한 관리자들에게는 그들 스스로 기업가가 될 것을 독려했다. 더욱이 이 공장들은 여성들을 꾀어 들여 최저생계비에도 못 미치는 낮은 임금을 지불하고 가혹한 노동에 혹사시키는 체제의 "이데올로기적 근원"을 만들어냈다. 그것은 가부장적 보살핌이라는 강력한 수사修辭로 치장된 약속과 사무라이와 상인으로부터 공장주와 관리인에게로의 권력 이양이 결합된 것이었다.[46]

이런 급속한 산업화의 충격을 완화한 것은 일본의 오랜 면산업의 역사였다. 수백 년 동안 일본의 농부들은 가정 내에서 소비하고 지역시장에 내다팔기 위해 가정에서 면화를 재배하고 실을 잣고 옷감을 짰다. 19세기 말에는 농촌지역에 선대제 산업이 등장해 크게 성장했는데, 일본이 강제로 개항되고 값싼 원사가 수입되면서 처음에 큰 호황을 누렸다.[47]

1880년대에 와서는 정부가 세운 공장들에서 기계화된 면방적업의 가능성이 입증되자 한층 더 효율적인 공장들이 많이 들어섰고, 상인들은 자국 산업화에 주력하는 국가의 후원을 받았다. 그 무렵에 민영 다이이치은행第一銀行의 은행장이 오사카 방적공장을 후원하여 1883년에 1만 500개의 방추로 공장이 가동되기 시작했다. 그 공장은 처음부터 수익을 거두었고 이에 고무된 다른 사람들이 비슷한 규모의 공장을 여러 곳에 세웠다. 새로 설립된 공장들은 모두 합자회사였으며, 영국에서 수련한 일본인 기술자들을 고용하고 귀족과 부유한 상인들에게서 자본을 끌어왔다. 이 새 공장들은 가격과 품질 면에서도 영국산 수입품을 능가하는 제품을 생산할 수 있었다. 사실 1890년대에 이미 일본의 공장주들은 국내 시장을 장악했고, 1895년이면 수공업 방적이 거의 완전히 사라졌다. 방적업의 산업화가 그렇게 크게 성공을 거두자 촌락지역에서 방직업이 추가로 확대될 수 있었다.[48]

그러나 일본에 조성된 이런 산업자본주의가 국가주의 정치인들의 노력만으로 이루어진 성과는 아니었다. 산업계에서 이익집단이 출현해 국가에 엄청난 압력을 가했고 일찌감치 정치적 조정을 이루어냈다. 1882년에 결성된 일본방적공장협회는 선도적인 로비단체로서 면공업의 산업화에 유리한 정책을 시행하도록 정부를 압박했다. 이 단체가 이룬 가장 중요한 성과는 면화 수입세(이 세금은 일본 면화 재배농을 보호하는 역할을 했다)와 수출 원사에 부과되는 세금을 종식시킨 것이다. 1888년에 이들의 뒤를 이어 규모가 더 큰 일본면방적공장협회가 설립되었다. 사실 산업가들은 자신들의 이해관계를 지원하는 국가를 건설하는 데 힘을 보탰다. 일본의 자본가와 통치자 들이 외부로부터 얻은 이런 교훈들을 실행할 수 있었던 것은 경쟁 관계에 있던 다른 엘리트들의 비전을 물리쳤음에도 국가에 대한 그들의 통제를 저지하려는 어떤 심각한 민주주의적 대중운동에도 직면하지 않았기 때문이다.[49]

일본에서도 자국 산업화의 정치경제에 매진하는 강력한 국가가 매우 중요하기는 했지만 여러 면에서 브라질과는 크게 달랐다. 처음에 관세는 일본의 산업화에 아무 도움이 되지 못했다. 서양의 강대국들이 일본에 강요한 국제조약들 때문에 보호주의가 차단되었기 때문이다. 그리고 1911년 이전에는 사실상 관세를 이용한 보호책이 없었다. 그 대신 일본에서는 국가가 신기술 도입에 결정적인 역할을 했다. 그리고 어쩌면 그보다 더 중요한 것은, 일본의 자본가들이 국가의 도움으로 해외 시장에 접근할 수 있었고, 거기서 그들은 매우 낮은 노동비용 덕분에 경쟁력을 가질 수 있었다는 점이다. 18세기 프랑스 정부와 영국 정부가 그랬던 것처럼, 일본의 지방 당국자들은 해외 시장의 특수한 수요를 조

— **일본 면산업의 건설** 시부사와 에이이치渋沢栄一(1840~1931).

사하고 해외 시장에서 어떤 종류의 직물들이 팔릴지에 관한 상세한 윤곽을 방직회사들에 제시했다. 또한 일본의 경우 국가가 시장 정보 수집에 나섰다. 정부가 취합한 정보에는 영사의 상업보고서, 산업전시회, 무역사절단, "구체적인 산업을 연구하기 위한 특정 학생들의 해외연수, 해외 상품 전시관 …… 1906년부터 수출 기업 연합, 1910년부터 무역대표부 대표들과 수출업자들이 행한 해외시찰과 기업사절단"이 포함되었다. 더욱이 정부는 면산업의 성공에 필수적인 온갖 채무의 최종적인 보증인 역할을 했다.[50]

일본 정부는 전쟁에서 얻은 전리품이 있었기에 지방의 면산업계 기업가들을 후원할 수 있었다. 사실 일본의 사례는 식민지 확장과 산업자본주의의 긴밀한 연결, 즉 식민지를 통해 산업자본주의를 이룰 수 있음을 다시 한 번 증명해준다. 1894~1895년 사이 청일전쟁으로 일본이 얻은 배상금은 기본적으로 중국의 영토 할양이라는 형태로 확보되었는데, 이는 국가의 해운산업을 보조하는 데 사용되었고, 그리하여 면제품 수

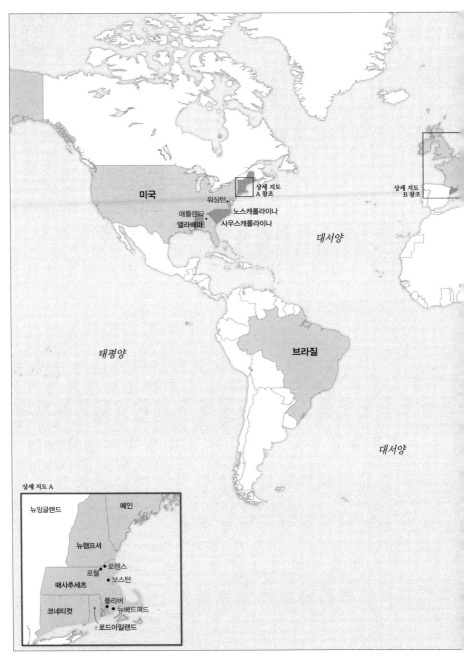

대서양

태평양

대서양

미국

워싱턴
애틀랜타
앨라배마
노스캐롤라이나
사우스캐롤라이나

상세 지도
A 참조

상세 지도
B 참조

브라질

상세 지도 A

뉴잉글랜드

메인

뉴햄프셔

로웰
로렌스
보스턴
매사추세츠
폴리버
뉴베드퍼드
코네티컷
로드아일랜드

— 면화의 제국에서 남반구의 약진, 1880~1940년.

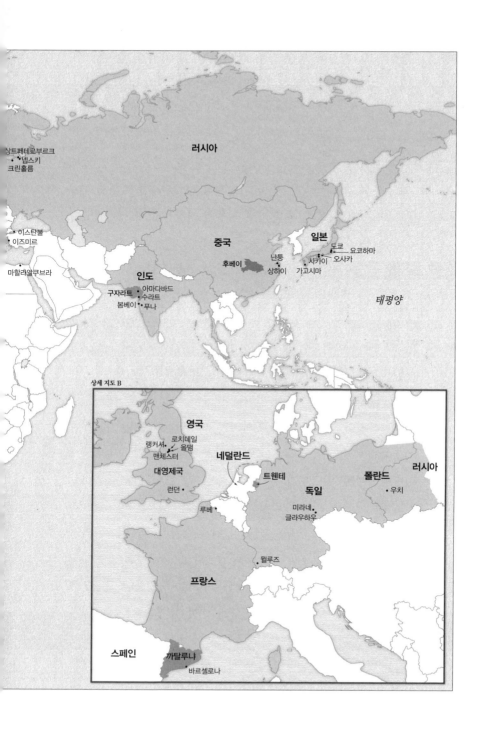

러시아

상트페테로부르크
넵스키
크린홀름

중국

일본
도쿄 요코하마
사카이 오사카
가고시마

이스탄불
이즈미르

난통
상하이

후베이

마할라얼쿠브라

인도

태평양

구자라트 아마다바드
수라트
봄베이 푸나

상세 지도 B

영국

로치데일
랭커셔 올덤
맨체스터

네덜란드

대영제국

런던

트웬테

독일

미라네
글라우하우

폴란드

러시아

우치

루베

뮐루즈

프랑스

스페인

까탈루냐

바르셀로나

출에 도움이 되었다. 또한 일본 정부 재량으로 일본의 무역회사에 신용을 제공하고, 1896년에는 관세를 철폐해 면화의 수입관세에서 발생하는 세입을 포기하고, 일본의 산업계에 필요한 필수 원자재 가격을 낮추는 데에도 밑거름이 되었다.[51]

또한 청일전쟁의 결과 일본은 산업화에 가장 중요한 요소가 된 중국이라는 새로운 시장을 얻었다. 중국은 자체적으로 관세를 부과할 힘을 갖게 된 1929년까지 줄곧 일본 원사와 직물의 가장 중요한 구매자였다. 1894년에 와서는 중국이 일본 수출품의 92%를 소비했으며, 1897~1898년에는 일본의 면 원사 수출, 특히 중국으로의 수출이 일본의 전체 방적 생산량의 28%를 차지했다. 제1차 세계대전으로 영국의 제조업자들이 자리를 비우자 일본은 중국 시장으로 가장 깊숙이 파고들었다. 면사 수출은 감소한 반면, 면직물의 수출이 확대되었다. 사실 1903~1929년 일본의 면직물 수출품 중 절반 이상이 중국으로 향했다.[52]

1920년대 내내 인도로 수출한 면직물 비중도 1926년 12%에서 1932년 50%로 높아졌다. 그러면서 다시 산업화에 명확한 태도를 가진 국가의 역할이 중요해졌다. 일본 정부는 인도 시장에 쉽게 진입하기 위해 인도에 있던 영국 식민지 정부에 정치적 압력을 행사했다. 인도의 면화 재배인들이 일본의 수출 시장에 의지하게 되자 일본 정부는 인도로 들어오는 수입 면제품의 관세 장벽을 낮추기 위해 랭커셔 제조업자들의 반대에도 불구하고, 인도 정부와 협상에 돌입했다. 그런데 1930년 인도 정부가 랭커셔의 압력에 못 이겨 일본에서 들어오는 수입품에 차별을 두자 일본의 면제조업자들은 인도산 면화에 대한 불매운동을 결정했다. 일본 제조업자들의 이런 결정은 인도를 곤란에 빠뜨렸다. 영국으로 보낼 송금액을 면화 수출로 충당할 수 없게 되었기 때문이다. 1933년 인도와 일본 간 무역 협상에서 이전의 차별이 조정되어 일본에서 인도로, 인도에서 일본으로 향하는 상품의 수출이 좀 더 자유로워졌다. 1913~1914년에 일본은 640만 800m에 이르는 면직물을 인도에 수출했다. 1933년에는 5억 2,943만 7,600m를 수출했다.[53]

낮은 비용의 노동력은 국가의 지원 못지않게 일본의 성공에 중요한 요소였다. 일본의 면제조업자들은 다른 곳의 면제조업자들과 마찬가지로 '노동력 문제'를 고민하느라 많은 시간을 보냈다. 일본 공장의 노동 비용은 인도보다 훨씬 낮았고, 랭커셔에 비하면 8분의 1에 불과했다. 처음에 공장들은 인근 지역에서 노동자들을 모집했지만 시간이 지나면서 차츰 더 먼 지역에서 노동자들을 데려왔다. 그야말로 가난한 농가를 찾아 농촌지역을 샅샅이 뒤지는 인력 모집인들에게 의지했다.[54]

특히 여성들이 농촌에서 공장으로 내몰렸다. 1897년에 일본 방적공장의 노동자는 79%가 여성이었다. 이 여성들은 대부분 나이가 15~25세 사이였으며, 14세 이하인 경우도 15%나 될 정도로 매우 어렸다. 여성 노동자들은 전형적으로 13세에 일을 시작해서 20세에 결혼과 함께 일을 그만두었다. 여성 노동자들에게 공장 취업은 그들의 생애주기에서 특정한 시기에 이루어졌는데, 산업화 이전 그들이 가정에서 하던 방적·방직 작업과 연관된 일이었으며, 대개 지참금 마련을 위한 저축이 목적이었다. 일본의 제조업자들이 대부분 단순 노동으로 이루어지는 링 정방ring spinning을 도입하면서 나이 어린 여성들이 대거 공장으로 향하는 이런 흐름이 더욱 촉진되었다.[55]

이 어린 여성들은 극심한 착취를 당했다. 혹시 존재했을지도 모를 가족의 보호를 벗어나 대부분 공장 근처의 기숙사, 구체적으로 말해 감시와 훈육이 행해지는 회사 기숙사에서 생활했다(이런 점에서 그들의 상황은 거의 한 세기 전 매사추세츠 로웰 공장의 조건과 매우 비슷했다). 1911년에 실시한 한 연구에 따르면, 노동자들은 3m²도 채 안 될 만큼 좁은 공간에서 침대를 같이 쓰는 경우가 많았다. 회사는 높은 이직률을 방지하기 위해 가부장제 논리로 노동자들을 다루었으며, 때로 더 실질적인 가부장제적 정책들을 시행했다. 회사의 입장에서는 출퇴근에 드는 시간을 줄이고 노동력을 통제함으로써 각각 열두 시간씩 조업하는 2교대제를 운영해 노동력을 최대치로 착취했으며, 기계를 쉼 없이 가동해 자본비용을 완벽하게 활용할 수 있었다.[56]

일본의 경우 국가가 면산업 노동자들을 위한 어떠한 법적 조치도 취하지 않음으로써 다른 나라와 저임금 경쟁을 할 수 있었다. 1911년의 공장법은 1920년에 확대되어 직물 산업에 종사하는 여성과 아동들까지 포괄했다. 일본 공장주들의 집단행동은 40년 동안이나 노동보호법이 통과되는 것을 막았다. 이 과정은 의심할 나위 없이 유산 계급 남성들에게 한정된 선거권의 도움을 받았다.[57]

여성들이 이런 상황에 맞서 할 수 있었던 가장 큰 저항은 도망치는 것이었다. 바로 한 세기 전 엘런 후턴이 랭커셔의 에클스공장에서 사용한 전략이기도 하다. 사실 이직률이 엄청났다. 예를 들어 1897년 고용 노동자 중 40%가 6개월 안에 공장을 떠났다. 1900년에 간사이關西 지방에서 고용주를 위해 1년 이상 일한 노동자 수는 전체 방적 노동자의 절반도 되지 않았다. 이에 맞서 고용주들은 야간에 기숙사 문을 잠가 여성들이 자유 시간에도 밖으로 나가지 못하게 막았고, 그들이 계약기간을 다 채울 때까지 임금의 일부를 지급하지 않았다.[58]

일본의 면산업은 이처럼 지극히 저렴하고 선거권도 없는 노동력을 활용할 수 있었기에 급속한 팽창을 이어갈 수 있었다.[59] 1902년이면 국내 생산이 수입을 거의 대체했다. 1909년에 일본 방적공장들은 세계 5위의 면화 소비자로 올라섰다. 방적업이 대형 공장에 집중되자, 방직업은 역직기는 물론 수직기를 사용한 직조까지 아울러 모두 번성했다. 특히

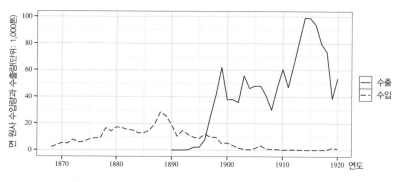

— **아시아의 산업가들이 형세를 역전시키다** 일본에서 이루어진 면 원사의 수입과 수출, 1868~
1918년.

농촌지역에서 노동력을 동원해 소규모 회사를 운영하던 방직업자들은
마침내 1910~1920년대에 이르러 그들의 작은 작업장에 역직기를 도입
했다. 면산업의 생산물 가치는 그 후로 1903년 1,900만 엔에서 4억 500
만 엔으로 늘었다. 일본의 면산업은 1920년에서 1937년 사이에 황금기
를 맞았다. 1933년에 일본은 처음으로 영국, 프랑스, 독일보다 더 많은
양의 면직물을 수출했고, 영국과 미국에 이어 세계 3위의 면산업 강국
이 되었다. 1937년에 일본은 전 세계적으로 거래되는 직물 시장의 37%
를 장악했는데, 이 수치는 겨우 27%를 차지한 영국과 비교된다. 일본에
서 면공업이 폭발적으로 성장한 덕에 아시아는 150년의 휴지기를 지나
다시 면제품을 오로지 수출만 하는 대륙이 되었다.[60]

　미국 남부, 브라질, 일본의 신흥 제조업자들은 경쟁관계인 엘리트들
을 물리치고 국가의 지원을 받아 자국의 산업화를 추진했지만 많은 어
려움을 겪었다. 그러나 그들이 겪은 어려움은 강력한 식민지 지배자들
을 상대해야 했던 남반구의 어려움에 비할 바가 아니었다. 남반구의 자
본가들은 단순히 경쟁관계인 국내 엘리트들이나 다른 사회집단뿐 아니

라, 식민지 시장에 대한 접근성을 유지하고자 다른 산업화 기획들을 반대했던 강력한 제국들과 그들의 경제 엘리트들에 맞서야 했다. 자본가들은 산업화 기획을 추진하기 위해 면화로 갑작스럽게 부를 얻은 다른 사람들을 크게 뛰어넘는 수준으로 집단 이데올로기를 발전시켜야 했으며 다른 사회집단들과도 협력해야만 했다. 그들에게는 전 세계에 걸친 식민지의 종속성이 대개 국내에서 치명적인 허약성으로 변형되었다.

이집트를 예로 들어보자. 이집트는 세계 최고의 면화 재배국 가운데 하나이자 면직물 제조를 산업화한 최초의 국가 가운데 하나였다. 그러나 1930년대까지도 가내공업을 활성화하려는 시도는 실패했다. 노력이 부족해서 실패했던 것은 아니다. 1895년 카이로에서는 면방적과 방직을 위한 무명의 이집트인회Société Anonyme Egyptienne pour la Filature et le Tissage du Cotton가 결성되었다. 그러고 나서 4년 뒤에는 공장 두 곳이 더 문을 열었다. 수익성이 그리 크지 않았다고는 하지만, 이 공장들은 이집트가 실질적으로 대영제국의 자유무역을 위한 부속지가 된 후 이집트에서 생산한 원사와 직물 제품에 8%의 세금이 부과되자 수입 원단과의 경쟁에서 밀려 결국 문을 닫았다. 1880~1914년에 이집트로 들어온 전체 수입품의 4분의 1에서 3분의 1이 면직물이었다. 그것들은 영국에서 유리한 조건으로 방적되고 직조된 것들이었다. 이집트에서나 다른 곳에서나, 식민당국은 지역의 산업화 기획을 유럽 제조업자들의 수출 시장을 보장하기 위한 노력에 종속시켰다.[61]

그러다 제1차 세계대전 시기에 모든 것이 서서히 변하기 시작했고, 새로 세운 이집트 국립방적회사Filature Nationale d'Egypte는 한동안 번창했다. 이 회사는 1930년에 관세 개혁을 기대하며 더욱 확장되었는데, 이런 개혁을 촉진시킨 것은 당시 점점 더 거세지고 있던 민족주의운동이었다. 관세 개혁으로 수입관세가 실질적으로 인상되었고, 자국의 산업화,

특히 면공업의 산업화가 가능해졌다. 이런 과정에서 가장 눈에 띄는 인물은 열렬한 민족주의 경제학자이자 기업가로서 1920년에 부유한 지주들의 자본에 기대어 미스르은행Misr Bank을 설립한 탈라트 하르브Tal'at Harb였다. 그는 1930년대 초에 미스르방적방직회사를 설립했는데, 그 회사는 자본을 충분히 확보하며 빠르게 확장해나갔다. 1945년에 이르면 이집트 면직물노동자 11만 7,272명 가운데 2만 5,000명이 이 공장에서 면화로 실을 잣고 직물을 짜는 일을 했다. 결국 관세는 국가가 "갓 태어난 부르주아 계급에게 주는 선물"이었던 셈이다.[62]

— **반식민지운동이 글로벌 자본주의의 모습을 바꾸다** 민족주의 경제학자 탈라트 하르브는 이집트 마할라알쿠브라에 세계에서 가장 큰 방적공장 가운데 하나를 설립했다.

이집트 사례와 같은 여러 이야기들을 통해 알 수 있는 것은 남반구 전역에서 자본가들은 자신들의 산업화 기획을 지원할 국가를 건설해야 했으나, 식민주의라는 조건 아래에서는 그런 국가가 만들어질 수 없었다는 사실이다. 인도는 다른 어느 국가보다 이런 역사를 확실히 보여준다. 얼핏 보기에 인도는 시장, 기술에 대한 접근, 숙련노동, 저임금, 풍부한 자본을 가진 상인 등 면공업의 산업화에 필요한 모든 조건을 갖춘 듯했다. 심지어 경쟁관계의 엘리트들을 극복하는 일도 그리 어렵지 않다는 사실이 증명되었다. 그런데도 해외 식민권력에 지배된 인도의 산업가들은 자신들이 그토록 간절히 원하는 종류의 국가를 만드는 과정에서 극복할 수 없는 장애물에 부딪혔다. 그 장애물은 결국 그들을 반식민지 투쟁에 휘말리게 할 것이며, 그 투쟁이 성공할 경우, 노동자와 농민에 대한 그들의 지배력도 약화될 터였다.

앞에서 보았듯이, 인도의 면산업은 미국 남북전쟁이 진행되는 동안 주로 봄베이와 아마다바드에서 등장했다. 봄베이방적방직회사는 1854년에 면직물을 생산하기 시작했고, 1861년에는 인도에 방적공장이 열두 곳이나 있었다. 그런데도 면산업의 진정한 팽창은 면화 가격이 고공행진을 이어가던 시절에 인도 상인들이 축적한 자본에 의지하여 1865년이 지나서 비로소 시작되었다. 게브뤼더 폴카르트사 같은 유럽 중개상들 탓에 면화 거래에서 점차 밀려나고 있던 인도의 자본가들이 면직물공장에 자본을 투자했다. 1875년에 이르러 그들은 27개의 공장을 세웠다. 1897년에는 봄베이 관구에만 102개의 공장이 들어섰다. 방적기도 1879년 150만 대에서 1929년 900만 대까지 폭발적으로 늘어났다. 면공업은 바야흐로 인도의 제조업 경제를 지배하는 수준에 이르렀다.[63]

인도의 역동적인 기업가 계급은 영국의 식민 당국에 의지해 자신들의 능력을 최대한 끌어냈다. 예를 들어 면공업을 위한 시장 대부분이 영국의 영향권 안에 있어 식민제국 내의 수출 시장이 높이 평가되었는데, 1890년대 들어서면 봄베이에서 수출된 원사의 80%가 중국으로 향했다.[64] 또한 식민제국은 식민지 내에 기반시설을 비롯해 법률, 규칙, 규정을 마련함으로써 경제생활이 점점 더 자리를 잡아갔다. 식민 당국이 농촌지역의 대량상업화를 추진하면서 공산품을 위한 더 역동적인 시장들이 출현했고, 그 시장에서 인도의 면제조업자들은 수익을 거두었다.

인도 면산업계의 기업가들도 처음에는 식민 당국에 의지해 노동력을 동원했다. 즉, 농촌지역에 엄청난 변화가 생기면서 수많은 노동자가 도시와 방적공장으로 내몰렸다. 인도의 방적공장에서 일한 노동자는 1896년에 14만 6,000여 명이었고, 1940년에는 62만 5,000명에 육박했다. 이는 면화 이외의 다른 공장 생산을 거의 찾아볼 수 없는 나라치고는 상당한 수치였다. 다른 지역 노동자들이 그랬듯이, 인도의 1세대 공장 노동자들도 자신들이 떠나온 농촌 마을과의 유대를 계속 이어나갔다. 많은 가정에서 가족구성원 가운데 한 명을 도시로 보내 공장에 취직시키는 식으로 토지와 연결된 삶을 유지하는 전략을 취했던 것이다. 그러나 면화의 제국에 속한 다른 곳들과 달리 인도에서는 공장에 취직한 노동자 대부분이 남성이었다. 인도의 프롤레타리아는 부르주아와 마찬가지로 면화에서 그 뿌리를 찾을 수 있었다. 사실 '값싼 노동력', 즉 다른 요인들을 다 차치하고서 무엇보다 강력한 식민 당국의 결정적인 조치에 의해 형성된 프롤레타리아 계급은 인도의 가장 뚜렷한 비교우위로 여겨졌다.[65]

그러나 인도에서 식민 당국이 여러 면에서 면공업의 산업화에 결정적으로 중요했던 것은 틀림없지만, 유별났을 뿐 아니라 지역 산업의 희망을 짓밟기 일쑤였다. 무엇보다 잉글랜드 정치인들과 자본가들의 압박이 심했기 때문이다. 이런 특이성은 노동과 관련하여 드러났다. 다른 곳에서와 마찬가지로 인도 면직물공장의 노동조건은 끔찍했다. 하루 노동시간은 여름에는 13~14시간씩 이어졌고, 겨울에는 10~12시간씩 계속되었다. 공장 내 온도는 보통 섭씨 32도가 넘었다. 공장주들은 1910년에 봄베이공장소유주협회의 말을 빌려, 노동자들은 "맹목적인 산업주의의 기계일 뿐 어떠한 성취동기도 없고 미래를 별로 생각하지 않는다"라고 주장하며 그런 공장의 조건을 정당화했다. 그런데 그의 말은 한 세기 전 유럽의 제조업자들이 한 말과 놀라우리만치 유사했다. 그런데도 일본에서와 달리, 정부의 개입으로 노동조건이 향상되고 노동비용이 증가했다는 사실은 인도의 자본가들이 일본의 자본가들만큼 국가에 대해 지배력을 발휘하지 못했음을 드러낸다. 인도와의 경쟁을 걱정하는 랭커셔 면제조업자들의 간청으로 1891년에 통과된 인도의 공장법은 공장에서 아동의 노동시간을 제한했다. 1891년에서 1911년에 이루어진 노동 입법은 아동노동과 여성노동, 그리고 노동시간을 한층 더 규제했다. 인도 노동 자들의 노동조건과 임금은 형편없는 수준에 머물러 있었는데도, 공장주 들은 여전히 이런 법을 제정하는 데 반대했고, 노동자들의 생산성이 낮 다고 불평했다. 그들은 또 "랭커셔 친구들의 주장으로 우리에게 부과하 려는 어떤 규제 법규에도 강하게 저항해야 할 것이다"라고 주장했다. 하지만 "봄베이 공장의 초과노동과 아동고용"에 맞선 영국 직물 노동 자들의 이기적인 저항과 함께 수출 시장을 걱정하는 랭커셔 공장주들과 맞닥뜨리게 되자 그들은 물러설 수밖에 없었다. 식민주의라는 조건 속 에서는 자본가라 하더라도 노동력을 제압하기 어렵다는 점이 증명된 것이다.[66]

그러나 인도에서 시장 접근성과 관련한 문제에서 가장 충격적인 것 은 식민 당국의 예외적인 특성이었다. 여러 면에서 볼 때 식민 당국의 가장 큰 성과는 영국산 면제품의 방대한 유입을 용이하게 한 것이었다. 그 여파로 인도는 랭커셔에게 가장 중요한 시장이 되었고 인도 수공업 은 심각한 타격을 입었다.[67] 그리하여 인도 아대륙에서는 산업화와 탈 산업화가 교차했다. 이뿐만 아니라 인도의 면공업의 산업화를 지체시키 고 방해한 것은, 강하면서도 외국의 이해관계에 얽매인 식민지 국가로 서 인도의 야누스적인 측면이었다. 인도의 자본가들은 영국이 주도한 인도 아대륙의 변화에서 얻어낸 전리품을 외국 자본가들뿐 아니라 강력 한 정치인 집단과 나누어 가져야만 했다.[68]

아마다바드에서 노스캐롤라이나 로언 카운티에 이르기까지, 페트로 폴리스에서 오사카에 이르기까지, 마할라알쿠브라에서 베라크루스에 이르기까지, 남반구에서 풍부한 자본을 보유한 엘리트들은 면공업의 산 업화와 관련된 시대의 흐름에 편승하기 위해 노력했고, 그렇게 하면서 그들은 산업화에서 강력한 국가가 얼마나 중요한지를 배웠다. 그러한 비상한 통찰력에도 불구하고 그들은 유럽과 북아메리카 면화자본이 점차 취약해진 것은 국민국가와 단단히 연결된 탓이라고 평가했다. 그러나 그들이 이후 경험한 바는 그와 상당히 달랐다. 브라질, 미국 남부, 일본에서 면화자본은 경쟁관계인 엘리트들을 누르고 권력을 얻어 자신들의 필요에 맞게 국가를 움직이는 데 성공한 반면, 이집트와 인도에서는 자국의 산업화 기획이 강력한 장애물에 부딪혔는데, 그게 바로 식민국가라는 현실이었다. 그렇지만 남반구 개발도상지역의 자본가들이 수익성 있는 시장을 개척하는 데 성공한 곳이면 어디서든 두 가지 과정이 동시에 나타났다. 즉, 제1차 산업혁명에서 핵심적인 역할을 한 국가들에서 나타났던 사회적 갈등이 국가 차원의 문제로 비화되는 과정이 있었고, 남반구에서 자국의 산업화라는 기획을 선호하고 노동비용을 꾸준히 낮게 유지하는 국가를 건설하는 과정이 동시에 나타났던 것이다. 이런 사례에 해당하는 나라가 바로 중국이다.

중국의 면공업의 산업화는 미국 남부, 일본, 인도, 브라질보다 늦게 진행되었다. 이는 면공업의 경험이 부족하거나, 면화를 얻기 어렵거나, 시장 및 자본이 없거나, 근대 제조업 기술력에 접근할 수 없었기 때문이 아니었다. 알다시피 중국은 세계에서 가장 오래되고 가장 큰 면직물 제조 단지 가운데 하나였다. 사실 19세기 중반까지 중국 농민들은 단연코 세계에서 가장 중요한 면화 재배인들이었다. 중국에서 생산된 면화는 거의 가정에서 원사와 직물로 가공되었다. 바꾸어 말하면 면방적과 방직이 중국의 가장 중요한 제조업 활동이었다.[69]
이렇게 면공업의 산업화에 이상적인 선행조건을 갖추었는데도 기계화는 19세기 말이 되어서야 시작되었다. 중국 전통 면공업이 어느 정도 활기를 띠고 있어서 산업화가 더 어려웠다. 19세기 이전 면화 생산 지역 대부분이 그랬듯이, 중국 농촌지역의 수백만 농부는 별다른 압력을 받지 않고 자신들이 사용하거나 근처 시장에 내다팔 면화를 생산했다. 19세기 중반까지도 농민 가구의 45%가 직물을 생산했을 것이다. 그런데 서양 제국주의자들이 중국의 항구 도시에 압력을 가하기 시작해 19세기 후반에 들어서는 실과 원단이 밀려들었다. 유럽 상인과 정부들은 (미국 상인들과 정부도 함께) 시장에 접근하기 위해 중국 정부를 압박했다. 예를 들어 1876년 즈푸조약芝罘條約으로 양쯔강의 항구들뿐 아니라 심해에 접근할 권한과 내부관세 철폐를 더 강하게 요구했다. 1877년에 한 서양 상인이 주장한 대로, "외국 상인은 이런 것들을 얻기 위해 오랫동안 인내심을 갖고 기다렸다." "그가 생각할 때 중국과의 교역을 성공적으로 발전시키는 데 필수적인 것들이었다." 사실 시장 침투는 모든 제국의 가장 뚜렷한 정치적 목적이었다. 그 결과 중국의 면제품 수입은 1880년대~1910년대 사이에 엄청나게 늘어나 원사는 24배, 원단은 2배 증가했다. 1916년 미국 상무부는 중국을 일컬어 미국의 제조업체를 비롯해 "세계 면사를 위한 가장 큰 시장"이라고 말했다. 처음에 중국은 면사와 원단을 대부분 영국과 미국에서 수입했다. 1900년 이후에는 주로 일본 제조업자들에게서 수입했다.[70]

이런 시장 개방은 제국의 권력에 달려 있었다. 강한 북대서양 국가들은 자국의 산업가들이 시장에 접근할 수 있도록 힘썼다. 예를 들어 1882년에 미국은 상하이에 포함砲艦, gunboat을 보내 미국의 면직물 관련 이익집단들을 도왔다. 그보다 4년 전 펑루총彭汝琮은 면직물회사인 상하이기기직포국上海機器織布局을 설립했고, 중국 정부로부터 10년간 독점권을 받았다. 미국 회사인 프레이저사의 사장 윌리엄 S. 웨트모어William S. Wetmore가 상하이기기직포국과 경쟁관계인 한 공장을 위해 중국인 투자자를 모집하기 시작하자, 상하이기기직포국은 곧바로 중국 정부에 회사의 이익을 방어해달라고 간청했다. 그리하여 프레이저사의 중요한 중국인 투자자 두 명에게 위조 체포영장이 발부되었고 그들은 피신할 수밖에 없었다. 새로 임명된 중국 주재 미국 공사는 중국인들에게 "우리가 조약 아래에서 우리의 권리를 지킬 힘이 있는 정부라는 사실을 인식시킬" 때라고 판단했다. 대통령 체스터 A. 아서Chester A. Arthur의 명령에 따라 미국의 코르벳함 애슈엘런corvette Ashuelot호가 즉시 상하이에 입항해 겨우내 정박해 있었다.[71]

쇄도하는 수입품, 기계화된 면제품 생산에서 이윤을 얻으리라는 기대, 서양 제국에 맞서 중국을 강화하고자 하는 열망을 마주한 국가 관료와 자본가 들 중에서 특히 근대화를 주장하는 엘리트들은 자국의 산업화 기획을 선호하기 시작했다. 그들은 동맹자들과 달리 그 기획에서 외국 기업가들, 특히 더 값싼 노동력을 구하기 위해 중국의 면산업에 크게 투자한 일본 기업가들과 팀을 이루어 세계에서 가장 빠르게 성장하는 면산업 가운데 하나를 일구어나갔다.

앞에서 살펴보았듯이, 중국 최초의 근대적 방적공장인 상하이기기직포국은 1880년대 초에 가동을 시작했다. 처음에 면산업은 더디게 성장했다. 1896년에는 41만 2,000대의 방적기를 갖춘 공장 12곳이 있었을 뿐이다. 그런데 20년 후에는 100만 대 이상의 방적기를 갖춘 공장이 31곳으로 늘었다. 그리고는 제1차 세계대전이 닥쳤다. 이 전쟁이 중국, 더 전반적으로 아시아의 면공업에 미친 영향은 125년 전 나폴레옹전쟁이 유럽 대륙에 미친 것과 비슷했다. 나폴레옹의 대륙 봉쇄령과 유사한 중국에 대한 유럽 국가들의 간섭을 차단한 보호주의 조치로 호황을 누리는 공장들이 생겨났다. 1925년에 이르면 300만 대 이상의 방적기를 갖추고 25만 2,031명의 노동자를 고용한 118곳의 공장이 있었는데, 그중 절반이

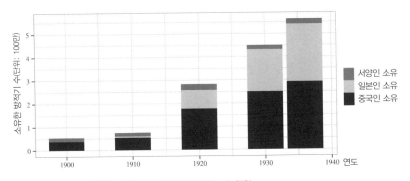

서양인 소유
일본인 소유
중국인 소유

소유한 방적기 수(단위: 100만)

1900   1910   1920   1930   1940 연도

—   1900~1936년 중국 면직물 생산에서 방적기 소유 현황.

상하이에 있었다. 1914년 이후 중국 면공업의 성장 속도는 사실상 세계
에서 가장 빨랐다. 1913~1931년 세계적으로 방적기 수는 14% 증가했다.
그런데 중국에서는 297% 증가해서 속도 면에서 20배나 빠른 증가세를
보였다. 1913년을 기준으로 1931년까지 중국의 방적기 수는 397%까지
늘어났고, 일본은 313%, 인도는 105%, 미국은 106% 증가한 반면, 러시
아는 99%, 영국은 99%, 독일은 97%까지 감소했다. 역직기의 경우도 마
찬가지였다. 1913~1925년 사이에 역직기 수는 중국에서는 세 배 이상,
일본에서는 세 배 가까이 늘어났지만 영국에서는 약간 줄어들었다.[72]

  1920년대 초에 중국의 면사 제조업은 국내 시장에서 지배적인 위치
를 차지했고, 1925년에는 면제품의 수출이 수입보다 많았다. 1937년에
이르러 중국은 다시 면사와 면제품을 자급할 수 있게 되었다. 중국에서
는 1875년까지도 전체 면사의 98.1%가 수작업으로 만들어졌으나, 1931
년에 이르면 16.3%만이 수작업으로 만들어지고 나머지는 거의 국내 공
장에서 만들어졌다. 이렇게 면직물산업은 중국의 가장 중요한 공장산업
이 되었다. 총수Chong Su의 표현을 따르면 "상하이는 순식간에 동아시아
의 맨체스터가 되었다."[73]

다른 곳에서와 마찬가지로 중국의 면직물 산업은 값싼 노동력에 의지했다. 사실 중국에서는 일본을 포함해 세계 어느 곳보다도 낮은 비용으로 노동력을 이용할 수 있었다. 1916년에 미 상무부가 중국 방적공장들의 실태를 보고한 바에 따르면, 수만 명의 노동자가 일요일에 12시간 쉬는 것을 제외하고 주야간 2교대로 하루 12시간씩 쉬지 않고 일했다. 그 노동자들의 임금은 미화로 일당 10센트였다. "세계 어느 나라보다 오랜" 시간 노동이 가능하고 아동노동에 대한 어떤 관련법도 명문화되지 않았던 중국은 세계에서 가장 낮은 비용으로 면직물을 생산할 수 있는 나라였다. 봄베이 방적공장 소유자들조차 중국의 산업은 인도와 달리 "공장을 규제하는 법에서 완전히 자유롭다"는 이유로 중국과의 경쟁을 두려워했다.[74]

1897년 중국 방적공장에서 일하는 노동자의 79%가 여성이고, 15%가 14세 미만의 아동이었다는 사실은 중국의 제조업자들이 인건비가 낮은 상황인데도 그보다 더 인건비가 낮은 노동자, 곧 아동과 여성을 선호했음을 뚜렷이 보여준다. 앞에서 언급한 대로 19세기 초에는 여성들을 공장으로 데려갈 수 없었지만, 1890년대가 되면 값싼 수입 면사의 등장으로 농촌지역에 변화가 생기면서 여성들의 노동력을 확보할 수 있게 되었다. 지방에서 올라온 여성이나 남성이 노동력의 근간을 이루었는데, 가끔 그들은 거의 강제적으로 시골에서 직접 고용되기도 했다. 공장 안에서 특권적 위치에 있는 남성 노동자들, 이른바 십장은 '촌지'를 받고 노동자를 채용했다. 특히 여성들이 자주 거래되었는데, 아주 가난한 가정에서 딸들을 공장노동력으로 팔았고 그들의 임금은 일부일지라도 다른 사람이 관리했다. 말하자면 그들은 흡사 채무노예와 비슷한 처지라 그 상황을 벗어나기가 어려웠다.[75]

중국 면산업의 성장에서 결정적 역할을 한 또 다른 요소는 정부의 지원이었다. 국가 관료들은 중국에도 외국의 압력을 견딜 수 있는 면직물 공장이 필요하다고 믿었으며, 제한적으로나마 그런 기업들을 전략적으로 지원하는 데 국가의 역량을 투입했다. 일본을 비롯한 다른 지역에서 그랬던 것처럼, 관료들이 그렇게 지원한 것은 어느 때보다 잘 조직되고 동원된 도시의 경제 엘리트들로부터 압력을 받았기 때문이다. 중국에서 국가는 강력한 경찰력을 동원해 노동자들의 집단행동을 탄압하거나, 심지어 군대를 방적공장에 주둔시켜 노동비용을 유지하도록 도와주었다. 1920년대에 상하이의 방적공장 소유주들은 국민당 지도자 장제스蔣介石의 지원을 받아 수천 명의 좌파 노동계 지도자들을 살해했다. 그러나 국가는 다른 측면에서도 중요한 역할을 했다. 국가는 때로 자본을 끌어오는 특정 기업에 독점권을 부여했으며, 한 저자의 표현을 빌리면 공장을 열 수 있도록 '관료자본'을 제공했다. 지방정부들은 대출은 물론이고 심지어 기계설비까지 제공하고 낮은 세금을 비롯해 다른 지원들도 약속했다. 그러나 정부의 재정 수단은 물론, 사실상 정부의 권력 자체가 상당히 제한적이었다. 1895년 일본과 치른 청일전쟁에서 패한 이후에는 특히 그랬다. 그 전쟁으로 중국은 배상금을 부담하게 되었다. 중국의 민족주의자들은 1920년대와 1930년대에 이르러서야 일본 상품 불매운동을 외쳤고, 중국 산업가들은 1842년에 중국이 상실했던 능력, 즉 관세 장벽을 마련할 능력을 회복한 1929년 이후에야 비로소 효과적으로 경쟁할 수 있게 되었다.[76]

일본의 상황과 달리, 아니 사실 세계의 다른 지역과 달리 방적공장들에 대한 중국의 투자는 국제투자와 급속히 결합되었고, 결국에는 그에 압도되었다. 이처럼 예사롭지 않은 해외자본의 깊숙한 침투는 중국의 취약점이었다. 앞서 언급한 대로, 1895년 청일전쟁을 종결시킨 시모노세키조약은 중국에서 외국인 소유 공장의 건설을 분명히 허용했다. 그로부터 2년 뒤 최초의 외국인 소유 공장이 문을 열었고, 1898년 상하이에 그런 공장이 네 곳이나 생겼다. 그 뒤를 이어 많은 공장이 설립되었는데, 그 가운데 일부는 영국, 독일의 자본과 전문가들에게 의지했지만 대부분은 일본계였다.

결국 일본의 면산업은 동중국해 건너에 저임금 생산단지를 형성했다. 폴란드에서 독일인들이 이루었던 것처럼, 그리고 미국 남부 주들에서 뉴잉글랜드의 제조업자들이 이루었던 것처럼 말이다. 1902년 상하이에서 일본인 소유의 공장이 최초로 문을 열었는데, 이 공장은 일본에서 소요되었던 노동비용의 절반만으로 운영되었다. 중국 노동자들은 일본 노동자들이 점차 누리게 되었던 가부장적 복지 혜택을 조금도 얻지 못했다. 일본인 소유의 공장들은 중국에 대한 투자로 중국 면산업에서 가장 빠르게 성장하는 부문이 되었다. 1925년에 이르면 중국의 방적 생산 역량의 절반 가까이를 외국인 소유 공장들이 감당했고, 그 가운데 일본의 비중이 압도적이었다.[77]

산업자본주의 정치경제에서 국가의 중요성을 고려할 때, 그리고 어느 때보다도 미국과 독일 같은 많은 제국주의 강국의 맹공이 쏟아졌다는 것을 고려하면 남반구 전역에서 경제 엘리트들이 그런 국가를 만들고자 열망했던 것은 그리 놀라운 일이 아니다. 그러나 유럽과 북아메리카의 정치인과 자본가 들이 그들의 기획을 방해했고, 결국 그들은 식민 지배를 받으면서 강화된 자신들의 국가에 더욱 의존하게 되었다. 이제 어느 때보다도 역동적인 반식민지운동을 봉쇄하는 일이 그들의 과업이 되었다. 연이은 투쟁은 맹렬하고 난폭했다. 남반구의 신흥 제조업자들은 100년 전 서유럽과 미국의 신흥 제조업자들이 직면했던 것과는 근본적으로 다른 조건에 처했다. 부유한 자본가들과 굳게 결속된 북대서양의 강력한 국가들은 그들이 상대하기에는 너무 강력한 적수였기 때문에 신진 기업가들은 자신들의 사회 안에서 점점 더 집단적인 움직임을 보이며, 국민이란 이름을 얻은 노동자 및 농민 집단과 손을 잡아야만 했다. 외국과 인민, 양쪽 모두를 상대로 전선을 형성해 맞설 수는 없는 노릇이었기에 국가 건설 과정에서 그들이 종속적인 사회집단에 의존한 사실은 유럽이나 북아메리카의 산업화 경로와 그들의 경로를 구별 짓는 특징이었다. 식민주의의 유산은 독립 이후에도 오랫동안, 어쩌면 20세기 자본주의 역사에서 탈식민화가 단연 가장 중요한 과제가 되었을 때조차 강력한 영향력을 발휘할 터였다.

남반구에서 풍부한 자본을 보유한 상인과 은행가 들은 통치자들과 함께 면공업의 산업화를 비롯해 더 폭넓은 산업화의 조건을 조성하기 위해 힘썼으며, 식민주의에 대한 통렬한 비판을 개진했다. 상하이, 마할라알쿠브라, 아마다바드 등지의 기업가들은 자신들의 이해관계에 호응하는 국가가 시급하다는 것을 깨달았다. 그들이 외세에 공개적으로 반기를 든 목적은 국가였다.[78] 가장 설득력 있는 목소리를 낸 것은 인도의 면화 자본가들이었다. 그들은 식민 당국이 랭커셔의 이해관계에 매어 있다고 목청껏 비난했다. 그들은 영국의 식민정책이 인도의 자본가들에게 시장 보호의 혜택을 주지 못했는데, 이는 식민지 정부의 관세정책이 영국산 원사와 직물의 대량 수입을 허용한다는 원칙에만 충실했기 때문이라고 주장했다.

인도의 자본가들은 그러한 차별에 맞서 정치적 힘을 발휘했다. 그들은 봄베이에서 공장주조합을 결성해 자신들의 요구를 분명히 했다. 아마다바드에 근거를 둔 구자라트의 자본가들은 봄베이의 예를 따라 구자라트산업협회를 결성하고 보호주의를 주창했다. 1890년대에 보잘것없는 수입 관세를 상쇄시킬 목적에서 인도산 제품에 물품세가 부과되자 인도 자본가들은 그에 맞서 처음으로 투쟁을 시작했다. 그들은 세금이 "어떤 원칙에도 부합하지 않는다"는 점, 다시 말해 "불필요할 뿐 아니라 변명의 여지 없는 랭커셔를 위한 양보"라는 점을 발견했다. 이런 투쟁은 새로운 세기로 이어져, 공장주이자 민족운동가인 암발랄 사카르랄 데사이Ambalal Sakarlal Desai는 1902년 아마다바드에서 개최된 인도국민회의 모임에서 "섬유 산업에 부과된 과중한 세금을 아마다바드의 모

— 면제조업자이자 봄베이공장주협회장이었던 나로탐 모라르지(1894년).

든 가구주가 부당하게 견디고 있다"라고 불평했다.[79]

이런 갈등 속에서 공장주들은 인도의 민족주의자들과 마주했다. 이들은 영국 식민주의가 인도 면공업의 산업화에 끼친 부정적 효과에 저항하는 중요한 역할에 집중했다. 전투적인 민족주의자 발 강가다르 틸라크Bal Gangadhar Tilak가 푸나Poona에서 발행한 《마라타The Mahratta》는 지속적으로 식민지 관세정책에 반대 입장을 표명했다. 그는 면제품 세금 법안에 맞선 대중 시위를 지지했고 랭커셔를 위한 "면제품 세금 범죄"를 통해 인도를 "희생"시킨다며 식민지 정부를 비난했다. 1년 뒤 식민지 정부는 선동죄를 이유로 그를 구금했다. 인도사회봉사자협회를 설립한 인도 국민회의 지도자 고팔 크리슈나 고칼레Gopal Krishna Gokhale는 틸라크의 주장에 그다지 동조할 수 없는 인물이었는데도 면제품과 관련된 영국의 관세정책에 반대했다. 1911년에 인도에서 제국입법회의가 확대되었을 때 공장주 라탄지 다다보이 타타Ratanji Dadabhoy Tata는 관세 철폐를 요구했고 인도인 의원 16인의 지지를 받았다. 자유투사 마하트마 간디

가 볼 때 그런 관세는 "근대의 어느 문명화된 국가에서도 유례를 찾을 수 없는 …… 재정의 부정 사례"였다. 실제로 면제품에 대한 물품세를 둘러싼 투쟁은 반식민지 투쟁의 거대한 첫 불길 가운데 하나였다. 면제조업자들의 정치적 이해관계가 인도의 반식민지 투쟁에서 그 중요성을 좀 더 폭넓게 인정받았기 때문이다.[80]

면화 자본가들은 물품세와 보호무역에서 벗어나기를 원했을 뿐 아니라 수출 시장을 장악하려고 애쓰는 자신들에게 국가가 더 협조해주기를 바랐다. 인도의 공장주들은 영국의 공장주들과 마찬가지로 장거리 시장, 예컨대 아프리카에서 장거리 시장의 장래성을 인정했다. 그리고 동아프리카인들의 취향을 위해 특별히 디자인된 직물을 생산하는 데까지 나아갔다. 그러나 그들은 "외무부와 무역위원회로부터 중요한 거래 정보를 제공받던 영국의 무역상들과 달리, 인도 상인과 제조업자들에게는 사업에 필수불가결한 거래 정보를 제공할 공식 조직이 없다"라며 안타까워했다. 정부가 수집한 시장 정보는 제조업자들에게 점점 더 중요해졌다. 그들이 해외 시장을 평가하기 위해서는 국가의 지원이 필요했지만, 인도의 식민지 정부는 동시대의 일본 정부와 달리 지원을 하지 않았다.[81]

인도에서 영국이 영향력을 행사하는 것에 반대하며 인도의 민족주의자들이 강력히 옹호하게 된 전략 가운데 하나는 국내에서 제조된 직물의 소비를 독려하는 것이었다. 1905년에 인도 전역의 산업가들이 참가한 제1차 인도산업협회 회의에서는 "해외 상품을 선호하는 인도에서 국내 제조품의 사용을 독려하고 확대하기로" 결의했다. 이러한 요구는 인도의 자급, 특히 면화의 자급을 주장했던 스와데시Swadeshi 운동과 연결되었고, 면산업계의 기업가들과 신진 정치 엘리트들의 입장을 상징하게 되었다. 틸라크는 "그런 협회와 연맹이 다양한 지역에서 결성되어 현지 직물을 사용하고 인도 시장에서 랭커셔와 맨체스터 세력을 몰아내야한

— **면화 제국에서 등장한 저항** 인도 국기와 집에서 실을 잣는 간디.

다는 주장을 옹호했다."1885년에 설립되어 영향력이 점차 커지고 있던 인도 국민회의도 스와데시운동을 지지했다. 인도의 기업가들 또한 이에 동조했다. 우선 아마다바드 직물산업의 선구자인 란초드랄 치호탈랄은 다른 기업가들과 함께 인도산업자강회Swadeshi Udhyam Vardhak Mandli(토착산업 홍보를 위한 조직)를 창설했다. 그런가 하면 잠셋지 누세루완지 타타Jamshetji Nusserwanji Tata는 자신의 공장 가운데 하나에 스와데시공장이라는 이름을 붙였다. 그리고 아마다바드상인방적회사의 암발랄 사카랄 데사이는 스와데시운동을 적극적으로 지원했다. 1907년 비탈다스 다모다르 타케르시Vithaldas Damodar Thackersey는 봄베이공장주협회 회장으로서 연례회의에서 연설했을 때, "스와데시운동의 자극으로 대중이 국내 산업에 점차 관심을 갖는 모습을 …… 보게 되어 기뻤다"라고 말했다. 이러한 국내 산업화로 인도가 과거 글로벌 경제에서 차지했던 중요성을 회복하리라는 희망이 높아졌다. 몇 해 뒤에 마하트마 간디는 인도 면화의 역사를 서술함으로써 인도의 국가주의와 반식민지운동에서 면화가 갖는 막대한 중요성을 상징적으로 표현했다. 이뿐 아니라 그는 공개적으로 물레를 돌려 면화로 실을 뽑았으며, 1930년 인도 국민회의는 물레를 국기 중앙의 문장으로 채택했다.[82]

간디는 집에서 짠 면직물에 향수를 품고 있었지만 인도의 산업가들은 현실정치의 시각에서 탈식민화를 평가했다. 그들은 19세기에 이루어진 전 지구적 면화산업의 급격한 공간적 재배치가 식민주의의 가장 치명적 효과 가운데 하나였다는 간디의 의견에 동조했다. 하지만 그들은 지역의 면방적·방직공을 상품의 생산자이자 소비자로 바꾸는 식민지 사업을 진전시키는 데에도 많은 관심을 두고 있었다. 1919년 공장주이자 동인도면화협회장이던 푸르쇼탐다스 타쿠르다스Purshotamdas Thakurdas 경은 "인도의 면화 품질을 보호하기 위한 조치를 취해야 한다"고 촉구했다. 인도의 공장주들은 영국 공장주들처럼 인도의 농촌지역을 개편하기 위해 분투했다. 타타는 자국 제조업자들을 위해 인도에서 장섬유 면화를 재배해야 한다고 주장했다. 수라트 면화상인단은 1919년 4월 모임에서 현지 면화의 품질을 유지하기 위한 조치를 논의했다. 타쿠르다스는 인도산 면화를 시급히 개량해야 한다는 사실을 잘 알고 있었다. 그렇지 않으면 "인도의 직조 산업에 상당히 불리하게 작용할 것"이었기 때문이다. 인도의 자본가들은 이제 면화 공급 문제에 깊이 골몰했다. 봄베이공장주협회의 타케르시는 "산업 전체를 혁명적으로 바꿀" 장섬유 면화의 경작을 지원해줄 것을 정부에 요구했다. 1920년에 이르러 봄베이공장주협회는 인도의 면화 재배를 개선하기 위해 노력한 영국면화 재배협회를 칭송했다. "이 나라에 면화 품질의 조작을 막을 법률이 없다니 매우 유감스럽다."[83] 결국 면화를 전면에 내세운 인도의 민족주의는 간디의 물레바퀴로 표상되는 산업화 이전 면화의 세계로 회귀하지는 않았다. 오히려 면화의 제국을 다시 한 번 급격히 개편해 국가가 지원하는 대규모 산업화의 물결을 일으켰으며, 고향을 떠난 수백만의 농사꾼을 면직물공장으로 끌어들였다. 그들은 랭커셔에서, 로웰에서, 혹은 슈바르츠발트 계곡에서 지급되는 임금에 비하면 푼돈밖에 되지 않는 임금을 받기 위

— **탈식민주의 국가 건설** 방적공장 소유주 푸르쇼탐다스 타쿠르다스(지팡이를 들고 있는 사람), 산업가 나발 타타, 마하라슈트라 총독 스리 프라카사(오른쪽 두 번째), 마하라슈트라 주지사 Y. B 차반은 1958년 2월 3일 봄베이 인도상인회 사무실에서 판디트 자와할랄 네루 수상을 맞이했다.

해 일했다.[84]

면화와 민족주의는 세계의 다른 어느 곳보다도 인도에서 심하게 얽혔다. 직물업계의 기업가들은 독립운동의 지지자가 되었으며, 독립운동 지도자들은 자국 면공업의 산업화를 하나의 중요한 목표로 삼았다. 아마다바드 공장주들과 긴밀한 관계를 유지했던 간디는 1930년에 "면산업은 인민 다수에게 고용 기회를 제공하고, 인도 인민에게 번영을 안겨주는 가치 있는 국가 자산이다. 그리고 이 산업의 안전과 진보는 자본가, 노동계 지도자, 정치인, 경제학자의 지속적인 관심사가 되어야 한다"라고 주장했다. 학자이자 공학자인 모크샤군담 비스베스바라야Mokshagundam Visvesvaraya에 따르면, 수많은 인도의 민족주의자에게 무엇보다도 독립은 국내 시장과 수입을 대체하는 산업화의 발전, 곧 "정치·경제적 삶의 전면적인 재건"을 가능하게 해줄 터였다. 전 지구적 차원의 사회 갈등이 점차 국가의 통제라는 문제에 집중됨에 따라, 이집트와 중국, 그리고 나중에는 아프리카와 동남아시아의 산업가들이 그러했듯이, 인도의 면산업계 기업가들 역시 자국 산업화에 기여하는 국가 건설을 시도하면서 식민 당국과 충돌했다.[85]

국가가 가진 힘과 부의 엄청난 차이와 인류의 대다수를 종속적인 역할로 강등시킨 인종주의의 견고한 장벽이 있었음에도 불구하고 제국 체제를 파괴하려는 투쟁이 세계 곳곳에서 성공을 거두었다. 일본과 경쟁에 맞서 인도가 관세로 인도 산업을 보호하기 시작했을 때, 그리고 1926년 증오의 대상이던 물품세가 폐지되었을 때와 같은 거대한 탈식민화의 물결이 일기 전에도 때때로 작은 승리들이 있었다.[86] 그런데 그러한 승리는, 그리고 탈식민화 자체는 남반구 자본가들의 정치적 힘만으로 얻어낸 결과는 아니었다. 민족주의운동이 새로 조직된 다수의 농민과 노동자에게 의지해 얻은 결과이기도 했다. 실제로 탈식민화는 거의 항상 대중 동원에 의지했다. 과거 식민지였던 세계에서 국민국가 건설은 150년 전 유럽과 북아메리카의 국민국가 건설과는 전혀 다른 모습이었다.
  자본가들은 국내자본의 이익에 부합하는 국가를 건설하려는 시도에서 노동자와 농민에게 의존했다. 그러나 이것은 장기적인 차원에서 자본가들의 힘을 약화시켰다. 놀라운 사실도 아니지만, 남반구의 면화 자본가들은 대중적인 반식민운동에 대해 여전히 양면적인 태도를 보였다. 때로 그들은 말 그대로 두려움 때문에 식민권력의 품에 안겼다. 1919년 일제 식민주의자들은 식민지 조선에서 "부유한 조선인들은 민중의 정서가 급진성을 띠는 최근 상황을 몹시 두려워하고 있다"라고 평했다. 인도의 산업가들도 노동자들의 투쟁적인 태도를 두려워했던 터라 소요사태가 발생하면 대체로 온건한 편에 섰다. 1909년 봄베이공장주협회는 일련의 폭동을 거친 후에 "그들에 대한 지배력을 잃었다"라고 보고하며 "직공들의 투쟁성은 제때에 저지되어야 한다"라고 말했다. 산업가 라탄지 타타Ratanji Tata는 비슷한 이유로 온건적 성향의 인도사회봉사자협회를 지지했고 "인도의 산업 발전" 프로그램에 대한 민족주의자들의 요구를 포용했다. 그뿐 아니라 그는 인도사회봉사자협회가 온건한 태도를 유지하기를 바랐다. 제조업자 타쿠르다스는 간디와 비폭력 무저항운동에 거세게 반발했고, 자신의 주장에 대한 인도 자본가들의 지지를 이끌어내고자 노력했다. 그러나 국내 자본의 이익에 헌신할 국가의 건설이 필요하다고 느낀 인도의 국내 자본가들은 인도 같은 식민지 환경에서 결국 정치적으로 집단화한 노동자·농민과 불편한 동맹을 맺어야 했다. 1929년 대공황 시기에 인도의 산업가들은 자신들의 정치적 운명을 국민회의에 거는 것 말고는 별다른 대안이 없었기 때문이다. 국민회의는 자신들의 대중적 기반을 점차 인도의 농민들에게서 찾게 되었다. 독립 이후 경제 계획을 시작한 그들은 1944년 봄베이계획안에서 경제의 모든 부문을 조율할 "최고경제위원회"와 함께 정부 계획의 중심적인 역할을 인정했는데, 이 계획안은 1950년에 시행된 인도5개년 계획의 초안이 되었다. 러시아에서 중국을 거쳐 인도로 확대된 그런 종류의 5개년 계획은 한 세기 전에 랭커셔와 알자스, 뉴잉글랜드 제조업자들이 염두에 두었을 만한 것은 아니었다.[87]

사실 남반구에서 면화 노동자들은 조합에 가입하고 대규모 파업운동에 가담하는 일에 더해 국가의 독립을 위한 투쟁에서도 중요한 역할을 담당했다. 말하자면 사회적 투쟁과 국가적 투쟁이 융합되는 일이 많았다. 예를 들면 이집트 마할라알쿠브라에 있던 거대한 미즈르 방적방직회사에 다니던 노동자 2만 5,000명 가운데 일부는 이집트의 독립 과정에 중요한 역할을 담당했다. 곳곳에서 수십만 면직물 노동자들이 더 나은 고용조건을, 그리고 이집트에서는 영국 군대가 철수할 것을 요구하며 1946년과 1947년에 파업에 돌입했다.[88]

중국의 직물 노동자들도 마찬가지로 집단행동에 돌입했다. 결국 그들은 서양 강대국들에 맞선 투쟁과 1949년 혁명에서 중요한 역할을 했다. 그들은 자주 파업에 돌입했는데, 1918~1929년에는 파업 횟수가 209회에 달했다. 1925년 5월, 일본인 소유의 나이가이 면회사内外綿會 공장을 나선 노동자들은 "유명한 5·30사건"*을 일으켰다. 그날 경찰이 중국인 시위대 13명을 살해하면서 시위가 격화되었다. 이 사건으로 민중의 불만이 고조되었고, 중국의 노동조합주의가 성장하는 발판이 마련되었다. 면산업 노동자들은 한동안 공산당에 가담하여 1946~1949년의 혁명 투쟁에서 중요한 역할을 담당했다.[89]

인도에서도 더 높은 임금과 더 나은 노동조건을 위한 투쟁은 반식민지 투쟁과 결합되었다. 인도의 면산업 노동자들은 19세기 말 이래 집단행동을 이어갔다. 1874년 최초의 파업이 일어난 뒤 1880년대 내내 더 많은 투쟁이 뒤를 이었다. 1895년에 노동자들은 더 나은 노동조건을 위해 폭동을 일으켰고, 1918년에는 간디 자신이 아마다바드 직물 노동자들의 파업에 나서서 주도적이지만 유화적인 역할을 했다. 1925년에는 나라얀 말하르 조시Narayan Malhar Joshi의 봄베이직물노동조합이 결성되었다.

● 1925년 2월 중국의 일본계 방적공장에서 일본인 감독이 중국인 여성 노동자를 학대한 사건이 발단이었다. 이 사건을 계기로 중국의 노동자와 학생 들이 일본인의 부당한 노동착취와 공장폐쇄에 맞서 시위를 이어가자, 5월 30일 상하이 조계지에서 영국 경찰이 인도인 경관에게 발포를 명령해 시위대 13명이 사망하는 사건이 발생했다. 이에 상하이 노동자 20만 명 이상이 가입한 총노동조합이 결성되어 파업을 주도했다. 이 움직임이 중국 전역의 애국 운동으로 번져 8월 말이 되어서야 상황이 진정되었다.

— **인도의 면직물 노동자들을 조직화하다** 1920년대 초의 봄베이직물노동조합원들.

임금을 10% 삭감하려는 공장주들의 시도에 맞서 총파업이 진행되던 와중이었다. 이 노동조합에 가입한 조합원 수가 1927년에 거의 10만 명, 1938년에는 40만 명에 달했는데, 이들은 고용주들과의 분쟁에서 강력한 힘을 발휘하는 노동자 단체였을 뿐만 아니라 국가의 독립을 위한 투쟁에서도 중추적 역할을 했다.[90]

반식민지 투쟁에서 중요한 역할을 한 면직물 노동자들은 궁극적으로 사회·경제적 성과를 이루었다. 중국에서는 혁명이 끝나고 몇 년 지나지 않아 면산업이 국유화되었고, 엄청난 팽창의 궤도에 올랐다. 비록 중국 농촌지역의 대중에게는 거의 아무런 혜택도 없는 팽창이었지만 말이다. 인도에서는 독립 후 5개년 계획에 따른 보호주의와 국가의 투자로 면산업의 성장이 성장하면서, 노동운동은 상당한 임금 상승을 이끌어냈다. 1950~1963년 사이 생산품 가격이 고작 18% 인상되는 데 그쳤음에도 인도 면산업 노동자들의 임금은 65%나 인상되었다. 이집트에서는 독립후 노동보호법이 새롭게 도입되었고, 특히 노동분쟁을 조정하는 데 국가가 중요한 역할을 했다. 독립은 결국 이집트 경제에 심대한 변화를 가져왔다. 국내 제조업에 사용되는 면화가 점점 더 많아지면서 100년 넘게 이집트 경제의 주요 수출품이었던 원면 수출이 정체되었다. '아랍 사회주의'는 노동자들에게 노동조건 개선을 선사하기도 했지만, 독립적인 노동조합 활동을 억제하는 결과도 초래했다. 1960년대 가말 나세르Gamal Abdel Nasser 치하에서 면산업이 국유화되었다. 결국 지역 면산업 자본가들의 착취로 귀착되었던 노동 계급의 힘과 정치적 중요성이 국가 자체를 방어하기 위해 산업화가 필수적이라는 신념과 결합되었다. 식민 당국에 맞선 투쟁에서 자본가들이 노동자(와 농민)에 의존한 결과 그들의 권력이 축소되었다.[91]

이들 탈식민사회에서 달라진 점은 노동자와 자본가 사이의 사회적 힘의 균형만이 아니었다. 국가와 사회의 관계도 마찬가지로 달라졌다. 면공업의 산업화에 뒤늦게 뛰어든 후발주자들은 잉글랜드, 유럽 대륙, 북아메리카의 첫 세대 산업가들이 직면했던 것과 다른 세계를 맞닥뜨렸기 때문에, 노동, 영토, 시장, 원료의 동원을 포함해 산업자본주의로 더 신속히 이행해야 한다고 믿었다. 산업자본주의가 국가에 기대고 있었기 때문에 탈식민주의 세계에서 그런 '대약진'은 종종 극단적인 국가주의를 낳는 결과를 초래했다. 탈식민주의 체제, 심지어 탈자본주의 체제가 이제 훨씬 더 급진적으로 영토, 자원, 특히 노동의 식민지적 통합이라는 수단을 채용했다.[92] 산업자본주의가 국가 자체의 생존에 핵심이 되었다. 그리고 국가는 산업자본주의에서 산업에 방점을 찍었다. 사실 때때로 자본주의가 산업화의 도정에 있는 것처럼 보였다.

그러나 소련, 중국, 독립한 인도와 이집트가 국가와 자본, 곧 산업화와 정치적 강화의 가장 급진적인 합병의 여러 사례를 보여주었을지라도 1950년대까지 자본이 국민국가에 보호되는 형태가 더 일반적이었다. 앞으로 살펴보겠지만, 1970년대가 되어서야 산업가들이 특정 국가의 보호라는 오랜 그늘에서 벗어나 해방되기 시작했다. 그때에야 비로소 자본가들은 산업자본주의 기획을 추구하기 위해 그토록 오랫동안 강력한 국가에 의존하던 태도에서 벗어나 자신들의 가장 큰 약점이었던 자본의 영토화를 극복하기 시작했다. 바로 이 지점에서 면화의 제국은 오늘날과 같은 형태를 취하게 되었다.

14 장

에필로그: 씨실과 날실

→ 면화의 제국 I: 월마트, 2013.

면화의 제국에 대한 유럽의 지배는 흐느
낌으로 끝났다. 1963년이었다. 리버풀의 가장 유명한 밴드 비틀스가 처
음 미국에 상륙한 해이며, 마틴 루서 킹 주니어 목사가 "언젠가 미시시
피주조차 …… 자유와 정의의 오아시스로 변하리라는 꿈"을 품은 해이
며, 인도에서 거대한 바크라댐이 건설되어 면화 재배지인 113억 3,100만
m²의 땅에 물을 공급한 해였다. 비가 내리고 추웠던 12월 아침, 리버풀
시민 한 무리가 올드홀 스트리트의 면화거래소 건물로 모여들었다. 그
들은 자신들의 제국을 지배하기 위해서가 아니라 해체하기 위해 그곳에
모였다. 리버풀면화협회 사무소를 아름답게 장식했던 "귀중한 클럽 가
구들"을 경매 처분하는 일이 그날의 임무였다. 경매에 참여한 사람들은
"마호가니로 된 상인의 책상", "마호가니 시세 판", "마호가니 액자에 담
긴 미국 기후도", S. A. 호비S. A. Hobby의 목화 그림 등을 포함해 100개에
이르는 품목을 구입했다. 그보다 1년 전에는 더 이상 거래가 없어 면화
거래소 건물 자체를 매각했다.[1]

1841년에 설립된 리버풀면화협회는 한 세기 이상 글로벌 면화무역을 통제하는 데 중심적인 역할을 했다. 의자, 책상, 램프, 선반, 소파, 그림 등을 구입한 구매자들은 노획물을 수레에 싣고 점점 더 음산해지는 이 도시의 거리를 지나갈 때, 불과 100년 전만 해도 리버풀이 세계에서 가장 부유한 도시 가운데 하나이자 아메리카, 아프리카, 아시아의 재배자들과 유럽의 제조업자들, 전 세계 소비자들을 잇는 중심지였다고 상상하기 어려웠을 것이다. 물론 전혀 상상할 수 없는 것은 아니었겠지만 말이다.

  그러나 1963년 면화의 제국에 대한 유럽의 지배는 끝났다. 1960년대 말이면 글로벌 면직물 수출에서 영국의 비중은 고작 2.8%에 불과했다. 150년 전만 해도 영국은 그 시장에서 절대적인 지배력을 행사했다. 한때 영국의 면직물공장에서 60만 명이 넘는 노동자가 일했지만, 이제 남은 노동자는 고작 3만 명 남짓이다. 여러 세대에 걸쳐 뮬방적기와 직기에서 일했던 노동자들이 실직상태에 놓이자 면화 도시들도 파국을 맞았다. 대륙의 몰락을 상징하는 증거는 1958년에 등장했는데, 오랫동안 자유무역의 견고한 투사였던 맨체스터상공회의소가 노선을 바꾸어, 영국 면직물산업에 보호가 필요하다고 선언했을 때였다. 의도한 바는 아니었겠지만 명백한 패배 선언이었다. 그런데 놀랍도록 생산적이고 무서우리만치 난폭한 이 생산 체제에서 유럽이 밀려나고 미국 역시 점차 주변으로 밀려났지만, 면화의 제국 자체는 존속했다. 사실 오늘날의 면산업은 리버풀면화협회나 맨체스터상공회의소의 19세기 구성원들이라면 거의 알아볼 수 없을 정도로 변했다. 오늘날의 세계는 전보다 더 많은 면화를 생산하고 소비한다.[2]

  어쩌면 이 글을 읽고 있는 지금, 여러분이 입고 있는 셔츠나 바지, 양말도 면제품일지 모른다. 여러분의 부모와 조부모, 증조부모가 입었던 것들과 마찬가지로 그 제품들은 지구상에서 서로 멀리 떨어져 살고 있는 재배인, 방적공, 방직공, 재단사, 상인 덕분에 여러분에게 닿을 수 있는 길을 찾았을 것이다. 한 세기 전이었다면 여러분이 입은 셔츠는 미국 남부에서 경작된 면화를 원료로 뉴잉글랜드에서 방적하고 직조한 직물을 뉴욕이나 시카고의 상점에서 바느질해 만든 것이었겠지만, 오늘날에는 아마도 중국, 인도, 우즈베키스탄, 세네갈에서 재배된 면화가 중국, 터키, 파키스탄에서 방적·방직을 거쳐 옷감으로 가공되고 방글라데시나 베트남 같은 곳에서 의류로 완성되었을 것이다. 그럴 가능성은 거의 없지만, 혹시라도 당신의 셔츠에 이 책에서 논의된 면화의 제국의 흔적이 조금이라도 남아 있다면, 그것은 아마 미국에서 재배된 면화라는 점일 것이다. 미국에서도 주로 애리조나와 텍사스에 고도로 자본화된 면화 농부가 2만 5,000명가량 남아 있다. 이들이 재배하는 면화는 세계 시장에서 전혀 경쟁력이 없어서 정부로부터 엄청난 보조금을 받는데, 어떤 해에는 그 보조금 액수가 베냉 공화국(우연히도 이 나라는 또 다른 중요 면화 재배국이다)의 국내총생산과 맞먹는다.[3]

미국에서는 소수의 농부들이 면화 재배를 계속하고 있지만, 한때 유럽과 북아메리카 경제에서 중요한 위치를 차지했던 방적공장들은 거의 사라졌다. 흉물스러운 건물이 허물어지지 않고 남아 있는 경우에는 대형 쇼핑몰, 예술가의 스튜디오, 산업풍의 콘도나 박물관으로 개조되었다. 북반구에서는 면산업이 몰락한 덕분에 섬유박물관들이 성황했다. 매사추세츠주 로웰의 부츠방적공장박물관, 맨체스터 부근의 쿼리뱅크 공장, 한때 베세를링공장이었던 뮐루즈 외곽의 박물관, 멤피스면화거래소에 자리 잡은 멤피스면화박물관, 슈바르츠발트에 위치한 비젠탈섬유박물관, 사우스캐롤라이나의 제임스 헨리 해먼드 레드클리프 플랜테이션 농장, 폐공장 열여덟 곳이 밀집한 에스파냐 카탈루냐의 요브레가트

강변에 있는 32km의 루타 데 레스 콜로니에스Ruta de les Colònies(식민지로)
길 등, 그런 장소를 수백 곳도 더 찾아볼 수 있다. 150년 동안 글로벌 자
본주의의 이미지를 구축하고 쇄신한 면화의 제국은 이제 가족여행의 대
상이 되고 있다. 부모와 자녀들은 자주 목가적인 풍경에 둘러싸인 기묘
한 모양의 공장 주변을 배회한다. 그들은 당시 의상을 입은 방적·방직
공의 시연으로 가동되는 낡은 기계를 지켜보며 역직기가 내는 굉음에
귀를 틀어막고서 그리 오래전도 아닌 시절에 주 60시간씩, 마치 다른 행
성에서 온 것만 같은 모습으로 그 기계 앞에서 일했던 어린 아이들의 사
진을 바라본다. 면화 플랜테이션 농장들도 관광객을 위해 새단장을 했
다. 여기서 노예노동의 공포는 거대한 저택과 아름다운 풍광, 잘 다듬어
진 정원 풍경에 눌려 가볍게 다루어지거나 은폐된다. 그러나 이런 진기
한 장소들 가운데 어디에서도 면화 제국에서 가장 위대한 역사적 발명
품은 보여주지 않는다. 그것은 바로 재배인, 제조업자, 소비자를 연결하
며 지구 전역으로 뻗어 있던 무역 네트워크다. 이런 무역 네트워크는 이
들 박물관과 완전히 동떨어진 채 오늘날에도 고스란히 남아 있다.

유럽과 북아메리카 관광객들은 면화의 제국이 남긴 흔적들을 돌아보
고, 폴리버에서 올덤에 이르는 공동체와 노동자 들은 탈산업화의 폐허
가 남긴 영향과 씨름하며, 중국, 인도, 파키스탄 등지에서는 수백만 노
동자가 섬유공장으로 쏟아져 들어간다. 그런가 하면 아프리카, 아시아,
아메리카에서는 수백만 농민이 면화를 작물로 재배한다. 그들이 형편없
는 보수를 받고서 일하는 덕분에 오늘날 미국에서 판매되는 전체 의류
의 98%가 해외에서 제조된다. 미국에서 유통되는 전체 의류의 약 40%
를 중국이 공급하고, 베트남, 방글라데시, 인도네시아, 온두라스, 캄보디
아, 멕시코, 엘살바도르, 파키스탄이 그 뒤를 잇는다. 직물과 면사의 주
요 생산지는 이제 영국이나 미국 남부가 아니다. 전 세계적으로 보면 대

부분의 면화가 중국, 인도, 파키스탄, 터키에서 직물로 가공된다. 오늘날 중국의 공장들은 세계 방적기와 방직기의 거의 절반을 보유하고 있고, 세계 면화의 43%(아시아 전체의 82.2%)를 소비한다. 한편, 북아메리카는 지구 전체 수확량의 4.2%, 서유럽은 0.7%를 사용한다. 면공업의 산업화가 시작된 뒤 200년 넘게 지난 지금 세계 면화의 대부분은 1780년 이전에 면산업의 중심지였던 곳들에서 다시 집중적으로 사용되고 있다. 뉴욕의 섬유회사 올라Olah의 상무이사가 말한 것처럼, "중국의 산업이 글로벌 시장의 너무 많은 부분을 차지한다. 간단히 말하면 글로벌 면산업은 중국의 방식을 따른다." 게다가 여러분이 걸친 셔츠가 면직물로 만들어졌을 가능성은 더 낮아졌다. 1990년대 중반을 시작으로 합성섬유 생산이 면공업을 앞지르기 시작했다. 예컨대 여러분이 입고 있을지도 모르는 플리스 재킷을 만들기 위해 오늘날 생산되는 석유화학 합성섬유는 약 5,200만 톤 정도인데, 이는 전 세계에서 소비되는 면화의 거의 두 배에 이르는 수치다.[4]

제조업에 생긴 변화와 함께 면화의 재배 중심지도 바뀌었다. 1860년에는 미국이 수출용 면화 재배를 거의 독점했던 반면, 오늘날에는 전 세계 면화의 단 14%만이 북아메리카에서 재배된다. 그 대신 중국과 인도가 선두에서 연간 2,600만~3,400만 꾸러미의 면화를 생산하고 있는데, 이는 미국에서 1,700만 꾸러미가 생산되는 것과 비교된다. 1920년 이래 세계 면화 생산은 일곱 배 증가했고, 여러 국가의 경제에서 면화 재배는 엄청나게 중요한 자리를 차지했다. 특히 아시아와 서아프리카에서 그러한데, 중앙아프리카와 서아프리카에서만 1,000만 명의 농부가 면화에 의지하는 것으로 추산되고 있다. 전 세계적으로 면화 재배와 제조업에 관여하는 사람들의 수를 추산하면, 면화 재배에 종사하는 가구가 약 1억 1,000만 가구, 면화의 운송과 조면, 창고업에 종사하는 사람이 9,000만 명, 방적·방직, 의류 재봉에 종사하는 사람이 6,000만 명으로 면산업 분야에서 일하는 인원은 3억 5,000만 명이 넘는다. 이는 전 세계 인구의 3~4%에 해당하는 것으로 단일 산업 부문에서 이만한 고용 수치를 달성한 적은 없었다. 또 3,500만 헥타르가 넘는 토지가 면화 재배에 사용되었는데, 이는 독일의 지표면적과 같은 규모다.[5]

한 세기 전에 아프리카에서 유럽 식민권력이 그랬듯이, 일부 국가들은 농부들에게 면화 생산을 강요하기 위한 정책을 마련했는데, 환경적으로나 재정적으로 파괴적인 결과를 초래하는 사례가 많았다. 예를 들어 세계 10위 안에 드는 면화 수출국 우즈베키스탄은 건조한 토지에 물을 대느라 아랄해를 고갈시킨 탓에 국토의 대부분을 사실상 소금 평원으로 만들었지만 계속해서 농민들에게 면화 재배를 강요했다. 우즈베키

— **면화의 제국 ‖** 방글라데시, 2013. 4.

스탄의 한 면화 농부는 언론인에게 이렇게 말했다. "우리는 우리 자신을 파괴하고 있다. …… 우리는 왜 면화를 재배하고 있으며, 그 일로 우리가 얻는 것은 무엇인가?" 더욱이 유전자 변형 면화가 새롭게 등장해 많은 농민의 부담을 가중시키고 있다. 유전자 변형 면화는 종자를 구매해 관리하는 비용은 높지만 생산성이 훨씬 높다. 그 때문에 면화의 가격은 낮아지고 영농비용은 높아졌다. 타지크Tajik의 많은 면화 농부들은 한 세기 전 인도와 미국 남부의 농부들처럼 부채의 굴레에 갇혀 면화 생산을 강요당하고 있다. 사실 면화 재배인들은 상당히 무력한 상황에 놓였다. 2005년 가뭄과 흉작이 인도를 강타한 뒤 유전자 변형 면화를 경작하던 농민 수백 명이 막중한 부채 때문에 농약을 마시고 자살했으며, 이런 흐름은 오늘날까지도 지속되고 있다. 면화 생산은 여전히 무자비하고 호된 시련을 안기는 경우가 많다. 대부분의 농부와 노동자에게 면화는 결코, 미국 면직물산업의 판매인들이 권하는 것처럼 포근한 "우리 삶의 직

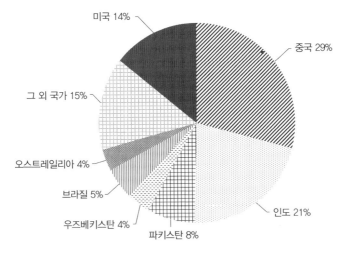

미국 14%

중국 29%

그 외 국가 15%

오스트레일리아 4%

브라질 5%

우즈베키스탄 4%

파키스탄 8%

인도 21%

— **면화 재배에서 세계의 중심이 된 아시아** 2012년 전 세계의 면화 수확 현황.

물"이 아니다.[6]

21세기 초반과 1780년대 산업혁명 이전의 세계 사이에 지리적으로 보기 드물게 일치하는 점 가운데 하나는 면화의 세계에 아시아가 재등장한 것이다. 면화 재배, 면사와 직물 생산 모두 꾸준히 아시아로 되돌아오고 있는데, 이는 1920년대부터 시작된 과정이다. 아시아의 신흥 자본가들과 국가를 건설한 민족주의자들은 유럽인이 어떻게 자신들의 영토를 침략하고 노동을 지배했는지 연구했으며, 그들의 탈식민화된 배후지, 궁극적으로는 탈자본화가 진행된 배후지에 그런 기법들을 어떻게 적용했는지 살펴보았다. 이러한 아시아 국가들은 산업자본주의의 방식과 국가주의의 개발 계획을 결합시키는 새로운 방식을 찾아냈다. 그리고 온갖 유형의 관료와 정치인이 '대약진'을 꿈꾸었다. 한 세기 안에 이들은 면화 제국의 지리적 경계를 다시 그렸다. 저임금과 강력한 국가의 조합을 통해 면화 재배와 면공업이 5,000년 전 면화를 처음 재배했던 세계 구석구석에서 다시 한 번 번성할 수 있었다. 아시아의 등장은 아주 강력했다. 아시아 국가들, 그중에서도 중국은 가장 먼저 글로벌 면화무역의 규칙을 결정하고자 했다. 이는 한때 리버풀 상인들이, 나중에는 미국 정부가 누렸던 특권이다.[7]

이러한 아시아의 귀환 과정에서 재배인, 제조업자, 상인, 정치인 사이의 세력 균형은 1970년대를 기점으로 다시 한 번 바뀌었다. 오늘날에는 통상 우즈베키스탄, 토고, 인도에서 재배된 면화가 홍콩의 섬유공장을 거쳐 베트남의 봉제공장으로, 마침내 캔자스시티의 의류 선반에 놓이게 된다. 여기서 새로운 요소는 공간적 거리가 아니다. 그보다는 면화를 이동시킨 정교한 네트워크들이 하나로 결합되는 방식이 새로운 요소다. 도급업자와 하도급업자, 농부, 공장, 노동력 착취를 연결하는 상품사슬을 이제 제조업자, 면화상인, 직물 상인이 아니라 월마트, 메트로, 까르푸 같은 대형마트들이 지배한다. 제조업자들은 이제 자신들의 제품을 소비자들에게 '떠밀지push' 않는다. 그 대신 판매상(마트)이 제품들을 바다 건너로 '끌어온다pull'. 그 과정에서 판매상은 가장 신속하고 저렴하게 제품을 확보하기 위해 제조업자, 도급업자, 노동자 들이 서로에게 맞서게 한다.[8]

특히 1990년대부터 판매상과 브랜드 의류상의 형태로 상인들이 다시 중요한 행위자로 등장한 것은 뜻밖의 일이다. 어떤 면에서 그들의 힘은 19세기 초반 상인들이 지녔던 중요성을 다시 떠올리게 한다. 하지만 앞에서 살펴보았듯이 1860년대 이래 면화 제국에서 중요한 행위자는 제조업자들과 결탁한 국가였다. 국가는 지구 전역의 농촌에서 면화 재배지역을 변화시키는 거대한 기획의 전면에 나섰고, 그 과정에서 국내 제조업자들을 주역으로 만들고, 세심한 제한을 두고 직물 노동자들을 조직했다. 이런 경향은 20세기 들어 더욱 속도가 붙었다. 가장 두드러진 예로, 1941년에 영국 정부는 전시 상황에 대응해 면화의 구매와 배급을 포함해 면화 시장 전체를 장악했다. 전후에도 정부의 통제는 지속되었고, 리버풀면화협회의 깊은 탄식에도 불구하고 정부 산하 면화위원회가 영국의 유일한 면화 구매자이자 배급자 노릇을 했다. 그러자 글로벌 무역 네트워크를 구축한 상인들의 지위는 추락했고 그들은 자신들의 이해관계를 배려해달라고 정부에 간청했다. 1946년《뉴욕 타임스》가 주장한 대로, "세계 자유시장 체제 전체에 이보다 더 직접적인 타격을 가하는 일을 상상하기는 어렵다." 그런데도《타임스》편집진은 정확히 이렇게 기록했다. "이런 행동은 …… 정부 '계획'이라는 마법을 무한 신뢰하며 …… 전 세계 관료들이 자유 시장에 대해 품고 있는 불신을 보여주는 듯하다." 보수당 정부가 집권하고 1953년 면화 법안이 통과되고서야 리버풀 시장은 다시 문을 열었다. 이때도 여전히 시장을 떠받친 것은 "보조금과 관세와 통화 불균형"이었다. 1963년에 리버풀면화협회가 결국 스스로를 재조직하고, 협회에서 사용하던 가구까지 처분한 것은 "시장에서 상업적 요소가 위축되는" 데 대한 대응이었다.[9]

대서양 건너편의 미국 정부도 면산업에서 어느 때보다 중요한 역할을 하게 되었다. 1920년대 농업에 찾아온 치명적인 위기와 뒤이은 대공황에 대응해, 뉴딜정책은 농업조정국Agricultural Adjustment Administration을 설치했다. 이 기구는 수요에 맞추어 생산을 통제하고 면화 재배인들에게 보조금을 제공했다. 갈수록 논란이 커지고는 있지만, 이런 역할은 오늘날까지도 이어지고 있다. 정부의 중요성이 커지고 있음을 깨달은 면화 농부들과 제조업자들은 워싱턴에 로비를 하고 면화 관련 시장과 과학적 연구를 촉진하기 위해 1939년에 자체적으로 전국면화협회를 창설했다. 1953년에는 미국산 면화의 시장 개방을 전 세계적으로 추진하기 위해 미국 농무부에 해외농업국Foreign Agricultural Service을 설치했다. 그 기구의 임무는 오늘날까지 변함없이 지속되고 있다. 그러는 동안 점차 위축되어가던 미국의 면방적·방직 산업을 부양하기 위해 관세를 비롯해 다른 보호주의 조치들이 시도되었다. 그런데도 1965년 폴리버의 면화 중심지에서마저 마지막 방적공장이 문을 닫았다.[10] 1970년대에 와서는 영국 면산업 단지의 나머지 부분은 물론이고 미국의 면화 단지 역시 순전히 정부정책에만 의지했다.

19세기 면화의 제국이 등장할 수 있게 도왔던 면화상인들은 20세기 중반에 들어 국가의 지배력을 지켜보는 것 말고 달리 할 수 있는 일이 없었다. 국내에서 면화 재배를 강행해 자국을 세계 시장으로부터 분리시키려 했던 에스파냐의 프란시스코 프랑코와 아르헨티나의 후안 페론을 가장 극단적인 사례로 들 수 있다. 그러나 탈식민화·탈자본화한 국가들보다 정부의 힘이 더 강하게 분출된 국가는 없었다. 이 점은 중국의 '대약진운동'과 인도의 5개년 계획에서 가장 잘 드러났다. 공산화된 중국과 독립 후 인도에서 국가의 정책을 입안한 이들은 성장과 제조업에서 큰 폭의 신장을 기대했고 생산량이 수직 상승했다. 중국에서 시행된 종자와 비료, 농자재의 저렴한 가격과 농가를 위한 관대한 대출은 국가 소유의 정해진 토지에서 비료와 농약 사용을 장려하고 수확량이 풍부한 면화 품종을 우대하여 면화 수확에서 놀랄 만한 증산을 이루었다. 또한 면공업 경기도 호전되었다. 1952년에 중국은 면사 65만 6,000톤을 생산했는데, 이는 수십 년 사이에 놀랄 만큼 증대된 것이긴 하나 여전히 세계의 선도적인 생산자들에게는 한참 뒤지는 양이었다. 그러다가 1957년에 중국은 세계 3위의 면사 제조국으로 변신하고 그 생산량은 영국의 2.5배에 달했다. 또 1983년에 이르러서는 327만 톤의 면사가 중국 국영 방적공장에서 쏟아져 나왔다.[11] 그리고 인도의 산업 성장이 중국의 뒤를 따랐다.[12]

— **중국의 선전 포스터** 우리는 청결하게 말리고 깨끗하게 선별한 면화를 국가에 판매한다. 우샤오원吳少云, 1958년.

농민과 노동자의 국가임을 자처하는 중국이 면산업에서 지배적인 위치에 섰다는 것은 19세기 초 면화 왕이었던 사우스캐롤라이나의 해면즈사, 맨체스터의 릴랜즈사, 뮐루즈의 돌푸제사, 리버풀의 베어링사, 빈터투어의 폴카르트사에게는 하나의 환영과도 같았을 것이다. 2008년에 중국의 준군사조직인 신장생산건설병단新疆生產建設兵團은 면화 130만 톤, 즉 전 세계 생산량의 5%에 해당하는 면화를 재배했다. 국가 건설과 산업화의 결합은 일종의 규범이었다. 이런 결합은 세계의 다른 지역에서도 성공을 거두어서, 예컨대 소련은 중앙아시아의 면화 농업을 더 개편하여 눈부실 정도로 면화 생산 증대를 촉진했다. 1980년에 소련은 면화를 27억 2,160만kg 가까이 생산하여 중국에 이어 세계에서 가장 큰 규모의 생산국이 되었다. 특히 1950~1966년에 생산량이 70% 가량 늘었는데, 이 같은 최고의 성과는 관개, 비료, 기계류에 대한 정부의 대규모 투자

가 뒷받침되었기에 가능했다.[13]

탈식민화·탈자본화 사회에서 국가에 대한 의존은 18세기와 19세기 초 전쟁자본주의로의 회귀가 아니라, 산업자본주의의 도구를 연마하고 방법을 강화했음을 의미했다. 설사 노동력 동원에서 무력이 중요한 역할을 계속해왔다고는 하지만 노골적인 물리적 강압은 이제 산업자본주의의 가장 극단적인 양상에 해당한다. 남반구 개발도상지역과 유럽, 북아메리카 사이의 차이는 중요하지만, 장기적 관점에서 가장 주목할 점은 20세기가 경과하는 동안 면화 제국의 궤도가 점차 국가 주도 개발의 목적에 수렴되었다는 것이다.[14] 곳곳에 흩어진 유럽의 제국 영토들에서 최초의 위대한 성공을 거두었던 국가 주도의 경제계획은 1950년대에 지구 전체를 위한 효율적이며 외견상으로는 피할 수 없는 규범이 되었다.

그런데도 20세기 국가 주도 체제의 구체적인 형태는 19세기 상인들이 주도한 체제만큼 단순할 것이다. 앞서 언급했듯이, 1970년대에 유럽과 미국의 면공업이 쇠퇴하고 제조업자들과 국가의 제휴 관계가 서서히 무너지면서 면화의 제국에서 새로운 유형의 상인이 등장했다. 면화 꾸러미를 살피며 리버풀 시내를 활보하는 집안 좋은 개인들이 아니라, 독자적인 상표를 붙인 상품을 전 세계에 공급하고 전 세계 소비자들에게 판매하는 거대 기업이 바로 그들이다. 이 새로운 집단의 성장은 그들과 무관하게 진행된 두 가지 폭넓은 변화의 도움이 컸다. 제조업, 특히 면공업이 유럽과 북아메리카 경제에 그리 중요하지 않은 것이 되면서 면산업을 조정하는 북대서양 국가들의 역량도 함께 축소되었다. 그러나 이 상인들은 국가가 거둔 어떤 위대한 성공의 예기치 않은 결과 덕분에 훨씬 더 강해졌다. 20세기 중반에 각국 정부는 세계 농촌지역들을 변화시켰다. 그리하여 일상생활이 놀라운 수준으로 자본주의화되었다. 세계의 사람들은 대부분 상품의 생산이나 소비와 끊을 수 없는 관계가 되었다. 따라서 자본가들에게는 농촌의 농사꾼을 면화 재배인이나 공장 노동자를 충원할 노동력의 보고로, 그리고 그 직물의 소비자로 만드는 일에 국가가 필요하지 않았다. 그런 과정은 이미 큰 폭으로 진전되었고, 이는 이들 새로운 상인들이 더 큰 소비 시장에서, 말하자면 인류 역사상 지금껏 존재한 적 없는 거대한 노동력의 보고에서 이윤을 얻을 수 있음을 의미했다.

그러나 그들의 성공은 또한 전 지구적으로 생산을 조직하고 자체 상표를 붙인 상품을 만들고 판로를 개척해 세계 곳곳의 모든 사람이 그 상품을 구매할 수 있게 하는 능력에서 비롯되었다. 19세기와 달리 현대의 상인들은 면화와 면사, 직물의 거래가 아니라 의류 사업에 집중한다. 그들은 가장 낮은 가격을 제시하는 공급자로부터 면화, 면사, 직물, 완제품 의류를 확보할 뿐 자신들은 제조업에 종사하지 않는다. 그들은 미국 회사 갭Gap("함께하다"), 중국의 메이터쓰 방웨이美特斯邦威("차별화하라"), 독일의 아디다스Adidas("아디다스는 어디에나 있다")처럼 상품에 상표를 붙이고, 월마트(미국), 로자스 아메리카나스 S. A.(브라질), 까르푸(프랑스)처럼 새로운 형태의 소매방식을 개발해 판로를 개척하는 데 힘을 집중한다. 이 상인들은 이 같은 면제품의 글로벌 공급 체인을 지배하기 위해 여전히 국가 권력에 의지한다. 그러나 특정 국가에 대한 의존은 상당히 느슨해졌다. 그 결과 적어도 20세기의 일정 기간 동안 일부 노동자들에게는 강력한 국민국가의 보호가 차츰 줄어들었다. 오늘날의 노동자들은 세계의 모든 생산 형식을 쉽게 바꿀 수 있는 기업들의 재량에 맡겨져 있다. 글로벌화는 면화의 제국에서 전혀 새로운 특성이 아니지만, 여러 국가를 활용할 수 있고 그리하여 모든 국가의 요구에서 자유로울 수 있는 자본가들의 역량은 글로벌화의 새로운 요소이다. 국가, 즉 맨 처음 자본가들에게 부와 권력을 쥐어주었던 이 제도는 이제 점점 그들의 투자를 절실히 요구하고 있다.

그러나 오늘날 대형 의류 기업과 판매상들의 두드러진 활동에 시선을 빼앗겨 현재 전개되고 있는 상황을 놓쳐서는 안 된다. 이들 면화 자본가들은 여러 미묘한 방식으로, 그리고 어떤 경우에는 세련되지 못한 방식으로 여전히 국가에 의지한다. 앞서 언급했듯이 미국의 면화 농부들은 대규모 보조금에 의지해 그 업종을 이어갔다. 2001년 미국 정부는 면화 재배인들에게 40억 달러라는 경이로운 액수의 보조금을 지급했다. 이는 면화가 지닌 시장가치의 30%를 웃도는 금액이었다. 다른 식으로 말하면 이 보조금은 미국 국제개발처USAID가 같은 해 아프리카 전체에 원조한 금액의 세 배에 이르는 액수다. 아프리카의 면화 생산 비용은 미국의 3분의 1 정도에 불과했다. 사실 2002년에 브라질은 면화 농부에게 지급되는 미국 정부의 보조금이 세계무역기구WTO의 이전 무역 협정을 위반한 것이라고 주장하며 세계무역기구에 미국을 제소했다. 양국 간 분쟁 조정의 일환으로, 미국 정부는 연간 1억 4,730만 달러 규모로 브라질의 면화 경제를 지원하고 있다. 이와 비슷한 방식으로 유럽연합은 에스파냐와 그리스에서 소량의 면화를 자체 생산하는데, 이는 세계 면화 가격의 160~189%에 이르는 보조금 덕분에 가능한 일이다. 그리고 높은 보조금을 받아 생산된 면화가 세계 시장에 쏟아져 나오면서, 아프리카 등지의 훨씬 더 경쟁력 있는 면화 재배인의 면화 가격을 떨어뜨린다.[15]

또 다른 지역의 국가들은 판매상들이 더없이 싼 가격의 의류를 만드는 데 활용할 면화를 더 많이 생산하도록 노동력 동원에 적극적인 역할을 지속하고 있다. 예컨대 우즈베키스탄 정부는 아동들에게 면화 수확을 도우라고 강요한다(15세 이하 아동 200만 명 이상을 면화 재배지로 보내는 것으로 추정된다). 국제위기감시기구는 이를 가리켜 "오직 정치적 억압 아래서만 가능한 체제"라고 보고했다.[16] 중국에서는 독립적인 노동조합

—   면화를 수확하는 우즈베키스탄 아동들.

활동을 탄압해 저임금을 유지한다. 그러므로 자본가들이 국가로부터 완
전히 해방된 것은 아니며 국가는 여전히 매우 중요하다. 하지만 면화자
본 자체는 유동적이어서 특정 영토에 얽매이지 않으며, 구체적인 국민
국가의 중요성은 크게 줄어들었다. 면화 제국의 지형은 다시 한 번 바뀌
었을 뿐 아니라 재배인, 상인, 제조업자, 국가 사이의 세력 균형도 바뀌
었다. 자본주의의 끝없는 혁명은 지속되고 있다.

   오늘날 면화의 제국은 지난 250년 동안 그랬듯이 공간 배치에서 지속
적인 변화를 겪으며 거대한 지리적 거리를 뛰어넘어 재배인, 무역상, 방
적공, 방직공, 제조업자, 소비자를 연결한다. 공간을 가로지른 연결이라
는 이런 근본적 혁신은 처음에 가마솥처럼 들끓던 전쟁자본주의의 불안
한 상황 속에서 노예제와 임금노동을 연결시키며 조성되었고, 그 이후

면화 제국의 핵심에 남아 있었다. 그런데 이런 연결의 지형이 급격히 달라졌다. 면화의 제국 안에서 한때 중심이었던 거점들, 예컨대 랭커셔는 주변으로 밀려나고 전에는 중요하지 않았던 거점들, 특히 중국이 이제 그야말로 이 제국의 중심이 되었다.

경제적 관계의 지리적 재편은 자본주의의 주목할 만한 요소일 뿐 아니라 자본주의 역사의 흥미로운 측면이다. 그러나 끊임없이 변화하는 다양한 노동 체제의 재결합, 자본과 정치의 다양한 조합이야말로 자본주의의 본질이다. 자본가들은 어느 때보다 더 값싼 노동과 더 나은 기반시설, 더 큰 시장을 추구하며 세계의 노동자들과 소비자들, 세계의 토지와 원자재를 완전히 새로운 방식으로 조합하고 재조합한다.[17] 그 과정에서 노동자들의 집단행동(또는 집단행동의 결여)이 국가정책(또는 국가정책의 결여)만큼이나 크게 중요하다. 우리는 지금까지 자본과 면화의 역사는 여러 다른 장소와 여러 다른 집단의 역사를 고려해야 이해될 수 있음을 보았다. 제국의 단 한 부분만 살펴보면 커다란 오해로 이어질 수 있다. 예컨대 지난 50년을 탈산업화의 세계로 규정했지만(유럽과 북아메리카의 일부 사회과학자들이 기술했던 것처럼), 지난 50년의 진실은 정확히 그 반대로 그 어느 때보다 큰 산업화의 물결이 세계를 휩쓸었다.

18세기 베어링사부터 오늘날 전 세계적으로 활동하는 판매상인 거대 기업들에 이르기까지, 자본가들은 많은 관계를 맺었는데, 오늘날 우리가 알고 있는 세계는 바로 그 관계들로 만들어졌다. 그러나 이런 역사를 탐사하면서 드러난 사실은, 자본가와 국가가 나란히 등장했으며 서로의 지배력을 촉진했다는 점이다. 무수한 상표가 넘쳐나는 세계에서 오늘날 거대 기업들은 온전히 스스로의 힘으로 존재한다고 생각하기 쉽다. 하지만 그렇게 단순하게만 보면 실상을 놓치게 된다. 역사적으로 볼 때, 자본가들의 가장 강력한 힘의 원천은 바로 매우 강력한 국가에 의지할 수 있는 능력이었다. 그리고 동시에 자본주의 역사에서 대체로 국가에 대한 의존성은 자본가들의 가장 큰 약점이기도 했다. 노동자들이 그들의 노동조건을 개선할 수 있었던 통로 역시 국가에 대한 자본가들의 의존성이었다. 우리는 자본이 이제 점차 구체적인 국민국가의 경계를 벗어나면서 세계 노동자들에게도 극적인 결과가 초래되고 있음을 알고 있다. 노동자들이 노동조건을 개선하는 데 성공하면 거의 매번 자본의 재분배가 이루어졌다. 지난 수십 년 동안 월마트를 비롯한 거대 유통 기업들은 생산 기지를 가난한 국가에서 더 가난한 국가로 이전했고, 훨씬 더 열정적이고 값싼 노동력을 약속하는 곳으로 옮겨 갔다. 현재는 중국의 생산 활동조차 다른 저임금 생산자들의 위협을 받는 실정이다.[18] 면화의 제국은 계속해서 바닥으로 치닫는 거대한 경주를 촉진해왔다. 그 경주를 제약하는 것은 오직 지구의 공간적 한계뿐이다.

지형부터 노동 체제에 이르기까지 끝없이 재편되어온 면화의 제국은 멈출 줄 모르는 적응 능력이 자본주의의 필수 요소임을 보여주었다. 면화의 제국에서 어느 한 곳에 나타난 극복할 수 없을 것 같은 위기는 계속해서 다른 지역에 반향을 일으켰다. 말하자면 자본주의는 영구혁명을 요구하는 동시에 영구혁명의 상태를 촉발한다.

이 영구혁명은 삶이 전복될 수도 있는 장소와 사람들이 존재하기 때문에 가능하다. 자본주의의 이런 변경邊境은 보통 세계의 농촌지역에서 발견된다. 그리고 면화의 제국을 통과하는 여행에서 깨닫게 되는 것은 우리가 근대 세계를 사유할 때 그 중심에 두어야 할 것은 세계의 농촌지역이라는 점이다. 우리의 역사적 상상력을 지배하는 것은 대체로 도시, 공장, 산업노동자이다. 그러나 이미 보았듯이 근대 세계의 많은 것이 농촌지역에서 등장했으며, 농촌 주민들이 다른 곳에서 사용되는 상품의 제조자이자 다른 곳에서 만들어진 상품의 소비자로 변했을 때 등장했다.

농촌을 강조하면 자본주의 역사에 마찬가지로 중요한 요소였던 강압과 폭력의 중요성을 강조할 수 있다. 폭력의 여러 형식들 중에서도 특히 노예제, 식민주의, 강제노동은 자본주의 역사에서 벗어난 것이 아니라 오히려 그 핵심에 놓여 있었다. 시장을 창출하기 위해 사람들에게 특정 지역에서 특정한 방식으로 일할 것을 강요하는 일은 면화의 제국 전 역사를 통틀어 변함없이 등장하는 요소였다.

이런 점들을 강조하다 보면 근대 세계의 역사에 가장 깊이 있는 통찰로 여겨졌던 것들에 대해 의문이 생긴다. 예컨대 에릭 홉스봄의 관점이 그런 경우이다. 그는 20세기를 가리켜 "파국의 시대"로 규정하고, 이와 대비시켜 19세기에는 "부르주아 문명"의 시대라는 개념을 적용했다.[19] 이런 평가는 유럽에 대한 유럽의 도덕적 평가에 초점을 맞추는 세계관에서만 도출될 수 있다. 아시아, 아프리카, 아메리카 여러 지역의 관점에서 보면 홉스봄과 정반대의 주장, 즉 노예제와 제국주의가 지구상의 외딴곳을 차례차례 황폐하게 만든 19세기는 야만과 파국의 시대였다는 주장을 할 수 있다. 반대로 제국주의 세력이 약화되고, 그리하여 세계의 많은 이들이 자신들의 미래를 스스로 결정하고 식민 지배의 족쇄를 벗어버릴 수 있었던 시기는 20세기였다. 유럽중심주의로 인한 왜곡만 없다면 20세기에 관한 이야기의 중심에는 탈식민화가 있을 것이다. 그리고 이런 식으로 이야기를 재해석한다면 오늘날의 글로벌 자본주의를 형성하는 데 가장 근본이 된 요소는 독립을 위한 투쟁이었음을 알 수 있다. 어찌되었든, 면화의 제국을 통과하는 여행에서 우리가 확인한 것은 세계 최초의 글로벌 산업의 진화와 그것을 모델로 삼은 다른 여러 산업의 진화에서는 문명과 야만이 하나로 연결되어 있었다는 점이다.

자본주의를 뒷받침하는 폭력과 강압은 자본주의와 마찬가지로 적응력을 발휘하여 지금까지도 면화의 제국에서 중요한 역할을 유지하고 있다. 면화 재배인들은 아직도 면화의 재배를 강요당하며, 노동자들은 여전히 수감자처럼 공장 안에 매여 있다. 더욱이 그들의 활동으로 얻은 결실은 계속해서 지극히 불평등한 방식으로 분배된다. 예컨대 베냉의 면화 재배인들은 하루 1달러도 못 벌지만, 미국의 면화 재배 기업을 소유한 사람들은 1995~2010년 사이에 총 350억 달러가 넘는 정부 보조금을 받아 챙겼다.[20] 방글라데시 노동자들은 아주 낮은 임금을 받으며 터무니없이 위험한 조건에서 의류를 재봉하는 반면, 미국과 유럽의 소비자들은 가당치 않은 낮은 가격에 그런 제품들을 마구잡이로 구매한다.

그러나 지배와 착취를 다루는 더 큰 이 이야기 안에는 해방과 창조성에 관한 이야기도 나란히 놓인다. 글로벌 자본주의의 전개와 지난 250년 동안 자본주의가 보인 경이로운 적응력은 생산성에서 엄청난 진보를 가져왔다. 1950년대까지도 중국 북부에서 5인 가족의 최저 생계비를 확보할 수 있을 정도의 의류를 생산하려면 60일치의 고된 방적·방직 노동이 필요했다. 오늘날 미국의 평균적인 가정(1950년대 중국 가정보다 2.5명이 적지만)은 고작 대략 8일치 노동에 해당하는, 가계 수입의 3.4%를 소비하고도 의류를 훨씬 더 풍족하게 구입할 수 있다. 자본주의적 사회관계가 다른 생산 체제는 결코 흉내 낼 수 없는 상품의 대량생산을 이루어내면서 농업과 산업이 가히 폭발적으로 성장했다. 흥미롭게도 오늘날 면화 생산은 2050년이 되면 다시 세 배에서 네 배가 될 것으로 예상된다. 인간의 능력은 우리의 노력을 어느 때보다 더 생산적인 방식으로 조직하며 우리에게 희망을 준다. 자연에 대한 새로운 지배로 전 세계 모든 사람의 요구를 충족시킬 수 있는 사회, 생산적일 뿐만 아니라 정의로운 면화의 제국을 창조할 지혜와 능력과 힘이 우리에게 허락될 것이라는 희망이다. 면화 이야기의 중심에서 일어나는 힘의 부단한 충돌을 생각하면, 정의로운 세계는 한낱 목가적인 꿈으로 보일 것이다. 그렇지만 지금까지 살펴보았듯 면화의 제국의 가장 힘없는 구성원들이 정의로운 세계를 만들기 위해 지속적으로 노력해왔으며 때때로 극적인 변화를 이루는 데 성공했다. 한때 안정적이고 영속적이던 세계가 다음 순간 완전히 다른 모습으로 변할 수도 있다. 세계의 방직기들이 끊임없이 새로운 소재를 만들어내듯이 자본주의의 혁명은 우리의 세계를 영원히 재창조할 것이다.[21]

부록

———

감사의 글

자료를 조사하고 이 책을 저술하는 일은 여러 면에서 전 세계 사람들과 자료들이 연관된 이 책의 주제에 꼭 들어 맞았다. 그 여정은 매우 큰 모험이었다. 나는 아르헨티나의 금융 위기가 심각했을 때 부에노스아이레스주립은행 지하 서고에 앉아 은행을 지나는 시위자들로부터 건물을 지키기 위해 은행 정문의 육중한 철문이 일정한 리듬으로 시끄럽게 오르내리는 소리를 들었던 날들을 잊지 못할 것이다. 또한 소장과 함께 차를 마시며 많은 시간을 보냈던 카이로 국립기록보관소 연회장도 잊지 못할 것이다. 그는 그 나라로서는 역사가가 조사하기에는 너무 민감하게 여겨질 19세기 초 기록에 내가 접근할 수 있도록 애썼다. 또한 프랑스 뮐루즈의 직물날염박물관 사서가 18세기와 19세기의 면화 표본들이 천장까지 가득 차 있던 방의 문을 열어준 순간을 잊지 못할 것이다. 그리고 나는 에스파냐 카탈루냐의 요브레가트 계곡에 자리한 콜로냐 비달 바의 뜰에 앉아 이 도시에서 탐욕스러운 면직물 공장의 요구에 맞춰 살았을 여러 세대 노동자들의 삶을 상상해보던 일을 결코 잊을 수 없을 것이다.

이 책을 위해 모든 대륙에서 연구조사를 진행했으며, 이를 도와준 여러 사서와 기록물 관리자들에게 감사의 말을 전한다. 그들은 어려운 상황에서도 이 책의 근거가 된 사료들을 보존하고 내가 그 사료들에 접근할 수 있게 해주었다. 특히 오사카의 일본방적협회 보관소, 오스트레일리아 국립기록보관소, 이집트 국립기록보관소, 카이로아메리칸대학 희귀본 서고, 인도 국립기록보관소, 뉴델리의 네루기념박물관과 도서관, 뭄바이의 마하라슈트라 주립기록보관소, 봄베이상공회의소, 봄베이공장주협회, 봄베이의 아시아도서관, 엑상프로방스의 국립해외기록보관소, 파리의 프랑스국립기록보관소과 외교문서기록관—프랑스 외무부, 밀루즈산업협회와 직물날염박물관, 빈터투어의 폴카르트기록보관소, 바르셀로나상공회의소, 베를린 연방기록관, 함부르크상공회의소, 브레멘상공회의소, 브레멘면화거래소, 브레멘국립기록보관소, ING베어링기록보관소, 큐Kew의 영국국립기록보관소, 길드홀도서관, 영국국립도서관, 런던의 잉글랜드은행기록보관소, 맨체스터기록보관소 지역연구소, 존 R. 릴랜즈 도서관, 그레이터맨체스터카운티보관국, 리버풀기록보관소, 리버풀대학 도서관, 머지사이드해양박물관, 하버드 경영대학원 역사 서고, 와이드너도서관, 매사추세츠역사학회, 뉴욕역사학회, 뉴욕공립도서관, 멕시코국립기록보관소, 바야돌리드의 페드로 사인스 데 바란다 도서관, 부에노스아이레스주립은행, 부에노스아이레스의 토른키스트도서관에서 도움을 준 이들에게 감사의 말을 전한다.

연구조사를 하는 과정에서 나는 수많은 연구보조원의 도움으로 사료들을 충분히 이해할 수 있었다. 오사카에서 기타니 나쓰코가 그랬던 것처럼 오스트레일리아 캔버라에서는 로렌스 니에보이트가 도움을 주었고, 델리에서는 아미트 미슈라가 내 작업을 도왔다. 카이로에서는 압둘

와힛 박사, 부에노스아이레스에서는 아밀카르 찰루, 파리에서는 폴린 페레즈의 도움을 받았다. 여러 해에 걸쳐 많은 연구보조원이 나를 도와준 덕분에 아주 복잡한 한 편의 역사를 써낼 수 있었다. 그들 가운데 케임브리지의 루디 배츨, 파르 카셀, 루이 창, 제인 천, 말리 충, 엘리 쿡, 루이 둥, 발라지 길, 헤더 수베인 혼, 루이스 하이먼, 다이애나 킴벌, 놈 매고, 막시밀리안 메이슨, 폴 매시스, 숀 니컬스, 네이선 펄-로즌솔, 아르준 라마무르티, 레오니트 시도로프, 리앗 스피로, 루이즈 트레멀, 니키 어셔, 앤 윌슨, 줄리 엔, 제니 장, 그리고 프라이부르크의 루카스 보빈켈만, 랄프 마인들, 루카스 네멜라, 카르스텐 포겔폴이 있다. 모두에게 감사의 마음을 전한다―여러분의 도움이 없었다면 나는 해낼 수 없었을 것이다. 그리고 또 하버드 대학의 내 학생들에게도 고마움을 전한다. 그들의 끝없는 호기심이 나의 호기심을 자극하는 데 도움이 되었다.

또한 나는 미국 전역의 대학은 물론이고 시드니, 도쿄, 오사카, 서울, 홍콩, 뉴델리, 콜카타, 텔아비브, 다카르, 라이프치히, 예나, 프랑크푸르트, 뮌헨, 린츠, 암스테르담, 바젤, 취리히, 제네바, 노팅엄, 런던, 맨체스터, 브라이턴, 상파울루, 부에노스아이레스에서 내 연구에 관심을 갖고 귀 기울여준 사람들에게 감사의 말을 전하고 싶다.

초기에 이 기획을 시작할 수 있게 용기를 준 알프레드 A. 크노프의 제인 개럿에게도 감사를 전한다. 하버드의 윌리엄 커비가 내게 보여준 믿음에도 고마움을 전한다. 내가 오사카에서 입수할 수 있는 자료들을 검색할 수 있게 도와준 아키타 시게루와 아베 다케시에게도 감사를 전한다. 도쿄의 후루야 준은 언제나 나를 반겨주었다(그리고 내가 일본 역사상 최악의 지진을 무사히 지날 수 있게 도와주었다). 다카르에서 바바카르 폴과 오마르 게예의 환대에도 감사를 전한다. 상파울루에서 맛있는 마라냥 요리를 먹으며 이 책의 주제에 대해 함께 토론해준 하파에우 마르케스에게도 감사한다. 세상에서 가장 뛰어난 언어의 마술사 찰스 포시와 나에게 출간되지 않은 자신의 연구를 제공해준 리즈의 존 킬릭에게도 감사를 전한다. 초기 단계에서 의견을 준 게빈 라이트, 나에게 몇 가지 중요한 사료들을 가르쳐준 피터 나이트, 예리한 통찰을 보여준 사이러스 비저, 식민주의가 아프리카 노예 시스템에 끼친 영향을 이해할 수 있게 도와준 카이로의 줄리아 세이버트, 아름다운 곳에 위치한 그들의 멋진 회사에서 내가 글을 쓸 수 있게 허락해준 알게로의 마우로와 팔라스 가족 모두에게 감사의 마음을 전한다. 리버풀의 내 가족들—존, 헤더, 이언, 앤드루 맥패진—에게도 감사를 전한다. 내가 고등학생이던 시절에 신문과 사탕을 파는 작은 모퉁이 가게에서 일하며 여름을 보낼 수 있게 허락해주고 면화의 역사에서 어느 도시와도 다른 도시를 소개해준 사람들이 바로 그들이다. 자본주의에 관해 끝없이 대화를 나누며 깊은 우정을 전해준 베를린의 디터 플레휴, 파리에서 전 지구적 면화 거래에 관한 아주 탁월한 지도들에 접근할 수 있게 도와준 질 팔스키, 메소포타미아의 면화로 나를 이끌어준 우타 베커트, 카탈루냐 산업화의 남다른 이야기를 이해할 수 있게 도와준 요브레가트 강변공원 컨소시엄의 네우스 산타마리아, 세계와 인도를 특징짓는 엄청난 불평등에 관한 끝없는 대화에 내가 참여할 수 있게 해준 아디트야, 므리둘라 무케르지, 프라부 모하파트라와 뉴델리의 내 모든 친구들, 내 생각에 깊은 관심을 보여 주고 영감을 주는 역사가가 된 뉴델리의 이르판 하비브, 사카이의 사카에 쓰노야, 뉴욕의 에릭 포너, 콘스탄츠의 위르겐 오스터함멜, 다카르의 이브라히마 티오우브에게도 감사의 마음을 전한다. 그리고 마지막으로 내 동료이자 친구인 찰스 마이어에게 특별한 감사를 전한다. 초기에 그가 불어넣어준 용기가 무엇보다 중요했다.

이런 책을 쓰기 위해서는 중요한 자원들이 필요하다. 나는 세계에서 극소수 역사가들만이 가능한 특권을 누리며 그런 자원들에 접근할 수 있었던 행운에 감사한다. 키트리지재단의 지원금 덕분에 이 연구를 시작할 수 있었다. 나중에는 하버드의 데이비드 록펠러 센터의 라틴아메리카연구소, 밀턴재단, 아시아센터, 라이샤워 일본학연구소, 특히 웨더헤드국제관계연구소가 시급히 필요한 자원들을 제공해주었다. 나는 학자와 작가 들을 위해 뉴욕공립도서관에 마련된 센터에서 1년을 보내며 이 책을 구상하기 시작했다. 그곳의 관장이던 피터 게이는 새로운 기획을 구상하고 더 큰 생각을 가질 수 있는 탁월한 환경을 만들어주었다. 나중에 훔볼트재단에서 받은 상 덕분에 1년 동안 이 책의 작업에만 매진할 수 있었고 그 뒤에는 프라이부르크고등연구소, 미국학술단체협의회, 하버드대학 웨더헤드국제관계연구소가 내게 교수활동에서 벗어나 원고를 쓸 수 있는 시간을 제공해주었다. 인문학과 사회과학에 대한 지원이 급속히 줄고 있는 지금, 나는 우리 세계가 어떻게 이와 같이 되었는지를 이해하는 일이 여전히 중요한 문제임을 이해할 만큼 충분한 믿음을 가진 이 기관들에 감사하지 않을 수 없다.

원고가 거의 끝나갈 무렵 내 친구들은 원고의 전부 또는 일부를 읽고 소중한 의견을 주었다. 엘리자베스 블랙마르, 스가타 보스, 빈센트 브라운, 프란츠-요제프 브뤼게마이어, 스탠리 엥거만, 에릭 포너, 앤드루 고든, 스티븐 한, 놈 마고, 테리 마틴, 아미트 미슈라, 로저 오언, 마이클 랠프, 세스 록먼, 댄 스마일, 마르셀 판 데르 린덴, 사이러스 비저, 존 위맥에게 감사를 전한다. 비록 위험을 무릅쓰고 그들의 충고 가운데 일부를 외면했을지라도 그들의 지혜와 통찰은 나에게 중요한 영향을 주었다.

이 원고가 책의 모습을 갖추기까지 많은 사람의 도움이 있었다. 데이비드 로벤스틴과 마르타 슐만은 내 편집을 돕느라 영웅적인 노력을 기울였으며, 빅토리아 윌슨과 오드리 실버먼은 책이 만들어지는 내내 노런하게 안내해주었다.

그러나 내가 감사를 전하고 싶은 가장 중요한 이들은 내 가족이다. 리사 맥기르는 처음부터 각 장의 수없이 많은 원고를 읽고 어려움이 있을 때마다 나를 도와주었다. 그녀가 내게 준 모든 도움을 생각하면 이 헌사는 보잘것없는 인사다. 내 아이들, 노아와 파스칼은 이 책과 함께 성장했다. 아이들이 최근에야 나에게 말해주었는데, 집에서 면화에 대해 자주 이야기를 하다 보니 여러 해 동안 내가 '면화 교수'일 거라고 믿고 있었다는 것이다. 내가 다른 연구 주제로 옮겨 가는 것을 보면 아이들도 안도할 것이다.

본문의 주

서론

1   *The Thirty-Ninth Annual Report of the Board of Directors of the Manchester Chamber of Commerce for the Year 1859* (Manchester: Cave & Sever, 1860), 18, 19, 22, 23, 33, 34, 38, 39, 45.

2   "Liverpool. By Order of the Liverpool Cotton Association Ltd., Catalogue of the Valuable Club Furnishings etc. to be Sold by Auction by Marsh Lyons & Co., Tuesday, 17th December 1963," Greater Manchester County Record Office, Manchester, UK.

3   "Monthly Economic Letter: U.S. and Global Market Fundamentals," Cotton Incorporated, accessed January 23, 2013, http://www.cottoninc.com/corporate/Market-Data/MonthlyEconomicLetter/; "The Fabric of Our Lives," accessed July 1, 2012, http://www.thefabricofourlives.com/.

4   미국에서 양 한 마리의 털을 깎아 한 번에 얻는 양털의 무게는 평균 7.3파운드라고 한다. "Fast Facts ... About American Wool," American Sheep Industry Association, accessed March 10, 2013, www.sheepusa.org/get_file/file_id/5ab52656e6d6e32821aa9f177 bf05876. 같은 무게의 양모를 생산하려면 얼마나 많은 양이 필요한지를 알기 위해 전 세계에서 수확된 양모의 전체량을 이 수치로 나누었다. Government of South Australia, "Grazing livestock— a sustainable and productive approach," Adelaide & Mt Lofty Ranges Natural Resource Management Board, accessed March 10, 2013, www.amlrnrm.sa.gov.au/Portals/2/landholders_info/grazing_web.pdf; "European Union," CIA—The World Factbook, accessed March 16, 2013, https://www.cia.gov/library/publications/the-world-factbook/geos/ee.html. 첫 번째 자료에 따르면, 1년 내내 목초를 조달할 수 있다는 가정 아래, 토지 1헥타르는 2년 된 40~50*kg*짜리 메리노 양 열 마리를 부양할 수 있다. 이 기준

은 70억 마리의 양을 유지하는 데 필요한 토지 규모를 산출하는 데 사용되었고, 그렇게 산출된 토지 규모를 유럽연합의 크기와 비교했다. 미국《중앙정보국(CIA) 국가정보보고서》에 따르면, 유럽연합의 크기는 4,324,782km다.

5   Edward Baines, *History of the Cotton Manufacture in Great Britain* (London: H. Fisher, R. Fisher, and P. Jackson, 1835), 5-6; Kenneth Pomeranz, *The Great Divergence: China, Europe, and the Making of the Modern World Economy* (Princeton, NJ: Princeton University Press, 2000) 참조.

6   Jared Diamond, *Guns, Germs, and Steel: The Fates of Human Societies* (New York: Norton, 1998); David Landes, *The Wealth and Poverty of Nations: Why Some Are So Rich and Some So Poor* (New York: Norton, 1998); Niall Ferguson, *The West and the Rest* (New York: Allen Lane, 2011); Robert Brenner, "Agrarian Class Structure and Economic Development in Pre-industrial Europe," *Past and Present* no. 70 (February 1976): 30-75; Robert Brenner, "The Agrarian Roots of European Capitalism," *Past and Present*, no. 97 (November 1982): 16-113; E. P. Thompson, *The Making of the English Working Class* (New York: Pantheon, 1963).

7   노예제와 자본주의를 다룬 흥미로운 문헌 가운데 다음과 같은 것들이 있다. Eric Williams, *Capitalism and Slavery* (New York: Russell & Russell, 1961); Rafael de Bivar Marquese, "As desventuras de um conceito: Capitalismo histórico e a historiografia sobre escravidão brasileira," *Revista de Historia* 169 (July/December 2013), 223-53; Philip McMichael, "Slavery in the Regime of Wage Labor: Beyond Paternalism in the U.S. Cotton Culture," *Social Concept* 6 (1991): 10-28; Barbara L. Solow and Stanley L. Engerman, *British Capitalism and Caribbean Slavery: The Legacy of Eric Williams* (New York: Cambridge University Press, 1987); Gavin Wright, *The Political Economy of the Cotton South: Households, Markets, and Wealth in the Nineteenth Century* (New York: Norton, 1978); Joseph E. Inikori, *Africans and the Industrial Revolution in England: A Study in International Trade and Development* (New York: Cambridge University Press, 2002); Dale Tomich, "The Second Slavery: Mass Slavery, World-Economy, and Comparative Microhistories," *Review: A Journal of the Fernand Braudel Center* 31, no. 3 (2008); Robin Blackburn, *The American Crucible: Slavery, Emancipation and Human Rights* (London: Verso, 2011).

8   *Cotton Supply Reporter*, no. 37 (March 1, 1860): 33.

9   Andrew Ure, *The Cotton Manufacture of Great Britain Systematically Investigated, and Illustrated by 150 Original Figures*, vol. 1 (London: Charles Knight, 1836), 67-68.

10 Bruno Biedermann, "Die Versorgung der russischen Baumwollindustrie mit Baumwolle eigener Produktion" (PhD dissertation, University of Heidelberg, 1907), 4; Edward Atkinson, *Cotton: Articles from the New York Herald* (Boston: Albert J. Wright, 1877), 4.

11 E. J. Donnell, *Chronological and Statistical History of Cotton* (New York: James Sutton & Co., 1872), v.

12 이 주제에 관해서는 다음과 같은 것들을 포함해 방대한 문헌이 존재한다. Immanuel Wallerstein, *The Modern World-System*, vol. 3, *The Second Great Expansion of the Capitalist World-Economy, 1730-1840s* (San Diego: Academic Press, 1989); Dale W. Tomich, *Slavery in the Circuit of Sugar: Martinique and the World Economy, 1830-1848* (Baltimore: Johns Hopkins University Press, 1990); Andre Gunder Frank, *ReOrient: Global Economy in the Asian Age* (Berkeley: University of California Press, 1998); Abdoulaye Ly, *La théorisation de la connexion capitaliste des continents* (Dakar: IFAAN, 1994); John Gallagher and Ronald Robinson, "The Imperialism of Free Trade," *Economic History Review*, Second Series, 51 (1953): 1 – 15; Patrick Wolfe, "History and Imperialism: A Century of Theory," *American Historical Review* 102 (April 1997): 388 – 420.

13 Baines, *History of the Cotton Manufacture*, 530 – 31.

14 예를 들어 다음을 보라. Gene Dattel, *Cotton and Race in the Making of America: The Human Costs of Economic Power* (Chicago: Ivan Dee, 2009); Morris de Camp Crawford, *The Heritage of Cotton: The Fibre of Two Worlds and Many Ages* (New York: G. P. Putnam's Sons, 1924).

15 글로벌 히스토리 관련 문헌이 급격히 증가하고 있지만, 다음과 같은 글들이 초기에 했던 공헌을 생각해보면 알 수 있듯이, 이는 새로운 일이 아니다. Abdoulaye Ly, *La Compagnie du Sénégal* (Paris: Présence Africaine, 1958); Marc Bloch, "Toward a Comparative History of European Societies," in Frederic Chapin Lane and Jelle C. Riemersma, eds., *Enterprise and Secular Change: Readings in Economic History* (Homewood, IL: R. D. Irwin, 1953); Williams, *Capitalism and Slavery*; C. L. R. James, *The Black Jacobins* (London: Secker & Warburg, 1938). 다음 문헌들도 보라. C. A. Bayly, *The Birth of the Modern World, 1780-1914: Global Connections and Comparisons* (Malden, MA: Blackwell, 2004); Jürgen Osterhammel, *The Transformation of the World: A Global History of the Nineteenth Century* (Princeton, NJ: Princeton University Press, 2014). 관련 문헌을 개괄한 책으로 다음과 같은 것들이 있다. Sebastian Conrad, *Globalgeschichte: Eine Einführung* (Munich: Beck, 2013); Dominic Sachsenmaier, *Global Perspectives in Global History: Theories and Approaches in a Connected World* (New York: Cambridge University Press, 2011); Sven Beckert and Dominic Sachsenmaier, *Global History Globally* (forthcoming); Bruce Mazlich and Ralph Buultjens, *Conceptualizing Global History* (Boulder, CO: Westview Press, 1993); Jerry Bentley, "The Task of World History" (미출간 원고, 저자 보유). 또한 다음을 보라. Robert C. Allen, *The British Industrial Revolution in Global Perspective* (Cambridge: Cambridge University Press, 2009); Jan Luiten van Zanden, *The Long Road to Industrial*

Revolution: The European Economy in a Global Perspective, 1000-1800 (Amsterdam: Brill, 2009). 예컨대 다음과 같은 탁월한 연구가 있다. Patrick O'Brien, "European Economic Development: The Contribution of the Periphery," *Economic History Review*, Second Series, 35 (February 1982): 1 – 18.

16 최근에 상품에 관한 연구가 늘고 있다. 특히 다음을 보라. Sydney Mintz, *Sweetness and Power: The Place of Sugar in Modern History* (New York: Viking, 1985); Mark Kurlansky, *Salt: A World History* (New York: Walker and Co., 2002); Barbara Freese, *Coal: A Human History* (Cambridge, MA: Perseus, 2003); Pietra Rivoli, *The Travels of a T-shirt in the Global Economy: An Economist Examines the Markets, Power and Politics of World Trade* (Hoboken, NJ: John Wiley & Sons, 2005); Larry Zuckerman, *The Potato: How the Humble Spud Rescued the Western World* (Boston: Faber & Faber, 1998); Wolfgang Mönninghoff, *King Cotton: Kulturgeschichte der Baumwolle* (Düsseldorf: Artemis & Winkler, 2006); Mark Kurlansky, *Cod: A Biography of the Fish That Changed the World* (New York: Walker & Co., 1997); Allan Macfarlane and Gerry Martin, *Glass: A World History* (Chicago: University of Chicago Press, 2002); Stephen Yaffa, *Big Cotton: How a Humble Fiber Created Fortunes, Wrecked Civilizations, and Put America on the Map* (New York: Penguin, 2005); Erik Orsenna, *Voyage aux pays du coton: Petit précis de mondialisation* (Paris: Fayard, 2006); Iain Gateley, *Tobacco: A Cultural History of How an Exotic Plant Seduced Civilization* (New York: Grove, 2001); Heinrich Eduard Jacob, *Kaffee: Die Biographie eines weltwirtschaftlichen Stoffes* (Munich: Oekom Verlag, 2006). '물건의 일대기'에 관한 멋진 논의는 1929년에 작성된 다음 글에서 찾아 볼 수 있다. Sergej Tretjakow, "Die Biographie des Dings," in Heiner Boehnke, ed., *Die Arbeit des Schriftstellers* (Reinbeck: Rowolt, 1972), 81 – 86; 상품에 관한 더 일반적인 논의로는 다음을 보라. Jens Soentgen, "Geschichten über Stoffe," *Arbeitsblätter für die Sachbuchforschung* (October 2005): 1 – 25; Jennifer Bair, "Global Capitalism and Commodity Chains: Looking Back, Going Forward," *Competition and Change* 9 (June 2005): 153 – 80; Immanuel Wallerstein, *Commodity Chains in the World-Economy, 1590-1790* (Binghamton, NY: Fernand Braudel Center, 2000). 경제사를 새롭게 쓴 좋은 예는 다음과 같다. William Cronon, *Nature's Metropolis: Chicago and the Great West* (New York: Norton, 1991). 산업혁명에 관한 풍부한 역사 서술을 다룬 좋은 논의는 다음에서 찾아볼 수 있다. Inikori, *Africans and the Industrial Revolution in England*, chapter 2; William J. Ashworth, "The Ghost of Rostow: Science, Culture and the British Industrial Revolution," *Historical Science* 46 (2008): 249 – 74. 자본주의의 공간적 측면의 중요성에 관해서는 다음을 보라. David Harvey, *Spaces of Capital: Towards a Critical Geography* (New York: Routledge, 2001).

1   이 도시들에서 재배한 면화는 아마도 육지면일 것이다. 오늘날 멕시코의 오악사카주와 게
     레로주에 해당하는 곳에서 재배되었다고 알려진 품종이다. 그 식물에 관한 설명은 다음
     책에서 인용했다. C. Wayne Smith and J. Tom Cothren, eds., *Cotton: Origin, History,*
     Technology, and Production (New York: John Wiley & Sons, 1999), 11; Angus Maddison,
     The World Economy: A Millennial Perspective (Paris: Development Centre of the Organisation
     for Economic Co-operation and Development, 2001), 263; Frances F. Berdan, "Cotton
     in Aztec Mexico: Production, Distribution and Uses," *Mexican Studies* 3 (1987): 241ff.;
     Joseph B. Mountjoy, "Prehispanic Cultural Development Along the Southern Coast of
     West Mexico," in Shirley Goren-stein, ed., *Greater Mesoamerica: The Archeology of West and*
     Northwest Mexico (Salt Lake City: University of Utah Press, 2000), 106; Donald D.
     Brandt, "The Primitive and Modern Economy of the Middle Rio Balsas, Guerrero and
     Michoacan," Eighth American Scientific Congress, Section 8, History and Geography
     (Washington, DC, 1940), Abstract. 16세기 멕시코의 면화 꾸러미 무게에 관해서는 다음
     문헌을 보라. José Rodríguez Vallejo, *Ixcatl, el algodón mexicano* (Mexico: Fondo de Cultura
     Económica, 1976), 64.

2   K. D. Hake and T. A. Kerby, "Cotton and the Environment," *Cotton Production Manual*
     (UCANR Publications, 1996), 324 – 27; Frederick Wilkinson, *The Story of the Cotton*
     Plant (New York: D. Appleton & Company, 1899), 39.

3   Gavin Wright와 Jason Clay 사이에는 약간의 이견이 있다. Gavin Wright, *The Political*
     Economy of the Cotton South: Households, Markets, and Wealth in the Nineteenth Century (New
     York: Norton, 1978), 14 – 15; Jason Clay, *World Agriculture and the Environment: A*
     Commodity-by-Commodity Guide to Impacts and Practices (Washington, DC: Island Press,
     2004), 284 – 87.

4   Ralf Kittler, Manfred Kaysar, and Mark Stoneking, "Molecular Evolution of *Pediculus*
     humanus and the Origin of Clothing," *Current Biology* 13 (August 19, 2003): 1414 – 15. 방
     적과 방직의 훨씬 앞선 기원에 관해서는 다음 글이 있다. Eliso Kvabadze et al., "30,000
     Year-Old Wild Flax Fibres," *Science* 11 (September 2009): 1359.

5   Almut Bohnsack, *Spinnen und Weben: Entwicklung von Technik und Arbeit im Textilgewerbe*
     (Reinbek: Rowohlt, 1981), 31 – 32; "Kleidung," in Johannes Hoops, *Reallexikon der*
     Germanischen Altertumskunde, vol. 16 (Berlin: Walter de Gruyter, 2000), 603 – 25; Mary
     Schoeser, *World Textiles: A Concise History* (New York: Thames & Hudson World of Art,
     2003), 20; "Kleidung," in Max Ebert, ed., *Reallexikon der Vorgeschichte*, vol. 6 (Berlin:
     Walter de Gruyter, 1926), 380 – 94; Harry Bates Brown, *Cotton: History, Species, Varieties,*

Morphology, Breeding, Culture, Diseases, Marketing, and Uses (New York: McGraw-Hill, 1938), 1.

6   예를 들어 다음과 같은 글들을 보라. T. W. Rhys Davids, trans., *Vinaya Texts* (Oxford: Clarendon Press, 1885), 168; Georg Buehler, trans., *The Sacred Laws of the Áryas* (Oxford: Clarendon Press, 1882), 165, 169, 170; Vijaya Ramaswamy, *Textiles and Weavers in South India* (New York: Oxford University Press, 2006), 1, 57; Doran Ross, ed., *Wrapped in Pride: Ghanaian Kente and African American Identity* (Los Angeles: UCLA Fowler Museum of Cultural History, 1998), 77; Frank Goldtooth, as recorded by Stanley A. Fishler, *In the Beginning: A Navajo Creation Myth* (Salt Lake City: University of Utah Press, 1953), 16; Aileen O'Bryan, *The Díné: Origin Myths of the Navajo Indians*, Smithsonian Institution, Bureau of American Ethnology, Bulletin 163 (Washington, DC: Government Printing Office, 1956), 38; Francesca Bray, "Textile Production and Gender Roles in China, 1000-1700," *Chinese Science* 12 (1995): 116; Anthony Winterbourne, *When the Norns Have Spoken: Fate in Germanic Paganism* (Madison, NJ: Fairleigh Dickinson University Press, 2004), 96.

7   C. L. Brubaker et al., "The Origin and Domestication of Cotton," in C. Wayne Smith and J. Tom Cothren, eds., *Cotton: Origin, History, Technology, and Production* (New York: John Wiley & Sons, 1999), 4, 5-6, 12, 17, 22; Wafaa M. Amer and Osama A. Momtaz, "Historic Background of Egyptian Cotton (2600 BC-AD 1910)," *Archives of Natural History* 26 (1999): 219.

8   Thomas Robson Hay and Hal R. Taylor, "Cotton," in William Darrach Halsey and Emanuel Friedman, eds., *Collier's Encyclopedia, with Bibliography and Index* (New York: Macmillan Educational Co., 1981), 387; A. Lucas, *Ancient Egyptian Materials and Industries*, 4th ed., revised by J. R. Harris (London: Edward Arnold, 1962), 147; Richard H. Meadow, "The Origins and Spread of Agriculture and Pastoralism in Northwestern South Asia," in David R. Harris, ed., *The Origins and Spread of Agriculture and Pastoralism in Eurasia* (London: UCL Press, 1996), 396. 이들 고전에 관한 인도의 전통적인 설명으로는 다음 글들을 보라. S. V. Puntambekar and N. S. Varadachari, *Hand-Spinning and Hand-Weaving: An Essay* (Ahmedabad: All India Spinners' Association, 1926), 1-9; James Mann, *The Cotton Trade of Great Britain* (London: Simpkin, Marshall & Co., 1860), 1, 2-3; Brown, *Cotton*, 2. 다음 자료들도 보라. Herodotus, *The Histories*, ed. A. R. Burn, trans. Aubrey de Sélincourt, rev. ed., Penguin Classics (Harmondsworth, UK: Penguin, 1972), 245; Arno S. Pearse, *The Cotton Industry of India, Being the Report of the Journey to India* (Manchester: Taylor, Garnett, Evans, 1930), 15; J. Forbes Royle, *On the Culture and Commerce of Cotton in India and Elsewhere: With an Account of the Experiments Made by the Hon. East India*

Company up to the Present Time (London: Smith, Elder & Co., 1851), 116ff.

9   Brown, *Cotton*, 5; Edward Baines, *History of the Cotton Manufacture in Great Britain* (London: H. Fisher, R. Fisher, and P. Jackson, 1835), 65 – 70; Prasannan Parthasarathi, "Cotton Textiles in the Indian Subcontinent, 1200-1800," in Giorgio Riello and Prasannan Parthasarathi, eds., *The Spinning World: A Global History of Cotton Textiles, 1200-1850* (New York: Oxford University Press, 2009), 23 – 25.

10 H. Wescher, "Die Baumwolle im Altertum," in *Ciba-Rundschau* 45 (June 1940): 1635; Alwin Oppel, *Die Baumwolle* (Leipzig: Duncker & Humblot, 1902), 206 – 7; Clinton G. Gilroy, *The History of Silk, Cotton, Linen, Wool, and Other Fibrous Substances* (New York: Harper & Brothers, 1845), 334; Marco Polo, *Travels of Marco Polo* (Westminster, MD: Modern Library, 2001), 174; Baines, *History of the Cotton Manufacture*, 56, 58.

11 A. G. Hopkins, *An Economic History of West Africa* (New York: Columbia University Press, 1973), 48; M. D. C. Crawford, *The Heritage of Cotton: The Fibre of Two Worlds and Many Ages* (New York: G. P. Putnam's Sons, 1924), 46; Amer and Momtaz, "Historic Background," 212; Oppel, *Die Baumwolle*, 209; William H. Prescott, *History of the Conquest of Peru* (Westminster, MD: Modern Library, 2000), 51, 108, 300.

12 Gilroy, *History of Silk*, 331 – 32; Smith and Hirth, "Development of Prehispanic Cotton-Spinning," 353; Barbara L. Stark, Lynette Heller, and Michael A. Ohnersorgen, "People with Cloth: Mesoamerican Economic Change from the Perspective of Cotton in South-Central Veracruz," *Latin American Antiquity* 9 (March 1978): 9, 25, 27; Crawford, *Heritage*, 32, 35; Smith and Hirth, "Development of Prehispanic Cotton-Spinning," 355; Barbara Ann Hall, "Spindle Whorls and Cotton Production at Middle Classic Matacapan and in the Gulf Lowlands," in Barbara L. Stark and Philip J. Arnold III, eds., *Olmec to Aztec: Settlement Patterns in the Ancient Gulf Lowlands* (Tucson: University of Arizona Press, 1997), 117, 133, 134.

13 Juan de Villagutierre Soto-Mayor, *History of the Conquest of the Province of the Itza*, 1st English edition, translated from the 2nd Spanish edition by Robert D. Wood (Culver City, CA: Labyrinthos, 1983), 197; Berdan, "Cotton in Aztec Mexico," 235 – 38, 239; Smith and Hirth, "Development of Prehispanic Cotton-Spinning," 356; R. B. Handy, "History and General Statistics of Cotton," in *The Cotton Plant: Its History, Botany, Chemistry, Culture, Enemies, and Uses,* prepared under the supervision of A. C. True, United States Department of Agriculture, Office of Experiment Stations, Bulletin 33 (Washington, DC: Government Printing Office, 1896), 63; United States, *Historical Statistics of the United States, Colonial Times to 1970*, vol. 1 (Washington, DC: U.S. Dept. of Commerce, Bureau of the Census, 1975), Series K-550 – 563, "Hay, Cotton, Cottonseed,

Shorn Wool, and Tobacco—Acreage, Production, and Price: 1790 to 1970," 518; Hall, "Spindle Whorls," 118; Stark, Heller, and Ohnersorgen, "People with Cloth," 14, 29.

14 Brown, *Cotton*, 14; Kate Peck Kent, *Prehistoric Textiles of the Southwest* (Santa Fe, NM: School of American Research Press, 1983), 9, 27, 28, 29. 괄호 안의 인용문은 다음 책에서 발췌했다. Ward Alan Minge, "Effectos del Pais: A History of Weaving Along the Rio Grande," in Nora Fisher, ed., *Rio Grande Textiles* (Santa Fe: Museum of New Mexico Press, 1994), 6; Kate Peck Kent, *Pueblo Indian Textiles: A Living Tradition* (Santa Fe, NM: School of American Research Press, 1983), 26; Crawford, *Heritage*, 37; David Watts, *The West Indies: Patterns of Development, Culture and Environmental Change Since 1492* (Cambridge: Cambridge University Press, 1990), 65, 89, 174; Mann, *Cotton Trade*, 4; Christopher Columbus, *The Diario of Christopher Columbus's first voyage to America: 1492–1493*, 바르톨로메 데 라스 카사스가 발췌한 내용으로 Oliver Dunn과 James E. Kelley Jr.가 필사해서 영어로 번역했고 에스파냐어 주와 색인을 붙였다 (Norman: University of Oklahoma Press, 1989); 다음 항목들도 보라. October 16, November 3, and November 5, 1492, 85 – 91, 131, 135.

15 Pliny the Elder, *The Natural History of Pliny*, vol. 4, trans. John Bostock and H. T. Riley (London: Henry G. Bohn, 1856), 134 – 35; Mann, *Cotton Trade*, 3; Christopher Ehret, *The Civilizations of Africa: A History to 1800* (Charlottesville: University Press of Virginia, 2002), 67 – 68; Ross, *Wrapped in Pride*, 75; Lars Sundström, *The Trade of Guinea* (Lund: Hakan Ohlssons Boktryckeri, 1965), 148; F. L. Griffith and G. M. Crowfoot, "On the Early Use of Cotton in the Nile Valley," *Journal of Egyptian Archeology* 20 (1934): 7; Amer and Momtaz, "Historic Background," 212, 214, 215, 217.

16 M. Kouame Aka, "Production et circulation des cotonnades en Afrique de l'Ouest du XIème siècle a la fin de la conquette coloniale (1921)" (PhD dissertation, Université de Cocody-Abidjan, 2013), 18, 41; Marion Johnson, "Technology, Competition, and African Crafts," in Clive Dewey and A. G. Hopkins, eds., *The Imperial Impact: Studies in the Economic History of Africa and India* (London: Athlone Press, 1978), 176, 195, 201; Venice Lamb and Judy Holmes, *Nigerian Weaving* (Roxford: H. A. & V. M. Lamb, 1980), 15, 16; Marion Johnson, "Cloth Strips and History," *West African Journal of Archaeology* 7 (1977): 169; Philip D. Curtin, *Economic Change in Precolonial Africa: Senegambia in the Era of the Slave Trade* (Madison: University of Wisconsin Press, 1975), 48; Marion Johnson, "Cloth as Money: The Cloth Strip Currencies of Africa," in Dale Idiens and K. G. Pointing, *Textiles of Africa* (Bath: Pasold Research Fund, 1980), 201; Patricia Davison and Patrick Harries, "Cotton Weaving in South-east Africa: Its History and Technology," in Idiens and Pointing, *Textiles of Africa*, 177, 179, 180; Marie Philiponeau, *Le coton et l'Islam: Fil d'une* *histoire africaine* (Algiers: Casbah Editions, 2009), 15, 17; Ross, *Wrapped in Pride*, 75; Rita Bolland, *Tellem Textiles: Archaeological Finds from Burial Caves in Mali's Bandiagara Cliff* (Leiden: Rijksmuseum voor Volkenkunde, 1991); Leo Africanus, *The History and Description of Africa and of the Notable Things Therein Contained, Done in the English in the Year 1600 by John Pory*, vol. 3 (London: Hakluyt Society, 1896), 823, 824.

17 면화의 다양한 기원과 작물화에 관해서는 다음을 보라. Meadow, "Origins," 397.

18 Brown, *Cotton*, 8; Maureen Fennell Mazzaoui, *The Italian Cotton Industry in the Later Middle Ages, 1100–1600* (Cambridge: Cambridge University Press, 1981), 11, 15, 17–18; Lucas, *Ancient Egyptian Materials*, 148; Hartmut Schmoekel, *Ur, Assur und Babylon: Drei Jahrtausende im Zweistromland* (Stuttgart: Gustav Klipper Verlag, 1958), 131; Baines, *History of the Cotton Manufacture*, 27; Richard W. Bulliet, *Cotton, Climate, and Camels in Early Islamic Iran: A Moment in World History* (New York: Columbia University Press, 2009), 1, 8, 46; Marco Polo, *Travels*, 22, 26, 36, 54, 58, 59, 60, 174, 247, 253, 255.

19 Chao Kuo-Chun, *Agrarian Policy of the Chinese Communist Party, 1921–1959* (Westport, CT: Greenwood Press, 1977), 5, 8ff.

20 Craig Dietrich, "Cotton Culture and Manufacture in Early Ch'ing China," in W. E. Willmott, ed., *Economic Organization in Chinese Society* (Stanford, CA: Stanford University Press, 1972), 111ff.; Mi Chü Wiens, "Cotton Textile Production and Rural Social Transformation in Early Modern China," *Journal of the Institute of Chinese Studies of the Chinese University of Hong Kong* 7 (December 1974): 516–19; Frederick W. Mote and Denis Twitchett, eds., *The Cambridge History of China*, vol. 7, *The Ming Dynasty, 1368–1644*, part 1 (New York: Cambridge University Press, 1998), 256, 507; Kenneth Pomeranz, "Beyond the East-West Binary: Resituating Development Paths in the Eighteenth-Century World," *Journal of Asian Studies* 61 (May 2002): 569; United States, *Historical Statistics*, 518.

21 Anthony Reid, *Southeast Asia in the Age of Commerce, 1450–1680*, vol. 1, *The Lands Below the Winds* (New Haven, CT: Yale University Press, 1988), 90; Crawford, *Heritage*, 7; William B. Hauser, *Economic Institutional Change in Tokugawa Japan: Osaka and the Kinai Cotton Trade* (Cambridge: Cambridge University Press, 1974), 117–20; Mikio Sumiya and Koji Taira, eds., *An Outline of Japanese Economic History, 1603–1940: Major Works and Research Findings* (Tokyo: University of Tokyo Press, 1979), 99–100.

22 Stark, Heller, and Ohnersorgen, "People with Cloth," 10, 29; Howard F. Cline, "The Spirit of Enterprise in Yucatan," in Lewis Hanke, ed., *History of Latin American Civilization*, vol. 2 (London: Methuen, 1969), 137; Johnson, "Technology," 259; Thomas J. Bassett, *The Peasant Cotton Revolution in West Africa: Côte d'Ivoire, 1880–1995* (New York:

Cambridge University Press, 2001), 33; James Forbes, *Oriental Memoirs: A Narrative of Seventeen Years Residence in India*, vol. 2 (London: Richard Bentley, 1834), 34; Moritz Schanz, "Die Baumwolle in Russisch-Asien," *Beihefte zum Tropenpflanzer* 15 (1914): 2 한국에 관해서는 다음을 보라. Tozaburo Tsukida, Kankoku ni okeru mensaku chosa (Tokyo: No-shomu sho noji shikenjyo, 1905) [月田藤三郎,《韓国ニ於ケル棉作調査》(東京: 農商務省農事試驗場, 1905)], 1 - 3, 76 - 83.

23 Oppel, *Die Baumwolle*, 201; Berdan, "Cotton in Aztec Mexico," 241; Hall, "Spindle Whorls," 120; Sundström, *Trade of Guinea*, 147; Curtin, *Economic Change*, 50, 212; Brown, *Cotton*, 8; Reid, *Southeast Asia*, 93; Gilroy, *History of Silk*, 339; Carla M. Sinopoli, *The Political Economy of Craft Production: Crafting Empire in South India, c. 1350–1650* (Cambridge: Cambridge University Press, 2003), 185; A. Campbell, "Notes on the State of the Arts of Cotton Spinning, Weaving, Printing and Dyeing in Nepal," *Journal of the Asiatic Society of Bengal* (Calcutta) 5 (January to December 1836): 222.

24 Hall, "Spindle Whorls," 115, 116, 120, 122, 124; Davison and Harries, "Cotton Weaving," 182; Oppel, *Die Baumwolle*, 209 Prescott, *Conquest of Peru*, 51; Gilroy, *History of Silk*, 339, 343; Curtin, *Economic Change*, 213; Kent, *Prehistoric Textiles*, 35; Kent, *Pueblo Indian*, 28; Reid, *Southeast Asia*, 93; Sundström, *Trade of Guinea*, 148 - 49; Lamb and Holmes, *Nigerian Weaving*, 10 - 11; Johnson, "Technology," 261.

25 Reid, *Southeast Asia*, 94.

26 Berdan, "Cotton in Aztec Mexico," 242, 259; Mote and Twitchett, *Ming Dynasty*, 507, 690ff.; K. N. Chaudhuri, "The Organisation and Structure of Textile Production in India," in Tirthankar Roy, ed., *Cloth and Commerce: Textiles in Colonial India* (Waltnut Creek, CA: AltaMira Press, 1996), 71; Wiens, "Cotton Textile," 520; Sinopoli, *Political Economy*, 177.

27 Berdan, "Cotton in Aztec Mexico," 242; Bray, "Textile Production," 119; Sundström, *Trade of Guinea*, 162; Curtin, Curtin, *Economic Change*, 212; Davison and Harries, "Cotton Weaving," 187; Johnson, "Cloth as Money," 193 - 202; Reid, *Southeast Asia*, 90; Sundström, *Trade of Guinea*, 164; Stark, Heller, and Ohnersorgen, "People with Cloth," 9.

28 Smith and Hirth, "Development of Prehispanic Cotton-Spinning," 356; Bulliet, *Cotton, Climate, and Camels*, 46, 59; Philiponeau, *Coton et l'Islam*, 25; Pedro Machado, "Awash in a Sea of Cloth: Gujarat, Africa and the Western Indian Ocean Trade, 1300 - 1800," in Riello and Parthasarathi, eds., *The Spinning World*, 161 - 79. 다음 책 역시 출신 국가로부터 멀리 떨어져 있는 상인들의 중요성을 강조한다.Gil J. Stein, *Rethinking World-Systems: Diasporas, Colonies, and Interaction in Uruk Mesopotamia* (Tucson: University of Arizona Press, 1999), 173.

29 다음 자료 참조. Hall, "Spindle Whorls," 115; Stark, Heller, and Ohnersorgen, "People with Cloth," 9; Berdan, "Cotton in Aztec Mexico," 247ff., 258; Kent, *Prehistoric Textiles*, 28; Volney H. Jones, "A Summary of Data on Aboriginal Cotton of the Southwest," *University of New Mexico Bulletin, Symposium on Prehistoric Agriculture*, vol. 296 (October 15, 1936), 60; Reid, *Southeast Asia*, 91; Sundström, *Trade of Guinea*, 147; Bassett, *Peasant Cotton*, 34; Curtin, *Economic Change*, 212 – 13; Halil Inalcik, "The Ottoman State: Economy and Society, 1300 – 1600," in Halil Inalcik and Donald Quataert, eds., *An Economic and Social History of the Ottoman Empire, 1300–1914* (Cambridge: Cambridge University Press, 1994), 296; Hauser, *Economic Institutional Change*, 59.

30 Sundström, *Trade of Guinea*, 156, 157; Ramaswamy, *Textiles*, 25, 70 – 72; Chaudhuri, "Organisation," 55; Inalcik, "Ottoman State," 352; Mann, *Cotton Trade*, 2 – 3, 23; Smith and Cothren, *Cotton*, 68 – 69; Baines, *History of the Cotton Manufacture*, 24, 76; Wescher, "Die Baumwolle," 1639; Gilroy, *History of Silk*, 321; John Peter Wild and Felicity Wild, "Rome and India: Early Indian Cotton Textiles from Berenike, Red Sea Coast of Egypt," in Ruth Barnes, ed., *Textiles in Indian Ocean Societies* (New York: Routledge, 2005), 11 – 16; Surendra Gopal, *Commerce and Crafts in Gujarat, 16th and 17th Centuries: A Study in the Impact of European Expansion on Precapitalist Economy* (New Delhi: People's Publishing House, 1975), 3. 인도와 레반트 지역 사이에 전개된 무역에 관한 인용문은 다음 책에 수록되어 있다. Inalcik, "Ottoman State," 355, 또한 다음을 보라 350, 354, 355; Eliyahu Ashtor, "The Venetian Cotton Trade in Syria in the Later Middle Ages," *Studi Medievali*, ser. 3, vol. 17 (1976): 690; Suraiya Faroqhi, "Crisis and Change, 1590 – 1699," in Inalcik and Quataert, eds., *An Economic and Social History of the Ottoman Empire*, 524; Eugen Wirt, "Aleppo im 19. Jahrhundert," in Hans Geord Majer, ed., *Osmanische Studien zur Wirtschafts- und Sozialgeschichte* (Wiesbaden: Otto Harrassowitz, 1986), 186 – 205; Sinopoli, *Political Economy*, 179.

31 Crawford, *Heritage*, 6, 69; Reid, *Southeast Asia*, 90, 95; in Sinnappah Arasaratnam and Aniruddha Ray, *Masulipatnam and Cambay: A History of Two Port-Towns, 1500–1800* (New Delhi: Munshiram Manoharlal Publishers, 1994), 121. 구자라트의 국내 상거래와 해외 무역에 관한 상세한 정보를 담은 지도를 원한다면 다음을 보라. Gopal, *Commerce and Crafts*, 16, 80, 160; Mazzaoui, *Italian Cotton*, 9 – 11; Beverly Lemire, "Revising the Historical Narrative: India, Europe, and the Cotton Trade, c. 1300 – 1800," in Riello and Parthasarathi, eds., *The Spinning World*, 226.

32 B. C. Allen, *Eastern Bengal District Gazetteers: Dacca* (Allahabad: Pioneer Press, 1912), 106; Sinopoli, *Political Economy*, 186; Baines, *History of the Cotton Manufacture*, 75; Ramaswamy, *Textiles*, 44, 53, 55; Wiens, "Cotton Textile," 522, 528; Yueksel Duman, "Notables, Textiles

and Copper in Ottoman Tokat, 1750‑1840" (PhD dissertation, State University of New York at Binghamton, 1998); Mazzaoui, *Italian Cotton*, 22; Max Freiherr von Oppenheim, *Der Tell Halaf: Eine neue Kultur im ältesten Mesopotamien* (Leipzig: Brockhaus, 1931), 70; Sundström, *Trade of Guinea*, 147; Lamb and Holmes, *Nigerian Weaving*, 10; Curtin, *Economic Change*, 48; Aka, *Production*, 69; Youssoupha Mbargane Guissé, "Ecrire l'histoire économique des artisans et createurs de l'Afrique de l'Ouest" (presentation, Université Cheikh Anta Diop, Dakar, Senegal, December 2011); Hauser, *Economic Institutional Change*, 20‑30.

33   Chaudhuri, "Organisation," 49, 51, 53; Hameeda Hossain, "The Alienation of Weavers: Impact of the Conflict Between the Revenue and Commercial Interests of the East India Company, 1750‑1800," in Roy, ed., *Cloth and Commerce*, 117; Suraiya Faroqhi, "Notes on the Production of Cotton and Cotton Cloth in Sixteenth‑and Seventeenth‑Century Anatolia," in Huri Islamoglu‑Inan, ed., *The Ottoman Empire and the World-Economy* (New York: Cambridge University Press, 1987), 267, 268; Inalcik, "Ottoman State"; Huri Islamoglu‑Inan, *State and Peasant in the Ottoman Empire: Agrarian Power Relations and Regional Economic Development in Ottoman Anatolia During the Sixteenth Century* (Leiden: E. J. Brill, 1994), 223, 235; Socrates D. Petmezas, "Patterns of Protoindustrialization in the Ottoman Empire: The Case of Eastern Thessaly, ca. 1750‑1860," *Journal of European Economic History* (1991): 589; Prasannan Parthasarathi, "Merchants and the Rise of Colonialism," in Burton Stein and Sanjay Subrahmanyam, eds., *Institutions and Economic Change in South Asia* (Delhi: Oxford University Press, 1996), 96, 98; S. Arasaratnam, "Weavers, Merchants and Company: The Handloom Industry in Southeastern India, 1750‑90," in Roy, ed., *Cloth and Commerce*, 87; Bray, "Textile Production," 127.

34   Smith and Hirth, "Development of Prehispanic Cotton‑Spinning," 349; Angela Lakwete, *Inventing the Cotton Gin: Machine and Myth in Antebellum America* (Baltimore: John Hopkins University Press, 2005), 11‑12; Mazzaoui, *Italian Cotton*, 74‑82, 89; Smith and Hirth, "Development of Prehispanic Cotton‑Spinning," 354‑55; John H. A. Munro, *Textiles, Towns and Trade: Essays in the Economic History of Late-Medieval England and the Low Countries* (Brookfield, VT: Variorum, 1994), 8, 15; Maureen Fennell Mazzaoui, "The Cotton Industry of Northern Italy in the Late Middle Ages, 1150‑1450," *Journal of Economic History* 32 (1972): 274.

35   Alan L. Olmstead and Paul W. Rhode, *Creating Abundance: Biological Innovation and American Agricultural Development* (New York: Cambridge University Press, 2008), 108‑9; John Hebron Moore, "Cotton Breeding in the Old South," *Agricultural History* 30, no. 3 (July 1956): 95‑104; John Hebron Moore, *Agriculture in Ante-Bellum Mississippi* (New

York: Bookman Associates, 1958), 13 - 36, 97; Lewis Cecil Gray, *History of Agriculture in the Southern United States to 1860*, vol. 2 (Washington, DC: Carnegie Institution of Washington, 1933), 689 - 90; James Lawrence Watkins, *King Cotton: A Historical and Statistical Review, 1790 to 1908* (New York: J. L. Watkins, 1908), 13; Bassett, *Peasant Cotton*, 33; Mazzaoui, *Italian Cotton*, 20 - 21; Bulliet, *Cotton, Climate, and Camels*, 40; Chaudhuri, "Organisation," 75.

36 Mahatma Gandhi, *The Indian Cotton Textile Industry: Its Past, Present and Future* (Calcutta: G. N. Mitra, 1930), 6.

37 그 내용은 다음 책에서 언급되었다. Henry Lee, *The Vegetable Lamb of Tartary: A Curious Fable of the Cotton Plant* (London: Sampson Low, Marston, Searle, & Rivington, 1887), 5.

38 Mann, *Cotton Trade*, 5; Oppel, *Die Baumwolle*, 39. 에스파냐 바르셀로나의 직물의류박물관 (Museu Tèxtil i d'Indumentària)의 전시물도 참고하라.

39 십자군 원정이 면산업을 유럽에 도입하는 데 중요한 역할을 했다는 사실은 다음 글에서 확인할 수 있다. "Baumwolle," entry in *Lexikon des Mittelalters*, vol. 1 (Munich: Artemis Verlag, 1980), 1670.

40 Alfred P. Wadsworth and Julia De Lacy Mann, *The Cotton Trade and Industrial Lancashire, 1600–1780* (Manchester: Manchester University Press, 1931), 15; Mazzaoui, "Cotton Industry," 263; Ashtor, "Venetian Cotton," 677.

41 12세기 내내 프랑스 남부, 카탈루냐, 그리고 가장 중요한 곳으로 이탈리아 북부에서 면 공업이 등장했다. 이에 관해서는 다음 글들을 보라. Mazzaoui, "Cotton Industry," 268; Wescher, "Die Baumwolle," 1643, 1644; Mazzaoui, *Italian Cotton*, 114.

42 Mazzaoui, *Italian Cotton*, 64, 66, 69; Mazzaoui, "Cotton Industry," 271, 273, 276; Wescher, "Die Baumwolle," 1643.

43 Mazzaoui, *Italian Cotton*, 7, 29, 63; Mazzaoui, "Cotton Industry," 265.

44 Mazzaoui, *Italian Cotton*, 53; Ashtor, "Venetian Cotton," 675, 676, 697; Mazzaoui, *Italian Cotton*, 35.

45 Mazzaoui, *Italian Cotton*, 65 - 66, 74 - 82, 89; Lakwete, *Inventing the Cotton Gin*, 11 - 12; Mazzaoui, "Cotton Industry," 274, 275; Bohnsack, *Spinnen und Weben*, 65 - 66, 37, 63, 67, 114,115; Karl-Heinz Ludwig, "Spinnen im Mittelalter unter besonderer Berücksichtigung der Arbeiten, cum rota," *Technikgeschichte* 57 (1990): 78; Eric Broudy, *The Book of Looms: A History of the Handloom from Ancient Times to the Present* (Hanover, NH: Brown University Press, 1979), 102; Munro, *Textiles*, 8, 15.

46 Mazzaoui, *Italian Cotton*, xi, 29.

47 Mazzaoui, *Italian Cotton*, 139, 144, 150, 152; Mazzaoui, "Cotton Industry," 282, 284; Wolfgang von Stromer, *Die Gründung der Baumwollindustrie in Mitteleuropa* (Stuttgart:

Hiersemann, 1978), 84 – 86; Eugen Nübling, *Ulms Baumwollweberei im Mittelalter* (Leipzig: Duncker & Humblot, 1890), 146.

48 Von Stromer, *Die Gründung*, 32; Götz Freiherr von Poelnitz, *Die Fugger* (Tübingen: J. C. B. Mohr, 1981); Richard Ehrenberg, *Capital and Finance in the Age of the Renaissance: A Study of the Fuggers and Their Connections*, trans. H. M. Lucas (New York: Harcourt, 1928).

49 Von Stromer, *Die Gründung*, 1, 2, 8, 21, 128, 139, 148; Nübling, *Ulms Baumwollweberei*, 141; Bohnsack, *Spinnen und Weben*, 152.

50 Mazzaoui, *Italian Cotton*, 141; Von Stromer, *Die Gründung*, 88.

51 Mazzaoui, *Italian Cotton*, 55, 54, 154; Wadsworth and Mann, *Cotton Trade*, 23; Inalcik, "Ottoman State," 365; Daniel Goffman, "Izmir: From Village to Colonial Port City," in Edhem Eldem, Daniel Goffman, and Bruce Masters, eds., *The Ottoman City Between East and West: Aleppo, Izmir, and Istanbul* (Cambridge: Cambridge University Press, 1999), 79 – 134.

52 Nübling, *Ulms Baumwollweberei*, 166.

2장 전쟁자본주의의 구축

1 나는 이 책에서 '체제'나 '세계체제' 대신에 '네트워크'라는 용어를 사용한다. 세계 여러 지역들이 맺는 관계의 성격을 결정하는 데에 사회적·경제적·정치적 힘의 지역적 분포가 갖는 지속적인 중요성을 강조하고 싶기 때문이다. 이 점에 관해서는 다음 책에서 영감을 얻었다. Gil J. Stein, *Rethinking World-Systems: Diasporas, Colonies, and Interaction in Uruk Mesopotamia* (Tucson: University of Arizona Press, 1999), especially 171.

2 Om Prakash, *The New Cambridge History of India*, vol. 2, *European Commercial Enterprise in Pre-Colonial India* (Cambridge: Cambridge University Press, 1998), 23; Surendra Gopal, *Commerce and Crafts in Gujarat, 16th and 17th Centuries: A Study in the Impact of European Expansion on Precapitalist Economy* (New Delhi: People's Publishing House, 1975), 10 – 11, 18, 26, 28, 58.

3 Céline Cousquer, *Nantes: Une capitale française des Indiennes au XVIIIe siècle* (Nantes: Coiffard Editions, 2002), 17.

4 Sinnappah Arasaratnam, "Weavers, Merchants and Company: The Handloom Industry in Southeastern India, 1750 – 90," in Tirthankar Roy, ed., *Cloth and Commerce: Textiles in Colonial India* (Walnut Creek, CA: AltaMira Press, 1996), 90; James Mann, *The Cotton Trade of Great Britain* (London: Simpkin, Marshall & Co., 1860), 2; Walter R. Cassels, *Cotton: An Account of Its Culture in the Bombay Presidency* (Bombay: Bombay Education

Society's Press, 1862), 77; Beverly Lemire, *Fashion's Favourite: The Cotton Trade and the Consumer in Britain, 1660–1800* (Oxford: Pasold Research Fund, 1991), 15; Hameeda Hossain, *The Company Weavers of Bengal: The East India Company and the Organization of Textile Production in Bengal, 1750–1813* (Delhi: Oxford University Press, 1988), 65; Proceeding, Bombay Castle, November 10, 1776, in Bombay Commercial Proceedings, P/414, 47, Oriental and India Office Collections, British Library, London; Stephen Broadberry and Bishnupriya Gupta, "Cotton Textiles and the Great Divergence: Lancashire, India and Shifting Competitive Advantage, 1600 – 1850," CEPR Discussion Paper No. 5183, London, Centre for Economic Policy Research, August 2005, Table 3, p. 32; Daniel Defoe and John McVeagh, *A Review of the State of the British Nation*, vol. 4, *1707–08* (London: Pickering & Chatto, 2006), 606.

5   예컨대 다음의 공장 기록을 보라. Factory Records, Dacca, 1779, Record Group G 15, col. 21 (1779), in Oriental and India Office Collections, British Library, London; John Irwin and P. R. Schwartz, *Studies in Indo-European Textile History* (Ahmedabad: Calico Museum of Textiles, 1966).

6   K. N. Chaudhuri, "European Trade with India," in *The Cambridge Economic History of India*, vol. 1, *c. 1200–c. 1750* (Cambridge: Cambridge University Press, 1982), 405 – 6; Arasaratnam, "Weavers, Merchants and Company," 92, 94; Copy of the Petition of Dadabo Monackjee, Contractor for the Investment anno 1779, in Factory Records, G 36 (Surat), 58, Oriental and India Office Collections, British Library, London; Cousquer, *Nantes*, 31.

7   Hameeda Hossain, "The Alienation of Weavers: Impact of the Conflict Between the Revenue and Commercial Interests of the East India Company, 1750 – 1800," in Roy, ed., *Cloth and Commerce*, 119, 117; Atul Chandra Pradhan, "British Trade in Cotton Goods and the Decline of the Cotton Industry in Orissa," in Nihar Ranjan Patnaik, ed., *Economic History of Orissa* (New Delhi: Indus Publishing Co., 1997), 244; Arasaratnam, "Weavers, Merchants and Company," 90; Shantha Hariharan, *Cotton Textiles and Corporate Buyers in Cottonopolis: A Study of Purchases and Prices in Gujarat, 1600–1800* (Delhi: Manak Publications, 2002), 49.

8   Memorandum of the Method of Providing Cloth at Dacca, 1676, in Factory Records, Miscellaneous, vol. 26, Oriental and India Office Collections, British Library, London.

9   Minutes of the Commercial Proceedings at Bombay Castle, April 15, 1800, in Minutes of Commercial Proceedings at Bombay Castle from April 15, 1800, to December 31, 1800, in Bombay Commercial Proceedings, P/414, Box 66, Oriental and India Office Collections, British Library, London; Copy of the Petition of Dadabo Monack-jee, 1779,

Factory Records Surat, 1780, Box 58, record G 36 (Surat), Oriental and India Office Collections, British Library; Report of John Taylor on the Cotton Textiles of Dacca, Home Miscellaneous Series, 456, p. 91, Oriental and India Office Collections, British Library; Lakshmi Subramanian, *Indigenous Capital and Imperial Expansion: Bombay, Surat and the West Coast* (Delhi: Oxford University Press, 1996), 15.

10 John Styles, "What Were Cottons for in the Early Industrial Revolution?" in Giorgio Riello and Prasannan Parthasarathi, eds., *The Spinning World: A Global History of Cotton Textiles, 1200–1850* (New York: Oxford University Press, 2009), 307 – 26; Halil Inalcik, "The Ottoman State: Economy and Society, 1300 – 1600," in Halil Inalcik and Donald Quataert, eds., *An Economic and Social History of the Ottoman Empire, 1300–1914* (Cambridge: Cambridge University Press, 1994), 354; Pedro Machado, "Awash in a Sea of Cloth: Gujarat, Africa and the Western Indian Ocean Trade, 1300 – 1800," in Riello and Parthasarasi, *The Spinning World*, 169; Subramanian, *Indigenous Capital*, 4.

11 Maureen Fennell Mazzaoui, *The Italian Cotton Industry in the Later Middle Ages, 1100–1600* (Cambridge: Cambridge University Press, 1981), 157.

12 "Assessing the Slave Trade," The Trans-Atlantic Slave Trade Database, accessed April 5, 2013, http://www.slavevoyages.org/tast/assessment/estimates.faces.

13 David Richardson, "West African Consumption Patterns and Their Influence on the Eighteenth-Century English Slave Trade," in Henry A. Gemery and Jan S. Hogendorn, eds., *The Uncommon Market: Essays in the Economic History of the Atlantic Slave Trade* (New York: Academic Press, 1979), 304; Joseph C. Miller, "Imports at Luanda, Angola 1785 – 1823," in G. Liesegang, H. Pasch, and A. Jones, eds., *Figuring African Trade: Proceedings of the Symposium on the Quantification and Structure of the Import and Export and Long-Distance Trade in Africa 1800–1913* (Berlin: Reimer, 1986), 164, 192; George Metcalf, "A Microcosm of Why Africans Sold Slaves: Akan Consumption Patterns in the 1770s," *Journal of African History* 28, no. 3 (January 1, 1987): 378 – 80.

14 Harry Hamilton Johnston, *The Kilima-Njaro Expedition: A Record of Scientific Exploration in Eastern Equatorial Africa* (London: Kegan, Paul, Trench & Co., 1886), 45. 그 유럽 여행객은 다음 책에서 언급된다. Jeremy Prestholdt, "On the Global Repercussions of East African Consumerism," *American Historical Review* 109, no. 3 (June 1, 2004): 761, 765; Robert Harms, *The Diligent: A Voyage Through the Worlds of the Slave Trade* (New York: Basic Books, 2002), 81; Miles to Shoolbred, 25 July 1779, T70/1483, National Archives of the UK, Kew, as quoted in Metcalf, "A Microcosm of Why Africans Sold Slaves," 388.

15 다음 문헌들도 보라. Carl Wennerlind, *Casualties of Credit: The English Financial Revolution, 1620–1720* (Cambridge, MA: Harvard University Press, 2011); Adam Smith, *An Inquiry*

into the Nature and Causes of the Wealth of Nations, bk. IV, ch. VII, pt. II, vol. II, Edwin Cannan, ed. (Chicago: University of Chicago Press, 1976), 75.

16 Mazzaoui, *Italian Cotton*, 162; Alfred P. Wadsworth and Julia De Lacy Mann, *The Cotton Trade and Industrial Lancashire, 1600–1780* (Manchester: Manchester University Press, 1931), 116; Mann, *The Cotton Trade of Great Britain*, 5; Wolfgang von Stromer, *Die Gründung der Baumwollindustrie in Mitteleuropa* (Stuttgart: Hiersemann, 1978), 28; H. Wescher, "Die Baumwolle im Altertum," in *Ciba-Rundschau* 45 (June 1940): 1644–45.

17 Wadsworth and Mann, *The Cotton Trade*, 11, 15, 19, 21, 72.

18 Ibid., 4, 5, 27, 29, 42, 55, 73. 모직물 공업은 유럽의 농촌 지역에서 이런 움직임을 선도했다. 다음 자료 참조. Herman van der Wee, "The Western European Woolen Industries, 1500–1750," in David Jenkins, *The Cambridge History of Western Textiles* (Cambridge: Cambridge University Press, 2003), 399.

19 Wadsworth and Mann, *The Cotton Trade*, 36.

20 Mann, *The Cotton Trade of Great Britain*, 6; Edward Baines, *History of the Cotton Manufacture in Great Britain* (London: Fisher, Fisher and Jackson, 1835), 109; Bernard Lepetit, "Frankreich, 1750–1850," in Wolfram Fischer et al., eds, *Handbuch der Europäischen Wirtschafts-und Sozialgeschichte*, vol. 4 (Stuttgart: Klett-Verlag für Wissen und Bildung, 1993), 487.

21 Wadsworth and Mann, *The Cotton Trade*, 187.

22 이런 무역에 관한 개괄적인 설명으로는 다음을 보라. Elena Frangakis-Syrett, "Trade Between the Ottoman Empire and Western Europe: The Case of Izmir in the Eighteenth Century," *New Perspectives on Turkey* 2 (1988): 1–18; Baines, *History of the Cotton Manufacture*, 304; Mann, *The Cotton Trade of Great Britain*, 23. "지난 세기가 끝나기 20년 전까지만 해도 영국으로 수입된 면화는 거의 모두 지중해로 들어왔으며, 주로 스미르나에서 왔다"라는 Ellison의 주장은 그릇된 것이다. 그의 주장에 관해서는 다음을 보라. Thomas Ellison, *The Cotton Trade of Great Britain: Including a History of the Liverpool Cotton Market* (London and Liverpool: Effingham Wilson, 1886), 81. 테살로니키에 관해서는 다음을 보라. Nicolas Svoronos, *Le commerce de Salonique au XVIIIe siècle* (Paris: Presses Universitaires de France, 1956); Manchester Cotton Supply Association, *Cotton Culture in New or Partially Developed Sources of Supply: Report of Proceedings* (Manchester: Cotton Supply Association, 1862), 30, as quoted in Oran Kurmus, "The Cotton Famine and Its Effects on the Ottoman Empire," in Huri Islamoglu-Inan, ed., *The Ottoman Empire and the World-Economy* (Cambridge: Cambridge University Press, 1987), 161; Resat Kasaba, *The Ottoman Empire and the World Economy: The Nineteenth Century* (Albany: State University of New York Press, 1988), 21. 전반적인 배경에 관해서는 다음을 보라. Bruce McGowan,

Economic Life in Ottoman Europe: Taxation, Trade and the Struggle for Land, 1600–1800 (Cambridge: Cambridge University Press, 1981).

23 Wadsworth and Mann, *The Cotton Trade*, 183; "Allotment of goods to be sold by the Royal African Company of England," Treasury Department, T 70/1515, National Archives of the UK, Kew.

24 Wadsworth and Mann, *The Cotton Trade*, 186; Lowell Joseph Ragatz, *Statistics for the Study of British Caribbean Economic History, 1763–1833* (London: Bryan Edwards Press, 1927), 22; Lowell Joseph Ragatz, *The Fall of the Planter Class in the British Caribbean* (New York: Century Co., 1928), 39.

25 다음 글은 오스만 제국에 관해서도 이 점을 분명하게 주장한다. Elena Frangakis-Syrett, *The Commerce of Smyrna in the Eighteenth Century (1700–1820)* (Athens: Centre for Asia Minor Studies, 1992), 14; Svoronos, *Le commerce de Salonique au XVIIIe siècle*, 246.

26 Joseph E. Inikori, *Africans and the Industrial Revolution in England: A Study in International Trade and Economic Development* (New York: Cambridge University Press, 2002), 429–31.

27 Arasaratnam, "Weavers, Merchants and Company," 100; K. N. Chaudhuri, *The Trading World of Asia and the English East India Company, 1660–1760* (Cambridge: Cambridge University Press, 1978), 259; Debendra Bijoy Mitra, *The Cotton Weavers of Bengal, 1757–1833* (Calcutta: Firma KLM Private Limited, 1978), 5; Prasannan Parthasarathi, "Merchants and the Rise of Colonialism," in Burton Stein and Sanjay Subrahmanyam, eds., *Institutions and Economic Change in South Asia* (Delhi: Oxford University Press, 1996), 89.

28 Arasaratnam, "Weavers, Merchants and Company," 85; Diary, Consultation, 18 January 1796, in Surat Factory Diary No. 53, part 1, 1795–1796, Maharashtra State Archives, Mumbai; Mitra는 다음의 책에서 경제력과 정치력의 중요성을 강조한다. Mitra, *The Cotton Weavers of Bengal*, 4; B. C. Allen, *Eastern Bengal District Gazetteers: Dacca* (Allahabad: Pioneer Press, 1912), 38–39; Subramanian, *Indigenous Capital*, 202–3, 332.

29 K. N. Chaudhuri, "The Organisation and Structure of Textile Production in India," in Roy, *Cloth and Commerce*, 59.

30 Commercial Board Minute laid before the Board, Surat, September 12, 1795, in Surat Factory Diary No. 53, part 1, 1795–1796, Maharashtra State Archives, Mumbai.

31 Copy of Letter from Gamut Farmer, President, Surat, to Mr. John Griffith, Esq., Governor in Council Bombay, December 12, 1795, in Surat Factory Diary No. 53, part 1, 1795–1796, Maharashtra State Archives, Mumbai; Arasaratnam, "Weavers, Merchants and Company," 86; Board of Trade, Report of Commercial Occurrences, September 12, 1787, in Reports to the Governor General from the Board of Trade, RG 172, Box 393,

Home Miscellaneous, Oriental and India Office Collections, British Library, London; Letter from John Griffith, Bombay Castle to William [illegible], Esq., Chief President, October 27, 1795, in Surat Factory Diary No. 53, part 1, 1795 – 1796, Maharashtra State Archives; Hossain, "The Alienation of Weavers," 121, 125; Mitra, *The Cotton Weavers of Bengal*, 9; Dispatch, London, May 29, 1799, in Bombay Dispatches, E/4, 1014, Oriental and India Office Collections, British Library, London.

32 Parthasarathi, "Merchants and the Rise of Colonialism," 99 – 100; Arasaratnam, "Weavers, Merchants and Company," 107, 109; Chaudhuri, "The Organisation and Structure of Textile Production in India," 58 – 59; Chaudhuri, *The Trading World of Asia and the English East India Company*, 261.

33 Arasaratnam, "Weavers, Merchants and Company," 102, 107; Mitra, *The Cotton Weavers of Bengal*, 48; Hossain, "The Alienation of Weavers," 124 – 25.

34 Bowanny Sankar Mukherjee as quoted in Hossain, "The Alienation of Weavers," 129; Om Prakah, "Textile Manufacturing and Trade Without and with Coercion: The Indian Experience in the Eighteenth Century" (unpublished paper, Global Economic History Network Conference Osaka, December 2004), 26, accessed July 3, 2013, http://www.lse. ac.uk/economicHistory/Research/GEHN/GEHNPDF/PrakashGEHN5.pdf; Hossain, *The Company Weavers of Bengal*, 52; Vijaya Ramaswamy, *Textiles and Weavers in South India* (New York: Oxford University Press, 2006), xiii, 170; Copy of Letter from Board of Directors, London, April 20, 1795, to our President in Council at Bombay, in Surat Factory Diary No. 53, part 1, 1795 – 1796, in Maharashtra State Archives, Mumbai.

35 Mitra는 저항의 중요성도 강조한다. Mitra, *The Cotton Weavers of Bengal*, 7; 다음의 책은 이 동성의 중요성을 강조한다. Chaudhuri, *The Trading World of Asia and the English East India Company*, 252; Arasaratnam, "Weavers, Merchants and Company," 10; 다음 또한 보라. Details Regarding Weaving in Bengal, Home Miscellaneous Series, 795, pp. 18 – 22, Oriental and India Office Collections, British Library, London.

36 Commercial Board Minute laid before the Board, Surat, September 12, 1795, in Surat Factory Diary No. 53, part 1, 1795 – 1796, Maharashtra State Archives, Mumbai; Homes Miscellaneous Series, 795, pp. 18 – 22, Oriental and India Office Collections, British Library, London. 다음 자료도 보라. Parthasarathi, "Merchants and the Rise of Colonialism," 94.

37 Amalendu Guha, "The Decline of India's Cotton Handicrafts, 1800 – 1905: A Quantitative Macro-study," *Calcutta Historical Journal* 17 (1989): 41 – 42; Chaudhuri, "The Organisation and Structure of Textile Production in India," 60; 1786~1787년에 다카와 그 주변 지역에서 활동한 직공의 수는 1만 6403명으로 추산되었다. Homes Miscellaneous

Series, 795, pp. 18–22, Oriental and India Office Collections, British Library, London; Diary, Consultation, January 18, 1796, in Surat Factory Diary No. 53, part 1, 1795–1796, Maharashtra State Archives, Mumbai.

38 Dispatch from East India Company, London to Bombay, March 22, 1765, in Dispatches to Bombay, E/4, 997, Oriental and India Office Collections, British Library, London, p. 611.

39 Report of the Select Committee of the Court of Directors of the East India Company, Upon the Subject of the Cotton Manufacture of this Country, 1793, Home Miscellaneous Series, 401, p. 1, Oriental and India Office Collections, British Library, London.

40 Inikori, *Africans and the Industrial Revolution in England*, 430; Inalcik, "The Ottoman State," 355.

41 M. D. C. Crawford, *The Heritage of Cotton: The Fibre of Two Worlds and Many Ages* (New York: G. P. Putnam's Sons, 1924), xvii; 의회의 논쟁은 다음 글에 인용되어 있다. Cassels, *Cotton*, 1; 팸플릿은 다음 글에 인용되어 있다. Baines, *History of the Cotton Manufacture*, 75; Defoe and McVeagh, *A Review of the State of the British Nation*, vol. 4, 605–6; Copy of Memorial of the Callicoe Printers to the Lords of the Treasury, Received, May 4, 1779, Treasury Department, T 1, 552, National Archives of the UK, Kew. 유사한 노선을 따르고 있는 것으로 다음 글을 보라. "The Memorial of the Several Persons whose Names are herunto subscribed on behalf of themselves and other Callico Printers of Great Britain," received July 1, 1780, at the Lords Commissioners of His Majesty's Treasury, Treasury Department, T1, 563/72–78, National Archives of the UK, Kew.

42 다음 글에서 재인용했다. S. V. Puntambekar and N. S. Varadachari, *Hand-Spinning and Hand-Weaving: An Essay* (Ahmedabad: All India Spinners' Association, 1926), 49, 51ff., 58; Inikori, *Africans and the Industrial Revolution in England*, 431–32; Crawford, *The Heritage of Cotton*, xvii; Baines, *History of the Cotton Manufacture*, 79; Wadsworth and Mann, *The Cotton Trade*, 132; Crawford, *The Heritage of Cotton*, xvii; Lemire, *Fashion's Favourite*, 42; Petition to the Treasury by Robert Gardiner, in Treasury Department, T1, 517/100–101, National Archives of the UK, Kew; Wadsworth and Mann, *The Cotton Trade*, 128; Letter of Vincent Mathias to the Treasury, July 24, 1767, Treasury Department, T 1, 457, National Archives of the UK, Kew.

43 Cousquer, *Nantes*, 12, 23, 43; *Arrêt du conseil d'état du roi, 10 juillet 1785* (Paris: L'Imprimerie Royale, 1785); André Zysberg, *Les Galériens: Vies et destiny de 60,000 porçats sur les galeres de France, 1680–1748* (Paris: Sevid, 1987); Marc Vigié, *Les Galériens du Roi, 1661–1715* (Paris: Fayard, 1985).

44 Wadsworth and Mann, *The Cotton Trade*, 118 – 19; *Examen des effets que doivent produire dans le commerce de France, l'usage et la fabrication des toiles peintes* (Paris: Chez la Veuve Delaguette, 1759); Friedrich Wilhelm, King of Prussia, *Edict dass von Dato an zu rechnen nach Ablauf acht Monathen in der Chur-Marck Magdeburgischen, Halberstadtschem und Pommern niemand einigen gedruckten oder gemahlten Zitz oder Cattun weiter tragen soll* (Berlin: G. Schlechtiger, 1721); Yuksel Duman, "Notables, Textiles and Copper in Ottoman Tokat, 1750 – 1840" (PhD dissertation, State University of New York at Binghamton, 1998), 144 – 45.

45 François-Xavier Legoux de Flaix, *Essai historique, géographique et politique sur l'Indoustan, avec le tableau de son commerce*, vol. 2 (Paris: Pougin, 1807), 326; Lemire, *Fashion's Favourite*, 3 – 42.

46 다음 자료도 보라. George Bryan Souza, "Convergence Before Divergence: Global Maritime Economic History and Material Culture," *International Journal of Maritime History* 17, no. 1 (2005): 17 – 27; Georges Roques, "La manière de négocier dans les Indes Orientales," Fonds Français 14614, Bibliothèque National, Paris; Paul R. Schwartz, "L'impression sur coton à Ahmedabad (Inde) en 1678," *Bulletin de la Société Industrielle de Mulhouse*, no. 1 (1967): 9 – 25; Cousquer, *Nantes*, 18 – 20; Jean Ryhiner, *Traité sur la fabrication et le commerce des toiles peintes, commencés en 1766*, Archive du Musée de l'Impression sur Étoffes, Mulhouse, France. 다음 자료도 보라. 1758 *Réflexions sur les avantages de la libre fabrication et de l'usage des toiles peintes en France* (Geneva: n.p., 1758), Archive du Musée de l'Impression sur Etoffes, Mulhouse, France; M. Delormois, *L'art de faire l'indienne à l'instar d'Angleterre, et de composer toutes les couleurs, bon teint, propres à l'indienne* (Paris: Charles-Antoine Jambert, 1770); Legoux de Flaix, *Essai historique*, vol. 2, 165, 331, as quoted in Florence d'Souza, "Legoux de Flaix's Observations on Indian Technologies Unknown in Europe," in K. S. Mathew, ed., *French in India and Indian Nationalism*, vol. 1 (Delhi: B.R. Publishing Corporation, 1999), 323 – 24.

47 Dorte Raaschou, "Un document Danois sur la fabrication des toiles Peintes à Tranquebar, aux Indes, à la fin du XVIII siècle," in *Bulletin de la Société Industrielle de Mulhouse*, no. 4 (1967): 9 – 21; Wadsworth and Mann, *The Cotton Trade*, 119; Inikori, *Africans and the Industrial Revolution in England*, 432; *Philosophical Magazine* 30 (1808): 259; *Philosophical Magazine* 1 (1798): 4. 다음 자료도 보라. S. D. Chapman, *The Cotton Industry in the Industrial Revolution* (London: Macmillan, 1972), 12; *Philosophical Magazine* 1 (1798): 126.

48 Cotton Goods Manufacturers, Petition to the Lords Commissioner of His Majesty's Treasury, Treasury Department, T 1, 676/30, National Archives of the UK, Kew; Dispatch, November 21, 1787, Bombay Dispatches, E/4, 1004, Oriental and India Office

Collections, British Library, London.

49 Chapman, *The Cotton Industry in the Industrial Revolution*, 16.

50 Marion Johnson, "Technology, Competition, and African Crafts," in Clive Dewey and A. G. Hopkins, eds., *The Imperial Impact: Studies in the Economic History of Africa and India* (London: Athlone Press, 1978), 262; Irwin and Schwartz, *Studies in Indo-European Textile History*, 12. 18세기 내내 노예가 아프리카의 가장 중요한 '수출품'으로 전체 무역의 80~90%를 차지했다는 것은 이미 알려진 사실이다. J. S. Hogendorn and H. A. Gemery, "The 'Hidden Half' of the Anglo-African Trade in the Eighteenth Century: The Significance of Marion Johnson's Statistical Research," in David Henige and T. C. McCaskie, eds., *West African Economic and Social History: Studies in Memory of Marion Johnson* (Madison: African Studies Program, University of Wisconsin Press, 1990), 90; Extract Letter, East India Company, Commercial Department, London, to Bombay, May 4, 1791, in Home Miss. 374, Oriental and India Office Collections, British Library, London; Cousquer, *Nantes*, 32; de Flaix is quoted in Richard Roberts, "West Africa and the Pondicherry Textile Industry," in Roy, ed., *Cloth and Commerce*, 142.

51 Wadsworth and Mann, *The Cotton Trade*, 116, 127, 147; Inikori, *Africans and the Industrial Revolution in England*, 434–35, 448; Smith, *An Inquiry into the Nature and Causes of the Wealth of Nations*, bk. IV, ch. I, vol. I, 470.

52 Wadsworth and Mann, *The Cotton Trade*, 122, 131, 151, 154; Extract Letter to Bombay, Commercial Department, May 4, 1791, in Home Miscellaneous 374, Oriental and India Office Collections, British Library, London.

53 Maurice Dobb, *Studies in the Development of Capitalism* (New York: International Publishers, 1947), 277; George Unwin, in introduction to George W. Daniels, *The Early English Cotton Industry* (Manchester: Manchester University Press, 1920), xxx. 이런 점은 다음 글에서 탁월하게 드러난다. Daron Acemoglu, Simon Johnson, and James Robinson, "The Rise of Europe: Atlantic Trade, Institutional Change and Economic Growth," National Bureau of Economic Research Working Paper No. 9378, December 2002. 그들 의 설명이 놓치고 있는 것은 유럽이라는 중심을 벗어난 세계의 다른 지역들에서 전쟁자본 주의의 기구들이 지속적으로 중요한 역할을 했다는 점이다.

54 다음의 중요한 연구를 보라. Wennerlind, *Casualties of Credit*, esp. 223–25; Inikori, *Africans and the Industrial Revolution in England*, 478–79; P. K. O'Brien and S. L. Engerman, "Exports and the Growth of the British Economy from the Glorious Revolution to the Peace of Amiens," in Barbara Solow, ed., *Slavery and the Rise of the Atlantic System* (New York: Cambridge University Press, 1991), 191.

55 다음에서 재인용. Peter Spencer, *Samuel Greg, 1758–1834* (Styal, Cheshire, UK: Quarry

Bank Mill, 1989).

56 예를 들어, 다음 자료들을 보라. Kevin H. O'Rourke and Jeffrey G. Williamson, "After Columbus: Explaining Europe's Overseas Trade Boom, 1500 – 1800," *Journal of Economic History* 62 (2002): 417 – 56; Dennis O. Flynn and Arturo Giraldez, "Path Dependence, Time Lags and the Birth of Globalization: A Critique of O'Rourke and Williamson," *European Review of Economic History* 8 (2004): 81 – 108; Janet Abu-Lughod, *The World System in the Thirteenth Century: Dead-End or Precursor?* (Washington, DC: American Historical Association, 1993); Andre Gunder Frank, *ReOrient: Global Economy in the Asian Age* (Berkeley: University of California Press, 1988). 나는 Joseph E. Inikori의 의견에 동조한다. 그는 글로벌화의 역사에서 '글로벌 상품 생산의 통합된 과정'이 중요성을 지닌다고 주장했다. 다음을 보라. Joseph E. Inikori, "Africa and the Globalization Process: Western Africa, 1450 – 1850," *Journal of Global History* (2007): 63 – 86.

57 Mann, *The Cotton Trade of Great Britain*, 20.

3장 전쟁자본주의가 치른 대가

1 Anthony Howe, *The Cotton Masters, 1830–1860* (Oxford: Clarendon Press, 1984), 41; Michael James, *From Smuggling to Cotton Kings: The Greg Story* (Cirencester, UK: Memoirs, 2010), 4, 8 – 9, 37 – 40; Mary B. Rose, *The Gregs of Quarry Bank Mill: The Rise and Decline of a Family Firm, 1750–1914* (Cambridge: Cambridge University Press, 1986), 5.

2 Caitlin C. Rosenthal, "Slavery's Scientific Management: Accounting for Mastery," in Sven Beckert and Seth Rockman, eds., *Slavery's Capitalism: A New History of American Economic Development* (Philadelphia: University of Pennsylvania Press, forthcoming, 2015). 산업화에서 노예제의 중요성을 다룬 훌륭한 논의는 다음 책에서 찾아볼 수 있다. Robin Blackburn, *The American Crucible: Slavery, Emancipation and Human Rights* (London: Verso, 2011), 104 – 7.

3 다음 글은 대분기에서 대서양 무역이 지닌 중요성을 강조한다. Daron Acemoglu, Simon Johnson, and James Robinson, "The Rise of Europe: Atlantic Trade, Institutional Change and Economic Growth," National Bureau of Economic Research Working Paper No. 9378, December 2002, esp. 4 영국 사회가 노예제에 연루된 정도와 노예제에서 얻은 상당한 물질적 이익에 관해서는 다음 책에서 논증된다. Nicholas Draper, *The Price of Emancipation: Slave-Ownership, Compensation and British Society at the End of Slavery* (Cambridge: Cambridge University Press, 2010).

4 Rose, *The Gregs of Quarry Bank Mill*, 15 – 16, 20. 사실 그는 그의 전기 작가 Mary Rose가

주장했던 것처럼, '직물에 대한 커지는 수요', 곧 그가 직접 알게 된 수요에 대응했다. 다음을 보라. Mary B. Rose, "The Role of the Family in Providing Capital and Managerial Talent in Samuel Greg and Company, 1784 – 1840," *Business History* 19, no. 1 (1977): 37 – 53.

5 James, *From Smuggling to Cotton Kings*, 21. 그 변환에 관해서는 다음을 보라. Eric Nye, "Pounds Sterling to Dollars: Historical Conversion of Currency," University of Wyoming, accessed January 9, 2013, http://uwacadweb.uwyo.edu/numimage/currency.htm. 사실 1801~1804년에 그레그의 생산물 가운데 59%가 미국으로 향했다. 다음을 보라. Rose, *The Gregs of Quarry Bank Mill*, 24, 28, 30 33. 채권의 이자율에 관해서는 다음을 보라. David Stasavage, *Public Debt and the Birth of the Democratic State: France and Great Britain, 1688–1789* (Cambridge: Cambridge University Press, 2003), 96.

6 다음 문헌들 참조. David Landes, *The Unbound Prometheus: Technical Change and Industrial Development in Western Europe from 1750 to the Present*, 2nd ed. (New York: Cambridge University Press, 2003); David Landes, *The Wealth and Poverty of Nations: Why Some Are So Rich and Some So Poor* (New York: Norton, 1998); Niall Ferguson, *Civilization: The West and the Rest* (New York: Penguin, 2011); Jared Diamond, *Guns, Germs, and Steel: The Fates of Human Societies* (New York: Norton, 1998). 개관을 위해서는 다음을 보라. Joseph E. Inikori, *Africans and the Industrial Revolution in England: A Study in International Trade and Economic Development* (New York: Cambridge University Press, 2002), chapter 2.

7 M. D. C. Crawford, *The Heritage of Cotton: The Fibre of Two Worlds and Many Ages* (New York: G. P. Putnam's Sons, 1924), v; Angus Maddison, *The World Economy: A Millennial Perspective* (Paris: Development Centre of the Organisation for Economic Co-operation and Development, 2001), 27. Nicholas Crafts처럼 산업혁명에서 경제성장의 가속화가 둔화된 것을 강조한 사람들조차 여전히 그것을 'TFP의 성장을 가속시킬' 하나의 분수령으로 본다. 다음을 보라. Nicholas Crafts, "The First Industrial Revolution: Resolving the Slow Growth/Rapid Industrialization Paradox," *Journal of the European Economic Association* 3, no. 2/3 (May 2005): 525 – 39, 특히 533쪽을 보라. 그러나 산업혁명이 영국 경제 전체에 끼친 영향에 대한 재평가에 관해서는 다음 책을 보다. Peter Temin, "Two Views of the Industrial Revolution," *Journal of Economic History* 57 (March 1997): 63 – 82. 산업혁명에 관한 책만큼이나 많은 산업혁명에 관한 설명이 존재한다는 것을 알 수 있다. 다음 글에 훌륭한 개괄적 설명이 담겨 있다. Inikori, *Africans and the Industrial Revolution in England*, chapter 2. 그러나 장기적이고 서서히 이루어진 문화적 변화, 혹은 제도적 변화로는 영국이 세계의 나머지 지역들로부터 급속히 갈라져 나온 사실을 설명할 수 없다.

8 Peter Spencer, *Samuel Greg, 1758–1834* (Styal: Quarry Bank Mill, 1989), 6.

9 Maurice Dobb, *Studies in the Development of Capitalism* (New York: International

Publishers, 1964), 294; Eric Hobsbawm, *The Age of Revolution, 1789–1848* (London: Abacus, 1977), 49; Rose, *The Gregs of Quarry Bank Mill*, 7; Stephen Broadberry and Bishnupriya Gupta, "Cotton Textiles and the Great Divergence: Lancashire, India and Shifting Competitive Advantage, 1600 – 1850," CEPR Discussion Paper No. 5183, London, Centre for Economic Policy Research, August 2005, 7.

10 Broadberry and Gupta, "Cotton Textiles and the Great Divergence," 27. Robert C. Allen 은 산업혁명의 핵심 동력이 된 더 효율적인 기계에 대한 수요를 제대로 짚어 강조한다. 그러나 기계에 대한 수요는 궁극적으로 면제품을 위한 방대한 시장의 존재와 그 시장에 종사할 수 있는 영국 자본가들의 능력에서 도출되었다. 다음을 보라. Robert C. Allen, *The British Industrial Revolution in Global Perspective* (New York: Cambridge University Press, 2009), 예를 들어 p. 137.

11 이런 주장에 대한 가장 훌륭한 설명은 다음에서 찾아볼 수 있다. Allen, *The British Industrial Revolution*; 다음 글도 참조. Broadberry and Gupta, "Cotton Textiles and the Great Divergence" K. N. Chaudhuri, "The Organisation and Structure of Textile Production in India," in Tirthankar Roy, ed., *Cloth and Commerce: Textiles in Colonial India* (Walnut Creek, CA: AltaMira Press, 1996), 74; Friedrich Hassler, *Vom Spinnen und Weben* (Munich: R. Oldenbourg, 1952), 7.

12 Almut Bohnsack, *Spinnen und Weben: Entwicklung von Technik und Arbeit im Textilgewerbe* (Reinbeck: Rowohlt, 1981), 25, 201.

13 Mike Williams and D. A. Farnie, *Cotton Mills in Greater Manchester* (Preston, UK: Carnegie, 1992), 9.

14 S. & W. Salte to Samuel Oldknow, November 5, 1787, Record Group SO/1,265, Oldknow Papers, John Rylands Library, Manchester.

15 S. D. Chapman, *The Cotton Industry in the Industrial Revolution* (London: Macmillan, 1972), 20; Broadberry and Gupta, "Cotton Textiles and the Great Divergence," 23.

16 Edward Baines, *History of the Cotton Manufacture in Great Britain* (London: H. Fisher, R. Fisher, and P. Jackson, 1835) 353; Price of Mule Yarn from 1796 to 1843 sold by McConnel & Kennedy, Manchester, in McConnel & Kennedy Papers, record group MCK, file 3/3/8, John Rylands Library, Manchester; C. Knick Harley, "Cotton Textile Prices and the Industrial Revolution," *Economic History Review*, New Series, 51, no. 1 (February 1998): 59.

17 이 수치들은 그저 근사치일 뿐이다. 다음을 보라. Broadberry and Gupta, "Cotton Textiles and the Great Divergence," 8, 26; Chapman, *The Cotton Industry in the Industrial Revolution*, 22, 29; Howe, *The Cotton Masters*, 6.

18 Hobsbawm, *The Age of Revolution*, 46; Allen, *The British Industrial Revolution*, 191; Dobb,

Studies in the Development of Capitalism, 269; Salvin Brothers of Castle Eden Co., Durham, to McConnel & Kennedy, Castle Eden, July 22, 1795, Letters, 1795, record group MCK, box 2/1/1, in McConnel & Kennedy Papers, John Rylands Library, Manchester.

19 Patrick O'Brien, "The Geopolitics of a Global Industry: Eurasian Divergence and the Mechanization of Cotton Textile Production in England," in Giorgio Riello and Prasannan Parthasarathi, eds., *The Spinning World: A Global History of Cotton Textiles, 1200–1850* (New York: Oxford University Press, 2009), 360. 다음도 보라. Dobb, *Studies in the Development of Capitalism*, 258.

20 예를 들어, 그레이터맨체스터 지역에 처음 들어선 "면방적 목적의 대규모 시설"은 1782년 경에 설립된 슈드힐(shudehill) 방적공장으로, 가로 9미터, 세로 61미터의 5층 높이 시설 이었다. 다음을 보라. Williams and Farnie, *Cotton Mills in Greater Manchester*, 50; Stanley D. Chapman, *The Early Factory Masters: The Transition to the Factory System in the Midlands Textile Industry* (Newton Abbot, Devon, UK: David & Charles, 1967), 65.

21 Williams and Farnie, *Cotton Mills in Greater Manchester*, 4–9; Harold Catling, *The Spinning Mule* (Newton Abbot, Devon, UK: David & Charles, 1970), 150.

22 Charles Tilly, "Social Change in Modern Europe: The Big Picture," in Lenard R. Berlanstein, ed., *The Industrial Revolution and Work in Nineteenth-Century Europe* (London and New York: Routledge, 1992), 53.

23 M. Elvin, "The High-Level Equilibrium Trap: The Causes of the Decline of Invention in the Traditional Chinese Textile Industries," in W. E. Willmott, ed., *Economic Organization in Chinese Society* (Stanford, CA: Stanford University Press, 1972), 137ff. 다음 자료도 보라. Sucheta Mazumdar, *Sugar and Society in China: Peasants, Technology and the World Market* (Cambridge, MA: Harvard University Press, 1998), 183; Philip C. C. Huang, *The Peasant Family and Rural Development in the Yangzi Delta, 1350–1988* (Stanford, CA: Stanford University Press, 1990), 44.

24 이 주장에 관해서는 다음의 글들을 보라. Roy Bin Wong, *China Transformed: Historical Change and the Limits of European Experience* (Ithaca, NY: Cornell University Press, 1997); Chaudhuri, "The Organisation and Structure of Textile Production in India," 57.

25 Rose, *The Gregs of Quarry Bank Mill*, 39–40; Chapman, *The Cotton Industry in the Industrial Revolution*, 29; William Emerson to McConnel & Kennedy, Belfast, December 8, 1795, in John Rylands Library, Manchester.

26 Chapman, *The Cotton Industry in the Industrial Revolution*, 29, 32; Howe, *The Cotton Masters*, 9, 11–12.

27 A. C. Howe, "Oldknow, Samuel (1756–1828)," in H. C. G. Matthew and Brian Harrison, eds., *Oxford Dictionary of National Biography* (Oxford: Oxford University Press,

2004); George Unwin, *Samuel Oldknow and the Arkwrights: The Industrial Revolution at Stockport and Marple* (New York: A. M. Kelley, 1968), 2, 6, 45, 107, 123, 127, 135, 140.

28 Chapman, *The Cotton Industry in the Industrial Revolution*, 31, 37 – 41; Howe, *The Cotton Masters*, 24, 27; M. J. Daunton, *Progress and Poverty: An Economic and Social History of Britain, 1700–1850* (New York: Oxford University Press, 1995), 199; Dobb, *Studies in the Development of Capitalism*, 268.

29 Partnership Agreement Between Benjamin Sanford, William Sanford, John Kennedy, and James McConnel, 1791: 1/2 Personal Ledger, 1795 – 1801: 3/1/1, Papers of McConnel & Kennedy, John Rylands Library, Manchester.

30 N. F. R. Crafts, *British Economic Growth During the Industrial Revolution* (New York: Oxford University Press, 1985), 22; Bohnsack, *Spinnen und Weben*, 26; Allen, *The British Industrial Revolution*, 182; Howe, *The Cotton Masters*, 1, 51.

31 Fernand Braudel, *Afterthoughts on Material Civilization and Capitalism* (Baltimore: Johns Hopkins University Press, 1977), 109.

32 Beverly Lemire, *Fashion's Favourite: The Cotton Trade and the Consumer in Britain, 1660–1800* (Oxford: Oxford University Press, 1991).

33 Baines, *History of the Cotton Manufacture in Great Britain*, 335; R. C. Allen and J. L. Weisdorf, "Was There an 'Industrious Revolution' Before the Industrial Revolution? An Empirical Exercise for England, c. 1300 – 1830," *Economic History Review* 64, no. 3 (2011): 715 – 29; P. K. O'Brien and S. L. Engerman, "Exports and the Growth of the British Economy from the Glorious Revolution to the Peace of Amiens," in Barbara Solow, ed., *Slavery and the Rise of the Atlantic System* (New York: Cambridge University Press, 1991), 184, 188, 200; Broadberry and Gupta, "Cotton Textiles and the Great Divergence," 5; Baines, *History of the Cotton Manufacture in Great Britain*, 349 – 50. 전반적인 주장에 관해서는 다음을 보라. Inikori, *Africans and the Industrial Revolution in England*, 436, 450; Hobsbawm, *The Age of Revolution*, 49. 129쪽의 도표는 다음 책에 등장하는 '표10'과 '표11'의 수치들을 근거로 했다. Elizabeth Boody Schumpeter and T. S. Ashton, *English Overseas Trade Statistics, 1697–1808* (Oxford: Clarendon Press, 1960), 29 – 34. '표10'은 1697~1771년, 1775년, 1780년에 모직물을 제외한 영국의 주요 수출 직물의 가치를 파운드화로 보여준다. '표11'은 1772~1807년에 모직물을 제외한 영국의 주요 직물의 수출 양과 가치를 파운드화로 보여준다. 1772~1791년은 잉글랜드와 웨일스, 1792~1807년은 영국 전체를 포괄한다.

34 O'Brien and Engerman, "Exports and the Growth of the British Economy," 185; Baines, *History of the Cotton Manufacture in Great Britain*, 349.

35 Debendra Bijoy Mitra, *The Cotton Weavers of Bengal, 1757–1833* (Calcutta: Firm KLM

Private Ltd., 1978), 25; John Taylor, *Account of the District of Dacca by the Commercial Resident Mr. John Taylor in a Letter to the Board of Trade at Calcutta dated 30th November 1800 with P.S. 2 November 1801 and Inclosures, In Reply to a Letter from the Board dated 6th February 1798 transmitting Copy of the 115th Paragraph of the General Letter from the Court of Directors dated 9th May 1797 Inviting the Collection of Materials for the use of the Company's Historiographer*, Home Miscellaneous Series, 456, Box F, pp. 111–12, Oriental and India Office Collections, British Library, London; *The Principal Heads of the History and Statistics of the Dacca Division* (Calcutta: E. M. Lewis, 1868), 129; Shantha Harihara, *Cotton Textiles and Corporate Buyers in Cottonopolis: A Study of Purchases and Prices in Gujarat, 1600–1800* (Delhi: Manak, 2002), 75; "Extracts from the Reports of the Reporter of External Commerce in Bengal; from the year 1795 to the latest Period for which the same can be made up," in *House of Commons Papers*, vol. 8 (1812–13), 23. 다음 자료도 보라. Konrad Specker, "Madras Handlooms in the Nineteenth Century," in Roy, ed., *Cloth and Commerce*, 179; G. A. Prinsep, *Remarks on the External Commerce and Exchanges of Bengal* (London: Kingsbury, Parbury, and Allen, 1823), 28; "The East-India and China Trade," *Asiatic Journal and Monthly Register for British India and Its Dependencies* 28, no. 164 (August 1829): 150.

36 O'Brien and Engerman, "Exports and the Growth of the British Economy," 177–209; Inikori, *Africans and the Industrial Revolution in England*, 445, 447–48; Kenneth Pomeranz, *The Great Divergence: China, Europe, and the Making of the Modern World Economy* (Princeton, NJ: Princeton University Press, 2000), 266; Marion Johnson, "Technology, Competition, and African Crafts," in Clive Dewey and A. G. Hopkins, eds., *The Imperial Impact: Studies in the Economic History of Africa and India* (London: Athlone Press, 1978), 263.

37 많은 관측자들의 말대로, 여러 제도가 아주 중요하다. 그런데 문제는 제도를 결정하고 그런 제도의 출현이 특정한 역사적 과정 속에 뿌리내리게 하는 것이다. 제도는 역사적 행위자들의 '의지'의 문제가 아니라 수많은 요인들이 합세해 이룬 결과이며, 무엇보다 사회적 힘이 이룬 특정한 균형의 결과다. 이어지는 장들에서 살펴보겠지만, 세계 여러 지역의 사회적·정치적 상황들은 산업자본주의에, 혹은 산업자본주의와 함께 한 제도에 도움이 되지 않았다. 프랑스 위원회의 보고서는 다음 책에 인용되어 있다. Henry Brooke Parnell, *On Financial Reform*, 3rd ed. (London: John Murray, 1832), 84; William J. Ashworth, "The Ghost of Rostow: Science, Culture and the British Industrial Revolution," *History of Science* 156 (2008): 261.

38 영국 해군에 관해서는 다음을 보라. O'Brien and Engerman, "Exports and the Growth of the British Economy," 189–90. 나는 제도의 결정적 중요성을 강조한 최근 문헌의 주장에 동의한다. 다음 책은 그런 주장을 가장 설득력있게 제시한다. Daron Acemoglu and

James A. Robinson, *Why Nations Fail: The Origins of Power, Prosperity, and Poverty* (New York: Crown Business, 2012). 그러나 이들에 따르면, 이러한 제도는 뚜렷한 형태도 없이 잘 드러나지 않은 채로 남아 있으며 그 자체의 역사(와 전쟁자본주의에서 비롯된 그 기원)가 명시되지 않은 채로 남아 있다. 제도의 중요성에 관한 주장을 위해서는 또한 다음을 보라. Niall Ferguson, *Civilization: The Six Killer Apps of Western Power* (London: Penguin, 2012).

39 여기서도 다음 글의 흥미로운 주장을 보라. Acemoglu et al., "The Rise of Europe."

40 Howe, *The Cotton Masters*, 90, 94.

41 Petition of manufacturers of calicoes, muslins and other cotton goods in Glasgow asking for extension of exemption for Auction Duty Act, July 1, 1789 (received), Treasury Department, record group T 1, 676/30, National Archives of the UK, Kew.

42 Allen, *The British Industrial Revolution*, 5 참조.

43 Baines, *History of the Cotton Manufacture in Great Britain*, 321 – 29.

44 Ibid., 503 – 4; William J. Ashworth, *Customs and Excise Trade, Production, and Consumption in England, 1640–1845* (Oxford: Oxford University Press, 2003), 4, 8; O'Brien and Engerman, "Exports and the Growth of the British Economy," 206; *Edinburgh Review, or Critical Journal* 61 (July 1835): 455.

45 그것은 케네스 포머란츠(Kenneth Pomeranz)가 제공한 수치를 활용한 것으로 대략의 추산일 뿐이며 정확히는 417배다. Pomeranz, *The Great Divergence*, 139, 337; Kenneth Pomeranz, "Beyond the East-West Binary: Resituating Development Paths in the Eighteenth-Century World," *Journal of Asian Studies* 61, no. 2 (May 1, 2002): 569; Baines, *History of the Cotton Manufacture in Great Britain*, 215.

46 Hobsbawm, *The Age of Revolution*, 44; Thomas Ashton to William Rathbone VI, Flowery Fields, January 17, 1837, Record Group RP.IX.1.48 – 63, Rathbone Papers, University of Liverpool, Special Collections and Archives, Liverpool; the English visitor is quoted in Asa Briggs, *Victorian Cities* (Berkeley and Los Angeles: University of California Press, 1970), 89; Alexis de Tocqueville, *Journeys to England and Ireland*, trans. George Lawrence and K. P. Mayer, ed. K. P. Mayer (London: Transaction Publishers, 2003), 107 – 8; Thomas Jefferson, *Notes on the State of Virginia*, Query XIX.

47 Dale Tomich and Michael Zeuske, "The Second Slavery: Mass Slavery, World-Economy, and Comparative Microhistories," *Review: A Journal of the Fernand Braudel Center* 31, no. 3 (2008), 91 – 100; Michael Zeuske, "The Second Slavery: Modernity, Mobility, and Identity of Captives in Nineteenth-Century Cuba and the Atlantic World," in Javier Lavina and Michael Zeuske, eds., *The Second Slavery: Mass Slaveries and Modernity in the Americas and in the Atlantic Basin* (Berlin, Münster, and New York: LIT Verlag, 2013);

Dale Tomich, Rafael Marquese, and Ricardo Salles, eds., *Frontiers of Slavery* (Binghamton: State University of New York Press, forthcoming).

48　J. De Cordova, *The Cultivation of Cotton in Texas: The Advantages of Free Labour, A Lecture Delivered at the Town Hall, Manchester, on Tuesday, the 28th day of September, 1858, before the Cotton Supply Association* (London: J. King & Co., 1858), 70–71.

4장　노동력의 포획, 토지의 정복

1　A. Moreau de Jonnes, "Travels of a Pound of Cotton," *Asiatic Journal and Monthly Register for British India and Its Dependencies* 21 (January–June 1826) (London: Kingsbury, Parbury & Allen, 1826), 23.

2　J. T. Danson, "On the Existing Connection Between American Slavery and the British Cotton Manufacture," *Journal of the Statistical Society of London* 20 (March 1857): 7, 19. 비슷한 주장으로는 다음 자료도 있다. Elisée Reclus, "Le coton et la crise Américaine," *Revue des Deux Mondes* 37 (1862): 176, 187. 자본주의와 노예제의 관계에 관한 주장들은 다음 책들에서도 찾아볼 수 있다. Philip McMichael, "Slavery in Capitalism: The Rise and Demise of the U.S. Ante-Bellum Cotton Culture," *Theory and Society* 20 (June 1991): 321–49; Joseph E. Inikori, *Africans and the Industrial Revolution in England: A Study in International Trade and Economic Development* (New York: Cambridge University Press, 2003); Eric Williams, *Capitalism and Slavery* (Chapel Hill: University of North Carolina Press, 1994).

3　"Cotton, Raw, Quantity Consumed and Manufactured," in Levi Woodbury, United States Department of the Treasury, *Letter from the Secretary of the Treasury transmitting Tables and Notes on the Cultivation, Manufacture, and Foreign Trade of Cotton* (1836), 40.

4　'제2의 노예제'에 관해서는 다음을 보라. Dale Tomich, "The Second Slavery: Mass Slavery, World-Economy, and Comparative Histories," *Review: A Journal of the Fernand Braudel Center* 31, no. 3 (2008). 상품의 전선에 관해서는 다음을 보라. Jason W. Moore, "Sugar and the Expansion of the Early Modern World-Economy: Commodity Frontiers, Ecological Transformation, and Industrialization," *Review: A Journal of the Fernand Braudel Center* 23, no. 3 (2000): 409–33. Robin Blackburn, *The American Crucible: Slavery, Emancipation and Human Rights* (London: Verso, 2011), 22도 참조하라.

5　프랑스의 면화 재배에 관해서는 다음을 보라. C. P. De Lasteyrie, *Du cotonnier et de sa culture* (Paris: Bertrand, 1808); *Notice sur le coton, sa culture, et sur la posibilité de le cultiver dans le département de la Gironde*, 3rd ed. (Bordeaux: L'Imprimerie de Brossier, 1823); 이런 시

도에 관해서는 다음 책도 보라. Morris R. Chew, *History of the Kingdom of Cotton and Cotton Statistics of the World* (New Orleans: W. B. Stansbury & Co., 1884), 48. 랭커셔에서 면화를 재배하려 한 시도에 관해서는 다음을 보라. John Holt, *General View of the Agriculture of the County of Lancaster* (London: G. Nicol, 1795), 207.

6   N. G. Svoronos, *Le commerce de Salonique au XVIIIe siècle* (Paris: Presses Universitaires de France, 1956), 67; Bombay Dispatches, IO/E/4, 996, pp. 351, 657; British Library, Oriental and India Office Collections, British Library, London; Eliyahu Ashtor, "The Venetian Cotton Trade in Syria in the Later Middle Ages," *Studi Medievali*, ser. 3, vol. 17 (1976): 676, 682, 686.

7   1790년에 영국의 면화 소비는 1,388만*kg*에 달했다. Edward Baines, *History of the Cotton Manufacture in Great Britain* (London: H. Fisher, R. Fisher, and P. Jackson, 1835), 215, 347, 348; Thomas Ellison, *The Cotton Trade of Great Britain* (London: Effingham Wilson, Royal Exchange, 1886), 49; Joel Mokyr, *The Lever of Riches: Technological Creativity and Economic Progress* (New York: Oxford University Press, 1990), 99; Bernard Lepetit, "Frankreich, 1750 – 1850," in Wolfram Fischer et al., eds, *Handbuch der Europäischen Wirtschafts- und Sozialgeschichte*, vol. 4 (Stuttgart: Klett-Cotta, 1993), 487; *Bremer Handelsblatt* 2 (1851): 4.

8   Ellison, *The Cotton Trade*, 82 – 83; Michael M. Edwards, *The Growth of the British Cotton Trade, 1780–1815* (Manchester: Manchester University Press, 1967), 75.

9   William Edensor, *An Address to the Spinners and Manufacturers of Cotton Wool, Upon the Present Situation of the Market* (London: The Author, 1792), 15. 항상 노동력이 부족했기 때문에 플랜테이션 농장에서의 생산은 상상도 할 수 없었다. Huri Islamoglu-Inan, "State and Peasants in the Ottoman Empire: A Study of Peasant Economy in North-Central Anatolia During the Sixteenth Century," in Huri Islamoglu-Inan, ed., *The Ottoman Empire and the World Economy* (New York: Cambridge University Press, 1987), 126; Elena Frangakis-Syrett, *The Commerce of Smyrna in the Eighteenth Century (1700–1820)* (Athens: Centre for Asia Minor Studies, 1992), 11, 236; Resat Kasaba, *The Ottoman Empire and the World Economy: The Nineteenth Century* (Albany: State University of New York Press, 1988), 25 – 27. 자본 부족에 관해서는 다음 글을 보라. Donald Quataert, "The Commercialization of Agriculture in Ottoman Turkey, 1800 – 1914," *International Journal of Turkish Studies* 1 (1980): 44 – 45. 정치적 독립의 중요성에 관해서는 다음 책들을 보라. Sevket Pamuk, *The Ottoman Empire and European Capitalism, 1820–1913* (Cambridge: Cambridge University Press, 1987), 53; Ellison, *The Cotton Trade*, 82 – 83; Edwards, *The Growth of the British Cotton Trade*, 86.

10   Report of the Select Committee of the Court of Directors of the East India Company,

Upon the Subject of the Cotton Manufacture of this Country, 1793, Home Miscellaneous Series, 401, Oriental and India Office Collections, British Library, London.

11   "Objections to the Annexed Plan," November 10, 1790, Home Miscellaneous Series, 434, Oriental and India Office Collections, British Library, London.

12   예를 들어 다음 책들을 보라. Edwards, *The Growth of the British Cotton Trade*, 75, 82–83; Ellison, *The Cotton Trade*, 28, 84; East-India Company, Reports and Documents Connected with the Proceedings of the East-India Company in Regard to the Culture and Manufacture of Cotton-Wool, Raw Silk, and Indigo in India (London: East-India Company, 1836); Copy of letter by George Smith to Charles Earl Cornwallis, Calcutta, October 26, 1789, in Home Miscellaneous Series, 434, Oriental and India Office Collections, British Library, London; Various Copies of Letters Copied into a Book relating to Cotton, 729–54, in Home Miscellaneous Series, 374, Oriental and India Office Collections, British Library.

13   카리브 지역 면화의 오랜 역사에 관해서는 다음을 보라. David Watts, *The West Indies: Patterns of Development, Culture and Environmental Change Since 1492* (Cambridge: Cambridge University Press, 1987), 158–59, 183, 194, 296; Charles Mackenzie, *Facts, Relative to the Present State of the British Cotton Colonies and to the Connection of their Interests* (Edinburgh: James Clarke, 1811); Daniel McKinnen, *A Tour Through the British West Indies, in the Years 1802 and 1803: Giving a Particular Account of the Bahama Islands* (London: White, 1804); George F. Tyson Jr., "On the Periphery of the Peripheries: The Cotton Plantations of St. Croix, Danish West Indies, 1735–1815," *Journal of Caribbean History* 26, no. 1 (1992): 3, 6–8; "Tableau de Commerce, &c. de St. Domingue," in Bryan Edwards, *An Historical Survey of the Island of Saint Domingo* (London: Printed for John Stockdale, 1801), 230–31.

14   "Report from the Select Committee on the Commercial State of the West India Colonies," in Great Britain, House of Commons, Sessional Papers, 1807, III (65), pp. 73–78, as quoted in Ragatz, *Statistics*, 22; Edwards, *The Growth of the British Cotton Trade*, 250; Selwyn H. H. Carrington, *The British West Indies During the American Revolution* (Dordrecht: Foris, 1988), 31; "An Account of all Cotton Wool of the Growth of the British Empire Imported annually into that part of Great Britain Called England," National Archives of the UK, Kew, Treasury Department, T 64/275, in the chart on page 90. 90쪽에 수록된 도표의 수치(1786년의 총합과 세부 항목들)는 다음 책에서 인용했다. Baines, *History of the Cotton Manufacture*, 347.

15   "Report from the Select Committee on the Commercial State of the West India Colonies," in Great Britain, House of Commons, Sessional Papers, 1807, III (65), pp.

73 – 78, as quoted in Lowell J. Ragatz, *Statistics for the Study of British Caribbean Economic History, 1763–1833* (London: Bryan Edwards Press, 1928), 22; Lowell J. Ragatz, *The Fall of the Planter Class in the British Caribbean, 1763–1833: A Study in Social and Economic History* (New York: Century Co., 1928), 38; M. Placide-Justin, *Histoire politique et statistique de l'île d'Hayti, Saint-Domingue; écrite sur des documents officiels et des notes communiquées par Sir James Barskett, agent du gouvernement britannique dans les Antilles* (Paris: Brière, 1826), 501. '코통 데 질'에 관해서는 다음을 보라. Robert Lévy, *Histoire économique de l'industrie cotonnière en Alsace* (Paris: F. Alcan, 1912), 56; Nathan Hall to John King, Nassau, May 27, 1800, Box 15, CO 23, National Archives of the UK, Kew.

16 Robert H. Schomburgk, *The History of Barbados: Comprising a Geographical and Statistical Description of the Island; a Sketch of the Historical Events Since the Settlement; and an Account of Its Geology and Natural Productions* (London: Longman, Brown, Green and Longmans, 1848), 640; Edwards, *The Growth of the British Cotton Trade*, 79; Selwyn Carrington, "The American Revolution and the British West Indies Economy," *Journal of Interdisciplinary History* 17 (1987): 841 – 42; Edward N. Rappaport and José Fernandez-Partagas, "The Deadliest Atlantic Tropical Cyclones, 1492 – 1996," National Hurricane Center, National Weather Service, May 28, 1995, accessed August 6, 2010, http://www.nhc.noaa.gov/pastdeadly.shtml; Ragatz, *Statistics*, 15; S. G. Stephens, "Cotton Growing in the West Indies During the Eighteenth and Nineteenth Centuries," *Tropical Agriculture* 21 (February 1944): 23 – 29; Wallace Brown, *The Good Americans: The Loyalists in the American Revolution* (New York: Morrow, 1969), 2; Gail Saunders, *Bahamian Loyalists and Their Slaves* (London: Macmillan Caribbean, 1983), 37.

17 David Eltis, "The Slave Economies of the Caribbean: Structure, Performance, Evolution and Significance," in Franklin W. Knight, ed., *General History of the Caribbean*, vol. 3, *The Slave Societies of the Caribbean* (London: Unesco Publishing, 1997), 113, Table 3:1. 생산에 관해서는 다음을 보라. Edwards, *The Growth of the British Cotton Trade*, 79. 프랑스의 수요와 프랑스 항구들로부터의 유럽 내 재수출에 관해서는 다음을 보라. Jean Tarrade, *Le commerce colonial de la France à la fin de l'Ancien Régime* (Paris: Presses Universitaires de France, 1972), 748 – 49, 753. 나는 식민지 면화 대부분이 프랑스에서 재수출되어 영국으로 향했다고 추정했다.

18 1790년 그 섬에는 사탕수수 플랜테이션 농장이 792군데였던 데 비해 면화 플랜테이션 농장은 705군데가 있었다. Edwards, *An Historical Survey*, 163 – 65, 230, 231. 생도맹그의 면화 생산에 관해서는 다음 자료도 참조하라. Schomburgk, *The History of Barbados*, 150; Ragatz, *The Fall of the Planter Class*, 39, 125; David Eltis et al., *The Trans-Atlantic Slave Trade: A Database on CD-Rom* (Cambridge: Cambridge University Press, 1999); Tarrade, *Le* *commerce colonial*, 759.

19 Stefano Fenoaltea, "Slavery and Supervision in Comparative Perspective: A Model," *Journal of Economic History* 44 (September 1984): 635 - 68.

20 Moore, "Sugar," 412, 428.

21 Resat Kasaba, "Incorporation of the Ottoman Empire," *Review* 10, Supplement (Summer/Fall 1987): 827.

22 *Transactions of the Society Instituted at London for the Encouragement of Arts, Manufactures, and Commerce* 1 (London: Dodsley, 1783), 254; Ellison, *The Cotton Trade*, 28; Edwards, *The Growth of the British Cotton Trade*, 77; Governor Orde to Lord Sydney, Roseau, Dominica, June 13, 1786, in Colonial Office, 71/10, National Archives of the UK; President Lucas to Lord Sydney, Granada, June 9, 1786, Dispatches Granada, Colonial Office, 101/26; Governor D. Parry to Lord Sydney, Barbados, May 31, 1786, Dispatches Barbados, Colonial Office, 28/60, National Archives of the UK; President Brown to Sydney, New Providence, 23 February 1786, in Dispatches Bahamas, Colonial Office 23/15, National Archives of the UK. 제조업자들의 압력에 관해서는 다음 자료들도 보라. Edwards, *The Growth of the British Cotton Trade*, 75 - 76; Governor Orde to Lord Sydney, Roseau, Dominica, March 30, 1788, National Archives of the UK.

23 자본주의 역사에서 노예제의 역할은 많은 논쟁의 주제였고 그에 관해서는 다음 책에 잘 요약되어 있다. Robin Blackburn, *The Making of New World Slavery: From the Baroque to the Modern, 1492–1800* (New York: Verso, 1997), 509 - 80. 중요한 다음 논문도 보라. Ronald Bailey, "The Other Side of Slavery: Black Labor, Cotton, and Textile Industrialization in Great Britain and the United States," *Agricultural History* 68 (Spring 1994): 35 - 50; Seymour Drescher, *Capitalism and Antislavery: British Mobilization in Comparative Perspective* (New York: Oxford University Press, 1987), 9. '제2의 노예제'라는 관념은 다음 글에서 비롯되었다. Dale Tomich and Michael Zeuske, "The Second Slavery: Mass Slavery, World-Economy, and Comparative Microhistories," *Review: A Journal of the Fernand Braudel Center* 31, no. 3 (2008). Catherine Coquery-Vidrovitch는 미국의 이런 노예제 확대 역시 아프리카에서 '제2의 노예제'를 초래했다고 주장한다. 다음 글을 보라. Catherine Coquery-Vidrovitch, "African Slaves and Atlantic Metissage: A Periodization 1400 - 1880," paper presented at "2nd Slaveries and the Atlantization of the Americas" colloquium, University of Cologne, July 2012 Voyages: The Trans-Atlantic Slave Trade Database, http://www.slavevoyages.org, accessed January 31, 2013.

24 Alan H. Adamson, *Sugar Without Slaves: The Political Economy of British Guiana, 1838–1904* (New Haven: Yale University Press, 1972), 24; Johannes Postma, *The Dutch in the Atlantic Slave Trade, 1600–1815* (Cambridge: Cambridge University Press, 1990), 288.

25 예를 들어 다음 책들을 보라. Roger Hunt, *Observations Upon Brazilian Cotton Wool, for the Information of the Planter and With a View to Its Improvement* (London: Steel, 1808), 3; Morris R. Chew, *History of the Kingdom of Cotton and Cotton Statistics of the World* (New Orleans: W. B. Stansbury & Co., 1889), 28; John C. Branner, *Cotton in the Empire of Brazil: The Antiquity, Methods and Extent of Its Cultivation; Together with Statistics of Exportation and Home Consumption* (Washington, DC: Government Printing Office, 1885), 9, 46; Celso Furtado, *The Economic Growth of Brazil: A Survey from Colonial to Modern Times* (Berkeley and Los Angeles: University of California Press, 1965), 97; Caio Prado, *The Colonial Background of Modern Brazil* (Berkeley and Los Angeles: University of California Press, 1969), 171 – 73, cited on 458; Luiz Cordelio Barbosa, "Cotton in 19th Century Brazil: Dependency and Development" (PhD dissertation, University of Washington, 1989), 31; Francisco de Assis Leal Mesquita, "Vida e morte da economia algodoeira do Maranhão, uma análise das relações de produção na cultura do algodão, 1850 – 1890" (PhD dissertation, Universidade Federal do Maranhão, 1987), 50.

26 Beshara Doumani, *Rediscovering Palestine: Merchants and Peasants in Jabal Nablus, 1700–1900* (Berkeley and Los Angeles: University of California Press, 1995), 99; William Milburn, *Oriental Commerce: Containing a Geographical Description of the Principal Places in the East Indies, China, and Japan, With Their Produce, Manufactures, and Trade* (London: Black, Parry & Co., 1813), 281; Mesquita, "Vida e morte," 63; Edwards, *The Growth of the British Cotton Trade*, 83.

27 John Tarleton to Clayton Tarleton, St. James's Hotel, February 5, 1788, 920 TAR, Box 4, Letter 5, Tarleton Papers, Liverpool Records Office, Liverpool. 플랜테이션 농장을 보유한 면화 상인들에 관해서는 다음을 보라. Sandbach, Tinne & Co. Papers, Merseyside Maritime Museum, Liverpool. 노예를 거래한 면화 상인들에 관해서는 다음을 보라. John Tarleton to Clayton Tarleton, April 29, 1790, letter 8, 4, 920 TAR, Tarleton Papers, Liverpool Records Office; Annual Profit and Loss Accounts of John Tarleton, 920 TAR, Box 2 and Box 5, Liverpool Records Office.

28 1820년에 영국 산업계가 소비한 면화를 재배하려면 87만 3312에이커의 땅이 필요했다. 이는 영국에서 경작 가능한 농경지의 7.8%에 해당하며 농업노동자 19만 8,738명을 고용해야 하는 면적이었다. 1840년에 소비된 면화의 양을 재배하기 위해서는 327만 3,414에이커의 토지가 필요했고 이는 영국에서 경작 가능한 농경지의 29%에 해당하며 농업노동자 54만 4,066명을 고용해야 하는 면적이었다. 1820년 에이커당 수확량(Whartenby, "Land and Labor Productivity," 54에 따르면 175파운드)으로 나눈 1820년 면화 소비량 (Mann, *The Cotton Trade of Great Britain*, 93 – 4에 따르면 1억 5,282만 9,633파운드); 1827년 경작 가능한 농경지(1,114만 3,370에이커) 대비 1820년 면화 재배 필요 면적(87만

3,312에이커). 경작 가능한 농경지에 관한 수치는 다음에서 인용했다. Rowland E. Prothero, *English Farming Past and Present* (New York: Benjamin Blom, Inc., 1972 [1st ed. London, 1917]), [("Table 2. – 1827") and Select Committee on Emigration, 1827. Evidence of Mr. W. Couling. *Sessional Papers*, 1827, vol. v., p. 361]. 1840년 미국의 1에이커당 수확량(Whartenby, "Land and Labor Productivity," 54에 따르면 181파운드)으로 나눈 1840년 면화 소비량(Mann, *The Cotton Trade of Great Britain*, 94에 따르면 5억 9,248만 8,010 파운드). 1840년 미국의 1에이커당 수확량(181파운드)으로 나눈 1860년 면화 소비량(11억 4059만 9712파운드). 그리고 1840년 미국의 노동자 1인당 면화 소비량(1089 파운드)으로 나눈 1860년 면화 소비량. 다음 책도 참조하라. Kenneth Pomeranz, *The Great Divergence: China, Europe, and the Making of the Modern World Economy* (Princeton, NJ: Princeton University Press, 2000), 276, 315; Edwards, *The Growth of the British Cotton Trade*, 75. 유럽의 농업 체제에서 변화를 거부한 사태는 다음 글에서도 강조된다. Philip McMichael, "Slavery in Capitalism: The Rise and Demise of the U.S. Ante-Bellum Cotton Culture," *Theory and Society* 20 (June 1991): 326. 대분기에 관한 논의로는 다음 책들도 보라. David Landes, *The Unbound Prometheus: Technical Change and Industrial Development in Western Europe from 1750 to the Present*, 2nd ed. (New York: Cambridge University Press, 2003); David Landes, *The Wealth and Poverty of Nations: Why Some Are So Rich and Some So Poor* (New York: Norton, 1998); Niall Ferguson, *Civilization: The West and the Rest* (New York: Penguin, 2011); Jared Diamond, *Guns, Germs, and Steel: The Fates of Human Societies* (New York: Norton, 1998). 개관을 위해서는 다음을 보라. Inikori, *Africans and the Industrial Revolution in England*, chapter 2.

29 다음 책은 서인도제도에 대해서도 이를 주장한다. Ragatz, *Statistics*, 10, 370. 면화의 경쟁자로서 설탕이 지닌 중요성에 관해서는 다음 글들을 보라. Imperial Department of Agriculture for the West Indies, *Information Relating to Cotton Cultivation in the West Indies* (Barbados: Commissioner of Agriculture for the West Indies, 1903). Edwards, *The Growth of the British Cotton Trade*, 79, 250. Luiz Cordelio Barbosa, "Cotton in 19th Century Brazil: Dependency and Development" (PhD dissertation, University of Washington, 1989), 170; James Mann, *The Cotton Trade of Great Britain* (London: Simpkin, Marshall & Co., 1860), 79, 80, 86; DB 176, Sandbach, Tinne & Co. Papers, Merseyside Maritime Museum, Liverpool.

30 Edensor, *An Address to the Spinners and Manufacturers of Cotton Wool*, 14, 21 – 3; Franklin, *The Present State of Hayti (St. Domingo), with Remarks on Its Agriculture, Commerce, Laws, Religion, Finances, and Population, etc.* (London: J. Murray, 1828), 123; *Pennsylvania Gazette*, June 13, 1792.

31 John Tarleton to Clayton Tarleton, September 27, 1792, letter 33, February 4, 1795, letter

75, 920 TAR, Tarleton Papers, Liverpool Records Office, Liverpool. 다음 자료들도 보라. Orhan Kurmus, "The Cotton Famine and Its Effects on the Ottoman Empire," Huri Islamoglu-Inan, ed., *The Ottoman Empire and the World Economy* (New York: Cambridge University Press, 1987), 16; Brian R. Mitchell, *Abstract of British Historical Statistics* (Cambridge: Cambridge University Press, 1962), 490. 가격 상승과 관련해서는 다음 자료도 보라. Stanley Dumbell, "Early Liverpool Cotton Imports and the Organisation of the Cotton Market in the Eighteenth Century," *Economic Journal* 33 (September 1923): 370; Emily A. Rathbone, ed., *Records of the Rathbone Family* (Edinburgh: R. & R. Clark, 1913), 47; Edwards, *The Growth of the British Cotton Trade*, 88.

32 Tench Coxe, *A Memoir of February, 1817, Upon the Subject of the Cotton Wool Cultivation, the Cotton Trade and the Cotton Manufactories of the United States of America* (Philadelphia: Philadelphia Society for the Promotion of American Manufactures, 1817), 3.

5장 노예제가 지배하다

1 Petition, To the Right Honorable the Lords of His Majesty's Privy Council for Trade and Foreign Plantations, December 8, 1785, in Board of Trade, National Archives of the UK, Kew. Other sources speak of a similar incident in 1784. 예를 들어 다음 책을 보라. Morris R. Chew, *History of the Kingdom of Cotton and Cotton Statistics of the World* (New Orleans: W. B. Stansbury & Co., 1884), 37.

2 예를 들어 다음 책들을 보라. Ernst von Halle, *Baumwollproduktion und Pflanzungswirtschaft in den Nordamerikanischen Südstaaten, part 1, Die Sklavenzeit* (Leipzig: Verlag von Duncker & Humblot, 1897), 16 – 17; Jay Treaty, Article XII; Thomas Ellison, *The Cotton Trade of Great Britain* (London: Effingham Wilson, Royal Exchange, 1886), 85; Chew, *History of the Kingdom of Cotton*, 45.

3 Gavin Wright, *The Political Economy of the Cotton South: Households, Markets, and Wealth in the Nineteenth Century* (New York: Norton, 1978), 14; Chew, History of the Kingdom of Cotton, 39; George Washington to Thomas Jefferson, February 13, 1789, reprinted in Jared Sparks, *The Writings of George Washington*, vol. 9 (Boston: Russell, Odiorne, and Metcalf & Hilliard, Gray, and Co., 1835), 470; Tench Coxe, *A Memoir of February 1817, Upon the Subject of the Cotton Wool Cultivation, the Cotton Trade, and the Cotton Manufactories of the United States of America* (Philadelphia: Philadelphia Society for the Promotion of American Manufactures, 1817), 2. 콕스에 관한 전반적인 사항을 확인하려면 다음을 보라. James A. B. Scherer, *Cotton as a World Power: A Study in the Economic Interpretation of History*

(New York: F. A. Stokes Co., 1916), 122–23; Tench Coxe, *View of the United States of America* (Philadelphia: William Hall, 1794), 20; Michael M. Edwards, *The Growth of the British Cotton Trade, 1780–1815* (Manchester: Manchester University Press, 1967), 87; Tench Coxe to Robert Livingston, June 10, 1802, in Papers of Tench Coxe, Correspondence and General Papers, June 1802, Film A 201, reel 74, Historical Society of Pennsylvania.

4 "Cotton. Cultivation, manufacture, and foreign trade of. Letter from the Secretary of the Treasury," March 4, 1836 (Washington, DC: Blair & Rives, 1836), 8, accessed July 29, 2013, http://catalog.hathitrust.org/Record/011159609.

5 Joyce Chaplin, "Creating a Cotton South in Georgia and South Carolina, 1760–1815," *Journal of Southern History* 57 (May 1991): 178; Lewis Cecil Gray, *History of Agriculture in the Southern United States to 1860*, vol. 2 (Washington, DC: Carnegie Institution of Washington, 1933), 673; Chew, *History of the Kingdom of Cotton*, 36, 41. 면화와 면직물의 가내생산에 관해서는 다음 글들 또한 보라. Scherer, *Cotton as a World Power*, 124–25; Ralph Izard to Henry Laurens, Bath, December 20, 1775, as reprinted in *Correspondence of Mr. Ralph Izard of South Carolina, From the Year 1774 to 1804; With a Short Memoir* (New York: Charles S. Francis & Co., 1844), 174, see also 16, 82, 246, 296, 300, 370, 386, 390.

6 John Hebron Moore, *The Emergence of the Cotton Kingdom in the Old Southwest: Mississippi, 1770–1860* (Baton Rouge: Louisiana State University Press, 1988), 77; Chaplin, "Creating a Cotton South," 177, 188, 193.

7 Edwards, *The Growth of the British Cotton Trade*, 80, 85; Chew, *History of the Kingdom of Cotton*, 40. 그러나 처음 면화를 재배한 사람이 누구였는가와 관련하여 현실적인 논쟁이 벌어졌으며 지금도 지속되고 있다. 다음 자료들 참조. Nichol Turnbull, "The Beginning of Cotton Cultivation in Georgia," *Georgia Historical Quarterly* 2, no. 1 (March 1917): 39–45; Gray, *History of Agriculture*, 675–79; S. G. Stephen, "The Origins of Sea Island Cotton," *Agricultural History* 50 (1976): 391–99; Trapman, Schmidt & Co. to McConnel & Kennedy, Charleston, January 3, 1824, record group MCK, Box 2/1/30, Letters Received by McConnel & Kennedy, Papers of McConnel & Kennedy, John Rylands Library, Manchester.

8 "La Rapida Transformacion del Paisaje Viorgen de Guantanamo por los immigrantes Franceses (1802–1809)," in Levi Marrero, *Cuba: Economía y sociedad, vol. 11, Azúcar, ilustración y conciencia, 1763–1868* (Madrid: Editorial Playor, 1983), 148; Moore, *The Emergence of the Cotton Kingdom*, 4; Edwards, *The Growth of the British Cotton Trade*, 92; Brian Schoen, *The Fragile Fabric of Union: Cotton, Federal Politics, and the Global Origins of the Civil War* (Baltimore: Johns Hopkins University Press, 2009), 12.

9 Wright, *The Political Economy of the Cotton South*, 13; Gray, *History of Agriculture*, 735.

10 Wright, *The Political Economy of the Cotton South*, 13. 휘트니(Whitney)에 관해서는 다음의 책들을 보라. Scherer, *Cotton as a World Power*, 155-67; Stuart W. Bruchey, *Cotton and the Growth of the American Economy, 1790–1860: Sources and Readings* (New York: Harcourt, Brace & World, 1967), 45; Angela Lakwete, *Inventing the Cotton Gin: Machine and Myth in Antebellum America* (Baltimore: Johns Hopkins University Press, 2003). 내가 보기에 이런 설명은 설득력이 없고 따라서 동의할 수 없다. David Ramsay, *Ramsay's History of South Carolina, From Its First Settlement in 1670 to the Year 1808*, vol. 2 (Newberry, SC: W. J. Duffie, 1858), 214.

11 Stanley Dumbell, "Early Liverpool Cotton Imports and the Organisation of the Cotton Market in the Eighteenth Century," *Economic Journal* 33 (September 1923): 370; Chaplin, "Creating a Cotton South," 187. 여기서 그녀는 이 이야기를 요약해 들려준다. Gray, *History of Agriculture*, 685; Lacy K. Ford, "Self-Sufficiency, Cotton, and Economic Development in the South Carolina Upcountry, 1800-1860," *Journal of Economic History* 45 (June 1985): 261-67.

12 이 수치들은 다음 글에 등장한다. Adam Rothman, "The Expansion of Slavery in the Deep South, 1790-1820" (PhD dissertation, Columbia University, 2000), 20; Allan Kulikoff, "Uprooted People: Black Migrants in the Age of the American Revolution, 1790-1820," in Ira Berlin and Ronald Hoffman, eds., *Slavery and Freedom in the Age of the American Revolution* (Charlottesville: University Press of Virginia, 1983), 149; Peter A. Coclanis and Lacy K. Ford, "The South Carolina Economy Reconstructed and Reconsidered: Structure, Output, and Performance, 1670-1985," in Winfred B. Moore Jr. et al., *Developing Dixie: Modernization in a Traditional Society* (New York: Greenwood Press, 1988), 97; Allan Kulikoff, "Uprooted People," 149; Gray, *History of Agriculture*, 685.

13 *Farmer's Register*, vol. 1, 490, as quoted in William Chandler Bagley, *Soil Exhaustion and the Civil War* (Washington, DC: American Council on Public Affairs, 1942), 18-19; Bruchey, *Cotton and the Growth of the American Economy*, 80-81.

14 United States, Department of Commerce and Bureau of the Census, *Historical Statistics of the United States, Colonial Times to 1970*, Part 1 (Washington, DC: Government Printing Office, 1975), 518; Edward Baines, *History of the Cotton Manufacture in Great Britain* (London: H. Fisher, R. Fisher, and P. Jackson, 1835), 302; Edwards, *The Growth of the British Cotton Trade*, 89, 95; Ramsay, *Ramsay's History of South Carolina*, 121.

15 Coxe, *A Memoir of February 1817*, 3.

16 변경의 공간에 관한 가장 흥미로운 논의로는 다음 책이 있다. John C. Weaver, *The Great Land Rush and the Making of the Modern World, 1650–1900* (Montreal: McGill-Queen's

University Press, 2003), 72 – 76.

17　Note by Thomas Baring, Sunday, June 19, in NP 1. A. 4. 13, Northbrook Papers, Baring Brothers, ING Baring Archive, London. 연도가 제시되지는 않았지만 맥락으로 보아 그 글을 1803년에 썼음을 알 수 있다. 그 대출 자체는 1803년 11월 10일에 지급되었다.

18　Gray, *History of Agriculture*, 686, 901. 그 이야기는 다음 글에 요약되어 있다. Rothman, "The Expansion of Slavery in the Deep South," 155 – 69. 다음 자료들도 보라. Daniel H. Usner Jr., *American Indians in the Lower Mississippi Valley: Social and Economic Histories* (Lincoln: University of Nebraska Press, 1998), 83 – 89; James C. Cobb, *The Most Southern Place on Earth: The Mississippi Delta and the Roots of Regional Identity* (New York: Oxford University Press, 1992), 7; Lawrence G. Gundersen Jr., "West Tennessee and the Cotton Frontier, 1818 – 1840," *West Tennessee Historical Society Papers* 52 (1998): 25 – 43. David Hubbard to J. D. Beers, March 7, 1835, in New York and Mississippi Land Company Records, 1835 – 1889, State Historical Society of Wisconsin, Madison. Richard Rabinowitz 덕분에 이 자료에 관심을 가질 수 있었다.

19　Dewi Ioan Ball and Joy Porter, eds., *Competing Voices from Native America* (Santa Barbara, CA: Greenwood Press, 2009), 85 – 87.

20　이 이야기는 다음 글에서 놀랍도록 상세히 설명된다. Rothman, "The Expansion of Slavery in the Deep South," 20ff.; Gray, *History of Agriculture*, 709; Moore, *The Emergence of the Cotton Kingdom*, 6; John F. Stover, *The Routledge Historical Atlas of the American Railroads* (New York: Routledge, 1999), 15.

21　*American Cotton Planter* 1 (1853): 152; *De Bow's Review* 11 (September 1851): 308. 다음 자료들도 보라. James Mann, *The Cotton Trade of Great Britain* (London: Simpkin, Marshall & Co., 1860), 53; Elena Frangakis-Syrett, *The Commerce of Smyrna in the Eighteenth Century (1700–1820)* (Athens: Centre for Asia Minor Studies, 1992), 237.

22　Charles Mackenzie, *Facts, Relative to the Present State of the British Cotton Colonies and to the Connection of Their Interests* (Edinburgh: James Clarke, 1811), 35; "Cotton. Cultivation, manufacture, and foreign trade of. Letter from the Secretary of the Treasury," March 4, 1836 (Washington, DC: Blair & Rives, 1836), 16, accessed July 29, 2013, http://catalog. hathitrust.org/Record/011159609.

23　Allan Kulikoff, "Uprooted People," 143 – 52; James McMillan, "The Final Victims: The Demography, Atlantic Origins, Merchants, and Nature of the Post-Revolutionary Foreign Slave Trade to North America, 1783 – 1810" (PhD dissertation, Duke University, 1999), 40 – 98; Walter Johnson, "Introduction," in Walter Johnson, ed., *The Chattel Principle: Internal Slave Trades in the Americas* (New Haven, CT: Yale University Press, 2004), 6; Walter Johnson, *Soul by Soul: Life Inside the Antebellum Slave Market* (Cambridge,

MA: Harvard University Press, 2001); Rothman, "The Expansion of Slavery in the Deep South," 59, 84, 314; Scherer, *Cotton as a World Power*, 151; Michael Tadman, *Speculators and Slaves: Masters, Traders, and Slaves in the Old South* (Madison: University of Wisconsin Press, 1989), 12.

24 다음 글을 보라. John H. Moore, "Two Cotton Kingdoms," *Agricultural History* 60, no. 4 (Fall 1986): 1 – 16. 수치들은 다음 책에서 나왔다. Wright, *The Political Economy of the Cotton South*, 27 – 28; Ronald Bailey, "The Other Side of Slavery: Black Labor, Cotton, and Textile Industrialization in Great Britain and the United States," *Agricultural History* 68 (Spring 1994): 38.

25 John Brown, *Slave Life in Georgia: A Narrative of the Life, Sufferings, and Escape of John Brown, a Fugitive Slave, Now in England: Electronic Edition*, ed. Louis Alexis Chamerovzow (Chapel Hill: University of North Carolina, 2001), 11, 27, 171 – 72, http://doc south.unc.edu/neh/jbrown/jbrown.html. 이 자료는 원래 1854년에 출판되었다. Henry Bibb, *Narrative of the Life and Adventures of Henry Bibb, an American Slave, Written by Himself: Electronic Edition* (Chapel Hill: University of North Carolina, 2000), 132, http://docsouth.unc.edu/neh/bibb/bibb.html. 이 자료는 본래 1815년에 출판되었다.

26 William Rathbone VI to Rathbone Brothers, February 2, 1849, RP/ XXIV.2.4, File of Correspondence, Letters from William Rathbone VI while in America, Rathbone Papers, Special Collections and Archives, University of Liverpool, Liverpool; *The Liverpool Chronicle* as quoted in *Bremer Handelsblatt* 93 (1853): 6.

27 이 이야기 전체는 다음 책들에 담겨 있다. John Casper Branner, *Cotton in the Empire of Brazil: The Antiquity, Methods and Extent of Its Cultivation, Together with Statistics of Exportation and Home Consumption* (Washington, DC: Goverment Printing Office, 1885), 25 – 27; Luiz Cordelio Barbosa, "Cotton in 19th Century Brazil: Dependency and Development" (PhD dissertation, University of Washington, 1989), 7, 9, 65; Eugene W. Ridings Jr., "The Merchant Elite and the Development of Brazil: The Case of Bahia During the Empire," *Journal of Interamerican Studies and World Affairs* 15, no. 3 (August 1973): 343; Gray, *History of Agriculture*, 694. 다음 자료도 보라. Rothman, "The Expansion of Slavery in the Deep South," 55; Chaplin, "Creating a Cotton South," 193.

28 꾸러미의 무게를 400파운드로 간주한 것으로, 그 수치는 다음 자료에서 얻었다. Moore, *The Emergence of the Cotton Kingdom*, 129.

29 Cobb, *The Most Southern Place on Earth*, 7 – 10.

30 Bonnie Martin, "Slavery's Invisible Engine: Mortgaging Human Property," *Journal of Southern History* 76, no. 4 (November 2010): 840 – 41.

31 C. Wayne Smith and J. Tom Cothren, eds., *Cotton: Origin, History, Technology, and Production*

(New York: John Wiley & Sons, 1999), 103, 122. 아메리카 면화의 기원에 관해서는 다음 자료들도 보라. Whitemarsh B. Seabrook, *A Memoir of the Origin, Cultivation and Uses of Cotton* (Charleston, SC: Miller & Browne, 1844), 15; John H. Moore, "Cotton Breeding in the Old South," *Agricultural History* 30 (1956): 97; Moore, *The Emergence of the Cotton Kingdom*, 35; Gray, *History of Agriculture*, 691.

32 *American Cotton Planter* 2 (May 1854): 160.

33 W. E. B. DuBois, *The Suppression of the African Slave-Trade to the United States of America* (New York: General Books LLC, 2009), 140; Edgar T. Thompson, *Plantation Societies, Race Relations, and the South: The Regimentation of Population: Selected Papers of Edgar T. Thompson* (Durham, NC: Duke University Press, 1975), 217; Alan L. Olmstead and Paul W. Rhode, "Slave Productivity on Cotton Production by Gender, Age, Season, and Scale," accessed June 11, 2012, www.iga.ucdavis.edu/Research/all-uc/conferences/spring-2010; Bailey, "The Other Side of Slavery," 36.

34 Caitlin C. Rosenthal, "Slavery's Scientific Management: Accounting for Mastery," in Sven Beckert and Seth Rockman, eds., *Slavery's Capitalism: A New History of American Economic Development* (Philadelphia: University of Pennsylvania Press, forthcoming, 2015); Frederick Law Olmstead, *A Journey in the Back Country* (Williamstown, MA: Corner House, 1972), 153–54, 원본은 1860년에 출판되었다; Bill Cooke, "The Denial of Slavery in Management Studies," *Journal of Management Studies* 40 (December 2003): 1913. '생물학적 혁신'의 중요성은 최근에 나온 다음 글들이 보여주었다. Alan L. Olmstead and Paul W. Rhode, "Biological Innovation and Productivity Growth in the Antebellum Cotton Economy," National Bureau of Economic Research Working Paper No. 14142, June 2008; Alan L. Olmstead and Paul W. Rhode, *Biological Innovation and American Agricultural Development* (New York: Cambridge University Press, 2008). 다음 글에서 효과적으로 비평되기도 했다. Edward Baptist, "The Whipping-Machine" (unpublished paper, Conference on Slavery and Capitalism, Brown and Harvard Universities, March 10, 2011, in author's possession). 시장 지배력을 획득하는 데 있어 가격 하락의 중요성에 관해서는 다음 글을 보라. Stephen Broadberry and Bishnupriya Gupta, "Cotton Textiles and the Great Divergence: Lancashire, India and Shifting Competitive Advantage, 1600–1850," Center for Economic Policy Research (April 12, 2005), accessed December 12, 2012, www.cepr.org/meets/wkcn/1/1626/papers/Broadberry.pdf.

35 이런 주장에 관해서는 다음 글을 보라. Philip McMichael, "Slavery in Capitalism: The Rise and Demise of the U.S. Ante-Bellum Cotton Culture," *Theory and Society* 20 (June 1991): 335. 사회적 작용의 개념에 관해서는 후안 마르티네스 알리에(Juan Martinez Alier)의 연구를 보라. 예를 들어 다음과 같은 책들이 있다. Juan Martinez Alier and Inge

Ropke, eds., *Recent Developments in Ecological Economics* (Northampton, MA: Edward Elgar Publishing, 2008); Dale W. Tomich, *Through the Prism of Slavery* (Lanham, MD: Rowman & Littlefield, 2004), 61도 참조.

36 Gray, *History of Agriculture*, 688; Eugene Genovese, "Cotton, Slavery and Soil Exhaustion in the Old South," *Cotton History Review* 2 (1961): 3–17; 노예의 가격과 관련해서는 다음 글을 보라. Adam Rothman, "The Domestic Slave Trade in America: The Lifeblood of the Southern Slave System," in Johnson, ed., *The Chattel Principle*, 95. 클레이(Clay)에 관해서는 다음 글을 보라. Savannah Unit Georgia Writers' Project, Work Projects Administration in Georgia, "The Plantation of the Royal Vale," *Georgia Historical Quarterly* 27 (March 1943): 97–99.

37 Samuel Dubose and Frederick A. Porcher, *A Contribution to the History of the Huguenots of South Carolina* (New York: Knickerbocker Press, 1887), 19, 21; Edwards, *The Growth of the British Cotton Trade*, 91; Coclanis and Ford, "The South Carolina Economy Reconstructed and Reconsidered," 97; Cobb, *The Most Southern Place on Earth*, 10; Daniel W. Jordan to Emily Jordan, Plymouth, August 3, 1833, in Daniel W. Jordan Papers, Special Collections Department, Perkins Library, Duke University.

38 Philo-Colonus, *A Letter to S. Perceval on the Expediency of Imposing a Duty on Cotton Wool of Foreign Growth, Imported into Great Britain* (London: J. Cawthorn, 1812), 9; Lowell Joseph Ragatz, *Statistics for the Study of British Caribbean Economic History, 1763–1833* (London: Bryan Edwards Press, 1927), 16; Planters' and Merchants' Resolution Concerning Import of Cotton Wool from the United States, 1813, in Official Papers of First Earl of Liverpool, Add. Mss. 38252, f. 78, Liverpool Papers, Manuscript Collections, British Library; John Gladstone, *Letters Addressed to the Right Honourable The Earl of Clancarty, President of the Board of Trade, on the Inexpediency of Permitting the Importation of Cotton Wool from the United States During the Present War* (London: J. M. Richardson, 1813), 7. 1850년에 인도 서부에서만 400만 에이커의 토지에서 면화가 재배되었고, 인도의 다른 지역에서는 훨씬 더 많은 토지를 면화 재배에 사용했다. 1850년에 미국에서는 700만 에이커의 토지에서 면화를 재배했다. Amalendu Guha, "Raw Cotton of Western India: 1750–1850," *Indian Economic and Social History Review* 9 (January 1972): 25.

39 U.S. Treasury Department Report, 1836, p. 16, as quoted in Barbosa, "Cotton in 19th Century Brazil," 150; Rothman, "The Expansion of Slavery in the Deep South," 15쪽도 참조하라. 미국에서 노예제의 역동성에 대한 산업혁명의 중요성에 관해서는 다음 글들을 보라. Barbara Jeanne Fields, "The Advent of Capitalist Agriculture: The New South in a Bourgeois World," in Thavolia Glymph, ed., *Essays on the Postbellum Southern Economy* (Arlington: Texas A&M University Press, 1985), 77; Wright, *The Political Economy of the*

Cotton South, 13; Scherer, Cotton as a World Power, 150; The Proceedings of the Agricultural Convention of the State Agricultural Society of South Carolina: From 1839 to 1845—Inclusive (Columbia, SC: Summer & Carroll, 1846), 322; Rohit T. Aggarwala, "Domestic Networks as a Basis for New York City's Rise to Pre-eminence, 1780 – 1812" (unpublished paper presented at the Business History Conference, Le Creusot, France, June 19, 2004), 21; Michael Hovland, "The Cotton Ginnings Reports Program at the Bureau of the Census," Agricultural History 68 (Spring 1994): 147; Bruchey, Cotton and the Growth of the American Economy, 2.

40   Halle, Baumwollproduktion und Pflanzungswirtschaft, viii; Organization of the Cotton Power: Communication of the President (Macon, GA: Lewis B. Andrews Book and Job Printer, 1858), 7; American Cotton Planter 1 (January 1853): 11.

41   미국 남부 역사가들은 남부의 플랜테이션 경제를 글로벌 경제 안에 위치시키는 문제의 중 요성을 잊곤 한다. 다음을 보라. Immanuel Wallerstein, "American Slavery and the Capitalist World-Economy," American Journal of Sociology 81 (March 1976): 1208; Francis Carnac Brown, Free Trade and the Cotton Question with Reference to India (London: Effingham Wilson, 1848), 43; Copy of a Memorial Respecting the Levant Trade to the Right Honourable the Board of Privy Council for Trade and Foreign Plantations, as copied in Proceedings of the Manchester Chamber of Commerce, meeting of February 9, 1825, in M8/2/1, Proceedings of the Manchester Chamber of Commerce, 1821 – 27, Archives of the Manchester Chamber of Commerce, Manchester Archives and Local Studies, Manchester; The Proceedings of the Agricultural Convention of the State Agricultural Society of South Carolina, 323.

42   Letter by [illegible] to "My Dear Sir" (a former president of the Board of Trade), Liverpool, June 16, 1828, in Document f255, Huskisson Papers, Manuscript Collections, British Library, London; "Memorial of the Directors of the Chamber of Commerce and Manufactures Established by Royal Charter in the City of Glasgow, 15 December 1838," in Official Papers Connected with the Improved Cultivation of Cotton (Calcutta: G. H. Huttmann, 1839), 6, 8; A Cotton Spinner, India Our Hope; Or, Remarks Upon our Supply of Cotton (Manchester: J. Clarke, 1844), 13; Mann, The Cotton Trade of Great Britain, 56; Mac Culloch, as quoted in Bremer Handelsblatt 1 (1851): 5.

43   A Cotton Spinner, India Our Hope, 5; J. G. Collins, An Essay in Favour of the Colonialization of the North and North-West Provinces of India, with Regard to the Question of Increased Cotton Supply and Its Bearing on the Slave Trade (London: W. H. Allen & Co., n.d., c. 1859), 35; John Gunn Collins, Scinde & The Punjab: The Gems of India in Respect to Their Past and Unparalleled Capabilities of Supplanting the Slave States of America in the Cotton Markets of the

World, or, An Appeal to the English Nation on Behalf of Its Great Cotton Interest, Threatened with Inadequate Supplies of the Raw Material (Manchester: A. Ireland, 1858), 10. 이런 주장들은 다음 신문에 요약되어 있다. *Bremer Handelsblatt*, August 8, 1857, 281.

44 Baring Brothers Liverpool to Baring Brothers London, Liverpool, October 22, 1835, in HC3.35,2, House Correspondence, ING Baring Archive, London. 그 문제에 관해서는 다음 책을 보라. Schoen, *The Fragile Fabric of Union*, 1 – 10.

45 A Cotton Spinner, *The Safety of Britain and the Suppression of Slavery: A Letter to the Right Hon. Sir Robert Peel on the Importance of an Improved Supply of Cotton from India* (London: Simpkin, Marshall, 1845), 3, 4; A Cotton Spinner, *India Our Hope*, 6; Brown, *Free Trade and the Cotton Question*, 44; Collins, *Scinde & The Punjab*, 5; Anonymous, *The Cotton Trade of India: Quaere: Can India Not Supply England with Cotton?* (London: Spottiswoode, 1839); Committee of Commerce and Agriculture of the Royal Asiatic Society, *On the Cultivation of Cotton in India* (London: Harrison & Co., 1840); John Forbes Royle, *Essay on the Productive Resources of India* (London: Wm. H. Allen, 1840); Tench Coxe to Robert Livingston, June 10, 1802, in Papers of Tench Coxe, Correspondence and General Papers, June 1802, Film A 201, reel 74, Historical Society of Pennsylvania.

46 예를 들어 다음 자료들을 보라. Ministère de la Marine et des Colonies to the Secrétaire d'État de l'Intérieur, Paris, January 27, 1819; Société d'Encouragement pour l'Industrie Nationale to Secrétaire d'État de l'Intérieur, Paris, October 17, 1821, in F12 – 2196, "Machine à égrainer le coton," Archives Nationales, Paris; A Cotton Spinner, *India Our Hope*, 15; An Indian Civil Servant, *Usurers and Ryots, Being an Answer to the Question "Why Does Not India Produce More Cotton?"* (London: Smith, Elder & Co, 1856); Collins, *Scinde & The Punjab*, 5; Anonymous, *The Cotton Trade of India*; Committee of Commerce and Agriculture of the Royal Asiatic Society, *On the Cultivation of Cotton in India*; Royle, *Essay on the Productive Resources of India*, 314; J. Chapman, *The Cotton and Commerce of India* (London: John Chapman, 1851).

47 예를 들어 다음 자료들을 보라. *Report from the Select Committee on the Growth of Cotton in India*, House of Commons, Parliamentary Papers, 1847 – 48, vol. IX; *The Sixteenth Annual Report of the Board of Directors of the Chamber of Commerce and Manufactures at Manchester for the Year 1836* (Manchester: Henry Smith, 1837), 13; *The Thirty-Sixth Annual Report of the Board of Directors of the Chamber of Commerce and Manufactures at Manchester for the Year 1856* (Manchester: James Collins, 1857), 34; *The Seventeenth Annual Report of the Board of Directors of the Chamber of Commerce and Manufactures at Manchester for the Year 1836* (Manchester: Henry Smith, 1838), 17; Resolution Passed at the Meeting of the Board of Directors, Manchester Commercial Association, November 13, 1845, M8, 7/1,

Manchester Commercial Association Papers, Manchester Archives and Local Studies, Manchester. 또 다른 압력에 관해서는 다음 자료들을 보라. Copy of Letter of John Peel, Manchester Commercial Association, to the Chairman of the Court of Directors of the Honourable East India Company, Manchester, March 1, 1848, in Home Department, Revenue Branch, October 28, 1849, Nos. 3/4, in National Archives of India, New Delhi; Thomas Bazley to Thomas Baring, Manchester, September 9, 1857, in House Correspondence, NP 6.3.1., Thomas Bazley, ING Baring Archive, London.

48 Arthur W. Silver, *Manchester Men and Indian Cotton, 1847–1872* (Manchester: Manchester University Press, 1966), 58; "Memorial of the Manchester Chamber of Commerce, dated December 1838," and "Memorial of the Directors of the Chamber of Commerce and Manufactures Established by Royal Charter in the City of Glasgow, 15 December 1838," in *Official Papers Connected with the Improved Cultivation of Cotton*, 6, 8, 10; Mann, *The Cotton Trade of Great Britain*, 62; Karl Marx, *Karl Marx on Colonialism and Modernization* (Garden City, NJ: Doubleday, 1968), 100 – 101.

49 Silver, *Manchester Men and Indian Cotton*, 61.

50 *The Thirty-Sixth Annual Report of the Board of Directors*, 13, 31 – 45; *The Thirty-Eighth Annual Report of the Board of Directors of the Chamber of Commerce and Manufactures at Manchester for the Year 1858* (Manchester: James Collins, 1859), 14 – 43; *The Thirty-Seventh Annual Report of the Board of Directors of the Chamber of Commerce and Manufactures at Manchester for the Year 1857* (Manchester: James Collins, 1858), 11 – 12. 맨체스터면화공급협회에 관해서는 다음 자료를 보라. Cotton Supply Association, *Report of an Important Meeting Held at Manchester May 21, 1857* (Manchester: Galt, Kerruish, & Kirby, 1857), 2.

51 예컨대 다음 자료를 보라. *Report from the Select Committee on the Growth of Cotton in India*, House of Commons, iii; *Asiatic Journal and Monthly Register*, New Series, 30 (September– December 1839): 304; Mann, *The Cotton Trade of Great Britain*, 65; Committee of Commerce and Agriculture of the Royal Asiatic Society, *On the Cultivation of Cotton in India*, 17; Guha, "Raw Cotton of Western India," 2.

52 Silver, *Manchester Men and Indian Cotton*, 31, 34; Guha, "Raw Cotton of Western India," 5, 33; Frederic Wakeman Jr., "The Canton Trade and the Opium War," in John K. Fairbank, ed., *The Cambridge History of China*, vol. 10, part 1 (Cambridge: Cambridge University Press, 1978), 171. 1840년대에 봄베이에서 중국으로 간 면화 수출량은 4,000만 파운드였다. *De Bow's Review* 1 (April 1846), pp. 295 – 96. 다음 자료 또한 보라. Sucheta Mazumdar, *Sugar and Society in China: Peasants, Technology and the World Market* (Cambridge, MA: Harvard University Press, 1998), 105 – 6.

53 Calcutta Review의 평가를 보라. "Bombay Cottons and Indian Railways," Calcutta

Review 26 (June 1850): 331; M. L. Dantwala, *A Hundred Years of Indian Cotton* (Bombay: East India Cotton Association, 1947), 45 – 46; 다음 자료도 보라. K. L. Tuteja, "Agricultural Technology in Gujarat: A Study of Exotic Seed and Saw Gins, 1800 – 50," *Indian Historical Review* 17, nos. 1 – 3 (1990 – 91): 136 – 51; J. G. Medicott, *Cotton Hand-Book for Bengal* (Calcutta: Savielle & Cranenburgh, 1862), 296; "Cotton in Southern Mahratta Country, Agency for the Purchase of Cotton Established," Compilations Vol. 27/355, 1831, Compilation No. 395, Revenue Department, Maharashtra State Archives, Mumbai; Minute by the Vice President, Metcalfe, March 3, 1831, in Revenue Department, Revenue Branch, "A," July 1831, No. 69/74, Part B, in National Archives of India, New Delhi; Home Department, Revenue Branch, G.G., August 1839, No. 1/4, in National Archives of India; Silver, *Manchester Men and Indian Cotton*, 74. 인도의 면화 수출을 개선하고 늘리기 위해 동인도회사가 취한 여러 조치들에 관해서는 다음 자료를 보라. J. Forbes Royle, *On the Culture and Commerce of Cotton in India and Elsewhere: With an Account of the Experiments Made by the Hon. East India Company Up to the Present Time* (London: Smith, Elder, & Co., 1851), 86 – 90.

54 예를 들어 다음 자료를 보라. Territorial Department, Revenue—Cotton to Thomas Williamson, Secretary to Government, June 21, 1830, in 43/324/1830, Compilations, Revenue Department, Maharashtra State Archives, Mumbai; "Abstract of the Replies of Local Authorities to the Board's Circular of 21st February 1848 Calling for Certain Information Relative to the Cultivation of Cotton in India and Required by the Honourable Court of Directors," in Home Department, Revenue Branch, December 2, 1848, Nos. 10 – 18, in National Archives of India, New Delhi. 다음 자료도 참조하라. "Prospects of Cotton Cultivation in the Saugor and Narbadda Territories in the Nizam's Dominions," August 12, 1848, No. 3 – 11, National Archives of India; "Capabilities of the Bombay Presidency for Supplying Cotton in the Event of an Increased Demand from Europe," March 1, 1850, Revenue Branch, Home Department, National Archives of India; Revenue Department, Compilations Vol. 6/413, 1832, Compilation No. 62, Cotton Experimental Farm, Guzerat, Maharashtra State Archives; Compilations Vol. 10/478, 1833, Compilation No. 5, Cotton Experimental Farm, Guzerat, Revenue Department, Maharashtra State Archives; *Asiatic Journal and Monthly Register*, New Series, 21 (September–December 1836): 220, 22 (January–April 1837): 234, and 38 (1842): 371; Tuteja, "Agricultural Technology in Gujarat": 137; Committee of Commerce and Agriculture of the Royal Asiatic Society, *On the Cultivation of Cotton in India*, 15.

55 예를 들어 다음 자료를 보라. "Cotton Cultivation Under the Superintendence of the American Cotton Planters in N.W. Provinces, Bombay and Madras," January 17, 1842,

No. 13－17, Revenue Department, Home Department, National Archives of India, New Delhi; John MacFarquhar to East India Company, New Orleans, January 13, 1842, W. W. Wood to East India Company, New Orleans, June 10, 1842, Two Letters dated 13 January and 10 June to the Directors of the East India Company, MSS EUR C157, in Oriental and India Office Collections, British Library, London; Home Department, Revenue Branch, G. G., August 1839, No. 1/4, in National Archives of India. 다음 자료 도 참조하라. Resolution dated September 21, 1841, by the Revenue Branch of the Government of India, Revenue Department, Revenue Branch, 21st September 1840, No. 1/3, National Archives of India; Letter by [illegible] to T. H. Maddok, Territorial Department Revenue, Bombay, 10 February 1842, in Revenue and Agriculture Department, Revenue Branch, February 28, 1842, Nos. 2－5, National Archives of India; Medicott, *Cotton Hand-Book for Bengal*, 305; *Asiatic Journal and Monthly Register*, New Series, 36 (September–December 1841): 343.

56 Silver, *Manchester Men and Indian Cotton*, 37－39; *Asiatic Journal and Monthly Register*, New Series, 35 (May－August 1841): 502; copy of letter from C. W. Martin, Superintendent Cotton Farm in Gujerat, Broach, November 1830 to William Stubbs, Esq., Principal Collector, Surat, in Compilations Vol. 22/350, 1831, Revenue Department, Maharashtra State Archives, Mumbai; Gibbs, Broach, October 5, 1831, to Thomas Williamson, Esq., secretary of Government, in Compilations Vol. 22/350, 1831, Revenue Department, Maharashtra State Archives; *Asiatic Journal and Monthly Register*, New Series, 39 (1842): 106; letter by [illegible] to T. H. Maddok, Territorial Department Revenue, Bombay, 10 February 1842, in Revenue and Agriculture Department, Revenue Branch, February 28, 1842, Nos. 2－5, National Archives of India, New Delhi; *Report of the Bombay Chamber of Commerce for the Year 1846–47* (Bombay: American Mission Press, 1847), 5.

57 Medicott, *Cotton Hand-Book for Bengal*, 320, 322, 323, 331, 340, 352, 366.

58 *Annual Report of the Transactions of the Bombay Chamber of Commerce for the Official Year 1840– 41* (Bombay: Bombay Times and Journal of Commerce Press, 1841), 112－19; copy of a letter of John Peel, Manchester Commercial Association, to the Chairman of the Court of Directors of the Honourable East India Company, London, March 1, 1848, in Manchester Commercial Association, October 18, 1848, No. 3－4, Revenue Branch, Home Department, National Archives of India, New Delhi; Committee of Commerce and Agriculture of the Royal Asiatic Society, *On the Cultivation of Cotton in India*, 4.

59 East-India Company, *Reports and Documents Connected with the Proceedings of the East-India Company in Regard to the Culture and Manufacture of Cotton-Wool, Raw Silk, and Indigo in India* (London: East-India Company, 1836); reprinted letter of W. W. Bell, Collector's

Office, Dharwar, 10 January 1850 to H. E. Goldsmid, Secretary of Government, Bombay, reprinted in *Report of the Bombay Chamber of Commerce for the Year 1849–50* (Bombay: American Mission Press, 1850), 26; Bombay Chamber of Commerce, *Annual Report of the Bombay Chamber of Commerce for the Official Year 1840–41*, 104.

60 Ellison, *The Cotton Trade*, 99; Revenue Department No. 4 of 1839, Reprinted in *Official Papers Connected with the Improved Cultivation of Cotton*, 1, consulted in Asiatic Society of Bombay Library, Mumbai; *Annual Report of the Bombay Chamber of Commerce for the Year 1859/60* (Bombay: Bombay Gazette Press, 1860), xxviii.

61 Mann, *The Cotton Trade of Great Britain*, 70; C. W. Grant, *Bombay Cotton and Indian Railways* (London: Longman, Brown, Green and Longman, 1850), 9.

62 Tuteja, "Agricultural Technology in Gujarat"; "Replies to the Queries Proposed by the Government of India, given by [illegible] Viccajee, Regarding the Cotton Trade in the Nizam's Country," Home Department, Revenue Branch, August 12, 1848, No. 3 – 11, p. 167, in National Archives of India, New Delhi; Report from Kaira Collector to Revenue Department, Neriad, March 22, 1823, Compilations Vol. 8/60, 1823, in Revenue Department, Maharashtra State Archives, Mumbai.

63 Tuteja, "Agricultural Technology in Gujarat," 147, 151; Letter of Chartles Lurh (?), in charge of experimental cotton farm in Dharwar, February 21, 1831, to Thomas Williamson, Esq., Secretary to Government, Bombay, Compilations Vol. 22/350, 1831, in Revenue Department, Maharashtra State Archives, Mumbai; *Report from the Select Committee on the Growth of Cotton in India*, House of Commons, 5; Tuteja, "Agricultural Technology in Gujarat"; Letter by J. P. Simson, Secretary to Government, The Warehousekeeper and Commercial Account, Bombay Castle, 18 May 1820, Compilations Vol. 4, 1821, Commercial Department, in Maharashtra State Archives, Mumbai.

64 현지 상인들이 어떻게 면화를 재배인으로부터 시장으로 옮겨왔는지에 대한 상세한 설명은 다음을 보라. Cotton Trade in Bombay, 1811, in Despatches to Bombay, E4/1027, pp. 135 – 47, Oriental and India Office Collections, British Library, London. 다음도 참조하라. Marika Vicziany, "Bombay Merchants and Structural Changes in the Export Community, 1850 to 1880," in *Economy and Society: Essays in Indian Economic and Social History* (Delhi: Oxford University Press, 1979), 63 – 196; Marika Vicziany, *The Cotton Trade and the Commercial Development of Bombay, 1855–75* (London: University of London Press, 1975), 특히 170 – 71. Dantwala, *A Hundred Years of Indian Cotton*, 37; Bombay Chamber of Commerce, *Annual Report of the Bombay Chamber of Commerce for the Official Year 1840–41*, 111; Letter from [illegible], Commercial Resident Office, Broach, January 6, 1825, to Gilbert More, Acting Secretary of Government, Bombay, in Compilations

Vol. 26, 1825, "Consultation Cotton Investment," Commercial Department, in Maharashtra State Archives, Mumbai; Report from Kaira Collector to Revenue Department, Neriad, March 22, 1823, in Compilations Vol. 8/60, 1823, Revenue Department, Maharashtra State Archives.

65 *Annual Report of the Bombay Chamber of Commerce for the Year 1846–47* (Bombay: American Mission Press, 1847), 7; Committee of Commerce and Agriculture of the Royal Asiatic Society, *On the Cultivation of Cotton in India*, 4; *Annual Report of the Bombay Chamber of Commerce for the Year 1849–50* (Bombay: American Mission Press, 1850), 7; Bombay Chamber of Commerce, *Annual Report of the Bombay Chamber of Commerce for the Official Year 1840–41*, 110 – 11; Captain M. Taylor to Colonel Low, Reports on District of Sharapoor, Sharapoor, June 23, 1848, in "Prospects of Cotton Cultivation in the Saugor and Narbadda Territories in the Nizam's Dominions," August 12, 1848, No. 3 – 11, Revenue Branch, Home Department, National Archives of India, New Delhi; *Report from the Select Committee on the Growth of Cotton in India*, House of Commons, v.

66 Bombay Chamber of Commerce, *Annual Report of the Bombay Chamber of Commerce for the Official Year 1840–41*, 104, 107; Copy of letter from C. W. Martin, Superintendent Cotton Farm in Gujerat, Broach, November 1830 to William Stubbs, Esq., Principal Collector, Surat, Compilations Vol. 22/350, 1831, Revenue Department, in Maharahstra State Archives, Mumbai. 다음 편지도 참조하라. Martin to Stubbs, 1st October 1831, Compilations Vol. 22/350, 1831, Revenue Department, in Maharashtra State Archives, Mumbai.

67 Peely, Acting Commercial Resident, Northern Factories, July 21, 1831, to Charles Norris, Esq., Civil Secretary to Government, Bombay, Compilations Vol. 22/350, 1831, Revenue Department, in Maharashtra State Archives, Mumbai; Committee of Commerce and Agriculture of the Royal Asiatic Society, *On the Cultivation of Cotton in India*, 13; Letter by H. A. Harrison, 1st Assistant Collector, Ootacmund, October 14, 1832, to L. R. Reid, Esq., Secretary to Government, Bombay, Compilations Vol. 7/412, 1832, in Maharashtra State Archives, Mumbai; "Cotton Farms, Proceedings respecting the formation of _____ in the Vicinity of Jails," Compilation No. 118, in Maharashtra State Archives, Mumbai; copy of letter of T. H. Balier (?), Collector, Dharwar, 19th August 1825 to William Chaplin, Esq., Commissioner, Poona, in Compilations Vol. 26, 1835, "Consultation Cotton Investment," in Commercial Department, Maharashtra State Archives, Mumbai; 인도의 노예제에 관한 장구한 논의는 다음 자료에서 찾아볼 수 있다. *Asiatic Journal and Monthly Register*, New Series, 15 (SeptemberDecember 1834): 81 – 90. 다음 자료 또한 보라. Factory Records, Dacca, G 15, 21 (1779), Oriental and India Office Collections, British Library, London.

68 Copy of letter from J. Dunbar, Commissioner of Dacca, to Sudder, Board of Revenue, September 27, 1848, in Home Department, Revenue Branch, December 2, 1848, Nos. 10 – 18, in National Archives of India, New Delhi.

69 E. R. J. Owen, *Cotton and the Egyptian Economy, 1820–1914: A Study in Trade and Development* (Oxford: Clarendon Press, 1969), 12; George R. Gliddon, *A Memoir on the Cotton of Egypt* (London: James Madden & Co., 1841), 11.

70 Owen, *Cotton and the Egyptian Economy*, 28 – 29, 32, 47; Gliddon, *A Memoir on the Cotton of Egypt*; "Commerce of Egypt," in *Hunt's Merchants' Magazine and Commercial Review* 8 (January 1843): 22; John Bowring, "Report on Egypt and Candia," in Great Britain, Parliamentary Papers, 1840, vol. XXI, 19; Christos Hadziiossifm, "La Colonie Grecque en Egypte, 1833 – 1836" (PhD dissertation, Sorbonne, 1980), 111; John Bowring, "Report on Egypt and Candia (1840)," cited in Owen, *Cotton and the Egyptian Economy*, 318.

71 Owen, *Cotton and the Egyptian Economy*, 36 – 37, 40.

72 213쪽의 그래프는 다음 정보에 바탕을 두었다. "Commerce of Egypt," 22; Owen, *Cotton and the Egyptian Economy*, 34; Table 1, "Volume, Value, and Price of Egyptian Cotton Exports, 1821 – 1837," 45; Table 5, "Volume, Value, and Price of Egyptian Cotton Exports, 1838 – 1859," 73.

73 From about 1823 to 1840. Robert Lévy, *Histoire économique de l'industrie cotonnière en Alsace: Étude de sociologie descriptive* (Paris: F. Alcan, 1912), 58; a Memorial Respecting the Levant Trade to the Right Honourable The Board of Privy Council for Trade and Foreign Plantations, as copied in Proceedings of the Manchester Chamber of Commerce, meeting of February 9, 1825, in M8/2/1, Proceedings of the Manchester Chamber of Commerce, 1821 – 27, Archives of the Manchester Chamber of Commerce, Manchester Archives and Local Studies, Manchester.

74 *Bremer Handelsblatt* (1853), as quoted in Ludwig Beutin, *Von 3 Ballen zum Weltmarkt: Kleine Bremer Baumwollchronik, 1788–1872* (Bremen: Verlag Franz Leuwer, 1934), 25; Philip McMichael, "Slavery in Capitalism," 327.

75 Thomas Ellison, *A Hand-Book of The Cotton Trade, or, A Glance at the Past History, Present Condition, and the Future Prospect of the Cotton Commerce of the World,*(London: Longman, Brown, Green, 1858), 96.

76 Albert Feuerwerker, "Handicraft and Manufactured Cotton Textiles in China, 1871 – 1910," *Journal of Economic History* 30 (June 1970): 340; Kang Chao, *The Development of Cotton Textile Production in China* (Cambridge, MA: Harvard University Press, 1977), 4 – 13; Robert Fortune, *Three Years' Wanderings in the Northern Provinces of China, Including a Visit to the Tea, Silk, and Cotton Countries, With an Account of the Agriculture and Horticulture of*

the Chinese, New Plants, etc. (London: John Murray, 1847), 275; Koh Sung Jae, *Stages of Industrial Development in Asia: A Comparative History of the Cotton Industry in Japan, India, China and Korea* (Philadelphia: University of Pennsylvania Press, 1966), 28, 38, 45; William B. Hauser, *Economic Institutional Change in Tokugawa Japan: Osaka and the Kinai Cotton Trade* (Cambridge: Cambridge University Press, 1974), 59, 117–20; Hameeda Hossain, *The Company of Weavers of Bengal: The East India Company and the Organization of Textile Production in Bengal, 1750–1813* (Delhi: Oxford University Press, 1988), 28.

77   Kären Wigen, *The Making of a Japanese Periphery, 1750–1920* (Berkeley: University of California Press, 1995); Tench Coxe, *An Addition, of December 1818, to the Memoir, of February and August 1817, on the Subject of the Cotton Culture, the Cotton Commerce, and the Cotton Manufacture of the United States, etc.* (Philadelphia: n.p., 1818), 3; "Extracts and Abstract of a letter from W. Dunbar, Officiating Commissioner of Revenue in the Dacca Division, to Lord B. of [illegible], dated Dacca, May 2, 1844," in MSS EUR F 78, 44, Wood Papers, Oriental and India Office Collections, British Library, London.

6장 산업자본주의, 날개를 펴다

1   버크(Burke)의 전기적 정보와 관련해서는 다음 자료를 보라. *National Cyclopaedia of American Biography*, vol. 20 (New York: James T. White, 1929), 79. 바란다(Baranda)에 관해서는 다음 글을 보라. "Pedro Sainz de Baranda," in *Enciclopedia Yucatanense*, vol. 7 (Ciudad de Mexico, D.F.: Edición oficial del Gobierno de Yucatan, 1977), 51–67; John L. Stephens, *Incidents of Travel in Yucatan*, vol. 2 (New York: Harper & Brothers, 1843), 329.

2   Stephens, *Incidents*, 330; Howard F. Cline, "The 'Aurora Yucateca' and the Spirit of Enterprise in Yucatan, 1821–1847," *Hispanic American Historical Review* 27, no. 1 (February 1947): 39–44; *Enciclopedia Yucatanense*, vol. 7, 61–62. 다음 자료도 참조하라. Othón Baños Ramírez, *Sociedad, estructura agraria, estado en Yucatán* (Mérida: Universidad Autónoma de Yucatán, 1990), 24.

3   Gisela Müller, "Die Entstehung und Entwicklung der Wiesentäler Textilindustrie bis zum Jahre 1945" (PhD dissertation, University of Basel, 1965), 35, 36; Richard Dietsche, "Die industrielle Entwicklung des Wiesentales bis zum Jahre 1870" (PhD dissertation, University of Basel, 1937), 16, 18, 30, 34, 37; Walter Bodmer, *Die Entwicklung der schweizerischen Textilwirtschaft im Rahmen der übrigen Industrien und Wirtschaftszweige* (Zürich: Verlag Berichthaus, 1960), 226.

4   Dietsche, "Die industrielle Entwicklung," 18, 20, 21, 34, 47, 48, 61, 76; Friedrich Deher,

Staufen und der obere Breisgau: Chronik einer Landschaft (Karlsruhe: Verlag G. Braun, 1967), 191–92; Eberhard Gothein, *Wirtschaftsgeschichte des Schwarzwaldes und der angrenzenden Landschaften* (Strassburg: Karl J. Truebner, 1892), 754; Müller, "Die Entstehung und Entwicklung," 33, 47; Hugo Ott, "Der Schwarzwald: Die wirtschaftliche Entwicklung seit dem ausgehenden 18. Jahrhundert," in Franz Quarthal, ed., *Zwischen Schwarzwald und Schwäbischer Alb: Das Land am oberen Neckar* (Sigmaringen: Thorbecke, 1984), 399.

5 Arthur L. Dunham, "The Development of the Cotton Industry in France and the Anglo-French Treaty of Commerce of 1860," *Economic History Review* 1, no. 2 (January 1928): 282; Gerhard Adelmann, *Die Baumwollgewerbe Nordwestdeutschlands und der westlichen Nachbarländer beim Übergang von der vorindustriellen zur frühindustriellen Zeit, 1750–1815* (Stuttgart: Franz Steiner Verlag, 2001), 76; R. M. R. Dehn, *The German Cotton Industry* (Manchester: Manchester University Press, 1913), 3; J. K. J. Thomson, *A Distinctive Industrialization: Cotton in Barcelona, 1728–1832* (Cambridge: Cambridge University Press, 1992), 248; J. Dhondt, "The Cotton Industry at Ghent During the French Regime," in F. Crouzet, W. H. Chaloner, and W. M. Stern, eds., *Essays in European Economic History, 1789–1914* (London: Edward Arnold, 1969), 18; Georg Meerwein, "Die Entwicklung der Chemnitzer bezw. sächsischen Baumwollspinnerei von 1789–1879" (PhD dissertation, University of Heidelberg, 1914), 19; Rudolf Forberger, *Die industrielle Revolution in Sachsen 1800–1861, Bd. 1, zweiter Halbband: Die Revolution der Produktivkräfte in Sachsen 1800–1830. Übersichten zur Fabrikentwicklung* (Berlin: Akademie-Verlag, 1982), 14; Albert Tanner, "The Cotton Industry of Eastern Switzerland, 1750–1914: From Proto-industry to Factory and Cottage Industry," *Textile History* 23, no. 2 (1992): 139; Wolfgang Müller, "Die Textilindustrie des Raumes Puebla (Mexiko) im 19. Jahrhundert" (PhD dissertation, University of Bonn, 1977), 144; E. R. J. Owen, *Cotton and the Egyptian Economy, 1820–1914: A Study in Trade and Development* (Oxford: Clarendon Press, 1969), 23–24.

6 영국 제조업자들은 영국 외부에서 방적 기계가 급속도로 확산되는 것에 우려를 표했다. 이에 관해서는 다음을 보라. *The Sixteenth Annual Report of the Board of Directors of the Chamber of Commerce and Manufactures at Manchester for the Year 1836 Made to the Annual General Meeting of the Members, held February 13th 1837* (Manchester: Henry Smith, 1837), 13.

7 Sydney Pollard는 이 시점(철도 이전)에 산업화는 국가적 발전이 아니라 지역적 발전이었다는 점을 제대로 짚어 강조한다. 유럽에는 카탈루냐처럼 산업화가 이루어지는 지역들이 존재했다. Sydney Pollard, *Peaceful Conquest: The Industrialization of Europe, 1760–1970* (New York: Oxford University Press, 1981); 다음도 보라. Joel Mokyr, *Industrialization in the Low Countries, 1795–1850* (New Haven, CT: Yale University Press, 1976), 26, 28.

8   Günter Kirchhain, "Das Wachstum der deutschen Baumwollindustrie im 19. Jahrhundert: Eine historische Modellstudie zur empirischen Wachstumsforschung" (PhD dissertation, University of Münster, 1973), 30, 41; Francisco Mariano Nipho, *Estafeta de Londres* (Madrid: n.p., 1770), 44, as quoted in Pierre Vilar, *La Catalogne dans l'Espagne moderne: Recherches sur le fondements économiques des structures nationales*, vol. 2 (Paris: S.E.V.P.E.N., 1962), 10; Pavel A. Khromov, *Ékonomika Rossii Perioda Promyshlennogo Kapitalizma* (Moscow: 1963), 80; Howard F. Cline, "Spirit of Enterprise in Yucatan," in Lewis Hanke, ed., *History of Latin American Civilization*, vol. 2 (London: Methuen, 1969), 133; Adelmann, *Die Baumwollgewerbe Nordwestdeutschlands*, 153; Dunham, "The Development of the Cotton Industry," 288; B. M. Biucchi, "Switzerland, 1700 – 1914," in Carlo M. Cipolla, ed., *The Fontana Economic History of Europe*, vol. 4, part 2 (Glasgow: Collins, 1977), 634; Robert Lévy, *Histoire économique de l'industrie cotonnière en Alsace* (Paris: Felix Alcan, 1912), 87, 89; United States Census Bureau, *Manufactures of the United States in 1860 Compiled from the Original Returns of the Eighth Census under the Direction of the Secretary of the Interior* (Washington, DC: Government Printing Office, 1865), xvii; Ronald Bailey, "The Slave(ry) Trade and the Development of Capitalism in the United States: The Textile Industry in New England," in Joseph E. Inikori and Stanley L. Engerman, eds., *The Atlantic Slave Trade: Effects on Economies, Societies, and Peoples in Africa, the Americas, and Europe* (Durham, NC: Duke University Press, 1992), 221.

9   Bodmer, *Die Entwicklung der schweizerischen Textilwirtschaft*, 281.

10   Dhondt, "The Cotton Industry at Ghent," 15; Müller, "Die Textilindustrie des Raumes," 33; Max Hamburger, "Standortgeschichte der deutschen Baumwoll-Industrie" (PhD dissertation, University of Heidelberg, 1911), 19; Wallace Daniel, "Entrepreneurship and the Russian Textile Industry: From Peter the Great to Catherine the Great," *Russian Review* 54, no. 1 (January 1995): 1 – 25; Lévy, *Histoire économique*, 1ff.; Bodmer, *Die Entwicklung der schweizerischen Textilwirtschaft*, 181 – 203.

11   Adelmann, *Die Baumwollgewerbe Nordwestdeutschlands*, 16, 54; Maurice Lévy Leboyer, *Les banques européennes et l'industrialisation internationale dans la première moitié du XIXe siècle* (Paris: [Faculté des Lettres et Sciences Humaines de Paris], 1964); Dhondt, "The Cotton Industry at Ghent," 16; William L. Blackwell, *The Beginnings of Russian Industrialization, 1800–1860* (Princeton, NJ: Princeton University Press, 1968), 44; M. V. Konotopov et al. *Istoriia otechestvennoǐ tekstil' noi promyshlennosti* (Moscow, 1992), 94, 96. 알자스의 산업화 과정 역시 다음 책에 상세히 설명되어 있다. Raymond Oberlé, "La siècle des lumières et les débuts de l'industrialisation," in George Livet and Raymond Oberlé, eds., *Histoire de Mulhouse des origines à nos jours* (Strasbourg: Istra, 1977), 127; Paul Leuilliot, "L'essor économique du XIXe siècle et les transformations de la cité," in Livet and Oberlé, eds., *Histoire de Mulhouse*, 182.

12 원산업화의 개념에 관해서는 다음 책을 보라. P. Kriedte, H. Medick, and J. Schlumbohm, *Industrialization Before Industrialization: Rural Industry in the Genesis of Capitalism* (New York: Cambridge University Press, 1981); Meerwein, "Die Entwicklung der Chemnitzer," 17－18; Thomson, *A Distinctive Industrialization*, 13.

13 Albert Tanner, *Spulen, Weben, Sticken: Die Industrialisierung in Appenzell Ausserrhoden* (Zürich: Juris Druck, 1982), 8, 19; Bodmer, *Die Entwicklung der schweizerischen Textilwirtschaft*, 231; John Bowring, *Bericht an das Englische Parlament über den Handel, die Fabriken und Gewerbe der Schweiz* (Zürich: Orell, Fuessli und Compagnie, 1837), 37.

14 Shepard B. Clough, *The Economic History of Modern Italy* (New York: Columbia University Press, 1964), 62; Thomson, *A Distinctive Industrialization*, 12; Adelmann, *Die Baumwollgewerbe Nordwestdeutschlands*, 49. 오브라헤스(Obrajes)에 관해서는 다음의 중요한 연구를 보라. Richard J. Salvucci, *Textiles and Capitalism in Mexico: An Economic History of the Obrajes, 1539–1840* (Princeton, NJ: Princeton University Press, 1987); Müller, "Die Textilindustrie des Raumes Puebla," 34.

15 Meerwein, "Die Entwicklung der Chemnitzer," 18.

16 Bodmer, *Die Entwicklung der schweizerischen Textilwirtschaft*, 279, 339; Thomson, *A Distinctive Industrialization*, 208; Lévy, *Histoire économique*, 1ff., 14－52; Roger Portal, "Muscovite Industrialists: The Cotton Sector, 1861－1914," in Blackwell, ed., *Russian Economic Development*, 174.

17 Barbara M. Tucker, *Samuel Slater and the Origins of the American Textile Industry, 1790–1860* (Ithaca, NY: Cornell University Press, 1984), 52, 97.

18 William Holmes to James Holmes, Kingston, March 10, 1813, in Folder 49, John Holmes Papers, Manuscripts and Archives Division, New York Public Library, New York.

19 Meerwein, "Die Entwicklung der Chemnitzer," 32; *Enciclopedia Yucatanense*, vol. 7, 62. 숙련 노동자의 연간 수입에 관해서는 다음 자료를 보라. Michael P. Costeloe, *The Central Republic in Mexico, 1835–1846: Hombres de Bien in the Age of Santa Anna* (New York: Cambridge University Press, 1993), 108; Hau, *L'industrialisation de l'Alsace*, 328, 330, 340.

20 Robert F. Dalzell, *Enterprising Elite: The Boston Associates and the World They Made* (Cambridge, MA: Harvard University Press, 1987), 27. 교환비율은 다음 자료에서 취했다. Patrick Kelly, *The Universal Cambist and Commercial Instructor: Being a General Treatise on Exchange, Including Monies, Coins, Weights and Measures of All Trading Nations and Their Colonies*, vol. 1 (London: Lackington, Allen, and Co. [et al.], 1811), 12; Thomas Dublin, "Rural Putting-Out Work in Early Nineteenth-Century New England: Women and the

Transition to Capitalism in the Countryside," *New England Quarterly* 64, no. 4 (December 1, 1991): 536 - 37. 해방 노예들의 이야기에 대한 다음의 분석을 보라. "Ex-Slave Narratives: Lowell Cloth," accessed August 12, 2013, http://library.uml.edu/clh/All/Lowcl.htm; Pierre Gervais, "The Cotton 'Factory' in a Pre-industrial Economy: An Exploration of the Boston Manufacturing Company, 1815 - 1820" (unpublished paper, in author's possession, 2003), 3; Peter Temin, "Product Quality and Vertical Integration in the Early Cotton Textile Industry," *Journal of Economic History* 48, no. 4 (December 1988): 897; Ronald Bailey, "The Other Side of Slavery: Black Labor, Cotton, and Textile Industrialization in Great Britain and the United States," *Agricultural History* 68, no. 2 (Spring 1994): 45, 49.

21 Hau, *L'industrialisation de l'Alsace*, 335 - 38; Heinrich Herkner, *Die oberelsässische Baumwollindustrie und ihre Arbeiter* (Strassburg: K. J. Trübner, 1887), 92; Pierre-Alain Wavre, "Swiss Investments in Italy from the XVIIIth to the XXth Century," *Journal of European Economic History* 17, no. 1 (Spring 1988), 86 - 87; Thomson, *A Distinctive Industrialization*, 7, 117; Müller, "Die Textilindustrie des Raumes Puebla," 225, 244.

22 M. L. Gavlin, *Iz istorii rossiĭskogo predprinimatel'stva: dinastiia Knopov: nauchno-analiticheskiĭ obzor* (Moscow: INION AN SSSR, 1995), 12, 14, 16, 19, 21, 29ff., 36; Blackwell, *The Beginnings*, 241.

23 Hau, *L'industrialisation de l'Alsace*, 388; Paulette Teissonniere-Jestin, "Itinéraire social d'une grande famille mulhousienne: Les Schlumberger de 1830 à 1930" (PhD dissertation, University of Limoges, 1982), 129, 149; *Bulletin de la Société Industrielle de Mulhouse* 1 (1828); *Bulletin de la Société Industrielle de Mulhouse* 2 (1829); *Bulletin de la Société Industrielle de Mulhouse* 22 (1832): 113 - 36; David Allen Harvey, *Constructing Class and Nationality in Alsace, 1830–1945* (Dekalb: Northern Illinois University Press, 2001), 49.

24 Adelmann, *Die Baumwollgewerbe Nordwestdeutschlands*, 67.

25 Wright Armitage to Enoch Armitage, Dukinfield, April 16, 1817, in Armitage Papers, Manuscripts and Archives Division, New York Public Library, New York. 다음 보고서에 수록된 편지들도 보라. McConnel & Kennedy, record group MCK, box 2/1/1 Letterbook, 1805 - 1810, box 2/2/3; Letterbook, May 1814 to September 1816, box 2/2/5; Consignments Book, 1809 - 1829, box 3/3/11; Buchanan, Mann & Co. to McConnel & Kennedy, Calcutta, November 3, 1824, box 2/1/30, all in Papers of McConnel & Kennedy, John Rylands Library, Manchester; William Radcliffe, *Origin of the New System of Manufacture Commonly Called "Power-loom Weaving" and the Purposes for which this System was Invented and Brought into Use* (Stockport: J. Lomax, 1828), 131. 1825년 맥코넬 앤 케네디사의 모든 서신을 분석한 내용은 다음 자료에 담겨 있다.

McConnel & Kennedy Papers, Record Group MCK/2, John Rylands Library, Manchester; D. A. Farnie, *John Rylands of Manchester* (Manchester: John Rylands University Library of Manchester, 1993), 5, 10, 13. Memorial Book for John Rylands, 1888, Manchester, Record Group JRL/2/2, Archive of Rylands & Sons Ltd, John Rylands Library, Manchester도 참조하라.

26 Yarn Delivery Book, 1836–38, record group MCK, box 3/3/12, Papers of McConnel & Kennedy, John Rylands Library, Manchester; Stanley Chapman, *Merchant Enterprise in Britain: From the Industrial Revolution to World War I* (Cambridge: Cambridge University Press, 1992), 62, 69ff., 92, 109, 113, 133, 136, 139, 164, 168, 173, 176; Bill Williams, *The Making of Manchester Jewry, 1740–1875* (Manchester: Manchester University Press, 1976), 81. Farnie, *John Rylands*, 4; *British Packet and Argentine News*, February 9, 1850, August 3, 1850; Vera Blinn Reber, *British Mercantile Houses in Buenos Aires, 1810–1880* (Cambridge, MA: Harvard University Press, 1979), 58, 59; Carlos Newland, "Exports and Terms of Trade in Argentina, 1811–1870," *Bulletin of Latin American Research* 17, no. 3 (1998): 409–16; D. C. M. Platt, *Latin America and British Trade, 1806–1914* (London: Adam & Charles Black, 1972), 15, 39; H. S. Ferns, "Investment and Trade Between Britain and Argentina in the Nineteenth Century," *Economic History Review*, New Series, 3, no. 2 (1950): 207, 210; Blankenhagen & Gethen to Hugh Dallas, London, November 18, 1818, file 003/1–1/24, Dallas Papers, in Banco de la Provincia de Buenos Aires, Archivo y Museo Históricos, Buenos Aires. 다음 자료도 보라. R. F. Alexander to Hugh Dallas, Glasgow, March 19, 1819, in ibid. 일부 상인들은 댈러스에게도 편지를 썼고 그에게 위탁 판매를 받아들일 생각인지를 물었다. 예를 들어 다음 자료를 보라. Baggott y Par to Hugh Dallas, Liverpool, April 2, 1821, in ibid., file 003/1–1/13 King & Morrison to Hugh Dallas, Glasgow, April 25, 1819, in Blankenhagen & Gethen to Hugh Dallas, London, November 18, 1818, in ibid.

27 D. C. M. Platt, *Latin America and British Trade*, 39, 42, 51; Eugene W. Ridings, "Business Associationalism, the Legitimation of Enterprise, and the Emergence of a Business Elite in Nineteenth-Century Brazil," *Business History Review* 63, no. 4 (Winter 1989): 758; Stanley J. Stein, *The Brazilian Cotton Manufacture: Textile Enterprise in an Underdeveloped Area, 1850–1950* (Cambridge, MA: Harvard University Press, 1957), 8–9, 14.

28 Bodmer, *Die Entwicklung der schweizerischen Textilwirtschaft*, 231, 276, 281; Adelmann, *Die Baumwollgewerbe Nordwestdeutschlands*, 58; Dehn, *The German Cotton Industry*, 3.

29 다음을 보라. Warren C. Scoville, "Spread of Techniques: Minority Migrations and the Diffusion of Technology," *Journal of Economic History* 11, no. 4 (1951): 347–60; Adelmann, *Die Baumwollgewerbe Nordwestdeutschlands*, 72; Dunham, "The Development of

the Cotton Industry," 283; Jack A. Goldstone, "Gender, Work, and Culture: Why the Industrial Revolution Came Early to England but Late to China," *Sociological Perspectives* 39, no. 1 (Spring 1996): 2.

30   W. O. Henderson, *Britain and Industrial Europe, 1750–1870: Studies in British Influence on the Industrial Revolution in Western Europe* (Liverpool: Liverpool University Press, 1954), 4, 7, 102, 267; Kristine Bruland, *British Technology and European Industrialization: The Norwegian Textile Industry in the Mid-Nineteenth Century* (New York: Cambridge University Press, 1989), 3, 14; David J. Jeremy, *Damming the Flood: British Government Efforts to Check the Outflow of Technicians and Machinery, 1780–1843* (Boston: Harvard Business School Press, 1977), 32–33; Jan Dhont and Marinette Bruwier, "The Low Countries, 1700– 1914," in Cipolla, ed., *The Fontana Economic History of Europe*, vol. 4, part 1, 348; Adelmann, *Die Baumwollgewerbe Nordwestdeutschlands*, 77, 127; David J. Jeremy, *Transatlantic Industrial Revolution: The Diffusion of Textile Technology Between Britain and America, 1790– 1830* (North Andover and Cambridge, MA: Merrimack Valley Textile Museum/MIT Press, 1981), 17; David Landes, *The Unbound Prometheus: Technological Change and Industrial Development in Western Europe from 1750 to the Present* (Cambridge: Cambridge University Press, 1969), 148; Rondo Cameron, "The Diffusion of Technology as a Problem in Economic History," *Economic Geography* 51, no. 3 (July 1975): 221; John Macgregor, *The Commercial and Financial Legislation of Europe and North America* (London: Henry Hooper, 1841), 290.

31   Dominique Barjot, "Les entrepreneurs de Normandie, du Maine et de l'Anjou à l'époque du Second Empire," *Annales de Normandie* 38, no. 2–3 (May–July 1988): 99–103; Henderson, *Britain and Industrial Europe*, 12, 28; Paul Leuilliot, "L'essor économique du XIXe siècle et les transformations de la cité," in Livet and Oberlé, eds., *Histoire de Mulhouse*, 184. 다음 자료를 보라. Camille Koechlin, Cahier des notes faites en Angleterre 1831, 667 Ko 22 I, Collection Koechlin, Bibliothèque, Musée de l'Impression sur Etoffes, Mulhouse, France.

32   Bodmer, *Die Entwicklung der schweizerischen Textilwirtschaft*, 276–77; Thomson, *A Distinctive Industrialization*, 249; Henderson, *Britain and Industrial Europe*, 142, 194–95; Andrea Komlosy, "Austria and Czechoslovakia: The Habsburg Monarchy and Its Successor States," in Lex Heerma van Voss, Els Hiemstra-Kuperus, and Elise van Nederveen Meerkerk, eds., *The Ashgate Companion to the History of Textile Workers, 1650– 2000* (Burlington, VT: Ashgate, 2010), 53.

33   Müller, "Die Textilindustrie des Raumes Puebla," 108, 109, 237; Jeremy, *Transatlantic Industrial Revolution*, 5, 6, 77, 78; Dalzell, *Enterprising Elite*; Jeremy, *Transatlantic Industrial*

Revolution, 41; Bruland, British Technology, 18.

34 Bodmer, *Die Entwicklung der schweizerischen Textilwirtschaft*, 278; Meerwein, "Die Entwicklung," 25; Cameron, "The Diffusion of Technology," 220; Hau, *L'industrialisation de l'Alsace*, 366 – 70, 403ff.; Bernard Volger and Michel Hau, *Historie économique de l'Alsace: Croissance, crises, innovations: Vingt siècles de dévelopement régional* (Strasbourg: Éditions la nuée bleue, 1997), 146ff.; Dave Pretty, "The Cotton Textile Industry in Russia and the Soviet Union," in Van Voss et al., eds., *The Ashgate Companion to the History of Textile Workers*, 424; J. K. J. Thomson, "Explaining the 'Take-off' of the Catalan Cotton Industry," *Economic History Review* 58, no. 4 (November 2005): 727; Letter of Delegates of the Junta de Comercio, legajo 23, no. 21, fos. 6 – 11, Biblioteca de Catalunya, Barcelona; Herkner, *Die oberelsässische Baumwollindustrie*, 72ff.; Melvin T. Copeland, *The Cotton Manufacturing Industry of the United States* (Cambridge, MA: Harvard University Press, 1917), 9, 69, 70.

35 Mokyr, *Industrialization in the Low Countries*, 39; Adelmann, *Die Baumwollgewerbe Nordwestdeutschlands*, 89 – 90; Meerwein, "Die Entwicklung," 21; Konotopov et al., *Istoriia*, 79, 92; Lars K. Christensen, "Denmark: The Textile Industry and the Forming of Modern Industry," in Van Voss et al., eds., *The Ashgate Companion to the History of Textile Workers*, 144; Alexander Hamilton, "Report on the Subject of Manufactures, December 5, 1971," in Alexander Hamilton, *Writings* (New York: Library of America, 2001), 647 – 734; Samuel Rezneck, "The Rise and Early Development of Industrial Consciousness in the United States, 1760 – 1830," *Journal of Economic and Business History* 4 (1932): 784 – 811; Müller, "Die Textilindustrie des Raumes Puebla," 41.

36 Adelmann, *Die Baumwollgewerbe Nordwestdeutschlands*, 67; Herkner, *Die oberelsässische Baumwollindustrie*, 92, 95; Hau, *L'industrialisation de l'Alsace*, 209ff.; Oberlé, "La siècle des lumières," 164; Meerwein, "Die Entwicklung," 23, 28, 37, 68.

37 Bodmer, *Die Entwicklung der schweizerischen Textilwirtschaft*, 278; Tanner, *Spulen, Weben, Sticken*, 24, 33, 44.

38 Douglas A. Irwin and Peter Temin, "The Antebellum Tariff on Cotton Textiles Revisited," *Journal of Economic History* 61, no. 3 (September 2001): 795; U. S. Department of the Treasury, Letter from the Secretary of the Treasury, "Cultivation, Manufacture and Foreign Trade of Cotton," March 4, 1836, Doc. No. 146, Treasury Department, House of Representatives, 24th Congress, 1st Session (Washington, DC: Blaire & Rives, Printers, 1836); Jeremy, *Transatlantic Industrial Revolution*, 96; Mary B. Rose, *The Gregs of Quarry Bank Mill: The Rise and Decline of a Family Firm, 1750–1914* (New York: Cambridge University Press, 1986), 46.

39 Wright Armitage to Rev. Benjamin Goodier, Dunkinfield, March 2, 1817, in Box 1,

Armitage Family Papers, Special Collections, New York Public Library, New York.

40   Temin, "Product Quality," 898; Dunham, "The Development of the Cotton Industry," 281; Meerwein, "Die Entwicklung," 43; United States Department of State, *Report on the Commercial Relations of the United States with Foreign Nations: Comparative Tariffs; Tabular Statements of the Domestic Exports of the United States; Duties on Importation of the Staple or Principal Production of the United States into Foreign Countries* (Washington, DC: Gales and Seaton, 1842), 534–35.

41   Paul Leuilliot, "L'essor économique du XIXe siècle et les transformations de la cité," in Livet and Oberlé, eds., *Histoire de Mulhouse*, 190; Dietsche, "Die industrielle Entwicklung," 56–57; Meerwein, "Die Entwicklung," 47, 51–52. 관세의 중요성에 관해서는 다음 또한 보라. R. Dehn, *The German Cotton Industry*, 4; Kirchhain, "Das Wachstum," 185; Friedrich List, *National System of Political Economy* (New York: Longmans, Green, and Co., 1904), 169; Angel Smith et al., "Spain," in Van Voss et al., *The Ashgate Companion to the History of Textile Workers*, 455. 다른 나라들도 높은 수입물품세를 부과한 사례가 많았다. 조사에 관해서는 다음을 보라. United States Department of State, *Report in the Commercial Relations of the United States with Foreign Nations*, 534–35.

42   Temin, "Product Quality," 897, 898; Irwin and Temin, "The Antebellum Tariff," 780–89, 796. 84%라는 수치(아마도 전적으로 정확하지는 않을 것이다)는 다음 책에서 취했다. Hannah Josephson, *The Golden Threads: New England Mill Girls and Magnates* (New York: Russell & Russell, 1949), 30. 인도의 면화 수입에서 '보스턴 협회'의 역할에 관해서는 다음 책을 보라. James Fichter, "Indian Textiles and American Industrialization, 1790–1820" (unpublished paper, GEHN Conference, University of Padua, November 17–19, 2005, in author's possession).

43   Müller, "Die Textilindustrie des Raumes Puebla," 14, 16, 31, 35, 39, 43, 45, 48, 55; Rafael Dobado Gonzáles, Aurora Gómez Galvarriato, and Jefferey G. Williamson, "Globalization, De-industrialization and Mexican Exceptionalism, 1750–1879," National Bureau of Economic Research Working Paper No. 12316, June 2006, 5, 12, 13, 15, 35, 36, 40. 다음 자료도 보라. Colin M. Lewis, "Cotton Textiles and Labour-Intensive Industrialization Since 1825" (unpublished paper, Global Economic History Network Conference, Osaka, December 16–18, 2004, in author's possession); Esteban de Antuñano, *Memoria breve de la industria manufacturera de México, desde el año de 1821 hasta el presente* (Puebla: Oficina del Hospital de S. Pedro, 1835); Esteban de Antuñano to Señor D. Carlos Bustamente, Puebla, December 4, 1836, as reprinted in Esteban de Antuñano, *Breve memoria del estado que guarda la fabrica de hildaos de algodon Constancia Mexicana y la industria de este ramo* (Puebla: Oficinia des Hospital de San Pedro, 1837), 4; David W.

Walker, *Kinship, Business, and Politics: The Martinez del Rio Family in Mexico, 1824–1867* (Austin: University of Texas Press, 1986), 138; Camera de Disputados, *Dictamen de la Comisión de Industria, sobre la prohibición de hilaza y ejidos de algodón* (1835).

44 David W. Walker, *Kinship, Business, and Politics: The Martinez del Rio Family in Mexico, 1824–1867* (Austin: University of Texas Press, 1986), 149, 151, 161–62; Gonzáles, Galvarriato, and Williamson, "Globalization," 41. 인도에 관한 수치는 1887년에 대한 것이다.

45 J. Thomson, *A Distinctive Industrialization*, 204; Daniel, "Entrepreneurship and the Russian Textile Industry," 8; W. Lochmueller, *Zur Entwicklung der Baumwollindustrie in Deutschland* (Jena: Gustav Fischer, 1906), 17; Hans-Werner Hahn, *Die industrielle Revolution in Deutschland* (Munich: R. Oldenbourg, 1998), 27. 유럽의 산업화에 국가가 미친 영향을 조사한 것으로는 다음 글을 보라. Barry Supple, "The State and the Industrial Revolution, 1700–1914," in Carlo M. Cipolla, ed., *The Fontana Economic History of Europe*, vol. 3 (Glasgow: Collins, 1977), 301–57.

46 J. Thomson, *A Distinctive Industrialization*, 270; Jordi Nadal, "Spain, 1830–1914," in Carlo M. Cipolla, ed., *The Fontana Economic History of Europe*, vol. 4, part 2, 607; Smith et al., "Spain," in Van Voss et al., *The Ashgate Companion to the History of Textile Workers*, 453.

47 Thomson, "Explaining," 711–17.

48 Thomson, *A Distinctive Industrialization*, 274–75, 299. 1793년에 에스파냐의 생산자들은 영국에서 사용되는 원면의 16.06%를 사용하고 있었다. 1808년에 이르면 그 비율은 6~7.25%까지 줄었고 1816년이면 2.2%까지 떨어졌다. James Clayburn La Force Jr., *The Development of the Spanish Textile Industry, 1750–1800* (Berkeley: University of California Press, 1965), 16; Jordi Nadal, "Spain, 1830–1914," in Cipolla, *The Fontana Economic History of Europe*, vol. 4, part 2, 608.

49 Edward Baines, *History of the Cotton Manufacture in Great Britain* (London: H. Fisher, R. Fisher, and P. Jackson, 1835), 525; Wilma Pugh, "Calonne's 'New Deal,'" *Journal of Modern History* 11, no. 3 (1939): 289–312; François-Joseph Ruggiu, "India and the Reshaping of the French Colonial Policy, 1759–1789," in *Itinerario* 35, no. 2 (August 2011): 25–43; Alfons van der Kraan, "The Birth of the Dutch Cotton Industry, 1830–1840," in Douglas A. Farnie and David J. Jeremy, eds., *The Fibre that Changed the World: The Cotton Industry in International Perspective, 1600–1990s* (Oxford: Oxford University Press, 2004), 285; Jan Luiten van Zanden and Arthur van Riel, *The Strictures of Inheritance: The Dutch Economy in the Nineteenth Century* (Princeton, NJ: Princeton University Press, 2004), 39–40; Mokyr, *Industry* 32, 103, 105, 107, 108.

50 Mokyr, *Industry*, 31, 34–35; Dhont and Bruwier, "The Low Countries, 1700–1914," 358–59.

51 Bodmer, *Die Entwicklung der schweizerischen Textilwirtschaft*, 290, 344‒46; Bowring, *Bericht an das Englische Parlament*, 4. Tanner, "The Cotton Industry of Eastern Switzerland," 150. 마찬가지로, 독일 면산업은 수출 능력, 특히 북아메리카에 대한 수출 능력에 좌우되었다. Dehn, *The German Cotton Industry*, 18; Dietrich Ebeling et al., "The German Wool and Cotton Industry from the Sixteenth to the Twentieth Century," in Van Voss et al., *The Ashgate Companion to the History of Textile Workers*, 208.

52 Mary Jo Maynes, "Gender, Labor, and Globalization in Historical Perspective: European Spinsters in the International Textile Industry, 1750‒1900," *Journal of Women's History* 15, no. 4 (Winter 2004): 48.

53 Chapman, *The Cotton Industry*, 22; C. H. Lee, "The Cotton Textile Industry," in Roy Church, ed., *The Dynamics of Victorian Business: Problems and Perspectives to the 1870s* (London: George Allen & Unwin, 1980), 161; Adelmann, *Die Baumwollgewerbe Nordwestdeutschlands*, 153; Dunham, "The Development of the Cotton Industry," 288; Richard Leslie Hills, *Power from Steam: A History of the Stationary Steam Engine* (New York: Cambridge University Press, 1989), 117. 이 수치는 부정확하기로 악명이 높고 그저 추정치일 뿐이다. Chapman, *The Cotton Industry*, 29; Anthony Howe, *The Cotton Masters, 1830–1860* (New York: Clarendon Press, 1984), 6; *The Thirty-Fifth Annual Report of the Board of Directors of the Chamber of Commerce and Manufactures at Manchester, for the Year 1855* (Manchester: James Collins, 1856), 15.

54 Joseph E. Inikori, *Africans and the Industrial Revolution in England: A Study in International Trade and Economic Development* (New York: Cambridge University Press, 2002), 436; P. K. O'Brien and S. L. Engerman, "Exports and the Growth of the British Economy from the Glorious Revolution to the Peace of Amiens," in Barbara Solow, ed., *Slavery and the Rise of the Atlantic System* (New York: Cambridge University Press, 1991), 184, 188; Lee, "The Cotton Textile Industry," 165; Lars G. Sandberg, "Movements in the Quality of British Cotton Textile Exports," *Journal of Economic History* 28, no. 1 (March 1968): 15‒19; Manchester Commercial Association Minutes, 1845‒1858, record group M8/7/1, Manchester Archives and Library, Manchester.

55 이런 주장에 관해서는 다음 책을 보라. Jeremy Adelman, "Non-European Origins of European Revolutions" (unpublished paper, Making Europe: The Global Origins of the Old World Conference, Freiburg, 2010), 25.

56 Afaf Lutfi Al-Sayyid Marsot, *Egypt in the Reign of Muhammad Ali* (Cambridge: Cambridge University Press, 1984), 162; Robert L. Tignor, *Egyptian Textiles and British Capital, 1930–1956* (Cairo: American University in Cairo Press, 1989), 9; Joel Beinin, "Egyptian Textile Workers: From Craft Artisans Facing European Competition to Proletarians Contending

with the State," in Van Voss et al., *The Ashgate Companion to the History of Textile Workers*, 174.

57 Tignor, *Egyptian Textiles*, 9; Marsot, *Egypt*, 166; Owen, *Cotton and the Egyptian Economy*, 23 – 24.

58 Jean Batou, "Muhammad-Ali's Egypt, 1805 – 1848: A Command Economy in the 19th Century?," in Jean Batou, ed., *Between Development and Underdevelopment: The Precocious Attempts at Industrialization of the Periphery, 1800–1870* (Geneva: Librairie Droz, 1991), 187; Owen, *Cotton and the Egyptian Economy*, 44.

59 Marsot, *Egypt*, 171, 181. 1838년에 이르면, 3만 명이나 되는 노동자들이 이집트의 방적공장에서 노동을 했을 것이다. Colonel Campbell, Her Britannic Majesty's Agent and Consul-General in Egypt to John Bowring, Cairo, January 18, 1838, as reprinted in John Bowring, *Report on Egypt and Candia* (London: Her Majesty's Stationery Office, 1840), 186; Batou, "Muhammad-Ali's Egypt," 181, 185, 199; *Ausland* (1831), 1016.

60 Marsot, *Egypt*, 171; Colonel Campbell, Her Britannic Majesty's Agent and Consul-General in Egypt to John Bowring, Cairo, January 18, 1838, as reprinted in Bowring, *Report on Egypt*, 35; *Asiatic Journal and Monthly Register for British and Foreign India, China, and Australia*, New Series, 4 (March 1831): 133.

61 *Asiatic Journal and Monthly Register for British and Foreign India, China, and Australia*, New Series, 5 (May – August 1831): 62; *Asiatic Journal and Monthly Register for British and Foreign India, China, and Australia*, New Series, 4 (April 1831): 179, quoting an article from the *Indian Gazette*, October 5, 1830.

62 Rapport à Son Altesse Mehemet Ali, Vice Roi d'Égypt, sur la Filature et le Tissage du Cotton, par Jules Poulain, f78, Add. Mss. 37466, Egyptian State Papers, 1838 – 1849, Manuscript Division, British Library, London.

63 Marsot, *Egypt*, 169, 184; Beinin, "Egyptian Textile Workers," 177.

64 Batou, "Muhammad-Ali's Egypt," 182, 201 – 2; *Historical Dictionary of Egypt*, 3rd ed. (Lanham, MD: Scarecrow Press, 2003), 388; Marsot, *Egypt*, 177; Tignor, *Egyptian Textiles*, 8; Beinin, "Egyptian Textile Workers," 178; Joel Beinin, "Egyptian Textile Workers: From Craft Artisans Facing European Competition to Proletarians Contending with the State" (unpublished paper, Textile Conference IISH, November 2004), 6.

65 다음 글은 활기 넘치는 원산업의 존재를 제대로 짚어 강조한다. John Dickinson and Robert Delson, "Enterprise Under Colonialism: A Study of Pioneer Industrialization in Brazil, 1700 – 1830" (working paper, Institute of Latin American Studies, University of Liverpool, 1991), 특히 52. 다음 자료들도 보라. Hercuclano Gomes Mathias, *Algodão no Brasil* (Rio de Janeiro: Index Editoria, 1988), 67, 83; Maria Regina and Ciparrone Mello,

A industrialização do algodão em São Paulo (São Paulo: Editoria Perspectiva, 1983), 23;
Stein, *The Brazilian Cotton Manufacture*, 2, 4, 20‒21; Roberta Marx Delson, "Brazil: The
Origin of the Textile Industry," in Van Voss et al., *The Ashgate Companion to the History of
Textile Workers*, 75, 77, 934; Gonzáles, Galvarriato, and Williamson, "Globalization," 17.

66 Stein, *The Brazilian Cotton Manufacture*, 15.

67 Ibid., 7, 13; Eugene W. Ridings Jr., "The Merchant Elite and the Development of Brazil:
The Case of Bahia During the Empire," *Journal of Interamerican Studies and World Affairs* 15,
no. 3 (August 1973): 336, 337, 342‒45.

68 Stein, *The Brazilian Cotton Manufacture*, 5‒6, 51‒52; Ridings Jr., "The Merchant Elite
and the Development of Brazil," 344.

69 W. A. Graham Clark, *Cotton Goods in Latin America: Part 1, Cuba, Mexico, and Central
America: Transmitted to Congress in Compliance with the Act of March 4, 1909 Authorizing
Investigations of Trade Conditions Abroad* (Washington, DC: Government Printing Office,
1909), 9.

70 한 저자는 "남부의 산업화"가 지니는 중요성을 보여주고자 했지만 결국 이런 시도들의 취
약성을 입증하는 많은 증거들을 제시하는 것으로 귀결되고 말았다. Michael Gagnon,
Transition to an Industrial South: Athens, Georgia, 1830‒1870 (Baton Rouge: Lousiana State
University Press, 2012); Broadus Mitchell, *The Rise of Cotton Mills in the South* (Baltimore:
Johns Hopkins University Press, 1921), 21. 1831년에 북부의 직물 생산은 노예주들보다
17배나 많았다. 다음을 보라. Friends of Domestic Industry, Reports of the Committees
of the Friends of Domestic Industry, assembled at New York, Octber 31, 1831 (1831),
9‒47. 이런 공장들과 이후 남부의 산업화 사이에는 또한 근본적으로 불연속성이 존재한다.

71 Richard Roberts, "West Africa and the Pondicherry Textile Industry," *Indian Economic and
Social History Review* 31, no. 2 (June 1994): 142‒45, 151, 153, 158; Tirthankar Roy,
"The Long Globalization and Textile Producers in India," in Van Voss et al., *The Ashgate
Companion to the History of Textile Workers*, 266; Dwijendra Tripathi, *Historical Roots of
Industrial Entrepreneurship in India and Japan: A Comparative Interpretation* (New Delhi:
Manohar, 1997), 104, 105.

72 Howard F. Cline, "The Spirit of Enterprise in Yucatan," 138; Jorge Munoz Gonzalez,
Valladolid: 450 Años de Luz (Valladolid: Ayuntamiento de Valladolid, 1993), 40; Ramírez,
Sociedad, Estructura Agraria, 35.

73 Dale W. Tomich, *Through the Prism of Slavery* (Lanham, MD: Rowman & Littefield,
2004), 70.

74 Rosa Luxemburg, *The Accumulation of Capital* (New Haven, CT: Yale University Press,
1951), chapter 26.

1 "Fragen eines lesenden Arbeiters," translated by M. Hamburger, *Bertolt Brecht: Poems, 1913–1956*, (New York and London: Methuen, 1976).

2 그 인용에 관해서는 다음에 게시된 포럼을 보라. "The Longford," March 9, 2009, http://www.skyscrapercity.com/showthread.php?t=823790, accessed March 8, 2013; Ellen Hootton's case is documented in House of Commons Parliamentary Papers, First Report of the Central Board of His Majesty's Commissioners for Inquiring into the Employment of Children in Factories, 1833, xx, D.i, 103 – 15. Douglas A. Galbi 역시 그녀에 역사에 대한 멋진 분석을 내놓았다. Douglas A. Galbi, "Through the Eyes in the Storm: Aspects of the Personal History of Women Workers in the Industrial Revolution," *Social History* 21, no. 2 (1996): 142 – 59.

3 Maurice Dobb, *Studies in the Development of Capitalism* (New York: International Publishers, 1964), 272 – 73.

4 Mike Williams and Douglas A. Farnie, *Cotton Mills in Greater Manchester* (Preston, UK: Carnegie, 1992), 236; Stanley D. Chapman, *The Early Factory Masters: The Transition to the Factory System in the Midlands Textile Industry* (Newton Abbot, Devon, UK: David & Charles, 1967), 170.

5 Leone Levi, "On the Cotton Trade and Manufacture, as Affected by the Civil War in America," *Journal of the Statistical Society of London* 26, no. 8 (March 1863): 26.

6 Mary B. Rose, *Networks and Business Values: The British and American Cotton Industries Since 1750* (Cambridge: Cambridge University Press, 2000), 30; Günter Kirchhain, "Das Wachstum der Deutschen Baumwollindustrie im 19. Jahrhundert: Eine Historische Modellstudie zur Empirischen Wachstumsforschung" (PhD dissertation, University of Münster, 1973), 73; Gerhard Adelmann, "Zur regionalen Differenzierung der Baumwoll- und Seidenverarbeitung und der Textilen Spezialfertigungen Deutschlands, 1846 – 1907," in Hans Pohl, ed., *Gewerbe und Industrielandschaften vom Spätmittelalter bis ins 20. Jahrhundert* (Stuttgart: Franz Steiner, 1986), 293; Hans-Ulrich Wehler, *Deutsche Gesellschaftsgeschichte*, vol. 2 (Munich: Verlag C. H. Beck, 1987), 92; Michel Hau, *L'industrialisation de l'Alsace, 1803–1939* (Strasbourg: Association des Publications près les Universités de Strasbourg, 1987), 89; Jean-François Bergier, *Histoire économique de la Suisse* (Lausanne: Payot, 1984), 192. 또 다른 자료는 1830년 미국의 면화 노동자 수를 17만 9,000명으로 추산했다. 다음 자료를 보라. Letter from the Secretary of the Treasury, Cultivation, Manufacture and Foreign Trade of Cotton, March 4, 1836, Doc. No. 146, Treasury Department, House of Representatives, 24th Congress, 1st Session, in Levi Woodbury, *Woodbury's Tables and Notes*

on the Cultivation, Manufacture, and Foreign Trade of Cotton (Washington, DC: Printed by Blaire & Rives, 1836), 51. 러시아에 대해서는 다음 자료를 보라. A. Khromov, *Ekonomicheskoe razvitie Rossii v XIX-XX Vekah: 1800–1917* (Moscow: Gos. Izd. Politicheskoi Literatury, 1950), 32; Dave Pretty, "The Cotton Textile Industry in Russia and the Soviet Union," in Lex Heerma van Voss, Els Hiemstra-Kuperus, and Elise van Nederveen Meerkerk, eds., *The Ashgate Companion to the History of Textile Workers, 1650–2000* (Burlington, VT: Ashgate, 2010), 425, 428; Michael Jansen, *De industriële ontwikkeling in Nederland 1800–1850* (Amsterdam: NEHA, 1999), 149, 333–36; CBS, *Volkstelling 1849*, 2013년 10월 29일 필자와 주고받은 편지에서 엘리서 반네데르케인 메이르키륵(Elise van Nederveen Meerkerk)이 추산한 수치이다. 에스파냐에 관해서는 다음을 보라. Angel Smith et al., "Spain," in Van Voss et al., eds., *The Ashgate Companion to the History of Textile Workers*, 456; 에스파냐의 면화 산업은 90% 이상이 카탈루냐에 자리 잡고 있었다. J. K. J. Thomson, *A Distinctive Industrialization: Cotton in Barcelona, 1728–1832* (Cambridge: Cambridge University Press, 1992), 262.

7   다음 책을 보라. Karl Polanyi, *The Great Transformation: The Political and Economic Origins of Our Time* (Boston: Beacon Press, 1957), 72; 6장에서 칼 폴라니(Karl Polanyi)는 허구상품으로서 토지, 노동, 돈에 관해 서술한다.

8   As cited in E. P. Thompson, *The Making of the English Working Class* (New York: Vintage, 1966), 190; S. D. Chapman, *The Cotton Industry in the Industrial Revolution* (London: Macmillan, 1972), 53도 참조하라.

9   Charles Tilly, "Did the Cake of Custom Break?" in John M. Merriman, ed., *Consciousness and Class Experience in Nineteenth-Century Europe* (New York: Holmes & Meier Publishers, 1979); Eugen Weber, *Peasants into Frenchmen: The Modernization of Rural France, 1870–1914* (Stanford, CA: Stanford University Press, 1976).

10   Robert J. Steinfeld, *Coercion, Contract, and Free Labor in the Nineteenth Century* (Cambridge: Cambridge University Press, 2001), 20.

11   Ibid., 47, 74–75, 317; "Gesetzesammlung für die Königlichen Preussischen Staaten, 1845," as cited in ibid., 245.

12   Marta Vicente, "Artisans and Work in a Barcelona Cotton Factory, 1770–1816," *International Review of Social History* 45 (2000): 3, 4, 12, 13, 18.

13   Employment Ledger for Dover Manufacturing Company, 1823–4 (Dover, NH), Dover-Cocheco Collection, Baker Library, Harvard Business School, Cambridge, MA.

14   Benjamin Martin, *The Agony of Modernization: Labor and Industrialization in Spain* (Ithaca, NY: ILR Press, 1990), 21; Georg Meerwein, *Die Entwicklung der Chemnitzer bezw. Sächsischen Baumwollspinnerei von 1789–1879* (PhD dissertation, University of Heidelberg,

1914), 21; Walter Bodmer, *Die Entwicklung der Schweizerischen Textilwirtschaft im Rahmen der übrigen Industrien und Wirtschaftszweige* (Zürich: Verlag Berichthaus, 1960), 220, 224, 227; L. Dunham, "The Development of the Cotton Industry in France and the Anglo-French Treaty of Commerce of 1860," *Economic History Review* 1, no. 2 (January 1928): 286; Robert Lévy, *Histoire économique de l'industrie cotonnière en Alsace* (Paris: F. Alcan, 1912), 1ff.; David Allen Harvey, *Constructing Class and Nationality in Alsace, 1830–1945* (Dekalb: Northern Illinois University Press, 2001), 56; Thomson, *A Distinctive Industrialization*, 259.

15 Robert Marx Delson, "How Will We Get Our Workers? Ethnicity and Migration of Global Textile Workers," in Van Voss et al., eds., *The Ashgate Companion to the History of Textile Workers*, 662, 665; G. Bischoff, "Guebwiller vers 1830: La vie économique et sociale d'une petite ville industrielle à la fin de la Restauration," *Annuaire de la Société d'Histoire des Régions de Thann–Guebwiller* 7 (1965 – 1967): 64 – 74; Elise van Nederveen Meerkerk et al., "The Netherlands," in Van Voss et al., eds., *The Ashgate Companion to the History of Textile Workers*, 383; Joel Mokyr, *Industrialization in the Low Countries, 1795–1850* (New Haven, CT: Yale University Press, 1976), 38.

16 Bodmer, *Die Entwicklung der Schweizerischen Textilwirtschaft*, 295, 298; Delson, "How Will We Get Our Workers?" 652 – 53, 666 – 67; Erik Amburger, *Die Anwerbung ausländischer Fachkräfte für die Wirtschaft Russlands vom 15. bis ins 19. Jahrhundert* (Wiesbaden: Otto Harrassowitz, 1968), 147.

17 Meeting of the Manchester Chamber of Commerce, 1st February 1826, Proceedings of the Manchester Chamber of Commerce, 1821 – 1827, Record Group M8, Box 2/1, Archives of the Manchester Chamber of Commerce, Manchester Archives and Local Studies, Manchester; Gary Saxonhouse and Gavin Wright, "Two Forms of Cheap Labor in Textile History," in Gary Saxonhouse and Gavin Wright, eds., *Technique, Spirit and Form in the Making of the Modern Economies: Essays in Honor of William N. Parker* (Greenwich, CT: JAI Press, 1984), 7; Robert F. Dalzell, *Enterprising Elite: The Boston Associates and the World They Made* (Cambridge, MA: Harvard University Press, 1987), 33.

18 도버제조회사와 관련된 정보는 다음 자료를 보라. Payroll Account Books, 1823 – 1824, Dover Manufacturing Company, Dover, New Hampshire, in Cocheco Manufacturing Company Papers, Baker Library, Harvard Business School, Cambridge, MA; Barbara M. Tucker, *Samuel Slater and the Origins of the American Textile Industry, 1790–1860* (Ithaca, NY: Cornell University Press, 1984), 139.

19 Carolyn Tuttle and Simone Wegge, "The Role of Child Labor in Industrialization" (presentation, Economic History Seminar, Harvard University, April 2004), 21, 49;

McConnel & Kennedy Papers, MCK/4/51, John Rylands Library, Manchester.

20 Terry Wyke, "Quarry Bank Mill, Styal, Cheschire," Revealing Histories, Remembering Slavery, accessed July 21, 2012, http://www.revealinghistories.org.uk/how-did-money-from-slavery-help-develop-greater-manchester/places/quarry-bank-mill-styal-cheshire.html; Mary B. Rose, *The Gregs of Quarry Bank Mill: The Rise and Decline of a Family Firm, 1750–1914* (Cambridge: Cambridge University Press, 1986), 28, 31, 109 – 10; George Unwin, *Samuel Oldknow and the Arkwrights: The Industrial Revolution at Stockport and Marple* (Manchester: Manchester University Press, 1924), 170 – 71; *Edinburgh Review, or Critical Journal* 61, no. 124 (July 1835): 464.

21 Tuttle and Wegge, "The Role of Child Labor in Industrialization," Table 1A, Table 2, Table 3a; Gerhard Adelmann, *Die Baumwollgewerbe Nordwestdeutschlands und der westlichen Nachbarländer beim Übergang von der vorindustriellen zur frühindustriellen Zeit, 1750–1815* (Stuttgart: Franz Steiner Verlag, 2001), 96; M. V. Konotopov et al., *Istoriia otechestvennoi tekstil'noi promyshlennosti* (Moscow: Legprombytizdat, 1992), 97; Meerwein, *Die Entwicklung der Chemnitzer*, 35; M. M. Gutiérrez, *Comercio libre o funesta teoría de la libertad económica absoluta* (Madrid: M. Calero, 1834); Wolfgang Müller, "Die Textilindustrie des Raumes Puebla (Mexiko) im 19. Jahrhundert" (PhD dissertation, University of Bonn, 1977), 279, 281; "Rapport de la commission chargée d'examiner la question relative à l'emploi des enfants dans les filatures de coton," in *Bulletin de la Société Industrielle de Mulhouse* (1837), 482, 493; Harvey, *Constructing Class and Nationality in Alsace*, 54; Marjatta Rahikainen, *Centuries of Child Labour: European Experiences from the Seventeenth to the Twentieth Century* (Hampshire, UK: Ashgate 2004), 133.

22 Maxine Berg, "What Difference Did Women's Work Make to the Industrial Revolution?" in Pamela Sharpe, ed., *Women's Work: The English Experience, 1650–1914* (London: Arnold, 1998), 154, 158; Mary Jo Maynes, "Gender, Labor, and Globalization in Historical Perspective: European Spinsters in the International Textile Industry, 1750 – 1900," *Journal of Women's History* 15, no. 4 (Winter 2004): 56; Payroll Account Books, 1823 – 1824, Dover Manufacturing Company, Dover, New Hampshire, Cocheco Manufacturing Company Papers, Baker Library, Harvard Business School, Cambridge, MA; Janet Hunter and Helen Macnaughtan, "Gender and the Global Textile Industry," in Van Voss et al., eds., *The Ashgate Companion to the History of Textile Workers*, 705.

23 Hunter and Macnaughtan, "Gender and the Global Textile Industry," 705; Maynes, "Gender, Labor, and Globalization in Historical Perspective," 51, 54; William Rathbone VI to William Rathbone V, Baltimore, May 13, 1841, in Box IX.3.53 – 82, RP, Rathbone Papers, Special Collections and Archives, University of Liverpool; William

Rathbone VI to William Rathbone V, Boston, June 18, 1841, in ibid.

24 Hunter and Macnaughtan, "Gender and the Global Textile Industry," 710, 715; Berg, "What Difference Did Women's Work Make to the Industrial Revolution?," 154, 158, 168.

25 Maynes, "Gender, Labor, and Globalization in Historical Perspective," 55; Kenneth Pomeranz, "Cotton Textiles, Division of Labor and the Economic and Social Conditions of Women: A Preliminary Survey" (presentation, Conference 5: Cotton Textiles, Global Economic History Network, Osaka, December 2004), 20; Jack A. Goldstone, "Gender, Work, and Culture: Why the Industrial Revolution Came Early to England but Late to China," *Sociological Perspectives* 39, no. 1 (Spring 1996): 1–21; Philip C. C. Huang, *The Peasant Family and Rural Development in the Yangzi Delta, 1350–1988* (Stanford, CA: Stanford University Press, 1990), 91 and 110ff.

26 J. Dhondt, "The Cotton Industry at Ghent During the French Regime," in F. Crouzet, W. H. Chaloner, and W. M. Stern, eds., *Essays in European Economic History, 1789–1914* (London: Edward Arnold, 1969), 21; Wallace Daniel, "Entrepreneurship and the Russian Textile Industry: From Peter the Great to Catherine the Great," *Russian Review* 54 (January 1995): 7; I. D. Maulsby, Maryland General Assembly, Joint Committee on the Penitentiary, *Testimony Taken Before the Joint Committee of the Legislature of Maryland, on the Penitentiary* (Annapolis, 1837), 31; Rebecca McLennan, *The Crisis of Imprisonment: Protest, Politics, and the Making of the American Penal State, 1776–1941* (New York: Cambridge University Press, 2008), 66; Dave Pretty, "The Cotton Textile Industry in Russia and the Soviet Union" (presentation, Textile Conference, International Institute of Social History, Amsterdam, November 2004), 7; M. L. Gavlin, *Iz istorii rossiiskogo predprinimatel'stva: dinastiia Knopov: nauchno-analiticheskii obzor* (Moscow: INION AN SSSR, 1995), 34–35; Wolfgang Müller, "Die Textilindustrie des Raumes Puebla (Mexiko) im 19. Jahrhundert," 298–99; Max Hamburger, "Standortgeschichte der Deutschen Baumwoll-Industrie" (PhD dissertation, University of Heidelberg, 1911); Andrea Komlosy, "Austria and Czechoslavakia: The Habsburg Monarchy and Its Successor States," in Van Voss et al., eds., *The Ashgate Companion to the History of Textile Workers*, 57.

27 Delson, "How Will We Get Our Workers?" 657–58, 660; "In our country" cited in Stanley J. Stein, *The Brazilian Cotton Manufacture: Textile Enterprise in an Underdeveloped Area, 1850–1950* (Cambridge, MA: Harvard University Press, 1957), 51; Jacqueline Jones, *Labor of Love, Labor of Sorrow: Black Women, Work, and the Family from Slavery to the Present* (New York: Basic Books, 1985), 30–31.

28 Delson, "How Will We Get Our Workers?" 655; Aleksei Viktorovich Koval'chuk,

Manufakturnaia promyshlennost' Moskvy vo vtoroi polovine XVIII veka: Tekstil'noe proizvodstvo (Moscow: Editorial URSS, 1999), 311. E. P. Thompson은 다음 글에서 공장노동에 맞춘 노동자들의 훈육에 관한 전반적인 이야기를 설득력 있게 들려준다. E. P. Thompson, "Time, Work-Discipline and Industrial Capitalism," *Past and Present* 38 (1967): 56 - 97; Time Book, Oldknow Papers, Record Group SO, Box 12/16, John Rylands Library, Manchester; Chapman, *The Cotton Industry in the Industrial Revolution*, 56.

29 Dietrich Ebeling et al., Die deutsche Woll- und Baumwollindustrie presented at the International Textile History Conference, November 2004, 32. Harvey, *Constructing Class and Nationality in Alsace*, 59; Angel Smith et al., "Spain," 460; Van Nederveen Meerkerk et al., "The Netherlands," in Van Voss et al., eds., *The Ashgate Companion to the History of Textile Workers*, 385. 탁월한 다음 글도 보라. Marcel van der Linden, "Re-constructing the Origins of Modern Labor Management," *Labor History* 51 (November 2010): 509 - 22.

30 Ebeling et al., "The German Wool and Cotton Industry from the Sixteenth to the Twentieth Century," 227; J. Norris to Robert Peel, Secretary of State, April 28, 1826, Manchester, Public Record Office, Home Office, Introduction of Power Looms: J. Norris, Manchester, enclosing a hand bill addressed to the COTTON SPINNERS of Manchester, 1826, May 6, HO 44/16, National Archives of the UK, Kew; Paul Huck, "Infant Mortality and Living Standards of English Workers During the Industrial Revolution," *Journal of Economic History* 55, no. 3 (September 1995): 547. 다음 자료들도 보라. Simon Szreter and Graham Mooney, "Urbanization, Mortality, and the Standard of Living Debate: New Estimates of the Expectation of Life at Birth in Nineteenth-Century British Cities," *Economic History Review*, New Series, 51, no. 1 (February 1998): 84 - 112; Hans-Joachim Voth, "The Longest Years: New Estimates of Labor Input in England, 1760 - 1830," *Journal of Economic History* 61, no. 4 (December 2001): 1065 - 82, quoted on 1065; Proceedings of 24 April 1822, 30 January 1823, 23 April 1825, Proceedings of the Manchester Chamber of Commerce, 1821 - 1827, Record Group M8/2/1, Manchester Archives and Local Studies, Manchester; Seth Luther, *Address to the Working Men of New England, on the State of Education, and on the Condition of the Producing Classes in Europe and America* (New York: George H. Evans, 1833), 11.

31 Jeff Horn, *The Path Not Taken: French Industrialization in the Age of Revolution, 1750–1830* (Cambridge, MA: MIT Press, 2006), 107, 109 - 10, 116, 120.

32 H. A. Turner, *Trade Union Growth Structure and Policy: A Comparative Study of the Cotton Unions* (London: George Allen & Unwin, 1962), 385 - 86; Andrew Charlesworth et al., *Atlas of Industrial Protest in Britain, 1750–1985* (Basingstoke: Macmillan, 1996), 42 - 46.

33 Howard F. Cline, "The Aurora Yucateca and the Spirit of Enterprise in Yucatan, 1821 -

1847," *Hispanic American Historical Review* 27, no. 1 (1947): 30; Max Lemmenmeier, "Heimgewerbliche Bevölkerung und Fabrikarbeiterschaft in einem ländlichen Industriegebiet der Ostschweiz (Oberes Glattal) 1750‒1910," in Karl Ditt and Sidney Pollard, eds., *Von der Heimarbeit in die Fabrik: Industrialisierung und Arbeiterschaft in Leinen-und Baumwollregionen Westeuropas während des 18. und 19. Jahrhunderts* (Paderborn: F. Schöningh, 1992), 410, 428ff.; Bodmer, *Die Entwicklung der Schweizerischen Textilwirtschaft*, 295‒96; Van Nederveen Meerkerk et al., "The Netherlands," 386.

34 John Holt, *General View of the Agriculture of the County of Lancashire* (Dublin: John Archer, 1795), 208.

35 Thompson, *The Making of the English Working Class*; Horn, *The Path Not Taken*, 91, 95, 97‒98. 프랑스에서는 2만 5,000대의 수력방적기 가운데 1,000대가 파괴되었다. John Brown, *A Memoir of Robert Blincoe, an Orphan Boy; Sent from the Workhouse of St. Pancras, London at Seven Years of Age to Endure the Horrors of a Cotton-Mill, Through His Infancy and Youth, with a Minute Detail of His Sufferings, Being the First Memoir of the Kind Published* (Manchester: Printed for and Published by J. Doherty, 1832), 2.

36 Turner, *Trade Union Growth Structure and Policy*, 382‒85; W. Foster to Robert Peel, July 13, 1826, Manchester, Home Office, Introduction of Power Looms: J. Norris, Manchester, enclosing a hand bill addressed to the COTTON SPINNERS of Manchester, 1826, May 6, HO 44/16, National Archives of the UK, Kew; Aaron Brenner et al., eds., *The Encyclopedia of Strikes in American History* (Armonk, NY: M. E. Sharpe, 2011), xvii; Mary H. Blewett, "USA: Shifting Landscapes of Class, Culture, Gender, Race and Protest in the American Northeast and South," in Van Voss et al., eds., *The Ashgate Companion to the History of Textile Workers*, 536; Angel Smith et al., "Spain," 457; Edward Shorter and Charles Tilly, *Strikes in France, 1830–1968* (New York: Cambridge University Press, 1974), 195; Hunter and Macnaughtan, "Gender and the Global Textile Industry," 721.

37 Steinfeld, *Coercion, Contract, and Free Labor*, 245, 319.

8장 전 지구적 면화 만들기

1 Beiblatt zu No. 6 of the *Neue Bremer Zeitung*, January 6, 1850, 1.

2 Henry S. Young, *Bygone Liverpool: Illustrated by Ninety-Seven Plates Reproduced from Original Paintings, Drawings, Manuscripts and Prints* (Liverpool: H. Young, 1913), 36; James Stonehouse, *Pictorial Liverpool: Its Annals, Commerce, Shipping, Institutions, Buildings, Sights, Excursions, &c. &c.: A New and Complete Hand-book for Resident, Visitor and Tourist* (England:

H. Lacey, 1844?), 143. 1821년에 3,381척의 배가 리버풀 항구에 도착했다 *The Picture of Liverpool, or, Stranger's Guide* (Liverpool: Thomas Taylor, 1832), 31, 75. 부두 노동계급 활동의 역사에 관해서는 다음 책을 보라. Harold R. Hikins, *Building the Union: Studies on the Growth of the Workers' Movement, Merseyside, 1756–1967* (Liverpool: Toulouse Press for Liverpool Trades Council, 1973).

3   Graeme J. Milne, *Trade and Traders in Mid-Victorian Liverpool: Mercantile Business and the Making of a World Port* (Liverpool: Liverpool University Press, 2000), 29; Captain James Brown to James Croft, New Orleans, March 16, 1844, in record group 387 MD, Letter book of Captain James Brown, 1843 – 1852, item 48, Shipping Records of the Brown Family, Liverpool Records Office, Liverpool; Captain James Brown to James Croft, New Orleans, October 18, 1844, in ibid.; Captain James Brown to James Croft, New Orleans, March 16, 1844, in ibid.

4   Thomas Ellison, *The Cotton Trade of Great Britain: Including a History of the Liverpool Cotton Market and of the Liverpool Cotton Brokers' Association* (London: Effingham Wilson, 1886), 168 – 70, 172; Samuel Smith, *My Life-Work* (London: Hodder and Stoughton, 1902), 16; Henry Smithers, *Liverpool, Its Commerce, Statistics, and Institutions: With a History of the Cotton Trade* (Liverpool: Thomas Kaye, 1825), 140; High Gawthrop, *Fraser's Guide to Liverpool* (London: W. Kent and Co., 1855), 212.

5   315쪽의 자료사진은 다음 자료에서 발췌했다. Franklin Elmore Papers, Library of Congress (RASP Ser. C, Pt. 2, reel 3). 사료를 제공해준 Susan O'Donovan에게 감사한다.

6   Vincent Nolte, *Fifty Years in Both Hemispheres or, Reminiscences of the Life of a Former Merchant* (New York: Redfield, 1854), 278; *De Bow's Review* 12 (February 1852): 123; *Merchants' Magazine and Commercial Review* 15 (1846): 537.

7   John R. Killick은 면화 재배의 역사와는 대조적으로 면화의 국제 무역은 거의 완전히 무시되었다고 주장한다. John R. Killick, "The Cotton Operations of Alexander Brown and Sons in the Deep South, 1820 – 1860," *Journal of Southern History* 43 (May 1977): 169.

8   다음 글을 보라. Robin Pearson and David Richardson, "Networks, Institutional Innovation and Atlantic Trade before 1800," *Business History* 50, no. 6 (November 2008): 765; Annual Profit and Loss Accounts of John Tarleton, 920 TAR, Box 2, Liverpool Records Office, Liverpool; Annual Profit and Loss Accounts of Messrs. Tarleton and Backhouse, 920 TAR, Box 5, in ibid.; Earle Collection, D/Earle/5/9, Merseyside Maritime Museum, Liverpool; Milne, *Trade and Traders in Mid-Victorian Liverpool*, 48.

9   Edward Roger John Owen, *Cotton and the Egyptian Economy, 1820–1914: A Study in Trade and Development* (Oxford: Clarendon Press, 1969), 34, 90; J. Forbes Royle, *On the Culture and Commerce of Cotton in India and Elsewhere: With an Account of the Experiments Made by the*

Hon. *East India Company up to the Present Time* (London: Smith, Elder & Co., 1851), 80–81; Great Britain Board of Trade, *Statistical Abstract for the United Kingdom*, 1856 – 1870, 18th no. (London: Her Majesty's Stationery Office, 1871), 58 – 59; Jean Legoy, *Le peuple du Havre et son histoire: Du négoce à l'industrie, 1800–1914, le cadre de vie* (Saint-Etienne du Rouvray: EDIP, 1982), 256; Ellison, *The Cotton Trade of Great Britain*, Appendix: Table 2. 35만 448파운드는 3,129헌드레드웨이트(ctw)를 환산한 것이다(다음 글에 따르면, 1cwt는 112파운드와 같다). Elizabeth Boody Schumpeter, *English Overseas Trade Statistics, 1697–1808* (Oxford: Clarendon Press, 1968), 34. 또 다른 예를 인용하자면, 캘커타로 수입된 영국산 원사와 직물은 1834년 이후 17년 만에 네 배로 증가했다. 다음을 보라. Imports of Cotton, Piece Goods, Twist and Yarn in Calcutta 1833/34 to 1850/51, in MSS Eur F 78/44, Wood Papers, Oriental and India Office Collections, British Library, London; Werner Baer, *The Brazilian Economy: Growth and Development* (Westport, CT: Praeger, 2001), 17; Patrick Verley, "Exportations et croissance économique dans la France des Années 1860," *Annales* 43 (1988): 80; Leone Levi, "On the Cotton Trade and Manufacture, as Affected by the Civil War in America," *Journal of the Statistical Society of London* 26, no. 8 (March 1863): 32; Stanley Chapman, *Merchant Enterprise in Britain: From the Industrial Revolution to World War I* (Cambridge: Cambridge University Press, 1992), 6; Douglas A. Irwin, "Exports of Selected Commodities: 1790 – 1989," Table Ee569 – 589, in Susan B. Carter et al., eds., *Historical Statistics of the United States, Earliest Times to the Present: Millennial Edition* (New York: Cambridge University Press, 2006); Douglas A. Irwin, "Exports and Imports of Merchandise, Gold, and Silver: 1790 – 2002," Table Ee362 – 375, in Carter et al., eds., *Historical Statistics of the United States*.

10   Verley, "Exportations et croissance économique dans la France des Années 1860," 80.

11   Stanley Dumbell, "Early Liverpool Cotton Imports and the Organisation of the Cotton Market in the Eighteenth Century," *Economic Journal* 33 (September 1923): 367; Stanley Dumbell, "The Cotton Market in 1799," *Economic Journal* (January 1926): 141.

12   Dumbell, "Early Liverpool Cotton Imports and the Organisation of the Cotton Market in the Eighteenth Century," 369 – 70; Nigel Hall, "The Business Interests of Liverpool's Cotton Brokers, c. 1800 – 1914," *Northern History* 41 (September 2004): 339; Nigel Hall, "The Emergence of the Liverpool Raw Cotton Market, 1800 – 1850," *Northern History* 38 (March 2001): 74, 75, 77; *The Liverpool Trade Review* 53 (October 1954), 318 – 19; Francis E. Hyde, Bradbury B. Parkinson, and Sheila Marriner, "The Cotton Broker and the Rise of the Liverpool Cotton Market," *Economic History Review* 8 (1955): 81.

13   Hall, "The Business Interests of Liverpool's Cotton Brokers," 339 – 43; Milne, *Trade and*

Traders in Mid-Victorian Liverpool, 124, 150; Ellison, *The Cotton Trade of Great Britain*, 166 – 67, 171, 176, 200, 236, 257; Hyde et. al, "The Cotton Broker and the Rise of the Liverpool Cotton Market," 76; Ellison, *The Cotton Trade of Great Britain*, 175; Hall, "The Business Interests of Liverpool's Cotton Brokers," 340.

14   Daily Purchases and Sales Book, 1814 – 1815, George Holt & Co., in Papers of John Aiton Todd, Record group MD 230:4, Liverpool Records Office, Liverpool; Ellison, *The Cotton Trade of Great Britain*, 206.

15   Ellison, *The Cotton Trade of Great Britain*, 206.

16   Allston Hill Garside, *Cotton Goes to Market: A Graphic Description of a Great Industry* (New York: Stokes, 1935), 47, 51, 58; Dumbell, "The Cotton Market in 1799," 147; Jacques Peuchet, *Dictionnaire universel de la géographie commerçante, contenant tout ce qui a raport à la situation et à l'étendue de chaque état commerçant; aux productions de l'agriculture, et au commerce qui s'en fait; aux manufactures, pêches, mines, et au commerce qui se fait de leurs produits; aux lois, usages, tribunaux et administrations du commerce*, vols. 1 – 5 (Paris: Chez Blanchon, 1799). 예를 들어 다음에 수록된 각 항목들을 보라. Benin (vol. 2, p. 800), the United States (vol. 4, p. 16), and Saint Vincent (vol. 5, pp. 726 – 27). 해럴드 우드먼(Harold D. Woodman)은 1870년대 이후 면화거래소가 설립되면서 그런 기준이 마련되었다고 주장하지만 그보다 훨씬 더 긴 역사가 존재한다. Harold D. Woodman, *King Cotton and His Retainers: Financing and Marketing the Cotton Crop of the South, 1800–1925* (Columbus: University of South Carolina Press, 1990), xvii; Dumbell, "The Cotton Market in 1799," 147. 여러 시장에서 이런 범주들이 출현한 점에 관해서는 다음을 보라. Arthur Harrison Cole, *Wholesale Commodity Prices in the United States, 1700–1861* (Cambridge, MA: Harvard University Press, 1938), 110 – 343; *The Tradesman*, vol. 2, 182; *The Colonial Journal* 3, no. 5 (1817): 549; *The London Magazine* 1 (1820): 593. 다음 글도 중요하다. Philippe Minard, "Facing Uncertainty: Markets, Norms and Conventions in the Eighteenth Century," in Perry Gauci, ed., *Regulating the British Economy, 1660–1850* (Burlington, VT: Ashgate, 2011), 189 – 90.

17   Carl Johannes Fuchs, "Die Organisation des Liverpoolers Baumwollhandels," in Gustav Schmoller, ed., *Jahrbuch für Gesetzgebung, Verwaltung und Volkswirtschaft im deutschen Reich* 14 (Leipzig: Duncker & Humblot, 1890), 111; Ellison, *The Cotton Trade of Great Britain*, 272; Stephen M. Stigler, *Statistics on the Table: The History of Statistical Concepts and Methods* (Cambridge, MA: Harvard University Press, 1999), 364; Minute Book of Weekly Meetings, Liverpool Cotton Brokers' Association, April 3, 1842, in record 380 COT, file 1/1, Papers of the Liverpool Cotton Association, Liverpool Records Office, Liverpool; Minute Book of Weekly Meetings, Liverpool Cotton Brokers' Association, February 18,

1842, in ibid.; Minute Book of Weekly Meetings, Liverpool Cotton Brokers' Association, August 13, 1844, in ibid.; Minute Book of Weekly Meetings, Liverpool Cotton Brokers' Association, October 23, 1846, in ibid. 1857년에 봄베이 면화중개상경영위원회(Bombay Cotton Dealers' Managing Committee)도 마찬가지로 면화 꾸러미의 일률적인 포장을 요구하고 중재를 통해 갈등을 조정하면서 일률적인 포장과 인쇄 계약서들을 배포했다. 봄베이 면화중개상경영위원회는 다음 책에 언급된다. M. L. Dantwala, *A Hundred Years of Indian Cotton* (Bombay: East India Cotton Association, 1947), 63.

18 Minutes of the meeting of the American Chamber of Commerce, Liverpool, October 14, 1848, in record 380 AME, vol. 2, American Chamber of Commerce Records, Liverpool Records Office, Liverpool; Woodman, *King Cotton and His Retainers*, xvii.

19 Stanley Dumbell, "The Origin of Cotton Futures," *Economic Journal*, Supplement (May 1827): 259–67; Fuchs, "Die Organisation des Liverpooles Baumwollhandels," 115; Hall, "The Liverpool Cotton Market: Britain's First Futures Market," 102; Daily Purchases and Sales Book, 1814–1815, George Holt & Co., in Papers of John Aiton Todd, Record group MD 230:4, Liverpool Records Office, Liverpool; Milne, *Trade and Traders in Mid-Victorian Liverpool*, 114, 260; "List of Liverpool cotton importers and brokers," April 20, 1860, in Correspondence sent to Baring in London by the Baring firm in Liverpool, House Correspondence, 1 Jan.–19 Apr. 1860, ING Baring Archives, London; Kenneth J. Lipartito, "The New York Cotton Exchange and the Development of the Cotton Futures Market," *Business History Review* 57 (Spring 1983): 51 Robert Lacombe, *La Bourse de Commerce du Havre* (Paris: Recueil Sirey, 1939), 3; Claudie Reinhart, "Les Reinhart: Une famille de négociants en coton et café au Havre, 1856–1963" (PhD dissertation, Sorbonne, 2005), 304; Smith, *My Life-Work*, 17.

20 Dumbell, "The Origin of Cotton Futures," 261.

21 D. M. Williams, "Liverpool Merchants and the Cotton Trade, 1820–1850," in J. R. Harris, ed., *Liverpool and Merseyside: Essays in the Economic and Social History of the Port and Its Hinterland* (London: Frank Cass & Co., 1969), 192.

22 Hall, "The Business Interests of Liverpool's Cotton Brokers," 339; Dumbell, "Early Liverpool Cotton Imports and the Organisation of the Cotton Market," 362–63; Hall, "The Emergence of the Liverpool Raw Cotton Market," 69, 71; Williams, "Liverpool Merchants and the Cotton Trade," 183; *Universal British Directory of Trade, Commerce, and Manufacture*, vol. 3 (London: n.p., 1790–94), 646; Francois Vigier, *Change and Apathy: Liverpool and Manchester During the Industrial Revolution* (Cambridge, MA: MIT Press, 1970), 64; Chapman, *Merchant Enterprise in Britain*, 83; Thomas Kaye, *The Stranger in Liverpool: Or, an Historical and Descriptive View of the Town of Liverpool and Its Environs*

(Liverpool: T. Kaye, 1820), 33.

23 Nigel Hall, "A 'Quaker Confederation'? The Great Liverpool Cotton Speculation of 1825 Reconsidered," *Transactions of the Historical Society of Lancashire and Cheshire* 151 (2002): 2; Williams, "Liverpool Merchants and the Cotton Trade," 187－90; "Materials Concerning the Business Interests of James Stitt, Samuel Stitt and John J. Stitt," folder 1, record D/B/115/1－4, Stitt Brothers Papers, Merseyside Maritime Museum, Liverpool; Killick, "The Cotton Operations of Alexander Brown," 171; Chapman, *Merchant Enterprise in Britain*, 86.

24 Williams, "Liverpool Merchants and the Cotton Trade," 195; Sheila Marriner, *Rathbones of Liverpool, 1845–1873* (Liverpool: Liverpool University Press, 1961), xi, 14, 228－29. 때때로 중개인들은 판매자(도매상)와 구매자(무역상) 사이의 거래도 중개했던 것으로 보인다. 다음 책을 보라. Woodman, *King Cotton and His Retainers*, 26. 의사의 수입에 관해서는 다음 글을 보라. R. V. Jackson, "The Structure of Pay in Nineteenth-Century Britain," *Economic History Review*, New Series, 40 (November 1987): 563. 동시대의 파운드화로 표시된 이윤의 가치에 관해서는 다음을 보라. Lawrence H. Officer and Samuel H. Williamson, "Five Ways to Compute the Relative Value of a U.K. Pound Amount, 1270 to Present," Measuring Worth, http://www.measuringworth.com/ukcompare/, accessed August 9, 2012; R. G. Wilson and A. L. Mackley, "How Much Did the English Country House Cost to Build, 1660－1880?," *Economic History Review*, New Series, 52 (August 1999): 446.

25 Nolte, *Fifty Years in Both Hemispheres*, 275, 281; Ralph W. Hidy, *The House of Baring in American Trade and Finance: English Merchant Bankers at Work, 1763–1861* (Cambridge, MA: Harvard University Press, 1949), 77, 89.

26 Philip Ziegler, *The Sixth Great Power: Baring, 1762–1929* (London: Collins, 1988), 130, 145; Hidy, *The House of Baring*, 107, 359, 361.

27 Ziegler, *The Sixth Great Power*, 131; Hidy, *The House of Baring*, 3, 185, 298. 그 인용문에 관해서는 다음 자료를 보라. Baring Brothers Liverpool to Francis Baring, Liverpool, July 21, 1833, House Correspondence, record group HC3, file 35,1, in ING Baring Archive, London. 면화와 관련해서 베어링사가 했던 활동의 중요성에 관해서는 같은 문서철에 포함된 편지들을 보라. 면화 플랜테이션 농장의 노예당 생산량에 관해서는 다음 책을 보라. David Elits, *Economic Growth and the Ending of the Transatlantic Slave Trade* (Oxford University Press, 1987), 287.

28 Sam A. Mustafa, *Merchants and Migrations: Germans and Americans in Connection, 1776–1835* (Aldershot: Ashgate, 2001), 118; Ludwig Beutin, *Von 3 Ballen zum Weltmarkt: Kleine Bremer Baumwollchronik 1788–1872* (Bremen: Verlag Franz Leuwer, 1934), 11, 16; Karl-

Heinz Schildknecht, *Bremer Baumwollbörse: Bremen und Baumwolle im Wandel der Zeiten* (Bremen: Bremer Baumwollbörse, 1999), 8, 9; Friedrich Rauers, *Bremer Handelsgeschichte im 19. Jahrhundert* (Bremen: Franz Leuwer, 1913), 35–39.

29 Beutin, *Von 3 Ballen zum Weltmarkt*, 20; Schiffsbuch "Albers," in D. H. Wätjen & Co. Papers, record group 7, 2092, box 19, Staatsarchiv Bremen, Germany. 다음 기록 또한 보라. records of the Ship Magdalena, from January 1, 1859, to Dec. 31, 1861, D. H. Wätjen & Co. Papers, record group 7,2092, box 20, Staatsarchiv Bremen.

30 G. Weulersse, *Le port du Havre* (Paris: Dunod, 1921), 67; Legoy, *Le peuple du Havre et son histoire*, 217, 255, 257; *Revue du Havre*, 1850.

31 *New York Times*, April 17, 1901; Legoy, *Le peuple du Havre et son histoire*, 217, 257; Reinhart, "Les Reinhart," 26, 39, 41.

32 Claude Malon, *Jules Le Cesne: Député du Havre, 1818–1878* (Luneray: Editions Bertout, 1995), 11–12, 15, 24; Beutin, *Von 3 Ballen zum Weltmarkt*, 21.

33 Alfred D. Chandler Jr., *The Visible Hand: The Managerial Revolution in American Business* (Cambridge, MA: Harvard University Press, 1977), 29; Chapman, *Merchant Enterprise in Britain*, 150; John Crosby Brown, *A Hundred Years of Merchant Banking* (New York: privately printed, 1909), 64, 184; Circular, Brown Brothers & Company, October 1825, as reprinted in Brown, *A Hundred Years of Merchant Banking*, 190; Circular by Brown Brothers, October 31, 1815, as reprinted in ibid., 191; John Killick, "Risk, Specialization, and Profit in the Mercantile Sector of the Nineteenth Century Cotton Trade: Alexander Brown and Sons, 1820–80," *Business History Review* 16 (January 1974): 13.

34 John A. Kouwenhoven, *Partners in Banking: An Historical Portrait of a Great Private Bank, Brown Brothers Harriman & Co., 1818–1968* (Garden City. NY: Doubleday, 1967), 39, 43, 63, 70; Killick, "The Cotton Operations of Alexander Brown," 173, 176–77, 179–80, 185; Brown, *A Hundred Years of Merchant Banking*, 255; Chandler, *The Visible Hand*, 29; Tim Schenk, "Business Is International: The Rise of the House of Brown, 1800–1866" (BA thesis, Columbia University, 1997), 30; Killick, "Risk, Specialization, and Profit," 15. 당시 40만 달러는 2011년의 가치로 환산하면 대략 830만 달러와 같다. 1830년대 요트와 마차의 가격은 다음 책에서 인용했다. Scott Derks and Tony Smith, *The Value of a Dollar: Colonial Era to the Civil War, 1600–1865* (Millerton, NY: Grey House Publishing, 2005).

35 Killick, "The Cotton Operations of Alexander Brown," 183; Sven Beckert, *The Monied Metropolis: New York City and the Consolidation of the American Bourgeoisie, 1850–1896* (New York: Cambridge University Press, 2001), 271.

36 Philip McMichael, "Slavery in Capitalism: The Rise and Demise of the U.S. Ante-bellum Cotton Culture," *Theory and Society* 20 (June 1991): 325–28; W. Nott & Co., New

Orleans, November 26, 1829, to Thomas Baring, House Correspondence, HCV 5.7.17, ING Baring Archive, London. 다음 자료들도 보라. W. Nott to Thomas Baring, Private, New Orleans, August 25, 1830, ibid.; W. Nott to Thomas Baring, Private, New Orleans, August 25, 1830, in ibid.

37 Woodman, *King Cotton and His Retainers*, 99; Ziegler, *The Sixth Great Power*, 76, 150. 포스톨(Fostall)은 《서더너(The Southerner)》의 중요한 후원자이기도 했다. E. J. Forstall to Baring Brothers London, New Orleans, February 19, 1848, House Correspondence, HC 5, 7.5, ING Baring Archive, London; Hidy, *The House of Baring*, 95 – 96; President of the Consolidated Association of Planters, April 7, 1829, New Orleans to Messrs Baring Brothers and Company, House Correspondence, HCV 5.7.17, ING Baring Archive, London; Edmond Forstall to Baring Brothers London, Liverpool, July 29, 1830, House Correspondence, HC 5, 7.5, ING Baring Archive, London.

38 Woodman, *King Cotton and His Retainers*, 8, 12, 13, 30; Chandler, *The Visible Hand*, 21; Joseph Holt Ingraham, *The South-west: By a Yankee*, vol. 2 (New York: Harper & Brothers 1835), 91.

39 Woodman, *King Cotton and His Retainers*, 34, 41, 53, 160; Chandler, *The Visible Hand*, 23.

40 Smith, *My Life-Work*, 25; Killick, "The Cotton Operations of Alexander Brown," 176; Jerrell H. Shofner, *Daniel Ladd: Merchant Prince of Frontier Florida* (Gainesville: University Presses of Florida, 1978), 2, 24, 35, 38, 44, 45, 53, 91, 88.

41 Salomon Volkart to J. M. Grob, Winterthur, July 3, 1851, copy book, letters, vol. 1, Volkart Archive, Winterthur, Switzerland; record group 920 TAR, file 4, letters, Tarleton Papers, Liverpool Records Office, Liverpool; Milne, *Trade and Traders in Mid-Victorian Liverpool*, 51. 르아브르에 관해서는 다음을 보라. Legoy, *Le peuple du Havre et son histoire*, 228; Weulersse, *Le port du Havre*, 86.

42 Killick, "The Cotton Operations of Alexander Brown," 186; Schenk, "Business Is International," 31.

43 Minutes of the meeting of the American Chamber of Commerce, Liverpool, August 9, 1843, in record 380 AME, vol. 2, American Chamber of Commerce Records, Liverpool Records Office, Liverpool.

44 Ibid.; Bonnie Martin, "Neighbor to Neighbor Capitalism: Local Credit Networks & the Mortgaging of Slaves," in Sven Beckert and Seth Rockman, eds., *Slavery's Capitalism: A New History of American Economic Development* (Philadelphia: University of Pennsylvania Press, forthcoming).

45 Milne, *Trade and Traders in Mid-Victorian Liverpool*, 116; Chapman, *Merchant Enterprise in Britain*, 101; Hamlin and Van Vechten, to Messrs. G. V. Robinson, New York, March 8,

1820, in Hamlin and Van Vechten Papers, Manuscript Division, New York Public Library, New York.

46   Marika Vicziany, "Bombay Merchants and Structural Changes in the Export Community, 1850 – 1880," in Clive Dewey and K. N. Chaudhuri, eds., *Economy and Society: Essays in Indian Economic and Social History* (New York: Oxford University Press, 1979), 163 – 64; Jonathan Duncan to Earl of Worrington, Bombay, March 22, 1800, in Home Miscellaneous, vol. 471, Oriental and India Office Collections, British Library, London; Letter to the Agricultural Horticultural Society of Bombay, as quoted in Dantwala, *A Hundred Years of Indian Cotton*, 33; Dantwala, *A Hundred Years of Indian Cotton*, 32.

47   "Report on the Private trade between Europe, America and Bengal from 1st June 1776 to 31st May 1802, General Remarks," in Bengal Commercial Reports, External, 1795 – 1802, record group P/174, vol. 13, Oriental and India Office Collections, British Library, London; "Report of Commercial Occurrences," March 6, 1788, in Reports to the Governor General from the Board of Trade, 1789, in Home Misc, vol. 393, Oriental and India Office Collections, British Library; "Minutes of Proceedings, April 15, 1800," in Minutes of Commercial Proceedings at Bombay Castle from April 15, 1800, to 31st December, 1800, Bombay Commercial Proceedings, record group P/414, vol. 66, Oriental and India Office Collections, British Library; B. K. Karanjia, *Give Me a Bombay Merchant-Anytime: The Life of Sir Jamsetjee Jejeebhoy, Bt., 1783, 1859* (Mumbai: University of Mumbai, 1998); List of Members, *Report of the Bombay Chamber of Commerce for the Year 1861–62* (Bombay: Chesson & Woodhall, 1862), 10 – 12; *Report of the Bombay Chamber of Commerce for the Year 1846–47* (Bombay: American Mission Press, 1847), 7.

48   Walter R. Cassel, *Cotton: An Account of Its Culture in the Bombay Presidency* (Bombay: Bombay Education Society's Press, 1862), 289, 292; Christof Dejung, "Netzwerke im Welthandel am Beispiel der Schweizer Handelsfirma Gebrüder Volkart, 1851 – 1930" (unpublished paper, in author's possession), 5; John Richards to Baring Brothers London, Bombay, October 24, 1832, House Correspondence, HC 6.3, India and Indian Ocean, vol. 5, ING Baring Archive, London.

49   H. V. Bowen, "British Exports of Raw Cotton from India to China During the Late Eighteenth and Early Nineteenth Centuries," in Giorgio Riello and Tirthankar Roy, eds., *How India Clothed the World: The World of South Asian Textiles, 1500–1850* (Boston: Brill, 2009), 130; Elena Frangakis, "The Ottoman Port of Izmir in the Eighteenth and Early Nineteenth Centuries, 1695 – 1820," *Revue de L'Occident Musulman et de la Méditerranée 39* (1985): 149 – 62; Wolfgang Müller, "Die Textilindustrie des Raumes Puebla (Mexiko) im 19. Jahrhundert" (PhD dissertation, University of Bonn, 1977), 99 – 102.

50 Johannes Niederer to Salomon Volkart, Batavia, December 20, 1854, typed copy in copy book, letters, vol. 1, Volkart Archive, Winterthur, Switzerland; Chapman, *Merchant Enterprise in Britain*, 181, 185; Hall, "The Emergence of the Liverpool Raw Cotton Market," 80; Milne, *Trade and Traders in Mid-Victorian Liverpool*, 100; Alexander Brown to William Brown, October 27, 1819, reprinted in Brown, *A Hundred Years of Merchant Banking*, 68.

51 Chapman, *Merchant Enterprise in Britain*, 181, 183.

52 다음에 수록된 편지들을 보라. RP.XXIV.2.6., machine copies of William Rathone VI Correspondence in America, Rathbone Papers, Special Collections and Archives, University of Liverpool, Liverpool; Adam Hodgson to Rathbone, Hodgson, New York, November 2, 1819, in record group RP.XXIII.3.1 – 25, ibid.; Adam Hodgson to Messrs. Rathbone, Hodgson, & Co., New York, January 11, 1821, in record group XIII 3.20, ibid.; William Rathbone VI to William Rathbone V, New York, April 26, 1841, in record group RP.IX.3.53 – 82, ibid.; William Rathbone VI to William Rathbone V, Baltimore, May 13, 1841, in record group RP.IX.3.53 – 82, ibid.; machine copies of William Rathbone VI Correspondence in America, in record group RP.XXIV.2.6., ibid.; William Rathbone VI to Messrs. Hicks, New York, November 10, 1848, in record group RP.XXIV.2.4., ibid.; William Rathbone VI to Messrs. Rathbone, Baltimore, December 2, 1848, in record group RP.XXIV.2.4., ibid.

53 Hidy, *The House of Baring*, 95, 174; House Correspondence, HC3.35.1, ING Baring Archive, London; Ziegler, *The Sixth Great Power*, 144; Malon, *Jules Le Cesne*, 17 – 18; William Rathbone to William Rathbone Jr., Liverpool, December 11, 1850, in record group RP.IX.4.1 – 22, Rathbone Papers, Special Collections and Archives, University of Liverpool, Liverpool; Adam Hodgson to Rathbone, Hodgson, & Co., September 27, 1820, in record group RP.XXIII.3.1 – 15, in ibid.; William Rathbone VI to Messrs. Rathbone, New York, March 3, 1849, in record group RP.XXIV.2.4, ibid.; Adam Hodgson to Messrs. Rathbone, Hodgson, & Co., New York, January 10, 1821, in record group XIII 3.18, in ibid.

54 Milne, *Trade and Traders in Mid-Victorian Liverpool*, 154 – 55.

55 Menge & Niemann, Hamburg, to Phelps, Dodge, Hamburg, July 14, 1841, in Phelps, Dodge Papers, Box 4, Folder July 1841, New York Public Library, Manuscripts and Archives Division, New York.

56 Smith, *My Life-Work*, 30; Gisborne to Baring Brothers, Calcutta, August 7, 1846, House Correspondence, record group HC 6, file 3, ING Baring Archive, London; Shofner, *Daniel Ladd*, 37; Nolte, *Fifty Years in Both Hemispheres*, 275. Nolte의 회람장 가운데 하나를

보라. 예컨대 1839년 3월 23일에 뉴올리언스에서 보낸 회람장이 있다. New Orleans, March 23, 1839, in Brown Family Business Records, B 40 f5, John Carter Brown Library, Providence, Rhode Island. 세스 록맨(Seth Rockman) 덕분에 이 사료에 관심을 기울일 수 있었다.

57 Shofner, *Daniel Ladd*, 37. 어떻게 농업통계가 등장하게 되었는가라는 일반적인 문제에 관해서는 다음 글을 보라. Conrad Taeuber, "Internationally Comparable Statistics on Food and Agriculture," *Milbank Memorial Fund Quarterly* 27 (July 1949): 299 – 313. 다음 자료들도 보라. Lettres des Indes etc. de 1844/45 écrites par F. C. Dollfus, à Jean Dollfus président du Comité pour l'Export des Tissus Imprimés d'Alsace, no call number, Archives du Musée de l'Impression sur Étoffes, Mulhouse, France.

58 예를 들어 견본집을 보라. vol. 1247 (1825) and 1239 (1819), in Archives du Musée de l'Impression sur Étoffes, Mulhouse, France.

59 William Rathbone VI to Messrs. Rathbone, New York, January 8, 1849, in record group R.P.XXIV.2.4., Rathbone Papers, Special Collections and Archives, University of Liverpool, Liverpool.

60 *British Packet and Argentine News*, August 4, 1826, and thereafter, in National Library of Argentina, Buenos Aires; Reinhart, "Les Reinhart," 27; *Bremer Handelsblatt*, every issue; *Hunt's Merchants' Magazine and Commercial Review* 12 (February 1845): 195; *Hunt's Merchants' Magazine and Commercial Review* 14 (April 1846): 380.

61 *Asiatic Journal and Monthly Miscellany*, Third Series, 2 (London: Wm. H. Allen & Co., 1844), 148, 156.

62 Carl Johannes Fuchs, "Die Organisation des Liverpoolers Baumnwollhandels," in Gustav Schmoller, ed., *Jahrbuch fuer Gesetzgebung, Verwaltung und Volkswirtschaft im deutschen Reich* 14 (Leipzig: Duncker & Humblot, 1890), 112; Ellison, *The Cotton Trade of Great Britain*, 180 – 81; Minute Book of Weekly Meetings, Liverpool Cotton Brokers' Association, January 28, 1842, in record 380 COT, file 1/1, Papers of the Liverpool Cotton Association, Liverpool Records Office, Liverpool; R. Robson, "Raw Cotton Statistics," *Incorporated Statistician: The Journal of the Association of Incoroporated Statisticians* 5 (April 1955): 191; André Corvisier, *Histoire du Havre et de l'estuaire de la Seine* (Toulouse: Privat, 1983), 164; Eugene W. Ridings, "Business Associationalism, the Legitimation of Enterprise, and the Emergence of a Business Elite in Nineteenth-Century Brazil," *Business History Review* 63 (Winter 1989): 766 – 67; List of Members, *Report of the Bombay Chamber of Commerce for the Year 1861–62* (Bombay: Chesson & Woodhall, 1862), 10 – 12. 맨체스터 상인들이 펼친 정치활동의 상세한 역사에 관해서는 다음 책을 보라. Arthur Redford, *Manchester Merchants and Foreign Trade, 1794–1858*, vol. 1 (Manchester:

Manchester University Press, 1934).

63 다음 글은 시장의 출현을 위한 선행조건으로서 신뢰를, 그리하여 시장 자체에서 발생하지 않은 관계들에 대한 시장의 의존성을 강조한다. Hartmut Berghoff, "Vertrauen als Ökonomische Schlüsselvariable: Zur Theorie des Vertrauens und der Geschichte seiner Privatwirtschaflichen Produktion," in Karl-Peter Ellerbrook and Clemens Wischermann, eds., *Die Wirtschaftsgeschichte vor der Herausforderung durch die New Institutional Economics* (Dortmund: Gesellschaft für Westfälische Wirtschaftsgeschichte, 2004), 58–71; M. C. Casson, "An Economic Approach to Regional Business Networks," in John F. Wilson and Andrew Popp, eds., *Industrial Clusters and Regional Business Networks in England, 1750–1970* (Aldershot, UK: Ashgate, 2003), 28; Olivier Pétré-Grenouilleau, "Les négoces Atlantique français: Anatomie d'un capitalisme relationnel," *Dix-huitième Siècle* 33 (2001): 38. 다음 자료도 보라. Geoffrey Jones, "Multinational Trading Companies in History and Theory," in Geoffrey Jones, ed., *The Multinational Traders* (London: Routledge, 1998), 5. 보스턴의 퍼킨스사에 대한 중요한 사례 연구로는 다음을 보라. Rachel Van, "Free Trade and Family Values: Free Trade and the Development of American Capitalism in the 19th Century" (PhD dissertation, Columbia University, 2011).

64 Edward Baines, *History of the Cotton Manufacture in Great Britain* (London: H. Fisher, R. Fisher, and P. Jackson, 1835), 319; Milne, *Trade and Traders in Mid-Victorian Liverpool*, 151.

65 William Rathbone VI to William Rathbone V, New York, April 26, 1841, in record group RP.IX.3.53–82, Rathbone Papers, Special Collections and Archives, University of Liverpool, Liverpool; Adam Hodgson to Messrs. Rathbone, Hodgson & Co., New York, January 9, 1821, in record group XXIII 3/19, ibid.; Adam Hodgson to Messrs. Rathbone, Hodgson, & Co., New York, January 2, 1821, in record group XIII 3.17, ibid.; J. Anderegg, "Volkart Brothers, 1851–1976" (unpublished manuscript, Volkart Brothers Archives, Winterthur, Switzerland), vol. 1, 42; Salomon Volkart to "Freund Heitz," Winterthur, February 3, 1851, Copy book, letters, vol. 1, in ibid.; John Richards to Baring Brothers London, Bombay October 24, 1832, House Correspondence, HC 6.3, India and Indian Ocean, vol. 5, in ING Baring Archive, London.

66 William Rathbone IV to Joseph Reynolds Rathbone, June 25, 1805, in record group RP. IV.1.112–151, Rathbone Papers, University of Liverpool, Special Collections and Archives, Liverpool; William Rathbone IV to Joseph Reynolds Rathbone, Greenbank, December 3, 1807, in record group RP. IV.1.112–151, in ibid.; Brown, *A Hundred Years of Merchant Banking*, 262, 265; Milne, *Trade and Traders in Mid-Victorian Liverpool*, 152; Reinhart, "Les Reinhart," 27, 30.

67 Leoni M. Calvocoressi, "The House of Ralli Brothers," handwritten manuscript, dated

Chios 1852, in record group MS 23836, Guildhall Library, London.

68 다음을 보라. *Ralli Brothers Limited* (n.p.: n.p., 1951), in Ralli Papers, Historical Materials of the Firm, record group MS 23836, Guildhall Library, London. 랄리스사에 관해서는 다음 자료도 보라. Chapman, *Merchant Enterprise in Britain*, 155.

69 Ressat Kasaba, *The Ottoman Empire and the World Economy: The Nineteenth Century* (Albany: State University of New York Press, 1988), 21; Alexander Kitroeff, *The Greeks in Egypt, 1919–1937* (London: Ithaca Press, 1989), 1, 76, 82, 88; Christos Hadziiossif, "La colonie grecque en Égypte, 1833 – 1856" (PhD dissertation, Sorbonne, 1980), 118, 119.

70 John Foster, "The Jewish Entrepreneur and the Family," in Konrad Kwiet, ed., *From the Emancipation to the Holocaust: Essays on Jewish Literature and History in Central Europe* (Kensington: University of New South Wales, 1987), 25; Bill Williams, *The Making of Manchester Jewry, 1740–1875* (Manchester: Manchester University Press, 1976), 17 – 19, 22, 34. 토마스 포월 벅스턴(Thomas Fowell Buxton)은 1834년 2월 14일 벅스턴 양에게 보낸 편지에서 네이선 로스차일드로부터 들은 이야기를 전한다. 그 편지는 다음 책에 재수록되었다. Charles Buxton, ed., *Memoirs of Sir Thomas Fowell Buxton* (London: John Murray, 1852), 289; S. D. Chapman, "The Foundation of the English Rothschilds: N. M. Rothschild as a Textile Merchant," *Textile History* 8 (1977): 101 – 2, 113; Niall Ferguson, *The House of Rothschild: Money's Prophets, 1798–1848* (New York: Viking, 1999), 53; Alexander Dietz, *Frankfurter Handelsgeschichte* (Glasshütten: Verlag Detlev Auvermann, 1970), 330 – 34.

71 Anderegg, "Volkart Brothers, 1851 – 1976," vol. 1, 23; Walter H. Rambousek, Armin Vogt, and Hans R. Volkart, *Volkart: The History of a World Trading Company* (Frankfurt: Insel Verlag, 1991), 41, 69, 72. 예컨대 이 점에 관해서는 크리스토프 데정(Christof Dejung)의 탁월한 연구를 보라. Dejung, "Hierarchie und Netzwerk: Steuerungsformen im Welthandel am Beispiel der Schweizer Handelsfirma Gebrueder Volkart," in Hartmut Berghoof and Jörg Sydow, eds., *Unternehmerische Netzwerke: Eine Historische Organisationsform mit Zukunft?* (Stuttgart: Kohlhammer, 2007), 71 – 96.

72 E. Rathbone to William Rathbone Jr., Greenbank, 1850 (no date given), in record group R.P.IX.4.1 – 22, Rathbone Papers, Special Collections and Archives, University of Liverpool, Liverpool; Reinhart, "Les Reinhart," 43; Weulersse, *Le port du Havre*, 88.

73 Smith, *My Life-Work*, 16.

74 다음 자료도 보라. Charles Tilly, *Coercion, Capital, and European States, AD 990–1990* (Cambridge, MA: Basil Blackwell, 1990).

75 Milne, *Trade and Traders in Mid-Victorian Liverpool*, 66, 82; Chapman, *Merchant Enterprise in Britain*, 103; *Bremer Handelsblatt*, 1851, 6, 7; Minutes of the Meeting of the American

Chamber of Commerce, Liverpool, October 29, 1824, in record 380 AME, vol. 1, American Chamber of Commerce Records, Liverpool Records Office, Liverpool; Dantwala, *A Hundred Years of Indian Cotton*, 31, 39; Woodman, *King Cotton and His Retainers*, 188; Legoy, *Le peuple du Havre et son histoire*, 226; Daniel Lord Jr., "Popular Principles Relating to the Law of Agency," *Hunt's Merchants' Magazine* 1, no. 4 (October 1839): 338.

76 Lord, "Popular Principles Relating to the Law of Agency," 338.

77 Dantwala, *A Hundred Years of Indian Cotton*, 43 – 46; *Report of the Bombay Chamber of Commerce for the Year 1850–51* (Bombay: American Mission Press, 1851), 9. 시장을 제도로 규정하는 데에는 특별하고 오래된 역사가 있다. 다음 책에 요약한 대로, 19세기에 구스타프 슈몰러(Gustav Schmoller)와 베르너 좀바르트(Werner Sombart)는 이에 대해 존 홉슨만큼 많은 이야기를 했다. Geoffrey M. Hodgson, *How Economics Forgot History: The Problem of Historical Specificity in Social Science* (New York: Routledge, 2001), as did John A. Hobson, *The Social Problem: Life and Work* (New York: J. Pott and Company, 1902), 144. 다음 글도 보라. Douglass North, "Markets and Other Allocations Systems in History: The Challenge of Karl Polanyi," *Journal of European Economic History* 6, no. 3 (1977): 710. 마이클 캘런(Michel Callon)은 다음 글에서 국가는 시장에 개입하는 것이 아니라 시장을 조성한다고도 주장했다. "Introduction: The Embeddedness of Economic Markets in Economics," in Michel Callon, ed., *The Laws of the Markets* (Malden, MA: Blackwell Publishers/Sociological Review, 1998), 40.

78 Arthur Redford, *Manchester Merchants and Foreign Trade, 1850–1939*, vol. 2 (Manchester: Manchester University Press, 1956), 3 – 11; Minutes of the Meeting of October 22, 1821, Proceedings of the Manchester Chamber of Commerce, record group M8, box 2/1, Manchester Archives and Local Studies, Manchester; Minutes of the Meeting of February, 27, 1822, ibid.; Minutes of the Meeting of April 24, 1822, ibid.; *Fifth Annual Report of the Board of Directors of the Chamber of Commerce and Manufactures, Manchester, for the Year 1825* (Manchester: Robinson and Bent, 1825), 8; *Tenth Annual Report of the Board of Directors of the Chamber of Commerce and Manufactures, Manchester, for the Year 1830* (Manchester: Robinson and Bent, 1831), 4; *Fifteenth Annual Report of the Board of Directors of the Chamber of Commerce and Manufactures, Manchester, for the Year 1835* (Manchester: Henry Smith, 1836), 1; *The Thirty-Sixth Annual Report of the Board of Directors of the Chamber of Commerce and Manufactures at Manchester, for the Year 1856* (Manchester: James Collins, 1857), 10, 15; Legoy, *Le peuple du Havre et son histoire*, 226; John Benjamin Smith, "Reminiscences," typescript, dated August 1913, in John Benjamin Smith Papers, record group MS Q, box 923.2.S 33, Manchester Archives and Local Studies, Manchester.

79 Minutes of the Meeting of the Society of Merchants, August 19, 1794, in Papers of the Society of Merchants, record group M8, box 1/1, Manchester Archives and Local Studies, Manchester; Copy of the Minutes of the Deputation from the Manchester of Commerce, 1841, in John Benjamin Smith Papers, record group MS f, box 932.2.S338, Manchester Archives and Local Studies; Minutes of the Meeting of March 15, 1824, Proceedings of the Manchester Chamber of Commerce, record group M8, box 2/1, Manchester Archives and Local Studies; *Fifth Annual Report of the Board of Directors ... for the Year 1825*, 5, 22. 다음 자료들도 보라. *Seventh Annual Report of the Board of Directors of the Chamber of Commerce and Manufactures, Manchester, for the Year 1827* (Manchester: Robinson and Bent, 1827), 3; *Eighth Annual Report of the Board of Directors of the Chamber of Commerce and Manufactures, Manchester, for the Year 1828* (Manchester: Robinson and Bent, 1829), 2; Proceedings of the Manchester Chamber of Commerce, 1821–1827, Record group M8, Box 2/1, Manchester Archives and Local Studies.

80 Minutes of the Meeting of the Society of Merchants, February 27, 1794, in Papers of the Society of Merchants, record group M8, box 1/1, Manchester Archives and Local Studies, Manchester; Minutes of the Meeting of the Society of Merchants, March 5, 1795, in ibid.; *Eighth Annual Report of the Board of Directors .... for the Year 1828*, 4; Address, London March 5, 1803, in Scrapbook of William Rathbone IV, in record group RP.4.17, Rathbone Papers, Special Collections and Archives, University of Liverpool, Liverpool.

81 *Report of the Proceeding of the Board of Directors of the Manchester Chamber of Commerce from the Time of Its Institution in the Year 1820 to the End of 1821* (Manchester: C. Wheeler and Son, 1821), 6, 9; *Ninth Annual Report of the Board of Directors of the Chamber of Commerce and Manufactures, Manchester, for the Year 1829* (Manchester: Robinson and Bent, 1830), 5; *The Thirty-Ninth Annual Report of the Board of Directors of the Chamber of Commerce and Manufactures at Manchester, for the Year 1859* (Manchester: Cave and Sever, 1860), 19, 35. 경제적 사고가 경제의 틀을 결정한다는 생각을 아주 세련되게 설명한 것으로 다음 글이 있다. Michel Callon, "Introduction: The Embeddedness of Economic Markets in Economics," in Callon, ed., *The Laws of the Markets*, 2.

82 Martin Murray to Baring Brothers London, Bombay, September 15, 1846, House Correspondence, HC 6.3, 9, in ING Baring Archive, London; Martin Murray to Baring Brothers London, Bombay, March 2, 1847, HC 6.3, 9, in ibid.; Hadziiossif, "La colonie grecque en Egypte," 113; Ahmed Abdel-Rahim Mustafa, "The Breakdown of the Monopoly System in Egypt After 1840," in Peter Malcom Holt, *Political and Social Change in Modern Egypt: Historical Studies from the Ottoman Conquest to the United Arab Republic* (London: Oxford University Press, 1968), 291, 293, 296; Kenneth Cuno, *The Pasha's*

Peasants: Land, Society, and Economy in Lower Egypt, 1740–1858 (Cambridge: Cambridge University Press, 1992), 125; Owen, *Cotton and the Egyptian Economy*, 37, 57, 65 - 66, 67, 77; Vicziany, "Bombay Merchants and Structural Changes in the Export Community," 168, 170.

83 이탈리아의 사례와 관련해서 이 점이 아주 잘 논증되었다. 다음 책을 보라. Enrico Dal Lago, *Agrarian Elites: American Slaveholders and Southern Italian Landowners, 1815–1861* (Baton Rouge: Louisiana State University Press, 2005).

84 Beckert, *The Monied Metropolis*, 26.

85 John R. Killick, "Atlantic and Far Eastern Models in the Cotton Trade, 1818 - 1980," University of Leeds School of Business and Economic Studies, Discussion Paper Series, June 1994, 1, 16 Killick, "The Cotton Operations of Alexander Brown," 189, 191.

86 Eugene W. Ridings Jr., "The Merchant Elite and the Development of Brazil: The Case of Bahia During the Empire," *Journal of Interamerican Studies and World Affairs* 15 (August 1973): 336, 348; Stanley J. Stein, *The Brazilian Cotton Manufacture: Textile Enterprise in an Underdeveloped Area, 1850–1950* (Cambridge, MA: Harvard University Press, 1957), 6. 이런 측면에서 미국이 지닌 독특성이 자주 간과되는데, 다음 책은 미국의 독특성을 아주 효과적으로 강조한다. Robin Einhorn, "Slavery," in *Enterprise and Society* 9 (September 2008): 498.

9장 세계를 뒤흔든 전쟁

1 이 장은 다음 글을 발전시킨 것이다. Sven Beckert, "Emancipation and Empire: Reconstructing the Worldwide Web of Cotton Production in the Age of the American Civil War," *American Historical Review* 109 (Dec. 2004), 1405 - 38. J. B. Smith (Stockport) in *Hansard's Parliamentary Debates*, Third Series, vol. 167, June 19, 1862 (London: Cornelius Buck, 1862), 754; Élisée Reclus, "Le coton et la crise américaine," *La Revue des Deux Mondes* 37 (January 1865): 176. 세계 인구의 추정치는 1850년에 해당하며 다음 자료에 근거한 것이다. Part 1, Population Division, Department of Economic and Social Affairs, United Nations Secretariat, *The World at Six Billion* (New York, 1999), 5, accessed February 14, 2013, http://www.un.org/esa/population/publications/sixbillion/sixbilpart1. pdf; Dwijendra Tripathi, "A Shot from Afar: India and the Failure of Confederate Diplomacy," *Indian Journal of American Studies* 10, no. 2 (1980): 75; D. A. Farnie, *The English Cotton Industry and the World Market, 1815–1896* (Oxford: Clarendon Press, 1979), 180; *Merchants' Magazine and Commercial Review* 45, no. 5 (November 1861): 481;

Merchants' Magazine and Commercial Review 44, no. 6 (June 1861): 676; Leone Levi, "On the Cotton Trade and Manufacture, as Affected by the Civil War in America," *Journal of the Statistical Society of London* 26, no. 8 (March 1863): 32; Elijah Helm, "The Cotton Trade of the United Kingdom, During the Seven Years, 1862 – 1868, as Compared with the Seven Years, 1855 – 1861; With Remarks on the Return of Factories Existing in 1868," *Journal of the Statistical Society of London* 32, no. 4 (December 1869): 429.

2   *Merchants' Magazine and Commercial Review* 45, no. 5 (November 1861), 480; Douglass C. North, *The Economic Growth of the United States* (Englewood Cliffs, NJ: Prentice Hall, 1961), 40. 1860년 '미국 상품'의 수출 총액은 3억 1,600만 달러였는데 원면 수출액은 1억 9,200만 달러였다. 다음 자료를 보라. U.S. Department of Commerce, Bureau of the Census, *Historical Statistics of the United States* (Washington, DC: Government Printing Office, 1975), 885, 899; *The Economist*, January 19, 1861, 58; M. K. Rozhkova, *Ekonomicheskiie sviazi Rossii so Srednei Aziei: 40–60-e gody XIX veka* (Moscow: Izd. Akademii Nauk SSSR, 1963), 61; "Vliyanie Amerikanskoi Voiny na Khlopchatobumazhnoe delo v Rossii" (The Effect of the American War on the Cotton Business in Russia), *Moskva* 25 (1867), January 25, 1867; Kaiserliches Statistisches Amt, *Statistisches Jahrbuch für das Deutsche Reich, Erster Jahrgang, 1880* (Berlin: Puttkammer & Mühlbrecht, 1880), 87; U.S. Bureau of Statistics, Treasury Department, *Cotton in Commerce, Statistics of United States, United Kingdom, France, Germany, Egypt and British India* (Washington, DC: Government Printing Office, 1895), 29. 프랑스 통계 수치는 1859년의 것이다. 다음을 보라. Claude Fohlen, *L'industrie textile au temps du Second Empire* (Paris: Librairie Plon, 1956), 284, 514; M. Gately, *The Development of the Russian Cotton Textile Industry in the Pre-revolutionary Years, 1861–1913* (Ann Arbor, MI: Xerox University Microfilms, 1968), 45. 세계 면화시장에서 미국이 차지하는 중요성은 다음 글에 잘 드러나 있다. Gavin Wright, "Cotton Competition and the Post-Bellum Recovery of the American South," *Journal of Economic History* 34, no. 3 (1974): 610 – 35; Gavin Wright, *Old South, New South: Revolutions in the Southern Economy Since the Civil War* (New York: Basic Books, 1986).

3   *The Economist*, February 2, 1861, 117.

4   John Greenleaf Whittier, "The Haschish," *John Greenleaf Whittier: Selected Poems*, Brenda Wineapple, ed. (New York: Library of America, 2004), 43 – 44. 나는 조지 블로스타인 (George Blaustein) 덕분에 이 시에 관심을 가질 수 있었다.

5   Herman Merivale, *Lectures on Colonization and Colonies, Delivered Before the University of Oxford in 1839, 1840 & 1841* (London: Humphrey Milford, 1928), 301 – 2, 304 – 5. 메리베일에 대한 흥미로운 논의로는 다음 글이 있다. Daniel Rood, "Herman Merivale's Black

Legend: Rethinking the Intellectual History of Free Trade Imperialism," *New West Indian Guide* 80, no. 3-4 (2006): 163-89. Edward Atkinson, *Cheap Cotton by Free Labor* (Boston: A. Williams & Co., 1861), 4도 참조하라.

6   스가타 보스(Sugata Bose) 역시 다음 글에서 이런 주장을 편다. Sugata Bose, "Introduction: Beyond the General and the Particular," in Sugata Bose, ed., *South Asia and World Capitalism* (New Delhi: Oxford University Press, 1990), 1-13; Karl Marx and Friedrich Engels, *Aufstand in Indien* (Berlin: Dietz Verlag, 1978), 270, 원래 판본은 1853년에 출간됨. Reclus, "Le coton," 176, 187; Frank Lawrence Owsley and Harriet Chappell Owsley, *King Cotton Diplomacy: Foreign Relations of the Confederate States of America* (Chicago: University of Chicago Press, 1959), 19; *De Bow's Review* 30, no. 1 (January 1861): 75-76; James Henry Hammond, "Speech on the Admission of Kansas, under the Lecompton Constitution, Delivered in the Senate of the United States, March 4, 1858," in James Henry Hammond, *Selections from the Letters and Speeches of the Hon. James H. Hammond of South Carolina* (New York: n.p., 1866), 317.

7   Leone Levi, "On the Cotton Trade and Manufacture, as Affected by the Civil War in America," *Journal of the Statistical Society of London* 26, no. 8 (March 1863): 37ff.; J. E. Horn, *La crise cotonnière et les textiles indigènes* (Paris: Dentu, 1863), 8.

8   '신뢰할 수 없는 토대(treacherous foundations)'와 관련해서는 다음을 보라. *Fifth Annual Report of the Cotton Supply Association* (Manchester: John J. Sale, 1862), 5. "신뢰할 만큼 안전하지 않다"라는 문구와 관련해서는 다음을 보라. *Cotton Supply Reporter* (May 15, 1861): 497. 다음 자료들도 보라. *Cotton Supply Reporter* (January 2, 1860): 7; John Gunn Collins, *Scinde & The Punjab: The Gems of India in Respect to Their Vast and Unparalleled Capabilities of Supplanting the Slave States of America in the Cotton Markets of the World, or, An Appeal to the English Nation on Behalf of Its Great Cotton Interest, Threatened with Inadequate Supplies of the Raw Material* (Manchester: A. Ireland, 1858), 5; Louis Reybaud, *Le coton: Son régime, ses problèmes, son influence en Europe* (Paris: Michel Levy Frères, 1863), 383. 이와 비슷한 문제와 관련해서는 다음 자료를 보라. "Cotton Cultivation in India," *Calcutta Review* 37, no. 73 (September 1861): 87; Jay Sexton, *Debtor Diplomacy: Finance and American Foreign Relations in the Civil War Era, 1837–1873* (New York: Oxford University Press, 2005), 75; *Westminster and Foreign Quarterly Review: October, 1849–January, 1850* 52 (London: George Luxford, 1852), 214.

9   이런 주장과 관련해서는 다음 책의 3장과 4장을 보라. Sven Beckert, *The Monied Metropolis: New York City and the Consolidation of the American Bourgeoisie, 1850–1896* (Cambridge: Cambridge University Press, 2001).

10 *Times of India*, Overland Summary, March 12, 1863에서 인용함.

11 *Merchants' Magazine and Commercial Review* 44, no. 6 (June 1861): 675. 리버(Lieber)에 관해서는 다음 자료를 보라. *Merchants' Magazine and Commercial Review* 45, no. 5 (November 1861): 514; Allen Isaacman and Richard Roberts, "Cotton, Colonialism, and Social History in Sub-Saharan Africa: Introduction," in Allen Isaacman and Richard Roberts, eds., *Cotton, Colonialism, and Social History in Sub-Saharan Africa* (Portsmouth, NH: Heinemann, 1995), 7.

12 Neil Ashcroft, "British Trade with the Confederacy and the Effectiveness of Union Maritime Strategy During the Civil War," *International Journal of Maritime History* 10, no. 2 (December 1998), 155 – 76; Sam Negus, " 'The Once Proud Boast of the Englishman': British Neutrality and the Civil War Blockade" (unpublished paper, Massachusetts School of Law, 2007, in author's possession). '면화 기근'에 관해서는 무엇보다도 다음 책들을 보라. William Otto Henderson, *The Lancashire Cotton Famine, 1861–65* (Manchester: Manchester University Press, 1934); *Jahresbericht der Handels-und Gewerbekammer Chemnitz* (1865), 6, as quoted in Michael Löffler, *Preussens und Sachsens Beziehungen zu den USA während des Sezessionskrieges 1860–1865* (Münster: LIT, 1999), 302; Matthew B. Hammond, *The Cotton Industry: An Essay in American Economic History* (New York: Macmillan, 1897), Appendix. 브래드퍼드(Bradford)의 소모사 산업에서조차 훨씬 더 값이 비싼 면사를 사용하는 일을 중단했다. 다음 글을 보라. Mary H. Blewett, "The Dynamics of Labor Migration and Raw Material Acquisition in the Transatlantic Worsted Trade, 1830 – 1930," in Donna R. Gabaccia and Dirk Hoerder, eds., *Connecting Seas and Connected Ocean Rims: Indian, Atlantic, and Pacific Oceans and China Seas Migrations from the 1830s to the 1930s* (Boston: Brill, 2011), 138 – 70.

13 *Liverpool Mercury*, January 14, 1861, 2; *Liverpool Mercury*, July 1862; Löffler, *Preussens*, 194 – 255.

14 많은 문헌들이 1861년에 면화가 풍족하다는 점을 강조했지만 데이비드 서덤(David G. Surdham)은 유럽 의 원면 재고량이 그리 많지 않았음을 보여주었다. 1861년 12월 31일의 재고량은 공장에서 13.4주간 소비하는 양에 해당했다. David G. Surdham, "King Cotton: Monarch or Pretender? The State of the Market for Raw Cotton on the Eve of the American Civil War," *Economic History Review* 51 (1998): 113 – 32, 특히 119. 예컨대, 위기의 조짐으로서 시장의 공급 과잉을 다룬 자료로는 다음을 보라. *Liverpool Mercury*, October 6, 1863, 6; Farnie, *English Cotton*, 141 – 43; *Moskva*, February 1, 1867, the "organ of Moscow capitalists," in V. Ya. Laverychev, *Krupnaya Burzhuaziia V Poreformennoi Rossii: 1861–1900* (Moscow: Izd. Mysl', 1974).

15 Charles Francis Adams Jr. to Henry Adams, Quincy, Massachusetts, August 25, 1861, in Worthington Chauncey Ford, ed., *A Cycle of Adams Letters, 1861–1865*, vol. 1 (Boston:

Houghton Mifflin, 1920), 33; Nigel Hall, "The Liverpool Cotton Market and the American Civil War," *Northern History* 34, no. 1 (1998): 154; *Merchants' Magazine and Commercial Review* 49, no. 6 (December 1863): 411. 통계치에 관해서는 다음 자료를 보라. Thomas Ellison, *The Cotton Trade of Great Britain, Including a History of the Liverpool Cotton Market and of the Liverpool Cotton Brokers' Association* (London: Effingham Wilson, 1886), Appendix, Table 1. 그 수치에 관해서는 다음 자료를 보라. *Liverpool Mercury*, November 11, 1861, 3; *Liverpool Mercury*, February 22, 1864, 6. 랭커셔(Lancashire)의 구제 노력에 관해서는 다음 자료를 보라. John Watts, *The Facts of the Cotton Famine* (London: Simpkin, Marshall & Co., 1866); *Liverpool Mercury*, February 22, 1864, 6; Manchester Chamber of Commerce, *The Forty-First Annual Report of the Board of Directors for the Year 1861* (Manchester: Cave & Server, 1862), 20; John O'Neil, diary entry, April 10, 1864, as cited in Rosalind Hall, "A Poor Cotton Weyver: Poverty and the Cotton Famine in Clitheroe," *Social History* 28, no. 2 (May 2003): 243; "Memorial of the Unemployed Operatives of Stalybridge," received February 23, 1863, in various documents relating to the distress in the cotton manufacturing districts during the American Civil War, HO 45: 7523, Home Office, National Archives of the UK, Kew; "Facilities Required for Public Workers for the Employment of able-bodied Cotton Workmen at Ordinary Wages," Minutes of the Central Executive Committee, May 25, 1863, in ibid.

16 다음을 보라. *Liverpool Mercury, March 25, 1863*, 7; undated report, in various documents relating to the distress in the cotton manufacturing districts during the American Civil War, HO 45: 7523, Home Office, National Archives of the UK, Kew; William Rathbone to William Rathbone Jr., Green Bank, March 5, 1862, in letters of William Rathbone, RP.IX.4.1 – 22, Rathbone Papers, University of Liverpool, Special Collections and Archives, Liverpool; *Times of India*, Overland Summary, June 12, 1862, 2. 다음도 보라. *Times of India*, Overland Summary, September 27, 1862, 3, October 17, 1862, 3, October 27, 1862, 2. 랭커셔 노동자들을 고통을 완화하는데 국제적으로 가장 크게 기여한 것은 단연 캘커타와 봄베이였다. 다음을 보라. Watts, *Facts*, 164; Charles Wood to James Bruce, Earl of Elgin, May 2, 1863, in MSS EUR F 78, LB 13, Wood Papers, Oriental and India Office Collections, British Library, London; M. J. Mathieu, *De la culture du coton dans la Guyane française* (Epinal: Alexis Cabasse, 1861), 47.

17 Arthur L. Dunham, "The Development of the Cotton Industry in France and the Anglo-French Treaty of Commerce of 1860," *Economic History Review* 1, no. 2 (January 1928): 292 – 94; Lynn M. Case, ed., *French Opinion on the United States and Mexico, 1860–1867: Extracts from the Reports of the Procureurs Généraux* (New York: D. Appleton-Century

Company, 1936), 123 – 25; Thomas A. Sancton, "The Myth of French Worker Support for the North in the American Civil War," *French Historical Studies* 11, no. 1 (1979): 59, 66; Claude Fohlen, "La guerre de sécession et le commerce franco–américain," *Revue d'Histoire Moderne et Contemporaine* 8, no. 4 (October – December 1961), 259 – 70; Alphonse Cordier, *La crise cotonnière dans la Seine-Inférieur, ses causes et ses effets* (Rouen, 1864), 8; Claude Fohlen, *L'industrie textile au temps du Second Empire* (Paris: Librairie Plon, 1956), 257 – 62; Stephen McQueen Huntley, *Les rapports de la France et la Confédération pendant la guerre de sécession* (Toulouse: Imprimerie Regionale, 1932), 222; Mathieu, *De la culture*, 1; Harold Hyman, ed., *Heard Round the World: The Impact Abroad of the Civil War* (New York: Alfred A. Knopf, 1969), 132. 프랑스에서 그런 위기로부터 비롯된 사회적 영향에 관해서는 다음 자료를 보라. A. S. Ménier, *Au profit des ouvriers cotoniers: Pétition au Sénat sur la détresse cotonnière* (Paris: E. Dentu, 1863).

18 Löffler, *Preussens*, 126, 147; Emerson David Fite, *Social and Industrial Conditions in the North During the Civil War* (New York: Macmillan, 1910), 84, 86; Gately, *Development*, 47. 유럽의 경계 밖에서 수입된 면화는 주로 미국산으로, 그 양이 약 250만 파운드에서 50만 파운드 이하로 감소했다. Mariya Konstantinovna Rozhkova, *Ekonomicheskiie sviazzi Rossii so Srednei Aziei, 40–60-e gody XIX veka* (Moscow: Izd-vo Akademii nauk SSSR, 1963), 61 – 62. 내가 아는 한 이런 수출품 가운데 미국산 면화의 정확한 비중을 판단할 수 있는 통계는 없다. 그러나 당대의 관측자들은 수출품의 대부분이 미국이 원산이라는 데 동의했다. 미국산 면화의 비중이 80~90% 사이였다는 추정이 합리적일 것이다. Charles J. Sundell to William H. Seward, Stettin, May 15, 1863, Despatches from United States Consuls in Stettin, as quoted in Löffler, *Preussens*, 110.

19 John Rankin, *A History of Our Firm: Being Some Account of the Firm of Pollock, Gilmour and Co. and Its Offshoots and Connections, 1804–1920* (Liverpool: Henry Young & Sons, Limited, 1921), 157; Baring Brothers Liverpool to Baring Brothers London, August 24, 1863, in HC 3:35, Part 23, House Correspondence, Baring Brothers, ING Baring Archive, London. 베어링 브라더스사 역시 런던에 주재하는 미국의 은행가였다. 다음 편지를 보라. Frederick William Seward to Thomas Haines Dudley, Washington, March 26, 1864, in Seward Papers, Library of Congress, Manuscript Division, Washington, DC; *Merchants' Magazine and Commercial Review* 49, no. 5 (November 1863): 350; Liverpool Chamber of Commerce, *Report of the Council, 1863* (Liverpool: Benson and Holmes, 1863), 18; John D. Pelzer, "Liverpool and the American Civil War," *History Today* 40, no. 3 (1990): 49; Hall, "Liverpool Cotton," 161; Samuel Smith, *My Life-Work* (London: Hodder and Stoughton, 1902), 34; *Liverpool Mercury*, January 6, 1862, 6; *Lowell Daily Citizen and News*, January 9, 1862.

20 다음에서 인용. *Times of India*, October 6, 1863, 1. *Times of India*, Overland Summary, September 8, 1864, 2 – 3 참조. 《타임스 오브 인디아》는 그런 관행을 부정적으로 보고했다. *Times of India*, Overland Summary, September 29, 1863, 5 – 6; Pelzer, "Liverpool," 52.

21 Chamber de Commerce de Rouen, *Délibération de la chambre sur la formation de la Compagnie française des cotons Algériens* (Rouen: Ch.-F. Lapierre et Cie, 1862), 5, in F/80/737, Fonds Ministériels, Archives d'outre-mer, Aix-en-Provence, France; *Pétition à Sa Majesté l'Empereur Napoléon III, au sujet de la culture du coton en Algérie*, Senones, February 13, 1862, in ibid.; *Bulletin de la Société industrielle de Mulhouse* 32 (1862), 347, as quoted in Fohlen, *L'industrie textile*, 347 – 48. 뮐루즈상공회의소조차 알제리의 면화 재배 가능성을 조사하기 위해 위원회를 창설했다. 다음 자료를 보라. *Bulletin de la Société Industrielle de Mulhouse*, vol. 32 (1862), 346; Antoine Herzog, *L'Algérie et la crise cotonnière* (Colmar: Ch. M. Hoffmann, 1864); letter to the editor in *L'Industriel Alsacien*, December 25, 1862; Antoine Herzog to La Majesté, l'Empereur des Française, January 6, 1863, in F/80/737, Fonds Ministériels, Archives d'outre-mer, Aix-en-Provence, France. 다른 여러 면화 재배 지역의 청원서도 황제에게 전달되었다. Pétition à Sa Majesté l'Empereur Napoléon III, au sujet de la culture du coton en Algérie, Senones, February 13, 1862, in F/80/737, Fonds Ministériels, Archives d'outre mer, Aix-en-Provence, France, contained in 15 *cahiers*, signed by manufacturers from all regions of France. 이런 압력이 있었다는 증거는 같은 장소에서 보낸 다음 편지에서도 볼 수 있다. letter of F. Engel-Dollfus, président de la commission d'encouragement à la culture du coton en Algérie, to Monsieur le Marechal Comte Randon Senateur, Ministre Secrétaire d'État au Departement de la Guerre, Mulhouse, April 8, 1862.

22 *Liverpool Mercury*, August 12, 1862, 7. 이 문제에 대해서는 전반적으로 어떤 강박이 존재했다. 예를 들어 글래드 스톤(Gladstone)은 1862년에 테니슨(E. Tennyson) 부인으로부터 편지 한 통을 받았다. 편지에서 테니슨 부인은 특별 조성된 기금으로 제조업자들에게 원면 가격의 상승을 보전해주어 그들이 계속해서 노동자들을 고용할 수 있게 해줄 정교한 체계에 대해 설명했다. 다음 자료를 보라. "Memorandum by Mrs. E. Tennyson to Gladstone related to the cotton famine," in Add. 44399 f. 188, vol. 314, Gladstone Papers, British Library, London; *Liverpool Mercury*, January 22, 1861, 2; William Thayer to William H. Seward, London, July 11, 1862, private letter, U.S. Consulate, Alexandria, Despatches from U.S. Consuls in Alexandria, National Archives, Washington, DC; Löffler, *Preussens*, 111. *Hansard's Parliamentary Debates*, Third Series, vol. 171 (London: Cornelius Buck, 1863), 1771 – 840 참조. Hansard's Parliamentary Debates, Third Series, vol. 165 (London: Cornelius Buck, 1862), 1155 – 230.

23 Karl Polanyi, *The Great Transformation: The Political and Economic Origins of Our Time*

(Boston: Beacon Press, 1957), 78; Henry John Temple, Lord Palmerston to John Russell, Broadlands, October 6, 1861, Box 21, 30/22, Lord John Russell Papers, National Archives of the UK, Kew. 작자 미상의 다음 보고서를 비롯해 메모와 보고서들을 보라. "Le coton à la côte occidentale d'Afrique," n.d.; Note on Siam, n.d.; draft article, n.a., n.d., on "La culture du coton à la Guyana"; all in GEN 56/Folder 547, in Fonds Ministériels, Archives d'outre-mer, Aix-en-Provence, France.

24 Manchester, *Forty-First Annual Report*, 21 이런 압력을 보여주는 증거는 다음 자료에서도 찾아볼 수 있다. Manchester Chamber of Commerce, *The Forty-Third Annual Report of the Board of Directors for the Year 1863* (Manchester: Cave & Server, 1866), 6; Proceedings of the Manchester Chamber of Commerce, 1858 – 1867, M8/2/6, Archives of the Manchester Chamber of Commerce, Manchester Archives and Local Studies, Manchester; Bombay Chamber of Commerce, *Report of the Bombay Chamber of Commerce for the Year 1859–60* (Bombay: Chesson & Woodhall, 1860), xxxiii. 초창기에 인도에서 면화 생산을 증대하려 했던 시도에 관해서는 다음 자료를 보라. Anti-Cant, *India v. America: A Letter to the Chairman of the Hon. East India Company, On Cotton* (London: Aylott & Jones, 1850); John Briggs, *The Cotton Trade of India with a Map of India, Coloured to Indicate the Different Spots Whereon all the Varieties of Cotton which are Brought into the British Market have been Successfully Cultivated* (London: John W. Parker, 1840); Chapman, *The Cotton and Commerce of India; The Cotton Trade of India* (London, 1839); Thomas Williamson, *Two Letters on the Advantages of Railway Communication in Western India, Addressed to the Right Hon. Lord Wharncliffe, Chairman of the Great Indian Peninsula Railway Company* (London: Richard & John E. Taylor, 1846); John Briggs, *The Cotton Trade of India: Part I. Its Past and Present Condition; Part II. Its Future Prospects: with a Map of India* (London: John W. Parkter, 1840); Walter R. Cassels, *Cotton: An Account of Its Culture in the Bombay Presidency* (Bombay: Bombay Education Society's Press, 1862), 16 – 237; *The Economist*, February 2, 1861, 117.

25 Potter is quoted in Manchester, *Forty-First Annual Report*, 21. 이런 압력의 증거로는 다음 자료도 참조하라. Manchester, *Forty-Third Annual Report*, 6 Proceedings of the Manchester Chamber of Commerce, 1858 – 1867, M8/2/6, Archives of the Manchester Chamber of Commerce, Manchester Archives and Local Studies, Manchester; Reclus, "Le coton," 202. 영국 동인도회사가 1860년 영국에서 수출된 전체 상품의 30.83%를 차지했다. 다음을 보라. Ellison, *Cotton Trade*, 64; James A. Mann, *The Cotton Trade of Great Britain: Its Rise, Progress and Present Extent* (London: Frank Cass & Co., 1968), 112. 나그푸르(Nagpore, 현재의 Nagpur)에서 나온 인용문은 《잉글리쉬맨(Englishman)》 편집자에게 발송된 익명의 편지를 보라. *Englishman*, Nagpore, July 31, 1861, reprinted in *Times of India*, August 21, 1861, 3; Charles Wood to Sir Frere, October 30, 1862, Letterbook, July 3 to December

31, 1862, MSS EUR LB 11, F 78, Wood Papers, Oriental and India Office Collections, British Library, London.

26 *Cotton Supply Reporter* (June 15, 1861): 532; Arthur W. Silver, *Manchester Men and Indian Cotton, 1847–1872* (Manchester: Manchester University Press, 1966), 187.

27 그 모임에 관한 설명은 다음을 보라. *Liverpool Mercury*, September 20, 1861, 7; *Liverpool Mercury*, September 23, 1861, 2도 참조. Charles Wood to Sir George Clerk, March 18, 1861, in MSS EUR F 78, LB 7, Wood Papers, Oriental and India Office Collections, British Library, London; Major E. K. Elliot, "Report Regarding the Cultivation of Cotton in Nagpore," reprinted in *Times of India*, July 30, 1861, 3 – 4; "Cotton Cultivation in India," *Calcutta Review* 37, no. 73 (September 1861): 89.

28 인도에 법적 기반을 마련하려 한 전반적인 추진력에 관해서는 다음의 중요한 연구를 보라. Ritu Birla, *Stages of Capital: Law, Culture, and Market Governance in Late Colonial India* (Durham, NC: Duke University Press, 2009). 식민 상황에서 법을 둘러싼 논란의 역사에 관해서는 다음의 전설적인 저서를 보라. Lauren Benton, *Law and Colonial Cultures: Legal Regimes in World History, 1400–1900* (New York: Cambridge University Press, 2002). 수확물 선취권에 대해서는 다음 자료들을 보라. Charles Wood to William Maine, October 9, 1862, Letterbook, July 3 to December 31, 1862, MSS EUR LB 11, F 78, Wood Papers, Oriental and India Office Collections, British Library, London; Proceedings of the Manchester Chamber of Commerce, September 23, 1861, Archives of the Manchester Chamber of Commerce, Record Group M8, folder 2/6, in Manchester Archives and Local Studies, Manchester. '형벌을 가한다'라는 인용구에 관해서는 다음 자료를 보라. Charles Wood to W. J. P. Grant, May 9, 1861, in MSS EUR F 78, LB 7, Wood Papers, Oriental and India Office Collections, British Library. 제조업자들의 노력에 관해서는 다음 자료를 보라. Charles Wood to William Reeves, March 18, 1861, Letterbook, 18 March to 25 May, in ibid.; Charles Wood to James Bruce, Earl of Elgin, October 25, 1862, Letterbook, 3 July to 31 December 1862, in MSS EUR LB 11, F 78, Wood Papers, Oriental and India Office Collections, British Library; Letter from Messrs. Mosley and Hurst, Agents to the Cotton Supply Association, to W. Greq, Esq, Secretary to the Government of India, June 20, 1861, reprinted in *Times of India*, July 18, 1861, 3; Charles Wood to W. J. Grant, May 9, 1861, in MSS EUR LB 7, F 78, Oriental and India Office Collections, British Library, London. 다른 품질의 면화를 섞어 넣는 것을 하나의 범죄로 규정한 법 구절을 둘러싼 논쟁에 관해서는 예컨대 Overland Summary, February 12, 1863, 6 – 7에 수록된 *Times of India* 1863년 보고를 보라. *Times of India*, Overland Summary, March 27 1863, 1. 인도의 계약법을 변경하려는 압력에 관해서는 다음 자료를 보라. Manchester Chamber of Commerce, *The Forty-Second Annual Report of the Board of*

Directors for the Year 1862 (Manchester: Cave & Server, 1863), 13, 37. 다음 자료들도 참조하라. Charles Wood to William Maine, October 9, 1862, Letterbook, July 3 to December 31, 1862, in MSS EUR LB 11, F 78, Wood Papers, Oriental and India Office Collections, British Library; reprint of a resolution of the Home Department, February 28, 1861, Supplement to the *Calcutta Gazette*, March 2, 1861, in Papers relating to Cotton Cultivation in India, 106, Wood Papers, MSS EUR F 78, Oriental and India Office Collections, British Library. 그 메커니즘의 일부가 다음 책에 잘 설명되어 있다. John Henry Rivett-Carnac, *Many Memories of Life in India, At Home, and Abroad* (London: W. Blackwood and Sons, 1910), 165 – 93. 제조업자와 정부 관료 사이의 전쟁이 벌어진 동안 진행된 논쟁에 관해서는 다음 자료도 보라. Charles Wood to James Bruce, Earl of Elgin, October 25, 1862, in MSS EUR LB 11, F 78, Wood Papers, Oriental and India Office Collections, British Library; Charles Wood to William Maine, October 9, 1862, Letterbook, July 3 to December 31, 1862, in ibid.; *Hansard's Parliamentary Debates*, Third Series, vol. 167, June 19, 1862 (London: Cornelius Buck, 1862), 767; Manchester, *Forty-Third Annual Report*, 26; Manchester, *Forty-First Annual Report*; *Liverpool Mercury*, September 24, 1862, 6; Charles Wood to Sir George Clerk, March 18, 1861, in MSS EUR LB 7, March 18 to May 25, 1861, in F78, Oriental and India Office Collections, British Library; Peter Harnetty, "The Imperialism of Free Trade: Lancashire, India, and the Cotton Supply Question, 1861 – 1865," *Journal of British Studies* 6, no. 1 (1966): 75 – 76; Dwijendra Tripathi, "Opportunism of Free Trade: Lancashire Cotton Famine and Indian Cotton Cultivation," *Indian Economic and Social History Review* 4, no. 3 (1967): 255 – 63; Liverpool Chamber of Commerce, *Twelfth Annual Report of the Liverpool Chamber of Commerce* (Liverpool: Neson & Mallett, 1862), 6; M. L. Dantwala, *A Hundred Years of Indian Cotton* (Bombay: East India Cotton Association, 1947), 46 – 47; reprint of a resolution of the Home Department, February 28, 1861, Supplement to the *Calcutta Gazette*, March 2, 1861, in Papers relating to Cotton Cultivation in India, 106, Wood Papers, MSS EUR F 78, Oriental and India Office Collections, British Library.

29   Charles Wood to James Bruce, Earl of Elgin, October 25, 1862, in MSS EUR LB 11, F 78, Wood Papers, Oriental and India Office Collections, British Library, London; *Times of India*, Overland Summary, January 14, 1864, 3; Charles Wood to Sir Charles Trevelyan, March 9, 1863, in MSS EUR F 78, LB 12, Wood Papers, Oriental and India Office Collections, British Library. 더 낮은 관세, 랭커셔 제품의 더 많은 수입, 더 높은 원면의 활용 가능성의 관계는 Manchester, *Forty-First Annual Report*, 24에서 분명히 밝혀진다. 인도가 영국산 면제품의 아주 중요한 시장이 되는 한편, 원면 수출로 수입한 면제품의 값을 지불하게 되리라는 기대가 생긴 것도 이 지점이었다.

30 *Hansard's Parliamentary Debates*, Third Series, vol. 167, June 19, 1862 (London: Cornelius Buck, 1862), 767. 우드의 "무능"에 관해서는 다음 자료를 보라. Manchester, *Forty-Third Annual Report*, 26; Manchester, *Forty-First Annual Report*; *Liverpool Mercury*, September 24, 1862, 6; Charles Wood to James Bruce, Earl of Elgin, January 10, 1863, in MSS EUR 78, LB 12, January 1 to April 27, 1863, Wood Collection, Oriental and India Office Collections, British Library, London; Charles Wood to Viceroy Earl Canning, February 18, 1861, in MSS Eur F 78, LB 6, Wood Papers, British Library, Oriental and India Office Collections, British Library; Charles Wood to Sir George Clerk, March 18, 1861, in LB 7, March 18 to May 25, 1861, F 78, MSS EUR, Oriental and India Office Collections, British Library; Peter Harnetty, "The Imperialism of Free Trade: Lancashire and the Indian Cotton Duties, 1859–1862," *Economic History Review* 18, no. 2 (1965): 75–76. 전체 논쟁에 관해서는 다음을 보라. Tripathi, "Opportunism," 255–63.

31 *The Economist*, October 4, 1862, 1093–94.

32 Harnetty, "Imperialism, 1859–1862," 333–49; Manchester, *Forty-Second Annual Report*, 11, 22; the superintendent is quoted in *Times of India*, February 12, 1863, 3; Silver, *Manchester Men*, 254.

33 U.S. Consulate General Calcutta to William H. Seward, Calcutta, October 28, 1864, in Despatches of the U.S. Consul in Calcutta to U.S. Secretary of State, National Archives, Washington, DC; *Times of India*, Overland Summary, February 12, 1862, 1, 봄베이에서 수출된 면화의 수량을 다음과 같이 언급한다. 1860년에 인도는 면화 49만 7,649꾸러미를 유럽에 수출했고 중국에는 20만 5,161꾸러미를 수출했다. 1861년에는 95만 5,030꾸러미를 유럽으로 수출했고, 중국에는 고작 6만 7,209꾸러미를 수출했다. 다음 자료를 보라. *Times of India*, October 3, 1862, 2; Harnetty, "Imperialism, 1861–1865," 92; Mann, *The Cotton Trade*, 103, 112; *Statistical Abstracts for the United Kingdom in Each of the Last Fifteen Years from 1857 to 1871* (London: George E. Eyre and William Spottiswoode, 1872), 48–49; Fohlen, *L'industrie textile*, 287, 514.

34 데이비드 루덴(David Ludden) 역시 다음 글에서 "배후지"를 글로벌 경제에 통합하는 일의 중요성과 이 과정의 상대적인 "지연"을 강조한다. David Ludden, "World Economy and Village India, 1600–1900," in Sugata Bose, ed., *South Asia and World Capitalism* (New Delhi: Oxford University Press, 1990), 159–77. Register of Invoices from the Consulate by Sundry Vessels bound for Ports in the United States, September 1863, in S 1040 (m168) reel 2, Despatches from United States Consulate General, Bombay, 1838–1906, National Archives, Washington DC 참조. 기계의 조정에 관해서는 다음을 보라. letter from Mr. Baker, Inspector of Factories, to the Secretary of State for the Home Department, on the Present State of the Cotton Districts, in various documents relating

to the distress in the cotton manufacturing districts during the American Civil War, in HO 45: 7523, Home Office, National Archives of the UK, Kew; Neil Charlesworth, *Peasants and Imperial Rule: Agriculture and Agrarian Society in the Bombay Presidency, 1850–1935* (Cambridge: Cambridge University Press, 1985), 135; *Statistical Abstracts for the United Kingdom* (London: George E. Eyre and William Spottiswoode, 1872), 48–49; Reichsenquete für die Baumwollen und Leinen-Industrie, *Statistische Ermittelungen*, Heft 1, 56–58; Mann, *The Cotton Trade*, 103, 112, 132; *Times of India*, Overland Summary, February 12, 1862, 1; *Times of India*, October 3, 1862, 2; Harnetty, "Imperialism, 1861–1865," 287, 514; Bombay Chamber of Commerce, *Report of the Bombay Chamber of Commerce for the Year 1863–64* (Bombay: Pearse and Sorabjeem 1865), 1; Frenise A. Logan, "India: Britain's Substitute for American Cotton, 1861–1865," *Journal of Southern History* 24, no. 4 (1958): 476. 다음 자료들도 보라. Manchester Chamber of Commerce, *The Forty-Fourth Annual Report of the Board of Directors for the Year 1864* (Manchester: Cave & Server, 1865), 18; B. R. Mitchell, *European Historical Statistics, 1750–1970* (New York: Columbia University Press, 1976), E14; Frenise A. Logan, "India's Loss of the British Cotton Market After 1865," *Journal of Southern History* 31, no. 1 (1965): 40–50; *Cotton Supply Reporter* (April 15, 1861): 473, reprint of article from *The Standard*, Agra, March 6, 1861.

35 *Merchants' Magazine and Commercial Review* 46, no. 2 (February 1862): 166; Edward Atkinson, "The Future Supply of Cotton," *North American Review* 98, no. 203 (April 1864): 481. Atkinson이 저자로 명시되지는 않았지만 그가 저자라는 사실은 찰스 노턴 (Charles E. Norton)과 나눈 서신에서 분명히 드러난다. 다음 자료를 보라. N 297, Letters, 1861–1864, Edward A. Atkinson Papers, Massachusetts Historical Society, Boston.

36 한 관찰자는 미국의 남북전쟁이 없었다면 이집트에서 면화 생산이 확대되는 데 반세기가 걸렸을 것이라고 주장한다. 다음 글을 보라. Edward Mead Earle, "Egyptian Cotton and the American Civil War," *Political Science Quarterly* 41, no. 4 (1926), 520–45, 522. 칸타르 (cantar)를 파운드로 변환하는 것에 관해서는 다음을 보라. E. R. J. Owen, *Cotton and the Egyptian Economy* (Oxford: Clarendon Press, 1969), 89, 382–83. 나는 여기서 1칸타르가 100파운드에 해당하는 것으로 간주했다. Atkinson, "Future Supply," 481 참조.

37 *Estatísticas históricas do Brasil: Séries econômicas, demográficas e sociais de 1550 a 1988* (Rio de Janeiro: Fundação Instituto Brasileiro de Geografia e Estatística, 1990), 346. 맨체스터 상업회의소와 러셀 경 자신이 그들에게 촉구했다. 다음을 보라. Manchester, *Forty-First Annual Report*, 8; Stanley S. Stein, *The Brazilian Cotton Manufacture* (Cambridge, MA: Harvard University Press, 1957), 43. 393쪽의 표는 다음 자료에서 제공된 정보에 근거했다. Government of India, *Annual Statement of the Trade and Navigation of British India and Foreign*

Countries and of the Coasting Trade between the Several Presidencies and Provinces, vol. 5 (Calcutta: Office of Superintendent of Government Printing, 1872); Government of India, *Annual Statement of the Trade and Navigation of British India and Foreign Countries and of the Coasting Trade between the Several Presidencies and Provinces*, vol. 9 (Calcutta: Office of Superintendent of Government Printing, 1876); Owen, *Cotton*, 90; *Estatísticas históricas do Brasil*, 346.

38 Orhan Kurmus, "The Cotton Famine and its Effects on the Ottoman Empire," in Huri Islamoglu-Inan, *The Ottoman Empire and the World-Economy* (Cambridge: Cambridge University Press, 1987), 162, 164, 165, 169; "Note of the Ministère de l'Algérie et des colonies," Paris, December 23, 1857; Société anonyme, "Compagnie française des cotons algeriens" (Paris: Imprimé du corps legislatif, 1863), in F/80/737, Fonds Ministériels, Archives d'outre-mer, Aix-en-Provence, France. 다음 자료들도 참조하라. Ministère de l'Algérie et des colonies, Direction de l'Administration de l'Algérie, 2ème bureau, Paris Décret, 1859, in Colonisation L/61, 2, Gouvernement Général de l'Algérie, Centre des Archives d'outre-mer, Aix-en-Provence; "Culture du Coton," by [illegible], Paris, July 19, 1859, in ibid.; Alejandro E. Bunge, *Las industrias del norte: Contribucion al estudio de una nueva política economia Argentina* (Buenos Aires: n.p., 1922), 209-10; *Liverpool Mercury*, November 9, 1863, 6; Thomas Schoonover, "Mexican Cotton and the American Civil War," *Americas* 30, no. 4 (April 1974): 430, 435; William S. Bell, *An Essay on the Peruvian Cotton Industry, 1825–1920* (Liverpool: University of Liverpool, Centre for Latin American Studies, 1985), 80; *Liverpool Mercury*, January 3, 1865, 6. 중국 원면 수출의 중요성에 관해서는 다음 자료도 보라. Manchester, *Forty-Fourth Annual Report*, 16; "Der Baumwollbau in Togo, Seine Bisherige Entwicklung, und sein jetziger Stand," draft article in R 1001/8224, Bundesarchiv, Berlin.

39 *Manchester Guardian*, May 13, 1861, 4; May 16, 1861, 3; May 17, 1861, 4; May 25, 1861, 5; Céleste Duval, *Question cotonnière: La France peut s'emparer du monopole du coton par l'Afrique, elle peut rendre l'Angleterre, l'Europe, ses tributaires: L'Afrique est le vrai pays du coton* (Paris: Cosson, 1864), 7; *Queensland Guardian*, April 3, 1861, as cited in *Cotton Supply Reporter* (July 1, 1861): 554; Bunge, *Las industrias*, 209-10; *Liverpool Mercury*, November 9, 1863, 6, January 3, 1865, 6; Manchester, *Forty-Fourth Annual Report*, 16; Donna J. E. Maier, "Persistence of Precolonial Patterns of Production: Cotton in German Togoland, 1800-1914," in Allen F. Isaacman and Richard Roberts, eds., *Cotton, Colonialism, and Social History in Sub-Saharan Africa* (Portsmouth, NH: Heinemann, 1995), 75; Peter Sebald, *Togo 1884–1914: Eine Geschichte der deutschen "Musterkolonie" auf der Grundlage amtlicher Quellen* (Berlin: Akademie-Verlag, 1988), 30; O. F. Metzger, *Unsere alte Kolonie*

Togo (Neudamm: J. Neumann, 1941), 242; "Der Baumwollbau in Togo."

40 Samuel Ruggles, in front of the New York Chamber of Commerce, reprinted in *Merchants' Magazine and Commercial Review* 45, no. 1 (July 1861): 83.

41 이 논쟁에 관해서는 다음 글을 보라. Henry Blumenthal, "Confederate Diplomacy, Popular Notions and International Realities," *Journal of Southern History* 32, no. 2 (1966): 151－71; Carl N. Degler, *One Among Many: The Civil War in Comparative Perspective* (Gettysburg, PA: Gettysburg College, 1990); Hyman, ed., *Heard Round the World*; Owsley and Owsley, *King Cotton*; Bernarr Cresap, "Frank L. Owsley and King Cotton Diplomacy," *Alabama Review* 26, no. 4 (1973); Charles M. Hubbard, *The Burden of Confederate Diplomacy* (Knoxville: University of Tennessee Press, 1998); D. P. Crook, *Diplomacy During the American Civil War* (New York: Wiley, 1975); Howard Jones, *Union in Peril: The Crisis over British Intervention in the Civil War* (Chapel Hill: University of North Carolina Press, 1992); Lynn M. Case and Warren F. Spencer, *The United States and France: Civil War Diplomacy* (Philadelphia: University of Pennsylvania Press, 1970), 79; Löffler, *Preussens*. 남부연합을 지지하는 정서에 관해서는 다음을 보라. *Liverpool Mercury*, June 24, 1861, 3, August 12, 1861, 2, September 20, 1861, 6, October 8, 1861, 5, October 15, 1861, 5, December 18, 1861, 6, April 18, 1862, 6. 남부 연합을 승인하라는 압박에 관해서는 다음 자료를 보라. *Liverpool Mercury*, July 16, 1862, 5, November 19, 1862, 3. 노예제에 관한 논쟁적인 토론에 관해서는 《리버풀 머큐리(Liverpool Mercury)》 편집자에게 보낸 다음 편지들을 보라. the letters to the editor to the *Liverpool Mercury* printed on February 7 and 9, 1863, both on page 3; *Liverpool Mercury*, May 21, 1863, 7; Pelzer, "Liverpool," 46. 남부연합에 대한 물질적 지원에 관해서는 다음 자료를 보라. copy of letter from Thomas Haines Dudley, U.S. Consulate Liverpool, to Charles Francis Adams, Liverpool, May 4, 1864, in Seward Papers, Library of Congress, Washington, DC; Thomas Haines Dudley to William H. Seward, Liverpool, September 3, 1864, in ibid.; *Liverpool Mercury*, May 3, 1864, 6. 리버풀 밖에서 활동하던 프레이저 트렌홀름사(Fraser, Trenholm & Company)는 남부연합을 위한 기금을 조성하고 전함을 건조하여 해안봉쇄를 우회하는 일에 가담했다. 다음 자료를 보라. the Fraser, Trenholm & Company Papers, Merseyside Maritime Museum, Liverpool. 리버풀 상인들은 연방의 봉쇄를 우회해 남부연합의 대리인들을 통해 면화를 거래하는 사업에 돌입했다. Letter by W. Fernie, Liverpool, to Fraser, Trenholm & Co, B/FT 1/13, Fraser, Trenholm & Company Papers, Merseyside Maritime Museum, Liverpool. 다음 자료들도 보라. *Liverpool Mercury*, February 4, 1863, 3. 맨체스터에 관해서는 다음을 보라. *Liverpool Mercury*, May 23, 1863, 6; October 6, 1863, 6; October 17, 1863, 3; February 1, 1864, 7. 노동 계급의 지지에 관해서는 다음을 보라. *Liverpool Mercury*, May 2, 1862, 7; August 9, 1862, 5. 다음도 보라. Manchester, *Forty-First*

Annual Report, 21‒22; Rapport de Bigorie de Laschamps, Procureur Général de Colmar, April 7, 1862, as cited in Case, ed., *French Opinion*, 258; Dunham, "Development," 294. 프랑스에서 여론과 공식 의견을 형성하는 데에 면화가 차지하는 중요성에 관해서는 다음 자료를 보라. Case, ed., *French Opinion*, 257; Rapport de Bigorie de Laschamps, Procureur Général de Colmar, July 14, 1862, cited in Case, ed., *French Opinion*, 260; George M. Blackbourn, *French Newspaper Opinion on the American Civil War* (Westport, CT: Greenwood Press, 1997), 114; Donald Bellows, "A Study of British Conservative Reaction to the American Civil War," *Journal of Southern History* 51, no. 4 (November 1985): 505‒26; *Hansard's Parliamentary Debates*, Third Series, vol. 171 (1863), 1774; *The Porcupine*, November 9, 1861, 61.《머니 마켓 리뷰Money Market Review》는 1861년 5월에 남부연합이 "영국의 기업가들에게 공감한다"라며 좀 더 심각하게 주장했다. quoted in *Liverpool Mercury*, May 17, 1861; in December 1862. 길고 신랄한 논쟁을 벌인 끝에, 리버풀상공회의소는 결의안을 통과시켰다. 그 결의안에서 상공회의소는 공해상에서 중립국들의 사유재산을 보호하고 사실상 연방의 남부연합 항구 봉쇄를 무력화시킬 국제법 개정을 요구했다. *Liverpool Mercury*, December 4, 1862, 5, December 11, 1862, 3; Tony Barley, *Myths of the Slave Power: Confederate Slavery, Lancashire Workers and the Alabama* (Liverpool: Coach House Press, 1992), 49; *Liverpool Mercury*, May 23, 1863, 6, October 6, 1863, 6, October 17, 1863, 3, February 1, 1864, 7; Liverpool Chamber of Commerce, *Report of the Council, 1862* (Liverpool: Benson and Mallett, 1862), 20; Brown Brothers and Company, *Experiences of a Century, 1818–1918: Brown Brothers and Company* (Philadelphia: n.p., 1919), 47.

42 그러나 영국의 노동자들, 특히 랭커셔 면 공장의 직공들은 대체로 일부 상인과 제조업자들의 남부연합 지지에 동조하지 않았다. 그들은 연방을 옹호했으며, 특히 링컨은 노예해방의 가능성을 선언한 바 있다. 1863년 초, 링컨은 랭커셔 노동자들의 지지에 감사를 전하기도 했다. 이런 점은 특히 다음 글에서 강력히 제기되었다. Barley, *Myths*, 67‒71; Philip S. Foner, *British Labor and the American Civil War* (New York: Holmes & Meier, 1981); Jones, *Union in Peril*, 225. 그러나 다음의 글은 이러한 관점에 반대하여 대체로 부인한다. Mary Ellison, *Support for Secession: Lancashire and the American Civil War* (Chicago: University of Chicago Press, 1972).

43 Jones, *Union in Peril*; Owsley and Owsley, *King Cotton*. 남부연합에 관해서는 다음을 보라. W. L. Trenholm to Charles Kuhn Prioleau (Liverpool), New York, June 21, 1865, B/FT 1/137, Fraser, Trenholm & Company Papers, Merseyside Maritime Museum, Liverpool. 예컨대 영국으로 수입되는 밀의 중요성에 관해서는 다음을 보라. William Thayer to William H. Seward, London, July 19, 1862, Seward Papers, Library of Congress, Washington, DC; *Hansard's Parliamentary Debates*, Third Series, vol. 171, June 30, 1863,

1795. 남부연합을 승인하지 않는 것에 관한 광범위한 논쟁에 대해서는 다음을 보라. ibid., 1771 – 1842; *Hansard's Parliamentary Debates*, Third Series, vol. 167, June 13, 1862, 543; George Campbell, Duke of Argyll, to Lord John Russell, October 11, 1862, Box 25, 30/22, Lord John Russell Papers, National Archives of the UK, Kew. 영국의 영향력에 맞설 대항력으로서 강력한 미국이라는 프러시아의 바람에 관해서는 다음을 보라. Löffler, *Preussens*, 59. Martin T. Tupper to Abraham Lincoln, May 13, 1861 (support from England), in Series 1, General Correspondence, 1833 – 1916, Abraham Lincoln Papers, Library of Congress, Washington, DC도 참조하라. 유럽 쪽에서 링컨에게 가한 압력에 관해서는 다음을 보라. Lord John Russell Papers, National Archives of the UK, Kew; Lord Richard Lyons to Lord John Russell, Washington, 28 July 1863, in United States, Washington Legislation, Private Correspondence, Box 37, 30/22, Lord John Russell Papers, National Archives of the UK, Kew; Charles Wood to James Bruce, Earl of Elgin, August 9, 1862, LB 11, Letterbook, July 3 to December 31, 1862, MSS EUR F 78, Wood Papers, Oriental and India Office Collections, British Library, London. 미국의 외교관들 역시 유럽의 시급한 면화 수요를 자주 일깨웠다. 다음을 보라. Henry S. Sanford to William H. Seward, April 10, 1862, Seward Papers, Manuscripts Division, Library of Congress, Washington, DC, quoted in Case and Spencer, *United States and France*, 290; William Thayer to William H. Seward, London, July 19, 1862, Seward Papers; William L. Dayton to Charles Francis Adams, Paris, November 21, 1862, AM 15236, Correspondence, Letters Sent A–C, Box I, Dayton Papers, as quoted in Case and Spencer, *United States and France*, 371.

44 Sancton, "Myth of French Worker," 58 – 80. 사회적 봉기에 대한 관심과 실직한 면직물 노동자들의 상황을 개선하기 위한 계획에 관해서는 다음을 보라. Ménier, *Au profit*. 영국 노동자들의 집단행동에 관해서는 다음 글을 보라. Hall, "Poor Cotton Weyver," 227 – 50; 다음 글에서 존스(Jones)는 글래드스턴과 리옹 모두 직물 노동자들의 사회적 봉기에 대한 두려움을 미국의 분쟁에 개입해야 할 이유로 언급했다고 주장한다. Jones, *Union in Peril*, 55, William E. Gladstone의 면화 기근에 관한 연설, 1862, Add. 44690, f. 55, vol. 605, Gladstone Papers, British Library, London; 1862년 10월 7일 뉴캐슬어폰타인에서 행한 William E. Gladstone의 연설. as quoted in Jones, *Union in Peril*, 182.

45 Jones, *Union in Peril*, 114, 123, 129, 130, 133; Lord Richard Lyons to Lord John Russell, Washington, July 28, 1863, in United States, Washington Legislation, Private Correspondence, Box 37, 30/22, Lord John Russell Papers, National Archives of the UK, Kew; Charles Wood to James Bruce, Earl of Elgin, August 9, 1862, in LB 11, Letterbook, July 3 to December 31, 1862, MSS EUR F 78, Wood Papers, Oriental and India Office Collections, British Library, London; Glyndon G. Van Deusen, *William Henry Seward*

(New York: Oxford University Press, 1967), 330‑31; Abraham Lincoln, "Annual Message to Congress," December 3, 1861, in John George Nicolay and John Hay, eds., *Abraham Lincoln: Complete Works, Compromising His Speeches, Letters, State Papers, and Miscellaneous Writings*, vol. 2 (New York: Century Co., 1894), 94; "The Cabinet on Emancipation," MSS, July 22, 1862, reel 3, Edwin M. Stanton Papers, Library of Congress, Washington, DC. 내가 이 사료에 관심을 갖게 해준 Eric Foner에게 감사한다.

46 William Thayer to William H. Seward, London, July 19, 1862, Seward Papers, Manuscript Division, Library of Congress, Washington, DC; Henry S. Sanford to William H. Seward, April 10, 1862, Seward Papers; William L. Dayton to William H. Seward, Paris, March 25, 1862, Despatches, France, State Department Correspondence, National Archives, Washington, DC. 나폴레옹은 면화를 확보하지 못하면 사회 불안이 뒤따를 것이라고 주장했다. Thurlow Weed to William H. Seward, Paris, April 4, 1862, in ibid.; Imbert‑Koechlim is quoted in *Industrial Alsacien*, February 2, 1862, as cited in Sancton, "Myth of French Worker," 76; William L. Dayton to Charles Francis Adams, Paris, November 21, 1862, in AM 15236, Correspondence, Letters Sent A‑C, Box I, Dayton Papers quoted in Case and Spencer, *United States and France*, 371, 374. Owsley and Owsley, *King Cotton*, 16–17도 참고.

47 Charles Francis Adams Jr. to Henry Adams, Quincy, Massachusetts, August 25, 1861, in Ford, ed., *A Cycle of Adams Letters*, 34‑35, 36.

48 이 흥미로운 이야기에 관해서는 다음을 보라. Ricky‑Dale Calhoun, "Seeds of Destruction: The Globalization of Cotton as a Result of the American Civil War" (PhD dissertation, Kansas State University, 2012), 99ff., 150ff.; William Thayer to William Seward, March 5, 1863, Alexandria, in Despatches of the U.S. Consul in Alexandria to Seward, National Archives, Washington DC. 다음 또한 보라. David R. Serpell, "American Consular Activities in Egypt, 1849‑1863," *Journal of Modern History* 10, no. 3 (1938): 344‑63; William Thayer to William H. Seward, Despatch number 23, Alexandria, November 5, 1862, in Despatches of the U.S. Consul in Alexandria to Seward, National Archives, Washington DC; William H. Seward to William Thayer, Washington, December 15, 1862, Seward Papers, Library of Congress, Washington, DC; Ayoub Bey Trabulsi to William H. Seward, Alexandria, August 12, 1862, in Despatches of the U.S. Consul in Alexandria to Seward, National Archives, Washington, DC; William Thayer to William H. Seward, April 1, 1862, in ibid. 예컨대, 면화와 관련해 수어드에게 보낸 급송문서(dispatches)에 관해서는 다음을 보라. William Thayer to William H. Seward, Alexandria, July 20, 1861, in ibid.; William Thayer to William H. Seward, Despatch number 23, Alexandria, November 5, 1862, in ibid.

49 William H. Seward to William Thayer, Washington, December 15, 1862, Seward Papers, Manuscript Division, Library of Congress, Washington, DC. Ayoub Bey Trabulsi to William H. Seward, Alexandria, August 12, 1862, in Despatches of the U.S. Consul in Alexandria to Seward, National Archives, Washington, DC; William Thayer to William H. Seward, April 1, 1862, in ibid도 참조.

50 Baring Brothers Liverpool to Joshua Bates, Liverpool, February 12, 1862, in HC 35: 1862, House Correspondence, Baring Brothers, ING Baring Archive, London; Charles Wood to James Bruce, Earl of Elgin, August 9, 1862, in MSS EUR F 78, LB 11, Wood Papers, Oriental and India Office Collections, British Library, London; Dunham, "Development," 295; Rapport de Neveu-Lemaire, procureur général de Nancy, January 5, 1864, as cited in Case, ed., *French Opinion*, 285 – 86. 다른 지역에서도 비슷한 보고가 나왔다.

51 *Liverpool Mercury*, January 4, 1864, 8. 트리파시(Tripathi) 역시 일반적인 주장을 한다. Tripathi, "A Shot," 74 – 89; William H. Seward, March 25, 1871, in Olive Risley Seward, ed., *William H. Seward's Travels Around the World* (New York: D. Appleton & Co, 1873), 401.

52 이 부분은 맨체스터상공회의소의 연례보고서를 읽고 받은 인상이다. 면화 이해 세력이 느낀 안도감에 관해서는 다음을 보라. Manchester, *Forty-Third Annual Report*, 17, 25; *Liverpool Mercury*, August 8, 1864, 7, August 9, 1864, 7, August 10, 1864, 3, August 31, 1864, 7, September 22, 1864, 7, October 31, 1864, 7. 다음 자료들도 보라. Owsley and Owsley, *King Cotton*, 137, 143; Atkinson, "Future Supply," 485 – 86; John Bright to Edward A. Atkinson, London, May 29, 1862, Box N 298, Edward A. Atkinson Papers, Massachusetts Historical Society, Boston.

53 *Bremer Handelsblatt* 12 (1862), 335.

54 *The Economist*, September 21, 1861, 1042; J. E. Horn, *La crise cotonnière et les textiles indigènes* (Paris: Dentu, 1863), 14; Leone Levi, "On the Cotton Trade and Manufacture, as Affected by the Civil War in America," *Journal of the Statistical Society of London* 26, no. 8 (March 1863): 42; Stephen S. Remak, *La paix en Amérique* (Paris: Henri Plon, 1865), 25 – 26; *Bremer Handelsblatt*, April 22, 1865, 142.

55 노예들이 해방을 위한 투쟁에서 증명해보인 그들의 중요성을 역사가들이 훌륭하게 분석했다. 특히 다음 책을 보라. Ira Berlin et al., *Slaves No More: Three Essays on Emancipation and the Civil War* (New York: Cambridge University Press, 1992); Eric Foner, *Reconstruction: America's Unfinished Revolution, 1863–1877* (New York: HarperCollins, 2002); Steven Hahn, *A Nation Under Our Feet: Black Political Struggles in the Rural South from Slavery to the Great Migration* (Cambridge, MA: Belknap Press of Harvard University, 2003); Steven Hahn, *The Political Worlds of Slavery and Freedom* (Cambridge, MA: Harvard

University Press, 2009). 남부의 국가 건립의 모순과 전쟁 중 드러난 그 약점에 관해서는 다음도 보라. Stephanie McCurry, *Confederate Reckoning: Power and Politics in the Civil War South* (Cambridge, MA: Harvard University Press, 2010).

56　*London Mercury*, September 22, 1863, 7; Ravinder Kumar, *Western India in the Nineteenth Century: A Study in the Social History of Maharashtra* (London: Routledge & K. Paul, 1968), 35, 59, 151, 161; Maurus Staubli, *Reich und arm mit Baumwolle: Exportorientierte Landwirtschaft und soziale Stratifikation am Beispiel des Baumwollanbaus im indischen Distrikt Khandesh (Dekkan) 1850–1914* (Stuttgart: F. Steiner, 1994), 58, 68, 114–15, 187; Alan Richards, *Egypt's Agricultural Development, 1800–1980: Technical and Social Change* (Boulder, CO: Westview Press, 1982), 55, 61. 여러 해 뒤에, 투르키스탄에서도 그 결과는 상당히 비슷할 것이다. John Whitman, "Turkestan Cotton in Imperial Russia," *American Slavic and East European Review* 15, no. 2 (1956): 190–205. 남북전쟁 이후 남부의 경제적 변화에 관해서는 다음을 보라. Foner, *Reconstruction*, 392–411; Gavin Wright, *The Political Economy of the Cotton South: Households, Markets, and Wealth in the Nineteenth Century* (New York: Norton, 1978), 166–76; Wright, *Old South*, 34, 107; Steven Hahn, *The Roots of Southern Populism: Yeoman Farmers and the Transformation of the Georgia Upcountry, 1850–1890* (New York: Oxford University Press, 1983).

57　W. H. Holmes, *Free Cotton: How and Where to Grow It* (London: Chapman and Hall, 1862), 18; Merivale, *Lectures*, 315; Report of the Select Committee of the House of Commons, dated July 25, 1842, as cited in Alleyne Ireland, *Demerariana: Essays, Historical, Critical, and Descriptive* (New York: Macmillan, 1899), 150. *The Economist*, December 9, 1865, 1487–88, 원문에서 강조됨.

58　Holmes, *Free Cotton*, 16, 18, 22; Commission Coloniale, Rapport à M. le Ministre de la Marine et des Colonies sur l'Organisation du Travail Libre, Record Group Gen 40, box 317, Fonds Ministérielles, Archives d'outre-mer, Aix-en-Provence, France; *Cotton Supply Reporter* (December 16, 1861): 722.

59　Holmes, *Free Cotton*; Auteur de la paix en Europe par l'Alliance anglo-française, *Les blancs et les noirs en Amérique et le coton dans les deux mondes* (Paris: Dentu, 1862).

60　"재건을 위한 예행연습"이라는 주제는 다음 글에서 따온 것이다. Willie Lee Nichols Rose, *Rehearsal for Reconstruction: The Port Royal Experiment* (Indianapolis: Bobbs-Merrill, 1964); *Liverpool Mercury*, September 23, 1863, 6. 이는 또한 점점 많이 늘어난 리버풀 시민들이 내린 결론이기도 했다. 리버풀 시민들은 1863년까지 《리버풀 머큐리》 편집자에게 더 자주 편지를 보내 노예제에 반대하는 목소리를 높였다. 다음을 보라. *Liverpool Mercury*, January 19, 1863, 6, January 24, 1863, 7; Edward Atkinson, *Cheap Cotton by Free Labor* (Boston: A. Williams & Co., 1861); Atkinson Papers, Massachusetts Historical Society,

Boston; Manchester, *Forty-First Annual Report*, 33; Atkinson, "Future Supply," 485–86.

61 1862년에 이미 케어드(Caird)는 하원에서 "남부 주에서 지금까지 면화 재배에 노예를 동원하며 얻은 이점들이 대체로 끝나게 될 것"이라고 주장했다. *Hansard's Parliamentary Debates*, Third Series, vol. 167 (1862), 791. 다음을 보라. *Liverpool Mercury*, January 3, 1865, 6, April 25, 1865, 6, May 13, 1865, 6. 가격에 관해서는 다음을 보라. John A. Todd, *World's Cotton Crops* (London: A. & C. Black, 1915 (1924), 429–32; XXIV.2.22, RP, Rathbone Papers, Special Collections and Archives, University of Liverpool; Baring Brothers Liverpool to Baring Brothers London, July 19, 1865, in House Correspondence, HC 3 (1865), folder 35 (Correspondence from Liverpool House), ING Baring Archive, London.

62 *Bremer Handelsblatt*, June 17, 1865, 234–35; W. A. Bruce to Lord John Russell, May 10, 1865, in Letters from Washington Minister of Great Britain to Foreign Office, Earl Russell, 1865, in 30: 22/38, Lord John Russell Papers, National Archives of the UK, Kew; W. A. Bruce to Lord John Russell, May 22, 1865, in ibid.

63 August Etienne, *Die Baumwollzucht im Wirtschaftsprogramm der deutschen Übersee-Politik* (Berlin: Verlag von Hermann Paetel, 1902), 28. 노동력 부족이라는 주제는 미국에서 남북 전쟁이 진행되는 와중에도 인도의 면화 생산 확대에 관한 논의에서 중요한 주제였다. 다음을 보라. *Times of India*, October 18, 1861, 3, February 27, 1863, 6; *Zeitfragen*, May 1, 1911, 1; Protocol of the Annual Meeting of the Manchester Cotton Supply Association, June 11, 1861, reprinted in "The Cotton Question," *Merchants' Magazine and Commercial Review* 45 (October 1861): 379; *Liverpool Mercury*, June 12, 1861, 3. 다르와르(Dharwar) 관구의 조면 공장 감독관은 1862년 5월에 다음과 같이 보고했다. "현지 면화 재배를 엄청나게 확대할 수는 있지만 당장 활용할 수 있는 노동력으로는 현재 생산되는 면화를 손질하기에도 부족하다." quoted in *Times of India*, February 12, 1863, 3; *Bengal Hurkaru*, May 11, 1861, as reprinted in *Bombay Times and Standard*, May 17, 1861, 3.

64 *Cotton Supply Reporter* (June 15, 1861): 530; Supplement to *The Economist*, Commercial History and Review of 1865, March 10, 1866, 3; *Bremer Handelsblatt*, April 22, 1865, 142. 물론 노예 제도 자체는 쿠바, 브라질, 아프리카 같은 곳에서 이후 수십 년 동안 더 번성했다. 그러나 면화는 더이상 노예에 의해 생산되지 않았다. 다음 책을 보라. Suzanne Miers and Richard Roberts, *The End of Slavery in Africa* (Madison: University of Wisconsin Press, 1988).

65 Timothy Mitchell, *Rule of Experts: Egypt, Techno-Politics, Modernity* (Berkeley: University of California Press, 2002), 59–60; Mathieu, *De la culture*, 25.

66 *Bremer Handelsblatt*, October 14, 1865, 372.

67 *The Economist*, December 9, 1865, 1487–88; Eric Foner, *Nothing but Freedom:*

Emancipation and Its Legacy (Baton Rouge: Louisiana State University Press, 1983), 27 – 28.

68   Berlin et al., *Slaves No More*, 1 – 76.

69   Reclus, "Le coton," 208.

70   Baring Brothers Liverpool to Baring Brothers London, February 4, 1865, in House Correspondence, HC 3 (1865), folder 35 (Correspondence from Liverpool House), ING Baring Archive, London; *Gore's General Advertiser*, January 19, 1865, as cited in Hall, "Liverpool Cotton," 163; *Indian Daily News*, Extraordinary, March 8, 1865, clipping included in U.S. Consulate General Calcutta to William H. Seward, Calcutta, March 8, 1864, in Despatches of the U.S. Consul in Calcutta to U.S. Secretary of State, National Archives, Washington, DC; Letter from Calvin W. Smith to "Dear Friends at home," Bombay, April 23, 1865, in folder 13, Ms. N‒937, Calvin W. Smith Papers, Massachusetts Historical Society, Boston; Samuel Smith, *My Life-Work* (London: Hodder and Stoughton, 1902), 35; Brown Brothers, *Experiences*, 49 – 50.

71   William B. Forwood, "The Influence of Price upon the Cultivation and Consumption of Cotton During the Ten Years 1860 – 1870," *Journal of the Statistical Society of London* 33, no. 3 (September 1870): 371.

72   Horn, *La crise*, 43.

10장 전 지구적 재건

1   Frederick W. A. Bruce to Earl of Clarendon, British Secretary of State, Washington, DC, December 18, 1865, reprinted in *Cotton Supply Reporter* (February 1, 1866): 1795; Memorandum, W. Hickens, Royal Engineers, to Secretary of State, Washington, DC, December 18, 1865, in ibid.

2   Edmund Ashworth, as cited in *Cotton Supply Reporter* (July 1, 1865): 1675; Maurice Williams, "The Cotton Trade of 1865," *Seven Year History of the Cotton Trade of Europe, 1861 to 1868* (Liverpool: William Potter, 1868), 19. 윌리엄스(Williams)에 관해 더 알고 싶다면 다음을 보라. Thomas Ellison, *The Cotton Trade of Great Britain: Including a History of the Liverpool Cotton Market and of the Liverpool Cotton Brokers' Association* (London: Effingham Wilson, 1886), 255.

3   Robert Ed. Bühler, "Die Unabhängigkeitsbestrebungen Englands, Frankreichs und Deutschlands in ihrer Baumwollversorgung" (PhD dissertation, University of Zürich, 1929), 3; *Cotton Supply Reporter* (June 1, 1865): 1658.

4   B. R. Mitchell, *International Historical Statistics: The Americas, 1750–2005* (New York: Palgrave Macmillan, 2007), 391, 467, 547 – 49; Elijah Helm, "An International Survey of the Cotton Industry," *Quarterly Journal of Economics* 17, no. 3 (May 1903): 417; Gavin Wright, "Cotton Competition and the Post–bellum Recovery of the American South," *Journal of Economic History* 34, no. 3 (September 1974): 632 – 33. Douglas A. Farnie and David J. Jeremy, *The Fibre That Changed the World: The Cotton Industry in International Perspective, 1600–1990s* (Oxford: Oxford University Press, 2004), 23, 25.

5   423쪽의 그래프는 19개국(오스트리아, 벨기에, 브라질, 캐나다, 중국, 프랑스, 독일, 인도, 이탈리아, 일본, 멕시코, 네덜란드, 포르투갈, 러시아, 에스파냐, 스웨덴, 스위스, 영국, 미국)의 면방적에 관한 저자의 자료 분석에 근거하여 작성된 것이다. 자료가 분산되어 있고 내용이 일치하지도 않아서 이 그래프의 수치는 추정치에 불과하며 경우에 따라서는 외부 자료를 통해 보충하기도 했다. 수치에 관해서는 다음을 보라. Louis Bader, *World Developments in the Cotton Industry, with Special Reference to the Cotton Piece Goods Industry in the United States* (New York: New York University Press, 1925), 33; Amiya Kumar Bagchi, *Private Investment in India, 1900–1939*, Cambridge South Asian Studies 10 (Cambridge: Cambridge University Press, 1972), 234; Javier Barajas Manzano, *Aspectos de la industria textil de algodón en México* (Mexico: Instituto Mexicano de Investigaciones Económicas, 1959), 43 – 44, 280; Belgium, Ministère de l'Intérieur, *Statistique de la Belgique, Industrie* (Brussels: Impr. de T. Lesigne, 1851), 471; Pierre Benaerts, *Les origines de la grande industrie allemande* (Paris: F. H. Turot, 1933), 486; Sabbato Louis Besso, *The Cotton Industry in Switzerland, Vorarlberg, and Italy; A Report to the Electors of the Gartside Scholarships* (Manchester: Manchester University Press, 1910); George Bigwood, *Cotton* (New York: Holt, 1919), 61; H. J. Habakkuk and M. Postan, eds., *The Cambridge Economic History of Europe*, vol. 6 (Cambridge: Cambridge University Press, 1965), 443; Kang Chao, *The Development of Cotton Textile Production in China* (Cambridge, MA: Harvard University Press, 1977), 301 – 7; Stanley D. Chapman, "Fixed Capital Formation in the British Cotton Industry, 1770 – 1815," *Economic History Review*, New Series, 23, no. 2 (August 1970): 235 – 66, 252; Louis Bergeron and Jean–Antoine–Claude Chaptal, *De l'industrie française: Acteurs de l'histoire* (Paris: Impr. nationale éditions, 1993), 326; Melvin Thomas Copeland, *The Cotton Manufacturing Industry of the United States* (New York: A. M. Kelley, 1966), 19. 1878 – 1920년 관련 자료는 다음을 보라. *Cotton Facts: A Compilation from Official and Reliable Sources* (New York: A. B. Shepperson, 1878); Richard Dehn and Martin Rudolph, *The German Cotton Industry; A Report to the Electors of the Gartside Scholarships* (Manchester: Manchester University Press, 1913); Thomas Ellison, *A Handbook of the Cotton Trade, or, A glance at the Past History, Present Condition, and the Future*

Prospects of the Cotton Commerce of the World (London: Longman Brown Green Longmans and Roberts, 1858), 146–67; Ellison, *The Cotton Trade of Great Britain*, 72–3; D. A. Farnie, *The English Cotton Industry and the World Market, 1815–1896* (New York: Oxford University Press, 1979), 180; Mimerel Fils, "Filature du Cotton," in Michel Chevalier, ed., *Rapports du Jury international: Exposition universelle de 1867 à Paris*, vol. 4 (Paris: P. Dupont, 1868), 20; R. B. Forrester, *The Cotton Industry in France; A Report to the Electors of the Gartside Scholarships* (London: Longman, Green and Co., 1921), 5; "Industrie textile," *Annuaire statistique de la France* (Paris, 1877–1890, 1894); Michael Owen Gately, "The Development of the Russian Cotton Textile Industry in the Pre-revolutionary Years, 1861–1913" (PhD dissertation, University of Kansas, 1968), 134; Statistisches Reichsamt, *Statistisches Jahrbuch für das Deutsche Reich*, vol. 24 (1913), 107; Aurora Gómez Galvarriato, "The Impact of Revolution: Business and Labor in the Mexican Textile Industry, Orizaba, Veracruz, 1900–1930" (PhD dissertation, Harvard University, 2000), 23, 45; Great Britain, Committee on Industry, and Trade, *Survey of Textile Industries: Cotton, Wool, Artificial Silk* (London: Her Majesty's Stationery Office, 1928), 142; International Federation of Master Cotton Spinners' and Manufacturers' Associations, *International Cotton Statistics*, Arno S. Pearse, ed. (Manchester: Thiel & Tangye, 1921), 1–32; International Federation of Master Cotton Spinners' and Manufacturers' Associations and Arno S. Pearse, *The Cotton Industry of India, Being the Report of the Journey to India* (Manchester: Taylor, Garnett, Evans, 1930), 22; International Federation of Master Cotton Spinners' and Manufacturers' Associations and Arno S. Pearse, *The Cotton Industry of Japan and China, Being the Report of the Journey to Japan and China* (Manchester: Taylor Garnett Evans & Co. Ltd., 1929), 18–19, 154; Italy, Ministero di Agricoltura, Industria e Commercio, "L'industria del cotone in Italia," *Annali di Statistica*, series 4, no. 100 (Rome: Tipografia Nazionale di G. Bertero E.C., 1902), 12–13. Italy, Ministero di Agricoltura, Industria e Commercio, *Annuario statistico italiano* (Roma: Tip. Elzeviriana), 1878년, 1881년, 1886년, 1892년, 1900년, 1904년, 1905–1906년 자료는 다음을 보라. S. T. King and Ta-chün Liu, *China's Cotton Industry: A Statistical Study of Ownership of Capital, Output, and Labor Conditions* (n.p.: n.p., 1929), 4; Sung Jae Koh, *Stages of Industrial Development in Asia: A Comparative History of the Cotton Industry in Japan, India, China, and Korea* (Philadelphia: University of Pennsylvania Press, 1966), 324–66; Richard A. Kraus, *Cotton and Cotton Goods in China, 1918–1936* (New York: Garland, 1980), 57, 99; John C. Latham and H. E. Alexander, *Cotton Movement and Fluctuations* (New York: Latham Alexander & Co., 1894–1910); Maurice Lévy-Leboyer, *Les banques européennes et l'industrialisation internationale dans la première moitié du XIXe siècle* (Paris: Presses Universitaires de France,

1964), 29; S. D. Mehta, *The Indian Cotton Textile Industry, an Economic Analysis* (Bombay: Published by G. K. Ved for the Textile Association of India, 1953), 139; B. R. Mitchell, *Abstract of British Historical Statistics* (Cambridge: Cambridge University Press, 1971) 185; B. R. Mitchell, *International Historical Statistics: Europe, 1750–1993* (New York: Stockton Press, 1998), 511; Charles Kroth Moser, *The Cotton Textile Industry of Far Eastern Countries* (Boston: Pepperell Manufacturing Company, 1930), 50; National Association of Cotton Manufacturers, *Standard Cotton Mill Practice and Equipment, with Classified Buyer's Index* (Boston: National Association of Cotton Manufacturers, 1919), 37; Keijiro Otsuka, Gustav Ranis, and Gary R. Saxonhouse, *Comparative Technology Choice in Development: The Indian and Japanese Cotton Textile Industries* (Houndmills, Basingstoke, UK: Macmillan, 1988), 6; Alexander Redgrave, "Report of Factory Inspectors," *Parliamentary Papers* (Great Britain: Parliament, House of Commons, 1855), 69; J. H. Schnitzler, *De la création de la richesse, ou, des intérêts matériels en France,* vol. 1 (Paris: H. Lebrun, 1842), 228; Stanley J. Stein, *The Brazilian Cotton Manufacture: Textile Enterprise in an Underdeveloped Area, 1850– 1950* (Cambridge, MA: Harvard University Press, 1957), 191; Guy Thomson, "Continuity and Change in Mexican Manufacturing," in Jean Batou, ed., *Between Development and Underdevelopment: The Precocious Attempts at Industrialization of the Periphery, 1800–1870* (Geneva: Librairie Droz, 1991), 280; John A. Todd, *The World's Cotton Crops* (London: A. & C. Black, 1915), 411; Ugo Tombesi, *L'industria cotoniera italiana alla fine del secolo XIX* (Pesaro: G. Frederici, 1901), 66; United States, Bureau of Manufactures, *Cotton Fabrics in Middle Europe: Germany, Austria-Hungary, and Switzerland* (Washington, DC: Government Printing Office, 1908), 23, 125, 162; United States, Bureau of Manufactures, *Cotton Goods in Canada* (Washington, DC: Government Printing Office, 1913), 33; United States, Bureau of Manufactures, *Cotton Goods in Italy* (Washington, DC: Government Printing Office, 1912), 6; United States, Bureau of Manufactures, *Cotton Goods in Russia* (Washington, DC: Government Printing Office, 1912), 9 – 11; United States, Bureau of the Census, *Cotton Production and Distribution: Season of 1916– 1917* (Washington, DC: Government Printing Office, 1918), 88; United States, Bureau of the Census, *Cotton Production in the United States* (Washington, DC: Government Printing Office, 1915), 56.

6   다음 글은 일반적인 주장을 펼친다. Herbert S. Klein and Stanley Engerman, "The Transition from Slave to Free Labor: Notes on a Comparative Economic Model," in Manuel Moreno Fraginals, Frank Moya Pons, and Stanley L. Engerman, *Between Slavery and Free Labor: The Spanish-Speaking Caribbean in the Nineteenth Century* (Baltimore: Johns Hopkins University Press, 1985), 260.

7   Commission Coloniale, Rapport à M. le Ministre de la Marine et des Colonies sur l'Organisation du Travail Libre, p. 61, in Record Group Gen 40, box 472, Fonds Ministérielles, Archives d'outre-mer, Aix-en-Provence, France.

8   다음 글 역시 지속된 강압을 강조한다. Lutz Raphael, "Krieg, Diktatur und Imperiale Erschliessung: Arbeitszwang und Zwangsarbeit 1880 bis 1960," in Elisabeth Herrmann-Ott, ed., *Sklaverei, Knechtschaft, Zwangsarbeit: Untersuchungen zur Sozial-, Rechts-und Kulturgeschichte.* (Hildesheim: Olms, 2005), 256 – 80; Robert Steinfeld, *Coercion, Contract, and Free Labor in the Nineteenth Century* (New York: Cambridge University Press, 2001); Eric Foner, *Nothing But Freedom: Emancipation and Its Legacy* (Baton Rouge: Louisiana State University Press, 1983); Nan Elizabeth Woodruff, *American Congo: The African American Freedom Struggle in the Delta* (Cambridge, MA: Harvard University Press, 2003); Donald Holley, *The Second Great Emancipation: The Mechanical Cotton Picker, Black Migration, and How They Shaped the Modern South* (Fayetteville: University of Arkansas Press, 2000), 104 – 5; Charles S. Aiken, *The Cotton Plantation South Since the Civil War* (Baltimore: Johns Hopkins University Press, 1998), 101.

9   Barbara Fields, "The Advent of Capitalist Agriculture: The New South in a Bourgeois World," in Thavolia Glymph et al., eds., *Essays on the Postbellum Southern Economy* (College Station: Texas A&M University Press, 1985), 74; *Southern Cultivator*, February 26, 1868, 61.

10 Edward Atkinson, *Cheap Cotton by Free Labor* (Boston: A. Williams & Co., 1861); *Commercial and Financial Chronicle* (November 11, 1865): 611 – 12.

11 *Southern Cultivator*, January 24, 1866, 5; W. A. Bruce to Earl Russell, Washington, May 10, 1865, in Letters from Washington Minister of Great Britain top Foreign Office, Earl Russell, 1865 (Private Correspondence), 30/22/38, National Archives of the UK, Kew; J. R. Busk to Messrs. Rathbone Brothers and Co., New York, April 24, 1865, in Rathbone Papers, Record number XXIV.2.22, RP, Rathbone Papers, Special Collections and Archives, University of Liverpool; *Commercial and Financial Chronicle* (August 26, 1865): 258ff.; George McHenry, *The Cotton Supply of the United States of America* (London: Spottiswoode & Co., 1865), 25ff.; Bengal Chamber of Commerce, Reports, 1864 – 1866, 809, as cited in Frenise A. Logan, "India's Loss of the British Cotton Market After 1865," *Journal of Southern History* 31, no. 1 (1965): 47; G. F. Forbes to Under Secretary of State for India, August 16, 1866, Secretariat Records Office, as quoted in Logan, "India's Loss of the British Cotton Market," 49.

12 Bliss Perry, *Life and Letters of Henry Lee Higginson*, vol. 1 (Boston: Atlantic Monthly Press, 1921), 247; *Southern Cultivator*, May 26, 1868, 133, 135. 이 논의의 예들로는 다음을 보라.

Southern Cultivator, February 25, 1867, 42; August 25, 1867, 258; October 25, 1867, 308; January 26, 1868, 12; May 26, 1868, 135; Joseph P. Reidy, *From Slavery to Agrarian Capitalism in the Cotton Plantation South: Central Georgia, 1800–1880* (Chapel Hill: University of North Carolina Press, 1992), 137; Southern Cultivator, February 27, 1869, 51; *Macon Telegraph*, May 31, 1865.

13 Contract dated Boston, December 23, 1863, in various letters and notes, file 298, Edward A. Atkinson Papers, Massachusetts Historical Society, Boston; Eric Foner, *Reconstruction: America's Unfinished Revolution, 1863–1877* (New York: Harper & Row, 1988), 53, 54, 58; Edward Atkinson to his mother, Washington, July 5, 1864, in various letters and notes, file 298, Edward A. Atkinson Papers, Massachusetts Historical Society.

14 *Macon Daily Telegraph*, May 31, 1865, 1; Joseph D. Reid Jr., "Sharecropping as an Understandable Market Response: The Post-bellum South," *Journal of Economic History* 33, no. 1 (March 1973): 107.

15 Contract of January 29, 1866, in Alonzo T. and Millard Mial Papers, North Carolina Department of Archives and History, as cited in Reid, "Sharecropping as an Understandable Market Response," 108; Susan Eva O'Donovan, *Becoming Free in the Cotton South* (Cambridge, MA: Harvard University Press, 2007), 127, 129, 131; James C. Cobb, *The Most Southern Place on Earth: The Mississippi Delta and the Roots of Regional Identity* (New York: Oxford University Press, 1992), 48 – 50.

16 Foner, *Reconstruction*, 103, 104. 아메리카 전역에서 해방노예들은 "자신들의 노동을 통제하고 자신들의 토지에 접근하기를" 열망했다. 다음을 보라. Klein and Engerman, "The Transition from Slave to Free Labor," 256; "A Freedman's Speech," *Pennsylvania Freedmen's Bulletin* (January 1867): 16.

17 Reidy, *From Slavery to Agrarian Capitalism*, 144.

18 Foner, *Reconstruction*, 108, 134; Reidy, *From Slavery to Agrarian Capitalism*, 125, 150, 152; Amy Dru Stanley, "Beggars Can't Be Choosers: Compulsion and Contract in Postbellum America," *Journal of American History* 78, no. 4 (March 1992): 1274, 1285; Cobb, *The Most Southern Place*, 51; U.S. Congress, House, Orders Issue by the Commissioner and Assistant Commissioners of the Freedmen's Bureau, 65, as cited in Stanley, "Beggars Can't Be Choosers," 1284.

19 *Commercial and Financial Chronicle* (November 11, 1865): 611 – 12; "A Freedman's Speech," *Pennsylvania Freedmen's Bulletin* (January 1867): 115.

20 O'Donovan, *Becoming Free*, 162, 189, 224, 227, 240; Foner, *Reconstruction*, 138, 140; Cobb, *The Most Southern Place*, 51; James C. Scott, *Weapons of the Weak: Everyday Forms of Peasant Resistance* (New Haven, CT: Yale University Press, 1985), xv.

21   Gavin Wright, "The Strange Career of the New Southern Economic History," *Reviews in American History* 10, no. 4 (December 1982): 171; Foner, *Reconstruction*, 174; Fields, "The Advent of Capitalist Agriculture," 84; Reidy, *From Slavery to Agrarian Capitalism*, 159; *Southern Cultivator* 25, no. 11 (November 1867): 358; Aiken, *The Cotton Plantation South*, 34ff. Cobb, *The Most Southern Place*, 55, 70; W. E. B. DuBois, "Die Negerfrage in den Vereinigten Staaten," *Archiv für Sozialwissenschaft* 22 (1906): 52.

22   Reid, "Sharecropping as an Understandable Market Response," 114, 116, 118; Grimes Family Papers, #3357, Southern Historical Collection, as cited in Reid, "Sharecropping as an Understandable Market Response," 128–29.

23   Wright, "The Strange Career," 172, 176. Cobb, *The Most Southern Place*, 102; Harold D. Woodman, "Economic Reconstruction and the Rise of the New South, 1865–1900," in John B. Boles and Evelyn Thomas Nolan, eds., *Interpreting Southern History: Historiographical Essays in Honor of Sanford W. Higginbotham* (Baton Rouge: Louisiana State University Press, 1987), 268; DuBois, "Die Negerfrage," 41; C. L. Hardeman to John C. Burns, December 11, 1875, John C. Burrus Papers, Mississippi Department of Archives and History, as cited in Cobb, *The Most Southern Place*, 63; Eric Hobsbawm, *The Age of Empire, 1875–1914* (London: Weidenfeld and Nicolson, 1987), 36.

24   Wright, "The Strange Career," 170, 172; John R. Hanson II, "World Demand for Cotton During the Nineteenth Century: Wright's Estimates Re-examined," *Journal of Economic History* 39, no. 4 (December 1979): 1015, 1016, 1018, 1019.

25   *Southern Cultivator*, January 26, 1868, 13; Telegram, Forstall and Sons to Baring Brothers, London, September 16, 1874, in record group HC 5.2.6.142, ING Baring Archive, London; O'Donovan, *Becoming Free*, 117; Cobb, *The Most Southern Place*, 91, 104, 114; Woodman, "Economic Reconstruction," 173; Reidy, *From Slavery to Agrarian Capitalism*, 222, 225; Aiken, *The Cotton Plantation South*, 23.

26   Steven Hahn, "Class and State in Postemancipation Societies: Southern Planters in Comparative Perspective," *American Historical Review* 95, no. 1 (February 1990): 83, 84, 96.

27   David F. Weiman, "The Economic Emancipation of the Non-slaveholding Class: Upcountry Farmers in the Georgia Cotton Economy," *Journal of Economic History* 45, no. 1 (1985): 72, 76, 78.

28   Weiman, "The Economic Emancipation of the Non-slaveholding Class," 84; DuBois, "Die Negerfrage," 38; Ernst von Halle, *Baumwollproduktion und Pflanzungswirtschaft in den Nordamerikanischen Südstaaten, Zweiter Teil, Sezessionskrieg und Rekonstruktion* (Leipzig: Dunker & Humboldt, 1906), 518, 661ff.; Foner, *Reconstruction*, 394.

29   *Southern Cultivator*, June 29, 1871, 221; Cobb, *The Most Southern Place*, 110; Jerre

Mangione and Ben Morreale, *La Storia: Five Centuries of the Italian American Experience* (New York: Harper Perennial, 1992), 185; Aiken, *The Cotton Plantation South*, 61; E. Merton Coulter, *James Monroe Smith: Georgia Planter* (Athens: University of Georgia Press, 1961), 9, 14, 17, 35, 37, 67 – 69, 84, 90.

30 Julia Seibert, "Travail Libre ou Travail Forcé?: Die 'Arbeiterfrage' im belgischen Kongo 1908 – 1930," *Journal of Modern European History* 7, no. 1 (March 2009): 95 – 110; DuBois, "Die Negerfrage," 44.

31 United States Department of Commerce, Bureau of the Census, *Historical Statistics of the United States, Colonial Times to the Present* (New York: Basic Books, 1976), 518, 899; United States Bureau of Statistics, Department of the Treasury, *Cotton in Commerce: Statistics of United States, United Kingdom, France, Germany, Egypt, and British India* (Washington. DC: Government Printing Office, 1895), 29; France, Direction Générale des Douanes, *Tableau décennal du commerce de la France avec ses colonies et les puissances étrangères, 1887–96* (Paris, 1896), 2, 108; Kaiserliches Statistisches Amt, *Statistisches Jahrbuch für das Deutsche Reich*, vol. 13 (Berlin: Kaiserliches Statistisches Amt, 1892), 82 – 83; *Statistical Abstracts for the United Kingdom in Each of the Last Fifteen Years from 1886 to 1900* (London: Wyman and Sons, 1901), 92 – 93.

32 Bombay Chamber of Commerce, *Report of the Bombay Chamber of Commerce for the Year 1865–66* (Bombay: Education Society's Press, 1867), 213; B. R. Mitchell, *International Historical Statistics: Africa, Asia and Oceania, 1750–2005* (Basingstoke, UK: Palgrave Macmillan, 2007), 354; F. M. W. Schofield, Department of Revenue and Agriculture, Simla, September 15, 1888, 10, in Proceedings, Part B, Nos 6 – 8, April 1889, Fibres and Silk Branch, Department of Revenue and Agriculture, National Archives of India, New Delhi; *Statistical Abstract Relating to British India from 1903–04 to 1912–13* (London: His Majesty's Stationery Office, 1915), 188; *Statistical Tables Relating to Indian Cotton: Indian Spinning and Weaving Mills* (Bombay: Times of India Steam Press, 1889), 59; Toyo Menka Kaisha, *The Indian Cotton Facts 1930* (Bombay: Toyo Menka Kaisha Ltd., 1930), 54; Dwijendra Tripathi, "India's Challenge to America in European Markets, 1876 – 1900," *Indian Journal of American Studies* 1, no. 1 (1969): 58; *Bericht der Handelskammer Bremen über das Jahr 1913* (Bremen: Hauschild, 1914), 38; Bombay Chamber of Commerce, *Report of the Bombay Chamber of Commerce for the Year 1865–66* (Bombay: Education Society's Press, 1867), 213. 마우루스 스토브리(Maurus Staubli)는 다음 글에서 이런 변화의 영속성을 강조한다. Maurus Staubli, *Reich und Arm mit Baumwolle: Exportorientierte Landwirtschaft am Beispiel des Baumwollanbaus im Indischen Distrikt Khandesh (Dekkan), 1850–1914* (Stuttgart: Franz Steiner Verlag, 1994), 66; James A. Mann, *The Cotton Trade of Great Britain: Its Rise,*

Progress, and Present Extent (London: Simpkin, Marshall, 1860), 132; *Statistical Abstracts for British India from 1911–12 to 1920–21* (London: His Majesty's Stationery Office, 1924), 476 – 77. 미국의 남북전쟁이 인도에 끼친 영향을 다룬 문헌들은 대부분 불행히도 인도와 영국 사이의 관계에만 시선을 고정시킨 탓에 일본은 물론이고 유럽 대륙과 인도 사이의 훨씬 더 중요한 원면 무역을 간과하는 경향이 있다. 예컨대 '제국 중심의' 시각에 관해서는 다음을 보라. Logan, "India's Loss of the British Cotton Market," and also Wright, "Cotton Competition." 유럽 대륙 시장의 중요성에 관해서는 다음을 보라. John Henry Rivett-Carnac, *Report of the Cotton Department for the Year 1868–69* (Bombay: Printed at the Education Society's Press, 1869), 139; C. B. Pritchard, *Annual Report on Cotton for the Bombay Presidency for the Year 1882–83* (Bombay: Cotton Department, Bombay Presidency, 1883), 2. 일본 시장의 중요성에 관해서는 다음을 보라. S. V. Fitzgerald and A. E. Nelson, *Central Provinces District Gazetteers, Amraoti District*, vol. A (Bombay: Claridge, 1911), 192, in record group V/27/65/6, Oriental and India Office Collections, British Library, London. 유럽의 인도산 면화 수입이 늘어난 현상에 관해서는 다음을 보라. Tripathi, "India's Challenge to America in European Markets, 1876 – 1900," 57 – 65; *Statistical Abstracts for the United Kingdom for Each of the Fifteen Years from 1910 to 1924* (London: S. King & Son Ltd, 1926), 114 – 15; John A. Todd, *World's Cotton Crops* (London: A. & C. Black, 1915), 45. 인도산 면화가 인도 대륙 자체에서 기존 시장을 찾은 이유에 관해서는 다음을 보라. "Report by F. M. W. Schofield, Department of Revenue and Agriculture, Simla, 15 Sept. 1888," in Department of Revenue and Agriculture, Fibres and Silk Branch, April 1889, Nos. 6 – 8, Part B, National Archives of India, New Delhi; A. J. Dunlop to the Secretary of the Chamber of Commerce, Bombay, Alkolale, June 11, 1874, Proceedings, Part B, June 1874, No. 41/42, Fibres and Silk Branch, Agriculture and Commerce Department, Revenue, National Archives of India; "Statement Exhibiting the Moral and Material Progress and Condition of India, 1895 – 96," 109, Oriental and India Office Collections, British Library.

33 Mitchell, *International Historical Statistics: The Americas*, 227, 316.

34 International Federation of Master Cotton Spinners' and Manufacturers' Associations, *Official Report of the International Congress, Held in Egypt, 1927* (Manchester: International Federation of Master Cotton Spinners' and Manufacturers' Associations, 1927), 28, 49; Arnold Wright, ed., *Twentieth Century Impressions of Egypt: Its History, People, Commerce, Industries, and Resources* (London: Lloyd's Greater Britain Publishing Company, 1909), 280; B. R. Mitchell, *International Historical Statistics: Africa, Asia and Oceania, 1750–2005* (Basingstoke, UK: Palgrave Macmillan, 2007), 265.

35 1866~1905년 사이 브라질의 방적기 수는 53배 증가했다. 브라질에 관한 논의는 다음 책

에 근거했다. Estatísticas históricas do Brasil: Séries econômicas, demográficas e sociais de 1550 a 1988 (Rio de Janeiro: Fundação Instituto Brasileiro de Geogralica e Estatística, 1990), 346. 방적기 수에 관해서는 다음을 보라. Stanley J. Stein, *The Brazilian Cotton Manufacture: Textile Enterprise in an Underdeveloped Area, 1850–1950* (Cambridge, MA: Harvard University Press, 1957), 191; E. R. J. Owen, *Cotton and the Egyptian Economy, 1820–1914: A Study in Trade and Development* (Oxford: Clarendon Press, 1969), 90, 123, 124, 197. 다음 책들은 이런 변화의 영속성도 강조한다. Alan Richards, *Egypt's Agricultural Development, 1800–1980: Technical and Social Change* (Boulder, CO: Westview Press, 1982), 31; Ellison, *The Cotton Trade of Great Britain*, 91; International Federation of Master Cotton Spinners' and Manufacturers' Associations, *Official Report of the International Congress, Held in Egypt*, 125.

36   Rivett-Carnac, *Report of the Cotton Department for the Year 1868–69*, 13, 114, 131; Alfred Comyn Lyall, ed., *Gazetteer for the Haiderábád Assigned Districts Commonly called Barár* (Bombay: Education Society's Press, 1870), 161; Charles B. Saunders, *Administration Report by the Resident at Hyderabad; including a Report on the Administration of the Hyderabad Assigned Districts for the year 1872–73* (Hyderabad: Residency Press, 1872), 12.

37   전신(telegraph)에 관해서는 다음을 보라. Laxman D. Satya, *Cotton and Famine in Berar, 1850–1900* (New Delhi: Manohar, 1997), 142, 152. India and Bengal Despatches, vol. 82, August 17, 1853, pp. 1140 – 42, from Board of Directors, EIC London, to Financial/ Railway Department, Government of India, quoted in Satya, *Cotton and Famine in Berar*, 142. 자금 출처에 관해서는 다음을 보라. Aruna Awasthi, *History and Development of Railways in India* (New Delhi: Deep & Deep Publications, 1994), 92; General Balfour is quoted in Rivett-Carnac, *Report of the Cotton Department for the Year 1868–69*, 114. 철도와 맨체스터 상품의 관계에 관해서는 다음을 보라. ibid., 155; Nelson, *Central Provinces District Gazetteers*, 248; Report on the Trade of the Hyderabad Assigned Districts for the Year 1883 – 84, p. 2, in record group V/24, in Hyderabad Assigned Districts, India, Department of Land Records and Agriculture Reports, Oriental and India Office Collections, British Library, London; Jürgen Osterhammel, *Kolonialismus: Geschichte, Formen, Folgen*, 6th ed. (Munich: Beck, 2006), 10. 캄가언(Khamgaon)의 특징을 설명한 인용문은 다음 글에서 발췌했다. Satya, *Cotton and Famine in Berar*, 173. 상인들에 관한 정보는 다음 글에 수록되어 있다. John Henry Rivett-Carnac, *Many Memories of Life in India, At Home, and Abroad* (London: W. Blackwood and Sons, 1910), 166, 169; *Times of India*, March 11, 1870, 193, 199; "Report on the Cotton Trading Season in CP and Berar," June 1874, record group Fibres and Silk Branch, No 41/42, Part B, Revenue, Agriculture and Commerce Department, National Archives of India, New Delhi.

38 *Journal of the Society of Arts* 24 (February 25, 1876): 260; Rivett-Carnac, *Report of the Cotton Department for the Year 1868–69*, 100; Satya, *Cotton and Famine in Berar*, 153.

39 Rivett-Carnac, *Report of the Cotton Department for the Year 1868–69*, 115.

40 Formation of a Special Department of Agriculture, Commerce a Separate Branch of the Home Department, April 9, 1870, 91–102, Public Branch, Home Department, National Archives of India, New Delhi; Douglas E. Haynes, "Market Formation in Khandeshh, 1820–1930," *Indian Economic and Social History Review 36, no. 3 (1999): 294; Asiatic Review* (October 1, 1914): 298–364; report by E. A. Hobson, 11, in Department of Revenue and Agriculture, Fibres and Silk Branch, November 1887, Nos. 22–23, Part B, in National Archives of Inda, New Delhi. 그리고 사실 1863년까지 찰스 우드(Charles Wood)는 "현재 상황은 가내방적을 감소시키고 있다"라고 말할 수 있었다. Charles Wood to James Bruce, Earl of Elgin, June 16, 1863 in MSS EUR F 78, LB 13, Wood Papers, Oriental and India Office Collections, British Library, London; letter from A. J. Dunlop, Assistant Commissioner in Charge of Cotton, to the Secretary of the Chamber of Commerce, Bombay, dated Camp Oomraoti, November 6, 1874, in Revenue, Agricultural and Commerce Department, Fibres and Silk Branch, Proceedings, Part B, November 1874, No. 5, National Archives of India, New Delhi; Satya, *Cotton and Famine in Berar*, 146, 183; Nelson, *Central Provinces District Gazetteers*, 248; printed letter from A. J. Dunlop to the Secretary of the Government of India, Revenue, Agriculture and Commerce, Hyderabad, April 2, 1878, in Report on the Trade of the Hyderabad Assigned Districts for the Year 1877–78, p. 6, in record group V/24, in Hyderabad Assigned Districts, India, Department of Land Records and Agriculture, Reports, Oriental and India Offic Collections, British Library.

41 Rivett-Carnac, *Report of the Cotton Department for the Year 1868–69*, 91; Charles Wood to Sir Charles Trevelyan, April 9, 1863, MSS EUR F 78, LB 12, Wood Papers, Oriental and India Office Collections, British Library, London.

42 Satya, *Cotton and Famine in Berar*, 136–37, 180; *Asiatic*, June 11, 1872, in MS. f923.2.S330, Newspaper clippings, Benjamin John Smith Papers, Manchester Archives and Local Studies, Manchester. 북서부 지역에서도 면화를 재배하는 총 면적이 1861년 95만 3,076에이커에서 1864년 173만 634에이커로 늘어났다. 다음을 보라. Logan, "India's Loss of the British Cotton Market," 46; George Watt, *The Commercial Products of India* (London: John Murray, 1908), 600; *Times of India*, December 10, 1867, as quoted in Moulvie Syed Mahdi Ali, *Hyderabad Affairs*, vol. 5 (Bombay: Printed at the Times of India Steam Press, 1883), 260.

43 Timothy Mitchell, *Rule of Experts: Egypt, Techno-Politics, Modernity* (Berkeley: University of

California Press, 2002), 57.

44 Ibid., 66 – 71.

45 Ibid., 67, 70.

46 Ibid., 62 – 63, 67, 71, 73; Great Britain, High Commissioner for Egypt and the Sudan, *Reports by His Majesty's Agent and Consul-General on the Finances, Administration, and Condition of Egypt and the Soudan* (London: His Majesty's Stationery Office, 1902), 24; International Federation of Master Cotton Spinners' and Manufacturers' Associations, *Official Report: Egypt and Anglo-Egyptian Soudan* (Manchester: n.p., 1921), 66.

47 Mitchell, *Rule of Experts*, 55, 63, 66, 72, 73, 76.

48 Satya, *Cotton and Famine in Berar*, 85, 169; Nelson, *Central Provinces District Gazetteers*, 150. 황무지에 관해서는 다음을 보라. Satya, *Cotton and Famine in Berar*, 78. 카를 마르크스(Karl Marx)는 이미 공장주들의 요구의 핵심이 해안가로 면화를 운반하는 데 필요한 인도의 기반시설 개선으로 쏠리고 있다는 점을 알고 있었다. 다음을 보라. Karl Marx and Friedrich Engels, *Aufstand in Indien* (Berlin: Dietz Verlag, 1978 [1853]), 264; Sandip Hazareesingh, "Cotton, Climate and Colonialism in Dharwar, Western India, 1840 – 1880," *Journal of Historical Geography* 38, no. 1 (2012): 14.

49 *How to Make India Take the Place of America as Our Cotton Field* (London: J. E. Taylor, n.d., probably 1863), 7.

50 Thomas Bazley, as quoted in *Merchants' Magazine and Commercial Review* 45, no. 5 (November 1861): 483; Satya, *Cotton and Famine in Berar*, 34, 47, 59, 62, 87, 91, 95; Nelson, *Central Provinces District Gazetteers*, 147, 226; A. C. Lydall, *Gazetteer for the Haidarabad Assigned Districts, Commonly Called Berar* (Bombay: Education Society's Press, 1870), 96, in record group V/27/65/112, Oriental and India Office Collections, British Library, London; Hazareesingh, "Cotton, Climate and Colonialism in Dharwar, Western India, 1840 – 1880," 12; Arno Schmidt, *Cotton Growing in India* (Manchester: International Federation of Master Cotton Spinners; and Manufacturers' Associations, 1912), 22.

51 David Hall-Matthews, "Colonial Ideologies of the Market and Famine Policy in Ahmednagar District, Bombay Presidency, c. 1870 – 1884," *Indian Economic and Social History Review* 36, no. 3 (1999): 307; Satya, *Cotton and Famine in Berar*, 80 – 81; Meltem Toksöz, "The Çukurova: From Nomadic Life to Commercial Agriculture, 1800 – 1908" (PhD dissertation, State University of New York at Binghamton, 2000), 75; Francis Turner, "Administration Report of the Cotton Department for the Year 1876 – 77," in record group V/24/434, Cotton Department, Bombay Presidency, Oriental and India Office Collections, British Library, London.

52 Satya, *Cotton and Famine in Berar*, 80, 161; *Times of India*, Overland Summary, January 14,

1864, 3.

53 Christof Dejung, "The Boundaries of Western Power: The Colonial Cotton Economy in India and the Problem of Quality," in Christof Dejung and Niels P. Petersson, eds., *The Foundations of Worldwide Economic Integration: Power, Institutions, and Global Markets, 1850– 1930* (Cambridge: Cambridge University Press, 2012), 149‒50.

54 International Federation of Master Cotton Spinners' and Manufacturers' Associations, *Official Report of the International Congress, Held in Egypt*, 64; E. B. Francis, "Report on the Cotton Cultivation in the Punjab for 1882‒1883," Lahore, 1882, in record group V/24/441, Financial Commission, Oriental and India Office Collections, British Library, London.

55 F. M. W. Schofield, Department of Revenue and Agriculture, Simla, September 15, 1888, in Proceedings, Part B, Nos. 6‒8, April 1889, Fibres and Silk Branch, Department of Revenue and Agriculture, National Archives of India, New Delhi; Samuel Ruggles, in front of the New York Chamber of Commerce, reprinted in *Merchants' Magazine and Commercial Review* 45, no. 1 (July 1861): 83; Rivett-Carnac, *Many Memories*, 166, 168; Peter Harnetty, "The Cotton Improvement Program in India, 1865‒1875," *Agricultural History* 44, no. 4 (October 1970): 389; Satya, *Cotton and Famine in Berar*, 156ff.

56 Alfred Charles True, *A History of Agricultural Experimentation and Research in the United States, 1607–1925* (Washington, DC: Government Printing Office, 1937): 41‒42; 64, 184, 199, 218, 221, 251, 256; I. Newton Hoffmann, "The Cotton Futures Act," *Journal of Political Economy* 23, no. 5 (May 1915): 482; Julia Obertreis, *Imperial Desert Dreams: Irrigation and Cotton Growing in Southern Central Asia, 1860s to 1991* (unpublished manuscript, 2009), chapter 1, 66. 1899년 이래 (이집트의) 농업학교는 아랍어로 이런 정보를 제공하는 잡지《농업사회(Magazine of the Society of Agriculture)》를 발간했다. 다음을 보라. *Magazine of the Society of Agriculture and Agricultural School* 1 (1899), in National Library, Cairo. 다음도 보라. *L'Agriculture: Journal Agricole, Industrial, Commercial et Economique*, published since 1891, mostly in Arabic, in National Library, Cairo; International Federation of Master Cotton Spinners' and Manufacturers' Associations, *Official Report of the International Congress, Held in Egypt*, 54.

57 F. M. W. Schofield, "Note on Indian Cotton," 12, Department of Revenue and Agriculture, Simla, December 15, 1888, in April 1889, Nos. 6‒8, Part B, Fibres and Silk Branch, National Archive of India, New Delhi; Satya, *Cotton and Famine in Berar*, 155; C. N. Livanos, *John Sakellaridis and Egyptian Cotton* (Alexandria: A. Procaccia, 1939), 79; Harnetty, "The Cotton Improvement," 383.

58 Hazareesingh, "Cotton, Climate and Colonialism in Dharwar, Western India, 1840–1880," 7.

59 *Bremer Handelsblatt*, June 28, 1873, 229; W. F. Bruck, *Türkische Baumwollwirtschaft: Eine Kolonialwirtschaftliche und –politische Untersuchung* (Jena: Gustav Fischer, 1919), 99; E. S. Symes, "Report on the Cultivation of Cotton in British Burma for the Year 1880 – 81," Rangoon, Revenue Department, record group V/24/446, in Oriental and India Office Collections, British Library, London.

60 미국 남북전쟁 이후에 이루어진 면화 수출에 관해서는 다음을 보라. "Cotton Production in Queensland from 1866 to 1917," in A 8510 – 12/11, Advisory Council of Science and Industry Executive Committee, Cotton Growing, Correspondence with Commonwealth Board of Trade, National Archives of Australia; *Adelaide Advertiser*, January 11, 1904; Memorandum from Advisory Council to Commonwealth Board of Trade, September 13, 1918, in A 8510, 12/11, Advisory Council of Science and Industry Executive Committee, Cotton Growing, Correspondence with Commonwealth Board of Trade, National Archives of Australia; Theo Price, President, Price–Campbell Cotton Picker Corporation, New York to Advisory Council of Science and Industry, May 15, 1917, in NAA–A 8510 – 12/33, Advisory Council of Science and Industry Executive Committee, Cotton, Cotton Picker, National Archives of Australia; *Sydney Evening News*, March 17, 1920. 전반적인 주장에 관해서는 또한 다음을 보라. Buehler, "Die Unabhängigkeitsbestrebungen Englands," 111.

61 예를 들어 다음을 보라. Rudolf Fitzner, "Einiges über den Baumwollbau in Kleinasien," *Der Tropenpflanzer* 5 (1901), 530 – 36; Bruck, *Türkische Baumwollwirtschaft*, 3.

62 다음도 보라. Marc Bloch, "Pour une histoire comparée des sociétés européennes," *Revue de Synthèse Historique* 46 (1928): 15 – 50.

63 Michael Mann, "Die Mär von der freien Lohnarbeit: Menschenhandel und erzwungene Arbeit in der Neuzeit," in Michael Mann, ed., *Menschenhandel und unfreie Arbeit* (Leipzig: Leipziger Universitätsverlag, 2003), 19; Marcel van der Linden, *Workers of the World: Essays Toward a Global Labor History* (Boston: Brill, 2008), 18 – 32, 52 – 54.

64 Fields, "The Advent of Capitalist Agriculture," 74; Satya, *Cotton and Famine in Berar*, 95; Arnold Wright, ed., *Twentieth Century Impressions of Egypt: Its History, People, Commerce, Industries, and Resources* (London: Lloyd's Greater Britain Publishing Company, 1909), 281, 284; International Federation of Master Cotton Spinners' and Manufacturers' Associations, *Official Report of the International Congress, Held in Egypt*, 95; Arno S. Pearse, *Brazilian Cotton* (Manchester: Printed by Taylor, Garnett, Evans & Co., 1921), 75, 81; Michael J. Gonzales, "The Rise of Cotton Tenant Farming in Peru, 1890 – 1920: The Condor Valley," in *Agricultural History* 65, no. 1 (Winter 1991): 53, 58; George McCutcheon McBride, "Cotton Growing in South America," *Geographical Review* 9, no. 1

(January 1920): 42; Toksöz, "The Çukurova," 203, 246; *Levant Trade Review* 1, no. 1 (June 1911): as quoted in Toksöz, "The Çukurova," 182.

65 A. T. Moore, Inspector in Chief, Cotton Department, Report, in Proceedings, Part B, March 1875, No. 1/2, Fibres and Silk Branch, Agriculture and Commerce Department, Revenue, National Archives of India, New Delhi; David Hall-Matthews, "Colonial Ideologies of the Market and Famine Policy in Ahmednagar District, Bombay Presidency, c. 1870–1884," *Indian Economic and Social History Review* 36, no. 3 (1999): 307; A. E. Nelson, *Central Provinces Gazetteers, Buldana District* (Calcutta: Baptist Mission Press, 1910), 228; Toksöz, "The Çukurova," 272; Bruck, *Türkische Baumwollwirtschaft*, 41, 67.

66 Klein and Engerman, "The Transition from Slave to Free Labor," 255–70. 이는 노예해방 후에 세계 설탕산업에서 등장한 노동체제와는 다른 것이었다. 그 체제에서는 계약 노동자들이 주도적인 역할을 했다. 그런 차이는 아마도 사탕수수 생산이 면화 재배보다 훨씬 더 자본집약적이라는 사실과 관련이 있을 것이다. 더욱이 사탕수수는 면화에는 존재하지 않던 등급의 효율성이 있었다. 노예해방이 설탕산업에 끼친 영향은 특히 다음의 자료에 나와 있다. Rebecca J. Scott, *Slave Emancipation in Cuba: The Transition to Free Labor, 1860–1899* (Princeton, NJ: Princeton University Press, 1985); David Northrup, *Indentured Labor in the Age of Imperialism, 1834–1922* (New York: Cambridge University Press, 1995); Frederick Cooper, Thomas C. Holt, and Rebecca J. Scott, *Beyond Slavery: Explorations of Race, Labor, and Citizenship in Postemancipation Societies* (Chapel Hill: University of North Carolina Press, 2000).

67 *Cotton Supply Reporter* (June 15, 1861): 530; M. J. Mathieu, *De la culture du coton dans la Guyane française* (Épinal: Alexis Cabasse, 1861); *Le Courier du Havre*, September 19, 1862, in Gen/56, Fonds Ministériels, Archives d'outre-mer, Aix-en-Provence. 다음도 보라. *Cotton Supply Reporter* (July 1, 1861): 554; Stephen S. Remak, *La paix en Amérique* (Paris: Henri Plon, 1865), 25–26. 쿨리 노동이라는 쟁점에 관해서는 다음을 보라. Black Ball Line, Liverpool to Messrs. Sandbach, Tinne and Co., January 1, 1864, in Record Group D 176, folder A (various), Sandbach, Tinne & Co, Papers, Merseyside Maritime Museum, Liverpool; Klein and Engerman, "The Transition from Slave to Free Labor," 255–70; Alan Richards, *Egypt's Agricultural Development, 1800–1980: Technical and Social Change* (Boulder, CO: Westview Press, 1981), 55, 61.

68 William K. Meyers, *Forge of Progress, Crucible of Revolt: Origins of the Mexican Revolution in La Comarca Lagunera, 1880–1911* (Albuquerque: University of New Mexico Press, 1994), 4, 6, 33–34, 48, 51.

69 Ibid., 40, 116–17, 120, 346; Werner Tobler, *Die mexikanische Revolution: Gesellschaftlicher Wandel und politischer Umbruch, 1876–1940* (Frankfurt am Main: Suhrkamp, 1984), 70ff.

70 Meyers, *Forge of Progress*, 123 – 25, 131. 페루에 관해서는 다음을 보라. Michael J. Gonzales, "The Rise of Cotton Tenant Farming in Peru, 1890 – 1920: The Condor Valley," *Agricultural History* 65, no. 1 (Winter 1991): 71. 이집트에 관해서는 다음을 보라. Mitchell, *Rule of Experts*.

71 Toksöz, "The Çukurova," 99.

72 Manchester Chamber of Commerce, *The Forty-Second Annual Report of the Board of Directors for the Year 1862* (Manchester: Cave & Server, 1863), 22; Rosa Luxemburg, "Die Akkumulation des Kapitals," in Rosa Luxemburg, *Gesammelte Werke*, Band 5 (Berlin: Dietz Verlag, 1981), 311 – 12, 317; Karl Polanyi, *The Great Transformation* (Boston: Beacon Press, 1968), 72 – 75.

73 Jürgen Osterhammel and Niels P. Petersson, *Geschichte der Globalisierung: Dimensionen, Prozesse, Epochen* (Munich: C. H. Beck, 2003), 70.

74 Eric Hobsbawm, *The Age of Empire, 1875–1914* (London: Weidenfeld and Nicolson, 1987), 40, 42, 45, 54, 59, 62, 66, 67, 69; Osterhammel and Petersson, *Geschichte der Globalisierung*, 69. 다음도 보라. Sven Beckert, "Space Matters: Eurafrica, the American Empire, and the Territorial Reorganization of European Capitalism, 1870 – 1960" (article in progress); Charles S. Maier, "Consigning the Twentieth Century to History: Alternative Narratives for the Modern Era," *American Historical Review* 105, no. 3 (June 2000): 807 – 31; Oldham Master Cotton Spinners' Association, *Report of the Committee, for Year Ending December 31, 1901* (Oldham: Dornan, 1902), 5, in record group 6/2/1 – 61m, Papers of the Oldham Master Cotton Spinners' Association, John Rylands Library, Manchester; Giovanni Arrighi, *The Long Twentieth Century: Money, Power, and the Origins of Our Times* (New York: Verso, 1994), 11; Jan-Frederik Abbeloos, "Belgium's Expansionist History Between 1870 and 1930: Imperialism and the Globalisation of Belgian Business," Munich Personal RePEc Archive Paper No. 11295 (posted October 30, 2008), accessed July 9, 2009, http://www.mpra.ub.uni-muenchen.de/11295.

75 International Federation of Master Cotton Spinners' and Manufacturers' Associations, *Official Report of the International Congress, Held in Egypt*, 31; Commission Coloniale, "Rapport sur l'organisation du travail libre," in 317/Gen 40/472, Fonds Ministérielle, Centre des archives d'outre-mer; Procès verbaux des séances de la commission du travail aux colonies, 1873 – 1874, 1105/Gen 127/473, Fonds Ministérielle, Centre des archives d'outre-mer, "Régime du travail dans les colonies, rapport, 1875," in 1152/Gen 135/475, Fonds Ministérielle, Archives d'outre-mer; *Liverpool Mercury*, September 23, 1863, 6; Edward Atkinson, *Cheap Cotton by Free Labor: By a Cotton Manufacturer* (Boston: A. Williams & Co, 1861), 478. 다음도 보라. John Bright to Edward Atkinson, London, May

29, 1862, Box N 298, ibid. Note from the Ambassade d'Espagne à Paris, no date, 994/ Gen 117/474, Fonds Ministérielle, Archives d'outre-mer; copy of a report by R. B. D. Morier to the Secretary of State, The Marquis of Salisbury, October 12, 1889, Compilations, Vol. 51, 1890, Compilation No. 476, "Establishment by the Russian Government of a Model Cotton Plantation in the Merva Oasis," Revenue Department, Maharashtra State Archive, Mumbai; Rinji Sangyo Chosa Kyoku [Special Department of Research on Industries], *Chosen ni Okeru Menka ni Kansuru Chosa Seiseki* [The Research on Cotton in Korea] (August 1918); No-Shomu Sho Nomu Kyoku [Ministry of Agriculture and Commerce, Department of Agriculture], *Menka ni Kansuru Chosa* [The Research on Cotton] (March 1913).

76 이는 다른 여러 나라들에서도 마찬가지였다. 예를 들어, 미국의 남북전쟁이 진행되는 동안 페루에서는 임차농업과 소작농업이 면화 생산의 지배적인 형태가 되었고 그 뒤부터 생산량이 엄청나게 증가했다. 다음을 보라. Vincent Peloso, *Peasants on Plantations: Subaltern Strategies of Labor and Resistance in the Pisco Valley, Peru* (Durham, NC: Duke University Press, 1999); Michael R. Haines, "Wholesale Prices of Selected Commodities: 1784 – 1998," Table Cc205 – 266, in Susan B. Carter, Scott Sigmund Gartner, Michael R. Haines, Alan L. Olmstead, Richard Sutch, and Gavin Wright, eds., *Historical Statistics of the United States, Earliest Times to the Present: Millennial Edition* (New York: Cambridge University Press, 2006); Peter Harnetty, *Imperialism and Free Trade: Lancashire and India in the Mid-Nineteenth Century* (Vancouver: University of British Columbia Press, 1972), 99.

11장 파괴

1 John R. Killick, "Atlantic and Far Eastern Models in the Cotton Trade, 1818 – 1980," University of Leeds School of Business and Economic Studies, Discussion Paper Series, June 1994, 1; Toyo Menka Kaisha, *The Indian Cotton Facts 1930* (Bombay: Toyo Menka Kaisha Ltd., 1930), n.p.

2 철도 개통 행사에서 영국 총독은 새로운 상황을 미국 남북전쟁과 분명하게 연결시켰다. "Opening of the Khamgaon Railway," *Times of India*, March 11, 1870, reprinted in Moulvie Syed Mahdi Ali, *Hyderabad Affairs*, vol. 4 (Bombay: Printed at the Times of India Steam Press, 1883), 199. 캄가언에 관해서는 다음도 보라. John Henry Rivett-Carnac, *Report of the Cotton Department for the Year 1868–69* (Bombay: Printed at the Education Society's Press, 1869), 98ff., 131; A. C. Lydall, *Gazetteer for the Haidarabad Assigned Districts, Commonly Called Berar* (Bombay: Education Society's Press, 1870), 230, in record group

V/27/65/112, Oriental and India Office Collections, British Library, London.

3   Haywood to Messers. Mosley and Hurst, Manchester, May 15, 1861, as reprinted in *Times of India*, July 18, 1861, 3. 다음 또한 매우 유사하다. *Cotton Supply Reporter* (June 15, 1861): 530; "Cotton Districts of Berar and Raichove Doab," India Office, London, to Governor in Council Bombay, December 17, 1862, Compilation No. 119, Compilations, Vol. 26, 1862 – 1864, Revenue Department, Maharashtra State Archives, Mumbai; J. B. Smith (Stockport) in *Hansard's Parliamentary Debates*, Third Series, vol. 167, June 19, 1862 (London: Cornelius Buck, 1862), 761; *Cotton Supply Reporter* (January 2, 1865); Arthur W. Silver, *Manchester Men and Indian Cotton, 1847–1872* (Manchester: Manchester University Press, 1966), 179; printed letter from A. J. Dunlop to the Secretary of the Government of India, Revenue, Agriculture and Commerce, Hyderabad, April 2, 1878, Hyderabad Assigned Districts, India, Department of Land Records and Agriculture, Reports, 1876 – 1891, record group V/24, file 4266, Oriental and India Office Collections, British Library, London.

4   George Reinhart, *Volkart Brothers: In Commemoration of the Seventy-Fifth Anniversary of the Foundation* (Winterthur: n.p., 1926); The Volkart's United Press Company Limited, Dossier 10, Volkart Archives, Winterthur, Switzerland. 폴카르트사의 관점에서 인도 면화 무역의 발전을 설명한 부분은 다음을 보라. Jakob Brack-Liechti, "Einige Betrachtungen über den indischen Baumwollmarkt aus älterer Zeit, 23.2.1918," Volkart Archives; Salomon Volkart to "Bombay," Winterthur, March 17, 1870, and Salomon Volkart to "Bombay," Winterthur, May 27, 1870, in Correspondence of Salomon Volkart, second copy book, Winterthur, 1865 – 1867, Volkart Archives.

5   Hyderabad Assigned Districts, Land Records and Agriculture Department, *Report on the Rail and Road-borne Trade in the Hyderabad Assigned Districts for the Year 1894–95* (Hyderabad: Residency Government Press, 1895), Appendix B; Laxman D. Satya, *Cotton and Famine in Berar, 1850–1900* (New Delhi: Manohar, 1997), 168; Hyderabad Assigned Districts, Land Records and Agriculture Department, *Report on the Trade of the Hyderabad Assigned Districts for the Year 1882–83* (Hyderabad: Residency Government Press, 1883), 4, record group V/24, Reports, Oriental and India Office Collections, British Library, London; Correspondence of Salomon Volkart, second copy book, Winterthur, 1865 – 1867, in Volkart Archives, Winterthur, Switzerland; The Volkart's United Press Company Limited, Dossier 10, Volkart Archives; "Chronology of Events in Bombay," in Dossier 3, Bombay 1:4, Volkart Archives; Walter H. Rambousek et al., *Volkart: The History of a World Trading Company* (Frankfurt am Main: Insel Verlag, 1991), 72; Kaisha, *The Indian Cotton Facts 1930*, 50 – 51; printed letter from A. J. Dunlop to the Secretary of the Government

of India, Revenue, Agriculture and Commerce, Hyderabad, April 2, 1878, in Hyderabad Assigned Districts, Land Records and Agriculture Department, *Report on the Trade of the Hyderabad Assigned Districts for the Year 1877–78* (Hyderabad: Residency Government Press, 1878), 4, in record group V/24, Reports, Oriental and India Office Collections, British Library, London; Kagotani Naoto, "Up-Country Purchase Activities of Indian Raw Cotton by Tōyō Menka's Bombay Branch, 1896 – 1935," in S. Sugiyama and Linda Grove, *Commercial Networks in Modern Asia* (Curzon: Richmond, 2001), 199, 200.

6   Christof Dejung, "The Boundaries of Western Power: The Colonial Cotton Economy in India and the Problem of Quality," in Christof Dejung and Niels P. Petersson, eds., *The Foundations of Worldwide Economic Integration: Power, Institutions, and Global Markets, 1850–1930* (Cambridge: Cambridge University Press, 2012), 148.

7   Douglas E. Haynes, "Market Formation in Khandeshh, 1820 – 1930," *Indian Economic and Social History Review* 36, no. 3 (1999): 294; *Asiatic Review* (October 1, 1914): 294; C. A. Bayly, *The Birth of the Modern World, 1780–1914* (Oxford: Blackwell, 2004), 138; Dwijendra Tripathi, "An Echo Beyond the Horizon: The Effect of American Civil War on India," in T. K. Ravindran, ed., *Journal of Indian History: Golden Jubilee Volume* (Trivandrum: University of Kerala, 1973), 660; Marika Vicziany, "Bombay Merchants and Structural Changes in the Export Community 1850 to 1880," in K. N. Chaudhuri and Clive Dewey, eds., *Economy and Society: Essays in Indian Economic and Social History* (Delhi: Oxford University Press, 1979), 163 – 96; Marika Vicziany, "The Cotton Trade and the Commercial Development of Bombay, 1855 – 75" (PhD dissertation, University of London, 1975), 170 – 71.

8   Arnold Wright, ed., *Twentieth Century Impressions of Egypt: Its History, People, Commerce, Industries, and Resources* (London: Lloyd's Greater Britain Publishing Company, 1909), 285; Alexander Kitroeff, *The Greeks in Egypt, 1919–1937* (Oxford: Middle East Centre, Oxford University, 1989), 76, 86; *Cinquante ans de labeur: The Kafr-El-Zayat Cotton Company Ltd., 1894–1944*, in Rare Books and Special Collections Library, American University in Cairo; *Ekthesis tou en Alexandria Genikou Proxeniou tis Egyptou 1883–1913* (Athens: n.p., 1915), 169 – 70.

9   Meltem Toksöz, "The Çukurova: From Nomadic Life to Commercial Agriculture, 1800 – 1908" (PhD dissertation, State University of New York at Binghamton, 2000), 103, 106, 120, 125, 137, 174, 191, 193, 245; W. F. Bruck, *Türkische Baumwollwirtschaft: Eine Kolonialwirtschaftliche und –politische Untersuchung* (Jena: Gustav Fischer, 1919), 9; William K. Meyers, *Forge of Progress, Crucible of Revolt: Origins of the Mexican Revolution in La Comarca Lagunera, 1880–1911* (Albuquerque: University of New Mexico Press, 1994),

48; Charles S. Aiken, *The Cotton Plantation South Since the Civil War* (Baltimore: Johns Hopkins University Press, 1998), 60.

10　L. Tuffly Ellis, "The Revolutionizing of the Texas Cotton Trade, 1865–1885," *Southwestern Historical Quarterly* 73, no. 4 (1970): 479.

11　Harold D. Woodman, "The Decline of Cotton Factorage after the Civil War," *American Historical Review* 71, no. 4 (1966): 1220ff., 1236; Ellis, "The Revolutionizing of the Texas Cotton Trade," 505.

12　Woodman, "The Decline of Cotton Factorage after the Civil War," 1223, 1228, 1231, 1239; *Bradstreet's: A Journal of Trade, Finance and Public Economy* 11 (February 14, 1885): 99–100; John R. Killick, "The Transformation of Cotton Marketing in the Late Nineteenth Century: Alexander Sprunt and Son of Wilmington, N.C., 1884–1956," *Business History Review* 55, no. 2 (Summer 1981): 162, 168.

13　Killick, "Atlantic and Far Eastern Models in the Cotton Trade," 17; Thomas Ellison, *The Cotton Trade of Great Britain* (London: Effingham Wilson, 1886), 280.

14　예를 들어 다음을 보라. Albert C. Stevens, " 'Futures' in the Wheat Market," *Quarterly Journal of Economics* 2, no. 1 (October 1887): 37–63; Jonathan Ira Levy, "Contemplating Delivery: Futures Trading and the Problem of Commodity Exchange in the United States, 1875–1905," *American Historical Review* 111, no. 2 (April 2006): 314; Alston Hill Garside, *Cotton Goes to Market: A Graphic Description of a Great Industry* (New York: Stokes, 1935), 166. 브레멘에서 선물거래 도입으로 이어진 논의에 관해서는 다음을 보라. W II, 3, Baumwollterminhandel, Archive of the Handelskammer Bremen, Bremen, Germany; *Frankfurter Zeitung*, February 4, 1914.

15　Alfred Chandler, *The Visible Hand* (Cambridge, MA: Harvard University Press, 1977), 214; Kenneth J. Lipartito, "The New York Cotton Exchange and the Development of the Cotton Futures Market," *Business History Review* 57 (Spring 1983): 54.

16　Lipartito, "The New York Cotton Exchange," 53; Garside, *Cotton Goes to Market*, 133, 166.

17　Garside, *Cotton Goes to Market*, 54–55, 68, 145.

18　Jamie L. Pietruska, " 'Cotton Guessers': Crop Forecasters and the Rationalizing of Uncertainty in American Cotton Markets, 1890–1905," in Hartmut Berghoff, Philip Scranton, and Uwe Spiekermann, eds., *The Rise of Marketing and Market Research* (New York: Palgrave Macmillan, 2012), 49–72; Michael Hovland, "The Cotton Ginnings Reports Program at the Bureau of the Census," *Agricultural History* 68, no. 2 (Spring 1994): 147; N. Jasny, "Proposal for Revision of Agricultural Statistics," *Journal of Farm Economics* 24, no. 2 (May 1942): 402; H. Parker Willis, "Cotton and Crop Reporting,"

Journal of Political Economy 13, no. 4 (September 1905): 507; International Institute of Agriculture, Bureau of Statistics, *The Cotton-Growing Countries; Production and Trade* (Rome: International Institute of Agriculture, 1922).

19 1820~1850년 그래프의 자료 출처는 다음과 같다. *Tables of Revenue, Population, Commerce, &c. of the United Kingdom and Its Dependencies, Part I, from 1820 to 1831, Both Inclusive* (London: William Clowes, 1833), 65, 67, 70; Richard Burn, *Statistics of the Cotton Trade: Arranged in a Tabular Form: Also a Chronological History of Its Various Inventions, Improvements, etc., etc.* (London: Simpkin, Marshall 1847), 1; Ellison, *The Cotton Trade of Great Britain*, 63–64; T. Bazley, "Cotton Manufacture," *Encyclopaedia Britannica*, 8th ed., vol. 7 (Edinburgh: Black, 1854), 453; Lars G. Sandberg, *Lancashire in Decline: A Study in Entrepreneurship, Technology, and International Trade* (Columbus: Ohio State University Press, 1974), 142, 145, 254–62; Andrew Ure, *The Cotton Manufacture of Great Britain; Systematically Investigated ... with an Introductory View of Its Comparative State in Foreign Countries*, vol. 1 (New York: Johnson Reprint Corp., 1970), 65–70, 328; Andrew Ure, *The Cotton Manufacture of Great Britain; Systematically Investigated ... with an Introductory View of Its Comparative State in Foreign Countries*, vol. 2 (New York: Johnson Reprint Corp., 1970), 328; I. Watts, "Cotton," *Encyclopaedia Britannica*, 9th ed., vol. 6 (Edinburgh: Black, 1877), 503–4.

20 Amalendu Guha, "The Decline of India's Cotton Handicrafts, 1800–1905: A Quantitative Macro-Study," *Calcutta Historical Journal* 17 (1995): 44; Table No. 29, "Value of the Principal Articles of Merchandise and Treasure Imported into British India, by Sea, from Foreign Countries, in each of the Years ended 30th April," in *Statistical Abstracts Relating to British India from 1840 to 1865* (London: Her Majesty's Stationery Office, 1867); Douglas A. Farnie, *The English Cotton Industry and the World Market* (New York: Oxford University Press, 1979), 101; Lars G. Sandberg, "Movements in the Quality of British Cotton Textile Exports, 1815–1913," *Journal of Economic History* 28, no. 1 (March 1968): 1–27.

21 Diary of Voyage to Calcutta, Record Group MSS EUR F 349, box 1, Richard Kay Papers, Oriental and India Office Collections, British Library, London; Diary and notebook, Allahabad, 1820, in Record Group MSS EUR F 349, box 3, Richard Kay Papers, Oriental and India Office Collections, British Library; *Asiatic Journal and Monthly Register*, New Series, 16 (January–April 1835): 125; *Report of the Bombay Chamber of Commerce for the Year 1852–53* (Bombay: Bombay Gazette Press, 1853), 23.

22 Elena Frangakis, "The Ottoman Port of Izmir in the Eighteenth and Early Nineteenth Centuries, 1695–1820," *Revue de l'Occident musulman et de la Méditerranée* 39, no. 1

(1985): 150; Joel Beinin, "Egyptian Textile Workers: From Craft Artisans Facing European Competition to Proletarians Contending with the State," in Lex Heerma van Voss, Els Hiemstra-Kuperus, and Elise van Nederveen Meerkerk, eds., *The Ashgate Companion to the History of Textile Workers, 1650–2000* (Burlington, VT: Ashgate, 2010), 176; Patricia Davison and Patrick Harries, "Cotton Weaving in South-East Africa: Its History and Technology," in Dale Idiens and K. G. Ponting, eds., *Textiles of Africa* (Bath: Pasold Research Fund, 1980), 189; G. P. C. Thomson, "Continuity and Change in Mexican Manufacturing," in I. J. Baou, ed., *Between Development and Underdevelopment* (Geneva: Librairie Droz, 1991), 275; Robert A. Potash, *Mexican Government and Industrial Development in the Early Republic: The Banco de Avio* (Amherst: University of Massachusetts Press, 1983), 27; H. G. Ward, *Mexico* (London: H. Colburn, 1829), 60; Robert Cliver, as cited by Prasannan Parthasarathi, "Global Trade and Textile Workers," in Van Voss et al., eds., *The Ashgate Companion to the History of Textile Workers,* 570.

23   Gisborne to Joshua Bates, Walton, October 15, 1832, House Correspondence, HC 6.3, India and Indian Ocean, 1, ING Baring Archive, London; Ralph W. Hidy, *The House of Baring in American Trade and Finance: English Merchant Bankers at Work, 1763–1861* (Cambridge, MA: Harvard University Press, 1949), 104; Baring Brothers Liverpool to Baring Brothers London, August 1, 1836, House Correspondence, HC 3.35, 2, ING Baring Archive. 브라운 브라더스 사는 제조상품의 수출에도 관여했다. D. M. Williams, "Liverpool Merchants and the Cotton Trade, 1820–1850" in J. R. Harris, ed., *Liverpool and Merseyside: Essays in the Economic and Social History of the Port and Its Hinterland* (London: Frank Cass & Co, 1969), 197; John A. Kouwenhoven, *Partners in Banking: An Historical Portrait of a Great Private Bank, Brown Brothers Harriman & Co., 1818–1968* (Garden City: Doubleday & Co., 1967), 41. 다음도 보라. *Report of the Bombay Chamber of Commerce for the Year 1852–53,* 24; Letterbook, 1868–1869, in Papers of McConnel & Kennedy, record group MCK, box 2/2/23, John Rylands Library, Manchester; Letterbook, May 1814 to September 1816, in Papers of McConnel & Kennedy, record group MCK, box 2/2/5, John Rylands Library; Dotter to Fielden Brothers, Calcutta, October 17, 1840, in Correspondence Related to Commercial Activities, May 1812–April 1850, in Record Group FDN, box 1/15, papers of Fielden Brothers, John Rylands Library.

24   Stephen Broadberry and Bishnupriya Gupta, "Cotton Textiles and the Great Divergence: Lancashire, India and Shifting Competitive Advantage, 1600–1850: The Neglected Role of Factor Prices," *Economic History Review* 62, no. 2 (May 2009): 285; Jim Matson, "Deindustrialization or Peripheralization? The Case of Cotton Textiles in India, 1750–

1950," in Sugata Bose, ed., *South Asia and World Capitalism* (New York: Oxford University Press, 1990), 215.

25   Bombay Chamber of Commerce, *Report of the Bombay Chamber of Commerce for the Year 1852–53*, 23; J. Forbes Watson, *Collection of Specimens and Illustrations of the Textile Manufacturers of India (Second Series)* (London: India Museum, 1873), in Library of the Royal Asiatic Society Library of Bombay, Mumbai; Part A, No. 1, November 1906, 1, Industries Branch, Department of Commerce and Industry, National Archives of India, New Delhi. 다음 또한 매우 유사하다. R. E. Enthoven, *The Cotton Fabrics of the Bombay Presidency* (Bombay: n.p., 1897).

26   "Report on the Native Cotton Manufacturers of the District of Ning-Po" (China), in Compilations Vol. 75, 1887, Compilation No. 919, Revenue Department, Maharashtra State Archives, Mumbai; *The Thirty-Fifth Annual Report of the Board of Directors of the Chamber of Commerce and Manufactures at Manchester, for the Year 1855* (Manchester: James Collins, 1856), 10 – 11; Contract Book, George Robinson & Co. Papers, record group MSf 382.2.R1, in Manchester Archives and Local Studies, Manchester; Broadberry and Gupta, "Cotton Textiles and the Great Divergence," 285; Matson, "Deindustrialization or Peripherialization?" 215; Karl Marx and Friedrich Engels, *Aufstand in Indien* (Berlin: Dietz Verlag, 1978 [1853]), 2; Konrad Specker, "Madras Handlooms in the Nineteenth Century," in Tirthankar Roy, ed., *Cloth and Commerce: Textiles in Colonial India* (Walnut Creek, CA: AltaMira Press, 1996), 216; T.G.T., "Letters on the Trade with India," in *Asiatic Journal* (September – December 1832): 256, as quoted in Edward Baines, *History of the Cotton Manufacture in Great Britain* (London: H. Fisher, R. Fisher, and P. Jackson, 1835), 81 – 82. 베인스가 벵골 상인들을 인용했다는 점은 흥미로운 것으로 주목할 만하다. 그는 이 편지의 출처를 밝히지 않았으며 상인 117명의 이름도 밝히지 않았다. Arno S. Pearse, *The Cotton Industry of India, Being the Report of the Journey to India* (Manchester: Taylor, Garnett, Evans, 1930), 20 참조.

27   Guha, "The Decline of India's Cotton Handicrafts," 56; quoted in. *Times of India*, Overland Summary, July 8, 1864, 4; *Times of India*, Overland Summary, October 29, 1863, 1; 다음도 보라. J. Talboys Wheeler, Assistant Secretary to the Government of India, "Memorandum on the Effect of the Rise in Cotton upon the Manufactured Article," December 15, 1864, as reprinted in *Times of India*, Overland Summary, January 13, 1865, 3.

28   A. J. Dunlop to the Secretary of the Chamber of Commerce, Bombay, Camp Oomraoti, November 6, 1874, 4, Proceedings, Part B, November 1874, No. 5, Fibres and Silk Branch, Agriculture and Commerce Department, Revenue, National Archives of India, New Delhi; V. Garrett, *Monograph on Cotton Fabrics in the Hyderabad Assigned Districts*

(New Delhi: Residency Government Press, 1897), 3; Report by E. A. Hobson, in Proceedings, Part B, Nos. 22–23, November 1887, Fibres and Silk Branch, Department of Revenue and Agriculture, National Archives of India; Rivett-Carnac, *Report of the Cotton Department for the Year 1868–69*, 35.

29 *The Thirty-Ninth Annual Report of the Board of Directors of the Chamber of Commerce and Manufactures at Manchester, for the Year 1859* (Manchester: Cave and Sever, 1860), 22–23.

30 Nitya Naraven Banerjei, *Monograph on the Cotton Fabrics of Bengal* (Calcutta: Bengal Secretariat Press, 1898), 2, 8; "Final Report on the Famine of 1896/97 in the Bombay Presidency," in 1898, Compilations Vol. 8, Revenue Department, Maharashtra State Archives, Mumbai.

31 Donald Quataert, "The Ottoman Empire, 1650–1922," in Van Voss et al., eds., *The Ashgate Companion to the History of Textile Workers*, 480. 중국에 관해서는 다음의 뛰어난 글을 보라. Jacob Eyferth, "Women's Work and the Politics of Homespun in Socialist China, 1949–1980," in *International Review of Social History* (2012): 9–10; D. C. M. Platt, *Latin America and British Trade, 1806–1914* (London: Adam & Charles Black, 1972), 16; Lars Sundström, *The Trade of Guinea* (Lund: Håkan Ohlssons Boktryckeri, 1965), 160; Part A, No. 1, November 1906, 1, Industries Branch, Department of Commerce and Industry, National Archives of India, New Delhi.

32 Specker, "Madras Handlooms in the Nineteenth Century," 185; Bombay Chamber of Commerce, *Report of the Bombay Chamber of Commerce for the Year 1852–53*, 27; Report, Part C, No. 1, March 1906, Industries Branch, Commerce and Industry Department, National Archives of India, New Delhi; Tirthankar Roy, "The Long Globalization and Textile Producers in India," in Van Voss et al., eds., *The Ashgate Companion to the History of Textile Workers*, 266; M. P. Gandhi, *The Indian Cotton Textile Industry: Its Past, Present and Future* (Calcutta: G. N. Mitra, 1930), 82.

33 Beinin, "Egyptian Textile Workers," 181; Quataert, "The Ottoman Empire, 1650–1922," 479–80. 아프리카에 관해서는 다음을 보라. Marion Johnson, "Technology, Competition, and African Crafts," in Clive Dewey and A. G. Hopkins, eds., *The Imperial Impact: Studies in the Economic History of Africa and India* (London: Athlone Press, 1978), 267; Part A, No. 1, November 1906, 3, Industries Branch, Department of Commerce and Industry, National Archives of India, New Delhi.

34 Robert Cliver, "China," in Van Voss et al., eds., *The Ashgate Companion to the History of Textile Workers*, 111.

35 Letter to the Secretary of the Revenue Department, Fort St. George, November 21, 1843, Revenue Branch, Revenue Department, National Archives of India, New Delhi.

36 Petition of the Weavers of the Chingleput District Complaining against the Loom Tax in the Madras Presidency, June 8, 1844, Revenue Branch, Revenue Department, National Archives of India, New Delhi.

37 Roy, "The Long Globalization and Textile Producers in India," 259; Guha, "The Decline of India's Cotton Handicrafts," 55; Matson, "Deindustrialization or Peripheralization?" 215.

38 Papers relating to Cotton Cultivation in India, MSS EUR F 78, 106, Wood Collection, Oriental and India Office Collections, British Library, London. 다음에서도 비슷한 이야기를 찾아볼 수 있다. *Times of India*, Overland Summary, August 24, 1863, 1. 다음도 보라. Memorandum by the Department of Agriculture, Revenue and Commerce, Fibres and Silk Branch, to the Home Department, Calcutta, June 24, 1874, in Revenue, Agriculture and Commerce Department, Fibres and Silk Branch, June 1874, No. 41/42, Part B, National Archives of India, New Delhi; *Times of India*, Overland Summary, April 27, 1864, 5, November 13, 1864, 3, and November 28, 1864, 1; Peter Harnetty, "The Imperialism of Free Trade: Lancashire, India, and the Cotton Supply Question, 1861 – 1865," *Journal of British Studies* 6, no. 1 (November 1966): 92; *Times of India*, July 5, 1861, 3; Edward Mead Earle, "Egyptian Cotton and the American Civil War," *Political Science Quarterly* 41, no. 4 (1926): 521; Timothy Mitchell, *Rule of Experts: Egypt, Techno-Politics, Modernity* (Berkeley: University of California Press, 2002), 66.

39 Orhan Kurmus, "The Cotton Famine and Its Effects on the Ottoman Empire," in Huri Islamoglu-Inan, *The Ottoman Empire and the World-Economy* (Cambridge: Cambridge University Press, 1987), 165, 166, 168; Alan Richards, *Egypt's Agricultural Development, 1800–1980: Technical and Social Change* (Boulder, CO: Westview Press, 1982), 55; Mitchell, *Rule of Experts*, 60 – 64.

40 Rivett-Carnac, *Report of the Cotton Department for the Year 1868–69*, 132; John Aiton Todd, *The World's Cotton Crops* (London: A. & C. Black, 1915), 429 – 32. David Hall-Matthews, "Colonial Ideologies of the Market and Famine Policy in Ahmednagar District, Bombay Presidency, c. 1870 – 1884," *Indian Economic and Social History Review* 36, no. 3 (1999): 303 – 33; Samuel Smith, *The Cotton Trade of England, Being a Series of Letters Written from Bombay in the Spring of 1863* (London: Effingham, Wilson, 1863), 12 – 13; Allen Isaacman and Richard Roberts, "Cotton, Colonialism, and Social History in Sub-Saharan Africa," in Allen Isaacman and Richard Roberts, eds., *Cotton, Colonialism, and Social History in Sub-Saharan Africa* (Portsmouth, NH: Heinemann, 1995), 32, 34; Meyers, *Forge of Progress*, 126; Jorge Raul Colva, *El "Oro Blanco" en la Argentina* (Buenos Aires: Editorial Calidad, 1946), 15.

41 데이터는 다음에서 취했다. "Index Numbers of Indian Prices 1861-1926," No. 2121, Calcutta: Government of India Central Publication Branch, 1928, Summary Tables III and VI, Oriental and India Office Collections, British Library, London. On the new uncertainty introduced by world market integration. 다음도 보라. A. E. Nelson, *Central Provinces District Gazetteers, Amraoti District*, vol. A (Bombay: Claridge, 1911), 226, in record group V/27/65/6, Oriental and India Office Collections, British Library London; Hall-Matthews, "Colonial Ideologies of the Market and Famine," 307, 313; Memo by the Department of Agriculture, Revenue and Commerce, Fibres and Silk Branch, to the Home Department, Calcutta, June 24, 1874, Proceedings, Part B, June 1874, No. 41/42, Fibres and Silk Branch, Agriculture and Commerce Department, Revenue, National Archives of India, New Delhi; Frenise A. Logan, "India's Loss of the British Cotton Market after 1865," *Journal of Southern History* 31, no. 1 (1965): 46. 일튜더스 토마스 프리처드(Iltudus Thomas Prichard)는 1863년 예산서에 트레블리언 경(Sir Trevelyan)의 말을 인용해 다음과 같이 적었다. "과거 곡식을 재배하는 데에 사용되던 농경지의 많은 부분을 수출 농산물을 생산하는 데에 전용함으로써 수출 농산물의 수요를 충족시킬 수 있다." 이는 다음 글에 언급된다. Iltudus Thomas Prichard, *The Administration of India, From 1859–1868*, vol. 1 (London: Macmillan, 1869), 9. 이집트에 관해서는 다음을 보라. E. R. J. Owen, *Cotton and the Egyptian Economy, 1820–1914: A Study in Trade and Development* (Oxford: Clarendon Press, 1969), 159. 브라질에 관해서는 다음을 보라. Luis Cordelio Barbosa, "Cotton in 19th Century Brazil: Dependency and Development" (PhD dissertation, University of Washington, 1989), 31, 95-102, 105-8, 142. International Federation of Master Cotton Spinners' and Manufacturers' Associations, *Official Report of the International Congress, Held in Egypt, 1927* (Manchester: International Federation of Master Cotton Spinners' and Manufacturers' Associations, 1927), 99쪽도 참조하라.

42 Rivett-Carnac, *Report of the Cotton Department for the Year 1868–69*, 52.

43 Barbosa, "Cotton in 19th Century Brazil," 105. 다음 글 역시 기근과 면화 재배 확대 사이의 관계를 강조한다. Sandip Hazareesingh, "Cotton, Climate and Colonialism in Dharwar, Western India, 1840-1880," *Journal of Historical Geography* 38, no. 1 (2012): 16. 19세기 말의 전반적인 기근과 관련한 자료로는 다음을 보라. Mike Davis, *Late Victorian Holocausts: El Niño Famines and the Making of the Third World* (New York: Verso, 2001), 7; Nelson, *Central Provinces District Gazetteers, Amraoti District*, vol. A. 아콜라 관구(베라르)의 부판무관은 인도기근위원회에 이렇게 보고했다. "1896~1897년의 면화 기근은 높은 가격 때문이었지 흉작 때문이 아니었다." 다음을 보라. Indian Famine Commission, "Appendix, Evidence of Witnesses, Berar," *Report of the Indian Famine Commission* (Calcutta: n.p., 1901), 43, 53. 사망자 수에 관해서는 다음을 보라. Indian Famine Commission, "Appendix, Evidence of

Witnesses, Berar," *Report of the Indian Famine Commission*, 54, 213. 1899년 12월부터 1900년 11월 사이 총 사망자는 1000명당 84.7명이었다. Sugata Bose, "Pondering Poverty, Fighting Famines: Towards a New History of Economic Ideas," in Kaushik Basu, ed., *Arguments for a Better World: Essays in Honor of Amartya Sen* (New York: Oxford University Press, 2009), 428도 참조하라.

44 Mitchell, *Rule of Experts*, 63 – 64. 폭동에 관해서는 다음을 보라. Neil Charlesworth, "The Myth of the Deccan Riots of 1875," *Modern Asian Studies* 6, no. 4 (1972): 401 – 21; Deccan Riots Commission, *Papers Relating to the Indebtedness of the Agricultural Classes in Bombay and Other Parts of India* (Bombay: Deccan Riots Commission, 1876); *Report of the Committee on the Riots in Poona and Ahmednagar, 1875* (Bombay: Government Central Press, 1876); Roderick J. Barman, "The Brazilian Peasantry Reexamined: The Implications of the Quebra-Quilo Revolt, 1874 – 1875," *Hispanic American Historical Review* 57, no. 3 (1977): 401 – 24; Armando Souto Maior, *Quebra-Quilos: Lutas sociais no outono do império* (São Paulo: Companhia Editora Nacional, 1978). 그 과정에서 미국의 남북전쟁 기간에 축적했던 이윤을 대부분 상실한 이집트 농민들 역시 세금 징수의 압력을 느꼈다. Owen, *Cotton and the Egyptian Economy*, 144; W. H. Wyllie, Agent of the Governor General in Central India, to the Revenue and Agriculture Department, September 9, 1899, in Proceedings, Part B, Nos. 14 – 54, November 1899, Famine Branch, Department of Revenue and Agriculture, National Archives of India, New Delhi; Wady E. Medawar, *Études sur la question cotonnière et l'organisation agricole en Égypte* (Cairo: A. Gherson, 1900), 16, 20 – 21; William K. Meyers, "Seasons of Rebellion: Nature, Organisation of Cotton Production and the Dynamics of Revolution in La Laguna, Mexico, 1910 – 1916," *Journal of Latin American Studies* 30, no. 1 (February 1998): 63; Meyers, *Forge of Progress*, 132 – 34.

45 다음 자료에서도 면화에 관한 담론이 식민주의에 대한 저항의 정치에서 지니는 중요성을 추적할 수 있다. File 4, Correspondence, G. K. Gokhale, 1890 – 1911, in Servants of India Society Papers, Nehru Memorial Library, New Delhi; Correspondence, Sir Pherozeshah Mehta Papers, Nehru Memorial Library.

12장 새로운 면화제국주의

1   Department of Finance, *1895, Annual Return of the Foreign Trade of the Empire of Japan* (Tokyo: Koide, n.d.) [大藏省,《大日本外國貿易年表. 明治28年》(東京: 小出美房)], 310 ; Department of Finance, *1902, Annual Return of the Foreign Trade of the Empire of Japan*

(Tokyo: Koide, n.d.) [大藏省, 《大日本外國貿易年表. 明治35年》(東京: 大蔵省)], 397; Department of Finance, *1920, Annual Return of the Foreign Trade of the Empire of Japan*, Part I (Tokyo: n.p., n.d.) [大藏省, 《大日本外國貿易年表. 大正8年 上》(東京: 小出美房, 1920)], 397 ; Tohei Sawamura, *Kindai chosen no mensaku mengyo* (Tokyo: Miraisha, 1985) [沢村東平, 《近代朝鮮の棉作綿業》(東京, 未来社, 1985)], 112 ; Chosen ni okeru menka saibai no genzai to shorai, n.d., mimeograph, Asian Reading Room, Library of Congress, Washington, DC [石塚峻, 《朝鮮に於ける綿花栽培の現在及将来》(朝鮮農会)]. 식민지 조선에서 면화 재배를 증대하려는 일본의 초기 시도를 조금 다르게 설명한 것으로는 다음 책이 있다. Carter J. Eckert, *Offspring of Empire: The Koch and Kims and the Colonial Origins of Korean Capitalism, 1876–1945* (Seattle: University of Washington Press, 1991), 134.

2 *Dai-Nihon boseki rengokai geppo*[《大日本紡績聯合会月報》] 173 (January 25, 1906): 1 - 2; *Annual Report for 1907 on Reforms and Progress in Korea* (Seoul: H.I.J.M.'s Residency General, 1908), 84; Eckert, *Offspring of Empire*, 134 - 5.

3 Eckert, *Offspring of Empire*, 134; *Annual Report for 1912–13 on Reforms and Progress in Chosen* (Keijo: Government General of Chosen, 1914), 153; Department of Finance, *1909, Annual Return of the Foreign Trade of the Empire of Japan* (Tokyo: Koide, n.d.) [大藏省, 《大日本外國貿易年表. 明治42年》(東京: 小出美房, 1909)], 629; Cotton Department, Toyo Menka Kaisha Lts [東洋棉花株式會社], *The Indian Cotton Facts* (Bombay: n.p., n.d.), Japanese Cotton Spinners Association Library, University of Osaka.

4 Rinji Sangyo Chosa Kyoku [Special Department of Research on Industries], *Chosen ni Okeru Menka ni Kansuru Chosa Seiseki* [The Research on Cotton in Korea] (August 1918) [臨時産業調査局, 《朝鮮ニ於ケル棉花ニ関スル調査成績》], 1; Eckert, *Offspring of Empire*, 134; No-Shomu Sho Nomu Kyoku [Ministry of Agriculture and Commerce, Department of Agriculture], *Menka ni Kansuru Chosa* [The Research on Cotton] (Tokyo: No-shomu sho noji shikenjyo, 1905) [農商務省農務局, 棉花ニ関スル調査 (東京: 農商務省 農事試驗場, 1905)], 1 - 3, 76 - 83, chapter 2; Chosen sotokufu norinkyoku, *Chosen no nogyo* (Keijyo: Chosen sotokufu norinkyoku, 1934) [朝鮮総督府農林局, 朝鮮の農業 (京城: 朝鮮総督府農林局, 1934)], 66 - 73 .

5 Nihon mengyo kurabu, *Naigai mengyo nenkan* (Osaka: Nihon mengyo kurabu, 1931), 231, 233; *Annual Report for 1912–13*, 145, 153; *Annual Report for 1915–16*, 107; *Annual Report for 1921–22* [日本綿業倶楽部, 内外綿業年鑑 (大阪: 日本綿業倶楽部, 1931)], 263; Department of Finance of Japan, *Monthly Trade Return of Japan Proper and Karafuto (Sagalien) with Chosen (Korea)* (Tokyo: n.p., 1915) [大藏省, 《内地及樺太対朝鮮貿易月表》(東京: 大蔵省, 1915)], 24 - 25.

6 주권 개념의 이런 변화에 관해서는 다음을 보라. Henry Sumner Maine, *Ancient Law: Its*

Connection with the Early History of Society, and Its Relation to Modern Ideas (New York: Henry Holt and Company, 1864). 이 문제에 관한 아주 흥미로운 논의로는 다음 또한 보라. Doreen Lustig, "Tracing the Origins of the Responsibility Gap of Businesses in International Law, 1870 – 1919" (미출간 원고, Tel Aviv University Law School, May 2012, 저자 소유). Resolution passed by the Manchester Cotton Supply Association, reprinted in *Merchants' Magazine and Commercial Review* 44, no. 6 (June 1861): 678; Arthur Redford, *Manchester Merchants and Foreign Trade, 1794–1858* (Manchester: Manchester University Press, 1934), 217, 227; Kolonial-Wirtschaftliches Komitee, *Baumwoll-Expedition*; New England Cotton Manufacturers' Association, *Transactions of the New England Cotton Manufacturers' Association*, vol. 73 (Waltham, MA: n.p., 1902), 182.

7   가격 상승에 관해서는 다음 글을 보라. 이 일련의 사건들과 거기 내포된 의미를 아주 훌륭히 탐색한 글이다. Jonathan Robbins, "The Cotton Crisis: Globalization and Empire in the Atlantic World, 1901 – 1920" (PhD dissertation, University of Rochester, 2010), 41 – 54. 다음 자료도 보라. Edmund D. Morel, *Affairs of West Africa* (London: William Heinemann, 1902), 191; Kolonial-Wirtschaftliches Komitee, "Unsere Kolonialwirtschaft in ihrer Bedeutung für Industrie, Handel und Landwirtschaft," Manuscript, R 8024/37, Kolonial-Wirtschaftliches Komitee, Various Letters, 1914, Bundesarchiv, Berlin. '제2의 면화 기근'이라는 개념에 관해서는 다음을 보라. Christian Brannstrom, "Forest for Cotton: Institutions and Organizations in Brazil's Mid-Twentieth-Century Cotton Boom," *Journal of Historical Geography* 36, no. 2 (April 2010): 169.

8   Morel, *Affairs*, 191; Edward B. Barbier, *Scarcity and Frontiers: How Economies Have Developed Through Natural Resource Exploitation* (New York: Cambridge University Press, 2011); John C. Weaver, *The Great Land Rush and the Making of the Modern World, 1850–1900* (Montreal: McGill – Queen's University Press, 2003).

9   Muriel Joffe, "Autocracy, Capitalism and Empire: The Politics of Irrigation," *Russian Review* 54, no. 3 (July 1995): 367. Rosen is quoted in Mariya Konstantinovna Rozhkova, *Ekonomich eskaia politika tsarskogo pravitel'stva na Srednem Vostoke vo vtoroi chetverti XIX veka i russkaya burzhuaziya* (Moscow: Izd. Akademii Nauk SSSR, 1949), 100. 중앙아시아가 러시아의 면화 공급처가 되기를 바라는 초기의 희망에 관해서는 다음도 보라. Pavel Nebol'sin, *Ocherki torgovli Rossii s Srednei Aziei* (Saint Petersburg: Tipografia Imperatorskoi Akademii Nauk, 1855), 18, 22, 25, 27. 섬유 제조업자인 알렉산드르 시포프(Aleksandr Shipov)는 1857년에 일찌감치 중앙아시아 면화에 접근할 길을 찾는 일이 중요하다는 점을 강조했다. 다음을 보라. Aleksandr Shipov, *Khlopchatobumazhnaia promyshlennost' i vazhnost' eco znacheniia v Rossii*, otd I (Moscow: T.T. Volkov & Co., 1857), 49 – 50. 다음도 보라. Charles William Maynes, "America Discovers Central Asia," *Foreign Affairs* 82, no.

2 (March/April 2003): 120; Mariya Konstantinovna Rozhkova, *Ekonomiceskie svyazi Rossii so Srednei Aziei, 40–60-e gody XIX veka* (Moscow: Izd-vo Akademii nauk SSSR, 1963), 54 – 55, tables 9 – 10.

10 Rozhkova, *Ekonomicheskiie*, 64 – 65, 150 – 52에서 재인용. 1861년에 아시아 면화 1푸드 (pood, 혹은 35.24파운드)가 7.75루블에 판매되었지만, 1863년에 이르면 22루블 이상으로 가격이 상승했다. P. A. Khromov, *Ekonomicheskoe razvitie Rossii v XIX-XX vekakh: 1800–1917* (Moscow: Gos. Izd. Politicheskoi Literatury, 1950), 183. 미국의 남북전쟁 기간에 코카서스의 에레반 구베르니아(Erivan gubernia) 같은 일부 지역에서 면화 생산이 거의 열 배나 늘어나, 1861년 3만 푸드에서 1870년 27만 3000푸드로 증가했다. K. A. Pazhitnov, *Ocherki istorii teskil' noi promyshlennosti dorrevolyutsionnoi Rossii: Khlopchato-Bumazhnaya l'no-pen' kovaya i shelkovaya promyshlennost* (Moscow: Izd. Akademii Nauk SSR, 1958), 98; Rozhkova, *Ekonomiceskie*, 55 – 61. 러시아의 중앙아시아 지역에서 면화 농업이 확대된 것에 관한 논의는 다음을 보라. Joffe, "Autocracy," 365 – 88; Julia Obertreis, *Imperial Desert Dreams: Irrigation and Cotton Growing in Southern Central Asia, 1860s to 1991* (unpublished manuscript, 2009), chapter 1, 23; *Moskva*, February 1, 1867 on January 8, 1866. 차르 알렉산드르 2세가 전해 받은 재무장관의 비망록에는 중앙아시아에 영향력을 더 크게 행사해야 한다는 주장이 담겨 있었다. 비망록에는 그 기획을 지지하는 사람들의 명단도 있었는데, 이반 쿨루도프, 사바 모로조프 4세, 테르티야코프와 D. I. 로마노프스키 같은 저명한 면 산업체의 소유주들도 명단에 포함되어 있었다. 다음을 보라. N. A. Khalfin, *Prisoedinenie Srednei Azii k Rossii: 60–90 gody XIX v* (Moscow: Nauka, 1965), 211. 러시아의 제국주의를 둘러싼 전반적인 논쟁에 관해서는 다음 책을 보라. Andreas Kappeler, *The Russian Empire: A Multiethnic Empire* (Harlow: Longman, 2001), 175, 193; Dietrich Geyer, *Der russische Imperialismus: Studien über den Zusammenhang von innerer und auswärtiger Politik, 1860–1914* (Göttingen: Vandenhoeck & Ruprecht, 1977); Thomas C. Owen, "The Russian Industrial Society and Tsarist Economic Policy," *Journal of Economic History* 45, no. 3 (September 1985): 598; Brigitte Loehr, *Die Zukunft Russlands* (Wiesbaden: Franz Steiner Verlag, 1985), 73; Joffe, "Autocracy," 372; Bruno Biedermann, "Die Versorgung der russischen Baumwollindustrie mit Baumwolle eigener Produktion" (PhD dissertation, University of Heidelberg, 1907), 106.

11 Shtaba L. Kostenko, *Sredni aia Aziia i Vodvorenie v nei Russkoi Grazgdanstvennosti* (Saint Petersburg: Bezobrazova i kom, 1871), 221; Thomas Martin, *Baumwollindustrie in Sankt Petersburg und Moskau und die russische Zolltarifpolitik, 1850–1891: Eine vergleichende Regionalstudie* (Giessen: Fachverlag Koehler, 1998), 213, 215; Scott C. Levi, *The Indian Diaspora in Central Asia and Its Trade, 1550–1900* (Leiden: Brill, 2002), 249; Jeff Sahadeo, "Cultures of Cotton and Colonialism: Politics, Society, and the Environment in Central

Asia, 1865 – 1923" (presentation, American Association for the Advancement of Slavic Studies Annual Convention, Toronto, November 2003), 5; George N. Curzon, *Russia in Central Asia in 1889 and the Anglo-Russian Question* (London: Cass, 1967), 405 – 7; Biedermann, "Die Versorgung," 40 – 44. 관개에 관해서는 다음도 보라. Obertreis, *Imperial Desert Dreams*; John Whitman, "Turkestan Cotton in Imperial Russia," *American Slavic and East European Review* 15, no. 2 (April 1956): 194 – 95, 199; Moritz Schanz, "Die Baumwolle in Russisch-Asien," *Beihefte zum Tropenpflanzer* 15 (1914): 8.

12 Obertreis, *Imperial Desert Dreams*, Chapter 1, 74ff. 이런 갈등은 관개를 둘러싼 문제에서 가장 분명하게 표출된다. 다음을 보라. Joffe, "Autocracy," 369, 387; Whitman, "Turkestan Cotton," 194, 198, 201. 1887~1899년 사이 러시아의 투르키스탄, 부하라, 히바에서 면화 재배에 할애된 영토는 다섯 배 증가했다. Anlage zum Bericht des Kaiserlichen Generalkonsulats in St. Petersburg, December 26, 1913, R 150F, FA 1, 360, Bundesarchiv, Berlin; the "cotton colony" quote can be found in I. Liashchenko, *Istoriia Narodnogo Khoziaistva SSSR*, vol. 2 (Moscow: Gos. Izd. Polit. Literatury, 1956), 542; "Handelsbericht des Kaiserlichen Konsulats für das Jahr 1909," in *Deutsches Handels-Archiv*, Zweiter Teil: Berichte über das Ausland, 1911 (Berlin: Ernst Siegfried Mittler und Sohn, 1911), 168; Schanz, "Die Baumwolle," 11; Annette M. B. Meakin, *In Russian Turkestan: A Garden of Asia and Its People* (New York: Charles Scribner's Sons, 1915), v; Ella R. Christie, *Through Kiva to Golden Samarkand* (London: Seeley, Service & Co., 1925), 204; Karl Supf, "Zur Baumwollfrage," in Kolonial-Wirtschaftliches Komitee, *Baumwoll-Expedition nach Togo* (no date, but probably 1900), 4 – 6, file 332, record group R 150F, Fonds Allemand 1, Papers of the Administration of the German Protectorate Togo (L'Administration du Protectorat Allemand du Togo), Archives Nationales du Togo, Lomé, microfilm copy in Bundesarchiv, Berlin; Michael Owen Gately, "The Development of the Russian Cotton Textile Industry in the Pre-revolutionary Years, 1861 – 1913" (PhD dissertation, University of Kansas, 1968), 169.

13 August Etienne, *Die Baumwollzucht im Wirtschaftsprogramm der deutschen Übersee-Politik* (Berlin: H. Paetal, 1902), 35, 36, 37, 41; *Harper's Weekly* reported that "Uzbekistan can thank the American Civil War"; 면화에 대한 강한 의존도에 관해서는 다음을 보라. *Harper's Weekly*, April 2002, 42.

14 Etienne, *Die Baumwollzucht*, 28.

15 Ibid., 13.

16 Biedermann, "Die Versorgung," 12; "Cotton in British East Africa," *Imperial and Asiatic Quarterly Review*, Third Series, 24 (July – October 1907): 84; Robert Ed. Buehler, "Die Unabhängigkeitsbestrebungen Englands, Frankreichs und Deutschlands in ihrer

Baumwollversorgung" (PhD dissertation, University of Zürich, 1929), 57.

17   Oldham Master Cotton Spinners' Association, *Report of the Committee, for Year Ending December 31, 1901* (Oldham: Dornan, 1902), 4, in Record group 6/2/1 – 61m, Papers of the Oldham Master Cotton Spinners' Association, John Rylands Library, Manchester; Buehler, "Die Unabhängigkeitsbestrebungen," 68; British Cotton Growing Association, *Second Annual Report, for the Year Ending August 31st, 1906* (Manchester: Head Office, 1906), 8, 10; Correspondence, File 1, Files Relating to the Cotton Industry, British Cotton Growing Association, 2/5, OLD, Papers of the Oldham Textile Employers' Association, 1870 – 1960, John Rylands Library, Manchester; Morel, *Affairs*. 영국면화재배 협회의 활동을 탁월하게 검토한 다음 글을 보라. Jonathan Robins, "'The Black Man's Crop': Cotton, Imperialism and Public-Private Development in Britain's African Colonies, 1900 – 1918," Commodities of Empire Working Paper 11, The Open University and London Metropolitan University, September 2009; Oldham Master Cotton Spinners' Association, *Report of the Committee, for the Year Ending December 31, 1901* (Oldham: Thomas Dornan, 1902), 4, John Rylands Library, Manchester; File Empire Cotton Growing Association, 2/6, OLD, Papers of the Oldham Textile Employers' Association, 1870 – 1960, John Rylands Library, Manchester; N. M. Penzer, Federation of British Industries, Intelligence Department, *Cotton in British West Africa* (London: Federation of British Industries, 1920); John Harris, Parliamentary Secretary of the Society, to E. Sedgwick, Boston, November 10, 1924, Papers of the British and Foreign Anti-Slavery and Aborigines Protection Society, MSS. British Empire S22, G143, Bodleian Library of Commonwealth & African Studies, University of Oxford; John Harris to Maxwell Garnett, January 20, 1925, MSS. British Empire 522, G446, Papers of the British and Foreign Anti-Slavery and Aborigines Protection Society, Rhodes House Library, Oxford; D. Edwards-Radclyffe, "Ramie, The Textile of the Future," *Imperial and Asiatic Quarterly Review*, Third Series, 20 (July – October 1905): 47.

18   Frédéric Engel-Dollfus, *Production du coton* (Paris: Paul Dupont, 1867). 1889년 파이데르 브(Faidherbe) 장군은 다음과 같이 주장한 바 있다. "면화 재배는 식민화의 성공에 가장 필수적인 요소다." 다음을 보라. General Faidherbe, *Le Sénégal: La France dans l'Afrique occidentale* (Paris: Librairie Hachette, 1889), 102; Association Cotonnière Coloniale, *Annexe au Bulletin No 3: Les coton indigènes du Dahomey et du Soudan à la filature et au tisage* (Paris: Jean Ganiche, 1904); Charles Brunel, *Le coton en Algérie* (Alger: Imprimierie Agricole, 1910). 식민지 면화에 대한 프랑스의 관심에 관해서는 다음 글 또한 보라. Ed. C. Achard, "Le coton en Cilivie et en Syrie," in *L'Asie Française* (June 1922), Supplement; Documents Économiques, Politiques & Scientifiques, 19 – 64; *Bulletin de l'Union des*

Agriculteurs d'Égypte 159 (March 1925): 73–85; Catalogue of the Library of the Société Industrielle de Mulhouse, Mulhouse, France; *Zeitfragen: Wochenschrift für deutsches Leben*, May 1, 1911, 1.

19 Sven Beckert, *The Monied Metropolis: New York City and the Consolidation of the American Bourgeoisie, 1850–1896* (Cambridge: Cambridge University Press, 2001), 87–89; J. De Cordova, *The Cultivation of Cotton in Texas* (London: J. King & Co., 1858), 3, 9, 24; National Association of Cotton Manufacturers and Planters, *Proceedings of a Convention Held in the City of New York, Wednesday, April 29, 1868, for the Purpose of Organizing the National Association of Cotton Manufacturers and Planters* (Boston: Prentiss & Deland, 1868); New England Cotton Manufacturers' Association, *Transactions of the New England Cotton Manufacturers' Association*, vol. 73 (Waltham, MA: n.p., 1902), 187; New England Cotton Manufacturers' Association, *Transactions of the New England Cotton Manufacturers' Association*, vol. 75 (1903), 191; New England Cotton Manufacturers' Association, *Transactions of the New England Cotton Manufacturers' Association*, vol. 79 (1905), 159.

20 다음도 보라. Henry L. Abbott, "The Lowlands of the Mississippi," *The Galaxy* 5 (April 1868): 452; National Association of Cotton Manufacturers and Planters, *Articles of Association and By-Laws Adopted by the National Association of Cotton Manufacturers and Planters, April 29, 1868* (Boston: Prentiss & Deland, 1968); National Association of Cotton Manufacturers and Planters, *Proceedings of the First Annual Meeting of the National Association of Cotton Manufacturers and Planters, Held in the City of New York, Wednesday, June 30, 1869* (Boston: W. L. Deland & Co., 1869), 17; F. W. Loring and C. F. Atkinson, *Cotton Culture and the South Considered with Reference to Emigration* (Boston: A. Williams & Co., 1869), 3; New England Cotton Manufacturers' Association, *Transactions of the New England Cotton Manufacturers' Association*, vol. 76 (1904), 104. 아프리카에 관해서는 다음을 보라. Allen Isaacman and Richard Roberts, "Cotton, Colonialism, and Social History in Sub-Saharan Africa," in Allen Isaacman and Richard Roberts, eds., *Cotton, Colonialism, and Social History in Sub-Saharan Africa* (Portsmouth, NH: Heinemann, 1995), 1; Records of the Togo Baumwollgesellschaft mbh, Record Group 7, 2016, Staatsarchiv Bremen, Bremen, Germany; Laxman D. Satya, *Cotton and Famine in Berar* (New Delhi: Manohar, 1997), 55; Thaddeus Raymond Sunseri, *Vilimani: Labor Migration and Rural Change in Early Colonial Tanzania* (Portsmouth, NH: Heinemann, 2002); Sven Beckert, "From Tuskegee to Togo: The Problem of Freedom in the Empire of Cotton," *Journal of American History* 92, no. 2 (September 2005): 498–526; Edward Mead Earle, "Egyptian Cotton and the American Civil War," *Political Science Quarterly* 41, no. 4 (1926): 520; *Westminster Review* 84, American Edition (1865): 228; *Zeitfragen: Wochenschrift für deutsches Leben*, May

1, 1911, 1; Kolonial-Wirtschaftliches Komitee, *Deutsch-Koloniale Baumwoll-Unternehmungen 1902/1903* (Berlin: Kolonial-Wirtschaftliches Komitee, 1903), 5.

21   Moulvi Syed Mahdi Ali, ed., *Hyderabad Affairs*, vol. 3 (Bombay: n.p., 1883), 112, 404, 451; *Manchester Guardian*, June 30, 1882, 4; Earle, "Egyptian Cotton," 544; Edward Roger John Owen, *Cotton and the Egyptian Economy, 1820–1914: A Study in Trade and Development* (Oxford: Clarendon Press, 1969), 89, 130, 141, 213ff., 247.

22   Meltem Toksöz, "The Çukurova: From Nomadic Life to Commercial Agriculture, 1800–1908" (PhD dissertation, State University of New York at Binghamton, 2000), 204, 206, 228; Anthony Hall, *Drought and Irrigation in North-East Brazil* (Cambridge: Cambridge University Press, 1978), 4; Roger L. Cunniff, "The Great Drought: Northeast Brazil, 1877–1880" (PhD dissertation, University of Texas at Austin, 1970), 79, 83, 87, 88, 89, 91–95; International Institute of Agriculture, Statistical Bureau, *The Cotton-Growing Countries: Production and Trade* (Rome: International Institute of Agriculture, 1922), 125.

23   Michael J. Gonzales, "The Rise of Cotton Tenant Farming in Peru, 1890–1920: The Condor Valley," *Agricultural History* 65, no. 1 (Winter 1991): 53, 55; Oficina Nacional de Agricultura, *El algodón, instrucciones agrícolas* (Buenos Aires: Penitenciaria Nacional, 1897), 1; Alejandro E. Bunge, *Las industrias del Norte: Contribución al estudio de una nueva política económia Argentina* (Buenos Aires: n.p., 1922), 212ff.; Heinz E. Platte, "Baumwollanbau in Argentinien," *Argentinisches Tagblatt* 20, no. 1 (January 1924): 19.

24   Toksöz, "Çukurova," 99; Weaver, *Great Land Rush*, 4.

25   전반적인 논의를 위해서는 다음을 보라. Jürgen Osterhammel, *Kolonialismus: Geschichte, Formen, Folgen*, 6th ed. (Munich: Beck, 2009), 10–11. 구체적인 논의를 위해서는 다음을 보라. Secretary of the Interior, *Agriculture of the United States in 1860: Compiled from the Original Returns of the Eighth Census* (Washington, DC: Government Printing Office, 1864), 185, accessed May 25, 2009, http://www.agcensus.usda.gov/Publications/Historical_Publications/1860/1860b-08.pdf; United States Department of Agriculture, National Agricultural Statistics Service, accessed April 28, 2009, http://www.nass.usda.gov/QuickStats/indexbysubject.jsp?Text1=&site/NASS_MAIN&select=Select+a+State&Pass_name=&Pass_group=Crops+%26+Plants&Pass_subgroup= Field+Crops. 1860년 면화를 재배하던 토지 면적의 정확한 수치를 입수할 수 없어서 생산이 지속된다는 가정 아래 추가로 면화를 재배하는 데 필요한 토지를 추산했다. 사우스캐롤라이나주의 면화 재배 면적은 2,048만 4,000에이커다.

26   Gavin Wright, *Old South, New South: Revolutions in the Southern Economy Since the Civil War* (Baton Rouge: Louisiana State University Press, 1996), 34ff., 57; Secretary of the

Interior, *Agriculture of the United States in 1860: Compiled from the Original Returns of the Eighth Census* (Washington, DC: Government Printing Office, 1864), 185, accessed May 25, 2009, http://www.agcensus.usda.gov/Publications/Historical_Publications/1860/1860b-08.pdf; United States Department of Agriculture, National Agricultural Statistics Service, accessed April 28, 2009, http://www.nass.usda.gov/Quick Stats/indexbysubject.jsp?Text1=&site?=NASS_MAIN&select=Select+a+State&Pass_name=&Pass_group=Crops+%26+Plants&Pass_subgroup=Field+Crops; Charles S. Aiken, *The Cotton Plantation South Since the Civil War* (Baltimore: Johns Hopkins University Press, 1998), 59; James C. Cobb, *The Most Southern Place on Earth: The Mississippi Delta and the Roots of Regional Identity* (New York: Oxford University Press, 1992), viii, 95, 99, 100; Gavin Wright, "Agriculture in the South," in Glenn Porter, ed., *Encyclopedia of American Economic History: Studies of the Principal Movements and Ideas*, vol. 1 (New York: Charles Scribner's Sons, 1980), 382; Devra Weber, *Dark Sweat, White Gold: California Farm Workers, Cotton, and the New Deal* (Berkeley: University of California Press, 1994), 17–21.

27   U.S. Department of Commerce, U.S. Census Bureau, *Statistical Abstracts of the United States, 1921* (Washington, DC: Government Printing Office, 1922), 375; Randolph B. Campbell, *Gone to Texas: A History of the Lone Star State* (New York: Oxford University Press, 2003), 306, 308, 311.

28   Ray Allen Billington, *Westward Expansion: A History of the American Frontier* (New York: Macmillan, 1967), 659, 666.

29   Howard Wayne Morgan, *Oklahoma: A Bicentennial History* (New York: Norton, 1977), 42, 81, 91, 48, 49, 58, 147; United States Department of Agriculture, National Agricultural Statistics Service, accessed April 28, 2009, http://www.nass.usda.gov/QuickStats/indexbysubject.jsp?Text1=&site/NASS_MAIN&select=Select+a+State&Pass_name=&Pass_group=Crops+%26+Plants&Pass_subgroup=Field+Crops; U.S. Department of Commerce, U.S. Census Bureau, "Agriculture, 1909 and 1910, Reports by States, with Statistics for Counties, Nebraska–Wyoming," *Thirteenth Census of the United States Taken in the Year 1910*, vol. 7 (Washington, DC: Government Printing Office, 1913), 381; Eric V. Meeks, "The Tohono O'Odham, Wage Labor, and Resistant Adaptation," *Western Historical Quarterly* 34, no. 4 (Winter 2003): 480; Daniel H. Usner, *Indian Work: Language and Livelihood in Native American History* (Cambridge, MA: Harvard University Press, 2009), 55.

30   이 문제에 관한 고찰로는 다음을 보라. Sven Beckert, "Space Matters: Eurafrica, the American Empire, and the Territorialization of European Capitalism, 1870–1940" (article in progress).

31   Günter Kirchhain, "Das Wachstum der deutschen Baumwollindustrie im 19. Jahrhundert:

Eine historische Modellstudie zur empirischen Wachstumsforschung" (PhD dissertation, University of Münster, 1973), 29 - 30, 73; Wilhelm Rieger, *Verzeichnis der im Deutschen Reiche auf Baumwolle laufenden Spindeln und Webstühle* (Stuttgart: Wilhelm Rieger, 1909), 72. 조금 낮은 다른 수치에 대한 자료로는 다음을 보라. Wolfram Fischer, *Statistik der Bergbauproduktion Deutschland 1850–1914* (St. Kathatinen: Scripta Mercaturae Verlag, 1989), 403; *Handbuch der Wirtschaftskunde Deutschlands*, vol. 3 (Leipzig: Teubner, 1904), 602. 면산업이 여러 면에서 중요한 역할을 했음에도 불구하고 19세기 독일에 대한 우리의 역사적 기억에서는 별다른 역할을 하지 않는다는 것은 정말이지 흥미로운 사실이다. Karl Supf, "Zur Baumwollfrage," in Kolonial-Wirtschaftliches Komitee, *Baumwoll-Expedition nach Togo* (no date, but probably 1900), 4 - 6, file 332, record group R 150F, Fonds Allemand 1, Papers of the Administration of the German Protectorate Togo (L'Administration du Protectorat Allemand du Togo), Archives Nationales du Togo, Lomé, microfilm copy in Bundesarchiv, Berlin; Kaiserliches Statistisches Amt, *Statistisches Jahrbuch für das Deutsche Reich*, vol. 23 (Berlin: Puttkammer & Mühlbrecht, 1902), 24. 1903년에 식민지경제위원회는 독일에서 100만 명의 노동자가 면산업에 의존한다고 보고 했다. 다음을 보라. Kolonial-Wirtschaftliches Komitee, *Deutsch-Koloniale*, 5. 1913년 독일 면산업의 생산 가치는 22억 마르크로, 독일의 가장 중요한 산업 가운데 하나가 되었다. 다 음을 보라. Andor Kertész, *Die Textilindustrie Deutschlands im Welthandel* (Braunschweig: F. Vieweg, 1915), 13. 다음도 보라. Kaiserliches Statistisches Amt, *Statistisches Jahrbuch für das Deutsche Reich*, vol. 22 (Berlin: n.p., 1901), 135; Thaddeus Sunseri, "The Baumwollfrage: Cotton Colonialism in German East Africa," *Central European History* 34, no. 1 (March 2001): 35. 수입 통계에 관해서는 다음을 보라. Reichs-Enquete für die Baumwollen-und Leinen-Industrie, Statistische Ermittelungen I, Heft 1, 56 - 58; Kaiserliches Statistisches Amt, *Statistisches Jahrbuch für das Deutsche Reich*, vol. 1 (Berlin: n.p., 1880), 87; Kaiserliches Statistisches Amt, *Statistisches Jahrbuch für das Deutsche Reich*, vol. 20 (Berlin: n.p., 1899), 91.

32 예를 들어 다음을 보라. Ernst Henrici, "Die wirtschaftliche Nutzbarmachung des Togogebietes," *Der Tropenpflanzer: Zeitschrift für tropische Landwirtschaft* 3 (July 1899): 320; Sven Beckert, "Emancipation and Empire: Reconstructing the Worldwide Web of Cotton Production in the Age of the American Civil War," *American Historical Review* 109, no. 5 (December 2004): 1427; C. A. Bayly, *The Birth of the Modern World, 1780–1914: Global Connections and Comparisons* (Malden, MA: Blackwell, 2004), 161 - 65; Kaiserliches Statistisches Amt, *Statistisches Jahrbuch für das Deutsche Reich*, vol. 15 (Berlin: n.p., 1894), 45; Kaiserliches Statistisches Amt, *Statistisches Jahrbuch für das Deutsche Reich*, vol. 20 (Berlin: n.p., 1899), 91.

33 R. Hennings, "Der Baumwollkulturkampf," in *Zeitschrift für Kolonialpolitik, Kolonialrecht und Kolonialwirtschaft*, vol. 7 (1905), 906 – 14; Sunseri, "Baumwollfrage," 32; "Die Arbeit des Kolonial-Wirtschaftlichen Komitees, 1896 – 1914," file 579, record group R 150F, Fonds Allemand 1, Papers of the Administration of the German Protectorate Togo (L'Administration du Protectorat Allemand du Togo), Archives Nationales du Togo, Lomé, microfilm copy in Bundesarchiv, Berlin; Sunseri, "Baumwollfrage," 49. 독일의 식민지 면화 수요에 관해서는 다음 자료도 보라. Verband Deutscher Baumwollgarn-Verbraucher an v. Lindequist, Reichskolonialamt, Dresden, October 22, 1910, file 8224, record group R 1001, Papers of the Deutsche Kolonialgesellschaft, Bundesarchiv, Berlin.

34 Buehler, "Die Unabhängigkeitsbestrebungen," 23, 39; Biedermann, "Die Versorg-ung," 9; *Bericht der Handelskammer in Bremen für das Jahr 1904 an den Kaufmannskonvent* (Bremen: H. M. Hausschild, 1905), 30.

35 Department of Finance, *1920, Annual Return of the Foreign Trade of the Empire of Japan*, Part I (Tokyo: n.p., n.d.), 397; Buehler, "Die Unabhängigkeitsbestrebungen," 31; Supf, "Zur Baumwollfrage," 8.

36 Supf, "Zur Baumwollfrage," 4 – 6, 8; E. Henrici, "Der Baumwollbau in den deutschen Kolonien," *Der Tropenpflanzer: Zeitschrift für tropische Landwirtschaft* 3 (November 1899): 535 – 36. 헨리치(Henrici)에 대해서는 다음을 보라. Herrmann A. L. Degener, *Unsere Zeitgenossen, Wer Ist's?: Biographien nebst Bibliographien* (Leipzig: n.p., 1911). 경제적 자립의 요구는 다음 글에도 반영되어 있다. "Einleitung," *Beihefte Zum Tropenpflanzer* 16, no. 1/2 (February 1916): 1 – 3, 71 – 73, 175 – 77. Karl Helfferich, "Die Baumwollfrage: Ein Weltwirtschaftliches Problem," *Marine-Rundschau* 15 (1904): 652; Karl Supf, "Bericht IV, Deutsch-Koloniale Baumwoll-Unternehmungen, 1903 – 1904" (1904), reprinted in *Der Tropenpflanzer: Zeitschrift für tropische Landwirtschaft* 8 (December 1904): 615; "Die Arbeit des Kolonial-Wirtschaftlichen Komitees, 1896 – 1914."

37 Sunseri, "Baumwollfrage," 33; O. F. Metzger, *Unsere Alte Kolonie Togo* (Neudamm: Neumann, 1941), 242; "Bericht über den Baumwollbau in Togo," enclosure in Kaiserliches Gouvernement Togo, Gouverneur Zech to Reichskolonialamt Berlin, November 23, 1909, 1, 8223, record group R 1001, Papers of the Deutsche Kolonialgesellschaft, Bundesarchiv, Berlin; "Der Baumwollbau in Togo, Seine Bisherige Entwicklung, und sein jetziger Stand," undated draft of an article, 8224, record group R 1001, Papers of the Deutsche Kolonialgesellschaft, Bundesarchiv, Berlin, [illegible] to von Bismark, March 26, 1890, file 8220, record group R 1001, Papers of the Deutsche Kolonialgesellschaft, Bundesarchiv, Berlin; Tony Smith, *Pattern of Imperialism: The United States, Great Britain, and the Late-Industrializing World Since 1815* (New York: Cambridge

University Press, 1981), 15, 35; Eric Hobsbawm, *The Age of Empire, 1875–1914* (New York: Pantheon, 1987), 34–55; Isaacman and Roberts, "Cotton, Colonialism," in Isaacman and Roberts, eds., *Cotton, Colonialism*, 8–9; Leroy Vail and Landeg White, "'Tawani, Machambero!': Forced Cotton and Rice Growing on the Zambezi," *Journal of African History* 19, no. 2 (1978): 244.

38 Kendahl Radcliffe, "The Tuskegee-Togo Cotton Scheme, 1900–1909" (PhD dissertation, University of California, Los Angeles, 1998), 16. 페르디난트 골드베르크 (Ferdinand Goldberg)에 관해서는 다음을 보라. "Baumwollen-und sonstige Kulturen im Togo-Gebiet," *Deutsches Kolonialblatt* 2 (1891): 320–21. 식민지 면화에 대한 독일인들의 관심을 좀 더 일반적으로 다룬 글로 다음을 보라. Donna J. E. Maier, "Persistence of Precolonial Patterns of Production: Cotton in German Togoland, 1800–1914," in Isaacman and Roberts, eds., *Cotton, Colonialism*, 81; Peter Sebald, *Togo 1884–1914: Eine Geschichte der deutschen "Musterkolonie" auf der Grundlage amtlicher Quellen* (Berlin: Akademie-Verlag, 1988), 433. 이 이야기를 좀 더 제대로 알고 싶다면 다음을 보라. Sven Beckert, "From Tuskegee to Togo: The Problem of Freedom in the Empire of Cotton," *Journal of American History* 92 (September 2005)," 498–526. 이런 플랜테이션 농장들의 목록을 위해서는 다음을 보라. Kolonial-Wirtschaftliches Komitee to Handelskammer Bremen, Berlin, July 23, 1913, in "Baumwollterminhandel," record group W II, 3, Handelskammer Bremen, Bremen, Germany; Sunseri, *Vilimani*, 1–25; Gerhard Bleifuss and Gerhard Hergenröder, *Die "Otto-Plantage Kilossa" (1907–1914): Aufbau und Ende eines kolonialen Unternehmens in Deutsch-Ostafrika* (Wendlingen: Schriftenreihe zur Stadtgeschichte, 1993), 43, 59.

39 "Encouragement pour la Culture aux colonies, du cotton etc. (1906–1908)," 9; AFFECO, Affairs Économique, Archives d'outre-mer, Aix-en-Provence; for the quote, see Reseignements sur la Culture du Coton, 1917, in 9 AFFECO, Affairs Économique, Archives d'outre-mer; Marie Philiponeau, *Le coton et l'Islam: Fil d'une histoire africaine* (Algiers: Casbah Editions, 2009), 114; Thomas J. Bassett, *The Peasant Cotton Revolution in West Africa: Côte d'Ivoire, 1880–1995* (Cambridge: Cambridge University Press, 2001), 51, 52; Richard Roberts, "The Coercion of Free Markets: Cotton, Peasants, and the Colonial State in the French Soudan, 1924–1932," in Isaacman and Roberts, eds., *Cotton, Colonialism*, 222; Vail and White, "Tawani, Machambero," 241; League of Nations, Economic Intelligence Service, *Statistical Year-book of the League of Nations 1930/31* (Geneva: Series of League of Nations Publications, 1931), 108, accessed August 3, 2009, http://digital.library.northwestern.edu/league/le0267ag.pdf; A. Brixhe, *Le coton au Congo Belge* (Bruxelles: Direction de l'agriculture, des forêts et de l'élevage du Ministère des colonies, 1953), 13, 15, 19; Secretary of the Interior, *Agriculture of the United States in 1860: Compiled from the Original Returns of the Eighth Census* (Washington, DC: Government Printing Office, 1864), 185, accessed May 25, 2009, http://www.agcensus. usda.gov/Publications/Historical_Publications/1860/1860b-08.pdf.

40 Hutton as quoted in Robins, "The Black Man's Crop," 15; Cyril Ehrlich, "The Marketing of Cotton in Uganda, 1900 – 1950: A Case Study of Colonial Government Economic Policy" (PhD dissertation, University of London, 1958), 12, 13; Buehler, "Die Unabhängigkeitsbestrebungen," 122; British Cotton Growing Association, *Second Annual Report, for the Year Ending August 31st, 1906* (Manchester: Head Office, 1906), 23; 영국면 화재배협회에 관해서는 다음을 보라. Robins, "The Black Man's Crop"; British Cotton Growing Association, *Second Annual Report, for the Year Ending August 31st, 1906*, 32; League of Nations, Economic Intelligence Service, *Statistical Year-book of the League of Nations 1930/31* (Geneva: Series of League of Nations Publications, 1931), 108; Secretary of the Interior, *Agriculture of the United States in 1860: Compiled from the Original Returns of the Eighth Census* (Washington, DC: Government Printing Office, 1864), 185, accessed May 25, 2009, http://www.agcensus.usda.gov/Publications/Historical_ Publications/1860/1860b-08.pdf.

41 Josef Partsch, ed., *Geographie des Welthandels* (Breslau: Hirt, 1927), 209; B. R. Mitchell, *International Historical Statistics: The Americas, 1750–1993* (Basingstoke, UK: Macmillan, 2007), 222, 224, 227, 228; John A. Todd, *The World's Cotton Crops* (London: A. & C. Black, 1915), 395ff. 421; Heinrich Kuhn, *Die Baumwolle: Ihre Cultur, Structur und Verbreitung* (Wien: Hartleben, 1892), 69; John C. Branner, *Cotton in the Empire of Brazil; The Antiquity, Methods and Extent of Its Cultivation; Together with Statistics of Exportation and Home Consumption* (Washington, DC: Government Printing Office, 1885), 23 – 27; National Association of Cotton Manufacturers, *The Year Book of the National Association of Cotton Manufacturers and Cotton Manufacturers Manual* (1922), 83, accessed August 3, 2009, http:// ia311228.us.archive.org/1/items/yearbookofnation1922nati/yearbookofnation1922nati.pdf; International Institute of Agriculture, Statistical Bureau, *The Cotton-Growing Countries: Production and Trade* (Rome: International Institute of Agriculture, 1922), 127; League of Nations, Economic Intelligence Service, *Statistical Year-book of the League of Nations 1939/40* (Geneva: Series of League of Nations Publications, 1940), 122; United Nations, Department for Economic and Social Affairs, Statistics Division, *Statistical Yearbook*, vol. 4 (New York: Department of Economic and Social Affairs, Statistical Office, United Nations, 1952), 72; United States Department of Agriculture, Foreign Agricultural Service, Table 04 Cotton Area, Yield, and Production, accessed August 3, 2009, http://

www.fas.usda.gov/psdonline/psdReport.aspx?hidReportRetrievalName=Table+04+Cotto n+Area%2c+Yield%2c+and+Production&hidReportRetrievalID=851&hidReportRetriev alTemplateID=1; Biedermann, "Die Versorgung," 3.

42 *Revue des cultures coloniales* 12 - 13 (1903): 302.

43 예컨대 중앙아시아에 관해서는 다음을 보라. Richard A. Pierce, *Russian Central Asia, 1867–1917: A Study in Colonial Rule* (Berkeley: University of California Press, 1960), 135 - 36; Toksöz, "Çukurova," 1, 13, 37, 79; Osterhammel, *Kolonialismus*, 17ff.

44 Nebol'sin, *Ocherki torgovli Rossii*, 25; Kostenko, *Sredniaia Aziia*, 213.

45 Nebol'sin, *Ocherki torgovli Rossii*, 25; Rozhkova, *Ekonomicheskiie*, 68; Whitman, "Turkestan Cotton," 199, 200; Schanz, "Die Baumwolle," 88, 368; Biedermann, "Die Versorgung," 72; Sahadeo, "Cultures," 3.

46 Biedermann, "Die Versorgung," 45, 46, 59.

47 Handelsbericht des Kaiserlichen Konsulats für das Jahr 1909, in Deutsches Handels- Archiv, *Zweiter Teil: Berichte über das Ausland, Jahrgang 1911* (Berlin: Ernst Siegfried Mittler und Sohn, 1911), 168; Whitman, "Turkestan Cotton," 200; Biedermann, "Die Versorgung," 70; Schanz, "Die Baumwolle," 10, 50.

48 Whitman, "Turkestan Cotton," 200, 203; Schanz, "Die Baumwolle," 131.

49 "British and Russian Commercial Competition in Central Asia," *Asiatic Quarterly Review* (London) 7 (January - October 1889): 439; Whitman, "Turkestan Cotton," 202; E. Z. Volkov, *Dinamika narodonaselenija SSSR za vosem'desjat let* (Moscow: Gos. izd., 1930), 40, 198 - 99, 208.

50 Kolonial-Wirtschaftliches Komitee, *Baumwoll-Expedition*, 4. 이어지는 부분에서는 다음 글 을 토대로 폭넓게 활용했다. Beckert, "From Tuskegee to Togo." 다음 자료도 보라. James N. Calloway to Booker T. Washington, November 20, 1900, Booker T. Washington Papers, Manuscripts Division, Library of Congress, Washington, DC; Kolonial- Wirtschaftliches Komitee to Washington, October 10, 1900, and December 11, 1900, Booker T. Washington Papers. '면화 원정' 계획에 관해서는 다음도 보라. Kolonial- Wirtschaftliches Komitee, Antrag des Kolonialwirtschaftlichen Komitees auf Bewilligung eines Betrages von M 10,000.-zur Ausführung einer Baumwollexpedition nach Togo, Berlin, May 14, 1900, Oktober 1898 - Oktober 1900, Band 2, Kolonial-Wirtschaftliches Komitee, File 594/K81, record group R 8023, Papers of the Deutsche Kolonialgesellschaft, Bundesarchiv, Berlin. 그 일화에 관해서는 다음도 보라. Booker T. Washington, *Workings with the Hands* (New York: Doubleday, Page & Company, 1904), 226 - 30; Louis R. Harlan, "Booker T. Washington and the White Man's Burden," *American Historical Review* 71, no. 2 (January 1966): 441 - 67, 266 - 95; Edward Berman,

"Tuskegee-in-Africa," *Journal of Negro Education* 41, no. 2 (Spring 1972): 99 – 112; W. Manning Marable, "Booker T. Washington and African Nationalism," *Phylon* 35, no. 4 (December 1974), 398 – 406; Michael O. West, "The Tuskegee Model of Development in Africa: Another Dimension of the African/African-American Connection," *Diplomatic History* 16, no. 3 (Summer 1992): 371 – 87; Milfred C. Fierce, *The Pan-African Idea in the United States, 1900–1919: African-American Interest in Africa and Interaction with West Africa* (New York: Garland, 1993), 171 – 97; Maier, "Persistence," 71 – 95; Radcliffe, "Tuskegee-Togo"; Andrew Zimmermann, *Alabama in Africa: Booker T. Washington, the German Empire, and the Globalization of the New South* (Princeton, NJ: Princeton University Press, 2012).

51 이런 변화에 관한 설명으로는 다음을 보라. Beckert, "Emancipation," 1405 – 38.

52 Supf, "Zur Baumwollfrage," 8; Kolonial-Wirtschaftliches Komitee, *Baumwoll-Expedition*, 3; Hutton에 대한 비슷한 평가는 다음을 보라. Robins, "The Black Man's Crop," 4. 식민지 면화 기획에 따른 아프리카계 아메리카인들이 수행한 여행의 또 다른 사례들은 다음을 보라. Jonathan Robbins, "The Cotton Crisis: Globalization and Empire in the Atlantic World, 1901 – 1920" (PhD dissertation, University of Rochester, 2010), 220; Booker T. Washington to Beno von Herman auf Wain, September 20, 1900, Booker T. Washington Papers, Manuscripts Division, Library of Congress, Washington, DC.

53 캘러웨이(Calloway)의 인용문에 관해서는 다음을 보라. James N. Calloway to Washington, April 30, 1901, Booker T. Washington Papers, Manuscripts Division, Library of Congress, Washington, DC. 다음도 보라. James N. Calloway to Kolonial-Wirtschaftliches Komitee, 12 March 1901, file 8221, record group R 1001, Papers of the Deutsche Kolonialgesellschaft, Bundesarchiv, Berlin; M. B. K. Darkoh, "Togoland under the Germans: Thirty Years of Economic Development (1884 – 1914)," *Nigerian Geographic Journal* 10, no. 2 (1968): 112; James N. Calloway to Kolonial-Wirtschaftliches Komitee, February 3, 1901, file 8221, record group R 1001, Papers of the Deutsche Kolonialgesellschaft; James N. Calloway to Washington, February 3, 1901, Booker T. Washington Papers; James N. Calloway to Kolonial-Wirtschaftliches Komitee, May 14, 1901, file 8221, record group R 1001, Papers of the Deutsche Kolonialgesellschaft. 다음 책은 이런 일반적인 주장을 다른 맥락에서 제시한다. Melissa Leach and James Fairhead, *Misreading the African Landscape: Society and Ecology in a Forest-Savanna Mosaic* (Cambridge: Cambridge University Press, 1996); Kojo Sebastian Amanor, *The New Frontier: Farmer Responses to Land Degradation: A West African Study* (Geneva: UNRISD, 1994).

54 John Robinson to Booker T. Washington, May 26, 1901, Booker T. Washington Papers, Manuscripts Division, Library of Congress, Washington, DC; James N. Calloway to Kolonial-Wirtschaftliches Komitee, June 13, 1901, file 8221, record group R 1001,

Papers of the Deutsche Kolonialgesellschaft, Bundesarchiv, Berlin; James N. Calloway to Mr. Schmidt, November 11, 1901, file 1008, record group R 150F, Fonds Allemand 3, Papers of the Administration of the German Protectorate Togo (L'Administration du Protectorat Allemand du Togo), Archives Nationales du Togo, Lomé, microfilm copy in Bundesarchiv, Berlin; James N. Calloway to Mr. Schmidt, November 11, 1901, file 1008, record group R 150F, Fonds Allemand 3, Papers of the Administration of the German Protectorate Togo; James N. Calloway to Kolonial-Wirtschaftliches Komitee, September 2, 1901, file 8221, record group R 1001, Papers of the Deutsche Kolonialgesellschaft; John Robinson to Booker T. Washington, May 26, 1901, Booker T. Washington Papers; James N. Calloway to Kolonial-Wirtschaftliches Komitee, March 12, 1901, file 8221, record group R 1001, Papers of the Deutsche Kolonialgesellschaft. 한 출전에 따르면, 플랜테이션 농장으로 마차를 이동시키는 데 105명이 관여했다고 한다. 다음을 보라. Kolonial-Wirtschaftliches Komitee, *Baumwoll-Expedition*, 24.

55 Kolonial-Wirtschaftliches Komitee, *Baumwoll-Expedition*, 4–5, 26. 캘러웨이의 인용문에 관해서는 28–36쪽을 보라. F. Wohltmann, "Neujahrsgedanken 1905," *Der Tropenpflanzer: Zeitschrift für tropische Landwirtschaft* 9 (January 1905): 5; Karl Supf, Kolonial-Wirtschaftliches Komitee, to Kolonial-Abteilung des Auswärtigen Amtes, Berlin, August 15, 1902, file 8221, record group R 1001, Papers of the Deutsche Kolonialgesellschaft, Bundesarchiv, Berlin.

56 *Der Tropenpflanzer: Zeitschrift für tropische Landwirtschaft* 7 (January 1903): 9.

57 Isaacman and Roberts, "Cotton, Colonialism," 25; Kolonial-Wirtschaftliches Komitee, *Deutsch-Koloniale Baumwoll-Unternehmungen, Bericht XI* (Frühjahr 1909), 28, file 8224, record group R 1001, Papers of the Deutsche Kolonialgesellschaft, Bundes-archiv, Berlin; Sunseri, "Baumwollfrage," 46, 48; Kolonial-Wirtschaftliches Komitee, "Verhandlungen der Baumwoll-Kommission des Kolonial-Wirtschaftlichen Komitees vom 25. April 1912," 169. 다음 글은 서로 다른 맥락에서 식민지 면화 기획에 반대했던 농민 저항 사례를 기술한다. Allen Isaacman et al., "'Cotton Is the Mother of Poverty': Peasant Resistance to Forced Cotton Production in Mozambique, 1938–1961," *International Journal of African Historical Studies* 13, no. 4 (1980): 581–615.

58 Thomas Ellison, *The Cotton Trade of Great Britain* (New York: A. M. Kelley, 1968), 95; "Cotton in British East Africa," *Imperial and Asiatic Quarterly Review*, Third Series, 24 (July–October 1907): 85; Ehrlich, "Marketing," 1; British Cotton Growing Association, *Second Annual Report, for the Year Ending August 31st, 1906* (Manchester: Head Office, 1906), 23.

59 Kolonial-Wirtschaftliches Komitee, "Verhandlungen," 169; Doran H. Ross, ed., *Wrapped* *in Pride: Ghanaian Kente and African American Identity* (Los Angeles: UCLA Fowler Museum of Cultural History, 1998), 126–49; Agbenyega Adedze, "Cotton in Eweland: Historical Perspectives," in Ross, ed., *Wrapped in Pride*, 132. 그 수치는 Maier, "Persistence," 75에서 인용했다. 다음 자료도 보라. Sebald, *Togo 1884–1914*, 30; Metzger, *Unsere*, 242; "Der Baumwollbau in Togo, Seine Bisherige Entwicklung, und sein jetziger Stand," undated draft of an article, file 8224, record group R 1001, Papers of the Deutsche Kolonialgesellschaft, Bundesarchiv, Berlin; Freiherr von Danckelman, *Mittheilungen von Forschungsreisenden und Gelehrten aus den Deutschen Schutzgebieten* 3 (1890): 140–41; "Bericht über den Baumwollbau in Togo," Enclosure in Kaiserliches Gouvernment Togo, Gouverneur Zech, to Reichskolonialamt, Berlin, November 23, 1909, 1, file 8223, record group R 1001, Papers of the Deutsche Kolonialgesellschaft; Isaacman and Roberts, "Cotton, Colonialism," 12.

60 John Robinson, quoted in Kolonial-Wirtschaftliches Komitee, *Deutsch-Koloniale Baumwoll-Unternehmungen*, 1902, 1903 (Berlin, 1903), 18; *Zeitfragen: Wochenschrift für deutsches Leben*, May 1, 1911, 1.

61 독일의 면화 상인들은 특히 터스키기(Tuskegee) 전문가들의 도움을 받아 이런 조면과 압착 공정을 개발하는 일에 적극적이었다. 그리고 1902년에 베를린에서 민간기업인 독일토고회사(Deutsche Togogesellschaft)를 설립하여 토고에서 조면소를 건설하고 면화 구매를 대행했다. 다음을 보라. "Prospekt der Deutschen Togogesellschaft," Berlin, April 1902, private archive, Freiherr von Herman auf Wain, Schloss Wain, Wain, Germany; Karl Supf, *Deutsch-Koloniale Baumwoll-Unternehmungen, Bericht IX* (Berlin: Mittler, 1907), 304. 다음도 보라. G. H. Pape to Bezirksamt Atakpame, April 5, 1909, file 1009, record group R 150F, Fonds Allemand 3 Papers of the Administration of the German Protectorate Togo (L'Administration du Protectorat Allemand du Togo), Archives Nationales du Togo, Lomé, microfilm copy in Bundesarchiv, Berlin. 그들은 1908~1909년 시즌에 조면하여 해안으로 운반한 면화에 파운드당 30페니히라는 최저 가격을 명시했다. 이에 대해서는 다음을 보라. Verhandlungen des Kolonial-Wirtschaftlichen Komitees und der Baumwoll-Komission, November 11, 1908, file 8223, record group R 1001, Papers of the Deutsche Kolonialgesellschaft, Bundesarchiv, Berlin; Kolonial-Wirtschaftliches Komitee, *Deutsch-Koloniale Baumwoll-Unternehmungen*, 1902, 1903 (Berlin, 1903), 17; Radcliffe, "Tuskegee-Togo," 103.

62 James N. Calloway to Kolonial-Wirtschaftliches Komitee, June 13, 1901, file 8221, record group R 1001, Papers of the Deutsche Kolonialgesellschaft, Bundesarchiv, Berlin. 1903년에 존 로빈슨(John Robinson)은 토브에서 로메까지 운송하는 데 10~12일이 걸렸다. Kolonial-Wirtschaftliches Komitee, *Deutsch-Koloniale*, 21; Karl Supf, Kolonial-

Wirtschaftliches Komitee, to Auswärtiges Amt, Kolonial-Abteilung, May 10, 1902, file 8221, record group R 1001, Papers of the Deutsche Kolonialgesellschaft.

63 독일의 면화 이해 세력은 외무부 식민국에 사실상의 강제노역자가 되어버린 납세자들을 동원해 무료로 면화를 토브에서 해안으로 운반할 것을 요청했다. 다음을 보라. Karl Supf, Kolonial-Wirtschaftliches Komitee, to Auswärtiges Amt, Kolonial-Abteilung, Nov. 15, 1901, 8221, record group R 1001, Papers of the Deutsche Kolonialgesellschaft, Bundesarchiv, Berlin. 다음도 보라. "Station Mangu No. 170/11, May 8, 1911, file 4047, record group R 150F, Fonds Allemand 3, Papers of the Administration of the German Protectorate Togo (L'Administration du Protectorat Allemand du Togo), Archives Nationales du Togo, Lomé, microfilm copy in Bundesarchiv, Berlin; Supf, "Zur Baumwollfrage," 12.

64 Radcliffe, "Tuskegee-Togo," 107; Verhandlungen des Kolonial-Wirtschaftlichen Komitees und der Baumwoll-Komission, November 11, 1908, file 8223, record group R 1001, Papers of the Deutsche Kolonialgesellschaft, Bundesarchiv, Berlin; Metzger, *Unsere Alte Kolonie*, 245, 252. 제1차 세계대전 이후 토고에서 수출된 면화에 관한 추가 통계에 관해서는 다음을 보라. "Togo: La production du Coton," in *Agence Extérieure et Coloniale*, October 29, 1925. 면화의 생산은 20세기 내내 지속적으로 증대했다. 2002~2003년 토고에서는 8,000만*kg*의 면화가 생산되었는데, 이는 1936년 생산량의 19배, 1913년 생산량의 160배에 해당한다. 다음을 보라. Reinhart, "Cotton Market Report 44" (January 23, 2004), accessed January 30, 2004, http://www.reinhart.ch/pdf_files/marketreportch.pdf.

65 Maier, "Persistence," 77. 더욱이 토고의 넓은 지역에 정착민의 인구밀도는 낮았으며 면화 생산을 위한 잉여 노동력 역시 부족했다. 다음을 보라. G. H. Pape, "Eine Berichtigung zu dem von Prof. Dr. A. Oppel verfassten Aufsatz 'Der Baumwollanbau in den deutschen Kolonien und seine Aussichten,'" file 3092, record group R 150F, Fonds Allemand 3, Papers of the Administration of the German Protectorate Togo (L'Administration du Protectorat Allemand du Togo), Archives Nationales du Togo, Lomé, microfilm copy in Bundesarchiv, Berlin. 간작(間作)에 관해서는 다음 자료도 보라. Bassett, *Peasant Cotton*, 57; "Bericht über den Baumwollbau in Togo," Enclosure in Kaiserliches Gouvernement Togo, Gouverneur Zech to Reichskolonialamt Berlin, November 23, 1909, 2, file 8223, record group R 1001, Papers of the Deutsche Kolonialgesellschaft, Bundesarchiv, Berlin; Beckert, "Emancipation"; Etienne, *Die Baumwollzucht*, 39.

66 The Dutch merchant is quoted in Adedze, "Cotton in Eweland," 132; "Der Baumwollbau in Togo, Seine Bisherige Entwicklung, und sein jetziger Stand," undated draft of an article, 8224, record group R 1001, Papers of the Deutsche Kolonialgesellschaft, Bundesarchiv, Berlin.

67 Kolonial-Wirtschaftliches Komitee, *Baumwoll-Expedition*, 44; signed Agreement between Graf Zech and Freese (for the Vietor company), March 1, 1904, file 332, record group R 150F, Fonds Allemand 1, Papers of the Administration of the German Protectorate Togo (L'Administration du Protectorat Allemand du Togo), Archives Nationales du Togo, Lomé, microfilm copy in Bundesarchiv, Berlin; Vail and White, "Tawani, Machambero," 241; Roberts, "Coercion," 223, 231, 236; Bassett, *Peasant Cotton*, 66; Isaacman and Roberts, "Cotton, Colonialism," 16.

68 이는 다음 글에서도 주장된 바이다. Morel, *Affairs*, 192. 다음도 보라. A. McPhee, *Economic Revolution in British West Africa* (London: Cass, 1926), 49; Marion Johnson, "Cotton Imperialism in West Africa," *African Affairs* 73, no. 291 (April 1974): 182, 183.

69 *Deutsch-Koloniale Baumwoll-Unternehmungen, Bericht XI* (Frühjahr 1909), file 3092, record group R 150F, Fonds Allemand 3, Papers of the Administration of the German Protectorate Togo (L'Administration du Protectorat Allemand du Togo), Archives Nationales du Togo, Lomé, microfilm copy in Bundesarchiv, Berlin; James Stephen as quoted in David Brion Davis, *Slavery and Human Progress* (New York: Oxford University Press, 1984), 218.

70 Supf, "Zur Baumwollfrage," 9, 12; Gouverneur of Togo to Herrn Bezirksamtsleiter von Atakpame, December 9 (no year), file 1008, record group R 150F, Fonds Allemand 3, Papers of the Administration of the German Protectorate Togo; "Massnahmen zur Hebung der Baumwollkultur im Bezirk Atakpakme unter Mitwirkung des Kolonialwirtschaftlichen Komitees," Verwaltung des deutschen Schutzgebietes Togo, file 1008, record group R 150F, Fonds Allemand 3, Papers of the Administration of the German Protectorate Togo. 토고 총독에 관해서는 다음을 보라. Kolonial-Wirtschaftliches Komitee, *Deutsch-Koloniale Baumwoll-Unternehmungen*, 57–59; "Baumwollinspektion für Togo," file 1008, record group R 150F, Fonds Allemand 3, Papers of the Administration of the German Protectorate Togo. 존 로빈슨은 1904년에 "[토고 사람들의] 습관은 하루 아침에 바뀌지 않는다"라고 말한 바 있다. 다음을 보라. "Baumwollanbau im Schutzgebiet Togo, Darlegungen des Pflanzers John W. Robinson vom 26. 4. 1904 betr. die Vorausetzungen, Boden-und Klimaverhältnisse, Methoden und Arbeitsverbesserung, Bewässerung," Fragment, file 89, record group R 150F, Fonds Allemand 1, Papers of the Administration of the German Protectorate Togo.

71 Paul Friebel to Togo Baumwollgesellschaft, Atakpame, April 7, 1911, File 7, 2016, 1, Papers of the Togo Baumwollgesellschaft mbH, Staatsarchiv Bremen, Bremen, Germany. 아프리카에서의 영국면화재배협회의 경험은 여러 면에서 독일의 경험과 유사하다. 그 역사에 관해서는 다음을 보라. Robins, "The Black Man's Crop."

72 다음을 보라. "Baumwollanbau im Schutzgebiet Togo, Darlegungen des Pflanzers John W. Robinson vom 26. 4. 1904 betr. die Voraussetzungen, Boden-und Klimaverhältnisse, Methoden und Arbeitsverbesserung, Bewässerung," Fragment, 13 and 49, file 89, record group R 150F, Fonds Allemand 1, Papers of the Administration of the German Protectorate Togo (L'Administration du Protectorat Allemand du Togo), Archives Nationales du Togo, Lomé, microfilm copy in Bundesarchiv, Berlin; Anson Phelps Stokes, *A Brief Biography of Booker Washington* (Hampton, VA: Hampton Institute Press, 1936), 13; John Robinson to Graf Zech, January 12, 1904, file 332, record group R 150F, Fonds Allemand 1, Papers of the Administration of the German Protectorate Togo.

73 Bassett, *Peasant Cotton*, 55, 59; Julia Seibert, "Arbeit und Gewalt: Die langsame Durchsetzung der Lohnarbeit im kolonialen Kongo, 1885 – 1960" (PhD dissertation, University of Trier, 2012), 186 – 206; Isaacman and Roberts, "Cotton, Colonialism," 27; Vail and White, "Tawani, Machambero," 252, 253.

74 다음 책에서 이에 관한 탁월한 개설적 설명을 볼 수 있다. Isaacman and Roberts, eds., *Cotton, Colonialism*. 독일의 면화 전문가들은 여전히 영국이 아프리카에서 거둔 성공을 부러워했다. 다음을 보라. O. Warburg, "Zum Neuen Jahr 1914," *Der Tropenpflanzer: Zeitschrift für tropische Landwirtschaft* 18 (January 1914): 9; Polly Hill, *The Migrant Cocoa-Farmers of Southern Ghana: A Study in Rural Capitalism* (Cambridge: Cambridge University Press, 1963); League of Nations, Economic and Financial Section, International Statistical Yearbook 1926 (Geneva: Publications of League of Nations, 1927), 72; League of Nations, Economic Intelligence Service, *Statistical Year-book of the League of Nations 1939/40* (Geneva: Series of League of Nations Publications, 1940), 122; National Cotton Council of America, accessed April 10, 2013, http://www.cotton.org/econ/cropinfo/cropdata/country-statistics.cfm; Etonam Digo, "Togo Expects to Meet Cotton Production Targets as Harvest Avoids Flooding," Bloomberg, October 29, 2010, accessed April 10, 2013, http://www.bloomberg.com/news/2010 – 10 – 29/togo-expects-to-meet-cotton-production-targets-as-harvest-avoids-flooding.html.

75 Isaacman and Roberts, eds., *Cotton, Colonialism*; Bassett, *Peasant Cotton*; Ehrlich, "Marketing," 28 – 33; 식민지면화협회에 관해서는 다음을 보라. Kolonial-Wirtschaftliches Komitee, *Deutsch-Koloniale Baumwoll-Unternehmungen*, 66 – 68, 69 – 71. 수단에 대해서는 다음을 보라. Booker T. Washington to Gladwin Bouton, May 6, 1915, and Leigh Hart to Booker T. Washington, February 3, 1904, Booker T. Washington Papers, Library of Congress, Washington, DC; Radcliffe, "Tuskegee-Togo," 3, 133, 135; Karl Supf, *Deutsch-Koloniale Baumwoll-Unternehmungen*, 295, 297. 독일의 식민지 면화 활동가들은 프랑스인, 영국인, 러시아인의 경험을 자주 언급했다. 예컨대 다음을 보라. Kolonial-Wirtschaftliches

Komitee, *Deutsch-Koloniale Baumwoll-Unternehmungen*, 66 – 71; "Anlage zum Bericht des Kaiserlichen Generalkonsulats in Saint Petersburg," December 26, 1913, sent to Reichs-Kolonialamt and the Governor of Togo, 360, record group R 150F, Fonds Allemand 1, Papers of the Administration of the German Protectorate Togo (L'Administration du Protectorat Allemand du Togo), Archives Nationales du Togo, Lomé, microfilm copy in Bundesarchiv, Berlin; copy of a report by R. B. D. Morier to the Secretary of State, The Marquis of Salisbury, October 12, 1889, Compilations Vol. 51, 1890, Compilation No. 476, "Establishment by the Russian Government of a Model Cotton Plantation in the Merva Oasis," Revenue Department, Maharashtra State Archives, Mumbai; Robins, "The Black Man's Crop," 16; Ministère des Affaires étrangères, Direction des Affaires politiques et commerciales, No. 88, Copie M, Verchere de Reffye, Consul de France à Alexandrie à M. Pincarem Alexandrie, August 30, 1912, and Dépêche de Consulat de France, Saint Petersburg, June 15, 1912, in 9 AFFECO, Affairs économquie, Fonds Ministeriels, Archives d'outre-mer, Aix-en-Provence; *The Fourth International Congress of Delegated Representatives of Master Spinners' and Manufacturers' Associations, Held in Musikvereinsgebäude, Vienna, May 27th to 29th, 1907* (Manchester: Taylor, Garnett, Evans, & Co., 1907), 306; International Cotton Congress, *Official Report of the International Cotton Congress, Held in Egypt, 1927* (Manchester: Taylor Garnett Evans & Co. Ltd., 1927), 179 – 89.

76   면화 생산을 증대하기 위한 소련의 노력에 관해서는 다음을 보라. Obertreis, *Imperial Desert Dreams*; Maya Peterson, "Technologies of Rule: Empire, Water, and the Modernization of Central Asia, 1867 – 1941" (PhD dissertation, Harvard University, 2011); Christof Dejung, "The Boundaries of Western Power: The Colonial Cotton Economy in India and the Problem of Quality," in Christof Dejung and Niels P. Petersson, eds., *The Foundations of Worldwide Economic Integration: Power, Institutions, and Global Markets, 1850–1930* (Cambridge: Cambridge University Press, 2012), 156; Rudolf Asmis and Dr. Zeller, Taschkent, April 10, 1923, mailing of colonial cotton brochures, Berlin, May 7, 1923; memo, Der heutige Stand der Baumwollkultur in Turkestan und das Problem einer deutschen Mitarbeit an ihrem Wiederaufbau; minutes of the meeting of the Baumwoll-Kommission des Kolonial-Wirtschaftlichen Komitees, June 28, 1923; minutes of the meeting of the Baumwollbau-Kommission, Diskonto Gesellschaft, Berlin, July 12, 1923, all in Kolonial-Wirtschaftliches Komitee, R 8024/25, Bundesarchiv, Berlin; *Ekonomitsceskaja Shisnj*, July 12, 1923, translated by the German embassy in Moscow, in Kolonialwirtschaftliches Komitee, R 8024/25, Bundesarchiv, Berlin. 중앙아시아에서 면화 전문가들이 메뚜기떼를 퇴치하지 못해 처형당한 일을 기록한 문서들이 존재한다.

77 전혀 다른 맥락에서, 카렌 위겐(Kären Wigen)은 일본의 특정 지역이 국가 경제와 글로벌 경제에 통합되는 것에 관해 유사한 이야기를 들려주었다. 다음을 보라. Kären Wigen, *The Making of a Japanese Periphery, 1750–1920* (Berkeley: University of California Press, 1995).

78 Buehler, "Die Unabhängigkeitsbestrebungen," 91; Bleifuss and Hergenröder, *Die "Otto-Plantage Kilossa,"* 39; Pierre de Smet, *Les origins et l'organisation de la filature de coton en Belgique. Notice publiée à l'occasion du 25ème anniversaire de l'Association Cotonnière de Belgique* (Brüssels, 1926), 1; Obertreis, *Imperial Desert Dreams*, chapter 1, 67; E. R. B. Denniss, "Government of the Soudan Loan Guarantee," *Parliamentary Debates*, Fifth Series, vol. 52, col. 428, April 23, 1913.

79 10장의 주석 5를 보라.

13장 남반구의 귀환

1 Kenneth L. Gillion, *Ahmedabad: A Study in Indian Urban History* (Berkeley: University of California Press, 1968), 69; Makrand Mehta, *The Ahmedabad Cotton Textile Industry: Genesis and Growth* (Ahmedabad: New Order Book Co., 1982), viii, 33–34, 43, 50, 53; Dwijendra Tripathi, *Historical Roots of Industrial Entrepreneurship in India and Japan: A Comparative Interpretation* (New Delhi: Manohar, 1997), 108; Sujata Patel, *The Making of Industrial Relations: The Ahmedabad Textile Industry, 1918–1939* (Oxford: Oxford University Press, 1987), 21–22.

2 Mehta, *The Ahmedabad Cotton Textile Industry*, 54, 57; *Times of India*, June 12, 1861.

3 Mehta, *The Ahmedabad Cotton Textile Industry*, 6, 8–9, 14, 20.

4 Ibid., 66, 67, 77ff., 80, 85–87, 96–102; Salim Lakha, *Capitalism and Class in Colonial India: The Case of Ahmedabad* (New Delhi: Sterling Publishers, 1988), 64–66; Patel, *The Making of Industrial Relations*, 13, 21, 22, 23, 24; Tripathi, *Historical Roots of Industrial Entrepreneurship in India and Japan*, 107; Irina Spector-Marks, "Mr. Ghandi Visits Lancashire: A Study in Imperial Miscommunication" (Honors Thesis, Macalester College, 2008), 23.

5 Stephan H. Lindner, "Technology and Textiles Globalization," *History and Technology* 18 (2002), 3; Douglas A. Farnie and David J. Jeremy, *The Fibre that Changed the World: The Cotton Industry in International Perspective, 1600–1990s* (Oxford: Oxford University Press, 2004), 23; Lindner, "Technology and Textiles Globalization," 4; John Singleton, *Lancashire on the Scrapheap: The Cotton Industry, 1945–1970* (Oxford: Oxford University Press, 1991), 11; Douglas A. Farnie and Takeshi Abe, "Japan, Lancashire and the Asian Market for

Cotton Manufactures, 1890 – 1990," in Douglas Farnie et al., eds., *Region and Strategy in Britain and Japan, Business in Lancashire and Kansai, 1890–1990* (London: Routledge, 2000), 140, 147.

6   Farnie and Jeremy, *The Fibre That Changed the World*, 23; David L. Carlton and Peter A. Coclanis, "Southern Textiles in Global Context," in Susanna Delfino and Michele Gillespie, eds., *Global Perspectives on Industrial Transformation in the American South* (Columbia: University of Missouri Press, 2005) 153, 155; Gary R. Saxonhouse and Gavin Wright, "New Evidence on the Stubborn English Mule and the Cotton Industry, 1878 – 1920," *Economic History Review*, New Series, 37, no. 4 (November 1984): 519. 인도의 방추보다 일본의 방추에서 훨씬 더 많은 면사가 생산되었다는 점에 주목하는 것이 중요하다.

7   Arno S. Pearse, *The Cotton Industry of India, Being the Report of the Journey to India* (Manchester: Taylor, Garnett, Evans, 1930), 3.

8   Pearse, *The Cotton Industry of India*, 101; Philip T. Silvia, "The Spindle City: Labor, Politics, and Religion in Fall River, Massachusetts, 1870 – 1905" (PhD dissertation, Fordham University, 1973), 7; Thomas Russell Smith, "The Cotton Textile Industry of Fall River, Massachusetts: A Study of Industrial Localization" (PhD dissertation, Columbia University, 1943), 21; William F. Hartford, *Where Is Our Responsibility?: Unions and Economic Change in the New England Textile Industry, 1870–1960* (Amherst: University of Massachusetts Press, 1996), 7 – 8, 54; John T. Cumbler, *Working-Class Community in Industrial America: Work, Leisure, and Struggle in Two Industrial Cities, 1880–1930* (Westport, CT: Greenwood, 1979), 54.

9   Hartford, *Where Is Our Responsibility?* 12, 28; Mary H. Blewett, *Constant Turmoil: The Politics of Industrial Life in Nineteenth-Century New England* (Amherst: University of Massachusetts Press, 2000), 183; Massachusetts Bureau of Statistics of Labor, *Thirteenth Annual Report* (Boston: Rand, Avery & Co., 1882), 195.

10   Cumbler, *Working-Class Community in Industrial America*, 105, 118; Dietrich Ebeling et al., "The German Wool and Cotton Industry from the Sixteenth to the Twentieth Century," in Lex Heerma van Voss, Els Hiemstra-Kuperus, and Elise van Nederveen Meerkerk, eds., *The Ashgate Companion to the History of Tex-tile Workers, 1650–2000* (Burlington, VT: Ashgate, 2010), 227. 매사추세츠 노동통계국은 한 가족이 주거비, 광열비, 식비, 피복비로 사용하는 데 필요한 연간 최소비용을 400달러로 추산했다. 다음을 보라. Massachusetts Bureau of Statistics of Labor, *Sixth Annual Report* (Boston: Wright and Potter, 1875), 118, 221 – 354, esp. 291, 372, 373, 441.

11   Hartford, *Where Is Our Responsibility?* 7 – 17, 29; Isaac Cohen, "American Management and British Labor: Lancashire Immigrant Spinners in Industrial New England," *Comparative Studies in Society and History* 27, no. 4 (October 1, 1985): 611, 623–24; Blewett, *Constant Turmoil*, 112; David Montgomery, *The Fall of the House of Labor: The Workplace, the State, and American Labor Activism, 1865–1925* (New York: Cambridge University Press, 1989), 163.

12 R. B. Forrester, *The Cotton Industry in France* (Manchester: Manchester University Press, 1921), 100; Claude Fohlen, *L'industrie textile au temps du Second Empire* (Paris: Librairie Plon, 1956), 412; David Allen Harvey, *Constructing Class and Nationality in Alsace, 1830–1945* (DeKalb: Northern Illinois University Press, 2001), 3, 64, 65.

13 Ebeling et al.,"The German Wool and Cotton Industry," 228; R. M. R. Dehn, *The German Cotton Industry* (Manchester: Manchester University Press, 1913), 71–72.

14 M.V. Konotopov et al., *Istoriia otechestvennoi tekstil'noi promyshlennosti* (Moscow: Legprombytizdat, 1992), 179; Dave Pretty, "The Cotton Textile Industry in Russia and the Soviet Union," in Van Voss et al., eds., *The Ashgate Companion to the History of Textile Workers*, 435–37, 439; Dave Pretty, "The Cotton Textile Industry in Russia and the Soviet Union" (presentation, Textile Conference, International Institute of Social History, Amsterdam, November 2004), 17, 33.

15 Andreas Balthasar, Erich Gruner, and Hans Hirter, "Gewerkschaften und Arbeitgeber auf dem Arbeitsmarkt: Streiks, Kampf ums Recht und Verhältnis zu anderen Interessengruppen," in Erich Gruner, ed., *Arbeiterschaft und Wirtschaft in der Schweiz 1880–1914: Soziale Lage, Organisation und Kämpfe von Arbeitern und Unternehmern, politische Organisation und Sozialpolitik*, vol. 2, part 1 (Zürich: Chronos, 1988), 456ff., 464; Angel Smith et al., "Spain," in Van Voss et al., eds., *The Ashgate Companion to the History of Textile Workers*, 465–67; Elise van Nederveen Meerkerk, Lex Heerman van Voss, and Els Hiemstra-Kuperus, "The Netherlands," in Van Voss et al., eds., *The Ashgate Companion to the History of Textile Workers*, 388.

16 T. J. Hatton, G. R. Boyer, and R. E. Bailey, "The Union Wage Effect in Late Nineteenth Century Britain," *Economica* 61, no. 244 (November 1994): 436, 449; Farnie and Abe, "Japan, Lancashire and the Asian Market for Cotton Manufactures," 134, 136; William Lazonick, *Competitive Advantage on the Shop Floor* (Cambridge, MA: Harvard University Press, 1990), 115, 136.

17 Charles Tilly, "Social Change in Modern Europe: The Big Picture," in Lenard R. Berlanstein, ed., *The Industrial Revolution and Work in Nineteenth-Century Europe* (New York: Routledge, 1992), 54–55; Elise van Nederveen Meerkerk, Lex Heerma van Voss, and Els Hiemstra-Kuperus, "Covering the World: Some Conclusions to the Project," in

Van Voss et al., eds., *The Ashgate Companion to the History of Textile Workers*, 773 – 92.

18 Dehn, *The German Cotton Industry*, 94; Kathleen Canning, *Languages of Labor and Gender: Female Factory Work in Germany, 1850–1914* (Ann Arbor: University of Michigan Press, 2002), 261; Günter Kirchhain, "Das Wachstum der deutschen Baumwollindustrie im 19. Jahrhundert: Eine historische Modellstudie zur empirischen Wachstumsforschung" (PhD dissertation, University of Münster, 1973), 86; Patricia Penn Hilden, "Class and Gender: Conflicting Components of Women's Behaviour in the Textile Mills of Lille, Roubaix and Tourcoing, 1880 – 1914," *Historical Journal* 27, no. 2 (June 1984): 378; Smith et al., "Spain," 468.

19 Dehn, *The German Cotton Industry*, 82; Kirchhain, "Das Wachstum der deutschen Baumwollindustrie," 159 – 60. 실질 임금이 (1913년 마르크화 가치로) 연 563.58마르크에서 연 860마르크로 상승했다. 다음 책의 부록에 수록된 표 A.5 '1850~1985 독일의 생계비용 지수(1913=100)'에서 국민순생산(NNP)의 임플리시트 디플레이터를 보라. P. Scholliers and Z. Zamagni, eds., *Labour's Reward: Real Wages and Economic Change in 19th-and 20th-Century Europe* (Brookfield, VT: Edward Elgar Publishing, 1995), 226. 2주 동안 12일을 일한다고 상정하면, 1870년 알자스의 일당은 1910년의 프랑화 가치로 볼 때 2.51~3.00프랑이었고, 1910년에는 5.42~6.25프랑이었다. 실질임금을 산출하려면 다음을 보라. Table H1, Wholesale Price Indices, in B. R. Mitchell, *International Historical Statistics: Europe, 1750–2005* (New York: Palgrave Macmillan, 2007), 955 – 56. Smith et al., "Spain," 469; Smith, "The Cotton Textile Industry of Fall River," 88. 1890년대에 도퍼들은 (2011년 달러 가치로) 하루 35.92달러를, 1920년에는 하루 53.72달러를 벌었다. 방직기 수리공의 임금은 1890년 하루 42.39달러에서 1920년 하루 81.92달러로 상승했다. 다음 책에 수록된 표3 '1907-1912년 연간 주(state)별 시급 분류표'를 보라. Fred Cleveland Croxton, *Wages and Hours of Labor in the Cotton, Woolen, and Silk Industries* (Washington, DC: Government Printing Office, 1913).

20 Harvey, *Constructing Class and Nationality in Alsace*, 82; Dehn, *The German Cotton Industry*, 94; Georg Meerwein, "Die Entwicklung der Chemnitzer bezw. sächsischen Baumwollspinnerei von 1789 – 1879" (PhD dissertation, University of Heidelberg, 1914), 94; Beth English, "Beginnings of the Global Economy: Capital Mobility and the 1890s U.S. Textile Industry," in Delfino and Gillespie, eds., *Global Perspectives on Industrial Transformation in the American South*, 177; Walter Bodmer, *Die Entwicklung der schweizerischen Textilwirtschaft im Rahmen der übrigen Industrien und Wirtschaftszweige* (Zürich: Verlag Berichthaus, 1960), 397.

21 English, "Beginnings of the Global Economy," 176; W. F. Bruck, *Die Geschichte des Kriegsausschusses der deutschen Baumwoll-Industrie* (Berlin: Kriegsausschuss der Deutschen

Baumwoll-Industrie, 1920), 11; John Steven Toms, "Financial Constraints on Economic Growth: Profits, Capital Accumulation and the Development of the Lancashire Cotton-Spinning Industry, 1885–1914," *Accounting Business and Financial History* 4, no. 3 (1994): 367; J. H. Bamberg, "The Rationalization of the British Cotton Industry in the Interwar Years," *Textile History* 19, no. 1 (1988): 85; M. W. Kirby, "The Lancashire Cotton Industry in the Inter-War Years: A Study in Organizational Change," *Business History* 16, no. 2 (1974): 151.

22 Kirchhain, "Das Wachstum der deutschen Baumwollindustrie," 95, 166; Gregory Clark, "Why Isn't the Whole World Developed? Lessons from the Cotton Mills," *Journal of Economic History* 47, no. 1 (March 1987): 145, 148; Hermann Kellenbenz, *Deutsche Wirtschaftsgeschichte*, vol. 2 (München: Beck, 1981), 406; Meerkerk et al., "Covering the World," 785.

23 Gisela Müller, "Die Entstehung und Entwicklung der Wiesentäler Textilindustrie bis zum Jahre 1945" (PhD dissertation, University of Basel, 1965), 49; *Deutsche Volkswirtschaftlichen Correspondenz* 42 (Ulm: Gebrüder Rübling, 1879), 8; Brian A'Hearn, "Institutions, Externalities, and Economic Growth in Southern Italy: Evidence from the Cotton Textile Industry, 1861–1914," *Economic History Review* 51, no. 4 (1998): 742; Jörg Fisch, *Europa zwischen Wachstum und Gleichheit, 1850–1914* (Stuttgart: Ulmer, 2002), 65; Tom Kemp, *Economic Forces in French History* (London: Dennis Dobson, 1971), 184; Auguste Lalance, *La crise de l'industrie cotonnière* (Mulhouse: Veuve Bader & Cie., 1879), 6.

24 Department of Commerce and Labor, Bureau of Manufactures, and W. A. Graham Clark, *Cotton Goods in Latin America: Part 1, Cuba, Mexico, and Central America* (Washington, DC: Government Printing Office, 1909), 6–7, 14; Jordi Nadal, "The Failure of the Industrial Revolution in Spain, 1830–1914," in Carlo M. Cipolla, ed., *The Fontana Economic History of Europe*, vol. 4, part 2, *The Emergence of Industrial Societies* (Great Britain: Fontana, 1973), 612–13; M. V. Konotopov et al., *Istoriia otechestvennoi tekstil'noi promyshlennosti* (Moscow: Legprombytizdat, 1992), 268–69. 앳킨슨(Atkinson)에 관해서는 다음을 보라. Edward Atkinson, *Cotton: Articles from the New York Herald* (Boston: Albert J. Wright, 1877), 31.

25 예를 들어 맨체스터상공회의소 회의록에 다음과 같이 반영되었다. M8/2/1/16, Proceedings of the Manchester Chamber of Commerce, 1919–1925, Manchester Library and Local Studies, Manchester.

26 *Times*, September 6, 1927, 13; James Watt Jr. to Richard Bond, Esq., July 7, 1934, in DDX1115/6/26, Liverpool Records Office, Liverpool도 참조하라. as quoted in Spector-Marks, "Mr. Ghandi Visits Lancashire," 44.

27 "Textile Shutdown Visioned by Curley: New England Industry Will Die in Six Months Unless Washington Helps, He Says," *New York Times*, April 15, 1935. 직물 생산의 지리적 위치를 선정하는 데에서 임금비용이 차지하는 중요성은 암스테르담 소재 사회사연구소의 다년 조사 프로젝트의 세 가지 핵심적인 발견 가운데 하나이다. 다음을 보라. Meerkerk et al., "Covering the World," 774.

28 유럽과 미국 사이의 이런 갈등에 관해서는 다음을 보라. Sven Beckert, "Space Matters: Eurafrica, the American Empire and the Territorialization of Industrial Capitalism, 1870 – 1940" (article in progress).

29 Carlton and Coclanis, "Southern Textiles in Global Context," 160, 167ff.; Alice Carol Galenson, *The Migration of the Cotton Textile Industry from New England to the South, 1880–1930* (New York: Garland, 1985), 2; Timothy J. Minchin, *Hiring the Black Worker: The Racial Integration of the Southern Textile Industry, 1960–1980* (Chapel Hill: University of North Carolina Press, 1999), 9; Robert M. Brown, "Cotton Manufacturing: North and South," *Economic Geography* 4, no. 1 (January 1, 1928): 74 – 87.

30 Mildred Gwin Andrews, *The Men and the Mills: A History of the Southern Textile Industry* (Macon, GA: Mercer University Press, 1987), 1; Galenson, *The Migration of the Cotton Textile Industry*, 189 – 90; Carlton and Coclanis, "Southern Textiles in Global Context," 155, 156, 158. '노동쟁의'라는 인용구에 관해서는 다음을 보라. *Commercial Bulletin*, September 28, 1894, as quoted in Beth English, *A Common Thread: Labor, Politics, and Capital Mobility in the Textile Industry* (Athens: University of Georgia Press, 2006), 39; *Lynchburg News*, January 18, 1895, as cited in English "Beginnings of the Global Economy," 176; Hartford, *Where Is Our Responsibility?*, 54.

31 Elijah Helm, "An International of the Cotton Industry," *Quarterly Journal of Economics* 17, no. 3 (May 1903): 428; Galenson, *The Migration of the Cotton Textile Industry*, 186; Melvin Thomas Copeland, *The Cotton Manufacturing Industry of the United States* (New York: A. M. Kelley, 1966), 40, 46. 다음 자료들도 보라. Steven Hahn, *The Roots of Southern Populism* (New York: Oxford University Press, 1983); Gavin Wright, "The Economic Revolution in the American South," *Journal of Economic Perspectives* 1, no. 1 (Summer 1987): 169. 다음 글은 남반구 농촌 지역의 변형이 아메리카 남부에서 임금노동자가 출현한 일과 어떤 연관이 있는지를 들려준다. Barbara Fields, "The Nineteenth-Century American South: History and Theory," *Plantation Society in the Americas* 2, no. 1 (April 1983): 7 – 27; Steven Hahn, "Class and State in Postemancipation Societies: Southern Planters in Comparative Perspective," *American Historical Review* 95, no. 1 (1990): 75 – 88; *Southern and Western Textile Excelsior*, December 11, 1897, as cited in English, "Beginnings of the Global Economy," 188; English, *A Common Thread*, 116.

32   Galenson, *The Migration of the Cotton Textile Industry*, 141; Copeland, *The Cotton Manufacturing Industry*, 42; Katherine Rye Jewell, "Region and Sub-Region: Mapping Southern Economic Identity" (unpublished paper, 36th Annual Meeting of the Social Science History Association, Boston, 2011).

33   Geoffrey Jones and Judith Vale, "Merchants as Business Groups: British Trading Companies in Asia before 1945," *Business History Review* 72, no. 3 (1998): 372. 포르투갈 에 관해서는 다음을 보라. Board Minutes, vol. 1, 1888 – 1905, Boa Vista Spinning & Weaving Company, Guildhall Library, London. 오스만 제국에 관해서는 다음을 보라. Necla Geyikdagi, *Foreign Investment in the Ottoman Empire: International Trade and Relations, 1854–1914* (New York: I. B. Tauris, 2011), 131; E. R. J. Owen, "Lord Cromer and the Development of Egyptian Industry, 1883 – 1907," *Middle Eastern Studies* 2, no. 4 (July 1966): 283, 289; Arno S. Pearse, *Brazilian Cotton* (Manchester: Printed by Taylor, Garnett, Evans & Co., 1921), 29; Speech at Konferenz der mitteleuropäischen Wirtschaftsvereine in Dresden, am 17. und 18. Januar 1916, Protokolle der Verhandlungen, Auswärtiges Amt, 1916 – 1918, Akten betreffend den mitteleurpäischen Wirtschaftsverein, Auswärtiges Amt, R 901, 2502, Bundesarchiv, Berlin; Michael Owen Gately, "Development of the Russian Cotton Textile Industry in the Pre-revolutionary Years, 1861 – 1913" (PhD dissertation, University of Kansas, 1968), 156; Bianka Pietrow-Ennker, "Wirtschaftsbürger und Bürgerlichkeit im Königreich Polen: Das Beispiel von Lodz, dem Manchester des Ostens," *Geschichte und Gesellschaft* 31 (2005): 175, 177, 178.

34   다음 글도 식민주의가 경제발전에 끼친 영향을 강조한 것은 물론이고, 제도와 정치의 중 요성을 강조한다. Daron Acemoglu, Simon Johnson, and James A. Robinson, "Reversal of Fortune: Geography and Institutions in the Making of the Modern World Income Distribution," *Quarterly Journal of Economics* 117, no. 4 (November 2002): 1231 – 94. 그러 나 내가 여기서 강조하는 제도는 종류가 다르다.

35   Samuel C. Chu, *Reformer in Modern China: Chang Chien, 1853–1926* (New York: Columbia University Press, 1965), 17, 45 – 46; Albert Feuerwerker, *China's Early Industrialization: Sheng Hsuan-Huai (1844–1916) and Mandarin Enterprise* (Cambridge, MA: Harvard University Press, 1958), 15. 장제스에 관해서는 다음을 보라. Elizabeth Köll, *From Cotton Mill to Business Empire: The Emergence of Regional Enterprises in Modern China* (Cambridge, MA: Harvard University Press, 2003), 56 – 62.

36   Yen-P'ing Hao and Erh-min Wang, "Changing Chinese Views of Western Relations, 1840 – 95," in John K. Fairbank and Kwang-Ching Liu, *The Cambridge History of China*, vol. 11, *Late Ch'ing, 1800–1911*, part 2 (Cambridge: Cambridge University Press, 1980), 142 – 201; Feuerwerker, *China's Early Industrialization*, 36 – 37; Associação Industrial,

Representação dirigida ao exmo. Snr. Ministro da Fazenda (Rio de Janiero, 1881), 5, 11, as quoted in Stanley J. Stein, *The Brazilian Cotton Manufacture: Textile Enterprise in an Underdeveloped Area, 1850–1950* (Cambridge, MA: Harvard University Press, 1957), 82; Manifesto da Associação Industrial, *O Industrial (Orgão da Associação Industrial)*, May 21, 1881, as quoted in Stein, *The Brazilian Cotton Manufacture*, 82; Stein, *The Brazilian Cotton Manufacture*, 83–84.

37　Byron Marshall, *Capitalism and Nationalism in Pre-war Japan* (Palo Alto: Stanford University Press, 1967), 15–16.

38　Carter J. Eckert, *Offspring of Empire: The Koch'ang Kins and the Colonial Origins of Korean Capitalism, 1876–1945* (Seattle: University of Washington Press, 1991), 30, 40; Pearse, *The Cotton Industry of India*, 3.

39　Pearse, *Brazilian Cotton*, 27–28; Stein, *The Brazilian Cotton Manufacture*, 114.

40　Stein, *The Brazilian Cotton Manufacture*, 66–67, 77, 82, 84–85, 98, 100–1; Pearse, *Brazilian Cotton*, 40; the Englishman is quoted in Stein, *The Brazilian Cotton Manufacture*, 101.

41　Stein, *The Brazilian Cotton Manufacture*, 53, 54, 57, 62; Pearse, *Brazilian Cotton*, 32; Companhia Brazil Industrial, *The Industry of Brazil*, 17.

42　Stein, *The Brazilian Cotton Manufacture*, 99; Rafael Dobado Gonzalez, Aurora Gomez Galvarriato, and Jeffrey G. Williamson, "Globalization, De-industrialization and Mexican Exceptionalism, 1750–1879," National Bureau of Economic Research Working Paper No. 12316, June 2006, 40; Stephen Haber, Armando Razo, and Noel Maurer, *The Politics of Property Rights: Political Instability, Credible Commitments, and Economic Growth in Mexico, 1876–1929* (New York: Cambridge University Press, 2003), 128; Clark et al., *Cotton Goods in Latin America*, 20, 38; Wolfgang Müller, "Die Textilindustrie des Raumes Puebla (Mexiko) im 19. Jahrhundert" (PhD dissertation, University of Bonn, 1977), 63; Stephen H. Haber, "Assessing the Obstacles to Industrialisation: The Mexican Economy, 1830–1940," *Journal of Latin American Studies* 24, no. 1 (February 1992), 18–21; Stephen Haber, *Crony Capitalism and Economic Growth in Latin America: Theory and Evidence* (Palo Alto, CA: Hoover Institution Press, 2002), 66, Table 2.3; Mirta Zaida Lobato, "A Global History of Textile Production, 1650–2000 (Argentina), Textile Conference IISH, November 11–13, 2004; Lockwood, Greene & Co. to Carlos Tornquist, Boston, August 13, 1924, in Industrias 144–8271, Biblioteca Tornquist del Banco Central de la República Argentina, Buenos Aires; Producción, elaboración y consumo del algodón en la República Argentina, 1924, in Industrias 144–8271, Biblioteca Tornquist del Banco Central de la República Argentina, Buenos Aires; Carlos D. Girola, *El Algodonero: Su cultivo en las varias partes del mundo, con referencias especiales a la República Argentinia* (Buenos Aires: Compania Sud-Americana, 1910).

43 A. J. Robertson, "Lancashire and the Rise of Japan, 1910-1937," in S. D. Chapman, ed., *The Textile Industries*, vol. 2 (London: I. B. Tauris, 1997), 490.

44 W. Miles Fletcher III, "The Japan Spinners Association: Creating Industrial Policy in Mejii Japan," *Journal of Japanese Studies* 22, no. 1 (1996): 67; E. Patricia Tsurumi, *Factory Girls: Women in the Thread Mills of Meiji Japan* (Princeton, NJ: Princeton University Press, 1990), 35; Thomas C., Smith, *Political Change and Industrial Development in Japan: Government Enterprise, 1868–1880* (Stanford, CA: Stanford University Press, 1955), 27, 58.

45 수입에 관해서는 다음을 보라. Motoshige Itoh and Masayuki Tanimoto, "Rural Entrepreneurs in the Cotton Weaving Industry in Japan," (unpublished paper, in author's possession, May 1995), 6; Ebara Soroku, as cited in Fletcher III, "The Japan Spinners Association," *Journal of Japanese Studies*, 67.

46 Fletcher III, "The Japan Spinners Association," 68; Yukio Okamoto, *Meijiki bōseki rōdō kankeishi: Nihonteki koyō, rōshi kankei keisei e no sekkin* (Fukuoka: Kyōshū Daigaku Shuppankai, 1993), [岡本幸雄, 《明治期紡績労働関係史 : 日本的雇用・労使関係形成への接近》(福岡市 : 九州大学出版会, 1993)] 157-58, 213-14; Tsurumi, *Factory Girls*, 42.

47 Takeshi Abe, "The Development of Japanese Cotton Weaving Industry in Edo Period" (unpublished and undated paper, in author's possession), 1; Masayuki Tanimoto, "The Role of Tradition in Japan's Industrialization," in Masayuki Tanimoto, ed., *The Role of Tradition in Japan's Industrialization: Another Path to Industrialization*, vol. 2 (Oxford: Oxford University Press, 2006), 9.

48 Naosuke Takamura, *Nihon bōsekigyōshi josetsu*, vol. 1 (Tokyo: Hanawa Shobō, 1971) [高村直助, 《日本紡績業史序説 上》(東京: 塙書房, 1971)], 63; Naosuke Takamura, *Nihon bōsekigyōshi josetsu*, vol. 2 (Tokyo: Hanawa Shobō, 1971) [高村直助, 《日本紡績業史序説 下》(東京: 塙書房, 1971)], 119; Tanimoto, "The Role of Tradition in Japan's Industrialization," 4, 12; Farnie and Abe, "Japan, Lancashire and the Asian Market for Cotton Manufactures," 119.

49 Fletcher III, "The Japan Spinners Association," *Journal of Japanese Studies*, 49-75; Fletcher III, "The Japan Spinners Association," in *The Textile Industry*, 66; Farnie and Abe, "Japan, Lancashire and the Asian Market for Cotton Manufactures," 118, 126.

50 Farnie and Abe, "Japan, Lancashire and the Asian Market for Cotton Manufactures," 121, 128; Takeshi Abe, "The Development of the Producing-Center Cotton Textile Industry in Japan between the Two World Wars," *Japanese Yearbook on Business History* 9 (1992): 17, 19. Hikotaro Nishi, *Die Baumwollspinnerei in Japan* (Tübingen: Laupp'schen

Buchhandlung, 1911), 71, 88도 참조하라.

51 Takamura, *Nihon bōsekigyōshi josetsu*, vol. 1, 239. 운송에 관해서는 다음을 보라. William Wray, *Mitsubishi and the N.Y.K., 1870–1914: Business Strategy in the Japanese Shipping Industry* (Cambridge, MA: Council on East Asian Studies, Harvard University, 1984).

52 전반적인 통계에 관해서는 다음을 보라. Nishi, *Die Baumwollspinnerei in Japan*, 78, 84; Farnie and Abe, "Japan, Lancashire and the Asian Market for Cotton Manufactures," 136–37; Takeshi Abe, "The Chinese Market for Japanese Cotton Textile Goods," in Kaoru Sugihara, ed., *Japan, China, and the Growth of the Asian International Economy, 1850–1949*, vol. 1 (Oxford: Oxford University Press 2005), 74, 77.

53 Natsuko Kitani, "Cotton, Tariffs and Empire: The Indo-British Trade Relationship and the Significance of Japan in the First Half of the 1930s" (PhD dissertation, Osaka University of Foreign Studies, 2004), iii–v, 5, 49, 65; Department of Overseas Trade, *Conditions and Prospects of United Kingdom Trade in India, 1937–38* (London: His Majesty's Stationery Office, 1939), 170. Toyo Menka Kaisha, *The Indian Cotton Facts 1930* (Bombay: Toyo Menka Kaisha Ltd., 1930), 98쪽도 참조하라.

54 일본면방적협회 소장 자료를 보라. 영국, 미국, 독일, 인도 등지의 노동 문제에 관한 서적이 다수 포함되어 있다. Japanese Cotton Spinners Association Library, University of Osaka. 노동에 관해 더 전반적으로 살펴보려면 다음을 보라. E. Tsurumi, *Factory Girls*. 농촌과 도시의 임금노동 사이의 연결에 관해서는 다음을 보라. Johannes Hirschmeier, *The Origins of Entrepreneurship in Meiji Japan* (Cambridge, MA: Harvard University Press, 1964), 80; Toshiaki Chokki, "Labor Management in the Cotton Spinning Industry," in Smitka ed., *The Textile Industry and the Rise of the Japanese Economy*, 7; Janet Hunter, *Women and the Labour Market in Japan's Industrialising Economy: The Textile Industry Before the Pacific War* (London: Routledge, 2003), 69–70, 123–24; Farnie and Abe, "Japan, Lancashire and the Asian Market for Cotton Manufactures," 120; Janet Hunter and Helen Macnaughtan, "Japan," in Van Voss et al., eds., *The Ashgate Companion to the History of Textile Workers*, 317; Gary Saxonhouse and Yukihiko Kiyokawa, "Supply and Demand for Quality Workers in Cotton Spinning in Japan and India," in Smitka, ed., *The Textile Industry and the Rise of the Japanese Economy*, 185.

55 Hunter, *Women and the Labour Market*, 4; Jun Sasaki, "Factory Girls in an Agrarian Setting circa 1910," in Tanimoto, ed., *The Role of Tradition in Japan's Industrialization*, 130; Tsurumi, *Factory Girls*, 10–19; Nishi, *Die Baumwollspinnerei in Japan*, 141.

56 Hunter and Macnaughtan, "Japan," 320–21. 다음 자료들도 보라. Gary Saxonhouse and Gavin Wright, "Two Forms of Cheap Labor in Textile History," in Gary Saxonhouse and Gavin Wright, eds., *Techniques, Spirit and Form in the Making of the Modern Economies: Essays*

in Honor of William N. Parker (Greenwich, CT: JAI Press 1984), 3-31; Nishi, *Die Baumwollspinnerei in Japan*, 143, 155; Farnie and Abe, "Japan, Lancashire and the Asian Market for Cotton Manufactures," 135.

57 Farnie and Abe, "Japan, Lancashire and the Asian Market for Cotton Manufactures," 125; Takamura, *Nihon bōsekigyōshi josetsu*, vol. 1 [高村直助,《日本紡績業史序説 上》], 308. 일본 방적공들의 집단행동의 범위(와 한계)에 관해서는 다음을 보라. W. Miles Fletcher III, "Economic Power and Political Influence: The Japan Spinners Association, 1900-1930," *Asia Pacific Business Review* 7, no. 2 (Winter 2000): 39-62, especially 47.

58 Saxonhouse and Kiyokawa, "Supply and Demand for Quality Workers," 186; Chokki, "Labor Management in the Cotton Spinning Industry," 15; Nishi, *Die Baumwollspinnerei in Japan*, 147.

59 599쪽의 표는 다음에서 발췌한 정보에 바탕을 두었다. Nishi, *Die Baumwollspinnerei in Japan*, 55, 84; Department of Finance, *1912: Annual Return of the Foreign Trade of the Empire of Japan* (Tokyo: Insetsu Kyoku, n.d.) [大藏省,《大日本外國貿易年表 明治四十五年, 大正元年》(東京: 大藏省 印刷局)], 554. 1913-15년 관련 자료는 다음을 보라. Department of Finance, *1915: Annual Return of the Foreign Trade of the Empire of Japan*, part 1 (Tokyo: Insetsu Kyoku, n.d.) [大藏省,《大日本外國貿易年表 大正三年》(東京: 大藏省 印刷局)], 448; Department of Finance, *1917: Annual Return of the Foreign Trade of the Empire of Japan*, part 1 (Tokyo: Insetsu Kyoku, n.d.) [大藏省,《大日本外国貿易年表. 大正五年 上篇》(東京: 大蔵省 印刷局)] , 449. Department of Finance, *1895: Annual Return of the Foreign Trade of the Empire of Japan* (Tokyo: Insetsu Kyoku, n.d.) [大藏省,《大日本外國貿易年表 明治二十七年》(東京: 大蔵省 印刷局)] 296. 1902년 관련 자료는 다음을 보라. Department of Finance, *December 1902: Monthly Return of the Foreign Trade of the Empire of Japan* (Tokyo: Insetsu Kyoku, n.d.), [大藏省,《大日本外國貿易月表 明治三十五年 十二月》(東京: 大蔵省 印刷局)] 65; Tōyō Keizai Shinpōsha, ed., *Foreign Trade of Japan: A Statistical Survey* (Tokyo: 1935 1975), [東洋経済新報社 編,《日本貿易精覧》(東京 : 東洋経済新報社)] 229-30, 49.

60 면산업의 확대에 관해서는 다음에 수록된 조사 또한 보라. Sung Jae Koh, *Stages of Industrial Development in Asia: A Comparative History of the Cotton Industry in Japan, India, China, and Korea* (Philadelphia: University of Pennsylvania Press, 1966); Takamura, *Nihon bōsekigyōshi josetsu*, vol. 2, [高村直助,《日本紡績業史序説 下》]121; Nishi, *Die Baumwollspinnerei in Japan*, 1; Takeshi Abé and Osamu Saitu, "From Putting-Out to the Factory: A Cotton-Weaving District in Late Meiji Japan," *Textile History* 19, no. 2 (1988): 143-58; Jun Sasaki, "Factory Girls in an Agrarian Setting circa 1910," in Tanimoto, ed., *The Role of Tradition in Japan's Industrialization*, 121; Takeshi Abe, "Organizational Changes in the Japanese Cotton Industry During the Inter-war Period," in Douglas A. Farnie and

David J. Jeremy, eds., *The Fibre That Changed the World: The Cotton Industry in International Perspective, 1600–1990s* (Oxford: Oxford University Press, 2004), 462; Farnie and Abe, "Japan, Lancashire and the Asian Market for Cotton Manufactures," 146; Johzen Takeuchi, "The Role of 'Early Factories' in Japanese Industrialization," in Tanimoto, ed., *The Role of Tradition in Japan's Industrialization*, 76.

61 François Charles Roux, *Le coton en Égypte* (Paris: Librairie Armand Colin, 1908), 296, 297; Robert L. Tignor, *Egyptian Textiles and British Capital, 1930–1956* (Cairo: American University in Cairo Press, 1989), 9, 10; Owen, "Lord Cromer and the Development of Egyptian Industry," 285, 288, 291, 292; Bent Hansen and Karim Nashashibi, *Foreign Trade Regimes and Economic Development: Egypt* (New York: National Bureau of Economic Research, 1975), 4.

62 Tignor, *Egyptian Textiles and British Capital*, 12–14; Joel Beinin, "Egyptian Textile Workers: From Craft Artisans Facing European Competition to Proletarians Contending with the State," in Van Voss et al., eds., *The Ashgate Companion to the History of Textile Workers*, 185; Hansen and Nashashibi, *Foreign Trade Regimes and Economic Development*, 3–4. for the quote see Robert L. Tignor, "Economic Planning, and Development Projects in Interwar Egypt," *International Journal of African Historical Studies* 10, no. 2 (1977): 187, 189.

63 *Statistical Tables Relating to Indian Cotton: Indian Spinning and Weaving Mills* (Bombay: Times of India Steam Press, 1889), 95; Misra Bhubanes, *The Cotton Mill Industry of Eastern India in the Late Nineteenth Century: Constraints on Foreign Investment and Expansion* (Calcutta: Indian Institute of Management, 1985), 5; R. E. Enthoven, *The Cotton Fabrics of the Bombay Presidency* (Bombay: n.p., approx. 1897), 4; Pearse, *The Cotton Industry of India*, 22. 인도 면산업의 성장에 관해서는 다음 자료도 보라. Department of Commercial Intelligence and Statistics, *Monthly Statistics of Cotton Spinning and Weaving in India Mills* (Calcutta: n.p., 1929); Atma'ra'm Trimbuck to T. D. Mackenzie, Bombay, June 16, 1891, Revenue Department, 1891, No 160, Maharashtra State Archives, Mumbai.

64 Enthoven, *The Cotton Fabrics of the Bombay Presidency*, 6; *Statistical Tables Relating to Indian Cotton*, 116; *Report of the Bombay Millowners' Association for the Year 1897* (Bombay: Times of India Steam Press, 1898), 3; Amiya Kumar Bagchi, *Private Investment in India, 1900–1939* (Cambridge: Cambridge University Press, 1972), 9; Helm, "An International Survey of the Cotton Industry," 432.

65 "Statement Exhibiting the Moral and Material Progress and Condition of India, 1895–96," 172, in 1895, SW 241, Oriental and India Office Collections, British Library, London. 다음 자료에 언급된 수치는 조금 더 높다. *Imperial and Asiatic Quarterly Review and*

Oriental and Colonial Record, Third Series, 58 (July – October 1904): 49. 전반적인 논점에 관해서는 다음 글을 보라. Tirthankar Roy, "The Long Globalization and Textile Producers in India," in Van Voss et al., eds., *The Ashgate Companion to the History of Textile Workers*, 266 – 67. Toyo Menka Kaisha, *The Indian Cotton Facts 1930* (Bombay: Toyo Menka Kaisha Ltd., 1930), 162, Appendix A, Progress of the Cotton Mill Industry; Enthoven, *The Cotton Fabrics of the Bombay Presidency*, 7; Eckehard Kulke, *The Parsees in India: A Minority as Agent of Social Change* (Munich: Weltforum Verlag, 1974), 120 – 25.

66   Morris D. Morris, *The Emergence of an Industrial Labor Force in India: A Study of the Bombay Cotton Mills, 1854–1947* (Berkeley: University of California Press, 1965), 101, 103, 114; Manmohandas Ramji, Chairman of the Bombay Millowners' Association, at Its Annual General Meeting held on April 28, 1910, in *Report of the Bombay Mill-owners' Association for the Year 1909* (Bombay: Times of India Steam Press, 1910), v; Letter from the Officiating Secretary of the Government of India, Home, Revenue and Agricultural Department (Judicial), no 12 – 711, dated May 2, 1881, in Revenue Department, 1881, No. 776, Acts and Regulations, Factory Act of 1881, in Maharashtra State Archives, Mumbai; Shashi Bushan Upadhyay, *Dissension and Unity: The Origins of Workers' Solidarity in the Cotton Mills of Bombay, 1875–1918* (Surat: Center for Social Studies, July 1990), 1; Dietmar Rothermund, *An Economic History of India: From Pre-colonial Times to 1991* (London: Routledge, 1993), 51; M. P. Gandhi, *The Indian Cotton Textile Industry: Its Past, Present and Future* (Calcutta: Mitra, 1930), 67; *Report of the Bombay Millowners' Association for the Year 1906* (Bombay: Times of India Steam Press, 1907), ii; "Memorandum on the Cotton Import and Excise Duties," 5 – 6, in L/E/9/153, Oriental and India Office Collections, British Library, London.

67   Rothermund, *An Economic History of India*, 37.

68   Tripathi, *Historical Roots of Industrial Entrepreneurship in India and Japan*, 14, 139.

69   Albert Feuerwerker, "Handicraft and Manufactured Cotton Textiles in China, 1871 – 1910," *Journal of Economic History* 30, no. 2 (June 1970): 338.

70   Ramon H. Myers, "Cotton Textile Handicraft and the Development of the Cotton Textile Industry in Modern China," *Economic History Review*, New Series, 18, no. 3 (1965): 615; Katy Le Mons Walker, "Economic Growth, Peasant Marginalization, and the Sexual Division of Labor in Early Twentieth-Century China: Women's Work in Nantong County," *Modern China* 19, no. 3 (July 1993): 360; R. S. Gundry, ed., *A Retrospect of Political and Commercial Affairs in China & Japan, During the Five Years 1873 to 1877* (Shanghai: Kelly & Walsh, 1878), Commercial, 1877, 98; Feuerwerker, "Handicraft and Manufactured Cotton Textiles in China," 342; H. D. Fong, "Cotton Industry and

Trade in China," *Chinese Social and Political Science Review* 16 (October 1932): 400, 402; United States Department of Commerce and Ralph M. Odell, *Cotton Goods in China* (Washington, DC: Government Printing Office, 1916), 33, 43; M. V. Brandt, *Stand und Aufgabe der deutschen Industrie in Ostasien* (Hildesheim: August Lax, 1905), 11. 1902년에 중국에 수입된 영국산 면제품의 가치는 55%, 미국에서 수입된 면제품의 가치는 26.8%, 그리고 일본에서 수입된 면제품의 가치는 고작 2.7%에 불과했다. 1930년이면 일본의 면제품이 72.2%를 차지하고 영국 제품은 13.2%로 감소했으며 미국 제품은 0.1%에 불과했다. 이 통계치에 관해서는 다음을 보라. Kang Chao, with Jessica C. Y. Chao, *The Development of Cotton Textile Production in China* (Cambridge, MA: Harvard University Press, 1977), 97.

71   Köll, *From Cotton Mill to Business Empire*, 36 – 37; James R. Morrell, "Origins of the Cotton Textile Industry in China" (PhD dissertation, Harvard University, 1977), 1, 147 – 75.

72   Myers, "Cotton Textile Handicraft and the Development of the Cotton Textile Industry," 626 – 27; Feuerwerker, "Handicraft and Manufactured Cotton Textiles in China," 346; Fong, "Cotton Industry and Trade in China," 348, 370 – 71, 411, 416; Shigeru Akita, "The British Empire and International Order of Asia, 1930s – 1950s" (presentation, 20th International Congress of Historical Sciences, Sydney, 2005), 16; Shigeru Akita, "The East Asian International Economic Order in the 1850s," in Antony Best, ed., *The International History of East Asia, 1900–1908* (London: Routledge, 2010), 153 – 67; Abe, "The Chinese Market for Japanese Cotton Textile Goods," 83; Robert Cliver, "China," in Van Voss et al., eds., *The Ashgate Companion to the History of Textile Workers*, 116; Ralph M. Odell et al., *Cotton Goods in China*, 158.

73   Feuerwerker, "Handicraft and Manufactured Cotton Textiles in China," 346; Loren Brandt, *Commercialization and Agricultural Development: Central and Eastern China, 1870–1937* (Cambridge: Cambridge University Press, 1989), 6; Robert Cliver, "China," in Van Voss et al., eds., *The Ashgate Companion to the History of Textile Workers*, 116; Bruce L. Reynolds, "The Impact of Trade and Foreign Investment on Industrialization: Chinese Textiles, 1875 – 1931" (PhD dissertation, University of Michigan, 1975), 64; Chong Su, *The Foreign Trade of China* (New York: Columbia University, 1919), 304; Department of Overseas Trade and H. H. Fox, *Economic Conditions in China to September 1, 1929* (London, 1929), 7, as quoted in Akita, "The British Empire and International Order of Asia," 17.

74   Odell et al., *Cotton Goods in China*, 161, 162ff., 168, 178, 179; Fong, "Cotton Industry and Trade in China," 376; *Report of the Bombay Millowners' Association for the Year 1907* (Bombay: Times of India Steam Press, 1908), ii.

75 Fong, "Cotton Industry and Trade in China," 376; Jack Goldstone, "Gender, Work and Culture: Why the Industrial Revolution Came Early to England but Late to China," *Sociological Perspectives* 39, no. 1 (1996): 1; Robert Cliver, "China," in Van Voss et al., eds., *The Ashgate Companion to the History of Textile Workers*, 123–24.

76 Chu, Reformer in Modern China, 19, 22, 24, 28; Marie-Claire Bergere, *The Golden Age of the Chinese Bourgeoisie, 1911–1937* (Cambridge: Cambridge University Press, 1989), 51–60; Cliver, "China," 126, 194; Albert Feuerwerker, *China's Early Industrialization*, 20, 28, 44. 다음 자료를 보라. Ching-Chun Wang, "How China Recovered Tariff Autonomy," *Annals of the American Academy of Political and Social Science* 152, no. 1 (1930): 266–77; Frank Kai-Ming Su and Alvin Barber, "China's Tariff Autonomy, Fact or Myth," *Far Eastern Survey* 5, no. 12 (June 3, 1936): 115–22; Kang Chao et al., *The Development of Cotton Textile Production in China*, 102; Abe, "The Chinese Market for Japanese Cotton Textile Goods," 96; Feuerwerker, "Handicraft and Manufactured Cotton Textiles in China," 343; Akita, "The British Empire and International Order of Asia," 20.

77 Farnie and Abe, "Japan, Lancashire and the Asian Market for Cotton Manufactures," 138, 139. 중국 내 일본인 소유 공장들은 세계에서 가장 효율적인 공장들에 속했다. Hunter et al., "Japan," 316–17; United States Tariff Commission, *Cotton Cloth*, Report no. 112 (Washington: n.p., 1936), 157. 임금 상승에 관해서는 또한 다음 자료를 보라. Takamura, *Nihon bōsekigyōshi josetsu*, vol. 2, [高村直助, 《日本紡績業史序説 下》] 209; Abe, "The Chinese Market for Japanese Cotton Textile Goods," 95; Charles K. Moser, *The Cotton Textile Industry of Far Eastern Countries* (Boston: Pepperell Manufacturing Company, 1930), 87; Fong, "Cotton Industry and Trade in China," 350.

78 Richu Ding, "Shanghai Capitalists Before the 1911 Revolution," *Chinese Studies in History* 18, no. 3–4 (1985): 33–82.

79 R. L. N. Vijayanagar, Bombay Millowners' Association, *Centenary Souvenir, 1875–1975* (Bombay: The Association, 1979), 29, in Asiatic Society of Mumbai; *Report of the Bombay Millowners' Association ... 1909*, vi; *Report of the Bombay Millowners' Association ... 1897*, 80; *Report of the Bombay Millowners' Association for the Year 1900* (Bombay: Times of India Steam Press, 1901), 52. 다음도 보라. *Report of the Bombay Millowners' Association for the Year 1904* (Bombay: Times of India Steam Press, 1905), 156; *Report of the Bombay Millowners' Association ... 1907*, xiii; Resolution of the First Indian Industrial Conference held at Benares on December 30, 1905, in Part C, No. 2, March 1906, Industries Branch, Department of Commerce and Industry, National Archives of India, New Delhi; Morris, *The Emergence of an Industrial Labor Force in India, 38*; *Report of the Bombay Millowners' Association ... 1907*, xiii.

80 Mehta, *The Ahmedabad Cotton Textile Industry*, 114; *The Mahratta*, January 19, 1896, February 2, 1896, February 9, 1896; "Memorandum on the Cotton Import and Excise Duties," 6, L/E/9/153, in Oriental and India Office Collections, British Library, London; Gandhi, *The Indian Cotton Textile Industry*, 66; G. V. Josji to G. K. Gokhale, File 4, Joshi Correspondence with Gokhale, Nehru Memorial Library, New Delhi.

81 *Report of the Bombay Millowners' Association for the Year 1901* (Bombay: Times of India Steam Press, 1902), 17 – 18.

82 *The Mahratta*, March 15, 1896; Mehta, *The Ahmedabad Cotton Textile Industry*, 117 – 19, 131; Tripathi, *Historical Roots of Industrial Entrepreneurship in India and Japan*, 115; A. P. Kannangara, "Indian Millowners and Indian Nationalism Before 1914," *Past and Present* 40, no. 1 (July 1968): 151. 봄베이의 공장주 보만지 딘샤우 프티(Bomanji Dinshaw Petit)는 "일본인들은 스와데시(외국상품 불매운동) 정신에 불타올랐으며, 그 정신을 최대로 이용하고 우위를 누릴 힘을 지녔다"라고 주장했다. *Report of the Bombay Millowners' Association … 1907*, xii. 다른 주장으로는 다음을 보라. Kannangara, "Indian Millowners and Indian Nationalism before 1914," 147 – 64. 이에 대한 반론으로는 다음을 보라. Sumit Sarkar, *Modern India, 1855–1947* (New Delhi: Macmillan, 1983), 132; *Report of the Bombay Millowners' Association … 1906*, iii.

83 *Sydenham College Magazine* 1, no. 1 (August 1919); *The Mahratta*, October 11, 1896, May 3, 1896; Draft of the Minutes of a Meeting of the Cotton Merchants held at Surat on April 13, 1919, in File No. 11, Sir Purshotamdas Thakurdas Papers, Nehru Memorial Library, New Delhi; Letter of Purshotamdas Thakurdas to the Ahmedabad Millowners' Association, March 22, 1919, in ibid.; *Report of the Bombay Millowners' Association … 1904*, 158. *Report of the Bombay Millowners' Association … 1907*, iv; *Report of the Bombay Millowners' Association … 1909*, iv; *Report of the Bombay Millowners' Association … 1907*, viii도 참조하라.

84 Gandhi, *The Indian Cotton Textile Industry* Lisa N. Trivedi, *Clothing Gandhi's Nation: Homespun and Modern India* (Bloomington: Indiana University Press, 2007), 105. 인도의 공장주와 민족주의운동 사이의 연결고리는 다음 자료에서도 추적할 수 있다. Sir Purshotamdas Thakurdas Papers, Nehru Memorial Library, New Delhi. 예컨대 다음과 같은 자료도 있다. Letter of Sir Purshotamdas Tharkurdas to Ahmedabad Millowners Association, March 22, 1919, in Sir Purshotamdas Thakurdas Papers, File No. 11, Nehru Memorial Library. 다음 자료도 보라. Draft of the Minutes of a Meeting of the Cotton Merchants held at Surat on April 13, 1919, in ibid.; "The Cotton Association," in *Sydenham College Magazine* 1, no. 1 (August 1919), in ibid.; Sir Purshotamdas Tharkurdas to Amedabad Millowners' Association, March 22, 1919, in ibid.

85 Gandhi, *The Indian Cotton Textile Industry*, 71, 123. 공장주들과의 연계에 관해서는 다음을

보라. Makrand Mehta, "Gandhi and Ahmedabad, 1915-20," *Economic and Political Weekly* 40 (January 22-28, 2005): 296. A. P. Kannangara, "Indian Millowners and Indian Nationalism before 1914," *Past and Present* 40, no. 1 (July 1968): 164; Visvesvaraya, *Planned Economy for India* (Bangalore: Bangalore Press, 1934), v, 203; Ding, "Shanghai Capitalists Before the 1911 Revolution," 33-82. 인도에 관해서는 다음 책도 보라. Bipan Chandra, *The Writings of Bipan Chandra: The Making of Modern India rom Marx to Gandhi* (Hyderabad: Orient Blackswan, 2012), 385-441.

86 Bagchi, *Private Investment in India*, 5, 240, 241.

87 "The Cooperation of Japanese and Korean Capitalists," as cited in Eckert, *Offspring of Empire*, 48; Mehta, *The Ahmedabad Cotton Textile Industry*, 121; *Report of the Bombay Millowners' Association for the Year 1908* (Bombay: Times of India Steam Press, 1909), vi; Ratanji Tata to G. K. Gokhale, Bombay, October 15, 1909, in Servants of India Society Papers, File 4, correspondence, Gokhale, 1890-1911, Part 2, Nehru Memorial Library, New Delhi; File No. 24, Sir Purshotamdas Thakurdas Papers, Nehru Memorial Library; Dietmar Rothermund, *The Global Impact of the Great Depression, 1929–1939* (London: Routledge, 1996), 96; *A Brief Memorandum Outlining a Plan of Economic Development for India*, 1944, as reprinted in Purshotamdas Thakurdas, ed., *A Brief Memorandum Outlining a Plan of Economic Development for India*, 2 vols. (London: Penguin, 1945).

88 다음을 보라. Joel Beinin, "Formation of the Egyptian Working Class," *Middle East Research and Information Project Reports* 94 (February 1981): 14-23; Beinin, "Egyptian Textile Workers," 188-89.

89 Fong, "Cotton Industry and Trade in China," 379, 381; Hung-Ting Ku, "Urban Mass Movement: The May Thirtieth Movement in Shanghai," *Modern Asian Studies* 13, no. 2 (1979): 197-216.

90 Morris, *The Emergence of an Industrial Labor Force in India*, 105, 178, 183; R. L. N. Vijayanagar, Bombay Millowners' Association, *Centenary Souvenir, 1875–1975* (Bombay: The Association, 1979), 63, in Asiatic Society of Mumbai; Mehta, *The Ahmedabad Cotton Textile Industry*, 113; Makrand Mehta, "Gandhi and Ahmedabad, 1915-20," *Economic and Political Weekly* 40 (January 22-28, 2005): 298; Vijayanagar, *Centenary Souvenir, 1875–1975*, 29; Roy, "The Long Globalization and Textile Producers in India," 269.

91 Jacob Eyferth, "Women's Work and the Politics of Homespun in Socialist China, 1949-1980," *International Review of Social History* 57, no. 3 (2012): 13; Prabhat Patnaik, "Industrial Development in India Since Independence," *Social Scientist* 7, no. 11 (June 1979): 7; Paritosh Banerjee, "Productivity Trends and Factor Compensation in Cotton Textile Industry in India: A Rejoinder," *Indian Journal of Industrial Relations* 4 (April

1969): 542; Government of India, Ministry of Labour, *Industrial Committee on Cotton Textiles*, First Session, Summary of Proceedings, New Delhi, January 1948; Lars K. Christensen, "Institutions in Textile Production: Guilds and Trade Unions," in Van Voss et al., eds., *The Ashgate Companion to the History of Textile Workers*, 766; Hansen and Nashashibi, *Foreign Trade Regimes and Economic Development*, 7, 19 – 20.

92   Eyferth, "Women's Work and the Politics of Homespun," 21.

14장 에필로그: 씨실과 날실

1   "Liverpool. By Order of the Liverpool Cotton Association Ltd., Catalogue of the Valuable Club Furnishings etc. to be Sold by Auction by Marsh Lyons & Co., Tuesday, 17th December 1963," Greater Manchester County Record Office, Manchester.

2   Douglas A. Farnie and Takeshi Abe, "Japan, Lancashire and the Asian Market for Cotton Manufactures, 1890 – 1990," in Douglas Farnie et al., eds., *Region and Strategy in Britain and Japan, Business in Lancashire and Kansai, 1890–1990* (London: Routledge, 2000), 151 – 52; John Singleton, "Lancashire's Last Stand: Declining Employment in the British Cotton Industry, 1950 – 1970," *Economic History Review*, New Series, 39, no. 1 (February 1986): 92, 96 – 97; William Lazonick, "Industrial Organization and Technological Change: The Decline of the British Cotton Industry," *Business History Review* 57, no. 2 (Summer 1983): 219. 역설적이지만 영국의 역사가들이 산업혁명에서 면산업의 중요성을 외면하기 시작한 것은 1960년대였다.

3   John Baffes, "The 'Cotton Problem'," *World Bank Research Observer* 20, no. 1 (April 1, 2005): 116.

4   인도에 관해서는 다음을 보라. Official Indian Textile Statistics 2011 – 12, Ministry of Textiles, Government of India, Mumbai, accessed on June 5, 2013, http://www.txcindia.com/html/comp%20table%20pdf%202011 – 12/compsection1%2011 – 12.htm. 파키스탄에 관해서는 다음을 보라. Muhammad Shahzad Iqbal et al., "Development of Textile Industrial Clusters in Pakistan," *Asian Social Science* 6, no. 11 (2010): 132, Table 4.2, "Share of Textiles in Employment." 중국에 관해서는 다음을 보라. Robert P. Antoshak, "Inefficiency and Atrophy in China's Spinning Sector Provide Opportunities of Others," *Cotton: Review of World Situation 66* (November – December 2012), 14 – 17.

5   National Cotton Council of America, "The Economic Outlook for U.S. Cotton, 2013," accessed September 17, 2013, http://www.cotton.org/econ/reports/loader.cfm?csModule=security/getfile&PageID=142203. 다음도 보라. United States Department

of Agriculture, Foreign Agricultural Service, "Cotton: World Markets and Trade," Circular Series, April 2013; Oxfam, "Cultivating Poverty: The Impact of US Cotton Subsidies on Africa, 2002," accessed March 15. 2012, http://www.oxfamamerica.org/files/cultivating-poverty.pdf. 세계 면화 재배 지역에 관해서는 다음을 보라. International Cotton Advisory Committee, *Cotton: Review of World Situation* 66 (November–December 2012), 5; International Cotton Advisory Committee, "Survey of Cotton Labor Cost Components in Major Producing Countries" (April 2012), foreword. 3,500만이라는 추정치는 다음에서 인용했다. *Frankfurter Allgemeine Zeitung*, April 1, 2010. 전반적인 논점에 대해서는 다음을 보라. Naoko Otobe, "Global Economic Crisis, Gender and Employment: The Impact and Policy Response," ILO Employment Working Paper No. 74, 2011, 8; Clive James, "Global Review of Commercialized Transgenic Crops: 2001, Feature: Bt Cotton," *International Service for the Acquisition of Agri-Biotech Applications* no. 26 (2002), 59. David Orden et al., "The Impact of Global Cotton and Wheat Prices on Rural Poverty in Pakistan," *Pakistan Development Review* 45, no. 4 (December 2006): 602; John Baffes, "The 'Cotton Problem'," *World Bank Research Observer* 20, no. 1 (April 1, 2005): 109.

6   Sabrina Tavernise, "Old Farming Habits Leave Uzbekistan a Legacy of Salt," *New York Times*, June 15, 2008; "Ministry Blames Bt Cotton for Farmer Suicides," *Hindustan Times*, March 26, 2012; David L. Stern, "In Tajikistan, Debt-Ridden Farmers Say They Are the Pawns," *New York Times*, October 15, 2008; Vivekananda Nemana, "In India, GM Crops Come at a High Price," *New York Times*, India Ink Blog, October 16, 2012, accessed April 2, 2013, http://india.blogs.nytimes.com/2012/10/16/in-india-gm-crops-come-at-a-high-price/?_r=0.

7   Amy A. Quark, "Transnational Governance as Contested Institution-Building: China, Merchants, and Contract Rules in the Cotton Trade," *Politics and Society* 39, no. 1 (March 2011): 3–39.

8   Nelson Lichtenstein, "The Return of Merchant Capitalism," *International Labor and Working-Class History* 81 (2012): 8–27, 198.

9   *New York Times*, April 1, 1946, 37; International Cotton Association, History Timeline, accessed April 15, 2013, http://www.ica-ltd.org/about-us/our-history.

10   John T. Cumbler, *Working-Class Community in Industrial America: Work, Leisure, and Struggle in Two Industrial Cities, 1880–1930* (Westport, CT: Greenwood Press, 1979), 139.

11   Kang Chao, *The Development of Cotton Textile Production in China* (Cambridge, MA: East Asian Research Center, Harvard University, 1977), 269.

12   Ibid., 267; Alexander Eckstein, *Communist China's Economic Growth and Foreign Trade: Implications for U.S. Policy* (New York: McGraw-Hill, 1966), 56.

13 다음을 보라. "China's Leading Cotton Producer to Reduce Cotton-Growing Farmland," *China View* (December 25, 2008), accessed September 10, 2013, http://news.xinhuanet. com/english/2008 - 12/25/content_10559478.htm; National Cotton Council of America, Country Statistics, accessed December 15, 2012, http://www.cotton.org/econ/cropinfo/ cropdata/country-statistics.cfm; Zhores A. Medvedev, *Soviet Agriculture* (New York: Norton, 1987), 229ff.; Charles S. Maier, "Consigning the Twentieth Century to History: Alternative Narratives for the Modern Era," *American Historical Review* 105, no. 3 (June 1, 2000): 807 - 831; Carol S. Leonard, *Agrarian Reform in Russia: The Road from Serfdom* (Cambridge: Cambridge University Press, 2011), 75.

14 다음을 보라. Maier, "Consigning," 807 - 31.

15 Oxfam, "Cultivating Poverty: The Impact of US Cotton Subsidies on Africa, 2002"; *New York Times*, August 5, 2003, A18, September 13, 2003, A26. 지난 10년 동안 미국 정부의 면화 보조금은 연간 10억 달러에서 40억 달러 사이였다. John Baffes, "Cotton Subsidies, the WTO, and the 'Cotton Problem'," World Bank Development Prospects Group & Poverty Reduction and Economic Management Network, Policy Research Working Paper 566 (May 2011), 18; Michael Grunwald, "Why the U.S. Is Also Giving Brazilians Farm Subsidies," *Time*, April 9, 2010; Realizing Rights: The Ethical Globalization Initiative, "US and EU Cotton Production and Export Policies and Their Impact on West and Central Africa: Coming to Grips with International Human Rights Obligations" (May 2004), 2, accessed January 20, 2013, http://www.policyinnovations.org/ideas/ policy_library/data/01155/_res/id=sa_File1/.

16 다음을 보라. Akmad Hoji Khoresmiy, "Impact of the Cotton Sector on Soil Degradation" (presentation, Cotton Sector in Central Asia Conference, School of Oriental and African Studies, London, November 3 - 4, 2005); International Crisis Group, Joint Letter to Secretary Clinton regarding Uzbekistan, Washington, DC, September 27, 2011, accessed January 20, 2013, http://www.crisisgroup.org/en/publication-type/media-releases/2011/ asia/joint-letter-to-secretary-clinton-regarding-uzbekistan.aspx; International Crisis Group, "The Curse of Cotton: Central Asia's Destructive Monoculture," Asia Report No. 93, February 28, 2005, accessed January 20, 2013, http://www.crisisgroup.org/en/ regions/asia/central-asia/093-the-curse-of-cotton-central-asias-destructive- monoculture.aspx.

17 다음 책을 보라. David Harvey, *The Geopolitics of Capitalism* (New York: Macmillan, 1985).

18 다음 글을 보라. Xi Jin, "Where's the Way Out for China's Textile Industry?" *Cotton: Review of World Situation* 66 (November - December 2012): 10.

19 다음 책을 보라. Eric Hobsbawm, *The Age of Extremes: A History of the World, 1914–1991* (New York: Vintage, 1994). 유사한 주장으로는 다음 글을 보라. Aditya Mukherjee, "What Human and Social Sciences for the 21st Century: Some Perspectives from the South" (presentation at Nation Congress on "What Human and Social Sciences for the 21st Century?" at the University of Caen, France, on December 7, 2012).

20 다음 자료를 보라. Environmental Farm Subsidy Database, 2013, accessed September 25, 2013, http://farm.ewg.org/progdetail.php?fips=00000&progcode=cotton.

21 중국의 가계에 관해서는 다음 글을 보라. Jacob Eyferth, "Women's Work and the Politics of Homespun in Socialist China, 1949 – 1980," *International Review of Social History* 57, no. 3 (2012): 2. 현재 가계 지출에 관해서는 다음 자료를 보라. United States Department of Labor, Bureau of Labor Statistics, Consumer Expenditures 2012, released September 10, 2013, accessed September 17, 2013, http://www.bls.gov/news.release/pdf/cesan.pdf; *Frankfurter Allgemeine Zeitung*, November 13, 2009, 25.

이미지 출처

p.13   Harvard Art Museum

p.35   Bodleian Library, Oxford

p.63   John Mandeville, *The Travels of John Mandeville* (c. 1356)

p.67   Wolfgang von Stromer, *Die Gründung der Baumwollindustrie in Mitteleuropa* [Stuttgart: Hiersemann, 1978], 66

p.71   British Library Online Gallery, Asia, Pacific and Africa Collections

p.91   © Sven Beckert, based on data from Alfred P. Wadsworth and Julia De Lacy Mann, *The Cotton Trade and Industrial Lancashire, 1600–1780* (Manchester: Manchester University Press, 1931), pp. 520 – 21, in Appendix G

p.109 Edward Baines, *History of the Cotton Manufacture in Great Britain* (London: H. Fisher, R. Fisher, and P. Jackson, 1835), 211

p.114 © Sven Beckert

p.116 Courtesy of the National Trust, Quarry Bank Mill Archive, Styal, UK

p.129 Wang Chen, *Nong Shu* (Shandong [1313] 1530), ch. 20, 17ab

p.135 © Sven Beckert, based on figures in Tables X and XI in Elizabeth Boody Schumpeter and T. S. Ashton, *English Overseas Trade Statistics, 1697–1808* (Oxford: Clarendon Press, 1960), 29 – 34

p.147 Library of Congress, Rare Book and Special Collections Division, Washington, D.C.

p.159 © Sven Beckert, based on data referenced in chapter 4, note 15

p.162 Library of Congress, Washington, D.C.

p.169 *American Cotton Planter* 1 [November 1853]

p.180 © Sven Beckert, based on data from Stuart W. Bruchey, *Cotton and the Growth of the*

American Economy, 1790–1860: Sources and Readings (New York: Harcourt, Brace, & World, 1967), Table C

p.182 © Sven Beckert, based on data from *Historical Statistics of the United States, Colonial Times to 1970*, vol. 1 (Washington, D.C.: U.S. Department of Commerce, 1975), 517f

p.189 © Jupiterimages

p.191 Henry Koster, *Travels in Brazil* (London: Longman, Hurst, Rees, Orme, and Brown, 1816)

p.197 Thomas Affleck, *Southern Rural Almanac and Plantation and Garden Calendar for 1854* (Washington, D.C.: Adams Co., 1854), 2

p.199 © Sven Beckert, based on data from John A. Todd, *The World's Cotton Crops, Section F, Prices* (London: A. & C. Black, 1915), 429–32

p.202 © Sven Beckert, based on data from Levi Woodbury, *Woodbury's Tables and Notes on the Cultivation, Manufacture, and Foreign Trade of Cotton* (Washington, D.C.: U.S. Department of the Treasury, 1836), Chart D, 24f

p.203 © Sven Beckert, based on data from Thomas Ellison, *The Cotton Trade of Great Britain* (London: Effingham Wilson, 1886), 86

p.219 © Sven Beckert, based on data from Roger Owen, *Cotton and the Egyptian Economy: A Study in Trade and Development* (Oxford: Clarendon Press, 1969), 34, 45, 73

p.223 J. Pedraglio, Establissement Dollfus et Bieg et. Cie, Lithographie (1850), Bibliotheque de Mulhouse

p.232 © Sven Beckert, based on data from Michel Hau, *L'industrialization de l'Alsace, 1803–1939* (Strasbourg: Association des Publications près les Universités de Strasbourg, 1987), 461

p.243 By Camille Schlumberger, 1819, Portraits mulhousiens de la fin du XVIe siècle au commencement du XIXe siècle

p.243 National Institute of Historical Studies of the Revolutions of Mexico

p.245 John Rylands Collection

p.258 Caroline Hövemeyer, 1889, Heimatmuseum Reutlingen

p.258 Colección Estéban de Antuñano Cortina

p.258 John Lossing, *A History of the United States: For Families and Libraries* (1859), 369

p.266 Auguste Couder, oil on canvas, 1841, Palace of Versailles, France

p.279 © Hulton Archive/Getty Images

p.293 Dover Public Library

p.297–299 © Sven Beckert, based on data from Payroll Account Books, 1823–1824, Dover Manufacturing Company, Dover, New Hampshire, Cocheco Manufacturing Company

Papers, Baker Library, Harvard Business School, Cambridge, MA

p.301 © Sven Beckert, based on data from McConnel and Kennedy Papers, MCK/4/51, John Rylands Library, Manchester

p.302 Roy Westall, *Wilmslow and Alderley Edge: A Pictorial History* (Shopwyke Manor Bank, UK: Phillimore, 1994)

p.315 Library of Congress, Washington, D.C.

p.321 Franklin Elmore Papers, Box 4, Library of Congress, Washington, D.C.

p.340 *Dictionnaire biographique comprenant la liste et les biographies des notabilités du Département de la Seine-Inférieure*, 1892

p.340 Georges Dubosc, *La Guerre de 1870–71 en Normandie*, 1905

p.340 National Portrait Gallery, London

p.365 © Kanton Zurich.

p.375 *Punch, or the London Charivari*, November 16, 1861

p.397 © Sven Beckert, based on data from Government of India, *Annual Statement of the Trade and Navigation of British India and Foreign Countries* (Calcutta: Office of Superindendent of Printing, 1872, 1876), vol. 5 and vol. 9; Roger Owen, *Cotton and the Egyptian Economy: A Study in Trade and Development* (Oxford: Clarendon Press, 1969), 90; *Estatísticas históricas do Brasil: Séries econômicas, demográficas e sociais de 1550 a 1988* (Rio de Janeiro: Fundação Instituto Brasileiro de Geografica e Estatística, 1990), 346

p.399 École Nationale des Ponts et Chaussées, Paris, Folio 10975

p.402 Library of Congress Prints and Photographs Division, Washington, D.C.

p.404 Library of Congress Prints and Photographs Division, Washington, D.C.

p.419 Volkart Brothers Archive

p.427 © Sven Beckert, based on data in Sven Beckert, "Emancipation and Empire: Reconstructing the Worldwide Web of Cotton Production in the Age of the American Civil War", *American Historical Review* 109 (5), 1437

p.439 State Library of Louisiana

p.441 Lewis Hines

p.443 Mississippi Department of Archives & History, Jackson, MS

p.466 Archivo de la Casa Guillermo Purcell, Casa Purcell, San Pedro de las Colonias, Coahuila, Mexico

p.471 © Volkart Brothers Archive

p.477 © Volkart Brothers Archive

p.479 Walter H. Rambousek, Armin Vogt, and Hans R. Volkart, *Volkart: Die Geschichte einer Welthandelsfirma* (Frankfurt am Main: Insel Verlag, 1990), 81

p.481 Dimitri J. Zerbini, *Histoire d'un enterprise industrielle: The Kafr-El-Zayat Cotton Company, 1894–1956* (Alexandria: Sociéte de Publications Égyptienne, 1956)

p.484 Greater Manchester County Record Office, Manchester, B/10/10/3/719

p.485 Museum of the City of New York

p.489 © Sven Beckert, based on data referenced in chapter 11, note 19

p.491 Papers of B & S Astardjan, Manchester County Record-Office, Manchester, UK

p.492 © Volkart Brothers Archive

p.493 © Sven Beckert, based on data referenced in chapter 11, endnote 19

p.495 Rylands and Sons Archive, John Rylands Library, Manchester

p.504 George Lambert, *India, the horror-stricken empire: containing a full account of the famine, plague, and earthquake of 1896–7, including a complete narration of the relief work through the Home and Foreign Relief Commission* (Elkhart, IN.: Mennonite Pub. Co., 1898), 51

p.509 Kolonial-Wirtschaftliches Kommittee, "Baumwoll-Expedition nach Togo, Bericht, 1901," aus *Beihefte zum Tropenpflanzer* 3, 2 (1902), 338

p.514 Annual Report on Reforms and Progress in Chosen (Korea), 1912 – 13, compiled by Government-General of Chosen, Seoul, December 1914, Illustration 15, opp. 154

p.523 Imago Mundi, *Dictionnaire biographique*, "Faidherbe"

p.540 S. Ponjatovskij, *Opyt Izučenija Chlopkovodstva v Turkestaně i Zakaspijskoj Oblasti* (Saint Petersburg: Tipografija V.Y. Kirš'auma, 1913)

p.550 Bundesarchiv Berlin-Lichterfelde, R 1001, file 8223

p.551 Photograph by A. Vogt, Universitaetsbibliothek Frankfurt, Deutsche Kolonialgesellschaft/Bildarchiv, Nr. 101, 3 – 3501017

p.559 E. M. Mirzoev, "Agriculture," poster, 1937, International Institute of Social History, Amsterdam, Netherlands

p.563 Arno S. Pearse, *Brazilian Cotton: Being the Report of the Journey of the International Cotton Mission* (Manchester: International Federation of Master Cotton Spinners' & Manufacturers' Associations, 1921)

p.571 © Sven Beckert, based on data in "World's Consumption of All Kinds of Cotton," in Statistics of World Consumption of Cotton, 1910 – 1931, MD 230/44, Papers of John A. Todd, Liverpool Records Office, Liverpool

p.574 The Spinner Photographic Collection

p.586 Lewis Hine

p.587 © Armada Business Park

p.590 Library of Congress, Washington, D.C.

p.593 © Sven Beckert, based on data in Stephen Haber, ed., *How Latin America Fell Behind:*

Essays on the Economic Histories of Brazil and Mexico, 1800–1914 (Palo Alto, CA: Stanford University Press: 1997), 162

p.597 Kinsei Meishi Shashin, vol.2 (1934 – 35), National Diet Library, Tokyo, Japan

p.603 © Sven Beckert, based on data in Hikotaro Nishi, *Die Baumwollspinnerei in Japan* (Tübingen: Verlag der H. Laupp'schen Buchhandlung, 1911), 55; The Department of Finance, *1912: Annual Return of the Foreign Trade of the Empire of Japan* (Tokyo: Insetsu Kyoku, n.d.), 554; The Department of Finance, *1915: Annual Return of the Foreign Trade of the Empire of Japan*, part 1 (Tokyo: Insetsu Kyoku, n.d.), 448; The Department of Finance, *1917: Annual Return of the Foreign Trade of the Empire of Japan*, part 1 (Tokyo: Insetsu Kyoku, n. d.), 449; Hikotaro Nishi, *Die Baumwollspinnerei in Japan* (Tübingen: Verlag der H. Laupp'schen Buchhandlung, 1911), 84; The Department of Finance, 1895, *Annual Return of the Foreign Trade of the Empire of Japan* (Tokyo: Insetsu Kyoku, n.d.), 296; The Department of Finance, *December 1902: Monthly Return of the Foreign Trade of the Empire of Japan* (Tokyo: Insetsu Kyoku, n.d.), 65; Tōyō Keizai Shinpōsha, ed., *Foreign Trade of Japan: A Statistical Survey* (Tokyo: 1935; 1975), 229 – 30, 49

p.612 © Sven Beckert, based on data in Ownership of Spindles in Chinese Cotton Production; Peter Duus, "Zaikabō: Japanese Cotton Mills in China," in Michael Smitka, ed., *The Textile Industry and the Rise of the Japanese Economy* (New York: Garland, 1998), 82f

p.619 Photo by Vithalbhai Jhaveri at GandhiServe, 1925

p.621 © *Times of India*

p.625 *Bombay Industries: The Cotton Mills: A Review of the Progress of the Textile Industry in Bombay from 1850 to 1926 and the Present Constitution, Management and Financial Position of the Spinning and Weaving Factories* (Bombay: Indian Textile Journal, 1927), 487

p.637 © Reuters

p.635 © Noah Beckert

p.638 © Sven Beckert, based on data in indexmundi. com/agriculture/?-commodity=cotton &graph=production, U.S. Department of Agriculture

p.642 Institute for Social History

찾아보기

면화의 제국

− 자본주의의 새로운 역사

스벤 베커트 지음 | 김지혜 옮김 | 주경철 감수

1판 1쇄 발행일 2018년 10월 29일
1판 2쇄 발행일 2018년 11월 26일

발행인 | 김학원
편집주간 | 김민기 황서현
기획 | 문성환 박상경 임은선 김보희 최윤영 전두현 최인영 정민애 이문경 임재희 이효온
디자인 | 김태형 유주현 구현석 박인규 한예슬
마케팅 | 김창규 김한밀 윤민영 김규빈 송희진
저자·독자서비스 | 조다영 윤경희 이현주 이령은(humanist@humanistbooks.com)
조판 | 홍영사
용지 | 화인페이퍼
인쇄 | 청아문화사
제본 | 경일제책

발행처 | (주)휴머니스트출판그룹
출판등록 | 제313-2007-000007호(2007년 1월 5일)
주소 | (03991) 서울시 마포구 동교로23길 76(연남동)
전화 | 02-335-4422   팩스 | 02-334-3427
홈페이지 | www.humanistbooks.com

ISBN 979-11-6080-152-1 03900

• 이 도서의 국립중앙도서관 출판예정도서목록(CIP)은 서지정보유통지원시스템 홈페이지(http://seoji.nl.go.kr)와 국가자료공동목록시스템(http://www.nl.go.kr/kolisnet)에서 이용하실 수 있습니다. (CIP제어번호: CIP2018030503)

만든 사람들
편집주간 | 황서현
기획 | 최인영(iy2001@humanistbooks.com) 이문경
편집 | 문해순 엄귀영
디자인 | 김태형